U0557780

江苏省高校图书馆发展编年史

主　编　罗　钧
副主编　徐　晖
　　　　沈　鸣

南京大学出版社

图书在版编目(CIP)数据

江苏省高校图书馆发展编年史 / 罗钧主编. -- 南京：南京大学出版社，2021.3

ISBN 978-7-305-22544-4

Ⅰ. ①江… Ⅱ. ①罗… Ⅲ. ①院校图书馆—图书馆史—江苏 Ⅳ. ①G259.256

中国版本图书馆 CIP 数据核字(2020)第 117722 号

出版发行　南京大学出版社
社　　址　南京市汉口路 22 号　　　邮　编　210093
出 版 人　金鑫荣

书　　名　江苏省高校图书馆发展编年史
主　　编　罗　钧
责任编辑　黄隽翀　　　编辑热线　025-83592193

照　　排　南京南琳图文制作有限公司
印　　刷　徐州绪权印刷有限公司
开　　本　787×1092　1/16　印张 46.25　字数 1132 千
版　　次　2021 年 3 月第 1 版　2021 年 3 月第 1 次印刷
ISBN 978-7-305-22544-4
定　　价　318.00 元

网址：http://www.njupco.com
官方微博：http://weibo.com/njupco
官方微信号：njupress
销售咨询热线：(025) 83594756

序

重视历史记录，是中国文化的优良传统。因此，在浩如烟海的中国文献中，史部著述不仅数量多，分量足，体裁多样，成为一种引人注目的文化现象，而且在铭刻集体记忆、强化文化认同方面，发挥了特别重要的意义。小到个人、家庭、村镇，大到单位、行业、省市，都能找到相关的历史记录，林林总总，不一而足，更不用说内容丰富、形式多样的各种国史了。这些历史记录，一方面保留了丰富的档案史料，或者记载了生动的细节，或者储存了当事人的珍贵回忆，为宏大历史叙述提供了强有力的支撑，另一方面也往往从各种具体而微的角度，折射国家的盛衰兴亡，反映时代的曲折起伏，有不可替代的价值。

《江苏省高校图书馆发展编年史》就是关于江苏高校图书馆事业发展的一部历史记录，从 1901 年到 2017 年，跨越两个世纪、117 年的漫长岁月。大体上，它可以说是一部编年史，采用"编年体体例，按照时间顺序，按年度记述江苏省高校图书馆事业发展的历史，以及与江苏省高校图书馆事业发展有关系的历史事件、人物、重大会议等，力求尽可能完整地记述江苏省高校图书馆事业发展的基本线索"（本书《凡例》）。全书多达七十余万字，可谓材料丰富，叙述详赡。无疑，这部编年史是全书的主体，以翔实见长，所叙历史人事，言必有据，皆以脚注的方式详细标列。因此，它不仅以编年方式呈现了江苏高校图书馆事业发展的历史轨迹，而且搜集了许多相关的论著书目，突显了自身的文献价值。未来的学者，当他们要深入研究这一段江苏高教发展和江苏高校图书馆事业发展的历史，将会发现，这本书已经为他们奠定了坚实的文献基础。

准确说来，本书又与一般的编年史不同。在主体之外，本书还包括两大部分：一个是在编年记录之前的两篇文章，即《江苏高等学校图书馆事业概述（上编：1901—1988 年）》和《江苏高等学校图书馆事业概述（下编：1978—2017 年）》。这两篇文章将一百多年江苏高校图书馆事业发展史分成两大阶段、八个时期，由此梳理出一条清晰的发展脉络。另一个是在编年记录之后的四种附录，即《江苏省高校图书情报工作委员会相关历史资料》《江苏省图书馆学会相关历史资料》《全国高等学校图书情报工作委员会相关历史资料》《与江苏省高校图书馆事业发展相关的政府文件目录》。据统计，这四种附录中收录的各种材料，多达五十余种，很多都是十分珍贵的历史文献。这些附录意在以文献档案的方式，证明江苏高校图书馆事业的发展，既是江苏高等教育事业和江苏图书馆事业发展的一个重要组成部分，也离不开中国图书馆事业和中国高等教育事业发展这一大背景。

总体来看，两篇概述相当于一部简史，着重在提纲挈领，呈现历史演进的阶段性纲目；四种附录相当于文献汇辑，提供诸多一手史料和原始依据。如果说编年记录是微观叙述，那么，两篇概述就是宏观把握，加上四种附录，可以说是以编年叙述为主，史料与史论为辅，宏观与微观相结合。本书编纂吸收了传统编年体史书的特点，又根据自身对象的特点设计体例，自成特色。

江苏高校图书馆事业的发展，一方面离不开它所处的时代环境，特别是离不开党的改革开放政策所带来的经济、社会、文化各方面的发展动力的推进。另一方面，在117年的历史发展过程中，江苏高校图书馆在资源建设、服务教学科研、技术革新以及文化推广等方面，以踏踏实实的工作和兢兢业业的态度，取得了显著的成绩，在国内外图书馆界赢得了良好的声誉。这既要感谢各界各级领导的支持和指导，也离不开省外专家的指导和帮助，更融入了一代又一代江苏高校图书馆人的汗水和心血。阅读本书，或者简单翻阅一下本书索引中所附的人名，就能对这一点有所体会。从这个角度来说，本书可以看作是向江苏高校图书馆界前贤和前辈致敬的一座丰碑。

“回望来时路，白云深几重。”回望过往，梳理来历，总结经验，展望未来，祝愿江苏高校图书馆事业在我们这一代手中，写出更美好的篇章。

程章灿

2019年2月27日

编者的话

《江苏省高校图书馆发展编年史》(以下简称《编年史》)的缘起,始于2014年,南京大学图书馆馆长计秋枫教授到职后,他以历史学家的职业敏感,给予此事以高度的关注与支持,在2015年6月召开的全省高校图书馆馆长年会上,作为江苏省高校图工委秘书长,他提出把启动江苏省高校图书馆的历史研究,作为江苏省高校图工委在"十三五"期间的十大工作任务之一,2017年6月,江苏省高校图工委正式决议启动有关江苏省高校图书馆事业发展史的研究工作。

1. 目的与意义

江苏省高校图书馆事业是整个中国高等教育和高校图书馆事业的组成部分,从1901年,东吴大学堂创办起,至今已有近120年的历史。大体可以分为两个时代[1],近代图书馆时代(清末—1949年)和现代图书馆时代(1949年至今)。在这两个时代中,经历了不同的历史语境,几代图书馆人薪火相传,现在已经到了"第5代"图书馆人[2]。百余年来,江苏省高校图书馆事业、图书馆学教育与研究、图书馆的合作等,从无到有,从小到大。江苏省也曾是中国"新图书馆运动"的重镇之一,从清末民初的"勃兴"阶段[3],到"新图书馆运动",完成向近代图书馆的转型。历经抗战兵燹荼毒,置之死地而后生,终究事业不倒。至1949年中华人民共和国成立,进入现代图书馆兴起时期,进入"第二次高潮"[4],"文革"遭受摧残,事业停滞倒退。改革开放以后的40年,中国图书馆事业进入复兴的黄金时期[5],举国复兴,把中国和江苏省高校图书馆事业推向历史最高点。

研究江苏省高校图书馆的历史的目的在于,培育属于江苏省高校图书馆界的行业文化,尽可能地保存共同的集体意识,培育后来者的"文化自觉",夯实江苏省高校图书馆界合作体系的根基[6]。1997年,费孝通先生提出"文化自觉"[7]的观点,他指出人们应当对自身的文化有"自知之明",明白它的来历,形成过程,所具的特色和它发展的趋向,自知之明是为了加强对文化转型的自主能力,取得决定适应新环境、新时代时文化选择的自主地位。文化自

---

〔1〕 程焕文.百年沧桑 世纪华章—20世纪中国图书馆事业回顾与展望[J].图书馆建设,2004(6):1-8.

〔2〕 程焕文.关于第五代图书馆人的思考[J].图书馆杂志,2019,38(2):4-7.

〔3〕 龚蛟腾.清末至民国图书馆事业的勃兴与繁荣(上)[J].图书馆,2011(1):1-6.

〔4〕 程焕文.百年沧桑 世纪华章—20世纪中国图书馆事业回顾与展望[J].图书馆建设,2004(6):1-8.

〔5〕 程焕文.百年沧桑 世纪华章—20世纪中国图书馆事业回顾与展望[J].图书馆建设,2004(6):1-8.

〔6〕 计秋枫.江苏省高校图书馆十三五总体发展规划[Z].镇江:全国高校图情工委、江苏大学,2015:22.

〔7〕 费孝通.反思·对话·文化自觉[J].北京大学学报(哲学社会科学版),1997(3):15-22.

觉包含有三层含义:文化自觉必须建立在对文化之根的继承上;文化自觉建立在对历史的批判与发展上;聚焦在发展趋向的规律把握与持续指引。这种文化自觉是对文化地位作用的深刻认识、对文化发展规律的正确把握、对发展文化历史责任的主动担当。文化自觉的培养传承,对于国家、民族、行业发展都具有同等重要的意义,也是行业文化成熟的标志之一。不了解所在行业的历史,不对自己的历史和前辈先贤们怀有敬意,是无法理解行业存在的历史与现实意义,更无法达到文化自觉的境界。要到达文化自觉的境界,首先必须回答我们来自何方,完整地记录历史源头和发展轨迹。

中国图书馆的历史,实质上是图书馆人的历史[1]。无论是对于图书馆学理论的研究,还是图书馆实践研究,都不能忽视对人的研究,不能忽视人的作用,尤其不能忽视曾有所创造的人们的作用,忽视人的作用,实质上也就是抹杀了图书馆学术和图书馆事业。江苏省图书馆人也是中国图书馆界一支具有丰富创造力的力量,与国家同呼吸共命运,百余年来,坚忍不拔,百折不回。历经5代人传承,每一代人中都有一批杰出的代表人物,洪有丰、刘国钧、李小缘、倪波、吴观国、华彬清、马先阵等,几代人的不懈努力,江苏图书馆人创造了中国图书馆事业历史的许多第一,做出了许多开创性的贡献,留下了丰厚的历史遗产和精神积淀。创造的业绩和成就,无不集中体现了中国图书馆人“爱国、爱馆、爱人、爱书”[2]的精神特质,这是江苏省图书馆界的宝贵精神财富。原华东师范大学图书馆学系主任,前辈图书馆学家陈誉先生曾说过:任何职业,如果在事业上要取得成功,都需要具备牺牲、奉献精神。但是,有些职业却要求付出更多的奉献,例如教师、图书馆员等都属于这类职业。图书馆员要求具有更多的奉献精神,这是由学科的服务性、公益性所决定的[3]。

江苏省高校图书馆事业的历史研究,必须在中国历史的发展,中国高等教育事业、高校图书馆事业发展的大背景下综合考察。同样,江苏省高校图书馆事业也与江苏高等教育事业的发展紧密相关。1901年,以东吴大学堂在苏州的创办为开端[4],江苏省第一个高校图书馆同时开办,延续至今已有110余年。江苏省是中国近代高等教育、图书馆事业和图书馆教育的重镇之一,“新图书馆运动”的主要阵地,中国近代图书馆教育的先贤,大多出自中央大学、金陵大学等学校,1928年,创办金陵大学图书科,是近代中国最早的大学举办的图书馆学系科之一。1924年,洪有丰等人创建了“南京图书馆协进会”,开创了江苏省内图书馆界的协作时代,培育了江苏省图书馆界合作共进的行业传统。这100余年,一代代的图书馆人,虽处逆境而不忘初心,虽处弱势但不言放弃,薪火相传,砥砺前行。百余年来积累的极其丰富的文化积淀,厚重深邃,也是中国图书馆事业史研究的一座富矿。

习近平同志在十九大报告中,提出了要运用“文化自觉到文化自信”的新文化观,他指出:“文化自信是一个国家、一个民族发展中更基本、更深沉、更持久的力量。”[5]除了实现文化自觉,对我们自身文化的地位、作用、发展历程和趋势的自知之明,以及对于历史责任的主

---

〔1〕 程焕文.图书馆人与图书馆精神[J].中国图书馆学报,1992(2):35-42.

〔2〕 程焕文.图书馆人与图书馆精神[J].中国图书馆学报,1992(2):35-42.

〔3〕 俞君立,黄葵罗等.中国当代图书馆界名人成功之路[M].武汉:武汉大学出版社,1996:34.

〔4〕 王国平编著.博习天赐庄:东吴大学[M].石家庄:河北教育出版社,2003:27.

〔5〕 习近平.决胜全面建成小康社会 夺取新时代中国特色社会主义伟大胜利—在中国共产党第十九次全国代表大会上的报告[EB/OL].[2019-04-04].http://www.cnr.cn/news/20171028/t20171028_524003729.shtml.

动担当以外，文化自信，就是其在对时代发展潮流的深刻把握，对自身文化价值的充分肯定，以及对中华文化生命力的坚定信念。

2. 文献综述

1982 年，梅可华、唐茂松[1]曾提出编写江苏省图书馆事业史的倡议，并提出修史的四大目标：总结历史经验、收集保存历史资料、宣扬优良传统、展示社会地位与作用。1996 年、2006 年，南京图书馆分别出版了《南京图书馆馆志》和《续编》。2012 年，江苏省文化厅、南京图书馆编撰出版的《江苏省公共图书馆志》。成为江苏省公共图书馆事业史研究主要著作。江苏省高校图书馆历史研究的专著，最先起于 1990 年，陈乃林主编的《江苏高等学校图书馆年鉴 1910—1988》(以下简称：《年鉴》)出版，这是 1949 年以来，第 1 本较系统回顾 1949—1988 年江苏省高校图书馆事业的发展历程的年鉴，以编年体与纪事本末体相结合的叙述方式，记录历史概貌，这是江苏省高校图书馆事业发展史最重要的历史著述。与此同期，1989 年，华东地区高校图工委协作组曾委托安徽省高校图工委，刊印《华东地区高校图书馆基本情况资料汇编》，汇编收录了华东地区 387 所高校图书馆(包括普通高校、成人高校、部队院校等)的基本情况，材料的统计截止时间是 1989 年 6 月。同年，《华东地区图书馆十年(1979—1989)》在江西省南昌市出版[2]，此书由华东地区六省一市图书馆学会协作会编辑出版，其中江苏省的编辑委员 4 人，卢子博、王学熙、马先阵、钱在祥。其中的第 2 编，有"江苏省高校图书馆 10 年之发展"一节，由时任江苏省高校图工委秘书长、南京大学图书馆副馆长马先阵撰写。2011 年，江苏省高校图工委刊印《江苏省高校图书馆改革与发展巡礼》[3]，记述 1997 年，"江苏省高等学校文献信息保障系统"(Jiangsu Academic Library and Information System，简称：JALIS)启动，到 2010 年的江苏省高校图书馆事业的发展历史，逐一介绍全省普通高校的概况。

研究江苏省高校图书馆事业发展的学术论文，自 1986 年，江苏省高校图工委秘书处撰写的《发展中的江苏省高校图书馆》[4]起，马先阵[5]，朱维宁[6]，杨克义[7]，杨永厚[8]，吴

[1] 梅可华，唐茂松. 关于编写《江苏省图书馆事业史》的倡议[J]. 江苏图书馆工作，1982(3)：63-65.

[2] 刘恕忱，卢子博等，华东地区图书馆十年(1979—1988)[M]. 南昌：华东六省一市图书馆学会协作会，1989：336.

[3] 洪修平，赵乃瑄执行主编. 江苏省高校图书馆改革与发展巡礼[M]. 南京：江苏省高校图情工委，2011：194.

[4] 江苏省高校图书馆工作委员会秘书处. 发展中的江苏省高校图书馆[J]. 江苏图书馆学报，1986(1)：62-67.

[5] 马先阵. 江苏省高校图书情报工作十年回顾[J]. 江苏图书馆学报，1992(1)：20-21.

[6] 马先阵，朱维宁. 建国以来江苏省高校图书馆事业发展述略[J]. 江苏图书馆学报，1991(1)：13-16.

[7] 杨克义. 在整体化建设道路上大步迈进的江苏高校图书馆[J]. 大学图书馆学报，1996. 14(4)：3-4.

[8] 杨永厚. 江苏省高校文献保障系统建设的回顾与思考[J]. 大学图书馆学报，2002(1)：72-74.

春明、周玉陶[1]，刘磊[2]等研究者，先后发表的相关论文与专著有近50篇(本)，主要侧重于江苏省高校图书馆事业发展的具体业务方向，涵盖资源建设、队伍建设与人才培养、读者服务、数字化建设、图书馆自动化等方面管理、绩效、方法和实践的具体研究。

江苏省高校图书馆事业发展的史实，还散见于民国以来的图书馆史著作，各大学和大学图书馆概况、档案和新闻报道中。改革开放以后，图书馆事业进入复兴时期，陈源蒸[3]、张树华[4]、张白影[5]、荀昌荣[6]、[7]和邹华享，施金炎[8]等，先后编辑出版的图书馆事业研究专著、编年史，大多集中在21世纪初期及以前。还有教育主管部门、中国图书馆学会、江苏省图书馆学会出版的各类教育年鉴和图书馆年鉴，以及来自港台地区的严文郁[9]和张锦郎，黄渊泉[10]等的专著，从文献角度归纳，关于江苏省高校图书馆事业发展历史的通史或专史研究，21世纪以后，基本为空白，21世纪以后的发展，又是江苏省高等教育事业和高校图书馆事业发展最为重要的时期，有必要多维度地进行发掘历史资料与数据，还原和记录历史。

自20世纪80年代起，其他省份陆续编撰出版本省高校图书馆历史史志类专著，有《河南高校图书馆工作》(1982年)、《安徽高校图书馆》(1983年)等。最新出版的有《山西省高校图书馆事业发展纪略:改革开放三十年》(2014年);《湖南省普通高等学校图书馆事业志》(2013年)。现今已出版高校图书馆历史史志的省份有四川、吉林、河南、云南、江苏、山西、湖南、湖北、安徽、辽宁、广东、陕西等12个省份，加上综述性的专著，共约20余种。出版于20世纪末的史志数量较多。另有2002年人民教育出版社出版的行业专史，董乃强主编《中国高等师范图书馆史》等。

3. 体例与范围

刘国钧教授在《什么是图书馆学》一文中，提出图书馆事业的五要素说:“图书馆、读者、领导和干部、建筑与设备、工作方法”，图书馆学所研究的对象，就是图书馆事业及其各个组成要素[11]。《编年史》采用编年体的体例，按照时间顺序，按年、月、日记录与图书馆要素有关的历史事件，以江苏省高校图书馆事业发展为主线，记录与之相关的人物、事件、会议、活

---

〔1〕 吴春明，周玉陶. JALIS对江苏地区高校图书馆数字化建设的影响[J]. 图书情报工作，2006(1):117－119.

〔2〕 刘磊. 信息资源共享评估研究——以JALIS为例[M]. 南京:南京大学出版社，2010:335.

〔3〕 陈源蒸，张树华等. 中国图书馆百年纪事. 1840—2000[M]. 北京:北京图书馆出版社，2004:410.

〔4〕 张树华，吴慰慈. 中国图书馆事业三十年大事记(1949—1979年)[M]. 北京:北京大学图书馆学系，1979:110.

〔5〕 张白影，荀昌荣. 中国图书馆事业十年 1978—1987[M]. 长沙:湖南大学出版社，1989:966.

〔6〕 荀昌荣，张白影等. 中国图书馆事业(1988—1995)[M]. 成都:四川科学技术出版社，1997:921.

〔7〕 张白影，荀昌荣. 中国图书馆事业 1996—2000[M]. 长沙:湖南科学技术出版社，2002:1010.

〔8〕 邹华享，施金炎. 中国近现代图书馆事业大事记 1872—1987[M]. 长沙:湖南人民出版社，1988:606.

〔9〕 严文郁. 中国图书馆发展史:自清末至抗战胜利[M]. 台北:中国图书馆学会　枫城出版社，1983:272.

〔10〕 张锦郎，黄渊泉. 中国近六十年来图书馆事业大事记[M]. 台北:台湾商务印书馆股份有限公司，1974:225.

〔11〕 刘国钧. 什么是图书馆学(供讨论用)[J]. 中国科学院图书馆通讯，1957(1):1－5.

动、学术交流、服务动态、事业发展统计、成员馆的变迁，等等，力求尽可能完整地按照时间线，描述江苏省高校图书馆事业的发展脉络。同时，记录国内外的行业交流活动，对江苏省高校图书馆有影响的历史事件。

《编年史》的时间维度，上溯至20世纪初，1901年东吴大学堂创办，西方教会学校进入江苏地区为起点，江苏省高等教育和图书馆事业发端，下至2017年，近110余年。也记录了19世纪末西方教会进入江苏地区，兴办教育，以及清政府的学制改革若干史实。历经清末、民国、抗战时期，至中华人民共和国建立至今的各个时期，在此背景下，江苏省高等教育以及高校图书馆事业的史迹。以编年体方式，记录所发生的历史事件、人物、相关史料，《编年史》以史料性、资料性、工具性为特色。以事系人，尽可能完整记录人物、时间、地点和发生的历史事件细节，而不做评价。为后来的研究者深入研究提供文献史料线索和参考，客观地还原历史发展的概貌。

《编年史》所涉及的地理维度，以1949年中华人民共和国成立以后，江苏省现行的行政区划为基准。记录江苏地区高等教育、高校图书馆发生的变迁。清末及辛亥以后，至1949年以前，松江府（上海），1928年，原国民政府设立的上海特别市（今上海市），所发生的有关事件不予记录。1953年，全国院系调整，由江苏省迁出、合并到其他省份的高等院校图书馆活动，不予记录。1949年以后，江苏省地区以外发生的事件，与江苏省高等教育、高校图书馆有关，江苏省高校图书馆参与的，并对本地高校图书有影响的人物、事件活动予以记录。

4. 编年史的框架

《编年史》全书由概述、编年史正文、附录（包括名词解释、索引），共三个部分组成。

概述部分，分为上、下两编，上编取自《年鉴》的第4章，《江苏高等学校图书馆事业发展概述》，由王可权（南京航空航天大学图书馆）、陈英（扬州师范学院图书馆）、庞其武（南京农业大学图书馆）3位前辈撰写，客观地记述1901年至1988年，江苏省高等学校图书馆事业发展的历史脉络，为改革开放以后，江苏省高校图书馆事业的大发展奠定基础。将《年鉴》中的概述部分，作为《编年史》的一部分谨记于此，以致敬前辈。

概述的下编，主要论述了自1978年改革开放至2017年40年的发展历程，改革开放后，中国图书馆事业走上复兴与开拓之路，重归世界图书馆事业发展之途[1]，并在诸多方面取得重大成就。在过去数十年里发生的变化，已经超过了过去200年的变化[2]。高校图书馆事业的队伍建设、馆藏规模、基础建设、对外交流、服务创新等方面，都达到百余年来的历史最高水平。特别是在改革开放的大背景下，高等教育改革带来的活力，互联网技术、计算机技术的广泛应用带来的推动力，江苏省高校图书馆迅速从传统图书馆，脱胎成为现代化数字图书馆，并在图书馆联盟的建设、区域合作等方面走在全国的前列。

正文部分，以年、月、日顺序记述自清末江苏省高等教育和图书馆事业草创至今的历史记录，可以确认的事件和活动，收集、记录史料为主。不可确认具体时间的事件，在每年记录后，以“是年”作附记。同时，记录当年的高等学校、高校图书馆的统计数字、学校与图书馆的变迁，领导者的离转任情况。对于国际、国内发生的政治、经济、社会重大里程碑事件，对江苏省高校图书馆事业有直接或间接的影响，以及行业内发生的事件，有江苏省高校图书馆参

〔1〕 龚蛟腾. 改革开放后图书馆事业的复兴与开拓（续）[J]. 图书馆，2015(3)：32－39.

〔2〕 李广建. 技术史是窥见图书馆发展规律的一面镜子[J]. 图书馆论坛，2016(5)：1.

与的事件，也予以记录。

附录索引部分，包括附录、名词解释、参考文献、索引等。附录中收集与江苏省高校图书馆事业发展有关的政府文件目录，以及中国图书馆学会、江苏省图书馆学会、全国高校图工委与江苏省高校图书情报工作委员会或成员馆有关的信息、变迁的情况。江苏省高校获奖、科研项目、单位变迁的历史情况等。名词解释收集《编年史》正文部分，所涉及中英文专有名词，并给出规范的释义。索引以词排列，名词、人名、单位名称、机构/会议名称、事件名称等，均按拼音排序列出，以方便读者查检使用。

5. 编写原则与资料来源

《编年史》所记录的史实，主要根据以公开资料为主，补充斟定史实，如实记录。包括政府文件与通知，研究者的著述与论文，取自专著、档案、年鉴、报纸、校史、馆史、百科全书、回忆录、人名录，政府发布的法规文件，以及发表在学术刊物或报纸的研究论文、新闻报道，有关单位的网站消息、新闻报道等。国内台港澳地区出版的图书馆史专著中，与江苏省高校图书馆事业有关的史实。记录的原则是，记录事件的缘由、人物、时间、地点、结果，不做评价，以保证所记录的内容的资料性、史料性、客观性。如实反映事业发展的原貌，记录历史发展过程中的人和事。

程焕文先生指出：中国图书馆的历史，实质上是图书馆人的历史[1]。《编年史》关于人物的记录，已经故去的历史人物介绍，均以脚注的形式，记录小传。内容含生卒年月、籍贯、学历、履历、业绩和学术贡献等。小传的资料以第三方资料来源为主，采用现有的人物辞典、百科全书、地方志、学科志等，同时参考亲人故旧的回忆文章等。“生不立传”是中国的史学传统，但《编年史》涉及的今人较多，近 30 年来，领导人员的变更，更为制度化和常态化，在本行业的任职周期相应缩短。因此，本书对于事业发展相关，但仍健在的人物，也给予记录，以脚注的方式记录，记录在行业内的时间、个人业绩贡献、不做任何评价。

《编年史》编写原则：“内外兼顾，纵横结合，忠实记录、保存史料。”力求忠实地记录事件发生的原貌，为后来的研究者提供准确的史料或线索。北京大学图书馆前馆长朱强曾经指出：“我们的发展从来不是孤立的，需要各种支撑。新理念的传播，对新事物的接受，与社会的发展程度密切相关。”[2]中国图书馆事业是国家、民族文化事业的一部分，不可能独立发展到今天，国家兴，则教育兴。教育兴，则图书馆事业兴。内外兼顾，内外史兼修。内史指图书馆自身的内容；外史是内史的外延延伸，包括图书馆所生存的社会环境、背景[3]。时间线循着纵向与横向两个方向，梳理历史脉络。纵向以内史为主，按年月日记述自江苏省高等教育创立以来所发生的历史事件，以及相关的人物、事件经过、地点、事件的成因与结果，记录与江苏高校图书馆事业发展的历史事件，政府部门变更、江苏省图书馆学会与江苏省高校图书馆变迁有关的事件。横向兼顾外史，同时记录与江苏省高校图书馆事业发展有影响的国际国内重大事件，包括政治、社会、经济、技术发展以及高等教育事业的重大事件，记录与各个行业学协会、全国高校图书馆工作指导委员会，以及海内外同行的学术交流等事件。

《编年史》只是江苏省高校图书馆史研究的入门工具。完整的图书馆事业史研究框架、

---

〔1〕 程焕文.图书馆人与图书馆精神[J].中国图书馆学报，1992(2)：35－42.

〔2〕 朱强.发展从来不是孤立的[J].中国教育网络，2010(1)：1.

〔3〕 苏全有主编.图书馆史沉思录[M].郑州：中州古籍出版社，2015.9.

史料必须是多元的、开放的，而不仅仅限于文字史料。希望《编年史》的编写，能够促进本地区图书馆事业发展史的研究，后来者可以循着历史线索，继续深入发掘江苏省高校事业发展过程中的照片、电影、文物、口述历史、环境状况记录等，将它们作为历史研究的分析材料。以多元的史学研究方法，逐步深入构建基于史学研究规范的事业史研究体系，丰富研究成果。

6. 想说的话

“悠悠万世功，矻矻当年苦”，在《编年史》编撰过程中，我们不断被百余年来历史中的人和事所感动，江苏省的高校图书馆事业草创至今，风风雨雨，一代代图书馆人努力奋斗，筚路蓝缕，薪火相传，才有了今天的成果。不深入地触摸历史史料，是无法体会我们的前辈所经历的痛苦和喜悦。图书馆事业在整个社会发展中相对低调，国家的兴亡变迁，教育都是最容易受到影响的行业，而在教育行业中，图书馆又是首当其冲，图书馆的建设需要精心组织，“我虽跌倒，仍要再起[1]”。几代人努力的成果，任何社会动荡，就可以将其瞬间毁于一旦。作为后学，我们不应该忘记为江苏省的高校图书馆事业做出过贡献的前辈，他们为图书馆事业贡献了毕生的精力，《编年史》的编撰既是告诉后来者，江苏省高校图书馆事业发展的心路历程，也是表达对前辈先贤的怀念和敬意。没有他们的奉献，江苏省高校图书馆事业不会有今天的成就。

1952 年，美国图书馆学家杰西・谢拉(Jesse Shera)曾说过，图书馆史是每个图书馆员都应当关心的问题，因为，图书馆历史不是一门深奥特殊的学科，而是图书馆生命本身的综合[2]。图书馆事业生命的延续的责任，落在图书馆人的肩上。希望《编年史》能推动江苏省高校图书馆事业发展史的研究，构建学术框架和范式，后来者能在此基础上，把握国际史观和社会史观的高度，继续总结和研究江苏省高校图书馆的历史，不断发掘和丰富研究的内容。引入更多的新方法，发掘更多的史料。建立事业发展史、技术发展史、保存亲历者的口述历史、档案保存(文稿、照片、影像资料、回忆录等)的完整体系，传诸后世，建立江苏省高校图书馆的历史档案库。使之成为属于江苏省高校图书馆界的行业文化基石，保存共同的“集体意识”。未来有可能电子化，形成有特色的区域图书馆事业发展历史数据库。

在《编年史》的编撰过程中，我们发现江苏省高校图书馆在自身历史研究、史料的收集保存方面，存在明显的缺失，造成了许多史料的散佚。图书馆人既肩负建设现代化图书馆的使命，同时也是图书馆历史的直接书写者。江苏省内的高校图书馆，大多没有形成年度大事记，定期发布发展概况，撰写馆史的制度，全省近 160 所高校图书馆，撰写馆史的寥寥无几。对于江苏省高校图书馆而言，无论是区域图书馆史、个案研究、学科建设、学术史的研究，都有开拓的空间。对于自身历史的轻视，将会使后来的一代人，丧失文化认同感，不了解自己从事行业的历史，也就不会对职业投入更多的情感。费利克斯・雷克曼认为：图书馆历史的价值在于，它能告诉我们做了什么，以及我们到底是什么[3]。图书馆界如不能认识“自我”，

---

〔1〕 马丁・诺瓦克，罗杰・海菲尔德，等. 超级合作者[M]. 龙志勇，等译. 杭州：浙江人民出版社，2013：XI.

〔2〕 Shera J H. On the value of library history [J]. The Library Quarterly: Information, Community, Policy, 1952, 22(3): 240 - 251.

〔3〕 Reichmann F. Historical research and library science[J]. Library Trends, 1964(3): 31 - 41.

就不可能发展“自我”，超越“自我”[1]。

在现代技术主导的数字化服务的今天，图书馆在读者服务、技术服务、计算机应用等方面不断开拓。大量的新技术快速地进入图书馆，又不断地被迭代更替，服务场景不断变换。图书馆技术应用的开拓者们，似乎没有时间，也没有兴趣回头看，对新人来说，过去已经过去，毫无意义，未来才是最重要的。我们还需要研究历史吗？答案是肯定的。历史的研究，一方面是记录历史，过去的事件已经不可更改。另一方面，图书馆历史的研究，也是关注未来命运的“思辨的历史哲学”[2]。新技术给图书馆提供了更多的选择，图书馆史研究借助于后人的观察优势，分析、总结过往的成功经验，有助于对未来做出判断。同时，在精神层面上，因为对图书馆史的研究，理解自己行业的传统，并延续优良的传统。只有接受历史的连续性，传统才是可以理解的。尽管历史研究不能提供可以直接应用于当前环境的经验，但研究过去对我们理解现在和未来是有益处的[3]。

7. 致敬

南京大学图书馆馆长、江苏省高校图工委秘书长程章灿教授，在百忙之中，为本书题写了书名和序言，并在本书的编撰过程中，给予了专业的指导。在此，特别向他表示感谢。

在《编年史》的编写过程中，得到了程章灿、叶继元、郑建明、姜汉卿、丁大可、王国平、卢章平、施星国、吴稌年、顾烨青、吴强、赵敏、王正兴、朱茗、周建屏、金问涛、张建平、周金元、马金川、徐继荣、钱军、李爱国、赵乃瑄、侯三军、俞巧根、张太洪等许多同志的支持，篇幅有限，恕不一一列举。还有美国伊利诺伊大学阮练教授、罗志浩，谨在此一并表示感谢。

《编年史》成书之时，特别感恩已故的南京大学图书馆前馆长计秋枫同志，他以历史学家的职业敏感和学术判断，推动了《编年史》编撰工作启动，编撰工作刚刚开始，他就因病离任。2018 年 12 月 20 日，他在南京逝世，享年仅 56 岁。书成之日，告慰前馆长计秋枫同志，他托付的《编年史》编撰任务已经完成了。

罗钧主持《编年史》全书的编写，负责设计《编年史》的框架，确定编写原则，资料收集的原则。徐晖负责资料的收集整理，梳理遴选，以及校定正误并撰写条目，沈鸣负责收集资料整理，罗钧负责最后的统稿。

由于时间久远，材料分散，现稿中仍有许多疏漏、错误的地方，请各位专家指正。

编　者

2019 年 10 月 10 日于南京

---

[1] 程焕文. 共和国图书馆事业四十年之回顾与展望[J]. 图书馆，1989(5)：3－10.

[2] 翟志宏. 有关大学图书馆史两个问题的思考[J]. 图书馆工作与研究，2010(4)：77－79.

[3] 罗伯特·达恩顿. 阅读的未来[M]. 熊祥译. 北京：中信出版社，2011：XI.

目　录

凡　例

1. 本书按年、月、日编写，记录具体事件的地点、时间、参与者、主题、过程等的信息。

2. 记录历史事件的参与者的姓名、职务等信息。

3. 脚注中的人物小传，如不标注说明传主的国籍，性别者，均表示传主为中国籍，男性，汉族。如果传主是外国人，女性或其他民族，将会特别标注。

4. 所引述的单位名称、人员的职务职称务求准确完整，避免使用简称。

5. 如直接引述自第三方的稿件，条目内容的引文出处以脚注方式记录在当页的页脚。

6. 在本书记述的时间范围内，所发生的对高等教育、高校图书馆事业具有重大影响的国内外历史事件，包括政治、文化、经济、应用技术发展的事件。

7. 与江苏省高校图书馆有关的对外交流，国内外、台港澳地区之间的学术交流与人员互访。

8. 中国图书馆学会、中国图书馆学会高校图书馆分会、全国高校图书情报工作指导委员会、中国高等教育数字图书馆(CALIS)、华东地区省市高校图工委等相关组织，与江苏省高校图书馆事业发展有关事件。

9. 江苏省高校图工委、江苏省高校数字图书馆(JALIS)管理中心组织的各类型活动，人事变动、评奖、会议等。

10. 与江苏省图工委纵向联系的活动信息，如教育部、中国图书馆学会、全国图工委、高校分会、教育厅等单位的重大活动，如人事调整、颁奖、换届、大型会议或纪念活动等。

11. 与江苏省高校图工委横向联系的活动信息，如江苏省文化厅、江苏省图书馆学会、公共图书馆、江苏省科技厅与情报所等单位的重大活动，如人事调整、颁奖、换届、大型会议或纪念活动等。

12. 华东地区省市高校图工委、高等院校，与江苏省高校图工委、江苏省高校图书馆之间的业务合作、学术交流、人员互访等。

13. 江苏省高校图书馆获得的省级及省级以上的表彰，个人奖、团体奖。包括来自与我委有横向、纵向联系的表彰信息。以及来自党务、共青团、工会、妇联系统等行业外的表彰信息。

14. 学术交流信息，江苏省高校图书馆与港澳台地区、国外的学术交流活动。与国内兄弟省市的互访交流、学术会议、论文评选情况等。

15. 江苏省高校图工委所属的各专业委员会的活动，学术交流、年会、项目、出访、评奖等活动信息。

16. 江苏省高校图工委或各专业委员会组织的各类活动，如年会、论坛、业务沙龙，歌咏比赛、体育比赛、业务技能大赛等活动。

17. 江苏省高校图工委、JALIS管理中心组织的表彰活动，奖项名称、获奖人名单、颁奖时间等详细信息。

18. 本书的文字资料来源有，中国图书馆学会、中国图书馆学会高校图书馆分会、全国高校图书情报工作指导委员会、中国高等教育数字图书馆(CALIS)等相关组织的大事记、新闻报道，与江苏省高校图书馆事业发展有关的政府统计年鉴、发展报告、政府文件、地方志，参与者的研究与回忆文章，以及学界的研究者的论文、著述等。

19. 江苏省高校图工委、江苏省高校数字图书馆(JALIS)网站发布的新闻。

20. 1997 年 JALIS 建设启动以来，各个项目的里程碑事件或重大节点事件，事件过程、时间、地点、参与者。

21. 对于已发生的事件，能够确定年份，但不能确定具体月、日，均记录在每年度的最后，用“是年”表示，一俟确定发生时间，列入正文。

22. 引文资料的来源，均以脚注的方式，记录在每页脚，书后另附有完整的参考文献。

23. 每一年度末尾处，单列年度事件数据一节，其中包含：

① 事业发展：当年全省高等教育发展规模数据，全省普通高等学校数(含当年本科院校、高职院校)、本专科在校生人数、研究生在校生人数、专任教师人数等信息。

② 单位变更：省内高等学校的变迁记录，升格、分设、复建、新建、更名、合并，办学地等信息。

③ 领导变更：当年高校图书馆主要领导的变更记录，离任、转岗、继任等信息。

编　者

2019 年 10 月 12 日

江苏高等学校图书馆事业发展概述
(上编:1901—1988年)[1]

王可权 陈 英 庞其武 撰稿

江苏省高等学校图书馆事业是江苏省高等教育事业的重要组成部分,同时也与国家社会的政治经济形势及文化、科学、教育事业紧密相关联。因此,它的发展历史既反映着我省高等教育事业兴衰的重要侧面,也必然反映着整个国家民族在一个半世纪来所经历的外患内忧的全部历程的一个侧面。

一

19世纪末,美国基督教美以美会、基督会、北长老会的名义在南京先后创办了汇文书院、基督书院和益智书院,鼎立于金陵古城,至1909年合并,成立金陵大学;1901年,美国基督教监理公会在合并博习书院和苏州中西书院的基础上,在苏州创立东吴大学;1902年,清两江总督张之洞,在南京国子监旧址创办三江师范学堂,后改称两江师范学堂;1904年,他在南京又兴办了江南实业学堂,后两校发展演变为东南大学、中央大学;辛亥革命后,史量才在上海创立的私立女子蚕业学堂,于1912年迁苏州浒墅关,定名为江苏省立女子蚕业学校;1912年和1913年,张謇先后创办了南通医学专门学校和南通纺织专门学校;1913年冬,英美各教会集合在华所办女子中学,筹建金陵女子大学,于1915年秋正式开学。以上是外国教会和国内维新派等著名人士最早在江苏建立的一批高等学校。随着高等学校在江苏相继建立,江苏省高校图书馆也就应运而生。

由于外国教会兴办的学校,带有严重的资本主义性质,其学制、学则管理、课程设置、教学内容与方法等一整套办学方法都搬自西方模式,因此学校图书馆的办馆方针、教学书刊的配置、采集、分类体系、管理方法,也按西方图书馆的办法进行。这是西方近代图书馆管理传入中国的开始,并由此而逐步向公共图书馆延伸。而国内维新派人士和社会贤达张之洞、张謇、史量才等所创建的学校,则力图仿效西方办学内容和方法进行办学,但这些学校图书馆则沿袭了我国旧书院藏书楼以藏为主的办馆思想和管理方法。

随着时间推移,在教会学校图书馆工作的中国人,逐步接受和熟悉了西方图书馆的办馆思想和工作方法。这对当时江苏省部分高校图书馆由藏书楼向近代图书馆转变起着推动作用。1911年,我国早期的图书馆学家、活动家洪有丰,出任金陵大学图书馆副馆长,其后他

[1] 陈乃林,马先阵,等.江苏高等学校图书馆年鉴[M].南京:南京大学出版社,1990:13-34.

在本校选拔了一批毕业生留图书馆工作，其中有刘国钧、李小缘等，他们先后出国留学攻读图书馆专业，学成后回国担任学校图书馆的领导，对江苏省高校图书馆事业的开拓和发展做出了贡献。

20 世纪 30 年代，江苏省高校图书馆的教育活动和学术活动较为活跃，对江苏高校图书馆事业乃至全国高校图书馆事业的发展产生了积极影响。1923 年，东南大学开办暑期图书馆讲习班，聘请洪有丰主讲。1924 年 6 月，南京图书馆协会成立，会址在东南大学图书馆，洪有丰是协会发起人之一。协会设图书选购委员会、设备委员会、管理法委员会，有计划地开展工作。1925 年，中华图书馆协会成立，李小缘任协会执行委员、执行部副部长、编目委员会主任。同年 7 月，中华图书馆协会与东南大学、中华职业教育社江苏教育会，联合组织全国性的第 1 次图书馆暑期讲习班，杜定友、洪有丰等参加讲学。1926 年，中华图书馆协会主办的《图书馆学季刊》在南京创刊，由金陵大学图书馆主任刘国钧任主编。同年 7 月，华东基督教暑期大学在苏州东吴大学开办图书馆科。1927 年秋，金陵大学开设图书馆学系，李小缘任系主任，教师有李小缘、刘国钧、万国鼎[1]等，这是江苏省第 1 个大学图书馆学系，也是我国最早的大学图书馆学系之一。1929 年 1 月，中华图书馆协会第 1 次年会在南京召开，刘国钧代表南京图书馆协会向年会致辞。所有这些实践活动，对在江苏省以至全国传播近代图书馆的管理思想和工作方法，都起了积极推动作用。

在 20 世纪初以后的 30 多年中，江苏省高等学校变化较多，发展较快。学校的发展、变化，带来了学校图书馆的发展、变化：图书馆机构的扩充、合并；教学书刊的学科门类和品种的增多，馆藏量的增加；专业队伍扩大，人员素质有所提高；业务工作有了新的进展。图书分类除古籍书仍沿用四部法外，其余中外文图书，各馆先后改用十进分类法。馆藏目录，除书本式外，开始制作卡片目录，供读者检索。金陵大学图书馆拟订了《中文图书编目条例草案》，开始试行。同时开展书目参考工作。当时江苏大学国学图书馆藏书量已海内著称，他们于 1928 年规定了公开阅览办法，设立了采访出版组。该馆改称中央大学国学图书馆后，又增设印行部，分类印行馆藏孤本秘籍，并于 1928 年 11 月创刊《中央大学国学馆年刊》。这

---

〔1〕 万国鼎(1897—1963)，江苏武进人。农业历史学家，中国农业历史研究的主要开拓者和奠基人。曾任中国农业科学院和南京农学院中国农业遗产研究室第一任主任、中国农业科学院第一届学术委员会委员等职务。1920 年，毕业于金陵大学，留校任助教，协助钱天鹤教授进行蚕桑试验、推广和资料的搜集整理工作。翌年，经钱天鹤介绍到上海美国丝商设立的生丝检验所(当时称万国检验所)任技师。1922 年 6 月，在上海商务印书馆编译所任编辑。1924 年 1 月，回到南京金陵大学农经系，任讲师兼农业图书研究部主任。1932 年 9 月，改组为农经系农业历史研究组，任主任，并从此开始农史学科的研究。1932 年 11 月，就任国民政府资源委员会(原称国防设计委员会)专职专员，并在金陵大学兼任教授、农业历史研究组主任。1936 年春，万国鼎也由专职专员改为兼职专员，从事农业古籍资料整理和农业历史研究及教育工作。1937 年，万国鼎从南京到重庆，在国立政治大学地政系任教授、系主任，兼中国地政所研究员。抗战胜利后，随国立政治大学返回南京。1951 年 3 月，他到北京华北人民革命大学政治研究院学习。同年年底分配到河南省人民政府农林厅农教处工作。1952 年 8 月，调到农林厅计划室工作。1953 年 8 月，任河南农学院农学系教授。1954 年 4 月，调回南京农学院(1984 年后为南京农业大学)农经系任教授兼农业历史研究组主任。1955 年 7 月，农业部批准南京农学院成立中国农业遗产研究室，出任主任。中国农业科学院于 1957 年成立后，农业遗产室成为该院建制，与南京农学院实行双重领导。1963 年 11 月 25 日，脑出血突发，不幸逝世，享年 66 岁。他自 1920 年就开始涉足农史资料搜集、整理和研究工作。创办我国最早的农史刊物《农业遗产研究集刊》《农史研究集刊》，主持编写的《中国农学史》是我国第一部系统研究农业科技史的著作。

一系列工作的开展,反映了这一时期江苏省高校图书馆已从书院藏书楼模式向着近代图书馆迈进。

1937 年,抗日战争爆发,“八一三”战火波及上海,江苏地处战争前沿,高等学校相继搬迁。由于战乱,学校搬迁,教职员工队伍四处分散,图书资料、设备,或毁于炮火,或因打捆装箱搬运,长途辗转,散失损坏殆尽,江苏省高等教育事业和高等学校图书馆事业,受到严重挫折,损失重大。

1945 年 9 月,抗日战争胜利,外迁高等学校陆续迁回江苏。但因连年遭受战争浩劫,往返路途折腾,又因当时国民党政府积极发动内战,无意顾及发展教育事业,因此至 1949 年 5 月全省解放时的近四年中,江苏省高等教育和高校图书馆的元气未能恢复,但庆幸的是,抗战初期在四川璧山创建的国立社会教育学院,于 1945 年冬迁至苏州,该院设有图书博物馆学系,由著名的图书馆教育家汪长炳任系主任,徐家麟、严文郁、岳良木、杨家骆、顾颉刚、钱亚新、黄元福、祝嘉等学者、专家授课,是教学严格、颇有建树的系,毕业生中有好多后来成为全省以至全国图书馆事业的中坚力量。

中华人民共和国成立前江苏省高校图书馆事业,经历了从 20 世纪初产生,20～30 年代的兴起,抗日战争时期遭受严重挫折,解放战争时期停滞不前等阶段,尽管它的发展起伏、曲折,但它起到了重要的奠基作用,特别是 20～30 年代兴起时期所开展的活动和建设业绩,为今后江苏省高校图书馆事业的发展奠定了基础。

二

1949 年 5 月,江苏全境解放,在历史上揭开了江苏省发展的新纪元。江苏省高等学校先后由国家接办,旧中国的江苏高校图书馆,已由社会主义新型的高校图书馆取代。中华人民共和国成立后,江苏省高校图书馆事业在党和国家领导下,在广大高校图书馆工作者的努力下,艰苦奋斗,继往开来,有了很大发展,取得了巨大成绩。同时,在发展过程中,有过许多曲折、起伏,道路是不平坦的。

从中华人民共和国成立至今,江苏省高校图书馆事业的发展,大体可分为 4 个阶段:

1. 整顿改造,稳步发展阶段(1949—1956 年)

江苏解放后,党和政府即对旧中国遗留下来的高等学校和高校图书馆进行整顿、改造。到 1949 年底,江苏共有高等学校 16 所,其中公立院校 7 所,私立院校 9 所。这 16 所高校,1949 年秋即开始招生,恢复正常秩序,各高校图书馆组织工作人员学习时政和新中国的文化教育方针、政策,逐步建立了图书馆工作新秩序。

1952—1953 年,全国高等学校进行院系调整,为适应高校整顿、调整、发展的需要,各高校图书馆的图书资料相应发生了较大流动。为了使马列主义占领图书馆阵地,各馆不同程度地调整了藏书,清理了反动、淫秽、荒诞书刊,充实了宣传马克思列宁主义的政治书籍,改革、废除了不合理的规章制度,将旧高校图书馆纳入新型的社会主义高校图书馆的轨道。

这一时期,中央提出向苏联学习,江苏省高校图书馆和全国图书馆界一样,积极引进苏联图书馆学著作,普遍学习苏联图书馆的工作经验和技术,这对整顿改造旧中国遗留下来的图书馆起了良好作用。但在学习过程中,缺乏具体的、科学的分析,较多地机械照搬苏联经验,没有从我国国情出发,因此对江苏省高校图书馆事业的发展,也带来一些消极影响。

1956 年 1 月,中共中央召开关于知识分子问题会议,提出"向科学进军"号召。同年 7 月,文化部召开全国图书馆工作会议,讨论研究图书馆工作如何适应向科学进军的新形势,会议明文规定图书馆今后要担负为科学研究服务和为人民大众服务的双重任务。同年 12 月,高等教育部召开全国高等学校图书馆工作会议,南京大学李小缘应邀参与筹备[1],会议草拟并讨论了《中华人民共和国高等学校图书馆试行条例(草案)》,明确了高等学校图书馆的性质、方针和任务。这次会议对当时及以后一段时间的江苏省高校图书馆事业起了积极的推动作用。

三年经济恢复时期和第一个五年计划期间,江苏省高校图书馆随着整个高校的调整、改造和发展,也在整顿和改造中稳步前进,16 所高校图书馆的藏书数量增长,质量有所提高,工作人员的思想素质和业务素质得到改善,业务工作有了发展。这一时期高校图书馆的发展总的来说是健康的,成绩是明显的,开始积累了一些办社会主义大学图书馆的经验。

2. 起伏、曲折前进阶段(1957—1966 年)

1956 年,三个鼓舞人心的全国性会议推动着江苏省高校图书馆事业向前发展。1957 年 7 月,在江苏省高等教育局、文化局、教育厅的领导下,由南京大学图书馆、南京师范学院图书馆和南京图书馆,共同举办为期 5 周的江苏省学校图书馆工作人员培训班,讲课的有杜定友[2]、李小缘、钱亚新、施廷镛、朱家治等图书馆学专家。参加学员是省内高校、中专、普通中学图书馆的工作人员,对图书馆学基础理论、图书馆工作方法等进行系统的学习,为省内高校图书馆培养了一批业务干部。

1957 年 9 月,国务院批准公布《全国图书协调方案》,《方案》提出成立全国性和地区性中心图书馆委员会[3]。1958 年,南京中心图书馆委员会成立。南京大学等 8 所高校图书馆为该委员会委员馆。委员会下设外文书刊采购协调组,中文新书集中编目组,积极开展工作,协调外文原版书刊的预订和外汇的分配;外文原版新书联合通报与西文期刊联合目录的编印与发行;与书店一起组织统一分类、编目中文新书,做到随书送片。同时签订馆际互借协议书,开展馆际互借活动。同年,南京高校图书馆协作组成立,经常性地组织专题研讨会、学术报告会和工作经验交流会等活动,这对当时开展图书馆学理论研究,提高图书馆工作者的业务水平起到了较好的推动作用,成为江苏省高校图书馆专业协作组织有计划有目的地开展横向联系的先例。

与此同时,1957 年各高校开展反右派斗争,有一些图书馆专业人员被错划为"右派分子",事后又把教师、干部中的一些所谓"右派分子"下放到图书馆进行"改造",给图书馆造成

---

〔1〕 马国庆.第一次全国高等学校图书馆工作会议回忆点滴[J].高校图书馆工作,1981(2):39-42.

〔2〕 勘误:1957 年,南京市共举办了两次培训班,第一次是 3 月 15 日—5 月 15 日,中央文化部社会文化事业管理局、北京大学、武汉大学、北京图书馆、江苏省文化局和南京图书馆 6 个单位联合,在南京图书馆举办的"第一届全国省市图书馆工作人员进修班"。第二次,7 月 22 日—8 月 23 日,江苏省高教局、文化局、教育厅组织,南京大学图书馆、南京师范学院图书馆与南京图书馆共同举办,为期 5 周的"江苏省学校图书馆工作人员训练班",杜定友参加了 3 月份的全国培训班,讲授《关于图书馆目录的几个问题》,并未参加 7 月份的江苏省培训班。

〔3〕 邹华享,施金炎.中国近现代图书馆事业大事记 1872—1987[M].长沙:湖南人民出版社,1988:155.

了不良影响。

1958 年,在“左”的指导思想影响下,江苏省高等学校一下子从 16 所猛增至 74 所,高校图书馆事业的发展,也盲目地追求高速度、高指标,超越了国家经济的实际承受能力。由于高校大量增加,在书刊资料分配上,造成高校图书馆原有藏书大量分散,藏书比例失调,馆藏质量下降。为了支援新馆建设,从老馆抽调业务骨干,老馆的工作秩序受到一定影响。而新建的高校馆,仓促上马,书刊残缺,业务力量薄弱,基础工作一时难以走上正轨。

在业务工作方面,受全国广泛开展的技术革命和技术革新运动影响,各馆在各项业务工作上试图有所革新,在某些业务工作方面获得一些成效,但在“打破常规”口号下,不少馆简化了必要的业务工序,废除书袋卡,实行全面大开架,这些做法给图书馆工作造成一些不良后果。在规章制度方面,片面强调“大破大立”“先破后立”,致使部分图书馆中的某些环节无章可循,工作陷于混乱。在图书馆学研究方面,继“反右”斗争后,开展“拔白旗、插红旗”“批资产阶级学术权威”,把正常的学术观点笼统地当作资产阶级的东西,不加分析地予以简单而粗暴的批判,一批学有专长的图书馆学专家和图书馆工作者受到了不公正对待,打击了人们从事图书馆学研究的积极性。

1962 年,在“调整、巩固、充实、提高”的八字方针指导下,江苏省高校进行了全面调整,从原有 74 所高校缩减至 35 所,1965 年又缩减到 29 所,这样,前几年高校盲目跃进,专业设置过细、过多、重复等问题基本得到克服,同时缩短科研战线,保证重点项目。这时被保留下来的高校图书馆,图书资料得到充实,设备有了改善,着重抓了藏书、目录、规章制度等内部工作的整顿,强调图书馆要更好地为教学、科学研究服务。图书馆教育方面,1965 年,南京高校图书馆协作组在南京市鼓楼区干部业余大学,举办图书馆学专修科,培养高校馆在职工作人员,使他们业务素质得到提高。在学术研究方面,通过整顿,图书馆学研究领域的沉闷空气开始缓解,高校图书馆工作者写出了一批具有一定质量的论文。这样江苏省高校图书馆事业在新的基础上得到巩固和发展。

3. “文化大革命”阶段(1966—1976 年)

“文化大革命”中,教育战线首当其冲。在“停课闹革命”口号声中,江苏省高等学校全部停课,图书馆被迫闭馆。有的馆被占领作为“造反派司令部”,有的馆成为两派武斗的阵地,还有的馆作为关押老干部的场所。在大揭发、大批判过程中,高校图书馆工作的方针、任务被曲解,为教学服务被斥为“培养资产阶级精神贵族”;为科研服务被说成“为资产阶级专家效劳”,《中华人民共和国高等学校图书馆试行条例(草案)》横遭践踏。在破“四旧”、批“封、资、修”声浪中,古籍惨遭蹂躏,部分社会科学书刊遭焚毁,外文书刊采购被迫中断,一些老馆几十年才形成的藏书建设的系统性和完整性受到破坏,正常的业务工作无法开展,工作人员被下放农村,高校图书馆事业遭到空前破坏。一批高校被停办、撤销或合并,至“文革”后期,全省只剩下高等学校 26 所。

在这种恶劣境遇下,江苏省高校的广大图书馆工作者,尤其是一批业务骨干,怀着强烈的事业心和责任感,冒着受冲击、挨批斗的风险,顶住种种压力,尽最大可能,竭尽全力,以多种形式抵制“造反派”冲击书库,保护馆藏珍贵图书资料。1970 年,各高校开始“复课闹革命”,各馆立即开展了常规性的业务工作。1970—1976 年,学校招收工农兵学员,使大量中学、中专教材充塞进高等学校图书馆书库,复本率奇高,藏书质量下降,有不少馆的图书馆采访人员在应付采集任务掩护下,对学术性书刊进行采集、补缺、预订,力图维持本馆馆藏的延续性。1975 年,《中国图书馆图书分类法》正式出版后,部分高校图书馆即改用此法,开始了使用统一分类法的步子。这些,都表明了在江苏省高校图书馆事业中,有一支忠诚于事业的优良干部队伍,他们在逆境中能承受苦难,不退缩、顶风险,保卫并推动图书馆事业在动乱中有所前进。

4. 坚持改革,事业迅速发展的阶段(1976—1988 年)

1976 年,粉碎"四人帮"后,江苏省高等学校图书馆事业获得了新生,首先是有组织地进行拨乱反正,重建规章制度,恢复正常秩序。77 级学生入学后,学习空气十分浓厚,图书馆阅览座位,席无虚设,书刊流通率激增,学生高涨的学习情绪鼓舞着图书馆工作人员的工作热情,长达 10 年所未见的欣欣向荣的气氛,获得了复苏。

1978 年,全国科学大会和全国教育工作会议相继召开,特别是党的十一届三中全会召开后,高等教育及其图书馆事业进入了一个新的历史发展时期。在此期间,各馆都积极加强业务基础建设和藏书建设,以迎接即将到来的光荣而繁重的任务。同年 9 月,南京大学图书馆创办 3 年制的图书馆学专修科,首届招收学生,为高校图书馆事业培养后备力量。

1979 年 9 月,江苏省图书馆学会成立[1],同时宣布南京中心图书馆委员会恢复工作。江苏省高校图书馆工作者以极大的热情投入了省学会的筹建和学会成立后的各项学术活动、图书馆学教学活动和编审工作,高校图书馆有 6 人当选为省学会常务理事,占常务理事总人数的 46.16%,是一支不可低估的力量。1980 年 1 月以后,省内各市图书馆学会相继成立,各市所在的高等学校图书馆工作者,都积极地投入了当地学会的筹建和建设工作。

为解决各高校图书馆在职干部中较多同志未系统学习图书情报专业知识的情况,于 1981 年 1 月报经江苏省人民政府批准,在南京师范学院夜大学增设图书馆学专修科,学制 3 年,3 月开学,招收首届学生 138 名。

1981 年 9 月,第 2 次全国高等学校图书馆工作会议在北京召开,江苏省有 9 位代表参加[2]。这次会议讨论制定了《中华人民共和国高等学校图书馆工作条例》,成立了"全国高等学校图书馆工作委员会",交流了工作经验。

全国会议后,江苏省高教局于是年 12 月在南京召开江苏省高等学校图书馆工作会议,传达全国会议精神,研究落实措施,全省 52 所高校图书馆负责人出席了会议。会上成立了江苏省高等学校图书馆工作委员会筹备委员会,筹委会代行工作委员会职责[3]。

全国、全省高校图书馆工作会议后,全省各高校图书馆工作,由于各级领导重视、关心和支持,工作人员的努力,出现了新的起色,无论是图书馆的物质条件、工作人员的精神状态,还是图书馆的业务工作,都在原有的基础上有所前进。为了了解各高校对全国和省的两次工作会议精神的贯彻落实情况,筹委会先后通过组织座谈和书面等形式,对图书馆工作的各方面情况,进行搜集、统计、分析,写成专文,上报省高教局并刊登在《高校情况》上,以推动工作,同时还先后组织召开了高校图书馆馆际互借讨论会和外文书刊采购协调会,促进馆际协

---

〔1〕 本刊记者. 江苏省图书馆学会成立[J]. 江苏图书馆工作,1980(1):7.

〔2〕 全国高等学校图书馆工作委员会秘书处. 全国高等学校图书馆工作会议文集[M]. 北京:全国高等学校图书馆工作委员会秘书处,1981:334.

〔3〕 本刊讯. 江苏省高等教育局召开全省高等学校图书馆工作会议[J]. 江苏图书馆工作,1982(1):114-115.

作,实现资源共享,争取最大利益。在组织业务培训方面,筹委会于1982年先后举办了科技情报检索工具使用学习班、师范院校和理工科院校的图书馆业务干部培训班。此外还选派了留图书馆工作的本科和专科毕业生,到有关重点高校脱产进修图书情报专业课程。

1982年10月,江苏省高等学校图书馆工作委员会成立。为了进一步贯彻落实《中华人民共和国高等学校图书馆工作条例》,促进本省高校图书馆事业的建设,于1983年3至4月对全省高校图书馆工作进行历史上第1次的全面检查、评比。通过检查,省高校图工委掌握了全省高校图书馆的全面情况。全国和省高校图书馆工作会议后,各高校图书馆工做出现了新的起色:有42所高校图书馆实行了院校长领导下的馆长负责制,有一位院校长分管图书馆工作;有33所高校成立了图书馆委员会,由分管图书馆工作的院校长兼主任委员,这些院校图书馆委员会起到了图书情报工作的咨询机构作用;有不少院校图书馆负责人参加了院校务委员会、学位和职称评定委员会;有39所高校图书馆建立了部(组)一级业务机构。根据检查统计:全省52所高校图书馆,总藏书量1 619万余册;工作人员1 402人;图书经费近两年间除个别馆外,均有所增长;馆舍新建、扩建或已纳入新建、扩建计划的共22个馆,占52个馆的43.09%。在业务建设方面,都建立健全了各项规章制度,有不少馆还制定了各种工作细则,建立了干部业务档案。在藏书建设方面,历史较久具有一定规模的馆,都建立起具有专业特色的藏书体系。目录体系,一般均有书名、分类、著者三套卡片目录,很多馆还编制了书本式馆藏书目。南京医学院图书馆30年来坚持编制《医学文献索引》,共出版60期,并汇总编制《三十年医学文献累积索引》。南京航空学院图书馆为中外文科技文献分编组织了主题目录和报告号目录。在读者服务工作方面,各馆作了较大努力,普遍延长了阅览室开放时间;推广并扩大了开架借阅和开架阅览范围;参考咨询、阅读辅导、情报服务工作在几个基础较好的馆得到了较好开展。南京大学图书馆新进了《生物学文摘》磁带,开展计算机定题服务试验,获得成功;中国矿业学院图书馆实现了图书、资料、情报工作一体化,体现了学院图书馆是学院图书资料情报中心的要求,在情报服务方面他们编辑出版了《矿业译丛》《矿业丛书》《科技报告》等刊物,开展定题服务。南京大学、南京医学院、南京航空学院、南京铁道学院、南京邮电学院等馆为教师、研究生和高年级学生开了"科技文献检索讲座",并在科技文献检索室开展文献检索辅导工作,深受师生欢迎。从全省情况来看,多数馆由于人力不足和人员业务、专业知识水平限制,还停留在传统的图书馆工作范围内。通过检查评比,推选出工作成绩较为显著的7个馆、室、组,出席了1984年4月召开的全国高等学校图书馆工作经验交流会。

这次全面检查,对工作促进很大,各高校领导对学校图书馆在教学、科学研究中的地位和作用有了进一步的认识,从而对图书馆工作的开展作进一步支持,广大高校图书馆工作者的积极性也随之提高,他们在艰苦条件下,奋发图强,努力工作,在1983—1985年内,开展了一些新的项目,并不断提高质量,75%以上的图书馆,阅览室开放时间超过《工作条例》规定要求每周70小时;开架阅览已普遍实施,开架外借除多数馆允许教师、教辅人员和干部入库选书外,苏州、南通地区的几所高校图书馆于1983、1984年先后对学生实行开架外借,效果较好;参考咨询、阅读辅导工作较前更深入,南京航空学院图书馆流通部社会科学组,注意了学生对社会科学书刊的阅读倾向,开展阅读辅导,取得良好效果,1984年春被评为省五讲四美三热爱活动先进集体;根据高校图书馆是学校图书资料情报中心的要求,已有33所高校明确规定:学校科技情报业务归属图书馆,并在馆领导下成立了情报部(组),开展情报服务工作；书刊资料复印服务已普遍开展；缩微声像等非印刷型资料，有条件的馆均已入藏；电子计算机在图书馆各项工作中应用，已在部分基础较好的馆起步，在这一时期，南京工学院、华东工学院图书馆先后与美国 DIALOG 建立联系，可运用电传终端通过通信卫星进行国际联机检索，有些馆用微机进行外文书刊采购查重等也在陆续进行试验，江苏省高校图书馆在建设现代化图书馆方面有了可喜的开端。对读者开设"文献检索与利用"课或讲座，有较大进展，有 42 所高校图书馆为学生开设文献检索课或讲座。为了解决开设该课程的师资问题，1984—1985 年间，苏州大学、南京大学、南京医学院、南京航空学院等校图书馆先后为全国和本省举办了社会科学文献检索与利用课程师资班、医学文献检索师资班和理工科高校科技文献检索与利用课程师资班，毕业学员共 154 名，从而缓和了这一课程讲课和辅导的师资问题。

在干部队伍建设方面，据 1984 年底统计：共有工作人员 1 678 人，其中大专毕业以上文化者 811 人，占总人数 48.33%；学过图书情报专业的 114 人，占 8.58%。这两年馆、部(组)两级领导班子，进行了调整，有馆级领导 122 人，大专毕业以上 102 人，占 84.28%；部主任(组长)258 人，大专毕业以上文化 187 人，占 72.4%。总的看来，工作人员人数有所增加，文化程度有所提高，平均年龄有所下降，符合机构调整的要求。在干部培养教育方面，1984 年 2 月，南京师范学院夜大学图书馆学专修科首届学生 134 人毕业，其中 59 人分配高校图书馆工作，占毕业人数 44%；为解决新进人员的图书馆学基础知识，1984 年春，省高校图工委委托华东工学院图书馆举办第 2 期理工科院校图书馆干部培训班；为帮助新任馆长解决图书馆工作的业务知识，掌握图书馆各工作环节的特有规律，于 1984 年 11 月在徐州举办了第 1 期江苏省高校图书馆馆长研讨班，通过阅读文件，听业务辅导报告，研讨交流，使参加研讨的馆长对新的工作明确了方向，树立了贯彻执行《高校图书馆工作条例》，做好工作的信心；此外，南京农学院图书馆在 1984 年内还为全国农业高校图书馆举办了两期馆长研讨班；南京大学图书馆和华东工学院图书馆先后为全国和本省举办了电脑培训班各一期。在学术研究与工作经验交流方面，为了从理论上探讨藏书建设结构与模式、交流经验、提高理论水平，为了有针对性提高工作人员的业务水平、推动工作，省高校图工委组织图书馆各工种对口交流经验、研讨问题，先后在南京、无锡、南通组织召开了读者工作研讨会、藏书建设研讨会、期刊工作研讨会，经验证明：对口专题研讨，讨论深透，解决问题，效果良好。此外，还组织了一系列专题报告会、座谈会等活动，如出访考察报告会，国外专家来访报告会，当前高校图书馆形势报告会等，并组织座谈讨论。这些活动，对增长见识，开阔视野，颇有裨益。在新馆舍建筑方面，这三四年来，累积建筑面积达 18.9 万余平方米，至 1984 年底，全省 90%以上高校图书馆有了独立的馆舍。

在改革方面，省高校图工委于 1983 年底和 1984 年底，两次召开以改革为中心的全省高校图书馆馆长会议进行探讨，对推动高校图书馆工作有了一定作用。由于整个改革开放形势的推动，当时不少高校馆在业务管理上试行工作量制，进行定额计量管理，实行考勤、考绩、奖勤罚懒的岗位责任制，调动了人们的工作积极性，提高了工作效率，对整个改革是有益的。

在这段时间，省高校图工委还与省图书馆学会联合组织一些活动，各高校馆的学会会员也积极参加省学会的各项活动。1984 年 7 月，江苏省图书馆学会第二次会员代表大会在宁召开，高校图书馆有 9 名代表当选常务理事，他们分别兼任学会副理事长、副秘书长、学术工作委员会和编辑出版工作委员会副主任、会刊《江苏图书馆学报》副主编[1]。

通过工作实践、学术活动和教学活动,这段时间内,全省高校图书馆工作者发表了不少学术论著。其中南京大学图书馆编著的《文史哲工具书简介》、赵国璋主编的《社会科学文献检索与利用》(师范专科学校用)、南京医学院图书馆编《1949—1979年医学论文累积索引》、倪波主编的《理论图书馆学教程》、吴观国主编的《医学文献检索与利用》等专著,在全国颇有影响。王可权的《从开架实践中谈开架》、潘树广的《古典文学文献及其检索》等图书馆学方面的论文,分别获得1985年江苏省哲学社会科学优秀成果三等奖。这都反映了江苏省高校图书馆工作者的学术研究水平有了较大幅度提高。

按照国家教委的统一布置,江苏省高校图工委于1986年1月组织"文科专款订购进口图书"检查组,对专款受益的6所高校进行了专款订购图书工作的检查评估。检查了订购工作、账册报表、到书周期、到书率、宣传报道、借阅条件和进口图书的使用效益。通过检查,检查组对进口图书的集中与分散、藏书建设的分工协调、新书通报的交换、馆际阅览和优惠复印件的提供、协作组织的建立等问题提出了意见。同年3月,全国文科专款购书专家评估组对在宁的3所高校进行复查验收,专家组对3所受检院校和江苏检查组工作表示满意。次年2月,6所文科专款受益高校图书馆协作组成立。

1985、1986两年内,江苏省各高校图书馆的建设进一步显示出欣欣向荣、蒸蒸日上的气象,多数高校办馆条件有了显著改善。至1986年底全省高校图书馆馆舍建筑面积达21.57万平方米,较1981年增加2.4倍。当时正在建的9个馆计4.7万平方米,将要建的还有34个馆15万多平方米。鉴于当时需要,省高校图工委于1986年4月成立馆舍建筑咨询组,接受建造新馆舍的咨询。图书经费逐年均有增长,1985年全省高校图书经费为993.2万元,占高校事业总经费的4.3%,较1983年占高校事业总经费的3.5%,增加了0.8%。有些高校的图书经费,在达到《工作条例》规定标准基础上逐年仍有所增长,如南京师范大学1986年图书经费占学校事业总经费6.9%;南京粮食救济学院1986年已占8%。据66所高校统计:1985年底全省总藏书量达2090万余册,平均每校31.67万册,较1983年增加23%,文献载体形式也日趋多样化。现代化技术设备的购置,各高校均较重视,复印机已基本普及,至1986年,全省各馆已有微型计算机57台,缩微阅读机63台,卡片复印机10台,其他设备也有不同程度添置。各高校还重视了图书馆人员的调整充实,1986年底,全省高校图书馆共有工作人员2 093人,其中大专以上学历的1 067人,占总人数的51%,学过图书情报专业266人,占12%。这些办馆条件的改善,是进一步做好图书馆工作的基础。

电子计算机应用的研究与实践,1986年进一步获得可喜进展,南京大学图书馆研制成功"激光条形码计算机中文图书流通管理系统",顺利通过省级鉴定[2]。为图书馆中文图书广泛应用计算机管理做出了贡献;南京工学院图书馆研制的DIALOG国际联机检索模拟教学系统获得成功,也通过了省级鉴定并荣获南京市人民政府颁发的1986年微电脑优秀应用成果二等奖。一些有条件的高校馆也抓紧了对现代技术应用的研究与试验,他们在微机上

---

〔1〕 吕秀莲.江苏省图书馆学会第二次会员代表大会在南京召开[J].江苏社联通讯,1984(7):28-31.

〔2〕 全国高校图工委秘书处.全国高等学校图书馆工作纪事(1986年)[J].大学图书馆学报,1987(5):80-82.

开发了中外文书刊采购预定查重、查缺、期刊管理、流通管理等方面的软件系统，有的已投入应用。这些进展为各高校图书馆的现代技术设备的应用提供了示范，积累了经验，培训了干部，显示了江苏省高校图书馆的发展趋向。

各高校图书馆馆际间的横向联系，协作协调活动，这一时期也较为突出。1985 年起，在全省范围内先后成立了江苏省教育学院系统图书馆协作组、江苏省师范专科学校图书馆协作组、江苏省师范院校图书馆协作组、江苏省文科专款购书受益院校图书馆协作组、江苏省职业大学图书馆协作组等。按地区成立协作组织的有扬州市高校图书馆协作组和苏州、常州地区的高校图书馆协作组织。它们定期召开会议，经常开展各种协作活动，取得了良好效果。其中师范专科学校图书馆的协作活动尤为活跃，并有显著成效。除本省范围内按高校的不同性质、层次、地区分别组织图书馆的协作活动外，近年来江苏省高校图书馆参加跨省的以至全国性的协作活动也很频繁。如南京大学、南京工学院图书馆，多次参加华东六省一市的国家教委直属高校图书馆的协作活动；中国矿业大学、南京农业大学、南京医学院、南京航空学院、南京林业大学、南京粮食救济学院等院校图书馆都分别参加了各专业系统的高校图书馆协作活动。1986 年 3 月在南京召开了华东六省一市高校图书馆工作委员会第一次协作会议，正式成立协作组，开展高一层次的协作活动，从而促进了一系列跨省的地区性学术研讨活动的开展，华东六省一市师专图书馆协作组于次年亦随之成立。这种广泛的横向联系纵横交叉的协作网络的组成和协作活动的开展，积极推动着江苏省高校图书馆事业的向前发展。

为了深入贯彻《中共中央关于教育体系改革的决定》，进一步落实《中华人民共和国高等学校图书馆工作条例》，江苏省高教局于 1986 年 7 月组织江苏省高等学校图书馆工作检查团，对全省 72 所高校的图书馆工作进行了全面检查。通过检查，一致认为：继 1983 年第一次检查以来，全省高校图书馆工作有较大进展，这次检查，达到了总结工作、交流经验、互相学习、共同提高、推动工作的目的。翌年 2 月，江苏省教育委员会在南京大学召开江苏省高等学校图书馆工作会议暨表彰大会，省教委副主任兼高教局局长叶春生作了题为“坚持改革、踏实工作，把高校图书馆工作提高到一个新的水平”的工作报告，总结 4 年来全省高校图书馆工作和 1986 年下半年进行的检查评比工作。大会对 18 个馆、21 个部(组、室)、72 名个人给予表彰和表扬。会上宣布了省高校图工委新的领导班子。

江苏省高校图工委领导成员调整后，在原有工作的基础上，围绕着贯彻落实工作会议暨表彰大会精神，积极开展各项活动，先后组织了“文献检索与利用”课的学术研讨和教学经验交流会；接受省教委委托，组织不具备规定学历的现职工作人员申报专业职务的专业考试；成立《江苏省高等学校图书馆年鉴》编委会，开展《年鉴》的编写工作；组织高校图书馆统计工作研讨会等，为了适应读者服务工作向纵深发展，组织成立了“读者工作研讨组”作为自己在这方面的学术、业务咨询机构。

1987 年 6 月，江苏省选派了马先阵等 8 位代表，出席第三次全国高等学校图书馆工作会议。全国会议后，江苏省高校图工委认真传达和贯彻了会议精神。读者工作研讨组根据会议精神于 1987 年 12 月和 1988 年 9 月先后以高校图书馆思想政治教育和高校图书馆的教育职能为专题，组织了第二次和第三次全省高校图书馆读者工作研讨会，并评选出三篇论文作者出席全国高校图书馆教育职能经验交流会。为了普及与提高连续出版物及期刊的管理知识水平，充分发挥连续出版物及期刊在传递情报、信息和在教学、科学研究等方面的重要作用,于 1988 年 3 月举办了一期期刊管理干部培训班。

从以上各方面事实说明:粉碎"四人帮"后,特别是在党的十一届三中全会后,江苏省高校图书馆事业的发展,是历史上发展最快、最好的时期。所以能取得这样令人可喜成就,主要原因是:1. 党中央坚持改革、开放、搞活的基本方针,重视知识、重视教育、重视知识分子,为高校图书馆事业的发展提供了良好的社会环境和基本保证;2. 各院校领导和上级主管部门对图书馆工作的重视和支持;3. 有一支忠诚于党的教育事业,热爱图书馆工作,具有强烈事业心,积极工作的高校图书馆专业队伍;4. 有全国高校图工委的正确指导和省高校图工委的努力工作。

三

回顾江苏省高校图书馆事业发展的历史,发展与停滞,坦途与坎坷,振兴与挫折,构成了江苏省高校图书馆事业发展的进程。其中虽有过曲折和坎坷,但总的说是前进的、发展的,它对江苏省高等教育的发展和人才的培养有不可磨灭的贡献。无论过去和现在,江苏省高等学校图书馆,在全国高校图书馆事业和江苏省整个图书馆事业中,是占有重要的地位的。

江苏省广大高校图书馆工作者,在这平凡而又十分有意义的工作岗位上,用自己的劳动默默无闻地辛勤耕耘着。学校教学质量的提高和科研成果的获得,培养出来的一批批大学生、研究生,都凝聚着他们的汗水和劳动。他们热爱图书馆事业,愿在图书馆这座知识宝库中贡献自己毕生的精力。就有这样一批对图书馆事业"痴情"的人:有一些退休老人,退而不休,终日为图书馆事业奔走、操劳,不辞劳累;有一位离休长者,嘱咐子女为自己准备墓碑时,一定要在自己姓名前刻上"图书馆工作者"6 个字;有位青年同志,生了个儿子,取名叫"书香"。他们对图书馆和图书是爱得如此深沉、诚挚!高校图书馆工作者是高校图书馆事业的创造者、开拓者和实践者,他们的业绩,应受到人们的承认和推崇。

江苏省高校图书馆事业,经过长期的发展,已经有了一个较好的基础,但应看到:与四化建设的要求相比,以日益深入的高等教育改革的要求衡量,仍然是很不适应的。这主要表现在:图书馆的基础工作效率不高,服务手段落后,服务水平较低,文献资源开发利用不够;专业队伍结构不尽合理,素质要求不够理想;近几年图书经费的增长跟不上书刊的提价,以致年进书量有所下降;有的馆馆舍还较简陋,设备亦嫌陈旧,人员不足,文献资源贫乏;部分工作人员存在传统观念,尚不能适应深入改革的新形势;等等。而世界科学技术迅猛发展形成的信息社会,又必将更加迅速地把我们推向建设现代化、网络化、情报化图书馆的轨道前进,这就对图书馆学这门学科的研究内容、范围、方法都提出了新的课题。这一切既给江苏省高校图书馆工作者提出了新而艰巨的任务,又指出了灿烂而光辉的前程。

江苏人文荟萃,高校林立,江苏省高校图书馆工作者,任重而道远,应该认真总结经验,克服缺点,在已有成绩的基础上,扬长补短,奋勇前进,用我们的辛勤劳动来谱写江苏省高等学校图书馆事业发展更为灿烂的历史!

说明:

《概述》上编,原文摘自陈乃林主编,马先阵、张占荣副主编的《江苏高等学校图书馆年鉴》一书(南京大学出版社,1990 年 6 月出版)的第 4 章“江苏高等学校图书馆事业发展概述”,《概述》由王可权(南京航空航天大学图书馆)、陈英(扬州师范学院图书馆)、庞其武(南京农业大学图书馆)3 位前辈撰写,客观地记述 1901 年至 1988 年,江苏省高等学校图书馆事业发展的历史脉络,这一历史时期,政治环境复杂、工作条件艰苦、文献经费匮乏,前辈们历经困苦,不忘初心,培植了江苏省高校图书馆优秀的行业文化和合作传统,为改革开放以后,江苏省高校图书馆事业的大发展、大跃进奠定了基础。

回望来路,血脉相连,感恩先贤,永志不忘。特将《江苏高等学校图书馆年鉴》中的概述部分,原文谨记于此,以致敬前辈,提醒后来者永远铭记前辈的贡献和业绩。

江苏高等学校图书馆事业发展概述
（下编：1978—2017 年）

罗　钧　徐　晖　沈　鸣　撰稿

1966 年，“文化大革命”开始时，江苏省共有普通高校 30 所。1976 年“文革”结束时，全省仅存普通高校 25 所[1]，1978 年，党的十三届三中全会召开，开启了改革开放的序幕，中国图书馆界的各级组织逐步建立，全国和江苏省高等学校图书馆工作委员会（以下简称：江苏省高校图工委）相继成立，江苏省高校图工委是江苏省历史上第一个全省高校图书馆的合作组织。中国高校图书馆事业伴随着高等教育事业的发展，跌宕起伏，曲折前行，走过了不平凡的 40 年，取得了巨大的成果，江苏省也成为教育大省、教育强省。到 2018 年，全省高校（图书馆）已经有 142 所（见图 1），高校读者人数突破 200 万（含本专研究生在校生、专任教师，下同）（见图 2），江苏省的高等教育跨过高等教育毛入学率 50%的台阶，率先进入了高等教育普及化发展阶段。40 年来，江苏高校图书馆人在每个历史转折时刻，主动转型、创新争先，为江苏省高等教育事业和中国高校图书馆事业的发展做出了贡献。

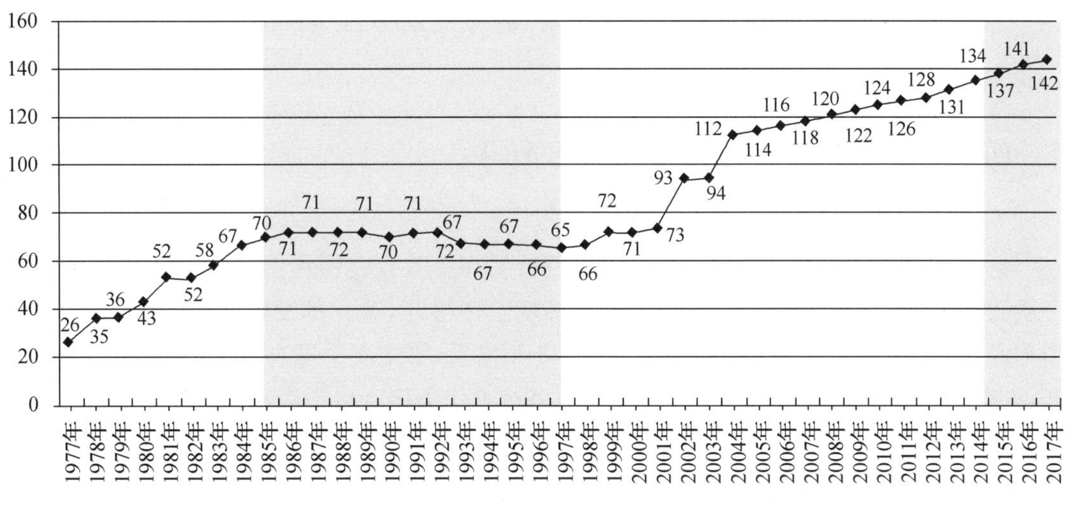

图 1　40 年来江苏省普通高校（高校图书馆）数量变化示意图（单位：所）

借鉴学界的研究成果，综合江苏省高校图书馆 40 年的发展，大体划分为四个阶段，① 恢复转型时期（1978—1985 年），江苏省图书馆学会、江苏省高校图工委相继成立，完成

---

〔1〕 江苏省地方志编纂委员会.四十五年江苏教育事业基本统计[A]江苏省志教育志[C].南京：江苏古籍出版社，2000：1291－1297.

第二次高校图书馆评比，从“文革”遗留下来的环境中艰难起步，初步完成管理与服务的正规化转型；② 稳定调整时期（1986—1997 年），江苏省高校图工委以馆舍建设、队伍建设、业务建设、读者教育，以及自身的组织建设的内涵建设为方向，完成全国高校图书馆评估，传统图书馆业务向图书情报一体化保障体系的转型；③ 快速跨越时期（1998—2014 年），江苏省高等教育进入跨越式发展，也是江苏省高校图书馆发展的重要转型期，JALIS 与“中国高等教育文献保障系统”（China Academic Library & Information System，以下简称 CALIS）的建设先后启动，JALIS 成为全国第一个省级数字图书馆联盟，实现了传统服务向数字图书馆服务的转型。④ 再起步时期（2015 年至今），面对先进技术的不断迭代、挑战，继续坚持创新，敢于自我扬弃，突破瓶颈，重新起步，向“互联网＋”与智能化服务为特征的智慧图书馆转型。

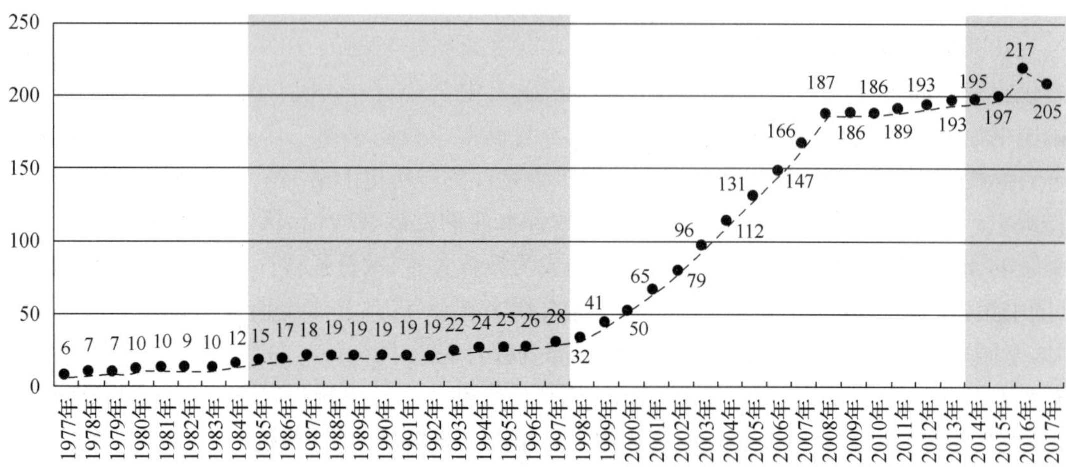

图 2　40 年来全省高校读者数量变化（含本专科/研究生在校生/专任教师，单位：万人）

1. 恢复转型时期（1978—1985 年）

党的十一届三中全会召开以后，政府部门针对高等教育整顿和图书馆工作连续发布了一系列的文件，创造了从未有过的良好政策环境。1978 年，教育部发布《关于加强高等学校图书资料工作的意见》。1981 年 9 月，时隔 25 年以后，第二次全国高校图书馆工作会议召开，教育部颁发《中华人民共和国高等学校图书馆工作条例》（以下简称：《条例》），为高校图书馆的发展提供了政策支持，江苏省高校图书馆在这一时期的首要任务是：① 深入揭批“文革”时期的极左路线，拨乱反正；② 自上而下地落实《条例》，充分调动学校、图书馆、馆员各方面的积极性；③ 明确图书馆的性质、作用、方针、任务和服务对象，重建服务秩序；④ 整顿内部，清理馆藏，健全目录，重建各种管理制度；⑤ 建立江苏省高校图书馆的行业合作和管理机构；⑥ 高校图书馆为四个现代化服务和自身的现代化建设作好准备[1]。

1966 年“文化大革命”开始，江苏省有 30 所普通高校，经历“文化大革命”以后，1977 年

[1] 黄宗忠. 新中国图书馆事业三十年[J]. 武汉大学学报（哲学社会科学版），1979(5)：69－77.

恢复高考时,全省普通高校仅存25所[1],高校读者人数仅为6万人(见图2),图书馆的馆员队伍流失,人员老化,馆负责人的平均年龄60.1岁[2],1978年,高校增加至35所,高校图书馆总收藏文献量为10 199 540件,人员队伍总数738人,馆舍总面积85 884平方米[3]。

1.1 以组织建设为抓手,全面贯彻落实《条例》

1978年至1985年,中国图书馆界自上而下地完成了行业组织的建设,是中国图书馆事业复兴的起步阶段[4],1979年7月,中国图书馆学会成立,9月,江苏省图书馆学会在南京成立[5],同时,"南京中心图书馆委员会"重新恢复工作[6]。在首届江苏省图书馆学会的理事会成员中,高校图书馆占46%。1981年9月,在教育部召开的第二次全国高校图书馆工作会议上,全国高等院校图书馆工作委员会(以下简称:全国高校图工委)成立,在教育部领导下承担管理高校图书馆的工作,改变了教育领导部门自中华人民共和国成立以来没有管理高校图书馆的专门机构的局面[7]。南京大学图书馆、南京医学院图书馆、南京农学院图书馆被聘为首届委员馆[8],1981年12月,原江苏省高教局召开自1949年以来,由省政府召集的第1次"江苏省高校图书馆工作会议"[9],成立"江苏省高校图书馆工作委员会筹备组"。次年11月,在南京师范学院召开"江苏省高等院校图书馆工作委员会成立大会","江苏省高校图工委"宣告成立,秘书处设在南京医学院图书馆(1987年迁至南京大学图书馆至今),全国高等院校图书馆工作委员会委员、南京医学院图书馆馆长吴观国出任首任秘书长。

《条例》是第一部高校图书馆的行政法规,高校图工委成为第一个高校图书馆的管理机构[10]。高校图工委兼具行业学会和学术共同体的特征,对于江苏省高校图书馆界而言,这一事件具有双重意义,首先,有了覆盖全省高校图书馆的组织,所有的成员馆成为紧密合作、目标一致的共同体成员,其次,也是江苏省高校图书馆合作历史的传承,老一辈图书馆人建立的合作事业和所创立的合作传统,在新的时期得到延续,成为新时代的起点。全国和江苏省高校图工委半官半民的角色定位,超出一般学术共同体的范式,成员借助政府的行政力和在行业内的号召力,推动基层图书馆的改革与发展,使得一直在高校内处于相对弱势的图书馆,可以在人力、经费、管理、改革方面,从主管部门和学校获取更多的政策性支持,高校图工委成为高校图书馆改革与发展,落实《条例》最为重要的保证和主心骨。

加强全省高校图书馆之间、地区间的横向合作,以及与国内各系统内的馆际合作,在省

---

〔1〕 江苏省地方志编纂委员会.江苏省志教育志[M].南京:江苏古籍出版社,2000:1291-1297.

〔2〕 江苏省高校图工委秘书处.江苏省高校图书馆工作委员会表彰卅年以上工作人员[J].江苏图书馆学报,1984(4):68.

〔3〕 陈乃林,马先阵,等.江苏高等学校图书馆年鉴[M].南京:南京大学出版社,1990:272.

〔4〕 程焕文.百年沧桑 世纪华章——20世纪中国图书馆事业回顾与展望[J].图书馆建设,2004(6):1-8.

〔5〕 本刊记者.江苏省图书馆学会成立[J].江苏图书馆工作,1980(1):7.

〔6〕 陈乃林,马先阵等.江苏高等学校图书馆年鉴[M].南京:南京大学出版社,1990:24.

〔7〕 周林.提高认识 加强领导 努力办好高等学校图书馆[J].图书馆学通讯,1981(4):1-8.

〔8〕 小痴.教育部召开全国高等学校图书馆工作会议[J].江苏图书馆工作,1981(4):101-102.

〔9〕 李钟英.在江苏省高校图工委成立大会上的讲话[Z],南京:1982.

〔10〕 吴稌年.图书馆学/协会促进近代图书馆学术转型[J].图书馆理论与实践,2007(2):123-124+136.

内高校系统内分层次建立专业馆、地区馆的基层协作组织，1985 年起，先后成立了教育学院系统图书馆协作组、师专学校图书馆协作组、文科专款购书受益院校图书馆协作组、职业大学图书馆协作组等。按地区成立协作组织的有常州、扬州、苏州等地区高校图书馆协作组。同时，推动省内高校参与国内相关行业高校图书馆的协作组织，分别加入原纺织部系统、原农业部系统、原机械工业部系统、原煤炭部、原兵工部等系统所属高校的图书馆协作组织，并发挥重要作用〔1〕。

1.2 坚持改革开放，促进高校图书馆服务与管理的转型

《条例》中明确指出："高等学校图书馆是学校的图书资料情报中心，是为教学和科学研究服务的学术性机构，它的工作是教学和科学研究工作的重要组成部分〔2〕。"《条例》的颁布促使地方教育主管部门和学校领导重视高校图书馆的建设，1983 年 1 月，江苏省高教局组织了江苏省高校图书馆历史上第一次互查评比检查〔3〕，检查涉及管理体制、规章制度、馆藏建设、目录体系、参考咨询、阅读辅导、文检课教学情况等方面，评比检查结束时，全省 80％以上的高校按照《条例》的要求建立了学校的图书馆工作委员会，落实院校长领导下的馆长负责制，完善图书馆自身的部室设置，绝大部分高校建立健全了院校长领导下的馆长负责制，藏书量、服务面积等指标均有明显增长，43％的馆扩建了新馆，90％的馆拥有了独立馆舍〔4〕。完善了馆藏目录体系，开架服务得到普遍推广，绝大部分图书馆达到了《条例》要求的每周 70 小时的开放时间〔5〕。同时，队伍的结构也得到了很大改善，学校内部的图书情报一体化进程进一步深化，56％的学校明确规定学校的科技情报业务归属图书馆，图书馆内设立情报部(室)，与图书馆业务一体化管理。评比检查以后，推选了 7 个馆(室/组)参加了 1984 年召开的全国高校图书馆工作经验交流会〔6〕。

《条例》把文献检索与利用的教育任务和高等学校图书馆联系起来，明确规定"开展查阅文献方法的教育和辅导工作"，作为高校图书馆的重要任务之一〔7〕，1984 年 2 月，教育部发出 4 号文件，《关于在高等学校开设〈文献检索与利用〉课的意见》，在此后的 10 年中，国家教育主管部门先后下发了 4 个文件〔8〕。江苏省高校图书馆在"文革"前，就有开设文献检索课的传统，1979 年，江苏省学会和南京中心图书馆委员会联合举办的第 1 期图书馆馆员培训班，专设"文献检索"课程，1981 年起逐步恢复高校图书馆的文检课程〔9〕，1984 年教育部 4 号文件颁布时，江苏省已有 72.34％的高校图书馆开设文献检索课程，在覆盖面、受益人数、师资队伍建设等方面都居全国的前列。1982 年至 1983 年，南京医学院图书馆、苏州大学图

---

〔1〕 陈乃林，马先阵，等. 江苏高等学校图书馆年鉴[M]. 南京：南京大学出版社，1990：31－32.

〔2〕 教育部. 中华人民共和国高等学校图书馆工作条例[J]. 图书馆学通讯，1981(9)：13－16.

〔3〕 陈乃林，马先阵，等. 江苏高等学校图书馆年鉴[M]. 南京：南京大学出版社，1990：24.

〔4〕 陈乃林，马先阵，等. 江苏高等学校图书馆年鉴[M]. 南京：南京大学出版社，1990：29.

〔5〕 江苏省图书馆学会秘书处. 发展中的江苏省高校图书馆[J]. 江苏图书馆学报，1986(3)：62－67.

〔6〕 全国高校图工委秘书处. 全国高等学校图书馆工作经验交流会文集[M]. 西安：全国高校图工委会秘书处. 1984：368.

〔7〕 教育部. 中华人民共和国高等学校图书馆工作条例[J]. 图书馆学通讯，1981(9)：13－16.

〔8〕 李晓明. 我所经历的文献检索课[J]. 大学图书馆学报，2004(4)：3－6.

〔9〕 王学熙. 第一期图书馆工作人员培训班小结[J]. 江苏图书馆工作，1980(2)：45－47.

书馆受全国高校图工委委托,承担了文献检索师资班的培训任务,培养了近200名师资〔1〕,江苏省成为全国高校读者信息素养教育改革与师资培训的重要基地。

1979年3月,教育部发布32号文件,《教育部关于试行高等学校实验技术人员和图书资料情报人员职务名称确定与提升的两个〈暂行规定〉的通知》,当年年底,江苏省图书馆学会就召集在宁高校图书馆职称工作会议,启动试点工作,1981年1月,国务院批准《图书、档案、资料专业干部业务职称暂行规定》。1983年3月,江苏省高教局批准成立"江苏省高等学校图书资料技术职称评审委员会"〔2〕,推动人事制度的改革和职称评定工作的开展,省内部分高校图书馆开始试行工作量与考勤考绩结合的岗位责任制〔3〕。

1.3 以人才培养为抓手,为未来发展培养队伍

以人才为本,借助政策支持,多渠道培养人才,改革开放初期,馆员队伍流失严重,人员老化,1977年,图书馆负责人的平均年龄60.1岁〔4〕,江苏省图书馆学会、江苏省高校图工委全面推动了全日制本专科教育、函授教育、职业教育、在职干部培训、干部进修班等多渠道的人才培养工作。同时,从1978年起,江苏省开展高校图书馆事业史上多项开创性的工作,南京大学创办了第一个全日制图书馆学专业,招收了第一批图书馆学研究生。1981年起,南京大学等5校联合组织师资队伍,在南京师范大学夜大学举办图书馆学专修科〔5〕,每年招生100余人。到1985年,全省高校图书馆队伍中馆、部门领导中,大专以上学历的人员比例达到了72%。同时,在所在学校图书馆的参与下,1984年,南京工学院举办图书情报专业招生,1985年,南京农业大学举办农业图书情报专业,现在已经发展成为在国内有影响的图书情报专业院系。

针对在岗人员业务水平偏低,人员老化的问题,加大对在职人员的培训工作,从1979年起,密集举办馆员培训班,培训班采取全业务流程,而非专题性的培训方式,培训周期30—40天,1979至1981年,就连续举办4期培训班。到1985年,总参训的人数接近全省高校图书馆人员队伍的50%,极大地缓解人才缺口,为后来若干年的发展打下了基础,相当数量的学员成长为高校图书馆领导者。

函授教育与馆领导培训并举,1980年以后,北京大学恢复"文革"前在江苏省设立的图书馆学专业函授点,1981年,金陵职业大学开办图书情报函授班,第1届学生300人,江苏省高校图工委成立以后,招生规模逐步扩大,覆盖南京、无锡、苏州、常州等城市,省内高校,如徐州师范学院等院校也开办函授班,形成覆盖全省的函授教育网络,1987年,武汉大学在南京医学院设立函授点。1982年江苏省高校图工委成立时,举办的第1个培训班就是馆长培训班,这一举措,逐步成为江苏省高校图工委的常规工作,不定期地组织馆长培训班或暑期研讨班,帮助来自非图书馆专业岗位的新任馆长熟悉图书馆业务,了解图书馆事业发展的趋势,帮助他们尽快进入角色,成为合格的图书馆领导者。

---

〔1〕 李晓明.我所经历的文献检索课[J].大学图书馆学报,2004(4):3-6.

〔2〕 陈乃林,马先阵等.江苏高等学校图书馆年鉴[M].南京.南京大学出版社,1990:294.

〔3〕 陈乃林,马先阵等.江苏高等学校图书馆年鉴[M].南京.南京大学出版社,1990:29.

〔4〕 江苏省高校图工委秘书处.江苏省高校图书馆工作委员会表彰卅年以上工作人员[J].江苏图书馆学报,1984(4):68.

〔5〕 本刊记者.江苏省图书馆学会1981年第1季度大事记[J].江苏图书馆工作,1981(3):93-94.

1982 年 8 月，教育部转发全国高等学校图书馆工作委员会《关于举办高等学校图书馆专业干部进修班的暂行规定》，江苏省高校图工委、南京大学图书馆作为首批 12 个培训单位，连续为全国高校培养了上百名专业干部[1]。这一时期，通过全日制教育、夜大学、函授等方式培养了相当数量的业务人才，1984 年全省高校图书馆人员总数达 1 678 人，大专毕业以上文化者的比例从 1980 年的 38%，增加到 48.33%[2]，接近《条例》规定的 60%的要求，为江苏省高校图书馆事业的复兴，创造了条件。

1.4　以技术应用为抓手，提升高校图书馆现代化管理水平

1978 年，南京大学研制了西文图书检索系统 NDTS－78 并投入试运行，揭开了我国高校图书馆自动化的序幕[3]。1979 年，南京大学图书馆引进《生物学文摘》(BA)的磁带库，并开发了《生物学文摘》(BA)定题服务系统，1981 年下半年起，为全国的高校和科研机构用户提供服务[4]。1980 年以后，PC 计算机、关系数据库软件进入市场，江苏省高校图书馆和国内高校图书馆一起，进入了计算机应用的开发热潮，南京大学、南京工学院、华东工程学院等骨干学校发挥示范作用，1985 年，南京工学院图书馆研制的“图书流通管理系统”投入运行，成为江苏省内高校图书馆第一个图书馆管理系统，以及后续开发的“DIALOG 国际联机模拟系统”，使江苏省高校图书馆的总体开发水平与成果，与北京、上海、广东等兄弟省市高校图书馆并处于国内的第一方阵。

1985 年以前，全国高校图书馆处于自动化发展的第一阶段[5]，拥有应用系统和真正投入实用的系统还是少数，重点骨干高校图书馆已经开始建设技术队伍和部门，而大多数高校馆还没有相应的部门设置，仍处于学习 MARC 标准，熟悉业务，做实验性的开发工作。系统的开发又大多以流通、期刊管理为突破口，其发展受到客观条件的限制，缺乏数据标准，以微机的硬件平台，不足以支撑大规模的应用，经费无法满足。1983 年，全省的馆均年度经费为 9.5 万，1985 年，馆均年度经费增长到 12.3 万元，即便是使用小型机的学校，也无法承担扩展维护的成本，大部分中小型的高校图书馆，几乎没有额外的经费支持计算机应用开发。同时，人员、经验、技术支持的不足，全省只有 8 个高校图书馆设有专门的技术部门，四分之一的高校图书馆有应用系统，不足百人的技术队伍。但是，江苏省高校图书馆对未来的发展，具有方向性的共识，图书馆的现代化必须以自动化系统为中心，高校图书馆必须拥有自己的技术队伍，与同期的公共图书馆、科研图书馆相比，高校图书馆在人才、业务组织等方面是有优势的，在艰苦的条件下，这不足百人的技术队伍成为未来发展的重要储备[6]。

至 1985 年，全国教育体制改革启动时[7]，江苏省高校图书馆的总体规模已从 35 所增

---

〔1〕 江成. 全国高校图书馆专业干部进修工作座谈会在南京召开[J]. 大学图书馆通讯，1984(4)：36.

〔2〕 陈乃林，马先阵等. 江苏高等学校图书馆年鉴[M]. 南京：南京大学出版社，1990：226.

〔3〕 袁名敦. 高校图书馆自动化发展的新阶段[J]. 大学图书馆学报，1990(1)：1－5.

〔4〕 邵品洪，庄建南. BA 文献库的建立与检索[J]. 情报科学，1981(6)：23－32.

〔5〕 袁名敦. 高校图书馆自动化发展的新阶段[J]. 大学图书馆学报，1990(1)：1－5.

〔6〕 沈鸣，苏新宁等. 江苏省图书馆自动化工作发展的回顾和展望[J]. 江苏图书馆学报，1991(2)：17－21.

〔7〕 中共中央. 中共中央关于教育体制改革的决定[J]. 中华人民共和国国务院公报，1985(15)：467－477.

加至70所(见图1),8年间,校均规模增加到1 400人/校,高校读者人数达到15万(见图2),两项指标均翻了一番。江苏省高校图书馆工作人员的总数突破2千人[1],增加3倍,馆均人数达27人,文献资源建设经费达到865万元[2],馆舍总面积20万平方米[3],增加1.5倍,馆藏总量近2 000万件,增长将近1倍。

这一阶段的发展特征是以政策导向,以高校图书馆的基础工作为重点。1985年至1997年,全省高校总数基本稳定,但校均规模在扩张,本科院校占主导地位,本科院校平均比例保持在62%,江苏省高校图书馆以本科院校的科研与教学为重点保障对象,在经费条件困难的情况下,精心组织,协同合作,主动出击,全面落实《条例》,保证教育和情报职能的履行,保证教学质量的稳定和科研工作的正常开展,以组织建设、人才培养、技术创新、服务创新、管理创新为抓手,多管齐下,在深化改革中更新充实图书馆,推动高校图书馆管理与服务体制的改革,为后来的发展奠定了坚实的基础。

2. 稳定调整时期(1986—1997年)

这一时期,是我国高等教育事业发展的重要转型期,出现一系列重大的历史事件。1987年,教育部召开第3次全国高校图书馆工作会议,将《条例》修改为《普通高等学校图书馆规程》(以下简称:《规程》)并正式发布。从《条例》到《规程》的完善过程,是对图书馆重要性认识不断提高的过程,也反映了时代发展的需求,从以发展事业规模,努力扩大外延为特征的建设高潮,转向运用现代科学技术,深化改革,强化管理,优化服务,加强内涵建设上来。

1985年5月,中共中央发布了《中共中央关于教育体制改革的决定》(以下简称:《决定》),提出改革高等学校的招生和分配制度改革,扩大高等学校办学自主权,改变专科、本科比例不合理的状况,着重加快高等专科教育的发展,大学本科通过改革、扩建和各种形式的联合,适当控制数量规模[4],《决定》中对高校评估的规定,直接推动了高校图书馆评估的理论研究和实践活动。在国家"充实整顿、稳定规模、调整结构、内涵发展"政策的引导下,从1986年到1997年共11年间,高校数量波动不大(见图1),但是在校生人数规模却在增长,1986年,全省高校读者数(本专科、研究生在校生人数、专任教师数之和)为17万,到1997年,达到了28万,净增加11万人(见图2),校均规模从1986年的不足2千人,增加到1997年3 600人,增加1.5倍。1988年,全省高校图书馆的文献收藏量达26 752 315件,总经费达到1 463.3万元,人员总数达到2 395人,馆舍总面积272 662平方米[5]。

规模的增长带来了新的矛盾,教育经费的增加,赶不上学校规模增长的需要,有限的投入被基建占用,教学以及文献保障的经费投入不足,1990年统计,全省80%的高校图书馆年

---

〔1〕 江苏省高等学校图书馆工作委员会筹委会.江苏省高等学校图书馆工作委员会筹委会关于全省高等学校图书馆专业干部补充和培训问题的初步打算[J].江苏图书馆工作,1982(1):14-15.

〔2〕 施星国.书刊调价与图书经费的关系[J].大学图书馆通讯,1986(4):35.

〔3〕 陈乃林,马先阵等.江苏高等学校图书馆年鉴[M].南京:南京大学出版社,1990:39.

〔4〕 中共中央.中共中央关于教育体制改革的决定[J].中华人民共和国国务院公报,1985(15):467-477.

〔5〕 陈乃林,马先阵等.江苏高等学校图书馆年鉴[M].南京:南京大学出版社,1990:253.

度经费占全校教育事业费的比例，均低于《规程》规定的5%的要求。师资短缺，生师比急剧上升。同时，规模扩张导致生源结构发生变化，直接影响高等教育的教学质量[1]。高校图书馆同时面对经费不足和图书价格上涨的双重压力，从趋势上看，各校图书经费呈缓慢增长，并未能赶上书刊价格的上涨，综合年均上涨率为19.8%，造成每年入藏量急速下降，1990年的120多万册，降到1994年的75万册，下降幅度达1/3以上[2]，部分高校图书馆还出现经费减少的现象。另一方面，高校图书文献管理体制上存在的条块分割现象，又造成了低水平重复建设。两方面的因素，直接危及高校图书馆对教学与科研的保障能力，11年中，江苏省的高校以本科、部属院校为主，本科学校占比保持在62%左右，本科院校对外文书刊的需求受到极大影响。书刊价格的持续大幅涨价与图书经费严重不足的矛盾，成为这一时期最主要问题[3]。图书馆管理模式也遇到新的挑战，由于合并调整，图书馆的体量增大，多校区、多分馆模式，给图书馆的内部管理带来了一系列新的问题。

1995年11月，国务院批准正式启动"面向21世纪、重点建设100所左右的高等学校和一批重点学科的建设工程"(211工程)，江苏省11所高校入围。

2.1 认真履行职责，确保高等教育的文献保证需求

《规程》再一次明确了高校图书馆的教育职能和情报职能。高校图书馆是高等学校办学的基础条件之一，对于以本科院校、部属院校为主体的江苏省高等学校而言，文献经费的短缺对日常教学与科研工作影响巨大，江苏省高校图工委针对困难局面，以资源建设为中心，主动承担责任，通过合作缓解经费困局，保证藏书质量。外文期刊的经费占比是图书馆经费的主要支出，也是对本科院校的科研教学影响最大的文献需求，1989年3月，组建江苏省高校图工委期刊工作研究组，5月，南京大学等单位发起成立"全国高校图工委期刊工作研究会"[4]，期刊工作研究组成立后，就组织调查全省的期刊工作状况，建立全省的原版外文报刊联合目录，开展馆际合作，区分需求，统一规划，联合保种的方式，组织联合采购。1994年"全国高校图工委期刊工作研究会"发起成立了由南京大学、北京大学等10所院校参加的"全国高校期刊协调网"，将合作的模式推广到全国，成员馆拨出协调专款，签订保种协议书，统一协调，分工合作。协调网覆盖全国部属高校、主要公共图书馆、科学院系统的50余个研究型图书馆，在协作网存续的近10年里，通过馆际协调平均每年节约外刊订购经费约1 500万元，极大地缓解了合作馆的经费压力，保证教学与科研工作文献需求，得到了国家教委和全国高校图工委表彰。

对于中文图书的采购，在江苏省高校图工委的统一协调下，全省各高校图书馆采取"保品种，减复本；保重点，减一般；保核心，减相关"的策略，确保教学科研的需要不受影响，同时组织建立有教师参加的"选书委员会""藏书建设委员会"，强化读者的参与，同时广开书源，

---

〔1〕 葛锁网.以科学发展观为指导建设高教强省——对江苏建设高教强省的思考[J].中国高教研究，2006(2)：12-15.

〔2〕 杨克义.在整体化建设道路上大步迈进的江苏高校图书馆[J].大学图书馆学报，1996.14(4)：3-4.

〔3〕 施星国.书刊调价与图书经费的关系[J].大学图书馆通讯，1986(4)：35.

〔4〕 江苏省高校图情工委秘书处.江苏省高校图书情报工作委员会1989年大事记[J].江苏图书馆学报，1990(1)：61+59.

利用国内外交换、赠送等渠道,接受亚基会等国际组织、友好人士的捐赠,补充资源,对内则剔除冗余,优化馆藏。指导成员馆建立馆藏文献建设规划,有计划组织馆藏建设,保障了在这一时期总的馆藏规模呈稳步缓慢增长[1]。

继续强化教育职能,主动出击。《规程》肯定前期推广"文献检索课"的成果,对开展用户教育提出更高的要求。要求用户教育以"培养师生的情报意识和利用文献情报的技能"为目标,1986年8月,全国高校文献检索与利用课程系列教材编审委员会成立,南京医学院吴观国、苏州大学潘树广当选委员[2]。1986年、1992年,国家教委和全国高校图工委两次在南京召开会议,在1992年下发《文献检索课教学基本要求》[3]。1993年7月,高教司聘请专家组成"文献检索课教学指导小组",吴观国被聘为顾问,潘树广、侯汉清任委员。1993年评估结束时,全省近90%的高校图书馆开设了文检课程,逐步建立起新生、本科生、研究生的三个层次的教学体系,部分院校将文检课列入必修课[4]。培养了稳定的教师队伍,全省高校图书馆自编教材就达72种[5],主编或参编国家教委的高校文检课系列教材12种(主编7种,参编5种),占总数的50%,其中1种教材获得中国图书馆学会和江苏省图书馆学会优秀奖[6]。到1993年,全国高校图书馆评估工作结束时,全省86%的高校开设了文检课,读者信息素养教育开拓了图书馆新的服务领域,加强了图书馆的情报职能。以高校图书馆为基地,推广普及文献检索课,催生了教育部的有关文件,组织师资培训、教材编写、教学研究和经验交流,使文检课在全国高校迅速推广[7]。虽然外部环境和技术手段、文献检索教育的模式和方法不断创新与改革,但提高读者信息素养的目标并未改变。这是高校图书馆界为教学和科研提供优质服务的一次主动出击,成绩卓著。今天,信息素质教育已经成为中国高等教育的组成部分,这是老一辈高校图书馆人留给后人的宝贵财富[8],在这个过程中,江苏省高校图书馆界走在了前面,做出自己的贡献。

1994年,江苏省委、省政府将"科技兴省"的发展战略,调整充实为"科教强省"战略。"科教强省"战略既深化了"科技兴省"的内涵,又突出了教育为本的理念。1995年11月,"211工程"正式启动。江苏省教育厅针对高等教育发展中出现的问题,提出十大工程建设计划[9],其中包括"江苏省教育与科研计算机网"(JSERNET)工程、教学质量工程的建设。1997年,"江苏省高等学校文献信息保障系统"正式启动。

---

〔1〕 江苏省教育委员会.全省普通高校图书馆评估工作总结苏教教(1993)49号[Z]江苏省教育委员会,1993.

〔2〕 罗丽.全国高校文献检索与利用课程系列教材编审委员会在京成立[J].图书情报工作,1987(2):47.

〔3〕 李晓明.我所经历的文献检索课[J].大学图书馆学报,2004(4):3-6.

〔4〕 江苏省教育委员会.全省普通高校图书馆评估工作总结苏教教(1993)49号[Z]江苏省教育委员会,1993.

〔5〕 陈乃林,马先阵等.江苏高等学校图书馆年鉴[M].南京:南京大学出版社,1990:164.

〔6〕 江苏省教育委员会.全省普通高校图书馆评估工作总结苏教教(1993)49号[Z]江苏省教育委员会,1993.

〔7〕 肖自力.岁月悠悠事业千秋[J].大学图书馆学报,2004(4):7-9.

〔8〕 大学图书馆学报编辑部.纪念文献检索课全面推广20周年[J].大学图书馆学报,2004(1):2.

〔9〕 葛锁网.以科学发展观为指导 建设高教强省——对江苏建设高教强省的思考[J].中国高教研究,2006(2):12-15.

2.2 以改革促进管理上台阶，夯实发展基础

人事制度改革、职称评定工作改革成为职务聘任制度的改革。1983 年启动的职称评定工作，加快了职工队伍的年轻化、专业化。这一人事制度的重大改革，在当时的情况下，对激发图书情报人员的积极性，稳定业务队伍起到关键作用。1987 年，图书馆专业人员的聘任制度改革[1]，由评定职称向岗位聘任转型，江苏高校图书馆的综合改革进入深水区。1991 年起南京大学、东南大学被国家教委选定为管理改革的试点单位，启动综合改革，在 1988 年启动的工资总额承包改革的基础上，全面实施"双向选择、按劳分配、量化考核"，以及"按需设岗、按岗选人、定岗定津贴"等内部管理体制改革，推行"三定一聘"（定编、定岗、定任务和聘任）为中心的综合改革，建立德勤绩能 4 个方面为核心的岗位任务考核办法，使管理工作走上良性循环的轨道，并延续至今，在不断地深化改革过程中，调动工作人员的积极性，促进了图书馆管理水平的提高[2]。

以评估促体制改革，以改革创效益。继 1983 年第一次检查以后，1986 年 7 月至 1987 年 2 月，江苏省高教局、江苏省高校图工委组织了对全省高校图书馆的第二次评比检查[3]。1993 年度，国家教委组织的全国高校图书馆评估工作，1991 年 10 月，国家教委发布《关于开展普通高等学校图书馆评估工作的意见》（教备〔1991〕79 号）等三个文件。同年，江苏省教委发布《关于在全省普通高校开展图书馆评估的通知》，启动了为期两年的高校图书馆评估工作，评估的结果表明，高校图书馆的领导体制基本理顺，组织建制大体健全，普遍实行了校长领导下的馆长负责制，建立了校级图书情报工作委员会，达到了《规程》的要求，江苏省高校图书馆拥有独立馆舍的图书馆数量、经费总量、职工队伍人数等多项指标都有大幅度的提升。通过全面落实《规程》，使得江苏省高校图书馆的服务与管理，跟上了全国高等教育事业发展的步伐。

《规程》强调"图书情报一体化"，对服务的内容层次提出更高要求，在经过三次检查评估以后，省内大多数院校图书情报工作都统一归口，由图书馆设立专门情报咨询机构，利用图书馆的文献优势，开展立足校内、面向社会的参考咨询、文献检索定题服务以及情报调研、编译报道等工作。东南大学、南京大学、南京航空航天大学等单位编制专题索引、撰写科技简报、调研报告，以学校的教学和科研为导向，取得了良好的服务效益，1993 年初，东南大学图书馆被国家教委确定为首批"高校科技项目咨询及成果查新中心工作站"，成为江苏省高校首家部委认定的科技查新认证机构[4]。

2.3 以创新提升服务，应对发展瓶颈

对内深挖潜力，改进管理，1986 年全省高校图书馆的开架图书数量为 609 万册，1996 年突破 1 000 万册，占全省高校图书馆文献资源的 32%，1996 年的对外借阅量，较之 1986 年增

---

〔1〕 陈乃林，马先阵等. 江苏高校图书馆年鉴[M]. 南京：南京大学出版社，1990：233.

〔2〕 江苏省教育委员会. 全省普通高校图书馆评估工作总结苏教教(1993)49 号[Z]江苏省教育委员会，1993.

〔3〕 陈乃林，马先阵等. 江苏省高等学校图书馆年鉴[M]. 南京：南京大学出版社，1990：32.

〔4〕 张厚生."国家教委科技查新中心南京工作站"在东南大学建立[J]. 江苏图书馆学报，1993(4)：18.

长25%[1]。同时,变封闭服务为开放服务,为旺盛的服务需求找到出口,1987年,江苏省高校图工委成立"读者工作研讨组"[2],研讨创新馆际互借的新方法,得到了江苏省教委的支持,1995年2月,江苏省教委发布《江苏省普通高等学校文献资源共享计划纲要》和附件《江苏省高等学校图书馆通用借书证发放办法》,5月,启动"江苏省高校文献资源共享协作网",对延续多年江苏省高校馆的间接馆际互借服务体制改革创新,直接面向全省高校师生发放个人通用借书证,实现"一证在手、走遍全省",到1997年,JALIS正式启动时,已累计完成借阅量突破2万册次,服务面覆盖了江苏省内的普通高校、政府机关、军队院校、中科院和地方科研机构,140余个单位[3]。

1990年,江苏省高校图工委、南京市新华书店图书馆供应部、南京图书馆等6个单位,共同建立"江苏省图书馆联机编目中心"(以下简称:JSUCLC)。由南大、东大组成的开发组负责软件开发工作,1991年底起对外服务,采取集中编目,随书配片,提供机读书目数据,到1992年9月,联采编目中心有用户475家[4]。JSUCLC也是江苏省高校图书馆第一次以多馆合作方式进行系统开发,也是1958年南京地区高校图书馆与新华书店合作建立"中文新书集中编目组"[5]以后,采用新技术与上游服务商的第2次合作。合作的最大的成果是积累的经验,培养了技术队伍,在后续的发展中,培养的人才与积累的经验,发挥了决定性的作用。

以技术进步为纲,整合计算机应用研发,创新服务和管理手段,1986年,继南京工学院图书馆之后,南京大学图书馆开发了国内第一个使用激光条形码阅读器的流通管理系统。到1989年,全省高校图书馆就已有40个系统在运行,包括自行开发和省内图书馆开发转让的系统,但受到客观条件的限制,这些系统都是单机、单功能的系统。1989年11月,江苏省图工委成立现代技术组,统筹协调推动全省高校图书馆的自动化系统开发与成果共享,这是江苏省高校图书馆自动化从分散开发,走向成果合作分享、联合道路的重要转折[6]。

1994年,中国全功能地接入国际互联网,开启了互联网时代的序幕[7],同年11月,国家教委批准"中国教育和科研计算机网"(China Education and Research Network,以下简称:CERNET)正式立项,列入211工程公共服务体系建设项目之一。1995年3月,江苏省教委批准"江苏省教育和科研计算机网"(JiangSu Education and Research Network 以下简称:JSERNET)一期建设启动。1995年12月20日,CERNET通过国家验收[8],1996年2月,JSERNET建成[9]。江苏省教委的领导敏锐地提出了"车与路"的问题,JSERNET解决

---

[1] 杨克义.在整体化建设道路上大步迈进的江苏高校图书馆[J].大学图书馆学报,1996.14(4):3-4.

[2] 陈乃林,马先阵等.江苏省高等学校图书馆年鉴[M].南京.南京大学出版社,1990:307.

[3] 刘八一,伍玲玲.文献资源共享新模式的探索与实践—江苏省高校"通用借书证"运作十年的回顾与思考[J].大学图书馆学报,2006(5):11-15+81.

[4] 沈鸣,曹福元等.江苏省高校图书馆自动化发展与思考[J].大学图书馆学报,1993(5):7-8.

[5] 陈乃林,马先阵等.江苏省高等学校图书馆年鉴[M].南京.南京大学出版社,1990:21.

[6] 沈鸣,曹福元等.江苏省高校图书馆自动化发展与思考[J].大学图书馆学报,1993(5):7-8.

[7] 胡启恒,方兴东等.中国互联网口述历史1994-4-20:中国接入互联网[J].汕头大学学报(人文社会科学版),2016(6):140-145.

[8] 吴建平.中国教育和科研计算机网CERNET的现状和发展[J].现代图书情报技术,1996(6):9-11+16.

[9] 江苏省教育和科研计算机网管理中心.江苏省教育和科研计算机网[EB/OL].[2017-05-01].http://www.js.edu.cn/dncintro/.

了“路”的问题，如何走向应用，让“车”跑起来，江苏省高校图工委启动全省图书馆的整体化建设规划，把高校图书馆的现代化、整体化建设与 JSERNET 结合起来，1996 年 3 月，起草《江苏高校图书文献服务保障系统建设方案》（以下简称《建设方案》），提出了 3 大战略目标：① 依托 JSERNET 建成江苏高校文献信息自动化服务体系，在全省范围内实现网上查询及资源共享，提高全省高校图书馆的现代化水平；② 建立重点学科为主的文献保障，以保证江苏人才培养和经济建设对文献信息的需求；③ 拨专款进行江苏高校图书馆联网和资源共享方面的软课题研究，全省采取统一规划，整体化建设全省高校图书馆合作的图书文献保障体系〔1〕。

1997 年 9 月，江苏省教委正式批准启动“江苏省高等学校文献信息保障系统”（JALIS）的建设，在南京大学设立“项目建设管理中心”，江苏省高校图书馆的网络化、数字化建设开始起步，进一步落实《规程》提出的“整体化建设”新要求，带领江苏省高校图书馆进入以数字图书馆联盟为合作方式的全面创新时代。JALIS 一期建设规划中，把“整体化建设”作为指导原则，这一原则的核心意涵是① 必须坚持参与性原则；② 坚持开放的原则；③ 坚持效益原则；④ 政府行为的宏观规划与协调管控；⑤ 建立合理的利益驱动机制〔2〕。

2.4 以整体化建设为引导，推动发展方式的转型

1982 年以后，江苏省高校图工委着力建立覆盖省内所有高校的紧密型合作体系。成为江苏省高校图书馆事业发展中的一大特色。协作内容既有工作经验的交流，又有学术研讨的交流活动，既有专业干部队伍的培训，又有文献开发利用的合作，以及协调订购进口书刊，促进资源共享，合理开支经费，加强专业教育，提高管理水平等诸多方面，协作形式既有各种院校综合性协调，又有同类型院校的专业性合作，还有地区性的合作。既有涉及全盘工作内容的机构，又有专题的组织等。这样纵横交叉的协作网络及其各项活动的展开，推动了江苏高校图书馆事业的前进步伐〔3〕。江苏省高校图工委的组织结构也在不断的自我调适的过程中得到完善。至 1991 年，江苏省高校图工委基本完成了自身的组织建设，建立了藏书建设、读者服务、现代技术应用、情报咨询、队伍建设、馆舍建设等业务工作组〔4〕，形成了由江苏省高校图工委领导下，以专业委员会为框架支撑的组织体系。

江苏省高校图工委形成了以重点院校图书馆、地区中心馆为核心的领导班子，江苏省高校图工委领导班子成员馆打破隶属关系的界限，他们既是图工委领导班子的核心骨干，又是合作服务的主要提供者，江苏省高校图工委领导班子始终关注不同层次学校图书馆的利益诉求，坚持面向一线、服务基层，赢得全省高校图书馆的尊重，因此，江苏省高校图工委的领导班子，在全省具有很强的号召力和影响力，这也是江苏省高校图书馆事业健康发展的重要保证。

---

〔1〕 江苏省高等学校文献信息保障系统管理中心. 江苏省高等学校文献信息保障系统（JALIS）一期工程建设验收总结报告[R]. 南京：江苏省高等学校文献信息保障系统管理中心，2003：20.

〔2〕 潘一珍，孙杰. 关于高校图书馆整体化建设中一些问题的思考[J]. 大学图书馆学报，1998(6)：14－15.

〔3〕 马先阵，朱维宁. 建国以来江苏省高校图书馆事业发展述略[J]. 江苏图书馆学报，1991(1)：13－16.

〔4〕 沈鸣，徐晖. 江苏省高校图情工作委员会历史大事记[Z]江苏省高校图情工作委员会秘书处，2012.

文献采购的共享和编目社会化的协作尝试,1997 年 JALIS 启动前,江苏省高校图工委的工作重点放在纸本文献的合作采购协调,完善地区内的藏书合理化和对重点学科的文献保障,以自有经费为支撑。坚持每年开展外文原版期刊的协调订购工作;南京大学、南京师范大学等 5 所图书馆开始过期报刊分工收藏计划。20 世纪 90 年代后期,组织南京师范大学等 4 所院校建立书刊采编中心,分工负责,向全省高校图书馆提供中外文书刊的合作采购、联合编目服务,现在这些采编中心都已完成了改制,成为直接面向市场的经济实体。

继续加强地区内跨系统的合作,江苏省高校图工委成立以后,依然是江苏省图书馆学会的骨干单位,与理事会、专业委员会保持密切的沟通,同时也相互参与业务、资源、科研方面的项目合作,1985 年,以江苏省高校图书馆牵头成立了华东地区师专图书馆协作委员会[1],1983 年 3 月,在南京召开华东六省一市高校图工委第 1 次协作会议,成立“华东地区高校图书馆工作委员会协作组”[2],在区域内与兄弟省市高校图工委开展高层次协作活动,协作组一直工作至今,每年召开协作会议。

1997 年,JALIS 工程启动,是国内最早建立的省级高等教育文献保障系统,改变了传统的合作模式,转向以技术牵引、服务为主导的数字图书馆联盟,从单一的以省高校图工委为核心的组织方式,转向分担责任、分担任务、同时又相互依托,互为支撑的方式转变,高校图工委总揽全局,以专业委员会为支撑,掌握传统业务的合作,JALIS 工程的建设以管理中心为核心,以项目管理的方式,从规划、实施、检查验收、服务、后续管理各个环节,全流程地管控项目建设过程。二者的结合点,在发现需求、用户培训、服务推广、项目设计规划等方面相互支持,相互补充,形成新的大合作格局,共同对教育主管部门和成员馆负责,服务体系从宽松耦合的人际合作,转向以服务系统、平台互操作结合,标准规范为准则的紧密型合作。

这一阶段的特点是矛盾与机遇并存,在全面落实《规程》的过程中,宽松的政策环境与严峻的经费限制并存,相对落后的服务手段与互联网应用的兴起并存,高等教育规模增长带来的文献需求与资源价格上涨导致的资源增量下降现象并存[3]。而这一时期,一系列重大事件为高校图书馆事业的大发展提供了难得的机遇,江苏省教育主管部门和高校图书馆抓住了这个机会,成功实现新的转型,开启了江苏省高校图书馆事业发展史上崭新的一页。

3. 快速跨越时期(1998—2014 年)

这一时期是改革开放以来,江苏省高等教育事业和高校图书馆发展的黄金时期,国家“211 工程”“985 工程”等重大项目先后启动,江苏“科教兴省”战略和“建设高等教育强省”目标相继提出。1998 年南京大学图书馆成为全省首个年度经费突破千万元的高校图书馆,成为历史新高。这一时期江苏省的高等教育格局发生了质的变化(见表 1):① 高等教育规模

[1] 姜汉卿. 华东地区地方院校图书馆 19 年协作活动的回顾与思考[J]. 大学图书馆学报,2010(3):46-50.

[2] 施星国. 华东地区高校图书馆工作委员会第一次协作会在南京召开[J]. 江苏图书馆学报,1986(6):60.

[3] 朱强. 关于高等学校文献信息服务系统建设的几个问题[J]. 大学图书馆学报,1996(1):1-6.

大幅增长，2004 年，全省高校图书馆数量破百，读者数突破 100 万；② 高等职业教育新体系基本形成，2002 年，高职院校的数量超过本科院校（见图 3）；③ 完成江苏省高等教育发展指标的两次突破，2002 年，高等教育毛入学率突破 15%，进入高等教育大众化发展阶段[1]；2015 年突破 50%，进入高等教育普及化发展阶段，实现这一跨越仅用了 13 年。江苏省的学校数量、招生数量、在校生人数、研究生招生人数等多项指标急剧增加，江苏省的高等教育的规模走在全国前列（见图 1、图 2）。

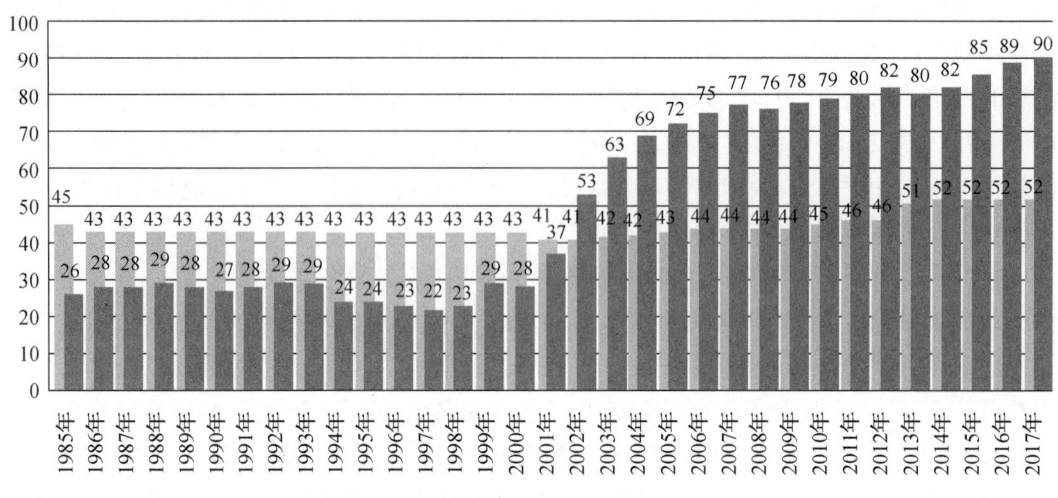

图 3　1985—2017 年来江苏省本科院校、高职院校的数量变化

表 1　1998—2015 年度江苏省高等教育及高校图书馆发展阶段断面统计

项目 \ 年度	1998 年	2000 年	2002 年	2003 年	2004 年	2008 年	2014 年	2015 年
普通高校数（所）	66	71	93	94	112	120	134	137
校均规模（人）	4 139	6 365	7 529	9 145	8 882	13 978	12 676	12 523
读者人数（万人）	32	50	79	96	112	187	195	197
教师/研究生占读者数的比例	13.30%	10.20%	10.85%	10.74%	11.31%	10.31%	13.01%	12.98%
高教毛入学率	9.00%	15%	20%	26%	29%	38%	51%	52.30%
本科/高职比例	43∶23	43∶28	41∶53	42∶63	42∶69	44∶76	52∶82	52∶85
JALIS 工程进度	一期建设	一期建设	一期建设	一期验收	二期启动	二期验收 三期启动	三期验收	四期启动
年度经费超千万的高校馆数量	1	1	2	2	3	4	9	11

注："读者人数"为当年本专科在校生人数、研究生在校生人数、专任教师人数的总和。以上统计不包括独立学院。本表数据来自江苏省统计局、江苏省教育厅的统计年报、发展报告等。

---

[1] 葛锁网. 以科学发展观为指导　建设高教强省——对江苏建设高教强省的思考[J]. 中国高教研究，2006(2)：12－15.

3.1 以图书馆联盟为基础,推动向数字化服务的转型

JALIS是由地方政府支持的,紧密型区域数字图书馆联盟[1],JALIS工程启动以后,CALIS项目建设也全面展开[2]。CALIS是JALIS建设的参照系,JALIS按照CALIS的技术标准体系进行规划,JALIS作为CALIS框架内的地区性联盟。江苏省高校图书馆都是JALIS成员馆,成员馆享有互惠便利的同时,承担相应的义务和责任。图书馆联盟区别于学会协会,联盟不以学术研究为目的,联盟的目标是为实现资源共享、互利互惠,组织起来的、接受共同认可的协议、标准和契约约束的图书馆联合体[3]。现代数字图书馆联盟又被赋予了新的含义,馆际合作中,增加传统图书馆与数字图书馆和虚拟图书馆、纸型资源与电子资源的互补共存,总之,联盟可以价值取向一致,共同追求联盟利益最大化,同时,地位平等的成员馆组成,提供互惠互补的服务,联盟的作用是任何一个独立馆无法取代的。JALIS改变了江苏省高校图书馆事业增长与发展的方式,将相对松散的传统业务合作方式,转变为以标准、服务、系统平台为依托的紧密型的合作,带动了全省高校图书馆资源优化配置整合、优质教学资源建设、数字化服务能力的提升。

JALIS启动后,首先组织建立服务和资源两大体系,服务系统以各地区的中心馆为基础,构建"管理中心(南京大学)—地区/学科中心(3个地区中心+5个学科中心)—高校图书馆"三级文献信息保障体系,形成覆盖全省的服务网络。资源系统由4个采编中心组成,JALIS分别在东南大学图书馆等4单位,建立中外文书刊采编中心,在JALIS的统一领导下,中心分工负责(2个中文图书采编中心,1个外文书刊采编中心,1个中文期刊采编中心),以优惠的价格保障省内高校的纸本资源的需求,提供编目数据等后续增值服务,最大限度减轻成员馆的经费压力。同时,根据全省本科院校的专业需求,集中采购外文电子(光盘)资源,并对学科中心的外文书刊资源给予补贴,通过馆际互借、文献传递保证省内高校的文献需求。

同时,JALIS一期工程的重点项目,"汇文文献信息服务系统"(以下简称:汇文系统)的研发正式启动,项目经费由JALIS工程一期经费支持,目标是解决JALIS建设的关键难点。全省高校图书馆的现代化基础薄弱,要建立"同构化"的江苏省高校图书馆的基础环境,以1997年度统计,有计算机系统在用的图书馆,不足当年全省高校图书馆总数的一半,且没有完整的覆盖图书馆全流程业务管理系统,以单功能的单机系统为主。汇文系统的开发,是继江苏省高校图工委20世纪90年代组织的JSUCLC开发之后,第2次以合作方式进行集中开发,由南京大学图书馆、东南大学图书馆、南京大学计算机系等多个单位组成的30人开发队伍。历时1年半,1998年7月在教育部组织的"全国高等院校国产图书馆软件展示研讨会"上,正式推出汇文系统1.0版[4]。1998年底,汇文系统的第1个用户——南京大学图书馆装机运行,次年1月,第一个省外用户大连理工大学图书馆装机运行。1999年9月,以

---

〔1〕 戴龙基,张红扬.图书馆联盟—实现资源共享和互利互惠的组织形式[J].大学图书馆学报,2000(3):36-39.

〔2〕 姚晓霞,肖珑等.新世纪十年CALIS的建设发展[J].高校图书馆工作,2010(6):3-6.

〔3〕 戴龙基,张红扬.图书馆联盟—实现资源共享和互利互惠的组织形式[J].大学图书馆学报,2000(3):36-39.

〔4〕 沈鸣,徐晖.江苏省高校图情工作委员会历史大事记[Z].南京:江苏省高校图情工作委员会秘书处,2012:210.

汇文系统为主产品的“江苏汇文软件有限公司”，后续发展走上市场化的道路。1999 年以后，江苏省高等教育进入跨越式发展阶段，高校数量快速增长，汇文系统用户数随高校图书馆数量的增加而增加，2003 年省内的占有率就超过 50%，2007 年突破 90%（见图 3），成为当时国内仅见的省级高校图书馆同构化环境，为后续的资源服务整合奠定了基础。

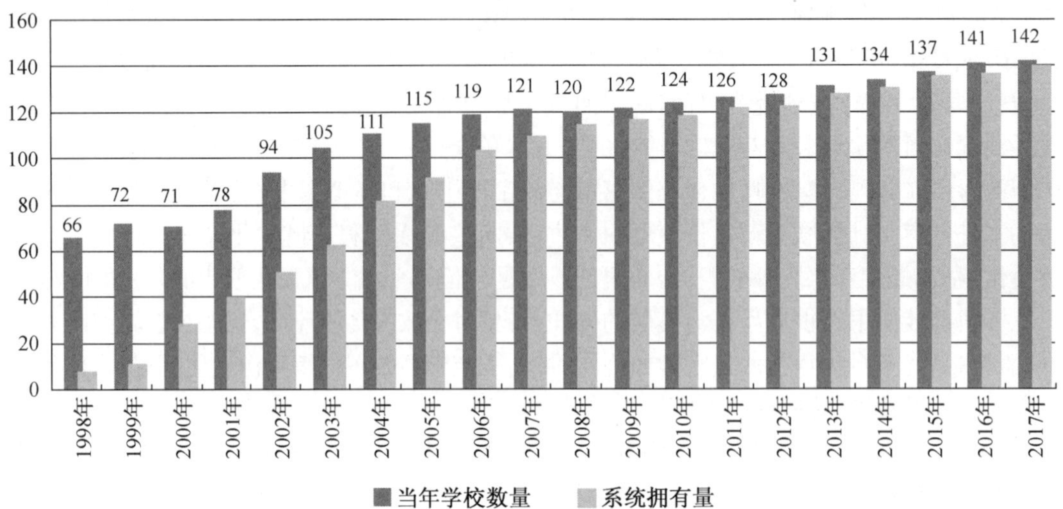

图 4　1998—2017 年汇文系统在江苏省普通高校图书馆覆盖数量示意图

汇文系统开发与推广的成功，首先，取决于江苏省教委、江苏省高校图工委在形势发展的拐点上，做出具有前瞻性的战略决策，为项目的开发提供经费支持；其次，借助“211 工程”和江苏省政府提出率先实现“教育现代化”的形势，依托教育科研网建设，当时的图书馆系统产品市场，能够支持 Internet 应用图书馆管理系统产品近乎为空白；第三，江苏省高校图书馆、江苏省高校图工委 20 年的合作积累的人才和技术储备；第四，汇文系统从起步就直接走入市场，运用企业化的管理，直面市场挑战，这也是江苏省高校图工委在前 20 年的合作历程中总结出重要的经验之一。在 CERNET、JSERNET 建设成功的最佳时间节点，推向市场，造就了汇文系统的成功。汇文系统迅速改变了江苏省高校图书馆计算机应用基础落后的局面，极大地助推了 JALIS 的建设进度，在 3—4 年内就形成规模效应，在同构化的环境中，发现业务需求之后，统一规划，单点突破即可迅速全面推广，在很短的时间内形成服务能力，产生服务效益，真正发挥联盟的合作优势，迅速提高江苏高校文献信息管理工作的现代化水平，做到文献资源的累积、传递和开发利用，逐步实现电子化、数字化和网络化，使全省资源共享和保障的目标建立在有效、先进和可靠的基础上。

3.2　建设服务主导型数字图书馆，推进全省范围内的普惠制服务

调整服务方向，变“重点保障”向“重点保障＋普惠制服务”的方向转型，1996 年起草的《建设方案》，提出的 3 大目标之一，是建立以重点学科保障为重点的文献信息体系，而在 1998 年以后江苏省高校的数量，尤其是高职院校的数量开始逐年增长，本科院校的规模数量相对稳定，进入 21 世纪，江苏省高等职业教育新体系基本形成，高职院校的招生数和在校生数，逐步接近当年招生数和在校生数的 50%[1]，同时，基于 Web 服务的电子资源逐步增

〔1〕 袁靖宇. 实现高教大省向高教强省的伟大跨越[N]. 成才导报. 教育周刊，2005－07－06.

加,1997年JALIS启动以后,在组织保证纸本资源的同时,以政府经费为主,推进电子资源普惠制共享,在国内较早地提出以集团采购电子资源,建立镜像点的模式推广普惠式的服务,2000年,在全国建立了第一个省级文献保障系统的电子资源镜像点—南京大学图书馆维普数据库镜像点。以全面保障教学与科研的电子书刊资源为主,在JALIS项目管理的框架内,由江苏省高校图工委所属的专委会组织评估资源的适用性,向JALIS管理中心提供咨询决策意见,并组织省内高校参与集团的采购与服务。

线上线下相结合,构建全流程的服务链条,把服务推送到每一个成员馆,进入21世纪,江苏省的高等教育走上了大众化发展的时代,江苏省的高等教育规模得到了长足的发展,实现了多项指标的历史性突破,1998年《中华人民共和国高等教育法》颁布时,江苏高校数量仅有72所,本专科在校学生27.3万人,至2003年,高校数量首次突破100所,达到105所,2005年本专科在校学生突破100万,达到了115.98万人(见图1)。2012年,全省普通高等院校达到了128所,在校生人数达到了165.94万人(见图2)。高等教育毛入学率达45%[1],超常规的发展要求更大规模、更高标准的文献资源共建共享,给图书馆的文献保障能力提出了更高的要求。JALIS的建设极大地缓解了高等教育发展带来的压力,有效地保障了科研教学工作对文献的需求,目前,JALIS已拥有54万种中文电子图书,1.4万种中文全文电子期刊,4 000余种外文全文电子期刊,基本覆盖了文、教、法、理、工、农、医等学科,服务面、受益人数逾200万人,服务覆盖高校、军队院校、地方和中科院科研机构[2]。

依托中心馆,盘活全省高校图书馆的存量纸本资源,实现"大流通""大服务",借助全省成员馆本地系统的同构化环境。2004年,JALIS基于本地的汇文系统,把手工操作的通用借书证服务,升级为网络化管理的"区域流通管理系统",极大地简化了手续,改善了用户体验,2004—2015年底,超过50%的成员馆加入了JALIS馆际互借、文献传递服务网,累计注册的个人用户数2.2万个,累计服务笔数为28万人次,年均2.8万人次,其中,外借数量占37%,复制-非返还式的服务占总服务量的95.69%。用户数、服务量等指标在CALIS所属的各个共享域内居前列[3]。

3.3 面向未来的队伍建设

更新人才培养体系,培养数字图书馆建设所需的高端人才,从1978年起,人才的培养一直是江苏省高校图工委的常规工作,连续数十年未曾中断,进入21世纪,人才培养的层次、方式在变,随着JALIS建设的启动,数字图书馆事业建设需要新一代的高端人才,2003年起,江苏省高校图工委与南京大学研究生院,联合举办面向全省高校图书馆的在职研究生进修班,提高人才培养的层次,为事业发展培养和储备人才,江苏省高校图工委以奖助学金方式,支持基层图书馆工作人员参加学习,同时,鼓励符合条件的同志申请学位。研究生班前后共举办5届,培养了500余人,其中200余人通过了学位考试和论文答辩获得硕士学位,

---

〔1〕 江苏省统计局,国家统计局江苏调查总队. 2011年江苏省国民经济和社会发展统计公报[EB/OL]. [2013-02-15]. http://www.jssb.gov.cn/tjxxgk/xwyfb/tjgbfb/sjgb/201202/t20120224_110758.html.

〔2〕 丁晓昌. 在全省高等学校图书馆工作会议上的讲话[R]. 南京,2012:15.

〔3〕 罗钧,李雪溶. 江苏省高校图书馆馆际互借与文献传递服务的现状及态势分析[J]. 图书情报工作,2016(17):70-77+109.

这些学员都成为江苏省图书馆数字图书馆建设的骨干力量。

继承干部进修班的传统，抓紧青年人才的培训，使非专业背景的青年馆员，尽快进入角色，江苏省高校图工委以队伍建设、学术研究专委会为依托，开展针对在职、新进馆员的培训教育，按年度、按专题开展，促进各项业务的深入交流与培训，普及图书馆学基础知识[1]。目前全省高校图书馆职工队伍的学历、年龄结构明显得到了改善，“十五”结束时，全省高校图书馆职工队伍中，研究生以上学历、本专科学历者的比例，达到队伍总数的80%以上[2]。

以科研促建设，以科研促人才培养，JALIS二期建设以来，利用JALIS的经费组织数字图书馆科研项目的申报，以向基层图书馆倾斜的方式，鼓励成员馆馆员结合工作实际，通过项目的申报，培养队伍，提升科研水平，在JALIS建设的15年中，每年均组织一定数量的软课题项目。通过科研项目的推进，发现需求，发现新的业务增长点，补充到JALIS的项目规划中来。

3.4 以制度创新推进全省高校图书馆的整体化建设

2012年11月12日，改革开放以后的第二次江苏省高校图书馆工作会议，在南京召开。

JALIS的投资主体是地方政府，以项目管理的方式进行运作，由江苏省高校图工委委员馆为核心的JALIS管理中心，负责统筹规划与项目实施，JALIS依托江苏省高校图工委以及所属的专业委员会推动服务的开展和宣传。JALIS已完成了三期的建设，已经建成了覆盖全省的服务网络，提供面向全省的普惠制的服务。在已完成的三个(共十五年)建设周期中，共获得近4 000万元的政府资助，同时，由于211/985工程、教学质量工程、示范性高职院校等项目的建设，江苏省高校的文献资源建设经费有了较大幅度的增长，仅“十五”以来，用于文献资源建设的经费达到6.1亿元，其中用于信息化和数字图书馆建设的经费达到2.1亿[3]，江苏省高校图书馆走上了一条内涵建设为主的发展道路。2007年发布的《江苏省教育事业发展“十一五”规划》中明确规定“数字化图书馆建设。重点加强本专科教学文献信息资源保障与服务，全面提升高校图书文献信息综合服务能力[4]”。

2012年底，JALIS与南京图书馆签署了文献传递服务协议，使高校图书馆与公共图书馆的合作更进一步。江苏省高校图工委积极参与了江苏省科技厅建设的工程文献中心项目，开展资源共享工作，为江苏地区的社会经济发展提供直接的服务。

这一时期是江苏省高等教育超常规发展的时期，也是改革开放以来江苏省高校图书馆事业发展最为辉煌的时期，江苏省高校图书馆完成了JALIS一至三期的建设。

4. 再起步时期(2015—2017年)

2014年，JALIS完成三期建设的项目验收工作，三期工程累计完成了122个项目的建

〔1〕 华彬清.江苏省图书馆学会工作报告[J].江苏社联通讯，1980(8)：6－10.

〔2〕 张建平，顾宏等.江苏省高等学校图书馆“十五”期间事业发展报告[Z].南京：南京师范大学图书馆，2007：580.

〔3〕 丁晓昌.在全省高等学校图书馆工作会议上的讲话[R].南京：2012：15.

〔4〕 江苏省教育厅.江苏省教育事业发展“十一五”规划[Z].南京：2007.

设,覆盖了资源建设、文献服务等各个方面。2015年,JALIS四期建设工作同时展开,江苏省高校图书馆事业进入新的发展时期。2017年9月,教育部、财政部、国家发展和改革委发布关于公布世界一流大学和一流学科建设高校及建设学科名单的通知,江苏省共有13个学校、专业入围。新一轮高等教育的发展,对JALIS的建设提出了更高的要求,同时,JALIS的发展也面临更为严峻的局面。

2011年,“新一代图书馆系统”(New-generation automation)的概念首次提出[1],随即开始进入市场,以云计算、软件及服务(SOA)、大数据为特征的新一代图书馆服务平台迅速被推到前台[2]。

4.1 抓好联盟顶层设计,把握底线思维

2014年,江苏省高等教育毛入学率突破51%,在国内较早地进入高等教育的普及化发展阶段,进入质量为中心的内涵建设阶段——JALIS工程20年的建设。高校图书馆自动化水平达到了前所未有的水平,全省高校图书馆汇文系统的覆盖率超过98%,馆际互借、文献传递系统、通用借书证系统覆盖全省,同时,培养了一支优秀的专业队伍。江苏省高校图书馆的服务对象规模,2016年,全省高校本专科学生在校生人数突破190万人,加上研究生和专任教师,以及社会读者,全省高校图书馆的读者人数,已经突破300万人。

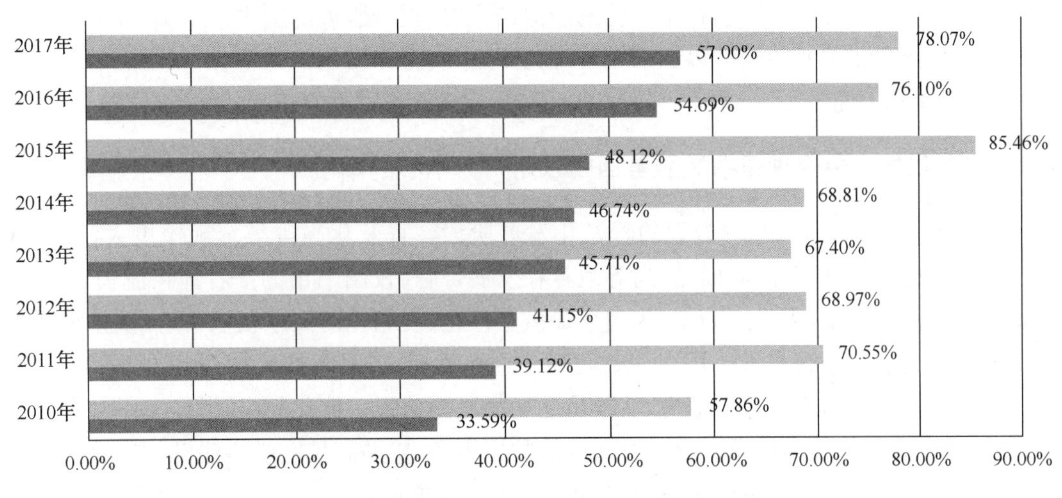

图5 2010—2017年部分高校图书馆电子资源经费年度占用比例统计[3]

---

〔1〕 Breeding, M. Automation marketplace 2011: The New Frontier: The battle intensifies to win hearts, minds, and tech dollars[J]. Library Journal, 2011. Volume 136(Number 6).

〔2〕 包凌,赵以安.国外下一代图书馆自动化系统的实践与发展趋势研究[J].图书馆学研究,2013(9):58-65.

〔3〕 教育部高等学校图书情报工作指导委员会,中国高等教育文献保障系统.教育部全国高校图书馆事实数据库系统[EB/OL].[2018-02-03]. http://libdata.scal.edu.cn/login.html.

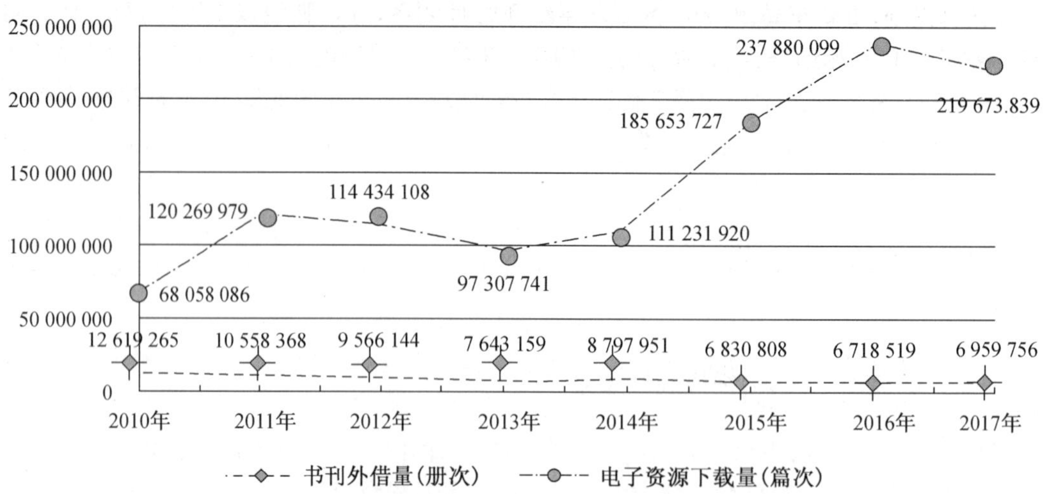

图 6　2010—2017 年年度随机抽样 50 所高校的外借量/电子资源下载量对照统计〔1〕

JALIS 工程的建设历经四期,走过 20 年,初期在国内的比较优势,在国内省级数字图书馆联盟和 CALIS 省级中心的大规模建设高潮过去以后,已经不再明显。JALIS 建设最初的价值取向,与高等教育知识本位能力本位的转变,产生偏移,服务不足以支撑高等教育转型的需要,面临增长方式的转变,在坚持普遍服务的同时,提升服务的层次。

新一轮数字化浪潮传统的以图书馆管理为中心,转型为以用户为中心,以用户需求为导向,以用户体验为优先。

4.2　在自我扬弃中促进图书馆服务回归以用户为中心的本质

2014 年,江苏省进入高等教育的普及化发展阶段。普及化高等教育规模更大,参与者也越多,高校图书馆面对的局面是,高等教育在发展,而高校图书馆的读者却在流失,JALIS 需要新的选择和转型,需以人为本,为用户提供个性化、便利化的文献获取渠道,重新吸引用户。江苏省高校图书馆和 JALIS 的发展再次遭遇瓶颈期,需要调整策略,重新出发。

我国高等教育的改革深入推进,从改革之初的图书情报一体化起步,历经 40 年,直至今天,需要图书馆提供更为精准、专业、有深度的数据服务,协助高校在学科建设、专业培养、水平提升、成果转化等方面,做出成效,有为才能有位,图书馆必须贴近需求、直面用户需求,这是图书馆人的职业使命。

4.3　以智慧图书馆为抓手,重塑江苏省高校数字图书馆的服务形象

"互联网+"理念的引入,为江苏省高校图书馆事业的发展提供了新的契机,江苏省高校图书馆事业的发展,需要依托互联网信息技术实现互联网与图书馆传统服务的结合,以优化服务、管理要素、更新业务体系、重构服务模式,推动 JALIS 工程建设的转型和升级。2015 年以后,江苏省高校图工委和 JALIS 管理中心,正式启动了下一代图书馆系统的预研工作,在数字化校园建设的大背景下,重新审视前 40 年的发展历程,以下一代图书馆系统建设为

〔1〕 教育部高等学校图书情报工作指导委员会,中国高等教育文献保障系统. 教育部全国高校图书馆事实数据库系统[EB/OL]. [2018-02-03]. http://libdata.scal.edu.cn/login.html.

抓手,认真谋划,重新布局,对现有的服务系统和管理体系,进行脱胎换骨的再创新,真正实现移动端与PC端相结合、线上服务与线下服务相结合、本地服务与云服务相结合,推动所有的服务向以云服务为特征的下一代图书馆系统的转型,从以往的图书馆系统为中心,向校园信息化服务中心转型。

5. 历史回顾与经验总结

40年发展历程,江苏省高校图工委始终是江苏省高校图书馆事业的领导核心,高校图书馆团结在江苏省高校图工委的周围,江苏省高校图工委的领导层、主要核心图书馆以出色表现和无私奉献,赢得了教育主管部门和高校图书馆人的信任,形成了江苏省高校图书馆事业稳定坚强的领导核心,坚持团结与合作,在服务、技术和管理方面创新,成就了今天的辉煌。

表2 40年江苏省高校图书馆发展规模统计

序号	年　度	文献总量(件)	职工总数(人)	馆舍面积(m^2)	总经费(万元)
1	1978年[1]	10 199 540	738	85 884	
2	1983年[2]	16 190 000	1 402	112 600	551.00[3]
3	1984年[4]	19 932 000	1 678		776.94[5]
4	1985年[6]	20 389 200	1940		865.19[7]
5	1987年[8]	23 659 287	2 395	27.266 2	1 463.30[9]
6	1988年[10]	26 752 315	2 395	272 662	
7	1989年[11]	27 100 000	2 328	282 578	1 571.59
8	1990年[12]	28 000 000	2 358[13]	280 000	1 600.00

---

〔1〕 陈乃林,马先阵等.江苏高等学校图书馆年鉴[M].南京:南京大学出版社,1990:271.

〔2〕 江苏省高校图书馆工作委员会秘书处.发展中的江苏省高校图书馆[J].江苏图书馆学报,1986(1):62-67.

〔3〕 刘恕忱,卢子博等.华东地区图书馆十年(1979—1989)[M].南昌:华东六省一市图书馆学会协会,1989:83.

〔4〕 陈乃林,马先阵等.江苏高等学校图书馆年鉴[M].南京.南京大学出版社,1990:13-34.

〔5〕 施星国.书刊调价与图书经费的关系[J].大学图书馆通讯,1986(4):35.

〔6〕 江苏省高校图书馆工作委员会秘书处.发展中的江苏省高校图书馆[J].江苏图书馆学报,1986(1):62-67.

〔7〕 施星国.书刊调价与图书经费的关系[J].大学图书馆通讯,1986(4):35.

〔8〕 刘恕忱,卢子博等.华东地区图书馆十年(1979—1989)[M].南昌:华东六省一市图书馆学会协会,1989:83-84.

〔9〕 陈乃林,马先阵等.江苏高等学校图书馆年鉴[M].南京:南京大学出版社,1990:253.

〔10〕 陈乃林,马先阵等.江苏高等学校图书馆年鉴[M].南京:南京大学出版社,1990:267.

〔11〕 马先阵,朱维宁.建国以来江苏省高校图书馆事业发展述略[J].江苏图书馆学报,1991(1):13-16.

〔12〕 马先阵.江苏省高校图书情报工作十年回顾[J].江苏图书馆学报,1992(1):20-21.

〔13〕 杨克义.在整体化建设道路上大步迈进的江苏高校图书馆[J].大学图书馆学报,1996.14(4):3-4.

（续表）

序号	年　度	文献总量（件）	职工总数（人）	馆舍面积（m²）	总经费（万元）
9	1991 年[1]	28 499 300	2 366		1 769.2
10	1992 年[2]	29 085 100	2 381		1 879.85
11	1993 年[3]	29 974 100	2 414		2 153.58
12	1994 年[4]	30 711 300	2 383	1 522 441	2 518.88
13	2008 年[5]	126 000 000	4 031	2 220 000	
14	2015 年[6]	337 166 090	5 061	2 300 504	

5.1　历史回顾

江苏省高校图书馆事业 40 年的发展，以党的十一届三中全会为起点，高等教育事业是高校图书馆事业的母体，40 年江苏省高校图书馆事业的发展脉络，可以归纳为“三条红线，贯穿始终，三次转型，实现跨越”。三条红线是“改革、合作、创新”。

以改革为纲，以改革开放以来党和政府的政策为导向，以《条例》《规程》为准绳，40 年一以贯之，在“文革”留下的废墟上浴火重生，从人才培养起步，改革人事制度，重建组织和制度，完成图书情报工作一体化，把高校图书馆的管理推进法制化的轨道，释放了图书馆馆员的积极性和创造力，为 40 年的持续稳定发展奠定了基础。

以合作为旗帜，共建、共享，几代江苏省高校图书馆人不懈努力，从基层图书馆的传统合作开始，脚踏实地，一步步提升合作共建的层次。坚持整体化的建设方向，推动江苏省高校图书馆向数字图书馆联盟转型，跨越系统的界限，迈向社会化服务的第一线，促成了大合作、大服务的格局。而精诚合作形成的合力，整体化建设，大合作激发起的需求和热情，又成为不断创新的原始动力，改革开放给江苏省高校图书馆事业带来了机遇，在政府的领导和支持下，江苏省高校图书馆人做出了正确的选择，把理想和现实结合起来，一步步迈向前进。

以创新为驱动实现了三次转型跨越。第二次转型，以落实《条例》为导向，借助良好的政策环境，组织全省高校完成了“文革”后基层高校图书馆管理，向规范化、法制化、图书情报工作一体化的转型；建立了江苏省高校图书馆自己的组织和命运共同体，团结成为一个整体。第二次转型，借助 CERNET、JSERNET 的建设，适时启动 JALIS 工程的建设，借助高等教育的跨越式发展，“211”“985”等重大工程项目的实施，推动高校图书馆的传统业务合作向数字图书馆联盟转型，传统服务向数字化服务转型。第三次转型，数字图书馆服务向下一代图书馆系统的转型，数字图书馆服务向智慧图书馆服务转型。三次历史性转型的成功，使得江苏省高校图书馆界跟上时代潮流，抓住机遇，在自我扬弃中，砥砺前行。

---

〔1〕 杨克义. 在整体化建设道路上大步迈进的江苏高校图书馆[J]. 大学图书馆学报，1996. 14(4)：3－4.

〔2〕 杨克义. 在整体化建设道路上大步迈进的江苏高校图书馆[J]. 大学图书馆学报，1996. 14(4)：3－4.

〔3〕 杨克义. 在整体化建设道路上大步迈进的江苏高校图书馆[J]. 大学图书馆学报，1996. 14(4)：3－4.

〔4〕 杨克义. 在整体化建设道路上大步迈进的江苏高校图书馆[J]. 大学图书馆学报，1996. 14(4)：3－4.

〔5〕 丁晓昌. 在全省高等学校图书馆工作会议上的讲话[R]. 南京：2012：15.

〔6〕 教育部高等学校图书情报工作指导委员会，中国高等教育文献保障系统. 教育部全国高校图书馆事实数据库系统[EB/OL]. [2018－02－03]. http://libdata.scal.edu.cn/.

5.2 经验总结

地区性文献保障体系的建设,应打破所属关系的限制,地区内的中心馆应当发挥重要作用,加强校际的联合与团结。没有这个基础,就没有JALIS的发展。这是地区性文献保障体系建设最为重要的因素。作为教育主管部门,工作重点要放在项目。

1. 组织建设。坚持机制创新,建立完整、高效的管理机构。教育厅领导牵头担任领导小组的负责人,形成领导小组、管理中心、文献中心和基础馆,相互协调的服务体系。最重要的是江苏省高校图工委拥有稳定坚强的领导核心,始终紧跟高等教育事业的发展,江苏省高校图书馆事业的发展,JALIS的建设成为重要的助推力,极大地带动了全省高校图书馆的规模化发展,回顾40年前,江苏省高校图书馆事业在艰苦的条件下重新起步之时,今天已经取得了翻天覆地的变化,正是在党中央的正确领导下,江苏省高校图书馆事业和全国其他事业一样,迈上了胜利的坦途。

2. 政策引导。加强对地区性文献保障体系建设的政策引导,强调整体化建设的原则,在日常工作中贯彻共建、共知、共享的指导思想,引导学校和图书馆的领导,在资源共享的大背景下,拓展思路,进行本地业务规划。在坚持机制创新的同时,坚持技术创新,地区性文献保障体系建设,是一个技术含量很高的系统工程,只有不断地进行技术创新,才能够立于不败之地,JALIS一期先期投入的研发费用就达120万元,其成果“汇文系统”成为JALIS发展的物质基础。

3. 财政支持。加强统一规划,保证财政拨款及时、足额到位,合理安排使用政府的支持。江苏的教育投入水平,在华东北三省中并不算高,但从文献服务建设上而言,保持了相当的力度和延续性,投资的效益明显优于兄弟省市,这主要是教育厅和各个参建学校,正确处理了政府支持与自筹经费的关系,强调一比一配套原则,政府投入被用于关键的基础设施建设,长期的资源建设费用依靠参建学校的自筹经费来解决,近十年的建设,以自筹方式获得配套经费,远大于一比一的比例。

“篑土成丘陵,跬步致千里”[1],中国图书馆事业的先辈,也是江苏省高校图书馆事业的开拓者洪有丰先生,在1925年出版的《图书馆组织与管理》的自序中开宗明义的第一句话,形象地勾勒出40年的不平凡历程,从洪先生这一辈先贤开创近代的江苏省高校图书馆事业起至今,一代代的领导者都注重行业文化的培育与传承。历经风雨,不忘初心,优良的行业文化与传统,已经深深地植入了江苏省高校图书馆人的心中,成为人们的自觉行动,历经传承,不懈地推动服务、技术、管理的创新,强烈的事业心和责任感,成为江苏省高校图书馆事业发展最初的原动力。展望未来,还将面临更为严峻的挑战,有了40年的经历与经验,江苏省高校图书馆人还将“不驰于空想、不骛于虚声,一步一个脚印,踏踏实实干好工作”[2]。为中国以及江苏省高等教育事业的发展贡献智慧,为做最好的图书馆服务、做最好的高校图书馆而继续努力。

---

〔1〕 洪有丰.图书馆组织与管理[M].上海:商务印书馆,1925:1.

〔2〕 习近平.国家主席习近平发表二〇一八年新年贺词[N].人民日报,2017-12-31.

1871—1911 年(清朝末期)

1871 年　清同治十年，辛未年。

美国基督教监理会(1939 年，监理会与美以美会合并，改名为卫理公会)在苏州十全街设立主日学校，后发展成为存养书院[1]，1879 年迁至天赐庄，1884 年，改名博习书院[2](The Buffington Institute)，后并入上海中西书院(The Anglo-Chinese College，1882 年，林乐知(Young J. Allen)创办)。

1888 年　清光绪十四年，戊子年。

美以美会传教士傅罗(C. H. Fowler)，在南京干河沿创办汇文书院[3]。

1891 年　清光绪十七年，辛卯年。

美国基督会传教士美在中(Frank E. Meiges)在南京创办基督书院[4]，校址在鼓楼之西南。

1894 年　清光绪二十年，甲午年。

美国北长老会(圣公会)在南京创办益智书院[5]，校址设于南京户部街。创办人为传教士 T. W. 贺子夏。后由文怀恩(J. E. Williams)继任。

1896 年　清光绪二十二年，丙申年。

苏州美国基督教监理会宫巷教堂牧师孙乐文(D. L. Anderson)，在苏州开办的宫巷书院(亦称：宫巷中西书院)(Kung Hang School)招生[6]，第一批学生 25 人，到 1898 年 11 月，学生超过 100 人。

1898 年　清光绪二十四年，戊戌年。

6 月 11 日，开始实施变法。其主要内容有：改革政府机构，裁撤冗官，任用维新人士；鼓励私人兴办工矿企业；开办新式学堂吸引人才，翻译西方书籍，传播新思想；创办报刊，开放言论；训练新式陆军海军；同时规定，科举考试废除八股文，取消多余的衙门和无用的官职。

9 月 21 日，慈禧太后发动戊戌政变，光绪帝被囚，康有为、梁启超分别逃往法国、日本，谭嗣同等戊戌六君子被杀，历时 103 天的变法失败。史称“百日维新”“戊戌变法”。

1900 年　清光绪二十六年，庚子年。

〔1〕 王国平. 博习天赐庄：东吴大学[M]. 石家庄：河北教育出版社，2003：11.

〔2〕 王国平. 博习天赐庄：东吴大学[M]. 石家庄：河北教育出版社，2003：14.

〔3〕 张宪文，张生. 金陵大学史[M]. 南京：南京大学出版社，2002：11.

〔4〕 张宪文，张生. 金陵大学史[M]. 南京：南京大学出版社，2002：15.

〔5〕 张宪文，张生. 金陵大学史[M]. 南京：南京大学出版社，2002：15.

〔6〕 王国平. 博习天赐庄：东吴大学[M]. 石家庄：河北教育出版社，2003：11.

5 月[1],美国监理会的部分成员在田纳西州纳什维尔集会,决定在"中华帝国"的江苏,建立一所"在中华之中央的大学"——Central University in China,次年正式注册。

6 月 21 日,清政府对英、美、法、俄、德、日、意、奥八国宣战。为扑灭义和团的反帝斗争,扩大对中国的侵略,八国组成联军,于 6 月,由英国海军中将西摩尔率领,从天津租界出发,向北京进犯。8 月 16 日,攻入北京。导致中国陷入空前灾难,险遭瓜分。史称"庚子国变""庚子国难"。

11 月,美国基督教监理会在上海举行年会,制定并通过《东吴大学校董会章程》,章程规定由美国监理会差会(Mission)选举东吴大学董事会,董事会接受委托照管在中国的学校工作,特别是拟议在苏州设立大学,规定成立文学、医学和神学 3 科,该校董事会在上海组成。

12 月,孙乐文被选举为新大学的首任校长,直至 1911 年 3 月去世。新大学取名为"东吴大学堂(Soochow University)",辛亥革命后,改称"东吴大学"。

1901 年　清光绪二十七年,辛丑年。

3 月 8 日[2],宫巷书院搬迁到天赐庄办学,东吴大学堂正式创建,这是中国最早西制大学之一[3]。苏州大学图书馆的前身"东吴大学堂藏书楼",在苏州天赐庄博习书院旧舍正式开办,是为中国最早西方制度的大学图书馆,也是江苏省内创办的第一所现代高等学校图书馆。

6 月 24 日,东吴大学堂在美国田纳西州以"Central University in China"名称正式注册。

9 月 7 日,清政府与 11 国外交代表,在北京签订不平等条约,史称《辛丑条约》。

1902 年　清光绪二十八年,壬寅年。

清朝政府颁布《钦定学堂章程》,史称"壬寅学制",是我国教育史上正式颁布,但未实施的学制。《钦定学堂章程》,由管学大臣张百熙拟订。章程中分《京师大学堂章程》《考选入学章程》《高等学堂章程》《中等学堂章程》《小学堂章程》及《蒙养堂章程》。这是中国近代教育史上第 1 次法定学校系统。

庚子国变后,晚清重臣张百熙出任管学大臣,整顿京师大学堂,使之成为中国近代第一所具有现代意义的大学堂;同时,掌理全国学务,主持制订中国近代第一个学制—"壬寅学制"。礼聘京师大学堂总教习吴汝纶,赴日考察教育的内容和成果,则相当程度地反映在"壬寅学制"之中。

---

[1] 王国平. 博习天赐庄:东吴大学[M]. 石家庄:河北教育出版社,2003:24.

[2] 王国平. 博习天赐庄:东吴大学[M]. 石家庄:河北教育出版社,2003:27.

[3] 王国平. 东吴大学在美国田纳西州的注册文件[J]. 苏州大学学报:哲学社会科学版,1999(2):85 - 89.

三江师范学堂[1]德公堂建立[2]。

1903 年　清光绪二十九年，癸卯年。

7 月，清政府命张百熙、荣庆、张之洞以日本学制为蓝本，重新拟订学堂章程，于 1904 年（清光绪三十年）1 月公布，即《奏定学堂章程》，是年为旧历癸卯年，史称“癸卯学制”。包括《学务纲要》《各学堂管理通则》《蒙养院章程及家庭教育法章程》《初等小学堂章程》《高等小学堂章程》等统称《奏定学堂章程》。这是中国近代史上，由中央政府颁布，并首次得到实施的全国性法定学制系统，较“壬寅学制”更为系统详备[3]。

东吴大学图书馆迁入林堂二楼，并成立图书馆委员会，聘卢赋梅为首任专职管理员[4]。

1904 年　清光绪三十年，甲辰年。

3 月，中国近代第一个国家举办的省级综合性公共图书馆，第一家以“图书馆”命名的省级公共图书馆——“湖南图书馆”建立，由梁焕奎等人募捐、湖南巡抚赵尔巽准令，于长沙古定王台创办湖南图书馆，兼教育博物馆。1912 年，湖南图书馆改名“省立湖南图书馆”。

张謇出资，将南通岳庙改建为“南通图书馆”，南通图书馆藏书 10 余万卷，为南通市图书馆的前身[5]。

1905 年　清光绪三十一年，乙巳年。

“三江师范学堂”更名为“两江师范优级学堂”[6]，徐乃昌任学堂监督。

清政府宣布自次年（1906 年，丙午年）废止科举，“谕立停科举以广学校”，废止实行了 1300 年的科举制度[7]。中国现代大学教育的地位完全确定。

1906 年　清光绪三十二年，丙午年。

益智书院的高年级并入基督书院，命名为宏育书院（The Union Christian College），美在中为院长，文怀恩副之[8]。

端方[9]主持在南京创建“暨南学堂”，暨南学堂旧址在薛家巷妙相庵，鼓楼

---

〔1〕王国平. 博习天赐庄：东吴大学[M]. 石家庄：河北教育出版社，2003：27.

〔2〕王国平. 东吴大学在美国田纳西州的注册文件[J]. 苏州大学学报：哲学社会科学版，1999(2)：85－89.

〔3〕冯开文. 中国民国教育史[M]. 北京：人民出版社，1994：16.

〔4〕苏州大学图书馆. 世纪鸿影——苏州大学图书馆发展实录[M]. 苏州：苏州大学图书馆，2006：前言.

〔5〕陈源蒸，张树华等. 中国图书馆百年纪事. 1840—2000[M]. 北京：北京图书馆出版社，2004：18.

〔6〕王德滋. 南京大学百年史[M]. 南京：南京大学出版社，2002：8.

〔7〕冯开文. 中国民国教育史[M]. 北京：人民出版社，1994：11.

〔8〕张宪文，张生. 金陵大学史[M]. 南京：南京大学出版社，2002：16.

〔9〕托忒克・端方（1861—1911 年），字午桥，号陶斋，清末大臣，金石学家。满洲正白旗人，1898 年 3 月，在翁同龢与刚毅的保荐之下，端方第一次被光绪帝召见，获青睐。戊戌变法中，朝廷下诏筹办农工商总局，端方被任命为督办。戊戌变法后，除京师大学堂予以保留之外，其他新政措施包括农工商总局一律撤销，端方本人也被革职。1904 年，调任江苏巡抚，1906 年，任两江总督，1909 年，调任直隶总督。1911 年，任川汉、粤汉铁路督办，入川镇压保路运动，为起义新军所杀。谥忠敏。著有《陶斋吉金录》《端忠敏公奏稿》等。端方是中国新式教育的创始人之一，在署理江苏、两江期间，先后创办江南图书馆、暨南学堂、三江师范，以及新式小学、幼儿园等教育机构。

以南，唱经楼以北，是中国的第一所华侨专门学校。1917年，改名为“国立暨南学校”，先后开设师范、商业两科和补习班、中学、小学。1927年11月，迁往上海真如，更名为“国立暨南大学”[1]。

1907年　清光绪三十三年，丁未年。

东吴大学首次授予毕业生学士学位，中国第一个文学士学位沈伯甫。

端方勘定龙蟠里惜阴书院旧址，筹办图书馆，聘缪荃孙为总办[2]。

1908年　清光绪三十四年，戊申年。

6月28日[3]，东吴大学董事会的孙乐文等11名成员，仍在田纳西纳什维尔申请将1901年注册的Central Unversity of China校名变更为Soocho Unversity SCU，获得批准。

缪荃孙言于端方，筹款7万3 000元，购得浙江钱塘丁氏“八千卷楼”全部藏书，在龙蟠里惜阴书院。添设后楼两栋储藏[4]。

1909年　清宣统元年，己酉年。

9月[5]，江南图书馆馆舍落成，南京龙蟠里原惜阴书院旧址。由端方定名为“江南图书馆”。11月18日，江南图书馆开放阅览，并制定规章。

1910年　清宣统二年，庚戌年。

《拟定京师及各省图书馆通行章程》颁布，它是以国家立法的形式对图书馆建设进行规范的中国第一部图书馆法规，它是在各省兴办图书馆的过程中，参考湖南图书馆暂定章程，以及日本相关法律而进行的一次重要立法，对中国图书馆事业的发展起到了推动作用，将图书馆建设和管理纳入事业机制也源于该项立法。

宏育书院并入汇文书院，合并成立金陵大学堂[6](University of Nanking)，著名书法家、两江师范学堂监督李瑞清题写校名。金陵大学堂图书馆亦随之建立，设在本校中学部学生青年会楼上(今金陵中学校园内)，屋2间，书籍3 000余册，由刘靖夫[7]主持馆务[8]。

7月[9]，洪有丰考入南京金陵大学堂。

---

〔1〕 陈源蒸，张树华等. 中国图书馆百年纪事. 1840—2000[M]. 北京：北京图书馆出版社，2004：10.

〔2〕《南京图书馆馆志》编写组. 南京图书馆馆志(1907—1995)[M]. 南京：南京出版社，1996：6.

〔3〕 王国平. 东吴大学在美国田纳西州的注册文件[J]. 苏州大学学报：哲学社会科学版，1999(2)：85-89.

〔4〕《南京图书馆馆志》编写组. 南京图书馆馆志(1907—1995)[M]. 南京：南京出版社，1996：3.

〔5〕 张锦郎，黄渊泉. 中国近六十年来图书馆事业大事记[M]. 台北：台湾商务印书馆股份有限公司，1974：3.

〔6〕 张宪文，张生. 金陵大学史[M]. 南京：南京大学出版社，2002：16.

〔7〕 刘靖夫(1886—1944年)，祖籍山东，1911年春季，毕业于金陵大学，获文学士学位，并留校任教，同时在金陵中学教授宗教和英语。后留学美国，获得哥伦比亚大学硕士。1925年，任金陵大学教育系主任。1927年，出任金陵中学首位华人校长。1944年，罹难于日军飞机轰炸，时年58岁。

〔8〕 朱茗. 1910—1915年金陵大学图书馆历任馆长考略[J]. 河南科技学院学报，2018，38(5)：32-38.

〔9〕 季维龙，刘重焘等. 洪范五先生事略[J]. 图书馆杂志，1983(1)：67-68.

1911 年 清宣统三年,辛亥年。

10 月 10 日,武昌起义。

11 月 5 日[1],江苏省宣布独立,江苏省都督府成立,都督府设苏州府城。

金陵大学堂图书馆首任馆长刘靖夫离任,Dr. F. G. Henke(Frederick Goodrich Henke,1876—1963),男,德裔美国人,接任金陵大学堂图书馆馆长,1913 年,因病回国[2]。

是年,葛赉(lài)贝接任东吴大学校长,主持上海中西书院并入东吴大学。

东吴大学图书馆藏书 40 000 册,日阅览人数达 700 人次[3]。

---

〔1〕 江苏省地方志编纂委员会. 江苏省志【2】地理志[M]. 南京:江苏古籍出版社,1999:60.

〔2〕 朱茗. 1910—1915 年金陵大学图书馆历任馆长考略[J]. 河南科技学院学报,2018,38(5):32-38.

〔3〕 陈乃林,马先阵等. 江苏高等学校图书馆年鉴[M]. 南京:南京大学出版社,1990:35.

1912—1949年(民国时期)

1912年　民国元年(壬子年),元旦,中华民国临时政府成立,临时大总统孙中山在南京就职,颁定国号中华民国。改江宁府为南京府,建都南京[1]。江苏省都督府及民政长官行政公署,驻苏州府吴县。

1月29日[2],教育部通电各省筹办社会教育。

4月,中华民国临时政府迁都北京。

9月,中华民国临时政府教育部成立,随即颁布《普通教育暂行办法》等系列教育法令,史称“壬子学制”。这一学制近似于法、德学制,规定普通、职业、师范3种教育各成系统,师范教育完全公立,学生公费。这是中国历史上第一部现代学制。与清政府公布的学制相比,在课程设置上取消了忠君尊孔内容,增加自然科学和生产技能训练,并缩短了学习年限[3]。教育部于1912年9月、10月先后颁布了《小学校令》《中学校令》《专门学校令》《大学令》《师范教育令》等[4]。

是年[5],江南图书馆改名“江南图书局”(偶称:南京图书局[6]),首任局长辛汉,2月到任后即辞职。4月,第二任局长钟洪声到任职。

1913年　民国二年,1月,废南京府[7]。

癸丑年,临时政府教育部继续对《壬子学制》修订整合,并予以颁布,史称《壬子癸丑学制》。

7月2日[8],江南图书馆改名“江苏省立图书馆”,卢殿虎兼任馆长,南京图书局所有图书器具款册钤记(印章)移交该馆。

8月颁布《实业学校令》,对各级各类学校的目的任务、课程设置、学校设备、入学条件、教职员任用、经费及领导管理都作了具体规定。

1913年秋季学期,W. F. Hummel(William Frederick Hummel,1884—

---

〔1〕江苏省地方志编纂委员会.江苏省志【2】地理志[M].南京:江苏古籍出版社,1999:60.

〔2〕张锦郎,黄渊泉.中国近六十年来图书馆事业大事记[M].台北:台湾商务印书馆股份有限公司,1974:1.

〔3〕骆威.南京国民政府时期的高等教育立法[M].南京:南京大学出版社,2016:121.

〔4〕冯开文.中国民国教育史[M].人民出版社,1994:16.

〔5〕张锦郎,黄渊泉.中国近六十年来图书馆事业大事记[M].台北:台湾商务印书馆股份有限公司,1974:2-3.

〔6〕《南京图书馆馆志》编写组.南京图书馆馆志(1907—1995)[M].南京:南京出版社,1996:6.

〔7〕江苏省地方志编纂委员会.江苏省志【2】地理志[M].南京:江苏古籍出版社,1999:60.

〔8〕张锦郎,黄渊泉.中国近六十年来图书馆事业大事记[M].台北:台湾商务印书馆股份有限公司,1974:5.

1976)，男，中文译名恒谟，接替因病回国的 Henke 博士，代理金陵大学图书馆管理工作，至 1914 年 9 月[1]。

11 月 13 日[2]，由美国北长老会、北浸礼会、北卫理公会、基督会等筹组董事会，创办"扬子江流域妇女联合大学"，并推举北长老会代表德本康夫人(Mrs. Laurence Thurston)出任校长。

夏，东吴大学图书馆由林堂搬迁至孙堂[3]，原馆址让给中学使用。

1914 年　民国三年。

江苏省都督府及民政长官行政公署自吴县移驻江宁县，全省设金陵、苏常、沪海、淮扬、徐海 5 道统辖各县，实行省、道、县三级制[4]。

9 月 20 日[5]，江苏省立第二图书馆在苏州成立，1927 年 7 月，改称第四中山大学苏州图书馆，次年 2 月，改称江苏大学苏州图书馆，7 月，复改称中央大学区立苏州图书馆。1929 年 7 月，改称江苏省立苏州图书馆。

11 月[6]，"扬子江流域妇女联合大学"董事会决议，更名为"金陵女子大学"(Ginling College)。

美国普林斯顿大学图书馆参考部主任克乃文(Harry Clemons)来华，接替恒谟继任金陵大学图书馆馆长，并在该校文科开设图书馆学课程，副馆长刘靖邦，文学学士。克乃文直至 1927 年离任回国[7]。

沈祖荣赴美学习图书馆学，为中国赴国外学习图书馆学第一人[8]。1917 年，胡庆生亦赴国外学习图书馆学，为第二人。

1915 年　民国四年。

1 月 1 日[9]，江苏无锡县立图书馆开馆。1927 年改为"无锡县立中山图书馆"，1945 年名"无锡县民众图书馆"，1949 年改为"无锡市图书馆"。

3 月，江苏省立南京民众教育图书馆开办[10]。

秋，南京高等师范学校成立，校址在原两江师范旧址，江谦出任校长。

---

[1] 朱茗. 1910—1915 年金陵大学图书馆历任馆长考略[J]. 河南科技学院学报，2018，38(5)：32 - 38.

[2] 冯世昌. 南京师范大学志上，1902—1992[M]. 南京：南京师范大学出版社，2002：30.

[3] 王国平. 博习天赐庄：东吴大学[M]. 石家庄：河北教育出版社，2003：47.

[4] 江苏省地方志编纂委员会. 江苏省志【2】地理志[M]. 南京：江苏古籍出版社，1999：60.

[5] 邹华享，施金炎. 中国近现代图书馆事业大事记 1872—1987[M]. 长沙：湖南人民出版社，1988：22.

[6] 冯世昌. 南京师范大学志上，1902—1992[M]. 南京：南京师范大学出版社，2002：30.

[7] 朱茗. 1910—1915 年金陵大学图书馆历任馆长考略[J]. 河南科技学院学报，2018，38(5)：32 - 38.

[8] 张锦郎，黄渊泉. 中国近六十年来图书馆事业大事记[M]. 台北：台湾商务印书馆股份有限公司，1974：11.

[9] 邹华享，施金炎. 中国近现代图书馆事业大事记 1872—1987[M]. 长沙：湖南人民出版社，1988：24.

[10] 张锦郎，黄渊泉. 中国近六十年来图书馆事业大事记[M]. 台北：台湾商务印书馆股份有限公司，1974：12.

9 月[1],南京高等师范学校图书馆创建,图书馆仪器合为一部,部长由教务主任郭秉文兼任,在口字楼东三间馆舍设图书馆,中西文图书数千册[2]。

9 月[3],金陵女子大学在南京绣花巷李氏宅院招生,设文理两科。金陵女子大学同时设立图书馆[4],图书仅百本。1932—1935 年[5],图书馆主任为吴光清[6]。1923 年 7 月开始,迁入陶谷校区新址。

本年起[7],金陵大学实行学分制,规定学生须学满 115—120 学分才能毕业,其中 65 学分为主修课程学分,50 学分为选修课程学分,选修课程中有 10 个学分必须在一门科目中选。

东吴大学在上海昆山路中西书院原址,创办“东吴法科”[8](Comparative Law School),效仿美国法学院的做法,规定学生需在大学文理科学习两年后才能投考。培养目标是让学生通晓英美法、罗马法、希伯来法三种不同的法律体系。

金陵大学堂改称金陵大学校[9]。

李小缘入读金陵大学校文科[10]。

朱家治入读金陵大学校文科[11]。

1916 年　民国五年。

8 月 1 日,中国科学社发起筹设的中国科学社图书馆成立。1920 年 10 月 1 日正式开馆,馆址位于南京成贤街文德里。1929 年迁上海[12]。

金陵女子大学在司徒雷登的协助下,开始在南京鼓楼西侧的陶谷附近购置土地,筹备建设新校区[13]。

---

〔1〕 张锦郎,黄渊泉. 中国近六十年来图书馆事业大事记[M]. 台北:台湾商务印书馆股份有限公司,1974:13.

〔2〕 陈源蒸,张树华等. 中国图书馆百年纪事. 1840—2000[M]. 北京:北京图书馆出版社,2004:6.

〔3〕 冯世昌. 南京师范大学志上,1902—1992[M]. 南京:南京师范大学出版社,2002:30.

〔4〕 陈源蒸,张树华等. 中国图书馆百年纪事. 1840—2000[M]. 北京:北京图书馆出版社,2004:23.

〔5〕 张锦郎,黄渊泉. 中国近六十年来图书馆事业大事记[M]. 台北:台湾商务印书馆股份有限公司,1974:14.

〔6〕 吴光清(1905—2000),江西九江人,美国国会图书馆亚洲研究教授。1927 年毕业于金陵大学,在校担任三年教员后,1930 年赴美哥伦比亚大学,获学士学位后又于密歇根大学获得硕士学位。1932—1935 年,任金陵女子大学图书馆馆长。1935—1938 任北平图书馆编目部主任兼馆刊编委。1938 年,获洛克菲勒奖金赴美国国会图书馆实习,在芝加哥大学获得博士学位。后在国会图书馆东方部工作,1966 年,任东方部中韩组主任。主要学术领域:图书馆史、印刷出版史、目录学、书志。

〔7〕 龚放,冒荣. 南京大学[M]. 长沙:湖南教育出版社,1995:110.

〔8〕 王国平. 博习天赐庄:东吴大学[M]. 石家庄:河北教育出版社,2003:54.

〔9〕 龚放,冒荣. 南京大学[M]. 长沙:湖南教育出版社,1995:93.

〔10〕 徐雁,谭华军. 刘国钧先生任职金陵大学时期的专业建树[J]. 江苏图书馆学报,2000(05):53-57.

〔11〕 朱家治. 忆往录[Z]. 南京,1973:8.

〔12〕 陈源蒸,张树华等. 中国图书馆百年纪事. 1840—2000[M]. 北京:北京图书馆出版社,2004:24.

〔13〕 冷天. 墨菲与“中国古典建筑复兴”——以金陵女子大学为例[J]. 建筑师,2010(02):83-88.

洪有丰自金陵大学毕业，留校任图书馆副馆长[1]。

万国鼎入学金陵大学农科[2]。

1917 年　　民国六年。

东吴大学颁授中国第一个硕士学位——徐景韩（化学硕士）。

金陵大学图书馆馆址，由中学部（今南京金陵中学校园内）青年会，迁至科学馆（后改理学院，即今南京大学东大楼二楼）。

武昌高等师范学校图书馆创建，1928 年并入武汉大学图书馆[3]。

1918 年　　民国七年。

8 月 20 日[4]，江苏省第 3 届教育行政会议议决规划社会教育进行案，第 2 条甲项设置图书馆等，经教育厅通令各县施行。

是年，中央地质调查所图书馆在北京成立，1936 年随调查所迁南京，称为总馆，留在北京的部分称为分馆。

教育部统计全国图书馆共 176 所[5]。

金陵女子大学确认亨利·墨菲[6][7]（Henery Killam Murphy）为陶谷校区的主建筑师[8]。

1919 年　　民国八年。

---

[1] 周文骏. 图书馆学情报学词典[M]. 北京：书目文献出版社，1991. 179.

[2] 南京农业大学发展史编委会. 南京农业大学发展史人物卷[M]. 北京：中国农业出版社，2012：546－551.

[3] 张锦郎，黄渊泉. 中国近六十年来图书馆事业大事记[M]. 台北：台湾商务印书馆股份有限公司，1974：18.

[4] 邹华享，施金炎. 中国近现代图书馆事业大事记 1872—1987[M]. 长沙：湖南人民出版社，1988：28.

[5] 陈源蒸，张树华等. 中国图书馆百年纪事. 1840—2000[M]. 北京：北京图书馆出版社，2004：28.

[6] 冷天. 墨菲与“中国古典建筑复兴”——以金陵女子大学为例[J]. 建筑师，2010(02)：83－88.

[7] 亨利·墨菲（Henry Killam Murphy，1877—1954），又译茂飞，美国建筑设计师，1899 年毕业于美国耶鲁大学，先后为多所中国的教会大学规划设计校园或主要建筑，如沪江大学（今上海理工大学校园）、福建协和大学（今福建师范大学仓山校区）、长沙湘雅医学院（今中南大学湘雅医学院校园）、金陵女子大学（今南京师范大学随园校区）、燕京大学（今北京大学）、岭南大学（今中山大学南校园）。同时也培养了一批中国本土建筑师，如吕彦直、庄俊、董大酉、李锦沛等都曾是墨菲建筑事务所的雇员。

[8] 冷天. 墨菲与“中国古典建筑复兴”——以金陵女子大学为例[J]. 建筑师，2010(02)：83－88.

12 月 22 日[1],缪荃孙[2]在上海逝世。缪氏曾任江南图书馆首任总理馆务,及京师图书馆首任监督。

江苏省立图书馆改称"江苏省立第一图书馆",馆长钟福庆(1921 年 7 月到职)。后继者有夏仁溥(1925 年 8 月到职),胡庶华(1925 年 10 月到职),江恒源(1926 年 2 月至 1927 年 3 月到职)[3]。

李小缘自金陵大学毕业[4]。

洪有丰赴美留学,推荐朱家治代理其在南京高等师范学校图书馆的职务[5],其时藏书约两万余册,管理员 3 人[6]。

1920 年　民国九年。

3 月,武昌文华大学图书科成立[7]。

10 月 20 日[8],全国教育会联合会在江苏省教育会召开第 6 次会议,决议案 24 件,图书馆提案有:"提倡小图书馆"。

是年,金陵大学图书馆馆址,由科学馆(后改理学院,即今南京大学东大楼二楼),迁至行政院(后改文学院,即今南京大学北大楼三楼)。

万国鼎自金陵大学毕业,留校任助教[9]。

刘国钧自金陵大学毕业,留校图书馆工作[10]。

朱家治自金陵大学毕业,获纽约州立大学文学士学位,随即接替洪有丰在南高师图书馆的职务[11]。

1921 年　民国十年。

---

〔1〕 邹华享,施金炎. 中国近现代图书馆事业大事记 1872—1987[M]. 长沙:湖南人民出版社,1988:30.

〔2〕 缪荃孙(1844—1919),字炎之,又字筱珊,晚号艺风老人,江苏江阴申港镇缪家村人。中国近代藏书家、校勘家、教育家、目录学家、史学家、方志学家、金石家。为中国近代图书馆的鼻祖。清光绪年间进士。1888 年任南菁书院山长。1891 年,掌泺源书院。1894 年,任南京钟山书院山长,兼掌常州龙城书院。1901 年,任江楚编译局总纂。1902 年,钟山书院改为江南高等学堂,任学堂监督。1904 年(清光绪三十年),癸卯新学制实施后,废古江宁府学,两江总督府拟在江宁"先办一大师范学堂,以为学务全局之纲领"。1902 年 5 月,出任学堂总稽查,负责筹建江南最高学府三江师范学堂,并与徐乃昌、柳诒徵等 7 教席赴东洋考察学务,学堂遂仿日本东京大学,在南京国子监旧址筑校,以后更名两江师范及复建南京高师,为南京大学近代校史之开端。1907 年受聘筹建江南图书馆(今南京图书馆),出任总办。1909 年受聘创办北京京师图书馆(今中国国家图书馆),任正监督。1914 年任清史总纂。

〔3〕 张锦郎,黄渊泉. 中国近六十年来图书馆事业大事记[M]. 台北:台湾商务印书馆股份有限公司,1974:22.

〔4〕 周文骏. 图书馆学情报学词典[M]. 北京:书目文献出版社,1991:288.

〔5〕 朱家治. 忆往录[Z]. 南京,1973:9.

〔6〕 朱家治. 忆往录[Z]. 南京,1973:9.

〔7〕 陈源蒸,张树华等. 中国图书馆百年纪事. 1840—2000[M]. 北京:北京图书馆出版社,2004:30.

〔8〕 张锦郎,黄渊泉. 中国近六十年来图书馆事业大事记[M]. 台北:台湾商务印书馆股份有限公司,1974:28.

〔9〕 南京农业大学发展史编委会. 南京农业大学发展史人物卷[M]. 北京:中国农业出版社,2012:546 - 551.

〔10〕 周永利主编,赵艳超等. 当代甘肃文化名人档案[M]. 兰州:兰州大学出版社,2013:256 - 257.

〔11〕 朱家治. 忆往录[Z]. 南京,1973:8.

7月13日，教育部核准《东南大学组织大纲》，8月24—26日，东南大学预科、南京高等师范学校本科同时招生。8月27日，教育部核准郭秉文任东南大学校长。设图书馆及馆长一职。

6月，洪有丰自美返国，被聘为南京东南大学图书部主任，兼教育科图书馆学术集要课程教授[1]。

11月[2]，江苏省立第一图书馆章程呈准施行，恢复开放。

金陵女子大学与陈明记营造厂签署施工合同[3]，由陈明记营造厂承担金陵女子大学陶谷校区的建设工程，陈明记营造厂也是金陵大学校园建设的承建商。

东吴大学图书馆特聘美国图书馆学专业毕业的朗特女士(R. Longden)“主任馆务”[4]。

李小缘赴美国纽约州立图书馆学校和哥伦比亚大学师范学院学习[5]，后获得学士和硕士学位。

1922年　民国十一年。

1月4日[6]，江苏督军齐燮元以其父齐孟芳寿仪的名义，捐资15万元，兴建的东南大学“孟芳图书馆”动工。

11月1日[7]，教育部公布“壬戌学制”：随着民国年间教育的发展，经过教育界的广泛讨论，又对《壬子学制》进行了修改，史称“壬戌学制”，规定小学6年(其中初小4年为义务教育)，初中3年，高中3年(实行普通、师范、职业分科制)，大专4年，大学4至6年，大学院不定。大学只设一科者称某科大学，设数科者称大学。此次学制改革采用美国单轨制系统，缩短小学年限，有利于小学的普及和中等教育水平的提高，选科、分科并行，重视职业训练，贯彻男女平等原则，师范教育公私兼办，若干地方不做硬性规定，适应当时的教育需要。这一学制沿用到1949年。

中华民国北洋政府以大总统令颁布的《学校系统改革案》中规定的学制系统。为区别于壬子癸丑学制，又称“新学制”。此改革案由全国教育会联合会提出。《学校系统改革案》列有7条标准：适应社会进化之需要，发挥平民教育精神，谋个性之发展，注意国民经济力，注意生活教育，使教育易于普及，多留各地方伸缩余地。

---

〔1〕 周文骏. 图书馆学情报学词典[M]. 北京：书目文献出版社，1991：179.

〔2〕 邹华享，施金炎. 中国近现代图书馆事业大事记1872—1987[M]. 长沙：湖南人民出版社，1988：33.

〔3〕 冷天. 墨菲与“中国古典建筑复兴”——以金陵女子大学为例[J]. 建筑师，2010(02)：83-88.

〔4〕 苏州大学图书馆. 世纪鸿影——苏州大学图书馆发展实录[M]. 苏州：苏州大学图书馆，2006：1.

〔5〕 周文骏. 图书馆学情报学词典[M]. 北京：书目文献出版社，1991：288.

〔6〕 张锦郎，黄渊泉. 中国近六十年来图书馆事业大事记[M]. 台北：台湾商务印书馆股份有限公司，1974：39.

〔7〕 朱轸. 江苏高校百年[M]. 南京：江苏省教委，1997：9.

刘国钧赴美国威斯康星大学哲学系、图书馆专科学校留学[1]。

金陵大学图书馆设为学校直属行政单位之一[2]。

1923 年　民国十二年。

7 月[3],金陵女子大学陶谷新校区(今南京师范大学随园校区),首批 7 幢建筑落成。

10 月[4],金陵女子大学陶谷校区举行开幕仪式,正式搬迁启用。1924 年起,增设英文、历史、社会学、数理、化学、生物、体育、医预科等 9 个系科,并设附属中学。

夏[5],南京东南大学图书馆首期暑期讲习科开办,由洪有丰创办并主持,编纂教义,为期 1 月,每日授课 2 小时,学员 80 余人。并在孟芳图书馆实习。1924 年,依照此教学计划,续办第 2 期讲习科。

秋[6],金陵大学添设农业图书研究部,万国鼎任主任,由农科与图书馆共管。

沈阳东北大学图书馆成立[7]。

1924 年　民国十三年。

1 月,万国鼎任金陵大学农经系讲师,兼农业图书研究部主任[8]。

3 月 30 日[9],北平图书馆协会成立,由中华教育改进社敦请戴志骞发起组织成立,举戴志骞为会长,冯陈祖怡副会长,查修为书记,会址设清华学校图书馆,团体会员 20 个,个人会员 30 名。这是中国最早的图书馆合作团体。

4 月[10],东南大学孟芳图书馆开馆,馆长为洪有丰。曾任馆长的还有皮宗石、戴志骞。

6 月[11],"南京图书馆协会"成立,洪有丰为发起人、会长,会址设在东南大

---

〔1〕 周永利主编,赵艳超等. 当代甘肃文化名人档案[M]. 兰州:兰州大学出版社,2013:256-257.

〔2〕 南京大学信息管理系. 李小缘纪念文集[M]. 南京:南京大学信息管理系,2007:290.

〔3〕 冯世昌. 南京师范大学志上,1902—1992[M]. 南京:南京师范大学出版社,2002:30.

〔4〕 冯世昌. 南京师范大学志上,1902—1992[M]. 南京:南京师范大学出版社,2002:30.

〔5〕 张锦郎,黄渊泉. 中国近六十年来图书馆事业大事记[M]. 台北:台湾商务印书馆股份有限公司,1974:36.

〔6〕 南京大学信息管理系. 李小缘纪念文集[M]. 南京:南京大学信息管理系,2007:290.

〔7〕 张锦郎,黄渊泉. 中国近六十年来图书馆事业大事记[M]. 台北:台湾商务印书馆股份有限公司,1974:36.

〔8〕 南京农业大学发展史编委会. 南京农业大学发展史人物卷[M]. 北京:中国农业出版社,2012:546-551.

〔9〕 张锦郎,黄渊泉. 中国近六十年来图书馆事业大事记[M]. 台北:台湾商务印书馆股份有限公司,1974:37.

〔10〕 张锦郎,黄渊泉. 中国近六十年来图书馆事业大事记[M]. 台北:台湾商务印书馆股份有限公司,1974:38.

〔11〕 邹华享,施金炎. 中国近现代图书馆事业大事记 1872—1987[M]. 长沙:湖南人民出版社,1988:38.

学图书馆，分设研究、选购委员会，组织编制农村图书目录[1]。(一说，按《第一次中国教育年鉴》所载，该会应成立于1924年5月[2])

7月，中华教育改进社第三届年会，在东南大学举行，决议案中有涉图书馆的内容[3]。

8月3日[4]，“江苏省图书馆协会”举行成立大会，会址设在东南大学图书馆，洪有丰为会长，施风生为副会长，朱家治为书记。

东吴大学图书馆聘文华大学图书科首届毕业生黄星辉为副主任，同年，位于上海市昆山路东吴大学法学院图书馆建成[5]。

1925年　民国十四年。

1月[6]，临时执政府教育部免去郭秉文东南大学校长职务。郭校长共任职三年半。

4月22—25日[7]，“中华图书馆协会”在上海召开成立大会。通过协会章程，推蔡元培、梁启超、胡适、丁文江、沈祖荣、钟叔进、戴志骞、熊希龄、袁希涛、颜惠庆、余日章、洪有丰、王正廷、陶行知、袁同礼等15人为董事，戴志骞为执行部部长，杜定友、何日章为副部长。事务所设在北京西城松坡图书馆。协会下设图书馆教育及分类、编目、索引、出版等5个委员会，各委员会设主任、副主任、书记1人，图书馆教育委员会(主任洪有丰，副主任胡庆生)，分类委员会(主任梁启超，副主任徐鸿宝)，编目委员会(主任傅增湘，副主任沈祖荣)，索引委员会(主任林语堂，副主任赵元任)，出版委员会(主任刘国钧，副主任杜定友)。

6月2日，“中华图书馆协会”在北京举行成立仪式。协会办有会报和图书馆季刊，并附设图书馆。

6月1日[8]，《图书馆杂志》创刊，由上海图书馆协会编辑。

6月30日[9]，中华图书馆协会会刊创刊，双月刊，内容有缘起、组织大纲、执行部细则等。该刊共出版21卷4期，1948年停刊。

---

〔1〕 中国图书馆学会. 中国图书馆学学科史[M]. 北京:中国科学技术出版社,2014:132.

〔2〕 张锦郎,黄渊泉. 中国近六十年来图书馆事业大事记[M]. 台北:台湾商务印书馆股份有限公司,1974:40.

〔3〕 陈源蒸,张树华等. 中国图书馆百年纪事. 1840—2000[M]. 北京:北京图书馆出版社,2004:37.

〔4〕 陈源蒸,张树华等. 中国图书馆百年纪事. 1840—2000[M]. 北京:北京图书馆出版社,2004:37.

〔5〕 苏州大学图书馆. 世纪鸿影——苏州大学图书馆发展实录[M]. 苏州:苏州大学图书馆,2006:前言.

〔6〕 季啸风. 中国高等学校变迁[M]. 上海:华东师范大学出版社,1992:459.

〔7〕 邹华享,施金炎. 中国近现代图书馆事业大事记 1872—1987[M]. 长沙:湖南人民出版社,1988:39.

〔8〕 张锦郎,黄渊泉. 中国近六十年来图书馆事业大事记[M]. 台北:台湾商务印书馆股份有限公司,1974:44.

〔9〕 张锦郎,黄渊泉. 中国近六十年来图书馆事业大事记[M]. 台北:台湾商务印书馆股份有限公司,1974:45.

7月15日[1],中华图书馆协会与东南大学、中华职业教育社、江苏省教育会合办暑期学校,其中设图书馆组,共上课1个月,科目与教员有图书馆学术史(袁同礼)、图书馆学术辑要、图书馆行政(全体教员)、儿童图书馆(李小缘、刘国钧)、学校图书馆(杜定友)、分类法(袁同礼、杜定友、洪有丰)、编目法(李小缘)、目录学(袁同礼)、参考部(洪有丰)、图书选购法(洪有丰)、图书流通法(杜定友)。

学生中专选图书馆科者13人,兼选者56人。授课除课堂教学外,还有分组实习、参观各图书馆。

8月6日[2],中国加入《国际交换出版品公约》(1886年在比利时首都布鲁塞尔订立)。同年9月,组织出版品国际交换局,隶属于教育部,1928年10月,由国立中央研究院设立出版品国际交换处,1934年,该处由国立中央图书馆筹备处接收。

10月10日[3],故宫博物院成立。

是年[4],苏州图书馆协会成立,设于苏州图书馆,彭清鹏为会长,蒋怀若为书记。

刘国钧自美返国,任金陵大学图书馆主任兼教授,同年,出任中华图书馆协会出版委员会主任[5]。

李小缘自美返国,在金陵大学图书馆工作[6]。同年,参加中华图书馆协会的筹备工作。

1926年 民国十五年。

3月[7],中华图书馆协会主办的《图书馆学季刊》在南京创刊,金陵大学图书馆刘国钧任主编。1936年停刊,共出版11卷2期。

7月,东吴大学图书馆聘黄星辉为主任,黄星辉同届系友葛受元为副主

---

〔1〕 陈源蒸,张树华等.中国图书馆百年纪事.1840—2000[M].北京:北京图书馆出版社,2004:39.

〔2〕 陈源蒸,张树华等.中国图书馆百年纪事.1840—2000[M].北京:北京图书馆出版社,2004:39.

〔3〕 张锦郎,黄渊泉.中国近六十年来图书馆事业大事记[M].台北:台湾商务印书馆股份有限公司,1974:47.

〔4〕 张锦郎,黄渊泉.中国近六十年来图书馆事业大事记[M].台北:台湾商务印书馆股份有限公司,1974:48.

〔5〕 周永利主编,赵艳超等.当代甘肃文化名人档案[M].兰州:兰州大学出版社,2013:256-257.

〔6〕 周文骏.图书馆学情报学词典[M].北京:书目文献出版社,1991:288.

〔7〕 陈源蒸,张树华等.中国图书馆百年纪事.1840—2000[M].北京:北京图书馆出版社,2004:42.

任[1]。夏，南京图书馆协会改选，洪有丰[2]、刘国钧[3]、李小缘、江恒源[4]、余顺芝为干事，由洪有丰等 8 人组成图书选购委员会，刘国钧等 3 人组成设备委员会，陈长伟等 3 人组成管理法委员会。

7 月 8 日—8 月 7 日[5]，华东基督教大学暑期学校图书馆科在苏州东吴大学开办，李小缘、黄星辉等授课，有学生 8 人，课程注重当时流行的图书馆方法，务求适合儿童图书馆、学校图书馆及大学图书馆运用。

8 月，洪有丰著《图书馆组织与管理》，由商务印书馆出版发行。

夏[6]，东南大学暑期学校开图书馆科，毕业者给予证书，所开课程有学校图书馆、分类等，授课教师洪有丰、刘国钧、朱家治，并请王云五讲检字法。

10 月 1 日，美国图书馆协会举行 50 周年大会，中华图书馆协会派在美国的会员裘开明、桂质柏及韦棣华 3 人为出席代表[7]。

---

〔1〕 苏州大学图书馆. 世纪鸿影——苏州大学图书馆发展实录[M]. 苏州：苏州大学图书馆，2006：前言.

〔2〕 洪有丰(1916—1963)，字范五，安徽绩溪人，中国图书馆学家，1916 年毕业于金陵大学文学院。1919 年赴美攻读图书馆学，1921 年获纽约州立图书馆学院学士学位，学习期间兼在美国国会图书馆中文编目部工作。归国后任南京高等师范学校教授兼图书馆主任。1923 年创办南京高等师范学校图书馆学暑期讲习班，这是中国早期图书馆学教育活动之一。先后任国民党中央党务学校图书馆主任，两次出任清华大学图书馆馆长兼中华图书馆协会董事。1936—1952 年，任中央大学、南京大学图书馆馆长，全国高校院系调整后，改任华东师范大学图书馆副馆长。兼任国家科学规划委员会图书组、国家科学技术委员会图书组成员。1963 年，因病在上海逝世。

〔3〕 刘国钧(1899—1980)，字衡如，中国图书馆学家。生于江苏江宁府(南京市)。1920 年毕业于南京金陵大学(1952 年并入南京大学)哲学系，后留校图书馆工作。1922 年赴美国威斯康星大学留学，修了图书馆学课程。1925 年获哲学博士学位，同年回国，任金陵大学教授兼图书馆主任，北平图书馆编纂部主任，西北图书馆馆长等职。1929—1930 年任北平图书馆编纂部主任，主编《图书馆学季刊》。1930 年回金陵大学，先后任教授兼图书馆馆长、文学院院长等职。1937 年随金陵大学内迁成都。1943 年，赴兰州，任西北图书馆筹备主任，1944 年任馆长，1949 年任顾问。1951 年，调任北京大学图书馆学系教授、系主任。并兼任北京大学学术委员会委员、北京图书馆顾问等。1958 年起，担任北京大学图书馆学系主任。1979 年被推选为中国图书馆学会名誉理事。1980 年 6 月 27 日，因病在北京逝世。刘国钧先后在图书馆学、中国书史、图书馆事业史、道教史等领域从事科学研究，写出专著、论文、译著共 130 余种，其中有《图书馆学要旨》《中国图书分类法》《中文图书编目条列》《图书怎样分类》《图书馆目录》《中国书史简编》《中国书的故事》《西方主要图书分类法评述》等。

〔4〕 江恒源(1886—1961)，字问渔，号蕴愚，连云港市灌云县板浦镇人。光绪二十七年(1901 年)中秀才。1915 年，北京大学毕业，先后在私立朝阳大学、中国大学任课务。历任江苏第二厅视学、省立第八师范校长、江苏省教育厅厅长、上海中华职业教育社办事处主任等职。创办了中华职业学校、女子职业学校和职业补习学校、职业指导所等职业教育机构，并创办《职业与教育》期刊。1949 年 9 月，应邀参加中国人民政治协商会议。1949 年后，先后担任全国政协委员、政务院文教委员会委员、上海市人民委员会委员等职。编著有《伦理学概论》《中国先哲人性论》《职业指导》等。

〔5〕 张锦郎，黄渊泉. 中国近六十年来图书馆事业大事记[M]. 台北：台湾商务印书馆股份有限公司，1974：50.

〔6〕 陈源蒸，张树华等. 中国图书馆百年纪事. 1840—2000[M]. 北京：北京图书馆出版社，2004：42.

〔7〕 邹华享，施金炎. 中国近现代图书馆事业大事记 1872—1987[M]. 长沙：湖南人民出版社，1988：45.

10月[1],中华图书馆协会和华中大学文华图书馆科,共同招考图书馆学免费生,共录取9人,有毛坤、钱亚新、李巽言等。

1927年　民国十六年。

国民政府成立,定都江宁,改江宁为南京,废道,设省、县2级制。析南京城外廓以内和江浦县浦口镇,为南京特别市,析上海、宝山、松江、嘉定4县,置上海特别市,两特别市直隶国民政府,不再受江苏管辖,但江苏省会依旧寄治南京[2]。

春,金陵大学图书馆美籍馆长克乃文离职回国,聘请刘国钧任代理馆长[3]。

4月,东南大学更名为"国立第四中山大学"。

7月[4],江苏省教育厅聘柳诒徵为江苏省立第一图书馆馆长。柳任此职20余年。

7月4日,《中华民国大学院组织条例》公布,为全国教育行政研究学术的最高机关,院下设有教育行政处,处下分6部门,其中有图书馆组,国际出版品交换处。图书馆组负责下列事项:① 关于国立图书馆事项;② 关于学校图书馆事项;③ 关于公立图书馆事项;④ 关于保存文献事项等[5]。10月大学院正式成立。

8月,洪有丰离任,皮宗石接任馆长,受聘担任清华大学图书馆主任,在任期间主持了清华大学图书馆馆舍的建设[6]。

9月[7],中央政治学校图书馆成立。

9月18日[8],原金陵大学文理科科长陈裕光[9]被推举为校长,次年3月得到美国金大托事部的认可后,正式视事,是国内任教会大学校长的第一

[1] 张锦郎,黄渊泉. 中国近六十年来图书馆事业大事记[M]. 台北:台湾商务印书馆股份有限公司,1974:51-52.

[2] 江苏省地方志编纂委员会. 江苏省志【2】地理志[M]. 南京:江苏古籍出版社,1999:61.

[3] 徐雁,谭华军. 刘国钧先生任职金陵大学时期的专业建树[J]. 江苏图书馆学报,2000(5):53-57.

[4] 张锦郎,黄渊泉. 中国近六十年来图书馆事业大事记[M]. 台北:台湾商务印书馆股份有限公司,1974:53.

[5] 邹华享,施金炎. 中国近现代图书馆事业大事记1872—1987[M]. 长沙:湖南人民出版社,1988:47.

[6] 周文骏. 图书馆学情报学词典[M]. 北京:书目文献出版社,1991:178.

[7] 张锦郎,黄渊泉. 中国近六十年来图书馆事业大事记[M]. 台北:台湾商务印书馆股份有限公司,1974:54.

[8] 张宪文,张生. 金陵大学史[M]. 南京:南京大学出版社,2002:58.

[9] 陈裕光(1893—1989),号景唐,浙江省宁波市人,自幼随家迁居南京。化学家、教育家。1905年入南京汇文书院附属中学成美馆求学,1911年毕业,考入南京金陵大学化学系,于1915年毕业。1916年,赴美国哥伦比亚大学攻读有机化学,1922年获博士学位。留学期间,曾担任留美中国学生会会长,并参加美国化学会,1919年,创办《中国留学生季刊》(中文版)》、《留美中国学生月刊》(英文版)。1922年夏回国,1923—1925年任北京师范大学教授、理化系主任、教务长、评议会主席,两度担任代理校长。1925年,受聘金陵大学化学系有机化学教授,1927年10月,被聘为金陵大学校长,直至1951年3月卸任。他是第一位担任教会大学校长的中国人。1932—1936年,参与发起中国化学会,当选为该会第一届至第四届理事会会长。1987—1989年,任南京大学校务委员会顾问。1989年4月19日,病逝于南京。

位中国人，直至1951年。

11月9日，《中央研究院组织法》公布，明定“中央研究院直隶于中华民国国民政府，为中华民国最高学术研究机关”，设立：物理、化学、工程、地质、天文、气象、历史语言、国文学、考古学、心理学、教育、社会科学、动物、植物等14个研究所。

11月20日，大学院院长蔡元培聘请学术界人士王季同、张乃燕、杨杏佛等30人在南京的大学院召开中研院筹备会，及各专门委员会联合成立大会，讨论中研院组织大纲及筹备会进行方法。议决先筹设各研究单位，计有：理化实业研究所、地质调查所、社会科学研究所、观象台4个研究机构，并推定各所常务筹备委员，积极展开筹备工作，并通过《中华民国大学院中央研究院组织条例》。

12月3日，东吴大学举行校长就职典礼，杨永清[1]当选东吴大学校长，直至1952年10月，是国内任教会大学校长时间最长中国人校长。同年，东吴大学文理科、法科，分别更名为文理学院、法学院[2]。

12月10日[3]，国民政府颁布《私立大学及专门学校立案条例》。

朱家治出任中央党务学校图书馆主任[4]。

钱存训入读金陵大学，同时在金陵女子大学图书馆兼职。

1928年 民国十七年。

1月27日[5]，国民政府公布《修正中华民国大学院组织法》11条，设有图书馆组。

3月，国立第四中山大学，更名为“江苏大学”。

4月，江苏大学更名为“国立中央大学”(National Central University)。原孟芳图书馆，更名为“国立中央大学图书馆”。[6]

5月[7]，金陵大学向国民政府大学院呈报立案申请书。成为国内第一个申请立案的教会大学。

5月[8]，南京中央陆军军官学校图书馆成立。

---

〔1〕 杨永清(1891—1956)，字惠卿、惠庆，浙江宁波人，教育家、外交家，同时，也是东吴大学第一位中国籍校长。1891年，出生于一个医生家庭，其父杨维翰曾就读于苏州博习医院学习西医，后因笃信基督教而弃医成为传教士。1902年，杨永清受其父亲的影响考入了由教会创办的东吴大学，并于1909年获得文学学士学位后，成为东吴大学第三届毕业生。1927年初，杨永清任东吴大学校长，他为东吴大学题写了中文校训：“养天地正气，法古今完人”。该校训，从客观角度来讲，也充分体现出其对高等院校的教育理念。太平洋战争爆发后杨永清去美国，从1942年至1948年的五六年间，大部分时间在国外，1948年回国，1952年10月，完成东吴大学移交后结束校长任期，他是任职时间最长的教会大学校长。

〔2〕 王国平. 博习天赐庄：东吴大学[M]. 石家庄：河北教育出版社，2003：88.

〔3〕 王国平. 博习天赐庄：东吴大学[M]. 石家庄：河北教育出版社，2003：90.

〔4〕 朱家治. 忆往录[Z]. 南京，1973：10.

〔5〕 陈源蒸，张树华等. 中国图书馆百年纪事. 1840—2000[M]. 北京：北京图书馆出版社，2004：45.

〔6〕 陈源蒸，张树华等. 中国图书馆百年纪事. 1840—2000[M]. 北京：北京图书馆出版社，2004：6.

〔7〕 龚放，冒荣. 南京大学[M]. 长沙：湖南教育出版社，1995：96.

〔8〕 陈源蒸，张树华等. 中国图书馆百年纪事. 1840—2000[M]. 北京：北京图书馆出版社，2004：46.

5 月 5 日[1],大学院召集全国教育会议,聘请图书馆专家参加,提出关于图书馆事业的提案有 8 条。① 王云五"提议请大学院通令全国各学校均设置图书馆,并于每年全校经费中,提出百分之五以上,为购书费案",② 王云五"提议请大学院从速设立中央图书馆,并以该馆负指导全国图书馆之责任案",③ 邰爽秋提"设立中央图书馆案",④ 上海图书馆协会提"国立大学应设图书馆学专科案",⑤ 胡元琰提"组织委员会规定中小学附设图书馆设备之标准案",⑥ 上海图书馆协会提"请大学院确定图书馆经费案",⑦ 刘国钧提"请规定全国图书馆发展步骤大纲案",⑧ 上海图书馆协会提"请大学院规定普通通俗特别图书馆及各学校图书馆标准案",并附办法 7 条。

9 月 20 日[2],国民政府大学院以训令 688 号批准金陵大学立案,金陵大学成为中国第一个获准立案的教会大学。设文学院、理学院、农学院三院。

9 月[3],中央大学图书馆馆长皮宗石离任,受聘担任武汉大学社会科学院院长,戴志骞接任馆长并兼任江苏大学区督学。

9 月[4],南京龙蟠里江苏大学国学图书馆改称中央大学国学图书馆,该馆自设印行部,将馆中孤本秘籍陆续分类印行,以飨读者。所印之书分四类:国学图书馆影印善本、精舍秘籍、金陵掌故丛编、江苏史料。

11 月[5],《中央大学国学图书馆年刊》创刊,1929 年,更名《国学图书馆年刊》,共出版 10 期,1936 年停刊。

12 月 11 日[6],国民政府公布国民政府教育部组织法,教育部设有社会教育司,该司执掌事项第 6 项为关于图书及保存文献事项。

12 月 14 日[7],教育部批准中华图书馆协会立案。(《教育部公报》1929 年 1 月第 16 页载。教育部准中华图书馆协会组织大纲。)

春[8],杜定友出任中山大学图书馆馆长。

秋[9],金陵大学文学院设图书馆科,李小缘、刘国钧、万国鼎等担任讲授,后来停办,1940 年迁至成都后复办,学制 2 年,办两期后停办。

洪有丰受清华大学校长罗家伦聘请,出任清华大学图书馆馆长,1931 年 9 月辞职[10]。

---

〔1〕 陈源蒸,张树华等. 中国图书馆百年纪事. 1840—2000[M]. 北京:北京图书馆出版社,2004:46.

〔2〕 张宪文,张生. 金陵大学史[M]. 南京:南京大学出版社,2002:58.

〔3〕 韦庆媛. 图书馆学家戴志骞的激情与无奈[J]. 大学图书馆学报,2010,28(03):21-26.

〔4〕 陈乃林,马先阵等. 江苏高等学校图书馆年鉴[M]. 南京:南京大学出版社,1990:284.

〔5〕 陈乃林,马先阵等. 江苏高等学校图书馆年鉴[M]. 南京:南京大学出版社,1990:284.

〔6〕 陈源蒸,张树华等. 中国图书馆百年纪事. 1840—2000[M]. 北京:北京图书馆出版社,2004:48.

〔7〕 陈源蒸,张树华等. 中国图书馆百年纪事. 1840—2000[M]. 北京:北京图书馆出版社,2004:48.

〔8〕 张锦郎,黄渊泉. 中国近六十年来图书馆事业大事记[M]. 台北:台湾商务印书馆股份有限公司,1974:55.

〔9〕 张锦郎,黄渊泉. 中国近六十年来图书馆事业大事记[M]. 台北:台湾商务印书馆股份有限公司,1974:63.

〔10〕 韦庆媛. 洪有丰与国立清华大学图书馆[J]. 图书情报工作,2010(11):144-148.

金陵女子大学校长德本康夫辞职，校董会推举金陵女子大学首届毕业生吴贻芳为校长[1]。

朱家治经国民政府外交部图书室主任黄仲苏（金陵大学校友，1949 年后，任华东师范大学教授）介绍，入职外交部图书室，直至 1937 年抗战爆发[2]。

1929 年　民国十八年。

1 月[3]，金陵大学图书馆刘国钧编写的《中国图书分类法》正式出版。

1 月 28 日至 2 月 1 日[4]，中华图书馆协会在南京金陵大学召开第一次年会，到会 200 余人，选戴志骞、袁同礼、李小缘、刘国钧、杜定友、沈祖荣、何日章、胡庆生、洪有丰、王云五、朱家治、冯陈祖怡[5]、万国鼎、陶行知、孙心磐等 15 人为执行委员，柳诒徵、田洪都、陆秀、侯鸿鉴、毛坤、李燕亭、欧阳祖经、杨立诚、冯汉骥 9 人为监察委员，通过协会组织大纲 24 条。会议提案 160 多种，内容涉及会务、图书馆行政问题、图书馆法令、专门人才服务、民众图书馆、学校图书馆、专门图书馆、图书教育、图书馆建筑与设备、分类编目，汉字检字法等诸方面。

2 月，江苏省省会自南京移至镇江，镇江第一次成为江苏省会[6]。

5 月，李小缘赴沈阳，担任东北大学图书馆馆长，陈长伟代理馆务[7]。

5 月[8]，洪有丰主持清华大学图书馆以 3 万元，购得浙江杭州杨文莹之丰华堂藏书，宋明版本及抄本共 3 万余册。

5 月[9]，时任中央大学图书馆馆长的戴志骞被校长张乃燕聘为中央大学副校长。

7 月[10]，国民政府教育部发文，批准东吴法学院立案注册。

8 月[11]，国民政府教育部发文，批准东吴大学立案注册，分设文学院、理学院、东吴法学院三个学院。文学院、理学院在苏州，法学院在上海昆山路。

8 月[12]，文华大学图书科，改名为“武昌文华图书馆专科学校”。

---

〔1〕 冯世昌. 南京师范大学志上，1902—1992[M]. 南京：南京师范大学出版社，2002:30.

〔2〕 朱家治. 忆往录[Z]. 南京，1973:10.

〔3〕 陈乃林，马先阵等. 江苏高等学校图书馆年鉴[M]. 南京：南京大学出版社，1990:284.

〔4〕 张锦郎，黄渊泉. 中国近六十年来图书馆事业大事记[M]. 台北：台湾商务印书馆股份有限公司，1974:64.

〔5〕 冯陈祖怡，女（生卒年不详），福建人，图书馆学家，曾留学美国，回国后历任北京女子师范大学图书馆学教授，兼图书馆馆长。中华图书馆协会执行委员，上海图书馆协会监察委员。

〔6〕 江苏省地方志编纂委员会. 江苏省志【2】地理志[M]. 南京：江苏古籍出版社，1999:61.

〔7〕 张宪文，张生. 金陵大学史[M]. 南京：南京大学出版社，2002:589 页.

〔8〕 张锦郎，黄渊泉. 中国近六十年来图书馆事业大事记[M]. 台北：台湾商务印书馆股份有限公司，1974:84.

〔9〕 韦庆媛. 图书馆学家戴志骞的激情与无奈[J]. 大学图书馆学报，2010(3):21－26.

〔10〕 王国平. 博习天赐庄：东吴大学[M]. 石家庄：河北教育出版社，2003:93.

〔11〕 王国平. 博习天赐庄：东吴大学[M]. 石家庄：河北教育出版社，2003:93.

〔12〕 张锦郎，黄渊泉. 中国近六十年来图书馆事业大事记[M]. 台北：台湾商务印书馆股份有限公司，1974:86.

10 月 4 日[1],江苏省政府会议决定,中央大学国学图书馆,改称为"江苏省立国学图书馆"。

10 月[2],江苏无锡国学专修学校图书馆开办。

12 月[3],刘国钧撰《中文编目条例》(草案),由中华图书馆协会出版。

刘国钧请假一年,出任北平图书馆编纂部主任,专职编纂《图书馆学季刊》1930 年,返回金陵大学[4]。

1930 年　民国十九年。

春[5],金陵大学中国文化研究所成立。缘起于 1914 年,美国铝业大王霍尔(Charlas Martin Hall, 1863—1914)去世时,遗嘱中规定,其中一部分资助中国部分教会大学作为研究中国文化之用。1928 年,燕京大学与哈佛大学达成协议,成立由霍尔基金资助的哈佛—燕京学社。金陵大学获得捐助 60 万美元的基金,以其中 30 万美元指定为研究中国文化之用,即设立中国文化研究所。霍尔基金在中国的运作,由哈佛—燕京学社统一管理。该所直属学校领导,与文、理、农学院平级。聘请金陵大学校友、中央大学教授徐养秋为主任。原址在今南京大学南园小陶园,原金陵大学农业经济系大楼内。1946 年,金陵大学复校后,迁至图书馆三楼。5 月,李小缘自沈阳东北大学辞任,返回南京,任金陵大学文化研究所专任研究员兼教授[6],并协助研究所事务。

3 月 6 日[7],教育部训令,与国外交换刊物应以中央研究院出版品国际交换处为正式收发机关。

3 月 28 日[8],教育部公布《新出图书呈缴规程》6 条,规定凡新出图书,出版者应缴送 4 本,出版者所在省(市)教育厅(局)1 本,教育部图书馆、中央教育馆、中央图书馆各 1 本,如不呈缴者,禁止发行。

5 月 10 日,教育部公布《图书馆规程》14 条,增加了每年 6 月底,由各省市教育厅(局)将省、市、县立图书馆及私立图书馆概况,向教育部汇报 1 次的内容。

6 月 2 日,国民政府公布古物保护法 14 条。

8 月[9],戴志骞离开中央大学,寓居哈尔滨,1931 年,加入上海中国银行总

---

[1] 陈乃林,马先阵等. 江苏高等学校图书馆年鉴[M]. 南京:南京大学出版社,1990:285.

[2] 陈源蒸,张树华等. 中国图书馆百年纪事. 1840—2000[M]. 北京:北京图书馆出版社,2004:51.

[3] 陈源蒸,张树华等. 中国图书馆百年纪事. 1840—2000[M]. 北京:北京图书馆出版社,2004:52.

[4] 徐雁,谭华军. 刘国钧先生任职金陵大学时期的专业建树[J]. 江苏图书馆学报,2000(5):53-57.

[5] 张宪文,张生. 金陵大学史[M]. 南京:南京大学出版社,2002:152.

[6] 马先阵,倪波. 李小缘纪念文集[M]. 南京:南京大学出版社,1988:208.

[7] 邹华享,施金炎. 中国近现代图书馆事业大事记 1872—1987[M]. 长沙:湖南人民出版社,1988:57.

[8] 陈源蒸,张树华等. 中国图书馆百年纪事. 1840—2000[M]. 北京:北京图书馆出版社,2004:53.

[9] 韦庆媛. 图书馆学家戴志骞的激情与无奈[J]. 大学图书馆学报,2010,28(03):21-26.

管理处，至此离开中国图书馆界。

10月16日，教育部公布《私立图书馆立案办法》3条。

是年[1]，江苏省立教育学院设民众教育系，招收高中毕业生，该系共分6组，其一为图书馆组，学生在第三年起分组学习。

钱亚新著《索引和索引法》(书目杂志和报纸)，上海商务印书馆印行[2]。

金陵大学自1929年起至1930年，筹划学院调整，将文理科改为文、理两学院，农林科改为农学院，再增设中国文化研究所，该研究所是唯一与院平级的研究所，形成文、理、农三院一所的格局[3]。

金陵女子大学获国民政府大学院批准备案，因仅有文、理两个学院，更名为“金陵女子文理学院”，英文校名不变。

1931年　民国二十年。

4月8日[4]，管理中英庚款董事会正式成立，董事会曾补助中央图书馆建筑费30万元，中央大学理学院算学系图书费2万元等。

5月1日[5]，韦棣华女士(1861—1931年)在武昌逝世，享年70岁，韦棣华女士1899年来华，1903年筹办“文华公书林”，1910年正式成立。1920年3月，在武昌文华大学创立了图书科。1929年，从文华大学独立出来，创办中国第一所图书馆学专科学校——文华图书馆专科学校。1926年，韦棣华代表中华图书馆协会出席了美国图书馆协会50周年大会，并代表中国倡导成立国际图书馆及目录学联合会(国际图书馆协会联合会前身)，使中国成为15个创始国之一。韦棣华生活俭朴，终生未婚。北京大学校长蔡元培曾在《文华图书科季刊》撰文，表彰她为中国图书馆事业做出的巨大贡献。

8月[6]，江苏省立教育学院开设图书馆学课程。

9月18日，“九一八”事变爆发，东北三省沦陷。

9月[7]，洪有丰辞去清华大学图书馆馆长职务，1932年，接受安徽省教育厅长叶元龙聘请，任厅长主任秘书兼第三科科长，负责安徽省社会教育工作”。1933年10月，离开安徽，赴南京出任中央政治学校图书馆主任。

秋[8]，金陵大学聘刘国钧任图书馆馆长、文学院院长、教授，兼任中华图书馆协会秘书长。

1932年　民国二十一年。

---

〔1〕 陈源蒸，张树华等. 中国图书馆百年纪事. 1840—2000[M]. 北京：北京图书馆出版社，2004：55.

〔2〕 陈源蒸，张树华等. 中国图书馆百年纪事. 1840—2000[M]. 北京：北京图书馆出版社，2004：55.

〔3〕 张宪文，张生. 金陵大学史[M]. 南京：南京大学出版社，2002：65.

〔4〕 张锦郎，黄渊泉. 中国近六十年来图书馆事业大事记[M]. 台北：台湾商务印书馆股份有限公司，1974：93.

〔5〕 陈源蒸，张树华等. 中国图书馆百年纪事. 1840—2000[M]. 北京：北京图书馆出版社，2004：56.

〔6〕 陈源蒸，张树华等. 中国图书馆百年纪事. 1840—2000[M]. 北京：北京图书馆出版社，2004：56.

〔7〕 韦庆媛. 洪有丰与国立清华大学图书馆[J]. 图书情报工作，2010(11)：144-148.

〔8〕 南京大学信息管理系. 李小缘纪念文集[M]. 南京：南京大学信息管理系，2007：290.

7 月 1 日[1],南京市图书馆正式成立。

8 月[2],罗家伦出任中央大学校长。提出重建中央大学"安全、充实、发展"的步骤,使中央大学稳步发展。1941 年 8 月,罗家伦辞去校长一职,共任职 9 年。

9 月[3],《图书评论月刊》创刊,刘英士主编,南京国立编译馆出版,书评、新书鸟瞰为其主要内容。1934 年停刊。

秋[4],金陵大学农业图书研究部并入农业经济系。

钱存训自金陵大学毕业,获学士学位,入职上海交通大学图书馆[5],辞去在金陵女子大学图书馆的代理馆长一职,由吴光清接任[6]。

1933 年　民国二十二年。

1 月 21 日[7],教育部派蒋复璁[8]筹备国立中央图书馆(National Central Library)。

4 月 8 日[9],教育部任命蒋复璁为国立中央图书馆筹备处主任,4 月 21 日,筹备处租赁南京沙塘园 7 号民居为办公地点,正式开始筹备工作。

3 月[10],南京中山文化教育馆图书馆成立。11 月,编辑出版《期刊索引》,出版 8 期,1937 年 8 月停刊。1934 年 5 月,编辑出版《日报索引》,出版 7 卷 3 期,1937 年 8 月停刊。

---

〔1〕 张锦郎,黄渊泉. 中国近六十年来图书馆事业大事记[M]. 台北:台湾商务印书馆股份有限公司,1974:84.

〔2〕 季啸风. 中国高等学校变迁[M]. 上海:华东师范大学出版社,1992:459.

〔3〕 陈源蒸,张树华等. 中国图书馆百年纪事. 1840—2000[M]. 北京:北京图书馆出版社,2004:59.

〔4〕 南京大学信息管理系. 李小缘纪念文集[M]. 南京:南京大学信息管理系,2007:290.

〔5〕 梅建军. 著名科技史家钱存训先生因病去世[J]. 中国科技史杂志,2015,36(3):277 - 279.

〔6〕 钱存训. 吴光清博士生平概要[J]. 国家图书馆学刊,2005(3):82 - 84.

〔7〕 陈源蒸,张树华等. 中国图书馆百年纪事. 1840—2000[M]. 北京:北京图书馆出版社,2004:60.

〔8〕 蒋复璁(1898—1992),浙江海宁硖石人,字美如,号慰堂。江南著名藏书家蒋光煦曾孙。蒋百里堂侄。1920 年,经堂叔蒋百里引荐于梁启超(任公),进松坡图书馆任秘书编辑。1923 年,北京大学哲学系毕业。1924—1926 年,在清华学校兼课。1926 年,北京图书馆建成,任该馆编纂,负责中文图书编目。期间,刻苦钻研,主张对传统分类进行改革。1930 年,经浙江省政府选派,赴德留学,在柏林大学研习哲学,并攻读图书馆学,同时在普鲁士邦立图书馆任客座馆员。1932 年学成归国。次年,派为中央图书馆筹备处主任,多方奔走,以筹措经费,复印《四库全书》珍本,并与世界各国建立交换关系,馆藏外文书刊得以大量增加。1937 年抗战爆发,随蒋百里出使意、德。次年初回国,即投入护送善本图书西迁工作。1940 年,中央图书馆正式成立,出任首任馆长。1941 年初,曾冒险潜往上海,抢救沦陷区的珍贵古籍,多方收购,达数万册。1945 年,抗战胜利,奉命担任教育部京沪区特派员,主持江南地区文教单位接收事宜。曾从戴笠手中收回举世闻名的珍贵文物毛公鼎,又通过我国驻日军事代表团收回日军从香港劫走的珍贵古籍。此时,南京中央图书馆藏书已达 100 万册,国民政府授予胜利勋章,以为表彰。1948 年起,大陆善本图书被分批运往台湾,奉命参与其事。1950 年,寓居香港教书。1951 年,去台湾大学讲授国文。是年皈依天主教。1954 年任台湾中央图书馆馆长。1965 年任台北故宫博物院院长,在其院长任内,主持台北故宫博物院与台湾商务印书馆合作,影印出版文渊阁版《四库全书》。曾先后兼任中国文化大学、辅仁大学等校教授。直至逝世,再未回过大陆。

〔9〕《南京图书馆馆志》编写组. 南京图书馆馆志(1907—1995)[M]. 南京:南京出版社,1996:9.

〔10〕 陈源蒸,张树华等. 中国图书馆百年纪事. 1840—2000[M]. 北京:北京图书馆出版社,2004:61.

4月21日[1],教育部训令,中央图书馆筹备处主任蒋复璁尽快印行《四库全书》中尚未印行或业已绝版的珍本。1933年8月14日,教育部又制定"教育部编定《四库全书》未列珍本目录委员会"章程。4月24日筹备处暂行组织大纲7条,教育部准予备案。

1934年 民国二十三年。

1月1日,江苏流通图书馆成立。

7月,国立中央图书馆筹备处接管中央研究院出版品国际交换处事务,添租南京双井巷(现南京市玄武区太平北路以西,将军巷以东,沙塘园以南)民居为另一办公地点[2]。

10月[3],经清华大学教务长张子高推荐,洪有丰第二次出任清华大学图书馆馆长,至1935年7月,受中央大学校长罗家伦聘请,赴任中央大学图书馆馆长。

是年,刘国钧著《图书馆学要旨》,由上海中华书局出版。

是年,陈裕光赴北平接受福开森捐赠的文物,所捐文物暂存故宫博物院,直至1949年10月,李小缘率4人赴京,清点装运回宁[4]。

金陵女子文理学院图书馆落成[5],建筑面积1 732.7平方米,今南京师范大学随园校区内的华夏教育图书馆。

1935年 民国二十四年。

2月14日[6],教育部发放全国图书馆调查表,调查全国公私立图书馆概况,并编成《二十四年度全国公私立图书馆概况》。全国图书馆共4 032所,其中学校图书馆1 963所,民众图书馆1 255所,机关图书馆173所,私立图书馆20所,流通图书馆37所,专门图书馆11所。

4月1日[7],江苏省立教育学院图书馆馆舍开工建设。

6月2日[8],南京图书馆协会会员大会,在江苏省立民众教育馆内举行。江苏省立民众教育馆南京馆旧址,设在现复成桥以东、明御河以南,现公园路体校一带。地址原为清末"韬园",1927年以后,在此基础建立南京第一公园。

7月,洪有丰离开清华大学图书馆,返回南京,受中央大学校长罗家伦聘

〔1〕 邹华享,施金炎.中国近现代图书馆事业大事记1872—1987[M].长沙:湖南人民出版社,1988:65.

〔2〕《南京图书馆馆志》编写组.南京图书馆馆志(1907—1995)[M].南京:南京出版社,1996:9.

〔3〕 韦庆媛.洪有丰与国立清华大学图书馆[J].图书情报工作,2010(11):144-148.

〔4〕 南京大学信息管理系.李小缘纪念文集[M].南京:南京大学信息管理系,2007:433.

〔5〕 金陵女子学院图书馆落成[J].中华图书馆协会会报,1934,9(6):20.

〔6〕 张锦郎,黄渊泉.中国近六十年来图书馆事业大事记[M].台北:台湾商务印书馆股份有限公司,1974:110.

〔7〕 张锦郎,黄渊泉.中国近六十年来图书馆事业大事记[M].台北:台湾商务印书馆股份有限公司,1974:111.

〔8〕 陈源蒸,张树华等.中国图书馆百年纪事.1840—2000[M].北京:北京图书馆出版社,2004:66.

请,出任中央大学图书馆主任兼教授[1]。

是年,国立中央图书馆筹备处经与中央研究院协商,将原成贤街中央研究院总办事处地产,折价转让于筹备处[2]。

11月[3],教育部依据1886年订立的国际交换出版品公约,规定在国立中央图书馆内设立出版品国际交换局,与各国互相交换出版品。

12月9—12日,北平大中学校学生连续举行抗日救国示威游行,反对华北自治,反抗日本帝国主义,要求保全中国领土的完整,掀起全国抗日救国新高潮。这是中国共产党领导的大规模爱国学生运动。史称"一二·九运动""一二·九抗日救亡运动"。

1936年 民国二十五年。

2月10日[4],国立中央图书馆筹备处正式迁入成贤街,共有西式二层楼4栋。9月1日,阅览室对外开放。

2月15日[5],国立中央图书馆筹备处编辑的《学觚》(月刊)创刊。

9月1日[6],国立中央图书馆编印藏书印刷目录卡片,每月编印一组,计500种,先从旧籍和官书入手,逐渐推及晚近坊间出版的图书。

12月[7],李小缘撰写《中国图书馆事业十年来之进步》,刊于《图书馆学季刊》第10卷第4期。

12月12日,西安事变爆发。

是年[8],桂质柏编纂的《中文图书编目规则》,由南京中央大学图书馆出版。

金陵大学图书馆落成[9],图书馆由中国著名建筑师杨廷宝设计,坐落于金陵大学的东部轴线上,其外形用歇山青筒瓦大屋顶,青砖墙面和传统细部处理,与原有的三座大楼相照应。楼高3层,书库占用大半。此时,金陵大学图书馆藏书已达31万册。地志2 500余部,24 000余册,居全国第二位。新馆尚未及启用,抗战爆发,实际使用是在抗战以后。

1937年 民国二十六年。

3月9日[10],"国立中央图书馆建筑委员会"成立,由教育部聘戴传贤、朱家骅、何廉、罗家伦、段锡朋、袁同礼、雷震、梁思成、钱端升为委员,戴传贤

---

〔1〕 周文骏. 图书馆学情报学词典[M]. 北京:书目文献出版社,1991:178.

〔2〕 《南京图书馆馆志》编写组. 南京图书馆馆志(1907—1995)[M]. 南京:南京出版社,1996:9.

〔3〕 陈源蒸,张树华等. 中国图书馆百年纪事. 1840—2000[M]. 北京:北京图书馆出版社,2004:66.

〔4〕 《南京图书馆馆志》编写组. 南京图书馆馆志(1907—1995)[M]. 南京:南京出版社,1996:9.

〔5〕 陈源蒸,张树华等. 中国图书馆百年纪事. 1840—2000[M]. 北京:北京图书馆出版社,2004:67.

〔6〕 张锦郎,黄渊泉. 中国近六十年来图书馆事业大事记[M]. 台北:台湾商务印书馆股份有限公司,1974:115.

〔7〕 陈乃林,马先阵等. 江苏高等学校图书馆年鉴[M]. 南京:南京大学出版社,1990:285.

〔8〕 陈源蒸,张树华等. 中国图书馆百年纪事. 1840—2000[M]. 北京:北京图书馆出版社,2004:69.

〔9〕 张宪文,张生. 金陵大学史[M]. 南京:南京大学出版社,2002:66.

〔10〕 《南京图书馆馆志》编写组. 南京图书馆馆志(1907—1995)[M]. 南京:南京出版社,1996:9.

为委员长，筹备主任蒋复璁为当然委员。负责馆址的选定和馆舍建设工作。中英庚款董事会拨助建筑经费150万元，勘定原国府路（现长江路）土地46亩为建馆基地，后应抗战爆发被搁置。

7月7日，卢沟桥事变爆发，全面抗战拉开序幕。

7月8日[1]，国民政府公布《出版法》五十四条。第8条第4款规定：出版品于发行时呈交国立图书馆及立法院图书馆一份。

7月[2]，国立中央图书馆移送图书262箱至南京朝天宫，并订定非常时期工作大纲，准备搬迁。

8月13日，淞沪会战爆发。中日双方共有约100万军队投入战斗，战役本身持续了3个月。

8月13日至8月26日，日机数番轰炸南京，中央大学图书馆遭破坏，7名校工遇难[3]。

9月23日，教育部给中央大学下达“准迁重庆”的批复，10月，中央大学的人员即开始向重庆转移。10月10日，在汉口集中，再分批次乘船入川，最后一批学生于11月到达重庆[4]。中央大学图书馆西迁之前，藏书40余万册，途经川江时失慎，沉没数十箱，在重庆又遭日机轰炸，1948年统计，仅存藏书18万册[5]。

10月底[6]，教育部通知金陵大学闭校西迁，金陵大学仓促启程，全校500人，分3批启程，首批于11月25日启程，12天后到达重庆。理学院和电化教学部安置在重庆（渝部），其他院系转赴成都。

11月18日[7]，国立中央图书馆奉命撤离南京，择要携带图书130箱，经武汉、长沙、宜昌，次年2月，抵达重庆。再从重庆转赴成都。

12月1日，西迁的中央大学在重庆沙坪坝松林坡开学。在1937年9月教育部同意中大西迁重庆时，中大即在重庆选定沙坪坝松林坡作校址。占地不足200亩，位于嘉陵江边，与重庆大学校园毗连。基建工程集中1 700名建筑工人，用42天完成简易教室和宿舍，多为竹筋泥墙的茅草房。12月1日，开学上课时，包括当年录取的新生，共有学生1 072人。文、理、工、法、农、教育学院、图书馆均在松林坡。中大医学院迁至成都华西坝[8]。

12月13日，南京保卫战失利，首都南京沦陷。侵华日军于南京及附近地

---

[1] 张锦郎，黄渊泉. 中国近六十年来图书馆事业大事记[M]. 台北：台湾商务印书馆股份有限公司，1974：116.

[2] 张锦郎，黄渊泉. 中国近六十年来图书馆事业大事记[M]. 台北：台湾商务印书馆股份有限公司，1974：116.

[3] 龚放，冒荣. 南京大学[M]. 长沙：湖南教育出版社，1995：63.

[4] 龚放，冒荣. 南京大学[M]. 长沙：湖南教育出版社，1995：64.

[5] 陈源蒸，张树华等. 中国图书馆百年纪事. 1840—2000[M]. 北京：北京图书馆出版社，2004：6.

[6] 龚放，冒荣. 南京大学[M]. 长沙：湖南教育出版社，1995：67.

[7] 《南京图书馆馆志》编写组. 南京图书馆馆志(1907—1995)[M]. 南京：南京出版社，1996：9.

[8] 龚放，冒荣. 南京大学[M]. 长沙：湖南教育出版社，1995：65.

区进行长达6周的有组织、有预谋的大屠杀和奸淫、放火、抢劫等血腥暴行。在南京大屠杀中,遇难人数超过30万。南京地区被破坏的图书馆达43所,损失藏书170万册[1]。

1932年至1937年间,中央大学扩建了图书馆,阅览室达到1 000个座位,书库容量扩大一倍半。共购置中西文图书约10万册,1937年馆藏书刊逾40万册,其中书籍18.66万册,杂志519种共22.06万册[2]。

1938年　民国二十七年。

1月[3],金陵女子文理学院集中迁到成都华西坝。

2月初[4],金陵大学西迁师生全部到达成都华西坝,3月2日开学。

3月至1946年4月[5],金陵大学图书馆借华西大学图书馆辟让的房间,开馆服务。在蓉8年期间,两馆图书互借,规则甚为协调。金陵大学图书馆流通部人员,为在华西坝6大学提供公用参考室服务。

5月,姚名达著《中国目录学史》出版。

5月1日[6],中央图书馆筹备处在重庆设立参考阅览室,特设抗战文库公开阅览。

11月27日[7],中华图书馆协会在重庆国立中央图书馆举行第四次年会。

是年,金陵大学图书馆馆长刘国钧,添聘曹祖彬为副馆长[8]。

1939年　民国二十八年。

李小缘任中国文化研究所主任,兼文科研究所史学部主任[9]。

2月5日[10],国立中央图书馆应德国世界林业研究所之托,介绍中国林业刊物,征得中央大学农学院、金陵大学农学院、西北农林专科学校的同意,与之交换刊物。

1940年[11]　民国二十九年。

8月1日[12],国立中央图书馆筹备处结束筹备事宜,正式成立中央图书馆,蒋复璁任代理馆长(10月,任命为馆长),并公布《中央图书馆组织条例》。共有职员112人。

金陵大学迁至成都,呈准教育部批准,金陵大学文学院设图书馆学专修科,

---

〔1〕陈源蒸,张树华等. 中国图书馆百年纪事. 1840—2000[M]. 北京:北京图书馆出版社,2004:74.

〔2〕龚放,冒荣. 南京大学[M]. 长沙:湖南教育出版社,1995:61－62.

〔3〕冯世昌. 南京师范大学志上,1902—1992[M]. 南京:南京师范大学出版社,2002:30.

〔4〕龚放,冒荣. 南京大学[M]. 长沙:湖南教育出版社,1995:97.

〔5〕南京大学信息管理系. 李小缘纪念文集[M]. 南京:南京大学信息管理系,2007:290.

〔6〕《南京图书馆馆志》编写组. 南京图书馆馆志(1907—1995)[M]. 南京:南京出版社,1996:9.

〔7〕陈源蒸,张树华等. 中国图书馆百年纪事. 1840—2000[M]. 北京:北京图书馆出版社,2004:76.

〔8〕郑锦怀,顾烨青等. 曹祖彬图书馆生涯再考辨[J]. 图书馆论坛,2018,38(09):76－84.

〔9〕南京大学信息管理系. 李小缘纪念文集[M]. 南京:南京大学信息管理系,2007:317.

〔10〕陈源蒸,张树华等. 中国图书馆百年纪事. 1840—2000[M]. 北京:北京图书馆出版社,2004:77.

〔11〕柯平. 中国图书馆学教育年表[J]. 山东图书馆季刊,1987(3):77－79.

〔12〕《南京图书馆馆志》编写组. 南京图书馆馆志(1907—1995)[M]. 南京:南京出版社,1996:10.

共举办二期，毕业生 16 人[1]。

1941 年[2]　民国三十年。

1 月，图书月刊创刊，中央图书馆编印。

8 月[3]，罗家伦辞去中央大学校长一职，自 1932 年到任共任职 9 年。顾孟余接任校长，重建图书馆、并建成容纳 3 000 人的大礼堂[4]。

8 月[5]，国立社会教育学院(National Society Education College)在四川璧山成立，首任院长陈礼江[6]，陈礼江手订"人生以服务为目的，社会因教育而光明"校训。设有图书博物馆学系，修业 4 年，系主任汪长炳。另设图书馆，汪长炳兼任图书馆主任。黄元福任编目组主任。1945—1947 年，共毕业学生 62 人。其中，吴观国、吉鸿、邱克勤、翦依琴、许培基、何金铎(华东师范大学)、韩静华(上海图书馆)均为该校毕业生[7]。该校计划创设始于 1938 年 7 月，经国民参政会批准教育部提出的"设立培植社会教育人员专科学校"计划[8]。

9 月[9]，国立社会教育学院图书馆开馆，馆长由汪长炳兼任。

12 月[10]，国立中央图书馆编制全国图书总书目。

12 月 7 日，日本海军偷袭珍珠港，太平洋战争爆发。

1942 年　民国三十一年。

7 月[11]，中华图书馆协会在重庆国立中央图书馆举行第五次年会。

7 月 7 日[12]，目录学家姚名达率领战地服务团转移中被日军杀害。

9 月，国民政府参政会通过"创设国立西北图书馆"的议案[13]。

吴观国考入国立社会教育学院图书博物馆学系[14]。

---

〔1〕 陈源蒸，张树华等. 中国图书馆百年纪事. 1840—2000[M]. 北京：北京图书馆出版社，2004：83.

〔2〕 柯平. 中国图书馆学教育年表[J]. 山东图书馆季刊，1987(3)：77-79.

〔3〕 季啸风. 中国高等学校变迁[M]. 上海：华东师范大学出版社，1992：459.

〔4〕 龚放，冒荣. 南京大学[M]. 长沙：湖南教育出版社，1995：67.

〔5〕 陈源蒸，张树华等. 中国图书馆百年纪事. 1840—2000[M]. 北京：北京图书馆出版社，2004：85.

〔6〕 陈礼江(1895—1984)，字逸民，江西九江人。1922 年留学美国，获普渡大学教育学士、芝加哥大学心理硕士。回国后他长期致力于教育工作，曾创设成人学习心理研究所，创办了民众教育实验区，进行亦工亦农亦学的综合教育，推行电化教育和扫盲工作。1941 年，创办国立社会教育学院，并兼首任院长。

〔7〕 国立社会教育学院. 国立社会教育学院概况[M]. 南京：编者刊，1948：148-156.

〔8〕 张锦郎，黄渊泉. 中国近六十年来图书馆事业大事记[M]. 台北：台湾商务印书馆股份有限公司，1974：123.

〔9〕 张锦郎，黄渊泉. 中国近六十年来图书馆事业大事记[M]. 台北：台湾商务印书馆股份有限公司，1974：124.

〔10〕 张锦郎，黄渊泉. 中国近六十年来图书馆事业大事记[M]. 台北：台湾商务印书馆股份有限公司，1974：124.

〔11〕 陈源蒸，张树华等. 中国图书馆百年纪事. 1840—2000[M]. 北京：北京图书馆出版社，2004：87.

〔12〕 张锦郎，黄渊泉. 中国近六十年来图书馆事业大事记[M]. 台北：台湾商务印书馆股份有限公司，1974：116.

〔13〕 周永利主编，赵艳超等. 当代甘肃文化名人档案[M]. 兰州：兰州大学出版社，2013. 256-257.

〔14〕 吴观国. 缅怀汪师　继承遗志[J]. 江苏图书馆学报，1988(2)：62-63.

11月[1],图书杂志的缩微胶片输入中国,在重庆、成都的部分大学使用。

1943年 民国三十二年。

1月[2],国民政府教育部下设的"国际学术文化资料供应委员会"正式成立,顾毓琇为主任委员。委员会负责与美英等国接洽,获得科技图书期刊的援助,包括缩微制品的引进。分别在重庆求精中学金陵大学理学院、沙坪坝国立中央大学、成都金陵大学及华西协和大学、昆明西南联合大学、桂林广西大学等五处设立图书影片阅览室,委托这些机关负责保管此项影片及一切设备,同时负责所在地区的阅览服务。委员会自1943年2月起按期印行《图书影片指南》(英文本)以供学术界参考。缩微胶卷由所在学校的图书馆负责管理。

2月[3],由美国政府援助的外文期刊缩微胶卷,在金陵大学建立成都分馆(阅览室)在金陵大学图书馆开放,本项目为在蓉的高校师生提供阅览服务,由金陵大学文学院院长刘国钧代为筹备并主管,金陵大学图书馆对胶卷进行编目和编号,为读者提供目录,方便读者使用。共有《农业经济学杂志》《植物病理学杂志》《远东问题季刊》《哈佛大学亚洲杂志》《美国远东学会杂志》《生物学文摘》《化学文摘》《美国经济学评论》《美国物理学会杂志》《美国历史评论》《心理学报告》《美国社会学评论》等共200卷。这是江苏省高校图书馆使用缩微品的开端。

3月[4],教育部组建国立西北图书馆筹备委员会,刘国钧任主任。夏,自成都去兰州赴任,直到1951年7月,调任北京大学图书馆专修科任教授,再未回南京。刘去职之后,金陵大学聘曹祖彬、陈长伟为正副馆长。

2月[5],中央大学校长顾孟余辞职,蒋介石任校长。

1944年 民国三十三年。

6月[6],蒋复璁出任中央设计局图书室主任。

7月7日,西北图书馆正式开馆,刘国钧为馆长,设总务、采访、编目、阅览四组,另设编纂室、会计室,职员21人,藏书一万册。为当时三大国立图书馆之一(国立北平图书馆、国立中央图书馆),刘国钧同时兼任兰州大学哲学系教授[7]。1945年7月,奉命停办。图书移交甘肃省立图书馆。

11月29日[8],中华图书馆协会改选理监事,选举的结果,新任理事为:沈祖荣、蒋复璁、刘国钧、袁同礼、毛坤、杜定友、王云五、汪长炳、严文郁、王文

---

〔1〕 陈源蒸,张树华等. 中国图书馆百年纪事. 1840—2000[M]. 北京:北京图书馆出版社,2004:87.

〔2〕 国际学术文化资料供应委员会正式成立[J]. 中华图书馆协会会报,1943,17(3-4):5.

〔3〕 金陵大学总务处出版组. 图书影片书目编就阅览者咸感便利[J]. 金陵大学校刊,1943(319):2.

〔4〕 徐雁,谭华军. 刘国钧先生任职金陵大学时期的专业建树[J]. 江苏图书馆学报,2000(5):53-57.

〔5〕 龚放,冒荣. 南京大学[M]. 长沙:湖南教育出版社,1995:67.

〔6〕 陈源蒸,张树华等. 中国图书馆百年纪事. 1840—2000[M]. 北京:北京图书馆出版社,2004:89.

〔7〕 吴观国. 缅怀汪师 继承遗志[J]. 江苏图书馆学报,1988(2):62-63.

〔8〕 陈源蒸,张树华等. 中国图书馆百年纪事. 1840—2000[M]. 北京:北京图书馆出版社,2004:90.

山、陈训慈、徐家麟、桂质柏、李小缘等15人，监事为：柳诒徵、何日章、沈学植、徐家璧、陈东原、裘开明、汪应文、戴志骞、姜文锦等9人。

夏[1]，蒋介石辞去中央大学校长，改任永久名誉校长，顾毓琇接任校长。

1945年　民国三十四年。

4月8日[2]，国立西北图书馆、甘肃省立兰州图书馆、兰州大学图书馆、西北师范学院图书馆、甘肃省科学教育馆联合发起，成立“兰州市图书馆协会”，刘国钧当选理事长。

秋[3]，1941年，停办的江苏省立教育学院恢复办学，下设图书馆教育、自治教育、社会行政及社会事务4组。

7月[4]，国立西北图书馆停办，图书移交甘肃省立兰州图书馆，器具移交西北师范学院。

8月[5]，顾毓琇辞去中央大学校长，吴有训接任校长。

12月，朱家治自皖返宁，受聘南京临时大学英文教授。

12月25日，日本正式签降。

1946年　民国三十五年。

春，朱家治受聘担任中央大学图书馆西文编目主任[6]。负责调查战时中央大学图书馆散佚的图书。

4月起[7]，金陵大学开始返回南京。大部分师生乘卡车经广元到宝鸡，再改乘火车，一部分自重庆乘船东下。当年9月即在南京原址开学。图书仪器于10月才运抵南京。清点资产，总计损失图书73 928册[8]。

4月15日[9]，中央大学本学年工作提前结束，5月起分批乘船返宁。

5月[10]，国立中央图书馆在南京复馆，设立三个阅览室：成贤街阅览室、北城阅览室、社会服务处会办新街口阅览室。

5月[11]，国立社会教育学院由四川璧山迁至苏州拙政园，并在南京栖霞山另设新生部。10月1日，复课。

---

〔1〕 龚放，冒荣. 南京大学[M]. 长沙：湖南教育出版社，1995：68.

〔2〕 陈源蒸，张树华等. 中国图书馆百年纪事. 1840—2000[M]. 北京：北京图书馆出版社，2004：91.

〔3〕 张锦郎，黄渊泉. 中国近六十年来图书馆事业大事记[M]. 台北：台湾商务印书馆股份有限公司，1974：132.

〔4〕 张锦郎，黄渊泉. 中国近六十年来图书馆事业大事记[M]. 台北：台湾商务印书馆股份有限公司，1974：129.

〔5〕 龚放，冒荣. 南京大学[M]. 长沙：湖南教育出版社，1995：68.

〔6〕 朱家治. 忆往录[Z]. 南京，1973：14.

〔7〕 龚放，冒荣. 南京大学[M]. 长沙：湖南教育出版社，1995：98－99.

〔8〕 张宪文，张生. 金陵大学史[M]. 南京：南京大学出版社，2002：110.

〔9〕 龚放，冒荣. 南京大学[M]. 长沙：湖南教育出版社，1995：71.

〔10〕 张锦郎，黄渊泉. 中国近六十年来图书馆事业大事记[M]. 台北：台湾商务印书馆股份有限公司，1974：134.

〔11〕 陈源蒸，张树华等. 中国图书馆百年纪事. 1840—2000[M]. 北京：北京图书馆出版社，2004：96.

6 月[1],《中华图书馆协会会报》刊登,江苏省立苏州图书馆、浙江省立图书馆、河南省立图书馆、北平松坡图书馆损失情况。

6 月[2],国立中央图书馆编印英文《书林》(季刊)第一期出版。

7 月[3],国立中央图书馆依据修订后的组织条例,在南京成立国立中央图书馆出版品国际交换处,并在上海分设办事处。

7 月[4],教育部举行留美学生考试,设图书馆学名额,录取公费生两名,顾家杰、张铨念,自费生孙云畴。

8 月[5],江苏省立国学图书馆恢复阅览。该馆抗战期间遭敌伪劫掠,文物荡然无存,原有房屋改办"伪国立师范学校",自教育部派员接收后,又改为第一临时中学,经柳诒徵各方奔走,才收回馆舍。

11 月[6],中央大学在南京复校上课。除随校迁回的在校生和当年招收的新生外,还有青年军复读生,沦陷区中央大学插班生,以及部分侨生和来自印度、巴基斯坦、土耳其、韩国的留学生,总计为 4 719 人。全校 7 个学院共 43 个系科。复员后的中央大学分于两处办学[7],校本部在市内四牌楼,包括文、理、工、法、师范学院及农学院的一部分,另一处在丁家桥,称二部,战前为农学院农场,复员后增加了与其相毗邻的南洋劝业会旧址,占地面积共达 800 余亩,医学院、农学院的畜牧兽医系及一年级新生、先修班学生集中于此,又称新生院。

12 月[8],中央大学图书馆复馆,馆藏从战前的 40 万册,历经战损、沉船等变故,复员时已经不足 20 万册,原中央大学图书馆在沦陷期间,被用作医院。原来的书架桌椅均荡然无存。图书馆开办五个阅览室:参考书阅览室、杂志阅览室、日报阅览室、教职员阅览室、特别阅览室(古籍善本及不外借图书)。图书馆设主任、副主任各一人,丁家桥设分馆,由副主任管理。各院设图书室,均由图书馆派员管理,统一提供图书,各院也可以自行采购,图书馆登记,统一编目。其中教育学院、工学院图书室增长较快。由于购书经费的短缺,1947 年,教育部拨专款为理、工、农、医四院添购图书设备。

秋[9],金陵大学图书馆馆长曹祖彬另有他就,金陵大学聘贝德士为馆长,陈长伟仍为副馆长。

---

〔1〕 陈源蒸,张树华等. 中国图书馆百年纪事. 1840—2000[M]. 北京:北京图书馆出版社,2004:95.

〔2〕 陈源蒸,张树华等. 中国图书馆百年纪事. 1840—2000[M]. 北京:北京图书馆出版社,2004:95.

〔3〕 陈源蒸,张树华等. 中国图书馆百年纪事. 1840—2000[M]. 北京:北京图书馆出版社,2004:95.

〔4〕 陈源蒸,张树华等. 中国图书馆百年纪事. 1840—2000[M]. 北京:北京图书馆出版社,2004:95.

〔5〕 张锦郎,黄渊泉. 中国近六十年来图书馆事业大事记[M]. 台北:台湾商务印书馆股份有限公司,1974:135.

〔6〕 龚放,冒荣. 南京大学[M]. 长沙:湖南教育出版社,1995:71.

〔7〕 龚放,冒荣. 南京大学[M]. 长沙:湖南教育出版社,1995:71.

〔8〕 王德滋主编. 南京大学史 1902—1992[M]. 南京:南京大学出版社,1992:214.

〔9〕 南京大学信息管理系. 李小缘纪念文集[M]. 南京:南京大学信息管理系,2007:290.

吴观国毕业于四川壁山的社会教育学院图书馆博物馆学系，入职教育部驻沪图书接运处工作。1948 年，入职重庆罗斯福图书馆筹备处[1]。

1947 年　民国三十六年。

3 月[2]，中央图书馆馆刊《国立中央图书馆馆刊》复刊第 1 号，由开明书店发行，该刊为抗战前的《学觚》、战时的《图书月刊》之继续，所以称复刊第 1 号。共出版 1 卷 4 期，同年 12 月停刊。

3 月[3]，教育部在收复区接收敌伪文物，交各附属机关及学校暂行接收。特组织接收敌伪文物统一分配委员会，部聘杭立武、袁同礼、蒋复璁、陈训慈等 10 余人为委员，凡无正式主权人或已不存在者，应尽先配予博物馆或图书馆，次为当地著名大学，再次及有关机关。文物中如有名收藏家故物，应返原主，不得自行标卖。

3 月[4]，中华图书馆协会事务所，由国立北平图书馆迁至国立中央图书馆内，事务所由中央图书馆派员办理。

4 月 1 日[5]，教育部公布图书馆规程，共 34 条。

4 月 19 日[6]，行政院令发国立中央图书馆办理出版品国际交换事项办法，其第一条称，凡政府各机关编辑出版或津贴经费印刷之中西文图书公报，得视事实之需要，检送 30 份与交换处分送协约国。

5 月[7]，国际图书馆协会联合会（IFLA）第 13 届年会，在挪威首都奥斯陆举行，中华图书馆协会派胡天石代表出席。

7 月[8]，无锡荣德生创办的私立江南大学筹备处成立，决议设立文、农、理工三学院。8 月，国民政府教育部批准私立江南大学董事会立案，借无锡北塘申茂新办事处为办公地址。1952 年，院系调整时，原私立江南大学所属系科并入南京、上海、苏州、扬州等地高校。私立江南大学取消建制。

10 月[9]，美国图书馆学家沙本生博士到访南京，中华图书馆协会在南京

---

〔1〕 殷勤业，朱萌纾等. 文献信息服务是图书馆不变的探索和追求——南京医科大学图书馆的历史、现状与展望[J]. 南京医科大学学报(社会科学版)，2016(1)：67－69.

〔2〕 张锦郎，黄渊泉. 中国近六十年来图书馆事业大事记[M]. 台北：台湾商务印书馆股份有限公司，1974：138.

〔3〕 张锦郎，黄渊泉. 中国近六十年来图书馆事业大事记[M]. 台北：台湾商务印书馆股份有限公司，1974：139.

〔4〕 张锦郎，黄渊泉. 中国近六十年来图书馆事业大事记[M]. 台北：台湾商务印书馆股份有限公司，1974：139.

〔5〕 张锦郎，黄渊泉. 中国近六十年来图书馆事业大事记[M]. 台北：台湾商务印书馆股份有限公司，1974：139.

〔6〕 张锦郎，黄渊泉. 中国近六十年来图书馆事业大事记[M]. 台北：台湾商务印书馆股份有限公司，1974：139.

〔7〕 张锦郎，黄渊泉. 中国近六十年来图书馆事业大事记[M]. 台北：台湾商务印书馆股份有限公司，1974：139.

〔8〕 朱轸. 江苏高校百年[M]. 南京：江苏省教委，1997：16.

〔9〕 张锦郎，黄渊泉. 中国近六十年来图书馆事业大事记[M]. 台北：台湾商务印书馆股份有限公司，1974：138.

全体会员举行茶会招待。教育部代表陈东原,会员陆华琛、洪有丰、李小缘等 100 人出席。于震寰任主席,金陵神学院图书馆馆长陈晋贤致欢迎辞。沙氏于 1948 年 1 月返美。

秋[1],金陵大学图书馆馆长贝德士辞任馆长,陈长伟仍为副馆长主持馆务。

国立社会教育学院图书博物馆系停办,该系共有 3 届毕业生共 62 人。

1948 年　民国三十七年。

1 月 10 日[2],美国图书馆学会东方委员会主席布朗(Dr. C Brown),美国国会图书馆副馆长克莱普(W. Clapp)自日本来华,抵达南京。参观中央研究院各个图书馆。11 日,访问中央图书馆。12 日,参观中央大学图书馆、金陵大学图书馆。13 日下午,参观国学图书馆。14 日,在中央图书馆举行座谈会,由洪有丰、李小缘主持。21 日,参观社会教育学院。后又参观政治大学图书馆、国防部图书馆。28 日,返美。

1 月 12 日[3],国民政府颁布大学法,第 14 条规定"大学图书馆规模完备者,得置馆长一人,由校长聘任之"。

8 月[4],吴有训辞去中央大学校长,受聘于上海交通大学,原教务长周鸿经接任校长。

夏[5],洪有丰应国立台湾大学校长陆志鸿[6],台湾教育厅厅长许恪士[7]邀请,去台湾讲学,并指导全省图书馆业务,住 1 月后返回。

---

〔1〕 南京大学信息管理系. 李小缘纪念文集[M]. 南京:南京大学信息管理系,2007:290.

〔2〕 张锦郎,黄渊泉. 中国近六十年来图书馆事业大事记[M]. 台北:台湾商务印书馆股份有限公司,1974:142.

〔3〕 张锦郎,黄渊泉. 中国近六十年来图书馆事业大事记[M]. 台北:台湾商务印书馆股份有限公司,1974:143.

〔4〕 龚放,冒荣. 南京大学[M]. 长沙:湖南教育出版社,1995:73.

〔5〕 张锦郎,黄渊泉. 中国近六十年来图书馆事业大事记[M]. 台北:台湾商务印书馆股份有限公司,1974:145.

〔6〕 陆志鸿(1897—1973),字筱海,浙江嘉兴市人。著名金相学家、教育家,1915 年中学毕业即赴日留学,入东京第一高等学校预科、本科。1920 年以优异成绩免试升入东京帝国大学工学部,研究金属采矿。1923 年毕业。1924 年回国,在南京工业专科学校任教,1928 年,南京工专并入中央大学工学院土木系,任土木系教授。抗战胜利,奉教育部命,前往台湾协助罗宗洛接收台湾大学,1946 年春,重返中央大学,将材料试验室迁回南京。1946 年 7 月,出任台湾大学第 2 任校长。1948 年后,辞去校长职务,专任台湾大学机械系教授,1973 年 5 月 4 日,在台北病逝。台湾大学为纪念其业绩,特建"志鸿馆"、立陆志鸿半身铜像。

〔7〕 许恪士(1896—1967),名本震,安徽省歙县许村人。毕业于北京高等师范大学。后留学德国。1926 和 1927 年,两次率团出席世界教育会议。1928 年,应聘前往丹麦哥本哈根大学讲学。回国后,历任安徽省立第二中学校长、国立中央大学教育系教授、中央大学实验学校主任、公民训育系主任、师范学院院长等职。1947 年 5 月,就任台湾省政府教育厅厅长。从健全教育制度入手,以振兴台湾教育事业,加强国语和历史课教育,提高学生的民族自信心,免费供应教科书,免收学费,增列教育经费和实施空中教育。晚年执教台湾大学,先后在政工干校、中央警官学校、国立政治大学等校讲学。著有《中国教育思想史》《社会教育学》《教育哲学》等。

12月[1]，国立中央图书馆、中央研究院历史语言研究所、故宫博物院、中央博物院筹备处等机构所藏的古物图书，先后分三批(12月至次年2月)，由海军司令部和招商局派遣船只，由海路运往台湾。

秋[2]，金陵大学聘李小缘为图书馆馆长，陈长伟仍为副馆长。

1948年底[3]，金陵大学文、理、农三个学院，共22个系，四个专修科，六个研究所，教职员150余人，在校生总数1 100人，与1945年持平。

1949年　4月21日，南京解放。

6月，江苏省全境解放，中国人民解放军接管旧有的高校，解散国立政治大学和私立建国法商学院。国立戏专、国立东方语专及国立边疆学校迁往北京，分别并入中央戏剧学院、北京大学和民族学院。国立中央大学改名国立南京大学。对一般的私立高校没有接管，而是采取了“积极维持，逐步改造、重点补助”的方针。到1949年底，江苏共有16所大专院校，约占全国高校总数的7.8%。南京大学、南京药学专科学校、江苏医学院、江苏教育学院、社会教育学院、苏州工业专科学校、苏州蚕丝专科学校等7所公立院校；金陵大学、金陵女子文理学院、东吴大学、江南大学、南京工专、南通学院、无锡国学专修学校、苏州美专、丹阳正则艺术专科学校等9所私立院校[4]。

南京市设为中央直辖市，以长江为界分设苏北、苏南行政区[5]。

7月[6]，北京大学图书馆学专业，根据华北高等教育委员会指令，从北京大学中文系分离出来，成立图书馆学专修科，直接从高中毕业生招生。

8月8日，原“国立中央大学”改名为“国立南京大学”，图书馆也随之更名，原中央大学图书馆馆长洪有丰留任[7]。

10月19日[8]，中央人民政府成立文化教育委员会，郭沫若为主任，根据《中央人民政府组织法》规定：文教委员会“指导文化部、教育部、卫生部、科学院、新闻总署和出版总署”，设教育部，内设普通教育、专门教育和社会教育3司。任命马叙伦为教育部长，钱俊瑞、韦悫(que)为副部长。

10月[9]，迁往台湾的“国立中央图书馆”与故宫博物院、“中央研究院”、中华教育电影制片厂等机构合并，成立“中央博物图书院联合管理处”，“国立

---

[1] 张锦郎，黄渊泉. 中国近六十年来图书馆事业大事记[M]. 台北：台湾商务印书馆股份有限公司，1974：145.

[2] 南京大学信息管理系. 李小缘纪念文集[M]. 南京：南京大学信息管理系，2007：290.

[3] 龚放，冒荣. 南京大学[M]. 长沙：湖南教育出版社，1995：99.

[4] 朱轸. 1952年江苏高校院系调整简况[J]. 江苏高教，1989(1)：73-74.

[5] 江苏省地方志编纂委员会. 江苏省志【2】地理志[M]. 南京：江苏古籍出版社，1999：63.

[6] 陈源蒸，张树华等. 中国图书馆百年纪事. 1840—2000[M]. 北京：北京图书馆出版社，2004：106.

[7] 南京大学图书馆. 南京大学图书馆史(1888—2008)[Z]，2009：101.

[8] 中央教育科学研究所. 中华人民共和国教育大事记1949—1982[M]. 北京：教育科学出版社，1984：4907-12.

[9] 张锦郎，黄渊泉. 中国近六十年来图书馆事业大事记[M]. 台北：台湾商务印书馆股份有限公司，1974：145-146.

中央图书馆”裁缩为中图组,文物先存于台中市台中糖厂仓库,1940年4月,联管处在台中县雾峰乡北沟兴建库房完成,原一馆二院图书文物全部移存其中。

10月[1],李小缘率四人赴京,将暂存于故宫博物院,1934年由福开森捐赠给金陵大学的文物,清点装运回宁。文物到校以后,文科系各派一名教授参加清点,清点完毕后作一次公开展示。这批文物先保存在南京大学图书馆地下室,后移交南京大学历史系考古组,迁至教学楼五楼保存[2]。现存南京大学博物馆。

是年,李小缘任金陵大学图书馆馆长[3]。

事业发展[4]:

全省普通高等学校数:17所;

本专科在校生人数:0.72万人;

专任教师:0.13万人。

〔1〕 南京大学信息管理系.李小缘纪念文集[M].南京:南京大学信息管理系,2007:433.

〔2〕 马先阵,倪波.李小缘纪念文集[M].南京:南京大学出版社,1988:14.

〔3〕 周文骏.图书馆学情报学词典[M].北京:书目文献出版社,1991:288.

〔4〕 江苏省教育志编委会.朱轸.江苏高校变迁[M].江苏省教育委员会,1989:51.

1950—1966年(国民经济建设时期)

1950年　华东军政委员会成立,南京市和苏北、苏南两行署区,均由华东军政委员会领导。

1月[1],金陵大学与金陵女子文理学院断绝与国外教会的联系,并拒绝资助。两校酝酿协商,决定由政府接管,两校合并成立“公立金陵大学”。5月,华东军政委员会批准两校合并。

3月19日[2],奉文化部令,南京“中央图书馆”更名为“国立南京图书馆”。直属中央文化部文物局,同时接受华东军政委员会文化部领导,贺昌群[3]为馆长[4]。

“中央图书馆”筹办于1933年,1946年抗战结束后,“中央图书馆”接收陈群的“泽存书库”约40万册线装书,及日本侵占时期东亚同文书院和现代图书馆各种图书60万册。据1949年8月统计,藏书总数为122万余册(运至台湾宋元善本书籍139727册,碑帖11箱不在此数内)。

《全国新书目》编印出版,它是专门报道全国新书出版情况的刊物。原每月出版1期,自1958年第4期起,改为旬刊。由版本图书馆编印[5]。

8月,政务院颁布《高等学校暂行规程》《私立学校暂行管理办法》,大学改

---

〔1〕 冯世昌.南京师范大学志上,1902—1992[M].南京:南京师范大学出版社,2002:32.

〔2〕 张树华,吴慰慈.中国图书馆事业三十年大事记(1949—1979年)[M]北京大学图书馆学系,1979:3.

〔3〕 贺昌群(1903—1973),四川乐山人,著名历史学家,在宋元戏曲、中西交通史、敦煌学、简帛学、汉唐历史与文学等领域有研究。1921年,成都联合中学毕业,入上海沪江大学,因经济困难辍学。1922年考入上海商务印书馆编译所,1931年,离沪到天津河北女子师范大学任教。1933年,北京图书馆任编纂委员会委员,1942—1946年,在重庆中央大学历史系任教。中央大学返宁后,任历史系主任。在1947年5月,南京学生发动“反饥饿反内战”运动,他为中央大学教授会起草教授宣言,并参加游行示威。为了躲避迫害,南京解放前夕,应邀到上海开明书店工作,解放后返回南京。1950年任南京图书馆馆长,1954年6月,调任中国科学院历史研究所第二所研究员,兼中国科学院图书馆馆长。1964年,被选为第三届全国人民代表大会代表,1973年10月1日病逝于北京。

〔4〕 江苏省文化厅,南京图书馆.江苏公共图书馆大事记(1903—2006年)[M].南京:江苏人民出版社,2011:441-487.

〔5〕 张树华,吴慰慈.中国图书馆事业三十年大事记(1949—1979年)[M].北京:北京大学图书馆学系,1979:6.

行校长负责制。金陵大学陈裕光校长任命樊庆笙[1]为教务长、戈福鼎[2]为总务长、王绳祖[3]为文学院院长、李方训[4]为理学院院长、靳自重[5]为农学院院长、李小缘为图书馆馆长兼中国文化研究所所长[6]。

是年,江苏省高校调整情况[7]:

国立社会教育学院与江苏省立教育学院合并,成立公立文化教育学院,校址无锡;

无锡国学专修学校(曾改名"中国文学院")并入公立文化教育学院;

由苏北建设学校水利科及华东水利部水文技术人员训练班合并,成立淮河水利专科学校,1951 年更名为华东水利专科学校,校址南京长江路后街。

吴观国入职镇江国立江苏医学院图书馆[8],1957 年,国立江苏医学院迁至南京,定名为"南京医学院",图书馆随迁来宁。

---

〔1〕 樊庆笙(1911—1998),江苏省常熟人,农业微生物学家、农业教育家,中国农业微生物学的开创者之一。长期致力于农业微生物学的教学、科研及应用工作,培养了几代农业微生物教育科研和生产管理人才。最早在国内从事青霉素生产试验,为中国自主生产青霉素做出重要贡献。他在共生固氮菌的生理生化研究,紫云英、花生、大豆根瘤菌的应用研究做出突出贡献。1981 年,出任南京农学院院长。

〔2〕 戈福鼎(1914—1988),安徽广德人。农业经济专家。民盟中央参议委员会委员、政协江苏省第六届委员会委员、民盟江苏省委员会顾问。1936 年,毕业于金陵大学农艺系,1941 年后,任金陵大学农经系副教授、教授、校总务长。1949 年后,历任南京市工商局顾问、财政经济委员会委员,南京农学院农经系教授,江苏省粮食厅副厅长。1958 年后,调到民盟江苏省委员会担任领导工作,先后任江苏省第二至第五届人大代表、省第三届人民委员会委员,政协第四、五届全国委员,政协江苏省第二至第六届委员、第四届至第五届常委、第三届至第四届副秘书长;民盟中央委员会候补委员、委员、顾问,民盟江苏省委常委兼秘书长、副主任兼秘书长。

〔3〕 王绳祖(1905—1990),江苏高邮人,字伯武,历史学家。1918 年,入金陵大学附中(今金陵中学)。1923 年,入金陵大学化学系,次年转入历史系。1927 年夏毕业,1929 年 9 月,受系主任贝德士之聘,担任金大历史系助教。此期间撰写《欧洲近代史》讲义,被编入大学丛书,改变了中国高等学校世界史教学由外国课本垄断的情况。1936 年,考入英国牛津大学布拉斯诺斯学院,专攻世界外交史。1939 年回国,任金陵大学(当时在成都,1946 年迁回南京)历史系教授、系主任。1949 年,任金陵大学文学院院长。1952 年,院系调整后,先后任南京大学历史学系教授、副系主任、英美对外关系研究室主任。1980 年,任中国国际关系史研究会(现为中国国际关系学会)理事长。著有《欧洲近代史》《近代欧洲外交史》《国际关系史》等。

〔4〕 李方训(1902—1962),江苏仪征人,物理化学家和教育家,中国科学院学部委员,南京大学教授。1921 年,入金陵大学化学专业;1925 年毕业,留校任教;1928 年,赴美国西北大学学习;1930 年,获博士学位后回国,执教金陵大学;1947 年,代表中国化学会出席英国化学会 100 周年庆祝会和国际纯粹与应用化学联合会的学术会议;1948 年,赴美国西北大学讲学,被授予荣誉科学博士学位;1952 年,被任命为南京大学副校长,1955 年,当选为中国科学院学部委员;1956 年 9 月,作为中国代表团的首席代表参加在葡萄牙召开的第 15 届国际纯粹与应用化学联合会的学术会议。1962 年 8 月 2 日在南京逝世。享年 60 岁。

〔5〕 靳自重(1907—1953),山东恩县(武城)人。中国民主同盟盟员,农学家、教育家。1932 年毕业于金陵大学农艺系,1939 年获英国剑桥大学硕士学位。从 1939 年起,先后担任金陵大学农艺系教授、系主任,哈佛大学研究员,金陵大学农学院教授、代理院长、院长,南京农学院教授、副院长,中国农学会理事。1949—1952 年,任金陵大学农学院代理院长、院长。

〔6〕 王德滋主编. 南京大学史 1902—1992[M]. 南京:南京大学出版社,1992:543.

〔7〕 朱轸. 1952 年江苏高校院系调整简况[J]. 江苏高教,1989(1):73 - 74.

〔8〕 殷勤业,朱萌纾等. 文献信息服务是图书馆不变的探索和追求——南京医科大学图书馆的历史、现状与展望[J]. 南京医科大学学报(社会科学版),2016(1):67 - 69.

事业发展[1]：

全省普通高等学校数：15 所；

本专科在校生人数：0.818 5 万人。

1951 年

2 月[2]，教育部召开座谈会，讨论在高等学校中设置图书馆学、博物馆学系的问题。

3 月[3]，金陵大学校长陈裕光，因年事已高而辞职，由李方训继任校长。陈裕光是金陵大学，也是中国教会大学的第一位中国人校长，任校长凡 23 年，为金陵大学的发展贡献良多。

3 月[4]，万国鼎赴北京华北人民革命大学政治研究院学习，同年年底分配到河南省政府农林厅工作，1953 年，任河南农学院农学系教授。

7 月[5]，刘国钧自兰州调北京大学，任图书馆学系教授兼任图书馆学教研室主任。10 月，受聘担任北京图书馆兼任研究员。

8 月[6]，原南京大学图书馆馆长洪有丰离任，赴苏州华东人民革命大学研究院[7]学习。

8 月底[8]，金陵大学和金陵女子文理学院合并，校名定为“公立金陵大学”，但两校图书馆并未实行合并。调整系科时[9]，以经费不足为由，裁撤“中国文化研究所”，延续 21 年的中国文化研究所不复存在。

10 月 11 日[10]，华东军政委员会教育部南京大学教务长、化学系教授张江树[11]，兼任南京大学图书馆馆长。

---

〔1〕 江苏省教育志编撰委员会. 江苏省教育大事记[M]. 南京：江苏教育出版社，1989：15.

〔2〕 张树华，吴慰慈. 中国图书馆事业三十年大事记（1949—1979 年）[M]. 北京：北京大学图书馆学系，1979：7.

〔3〕 龚放，冒荣. 南京大学[M]. 长沙：湖南教育出版社，1995：101.

〔4〕 南京农业大学发展史编委会. 南京农业大学发展史人物卷[M]. 北京：中国农业出版社，2012：546 - 551.

〔5〕 周永利主编，赵艳超等. 当代甘肃文化名人档案[M]. 兰州：兰州大学出版社，2013：256 - 257.

〔6〕 余海宪，陈枝清等. 洪范五先生与华东师范大学图书馆[J]. 大学图书馆学报，2014(2)：104 - 110.

〔7〕 华东人民革命大学，简称：华东革大，中共华东局于 1949 年 5 月创办，是培训党政干部的“抗大”式学校。为了适应对民主党派领导人、国民党起义将领和大学教授等高层次人员的思想改造，华东局又于 1950 年冬，在苏州北寺塔创办华东人民革命大学政治研究院。

〔8〕 南京大学图书馆史编写组. 南京大学图书馆史（1888—2008）[Z]，2009：101.

〔9〕 南京大学信息管理系. 李小缘纪念文集[M]. 南京：南京大学信息管理系，2007：430.

〔10〕 南京大学图书馆史编写组. 南京大学图书馆史（1888—2008）[Z]，2009：101.

〔11〕 张江树（1898—1989），字雪帆，江苏常熟人，化学教育家。1910 年，考入上海龙门师范（上海中学前身）。1914 年，考入南京高等师范（中央大学前身），1918 年，毕业并留校任化学助教。1923 年，考取公费赴美国留学，到美国加州大学攻读化学。1924 年，转入哈佛大学读研究生，1926 年，获哈佛大学理学硕士学位。1926 年回国后，先后在光华大学、中山大学、中央大学等校任教授。1949 年 10 月前，张江树担任中央大学化学系系主任和理学院院长。1949 年 10 月后，先后担任南京大学教务长、理学院院长、南京工学院筹备委员会主任委员、南京大学图书馆馆长等职，张江树是中国化学会的创始人之一。1952 年起参与创建华东化工学院。1952 至 1989 年，任华东化工学院（华东理工大学）院长。1981 年至 1989 年任该院名誉院长。1989 年 10 月 8 日病逝于上海。

12 月,南京图书馆编印的《书刊评介资料索引》(季刊)创刊,1957 年 3 月,改为双月刊。这是选辑报纸、杂志上所刊载的书刊评介的索引[1]。

是年,江苏省高校调整情况[2]:

私立金陵大学与私立金陵女子文理学院合并,改为公立金陵大学;

私立丹阳正则艺术专科学校,改为中等技术学校;

私立南京工业专科学校以沪校为基础,调整合并改为华东交通专科学校,校址上海;

暂停招生的系科有:南京大学的农经系、东吴大学的社会系、公立文教学院的语文教育系和电化教育专修科、江南大学的面粉专修科、金陵大学的全部系科停招,其中地理系停办。

增设的系科:南京大学地理专修科(师范)。

事业发展[3]:

全省普通高等学校数:15 所;

本专科在校生人数:0.927 5 万人;

研究生在校生人数:24 人。

1952 年　全国高等学校院系调整,教育部将原武昌文华图书馆专科学校,并入武汉大学,称为"图书馆学专修科",学制 3 年。北京大学图书馆学专修科,学制由 2 年改为 3 年[4]。

9 月[5],新"南京大学"在原金陵大学校址开学。经院系调整,以国立南京大学和金陵大学的文理学院为主体,并入复旦大学外文系德文组、齐鲁大学天文系、中山大学天文系以及浙江大学部分系科,组成一所文、理科综合性大学,仍名南京大学;图书馆同时合并,南京大学图书馆馆长张江树不再兼任馆长,华东军政委员会教育部任命南京大学中文系教授胡小石[6],为调整后的南京大学图书馆首任馆长,李小缘为副馆长[7]。

调整后的图书文物去向[8]:南京大学、金陵大学图书馆原有的专门、应用科学书籍,如有关工程、农林、教育、音乐、体育、美术教育及基础参考

---

〔1〕 陈源蒸,张树华等. 中国图书馆百年纪事. 1840—2000[M]. 北京:北京图书馆出版社,2004:106.

〔2〕 朱轸. 1952 年江苏高校院系调整简况[J]. 江苏高教,1989(1):73 - 74.

〔3〕 江苏省教育志编撰委员会. 江苏省教育大事记[M]. 南京:江苏教育出版社,1989:23.

〔4〕 张树华,吴慰慈. 中国图书馆事业三十年大事记(1949—1979 年)[M]北京大学图书馆学系,1979:12.

〔5〕 王德滋主编. 南京大学史 1902—1992[M]. 南京:南京大学出版社,1992:551.

〔6〕 胡小石(1888—1962),江苏南京人,名光炜,字小石,号倩尹,又号夏庐,斋名愿夏庐,晚年别号子夏、沙公。国学大师。兼文字学家、文学家、史学家、书法家、艺术家。1909 年,毕业于两江优级师范学堂,曾在明智大学、武昌高等师范学校、西北大学、四川国立女子师范学院等校任教,历任北京女子高等师范学校教授兼国文部主任,云南大学教授兼文学院院长,金陵大学教授兼国文系主任,国立东南大学中文系教授、国立中央大学中文系教授兼系主任与文学院院长、南京大学中文系教授兼系主任与文学院院长,南京大学图书馆馆长。1962 年病逝于南京。

〔7〕 周文骏. 图书馆学情报学词典[M]. 北京:书目文献出版社,1991:288.

〔8〕 王德滋主编. 南京大学史 1902—1992[M]. 南京:南京大学出版社,1992:551.

书及其他类的复本，拨归工、农、师三院，其他图书文物均拨归南京大学，留存39万册，并入金陵大学图书馆藏书并沿用其馆舍，馆藏达73万册[1]。南京大学以原金陵大学校址为永久校址，南京大学图书馆以原金陵大学图书馆为馆址。

以原南京大学工学院为主体，并入复旦大学、交通大学、浙江大学、金陵大学等学校的有关系科。

以原中央大学四牌楼本部原址为永久校址，组建南京工学院。南京工学院图书馆以原中央大学图书馆为馆址，以原工学院所藏中外文图书，调入部分金陵大学图书，馆藏4.4万册。图书馆设5人小组主持馆务，朱家治任图书馆秘书[2]。1965年，藏书达54.3万册。

以原南京大学、金陵大学等有关院系为基础，以原金陵女子文理学院校址为永久校址，组建南京师范学院，南京师范学院图书馆以原金陵女子文理学院图书为馆址。

8月[3]，东吴大学校长杨永清任东吴大学院系调整委员会委员，10月14日[4]，举行联席移交会议，吴天石宣布东吴大学正式结束，代之为“苏南师范学院”。杨永清正式结束校长任职。离开东吴大学后，曾任上海市教育局顾问。

9月，《人民日报》报道：全国高等学校院系调整基本完成。与此同时，全国高等学校图书馆的调整合并工作也基本完成。

11月，国务院增设高等教育部、体育运动委员会等。

11月15日[5]，中央人民政府委员会批准江苏恢复建省，由华东军政委员会领导，撤销苏北、苏南二行署区。

11月、12月[6]：

12月[7]，洪有丰调入上海华东师范大学图书馆任业务指导，后任副馆长。1957年、1961年先后被国务院科学规划委员会和国家科学技术委员会聘为图书组组员。

中央人民政府教育部先后任命陈鹤琴为南京师范学院院长、吴贻芳、纵翰民为副院长，南京师范学院正式建校，以原金陵女子文理学院校园为永久校址。

是年，江苏省高校调整情况[8]：

---

[1] 陈乃林，马先阵等. 江苏高等学校图书馆年鉴[M]. 南京：南京大学出版社，1990：37.

[2] 朱家治. 忆往录[Z]. 南京，1973：16.

[3] 周川. 中国近现代高等教育人物辞典[M]. 福州：福建教育出版社，2018：242.

[4] 田晓明. 苏州大学大事记 1900—2012[M]. 苏州：苏州大学出版社，2015：28－29.

[5] 江苏省地方志编纂委员会. 江苏省志【2】地理志[M]. 南京：江苏古籍出版社，1999：64.

[6] 冯世昌. 南京师范大学志上，1902—1992[M]. 南京：南京师范大学出版社，2002：33.

[7] 余海宪，陈枝清等. 洪范五先生与华东师范大学图书馆[J]. 大学图书馆学报，2014(2)：104－110.

[8] 朱轸. 1952年江苏高校院系调整简况[J]. 江苏高教，1989(1)：73－74.

南京大学、交通大学、浙江大学的航空系合并建立华东航空学院，校址南京中山门外卫岗(现南京农业大学校址，1956 年迁西安，更名为“西安航空学院”。1957 年，西北工学院与西安航空学院合并，组建“西北工业大学”)；由南京大学、交通大学的水利系，同济大学、浙江大学、厦门大学、武汉大学、山东农学院、华东水利专科学校的有关系科合并，建立华东水利学院，8 月，筹备处成立[1]，下设秘书、师资、图书仪器、校舍四个组。詹道江任首任馆长[2]。10 月 27 日[3]，华东水利学院正式开学，图书馆借用南京工学院 100 平方米教室一间为馆舍。1952 年暑期，迁至西康路校区，仍借用教室作临时馆舍。由交通大学、震旦大学、同济大学等校调拨少量书刊充作馆藏[4]。

苏南工业专科学校维持原状，设纺织、机械、土木、建筑 4 个专修科(1956 年并入西安交通大学)。

新建南京航空工业专科学校[5]，图书馆同时创建。1956 年，更名为“南京航空学院”，升格为本科，为南京航空航天大学前身。

由金陵大学的农学院和南京大学的农学院，并调入浙江大学农学院，部分系科，建立南京农学院。[6] 由南京大学(原中央大学)图书馆、金陵大学图书馆的部分藏书和人员，组建南京农学院图书馆，藏书 11 万册。校址丁家桥。1958 年[7]，迁至中山门外原华东航空学院旧址办学。

由南京大学农学院和金陵大学农学院的森林系，合并创建南京林学院，校址丁家桥，与南京农学院同一校区。与南京农学院共用图书馆，1955 年，迁出丁家桥校区，至太平门外另建校区。南京林学院图书馆正式创建，藏书仅 1.7 万余册[8]；

私立上海美术专科学校、私立苏州美术专科学校、山东大学艺术系图书馆在无锡合并，组建华东艺术专科学校图书棺。1958 年迁至南京，1959 年，更名为南京艺术学院图书馆[9]。1952 年，仅有工作人员 5 名，藏书 2 万册。

私立南通学院的农科独立，与江南大学的农艺系，公立文化教育学院的农教系合并，建立苏北农学院及图书馆，校址扬州[10]；1971 年，南京农学院与苏北农学院两校合并，改名为江苏农学院，两校图书馆合并。1979

[1] 赵坚. 奋进——纪念河海大学图书馆百年华诞图文集[M]. 南京：河海大学图书馆，2015：8.
[2] 赵坚. 奋进——纪念河海大学图书馆百年华诞图文集[M]. 南京：河海大学图书馆，2015：12.
[3] 赵坚. 奋进——纪念河海大学图书馆百年华诞图文集[M]. 南京：河海大学图书馆，2015：36.
[4] 赵坚. 奋进——纪念河海大学图书馆百年华诞图文集[M]. 南京：河海大学图书馆，2015：28.
[5] 陈乃林，马先阵等. 江苏高等学校图书馆年鉴[M]. 南京：南京大学出版社，1990：58.
[6] 陈乃林，马先阵等. 江苏高等学校图书馆年鉴[M]. 南京：南京大学出版社，1990：65.
[7] 包平. 南京农业大学图书馆发展史[M]. 北京：中国农业出版社，2013：31.
[8] 丁其祥. 南京林业大学图书馆简介[J]. 南京林业大学学报(自然科学版)，2002(3)：51.
[9] 陈乃林，马先阵等. 江苏高等学校图书馆年鉴[M]. 南京：南京大学出版社，1990：94.
[10] 陈乃林，马先阵等. 江苏高等学校图书馆年鉴[M]. 南京：南京大学出版社，1990：68.

年，南京农学院迁回南京办学，图书馆分开办馆，1992 年 5 月，并入新建的扬州大学。

原南京大学医学院独立，建立中国人民解放军第五军医大学，校址南京（属华东军区领导），1954 年迁西安，与第四军医大学合并。

私立南通学院医科独立办学，建立苏北医学院，校址南通。

江苏医学院维持原状，设医本科及医专科，校址镇江。

由浙江大学的药学系、齐鲁大学的药学系，东吴大学的药学专修科与华东药专（国立药学专科学校）合并建立华东药学院，校址南京市童家巷。1956 年[1]，更名为“南京药学院”，图书馆以 1936 年创建的国立药学专科学校图书室基础建立。

东吴大学文、理系科，私立江南大学数理系、与公立苏南文教学院（前省立教育学院、私立中国文学院、国立社会教育学院合并而成）合并，建立苏南师范学院（后更名为江苏师范学院），校址苏州十梓街，原东吴大学校址。原各校图书馆合并，藏书达 23 万册。

新建苏北师范专科学校，校址扬州。图书馆同时建立，藏书 1 000 册，工作人员 1 人。1959 年[2]，苏北师专与扬州师专合并，建立扬州师范学院，图书馆藏书达 20 万册，工作人员 14 人。

调整至外省、市高校的系科[3]：

南京大学法学院的政治系、法律系调整到华东政法学院，经济系调整到复旦大学，哲学系调整到北京大学；

东吴大学的经济系、工业管理系调整到上海财经学院，法学院（沪校）并入华东政法学院，化工系调整到华东化工学院；

私立南通学院的纺科，并入华东纺织工学院；

江南大学的化工系，调整到华东化工学院；

苏州美专的动画科，调整到上海艺术专科学校。

事业发展[4]：

全省普通高等学校数：17 所；

本专科在校生人数：1.13 万人；

研究生在校生人数：10 人；

专任教师：0.17 万人。

1953 年　1 月 1 日[5]，江苏省人民政府建立，南京市改为江苏省辖市、江苏省人民政府驻地。1949 年划归山东省直辖的徐州市、临沂专区领导的新海连市及赣榆、东海、邗县三县、滕县专区领导的铜北、华山、沛县、丰县四县，以及

---

〔1〕 朱轸. 江苏高校百年[M]. 南京：江苏省教委，1997：114.

〔2〕 陈乃林，马先阵等. 江苏高等学校图书馆年鉴[M]. 南京：南京大学出版社，1990：77.

〔3〕 朱轸. 1952 年江苏高校院系调整简况[J]. 江苏高教，1989(1)：73－74.

〔4〕 江苏省教育志编委会. 朱轸. 江苏高校变迁[M]. 江苏省教育委员会，1989：51.

〔5〕 江苏省地方志编纂委员会. 江苏省志【2】地理志[M]. 南京：江苏古籍出版社，1999：64.

1949 年划归皖北行署区宿县专区领导的萧县、砀山二县，滁州专区领导的江浦县均划回江苏省。其中，徐州市改为江苏省辖市。

1 月 2 日[1]，江苏省教育厅成立，厅长吴贻芳，副厅长齐建秋、陶白。

9 月，上海船舶工业学校图书馆创建，该校于 1970 年迁至江苏省镇江市办学，更名为“镇江船舶工业学校”。

是年，江苏省高校调整情况[2]：

苏南蚕丝专科学校维持原状，设蚕桑、制丝两个专修科，校址苏州。

大专部调整到浙江农学院蚕桑系。原校改名江苏省浒墅关蚕丝学校，中专性质；后更名为“苏州丝绸工业专科学校”。1960 年[3]，自浒墅关迁至苏州办学，更名为“苏州丝绸工业学院”1962 年停办，1965 年复办，更名为“苏州纺织工学院”。至 1972 年，恢复原校名。

华东水利学院水利土壤改良专业，调整到武汉水利学院；

苏南工业专科学校纺织科，并入上海华东纺织工学院。

经过 1950—1953 年的院系调整，至 1953 年底，江苏省共有高等学校 16 所，占全国高校总数的 8.8%[4]，包括：

南京大学、南京工学院、华东水利学院、华东航空学院、南京航空工业专科学校、苏南工业专科学校、南京农学院、华东林学院、苏北农学院、南京师范学院、苏南师范学院、苏北师范专科学校、江苏医学院、苏北医学院、华东药学院、华东艺术专科学校。

《中国人民大学图书馆图书分类法》(简称：人大法)第一版出版[5]，人大法 1952 年开始编纂，是中华人民共和国成立以后编制的第一部图书分类法。

事业发展[6]：

全省普通高等学校数：16 所；

本专科在校生人数：1.13 万人；

研究生在校生人数：10 人；

专任教师：0.17 万人。

1954 年

4 月，万国鼎自河南调回南京农学院，历任农经系教授兼农业历史研究组主任、中国农业遗产研究室主任(1955)[7]。

---

〔1〕 江苏省地方志编纂委员会. 江苏省志第 77 卷教育志(下册)[M]. 南京：江苏古籍出版社，2000：1060.

〔2〕 朱轸. 1952 年江苏高校院系调整简况[J]. 江苏高教，1989(1)：73－74.

〔3〕 朱轸. 江苏高校百年[M]. 南京：1997：127.

〔4〕 朱轸. 1952 年江苏高校院系调整简况[J]. 江苏高教，1989(1)：73－74.

〔5〕 王清晨，李华. 现代文献信息资源标引[M]. 呼和浩特：内蒙古人民出版社，2008：114.

〔6〕 江苏省教育志编委会. 朱轸主编. 江苏高校变迁[M]. 江苏省教育委员会，1989：51.

〔7〕 南京农业大学发展史编委会. 南京农业大学发展史人物卷[C]. 北京：中国农业出版社，2012：546－551.

5月[1],国立南京图书馆馆长贺昌群调北京,任中国科学院历史研究所第二所研究员,李仲融[2]升任馆长。

第六军医学校在南京丁家桥(原南京大学医学院原址)建校,图书馆同时建立,藏书1万余册,面积100平方米。1958年,在原址转建"南京铁道医学院",图书馆扩充至700平方米[3]。2000年4月,并入东南大学,南京铁道医学院原建制撤销。

事业发展[4]:

全省普通高等学校数:16所;

本专科在校生人数:1.907 1万人;

研究生在校生人数:43人。

1955年 3月,江苏省中医进修学校和图书室创建[5],校址在南京白下路邀贵井,该校是南京中医学院的前身,图书室有工作人员5名,藏书3 000余册。1956年[6],更名为"江苏省中医学校"。1958年,扩建为"南京中医学院"。1970年,与南京医学院合并成立"江苏新医学院",1978年2月,恢复建制。

南京图书馆两次召开学校图书馆工作座谈会,研讨学校图书馆如何为教学服务,参加座谈的有高等院校、军事院校、中学的40余所图书馆共80余人[7]。

洪流、卢则文、朱家治被任命为南京工学院图书馆副馆长,全馆工作人员30人[8]。

华东水利学院图书馆划归学院直属管理。在此之前,1952—1955年,图书馆为教务处下属单位[9]。馆藏书刊达62 300册,中文书刊占74%。外文书刊占26%,合订本1 460余册[10]。

事业发展[11]:

全省普通高等学校数:16所;

---

[1] 江苏省文化厅,南京图书馆.江苏公共图书馆大事记(1903—2006年)[M].南京:江苏人民出版社,2011:441-487.

[2] 李仲融(1903—1980),湖南长沙人,1925年,毕业于上海国民大学,同年12月由恽代英介绍加入共产党。抗战初期,任湖南文化界抗敌后援会常务理事兼宣传部主任。1938年9月,任中共湖南省委的塘田战时讲学院研究部主任。1942年赴苏北,先后任新四军第二师高干班、江淮大学、华中建设大学教授和山东大学文艺系主任、华东大学校务委员会委员及研究部主任。1949年后,历任华东大学党组成员、华东社会科学院院长、南京图书馆馆长、南京大学哲学系教授。著有:《希腊哲学史》《哲学思潮》《佛学概论与批判》《形式论理学及辩证法》等。1980年10月病逝于南京。(长沙名人——李仲融长沙图书馆).

[3] 陈乃林,马先阵等.江苏高等学校图书馆年鉴[M].南京:南京大学出版社,1990:73.

[4] 江苏省教育志编撰委员会.江苏省教育大事记[M].南京:江苏教育出版社,1989:56.

[5] 陈乃林,马先阵等.江苏高等学校图书馆年鉴[M].南京:南京大学出版社,1990:71.

[6] 江苏省教育志编委会.朱轸.江苏高校变迁[M].江苏省教育委员会,1989:331.

[7] 陈乃林,马先阵等.江苏高等学校图书馆年鉴[M].南京:南京大学出版社,1990:285.

[8] 朱家治.忆往录[Z].南京,1973:16.

[9] 赵坚.奋进——纪念河海大学图书馆百年华诞图文集[M].南京:河海大学图书馆,2015:8.

[10] 赵坚.奋进——纪念河海大学图书馆百年华诞图文集[M].南京:河海大学图书馆,2015:29.

[11] 江苏省教育志编撰委员会.江苏省教育大事记[M].南京:江苏教育出版社,1989:65.

本专科在校生人数:2.070 9 万人;

研究生在校生人数:76 人。

1956 年 1 月,周恩来总理在《关于知识分子问题的报告》中发出"向科学进军"的号召,并明确指出:"图书馆是向科学进军的有力武器,是科学研究工作者的助手。"为贯彻这一精神,1956 年 7 月 5 日至 13 日,文化部召开中华人民共和国成立后的第一次全国图书馆工作会议[1]。会议以图书馆工作如何为科学研究服务为中心议题,通过《明确图书馆的方针和任务为大力配合向科学进军而奋斗》的报告。报告指出:"提供科学研究的图书资料,是我们文化部门和图书馆工作者一个艰巨而光荣的政治任务。我们应该以极大的努力来担负起这一个任务。"报告中明确图书馆事业的基本任务,指出了需要注意规划合作、充分挖潜、切合实际等原则问题,提出大力开展科技书刊借阅、做好藏书整理补充调配、改进现有目录组织、加强书目参考等 4 大措施,强调要加强领导、经费补充、专业干部培养等。这次会议及其报告促进了新中国图书馆事业的发展,有力地促进了对科学文献的收藏、科技专题书目索引的编制以及馆际协作工作的开展[2]。

2—3 月,在"向科学进军"的号召指引下,北京大学、清华大学、南京大学、复旦大学、中山大学、重庆大学等重点大学的图书馆,开始清理历年积压的图书,开辟研究室,专业参考室,教师阅览室等,积极地为教学和科学研究服务。

4 月 28 日[3],根据国务院批复,江苏省高等教育局成立,分管高等教育和中等专业教育,与江苏省教育厅并列。9 月 6 日,国务院任命胡叔度为局长,吴祯、李扬、朱少香、戴昭为副局长。

4 月 28 日,南京航空工业专科学校升格为本科,更名为"南京航空学院",开始部分招收本科生。

6 月[4],北京大学图书馆学专修科率先创办图书馆学专修科函授班,函授班学制 4 年。

7 月[5],高教部在北京召开了高等学校图书馆工作座谈会,讨论高等学校图书馆工作的方针、任务、组织机构、干部培养等问题。北京大学、清华大学、中国人民大学、北京师范大学的图书馆馆长参加会议。这次座谈会为 12 月召开全国高等学校图书馆工作会议作准备。

7 月 15 日[6],中国图书馆学会发起人座谈会在北京图书馆举行,参会人

---

〔1〕 中国图书馆学会. 中国图书馆年鉴[M]. 北京:现代出版社,2005:769.

〔2〕 中国图书馆学会. 中国图书馆年鉴[M]. 北京. 现代出版社,2005:769.

〔3〕 江苏省地方志编纂委员会. 江苏省志第 77 卷教育志(下册)[M]. 南京:江苏古籍出版社,2000:1061.

〔4〕 陈源蒸,张树华等. 中国图书馆百年纪事. 1840—2000[M]. 北京:北京图书馆出版社,2004:143.

〔5〕 张树华,吴慰慈. 中国图书馆事业三十年大事记(1949—1979 年)[M]北京大学图书馆学系,1979:22.

〔6〕 陈源蒸,张树华等. 中国图书馆百年纪事. 1840—2000[M]. 北京:北京图书馆出版社,2004:143.

员 20 余人。会议报告中国图书馆学会发起经过和成立意义，并座谈组织工作，通过发起人名单和筹委会成员名单。共推举筹委会委员 25 名，后又补充 9 名，并留空额 3 名，合计 37 名[1]。

9 月[2]，为了适应社会主义图书馆事业的发展需要，教育部批准北京大学图书馆学专修科和武汉大学图书馆学专修科，均改为 4 年制的图书馆学系。

8 月[3]，北京图书馆编印的《中小型图书馆图书分类法》(草案)(简称：中小型法)，由文化部社会文化事业管理局作为试行草案公布。这是我国第一部由国家领导运用集体的力量编成的分类法。

9 月[4]，北京大学图书馆学系设立 4 年制的函授班。以省市公共图书馆和大专院校图书馆在职馆员为培养对象。系统学习图书馆学、目录学等专业基本理论和业务知识。采取学员自学为主、定期集中面授辅导的教学方法。先后在北京、上海、南京等地招生。

12 月 5—14 日，高等教育部在北京召开全国高等院校图书馆工作会议，到会代表 241 人，列席代表 60 人，包括高校图书馆及部分公共图书馆的负责人，以及省市高教局、文化部、教育部等单位的代表。会议完成了《中国高等学校图书馆试行条例(草案)》《高等学校图书馆馆际互借办法(草案)》《高等学校图书馆书刊调拨暂行办法(草案)》和《高等学校图书馆书刊补充的几项规定(草案)》4 个文件的起草工作，并在会后予以公布。这次会议以及形成的 4 个草案对于规范我国高校图书馆工作，加强全国高校图书馆之间的联系与协作，合理调整藏书，充分利用书刊资料等都起到了非常重要的作用，因此在我国高校图书馆发展史上占有极其重要的位置[5]。

江苏省高校图书馆共有 13 位正式代表、1 位列席代表出席这次会议。

南京大学图书馆副馆长李小缘应召参加会议顾问组和筹备工作[6]，顾问组成员有：李小缘(南京大学)、洪有丰(范五)(华东师大)、何金铎[7]

---

〔1〕 李钟履. 中国图书馆学会积极进行筹备工作[J]. 图书馆学通讯，1957(1)：43.

〔2〕 张树华，吴慰慈. 中国图书馆事业三十年大事记(1949—1979 年)[M]北京大学图书馆学系，1979：24.

〔3〕 中国图书馆学会，常书智等. 百年大势历久弥新[M]. 北京：科学出版社，2004：48—49.

〔4〕 张树华，吴慰慈. 中国图书馆事业三十年大事记(1949—1979 年)[M]北京大学图书馆学系，1979：24.

〔5〕 中国图书馆学会. 中国图书馆年鉴[M]. 北京. 现代出版社，2005：769.

〔6〕 陈乃林，马先阵等. 江苏高等学校图书馆年鉴[M]. 南京：南京大学出版社，1990：285.

〔7〕 何金铎，毕业于国立社会教育学院图书博物系，曾先后任职于西安交通大学图书馆、华东师范大学图书馆，1956 年，任职西安交通大学图书馆时，参加了第一次全国高校图书馆工作会议。夫人韩静华，“文革”后，曾任上海图书馆副馆长。

(西安交通大学)、许俊千[1](武汉大学)、单行[2](东北师范大学)、韩惠卿[3](西南农学院)、马国庆[4](西北农学院)、高汉(复旦大学)[5]。

高等教育部部长杨秀峰、副部长刘皑风、黄松龄,中宣部于光远、文化部副部长刘芝明参会,黄松龄做总结,共有 32 个代表发言。

12 月,教育部正式发布《中华人民共和国高等学校图书馆试行条例(草案)》[6]《高等学校图书馆馆际互借办法(草案)》[7]《高等学校图书馆书刊调拨办法(草案)》[8]《高等学校图书馆书刊补充的几项规定(草案)》[9]4 份文件。在制订《中华人民共和国高等学校图书馆试行条例》时,吸收李小缘的意见,确定高等学校图书馆是"辅助教学和科学研究的学术性机构"[10]。

12 月[11],中国图书馆学会筹备委员会正式成立,文化部副部长、北京图书

---

〔1〕 许俊千(1915—2005),湖南长沙人。1939 年,毕业于武昌华中大学经济系,1947 年毕业于美国伊利诺伊大学工商管理学院,获工业管理科学硕士学位。1952 年起,在武汉大学经济系任教。1955 年至 1958 年兼任武汉大学图书馆副馆长,1956 年,参加了第一次全国高校图书馆工作会议。许俊千曾担任工业经济、工业企业管理、货币银行学等课程的教学工作。

〔2〕 单行(1926—2010),东北师范大学图书馆馆长,1956 年,参加了第一次全国高校图书馆工作会议。1962 年,创办东北师范大学图书馆专修科,"文革"后创办图书馆学系。

〔3〕 韩惠卿(1907—1999),女,浙江省萧山县(今萧山区)人,中共党员,九三学社社员,原西南农业大学蚕丝学院教授,我国丝绸界著名的丝绸专家、全国第三届人大代表、全国第五、六届政协委员、第三届全国妇联代表、四川省第三届人大代表、科协委员、重庆市第三届政协委员、妇联执行委员。1924 年进入杭州蚕桑学校,1929—1933 年留学日本东京高等蚕丝学校。回国后曾任中国蚕丝改良会镇江女子蚕校教师,实习工场主任,浙江德清公利丝厂厂长,云南楚雄高级蚕桑讲习所主任,四川丝业公司技术顾问,云南大学副教授、教授,中山大学教授,西南农学院蚕桑系教授、代理系主任,兼图书馆主任。1956 年,参加了第一次全国高校图书馆工作会议。长期从事蚕茧缫丝的教学和技术工作,专长于丝茧学研究,曾研制成功"丝毛线混纺"获得农业部农学会奖状,创建重庆景岗蚕桑基地。

〔4〕 马国庆(1921—?),河南省温县人。1945 年 7 月毕业于国立西北农学院农业经济系,1954 年加入民盟任组长。1956 年 11 月起,从事图书馆情报工作至退休。1956 年,参加了第一次全国高校图书馆工作会议,1983 年 7 月晋升副研究馆员,1987 年 5 月晋升研究馆员,硕士研究生指导教师。曾任陕西省图书馆学会学术委员会委员,陕西省科技情报学会武功科研中心分会理事长,中国农学会科普信息网络通讯员,陕西省辞书学会会员,杨陵世界语协会理事兼秘书长、副理事长,《农业图书馆》《情报杂志》编辑委员,陕西省咸阳市杨陵区人民政治协商委员会委员。曾任图书馆办公室主任,科技情报室主任等。

〔5〕 马国庆. 第一次全国高等学校图书馆工作会议回忆点滴[J]. 高校图书馆工作,1981(2):39-42.

〔6〕 中华人民共和国高等教育部. 高等学校图书馆工作会议专刊. [M]. 北京:高等教育出版社,1957:128-132.

〔7〕 中华人民共和国高等教育部. 高等学校图书馆工作会议专刊. [M]. 北京:高等教育出版社,1957:132-133.

〔8〕 中华人民共和国高等教育部. 高等学校图书馆工作会议专刊. [M]. 北京:高等教育出版社,1957:133.

〔9〕 中华人民共和国高等教育部. 高等学校图书馆工作会议专刊. [M]. 北京:高等教育出版社,1957:134.

〔10〕 周文骏. 图书馆学情报学词典[M]. 北京:书目文献出版社,1991:288.

〔11〕 陈源蒸,张树华等. 中国图书馆百年纪事. 1840—2000[M]. 北京:北京图书馆出版社,2004:143.

馆馆长丁西林为筹委会主任，王重民、左恭[1]、刘国钧、沈祖荣、杜定友、李小缘、洪有丰、徐家麟、张照、贺昌群、顾家杰[2]共 11 人为常务委员，通讯处设在北京图书馆。(1957 年，李仲履在《中国图书馆学会积极进行筹备工作》(图书馆学通讯，1957(01)：43)一文中，记载为 12 人，李文名单中无顾家杰[3]，增加向达[4]、冯陈祖怡，实际增加 1 人)。

南京航空工业专科学校，更名为"南京航空学院"，升格为本科。1955 年，建设独立馆舍 1 500 平方米。藏书 4 万册，阅览座位 480 个。1956 年建立图书馆委员会[5]。

夏[6]，国立江苏医学院及图书馆，自镇江迁址南京汉中门办学，更名为"南京医学院"，图书馆随迁南京，藏书仅万余册。1958—1962 年年曾称为南京第一医学院。

事业发展[7]：

全省普通高等学校数：14 所；

本专科在校生人数：2.580 4 万人；

研究生在校生人数：63 人。

1957 年　1 月[8]，刘国钧在《中国科学院图书馆通讯》上发表《什么是图书馆学》。

3 月 5 日[9]，南京图书馆馆长李仲融，调往南京大学哲学系任教，汪长炳继任馆长。

3 月 15 日—5 月 15 日[10]，中央文化部社会文化事业管理局、北京大学、

---

〔1〕 左恭(1905—1976)，曾用名左胥之，湖南湘阴人，1927 年，北京大学肄业，1930 年起，先后在南京、广州、重庆从事地下工作。曾任夏曦主编的《湖南学生联合会周刊》编辑委员。1950 年，在政务院文化教育委员会工作，任计划委员兼任统计处长。1955 年任北京图书馆副馆长，直至 1976 年逝世。

〔2〕 说明：据陈源蒸，张树华等. 中国图书馆百年纪事. 1840—2000(北京：北京图书馆出版社，2004)第 143 页所载，筹委会委员为 11 人。李仲履(中国图书馆学会积极进行筹备工作[J]. 图书馆学通讯，1957(1)：43.)记载为 12 人，李文名单中，无顾家杰，增加了向达、冯陈祖怡，实际增加 1 人。

〔3〕 顾家杰(1913—1979)，江苏苏州人。1936 年毕业于武昌文华图书馆学专科学校。曾任昆明师范学院图书馆主任、苏州社会教育学院副教授图书馆阅览部主任、南京中央图书馆编辑。1948 年获美国丹佛大学图书馆学硕士学位。1950 年回国。历任中国科学院图书馆编目产主任、副馆长，九三学社社员，是第四、五届全国政协委员。曾主持编写《中国科学院图书馆图书分类法》。

〔4〕 向达(1900—1966)，湖南溆浦人。字觉明，笔名方回、佛陀耶舍，土家族。1919 年考入南京高等师范学校；1924 年，毕业于东南大学历史系。任商务印书馆编译员、北平图书馆编纂委员会委员兼北京大学讲师；1935 年秋到牛津大学鲍德利(Bodley)图书馆工作；在英国博物馆检索敦煌写卷和汉文典籍；1937 年赴德国考察劫自中国的壁画写卷；1938 年回国后任浙江大学、西南联合大学教授；抗战胜利后，任北京大学历史系教授兼掌北大图书馆；新中国成立后，任北京大学历史系教授、图书馆馆长，中国科学院哲学社会科学部委员；1957 年，被划成右派。1966 年"文化大革命"期间受迫害，11 月 24 日辞世。

〔5〕 陈乃林，马先阵等. 江苏高等学校图书馆年鉴[M]. 南京：南京大学出版社，1990：59.

〔6〕 朱轸. 江苏高校百年[M]. 南京：江苏省教委，1997：80.

〔7〕 江苏省教育志编撰委员会. 江苏省教育大事记[M]. 南京：江苏教育出版社，1989：78.

〔8〕 刘国钧. 什么是图书馆学(供讨论用)[J]. 中国科学院图书馆通讯，1957(1)：1－5.

〔9〕 江苏省文化厅南京图书馆. 江苏公共图书馆志[M]. 南京：江苏人民出版社，2011：456.

〔10〕 邹华享，施金炎. 中国近现代图书馆事业大事记 1872—1987[M]. 长沙：湖南人民出版社，1988：151.

武汉大学、北京图书馆、江苏省文化局和南京图书馆6个单位联合举办的第1届全国省市图书馆工作人员进修班，在南京图书馆正式开学。这次进修班不仅是中华人民共和国成立后的第1次，也是我国图书馆历史上的第1次全国性进修班，共有来自全国46个馆，共74名学员参加培训。自3月15日起，5月15日结业[1]。所开的课程和讲师有：《图书馆藏书》，由陈鸿舜主讲[2]，杜定友主讲《地方文献的搜集整理与使用》，陈中凡[3]主讲《怎样指导读者阅读古典文学》，陈瘦竹[4]主讲《现代文学》，袁翰青[5]主讲《科技新发展及科技书刊介绍》，杜定友主讲《分类原则与分类问题》和《图书分类法术语简说》，刘国钧主讲《关于图书馆目录的几个问

---

〔1〕 李钟履.第一届全国省市图书馆工作人员进修班开学[J].图书馆学通讯，1957(2)：58.

〔2〕 陈鸿宇(1905—1986)，教授。江苏泰州人。1929年毕业于燕京大学经济系。曾任燕京大学图书馆秘书。1943年毕业于美国哥伦比亚大学图书馆学院。后任哥伦比亚大学东亚图书馆研究员。1947年回国。后任燕京大学图书馆主任。中华人民共和国成立后，历任北京大学副教授、教授，中国科学技术情报学会第一届理事。九三学社社员。曾在燕京大学图书馆建立东方学文献目录。著有《图书馆藏书采购和藏书组织》。(原载《图书馆学目录学资料汇编》，书目文献出版社，1984年)。

〔3〕 陈中凡(1888—1982)，原名钟凡，字斠玄，号觉元。江苏盐城人。中国古典文学家，红学家。与胡小石、汪辟疆并称南大中文系“三老”。1911年毕业于两江师范学堂，受业于李瑞清、缪荃孙、陈三立诸名师，曾与胡小石为同学。1914年后考入北京大学哲学系，毕业后留校工作。1919年在北京女子高等师范担任国文部主任。1921年任国立东南大学教授兼国文系主任，1926—1928年任金陵大学教授，1935—1949年任金陵女子文理学院教授。1952年起为南京大学教授，兼江苏省文史馆馆长。陈中凡博学治闻，从目录学、诸子群经、文学批评史到文学史、戏剧史。晚年侧重古代戏剧史研究。著有《古书读校法》《中国文学批评史》等书，其中《中国文学批评史》是中国第一部文学批评史。1982年7月22日在南京逝世。(《姚柯夫.陈中凡年谱[M].北京：书目文献出版社，1989.3版》)。

〔4〕 陈瘦竹(1909—1990)，江苏省无锡人，笔名石佛、陈门竹，江苏无锡人，中共党员。1933年毕业于国立武汉大学外文系。历任南京国立编译馆编译，内迁四川的国立戏剧专科学校教师兼中央大学中文系教授，南京大学中文系教授、博士生导师、中文系主任。江苏省文联副主席，中国现代文学研究会理事，郭沫若研究学会理事，江苏美学研究会顾问。1924年开始发表作品。1953年加入中国作家协会。著有长篇小说《春雷》，短篇小说集《奈何天》《奇女行》，译著《康蒂旦》(三幕剧)、《欧那尼》，专著《现代剧作家散论》，中篇小说《灿烂的阳光》《声价》等。(引自中国作家网-中国作协会员).

〔5〕 袁翰青(1905—1994)，江苏通州人。有机化学家、化学史家和化学教育家。1925年，入清华大学化学系，1932年，获伊利诺伊大学哲学博士学位，毕业后留校任助教。1933年底回国，聘为中央大学化学系教授。1939年离开南京去甘肃省兰州市，担任甘肃科学教育馆馆长。1945年，被聘为北京大学化学系教授，后任北京大学化工系主任，1950年，担任文化部科学普及局局长，1952年，调任商务印书馆总编辑。1955年当选为中国科学院学部委员。1956年，调中国科技情报研究所任研究员。九三学社第二届中央理事会理事，第三、四、六、七届中央委员会常委，第五届中央委员会委员。长期从事有机化学研究、中国化学史研究以及科技情报研究的领导和组织工作。1932年首先发现联苯衍生物的变旋作用。著有《化学重要史实》《中国化学史论文集》。(引自中国科学院网).

题》,王重民主讲《普通目录学》,吕绍虞[1]主讲《书目、索引编制法》,邓衍林[2]主讲《参考工作与基本参考书讲授提纲》,李枫主讲《马列主义目录学》,汪长炳主讲《三大系统图书馆的协调工作》,钱亚新主讲《联合目录》,李钟履[3]主讲《馆际互借》。此外,苏联专家雷达娅[4]还给进修班讲了《采访、分类、编目和书目参考工作》[5]。

4 月[6],《高等学校图书馆规章制度选辑》出版。

5 月[7],南京图书馆邀请杜定友到馆作报告,报告题目"怎样钻研业务与培养专业精神"。

5 月 18 日[8],中国图书馆学会筹备委员会召开在京委员座谈会。会议通过部分省市报来分会筹委会委员名单,决定结合科学论文讨论会,在年内召开总会成立大会,要求各省市分会在 10 月以前筹备成立。

7 月[9],高教部在北京举办高等学校图书馆工作人员进修班。参加进修班的有 122 人,代表 59 个高等院校图书馆和 6 个省、市高教局以及科学院系统、军委系统等单位。课程设置有:藏书采购与组织,图书馆目录,工具书与参考工作 3 门课以及 11 个专题报告。采用讲授、讨论、参观相结合的数学方法。

7 月[10],《高等学校图书馆工作会议专刊》出版。

---

〔1〕 吕绍虞(1907—1979),教授。浙江新昌人。1929 年毕业于大夏大学教育系。1933 年毕业于武昌文华图书馆学专科学校。曾任大夏大学图书馆主任兼讲师、上海鸿英图书馆主任、中央图书馆编纂兼编目组主任。中华人民共和国成立后,历任武昌文华图书馆学专科学校、武汉大学教授。(引自新昌史志网).

〔2〕 邓衍林(1908—1980),字竹筠。江西庐陵(今吉安)人。1941 年毕业于西南联合大学教育系。1946 年获美国哥伦比亚大学教育学硕士学位。曾任联合国秘书处出版司专员。1956 年回国。后历任北京大学副教授、全国第一中心图书馆委员会委员、全国图书馆联合目录编辑组组长。对目录学有研究。编著有《中文参考书举要》《中国边疆图籍录》。

〔3〕 李钟履(1906—1983),山东省阳谷县人,1922 年随家迁居北京,考入北京私立财政商业专科学校,1925 年毕业后入北海图书馆工作。1930 年入武汉文华图书馆学专科学校,1932 年毕业,获"华字第一号"文凭,回到国立北平图书馆(北海图书馆与京师图书馆合并组建)工作,直至 1949 年。期间,先后数度借出工作,先后在北京图书馆西文采访组、北京协和医学院图书馆、山西铭贤学校图书馆、中华图书馆协会事务所主任。1949 年以后,任北京图书馆阅览组组长、全国中心图书馆委员会秘书、全国图书馆联合目录编辑组领导、《图书馆通讯》编辑部编辑等职。(敬文. 怀念一位有成绩的图书馆工作者——李钟履先生传略[J]. 图书馆学研究,1985(6):49-50.).

〔4〕 雷达娅(生卒时间不详),女,苏联人,图书馆学专家,1955—1957 年,受苏联政府派遣,担任中央人民政府文化部顾问,参与中国图书馆事业规划。

〔5〕 王竞. 南京"省市图书馆工作人员进修班"琐记[J]. 黑龙江图书馆,1986(2):48-50.

〔6〕 陈源蒸,张树华等. 中国图书馆百年纪事. 1840—2000[M]. 北京:北京图书馆出版社,2004:147.

〔7〕 陈源蒸,张树华等. 中国图书馆百年纪事. 1840—2000[M]. 北京:北京图书馆出版社,2004:152.

〔8〕 陈源蒸,张树华等. 中国图书馆百年纪事. 1840—2000[M]. 北京:北京图书馆出版社,2004:143.

〔9〕 张树华,吴慰慈. 中国图书馆事业三十年大事记(1949—1979 年)[M]北京大学图书馆学系,1979:31.

〔10〕 陈源蒸,张树华等. 中国图书馆百年纪事. 1840—2000[M]. 北京:北京图书馆出版社,2004:147.

7 月[1],创建于 1951 年的南京医士学校,迁至镇江市。1958 年 7 月,更名为“镇江医学专科学校”。图书馆一人,图书万余册。1984 年 6 月,升格为“镇江医学院”。

7 月 15 日[2],南京地区三大系统中心图书馆委员会主编的《外文科技期刊联合目录》出版,该目录包含南京地区的南京图书馆、南京市科研机构、大专院校的 26 个馆的馆藏,其中高校图书馆 9 所。目录包括三千余种俄、英、德、法、日等国文字的期刊。

7 月 22 日—8 月 23 日[3],江苏省高教局、文化局、教育厅组织领导,由南京大学图书馆、南京师范学院图书馆与南京图书馆共同举办为期 5 周的“江苏省学校图书馆工作人员训练班”。授课教师有李仲融(辩证唯物主义),潘其彬(图书馆员修养、苏联学校图书馆事业概况)、李小缘(学校图书馆行政管理)、陆修栋(采访)、范谦衷[4](自然科学书刊介绍)、洪焕椿[5](社会科学书刊介绍)、陈瘦竹(文艺书刊介绍)、朱家治(分类)、翦依琴[6]、黄元福(编目)、钱亚新(汉字排检)、周宗渭(阅览工作)、邱克勤(馆际互借)、施廷镛(参考工作及工具书使用)等专家。江苏省内高校、中专、普通中学图书馆工作人员 106 人参加了学习[7]。培训期间,学员分 5 次,参观南京大学图书馆、南京图书馆、南京工学院图书馆、晓庄师范图书馆、南京水利学校、第一中学图书馆等 8 个单位。

9 月 6 日,国务院第 57 次全体会议批准并公布《全国图书协调方案》[8]。

---

〔1〕 陈乃林,马先阵等. 江苏高等学校图书馆年鉴[M]. 南京:南京大学出版社,1990:86.

〔2〕 张树华,吴慰慈. 中国图书馆事业三十年大事记(1949—1979 年)[M]北京大学图书馆学系,1979:31.

〔3〕 南京大学图书馆. 江苏省学校图书馆工作人员训练班介绍[J]. 图书馆学通讯,1957(6):59 - 62.

〔4〕 范谦衷(1901—1993),浙江杭州人,南京农业大学教授,生物遗传学家,金陵大学理学院生物系学士,1921—1926 年,在美国加州大学研究院攻读动物学专业研究生,1932 年获硕士学位,1934 年获博士。南京科普科联成立(1953 年)担任理事,1937—1946 在四川省成都研究遗传学并主持担任成都遗传学理事长。1926—1931 金陵大学动物学系助教,讲师。1934—1946 金陵大学理学院动物学系教授兼系主任。1937—1952 四川成都华西坝五大学(金陵、齐鲁、华西、四川、金陵女子大学)担任遗传学、动物学教授。1989 年获得农业部颁发服务农业科学教育事业 40 年奖章,1992 年 10 月 1 日获得国务院对农业教育事业做出突出贡献奖颁发特殊津贴证书。摘自《南京农业大学教授名录》。

〔5〕 洪焕椿(1920—1989),浙江瑞安人,清末著名学者孙诒让外孙,1942 年温州中学毕业后,进入浙江省图书馆工作,刻苦自学目录学、方志学,发表论文多篇,升任研究辅导部主任。1946 年任浙江省通志馆分纂。1949 年,友人引荐,经著名教育家吴贻芳校长同意,他破例应聘入金陵女子文理学院,任历史系助教,历任副教授、教授,主要从事宋史、明清史、江南经济史研究。1952 年,院系调整,入南京大学历史系工作。后曾任科研处长。1951 年,加入九三学社,1957 年,参加中国共产党。(引自温州日报瓯江网)

〔6〕 翦依琴(1923—?),女,湖南桃源人,南京图书馆研究员,1949 年毕业于苏州社会教育学院图书博物馆学系,获学士学位,长期从事图书馆工作。著有《介绍南京图书馆采购工作的三种工具卡片》《南京地区图书馆中文图书著录规则草案》等。

〔7〕 南京大学图书馆. 江苏省学校图书馆工作人员训练班介绍[J]. 图书馆学通讯,1957(6):59 - 62.

〔8〕 国务院. 全国图书协调方案[EB/OL]. [2016 - 12 - 01]. http://www. lawxp. com/statute/s580294. html.

方案提出成立全国性的北京第一中心图书馆委员会与上海第二中心图书馆委员会,同时提出在南京、武汉、沈阳、广州、西安、兰州、天津、哈尔滨等地区成立地区性的中心图书馆委员会。

12月17日[1],《人民日报》发表社论《办好高等学校图书馆》,同日,《光明日报》发表社论《改进高等学校的图书馆工作》。

12月29日[2],南京图书馆召开第一届图书馆学科学论文讨论会。参加会议的有江苏省副省长吴贻芳,北京图书馆、南京图书馆、南京大学图书馆、中国人民大学图书馆的负责人,图书馆专家杜定友、王重民、王献唐[3]、钱亚新等,以及各省市公共、高校图书馆,科研机关,共60多个单位100余人,提交论文15篇。为了配合此次会议,南京图书馆还举办了“图书馆学著述和图书馆如何为科学研究服务”展览会。

是年,由江苏省文化局、高教局和省科委牵头,南京图书馆馆长汪长炳具体负责,组织南京地区3大系统有基础的图书馆,成立“南京中心图书馆委员会”。其任务是负责南京地区图书馆工作的规划,开展本地区的馆际协作、协调工作。委员会由省文化局、省科委、省教育厅等政府机关和南京地区3大系统图书馆,以及省外文书店等单位负责人组成,委员会正副主任分别由江苏省科委、文化局、高教局的负责人和汪长炳担任[4],委员馆中的高校图书馆有:南京大学、南京工学院、南京医学院、南京航空学院、南京师范学院、南京农学院、南京药学院、华东水利学院。南京地区26个馆(高校图书馆9所)签署馆际互借规章,印发统一的馆际互借证[5]。

“南京高等学校图书馆协作组”成立,成员有施廷镛(南京大学)、吴观国(南京医学院)、王可权(南京航空学院)、金平书[6](南京农学院)、洪流(南京工学院)、周宗渭(南京师范学院)等人[7]。

南京图书馆和南京市科研机构与大专院校,共25个图书馆联合编撰《外文科技期刊联合目录》,目录包括3 000余种外文期刊,语种有俄、英、

---

〔1〕 陈源蒸,张树华等.中国图书馆百年纪事.1840—2000[M].北京:北京图书馆出版社,2004:148.

〔2〕 陈源蒸,张树华等.中国图书馆百年纪事.1840—2000[M].北京:北京图书馆出版社,2004:148.

〔3〕 王献唐(1896—1960)字献堂,初名家驹,后改名王献唐,号王凤生(王凤笙),以字行。山东日照市人。11岁来到开埠不久的胶澳租借地,入青岛礼贤书院就读,文科结业后插修德文班。17岁入青岛特别高等专门学校土木工程系学习。1917年应天津《正义报》之约,赴津翻译德文小说。1918年22岁时,回济南任《商务日报》和《山东日报》主编,后以两报特派记者身份长驻青岛。1929年任山东省图书馆馆长,1940年,他受聘任国史馆总干事,并兼任山东大学、武汉大学教授。抗战期间,负责将山东省图书馆藏书迁至四川,并于1948年将原山东图书馆所有图书文物完整无损地运回济南,复任山东省图书馆馆长。1949年以后,任山东省文管会副主任,故宫博物院研究员等职。1960年在济南逝世。

〔4〕《南京图书馆馆志》编写组.南京图书馆馆志(1907—1995)[M].南京:南京出版社,1996:36.

〔5〕 陈乃林,马先阵等.江苏高等学校图书馆年鉴[M].南京:南京大学出版社,1990:286.

〔6〕 金平书(生卒年月不详),江苏吴江人,东吴大学附中毕业,1932年入中央大学图书馆工作,历任出纳股、阅览部主任,1953年,全国院系调整后,入南京农学院图书馆工作,直至去世。与竺可桢先生相熟,1935年,竺可桢曾函致洪有丰,推荐金平书。

〔7〕 陈乃林,马先阵等.江苏高等学校图书馆年鉴[M].南京:南京大学出版社,1990:286.

德、法、日等[1]。

华东水利学院图书馆在西康路校区落成,面积 4 600 平方米,可容纳 30 万册藏书,为该校第一座独立馆舍[2]。

南通医学院迁至苏州[3],更名为"苏州医学院",图书馆同时迁至苏州,藏书 1.34 万册,工作人员 6 名。南通学院医科,创办于 1912 年,最初为"南通医学专门学校"。1927 年至 1946 年,先后易名为南通医科大学、南通大学、南通学院、国立江苏医政学院,南通学院医科。图书室藏书 1 941 册。1952 年,南通学院医科改建为苏北医学院,后更名为"南通医学院"。

南通医学院在迁至苏州后,在南通建立"苏州医学院分部"[4],并建立分部图书馆,1958 年,苏州医学院分部更名为"南通医学院",图书馆同时更名。2004 年 5 月,并入新建的南通大学,原建制撤销。

粮食部南京粮食学校创建[5],图书馆仅有 500 平方米、工作人员 5 名、藏书不足 1 万册。是南京财经大学的前身。

事业发展[6]:

全省普通高等学校数:15 所;

本专科在校生人数:2.9 万人;

研究生在校生人数:0.012 万人;

专任教师:0.46 万人。

1958 年　2 月,高等教育部并入教育部。

3 月,刘国钧所著《中国书史简编》,在北京出版,由高等教育出版社出版发行。

3 月[7],南京工学院图书馆向全国各兄弟院校图书馆发出倡议,开展一次社会主义的友谊竞赛。

4 月[8],刘国钧出任北京大学图书馆学系代理系主任。

5 月[9],教育部决定南京农学院由丁家桥,迁至中山门外卫岗,原华东航空学院原址办学。

6 月[10],江苏省科学技术工作委员会、中国科学院江苏分院成立大会在南京举行,许家屯出任科委主任、中科院江苏分院院长。

---

[1] 陈源蒸,张树华等. 中国图书馆百年纪事. 1840—2000[M]. 北京:北京图书馆出版社,2004:157.

[2] 赵坚. 奋进——纪念河海大学图书馆百年华诞图文集[M]. 南京:河海大学图书馆,2015:13.

[3] 陈乃林,马先阵等. 江苏高等学校图书馆年鉴[M]. 南京:南京大学出版社,1990:70.

[4] 陈乃林,马先阵等. 江苏高等学校图书馆年鉴[M]. 南京:南京大学出版社,1990:73.

[5] 陈乃林,马先阵等. 江苏高等学校图书馆年鉴[M]. 南京:南京大学出版社,1990:91.

[6] 江苏省教育志编委会. 朱轸. 江苏高校变迁[M]. 南京:江苏省教育委员会,1989:51.

[7] 陈源蒸,张树华等. 中国图书馆百年纪事. 1840—2000[M]. 北京:北京图书馆出版社,2004:158.

[8] 陈源蒸,张树华等. 中国图书馆百年纪事. 1840—2000[M]. 北京:北京图书馆出版社,2004:158.

[9] 包平. 南京农业大学图书馆发展史[M]. 北京:中国农业出版社,2013:31.

[10] 江苏省地方志编纂委员会. 江苏省志　大事记(下)[M]. 南京:江苏古籍出版社,2001:142.

6月[1]，扬州卫生学校扩建为扬州医学专科学校，图书馆藏书3万册，1984年，更名为"扬州医学院"。

7月[2]，南京医学院徐州分院在徐州成立。图书馆同时创建，面积仅60平方米，藏书354册[3]。1959年，与新海连医学专科学校合并，1960年，更名为"徐州医学院"。

8月16日[4]，南京地区中文新书集中编目工作组在南京新华书店图书馆供应部开始工作，南京图书馆和南京大学、南京工学院、南京医学院、南京航空学院、南京农学院等校的图书馆轮流指派分编人员，集中统一分编中文新书，做到随书送片。

8月[5]，以南京电信学校为基础，与南京邮政学校两校合并，改建成"南京邮电学院"，两校图书室合并，1959年，正式成立南京邮电学院图书馆。2005年4月，更名为南京邮电大学。图书馆也随之更名。

南京图书馆及高校图书馆共同参与创建的江苏省级机关干部业余大学图书馆学系开学，高校图书馆工作者担任教师的有：施廷镛、丁廷洧[6]（wei）、陆修栋（南京大学图书馆）、朱家治（南京工学院图书馆）、周宗渭（南京师范学院图书馆）、吴观国（南京医学院图书馆）、王可权（南京航空学院图书馆）[7]。

7月[8]，中国人民大学成立剪报资料图书卡片社，该社先后编辑出版有：剪报资料、复印报刊资料、图书提要卡片、学术资料卡片、新书情报以及各种社会科学的专辑资料，供应各图书馆、资料室及科研工作者。

8月[9]，根据国务院1957年7月的《全国图书协调方案》的要求，成立中文图书、俄文图书、西文图书3个统一编目组，集中编辑、出版供全国使用的铅印统编卡片。

---

〔1〕 陈乃林，马先阵等. 江苏高等学校图书馆年鉴[M]. 南京：南京大学出版社，1990：69.

〔2〕 朱轸. 江苏高校百年[M]. 南京：江苏省教委，1997：122.

〔3〕 陈乃林，马先阵等. 江苏高等学校图书馆年鉴[M]. 南京：南京大学出版社，1990：75.

〔4〕 陈乃林，马先阵等. 江苏高等学校图书馆年鉴[M]. 南京：南京大学出版社，1990：286.

〔5〕 陈乃林，马先阵等. 江苏高等学校图书馆年鉴[M]. 南京：南京大学出版社，1990：55.

〔6〕 丁廷洧（1903—1995），字济人。民革成员，安徽省庐江县人。1932年6月毕业于金陵大学社会系，后就职于安徽滁县省立八中、寿县正阳关机械职业学校中文教师和教导主任。1937年至1952年，返聘任金陵大学中文讲师、中文系教授。丁廷洧在金陵大学读书时曾与宋绮云、刘少猷等从事地下革命工作，并在《金陵学报》等期刊上发表有关文史论著。任金陵大学讲师时，著有《先秦制度考·社会编》，先后在成都、南京协助转移延安、梅园的革命邮件和文件。1952年9月以后，在南京大学图书馆工作，直至退休。根据馆藏的80多个国家9 000多种学术期刊主编《南京大学图书馆馆藏西文报刊目录》，指导编辑《南京大学图书馆馆藏中文报刊目录》。

〔7〕 陈乃林，马先阵等. 江苏高等学校图书馆年鉴[M]. 南京：南京大学出版社，1990：287.

〔8〕 张树华，吴慰慈. 中国图书馆事业三十年大事记（1949—1979年）[M]北京大学图书馆学系，1979：39.

〔9〕 邹华享，施金炎. 中国近现代图书馆事业大事记1872—1987[M]. 长沙：湖南人民出版社，1988：164.

9 月[1],江苏省科技情报中心在南京成立。

9 月[2],卢震京编,刘国钧、李小缘合校的《图书馆学辞典》由商务印书馆出版。

11 月[3],南京工学院食品工业系整建制东迁无锡,建立无锡轻工业学院,图书馆提供部分藏书,并以原南京工学院食品工业系资料室为基础,藏书 8 400 册,工作人员 5 名,馆舍面积 430 平方米。

是年[4],江苏医学院更名为"南京医学院",图书馆同时更名。

南京工学院图书馆副馆长洪流转岗,图书馆改由学校教学办公室领导[5]。

同年,南京工学院化工系整建制迁出在南京独立办学,建立南京化工学院。在南京工学院图书馆提供的部分藏书和南京工学院化工系资料室的基础上,创建南京化工学院图书馆[6]。

11 月[7],南京体育学校、江苏师范学院体育专科合并,组建南京体育学院,图书馆同时成立。

11 月[8],《中国科学院图书馆图书分类法》(简称:科图法)由中国科学院图书馆编制完成,正式出版,科图法 1954 年开始编制,1957 年 4 月,完成自然科学部分,1958 年 3 月完成社会科学部分。

南京航务工程专科学校更名为"南京交通专科学校"[9],图书馆有工作人员 5 名,藏书近 7 万册。1978 年,恢复为"南京航务工程专科学校"。1992 年,南京航务工程专科学校更名为"南京交通高等专科学校"。2000 年,南京交通高等专科学校撤销,并入东南大学。

南通师范专科学校图书馆创办[10],图书馆创建,藏书百余册,图书馆 5 人。南通师范学院的前身。

镇江师范专科学校在镇江创建[11],图书馆也同时创建。1962 年停办,1977 年复办。

江苏教育学院图书馆创建,前身是南京市教师进修学院、江苏教师进

---

〔1〕《当代中国的江苏》编委会,江苏省档案局. 江苏省大事记:1949—1985[M]. 南京:江苏人民出版社,1988:161.

〔2〕张树华,吴慰慈. 中国图书馆事业三十年大事记(1949—1979 年)[M]北京大学图书馆学系,1979:40.

〔3〕陈乃林,马先阵等. 江苏高等学校图书馆年鉴[M]. 南京:南京大学出版社,1990:39.

〔4〕殷勤业,朱萌纾等. 文献信息服务是图书馆不变的探索和追求——南京医科大学图书馆的历史、现状与展望[J]. 南京医科大学学报(社会科学版),2016(1):67 - 69.

〔5〕朱家治. 忆往录[Z]. 南京,1973:17.

〔6〕陈乃林,马先阵等. 江苏高等学校图书馆年鉴[M]. 南京:南京大学出版社,1990:52.

〔7〕陈乃林,马先阵等. 江苏高等学校图书馆年鉴[M]. 南京:南京大学出版社,1990:93.

〔8〕白国应. 文献分类[M]. 北京:中国科学院文献情报中心,1989:58.

〔9〕陈乃林,马先阵等. 江苏高等学校图书馆年鉴[M]. 南京:南京大学出版社,1990:58.

〔10〕陈乃林,马先阵等. 江苏高等学校图书馆年鉴[M]. 南京:南京大学出版社,1990:83.

〔11〕陈乃林,马先阵等. 江苏高等学校图书馆年鉴[M]. 南京:南京大学出版社,1990:89.

修学院和江苏教育行政干校图书室。1969 年，学院停办，馆藏图书 30 万册及设备均移交南京师范学院图书馆。1978 年，学院复办，图书馆在江苏省中小学教材编写组资料室基础上重建。2013 年，学校转设为省属普通本科学校，并更名为江苏第二师范学院，图书馆同时更名。

江苏省科学技术委员会成立情报处[1]。

黄旭朗出任江苏师范学院图书馆副馆长，主持工作，1983 年离任。

事业发展[2]：

全省普通高等学校数：74 所；

本专科在校生人数：4.489 3 万人；

研究生在校生人数：91 人。

1959 年 2 月[3]，南京图书馆编《图书馆学论文索引》(第二辑)出版。

4 月 20 日[4]，国务院批准，成立江苏省高等教育厅，厅长陶白(兼)。

5 月 11 日[5]，南京市各图书馆联合举办的"南京市各图书馆图书采购工作经验交流展览会"开幕，展出 21 个图书馆供给的展品 101 件，展示了南京市各图书馆 10 年来图书采购工作的成就和经验。

6 月[6]，原江苏师范专科学校与徐州师范专科学校合并，成立徐州师范学院。图书馆藏书 11 万册。江苏师范专科学校的前身是 1956 年创建于无锡的江苏省中学师资培训班，1957 年，更名为"江苏省师范专科学校"。1958 年，北迁至徐州。

7 月[7]，江苏省科学工作委员会改组为："江苏省科学技术委员会"，委员会既是江苏省委的办事机构，也是江苏省人委管理科技工作的专职机构。

11 月[8]，江苏省科学技术委员会、江苏省文化局联合发出《关于成立南京中心图书馆委员会的函》((59)科苏委情字第 230 号，(59)文文字第 127 号)，同意组建南京中心图书馆委员会，由江苏省科委领导，主任委员为江苏省文化局副局长邓洁，江苏省高教厅副厅长孙卜菁和南京图书馆馆长汪长炳为副主任委员，常设机构设在南京图书馆，南京图书馆办公室主任担任秘书。

---

[1] 华彬清. 南京社会科学志(下册)[M]. 北京：方志出版社，1998：857.

[2] 江苏省教育志编撰委员会. 江苏省教育大事记[M]. 南京：江苏教育出版社，1989：102.

[3] 邹华享，施金炎. 中国近现代图书馆事业大事记 1872—1987[M]. 长沙：湖南人民出版社，1988：173.

[4] 江苏省地方志编纂委员会. 江苏省志第 77 卷教育志(下册)[M]. 南京：江苏古籍出版社，2000：1061.

[5] 邹华享，施金炎. 中国近现代图书馆事业大事记 1872—1987[M]. 长沙：湖南人民出版社，1988：175..

[6] 陈乃林，马先阵等. 江苏高等学校图书馆年鉴[M]. 南京：南京大学出版社，1990：85.

[7] 江苏省地方志编纂委员会. 江苏省志　大事记(下)[M]. 南京：江苏古籍出版社，2001：142.

[8] 南京图书馆. 南京图书馆志 1907—1995[M]. 南京：南京出版社，1996：36.

12 月 26 日,我国著名图书馆学家、南京大学图书馆副馆长李小缘[1]去世,享年 62 岁。

南京农学院图书馆编印《南京农学院图书馆馆藏资料目录》。该书收录了中文农业科学资料约 6 500 件[2]。

苏北师范专科学校与扬州师范专科学校合并,建立扬州师范学院[3],图书馆藏书达 20 万册,工作人员 14 人。

徐州教育学院图书馆的前身,徐州专区教师进修学院图书室创建[4],1963 年,学校停办。1978 年复校,1985 年,改成徐州教育学院图书馆。2007 年,徐州教育学院并入徐州工程学院,图书馆同时合并。

事业发展[5]:

全省普通高等学校数:72 所;

本专科在校生人数:6.066 9 万人;

研究生在校生人数:80 人。

1960 年　1 月 31 日,南京大学气象学院筹建委员会正式对外办公。筹委会下设行政组、基建组、教育组。为"南京气象学院"前身。图书馆同时创建[6],无固定馆舍,3 名工作人员,藏书 3.4 万册。1965 年底,藏书已达 8.6 万册,工作人员增到 10 人。

为改进图书馆的采购工作,配合江苏省级机关业余大学图书馆学系"图书馆藏书采购与组织"课程的学习,南京地区图书馆界联合举办"南京地区图书馆图书采购工作经验交流展览会",展览会内容分为 3 大部分:① 党和政府的方针、政策和指示,② 南京地区图书馆 10 年来书刊采购工作的成就,③ 采购工作中的经验、方法等。会议期间,展览会工作组与业余

---

〔1〕 李小缘(1897—1959),原名李国栋,江苏省南京市人,图书馆学家、目录学家。6 岁入私塾,12 岁读金陵中学附属小学,后升入金陵中学。1915 年,考取金陵大学文理科。1920 年(一说 1919 年)毕业于金陵大学,任金陵大学图书馆管理员。1921 年,赴美国纽约州立图书馆学校和哥伦比亚大学师范学院学习,1925 年,获美国哥伦比亚大学教育社会学硕士学位。1925 年回国后,曾任金陵大学教授、图书馆学系主任、图书馆西文编目部主任、图书馆馆长、中国文化研究所研究员兼史学部主任。同年参加中华图书馆协会筹备工作。任协会副执行部长,编目委员会委员等职。1927 年筹建金陵大学图书馆学系,是我国最早由大学举办的图书馆学系之一。1929 年,筹办在金陵大学举行的中华图书馆协会第一次图书馆学年会,组织出版第一份全国性图书馆刊物《图书馆学学刊》。1928 年初,在南京政府成立后召开的全国教育会议之际,发表《全国图书馆计划书》。他是中华图书馆协会创始人之一,当年积极参加"索引运动",积极参与并提出《通知书业于新出版图书统一标页数法及附加索引案》《编纂古书索引案》《编制中文杂志索引案》以及《中华图书馆协会应设法编制杂志总索引》等多项索引议案。1928 年至 1930 年,任东北大学图书馆馆长。返回金陵大学后任文化研究所研究员兼教授。1939 年起任研究所主任。1948 年后任金陵大学图书馆馆长。1952 年,院系调整后任南京大学图书馆副馆长,直至去世。

〔2〕 张树华,吴慰慈. 中国图书馆事业三十年大事记(1949—1979 年)[M]. 北京:北京大学图书馆学系,1979:53.

〔3〕 陈乃林,马先阵等. 江苏高等学校图书馆年鉴[M]. 南京:南京大学出版社,1990:77.

〔4〕 陈乃林,马先阵等. 江苏高等学校图书馆年鉴[M]. 南京:南京大学出版社,1990:108.

〔5〕 江苏省教育志编撰委员会. 江苏省教育大事记[M]. 南京:江苏教育出版社,1989:115.

〔6〕 陈乃林,马先阵等. 江苏高等学校图书馆年鉴[M]. 南京:南京大学出版社,1990:53.

大学图书馆学系联合举办座谈会，南京市各图书馆的领导，担任采购工作的同志及业余大学图书馆学系的师生，省内外来宁参观的同志参加座谈[1]。

倪波自北京大学图书馆学系毕业，任教于吉林师范大学[2]（原为教育部属的东北师范大学，1958年划归吉林省，更名为吉林师范大学）。

南京工学院图书馆改由学院直接领导，汪克之出任图书馆馆长，当年病逝。洪流接任馆长[3]。

是年，南京工学院农机系独立分设南京农业机械学院（筹），次年，迁往镇江独立办学，更名为镇江农业机械学院，南京工学院图书馆农业机械、汽车与拖拉机两个专业的图书为基础。1963年，吉林大学的排灌机械专业并入，有关专业图书随迁至镇江。1970年，南京农学院农业机械分院并入。调入图书10万册。1982年，更名为"江苏工学院"[4]。

原江苏省科学技术委员会情报处，改建为"江苏省科学技术情报研究所"[5]。1962年，改回情报处。1964年，恢复科技情报所建制。

事业发展[6]：

全省普通高等学校数：80所；

本专科在校生人数：7.3万人；

研究生在校生人数：0.009万人；

专任教师：0.85万人。

1961年 3月31日[7]，国务院批准，江苏省教育厅、江苏省高等教育厅合并，成立江苏省教育厅。厅长吴天石。

11月[8]，高教部颁发《高教六十条》，其中第38条明确规定："高等学校必须根据教学和科学研究的需要，加强图书馆和资料室的建设工作和管理工作。""图书资料的管理工作应该从便利读者出发，不断提高服务质量。""加强图书馆之间的联系和协作。采取有效措施，防止图书资料丢失和损失。珍贵的图书资料，尤其应该切实加以保护。"

---

〔1〕 展览会工作组.南京地区图书馆举办图书采购工作经验交流展览会的几点体会[J].图书馆学通讯，1960(2)：33-34.

〔2〕 中国社会科学家辞典编委会.中国社会科学家辞典现代卷[C].兰州：甘肃人民出版社，1986.656-657.

〔3〕 朱家治.忆往录[Z].南京，1973：17.

〔4〕 陈乃林，马先阵等.江苏高等学校图书馆年鉴[M].南京：南京大学出版社，1990：46.

〔5〕 华彬清主编.南京市地方志编纂委员会.南京社会科学志（下册）[M].北京：方志出版社，1998：857.

〔6〕 江苏省教育志编委会.朱轸.江苏高校变迁[M].南京：江苏省教育委员会，1989：51.

〔7〕 江苏省地方志编纂委员会.江苏省志第77卷教育志（下册）[M].南京：江苏古籍出版社，2000：1061.

〔8〕 邹华享，施金炎.中国近现代图书馆事业大事记1872—1987[M].长沙：湖南人民出版社，1988：190.

12月[1],原南京大学党委书记和校长助理陈毅人[2],出任南京图书馆副馆长、党支部书记。

事业发展[3]:

全省普通高等学校数:71所;

本专科在校生人数:6.9483万人。

1962年　6月[4],刘国钧出任北京大学图书馆学系系主任。

8月[5],无锡纺织工学院及其附属的纺织工业学院并入无锡轻工业学院,建立社桥本部和青山湾分部两馆,藏书12.4万册,工作人员14名,馆舍面积1296平方米。

9月[6],原军委炮兵直属中国人民解放军炮兵工程学院,自武汉迁至南京,办学地孝陵卫,校名不变,炮兵工程学院图书馆同时迁至南京。藏书3万册,启用原高级步校的独立馆舍,面积4000平方米。1966年,馆藏达到17万册。1966年,更名为华东工程学院,1984年,更名为华东工学院。

南京大学图书馆馆长胡小石卸任,南京大学外文系教授范存忠接任馆长[7]。

事业发展[8]:

全省普通高等学校数:35所;

本专科在校生人数:5.2486万人。

1963年　1月27日[9],中国近代图书馆事业的奠基人之一,华东师范大学图书馆副馆长洪有丰(范五),在上海逝世,享年71岁。刘国钧撰写悼词《敬悼洪范五先生》。

11月25日[10],万国鼎在南京逝世,享年66岁。

是年,倪波由吉林师范大学(原为教育部属东北师范大学,1958年划归吉

---

〔1〕 江苏省文化厅,南京图书馆.江苏公共图书馆志[M].南京:江苏人民出版社,2011:457.

〔2〕 陈毅人(1916—1976),江苏省南通人,1938年赴延安,1953年从中共南京市委宣传部教育科调入南京大学,始任党委副书记兼政治辅导处主任,1956年初,任党委书记,1957年兼任校长助理。对1957年的反右派运动提出意见,写信表达自己的观点,1959年,给予留党查看两年,撤销党委书记和校长助理职务处分,工资降一级,调离南大。1961年12月到1967年1月,任南京图书馆副馆长,党支部书记,1967年1月,被迫害致死。1986年12月,江苏省委做出决定:"对陈毅人同志1959年被定为右倾机会主义错误问题,予以彻底平反,恢复名誉。"

〔3〕 江苏省教育志编撰委员会.江苏省教育大事记[M].南京:江苏教育出版社,1989:130.

〔4〕 陈源蒸,张树华等.中国图书馆百年纪事.1840—2000[M].北京:北京图书馆出版社,2004:182.

〔5〕 陈乃林,马先阵等.江苏高等学校图书馆年鉴[M].南京:南京大学出版社,1990:39.

〔6〕 陈乃林,马先阵等.江苏高等学校图书馆年鉴[M].南京:南京大学出版社,1990:44-45.

〔7〕 南京大学图书馆史编写组.南京大学图书馆史(1888—2008)[Z],南京:2009:101.

〔8〕 江苏省教育志编撰委员会.江苏省教育大事记[M].南京:江苏教育出版社,1989:136.

〔9〕 刘嘉.纪念洪有丰先生诞辰一百年[J].图书馆,1993(6):25-26.

〔10〕 南京农业大学发展史编委会.南京农业大学发展史人物卷[M].北京:中国农业出版社,2012:546-551.

林省，更名为吉林师范大学。），调入南京大学图书馆[1]。

南京大学气象学院更名为“南京气象学院”，图书馆同时更名。

美国国会图书馆启动在内部工作中采用电子计算机技术的可行性调查工作[2]。

事业发展[3]：

全省普通高等学校数：35 所；

本专科在校生人数：1.419 3 万人。

1964 年　7 月，国务院恢复高等教育部，与教育部分设。

11 月[4]，江苏省教育厅设置工读教育局，局长由副厅长兼任。

韦方出任南京工学院图书馆副馆长[5]。

在美国国会图书馆开发机读目录格式的同时，美国国家医学图书馆开发的医学文献分析及检索系统（Medical Literature Analysis and Retrieval System，MEDLARS）投入使用，成为美国图书馆界最早开发出来的大型图书馆自动化系统。1971 年联机版本系统：MEDLINE（MEDLARS Online）发布[6]。

南京动力学校图书馆新馆舍落成[7]，面积 1 268 平方米。南京动力学校创建于 1955 年 9 月，隶属化工部，有工作人员 8 名，图书 3 万册，报刊百余种，阅览座位 120 个，1965 年，藏书已达 9 万册。1980 年 5 月，经国务院批准，更名为“南京化工动力专科学校”，1992 年，更名为“南京动力高等专科学校”。2000 年，并入南京师范大学，为紫金校区，原南京动力高等专科学校图书馆变更为紫金校区分馆。

事业发展[8]：

全省普通高等学校数：28 所；

本专科在校生人数：4.149 2 万人。

1965 年　南京高等学校图书馆协作组在鼓楼区干部业余大学，举办图书馆学专修科，专修科主任由南京工学院图书馆副馆长卢则文担任，1966 年 7 月，因“文化大革命”开始而停课[9]。

6 月[10]，南京大学中南分校在湖南常德开工建设。1964 年 7 月，高教部根

[1] 中国社会科学家辞典编委会. 中国社会科学家辞典现代卷[M]. 兰州：甘肃人民出版社，1986：656-657.

[2] 李华伟. 美国图书馆自动化五十年主要里程碑[J]. 高校图书馆工作，2010(1)：3-7.

[3] 江苏省教育志编撰委员会. 江苏省教育大事记[M]. 南京：江苏教育出版社，1989：147.

[4] 江苏省地方志编纂委员会. 江苏省志第 77 卷教育志（下册）[M]. 南京：江苏古籍出版社，2000：1062.

[5] 朱家治. 忆往录[Z]. 南京，1973：17.

[6] 李华伟. 美国图书馆自动化五十年主要里程碑[J]. 高校图书馆工作，2010(1)：3-7.

[7] 陈乃林，马先阵等. 江苏高等学校图书馆年鉴[M]. 南京：南京大学出版社，1990：52.

[8] 江苏省教育志编撰委员会. 江苏省教育大事记[M]. 南京：江苏教育出版社，1989：155.

[9] 陈乃林，马先阵等. 江苏高等学校图书馆年鉴[M]. 南京：南京大学出版社，1990：287.

[10] 王德滋. 南京大学百年史[M]. 南京：南京大学出版社，2002：366.

据中央《关于平战结合,加强战争观念和加强三线建设的指示》,确定向三线迁建部分高校。经中央批准,南京大学和北京大学、清华大学、华东化工学院等7所院校迁出部分专业至三线地区建校,三年迁建完成。1965年3月,高教部正式下达了基本建设任务书和中央批准建立分校的通知。南京大学分校定名中南分校,在湖南省桃源县罗家冲建校。工程代号为654工程。计划设数学、物理、化学、地质、生物5个系11个专业。1966年,基建完成,部分图书、仪器运进。由于"文革",中南分校的建设停止。1970年4月,中南分校所有房屋、仪器、设备、图书均无偿移交给湖南省。

11月[1],美国国会图书馆正式发布《标准机器能读目录款式的建议》,即MARC-1格式,1967年提出MARC-2,它是目前使用的各种机读目录格式的母本。

事业发展[2]:

全省普通高等学校数:29所;

本专科在校生人数:3.89万人;

专任教师:0.87万人。

---

〔1〕 刘国钧.马尔克计划——兼论图书馆引进电子计算机问题[J].图书馆工作,1975(创刊号):37-43.

〔2〕 江苏省教育志编委会.朱轸.江苏高校变迁[M].南京:江苏省教育委员会,1989:51.

1966—1976 年（“文化大革命”时期）

1966 年

2 月[1]，南京大学溧阳分校动工建设，在江苏省溧阳县果园。原计划将历史、中文、政治三系打通，举办大文科，当年招生，规模 300—400 人，6 月，因“文革”停止，有关校产直至 1982 年移交溧阳县政府。

2 月，美国国会图书馆启动 MARC 实验计划。

3 月[2]，江苏省 3 大系统图书馆组织学习组，赴武汉、重庆、成都、西安等地参观学习。组长由南京图书馆副馆长陈毅人担任，南京医学院图书馆副馆长吴观国担任副组长，有近 10 所高校馆参加。

3 月[3]，炮兵工程学院更名为“华东工程学院”，图书馆同时更名。

4 月[4]，美国的民间组织—图书馆资源委员会（Council on Library Resources）特别拨款，资助美国国会图书馆进行研究大型图书馆对信息组织、储存及检索使用自动化手段的可能性调查。这种自动化的功能不仅要适用于单一的图书馆，而且要适用于与许多研究图书馆彼此之间有相互关联的活动上。这是最早的人类历史上第一个图书馆自动化的研究工作。美国国会图书馆邀请专家，设立研究小组并出版 *Automation and the Library of Congress*（《自动化与国会图书馆》）的报告，其结论是：10 年之内自动化可以加强及加快大型研究图书馆所提供的服务。对于书目处理、目录查寻及文献检索的自动化在技术上及经济效益上是可以做得到的。自动化可以加强图书馆在国家研究环境内的应变力及促成全国性图书馆系统的发展。

5 月 4 日[5]，中共中央政治局扩大会议。5 月 16 日，通过由毛泽东主持起草的《中国共产党中央委员会通知》（即《五一六通知》）。《通知》宣布撤销《二月提纲》和“文化革命五人小组”及其办事机构，提出重新设立“文化革命小组”隶属于政治局常委会。《五一六通知》的通过和贯彻标志着“文化大革命”的全面发动。

7 月，高等教育部并入教育部。

---

〔1〕 王德滋. 南京大学百年史[M]. 南京：南京大学出版社，2002：369.

〔2〕 陈乃林，马先阵等. 江苏高等学校图书馆年鉴[M]. 南京：南京大学出版社，1990：287.

〔3〕 南京理工大学. 南京理工大学历史回眸[EB/OL].（2015 - 01 - 12）[2018 - 12 - 12]. http://www.njust.edu.cn/3629/list.htm.

〔4〕 李华伟. 美国图书馆自动化五十年主要里程碑[J]. 高校图书馆工作，2010(1)：3 - 7.

〔5〕 中共中央. 中国共产党中央委员会通知[EB/OL]. [2018 - 09 - 09]. http://cpc.people.com.cn/GB/64162/64167/4527267.html.

10 月[1],《全国主要报刊资料索引》停刊。

事业发展[2]:

全省普通高等学校数:30 所;

本专科在校生人数:4.047 8 万人。

1967 年 1 月[3],原南京大学党委书记,南京图书馆副馆长、党支部书记陈毅人被迫害致死。

1 月 30 日[4],江苏省教育厅被造反派夺权,机关工作陷于瘫痪。

3 月 13 日[5],图书馆学家杜定友在广州逝世。

为推广美国国会图书馆提供的 MARC 编目数据以进行合作编目,建立联合目录,进而实行资源共享,俄亥俄州各大学图书馆在州政府的资助下建立了俄亥俄州学院图书馆中心(Ohio College Library Center, OCLC)。中心最早设在俄州首府哥伦布市,1971 年开始运作,并由俄亥俄大学图书馆成功地输入第 1 条 MARC 编目数据[6]。

北京图书馆奉命全部停止借阅哲学、社会科学方面的图书[7]。

事业发展[8]:

全省普通高等学校数:30 所;

本专科在校生人数:4.047 8 万人。

1968—1970 年 1968 年 3 月 23 日[9],江苏省革命委员会成立,教育工作由省革委会政工组所属教卫组负责。

1969 年 9 月 4 日[10],江苏省革命委员会文教局成立。

全省高校图书馆的正常业务活动,基本陷于瘫痪,整个事业受到严重的摧残,但广大图书馆工作人员为保卫珍贵的文化典籍和重要的文献资源,竭尽最大努力,还有的馆趁机收集各种资料,为研究这一时期的社会政治历史保存了很有价值的文献资料。

---

〔1〕 邹华享,施金炎. 中国近现代图书馆事业大事记 1872—1987[M]. 长沙:湖南人民出版社,1988:206.

〔2〕 江苏省教育志编撰委员会. 江苏省教育大事记[M]. 南京:江苏教育出版社,1989:167.

〔3〕 贝芝泉. 缅怀陈毅人副馆长[J]. 江苏图书馆学报,1987(3):63 - 64.

〔4〕 江苏省地方志编纂委员会. 江苏省志第 77 卷教育志(下册)[M]. 南京:江苏古籍出版社,2000:1063.

〔5〕 陈源蒸,张树华等. 中国图书馆百年纪事. 1840—2000[M]. 北京:北京图书馆出版社,2004:191.

〔6〕 李华伟. 美国图书馆自动化五十年主要里程碑[J]. 高校图书馆工作,2010(1):3 - 7.

〔7〕 邹华享,施金炎. 中国近现代图书馆事业大事记 1872—1987[M]. 长沙:湖南人民出版社,1988:210.

〔8〕 江苏省教育志编撰委员会. 江苏省教育大事记[M]. 南京:江苏教育出版社,1989:170.

〔9〕 江苏省地方志编纂委员会. 江苏省志第 77 卷教育志(下册)[M]. 南京:江苏古籍出版社,2000:1063.

〔10〕 江苏省地方志编纂委员会. 江苏省志第 77 卷教育志(下册)[M]. 南京:江苏古籍出版社,2000:1063.

1970年　5月[1],北京矿业学院开始向四川省华蓥山南段的皮夹山搬迁,更名为“四川矿业学院”,原北京矿院图书馆随迁四川,共计搬迁图书期刊60万件,2 000箱,并保证自1972年起对外开放。

6月,中共中央决定撤销教育部,成立国务院科教组。

6月27日,中共中央批转《北京大学、清华大学关于招生(试点)的请示报告》。《报告》中提出废除招生考试制度。

春[2],创建于1953年的上海船舶工业学校,自上海迁至江苏省镇江市,更名为“镇江船舶工业学校”,原图书馆一并迁至镇江。1978年12月,改建为“镇江船舶学院”,升格为本科。1993年6月,经国家教委批准,更名“华东船舶工业学院”,2003年4月,更名为“江苏科技大学”。

事业发展[3]:

全省普通高等学校数:30所;

本专科在校生人数:0.113 6万人。

1971年　4月15日至7月31日,中共中央、国务院在北京召开全国教育工作会议。

事业发展[4]:

全省普通高等学校数:26所;

本专科在校生人数:0.08万人。

1972年　1月4日[5],江苏省革命委员会文教局,改为“江苏省革命委员会教育局”。

2月9日[6],江苏省革命委员会通知,全省高等学校今年起全面招生,这是1966年高校停止招生以来,江苏省首次推行“群众推荐、领导批准”的招生方法,一直沿用到1976年。具体做法是:① 招收具有两年以上实践经验,政治历史清楚,年龄20岁左右,身体健康,一般未婚,并具有相当于初中以上文化程度(师范要高中文化程度)的优秀工农兵。有丰富实践经验的工人、贫下中农和革命干部入学,年龄和文化程度可以适当放宽。② 严格实行“自愿报名、群众推荐、领导批准、学校复审”,并由地、市委负责审定。③ 学制根据不同专业,暂以2年或3年试行。学员毕业以后,一般回原地区、原单位工作。当年,江苏省24所高校,共招收新生9 018名。

2月[7],无锡轻工业学院自社桥本部,迁至青山湾。

5月2日,南京各高校在南京人民大会堂联合举行开学典礼,欢迎来自全国各省市、自治区的工农兵学员。

---

〔1〕 邬淑珍.中国矿业大学图书馆史(1909—2009)[M].徐州:中国矿业大学出版社,2009:33.

〔2〕 陈乃林,马先阵等.江苏高等学校图书馆年鉴[M].南京:南京大学出版社,1990:62.

〔3〕 江苏省教育志编撰委员会.江苏省教育大事记[M].南京:江苏教育出版社,1989:183.

〔4〕 江苏省教育志编撰委员会.江苏省教育大事记[M].南京:江苏教育出版社,1989:187.

〔5〕 江苏省地方志编纂委员会.江苏省志第77卷教育志(下册)[M].南京:江苏古籍出版社,2000:1063.

〔6〕 江苏省教育志编撰委员会.江苏省教育大事记[M].南京:江苏教育出版社,1989:189.

〔7〕 陈乃林,马先阵等.江苏高等学校图书馆年鉴[M].南京:南京大学出版社,1990:39.

4 月、5 月[1],武汉大学图书馆学系,北京大学图书馆学系先后恢复招生,招生工农兵学员,学制 2 年。

是年,南京农学院搬迁至扬州,与苏北农学院合并,成立"江苏农学院",原两院图书馆合并[2]。卫岗校区交江苏省委党校。

事业发展[3]:

全省普通高等学校数:25 所;

本专科在校生人数:1.011 5 万人。

1973 年　10 月 1 日[4],历史学家、南京图书馆首任馆长贺昌群在北京逝世,享年 71 岁。1950 年 3 月—1954 年,任南京图书馆馆长[5]。

粮食部南京粮食学校,更名为"江苏省粮食学校"。

事业发展[6]:

全省普通高等学校数:25 所;

本专科在校生人数:1.916 0 万人。

1975 年　1 月,第四届全国人民代表大会召开,决定恢复教育部,开始整顿教育工作。

3 月,中国科学院《图书馆工作参考资料》复刊,更名《图书馆工作》,12 月[7],正式创刊。创刊号上,刘国钧发表《马尔克计划——兼论图书馆引进电子计算机问题》[8]。5 月,南京医学院和南京中医学院合并,组建"江苏新医学院"。

10 月[9],周恩来总理在住院期间指示:"要尽快把全国善本书目录编出来"。

10 月[10],由北京图书馆等 36 个单位合作编制的《中国图书馆图书分类法》(简称:中图法),由科学技术文献出版社正式出版(第 1 版)。1973 年 3 月,编成试用本。1979 年 7 月,成立中国图书馆图书分类法编辑委员会进行修订。1980 年 6 月,由书目文献出版社出版第 2 版。1990 年,出版第 3 版,并更名为《中国图书馆分类法》。1999 年,由北京图书馆出版社出版第 4 版。2010 年 9 月,由北京图书馆出版社出版第 5 版。

事业发展[11]:

---

[1] 陈源蒸,张树华.中国图书馆百年纪事.1840—2000[M].北京:北京图书馆出版社,2004:196.

[2] 包平.南京农业大学图书馆发展史[M].北京:中国农业出版社,2013:35.

[3] 江苏省教育志编撰委员会.江苏省教育大事记[M].南京:江苏教育出版社,1989:193.

[4] 江苏省文化厅,南京图书馆.江苏公共图书馆志[M].南京:江苏人民出版社,2011.460.

[5] 江苏省文化厅,南京图书馆.江苏公共图书馆志[M].南京:江苏人民出版社,2011:557.

[6] 江苏省教育志编撰委员会.江苏省教育大事记[M].南京:江苏教育出版社,1989:199.

[7] 陈源蒸,张树华等.中国图书馆百年纪事.1840—2000[M].北京:北京图书馆出版社,2004:203.

[8] 周永利主编,赵艳超等.当代甘肃文化名人档案[M].兰州:兰州大学出版社,2013:256-257.

[9] 陈源蒸,张树华等.中国图书馆百年纪事.1840—2000[M].北京:北京图书馆出版社,2004:203.

[10] 周文骏.图书馆学百科全书[M].北京:中国大百科全书出版社,1993:575.

[11] 江苏省教育志编撰委员会.江苏省教育大事记[M].南京:江苏教育出版社,1989:211.

全省普通高等学校数:25 所;

本专科在校生人数:3.001 7 万人。

1976 年　1 月 8 日,周恩来总理在北京逝世,享年 78 岁。

1 月[1],中国科学院图书馆设立计算机组,此为中国图书馆界最早成立的计算机工作部门。

6 月[2],扬州师范学院图书馆,编辑出版《鲁迅研究资料编目索引(1949.10—1974.12)》。

7 月 28 日,唐山地震。

9 月 9 日,毛泽东主席在北京逝世,享年 83 岁。

10 月 9 日,粉碎“四人帮”,“文化大革命”结束。

[3]无锡轻工业学院在青山湾本部建设图书馆舍,面积 3 000 平方米,藏书 24 万册,工作人员 23 名。

事业发展[4]:

全省普通高等学校数:25 所;

本专科在校生人数:3.74 万人;

专任教师:1.04 万人。

---

〔1〕 陈源蒸,张树华等.中国图书馆百年纪事.1840—2000[M].北京:北京图书馆出版社,2004:204.

〔2〕 陈源蒸,张树华等.中国图书馆百年纪事.1840—2000[M].北京:北京图书馆出版社,2004:205.

〔3〕 陈乃林,马先阵等.江苏高等学校图书馆年鉴[M].南京:南京大学出版社,1990:39.

〔4〕 江苏省教育志编委会.朱轸主编.江苏高校变迁[M].江苏省教育委员会,1989:51.

1977 年

2 月 3 日[1]　图书馆学教育家、武汉大学图书馆学教授沈祖荣在庐山逝世。

5 月[2]　南京工学院建筑系民用建筑设计教研组对全国图书馆的建筑进行调查研究，编写了《图书馆建筑设计》一书

5 月 13—9 月 25 日[3]　根据全国高等学校招生工作会议决定，恢复高等学校招生制度，改变“文化大革命”期间不考试的做法，采取统一考试，择优录取的办法。1977 年江苏省共有 28 万考生参加考试，共录取入学的有 1.4 万人。

7 月 8 日　原南京工学院图书馆副馆长、南京工学院院务委员会委员、图书馆学专家朱家治[4]，在南京去世，享年 84 岁。

7 月 16—21 日　中国共产党第十届中央委员会第三次全体会议，于 1977 年 7 月 16 日至 21 日在北京举行。全会通过了《关于追认华国锋同志任中国共产党中央委员会主席、中国共产党中央军事委员会主席的决议》；通过了《关于恢复邓小平同志职务的决议》，决定恢复邓小平同志中共中央委员、中央政治局委员、中央政治局常委、中共中央副主席、中共中央军委副主席、国务院副总理、中国人民解放军总参谋长的职务；通过了《关于王洪文、张春桥、江青、姚文元反党集团的决议》，决定永远开除王洪文、张春桥、江青、姚文元的党籍，撤销他们的党内外一切职务。

8 月[5]　全国图书联合目录编辑组恢复工作。该组是 1957 年根据国务院批准的“全国图书协调方案”的规定，在全国第一中心图书馆委员会领导下成立的，附设于北京图书馆。但在“文革”中停顿 10 年。该组恢复后，首先开展

---

〔1〕 陈源蒸，张树华等. 中国图书馆百年纪事. 1840—2000[M]. 北京：北京图书馆出版社，2004：207.

〔2〕 陈源蒸，张树华等. 中国图书馆百年纪事. 1840—2000[M]. 北京：北京图书馆出版社，2004：207.

〔3〕《当代中国的江苏》编委会，江苏省档案局. 江苏省大事记：1949—1985[M]. 南京：江苏人民出版社，1988：351.

〔4〕 朱家治(1893—1977)，字慕庐，安徽歙县人，笔名莫如，老一辈图书馆学专家，1915 年入金陵大学文科，1920 年毕业，1920 年，经洪有丰(范五)推荐，代理南京高等师范学校图书馆馆务，直至 1921 年，洪有丰自美返国，继续留馆工作，1921 年 7 月，南京高等师范专科学校改为东南大学，与洪有丰参与创建“南京图书馆协会”“中华图书馆协会”，参与陶行知创办的“中华教育改进社”的图书馆组，协助该社创办图书馆，协助洪范五组织东南大学暑期学校图书馆科，并担任任课教师。1927 年，东南大学停办，转任党务学校图书馆代理馆长，1928—1938，任国民政府外交部图书室主任。1946 年，任中央大学图书馆西文编目主任，1952 年，任南京工学院图书馆秘书，1955 年任副馆长，同期还有洪流、卢则文副馆长。参与创建“南京地区高校图书馆协作组”、业余大学图书馆专修科、南京地区暑期训练班等，并任教职，历任五届玄武区人大代表，南京工学院院务委员会委员。

〔5〕 张树华，吴慰慈. 中国图书馆事业三十年大事记(1949—1979 年)[M]. 北京：北京大学图书馆学系，1979：87.

全国新书、新刊的联合目录报道工作。组织编辑当前三大革命运动需要的馆藏联合目录和专题联合目录。在建立全国书刊联合目录报道体系的过程中,准备研究与试验电子计算机用于联合目录的编目、存储、检索及机排、校、印等工作。

8月12日至18日[1] 中国共产党第十一次全国代表大会在北京举行,出席大会的代表1 510名,代表着3 500多万党员。华国锋代表党中央作政治报告,宣告"文化大革命"已经结束,重申在20世纪内把我国建设成为社会主义的现代化强国是新时期党的根本任务。叶剑英在会上作关于修改党章的报告。邓小平致闭幕词。

10月12日 国务院发布国发〔1977〕112号,《国务院批转教育部关于1977年高等学校招生工作的意见》,文件的附件:《教育部关于1977年高等学校招生工作的意见》,恢复高等学校招生统一考试的制度。

10月15日[2] 江苏省革命委员会下达的《关于成立江苏省高等学校招生委员会的通知》,胡宏任招生委员会主任,下设办公室,主任方非,副主任朱轸。

11月3日 江苏省革命委员会教育部、中国科学院联合发出《关于1977年招收研究生的通知》。恢复因"文化大革命"期间长期中断的招收培养研究生的工作。

11月13日[3] 旅美图书馆学家裘开明病逝。

年度事件数据:

事业发展[4] 全省普通高等学校数:26所;
本专科在校生人数:4.167 7万人。

单位变更 淮阴师范专科学校建校。大专建制,办学地淮阴市(现淮安市)。
镇江师范专科学校在镇江复建[5],办学地镇江。2001年8月,并入江苏大学。

---

〔1〕 人民日报讯.1977年8月12日中共十一大宣布"文化大革命"结束[EB/OL].[2018-09-09].http://cpc.people.com.cn/GB/64162/64165/68640/68652/4693221.html.

〔2〕 江苏省教育志编撰委员会.江苏省教育大事记[M].南京:江苏教育出版社,1989:220.

〔3〕 邹华享,施金炎.中国近现代图书馆事业大事记1872—1987[M].长沙:湖南人民出版社,1988:236.

〔4〕 江苏省教育志编撰委员会.江苏省教育大事记[M].南京:江苏教育出版社,1989:223.

〔5〕 陈乃林,马先阵等.江苏高等学校图书馆年鉴[M].南京:南京大学出版社,1990:89.

1978 年

2 月　　中华人民共和国第五届全国人民代表大会在北京召开。在《政府工作报告》的第四部分提出："要发展各种类型的图书馆，组成为科学研究和广大群众服务的图书馆网。"

3 月[1]　　中国社会科学院和教育部联合成立的制定全国哲学社会科学发展规划办公室组织力量制定出《1978—1985 年图书馆学发展规划》(草案)。《规划》中拟定的重点研究项目有：① 图书馆学基本理论的研究；② 图书馆现代问题的研究；③ 图书馆管理科学化的研究；④ 图书馆事业史和图书馆学史的研究；⑤ 外国图书馆事业的研究。

3 月[2]　　江苏省哲学社会科学联合会恢复活动。

3 月 1 日[3]　　教育部批准南京大学、南京工学院、华东水利学院、南京艺术学院、南京邮电学院、镇江农业机械学院、苏州医学院、南京药学院、南京气象学院、江苏师范学院、苏州丝绸工学院、南京化工学院、江苏农学院，无锡轻工业学院、南京航空学院、华东工程学院等 19 所高校，开始招收 1978 级研究生。

3 月 7 日[4]　　国务院发布国发〔1978〕32 号，《批转教育部〈关于高等学校恢复和提升教师职务问题的请示报告〉》，至 1981 年，高等院校中原有的教授、副教授、讲师和助教都恢复职称。

3 月 18—31 日[5]　　中共中央、国务院在北京召开全国科学大会。邓小平出席大会并在开幕式上讲话。时任中国科学院副院长、国家科学技术委员会主任方毅的讲话中提出全党动员，大办科学的 10 大任务，其中第 7 项任务是"要尽快实现科学技术情报工作的现代化，用现代化手段装备情报机构"。

3 月 27 日[6]　　根据周恩来总理关于"要尽快把全国善本书目录编出来"的指示，全国古籍善本书总目编辑工作会议在南京召开。《全国古籍善本书目》编辑委员会正式成立，刘季平为主任，顾廷龙为副主任。刘季平受国家文物局委托主持这次会议。出席会议的有部分省、市文化局和全国各省、市、自治区图书

---

〔1〕 邹华享，施金炎. 中国近现代图书馆事业大事记 1872—1987[M]. 长沙：湖南人民出版社，1988：239.

〔2〕《当代中国的江苏》编委会，江苏省档案局. 江苏省大事记：1949—1985[M]. 南京：江苏人民出版社，1988：362.

〔3〕《当代中国的江苏》编委会，江苏省档案局. 江苏省大事记：1949—1985[M]. 南京：江苏人民出版社，1988：362.

〔4〕 顾明远，申杲华. 学校教师管理运作全书[M]. 北京：开明出版社，1995：852 - 853.

〔5〕 胡维佳. 中国科技政策资料选辑(中)[M]. 济南：山东教育出版社，1978：690 - 708.

〔6〕 陈源蒸，张树华等. 中国图书馆百年纪事. 1840—2000[M]. 北京：北京图书馆出版社，2004：210.

馆的代表共 106 人。江苏省列席代表 20 人。会议主要研究和制定编辑全国古籍善本总目的领导、收录范围、著录条例和分类方法。会议成立全国和各大区编辑善本书目领导小组、全国图书馆协作委员会和中国图书馆学会筹备组织等。会议于 4 月 8 日结束。

4 月[1] 南京化工学院图书馆新馆落成。面积 3 100 平方米,独立馆舍。

5 月 4 日 北京大学校庆 84 周年,北京大学图书馆将邓小平同志亲笔题名,制成匾额分别挂在北京大学图书馆的东大门和南大门。

5 月 11 日[2] 《光明日报》发表《实践是检验真理的唯一标准》的特约评论员文章,在全国引发一场关于真理标准问题的大讨论,文章的主要作者是南京大学哲学系教师胡福明。

5 月 20 日[3] 南京大学数学系情报检索教研室于 1978 年初,为南京大学图书馆开发的西文图书电子计算机检索“定题情报提供”SDI 的实用系统——NDTS-78,在南京大学 77 周年校庆启用,向理科各系提供新书通报,系统的软件采用标准的 COBOL 语言开发,在化工部南京计算机站的西门子-7730 计算机上实现[4]。这是中国高校第一个实用的图书馆计算机管理系统。NDTS-78 的主要功能为:① 建立计算机西文图书书目库;② 开展 SDI 服务,也可接受个别用户的临时提问进行查找。NDTS-78 系统共有三个组成部分:① 主文档制作加工部分(包括主文档程序及主文档字符修改程序);② 提问加工部分(包括提问档及展开表程序);③ 检索及编辑输出部分(包括检索编辑程序),第一部分实现功能 1,第二、三部分实现功能 2。系统书目库的设计采用“南京大学西文图书机读目录著录格式”,该格式参照 MARC-II 并兼顾国内标准格式,便于馆际及国际进行机读目录资料的交换,打印输出格式采用国内标准图书卡片格式。本系统提供了多种校正手段,为满足追溯检索(RS)服务的需要,同时建立磁带累积文档。以机读卡片方式运行,操作配有固定的作业卡片组,交由机房人员执行。

5 月[5] 谢道渊出任北京大学图书馆馆长。

---

[1] 陈乃林,马先阵等. 江苏高等学校图书馆年鉴[M]. 南京:南京大学出版社,1990:53.

[2] 中共江苏省委宣传部. 江苏改革开放 30 年大事记[M]. 北京:中央文献出版社,2008:1.

[3] 中国图书馆学会论文摘要编辑组编. 中国图书馆学会第一、二次科学讨论会论文摘要[M]. 北京:书目文献出版社,1982:359.

[4] 张白影. 中国图书馆事业十年[M]. 长沙:湖南大学出版社,1989:329-357.

[5] 陈源蒸,张树华等. 中国图书馆百年纪事. 1840—2000[M]. 北京:北京图书馆出版社,2004:212.

6 月 21 日[1]　我国著名的图书馆学、目录学家，北京大学图书馆学系教授王重民[2]骨灰安放仪式在北京八宝山革命公墓礼堂举行。

6 月 23 日[3]　煤炭部决定，“四川矿业学院”恢复为“中国矿业学院”。当年 12 月，国务院决定，中国矿业学院迁址至江苏省徐州市办学。

7 月[4]　中国人民大学书报资料社正式重建。书报资料社的前身为“剪报资料图书卡片社”(简称：报卡社)。重建后，以编辑出版复印报刊资料为主，将各门社会科学，划分为 43 个专题，从国内 80 种报刊上选材，经过剪贴加工，照相制版后分册出版。1979 年，专题扩大到 57 个，选材范围扩大到 160 种报刊。还复印有关经济管理等方面的外文资料以及外电、外报等资料。

8 月[5]　苏州丝绸工学院图书馆新馆建成，面积 2700 平方米。苏州丝绸工学院图书馆是在苏州丝绸工业专科学校图书馆基础上创建的，1997 年，苏州丝绸工学院并入苏州大学。

8 月 12 日[6]　教育部印发〔78〕教高字 754 号，《关于加强高等学校图书资料工作的意见》，提出对高等学校图书、资料工作进行整顿的 8 条意见：① 彻底肃清“四人帮”在图书、资料工作中的流毒和影响；② 切实加强对图书馆工作的领导；③ 对现有图书、资料进行一次清理，简化借书手续；④ 调整开馆、借阅时间，提高服务质量：⑤ 加强图书资料的保管、维护工作；⑥ 加强图书资料工作队伍的建设；⑦ 积极改善图书馆的条件；⑧ 加强图书资料工作的现代化。并提出根据需要与可能，逐步扩大外文书刊的进口和交换。

9 月[7]　南京大学创办图书馆学专修科，学制 3 年，首批招收学生 30 名。同时，招收目录学方向硕士研究生 2 名，导师为施廷镛与钱亚新，研究生分别是顾志华(男，毕业后就职于华中师范大学)，卢贤中(男，毕业后就职于安徽大

---

〔1〕 张树华，吴慰慈. 中国图书馆事业三十年大事记(1949—1979 年)[M]. 北京：北京大学图书馆学系，1979：97.

〔2〕 王重民(1903—1975)，曾化名鉴，字有三，号冷庐主人，河北高阳县人。中国古文献学家、目录学家、版本学家、图书馆学教育家、敦煌学家。1928 年毕业于北京高等师范学校(后改为北京师范大学)，曾任保定河北大学国文系主任和北京辅仁大学讲师，后在北海图书馆(今北京图书馆)整理古籍和主持编辑大型书目、索引。1930 年任该馆编纂委员会委员兼索引组组长。1934 年被派往国外，先后在法、英、德、意、美等国著名图书馆，搜求流散于国外的珍贵文献。1937 年 4 月，在法国巴黎与刘修业女士结婚。1939 年受聘于美国国会图书馆，整理馆藏中国善本古籍。1947 年回国后，仍任职于北平图书馆，兼任北京大学中文系教授，主持该系图书馆学组的教学。1947 年在北京大学中国文学系创办图书馆学专科(后改本科，任系主任)。1949 年后，兼任北京图书馆副馆长。1952 年辞去北京图书馆职务，专事教学，除主持系务外，担任目录学等课程的讲授。1956 年，任北京大学图书馆系主任。参与主持制定全国图书馆学发展规划。1957 年，王重民被打成右派，受到降级、降薪、撤掉系主任职务的处分，1961 年摘帽。1975 年 4 月 16 日，含冤离世，终年 72 岁。1978 年，平反恢复名誉.

〔3〕 邬淑珍. 中国矿业大学图书馆史(1909—2009)[M]. 徐州：中国矿业大学出版社，2009：36.

〔4〕 张树华，吴慰慈. 中国图书馆事业三十年大事记(1949—1979 年)[M]. 北京大学图书馆学系，1979：98.

〔5〕 陈乃林，马先阵等. 江苏高等学校图书馆年鉴[M]. 南京：南京大学出版社，1990：49.

〔6〕 郭锡龙，图书馆暨有关书刊管理法规汇览[M]. 北京：中国政法大学出版社，1978：312 - 317.

〔7〕 陈乃林，马先阵等. 江苏高等学校图书馆年鉴[M]. 南京：南京大学出版社，1990：288.

学)，这是1949年以后，江苏省高等学校招收的首批图书馆学硕士研究生。

9月19日[1] 《光明日报》就教育部发出《关于加强高等学校图书资料工作的意见和通知》发表文章《充分发挥图书资料在教学科研中的作用》。

10月4日[2] 教育部颁布〔78〕教高字948号《全国重点高等学校暂行工作条例》，其中第17条规定高等学校图书馆的工作任务："高等学校必须根据教学和科学研究的需要，加强图书馆和资料室的建设工作和管理工作，逐步实现图书资料管理工作的现代化。图书资料的管理工作应该从便利读者出发，不断提高服务质量，逐步加强资料整理、索引编制。加强图书馆之间的联系和协作。采取有效措施，防止图书资料的丢失和损坏。珍贵的图书资料，尤其应该切实加以保护。要发挥校系两级的积极性，逐步加强情报资料的收集、积累、整理和编译，以适应教学、科学研究工作的需要。要配备和培养一批外文好、懂业务，有一定分析能力的人员，长期从事情报资料工作。"

11月11日[3] 江苏省革命委员会高等教育局成立，下设办公室、教学研究处、中专处、计划财务处、人事处、留学生工作处、高校招生办公室、高等学校教学仪器供应公司、高等学校教学研究室。局长先后为郑康(兼)、顾尔钥、徐福基；副局长先后为邢白(未到职)、李钟英、王鹏、叶春生、胡才基、冯嘉友、张影、胡星塔(女)、冒瑞林、顾明道。党组书记先后为郑康、顾尔钥、徐福基，党组副书记先后为邢白(未到职)、李钟英、王鹏、叶春生。

11月13日[4] 国家文物事业管理局以〔78〕文物字第211号文件，发出关于《省、市、自治区图书馆工作条例(试行草案)》。

11月15—22日[5] 全国医学图书馆工作会议在武汉召开。到会代表70余人。会议成立了全国医学图书馆工作协调委员会，讨论制定了《1979—1985年全国医学图书馆发展规划》(草案)，《全国医学图书馆工作协调委员会工作简则》和《医学图书馆干部技术职称试行条例》。

11月16—23日[6] 全国古籍善本书总目编辑领导小组、中国图书馆学会扩大筹备委员会会议在成都市召开，参加会议的有上海、江苏、辽宁等省(市)文化局领导和北京图书馆、中国科学院图书馆、北京大学图书馆、北京大学图书馆学系、上海图书馆、首都图书馆、四川省图书馆、甘肃省图书馆、陕西省图书馆、辽宁省图书馆、南京图书馆、广东省中山图书馆、武汉大学图书馆学系等28个单位的代表和列席代表共70多人。国家文物事业管理局局长王冶秋、国务

---

〔1〕 陈源蒸，张树华等. 中国图书馆百年纪事. 1840—2000[M]. 北京：北京图书馆出版社，2004：215.

〔2〕 李冀. 普通高等学校管理[M]. 沈阳. 辽宁省高等教育学会，1982：341-363.

〔3〕 江苏省地方志编纂委员会. 江苏省志第77卷教育志(下册)[M]. 南京：江苏古籍出版社，2000：1063.

〔4〕 张白影. 中国图书馆事业十年[M]. 长沙：湖南大学出版社，1989：872.

〔5〕 邹华享，施金炎. 中国近现代图书馆事业大事记1872—1987[M]. 长沙：湖南人民出版社，1988：249.

〔6〕 鲍振西. 全国古籍善本书总目编辑领导小组中国图书馆学会扩大筹备委员会会议在成都市召开[J]. 国家图书馆学刊，1978(2)：68-72.

院办公室赵茂峰、四川省委宣传部副部长沈一之出席开幕式并讲话。四川省文化局、四川省科委、四川省高教局及成都市文化局等单位的领导参加开幕式。王冶秋做主题报告。北京图书馆副馆长谭祥金代表全国古籍善本书总目编辑领导小组和中国图书馆学会筹委会讲话。南京、辽宁、四川省图书馆分别代表大区，上海、山西等省、市图书馆在分组会上介绍古籍善本书编目工作的情况和经验。会议讨论修订《中国图书馆学会章程（草案）》，制定《中国图书馆学会成立大会及第一次科学讨论会筹备工作计划要点》和修订古籍善本书总目的收录范围、著录条例、分类表等文件，确定1979 年的工作安排。

12 月[1] 教育部制定《高等学校图书和资料情报工作人员职务名称确定与提升的暂行规定》。规定职务名称为：助理馆员或助理资料员、馆员或资料情报员（相当于助教）、助理研究员（相当于讲师）、副研究员（相当于副教授）、研究员（相当于教授）。并分别规定各级业务人员应具备的条件。

12 月 4—13 日[2] 教育部在北京召开外国教材中心图书室座谈会。起草《关于高等学校外国教材中心图书室若干问题的暂行规定》（草案），决定在全国成立 9 个外国教材中心图书室。分别设在南开大学、吉林大学、复旦大学、武汉大学、南京工学院、华南工学院、重庆大学、西安交通大学和高等教育出版社。设立在高等教育出版社的定名为“教育部外国教材北京中心图书室”，对其他地区的外国教材中心图书室起协调和指导作用。

12 月 18 日[3] 南京大学图书馆学专修科，首批招收的 30 名新生正式入学。

12 月 18—22 日[4] 中共十一届三中全会召开，全会结束了粉碎“四人帮”后两年党在徘徊中前进的局面，全会提出，从 1979 年起，把党的工作重点转移到社会主义现代化建设上来，全会彻底否定了“两个凡是”的方针，党在思想、政治、组织等领域拨乱反正全面展开，全会做出了实行改革开放的新决策。

江苏省政府召开江苏省科学大会。

年度事件数据：

事业发展[5] 全省普通高等学校数：35 所；
本专科在校生人数：6.05 万人；
研究生在校生人数：0.055 万人；
专任教师：1.33 万人。

单位变更 3 月，新建南京化工学院常州、无锡分院。

---

〔1〕 张树华，吴慰慈. 中国图书馆事业三十年大事记（1949—1979 年）[M]北京大学图书馆学系，1979：104.

〔2〕 陈源蒸，张树华等. 中国图书馆百年纪事. 1840—2000[M]. 北京：北京图书馆出版社，2004：216.

〔3〕 南京大学信息管理学院. 南京大学信息管理学院概况[EB/OL]. [2018 - 12 - 11]. http://im.nju.edu.cn/content.do? mid=2&mmid=21.

〔4〕 中共江苏省委宣传部. 江苏改革开放 30 年大事记[M]. 北京：中央文献出版社，2008：1 - 2.

〔5〕 江苏省教育志编委会. 朱轸. 江苏高校变迁[M]. 南京：江苏省教育委员会，1989：51.

6月，四川矿业学院(原北京矿业学院)自重庆市，整体搬迁至江苏省徐州市重建，更名“中国矿业学院”。

12月[1]，盐城师范专科学校复建，该校创建于1958年，1963年停办。1976年，建立江苏师范学院盐城分院。

江苏新医学院建制撤销，恢复原南京医学院、南京中医学院建制，两校办学地不变。

苏州城市建设学院复建，“文革”期间停办，办学地苏州，建制本科。

江苏公安学校建校。

---

〔1〕 陈乃林，马先阵等. 江苏高等学校图书馆年鉴[M]. 南京：南京大学出版社，1990：86.

1979 年

1月[1] 教育部组织的“全国高等工科院校普通物理教学讨论会”在青岛召开，人民教育出版社图书馆和南京工学院图书馆联合组织专业书展，展出近年从国外引进的物理学科图书资料，有英、日、德、法文图书总计 473 册。会议期间，教育部副部长周林、北京大学周培源教授到会讲话。书展共举办 17 天，共接待代表 420 余人次。

1月13日[2] 中共中央宣传部正式批准《关于成立中国图书馆学会的请示报告》。

2月[3] 华东师范大学图书馆学系建立，陈誉任系主任。

2月2日[4] 教育部、外交部、财政部发布《关于加强外国教材引进工作的规定和暂行办法》。本办法自 1979 年起试行，对快速编审出版反映国内外科学技术先进水平的新教材，提高我国高等学校的教学质量起到推动作用。

3月10日[5] 教育部发布〔79〕教政字 003 号，颁布《教育部关于试行高等学校实验技术人员和图书资料情报人员职务名称确定与提升的两个〈暂行规定〉的通知》，其中附件 1:《关于高等学校图书和资料情报人员职务名称确定与提升的暂行规定》。

3月[6] 江苏省革命委员会进行机构调整，教育局与高等教育局分署办公。

3月19日[7] 南京农学院复校，与江苏农学院分设，从扬州市迁回南京卫岗原校址办学。江苏农学院留在原地办学。原江苏农学院图书馆由两校协商分割，南京农学院图书馆搬迁约 30 万册回南京卫岗校区。

3月28日[8] 教育部发出〔79〕教高二字 006 号，《关于高等学校外国教材中心图书室若干问题的暂行规定》。决定在全国 6 个大区和北京市设立 9 个“外国教材

---

〔1〕 张守智，汪传绍等. 配合“全国高等工科院校普通物理教学讨论会”举办小型“书展”[J]. 图书馆学通讯，1979(2):72.

〔2〕 陈源蒸，张树华等. 中国图书馆百年纪事. 1840—2000[M]. 北京:北京图书馆出版社，2004:220.

〔3〕 陈源蒸，张树华等. 中国图书馆百年纪事. 1840—2000[M]. 北京:北京图书馆出版社，2004:220.

〔4〕 教育部. 教育 50 年大事记(1970 年至 1979 年)[EB/OL]. [2018-07-07]. http://old.moe.gov.cn/publicfiles/business/htmlfiles/moe/moe_163/200408/3443.html.

〔5〕 教育部. 教育部关于试行高等学校实验技术人员和图书资料情报人员职务名称确定与提升的两个《暂行规定》的通知(〔79〕教政字 003 号)[EB/OL]. [2017-05-30]. http://www.pkulaw.cn/fulltext_form.aspx? Gid=183010.

〔6〕 江苏省地方志编纂委员会. 江苏省志第 77 卷教育志(下册)[M]. 南京:江苏古籍出版社，2000:1063.

〔7〕 包平. 南京农业大学图书馆发展史[M]. 北京:中国农业出版社，2013:38.

〔8〕 全国人民代表大会常务委员会法制工作委员会. 中华人民共和国法律行政法规规章司法解释分卷汇编. 6，行政法卷，司法行政[M]. 北京:北京大学出版社，1998:232.

中心图书室”：南开大学(物理类)、吉林大学(化学类)、复旦大学(数学类)、武汉大学(生物类)、南京工学院(土木建筑类、工程力学类)、华南工学院(化工类)、重庆大学(机械类)、西安交通大学(电子、电力类)和人民教育出版社，设在人民教育出版社的定名为“教育部外国教材北京中心图书室”，由人民教育出版社教科书图书馆兼办。

5月[1] 教育部批准吉林师范大学恢复图书馆学专业，并从当年起招生。9月，吉林师范大学图书馆专修科新生入学，单行兼任图书馆学专修科主任。吉林师范大学，原为教育部属东北师范大学，1958年划归吉林省，更名为吉林师范大学，1980年8月，经教育部批准，恢复东北师范大学，教育部直属院校。

5月18日 江苏省文化局、高等教育局[2]、社联、科协联合召开江苏省图书馆学会筹备领导小组第1次会议，讨论成立江苏省图书馆学会的筹备工作，参加会议的有，江苏省文化局文物处副处长于的水、江苏省哲学社会科学界联合会学会部负责人唐茂松、南京图书馆汪长炳、南京大学图书馆副馆长华彬清、南京工学院图书馆副馆长卢则文，以及筹备组工作人员王学熙、高厚娟，于的水宣布筹备小组成员名单，小组由汪长炳、华彬清、卢则文、赵宛华、钱亚新5人组成，汪长炳为组长，华彬清为副组长。

汪长炳主持筹备小组第一次工作会议，讨论：① 参照《中国图书馆学会章程》(草案)，结合我省的实际情况起草《江苏省图书馆学会章程》(草案)；② 研究理事会下设的学术委员会和编辑出版委员会、会刊《江苏图书馆工作》的人选，拟订1979—1980年学会工作计划(讨论稿)；③ 首批会员的发展工作，首批发展了219名会员，其中公共图书馆93名，高校图书馆98名，科研、机关、部队图书馆28名；④ 协商产生理事会理事馆名单。筹备小组根据汪长炳提出的三个原则推荐理事馆，即三大系统图书馆理事数额比例要恰当，根据各系统图书馆事业发展情况和学会成立后开展工作的需要，照顾地区；通过民主协商，提出36个理事馆，其中公共馆13个，高校馆15个；科研图书馆四个，其他类型图书馆四个；再由各理事馆推荐理事候选人，汪长炳提出增设名誉理事，邀请省宣传、文化、教育、科研等部门的领导，以及关心图书馆事业的社会知名人士，图书馆界有一定影响的老前辈为省图书馆学会名誉理事；⑤ 发动全省图书馆工作者撰写首次科学讨论会论文，并成立学术论文筹备小组；⑥ 向中国图书馆学会筹委会推荐三名中国图书馆学会理事。经筹备小组研究，并报省文化局、省社联、省科协批准，汪长炳、施廷镛(南京大学图书馆副馆长)、华彬清(南京大学图书馆副馆长)被推荐为全国图书馆学会第1届理事会理事候选人。

6月16日[3] 图书馆学家、中国科学院武汉分院图书馆桂质柏教授逝世，享年79岁。

---

[1] 陈源蒸，张树华等．中国图书馆百年纪事．1840—2000[M]．北京：北京图书馆出版社，2004：222.

[2] 南京图书馆．汪长炳研究文集[M]．南京：南京大学出版社，2007：232.

[3] 张白影．中国图书馆事业十年[M]．长沙：湖南大学出版社，1989：875.

7 月[1] 经江苏省科委批准，1957 年成立的“南京中心图书馆委员会”在中断活动 10 余年以后，正式恢复活动，调整充实机构，同时，更名为“江苏省中心图书馆委员会”。

7 月 9—16 日[2] 中国图书馆学会成立大会在山西省太原市举行，江苏省图书馆界派出 6 位代表参加会议，汪长炳、赵宛华(南京图书馆)，卢子博(南京市人民图书馆)，华彬清、魏德裕、杨克义(南京大学图书馆)，王学熙[3]以学会工作人员身份参加。汪长炳、施廷镛、华彬清三人当选为中国图书馆学会理事，汪长炳当选为中国图书馆学会常务理事、副理事长[4]，编译委员会委员、副主任[5]。施廷镛、钱亚新、潘天祯当选学术委员会委员。

8 月 4 日 中国科学技术协会正式批准成立中国图书馆学会。

9 月 23—26 日[6] 经江苏省委宣传部批准，江苏省图书馆学会成立大会在南京举行。江苏省市县公共图书馆、各高等院校图书馆、省以上科研单位和机关图书馆、部队图书馆的代表共 140 人参加会议。江苏省委宣传部副部长李维、江苏省高教局副局长李钟英、江苏省文化局副局长孙奇华、江苏省哲学社会科学界联合会副主席薛家骥、江苏省科协副秘书长徐健到会讲话。中国图书馆学会、湖北省图书馆学会和武汉大学图书馆学系的代表参加开幕式并宣读贺信，上海市图书馆学会向大会发来贺电。

会议听取省图书馆学会筹备小组组长汪长炳、筹备小组成员卢则文所作的“关于江苏省图书馆学会筹备工作情况的报告”“关于江苏省图书馆学会章程若干问题的说明”。省图书馆学会的筹备是在省委宣传部、省文化局、省社联、省科协的直接领导下进行的，得到各系统图书馆的支持。在筹备期间，起草学会章程，广泛地征求意见；协商产生理事名单；召开筹备会全体委员会议等。

大会通过了《江苏省图书馆学会章程》《1979 年四季度—1980 年工作计划要点》；协商产生第一届理事会成员；大会聘请江苏省宣传、文化、教育部门的负责人、著名科学家、图书馆界的老前辈、老专家 10 人为名誉理事。会议期间，召开第一届理事会，选举产生了 13 名常务理事。汪长炳当选为理事长，华彬清、袁任、杨希濂为副理事长，赵宛华为秘书长，吴观国、王可权、严仲仪为副秘书长。理事会下设学术委员会和编辑委员会。学术委员会 27 人，主任卢则文，副主任陆修栋(南京大学图书馆)、潘天祯(南京图书馆)、许培基(苏州图书馆)；编辑委员会 16 人，主任钱亚新，副主任洪流、吴

〔1〕《南京图书馆馆志》编写组. 南京图书馆馆志(1907—1995)[M]. 南京：南京出版社，1996:36.

〔2〕王学熙. 江苏省图书馆学会筹备始末[J]. 江苏图书馆学报，1999(4):62 - 64.

〔3〕王学熙(1940—)，1960 年毕业于扬州师范学院历史系，长期从事图书馆事业，历任中国图书馆学会编辑出版委员会委员、江苏省图书馆学会秘书长兼《江苏省图书馆学报》副主编，1989 年，获文化部授予的“先进工作者”称号。

〔4〕常务理事、理事长、副理事长、秘书长及工作机构负责人名单[J]. 图书馆学通讯，1979(2):19.

〔5〕编译委员会名单[J]. 图书馆学通讯，1979(2):21.

〔6〕本刊记者. 江苏省图书馆学会成立[J]. 江苏图书馆工作，1980(1):7.

观国、邱克勤。学会出版会刊《江苏图书馆工作》。

9月26日[1] 应北京图书馆的邀请，美国国会图书馆副馆长威廉·韦尔什率领的美国图书馆界代表团一行12人，抵达南京访问，访华团有多名中国血统的美籍人士，有芝加哥大学远东图书馆退休馆长、图书馆研究院教授钱存训、哈佛大学哈佛燕京图书馆馆长吴文津、研究图书馆协会中国研究资料中心俞秉权等。代表团在京期间，9月17日下午，国务院副总理、国家科委主任方毅在人民大会堂会见全体成员。9月26日代表团抵达南京[2]，江苏省革命委员会副主任戴为然会见代表团全体成员，江苏省文化局副局长孙奇华设宴招待美国客人。中国图书馆学会副理事长、江苏省图书馆学会理事长汪长炳等参加会见和宴请。在宁期间与南京图书馆、南京大学、南京工学院、南京医学院等图书馆工作者，就美国图书馆事业的发展，图书馆专业人员的培训，图书馆视听设备，电子计算机网络在图书馆的应用和图书馆的建筑的趋势等进行座谈。

10月[3] 为了加强纺织工业部所属纺织院校图书馆之间的合作，纺织工业部教育司在上海华东纺织工学院召开部属纺织院校图书馆座谈会。会议决定成立纺织工业部所属纺织院校图书馆协作组，并通过“协作组工作条例”。这是中国第一个按专业系统组织起来的图书馆协作组织。

10月[4] 江苏省图书馆学会为配合高等学校图书馆评定技术职称工作，召开在宁高校图书馆负责人会议，由南京大学图书馆华彬清介绍本馆评定职称的试点情况，会议还就贯彻教育部30号文件的有关问题进行讨论。

10月[5] 南京大学引进美国生物学文摘社的《生物学文摘》(BIOSIS: Biological Abstracts BA)磁带数据库，南京大学计算机系和图书馆合作开发SDI(定题检索服务)检索服务系统。

10月30日[6] 南京地区三大系统图书馆编目工作研讨会，在南京医学院图书馆召开，120余人参加会议，南京图书馆采编部负责人范家贤主讲，传达《中国图书馆图书分类法》修订精神和编委会工作计划，介绍《中图法》的主要问题和修订原则：① 关于肃清“四人帮”流毒；② 表态、增设与分类法的相对稳定性；③《中图法》的实用性问题；④ 关于科学分类与图书分类的联系与区分；⑤ 关于类目的科学性和归纳的逻辑水平；⑥ 关于适应新科学、边缘学科的问题；⑦ 对两种分类的描述语言的理解；⑧ 关于澄清概念，设置重叠，含混的问题；⑨ 分类法的标记制度与类目的关系；⑩ 关于中国“古籍”的分类问题等问题。对有不同意见的争议论点作了说明。南京图书馆谢小英就“依人列类”问题，南京市图书馆卢子博就重新编制新分类法的总体方案提出

---

[1] 鲍振西.美国图书馆界代表团应邀来我国参观访问[J].图书馆学通讯，1979(2):76-77.
[2] 本刊记者.美国图书馆代表团访宁[J].江苏图书馆工作，1980(1):113.
[3] 陈源蒸，张树华等.中国图书馆百年纪事.1840—2000[M].北京:北京图书馆出版社，2004:226.
[4] 陈乃林，马先阵等.江苏高等学校图书馆年鉴[M].南京:南京大学出版社，1990:288.
[5] 邵品洪，庄建南.BA文献库的建立与检索[J].情报科学，1981(6):23-32.
[6] 卢则文.江苏省图书馆学会举行学术讨论会[J].江苏图书馆工作，1980(5):97.

初步设想。

11 月 19 日[1] 图书馆学家、武汉大学图书馆学系教授吕绍虞病逝。

11 月 22—28 日[2] 美国史密桑研究院图书馆编目部副主任 B. S 索恩(Sonne),应邀访问南京地质古生物研究所图书馆。在南京期间,索恩为中国科学院在宁研究所及江苏省、南京市高校图书馆近百人做学术报告,介绍史密桑研究图书馆的组织机构,人员设备等情况。此外,专门介绍图书馆的具体任务,如书刊分类编目,特别是计算机编目技术等问题。11 月 27 日,访问南京大学图书馆。

11 月 28 日[3] 在国家标准总局的主持下,全国文献工作标准化技术委员会在江苏省无锡市召开成立大会,并召开第一次委员会扩大会议,主任委员张征秉[4]及副主任委员谭祥金主持会议。技术委员会委员及列席代表主要来自国家及地方各种类型的图书馆和档案馆,中央各部(委)及地方情报研究机构,以及文字改革和出版等有关单位。参加会议的还有国家标准总局、国家科委条件局、国家出版局及国家档案局等国家领导机关的代表。这次会议是中华人民共和国成立以来第 1 次有图书、情报、档案等各方面文献工作者参加的标准化工作会议。会议讨论通过全国文献工作标准化技术委员会试行工作简则,成立技术委员会秘书处(设在中国科技情报研究所)和 7 个分技术委员会与一个工作组:① 缩微工作分技术委员会;② 文字音译分技术委员会;③ 专业术语分技术委员会;④ 自动化分技术委员会;⑤ 词表、分类法和标引分技术委员会;⑥ 目录著录分技术委员会;⑦出版物格式分技术委员会;⑧ 设备用品工作组。全国文献工作标准化技术委员会是制订、复审与修订文献工作国家标准和专业标准的技术组织,也是宣传、推广文献工作国家标准和专业标准,以及组织有关科学研究及学术活动的学术机构。委员会直接受国家标准总局领导。

12 月 12 日—1980 年 1 月 22 日[5] 江苏省图书馆学会和南京中心图书馆委员会在华东水利学院图书馆联合举办了第 1 期图书馆工作人员培训班,为期 40 天,南京工学院图书馆副馆长卢则文任班主任、华东水利学院图书馆贾云霞[6]任副班主任,这期培训班以南京地区三大系统图书馆为主,适当照顾了其他地市,共 47 个单位 72 名学员。其中,高等院校图书馆 47 人,科研单位 11 人,中等专业学校 9 人,南京图书馆 3 人,其他 2 人。80%的学员是粉碎“四人帮”后参加图书

---

〔1〕 邹华享,施金炎. 中国近现代图书馆事业大事记 1872—1987[M]. 长沙:湖南人民出版社,1988:266.

〔2〕 张白影. 中国图书馆事业十年[M]. 长沙:湖南大学出版社,1989:591.

〔3〕 朱南. 我国成立全国文献工作标准化技术委员会[J]. 图书馆学通讯,1980(1):72.

〔4〕 张征秉. 时任中国科技情报研究所副所长。

〔5〕 王学熙. 第一期图书馆工作人员培训班小结[J]. 江苏图书馆工作,1980(2):45-47.

〔6〕 贾云霞,女(1927—),安徽阜阳人,河海大学图书馆副研究馆员。1951 年,毕业于北京大学东方语文系印度语专业,从事哲学教学与图书馆组织管理工作 30 余年,1976—1984 年主持图书馆工作。著有《缩微技术在学校图书馆开发应用问题的探讨》等。

	馆工作的人员。培训班开设“图书馆学纲要”“图书分类”“中文图书编目”“藏书建设”“期刊资抖”“读者工作”“文献检索”“图书馆现代化”8门课程。安排6次专题讲座，学员们均获得结业证书。
12月24—30日[1]	江苏省五届人大二次会议召开，会议选举产生江苏省人民代表大会常务委员会，选举惠浴宇为省长，宣布自1980年1月1日起，江苏省人民政府正式挂牌办公，工作机构逐步恢复和健全，开始有步骤地恢复各级人民政府，原“江苏省革命委员会”停止办公。
12月31日[2]	教育部发出《关于试行“一般高等学校校舍规划面积定额”的通知》。

年度事件数据：

事业发展[3]	全省普通高等学校数：36所； 本专科在校生人数：7.394 3万人； 研究生在校生人数：0.100 3万人。
单位变更	1月，镇江船舶工业学校更名“镇江船舶学院”，升格为本科。 3月，南京农学院与江苏农学院分设，恢复南京农学院，自扬州市迁回南京市中山门外卫岗原办学地，图书馆亦同时分设[4]。江苏农学院仍留在扬州办学。 江苏省粮食学校，更名为“南京粮食学校”。
领导变更	中国矿业学院图书馆丁日熙，当选为徐州科技情报学会第一届理事会理事[5]。

[1] 中共江苏省委宣传部. 江苏改革开放30年大事记[M]. 北京：中央文献出版社，2008：4.
[2] 陈源蒸，张树华等. 中国图书馆百年纪事. 1840—2000[M]. 北京：北京图书馆出版社，2004：227.
[3] 江苏省教育志编撰委员会. 江苏省教育大事记[M]. 南京：江苏教育出版社，1989：246.
[4] 包平. 南京农业大学图书馆发展史[M]. 北京：中国农业出版社，2013：38.
[5] 陈乃林，马先阵等. 江苏高等学校图书馆年鉴[M]. 南京：南京大学出版社，1990：289.

1980 年

1 月 1 日[1] 江苏省人民政府正式办公。

1 月 15 日[2] 江苏省图书馆学会在南京图书馆召开常务理事扩大会议，在宁的常务理事和学术委员会、编辑委员会正副主任参加了会议。会议由理事长汪长炳主持。讨论《1980 年工作计划要点》(讨论稿)，并原则通过计划，听取会刊副主编邱克勤关于在苏南、苏北片座谈会的情况汇报，以及学会工作人员关于 1979 年学会经费使用情况和发展第二批会员工作的汇报。

1 月 22 日[3] 江苏省图书馆学会和南京中心图书馆委员会联合举办的第一期图书馆工作人员培训班结业典礼，在南京医学院图书馆举行。学员所在单位负责人应邀参加。结业典礼由学会副秘书长、南京医学院图书馆馆长吴观国主持，培训班主任卢则文作总结。学员代表、南京空军气象学院图书馆张凤亭、南京图书馆龚亚萍、苏州医学院图书馆严剑群、南京燃气轮机研究所王海宁 4 位学员汇报学习体会。学会理事长、南京中心图书馆委员会副主任汪长炳讲话做总结发言。

2 月 25—29 日[4] 中共江苏省委召开全省教育工作会议，提出要通过改革中等教育结构，使中等教育既能为国民经济各部门培养大批有一定专业技能的劳动后备力量，也能为高等学校输送合格的新生。

2 月 26 日[5] 江苏省图书馆学会会刊《江苏图书馆工作》编委会在南京图书馆召开会议，研究编辑分工问题，确定实行责任编辑制。具体分工：倪波负责目录学、版本学、史料；黄文虎负责图书分类、编目，王可权负责基础理论和读者工作；吴观国负责科技情报、文献检索和期刊工作；丁宏宣负责基层图书馆(室)工作；洪流负责图书馆行政、组织和建筑；王学熙协助邱克勤负责会刊的总编工作；责任编辑负责审阅有关稿件。

3 月[6] 江苏省图书馆学会会刊《江苏图书馆工作》(季刊)在南京创刊。

3 月 5 日[7] 江苏省图书馆学会在南京大学图书馆，举办“关于科技情报工作的几个问题”的报告会，由江苏省科技情报研究所副所长袁任主讲，南京地区各系统

---

〔1〕《当代中国的江苏》编委会，江苏省档案局. 江苏省大事记：1949—1985[M]. 南京：江苏人民出版社，1988：393.

〔2〕本刊记者. 江苏省图书馆学会 1980 年第 1 季度大事记[J]. 江苏图书馆工作，1980(3)：84－85.

〔3〕本刊记者. 江苏省图书馆学会 1980 年第 1 季度大事记[J]. 江苏图书馆工作，1980(3)：84－85.

〔4〕中共江苏省委宣传部. 江苏改革开放 30 年大事记[M]. 北京：中央文献出版社，2008：6.

〔5〕本刊记者. 江苏省图书馆学会 1980 年第 1 季度大事记[J]. 江苏图书馆工作，1980(3)：84－85.

〔6〕《南京图书馆馆志》编写组. 南京图书馆馆志(1907—1995)[M]. 南京：南京出版社，1996：302.

〔7〕本刊记者. 江苏省图书馆学会 1980 年第 1 季度大事记[J]. 江苏图书馆工作，1980(3)：84－85.

图书馆和常州、镇江、扬州等市 80 余人参加了报告会。

3 月 11 日　江苏省图书馆学会召开扩大常务理事会议，研究 1980 年工作计划的落实等问题。出席会议的有常务理事和学术委员会、编辑委员会正副主任以及学会工作人员共 16 人。会议由理事长汪长炳主持。为抓好年会和科学讨论会的准备工作，会议决定由副秘书长吴观国负责年会和科学讨论会，并成立年会论文小组，学术委员会在宁委员为论文小组成员，卢则文为论文小组组长。会议研究了图书馆业务干部的培训问题，决定 5 月在南京举办第二期图书馆工作人员培训班，培训班工作由卢则文、严仲仪负责。为加强学术活动的组织和领导，会议决定由副秘书长王可权负责学术活动和对口训练班[1]。

3 月 18 日　江苏省图书馆学会 1980 年年会论文小组召开第 1 次会议。会议研究论文报送办法和论文小组分工。至 3 月 18 日，报来论文选题已达 127 篇。会议决定，论文将按其内容分：图书馆工作重点转移、藏书建设、分类编目、读者工作、书目参考和科技文献、基层图书馆工作、图书馆现代化及其他 7 个专题小组[2]。

3 月 25 日[3]　《计算机与图书馆》创刊出版，由中国科学院图书馆、中国科学院兰州图书馆编辑。1985 年改名为《现代图书情报技术》。

4 月[4]　北京大学图书馆学系恢复函授专修科。

4 月 12 日[5]　江苏省图书馆学会在南京医学院图书馆召开专业图书馆藏书建设第二次讨论会，有 38 个图书馆(室)100 余人参加。与会者认为，加强专业图书馆的藏书建设是当前图书馆业务建设的重大课题。① 各馆的购书经费要基本稳定，并有计划地按比例增长；② 应制定或修改补充采购条例；③ 采购人员必须有一定业务水平；④ 书店与图书馆要配合。

4 月 9—12 日[6]　中国图书馆学会和美国国际交流总署联合举办图书馆业务研讨会，分别在北京、上海两地举办，4 月 1 日—4 日在北京，4 月 9 日—12 日在上海。江苏省图书馆学会派南京图书馆邱克勤、南京大学图书馆邹志仁[7]、南京航空学院图书馆王可权 3 位同志赴沪参加研讨会。研讨会历时 4 天。罗杰斯和美国图书馆资源委员会主席哈斯博士分别介绍美国图书馆事业发展

〔1〕 本刊记者.江苏省图书馆学会 1980 年第 1 季度大事记[J].江苏图书馆工作，1980(3)：84 - 85.

〔2〕 本刊记者.江苏省图书馆学会 1980 年第 1 季度大事记[J].江苏图书馆工作，1980(3)：84 - 85.

〔3〕 邹华享，施金炎.中国近现代图书馆事业大事记 1872—1987[M].长沙：湖南人民出版社，1988：272.

〔4〕 张白影.中国图书馆事业十年[M].长沙：湖南大学出版社，1989：879.

〔5〕 本刊记者.江苏省图书馆学会 1980 年第 2 季度大事记[J].江苏图书馆工作，1980(3)：77.

〔6〕 本刊记者.记中美合办图书馆业务研讨会传达报告[J].江苏图书馆工作，1980(3)：70.

〔7〕 邹志仁(1937.12—　)，江苏省吴县人，南京大学信息管理系主任、博士生导师、教授。1961 年 7 月，毕业于南京大学物理系，1965 年 7 月，任南京大学团委副书记、1978 年，任南京大学情报室主任，1984 年 7 月，南京大学图书馆副馆长，1985 年 6 月，图书馆学系副主任(主持工作)，1989 年 3 月，南京大学文献情报学系主任。

概况，图书馆的科学管理，藏书建设，书目检索自动化及网络，图书馆建筑及设备等专题。美国国际交流总署远东和太平洋地区图书馆顾问候思诺，主讲图书馆员培养和提高问题。

4 月 21 日[1] 原江苏省革命委员会教育局，改组为江苏省人民政府教育厅。下设办公室、中等教育处、初等教育处、师范教育处、人事处、计划财务处、电化教育组，先后担任领导职务的有厅长江坚，代厅长罗明（先任副厅长），副厅长方非（女），副厅长、督学徐航，副厅长、顾问沙尧，顾问朱之闻，副厅长周尔辉、吴椿、谢全海、薛守固。党组书记先后为江坚、罗明，党组副书记先后为方非（女）、徐航、吴椿。

4 月 30 日[2] 图书馆学家、北京大学图书馆学系教授邓衍林逝世。

5 月[3] 连云港化学矿业专科学校图书馆创建，其前身是始建于 1958 年 9 月的化工部锦屏矿业学校图书室。1992 年 4 月，经国家教委批准，学校更名为“连云港化工高等专科学校”。2002 年 3 月，经教育部同意，并入淮海工学院并撤销其建制。

5 月 14 日—6 月 23 日[4] 江苏省图书馆学会在南京举办第 2 期图书馆工作人员培训班，委托南京工学院图书馆卢则文、南京大学图书馆严仲仪分别担任正副班主任，参训学员共 94 人，其中 55 人来自高校图书馆。6 月 23 日举行结业典礼，省图书馆学会副秘书长王可权讲话。6 位学员分别代表各自小组汇报学习收获。班主任卢则文向学员颁发结业证书。

5 月[5] 南京建筑工程学校更名为“南京建筑工程学院”，升格为本科院校。图书馆非独立馆舍，面积 1 800 平方米，阅览座位 350 个。2001 年，南京建筑工程学院建制撤销，并入南京工业大学，原校区为南京工业大学虹桥校区。

5 月[6] 苏州铁道师范学院建校，图书馆同时建立。图书馆 2 人，暂借教室服务。

5 月 20 日[7] 武汉大学图书馆学系 80 届图书馆学专业函授专修科正式开学，学制 3 年。

5 月 26 日[8] 中共中央书记处第 23 次会议，听取北京图书馆馆长刘季平的汇报，讨论通过国家文物事业管理局提交的《图书馆工作汇报提纲》，并就图书馆事业管理体制，新建北京图书馆等问题作了相应的决定：在文化部设立图书馆事业管理局，管理全国图书馆事业；按周总理已批准的方案，把北京图书馆建

---

〔1〕 江苏省地方志编纂委员会. 江苏省志第 77 卷教育志（下册）[M]. 南京：江苏古籍出版社，2000：1063.

〔2〕 邹华享，施金炎. 中国近现代图书馆事业大事记 1872—1987[M]. 长沙：湖南人民出版社，1988：274.

〔3〕 陈乃林，马先阵等. 江苏高等学校图书馆年鉴[M]. 南京：南京大学出版社，1990：48.

〔4〕 本刊记者. 江苏省图书馆学会 1980 年第 2 季度大事记[J]. 江苏图书馆工作，1980(3)：77.

〔5〕 陈乃林，马先阵等. 江苏高等学校图书馆年鉴[M]. 南京：南京大学出版社，1990：57.

〔6〕 陈乃林，马先阵等. 江苏高等学校图书馆年鉴[M]. 南京：南京大学出版社，1990：79.

〔7〕 邹华享，施金炎. 中国近现代图书馆事业大事记 1872—1987[M]. 长沙：湖南人民出版社，1988：275.

〔8〕 中国图书馆学会. 中国图书馆年鉴[C]. 北京：现代出版社，2005. 772.

设列入国家计划，由北京市负责筹建。中央书记处还认为，可以考虑把北京图书馆搞成一个中心，建设全国性的图书馆网，把图书馆办成一个社会事业。《图书馆工作汇报提纲》是中国国家文物事业管理局向中共中央书记处提交的有关中国图书馆事业的汇报文件。《提纲》共分基本情况、主要问题和今后工作三个部分。该提纲在同年6月1日由中央有关部门正式印发。

5月30—31日[1] 江苏省哲学社会科学联合会和江苏省图书馆学会，在南京市工人文化宫科技电影馆，举办“中美合办图书馆业务研讨会传达报告会”。报告会安排两个半天，由4月赴沪参加中美业务研讨会的王可权、邹志仁和邱克勤，分别传达美国图书馆的概况和科学管理，藏书建设，图书馆书目服务自动化和建设，图书馆干部培养和提高。两天听讲的人有1 000人次，听众均是来自江苏省各地市的高等院校图书馆、市区县图书馆、科研机关图书馆和部队图书馆工作者。

6月13日[2] 教育部在北京召开第二次外国教材中心图书室工作会议。

6月23日[3] 江苏省图书馆学会和南京中心图书馆委员会联合举办的“第二期图书馆工作人员培训班”举行结业典礼，江苏省图书馆学会副秘书长王可权出席典礼并讲话。6位学员代表汇报学习收获。班主任卢则文颁发证书。

6月23—28日[4] 广东省图书馆学会参观小组一行5人来南京参访，省学会理事长、南京中心图书馆委员会副主任汪长炳会见参观团，并介绍我省图书馆学会和南京中心图书馆委员会的工作。参观团在宁期间，参访南京图书馆、南京医学院图书馆、南京大学图书馆、南京邮电学院图书馆、南京工学院图书馆、华东水利学院图书馆、南京水利科学研究所、南京市图书馆、南京林产工业学院图书馆、南京艺术学院图书馆、中科院南京地质古生物研究所。6月28日，参访团与南京三大系统部分图书馆进行座谈。

6月26日[5] 南京地区中等专业(技工)学校图书馆协作委员会，在南京地质学校召开成立大会。26所中专(技工)学校图书馆同志100人参加大会。筹备小组组长、南京机器制造学校图书馆馆长陈庆森报告筹备经过和活动计划(草案)，江苏省高教局、江苏省科学技术协会、南京地质学校、江苏省图书馆学会、南京中心图书馆委员会的负责同志到会并讲话。大会通过协作委员会章程，协商产生委员会中心组。协会中心组由南京机器制造学校、南京铁路运输学校、南京林业学校、南京电力学校、南京地质学校、南京河运学校、海军军医学校7个图书馆组成[6]。

---

〔1〕 本刊记者. 记中美合办图书馆业务研讨会传达报告[J]. 江苏图书馆工作，1980(3)：70.

〔2〕 唐句. 全国九个外国教材中心图书室积极开展服务工作[J]. 图书情报工作，1980(06)：45－46.

〔3〕 本刊记者. 江苏省图书馆学会1980年第2季度大事记[J]. 江苏图书馆工作，1980(3)：77.

〔4〕 本刊记者. 江苏省图书馆学会1980年第2季度大事记[J]. 江苏图书馆工作，1980(3)：77.

〔5〕 本刊记者. 南京地区中等专业(技工)学校图书馆协作委员会成立[J]. 江苏图书馆工作，1980(3)：71.

〔6〕 陈庆森. 南京地区中专图书馆协作委员会活动介绍[J]. 江苏图书馆工作，1982(01)：89－90.

6 月 26 日至 7 月 10 日[1] 应美国联邦政府教育部和“美中关系全国委员会”邀请，中国大学图书馆代表团赴美参观访问。该团由清华大学、北京大学、南京大学、天津大学、山东大学的图书馆和教育部代表共 10 人，清华大学图书馆馆长史国衡[2]任团长。南京大学图书馆的薛士权参加访问团。本次出访的主要对象是大学图书馆，先后访问哥伦比亚大学、洛克菲勒大学、斯坦福大学，加州大学(伯克利分校)等学校图书馆等。还参观美国国会图书馆，纽约市公共图书馆，全国医学图书馆、农业图书馆。代表团顺访了全国技术情报服务中心，教育资源情报中心，洛克希德技术情报服务中心。在纽约期间，应邀参加“美国全国图书馆协会”年会，参加年会的开幕式和报告会以及展览会等。代表团回国后对我国大学图书馆的发展，向教育部提出 5 项建议：① 教育部成立专门机构直接组织领导全国大学图书馆；② 制定办好大学图书馆的标准、规章制度和业务要求；③ 大力发展图书馆学教育；④ 重视电子计算机在图书馆中的应用；⑤ 加强图书进出口公司、外文书店、教材中心、大学图书馆之间的联系和合作，使四者成为一条龙。

6 月 27 日[3] 著名图书馆学家、北京大学图书馆学系主任、中国图书馆学会名誉理事、编译委员会顾问、九三学社北京分社委员、北京大学学术委员会委员、北京大学图书馆系教授、《中国图书分类法》编辑委员会顾问刘国钧，在北京逝世，享年 81 岁。刘国钧教授治丧委员会由周培源任主任委员，7 月 4 日在八宝山革命公墓举行追悼会。

7 月 1 日[4] 南京市人民图书馆建馆，同年 10 月 1 日，正式对外开馆服务。

7 月 26 日[5] 江苏省图书馆学会理事会全体理事会在南京召开，理事长汪长炳主持会议。理事们听取了编辑委员会副主任邱克勤关于年会和科学讨论会筹备情况的汇报；讨论通过省学会工作报告和工作计划；通过常务理事会关于领导机构的调整和增补理事的提议，鉴于副理事长、原南京图书馆党支部书记杨希濂已调省文化局负责人事处工作，不再兼副理事之职，由南京图书馆副馆长赵宛华为副理事长，邱克勤为秘书长。增补邱克勤为常务理

---

〔1〕 中国大学图书馆代表团. 中华人民共和国大学图书馆代表团赴美国参观访问报告〔附专题报告〕[J]. 图书馆学通讯，1980(4)：16－24.

〔2〕 史国衡(1912—1995)，社会学家，湖北省随县人。1935 年入清华大学理学院，二年级选系时改人文法学院社会学系。抗战期间，清华大学南迁，随步行团抵昆明。沿途访问内地农村及少数民族地区。毕业后留校任国情普查研究所助教。1942 年转到云南大学社会学系研究室。1945 年，获哈佛燕京学社奖学金赴美。1948 年回国，执教清华大学，历任社会学系副教授、教授。1952 年社会学系停办，同年参加民主同盟。历任校人事室主任，总务长，校工会副主席，1956 年加入中国共产党。1961 年至 1984 年任清华大学图书馆馆长。1980 年，作为中国大学图书馆代表团团长，率团赴美国考察。曾任中国社会学会理事等职。(《中国社会科学家辞典(现代卷)》，兰州：甘肃人民出版社，1986. 10).

〔3〕 本刊讯. 著名图书馆学家刘国钧教授逝世[J]. 图书情报工作，1980(5)：38.

〔4〕 陈源蒸，张树华等. 中国图书馆百年纪事. 1840—2000[M]. 北京：北京图书馆出版社，2004：258.

〔5〕 本刊记者. 江苏省图书馆学会 1980 年第 3 季度大事记[J]. 江苏图书馆工作，1980(3)：64－65.

事,严仲仪为理事。

7月26日—8月1日[1] 江苏省图书馆学会1980年年会暨科学讨论会在南京举行。江苏省图书馆学会理事,部分论文作者和会员代表共180人出席会议,其中论文作者占代表总数的70%。浙江、安徽、山东、江西、四川等省图书馆学会应邀派员参加了会议,中国图书馆学会和上海市、福建省图书馆学会发来了贺电、贺信。与会代表和南京地区各系统图书馆工作者500余人参加了开幕式。大会由理事长汪长炳主持。江苏省委宣传部副部长钱静人,江苏省文化局副局长孙奇华,江苏省哲学社会科学联合会秘书长王淮冰到会讲话。孙奇华传达中央书记处对图书馆工作的指示和《图书馆工作汇报提纲》,给代表们极大地鼓舞和鞭策。副理事长华彬清作"江苏省图书馆学会工作报告",学会副秘书长王可权作"1980年下半年至1981年上半年学术活动计划"的报告。会后按系统分组进行讨论。

8月4日[2] 武汉大学图书馆学系教授、中国图书馆学会编译委员会顾问、江苏省图书馆学会名誉理事、江苏省图书馆学会苏州市分会顾问黄元福[3],在苏州逝世,享年71岁。8月16日,武汉大学图书馆学系、江苏省图书馆学会、江苏师范学院图书馆和苏州图书馆在江苏师范学院礼堂召开黄元福教授追悼会。

8月26日[4] 江苏省人民政府批准,南京市创办金陵职业大学,国家教委承认的全日制多科性高等学校,主要为南京地区培养各种高级应用型人才。采取学生自费、走读、不包分配、毕业后择优录用的办学方式。次年3月,金陵职业大学图书馆创建。

9月[5] 经国家教委(原教育部)批准,北京师范大学图书馆学系开始招收第1届本科生,设图书馆学专业。

9月[6] 东北师范大学(原吉林师范大学)图书馆学专修科,改为图书馆学系,单行兼任系主任。吉林师范大学前身,原为1950年成立的教育部直属东北师范大学,1958年划归吉林省,更名为吉林师范大学,1980年8月,恢复东北师范大学,教育部直属院校。

---

[1] 王学熙.图书馆学研究的一次盛会:省图书馆学会1980年年会暨科学讨论会纪实[J].江苏社联通讯,1980(8):11-12.

[2] 本刊记者.江苏省图书馆界沉痛哀悼黄元福教授[J].江苏图书馆工作,1980(3):83.

[3] 黄元福(1909—1980),中国图书馆学专家,一生从事于图书馆教育和图书馆工作,抗日战争时期,1941年任教于四川璧山社会教育学院图书博物馆学系,1945年抗日战争胜利,社会教育学院迁校苏州,担任图书博物馆学系的教学工作,直至1949年全国解放。1948年,任苏州东吴大学图书馆主任;1953年院系调整之后,出任江苏师范学院图书馆馆长。1958年,调任武汉大学图书馆学系教授。在武大期间,先后担任外文图书编目,中文参考工具书,资料管理等课程的教学和研究工作。先后担任武汉大学图书馆学系副主任、武汉大学图书馆馆长、武大学报编辑委员会委员等职。

[4] 《当代中国的江苏》编委会,江苏省档案局.江苏省大事记:1949—1985[M].南京:江苏人民出版社,1988:401.

[5] 陈源蒸,张树华等.中国图书馆百年纪事.1840—2000[M].北京:北京图书馆出版社,2004:260.

[6] 陈源蒸,张树华等.中国图书馆百年纪事.1840—2000[M].北京:北京图书馆出版社,2004:260.

9 月[1]　中山大学图书馆学系创办。

9 月[2]　兰州大学根据甘肃省扩大招生的决定，开办图书馆学专修科，学制两年，自费走读。

9 月 23—25 日[3]　“分类法规范化问题”座谈会在苏州市举行，共有 26 个单位 33 人参会，其中，省市图书馆、重点县馆 18 人，部分高校图书馆 15 人，《中图法》编委会委员、上海图书馆采编部主任韩静华应邀参会。座谈会由省学会常务理事、苏州市分会领导小组组长许培基主持，并作“从《中图法》修订看我国图书分类法编制工作中在理论及方法技术上有争论的几个主要问题”的发言，韩静华作“《中图法》修改中的主要原则问题”的发言，南京市人民图书馆副馆长卢子博作“对图书分类法的规范化的看法和设想”的发言，省学会代表王学熙同志宣读原南京图书馆采编部主任、《中图法》编委范家贤的遗作《图书分类法必须规范化》。

9 月 27 日[4]　江苏省图书馆学会在南京医学院图书馆举行传达报告会，由吴观国传达“全国文献目录著录标准学术讨论会”精神，王学熙传达在苏州召开的“分类法规范化座谈会”精神，南京地区各系统图书馆 150 余人到会。

10 月[5]　南京地区中等专业(技工)学校图书馆协作委员会中心组，组织协作委员会成员馆，分成北方、南方两个学习组，前往外地参观学习，北方组参观天津、北京、西安。南方组参观上海、杭州、广州、武汉等地，到访各类型图书馆，历时 20 天。

10 月 1 日[6]　南京市人民图书馆建成对外开放，位于南京市长江路 262 号，馆舍面积 7 300 平方米。

10 月 4 日[7]　南京图书馆前馆长、南京大学哲学系教授李仲融，在南京逝世，享年 77 岁。

10 月 4—10 日[8]　中国图书馆学会 1980 年年会在杭州召开。江苏省图书馆学会理事长汪长炳、秘书长邱克勤，以及论文作者吴观国(《谈检索刊物体系与编辑工作》)、洪流(《谈谈高等院校图书馆藏书建设》)、许培基(《评〈科图法〉社科部分修订版》)、黄文虎(《正确认识建国以来图书馆事业的发展一与黄宗忠同志商榷》)。图书馆界老前辈钱亚新的论文《略论缪荃孙对我国目录学上的成就和贡献》，被列为参会论文。

10 月 7—27 日[9]　应德意志联邦共和国科学交流中心的邀请，中国大学图书馆代表团出访联邦德国。代表团由彭斐章(武汉大学图书馆学系)、胡效贽(北京师范大学

---

[1] 陈源蒸，张树华等. 中国图书馆百年纪事. 1840—2000[M]. 北京：北京图书馆出版社，2004：260.
[2] 陈源蒸，张树华等. 中国图书馆百年纪事. 1840—2000[M]. 北京：北京图书馆出版社，2004：260.
[3] 本刊记者. 江苏省图书馆学会 1980 年第 3 季度大事记[J]. 江苏图书馆工作，1980(3)：64－65.
[4] 本刊记者. 江苏省图书馆学会 1980 年第 3 季度大事记[J]. 江苏图书馆工作，1980(3)：64－65.
[5] 陈庆森. 南京地区中专图书馆协作委员会活动介绍[J]. 江苏图书馆工作，1982(01)：89－90.
[6] 张白影. 中国图书馆事业十年[M]. 长沙：湖南大学出版社，1989：883.
[7] 江苏省文化厅南京图书馆. 江苏公共图书馆志[M]. 南京：江苏人民出版社，2011. 461.
[8] 本刊记者. 江苏省图书馆学会 1980 年第 4 季度大事记[J]. 江苏图书馆工作，1981(3)：98－99.
[9] 陈源蒸，张树华等. 中国图书馆百年纪事. 1840—2000[M]. 北京：北京图书馆出版社，2004：234.

图书馆)、郭松年(北京大学图书馆)、黄万新(吉林大学图书馆)、陈仁栋(厦门大学图书馆)、商志馥(华南工学院图书馆)和郭鸣琴(南京大学,翻译)7人组成。重点考察大学图书馆的体制、图书馆工作的组织与管理以及干部培养等情况。

10月10日[1] 江苏省图书馆学会和江苏省哲学社会科学界联合会联合举办中国大学图书馆代表团访美报告会,访美代表团成员、南京大学图书馆薛士权作报告。南京地区各系统图书馆工作者以及镇江、无锡、苏州、扬州、徐州、南通等地的代表500余人到会听讲。薛士权介绍美国大学图书馆的地位和作用,以及图书馆现代化、自动化发展情况。省学会学术委员会主任卢则文主持报告会。

11月[2] 文化部图书馆事业管理局成立,下设公共图书馆处、协作协调处、科学研究与教育处及办公室。丁志刚任局长,胡耀辉、曾祥集任副局长。

11月1日[3] 江苏省图书馆学会组织的高校图书馆首批赴外地学习小组出发,赴西安、成都、重庆、武汉等地学习参观。学习小组由南京大学、南京工学院、华东工程学院、南京邮电学院、南京航务工程专科学校、江苏教育学院、南京市教师进修学院、江苏师范学院、苏州丝绸工学院等图书馆馆长和业务骨干组成。由南京工学院图书馆副馆长洪流为组长,华东工程学院图书馆馆长熊正威为副组长。

11月25—26日[4] 江苏省图书馆学会在南京市人民图书馆召开了西文会议录专题座谈会,参加座谈会的有高校和科研所等图书馆33个单位,还有南京大学图书馆学专修科30名同学,共75人。会议由学术委员会主任卢则文、副主任陆修栋主持。南京图书馆采编部副主任刘光熹作《关于西文学术会议录编目问题的探讨》、南京航空学院图书馆胡镇波作《关于西文会议录的著录标目和目录组织问题》的中心发言。

12月1日[5] 江苏省图书馆学会和南京中心图书馆委员会联合举办的第三期图书馆工作人员培训班开学。参加这期培训班的有90个单位123人,其中高校图书馆31所57人,中专13所13人,公共图书馆7所17人,科研、工厂24所27人,机关7所7人。培训班为期40天。在12月1日上午的开学典礼上,江苏省图书馆学会副理事长华彬清、秘书长邱克勤、副秘书长兼第三期培训班班主任王可权,学术委员会主任卢则文,教师代表周文逊,学员代表杨红宇等讲了话。

12月10日[6] 江苏省图书馆学会在南京图书馆召开常务理事扩大会议,会议由副理事长赵宛华主持。秘书长邱克勤汇报省社联第三次学会秘书长会议精神,省社联决定编辑出版《江苏省哲学社会科学联合会一九八〇年社会科学论文

[1] 本刊记者.江苏省图书馆学会1980年第4季度大事记[J].江苏图书馆工作,1981(3):98-99.
[2] 邹华享,施金炎.中国近现代图书馆事业大事记1872—1987[M].长沙:湖南人民出版社,1988:286.
[3] 本刊记者.江苏省图书馆学会1980年第4季度大事记[J].江苏图书馆工作,1981(3):98-99.
[4] 本刊记者.江苏省图书馆学会1980年第4季度大事记[J].江苏图书馆工作,1981(3):98-99.
[5] 本刊记者.江苏省图书馆学会1980年第4季度大事记[J].江苏图书馆工作,1981(3):98-99.
[6] 本刊记者.江苏省图书馆学会1980年第4季度大事记[J].江苏图书馆工作,1981(3):98-99.

选》，由各学会在年会的基础上择优汇编，由省社联汇总、分册出版。研究1981 年学术活动计划、发展会员、编辑出版论文选等议题。会议决定：抓好学会工作计划的落实，有些学术活动推迟到明年上半年内进行；1981 年不举行年会，召开两次学术讨论会；自 1981 年起，学会会员每人交会费 1 元，各分会会员所会费收入交各地分会所有。

12 月 19 日〔1〕 江苏省图书馆学会苏州市分会举行报告会，由江苏师范学院图书馆馆长黄旭朗汇报江苏省高校图书馆学习组，赴西北、西南地区学习的情况。

12 月 24 日〔2〕 澳大利亚国立大学图书馆远东部主任陈炎生和陈焯然受邀参访南京大学期间，江苏省图书馆学会在南京市工人文化宫科技电影馆组织报告会，特邀陈炎生和陈焯然作学术报告。报告会由副理事长华彬清主持。陈炎生作“竞争，合作—中国图书馆工作的观念”，陈焯然介绍澳大利亚图书馆的组织和自动化情况。500 余人到会听讲。

12 月 25 日〔3〕 江苏省图书馆学会在南京市工人文化宫科技电影馆举行报告会，报告会由副秘书长吴观国主持，南京大学外文系教师郭鸣琴作中国大学图书馆代表团访问西德报告。报告后，由南京工学院图书馆副馆长洪流汇报高校图书馆学习组赴西北、西南参观学习情况，常州市图书馆副馆长潘健汇报市馆馆长学习组赴外地学习情况。全省各系统图书馆工作者 500 余人到会听讲。

年度事件数据：

事业发展〔4〕 全省普通高等学校数：46 所；
本专科在校生人数：8.405 8 万人；
研究生在校生人数：0.128 5 万人。

单位变更 8 月，江苏省政府批准南京市创办“金陵职业大学”。金陵职业大学是全国第一所地方举办的职业大学，三年制大专。自费、走读、不包分配。
10 月，无锡市人民政府建立无锡大学筹建委员会，当年招生 522 名。
12 月，南京化工学院无锡分院(迁至常州)、常州分院合并组建“江苏化工学院”。
苏州铁道师范学院建校〔5〕，图书馆同时建立。

领导变更 1 月，江苏农学院图书馆副馆长毛龙台，被选为江苏省图书馆学会扬州市分会理事会副理事长〔6〕。
3 月，叶鸿任镇江农业机械学院图书馆馆长，12 月离任，许安民继任馆长。
南通医学院图书馆馆长王勇，当选为江苏省图书馆学会南通分会副会长〔7〕。

---

〔1〕 陈乃林，马先阵等. 江苏高等学校图书馆年鉴[M]. 南京：南京大学出版社，1990：290.
〔2〕 顾克恭. 澳大利亚大学图书馆专家在宁作报告[J]. 江苏图书馆工作，1981(1)：91－92.
〔3〕 本刊记者. 江苏省图书馆学会 1980 年第 4 季度大事记[J]. 江苏图书馆工作，1981(3)：98－99.
〔4〕 江苏省教育志编撰委员会. 江苏省教育大事记[M]. 南京：江苏教育出版社，1989：261.
〔5〕 陈乃林，马先阵等. 江苏高等学校图书馆年鉴[M]. 南京：南京大学出版社，1990：79.
〔6〕 陈乃林，马先阵等. 江苏高等学校图书馆年鉴[M]. 南京：南京大学出版社，1990：289.
〔7〕 陈乃林，马先阵等. 江苏高等学校图书馆年鉴[M]. 南京：南京大学出版社，1990：290.

1981 年

1 月 10 日[1] 江苏省图书馆学会和南京中心图书馆委员会联合举办的第三期图书馆工作人员培训班结业。

1 月 13 日[2] 文化部部长办公室决定，北京图书馆今后在国际交往中使用“中国国家图书馆”馆名，其英文名为：“National Library of China”。

1 月 13 日[3] 江苏省人民政府批准南京师范学院夜大学设图书馆学专修科，学制 3 年。专修科由 5 校（南京大学、南京师范学院、南京医学院、南京工学院、南京农学院）图书馆和江苏省图书馆学会共同举办，并由 6 单位的负责人组成领导小组，南京医学院图书馆馆长吴观国为专修科主任，江苏省图书馆学会秘书长邱克勤、南京师范学院图书馆馆长赵国璋为副主任，南京大学图书馆严仲仪、南京工学院图书馆洪流、南京农学院图书馆王希贤为领导小组成员。第 1 届招收学员 138 名，3 月 8 日开学。

1 月 20 日[4] 江苏省图书馆学会召开在宁大专院校和科研单位图书馆负责人会议，宣传南京师范学院夜大学图书馆学专修科的办学宗旨和报考条件，并就如何办好专修科听取意见。

1 月 30 日[5] 国务院发布国发〔1981〕21 号文件，《批转文化部、国家档案局、国家人事局拟订的〈图书、档案、资料专业干部业务职称暂行规定〉》。《规定》规定图书、档案、资料专业干部的业务职称定为：研究馆员、副研究馆员、馆员、助理馆员、管理员 5 级。并对确定或晋升各级专业人员的任职资格和应具备的条件做出明确规定。

2 月 13 日 南京师范学院夜大学图书馆学专修科举行入学考试，考试课程为：外语、语文、基础知识。

2 月 21 日[6] 南京师范学院夜大学图书馆学专修科领导小组召开会议，确定录取分数线。经江苏省高教局审查后，录取新生 136 名。

2 月 21 日[7] 金陵职业大学增设的图书馆情报专业函授班开学，共招收学员 300 名，学制 3 年。

---

〔1〕 邹华享，施金炎. 中国近现代图书馆事业大事记 1872—1987[M]. 长沙：湖南人民出版社，1988：290.

〔2〕 陈源蒸，张树华等. 中国图书馆百年纪事. 1840—2000[M]. 北京：北京图书馆出版社，2004：237.

〔3〕 本刊记者. 江苏省图书馆学会 1981 年第 1 季度大事记[J]. 江苏图书馆工作，1981(3)：93－94.

〔4〕 本刊记者. 江苏省图书馆学会 1981 年第 1 季度大事记[J]. 江苏图书馆工作，1981(3)：93－94.

〔5〕 陈源蒸，张树华等. 中国图书馆百年纪事. 1840—2000[M]. 北京：北京图书馆出版社，2004：237.

〔6〕 本刊记者. 江苏省图书馆学会 1981 年第 1 季度大事记[J]. 江苏图书馆工作，1981(3)：93－94.

〔7〕 本刊记者. 金陵职大图书、情报专业函授班开学[J]. 江苏图书馆工作，1981(1)：95.

2 月 27 日[1] 由教育部高教一司召集组织的“全国高等学校图书馆工作会议筹备小组”正式建立，会议筹备工作正式启动。

3 月 8 日[2] 南京师范学院夜大学图书馆学专修科举行开学典礼，江苏省高教局、南京师范学院党委、江苏省哲学社会科学界联合会、江苏省图书馆学会、金陵职大图书情报专业函授班的负责人出席典礼并讲话。专修科主任吴观国就办学经过、教学计划等问题作说明。专修科学制 3 年，以招收在宁大专院校、省市图书馆和科研单位图书馆、资料室在职人员为主。专修科 1981 年招收新生 136 人，分甲、乙两班办学。

3 月 18 日[3] 在南京工学院召开南京地区高校图书馆建筑座谈会，南京 16 所高校图书馆和南京图书馆、南京市人民图书馆，共 50 余人参加了座谈。座谈会由江苏省图书馆学会常务理事、南京工学院图书馆副馆长洪流主持。南京工学院设计院副院长沈国尧介绍澳大利亚和东南亚高校图书馆建筑的概况。南京大学图书馆副馆长马先阵介绍南京大学图书馆扩建工程。

3 月 5 日—4 月 5 日[4] 全国高等学校图书馆工作会议筹备组会议在北京召开，文化部图书馆事业管理局、北京大学、清华大学、中国科学院图书馆等单位参加会议，了解情况，听取意见，草拟《中华人民共和国高等学校图书馆工作条例》及工作报告。

3 月 23—29 日[5] 南京大学图书馆副馆长华彬清、江苏省图书馆学会秘书长邱克勤，参加中国图书馆学会在四川省峨眉山召开的“图书馆科学管理讨论会”。

4 月 3 日[6] 教育部办公厅向有关院校图书馆学系（专业），发出《关于召开图书馆学教育座谈会的通知》。

4 月 6 日[7] 教育部办公厅向各省、市、自治区高教（教育）厅（局）发出〔81〕教高一厅字 002 号，《关于准备召开全国高等学校图书馆工作会议的通知》。同时发出“全国高等学校图书馆情况调查表”。

4 月 10 日 教育部《中华人民共和国高等学校图书馆工作条例》及全国高等学校图书馆工作会议工作报告两个文件（讨论稿）印发到各省、市、自治区高教（教育）厅（局），征求意见。

4 月 15—17 日[8] 江苏省图书馆学会高校图书馆采购工作专题讨论会，在华东水利学院召开，全省近 50 所高校图书馆近百名馆员参加会议。讨论会按高校性质分

〔1〕 全国高等学校图书馆工作委员会秘书处. 全国高等学校图书馆工作会议文集[M]. 北京：全国高等学校图书馆工作委员会秘书处，1981：324 - 332.

〔2〕 本刊记者. 南京师院夜大学图书馆学专修科开学[J]. 江苏图书馆工作，1981(1)：102.

〔3〕 本刊记者. 江苏省图书馆学会 1981 年第 1 季度大事记[J]. 江苏图书馆工作，1981(3)：93 - 94.

〔4〕 全国高校图工委秘书处. 全国高等学校图书馆工作纪事（1981 年）[J]. 大学图书馆通讯，1984(6)：80 - 82.

〔5〕 本刊记者. 江苏省图书馆学会 1981 年第 1 季度大事记[J]. 江苏图书馆工作，1981(3)：93 - 94.

〔6〕 邹华享，施金炎. 中国近现代图书馆事业大事记 1872—1987[M]. 长沙：湖南人民出版社，1988：293.

〔7〕 全国高等学校图书馆工作委员会秘书处. 全国高等学校图书馆工作会议文集[M]. 北京：全国高等学校图书馆工作委员会秘书处，1981：324 - 332.

〔8〕 周文逊，吴观国. 江苏省高校图书馆采购工作分析研讨[J]. 江苏图书馆工作，1981(4).

成4个组，就采购工作中的问题，如何搞好采购工作，提高藏书质量等问题展开讨论。各组推选代表在大会作汇报，江苏师范学院图书馆介绍了该馆藏书剔旧试行办法和具体做法。江苏省图书馆学会副秘书长、南京医学院图书馆馆长吴观国作会议总结。

4月22—26日[1]　《中国古籍善本总目》主编工作会议，在南京召开。

4月29日[2]　江苏省人民政府批准，在南京市、无锡市、徐州市、苏州市、常州市和徐州地区、扬州地区、苏州地区恢复和建立教师进修学院。

4月中旬—5月中旬[3]　全国高等学校图书馆工作会议工作报告筹备组分别到全国部分省、市、自治区了解情况，就《中华人民共和国高等学校图书馆工作条例》及工作报告的修改，听取意见。在江苏省参加座谈会的单位有南京大学、南京医学院、南京农学院、南京工学院、南京航空学院、南京师范学院。

5月[4]　经国务院批准，南京化工学院无锡分院，更名为“江苏化工学院”。以南京化工学院无锡分院图书馆为基础，江苏化工学院图书馆正式创建。1992年，更名为“江苏石油化工学院”，2002年更名为“江苏工业学院”，2010年，经教育部批准更名为常州大学。

5月[5]　中国图书馆学会恢复在国际图联(IFLA)中的合法席位。成为国际图联中的国家协会会员；同时还有上海图书馆、中国科学院图书馆、清华大学图书馆、复旦大学图书馆、北京大学图书馆学系和武汉大学图书馆学系等7个单位作为机构会员参加国际图联。我国被指定为联合国教科文组织出版物贮存单位(托存图书馆)已有17个：北京图书馆、上海图书馆、南京图书馆、广东省中山图书馆、天津市人民图书馆、甘肃省图书馆、山西省图书馆、陕西省图书馆、辽宁省图书馆、云南省图书馆、湖南省图书馆、北京大学图书馆、吉林大学图书馆、复旦大学图书馆、武汉大学图书馆、四川大学图书馆、中国科学技术情报研究所(限科技部分)。

6月2日[6]　江苏省图书馆学会在南京医学院召开常务理事扩大会议，理事长汪长炳主持会议。鉴于原江苏省图书馆学会副理事长、南京图书馆副馆长赵宛华逝世，原江苏省图书馆学会常务理事、南京师范学院图书馆馆长包钧离休，会议一致通过，增补南京图书馆副馆长孟君孝，南京师范学院图书馆馆长赵国璋为常务理事，孟君孝为副理事长。会议讨论研究了5至9月份的学术活动计划。

---

〔1〕 张白影. 中国图书馆事业十年[M]. 长沙：湖南大学出版社，1989：888.

〔2〕《当代中国的江苏》编委会，江苏省档案局. 江苏省大事记：1949—1985[M]. 南京：江苏人民出版社，1988：416.

〔3〕 全国高等学校图书馆工作委员会秘书处. 全国高等学校图书馆工作会议文集[M]. 北京：全国高等学校图书馆工作委员会秘书处，1981. 324-332.

〔4〕 陈乃林，马先阵等. 江苏高等学校图书馆年鉴[M]. 南京：南京大学出版社，1990：47.

〔5〕 张白影. 中国图书馆事业十年[M]. 长沙：湖南大学出版社，1989：889.

〔6〕 江苏省图书馆学会. 江苏省图书馆学会召开常务理事扩大会议[J]. 江苏社联通讯，1981(5)：20.

6 月 13 日[1] 教育部向各省、市、自治区高教(教育)厅(局),正式发出〔81〕教高一字 031 号,《关于召开全国高等学校图书馆工作会议的通知》。

6 月 18—19 日[2] 江苏省图书馆学会邀请美国威斯康星大学欧城分校图书馆总馆代理馆长程小英女士来宁作学术报告,18 日上午,在南京市工人文化宫科技电影馆,作“美国大学图书馆的管理方法”的学术报告,由华彬清主持报告会;19 日上午,在南京市人民图书馆作“电脑在美国大学图书馆的应用”学术报告,由王可权负责接待并主持会议,共有 600 余人到会。

6 月 18—20 日[3] 江苏省图书馆学会在南京医学院图书馆召开高校图书馆馆长座谈会,全省 47 所高校图书馆的负责人参加会议,江苏省图书馆学会秘书长邱克勤传达全国图书馆科学管理学术研讨会的情况,南京大学、南京航空学院、南京邮电学院、华东工程学院、华东水利学院等单位在会上介绍评定业务职称的做法和经验。

6 月 27—29 日[4] 中共十一届六中全会在北京召开,全会通过了《关于建国以来党的若干历史问题的决议》。

7 月 南京大学图书馆专修科首届毕业生毕业,共 30 人,其中 11 人留在南京大学图书馆工作。

7 月[5] 南京大学图书馆新馆正式交付使用,新馆总面积 15 746 平方米,由江苏省建筑设计院设计。设置阅览室 35 个,2 000 个阅览座位。新馆位于老馆(原金陵大学图书馆)西南侧,呈 L 型,原老馆书库拆除,在原址重建书库并与老馆的建筑相连。

7 月 4 日[6] 教育部高教一司向各省、市、自治区高教(教育)厅(局),正式发出〔81〕教高一字 065 号,正式通知全国高等学校图书馆工作会议的开会时间和地点。

7 月 15—20 日[7] 全国图书馆学会和江苏图书馆学会,在连云港联合召开图书馆情报服务工作学术讨论会。来自全国 28 个省、市、自治区的 72 名正式代表和 25 名列席代表参加了会议,共收到打印好的论文 74 篇。江苏省图书馆学会副理事长华彬清致开幕词。会议期间,中国图书馆学会副理事长、国家图书馆事业管理局局长丁志刚作“也谈图书馆的科学情报服务工作”和关于中国图书馆学会访美报告的发言。会议期间,书目文献出版社、《北图通讯》《江苏图书馆工作》编辑部邀请部分代表座谈听取意见。

---

〔1〕 全国高等学校图书馆工作委员会秘书处.全国高等学校图书馆工作会议文集[M].北京:全国高等学校图书馆工作委员会秘书处,1981:324-332.

〔2〕 张白影.中国图书馆事业十年[M].长沙:湖南大学出版社,1989:592.

〔3〕 陈乃林,马先阵等.江苏高等学校图书馆年鉴[M].南京:南京大学出版社,1990:291.

〔4〕 中共江苏省委宣传部.江苏改革开放 30 年大事记[M].北京:中央文献出版社,2008:10.

〔5〕 兰大新.南京大学图书馆在前进[J].江苏图书馆工作,1980(1):100-102.

〔6〕 全国高等学校图书馆工作委员会秘书处.全国高等学校图书馆工作会议文集[M].北京:全国高等学校图书馆工作委员会秘书处,1981:324-332.

〔7〕 本刊记者.江苏省图书馆学会 1981 年第 3—4 季度大事记[J].江苏图书馆工作,1982(3):111-112.

8月22日[1] 以中国图书馆学会副理事长、中国国家图书馆副馆长丁志刚为团长，中国图书馆学会常务理事、四川省图书馆学会理事长彭长登为副团长，中国图书馆学会常务理事、副秘书长兼国际联络组组长杜克为秘书的代表团一行6人，赴德意志民主共和国的莱比锡，参加8月17日至22日召开的国际图书馆协会联合会(IFLA)第47次大会。这是1949年中华人民共和国成立以来，我国第1次派出代表团正式参加国际图联的活动。中国图书馆学会是国际图联的"协会会员"，中国国家图书馆(北京图书馆)、中国科学院图书馆、上海图书馆、清华大学图书馆、复旦大学图书馆、北京大学图书馆学系、武汉大学图书馆学系为"机构会员"。国际图联第47次大会的议题是："图书馆事业的全国机构和专业组织。"

8月22日[2] 教育部办公厅向各省、市、自治区高教(教育)厅(局)发出〔81〕教高一厅字006号，《关于召开全国高校图书馆工作会议时间的通知》。

9月[3] 南京大学引进的美国生物学文摘社的《生物学文摘》(BIOSIS：Biological Abstracts BA)磁带数据库，开发的"SDI(定题检索服务)检索服务系统"，由南京大学图书馆提供对外服务。

9月1日[4] 教育部党组高教小组会议，听取全国高校图书馆工作会议筹备情况的汇报，经过讨论基本同意起草的《中华人民共和国高等学校图书馆工作条例》和工作报告两个文件，以及会议议程和日程安排，并提出修改补充意见，会议决定成立"全国高等学校图书馆工作委员会"作为教育部主管高校图书馆工作的机构。

9月16—25日[5] 教育部在北京西苑饭店召开全国高等学校图书馆工作会议。会议讨论修订了《中华人民共和国高等学校图书馆工作条例》(讨论稿)。9月23日，正式成立"全国高等学校图书馆工作委员会"(以下简称：全国高校图工委)，作为教育部主管全国高校图书馆工作的机构。教育部副部长周林[6]

〔1〕 邹华享，施金炎. 中国近现代图书馆事业大事记1872—1987[M]. 长沙：湖南人民出版社，1988：300.

〔2〕 全国高校图工委秘书处. 全国高等学校图书馆工作纪事(1981年)[J]. 大学图书馆通讯，1984(6)：80-82.

〔3〕 邵品洪，庄建南. BA文献库的建立与检索[J]. 情报科学，1981(6)：23-32.

〔4〕 全国高校图工委秘书处. 全国高等学校图书馆工作纪事(1981年)[J]. 大学图书馆通讯，1984(6)：80-82.

〔5〕 本刊编辑部. 全国高等学校图书馆工作会议在北京召开[J]. 图书情报工作，1981(6)：44.

〔6〕 周林(1912—1997)，贵州省仁怀县人。原教育部党组副书记、副部长、顾问，北京大学原党委书记，南京大学原党委书记兼校长，中共中央西南局书记处原书记，原中共贵州省委第一书记兼省长，第一届、第二届、第三届、第五届、第七届全国人民代表大会代表，中国共产党第十二届、第十三届中央顾问委员会委员，1981年，出任全国高等学校图书馆工作委员会第一任主任。

兼任主任委员，黄天祥、王岳、黄仕琦、庄守经[1]任副主任委员。会议期间，委员会举行了首次会议。各省、市、自治区教育(高教)厅(局)、国务院有关部委教育司(局)及 130 多所高校图书馆的代表出席会议。教育部部长蒋南翔、副部长张承先、黄辛白，文化部顾问刘季平出席会议。周林主持会议并作报告和总结，文化部图书馆事业管理局局长丁志刚向大会致辞。会议正式代表 167 人，列席代表 40 人，江苏省参加这次会议的代表有 9 人(其中 2 名代表部委)[2]：夏振明(江苏省高教局教研室副主任)、华彬清(南京大学图书馆副馆长)、洪流(南京工学院图书馆副馆长)、王可权(南京航空学院图书馆负责人)、吴观国(南京医学院图书馆馆长)、贾云霞(华东水利学院图书馆馆长)、江村(江苏师范学院图书馆副馆长)等 7 人。此外，南京农学院教授王希贤、苏州医学院图书馆副馆长徐祖骝分别代表农业部和第二机械工业部参加会议。华彬清代表南京大学图书馆在会议上发言，题目是："关于高校图书馆计算机应用的几个问题"，南京医学院图书馆、南京农学院图书馆、南京航空学院图书馆分别作书面经验交流。这次会议成立的全国高等学校图书馆工作委员会，隶属教育部领导，管理全国高校图书馆工作。周林副部长兼委员会主任委员，聘请北京大学等 50 个馆、系的代表为委员。南京大学图书馆、南京医学院图书馆和南京农学院图书馆三个馆，被聘为首届委员馆。正副主任委员和秘书长由教育部批准任命。委员会秘书处办公地点设在北京大学图书馆，北京大学图书馆馆长庄守经出任主管日常工作的副主任和首任秘书长。

9 月 17 日[3]　中共中央以中发〔1981〕37 号文件，发出《关于整理我国古籍的指示》。中央决定成立由李一氓负责，由中华书局、文化部、社会科学院、国家出版局等单位的负责人参加的古籍整理出版规划小组，直属国务院。

9 月 22 日[4]　晚，全国高等学校图书馆工作会议期间，《高校图书馆工作》编辑部邀请曾于 1956 年参加第一次全国高等学校图书馆工作会议的 24 位老同志座谈。时隔四分之一世纪，又同在北京西苑饭店，老同志欢聚一堂，回顾 25 年的坎坷历程。江苏省的三位代表参加了座谈会，他们是吴观国、洪流、王可

---

〔1〕 庄守经(1931—)，北京市人，1948 年考入燕京大学化工系、未毕业便担任燕大团委副书记，1952 年任北大总务长助理、总务处党总支书记、机关党总支书记、党委宣传部副部长。1979 年任北京大学图书馆副馆长兼党总支书记。1981 年至 1982 年任北京大学图书馆学系主任，1981 年至 1984 年任高校图工委主任兼秘书长，1983 年至 1993 年任北京大学图书馆馆长兼党总支书记。1993 年离休，历任副研究员、研究员。他是中国图书馆学会第一、二、三、四届副理事长。庄守经主持起草《中华人民共和国高等学校图书馆工作条例》(1987 年修订更名为《普通高等学校图书馆规程》，编辑创办《大学图书馆动态》(即《大学图书馆学报》)，编辑出版《藏书建设译文集》《用户培训文集》《中国高校图书馆简介》等 10 多种图书，主编《中文核心期刊要目总览》(1992)，于 1995 年获美国华人图书馆员协会"杰出服务奖"。

〔2〕 全国高等学校图书馆工作委员会秘书处. 全国高等学校图书馆工作会议文集[M]北京：全国高等学校图书馆工作委员会秘书处，1981：334.

〔3〕 张白影. 中国图书馆事业十年[M]. 长沙：湖南大学出版社，1989：891.

〔4〕 荀昌荣. 老而志弥坚—全国高校图书馆工作会议期间老同志座谈会纪实[J]. 高校图书馆工作，1981(2)：12 - 14.

权。大会秘书处负责人庄守经、《图书馆学通讯》副主编袁詠秋等应邀参加座谈会。

同时参加过 1956 年和 1981 年全国高校图书工作会议的代表：于声（中国人民大学图书馆副馆长）、李树权（吉林大学图书馆馆长）、马国庆（西北农业大学图书馆主任）、吴观国（南京医学院图书馆馆长）、王可权（南京航空学院图书馆负责人）、单行（东北师范大学图书馆学系主任）、王戊辰（北京邮电学院图书馆主任）、陈放（北京钢铁学院图书馆副馆长）、王道之（上海第一医学院图书馆副馆长）、陈鸿舜（北京大学图书馆学系副教授）、刘德恒（东北工学院图书馆馆长）、洪流（南京工学院图书馆副馆长）、孙云畴[1]（郑州大学图书馆馆长）、柴作梓（山西大学图书馆副馆长）、朱允尧（兰州医学院图书馆馆长）、唐月宣（遵义医学院图书馆馆长）、宋世华（哈尔滨医科大学图书馆）、袁正祥（新疆八一农学院图书馆副馆长）、谷景铭（西安交通大学图书馆副馆长）、卿迪夫（四川师范学院图书馆组长）、李万玉（山东医学院图书馆主任）、郭松年（北京大学图书馆副馆长）、程德清（中国人民大学图书馆馆长）、彭明江（武汉医学院图书馆馆长）。

9 月 23 日[2]　上午，全国高校图书馆工作委员会正式成立，委员会举行第一次会议，会议由高教一司司长黄天祥主持，周林、丁志刚到会讲话，王岳宣读委员馆（系）的名单，并介绍委员会近期工作计划，13 位委员发言，对今后工作发表意见。

9 月 24 日[3]　全国高等学校图书馆工作会议期间，会议组织代表前往（海淀区车道沟 10 号）五机部计算站，参观由南京大学图书馆开发的《生物学文摘》(BA)数据库定题检索服务(SDI)系统，该系统用 COBOL 语言开发，在五机部计算站的西门子 7760 型计算机上运行，为全国的高校与科研机构提供服务，系统研发者薛士权为代表们演示检索服务过程。

9 月 17—28 日[4]　中央电视台、《文汇报》、中央人民广播电台和《光明日报》先后报道了全国高等学校图书馆工作会议的开幕、闭幕消息。

9 月 29 日[5]　《光明日报》就全国高等学校图书馆工作会议的开幕，发表题为《加强高等学校图书馆的建设》的评论员文章。

---

〔1〕 孙云畴(1921—2014)，江苏高邮人，华东师范大学教授。1939 年毕业于西南联合大学政治系。曾任金陵大学图书馆中文编目组组长、图书馆学专修科教员。1949 年获美国哥伦比亚大学图书馆学硕士学位。1950 年回国。历任北京大学讲师，哈尔滨工业大学图书馆主任，郑州大学图书馆馆长，华东师范大学副教授、教授、图书馆学系副主任，河南省图书馆学会第一届副会长兼学术委员会主任。中国民主同盟盟员。长期致力于西文图书编目、高等学校图书馆管理和图书馆学教育的研究。

〔2〕 全国高等学校图书馆工作委员会秘书处. 全国高等学校图书馆工作会议文集[M]. 北京：全国高等学校图书馆工作委员会秘书处，1981：324 - 332.

〔3〕 全国高等学校图书馆工作委员会秘书处. 全国高等学校图书馆工作会议文集[M]. 北京：全国高等学校图书馆工作委员会秘书处，1981：331.

〔4〕 全国高等学校图书馆工作委员会秘书处. 全国高等学校图书馆工作会议文集[M]. 北京：全国高等学校图书馆工作委员会秘书处，1981：332.

〔5〕 张白影. 中国图书馆事业十年[M]. 长沙：湖南大学出版社，1989：892.

10 月 7 日〔1〕 江苏省图书馆学会邀请美国斯坦福大学东方图书馆副馆长、美籍华人谭焕庭，在南京市工人文化宫，作关于美国大学图书馆科学管理和参考咨询工作的学术报告，副理事长华彬清主持会议，听讲者 500 余人。

10 月 15 日〔2〕 江苏省图书馆学会组织传达报告会，到会人员除在宁三大系统图书馆工作者外，部分市县公共图书馆及高校图书馆代表共 500 人到会。中国图书馆学会学术委员许培基，介绍 7 月由中国图书馆学会和江苏省图书馆学会在连云港联合举办的“图书馆科学情报服务工作学术讨论会”概况。传达中国图书馆学会副理事长、图书馆事业管理局局长丁志刚所作“也谈图书馆的科学情报服务工作”的发言。学会副理事长华彬清介绍 1981 年 9 月中旬，教育部在北京召开的高等学校图书馆工作会议情况。传达了会议对《中华人民共和国高等学校图书馆工作条例》的讨论精神，以及教育部副部长周林作的《提高认识，加强领导，努力办好高等学校图书馆》的讲话精神。

10 月 15 日〔3〕 教育部办公厅向各省、市、自治区高教（教育）厅（局），各高等学校发出〔81〕高教一字 057 号，《关于颁发〈中华人民共和国高等学校图书馆工作条例〉的通知》。《条例》共设 5 章 30 条。第 1 章性质和任务，第 2 章业务工作，第 3 章领导体制和组织机构，第 4 章工作人员，第 5 章经费、馆舍、设备。并对各事项均作明确的规定。

10 月 19 日〔4〕 教育部办公厅向各省、市、自治区高教（教育）厅（局），各高等学校发出〔81〕教高一厅字 007 号《关于印发全国高等学校图书馆工作会议两个文件的通知》，附件的两个文件是周林在全国高等学校图书馆工作会议上做的《提高认识，加强领导，努力办好高等学校图书馆》的工作报告和总结讲话。

10 月 30 日—11 月 14 日〔5〕 由联合国开发计划署资助，世界卫生组织及中国医学科学院情报所主持，在南京医学院图书馆举办第 1 期医学图书馆管理训练班，由纽约大学医学图书馆馆长黄仲凯主讲。学员 37 名，来自全国各地医学院校图书馆和医学情报机构。

11 月 3 日〔6〕 国务院批准江苏省首批有权授予硕士学位的高校，共 25 所，220 个学科、专业。

11 月 17—23 日〔7〕 中国图书馆学会理事扩大会议，在长春召开，江苏省出席会议的有华彬清、吴观国。

---

〔1〕 陈乃林，马先阵等. 江苏高等学校图书馆年鉴[M]. 南京：南京大学出版社，1990：291.

〔2〕 本刊记者. 江苏省图书馆学会 1981 年第 3—4 季度大事记[J]. 江苏图书馆工作，1982(3)：111－112.

〔3〕 全国高校图工委秘书处. 全国高等学校图书馆工作纪事（1981 年）[J]. 大学图书馆通讯，1984(6)：80－82.

〔4〕 全国高校图工委秘书处. 全国高等学校图书馆工作纪事（1981 年）[J]. 大学图书馆通讯，1984(6)：80－82.

〔5〕 陈乃林，马先阵等. 江苏高等学校图书馆年鉴[M]. 南京：南京大学出版社，1990：291.

〔6〕 中共江苏省委宣传部. 江苏改革开放 30 年大事记[M]. 北京：中央文献出版社，2008：11.

〔7〕 陈乃林，马先阵等. 江苏高等学校图书馆年鉴[M]. 南京：南京大学出版社，1990：292.

11月23日—12月30日[1] 江苏省图书馆学会和南京中心图书馆委员会，联合举办的第四期图书馆工作人员培训班，在南京粮食经济学院开学，江苏省图书馆学会学术委员会主任卢则文任班主任，学习时间为40天。学员来自全省大专院校、公共图书馆、中专、科研所等60个单位71人。开设了10门基础课程和4次专题讲座。

11月26日[2] 教育部发布〔81〕教高一字005号文件《关于成立高等学校图书馆工作委员会的通知》。《通知》规定：全国高等学校图书馆工作委员会是作为教育部主管全国高等学校图书馆工作的机构。它的任务是：① 调查研究高等学校图书馆的状况，提出改进措施，研究制定发展规划；② 拟定高等学校图书馆的有关条例和标准；③ 培训干部和组织经验交流；④ 组织馆际协作；⑤ 编辑出版反映高等学校图书馆工作的刊物；⑥ 调查研究国外高等学校图书馆经验，组织对外交流活动；⑦ 进行图书馆学专业教育方向的研究。全国高等学校图书馆工作委员会聘请47所高等学校图书馆和三所图书馆学系为委员单位。江苏省的南京大学图书馆、南京医学院图书馆、南京农学院图书馆三个单位当选委员馆。

12月[3] 江苏省高等学校图书馆工作委员会筹委会在《江苏图书馆工作》发布《关于全省高等学校图书馆专业干部补充和培训问题的初步打算》，文件中建议以① 馆长研讨班；② 中年以上专业人员培训；③ 短训班；④ 夜大学和函授班；⑤ 英语提高班；⑥ 短期见习等6种方式开展干部培训工作。

12月4—8日[4] 全国高校图书馆工作委员会秘书处在北京，召开高校图书馆计算机应用座谈会，北京、上海、江苏、湖北、湖南、陕西、辽宁等省市的部分高校图书馆代表参加会议，介绍当前高校图书馆计算机应用的状况，制定今后的工作方针：提高认识、加强领导、统筹规划、分工协作、区别对待、分类指导、扎扎实实、稳步前进。

12月10—12日[5] 全国高校图书馆工作委员会秘书处召开河南、湖北、湖南、广东、四川、陕西、甘肃、辽宁、黑龙江、天津、河北、上海、江苏、山东、浙江、安徽等16个省市18所院校图书馆工作汇报会。

12月15日[6] 《大学图书馆动态》创刊，由全国高等学校图书馆工作委员会主办，编辑部

---

〔1〕 本刊记者. 江苏省图书馆学会1981年第3—4季度大事记[J]. 江苏图书馆工作，1982(3)：111-112.

〔2〕 张白影. 中国图书馆事业十年[M]. 长沙：湖南大学出版社，1989：893.

〔3〕 江苏省高等学校图书馆工作委员会筹委会关于全省高等学校图书馆专业干部补充和培训问题的初步打算[J]. 江苏图书馆工作，1982(1)：18-19.

〔4〕 全国高等学校图书情报工作委员会秘书处. 全国高等学校图书馆工作会议文集[M]. 大连：大连工学院出版社，1987：70.

〔5〕 邹华享，施金炎. 中国近现代图书馆事业大事记1872—1987[M]. 长沙：湖南人民出版社，1988：308.

〔6〕 教育部高等学校图书情报工作指导委员会.《大学图书馆学报》概况[EB/OL]. [2018-10-11]. http://www.scal.edu.cn/dxtsgxb/lsgk/201107041450.

设在北京大学图书馆，与全国高校图工委秘书处合署办公。1983 年，更名为《大学图书馆通讯》。

12 月 15—19 日[1] 江苏省高等教育局召开全省高校图书馆工作会议。全省 52 所高校图书馆的负责人出席会议，在宁部队院校和部分中等专业学校图书馆负责人列席会议。会议传达全国高等学校图书馆工作会议精神；交流工作经验；研究贯彻落实全国会议精神的措施，推动全省高校图书馆更好地为教学科研工作服务，为四化建设事业服务。同时传达教育部在 12 月份召开的全国高校图书馆工作委员会部分委员会议的情况。

江苏省高教局党组书记、局长顾尔钥，党组成员、副局长胡才基、张影参加会议，顾尔钥和张影分别在开幕式和闭幕式上讲话。顾尔钥在讲话中阐述了高校图书馆的性质、地位和作用，提出建设又红又专的图书馆专业队伍的重要性和迫切性，强调必须加强基础工作，改进服务态度，提高服务质量。提出了开展地区性的馆际协作，实行资源共享的方向和要求。张影要求各校要努力提高高校图书馆的地位，充分发挥它应有的作用，进一步重视和加强图书馆工作；要求图书馆负责人应积极动员和带领全馆人员，通过卓有成效的工作来体现高校图书馆在教学和科研方面的地位和作用，提出加强高校图书馆专业队伍建设的措施和步骤，强调加强图书馆的基础工作和提高服务质量，千方百计地为教学和科研服务，为读者服务，对于如何贯彻全国和全省会议精神，也提出了意见和要求。南京师范学院党委书记杨巩，江苏省图书馆学会秘书长邱克勤出席开幕式并致辞。南京大学、华东水利学院、南京医学院、江苏师范学院、华东工程学院图书馆负责人，分别作了工作情况、经验汇报，以及贯彻落实全国和全省高校图书馆工作会议精神的打算等方面的介绍。

会议上成立江苏省高等学校图书馆工作委员会筹备委员会。筹委会由 9 人组成，张影任主任委员，南大图书馆副馆长华彬清、南医图书馆馆长吴观国任副主任委员，兼任秘书长。南京工学院、南京航空学院、华东水利学院、南京农学院、南京师范学院图书馆负责人和省高教局有关负责人为委员。筹委会办事机构暂设于南京医学图书馆。会议研究拟筹委会的《关于全省高校图书馆专业干部补充和培训问题的初步打算》《关于全省高校图书馆试行协作的意见》，研究筹委会 1982 年工作意见。会议议定于 1982 年第三季度，正式成立全省高校图书馆工作委员会，同时进行学术报告会和经验交流会。

12 月 28—29 日[2] 江苏省图书馆学会委托南京大学图书馆主持召开资料科学管理工作座谈会，在南京大学新馆举行。出席会议的有南京地区有关高等院校图书馆、省市公共图书馆、专业图书馆等 60 余人，这次会议是在 12 月 4 日、12 月

〔1〕 本刊讯. 江苏省高等教育局召开全省高等学校图书馆工作会议[J]. 江苏图书馆工作，1982(1)：114－115.

〔2〕 倪. 省学会召开资料工作座谈会[J]. 江苏图书馆工作，1982(1)：115.

11 日两次筹备会的基础上召开的。省图书馆学会副理事长华彬清出席会议并讲话。他着重指出召开这次会议的目的有三点：① 引起对资料工作的重视和加强对资料的科学管理；② 交流各兄弟馆在资料管理工作方面的经验；③ 对于资料管理工作中一些共同关心的问题进行初步探讨，形成科学管理的文字材料，作为统一和提高各馆管理办法与水平的参考。江苏省委党校图书馆蔡庆芳、南京医学院图书馆馆长吴观国、南京大学经济系资料室陈淑贤、省科技情报研究所钱泳圭、市科技情报研究所戴国云和南京航空学院图书馆项亚美作为代表们参观南京大学经济系资料室、南京医学院图书馆。与会代表按社会科学与自然科学分组讨论。分组讨论集中后，由倪波将讨论的问题作简短的归纳。最后由省图书馆学会副秘书长严仲仪同志代表学会作会议总结。

12 月 30 日[1]　应江苏省图书馆学会邀请，澳大利亚远东图书馆馆长陈炎生在南京大学图书馆做题为“图书馆的经济效益”的学术报告，南京市三大系统的 100 余人到会听讲。

4 月[2]　据全国 670 所高校图书馆的统计，藏书已达 2 亿册，工作人员 17 000 人。

年度事件数据：

事业发展[3]　全省普通高等学校数：50 所；
本专科在校生人数：8. 515 4 万人；
研究生在校生人数：0. 117 万人。

单位变更　1 月，江苏省政府批准在无锡大学基础上，创办无锡职业大学，为市属走读的全日制高等学校，图书馆同时创建。

3 月[4]，金陵职业大学图书馆创建。工作人员 8 名，藏书 6 万册。

8 月 6 日，经国务院批准，江苏省增设 3 所高等院校，即南京粮食经济学院(原南京粮食学校更名，升格为本科。)；江苏化工学院(办学地常州市)、扬州工业专科学校，并于当年开始招生。

领导变更　6 月[5]，徐州医学院图书馆张邻康，当选徐州市图书馆学会第一届理事长。

---

[1] 陈乃林，马先阵等. 江苏高等学校图书馆年鉴[M]. 南京：南京大学出版社，1990：292.

[2] 张白影. 中国图书馆事业十年[M]. 长沙：湖南大学出版社，1989：171.

[3] 江苏省教育志编撰委员会. 江苏省教育大事记[M]. 南京：江苏教育出版社，1989：281.

[4] 陈乃林，马先阵等. 江苏高等学校图书馆年鉴[M]. 南京：南京大学出版社，1990：98.

[5] 陈乃林，马先阵等. 江苏高等学校图书馆年鉴[M]. 南京：南京大学出版社，1990：291.

1982 年

1 月[1] 文化部针对 1981 年 1 月国务院批转颁发的《图书、档案、资料专业干部业务职称暂行规定》(国发〔1981〕21 号),发布《文化部关于图书馆专业干部业务职称考核测验的几点说明》,对《暂行规定》执行过程中的细节做出规定。

1 月 16 日[2] 江苏省图书馆学会在南京图书馆召开常务理事扩大会议,着重研究 1982 年工作计划。1982 年的学会工作应在总结经验教训的基础上,本着从实际出发,讲究实效的原则,开好第二次会员代表大会暨第三次科学讨论会。同时研究举办培训班、专题学术讨论会、组织报告会、发展会员、办好会刊和出版图书馆学小丛书等问题。

3 月[3] 南京图书馆梅可华、江苏省哲学社会科学界联合会唐茂松合作,在《江苏图书馆工作》1982 年第 3 期,发表《关于编写〈江苏省图书馆事业史〉的倡议》一文,建议由江苏省图书馆学会理事会直接领导,建立《事业史》编写组,列入学会的学术计划。聘请前辈为顾问,吸收文化、高校、科研等 3 大系统图书馆参加,进行征集和整理资料,编写《事业史》。

3 月 15—17 日 江苏省图书馆学会邀请中国科学院图书馆阎立中来宁作学术报告,先后在南京大学、南京医学院作"西文编目的趋向""美国学校图书馆概况"的学术报告,并在江苏省公共图书馆工作会议作"美国公共图书馆概况"的报告。各市、专区、县公共图书馆,高校图书馆和科研单位,部队图书馆约 300 多人听了报告[4]。

3 月 18—23 日[5] 全国图书馆建筑设计经验交流会在西安召开。会议由文化部图书馆事业管理局、国家建工总局设计局和中国图书馆学会,联合委托西北建筑设计院主办。出席会议的代表 130 人,交流论文 76 篇。

3 月 23—28 日 全国文献工作标准化技术委员会第五分委员会,在福州召开分类法、主题法标准会议。

---

〔1〕 文化部. 文化部关于图书馆专业干部业务职称考核测验的几点说明[J]. 图书馆学通讯,1982(2):3-4.

〔2〕 本刊记者. 江苏省图书馆学会 1982 年上半年大事记[J]. 江苏图书馆工作,1982(3):73-74.

〔3〕 梅可华,唐茂松. 关于编写《江苏省图书馆事业史》的倡议[J]. 江苏图书馆工作,1982(3):63-65.

〔4〕 本刊记者. 江苏省图书馆学会 1982 年上半年大事记[J]. 江苏图书馆工作,1982(3):73-74.

〔5〕 邹华亨,施金炎. 中国近现代图书馆事业大事记 1872—1987[M]. 长沙:湖南人民出版社,1988:314.

4月[1] 江苏省高等学校图书馆工作委员会筹委会在南京召开“在宁高校图书馆馆际互借工作研讨会”，在宁高校图书馆均派代表参加会议，讨论共同制定馆际互借规章制度。

4月3日 文化部发布文图字〔82〕第312号《印发〈关于图书馆专业干部业务职称考核测验的几点说明〉的通知》。

4月6日[2] 江苏省图书馆学会邀请北京图书馆刘湘生在南京大学图书馆报告厅做了《汉语主题词表的理论与实践问题》的学术报告。报告共分四部分：① 名词术语的解释；② 主题目录的编制；③ 主题标引工作中的几个问题；④ 两大检索方法的发展趋势。

4月21—24日[3] 全国高等学校图书馆工作委员会举办的高校图书馆专业干部进修班座谈会，在长春召开。参加会议的有北京大学、武汉大学、华东师范大学、北京师范大学、东北师范大学、山西大学、复旦大学分校、南开大学分校、兰州大学、南京大学、山东大学、大连工学院、安徽大学等13所高等院校图书馆学系（专业）或图书馆的负责人参加会议，会议由全国高等学校图书馆工作委员会副主任兼秘书长庄守经主持。吉林省教育厅厅长庄彝尊，副厅长王野平分别到会讲话。会议对教学计划做了统一规定。学制订为半年或一年，各校可根据各自的实际情况进行规定。落实了各校具体培训任务，其中南京大学培训学员30名。

5月[4] 江苏省高等学校图书馆工作委员会筹委会在南京召开“在宁高校图书馆外文书刊采购协调会”，在宁高校图书馆均派代表参加会议。

5月8日[5] 北京大学图书馆在北大勺园大楼举行建馆80周年纪念大会。大会由北京大学图书馆副馆长郭松年主持。谢德元馆长致辞。北京大学副校长王路宾到会祝贺。

5月15日[6] 江苏省图书馆学会在宁召开常务理事扩大会议，各地市学会负责人出席会议。与会者首先就推荐中国图书馆学会第二届理事候选人的条件和人选，以及出席全国学会第二次会员代表、推荐优秀学会工作人员等事项进行协商。会议决定，11月份在南京召开江苏省图书馆学会第二次代表大会暨第三次科学讨论会，通过了“关于江苏省图书馆学会第二届理事会名额分配方案”和“关于江苏省图书馆学会第二次代表大会名额分配方案”；成立

---

〔1〕 吴观国.江苏省高等学校图书馆工作委员会筹委会工作汇报——江苏省高校图书馆工作委员会成立大会闭幕式的讲话[Z]江苏省高教局，1982：7.

〔2〕 本刊记者.江苏省图书馆学会1982年上半年大事记[J].江苏图书馆工作，1982(3)：73－74.

〔3〕 杨沛超，刘迅.全国高校图书馆工作委员会在长春召开图书馆专业干部进修班座谈会[J].高校图书馆工作，1982(2)：7.

〔4〕 吴观国.江苏省高等学校图书馆工作委员会筹委会工作汇报——江苏省高校图书馆工作委员会成立大会闭幕式的讲话[Z]江苏省高教局，1982：7.

〔5〕 全国高校图工委秘书处.全国高等学校图书馆工作纪事(1982年)[J].大学图书馆通讯，1985(1)：80－82.

〔6〕 本刊记者.江苏省图书馆学会1982年上半年大事记[J].江苏图书馆工作，1982(3)：73－74.

筹备小组和论文评审小组。

5 月 23 日〔1〕 南京大学图书馆邀请参加南京大学 80 周年校庆的美国匹兹堡大学东亚图书馆馆长郭成棠，在该馆做题为“美国图书馆事业的成就与趋势”的专题报告，100 余人参加报告会。

6 月〔2〕 全国高等学校图书馆工作委员会制定并印发《关于举办高等学校图书馆专业干部进修班的暂行规定》。

6 月 2—6 日〔3〕 纺织部部属院校图书馆协作组在苏州丝绸工学院图书馆召开第三次会议。参加这次会议的有华东纺织工学院、天津纺织工学院、苏州丝绸工学院、北京化纤工学院〔4〕、西北纺织工学院、武汉纺织工学院、郑州纺织机电专科学校、丹东丝绸工业专科学校、山东纺织工学院、浙江丝绸工学院的代表。会上各院校汇报并交流了贯彻全国高校图书馆工作条例的情况，同时制订 1982—1983 年部属院校图书馆协作组工作计划。纺织部教育司教育处处长沈帆出席会议并讲话。

6 月 8 日〔5〕 江苏省高校图书馆工作委员会筹委会委托华东水利学院图书馆举办的高校科技文献检索工具使用法学习班，在华东水利学院图书馆开班，为期 20 天，省内高等工科院校图书馆 24 人参加了学习。

6 月 28 日〔6〕 江苏省政府批转试行《关于职业大学暂行条例》，规定职业大学是主要为地方服务的、不包分配的、全日制综合性高等学校。

6 月 29 日 江苏省高教局发布苏高教人〔82〕76 号《关于转发文化部〈关于图书馆专业干部业务职称考核测试的几点说明〉》的通知。

7 月〔7〕 以清华大学图书馆计算机应用研究室为基础，建立“中国高等院校学报论文文摘（英文磁带版）CUJA 磁带研制组”，CUJA 磁带列入清华大学和教育部直接支持的重点科研项目，全国 340 所高校（大学本科以上理工农医类学校）学报参加 CUJA 系统。

7 月 3 日〔8〕 全国高等学校图书馆工作委员会编辑的《高等学校图书馆工作参考资料》出版。

7 月 6—10 日〔9〕 全国高校图书馆工作委员会秘书处在北京召开各省（市、自治区）高校图书馆工作（协作）委员会秘书处负责人会议，共 31 人参加。会议讨论：① 下

〔1〕 陈乃林，马先阵，等. 江苏高等学校图书馆年鉴[M]. 南京：南京大学出版社，1990：292.

〔2〕 陈源蒸，张树华等. 中国图书馆百年纪事. 1840—2000[M]. 北京：北京图书馆、出版社，2004：250.

〔3〕 曹耀英. 纺织部所属高校图书馆协作组第三次会议在苏州召开[J]. 江苏图书馆工作，1982(3)：78.

〔4〕 北京服装学院前身。

〔5〕 陈乃林，马先阵等. 江苏高等学校图书馆年鉴[M]. 南京：南京大学出版社，1990：293.

〔6〕 中共江苏省委宣传部. 江苏改革开放 30 年大事记[M]. 北京：中央文献出版社，2008：13.

〔7〕 万锦堃. 中国高等院校学报论文文摘(英文磁带版)CUJA 文献数据库研制报告[J]. 现代图书情报技术，1986(3)：2－15＋25.

〔8〕 陈源蒸，张树华等. 中国图书馆百年纪事. 1840—2000[M]. 北京：北京图书馆出版社，2004：250.

〔9〕 王世儒. 全国高校图书馆工作委员会召开各地工作委员会秘书处负责人会议[J]. 图书情报工作，1982(5)：34.

半年的工作计划;② 落实第一批分配到图书馆工作的非图书馆学专业的大专毕业生培训名额;③ 建议全国高校图工委秘书处起草《高校图书馆馆长职责条例》和《高校图书馆工作人员守则》,提交年底召开的第二次全国高校图书馆工作委员会议通过并颁布。江苏省高等学校图书馆工作委员会筹委会负责人吴观国等参加会议。

8月[1] 《江苏地区图书馆建国前中文报纸联合目录》由南京图书馆负责编成。目录是在1981年4月,由江苏省科委、江苏省高教局、文化局共同决定编辑的,参加联合目录的有江苏省的科研部门、高等学校、公共图书馆和博物馆共29个单位。联合目录收入的中文报纸,自1852年至1949年,共约1800余件,为研究近代、现代史提供了丰富的资料。其中,南京图书馆收藏的我党创办的报纸有190余件,大多数是苏皖抗日民主根据地和解放区出版的,是极为珍贵的革命文物。其中《盐阜大众》(1943—1950)等报比较完整,1943年苏皖地区出版的《拂晓报》,1940年初晋西北抗日民主根据地出版的《黄河日报》等,是极为少见的。许多苏皖地区县、团级单位主办的油印报纸,还有我党在国民党统治区秘密出版的报纸,如新近发现的中共湖南省委于1938年出版的《抗战日报》,1939年的《观察日报》。联合目录中的地方报纸具有特色,无锡市图书馆、常熟县图书馆等保存的自清末以来本地出版的报纸。

8月6日[2] 教育部发布〔82〕教高一字075号,转发《关于举办高等学校图书馆专业干部进修班的暂行规定》的通知。至1984年底,全国高校图书馆工作委员会秘书处先后委托12所高校举办20期专业干部进修班,共计培训800多人。

9月[3] 盐城工业专科学校图书馆正式建馆,1996年5月,创建于1985年的盐城职业大学并入,更名"盐城工学院"。

9月[4] 江苏省高等学校图书馆工作委员会筹委会秘书处在南京医学院图书馆建立,由南京大学图书馆、南京师范学院图书馆、南京医学院图书馆各派1人组成,负责日常事务。

9月[5] 全国高校图工委委托院校举办第1期高校图书馆专业干部进修班开学,进修班分别在12所指定高校举办,江苏省有南京大学、南京工学院承担培训任务,第1期被录取来自200多所院校的420名学员,进修班学制分为1年班与半年班,1年班于9月开学,半年班将于1983年3月开学。

9月10日[6] 江苏省编制委员会同意,江苏省中心图书馆委员会事业编制5人,与南京

---

〔1〕 刘世杰.《〈江苏地区图书馆建国前中文报纸联合目录〉已编成》[J].江苏社联通讯,1982(8):12.

〔2〕 郭锡龙.图书馆暨有关书刊管理法规汇览[M].北京:中国政法大学出版社,1982:421-423.

〔3〕 陈乃林,马先阵等.江苏高等学校图书馆年鉴[M].南京:南京大学出版社,1990:60.

〔4〕 吴观国.江苏省高等学校图书馆工作委员会筹委会工作汇报——江苏省高校图书馆工作委员会成立大会闭幕式的讲话[Z].江苏省高教局,1982:7.

〔5〕 江成.第二期高校图书馆专业干部进修班招生工作结束[J].大学图书馆通讯,1983(6):4.

〔6〕 《南京图书馆馆志》编写组.南京图书馆馆志(1907—1995)[M].南京:南京出版社,1996:35.

图书馆合署办公，实行一套班子两块牌子。

9 月 12 日[1] 南京师范学院夜大学图书馆学专修科 1982 级新生举行开学典礼，经江苏省高教局批准，本届招收对象为图书馆、情报资料室在职人员。经过考试择优录取 48 名新生。开学典礼由江苏省图书馆学会秘书长、专修科领导小组成员邱克勤主持。江苏省图书馆学会副秘书长、专修科主任吴观国同志介绍办学经过。苏州图书馆馆长许培基应邀出席典礼。

10 月 8 日[2] 徐州师范学院、中国矿业学院、徐州医学院联合举办的“徐州市高校图书馆专业人员培训班”，在徐州师范学院开学。

10 月 9 日[3] 江苏省高校图工委委托江苏师范学院图书馆举办师范院校图书馆干部培训班，有 56 人参加学习。

10 月中旬至 1983 年 4 月中旬[4] 全国高等学校图书馆工作委员会响应教育部《关于在部属事业单位开展清产核资工作的通知》，组织开展教育部属的高校图书资料清产核资工作。

10 月 11 日[5] 江苏省高等学校图书馆工作委员会筹委会委托举办的江苏省高校图书馆业务干部培训班，在苏州大学开学。江苏省高教局和江苏省高校图书馆工作委员会筹委会王可权、苏州大学副校长周大炎到会致辞。他们肯定高校图书馆作为高校教学和科研的重要组成部分，勉励学员们要在党的“十二大”精神指引下，认真地学好图书馆学专业知识，为高校图书馆事业做出新的贡献。苏州图书馆、苏州医学院图书馆、苏州丝绸工学院图书馆的负责人参加开学典礼。44 名来自省内 27 所高校的学员，多数学员从事图书馆工作时间较短，本期培训以普及为主。开设藏书建设等 10 多门课程，时间 2 个月。

10 月 13 日 江苏省高教局发布苏高教〔82〕104 号，《关于召开江苏省高校图书馆工作委员会成立大会的通知》，通知省内高校图书馆，成立大会将于 10 月 30 日，在南京师范学院召开。

10 月 30 日—11 月 1 日[6] 江苏省高校图书馆工作委员会（以下简称：江苏省高校图工委）成立大会，在南京师范学院召开，全省 52 所高校图书馆的负责人和部分在宁高校的校（院）长参加了会议，江苏省高教局副局长李钟英出席会议并作重要讲话。经民主协商，并报请江苏省高教局批准，大会选举江苏省高教局副局长胡才基任主任，华彬清、吴观国为副主任，吴观国兼秘书长，王可权任副秘书长。秘书处设在南京医学院图书馆，委员馆有南京大学、南京医学院、南京航空学院、南京工学院、南京师范学院、南京农学院、华东水利学院、苏州大学、徐州师范学院、扬州师范学院、南通医学院、江苏工学院、无锡轻工

---

[1] 本刊记者. 南京师院夜大学图书馆学专修科招收第二届新生[J]. 江苏图书馆工作，1982(3)：78.
[2] 陈乃林，马先阵等. 江苏高等学校图书馆年鉴[M]. 南京：南京大学出版社，1990：293.
[3] 陈乃林，马先阵等. 江苏高等学校图书馆年鉴[M]. 南京：南京大学出版社，1990：293.
[4] 陈源蒸，张树华等. 中国图书馆百年纪事. 1840—2000[M]. 北京：北京图书馆出版社，2004：253.
[5] 陆汉荣. 苏州大学举办省高校图书馆业务干部培训班[J]. 江苏图书馆工作，1982(4)：92.
[6] 陈乃林，马先阵等. 江苏省高等学校图书馆年鉴[M]. 南京. 南京大学出版社，1990. 293.

业学院、中国矿业学院等校的图书馆，江苏省高教局夏民振为委员。

11月1日—12月23日[1] 江苏省高校图工委委托南京航空学院图书馆，举办的工科院校图书馆学基础知识培训班，学员共91人，其中省内工科院校图书馆的60人，航空工业部部属的其他高校图书馆代培学员30人。培训班共开设14门专业课，二次专题讲座，并参观在宁高校图书馆。

11月20—24日[2] 全国文献工作标准化技术委员会第6分委员会在北京召开扩大会议，讨论《文献目录著录标准(总则)》和《检索期刊文献条目著录格式》两个送审稿。

11月28日—12月11日[3] 全国高校图工委举办高校图书馆馆长研讨班，在北京举行，为期两周。馆长们共带来39篇论文进行会议交流，学员们听取了国家科委副主任赵东宛、文化部图书馆事业管理局局长杜克、清华大学图书馆副馆长米成功、中国科技情报研究所杨沛霆、中国科学院图书馆副馆长史鉴、中国社会科学院副秘书长孙尚清、教育部科技局副局长黄仕琦、教育部长期规划委员会负责人张健等就教育、科研、图书馆事业等所作的报告。美国哈佛大学燕京图书馆馆长吴文津应邀作学术报告。研讨班采取大会交流，小组讨论，个人自学等形式，结合论文和报告，研究对高校图书馆的长远发展影响的问题，初步探讨了高校图书馆的发展趋势，以及开创高校图书馆事业新局面的指导思想。

12月13—18日[4] 全国高校图书馆工作委员会在北京召开第二次全体会议。全国高校图书馆工作委员会的47个委员馆的馆长(或副馆长)和北京大学、武汉大学、华东师范大学三个图书馆学系的负责人出席会议。文化部图书馆事业管理局、科学院图书馆，以及天津市、山东省、上海市、湖北省高校图书馆工作委员会的代表应邀出席会议。会议根据党的“十二大”和五届人大五次会议精神，总结1981年9月第1次全体会议以来高校图书馆工作，讨论开创高校图书馆事业新局面，为教育科研服务的问题。中共中央书记处书记、中宣部部长邓力群、教育部部长何东昌、中国社会科学院顾问于光远、教育部副部长黄辛白、彭珮云，教育部顾问、全国高校图书馆工作委员会主任周林等到会讲话。北京大学、清华大学、中国人民大学、北京师范大学、北京邮电学院等院校负责人到会听取报告。

会议讨论通过庄守经代表全国高校图工委所作的题为“振奋精神、齐心协力、开创高校图书馆事业的新局面”的工作报告。委员认为，一年多来，全国已有27个省、市、自治区召开了本地高校图书馆工作会议，成立相应的机构，使得我国高校图书馆事业，开始有组织、有计划地进行整体化建设。广大高校图书馆工作者积极为教学科研服务，为师生服务，基础业务

---

[1] 王惠珍.江苏省工科院校图书馆学基础培训班结业[J].江苏图书馆工作，1983(1):21.

[2] 邹华享.中国图书馆事业1982年大事记[J].图书情报知识，1983(5):50-65.

[3] 全国高校图工委秘书处.全国高等学校图书馆工作纪事(1982年)[J].大学图书馆通讯，1985(1):80-82.

[4] 本刊编辑部.发扬韧性战斗精神，推进高校图书馆事业整体化建设——全国高校图书馆工作委员会召开第二次全体会议[J].大学图书馆通讯，1983(Z1):34-35.

工作、读者服务工作普遍得到加强。各馆之间实行馆际协调、资源共享，互相发放借书证阅览证，很多图书馆恢复和开拓了开架借阅、参考咨询、情报检索、文献检索课程等服务领域。委员提出高校图书馆要适应形势的要求，加速自身的现代化，建设有中国特色的高校图书资料情报工作体系。各高等院校图书馆要继续整顿和加强基础工作，加强科学管理，不断提高服务质量，充分发挥图书馆的教育职能和情报职能，改变单纯被动服务的方式，开拓主动的、多种多样的服务领域，满足学校教学科研工作需要，把图书馆办成建设社会主义精神文明的阵地。报告还强调了与兄弟系统图书情报部门的协作，参加全国和地方的图书情报协作协调活动。

会议讨论高校图书馆事业发展规划问题，一致认为，开创高校图书馆事业的新局面，必须根据实际需要与可能，有计划地推进事业的整体化建设。在“六五”“七五”期间要抓紧基本建设：搞好图书馆的标准规范和理论建设；建设好图书资料情报专业队伍；建设好一批中心图书馆；建设好图书馆馆舍；把在图书馆应用现代化设备和技术手段，特别是计算机的研究、试验推向实用，为后 10 年的振兴打好基础，积蓄力量，创造条件。

会议讨论通过“关于预发《高等学校图书、资料、情报工作人员守则》的通知”。为把高校图书馆建设成为社会主义精神文明阵地，开创图书资料情报工作的新局面，必须加强对工作人员的职业责任、职业道德、职业纪律教育，使图书情报工作人员成为社会主义精神文明的表率。

12 月 17 日〔1〕 全国高等学校图书馆工作委员会发布《关于颁发〈高等学校图书、资料、情报工作人员守则〉的通知》，为建设又红又专的图书、资料、情报干部队伍，加强对工作人员的职业责任、职业道德、职业纪律教育，树立良好的馆风，不断提高图书、资料、情报的工作质量和工作效率，更好地为教学、科研服务，为培养社会主义建设人才做出积极贡献，各高等院校切实加强对图书、资料、情报工作的领导，组织有关工作人员认真学习、贯彻执行《守则》。

年度事件数据：

事业发展〔2〕 全省普通高等学校数：52 所；
本专科在校生人数：7.202 7 万人；
研究生在校生人数：0.152 6 万人。

单位变更 年初〔3〕，自 1979 年中国矿业学院徐州校区启动建设，至本年初，校本部及办学主体已迁至徐州新校区办学，中国矿业学院图书馆在徐州校区开放。
8 月，镇江农业机械学院正式更名为“江苏工学院”，原镇江农业机械学院图书馆，更名为江苏工学院图书馆，建制不变。

---

〔1〕 全国高校图工委. 高等学校图书、资料、情报工作人员守则[J]. 大学图书馆通讯，1983(Z1)：24.

〔2〕 江苏省教育志编撰委员会. 江苏省教育大事记[M]. 南京：江苏教育出版社，1989：299.

〔3〕 邬淑珍. 中国矿业大学图书馆史(1909—2009)[M]. 桑树勋主审. 徐州：中国矿业大学出版社，2009：37.

12月[1]，在常州职业大学的基础上，建立常州工业技术学院，由实行省市双重领导，过渡到以市为主。

苏州城市建设学院更名为“苏州城市建设环境保护学院”，建制不变。

江苏师范学院更名为“苏州大学”，建制不变，办学地苏州市。英文名仍为：Soochow University。

江苏商业专科学校、江苏省商业学校在扬州合并，组建新的“江苏商业专科学校”[2]。该校图书馆以江苏省商业学校图书馆为基础建立，藏书7万册。

江苏公安学校更名为“江苏公安专科学校”，全国第一所公安专科学校，1984年，原图书室改建为图书馆[3]，藏书10万册。

领导变更　7月[4]，无锡轻工业学院图书馆冯慈仁，当选为无锡地区图书馆学会副会长。

7月，镇江农业机械学院图书馆许安民，当选为镇江地区图书馆学会第1届理事会副理事长。

时修荣出任南京工学院(后更名为东南大学)图书馆馆长。

---

〔1〕 陈乃林，马先阵等. 江苏高等学校图书馆年鉴[M]. 南京：南京大学出版社，1990：100.

〔2〕 陈乃林，马先阵等. 江苏高等学校图书馆年鉴[M]. 南京：南京大学出版社，1990：90.

〔3〕 陈乃林，马先阵等. 江苏高等学校图书馆年鉴[M]. 南京：南京大学出版社，1990：93.

〔4〕 陈乃林，马先阵等. 江苏高等学校图书馆年鉴[M]. 南京：南京大学出版社，1990：293.

1983 年

春季[1] 全国高校图工委组织在西安交通大学、西北农学院、南京医学院分别举办理工、农、医三个文献检索与利用课程师资培训班，共 150 人，培训期为五周。这是全国高校图工委成立以后，组织的第一批文检课师资培训班。医学文检课师资班由南京医学院图书馆馆长吴观国主持。

1 月[2] 全国高校图工委会刊《大学图书馆动态》，更名为《大学图书馆通讯》。

1 月[3] 根据教育部〔82〕教供字 036 号文件《关于检查图书、资料清查工作的通知》精神，西南、西北地区和华东地区的教育部直属院校分别组成检查小组，对图书、资料清查工作进行检查。检查组由各院校图书馆抽调一名馆长组成，西安交通大学、四川大学为西南、西北地区组长单位，南京大学、山东大学、厦门大学为华东地区组长单位，全国高校图书馆工作委员会秘书处的力易周、朱强[4]参加两个组的检查工作。华东地区组由南京大学图书馆副馆长马先阵任组长，朱强、叶继元为组员。

1 月 8 日—2 月 9 日[5] 华东地区部属院校图书资料清查工作检查组报告，华东地区 7 所部属院校，山东大学、山东海洋学院、南京大学、南京工学院、厦门大学、浙江大学和华侨大学的图书资料清查工作完成检查验收。检查组由上述 7 所院校图书馆负责人和教育部高校图书馆工作委员会秘书处的有关人员组成。山东、江苏、浙江和福建省的教育厅(局)，也分别派人参加了本省的检查工作。检查工作自 1983 年 1 月 8 日至 2 月 9 日。检查组认为：教育部关于图书清查工作的通知下达后，各院校领导及图书馆领导十分重视，进行了全面的清查工作。各校的善本书和各自理解而认定的贵重书刊，做到账卡物一致，一般图书和合订本期刊也逐步做到账卡物一致。如南京工学院书卡相符的清查数量已达总藏书的 2/3。南京大学对账面应有藏书册数和

---

〔1〕 李晓明. 我所经历的文献检索课[J]. 大学图书馆学报，2004(4)：3 - 6.

〔2〕 教育部高等学校图书情报工作指导委员会.《大学图书馆学报》概况[EB/OL].[2018 - 10 - 11]. http://www.scal.edu.cn/dxtsgxb/lsgk/201107041450.

〔3〕 强. 西南、西北、华东和中南地区进行部属院校图书清点检查工作[J]. 大学图书馆通讯，1983(Z1)：83.

〔4〕 朱强(1955—)，出生于江苏金坛，祖籍浙江诸暨，研究馆员。1982 年 1 月毕业于北京大学图书馆学系。1982—1989 年就职于全国高等学校图书馆工作委员会秘书处，1987 年起任副秘书长。1990—1993 年 6 月任北京大学图书馆馆长助理兼自动化部主任。1993 年起任北京大学图书馆副馆长。2002—2005 年，任深圳大学城图书馆馆长、北京大学图书馆馆长，曾兼任中国高校人文社会科学文献中心(CASHL)管理中心主任、中国高等教育文献保障系统(CALIS)管理中心副主任；教育部高等学校图书情报工作指导委员会副主任兼秘书长，《大学图书馆学报》主编，中国图书馆学会常务理事、学术研究委员会副主任兼数字图书馆建设与研究专业委员会主任等职务。

〔5〕 本刊讯. 华东地区部属院校图书资料清查工作检查结束[J]. 大学图书馆通讯，1983(4)：5.

实际现有册数进行分析对比,弄清增减变动册数、损失情况及其原因,以利采取相应措施。南京大学设专人负责全馆典藏工作。南京工学院对目录进行整顿和补充,解决书目不符的问题。检查工作表明,高校图书馆形势很好,规模扩大,设备更新增添,经费逐年增加,藏书充实,各院校的领导和人事、财务等管理部门对图书馆工作的认识在不断提高,越来越重视图书馆的建设。检查期间,学校的党委、校办、教务、人事、财务、设备和总务部门的负责人,均参加座谈,听取意见和汇报。南京大学副校长郭令智听取检查组的意见汇报后,表示要把检查组的意见提交校长办公会议研究解决。

1月10—16日[1] 全国高校图工委在北京召开高校图书馆统计工作座谈会。

1月11日 教育部发布〔83〕教高一字001号《教育部关于印发全国高等学校图书馆工作委员会第二次全体会议文件的通知》,通知附件:《高等学校图书、资料、情报工作人员守则》。

1月18—19日[2] 江苏省高校图工委在南京召开第二次委员会议,吴观国、马先阵传达全国高校图书馆工作委员会第二次全体会议精神。江苏省图书馆学会的代表列席会议。

2月[3] 江苏省高等教育局发出苏高教教〔83〕3号《关于在全省高校开展图书馆工作互查评比工作的通知》。通知要求各校搞好互查评比工作,对加强高校图书馆的领导,使图书馆工作适应十二大后形势发展的需要,更好地为高校教学科研开创新局面服务,要求各院校根据通知的具体要求作好安排,各院校主管图书馆工作的负责人均过问互查评比工作。

2月25日[4] 江苏省图书馆学会和江苏省高校图书馆工作委员会在南京医学院图书馆联合召开图书馆改革座谈会,江苏省图书馆学会副理事长、南京大学图书馆副馆长华彬清主持会议。高校图书馆、公共图书馆和科研单位图书馆馆长、工作人员,共33个单位42名代表参加座谈会。华东工程学院图书馆副馆长徐烈、南京市人民图书馆副馆长黄文虎等发言。代表们认为,图书馆工作者要做改革的促进派,图书馆改革的关键就是要提高工作效率和服务质量,提高图书的利用率。使图书馆在"两个文明"和四个现代化建设中发挥作用。改革是艰巨而复杂的,需要在调查研究的基础上实事求是、有步骤有秩序地进行。要打破"吃大锅饭"的现状,建立岗位责任制,能定额的定额,能定员的定员。"承包""合同"等规章制度可试点试行,总结经验,逐步推广。馆际之间要互相协作、协调,做到资源共享。领导班子要有人权有财权,大胆工作,敢于负责,开创新局面。南京大学图书馆副馆长华彬

〔1〕 张白影.中国图书馆事业十年[M].长沙:湖南大学出版社,1989:905.

〔2〕 陈乃林,马先阵等.江苏高等学校图书馆年鉴[M].南京:南京大学出版社,1990:294.

〔3〕 江苏省高校图工委秘书处.江苏开展高校图书馆工作互查评比[J].大学图书馆通讯,1983(Z1):92.

〔4〕 吕秀莲.省图书馆学会和省高校图书馆委员会联合开召图书馆改革座谈会[J].江苏图书馆工作,1983(1):91.

清结合本馆的情况，指出先抓以复印室、期刊室、西文编目室、出纳台作试点，分别采取签订合同、定员、定额岗位责任制和自由组合等方法，调动图书馆工作者的积极性。

3 月 10 日—4 月 8 日[1] 江苏省高校图工委为贯彻落实《条例》，促进江苏省高校图书馆事业的发展，组织 11 个检查组，历时 1 个月，对全省 52 所高校图书馆工作进行全面检查评比，这是江苏省高校图书馆历史上第 1 次全面检查。各院校对这次检查都十分重视。检查组听取了各院校分管院校长汇报学校对《条例》的贯彻执行情况，图书馆长对图书馆各项业务工作的建议、干部的专业培训及提高服务质量的措施的汇报。全面检查馆、部(组)及系(科)资料室的工作情况。召开读者及图书馆人员座谈会，听取各方面对图书馆工作的意见和要求。在此基础上，检查组研究评议被检查馆的工作成绩、经验和存在的问题。最后召开有分管的院校长、馆、部(组)领导参加的总结会，由检查组总结汇报，提出希望与建议。全省检查结束后，进行全面的检查总结。

3 月 23 日[2] 中国图书馆学会理事、江苏省政协委员、南京大学图书馆原副馆长、研究员施廷镛[3]，因病在南京逝世，享年 90 岁。3 月 31 日，在南京举行追悼会。

3 月 24 日[4] 江苏省高教局发布苏高教人〔83〕27 号文《关于成立“江苏省高等学校图书资料技术职称评审委员会”的通知》，技术职称评审委员会由 14 人组成，南京医学院图书馆吴观国、南京大学图书馆华彬清分别担任正、副主任。

3 月 24 日[5] 全国高校图工委秘书处在北京召开高校图书馆改革问题座谈会，共 15 所高校及北京市高教局的代表参加会议。北京大学、清华大学等在京高校图书馆馆长参加。到会者认为图书馆改革涉及服务、管理、手段、网络、队伍各个方面各个环节的工作。

3 月 25—26 日[6] 江苏省图书馆学会在南京图书馆召开马克思逝世 100 周年座谈会，公共图书馆、高校图书馆等 26 个单位 35 人参加会议，卢则文主持，文化部图书馆事业管理局副局长胡耀辉，江苏省文化局副局长曹德进到会。

3 月 30 日—4 月 3 日 中国图书馆学会在北京召开全国图书馆学会秘书长会议，江苏省图书馆学会副秘书长严仲仪代表江苏省图书馆学会参加会议。

---

〔1〕 陈乃林，马先阵等. 江苏高等学校图书馆年鉴[M]. 南京：南京大学出版社，1990：294.

〔2〕 本刊讯. 南京大学图书馆施廷镛先生逝世[J]. 图书馆学通讯，1983(3)：85.

〔3〕 施廷镛(1893—1983)，安徽省休宁县人，图书馆学专家，曾任中国图书馆学会理事、江苏省政协委员、南京大学图书馆副馆长、研究馆员。少年时代曾求学于南洋方言学堂，毕业后，经陶行知介绍，进入南京高等师范学校教务处工作。参加了“五四”爱国运动。1922 年，到东南大学图书馆工作，后在清华大学、燕京大学、北京大学图书馆和故宫博物院任职。20 世纪 40 年代后，在中央大学任职，1949 年以后，在南京大学图书馆工作，从事图书馆工作达 60 余年。施廷镛先生的治学范围较广，他对图书馆学、目录学、版本学、校勘学有较深的造诣，对我国的地方志、丛书、文史哲工具书以及古代货币有研究，特别是他编辑的《丛书子目书名索引》和他主编出版的《文史哲工具书简介》，受到学术界普遍的重视和好评。施老曾在 20 世纪 60 年代主持南京地区高校图书馆协作委员会工作。

〔4〕 陈乃林，马先阵等. 江苏高等学校图书馆年鉴[M]. 南京：南京大学出版社，1990：294.

〔5〕 邹华享. 中国图书馆事业 1982 年大事记[J]. 图书情报知识，1983(5)：50－65.

〔6〕 陈乃林，马先阵等. 江苏高等学校图书馆年鉴[M]. 南京：南京大学出版社，1990：294.

4月1日[1] 清华大学图书馆西文图书辅助检索系统(简称:QBRS)开通,正式为读者提供服务。

4月11日[2] 教育部召开全国图书馆学情报学教育工作座谈会。会议总结中华人民共和国成立以来图书馆学情报学教育工作的经验教训,研究讨论了图书馆学情报学教育的发展与改革问题。

4月16日—5月12日 受全国高校图工委秘书处的委托,南京医学院图书馆举办全国医药院校图书馆文献检索师资培训班,学员65名,来自各省市医药院校。

4月28日 国务院批转教育部、国家计委《关于加速发展高等教育的报告的通知》。

5月5日[3] 江苏省图书馆学会在南京医学院图书馆召开1983年第2次秘书长碰头会,副秘书长严仲仪传达3月30日至4月3日在北京召开的全国图书馆学会秘书长会议精神。接着讨论研究了召开常务理事扩大会,进一步落实1983年工作计划,以及发展会员等问题。

5月23日[4] 中国农业图书馆协会成立大会在南京农学院图书馆召开,南京农学院图书馆被选为协会的副主任委员馆。

6月9—11日[5] 江苏省高校图工委在徐州师范学院图书馆召开"全省师范院校图书馆藏书建设研讨会",14所师范院校图书馆的代表参加会议。江苏省高校图工委藏书建设研讨组成员共21人。会议由徐州师范学院图书馆吴副馆长主持,徐州师范学院副院长廖序东和江苏高校图工委秘书长吴观国出席会议并讲话。他们从不同角度强调了加强藏书建设的重要性,提出努力提高藏书利用率的要求。南京大学马鸿湘传达成都藏书建设专题研究会预备会议的精神,南京工学院图书馆洪流、华东水利学院图书馆周文逊,介绍江苏高校图工委藏书建设研讨组的工作计划和具体活动内容。

6月20—26日[6] 由四川音乐学院、湖北艺术学院、西安音乐学院共同发起的"艺术院校图书馆工作经验交流会"在西安举行,会议由西安音乐学院主办,中央音乐学院、中国音乐学院、上海音乐学院、沈阳音乐学院、广州音乐学院、天津音乐学院、云南艺术学院、南京艺术学院等11所院校的代表参加会议,陕西省文化文物厅副厅长邹文林,省高校图书馆工作委员会副主任、省图协秘书长张森同志出席开幕式。全国高校图书馆工作委员会发来贺电。

7月4—6日[7] 江苏省高校图工委在南京工学院图书馆,召开"全省工科院校图书馆藏书建设研讨会",22所院校图书馆的32名代表参加会议。江苏省图书馆学

---

[1] 张白影.中国图书馆事业十年[M].长沙:湖南大学出版社,1989:907.

[2] 张白影.中国图书馆事业十年[M].长沙:湖南大学出版社,1989:907.

[3] 吕秀莲.江苏省图书馆学会1983年上半年大事记[J].江苏图书馆工作,1983(3):80-81.

[4] 陈乃林,马先阵,等.江苏高等学校图书馆年鉴[M].南京:南京大学出版社,1990:294.

[5] 丁晶,吕秀莲.江苏省高校图书馆工作委员会召开藏书建设研讨会[J].江苏图书馆工作,1983(3):82.

[6] 音乐、艺术院校召开图书馆工作经验交流会[J].大学图书馆通讯,1983(7):3.

[7] 丁晶,吕秀莲.江苏省高校图书馆工作委员会召开藏书建设研讨会[J].江苏图书馆工作,1983(3):82.

会、南京图书馆、南师图书馆也派员参加会议。会议收到论文 7 篇和各种统计表等有关资料。南京工学院图书馆副馆长洪流主持会议，江苏省高校图书馆工作委员会副秘书长王可权对研讨会的目的和内容作说明，南京工学院副院长管致中到会并讲话，他希望图书馆工作者努力探索，为图书馆四化建设做出更大贡献。南京大学图书馆马鸿湘传达成都预备会议精神，说明根据我省具体情况，从全国预备会议提出的 16 个藏书建设研究课题中，选择了"藏书的复审与剔除""复本率的研究""藏书组织模式"三个课题，作为这次会议的主题，与会者还按三个专题进行分组讨论。

7 月 14 日　江苏省委任命徐福基为省高等教育局局长、党组书记，叶春生为副局长、党组副书记，胡才基、胡星善、冒瑞林为副局长、党组成员，顾尔钥任顾问。

8 月 1 日—12 日〔1〕　全国高校图工委秘书处与全国文献工作标准化技术委员会第六分会，在京召开"西文图书编目标准化与自动化研讨会"。

8 月 9—15 日〔2〕　应北京大学校长的聘请，美国哈佛大学文理学院图书馆馆长冯彦才、波士顿公共图书馆馆长菲利普·J·麦克尼夫和原布兰戴斯大学图书馆馆长大卫·R·瓦特金斯，在前往北京前，顺访南京、上海，在南京期间，访问南京大学图书馆并作大学图书馆管理的专题讲演。

9 月〔3〕　中国矿业学院徐州校区新图书馆正式交付使用。新图书馆面积 1.2 万平方米，阅览座位 1 200 个。

9 月〔4〕　南京工学院开办图书馆学、情报学进修班，接收本校、南京、镇江、扬州等地的院校和军事院校系统具有大专以上水平的在职人员脱产学习，进修班为期 1 年，于 1984 年 10 月份结业。

9 月〔5〕　全国高校图书馆工作委员会委托举办的第二期高校图书馆专业干部进修班开学，本期进修班分别在南京大学、大连工学院、兰州大学、华东师范大学(举办馆长班)、北京师范大学(半年班)举办，为期 1 年，将在 1984 年 7 月结束。加上北京大学图书馆学系、东北师范大学图书馆学系、中山大学图书馆接收的进修生，本期进修班共录取 273 人。培训对象是近二年留馆工作的非图书馆学、非情报学的大专毕业生。

9 月 5 日〔6〕　第 1 期全国高校图书馆馆长进修班在华东师范大学举行了开学典礼。本次进修班的决定是在 1982 年底全国高校图书馆工作委员会第二次全体会议上做出的。华东师范大学图书馆学系承担培训任务，进修班的学员来自 16 个省市的 30 余所大专院校，培训期为半年。

9 月 22 日〔7〕　教育部发布〔83〕教高一字 051 号《关于印发〈关于发展和改革图书馆学情

〔1〕 陈源蒸，张树华等. 中国图书馆百年纪事. 1840—2000[M]. 北京：北京图书馆出版社，2004：261.
〔2〕 如. 美国图书馆专家在京作大学图书馆管理讲演[J]. 大学图书馆通讯，1983(9)：10.
〔3〕 邬淑珍. 中国矿业大学图书馆史(1909—2009)[M]. 徐州：中国矿业大学出版社，2009：38.
〔4〕 张厚生. 南京工学院开办图书情报专修科[J]. 大学图书馆通讯，1984(5)：42.
〔5〕 江成. 第二期高校图书馆专业干部进修班招生工作结束[J]. 大学图书馆通讯，1983(6)：4.
〔6〕 本刊讯. 第一期全国高校图书馆馆长进修班开学[J]. 大学图书馆通讯，1983(9)：9.
〔7〕 陈源蒸，张树华等. 中国图书馆百年纪事. 1840—2000[M]. 北京：北京图书馆出版社，2004：262.

报学教育的几点意见〉的通知》。

9月26日、29日[1] 江苏省图书馆学会在南京大学图书馆报告厅分别举行二次报告会，邀请荷兰莱顿大学汉学研究院图书馆馆长马大任、美国克莱蒙学院图书馆王左尤麟作报告。马大任的报告题目“图书馆管理”，王左尤麟的题目是《美国图书馆现状简介》，报告后留出时间解答与会同志提出的疑问。南京高校图书馆、公共图书馆共180余人参加报告会。

10月4—9日[2] 全国高校图工委秘书处就在高等院校普遍开设《文献检索与利用》课的有关问题，在北京举行首次全国高校文献检索课研讨会。全国高校图工委会副主任庄守经、秘书长罗宏述、副秘书长肖自力主持会议。会议总结3个讲习班的经验，交流文检课的经验；对现有文检课的组织实施提出建议；安排1984年的师资培训和编写教材工作，会议正式将文检课的名称，定名为“文献检索与利用”。

10月15日[3] 江苏省高校图工委和江苏省图书馆学会在南京医学院图书馆联合召开学习《邓小平文选》心得体会座谈会，吴观国主持会议，在宁高校图书馆、公共图书馆、科研图书馆等23个单位。共28人参加座谈。严仲仪、倪波、杨克义、刘平(南京工学院图书馆馆长)、徐烈(华东工程学院图书馆副馆长)、陈广超(工程兵工程学院图书馆)、陈一民(南京师范学院图书馆)、王可权等先后发言。

10月18日[4] 江苏省图书馆学会和南京图书馆举行茶话会，祝贺图书馆界专家汪长炳、钱亚新从事图书馆工作60周年。参加茶话会的有江苏省文化、新闻部门和3大系统图书馆、各市图书馆学会、市图书馆以及省内外来宾共48个单位94位代表。茶话会由省图书馆学会副理事长、南京图书馆副馆长孟君孝主持。江苏省文化厅副厅长顾明道，江苏省哲学社会科学界联合会副主席、秘书长王淮冰，江苏省科协副主席王毅，江苏省政协副主席、民盟江苏省委主委陈敏之，北京图书馆副馆长丁志刚出席会议并讲话。

10月31—11月6日[5] 中国图书馆学会第二次会员代表大会在厦门召开。听取并审议第一届理事会的工作报告，修改通过了学会章程，产生第二届理事会，并召开第一次会议，选举丁志刚为理事长，黄钰生、顾廷龙、佟曾功、杜克、庄守经、鲍振西为副理事长，刘德元为秘书长及其他常务理事。江苏省图书馆学会华彬清、邱克勤、吴观国、许培基、卢子博、王学熙共6位代表出席会议。为了加强江苏省图书馆学会与兄弟学会之间的联系、交流经验、互相促进，江苏省图书馆学会代表与四川、广西、吉林三省(区)出席全国学会“二大”的秘书长在会议期间经过协议，在今后4年内开展协作活动。

---

[1] 本刊记者. 江苏省图书馆学会和南京大学图书馆前后两次联合举办报告会[J]. 江苏图书馆工作，1983(4)：81.

[2] 李晓明. 秘书处在京开会研究“文献检索与利用”课程有关问题[J]. 大学图书馆通讯，1983(9)：7-8.

[3] 本刊记者. 江苏省图书馆学会和江苏省高校图书馆工作委员会召开学习《邓小平文选》座谈会[J]. 江苏图书馆工作，1983(4)：1-4.

[4] 本刊记者. 江苏省图书馆学会1983年下半年大事记[J]. 江苏图书馆学报，1984(3)：80-81.

[5] 邹华享. 中国图书馆事业1983年大事记(下)[J]. 图书情报知识，1984(4)：29-32.

12 月 1 日[1] 全国高校图书馆工作委员会秘书处下发《关于填报“高等学校图书馆工作纪事”的通知》和《关于填写“高校图书馆工作人员、馆舍情况统计简表”的通知》。

12 月 14—15 日[2] 江苏省高校图工委召开扩大会议，总结 1983 年的工作，讨论 1984 年工作计划，14 位在宁高校图书馆负责人参加了会议。

12 月 21—24 日[3] 江苏省图书馆学会委托扬州市分会在扬州市召开了江苏省第 1 届青年图书馆工作者科学讨论会。出席会议的正式代表 57 人，特约代表 10 人，江苏省图书馆学会副秘书长严仲仪、会刊《江苏图书馆工作》副主编顾克恭参加了会议，扬州市分会负责人高异杰致辞。扬州市委宣传部王志俊、扬州市文化局副局长杨熙源、扬州市科协学会部部长胡风亭、严仲仪出席开幕式并讲话。会议共收到论文 115 篇，经评审选出 55 篇论文参加会议交流。

12 月[4] 全国高等学校图书馆工作委员会首任秘书长、北京大学图书馆馆长庄守经，辞去高校图工委秘书长一职，保留副主任委员职务，秘书长一职由罗宏述[5]接任。

是年 南京图书馆编《图书馆学论文索引（1949 年 10 月—1980 年 12 月）》，由书目文献出版社出版[6]。

6 月，南京邮电大学图书馆（三牌楼校区）图书馆建成开放，使用面积 7 531 平方米，阅览座位 1 012 个。

年度事件数据：

事业发展[7] 全省普通高等学校数：58 所；

本专科在校生人数：7.896 2 万人；

研究生在校生人数：0.229 万人。

单位变更 南京林产工业学院恢复原校名“南京林学院”。

南京市政府新建“南京财贸学院”，建制本科。

彭城职业大学创建，图书馆同时创建，全日制大专，办学地徐州[8]。

---

〔1〕 全国高校图工委秘书处. 全国高等学校图书馆工作纪事（1983 年）[J]. 大学图书馆通讯，1985(6)：80 - 82.

〔2〕 陈乃林，马先阵等. 江苏高等学校图书馆年鉴[M]. 南京：南京大学出版社，1990：295.

〔3〕 本刊记者. 江苏省图书馆学会 1983 年下半年大事记[J]. 江苏图书馆学报，1984(3)：80 - 81.

〔4〕 吴晞. 实干家的足迹——记北京大学图书馆庄守经教授[J]. 大学图书馆学报，1996(1)：58 - 63.

〔5〕 罗宏述，广西柳州人，1959 年入北京大学法律系学习，毕业后长期在教育部，教育部干部局工作，参与组织 1981 年的全国高校图书馆工作会议。1984—1986 年，接替庄守经出任全国高校图书馆工作委员会第二任秘书长，离任后出任国家教委法规处处长、中国高等教育学会副秘书长（1993 年）等职。

〔6〕 邹华享，施金炎. 中国近现代图书馆事业大事记 1872—1987[M]. 长沙：湖南人民出版社，1988：358.

〔7〕 江苏省教育志编撰委员会. 江苏省教育大事记[M]. 南京：江苏教育出版社，1989：317.

〔8〕 徐州工程学院图书馆. 徐州工程学院图书馆历史[EB/OL]. [2019 - 01 - 18]. http://lib.xzit.edu.cn/3273/list.htm.

原苏州地区师范学院，恢复建立“苏州师范专科学校”，校址迁至常熟市。1989 年，与常熟职业大学合并，成立常熟高等专科学校。

领导变更　8 月，江苏工学院（原镇江农业机械学院）图书馆馆长许安民离任，仇锦堂继任馆长。

江苏师范学院图书馆副馆长黄旭朗（主持工作）离任，由苏州大学副校长周大炎兼任图书馆馆长。黄旭朗自 1958 年一直任图书馆副馆长。

南通医学院图书馆副馆长赵坚、南通师范专科学校图书馆馆长黄方正，被选为南通市图书馆学会第一届理事会副理事长[1]。

〔1〕 陈乃林，马先阵等. 江苏高等学校图书馆年鉴[M]. 南京：南京大学出版社，1990：295.

1984 年

1月[1] 全国高校图工委秘书处编辑的《中国高等学校图书馆简介》初稿完成。

1月 江苏省委批准成立中共江苏省高等学校工作委员会，书记叶绪泰，副书记林敏端、程嘉猷。

1月[2] 湖南省高等学校图书馆工作委员会会刊《高校图书馆工作》(季刊)，经中共湖南省委宣传部批准，从 1984 年起公开出版发行。《高校图书馆工作》于 1981 年 3 月试办，发行 12 期。是国内第一家公开出版发行的高等学校图书情报资料工作专门刊物。

1月20日[3] 江苏省文化厅报请中共江苏省委宣传部的批准，并报江苏省出版事业管理局备案，会刊《江苏图书馆工作》1984 年第 1 期起，改名为《江苏图书馆学报》。

2月[4] 南京师范大学夜大学图书馆学专修科的首届学生 134 人毕业，其中 59 人分配至高校图书馆工作，占毕业生总数的 44%。

2月20—24日[5] 教育部外资贷款办公室在京召开赴世界银行贷款采购外文图书工作会议。全国 28 所接受贷款院校的图书馆馆长(副馆长)、外文图书采购人员参加会议。教育部外资贷款办公室朱国漳，全国高校图工委庄守经、力易周、肖自力，图书专款采购办公室马士沂、赵新月出席会议。朱国漳介绍使用世界银行贷款购买外文图书的情况，各校必须按时完成，做好图书审核。

2月22日[6] 教育部发布〔84〕教高一司字 004 号《〈关于在高等学校开设“文献检索与利用”课的意见〉的通知》，在全国高等学校推广文献检索课的教学工作。

2月22日[7] 全国高校图工委向全国高等院校转发教育部发出的《关于高等学校开设〈文献检索与利用〉课的意见》。此后，委托部分高校先后举办了 8 个师资培训班，共培训文献检索课师资 430 余人。

3月5日—4月28日[8] 江苏省高校图工委在华东工程学院图书馆举办的第 2 期工科院校图书馆学基础知识培训班。58 名学员参加了培训。

---

〔1〕 全国高校图工委秘书处. 全国高等学校图书馆工作纪事(1984 年)[J]. 大学图书馆通讯，1986(1):80 - 82.

〔2〕 张白影.《高校图书馆工作》公开出版发行[J]. 大学图书馆通讯，1984(1):13.

〔3〕 吕秀莲. 江苏省图书馆学会 1984 年上半年大事记[J]. 江苏图书馆学报，1984(3):91 - 92.

〔4〕 陈乃林，马先阵等. 江苏高等学校图书馆年鉴[M]. 南京:南京大学出版社，1990:28.

〔5〕 王. 世界银行贷款采购外文图书工作会议在京举行[J]. 大学图书馆通讯，1984(2):9.

〔6〕 李. 教育部最近发出通知要求高等学校开设《文献检索与利用》课程[J]. 大学图书馆通讯，1984(2):7 - 8.

〔7〕 全国高校图工委秘书处. 全国高等学校图书馆工作纪事(1984 年)[J]. 大学图书馆通讯，1986(1):80 - 82.

〔8〕 陈乃林，马先阵等. 江苏高等学校图书馆年鉴[M]. 南京:南京大学出版社，1990:295.

3 月[1] 中山大学图书馆学系成立，设立图书馆学、情报学两个专业。

3 月 10—24 日[2] 《中国图书馆图书分类法》编委会在苏州召开座谈会，江苏、浙江、江西、上海等省市图书情报界代表参加，征求对《中图法》的修订意见。

3 月 27 日 4 月 7 日[3] 江苏省中心图书馆委员会分别于 3 月 27 日、4 月 7 日，两次在南京图书馆召开《江苏省三大系统图书馆外文新书联合目录》工作座谈会。两次到会的共有 51 个单位的 57 人。南京图书馆书目参考部、省中心图书馆委员会联合目录编辑组的同志参加会议。到会同志肯定编制《外文新书联合目录》4 年的工作成绩，对如何进一步提高目录的质量、加强其实用性提出建议。会议认为图书著录标准化是必然趋势，目前是过渡阶段，各单位的著录格式要尽量做到统一，特别是基本款目的著录必须一致，这是提高《外文新书联合目录》质量的关键。

3 月 28 日—5 月 8 日[4] 全国高校图工委委托苏州大学图书馆举办的“首届全国高校社会科学文献检索师资培训班”，在苏州大学开班，苏州大学副校长周大炎参加开班仪式。来自全国 20 个省市自治区，共 38 所高等院校图书馆的 37 名学员参加培训，任课教师有朱天俊(北京大学图书馆学系)、赵国璋、王长恭[5](南京师范大学)、潘树广、华人德(苏州大学)，赵国璋主持教务工作。全国高校图工委秘书处发来贺电。5 月 8 日，教育部全国高校图工委副秘书长肖自力专程从北京赶来参加结业式并讲话。结业式上，苏州大学副校长周大炎向全体学员颁发结业证书。

3 月 30 日[6] 江苏省高校图工委成立“藏书建设研讨组”，由 7 人组成，华东水利学院图书馆周文逊任组长，南京林学院图书馆俞从周任副组长。

4 月 7 日[7] 经教育部批准，我国第一所图书情报学院在武汉大学成立。11 月 19 日，召开成立大会，学院设图书馆学、情报科学两个系，以及科技情报培训中心、图书馆学情报学研究所和函授部。学院前身是原武汉大学图书馆学系。

4 月 7—12 日[8] 全国高校图书馆工作经验交流会在西安召开。会议总结了高校图书馆战线所取得的成绩，交流工作经验，讨论高校图书馆改革的方向、目的及管理改革与业务改革的关系。教育部顾问、全国高校图工委主任周林和副主任

---

〔1〕 全国高校图工委秘书处. 全国高等学校图书馆工作纪事(1984 年)[J]. 大学图书馆通讯，1986(1)：80－82.

〔2〕 涂斌. 中国图书馆事业 1984 年大事记(上)[J]. 图书情报知识，1986(5)：33－36.

〔3〕 雅屏. 江苏省中心图书馆委员会召开《外文新书联合目录》工作座谈会[J]. 江苏图书馆学报，1984(2)：88.

〔4〕 李德明. 全国高校首届社会科学文献检索课师资培训班开学[J]. 大学图书馆通讯，1984(3)：20.

〔5〕 王长恭(1935—　)，辽宁大连人，南京师范大学图书馆副研究馆员。1953 年，毕业于哈尔滨外国语专科学校，从事中文工具书和社会科学文献检索课的教学和研究，曾任南京师范大学文献检索课教研室主任。参加编写《社会科学文献检索》《中国现代人物别名录》《国外中国学简况》。

〔6〕 陈乃林，马先阵等. 江苏高等学校图书馆年鉴[M]. 南京：南京大学出版社，1990：296.

〔7〕 张白影. 中国图书馆事业十年[M]. 长沙：湖南大学出版社，1989：918.

〔8〕 全国高校图工委秘书处. 交流工作经验，明确改革方向加快高校图书馆事业发展速度——全国高等学校图书馆工作经验交流会在西安召开[J]. 大学图书馆通讯，1984(3)：13－14.

庄守经在会上分别作报告，陕西省副省长孙达人和陕西省高教局的领导出席了会议，各省、市、自治区高教（教育）厅（局）或高校图书馆工作（协作）委员会的负责人以及 130 多所高等学校图书馆的代表，共 160 余人参加了会议。会议得到了陕西省党政领导及有关部门的大力支持，孙达人讲话，上海交通大学等 9 所院校的代表作了大会发言，介绍了各自的工作经验。会议全体代表参观了西安交通大学图书馆和第四军医大学图书馆。两校领导及图书馆的负责人向与会代表介绍了工作情况及经验。

江苏高校图书馆根据 1983 年的检查评比工作，推选出 7 个馆（室、组）的代表参加会议：吴观国（江苏省高校图工委秘书长、南京医学院图书馆馆长）、马先阵（南京大学图书馆副馆长）、张占荣（中国矿业学院图书馆副馆长）、陈琴华（苏州大学图书馆副馆长）、黄方正（南通师范专科学校图书馆馆长）、李韫（南京林产工业学院图书馆副馆长）、王良民（南京航空学院图书馆部主任）、吉鸿（南京医学院图书馆索引编辑组）共 8 人。

4 月 27—28 日[1] 江苏省教育学院系统图书馆第一次协作会议，在苏州教育学院举行，讨论了协作事项，并确定苏州教育学院图书馆为中心联络员。

5 月 16 日—6 月 29 日[2] 受农牧渔业部委托，第 1 期全国高等农业院校图书馆管理研讨班在南京举办，研讨班由全国高等农业院校图书馆协会副主任委员馆南京农学院图书馆承办，全国 28 个农业院校图书馆的 33 位负责同志参加研讨班。讲授图书馆管理、图书采购、分编等基础等课程，传达在西安召开的全国高校图书馆工作经验交流会的主要文件，并组织到南京、上海、杭州等各兄弟院校及科研单位图书馆参观学习。本次研讨班是中华人民共和国成立以来农业系统图书馆组织的第 1 次培训活动。

5 月 21 日[3] 江苏省图书馆学会和南京图书馆受中国图书馆学会的委托在南京图书馆召开征求对《大百科全书》图书馆学部分的框架、词条、编著等方面意见的座谈会。由中国图书馆学会理事长、北京图书馆副馆长丁志刚主持。江苏省图书馆学会秘书长、南京图书馆副馆长邱克勤、南京图书馆副馆长王林西、中国图书馆学会的马同俨、孟广出席会议。参加座谈会的有南京大学图书馆、南京工学院图书馆、华东水利学院图书馆、南京图书馆、南京市人民图书馆等 5 个单位 11 位代表[4]。

5 月 31 日[5] 全国高校图书馆工作委员会秘书处在教育部召开有 23 个部委教育司（局）参加的座谈会，旨在加强同各部委之间的横向联系，交流图书情报工作方面的经验。

---

〔1〕 陈乃林，马先阵等. 江苏高等学校图书馆年鉴[M]. 南京：南京大学出版社，1990：296.

〔2〕 协会秘书处. 第一期全国高等农业院校图书馆管理研讨班在南京农学院举办[J]. 农业图书馆，1984(2)：15.

〔3〕 涂斌. 中国图书馆事业 1984 年大事记（下）[J]. 图书情报知识，1986(5)：22－24＋48.

〔4〕 吕秀莲. 江苏省图书馆学会 1984 年上半年大事记[J]. 江苏图书馆学报，1984(3)：91－92.

〔5〕 张白影. 中国图书馆事业十年[M]. 长沙：湖南大学出版社，1989：920.

6月[1] 镇江医学专科学校,升格为“镇江医学院”。

6月15—16日[2] 江苏省教育学院系统图书馆在南京教育学院举行第二次协作会议。

6月18日[3] 机械工业部所属院校首次图书馆馆长会议在长沙召开,21所院校的22名代表出席会议。会议交流了工作情况,讨论并通过《加快机械工业部所属院校图书馆改革的决议》和《协作计划》两份文件。

6月29日[4] 江苏省委、江苏省人民政府批准,南京工学院为江苏省高校全面改革的试点单位。

7月[5] 南京市人民图书馆创办“南京时代信息资料公司”。

7月[6] 四川大学图书情报学系成立。

7月3—6日[7] 江苏省图书馆学会第二次会员代表大会在南京召开,参加大会的有第1届理事会理事,省、市学会,南京地区各馆会员代表121人。江苏省委宣传部副部长陈超、江苏省文化厅副厅长顾明道、江苏省科协党组书记唐梦熊、江苏省哲学社会科学界联合会秘书长范恭俭等出席并讲话;四川省图书馆学会的张德芳,吉林省图书馆学会的王华夫、李元江,广西图书馆学会的阳剑宏、戴祖谋参加大会;中国图书馆学会、上海图书馆学会、浙江省图书馆学会向大会发来贺电。

第一届副理事长华彬清致开幕词,江苏省图书馆学会副理事长孟君孝作《总结经验,再接再厉,开创江苏省图书馆学研究的新局面》的工作报告,秘书长邱克勤作《江苏省图书馆学会章程修改的说明》,江苏省图书馆学会副秘书长吴观国作《江苏省图书馆学会第二次会员代表大会筹备工作的报告》。学会共举办四期专业干部培训班,培训学员360余人。从1981年起,江苏省图书馆学会和五校协作组(南京师范大学、南京医学院、南京大学、南京工学院、南京农学院)联合举办南京师范大学夜大学图书馆学专修科,1981、1982、1984三年共招收学员247人,第一届学员138人已于1984年2月毕业,毕业后发大专文凭,承认学历。

学会会刊《江苏图书馆工作》1980年1月创刊,从1984年第一期起改名为《江苏图书馆学报》到1984年6月已出版18期,1981年和1983年,学会先后出版了两辑论文集;同时还不定期地编辑出版了《江苏图书馆工作》

---

[1] 陈乃林,马先阵等.江苏高等学校图书馆年鉴[M].南京:南京大学出版社,1990:86.

[2] 陈乃林,马先阵等.江苏高等学校图书馆年鉴[M].南京:南京大学出版社,1990:296.

[3] 邹华享,施金炎.中国近现代图书馆事业大事记1872—1987[M].长沙:湖南人民出版社,1988:368.

[4] 中共江苏省委宣传部.江苏改革开放30年大事记[M].北京:中央文献出版社,2008:19.

[5] 邹华享,施金炎.中国近现代图书馆事业大事记1872—1987[M].长沙:湖南人民出版社,1988:371.

[6] 陈源蒸,张树华等.中国图书馆百年纪事.1840—2000[M].北京:北京图书馆出版社,2004:269.

[7] 吕秀莲.江苏省图书馆学会第二次会员代表大会在南京召开[J].江苏社联通讯,1984(7):28-31.

增刊 12 期；出版图书馆学小丛书 6 辑。江苏省微电脑应用学会学术委员会主任、华东工程学院电子计算机系主任副教授屈大壮，应邀到会作“关于电子计算机在图书馆方面应用”的报告。

大会原则通过《第 1 届理事会工作报告》《江苏省图书馆学会章程》《1984 年下半年和 1985 年上半年工作计划要点》，大会采取无记名投票方式选举产生了第二届理事会，并设立名誉职务，第二届理事会邀请图书馆界老前辈，江苏省图书馆学会第一届理事长汪长炳为名誉理事长，邀请江苏省高教局、江苏省哲学社会科学界联合会、南京大学、苏州大学、南京图书馆、南京工学院等 6 名图书馆界的专家为名誉理事。会议期间，召开第 2 届理事会第 1 次会议，选举产生了 20 名常务理事。高校图书馆有马先阵、王可权、伍玉贤[1]、刘仲明、华彬清、朱斐、吴观国、张厚生、陆汉荣等 9 人当选为常务理事。

7 月 7—10 日[2] 全国高校图书馆工作委员会秘书处在南京工学院图书馆，召开全国高校图书馆专业干部进修工作座谈会。华东师范大学、北京师范大学、东北师范大学、南开大学、南京大学、兰州大学、大连工学院、武汉大学、上海大学文学院、安徽大学、山东大学、西南师范学院、南京工学院、湘潭大学，以及河南、江苏两省高校图书馆工作(协作)委员会秘书处参加会议。1982 年 8 月教育部转发《关于举办高等学校图书馆专业干部进修班的暂行规定》，已有 12 所高校的图书馆学系(专业)或图书馆，受教育部委托举办 16 期专业干部进修班，共培训 600 多名近年留馆工作的非图书馆学或情报学专业大专毕业生。1984 至 1985 学年度还将有 210 名在职人员参加为期一年的进修。全国高校图工委秘书长罗宏述主持会议并讲话，他重申加强培训工作的重要意义。指出近 3 年留在图书馆工作的本科、专科毕业生大约还有 2 400 多名未经系统的专业培训，各校还将逐步选留，前些年已毕业留馆工作的同志亟待培训，高校图书馆面临的任务十分艰巨，要适应高教事业改革与发展，适应新技术革命的形势，必须解决队伍的知识化、专业化问题。罗宏述提出，要有领导的选派和推荐条件较好、有培养前途的青年接受专业培训。培训过程要坚持又红又专的方向，同时创造条件，使这些同志回馆后得到合理的安排和使用。座谈会对前阶段的工作进行总结并讨论《暂行规定》和秘书处根据两年来的实践而提出的《关于进一步办好高校图书馆专业干部进修班的几点意见》。会议还讨论了高校图书馆专业干部进修班的招生对象、组织管理及课程设置。

7 月 26 日[3] 江苏省高校图工委、江苏省图书馆学会和华东高校学报编协江苏分会，联

---

〔1〕 伍玉贤(1914—?)，女，1937 年，毕业于北京大学文史系，获学士学位。从事图书馆工作 40 余年，1956—1984 年，任华东水利学院图书馆副馆长。1993 年，任名誉馆长。曾任江苏省图书馆学会常务理事、学术委员会委员。

〔2〕 江成. 全国高校图书馆专业干部进修工作座谈会在南京召开[J]. 大学图书馆通讯，1984(4)：36.

〔3〕 陈乃林，马先阵等. 江苏高等学校图书馆年鉴[M]. 南京：南京大学出版社，1990：297.

合举办关于中国高校学报英文摘要英文磁带版(CUJA)研制工作会议。清华大学教师万锦堃做专题学术报告,南京大学等 15 所高校的图书情报人员和学报编委 70 多人参加了报告会。

7 月[1] 经国家教委批准备案,南京工学院成立图书情报专修专业,每年招收全日制在校生一个班,1984 年 9 月第一届新生入学,从全国统一高考的考生中录取新生。专修科新生从理科招生,学制 2 年,1986 年,学制改为 3 年。

8 月 13 日[2] 教育部发布〔84〕教高一字 047 号《关于进一步办好高校图书馆专业干部进修班的几点意见》。要求:① 高校图书馆专业干部进修班必须持续办下去。每年办班的学校和招生名额,由教育部统一下达;② 进修班的教学工作应合理设置课程,不断改进教学方法,努力提高教学质量;③ 进修班应加强对进修人员的管理。要做好进修人员思想政治教育工作,保证教学计划的顺利完成。

9 月[3] 全国高校图书馆藏书建设研讨会在大连召开,江苏省南京大学图书馆马鸿湘、南京师范大学图书馆吉士云、华东水利学院图书馆周文逊等三人参加会议。

9 月[4] 彭城职业大学图书馆创建,1989 年,接受南京大学图书馆赠书 5 万册。2002 年,与徐州经济管理干部学院(1985 年创建)图书馆合并,组建徐州工程学院图书馆。

9 月 7 日[5] 兰州大学图书馆学系成立。

9 月 10 日[6] 华东师范大学图书馆学专业无锡函授站举行开学典礼,经教育部批准,华东师范大学图书馆学专业在江苏无锡市和常州市招收函授生,并在无锡市设立函授站。华东师范大学图书馆学系副主任宓浩、业余教育处副处长振亚、无锡市文化局副局长郑振作到会并讲话。

9 月 12 日[7] 教育部发布《关于进一步办好高校图书馆专业干部进修班的几点意见》的补充通知。通知对高校图书馆专业干部进修班进修人员的进修费用的收取、支出标准做出规定。

9 月 21—23 日[8] 江苏省的教育学院系统图书馆在常州教育学院举行第 3 次协作会议。

9 月 24 日—11 月 3 日[9] 江苏省高校图工委委托南京大学图书馆,为江苏省高校图书馆举办社会科学中文文献检索师资班,培训学员 25 名。

---

〔1〕 张厚生.南京工学院、开办图书情报专修科[J].大学图书馆通讯,1984(5):42.

〔2〕 郭锡龙.图书馆暨有关书刊管理法规汇览[M].北京:中国政法大学出版社,1984.465-467.

〔3〕 陈乃林,马先阵等.江苏高等学校图书馆年鉴[M].南京:南京大学出版社,1990:297.

〔4〕 陈乃林,马先阵等.江苏高等学校图书馆年鉴[M].南京:南京大学出版社,1990:101.

〔5〕 全国高校图工委、秘书处.全国高等学校图书馆工作纪事(1984 年)[J].大学图书馆通讯,1986(1):80-82.

〔6〕 程光雄.华东师范大学、图书馆学专业无锡函授站开学[J].江苏图书馆学报,1984(3):6.

〔7〕 陈源蒸,张树华等.中国图书馆百年纪事.1840—2000[M].北京:北京图书馆出版社,2004:270.

〔8〕 陈乃林,马先阵等.江苏高等学校图书馆年鉴[M].南京:南京大学出版社,1990:297.

〔9〕 陈乃林,马先阵等.江苏高等学校图书馆年鉴[M].南京:南京大学出版社,1990:297.

9 月 25—28 日[1]　江苏省高校图工委委托南京航空学院图书馆，举办首次江苏省高校图书馆读者工作研讨会，省内 34 所高校图书馆的 48 名代表参加会议，山东省高校图工委派出三名代表参加会议，共收到论文 33 篇。

10 月[2]　国庆期间，全国高校图工委向全国各高校图书馆从事图书情报工作 30 年以上(边远地区 25 年以上)的老馆员颁发了纪念证。教育部顾问、全国高校图工委主任周林为纪念证题词："平凡的工作，光荣的岗位"。各省、自治区、直辖市教育领导部门及高校图工委分别举行了发证仪式，全国获得纪念证的老同志约 1 100 多人。

10 月　南京市人民图书馆更名为"金陵图书馆"。

10 月 8—14 日[3]　全国煤炭高等学校图书馆工作会议，在徐州中国矿业学院召开，会期为 8 天，前两天为专业学习，全国煤炭高校图书馆协作委员会(煤图协)成立大会同时举行。煤炭部教育司副司长辛竞敏、教育司高教处处长钱仲德、全国高校图工委秘书处代表朱强出席会议，中国矿业学院图书馆副馆长张占荣当选为首任主任。会前与会代表前往南京，分别参观华东工程学院、南京航空学院、华东水利学院、南京医学院、南京大学四所高校图书馆。

11 月[4]　南京工学院图书馆开通美国 DIALOG 系统联机检索终端，向本校用户提供服务，这是国内高校中最早建立的 DIALOG 系统联机检索终端之一。

11 月 11 日—12 月 1 日[5]　江苏省高校图工委委托中国矿业学院举办的江苏省高校图书馆馆长研讨班，有 29 位馆长参加。培训班听取全国高校图书馆工作委员会秘书处副秘书长肖自力作"国内高等学校图书馆和国外高等学校图书馆现状和发展趋势"的报告，赵国璋、吴观国、王可权、杨宏生等到会就如何当好高校图书馆馆长，如何抓好图书馆基础工作和管理工作改革所作的学术报告和业务辅导，中国矿业学院图书馆副馆长张占荣作《新的技术革命与高等学校图书馆的对策》的报告。

11 月 16 日—12 月 15 日[6]　农牧渔业部委托南京农学院图书馆举办的第二期全国农业院校图书馆管理研习班，在南京农学院图书馆开班。

11 月 19 日[7]　4 月 7 日，教育部批准成立武汉大学图书情报学院，这是我国第 1 所图书情报学院，11 月 19 日，召开学院成立大会，学院下设图书馆学、情报科学两个系，以及科技情报培训中心、图书馆学情报学研究所和函授部，学院前身是原武汉大学图书馆学系。

---

〔1〕 陈乃林，马先阵等. 江苏高等学校图书馆年鉴[M]. 南京：南京大学出版社，1990：297.

〔2〕 陈体仁. 全国高校图书馆工作委员会向老馆员颁发证书[J]. 大学图书馆通讯，1985(1)：40.

〔3〕 本刊讯. 全国煤炭高校图书馆工作会议结束[J]. 图书馆通讯，1984(6)：26.

〔4〕 张厚生，李雪. 联机检索技术在图书情报工作中的应用和评价的研究[J]. 东南大学学报(社会科学版)，1999(2)：80－89.

〔5〕 潘汉森，安银海. 这一课上得好——参加省高校图书馆馆长研讨会的收获和体会[J]. 江苏图书馆学报，1985(2)：30－32.

〔6〕 陈乃林，马先阵等. 江苏高等学校图书馆年鉴[M]. 南京：南京大学出版社，1990：298.

〔7〕 张白影. 中国图书馆事业十年[M]. 长沙：湖南大学出版社，1989：658.

11 月 24 日[1] 江苏省高校图工委在南京医学院图书馆召开表彰 30 年以上工作人员大会，江苏省高教局副局长、江苏省高校图工委主任委员胡才基，江苏省政府办公厅科教处副处长王斌泰、南京医学院院长尹立乔、南京大学副校长冯致光出席了会议。会上给受表彰的 51 位获奖者发了题词为“平凡的工作，光荣的岗位”的纪念证和纪念品。胡才基对受表彰同志把自己的知识和精力贡献给高校图书馆事业表示敬意；目前江苏省 50 多所高校图书馆负责人由平均年龄 60.1 岁，大专文化水平占总人数 51%，变成平均年龄 50.9 岁，大专文化水平占总人数的 89%。会后，受表彰的同志与 16 所高校校长、图书馆馆长座谈并合影留念。

12 月 2—8 日[2] 《中国图书馆图书分类法》(简称《中国法》)编委会在南京召开扩大会议，讨论《中图法》三个版本以及第 3 版的修订原则、有关大类体系的重点问题以及进行修改的步骤和方法。

12 月 4—7 日[3] 全国林业院校图书馆工作委员会在北京召开第 1 次会议，来自 11 所高、中等林业院校图书馆的负责人及图工委委员共 18 人参加了会议。林业院校图工委主任辛业江讲话。会议并通过图书馆馆舍及设备的参考标准和中等林业学校图书馆工作条例(草案)。

12 月 10—14 日[4] 江苏省高校图书馆改革座谈会召开，来自全省 70 名代表出席会议，江苏省高教局副局长胡才基到会并讲话。

12 月 22 日[5] 中国矿业学院举行校舍竣工验收典礼，煤炭部部长高扬文为仪式剪彩，中共中央政治局委员、国务委员方毅题词表示祝贺，他的题词是：面向现代化、面向世界、面向未来。中国矿院校舍工程是 1978 年初经国务院批准建设，总投资 1.063 亿元，是全国重点建设项目之一。已建成的校舍总面积为 210 361 平方米，包括 108 栋各类建筑。其中，图书馆藏书 85 万册、阅览座位 1 200 个。中国煤炭进出口公司董事长孔勋、国家计委重点建设一局副局长武维汉、江苏省建委顾问刘登仁、中美国际工程公司总顾问、著名科学家华罗庚，以及全国 140 个单位的代表。高扬文部长在仪式后视察中国矿业学院图书馆，中国矿业学院校长彭世济、图书馆副馆长汪廷安陪同视察。

12 月 24 日[6] 江苏省高校图工委委托华东工学院举办的计算机应用技术培训班开班，学员共 37 人都来自高校图书馆，其中外省 9 人。

---

[1] 江苏省高校图工委秘书处. 江苏省高校图书馆工作委员会表彰卅年以上工作人员[J]. 江苏图书馆学报，1984(4)：68.

[2] 张白影. 中国图书馆事业十年[M]. 长沙：湖南大学出版社，1989：924.

[3] 黄小文. 全国林业院校图书馆工作委员会首次会议在北京召开[J]. 中国林业教育，1985(1)：45.

[4] 全国高校图工委秘书处. 全国高等学校图书馆工作纪事(1984 年)[J]. 大学图书馆通讯，1986(1)：80－82.

[5] 陈中煌. 中国矿院新校舍在徐州落成——高扬文部长为竣工典礼剪彩　方毅同志题词表示祝贺[J]. 煤炭高等教育，1984(2)：2.

[6] 陈乃林，马先阵等. 江苏高等学校图书馆年鉴[M]. 南京. 南京大学出版社，1990：28.

12 月[1] 苏州城市建设环境保护学院图书馆创建。馆舍 1 264 平方米,阅览座位 118 个。1982 年开始筹建,1985 年秋,开始招生。2001 年 9 月,苏州城市建设环境保护学院与苏州铁道师范学院合并成为苏州科技大学。

12 月[2] 河海大学图书馆从国外引进成套缩微制作服务设备。包括有西德 Zeutschel ok - 101 缩微胶卷拍摄机,美国 Bell Howell ABR - 355 胶卷冲洗机,英国 Piospeed 1000 胶卷拷贝机及日本 Comon 缩微阅读复印机。可拍摄原件大到零号图纸,小至 16 开的文本资料,缩微胶片可还原的纸张尺寸为 A2、A3、A4。

是年 春[3],南京航空学院图书馆社会科学组,对学生社科书的阅读倾向,开展阅读辅导,取得较好效果,被评为"江苏省五讲四美三热爱活动先进集体",并出席全省思想政治工作会议。

南京师范大学随园图书馆建成,又称文学图书馆,位于随园校区西山上,建筑面积 5 300 平方米。

年度事件数据:

事业发展[4] 全省普通高等学校数:69 所(本科 35 所,专科 34 所);
本专科在校生人数:9.57 万人;
研究生在校生人数:0.35 万人;
专任教师:2.05 万人。

单位变更 沙洲职业工学院成立,这是全国第一个县级市举办的大学。办学地张家港市,学制大专。

南京师范学院更名为"南京师范大学",建制不变。

南京农学院更名为"南京农业大学",建制不变。

6 月[5],镇江医学专科学校更名为"镇江医学院",升格为本科。

8 月[6],新建省属常州职业师范学院,建制本科,办学地常州。

8 月[7],1982 年成立的无锡职业大学,更名为"江南大学"。11 月创建江南大学图书馆。

11 月[8],华东工程学院更名为"华东工学院",图书馆同时更名。

江苏省扬州水利学校,更名为"江苏水利工程专科学校",图书馆同时更名,

---

〔1〕 陈乃林,马先阵等. 江苏高等学校图书馆年鉴[M]. 南京. 南京大学出版社,1990. 50.

〔2〕 吴东敏. 我校引进的缩微设备投入使用[J]. 河海大学科技情报,1986(1):33.

〔3〕 本刊讯. 高校图书馆事业在改革中前进[J]. 大学图书馆通讯,1985(6):30 - 36.

〔4〕 苏研. 江苏省高等教育简况[J]. 江苏高教,1985(1):111.

〔5〕 陈乃林,马先阵等. 江苏高等学校图书馆年鉴[M]. 南京:南京大学出版社,1990:86.

〔6〕 陈乃林,马先阵等. 江苏高等学校图书馆年鉴[M]. 南京:南京大学出版社,1990:87.

〔7〕 陈乃林,马先阵等. 江苏高等学校图书馆年鉴[M]. 南京:南京大学出版社,1990:95.

〔8〕 南京理工大学. 南京理工大学历史回眸[EB/OL]. [2018 - 12 - 12]. http://www.njust.edu.cn/3629/list.htm.

1992年,并入扬州大学,图书馆亦随之并入扬州大学图书馆[1]。

领导变更　1月,章熙谷[2]出任南京农业大学图书馆馆长[3]。

苏州大学副校长周大炎,不再兼任图书馆馆长,由张炳文副馆长主持工作。

江苏化工学院图书馆副馆长潘健,当选为常州市图书馆学会第二届理事会副理事长[4]。

连云港化学矿业专科学校图书馆副馆长钮惠新,当选为连云港市图书馆学会理事会副理事长[5]。

南通医学院图书馆副馆长袁惠成,当选为南通市图书馆学会第一届理事会副理事长[6]。

---

〔1〕 陈乃林,马先阵等.江苏高等学校图书馆年鉴[M].南京:南京大学出版社,1990:48.

〔2〕 章熙谷(1928—　)上海人,教授,博士生导师,1949年金陵大学农艺系毕业,1984年1月—1990年3月任南京农业大学图书馆馆长,筹建图书情报学系,任主任,1992年,负责筹建澳大利亚政府援建南京农业教育情报中心,出任中方项目主任。作为江苏省高校图书馆的8人代表之一,参加1987年6月召开的第3次全国高等学校图书馆工作会议。

〔3〕 包平.南京农业大学图书馆发展史[M].北京:中国农业出版社,2013:282.

〔4〕 陈乃林,马先阵等.江苏高等学校图书馆年鉴[M].南京:南京大学出版社,1990:298.

〔5〕 陈乃林,马先阵等.江苏高等学校图书馆年鉴[M].南京:南京大学出版社,1990:298.

〔6〕 陈乃林,马先阵等.江苏高等学校图书馆年鉴[M].南京:南京大学出版社,1990:298.

1985 年

1 月[1] 南通纺织工学院建校，本科建制，从 1978 年起，历经南京工学院南通分院(1977 年)、南通工业专科学校(1979 年)和南通纺织专科学校(1980 年)三个阶段。图书馆始建于 1978 年。1995 年 9 月，经国家教委批准，更名为"南通工学院"，2004 年 5 月，并入新组建的南通大学。

1 月 10—12 日[2] 商业部直属高等院校图书馆馆长会议，在天津举行。会议交流各院校图书馆近几年的工作情况。会议议题是研究建立商业部系统高校图书馆的业务协作。会议通过《商业部系统高等院校图书馆协作章程(草案)》并确定 1985 年的协作项目。会议还讨论图书馆的改革和人员培养问题，开设《文献的利用与检索》课程等问题。

1 月 20—21 日[3] 江苏省图书馆学会二届三次常务理事扩大会在南京召开。常务理事、学术工作委员会、编辑出版工作委员会、会刊《江苏图书馆学报》编委会正副主任(正副主编)，南京图书馆研究辅导部负责人，学会专职干部共 27 人出席会议。省学会副理事长吴观国、卢子博主持会议。省学会常务理事、省社联唐茂松传达 1984 年 12 月中国科协工作会议的主要精神。会议研究：① 总结了 1984 年学会的工作；② 学会机构的调整问题；③ 制定 1985 年学会工作计划。

1 月 26—31 日[4] 文化部图书馆事业管理局在南京召开全国图书馆文献复制工作会议。15 个省市图书馆的负责人及缩微技术人员 37 人参加会议，会议产生了全国图书馆文献复制工作协调委员会，正式成立全国图书馆文献缩微复制中心，对外全称为："中华全国图书馆文献缩微复制中心"，(China National Microfilming Center for Library Resources，CNMCLR)。缩微中心设在国家图书馆，工作职责是制定全国公共图书馆文献缩微规划，组织并协调全国公共图书馆开展对馆藏古旧文献和其他需要长期保存文献的抢救工作；下设 4 个组：综合管理组、计划与协调组、摄制与技术服务组和编目与典藏组。

2 月 5 日[5] 江苏省哲学社会科学优秀成果发奖大会，在江苏省委礼堂举行。共有 7 项图书馆学科成果获奖，其中二等奖 1 项，即南京图书馆潘天祯《扬州诗局杂

[1] 陈乃林，马先阵等. 江苏高等学校图书馆年鉴[M]. 南京：南京大学出版社，1990：60.

[2] 惠世荣. 商业部召开直属高校图书馆馆长会议[J]. 大学图书馆学报，1985(4)：18.

[3] 吕秀莲. 江苏省图书馆学会 1985 年上半年大事记[J]. 江苏图书馆学报，1985(3)：84 - 85.

[4] 全国图书馆文献缩微复制中心. 全国图书馆文献缩微复制中心大事记[EB/OL]. (2017 - 01 - 31)[2019 - 01 - 31]. http://www.nlc.gov.cn/newswzx/newswzxzxjj/newswzxdsj/.

[5] 吕秀莲. 江苏省图书馆学会 1985 年上半年大事记[J]. 江苏图书馆学报，1985(3)：84 - 85.

考》；三等奖 6 项，南京航空学院图书馆王可权《从开架实践中谈开架》，无锡市图书馆王元才《书估作伪例析》，华东水利学院图书馆周文逊和南京医学院图书馆吴观国《江苏省高校图书馆采购工作分析研讨》，宜兴县图书馆吴正方《关于图书馆经济效果的标准问题》，南京图书馆钱亚新《我国图书馆学的奠基人——郑樵》，苏州大学潘树广《古典文学文献及其检索》。

3 月[1] 淮阴工业专科学校建校，图书馆正式建馆，学校创办于 1958 年，1962 年停办。1983 年名为淮阴职业大学。1985 年恢复原名，淮阴工业专科学校图书馆 1984 年开始筹建。2000 年 3 月，淮阴职工大学、淮阴工业专科学校、淮阴工业专科学校交通分部、江苏省农垦职工大学合并组建淮阴工学院。

3 月[2] 受全国高等学校图书馆工作委员会秘书处委托，南京大学图书馆举办图书馆微电脑应用技术培训班。参训者是在图书馆工作的电子计算机、数学、电子工程等专业的毕业生或曾从事过应用工作，并有外语基础的图书馆工作人员。培训班教授微电脑的基本原理，掌握中文微电脑的操作系统，COBOL 语言编程，图书馆自动化系统各子系统的结构原理。学期 3 个月，含 1 个月的上机实习。

3 月 23—4 月 1 日[3] 全国高校图书馆工作委员会秘书处在北京大学举办“外文采访工作培训班”，近 50 所院校图书馆的外文采购人员参加学习。

3 月 29—31 日[4] 江苏省教育学院系统图书馆先后在无锡、苏州两地举行第四次协作会议，“江苏教育学院系统图书馆协作组”正式成立，推选苏州教育学院图书馆杨璋明为组长，扬州教育学院图书馆金至良为副组长。

4 月 2 日[5] 江苏省学会和江苏省高校图工委在南京大学图书馆报告厅联合举行报告会，由江苏省学会理事长邱克勤作访问澳大利亚图书馆的报告，南京地区图书馆界 250 多人参加了报告会。

4 月 23—24 日[6] 应江苏省科协邀请，由玛格丽特·克里斯特女士为团长的美国国际人民交流协会图书馆和情报学代表团一行 29 人，来宁进行学术交流。在南京大学作了关于图书馆自动化管理、网络系统、缩微技术的应用等专题学术报告，200 多位图书馆情报工作人员参加报告会，并进行分组座谈、就中美两国图书馆情报界共同关心的问题广泛地交换了意见。访宁期间，外宾们参观南京图书馆、南京大学、华东工学院、南京医学院、紫金山天文台等院校和科研单位图书馆。

5 月 3—8 日[7] 全国中医药图书情报工作会议在北京举行，由卫生部中医研究院图书情报

[1] 陈乃林，马先阵等. 江苏高等学校图书馆年鉴[M]. 南京：南京大学出版社，1990：60.

[2] 江成. 南京大学将举办图书馆微电脑应用技术培训班[J]. 大学图书馆通讯，1985(1)：19.

[3] 邹华享，施金炎. 中国近现代图书馆事业大事记 1872—1987[M]. 长沙：湖南人民出版社，1988：383.

[4] 陈乃林，马先阵等. 江苏高等学校图书馆年鉴[M]. 南京：南京大学出版社，1990：298.

[5] 陈乃林，马先阵等. 江苏高等学校图书馆年鉴[M]. 南京：南京大学出版社，1990：299.

[6] 吕秀莲. 江苏省图书馆学会 1985 年上半年大事记[J]. 江苏图书馆学报，1985(3)：84－85.

[7] 全国中医药图书情报工作会议简况[J]. 中医药信息，1985(3)：1.

中心负责组织筹备，有关研究单位和院校代表、特邀代表，共 100 多人出席。会议成立“全国中医药图书情报工作协作委员会”，通过了委员会章程，研究古医籍的整理计划等问题。

5 月 6—8 日[1] 江苏省图书馆学会、南京师范大学、南京医学院、南京大学、南京工学院、南京农业大学五校协作组，联合举办的南京师范大学夜大学图书馆学专修科招收第三届学员，南京市 250 名在职职工报名。

5 月 6—19 日[2] 苏州大学图书馆举办静电复印机技术培训班。来自上海、江苏、浙江、安徽、河北等地大专院校、科技情报所和机关、企事业单位的学员参加培训。

5 月 13—16 日[3] 江苏省师范专科学校图书馆协作组第一次会议在南通举行，江苏省高校图工委副秘书长王可权参加了会议，参加协作活动的有南通、盐城、镇江、淮阴、苏州、南京、徐州等 7 所师专图书馆的馆长和业务骨干，会上成立“江苏省师专图书馆协作组”，南通师专黄方正、盐城师专姜汉卿分别当选正副组长。

5 月 14—15 日[4] 江苏省中等专业学校图书馆协作委员会成立大会，在南京机器制造学校召开。江苏省图书馆学会副秘书长王可权、钱金虎代表江苏省图书馆学会出席会议，王可权在会上作关于中等专业学校图书馆的管理和改革的报告，钱金虎代表江苏省图书馆学会致辞。全省 100 多所中等专业学校图书馆派代表参加大会。江苏省教育厅职教处负责同志出席了大会并讲了话，省图书馆学会、省高等学校图书馆工作委员会、南京市中学图书馆协作组和浙江省杭州市中专图书馆协作委员会的负责同志也到会祝贺。这次大会，讨论和通过了协作委员会章程，由各市酝酿推荐组成了协作委员会的领导班子。大会决定协作委员会的办公地点设在南京电力学校图书馆。会议期间，代表参观了南京邮电学院图书馆。

5 月 22—25 日[5] 江苏省高校图工委在南京医学院图书馆举办《文献著录标准化》讲座。

6 月 5—8 日[6] 南京大学图书馆和江苏省图书馆学会联合举行报告会，邀请美国纽约州立大学图书馆副馆长钱相女士作“图书馆现代化管理”的报告，200 人到会听讲。5 日，钱相女士先到访苏州大学图书馆并作学术报告。

6 月 6 日—11 日[7] 全国高校图书馆工作委员会与中国科技情报学会在青岛联合召开全国高校“文献检索与利用”课教学研讨和工作会议。来自全国 10 余个省、市、自治区的图书馆界、情报界代表近 70 人参会，交流举办文献检索师资培训班

---

〔1〕 吕秀莲.江苏省图书馆学会 1985 年上半年大事记[J].江苏图书馆学报，1985(3)：84 - 85.

〔2〕 周家森.苏州大学举办静电复印机技术培训班[J].大学图书馆通讯，1985(4)：53.

〔3〕 黄方正.一个协作实体的形成及其发展——江苏省师专图书馆协作组[J].大学图书馆通讯，1987(6)：21 - 22.

〔4〕 于伟周.江苏省中等专业学校图书馆协作委员会在宁成立[J].江苏图书馆学报，1985(3)：86.

〔5〕 陈乃林，马先阵等.江苏高等学校图书馆年鉴[M].南京：南京大学出版社，1990：299.

〔6〕 陈乃林，马先阵等.江苏高等学校图书馆年鉴[M].南京：南京大学出版社，1990：299.

〔7〕 罗丽.加强情报意识　促进教学改革——记全国高校《文献检索与利用》课教学研讨和工作会议[J].大学图书馆通讯，1985(5)：21 - 22.

和开设“文献检索与利用”课的经验，研究讨论文献课教学中存在的师资力量、教材编写、教学组织等问题。教育部高教一司张鸿岳，中国科技情报所副所长王熹和全国高校图书馆工作委员会副秘书长肖自力等出席会议，肖自力作重点发言。

6月13—14日[1] 美国威斯康星大学农业及生命科学图书馆馆长崔德娴女士及副馆长弗雷泽，应邀到南京农业大学图书馆访问，并作学术报告。

6月15日[2] 1980年创刊的《计算机与图书馆》，更名为《现代图书情报技术》，由中国科学院文献情报中心编辑出版。

6月17—18日[3] 江苏省高校图工委召开扩大会议，总结上半年工作，提出下半年的工作打算，邀请南京大学图书馆袁培国，做赴美、日大学图书馆考察的报告，36所高校图书馆的负责人参加了会议。

6月18日 第六届全国人民代表大会第十一次常委会决定，撤销教育部，设立“国家教育委员会”。

6月19日[4] 江苏省图书馆学会活动积极分子许培基、马先阵、吕秀莲，在江苏省哲学社会科学界联合会召开的纪念中国社科联成立55周年大会上受到表彰。

7月[5] 应北京图书馆邀请，联合国教科文组织派遣图书保护专家，英国图书馆图书保护部主任克莱门茨博士，6月10日至7月5日，来华访问讲学。先后在北京、杭州、上海、南京、武汉等地参观访问，实地考察我国的古籍及其他各类型文献的保护工作。

7月[6] 由南京师范大学、南京医学院、南京大学、南京工学院、南京农业大学和江苏省图书馆学会联合举办的南京师范大学夜大学图书馆专业82级的45名学员，经过3年的学习，本月毕业。这是本专业的第二届毕业生。学员来自南京三大系统图书馆、资料室，修完20门必修课，以全班各科总平均84.5分的成绩完成学习任务。

7月5日 国家教委发布〔85〕教理材字007号《印发〈关于加强外国教材引进和改进外国教材中心图书室工作的意见〉的通知》，《意见》增设清华大学（理工科、管理学科）、南京大学（地学、天文学、气象学）、北京农业大学（农科）、北京医学院外国教材中心图书室（医科）四个中心图书室，高等教育出版社外国教材中心图书室（理工基础类）。

7月18—23日[7] 中共中央宣传部和国务院文化部联合召开全国图书馆工作会议，这次会议是中华人民共和国成立以来，继1956年第一次全国图书馆工作会议之后，

---

〔1〕 陈乃林，马先阵，等. 江苏高等学校图书馆年鉴[M]. 南京：南京大学出版社，1990：299.

〔2〕 涂斌. 中国图书馆事业1985年大事记（上）[J]. 图书情报知识，1986(4)：44－47.

〔3〕 陈乃林，马先阵，等. 江苏高等学校图书馆年鉴[M]. 南京：南京大学出版社，1990：299.

〔4〕 吕秀莲. 江苏省图书馆学会1985年上半年大事记[J]. 江苏图书馆学报，1985(3)：84－85.

〔5〕 张白影. 中国图书馆事业十年[M]. 长沙：湖南大学出版社，1989：603.

〔6〕 共心. 南京师范大学夜大学图书馆专业82级学员毕业[J]. 江苏图书馆学报，1985(3)：36.

〔7〕 本刊记者. 发展·困难·改革·再发展——全国图书馆工作会议印象[J]. 图书情报工作，1985(5)：1－3.

时隔 29 年的又一次最重要的图书馆专业会议。各省、市、自治区党委宣传部、政府文化厅(局)的有关负责人,各省、市、自治区高校图书馆工作委员会主任(或秘书长)、图书馆馆长以外,还有国家教委高校图书馆工作委员会,中国科学院出版图书情报委员会的负责同志,以及中国科学院图书馆、中国社会科学院文献情报中心、国防科工委情报研究所、中央党校图书馆、全国地质图书馆、中国医学科学院图书馆、中国农业科学院图书馆的负责人,国家计委、财政部、全国总工会,部分高等院校图书馆学科、系的负责人和新闻工作者的 207 位代表参加会议。

会议的主要任务是讨论和修改《关于加强与改造图书馆工作的意见》(征求意见稿),交流各地各系统图书馆自党的十一届三中全会以来发展情况,及其为四化建设服务和工作改革的经验、存在的问题。江苏省高校图书馆由吴观国出席,他提交的《发展中的江苏高校图书馆》一文,作为大会书面交流材料。南京大学进修生计算机应用实习、南京大学图书馆的书目检索与南京医学院图书馆编制的 30 年医学论文累积索引等 3 幅照片,在会议期间举行的"图书馆事业成就及成果展览"中展出。

7 月—8 月〔1〕 河海大学组织图书情报考察团赴加拿大进行为期 50 天的考察,河海大学图书馆馆长于维忠随团出访,先后访问了加拿大国家图书馆、加拿大科技情报所、多伦多市图书馆及 10 所高校的图书馆。

8 月〔2〕 文化部图书馆局、国家教委基建局、城乡建设环境保护部设计局三个单位在青岛联合召开"《图书馆建筑设计规范》(征求意见修改稿)审查会"。会议邀请国内图书馆界、建筑设计部门、部分省市城市建设主管部门及高等学校、科研单位参加,共有 40 个单位的 57 名代表出席。《图书馆建筑设计规范》是正在编制中的 26 个民用建筑设计规范之一,规范图书馆建筑在安全、卫生和满足功能等方面的最佳限度的技术要求和定额指标。该规范编制完成后,将作为专项技术法规为所有建筑设计人员遵守,并作为考核图书馆建筑设计优劣的主要标准之一,也可供建筑使用部门和建筑管理部门等参考。该规范是由中国建筑西北设计院牵头,湖南省图书馆、陕西省图书馆、武汉大学图书情报学院、南京工学院建筑系四单位参加编制的。

8 月 5—23 日〔3〕 甘肃省高等学校图书馆工作委员会召集《理论图书馆学教程》审稿会,此教材由南开大学、山西大学、中山大学、兰州大学、北京大学分校、华中师范学院、南京工学院、南京大学、杭州大学、黑龙江大学、湘潭大学等 11 个单位联合编写的。1986 年 8 月,由南开大学出版社出版,主编来新夏。

8 月 21 日〔4〕 江苏省图书馆学会召开《江苏省图书馆学会会史》编写座谈会,参加会议的

〔1〕 赴加图书情报考察团,于维忠.加拿大高等学校的图书、情报工作[J].河海大学科技情报,1986(1):1-16.

〔2〕 朱.《图书馆建筑设计规范》审查结束[J].大学图书馆通讯,1985(5):58.

〔3〕 吕秀莲.江苏省图书馆学会 1985 年下半年大事记[J].江苏图书馆学报,1986(1):120-121.

〔4〕 邹华亨,施金炎.中国近现代图书馆事业大事记 1872—1987[M].长沙:湖南人民出版社,1988:392.

有理事长邱克勤、副理事长卢子博、副秘书长王可权、常务理事华彬清、理事严仲仪,会刊《江苏图书馆学报》、专辑常务编辑王学熙、常务编辑顾克恭和学会专职干部吕秀莲等8人。邱克勤主持会议,传达江苏省科协苏科协发学字〔85〕105号《关于编写省级学会、协会、研究会基本史料的通知》精神,会议主要研究《会史》的编写方案和执笔人的问题。

9月[1] 南京大学图书馆学系首届第二学士学位班开学,学生14人,分别来自理工农医的专业,并已获得第一学士学位。

9月[2] 华东工程学院在该院工程管理系设科技情报专业,并招收首届本科生,学制4年。

9月9日[3] 北京大学图书馆学系函授站首次在我省招收的五年两段制函授生开学面授辅导。与往届相比,招生与学制均有重大改革。招生工作放宽报考条件,扩大招生范围,改变了考试办法。函授教育学制的改革,把培养单一专科生,改为专科、本科相结合,由3年学制改为5年,分两个阶段进行。

9月23日—10月15日[4] 江苏省高校图工委委托南京航空学院图书馆举办工科院校文献检索与利用课程师资班,学员27名。

9月26日[5] 国家教委高教一司印发〔85〕教高一司字065号《〈关于改进和发展文献课教学的几点意见〉的通知》。

9月30日[6] 南京工学院图书馆开发的"图书流通管理系统"在南京通过鉴定,系统是在紫金Ⅱ型微型计算机上开发的。系统可以存储读者的借阅信息,并进行管理,具有借书、还书、续借、借书证挂失、解挂、统计、打印催还单、过期罚款等功能,系统采用提问应答方式,操作简单,使用方便。该系统是实时系统,具有一定判错能力。

10月[7] 经国家科技进步奖评审委员会评定,由北京图书馆、中国科技情报研究所主持编制的《中国图书馆图书分类法》及其各个版本和《汉语主题词表》分别获一等奖和二等奖。

10月4—5日[8] 江苏省高校图工委在南京医学院图书馆召开扩大会议,有35所高校的40名代表参加了会议,吴观国传达了全国图书馆工作会议的精神,并布置下半年的工作。

10月9日[9] 国务院批准文化部和前国家出版局提交的《关于我国加入国际连续出版物

---

〔1〕 陈乃林,马先阵等.江苏高等学校图书馆年鉴[M].南京:南京大学出版社,1990:300.

〔2〕 陈乃林,马先阵等.江苏高等学校图书馆年鉴[M].南京:南京大学出版社,1990:300.

〔3〕 葛家瑾.北大图书馆学系首次招收"五年两段制"函授生[J].江苏图书馆学报,1985(3):87.

〔4〕 陈乃林,马先阵等.江苏高等学校图书馆年鉴[M].南京:南京大学出版社,1990:300.

〔5〕 国家教委.国家教委高教一司印发《关于改进和发展文献课教学的几点意见》的通知(85)教高一司字065号[EB/OL].[2017-08-22].https://www.lawxp.com/statute/s1050671.html.

〔6〕 李长宁.南工研制成"图书流通管理系统"[N].新华日报,1985-09-30.

〔7〕 张白影.中国图书馆事业十年[M].长沙:湖南大学出版社,1989:933.

〔8〕 陈乃林,马先阵等.江苏高等学校图书馆年鉴[M].南京:南京大学出版社,1990:300.

〔9〕 谈金铠.谈谈ISDS国际中心和中国国家中心[J].国家图书馆学刊,1989(2):57-58.

数据系统(ISDS)的报告》,11 月,ISDS 中国国家中心成立,中心设在北京图书馆,受国家新闻出版署和北京图书馆的双重领导。

10 月 15 日[1] 江苏省图书馆学会和江苏省高校图工委联合接待了由玛利·派斯汀女士率领的美国科学交流协会高校图书馆代表团一行 24 人。该团是应中国科协邀请在江苏省科协的安排组织下来宁进行学术交流。上午,在南京大学参观南京大学图书馆和图书馆学系,并举行座谈会,会议由江苏省图书馆学会副秘书长、南京大学图书馆副馆长马先阵主持。下午,江苏省图书馆学会秘书长王林西陪同参观南京图书馆并举行座谈。

10 月 18—19 日[2] 江苏省教育学院系统图书馆协作组,在扬州教育学院图书馆举行第五次会议,11 所教育学院图书馆的代表 20 人出席了会议。

10 月 27—28 日[3] 江苏省图书馆学会在南京大学图书馆召开二届三次理事会议,出席这次会议的理事 37 人,14 名理事请假。名誉理事、图书馆界的老前辈钱亚新、卢则文、陆修栋三位同志参加会议。会议由副理事长吴观国、卢子博轮流主持,主要研究讨论:① 理事长邱克勤作了省学会“二大”以来的工作报告;② 学术工作委员会、编辑出版工作委员会、教育工作委员会分别汇报了一年来的工作情况和 1986 年的工作打算;③ 副秘书长王可权汇报了省学会会史的编写情况;④ 学术工作委员会主任许培基汇报了参加全国学会学术会议的有关情况;⑤ 常务理事、省社联学会部负责人唐茂松传达了省社联对学会工作的有关精神;⑥ 会议同意华东水利学院图书馆伍玉贤因年迈,不再担任学会理事和常务理事的请求;同时会议通过南京图书馆副馆长孔宪楷、华东水利学院图书馆馆长于维忠、南京大学图书馆学系教师倪波三人为学会理事,并增补孔宪楷、于维忠为常务理事;⑦ 会议根据编辑出版工作委员会的需要,通过该委会提出的调整机构成员方案;⑧ 会议还根据常务理事会的提议,追认了省学会“二大”以后新调整的“三委会”。

10 月 28 日[4] “兵器工业部所属高等院校情报网”成立大会在华东工学院召开,兵器工业部 210 所、北京工学院、长春光学精密机械学院、沈阳工业学院、西安工业学院和华东工学院的代表出席大会。大会特邀上海市高技情报网网长单位,上海第一医学院、华东师范大学以及江苏省科技情报研究所,以及南京大学、南京航空学院、华东水利学院的代表参加会议。会议通过情报网章程和会议纪要,推选华东工学院和北京工学院、长春光学精密机械学院为正、副网长单位。华东工学院副院长曲作家出席闭幕式并致辞。

11 月[5] 《中医药图书情报工作》创刊出版,由全国中医药图书情报工作协作委员会主办。

---

〔1〕 吕秀莲.江苏省图书馆学会 1985 年下半年大事记[J].江苏图书馆学报,1986(1):120-121.

〔2〕 陈乃林,马先阵等.江苏高等学校图书馆年鉴[M].南京:南京大学出版社,1990:301.

〔3〕 吕秀莲.江苏省图书馆学会 1985 年下半年大事记[J].江苏图书馆学报,1986(1):120-121.

〔4〕 徐明忠.部属高等院校情报网成立[J].兵工情报工作,1985(2):39-44.

〔5〕 邹华亨,施金炎.中国近现代图书馆事业大事记 1872—1987[M].长沙:湖南人民出版社,1988:403.

11月11—15日[1] 全国中医药图书分类法研讨会，在山东济南召开，共收到学术论文29篇。

11月11—16日[2] 中国高等医药院校图书馆协会成立大会，在湖南医学院隆重召开。出席会议的有来自全国74所高等医药院校的正式代表78人，特邀代表13人。卫生部科教司高教处副处长胡尚一、全国高校图工委副秘书长肖自力参加会议。通过协会章程，推选中国协和医科大学图书馆为主任委员馆、北京医科大学图书馆、中国医科大学图书馆、南京医学院图书馆和湖南医学院图书馆为副主任委员馆。委员会下设人才建设、馆藏建设、教学工作、情报服务，现代化建设5个专题活动小组。南京医学院图书馆馆长吴观国，当选协会副主任委员。卫生部科教司高教处副处长胡尚一在会议的开幕和闭幕式作重要讲话。

11月11日[3] 国家教委办公厅发布〔85〕教高一厅字011号《批转全国高校图工委秘书处〈对使用文科进口图书专款订购图书工作进行评估的意见〉》。

11月14日[4] 中国科学院院长办公会议研究，为了实行图书、情报工作一体化，加强科技情报工作以适应当今科技工作发展的需要，有利于沟通国内外科技情报部门的交往渠道，决定将"中国科学院图书馆"改名为"中国科学院文献情报中心"，其英文名称为"The Documentation and information Centre of the Chinese Academy of Sciences"。考虑到中国科学院图书馆已在国内外享有声誉，在同国内外图书馆联系时，保留使用"中国科学院图书馆"的名称。

11月15—16日[5] 中国农业图书馆协会委员馆会议在北京召开，21个委员馆代表出席会议。

11月17—30日[6] 1985年度CUJA磁带数据工作研讨班，在南京医学院举行，研讨班由清华大学CUJA磁带研制组和南京医学院受国家教委科技司委托联合承办，来自全国20个省、市、自治区的41所医学院校及部分院外科研情报单位的代表共61人参加研讨班。CUJA项目负责人万锦堃介绍研制工作的最新进展。

11月21—24日[7] 江苏省高校图书馆藏书建设研讨会，在无锡轻工业学院召开。全省42所高校图书馆的馆长、采访人员共56人参会。无锡市图书馆学会秘书长程光雄、无锡轻工业学院副院长丁霄霖出席会议并讲话。代表们认为河海大

---

〔1〕 邹华享，施金炎. 中国近现代图书馆事业大事记1872—1987[M]. 长沙：湖南人民出版社，1988：400.

〔2〕 相南. 全国高等医药院校图书馆会议在湖南医学院召开[J]. 高校图书馆工作，1986(1)：84.

〔3〕 张白影. 中国图书馆事业十年[M]. 长沙：湖南大学出版社，1989：933.

〔4〕 白. 中国科学院图书馆改名为中国科学院文献情报中心[J]. 大学图书馆通讯，1986(2)：6.

〔5〕 邹华享，施金炎. 中国近现代图书馆事业大事记1872—1987[M]. 长沙：湖南人民出版社，1988：401.

〔6〕 学报编辑室. 中国高校学报论文文摘(英文磁带版)CUJA磁带数据工作研讨班在南京举行[J]. 江西医学院学报，1986(1)：97.

〔7〕 小痴. 江苏省高校图书馆藏书建设研讨会在无锡召开[J]. 江苏图书馆学报，1985(4)：86.

学周文逊提出的教育体制改革与图书需求预测的问题，有预见性，应当及早为此准备，以适应改革的需要。代表们对藏书体系、结构、模式和建立图书馆协作网，进行藏书的分工协作，书刊采购的协调，建立地区贮备书库，调配处理各馆剔旧书刊等问题，探讨了其实现的可行性。代表们还对藏书建设中的统计表格，逐项进行研究，针对理、工、医、农、文及综合性等各高校图书馆的专业需要，提出了各自对统计表项目、分类的意见。南京航空学院图书馆探索运用微机进行西文图书预订、查重、验收工作受到代表们的关注，并提出进一步的业务需求。

江苏省图书馆学会、江苏省高校图工委副秘书长王可权到会做总结，他指出：从宏观讲，国家、省、地区的藏书体系结构都有它的特定模式。从微观讲，高校图书馆，根据图书馆为教学、科研服务的需要，在藏书体系、结构上，也各自有它的最佳模式。但由于藏书的体系结构，是受学制、科系、师生人数、教师的学术和教学水平、学校专业设置，所涉及的学科在国内外学术活动情况及其期刊出版、发行情况等方面的制约，受图书馆的馆舍、设备、服务手段、出刊的分散与集中等的制约，一个馆的模式就很难完全被复制。单个馆的藏书模式，还将随学校的发展、国家文化教育事业的发展、科学技术的发展而不断地变化而发展。王可权还谈到图书馆协作网的建设，党的十一届三中全会后，南京中心图书馆委员会恢复工作，继续组织编辑出版外文图书联合目录，其他工作尚未得到恢复。

11 月 26—28 日[1] 江苏省图书馆学会和南京大学图书馆、南京大学图书馆学系在南京大学图书馆报告厅联合举行报告会三场。邀请荷兰大学汉语研究院图书馆馆长马大任，作关于图书馆科学管理的学术报告。报告会分别由江苏省图书馆学会理事长邱克勤、南京大学图书馆学系副主任徐竹生[2]、南京大学图书馆副馆长刘仲明轮流主持。在宁的高等院校图书馆、公共图书馆、科研单位图书馆及扬州师范学院图书馆代表和南京大学图书馆学系学生 500 多人听了报告。

11 月[3] 南京大学图书馆设计的“激光条形码中文图书流通”“西文期刊管理及西文图书采购管理系统”，在山东省济南市举行的“全国 IBM 微机用户协会首届应用软件评审交易会”上，分别荣获优秀软件三等奖。

12 月 1—3 日[4] 江苏省图书馆学会在华东工程学院举行图书情报工作现代化学术研讨会。会议由学术工作委员会副主任魏耀文主持。江苏省图书馆学会理事长邱

---

〔1〕 吕秀莲. 江苏省图书馆学会 1985 年下半年大事记[J]. 江苏图书馆学报，1986(1)：120 - 121.

〔2〕 徐竹生(1931—2018)，江苏省海安人，1954 年，毕业于南京大学外文系，长期从事俄语、英语教学，1982 年起从事图书馆学、情报学教学与研究，曾任南京大学文献情报学系副主任、教授，著有《未来图书馆学》《英语单词记忆法》《未来全球信息系统》等。

〔3〕 南京大学图书馆. 激光条形码计算机中文图书流通管理系统(NDTLT)研制报告[J]. 江苏图书馆学报，1986(3)：63 - 66.

〔4〕 会议要闻. 江苏省首届图书情报工作现代化学术研讨会在宁召开[J]. 江苏图书馆学报，1986(1)：118.

克勤、华东工程学院副院长曲作家参加开幕式并讲话。参加会议的有来自全省 37 个图书、情报单位的代表共 62 人。整个会议分三阶段进行。学术交流,有 13 位代表在会上宣讲了他们的论文。参观南京大学、南京工学院图书馆和华东工程学院,参观前先由三所学校图书馆(部)负责人报告各自实施图书馆现代化、自动化的工作情况,然后分组实地观看他们在微机上研制的图书流通、采购,文献检索自动化系统,先进的缩微复制设备,国际联机检索的实际操作表演。江苏省图书馆学会副秘书长钱金虎作总结发言。

12 月 6—12 日[1] 江苏省高校图工委在南通师范专科学校图书馆,召开江苏省高校图书馆期刊工作研讨会,47 人参加会议。

12 月 11—16 日[2] 江苏省图书馆学会在苏州市举办图书分类法研讨班,江苏省三大系统图书馆的 59 人参加研讨会。

12 月 13 日[3] 江苏省图书馆学会在南京图书馆召开编写《江苏省图书馆学会会史》座谈会。会议由负责起草江苏省图书馆学会《会史》第一稿的江苏省图书馆学会副秘书长王可权主持。参加会议的有理事长邱克勤、副理事长卢子博、吴观国,副秘书长马先阵、钱金虎、朱斐,理事严仲仪、学会专职干部吕秀莲等 8 人。与会者肯定第 1 稿的内容与结构,并提出修改补充意见[4]。

12 月 16 日[5] 美国罗萨里图书情报研究学院院长李志钟教授,受邀到访苏州大学图书馆,并作"美国的咨询服务和美国图书馆业务的'四化'"的学术报告。

12 月 18 日[6] 江苏省图书馆学会在南京图书馆二楼报告厅举行学术报告会,邀请中宣部出版局图书馆处副处长陈源蒸,作"关于图书馆的发展趋势"的学术报告。江苏省图书馆学会理事长邱克勤主持会议。南京地区高等院校图书馆、公共图书馆、科研系统、中专、中学图书馆很多单位的领导同志都参加了会议,共 200 多人听了报告。

是年[7] 南京大学图书馆学专修科正式升格为本科,更名为"南京大学图书馆学系",招收本科生,副系主任邹志仁、徐竹生。

苏州丝绸工学院图书馆,获纺织工业部教育司颁发的"基础工作成绩显著"奖旗。

---

〔1〕 陈乃林,马先阵等. 江苏高等学校图书馆年鉴[M]. 南京:南京大学出版社,1990:301.

〔2〕 邹华享,施金炎. 中国近现代图书馆事业大事记 1872—1987[M]. 长沙:湖南人民出版社,1988:404.

〔3〕 涂斌. 中国图书馆事业 1985 年大事记(下)[J]. 图书情报知识,1987(5):47 - 52.

〔4〕 吕秀莲. 江苏省图书馆学会 1985 年下半年大事记[J]. 江苏图书馆学报,1986(1):120 - 121.

〔5〕 苏州大学图书馆. 世纪鸿影—苏州大学图书馆发展实录[M]. 苏州:苏州大学图书馆,2006:109.

〔6〕 吕秀莲. 江苏省图书馆学会 1985 年下半年大事记[J]. 江苏图书馆学报,1986(1):120 - 121.

〔7〕 南京大学信息管理学院. 南京大学信息管理学院概况[EB/OL]. [2018 - 12 - 11]. http://im.nju.edu.cn/content.do? mid=2&mmid=21.

年度事件数据：

事业发展[1]　全省普通高等学校数：70 所；
本专科在校生人数：11.96 万人；
研究生在校生人数：0.54 万人；
专任教师：2.3 万人。

单位变更　9 月[2]，常州职业师范学院开始招生。
9 月[3]，苏州城市建设环境保护学院正式成立，开始招生。
南京林学院更名为"南京林业大学"，建制不变。
江苏盐业学校、连云港水产学校、连云港化工高等专科学校，合并组建"淮海工学院"，建制本科，办学地连云港市。
华东水利学院更名为"河海大学"，建制不变。

领导变更　5 月[4]，盐城师专图书馆馆长姜汉卿，当选为盐城市图书馆学会理事会副理事长。
6 月[5]，中国矿业大学图书馆汪廷安，当选为徐州市图书馆学会第二届理事会副理事长。
中国矿业大学图书馆情报室主任张瑞鹤，当选为徐州市科技情报学会第二届理事会副理事长[6]。
南通医学院图书馆副馆长宋慰祖、南通师范专科学校图书馆馆长黄方正，当选为南通市图书馆学会第三届理事会副理事长[7]。
扬州师范学院图书馆薛瑞庭，当选为扬州市图书馆学会理事会副理事长[8]。

---

〔1〕 江苏省教育志编委会. 朱轸. 江苏高校变迁[M]. 南京：江苏省教育委员会，1989：51.
〔2〕 陈源蒸，张树华等. 中国图书馆百年纪事. 1840—2000[M]. 北京：北京图书馆出版社，2004：279.
〔3〕 陈源蒸，张树华等. 中国图书馆百年纪事. 1840—2000[M]. 北京：北京图书馆出版社，2004：279.
〔4〕 陈乃林，马先阵等. 江苏高等学校图书馆年鉴[M]. 南京：南京大学出版社，1990：299.
〔5〕 陈乃林，马先阵等. 江苏高等学校图书馆年鉴[M]. 南京：南京大学出版社，1990：300.
〔6〕 陈乃林，马先阵等. 江苏高等学校图书馆年鉴[M]. 南京：南京大学出版社，1990：301.
〔7〕 陈乃林，马先阵等. 江苏高等学校图书馆年鉴[M]. 南京：南京大学出版社，1990：301.
〔8〕 陈乃林，马先阵等. 江苏高等学校图书馆年鉴[M]. 南京：南京大学出版社，1990：301.

1986 年

1 月[1]　南京工学院建筑系编写的《中小型公共图书馆建筑设计方案图集》，由书目文献出版社出版。

1 月[2]　全国高校图书馆工作委员会秘书处发出通知，要求各省市高校图工委成立高校图书馆建筑咨询小组。切实贯彻新时期建设现代化的图书馆馆舍的指导思想：从实际出去，面向现代化、面向世界、面向未来。

1 月 11 日　中国图书馆学会会员、江苏省图书馆学会名誉理事、九三学社成员、南京大学图书馆外文采编组原组长、副研究馆员陆修栋[3]，在南京逝世，享年 79 岁。

1 月 11—17 日[4]　江苏省图书馆学会和南京图书馆在南京联合举办文献主题标引培训班。参加培训的有全省高等院校、科研单位和公共图书馆的学员 18 名。南京农业大学图书馆侯汉清、南京图书馆刘永定任主讲教师，分别讲授“主题标引概论”“《汉语主题词表》简介”“标引工作中的若干问题”和“文献标引的类型及方法”“标引的步骤与规则”“主题目标的组织”等课程。南京图书馆全勤担任实习指导老师。

1 月 15—28 日[5]　根据国家教委〔85〕教高一厅 11 号文件的精神，江苏省高校图工委组织“文科专款订购进口图书互检小组”，王可权为组长，对南京艺术学院、南京师范大学、南京大学、扬州师范学院、苏州大学、徐州师范学院等 6 所学校的专款订购进口图书的情况进行检查评估。检查各单位订购工作、账册报表、到书周期、宣传报道、借阅条件和进口图书的使用效益。检查组对进口图书的集中与分散、藏书建设的分工协作、新书通报的交换、馆际借阅和优惠复印、协作组织建立等提出意见。

1 月 21—22 日[6]　江苏省师专图书馆协作组第二次协作会议，在苏州师范专科学校召开。全省 7 所师专图书馆的代表参加会议，会议由江苏省师专图书馆协作组组长

---

〔1〕 邹华享，施金炎. 中国近现代图书馆事业大事记 1872—1987[M]. 长沙：湖南人民出版社，1988：407.

〔2〕 朱强. 从实际出发，“三个面向”——高校图书馆建筑研讨会纪实[J]. 大学图书馆通讯，1986(5)：34.

〔3〕 陆修栋(1907—1986)，江苏省昆山人，早年求学于江苏省立第四中学文科部，毕业后曾在本县乡间小学担任教师。1930 年到清华大学图书馆工作，后在江苏省立教育学院、浙江大学、前中央政治大学、华东人民革命大学南京分校、南京市干部学校等高校图书馆担任中外文图书采访、分类、编目、流通、参考阅览等工作。曾任江苏省图书馆学会第 1 届学术委员会副主任。

〔4〕 吕秀莲. 江苏省图书馆学会 1986 年上半年大事记[J]. 江苏图书馆学报，1986(3)：98 - 99.

〔5〕 王可权. 评估文科专款订购进口图书工作活动中所联想到的几个问题[J]. 江苏图书馆学报，1986(2)：7 - 11.

〔6〕 陈乃林，马先阵等. 江苏高等学校图书馆年鉴[M]. 南京：南京大学出版社，1990：302.

黄方正主持，讨论 1986 年的工作计划。

1 月 24 日[1] 中共中央、国务院转发中发〔1986〕3 号文件《〈关于改革职称评定、实行专业技术职务聘任制度的报告〉的通知》。启动专业技术人员管理制度的重大改革工作。

1 月 24 日[2] 国家教委批准南京农业大学设立“农业图书情报专业”，学制四年，是年秋季开始向全国招收本科生。

2 月[3] 东南大学图书馆新馆正式启用，建筑面积 11 200 平方米，新老馆共 12 000 平方米，阅览座位 1 120 个。藏书突破 100 万册。

2 月 5 日 中国共产党党员、苏州医学院原寄生虫学教研室主任、图书馆馆长杨汝杰教授[4]，在苏州逝世，享年 73 岁。

2 月 18 日[5] 国务院发布国发〔1986〕27 号文《国务院关于发布〈关于实行专业技术职务聘任制度的规定〉的通知》。

2 月 25—28 日[6] 全国各省、市、区高等学校图书馆工作委员会秘书长会议在北京举行。全国 29 个省、市、区的秘书长或代表及记者共 44 人出席会议。会上对高校图工委成立以来高校图书馆的工作进行总结，中央顾问委员会委员、全国高校图工委主任周林、国家教委副主任彭珮云，全国高校图工委副主任王岳、庄守经，国家教委高教一司司长夏自强、副司长蒋妙瑞等出席会议。会议由庄守经和肖自力分别主持，周林出席开幕式并讲话。周林肯定 1981 年全国高校图书馆工作会议以来，全国和各地高校图工委的工作，为教学科研服务所取得的成绩，重申高校图书馆在教学科研工作中的作用。肖自力总结高校图书馆事业 5 年来的进展，指出今后要继续推进图书馆的改革：① 抓思想观念的转变；② 抓管理改革；③ 抓立法；④ 抓规划、定奋斗目标；⑤ 抓队伍建设；⑥ 抓协作协调和整体建设；⑦ 抓工作评估和成果评奖；⑧ 抓对外交流。会议期间，彭珮云两次到会，听取代表们对高校图书馆工作和图书资料人员职称的意见，并于 2 月 27 日上午到会作重要讲话。

3 月[7] 文化部图书馆事业管理局，委托南京工学院建筑系编制的《中小型公共图书馆建筑设计方案图集》，在北京由书目文献出版社出版。

---

〔1〕 郭锡龙．图书馆暨有关书刊管理法规汇览[M]．北京：中国政法大学出版社，1995：195.

〔2〕 陈乃林，马先阵等．江苏高等学校图书馆年鉴[M]．南京：南京大学出版社，1990：302.

〔3〕 陈乃林，马先阵等．江苏高等学校图书馆年鉴[M]．南京：南京大学出版社，1990：42.

〔4〕 杨汝杰(？—1986)，教授、中国共产党党员、苏州医学院原寄生虫学教研室主任、图书馆馆长，1979—1982 年任苏州医学院图书馆馆长，他创建苏州医学院寄生虫学教研室，并第一个在江苏东台发现钉螺和血吸虫病。他留下遗嘱，捐献遗体供科学研究之用，其骨骼制成的骨架标本，病灶器官标本均保留在苏州大学医学院供教学科研，受到后人的尊敬。2006 年 4 月 15 日，苏州大学在独墅湖校区举行杨汝杰教授逝世 20 周年纪念仪式。他是苏州教师遗体捐献的第 1 人，全国医学教授第 2 人。

〔5〕 郭锡龙．图书馆暨有关书刊管理法规汇览[M]．北京：中国政法大学出版社，1995：201.

〔6〕 朱强．全国高校图书馆工作委员会秘书长会议在北京召开[J]．图书馆学通讯，1986(2)：31.

〔7〕 南京工学院建筑系．中小型公共图书馆建筑设计方案图集[M]．北京：书目文献出版社，1986：155.

3 月[1] 全国文科专款订购进口图书专家评估组对在南京的三所高校(南京艺术学院、南京师范大学、南京大学)进行复查验收,受检高校的工作得到专家组的好评。

3 月 14—16 日[2] 华东地区高校图书馆工作委员会第一次协作会议在南京召开。华东六省一市高校图工委代表 21 人参加会议,经协商成立华东六省一市高校图书馆工作委员会协作组。制订 1986 年协作计划,推选江苏省高校图工委为第 1 任组长单位,任期 1 年。

3 月 25—27 日[3] 江苏省高校图工委在南京召开扩大会议,秘书长吴观国传达 2 月 25 日—29 日在北京召开的全国各省高校图工委秘书长会议,华东地区高校图书馆工作委员会第 1 次协作会议的精神,研究安排 1986 年工作,41 所高校图书馆的 44 位馆长参加了会议。

3 月中—4 月 7 日[4] 全国高校图工委秘书处根据教委文件《对使用文科进口图书专款订购图书工作进行评估的意见》的精神,组织文科专款购书工作组,分为四个小组,到全国 8 个省市 53 所受益院校进行了检查评估。4 月 8 日至 12 日,在北京对文科专款办公室的工作进行评估,汇报讨论各地的工作情况,写出评估报告,全国 90 多所受益院校均提交自评报告。

4 月[5] ISDS 中国国家中心接受 ISDS 国际中心主任的邀请,参加在巴黎召开的 ISDS 第六次全体大会,会上联合国教科文组织的官员宣布中华人民共和国接受 ISDS 章程,正式参加 ISDS,中国代表以正式成员参加第 6 次大会,并选入理事会。

4 月[6] 南京大学图书馆技术部研制的"激光条形码计算机中文图书流通管理系统"(NDTLT),在南京大学图书馆中文语言文字类借书处投入使用,系统共存储读者数据 1.3 万条,日平均借还图书 600 册次,最高峰达 1 200 册次,借还书的平均处理时间为 3—4 秒。系统在 IBM PC/XT,采用 dBaseⅡ开发,单用户系统。系统在国内首次采用便携式激光条形码阅读器(美国 Intermec 公司的产品),并在国内最早自行研发多种条形码打印软件,在普通的针式打印机上生产制作条形码,降低了条形码标签制作成本。

4 月 14 日[7] 江苏省图书馆学会召开编写《江苏省图书馆学会会史》定稿座谈会。这次座谈会主要是征求图书馆界的老前辈,南京图书馆名誉馆长,江苏省图书馆学会名誉理事长汪长炳对《江苏省图书馆学会会史》初稿的意见,会议在

---

〔1〕 陈乃林,马先阵等. 江苏高等学校图书馆年鉴[M]. 南京:南京大学出版社,1990. 30.

〔2〕 施星国. 华东地区高校图书馆工作委员会第一次协作会在南京召开[J]. 江苏图书馆学报,1986(6).

〔3〕 陈乃林,马先阵等. 江苏高等学校图书馆年鉴[M]. 南京:南京大学出版社,1990:302.

〔4〕 全国高校图工委秘书处. 全国高等学校图书馆工作纪事(1986 年)[J]. 大学图书馆学报,1987(5):80-82.

〔5〕 谈金铠. 谈谈 ISDS 国际中心和中国国家中心[J]. 国家图书馆学刊,1989(2):57-58.

〔6〕 倪波,黄俊贵. 图书馆自动化入门[M]. 北京:书目文献出版社,1991:130.

〔7〕 吕秀莲. 江苏省图书馆学会 1986 年上半年大事记[J]. 江苏图书馆学报,1986(3):98-99.

汪长炳家中召开。参加会议的有江苏省图书馆学会理事长邱克勤、秘书长王林西、副秘书长王可权、理事严仲仪、吕秀莲和《江苏图书馆学报》常务副主编王学熙等 7 人就修订《江苏省图书馆学会会史》初稿交换意见。

4 月 15—18 日[1] 江苏省职称改革工作会议召开，全省职称改革先在事业单位中进行若干系列的专业技术职称聘任工作，各系列、各地区的职称改革工作，都要在试点的基础上，经过批准逐步展开。

4 月 14 日至 5 月 11 日[2] 国家教委委托南京医学院图书馆，负责举办全国第 1 期全国高等医药院校图书馆馆长研讨班，共 42 人参加了学习。

4 月 20 日[3] 江苏省高校图工委成立“高校图书馆建筑咨询小组”，有成员 6 人，南京大学图书馆马先阵任组长，组员有丁大可(南京粮食经济学院图书馆)等人。

4 月 21 日[4] 全国煤炭系统高等学校图书馆第二次采访工作研讨会，在山东矿业学院图书馆召开。会议议题是交流藏书建设的成绩和经验，存在的问题及其解决办法。提高和评估藏书质量，加强馆际图书采购协调。中国矿业学院图书馆派员参加会议。

4 月 23—25 日[5] 江苏省教育学院系统图书馆协作组，在连云港教育学院图书馆召开第六次会议。

4 月 23—24 日[6] 清华大学图书馆研制的我国高等院校的第一个文献数据库—中国高等院校学报文摘(英文磁带版)- CUJA 磁带文献库通过技术鉴定。技术鉴定委员会对该数据库的实用性、科学性和技术路线予以肯定。

5 月 8—14 日[7] 全国中医药图书情报协作委员会在四川成都召开中医药图书情报工作研讨会，与会者就中医药图书情报的管理体制、组织机构、图书情报工作一体化、信息网络、设备经费等问题进行探讨和交流。

5 月 16—23 日[8] 南京航空学院图书馆邀请英国曼彻斯特科技学院图书馆馆长 M. P. Day 来该院做短期访问，并举行三次报告会，访问期间参观了南京大学图书馆和南京图书馆。

5 月 20—25 日[9] 全国高校图工委秘书处在沈阳东北工学院召开高校图书馆建筑研讨会，除高校图书馆的代表，还邀请了国家教委基建局、文化部图书馆局，以及建筑设计、教学部门的同志。代表们认为在新时期，建设现代化图书馆应遵循

---

[1] 中共江苏省委宣传部. 江苏改革开放 30 年大事记[M]. 北京：中央文献出版社，2008：24.

[2] 陈乃林，马先阵，等. 江苏高等学校图书馆年鉴[M]. 南京：南京大学出版社，1990：302.

[3] 陈乃林，马先阵，等. 江苏高等学校图书馆年鉴[M]. 南京：南京大学出版社，1990：302.

[4] 本刊讯. 1985—1986 年高校图书馆活动简讯[J]. 大学图书馆通讯，1986(04)：58 - 59.

[5] 陈乃林，马先阵，等. 江苏高等学校图书馆年鉴[M]. 南京：南京大学出版社，1990：303.

[6] 全国高校图工委秘书处. 全国高等学校图书馆工作纪事(1986 年)[J]. 大学图书馆学报，1987(5)：80 - 82.

[7] 邹华享，施金炎. 中国近现代图书馆事业大事记 1872—1987[M]. 长沙：湖南人民出版社，1988：413.

[8] 陈乃林，马先阵，等. 江苏高等学校图书馆年鉴[M]. 南京：南京大学出版社，1990：303.

[9] 朱强. 从实际出发，“三个面向”——高校图书馆建筑研讨会纪实[J]. 大学图书馆通讯，1986(5)：34.

宁缺勿急、方便适用、创新、节约、整体效益等原则。马先阵作为江苏省的代表参加了会议。自全国高校图工委与1986年1月发出通知，要求各地高校图工委成立建筑咨询组以来，已有18个省市图工委成立了咨询组。

5月26日[1] 江苏省高教局发出高教〔86〕35号文件《关于在全省高校开展图书馆工作检查评比表彰先进活动的通知》，并转发了省高校图工委《关于在全省高校开展图书馆工作检查评比表彰先进活动的意见》。

5月28日—6月1日[2] 我国首届"图书馆学、情报学青年学者研讨会"在武汉大学举行，江苏省南通师专钱健、张天俊、江苏水利工程专科学校图书馆王正兴[3]、南京农业大学农业图书情报专业李守素、南京大学图书馆学系黄奇、杨晓君等人的论文入选并出席会议。

5月31日—6月4日[4] 水利电力系统高校图书馆第1次协作会议。在南京市河海大学召开，全国14所水电院校图书馆的26位代表参加会议。全国高校图工委副秘书长肖自力、江苏省高校图工委秘书长、南京医学院图书馆馆长吴观国，水电部教育司高教处处长武韶英、水电部科技情报所文献处副处长姚雪英、河海大学党委书记李法顺、校长左东启、副校长解启庚到会并讲话。会议期间，代表听取肖自力关于当前高校图书馆形势和发展趋势的报告，河海大学图书馆馆长于维忠做出访加拿大的汇报。会议通过《水利电力系统高校图书馆协作章程》，成立协作组，河海大学图书馆被推选为组长单位，任期2年。

6月2日[5] 江苏省图书馆学会在南京图书馆召开省学会理事长、秘书长联席会议。出席会议的有理事长邱克勤、副理事长卢子博、袁任、吴观国，秘书长王林西，副秘书长王可权、马先阵、钱金虎、朱斐等9位同志。副理事长孟君孝因事请假。南京图书馆研究辅导部负责人梁淑芬和省学会专职干部吕秀莲列席会议。会议主要研究了省学会二届理事会换届的有关事宜；第4次科学讨论会的时间、地点问题和当前会员的发展工作。

6月2—7日[6] 全国高校图工委在南京召开《文献检索与利用》课教材编写研究会议，会议肯定了为《文献检索与利用》课编写教材的设想，来自全国各地的文献课教学人员40余人参加了会议。会议确定第一批系列教材为25个分册，会后将成立编审委员会，编审委员会将根据教材编写意向书，确定主编人选等问题。

---

〔1〕 陈乃林，马先阵等. 江苏高等学校图书馆年鉴[M]. 南京：南京大学出版社，1990：303.

〔2〕 陈乃林，马先阵等. 江苏高等学校图书馆年鉴[M]. 南京：南京大学出版社，1990：303.

〔3〕 王正兴(1955—)，江苏省高邮人，研究馆员，毕业于扬州大学，本科学历，法学学士。曾任江苏水利专科学校图书馆馆长、扬州大学图书馆副馆长，2000年6月，任淮海工学院图书馆馆长。历任江苏高校文献保障系统专家组成员、江苏省高校图书馆评估专家组成员、江苏省高校图书情报工作委员会委员，江苏省图书馆学会继续教育委员会副主任、连云港市图书馆学会副理事长。

〔4〕 河海大学图书馆. 水利电力部高校图书馆第一次协作会议在宁召开[J]. 江苏图书馆学报，1986(3)：71.

〔5〕 吕秀莲. 江苏省图书馆学会1986年上半年大事记[J]. 江苏图书馆学报，1986(3)：98－99.

〔6〕 周. 全国秘书处召开高校文献课教材编写研究会议[J]. 大学图书馆通讯，1986(5)：35.

6 月 5—8 日〔1〕 江苏省师专图书馆第 3 次协作会议，在镇江师范专科学校召开。

6 月 6 日〔2〕 江苏省图书馆学会和江苏省高校图工委在南京图书馆报告厅联合举办专题学术报告会，邀请中国图书馆学会副秘书长、全国高校图书馆工作委员会副秘书长肖自力，作题为“关于当前高校图书馆的形势”的报告。南京地区高等院校图书馆、公共图书馆、科研系统和中专、中学图书馆，共 250 余人参加报告会。

6 月 11—14 日〔3〕 机械工业部部属院校图书馆协作组第二次全体会议在长春市吉林工业大学召开，部属 20 所院校图书馆的馆领导 17 人和承担《文献检索与利用》课程的教师 16 人参加。吉林工业大学的党委书记李铁心、校长庄继德、副校长陈唐民，以及吉林省高校图工委常务副主任单行参加会议并讲话。江苏省部分高校参加会议。

6 月 14—18 日〔4〕 全国纺织院校图书馆馆长研讨班，在北京化纤工学院图书馆举行。

6 月 20 日〔5〕 南京大学图书馆研制的“激光条形码计算机中文图书流通管理系统”(NDTLT)鉴定会在南京大学图书馆召开，通过江苏省高教局组织的专家鉴定(编号：苏高教鉴字第 86018 号)。鉴定委员会成员主任由北京师范大学图书馆学系主任袁名敦担任，来自全国各地 60 多名计算机、语言文字、汉字编码、图书馆学、情报学方面专家参加会议，一致肯定了该系统的先进性、实用性、经济性。中央人民广播电台、中央电视台、江苏电视台，以及《人民日报》《南京日报》《扬子晚报》等媒体做了广泛的报道。该系统的主要研制人员是薛士权、曹福元、李莹生、王晓梅、沈鸣。南京大学图书馆陈汉文与苏州大学数学系教授钱培德，联合研制的“双拼编码汉字信息输入系统”，同时通过鉴定。

6 月〔6〕 江苏省教委高教局发布苏高教〔86〕44 号《关于在省高校开展图书馆评比表彰先进活动的通知》。

6 月〔7〕 江苏省高校图工委秘书处编制印发《江苏省高校图书馆 1985 年工作总结摘编》。

6 月〔8〕 上海交通大学图书馆和情报研究所联合研制的多用户联机图书流通系统

---

〔1〕 陈乃林，马先阵等. 江苏高等学校图书馆年鉴[M]. 南京：南京大学出版社，1990：303.

〔2〕 陈乃林，马先阵等. 江苏高等学校图书馆年鉴[M]. 南京：南京大学出版社，1990：303.

〔3〕 小雨. 交流工作经验　促进改革深入并研讨《文献检索与利用》课教学问题机械工业部所属院校图书馆一九八六年六月在长春召开协作组会议[J]. 高校图书馆工作，1986(3)：1－2.

〔4〕 邹华享，施金炎. 中国近现代图书馆事业大事记 1872—1987[M]. 长沙：湖南人民出版社，1988：418.

〔5〕 全国高校图工委秘书处. 全国高等学校图书馆工作纪事(1986 年)[J]. 大学图书馆学报，1987(5)：80－82.

〔6〕 邬淑珍. 中国矿业大学图书馆史(1909—2009)[M]. 徐州：中国矿业大学出版社，2009：151.

〔7〕 陈乃林，马先阵等. 江苏高等学校图书馆年鉴[M]. 南京：南京大学出版社，1990：304.

〔8〕 杨宗英，颜莼. 上海交通大学包兆龙图书馆计算机管理集成系统[J]. 情报理论与实践，1989(3)：35－38.

SJTUCS，投入运行，系统在 HP3000/930 小型机上开发，操作系统为 HP 公司的 UNIX 系统，采用 IMAGE 网状数据库管理系统，使用光笔＋条形码技术。

7 月[1] 江苏省高教局组织江苏省高等学校图书馆工作检查团，对全省 72 所高校的图书馆进行全面检查。检查团认为：1983 年的第一次检查以后，全省高校图书馆的工作有较大进展，本次检查达到了总结工作、交流经验、互相学习共同提高的目的。

7 月[2] 江苏省委、江苏省政府决定，并报经国务院批准：撤销江苏省教育厅、江苏省高等教育局，成立江苏省教育委员会和设立江苏省教育委员会党委。江苏省教育委员会内设政治工作局、高等教育局、普通教育局、成人教育局等四个二级局和办公室等 20 个处室，并设置机关党委、纪检组。杨咏沂兼任江苏省教育委员会主任、党委书记，袁克昌任副主任、党委副书记，林敏端任副主任、党委副书记兼政治工作局局长，叶春生任副主任、党委委员兼高等教育局局长，吴椿任副主任、党委委员兼普通教育局局长，谢全海任副主任、党委委员兼成人教育局局长，程嘉猷任委员、党委委员，胡星善、冒瑞林、顾明道、周尔辉、薛守固、王壬南、孙长贵、张开辉、王永顺、戚嘉鸿、孔庆鹏任省教育委员会委员。

7 月[3] 东南大学图书情报专业学制由 2 年改为 3 年，每年招收新生 30—50 名。

7 月[4] 南京农业大学举办图书情报专业（设农业信息专业），正式对外招生，首届招收新生 30 名。面向全国招生，本科，学制 4 年，章熙谷、陈旭华担任首任正副系主任。

7 月[5] “煤炭高等学校科技情报工作研讨会”在徐州举行，本次会议中国矿业学院图书馆承办，会议是煤炭部教育司情报所委托中国矿业学院图书馆举办。

7 月[6] 煤炭高校图书馆协会第二次会议，会议选举第二届主任委员，中国矿业学院图书馆张占荣馆长继续当选，出任第二届主任委员。

7 月 8 日[7] 江苏省图书馆学会和省高校图书馆工作委员会，在南京图书馆三楼报告厅举行专题学术报告会，请江苏省图书馆学会常务理事、河海大学图书馆馆长于维忠作“加拿大高等学校图书、情报工作考察报告”。在宁公共图书馆、高等院校、科研单位、中专图书馆 200 多人参加报告会。

---

〔1〕 陈乃林，马先阵等. 江苏高等学校图书馆年鉴[M]. 南京. 南京大学出版社，1990. 32.

〔2〕 江苏省地方志编纂委员会. 江苏省志第 77 卷教育志（下册）[M]. 南京：江苏古籍出版社，2000：1075.

〔3〕 张白影. 中国图书馆事业十年[M]. 长沙：湖南大学出版社，1989：653.

〔4〕 包平. 南京农业大学图书馆发展史[M]. 北京：中国农业出版社，2013：313.

〔5〕 邬淑珍. 中国矿业大学图书馆史（1909—2009）[M]. 徐州：中国矿业大学出版社，2009：5.

〔6〕 邬淑珍. 中国矿业大学图书馆史（1909—2009）[M]. 徐州：中国矿业大学出版社，2009：151.

〔7〕 吕秀莲. 江苏省图书馆学会 1986 年下半年大事记[J]. 江苏图书馆学报，1987(1)：74－75.

7 月 15 日[1]　上海交通大学图书馆研制的"SJTUCS 光笔输入多用户实用图书流通系统",通过由上海市高教局组织的鉴定。

7 月 25 日—8 月 15 日[2]　全国高校图工委委托苏州大学举办的语言文学文献检索师资培训班,在苏州举办,培训班学员共 95 人,来自全国 27 个省、市、自治区近 80 所大专院校及科研、出版单位。学员均是文献检索课的教师、准备开课的教师以及担任文献检索课的辅导及参考咨询工作。苏州大学组织了以中文系主任范伯群领衔,潘树广、汤哲声、黄镇伟、应启后等老师授课,苏州大学副校长袁沧洲出席开班典礼。

8 月 5—9 日[3]　印度加尔各答国家图书馆馆长吉普塔女士,受文化部邀请来南京参观访问,在宁期间,印度客人参访了南京图书馆、南京大学图书馆、紫金山天文台、南京博物院、金陵刻经处。

8 月 26—28 日[4]　经国家教委有关领导部门批准,全国高校文献检索与利用课程系列教材编审委员会在北京成立。该委员会由全国高等学校图书馆工作委员会领导下的工作机构,其成员包括:主任委员肖自力(全国高校图工委)、常务编委江乃武(吉林农业大学),委员:朱天俊(北京大学)、陈光祚(武汉大学)、吴观国(南京医学院)、来新夏(南开大学)、谢天吉(西安交通大学)、葛冠雄(哈尔滨工业大学)、潘树广(苏州大学)9 人,编委会日常事务由全国高校图工委秘书处罗丽负责。委员会举行第一次会议,讨论委员会的组织条例,确定其职责为规划、组织系列教材的编写,决定各分册主编,审定各分册教材编写大纲,组织力量审定各分册稿件。编委会对已收到的编写教材意向书,确定 13 个分册的主编,其中农业、生物与生物工程 5 个分册于 1987 年暑期以前出版,8 个分册 1987 年年底发行,其余 12 个分册待以后酌定。

9 月[5]　经国家教委会批准,南京大学图书馆学系增设的科技档案专业正式开学,首届招收 4 年制本科生 42 人。招收攻读双学位学生 15 人。南京大学图书馆学系聘请中国人民大学档案学院吴宝康为兼职教授,聘请中国人民大学档案学院副教授王传宇、江苏省档案局副研究馆员任遵圣为兼职副教授。

9 月 2 日　《江苏省图书馆学会会史》编写小组召开会议,小组成员邱克勤、王可权、严仲仪出席,经过三位同志的共同努力,《江苏省图书馆学会会史》已完稿,共 35 000 字,另附江苏省图书馆学会一大、二大通过的学会章程,第一、二届

---

〔1〕 全国高校图工委秘书处. 全国高等学校图书馆工作纪事(1986 年)[J]. 大学图书馆学报,1987(5):80－82.

〔2〕 黄镇伟. 文献检索课的新尝试—苏州大学中文系"语言文学文献培训班"纪实[J]. 大学图书馆通讯,1987(3):31－33.

〔3〕 王兵. 印度加尔各答国家图书馆馆长来南京参观访问[J]. 江苏图书馆学报,1986(3):47.

〔4〕 罗丽. 全国高校文献检索与利用课程系列教材编审委员会在京成立[J]. 图书情报工作,1987(2):47.

〔5〕 士心. 南京大学图书馆学系科技档案专业招生[J]. 档案与建设,1986(5):9.

理事会理事、常务理事、三委会正副主任、《江苏图书馆学报》编辑部正副主编名单，提请理事长、秘书长联席会议审定后上报省科协，待适当的时候出版。

9月10日[1] 南京大学中美文化研究中心图书馆正式开馆，中美文化研究中心是由南京大学与美国约翰·霍普金斯大学共同创办的教学和研究机构，旨在培养中美事务和有关领域的教学、科研人员，以中美两国的政治、社会、文化、外交、历史、法律及国际问题作为教学和研究的主要内容。每年招收具有硕士或相当于硕士水平的中美学生各50名，聘请10余名中美教授来中心任教。中心图书馆由1985年初开始筹建，现有西文藏书2万余册，西文报纸杂志约20种，缩微胶卷五种，缩微平片二种。图书和报刊均为原版，均由约翰斯·霍普金斯大学高级国际关系学院图书馆负责采购分编。同时通过亚洲基金会捐赠、美国大使馆、上海领事馆赠送以及少量个人捐赠等渠道获得。

10月[2] 南京工学院图书馆委请本校机械工厂和自动控制系研制的“图书传输自动化系统”通过省级鉴定。系统包括三条运输线，五台垂直升降机，一台大屏幕数显屏等装置。

10月[3] 国家教委同美国亚洲基金会(简称:亚基会)达成协议，正式决定我国高校统一接受亚基会赠书，并指定上海为接收口岸，在上海外国语大学图书馆、青岛海洋大学图书馆设立国家教委人文社科图书基金会所属“赠书分配转运中心”。亚基会成立于1954年，总部设在美国加州旧金山市，是获得公众资助的私立机构。其宗旨是加深美国与亚洲及太平洋地区国家间的文化交流和相互理解。亚基会基本上以国家为单位设立项目，经专家审定后开始运作，向亚洲国家赠书项目是亚基会的一项重要的日常活动。赠书活动始于1954年。赠书的来源是美国各大出版商、团体机构、大学书店及私人捐赠。1991年，国家教委根据国外赠书量增大及国内高校需求旺盛的状况，在同济大学和大连理工大学增设两个国际赠书转运站。

10月6—18日[4] 全国高等医药院校图书馆现代化建设讲习研讨会在上海医科大学召开，44个图书馆的70名代表出席。

10月14—16日[5] 国家教委直属华东地区12所高等学校(南京大学、南京工学院、浙江大学、厦门大学、山东大学、山东海洋学院、复旦大学、上海交通大学、同济大学、华东师范大学、华东化工学院、上海外语学院)图书馆协会成立会议，在上海交通大学包兆龙图书馆召开。12所高校图书馆领导共21人参加了会议。会上讨论了“协会”宗旨、性质、任务、活动方式、组织领导等问题，及

---

[1] 邵金丽.南京大学中美文化研究中心图书馆[J].大学图书馆学报，1991(4):48-49.

[2] 张厚生.南京工学院三项成果通过省级鉴定[J].江苏图书馆学报，1987(3):85.

[3] 吴春生，沈志强.亚基会赠书的开发和利用(上)[J].上海高校图书情报学刊，1996(4):32-34.

[4] 邹华享，施金炎.中国近现代图书馆事业大事记1872—1987[M].长沙:湖南人民出版社，1988:427.

[5] 宗英.华东地区高等学校图书馆协会成立[J].图书馆杂志，1987(1):64.

“协会”如何促进馆际协作和加强横向联系的若干措施。通过了“协会”章程。决定自 1987 年 1 月起，各成员馆相互发送外文原版图书新书书目简报，4 月召开成员馆外文原版期刊协调会，各馆原版期刊采购同志负责协商，使华东地区原版期刊品种较齐全，减少不必要的重复，成员馆之间开展原版书、刊的互阅和优惠委托复印业务。会上还交流了各馆的建设经验，特别是专业职务聘任工作和现代化建设等方面的经验和问题，并决定向教委提出“解决购书经费紧缺”的建议，最后确定 1987 年度“协会”活动计划。

10 月 18 日〔1〕 为纪念我国科技情报事业创建 30 周年，表彰科技情报战线为“四化”建设做出贡献的单位，国家科委决定奖励科技情报成果。为此，国家科委科技情报局组织专家成立“全国科技情报系统科技情报成果和先进工作者评审委员会”，对上报的 330 项科技情报成果项目进行评审。经评委会评审决定，国家科委核准，国家科委于 1986 年 10 月 18 日向获奖的 221 项科技情报成果颁发荣誉证书和纪念品。其中，一等奖 9 项，二等奖 62 项，三等奖 150 项。国家教委系统有 4 项成果获奖：① 上海交通大学图书馆：枣庄市国土规划（二等奖）；② 全国高校图书馆工作委员会：在高校开设“文献检索与利用”课的组织与推广（三等奖），获奖者为肖自力（全国高校图工委）、吴观国（南京医学院）、谢天吉（西安交通大学）3 人；③ 清华大学图书馆：中国大学学报论文文摘（英文磁带版）——CUJA 磁带文献库研制（三等奖），编号：科情 86－3－144；④ 河北工学院：“空气净化室”科研情报服务（三等奖）。南京医学院图书馆吉鸿被评为先进工作者〔2〕。

10 月 21—25 日〔3〕 机械工业部院校科技情报网第 5 届年会在江苏南京召开。38 个单位派出的代表 61 人参会。除全网成员外，上海市高校情报网、铁道部高校情报网、全国化工高校情报网、江西省高校情报网、中国情报所重庆分所、南京化工动力专科学校等单位也应邀出席会议。机械工业部教育局原副局长俞宗瑞到会并讲话。南京机械专科学校副校长唐胜治致辞。机械工业部情报所系统管理处处长孙京林，对当前的情报工作提出意见。合肥工业大学、湖南大学、陕西机械学院、武汉工学院、北京农业工程大学、甘肃工业大学、沈阳工业大学等院校，在会上介绍各自的做法和经验。

10 月 28 日 国家教委职称改革工作领导小组，发布〔86〕教职称字 020 号《关于国家教委所属高校教师以外专业技术职务聘任制工作的几点意见（试行）》。

10 月 30—31 日〔4〕 我国著名的图书馆学家、目录学家和历史学家、已故南京大学图书馆馆长李小缘先生诞辰 90 周年纪念日，江苏省图书馆学会、南京大学图书馆、南京大学图书馆学系和江苏省高校图工委联合举行李小缘先生学术研讨会。参加研讨会的有李小缘夫人李素珍女士及子女、亲属，来自北京、上海、浙

〔1〕 本刊讯. 国家科委颁发科技情报成果奖[J]. 大学图书馆通讯，1987(1)：48.

〔2〕 陈乃林，马先阵等. 江苏高等学校图书馆年鉴[M]. 南京：南京大学出版社，1990：304.

〔3〕 京力豹. 机械工业部院校科技情报网召开第五届年会[J]. 四川工业学院学报，1986(2)：106.

〔4〕 吕秀莲. 江苏省图书馆学会 1986 年上半年大事记[J]. 江苏图书馆学报，1986(3)：98－99.

江、云南、江苏等地图书馆界的专家，南京地区兄弟图书馆、高等院校的代表，以及南京大学图书馆、图书馆学系的教职员工等近200人。中国图书馆学会、《图书馆学通讯》编辑部向大会发来贺信。南京大学名誉校长、著名教育家匡亚明，为研讨会题词“爱馆如家，惜书如命”，南京图书馆研究员汪长炳、钱亚新、南京大学中文系教授程千帆等也分别题词。研讨会收到论文20篇。会议展出李小缘赠给南京大学图书馆的500多册珍贵书籍、李小缘本人和亲属的照片。

10月至11月[1] 在江苏省高教局、江苏省高校图工委组织的全省高校图书馆检查评比工作全面展开，江苏省高教局副局长陈乃林任检查团团长、江苏省高教局夏振明、江苏省高校图工委副主任吴观国、刘仲明任副团长，江苏省高校图工委副秘书长王可权任检查团秘书长，共设9个检查组，对70所高校图书馆进行检查评比。通过检查，评选出先进馆8个，先进部(组)21个，先进工作者72名。另有10所高校图书馆受到表扬。

11月[2] 国家教委教材与图书情报管理办公室成立，主要任务是宏观规划和管理大学中专教材、图书、报刊的出版工作和教育系统的图书情报工作。

11月[3] 华东工学院图书馆新馆落成，新馆面积1.279万平方米，总投资625万元。

11月10—11日[4] 江苏省高校图工委检查组抵徐州，对中国矿业学院图书馆进行工作检查，马先阵为检查组长，组员有黄方正、杨永厚等。

11月15—20日[5] 全国13所公安院校图书馆科研课题研讨会在南京召开，本次会议由江苏公安专科学校图书馆主办。会议由中国人民公安大学、中国人民警官大学、中国刑事警察学院和江苏公安专科学校四校图书馆联合发起。与会代表共计27人。全国高校图工委秘书处、《中图法》编委会、江苏省高校图工委、南京大学图书馆、中国第二历史档案馆的代表出席会议，会议成立“13所公安院校图书馆科研协作组”，推举公安大学图书馆馆长王文林为总召集人，协作组联系点设在公安大学图书馆。

11月17—19日[6] 江苏省图书馆学会在南京大学举行第4次科学讨论会。学会理事、名誉理事，中央机关和科学研究系统图书馆学会，上海、福建、江西、四川、广西、吉林六省(市)兄弟学会的代表及南京大学图书馆学系的代表、论文作者共130人。这次科学讨论会收到论文202篇，参加会议进行书面交流的149篇，出席会议的论文作者93人。论文内容广泛，涉及图书馆的各个领域，体现了改革、开放的精神，结合精神文明建设的指导方针。会议采取专题分组与自由组合相结合的形式，体现了百花齐放、百家争鸣的方针。南京图书馆党总支副书记宫爱东作的全国省级公共图书馆工作会议精神的传达，中

[1] 陈乃林，马先阵等. 江苏高等学校图书馆年鉴[M]. 南京：南京大学出版社，1990：304.

[2] 陈源蒸，张树华等. 中国图书馆百年纪事. 1840—2000[M]. 北京：北京图书馆出版社，2004：289.

[3] 张白影. 中国图书馆事业十年[M]. 长沙：湖南大学出版社，1989：724.

[4] 邬淑珍. 中国矿业大学图书馆史(1909—2009)[M]. 徐州：中国矿业大学出版社，2009：10.

[5] 汪业旺. 十三所公安院校图书馆科研课题研讨会在宁召开[J]. 江苏图书馆学报，1987(1)：78.

[6] 吕秀莲. 江苏省图书馆学会1986年下半年大事记[J]. 江苏图书馆学报，1987(1)：74-75.

央国家机关和科学研究系统图书馆学会副理事长辛希孟作学术报告。

11 月 20 日[1] 华东六省一市图书馆学会首次协作会议在南京举行。出席会议的有江苏省学会的王林西、许培基，上海市学会的王启宇、王金夫，安徽省学会的胡家柱、樊天成，浙江省学会的项弋平，福建省学会何鼎富、刘福城，江西省学会谢林、章伏源，山东省学会的肖燕等 12 人，江苏省图书馆学会理事长邱克勤及有关负责人参加了会议。会议就加强华东地区六省一市学会之向横向联系，进行学术交流等有关问题进行了讨论，并就有关问题的达成协议。

11 月 21 日[2] 南京工学院图书馆研发的“DIALOG 国际联机检索模拟系统”，通过省级鉴定，主要研制者路小闽、李长宁。同年，荣获南京市政府颁发的 1986 年度微电脑优秀应用成果二等奖。

11 月 21—24 日[3] 华东地区高校图工委协作组举办的首届“华东地区高校图书馆微机应用研讨会”，在南京大学图书馆召开，华东地区 6 省 1 市 35 所高校和科研单位共 50 余人参加。会议收到论文 18 篇、应用软件 13 件、交流系统软件 27 件，并决定建立“华东地区高校图书馆微机应用协作组”，协调华东高校图书馆间在微机应用方面的学术和信息交流。会议对参会的 30 个单位进行调查，从事微机应用的专业人员已有 70 余人，在运行的实用系统 24 个，在研的系统 30 余个。

12 月 3—4 日[4] “江苏省高校图书馆文科专款工作协作组”成立会议在南京大学图书馆举行，协作组由南京大学、南京师范大学、苏州大学、南京艺术学院、扬州师范学院、徐州师范学院等 6 所高校图书馆组成，会议公推南京大学图书馆、南京师范大学图书馆为首任正、副组长单位，任期两年。会议决议：① 采购协作，互通信息，成员馆每年互相通报学位研究生点的变化情况；② 互发阅览证，互相提供复印并负责邮寄，寄费由承印馆支付；③ 建议以文科专款购书协作为突破口，逐步扩大到原版书刊和港台书刊的协作。会议也对文科专款办公室的工作提出建议。

12 月 4—7 日[5] 全国中医药图书情报工作协作委员会华东分会首次会议，在南京中医学院图书馆召开。

12 月 9—14 日[6] 由全国高校图工委召开的“全国高校图书情报事业发展战略研讨会”在山东泰安市举行。江苏省有中国矿业学院图书馆张占荣、南京农业大学图书馆庞其武、南通师范专科学校图书馆黄方正、无锡轻工业学院图书馆洪士明、镇江师范专科学校图书馆徐祥盛 5 人参加。全国高校图工委副秘书长肖自力出席并主持会议。会议代表均为论文作者，会议共收到应征论文

〔1〕 吕秀莲.江苏省图书馆学会 1986 年下半年大事记[J].江苏图书馆学报，1987(1)：74－75.

〔2〕 张厚生.南京工学院三项成果通过省级鉴定[J].江苏图书馆学报，1987(3)：85.

〔3〕 本刊讯.华东地区高校召开图书馆微机应用研讨会[J].大学图书馆通讯，1987(2)：62－63.

〔4〕 马鸿湘.江苏省高校图书馆文科专款工作协作会议纪要[J].江苏图书馆学报，1987(Z1)：42.

〔5〕 陈乃林，马先阵，等.江苏高等学校图书馆年鉴[M].南京：南京大学出版社，1990：305.

〔6〕 全国高校图工委秘书处.全国高等学校图书馆工作纪事(1986 年)[J].大学图书馆学报，1987(5)：80－82.

298 篇，人选论文 60 篇。编选成集，1987 年 6 月，《高校图书情报事业发展战略研讨会文集》由大连工学院出版社出版。

12 月 15 日[1] 国务院发布国发〔1986〕108 号《普通高等学校设置暂行条例》，其中第二章：设置标准的第九条中，对各类型学校的适用图书量最低标准做出规定，“普通高等学校在建校招生时，大学及学院的适用图书、文科、政法、财经院校应当不少于 8 万册；理、工、农、医院校应不少于 6 万册。高等专科学校及高等等职业学校的适用图书，文科、政法，财经学校应当不少于 5 万册；理、工、农、医学校应当不少于 4 万册”。

12 月 22—27 日[2] 全国高校文献课系列教材编审委员会第二次会议，在南通师范专科学校召开，本次会议上编委会确定了 16 个分册的主编。江苏省的编委吴观国（南京医学院图书馆）、潘树广（苏州大学）参加会议。

12 月 24—26 日[3] 江苏省教育学院系统图书馆第七次协作会议，在盐城教育学院召开，到会 30 人。

12 月 26—30 日[4] 江苏省高校图工委在南京粮食经济学院召开“江苏省高校图书馆流通阅览部（组）主任（组长）工作研讨会”，有 45 所高校图书馆的 47 位流通阅览部主任（组长）参加。会上南京粮食经济学院、中国矿业学院、南京航空学院、扬州师范学院、南京林业大学、南京大学、南京师范大学等 7 所高校图书馆的流通阅览部主任分别介绍组织领导好流通阅览部门开展工作的经验。

是年 年底[5]，华东工学院图书馆新馆舍落成，次年元月对外开放。面积 12 800 平方米，阅览座位 1 300 个，可容纳 120 万册藏书。

年度事件数据：

事业发展[6] 全省普通高等学校数：70 所；
本专科在校生人数：13.27 万人；
研究生在校生人数：0.72 万人；
专任教师：2.56 万人。

单位变更 南京药学院更名为“中国药科大学”，南京中药学院（筹）并入，建制不变。
以常州电力机械厂机械职工大学为基础，河海大学机械学院成立。1996 年 5 月，河海大学机械学院，更名为“河海大学常州分校”，2000 年 6 月，河海大学常州分校更名为“河海大学常州校区”。

领导变更 1 月[7]，苏州大学图书馆副馆长张炳文、苏州医学院图书馆副馆长徐祖

〔1〕 郭锡龙，图书馆暨有关书刊管理法规汇览[M]. 北京：中国政法大学出版社，1995：207.
〔2〕 陈乃林，马先阵，等. 江苏高等学校图书馆年鉴[M]. 南京：南京大学出版社，1990：305.
〔3〕 陈乃林，马先阵，等. 江苏高等学校图书馆年鉴[M]. 南京：南京大学出版社，1990：305.
〔4〕 陈乃林，马先阵，等. 江苏高等学校图书馆年鉴[M]. 南京：南京大学出版社，1990：305.
〔5〕 陈乃林，马先阵，等. 江苏高等学校图书馆年鉴[M]. 南京：南京大学出版社，1990：44－45.
〔6〕 江苏省教育志编委会. 朱钤主编. 江苏高校变迁[M]. 江苏省教育委员会，1989：51.
〔7〕 陈乃林，马先阵等. 江苏高等学校图书馆年鉴[M]. 南京：南京大学出版社，1990：302.

骝，当选为苏州图书馆学会副理事长，苏州丝绸工学院副馆长邓学基被选为学会副秘书长。

1 月[1]，无锡轻工业学院图书馆副馆长顾宏才，当选为无锡市图书馆学会副会长。

南京大学图书馆馆长范存忠[2]卸任，南京大学数学系教授周伯埙[3]继任馆长[4]。

江苏化工学院图书馆副馆长潘健，当选为常州市图书馆学会第三届理事会副理事长[5]。

---

〔1〕 陈乃林，马先阵等. 江苏高等学校图书馆年鉴[M]. 南京：南京大学出版社，1990：302.

〔2〕 范存忠(1903—1987)，字雪桥、雪樵，英语语言文学家。江苏崇明(今上海崇明)人。民盟成员。1927 年，毕业于东南大学外语系，后赴美留学。1931 年，哈佛大学英语系毕业，获哲学博士学位。1931 年回国，历任中央大学外语系教授、文学院院长。1949 年以后，历任南京大学外语系教授、副校长、文科学位评定委员会主任、兼任南京大学图书馆馆长；民盟中央委员、民盟南京市主任委员、全国第三、五届人大代表、江苏省人大常委会委员、南京市人大代表、政协副主席。1956 年，高教部实行教授级别遴选，为中国英语文学界唯一的一级教授。曾任中央大学校友会名誉会长、中国英国史研究会名誉会长。

〔3〕 周伯埙(1920—2009)，祖籍湖南，生于安徽省芜湖市。数学家。长期从事数论、代数方面的教学与研究。在史尼雷尔曼密率理论、循环群与环论研究方面颇有建树。是我国开展同调代数与代数 K 理论研究的倡导者之一。1942 年毕业于金陵大学数学系。1947 年，赴美国芝加哥大学师从 A. A. 阿尔伯特等研究代数。1951 年获奥勒冈大学数学博士学位。1951 年回国，先后任南京金陵大学副教授、南京大学数学系副教授，1963 年被聘为教授。1978 年，任南京大学数学系副系主任。1982—1985 年任南京大学数学系系主任。1986—1989 年南京大学图书馆馆长。1982—1988 年江苏省数学会第三届、第四届理事长。

〔4〕 南京大学图书馆史编写组. 南京大学图书馆史(1888—2008)[Z]，南京大学图书馆，2009：101.

〔5〕 陈乃林，马先阵等. 江苏高等学校图书馆年鉴[M]. 南京：南京大学出版社，1990：306.

1987 年

1月1日[1] 根据原国家出版局1986年7月14日发布的《关于实施中国标准书号的通知》规定，国家标准《中国标准书号》(GB5795－86)正式生效，在全国出版社实施。在1987年，“中国标准书号”与“全国统一书号”并存。1988年起，“中国标准书号”将取代“全国统一书号”。

1月8—14日[2] 江苏省图书馆学会和江苏省中心图书馆工作委员会在南京图书馆联合举办《西文文献著录》培训班。南京大学图书馆的郑庆耆、南京工学院图书馆的陈骥、南京图书馆的全勤任主讲教师。参加培训有：南京、苏州、无锡、常州、扬州、徐州等地的公共图书馆、高等院校、科研单位和工矿、企业图书情报工作者53人。

1月8日[3] 南京大学图书馆学系首届双学士学位(1985级)14名学生，通过毕业论文答辩。答辩委员会由倪波、陆宝树、徐竹生、邹志仁、徐有富五位老师组成，徐竹生副教授任主席，肖力任秘书。论文导师有邵品洪、徐竹生、陆宝树和倪波四位副教授以及侯汉清、包世同、姜希强三位兼职教师。参加答辩的14名学员，他们分别来自理工农等专业，都已获得各自专业的第一学士学位。

2月16日[4] 江苏省教委发出苏高教〔87〕6号《关于表彰和表扬江苏省高等学校先进图书馆、先进集体和先进工作者的决定》。共表彰8个“先进图书馆”，10个“表扬图书馆”，21个“先进集体(部/室)”，72位先进个人。

2月16日 南京财贸学院图书馆新馆竣工投入使用，新馆被列为南京市1986年50项奋斗目标之一，建筑面积4 000平方米。

2月23—24日[5] 江苏省高等学校图书馆工作会议暨表彰大会在南京大学召开。74所高校图书馆馆长和部分先进集体、先进工作者代表等120人参加了会议。江苏省教委副主任兼高教局局长叶春生在会上作题为《坚持改革、踏实工作，把高校图书馆工作提高到一个新的水平》的工作报告，总结4年来全省高校图书馆工作和1986年下半年进行的检查评比，大会表彰、表扬先进集体和先进工作者(其中先进图书馆8个，表扬图书馆10个，先进部(部、组)21

---

〔1〕“中国标准书号”将于明年取代“全国统一书号”[J]. 出版工作，1987(10)：86－88.

〔2〕吕秀莲. 江苏省图书馆学会和省中心图书馆委员会联合举办西文文献著录培训班[J]. 江苏图书馆学报，1987(2)：5.

〔3〕文羊. 南京大学图书馆学系首届双学士学位通过毕业论文答辩[J]. 江苏图书馆学报，1987(2)：25.

〔4〕陈乃林，马先阵等. 江苏高等学校图书馆年鉴[M]. 南京：南京大学出版社，1990：306.

〔5〕施星国. 江苏省高等学校图书馆工作会议暨表彰大会在南京召开[J]. 江苏图书馆学报，1987(6)：77.

个,先进工作者 72 人),颁发奖旗、奖状和荣誉证书。会议同时宣布新一届高校图工委领导班子和委员馆,会上宣布了调整后的江苏省高校图工委领导班子,由陈乃林任主任,刘仲明、刁天逸为副主任,南京大学图书馆副馆长马先阵接替吴观国继任秘书长,林跃为副秘书长。吴观国、王可权为顾问。并决定江苏省高校图工委秘书处由南京医学院图书馆迁至南京大学图书馆办公。同时增补南通师范专科学校、金陵职业大学、南京教育学院图书馆为委员馆。

2 月 25 日〔1〕 江苏省的 4 所师范院校,南京师范大学、苏州大学、扬州师范学院、徐州师范学院图书馆首次协作会议,在南京师范大学召开。

3 月 中宣部、文化部、国家教委、中科院联合下发《关于改进和加强图书馆工作的报告》。

3 月〔2〕 江苏省高校图工委读者工作研讨会,在徐州市召开,会议期间,代表们参观了中国矿业大学图书馆。

3 月〔3〕 《江苏图书馆学报》由季刊改为双月刊。

3 月 12 日〔4〕 根据江苏省哲学社会科学界联合会秘书长会议精神,江苏省图书馆学会在南京图书馆召开了关于研究向江苏省哲学社会科学界联合会申报"七五"期间哲学社会科学研究课题会议。会议由理事长邱克勤主持。9 位课题负责人就申报的课题,从立题依据,研究内容,研究方法及进度,预期成果及提高形式,预期效益及推广应用价值,经费估算,对完成本课题条件的分析等 7 个方面进行了论证。会议研究确定,由南京工学院图书馆张厚生、路小闽和南京图书馆王学熙主持的"江苏地区文献资源建设开发与利用"、由南京大学图书馆薛士权主持的"江苏省图书情报自动化系统发展战略研究"两个课题上报省社科联。

3 月 20 日〔5〕 中共中央宣传部、文化部、国家教委、中国科学院发布《关于改进和加强图书馆工作的报告》。

3 月 31 日〔6〕 北京大学图书馆学系函授专修科南京辅导站,在南京图书馆为首届(1984 级)函授毕业生举行毕业典礼。南京图书馆领导、教师代表出席典礼。南京图书馆党总支书记兼副馆长孔宪楷讲话。函授站站长丁宏宣作辅导站工作总结。毕业典礼结束时,南京图书馆领导和函授站长向毕业生颁发毕业文凭。本届毕业生是 1984 年初入学的,共 81 名学员,是"文革"后的首届函授毕业生。

4 月〔7〕 由南京工学院图书馆和计算中心共同研制的"多用户联机中西文图书情报

---

〔1〕 陈乃林,马先阵,等. 江苏高等学校图书馆年鉴[M]. 南京:南京大学出版社,1990:307.
〔2〕 邬淑珍. 中国矿业大学图书馆史(1909—2009)[M]. 徐州:中国矿业大学出版社,2009:151.
〔3〕 《南京图书馆》编写组. 南京图书馆志 1907—1995[M]. 南京:南京出版社,1996:312.
〔4〕 吕秀莲. 江苏省图书馆学会 1987 年上半年大事记[J]. 江苏图书馆学报,1987(1):120 - 121.
〔5〕 中宣部,文化部,等. 关于改进和加强图书馆工作的报告[J]. 图书馆学通讯,1987(4):23 - 27.
〔6〕 宁宣. 北大图书馆学系函授专修科南京站 84 级毕业[J]. 江苏图书馆学报,1987(2):33.
〔7〕 张厚生. 南京工学院三项成果通过省级鉴定[J]. 江苏图书馆学报,1987(3):85.

检索与流通管理系统”在南京通过省级鉴定。该系统采用了国家标准著录格式，在 DPS－6 小型计算机上已输入 16 000 余种 70 000 余册中西文图书，将图书检索和流通管理结合在一起，并能进行远程联网检索。

4 月 6 日[1] 江苏省高校图工委、江苏省图书馆学会和南京大学图书馆在南京大学图书馆联合举行学术报告会，邀请美国纽约布法罗州立大学期刊管理专家钱相女士作题为“美国图书馆现代化”的学术报告，南京三大系统图书馆工作者 150 人参会。

4 月 7—10 日[2] 华东地区高校图工委协作组第二次会议，在济南市山东师范大学召开，江苏省高校图工委马先阵、刁天逸、王可权、施星国四人出席。会议总结 1986 年的工作，确定 1987 年的协作内容、并研究了共同关心的问题。

4 月 8 日[3] 南京工学院图书馆研制的“DIALOG 国际联机检索模拟系统”，获南京市政府颁发的 1986 年微电脑优秀成果二等奖。

4 月 11—17 日[4] 江苏省图书馆学会和省中心图书馆工作委员会联合举办第二期《西文文献著录》培训班。参加这期培训班的有来自南京、苏州、常州、镇江、南通、扬州、淮阴、盐城等市的图书情报工作者 40 人。

4 月 20—22 日 江苏省文献检索与利用课学术讨论与经验交流会，在南京医学院图书馆召开，有 48 人参加会议，提交论文 51 篇。

4 月 23—26 日[5] 美国“国际交流图书馆和情报访华代表团”访问南京，在宁期间，代表团参观南京图书馆、南京大学图书馆、华东工程学院图书馆和南京医学院图书馆。在南京大学图书馆作交流报告，全省各系统图书馆、南京大学图书馆学系师生共 300 余人参加报告会。

4 月 28 日 江苏省高校图工委根据江苏省教委的委托，发出《关于申报高校图书资料专业职务中级职称考试的通知》。

4 月[6] 武汉大学图书情报学院在南京建立函授站，站址设在南京医学院图书馆，吴观国任站长，并在 5 月份招收图书馆学本科函授生 28 名，学制 3 年。

5 月 3 日[7] 中国教育图书进出口公司（简称：教图公司）在北京成立，教图公司是国家教委直属的从事书刊进出口业务的外贸企业，教图公司是教育系统书刊进出口业务的主要渠道。担负教育系统各级各类学校的教材、图书、期刊、工具书、教育参考书、教学和科研需要的音像制品、缩微制品和教学标本的进出口任务。教图公司已建立独立的发行系统，在全国各大中城市已设立 41 个转运站。

---

[1] 陈乃林，马先阵等. 江苏高等学校图书馆年鉴[M]. 南京：南京大学出版社，1990：307.

[2] 吕秀莲. 江苏省图书馆学会 1987 年上半年大事记[J]. 江苏图书馆学报，1987(1)：120－121.

[3] 吕秀莲. 江苏省图书馆学会 1987 年上半年大事记[J]. 江苏图书馆学报，1987(1)：120－121.

[4] 吕秀莲. 江苏省图书馆学会 1987 年上半年大事记[J]. 江苏图书馆学报，1987(1)：120－121.

[5] 裘迪・佛茨，王林西. 访问中国图书馆的印象记[J]. 江苏图书馆学报，1987(3)：84－85.

[6] 陈乃林，马先阵等. 江苏高等学校图书馆年鉴[M]. 南京：南京大学出版社，1990：307.

[7] 杨振清. 一个新型的进出口机构——中国教育图书进出口公司[J]. 图书馆学通讯，1988(4)：13－14.

5 月 6—7 日[1] 江苏省 15 所职业大学图书馆协作委员会成立大会暨馆长研究会，在南京金陵职业大学召开。选举金陵职业大学图书馆为第一届主任委员会，江南大学、彭城职业大学、常州工业技术学院、苏州职业大学等图书馆为副主任委员馆，会议通过《江苏省职业大学图书馆协作委员会章程》。

5 月 13 日[2] 城乡建设环境保护部、文化部和国家教委以〔87〕城设字第 286 号文，向中央和全国各地建设厅（建委）、文化厅（局）、高教、教育委（局）等有关部门发出《关于批准发布〈图书馆建筑设计规范〉的通知》，发布由中国建筑西北设计院主编的《图书馆建筑设计规范》，经审查批准为两部一委标准，编号为 JGJ38 - 87，自 1987 年 10 月 1 日起试行。

5 月 江苏省高校图工委秘书处由南京医学院图书馆，搬迁至南京大学图书馆办公，江苏省高校图工委原秘书长、南京医学院图书馆馆长吴观国退休，南京大学图书馆副馆长马先阵继任秘书长。原秘书处秘书施星国调至江苏省教委工作，黄万欣继任秘书处秘书。

5 月[3] 任继愈任北京图书馆馆长。

6 月 4 日[4] 常州市高校图书馆协作委员会在江苏化工学院图书馆成立，在常州的 14 所各类高校图书馆馆长和代表 100 余人参加了成立大会，会议推选江苏化工学院图书馆潘建为主任，常州职业师范学院图书馆田云为副主任。

6 月 5—6 日 国家教委直属华东地区高校图书馆协会在复旦大学图书馆召开原版期刊协调会，会议决定推荐 15 种原版期刊在 1989 年影印，如删减、停订期刊时，在协作网内必须保留品种，对人民币 1 000 元以上的期刊采用二级协调采购，通过协调，千元以上刊少订 104 种，节省经费 20 万元。

6 月 6 日[5] 江苏省高校图工委成立“读者工作研讨组”，有 7 人组成，谢小英（东南大学）、何庆先（南京大学）任正副组长，组员有殷勤业（南京医学院）、谢友宁（河海大学）、孟宁（南京航空学院）、刘八一（南京师范大学）、王舞阳（东南大学秘书）。研讨组的任务是进行调查研究，根据全省高校图书馆读者工作的需要，开展学术理论和工作方法研究，向图工委提交读者工作建设的计划、方案和建议，在图工委授权下，组织全省性的专题研讨会等活动，对全省各高校图书馆的读者工作进行指导和咨询，以逐步提高读者工作水平，开拓服务新领域。

6 月 11—12 日[6] 文化部在深圳图书馆召开我国图书馆界首次部级技术鉴定会。去年 12 月 21 日开始在深圳图书馆正式运行的，由深圳图书馆、北京工业大学图书

---

〔1〕 施则悌. 金陵职业大学图书馆简介[J]. 江苏图书馆学报，1987(4 - 5)：98 - 99.

〔2〕 柯寒. 城乡建设环境保护部、文化部和国家教委正式颁布《图书馆建筑设计规范》[J]. 图书情报工作，1987(4)：46.

〔3〕 邹华享，施金炎. 中国近现代图书馆事业大事记 1872—1987[M]. 长沙：湖南人民出版社，1988：445.

〔4〕 陈乃林，马先阵等. 江苏高等学校图书馆年鉴[M]. 南京：南京大学出版社，1990：307.

〔5〕 陈乃林，马先阵等. 江苏高等学校图书馆年鉴[M]. 南京：南京大学出版社，1990：306.

〔6〕 我国图书馆界首次部级技术鉴定会在深圳举行[J]. 大学图书馆通讯，1987(5)：96.

馆、北京大学分校图书情报系、首都图书馆、香港康富电脑有限公司联合研制的“实用多用户计算机光笔流通管理系统”，通过部级技术鉴定。

6月12—16日[1] 国家教委在北京召开第3次全国高等学校图书馆工作委员会全体会议。会议在北京西山八大处的西山饭店举行[2]，180余位代表出席会议，国家教委副主任朱开轩、彭珮云，教图办主任沈友益参加会议。国务院副总理，国家教委主任李鹏到会看望代表。彭珮云代表国家教委在会上作《适应时代要求，明确发展方向，加强高校图书馆的教育职能和情报职能》的报告[3]。这次会议的主要议题是：修订《中华人民共和国高等学校图书馆工作条例》，制订《全国高等学校图书情报事业“七五”规划要点》[4]，“全国高校图书馆工作委员会”更名为“全国高校图书情报工作委员会”。会议组成新的“全国高等学校图书情报工作委员会”，并制定委员会章程。国家教委任命教委副秘书长兼计划财务局局长朱育理为全国高校图工委的第一副主任，负责沟通教委内部各部门，朱育理在闭幕式上作总结讲话[5]。

江苏省高校图书馆的代表有马先阵（南京大学图书馆副馆长、江苏省高校图工委秘书长）、吴观国（南京医学院图书馆馆长）、刁天逸（南京师范大学图书馆馆长）、张占荣（中国矿业学院图书馆馆长）、林跃（江苏省教委高教处副科长）、章熙谷（南京农业大学图书馆馆长）、常志镛（南京大学办公室主任）、于维忠（河海大学图书馆馆长，水电部代表）等8人参加了会议，马先阵、吴观国、张占荣被国家教委聘请为全国高校图工委常委，南京大学、南京医学院、南京农业大学、河海大学、中国矿业学院图书馆被聘任为委员单位。会议期间，李鹏副总理会见了10多位老馆长，南京医学院图书馆馆长吴观国参加会见。

6月16日[6] 国家教委职称改革工作领导小组根据1986年4月条例精神和国家教委下发的《关于国家教委所属高校教师以外专业技术职务聘任制工作的几点意见（试行）》（〔86〕教职称字020号）的要求，发布《国家教委所属高校实行〈图书、资料专业职务试行条例的实施细则〉（试行）》。

6月17日[7] 美国华盛顿州法律图书馆馆长康尼·玻尔顿，率领的美国法律图书馆访华

〔1〕 全国高校图情工委秘书处.全国高等学校图书馆工作纪事（1987年）[J].大学图书馆学报，1988(5)：80-82.

〔2〕 张厚涵.全国高校图书馆工作会议侧记[J].高校图书馆工作，1987(3)：2-4.

〔3〕 彭珮云.关于全国高等学校图书情报工作委员会名称和组成的说明[J].大学图书馆通讯，1987(5)：11-12.

〔4〕 全国高校图工委.全国高等学校图书情报事业“七五”规划要点[J].大学图书馆通讯，1987(5)：24-27.

〔5〕 朱育理.在全国高等学校图书馆工作会议上的总结[J].大学图书馆通讯，1987(5)：13-17.

〔6〕 国家教委职称改革工作领导小组办公室.国家教委所属高等学校实行《图书、资料专业职务试行条例》的实施细则（试行）[EB/OL].[2017-08-22].http://www.law-lib.com/law/law_view.asp? id=4351.

〔7〕 邹华享，施金炎.中国近现代图书馆事业大事记1872—1987[M].长沙：湖南人民出版社，1988：447.

团一行 13 人，参观南京图书馆。

6 月 30 日—7 月 1 日[1] 江苏省高校图工委组织不具备规定学历申请中级职称的现职图书、情报、资料人员进行专业考试。分南京、徐州、扬州、苏州四个地区进行，共有 35 人参加，29 人通过考试。

6 月[2] 全国中青年图书馆学、情报学新思想、新观点、新方法研讨会，在上海华东师范大学召开，南京大学图书馆学系刘辉、南京农业大学图书情报专业徐佳、黄水清 3 人参加，他们的论文均被选为会议交流论文。

7 月 3—15 日[3] 江苏省高校图工委领导组织传达全国高校图书馆工作会议精神，将全省分 3 片，分别由马先阵、刁天逸、张占荣，负责本地区的传达工作。

7 月 6—10 日[4] 全国高校“文献检索与利用”课教学研讨会在哈尔滨工业大学召开，会议由全国高校图书情报工作委员会秘书处主办。全国 27 个省、市、自治区的论文代表和列席代表共 163 人参加会议，向大会提交论文近 120 篇。中国矿业大学图书馆张占荣、姚俊文等同志出席会议[5]。开幕式上，全国高校图情工委秘书长肖自力传达国家教委副主任杨海波会前接见部分代表并讲话。肖自力介绍了全国高校开设文献课的现状，据 1986 年统计，全国有 532 所高校开设了文献课，听课人数达 23 万余人，全国拥有文献课专职教师 325 人，兼职 1 283 人。这次会议的中心任务是，交流开设文献课的成绩和经验，解决现存问题，提出改进的意见和建议，推进文献课工作发展。

分组讨论分两个阶段进行，第 1 阶段分华北、华东、东北、西北、西南五个地区组，针对开设文献课中特别是本地区开课中存在的具有共性的问题进行了深入细致的探讨，第二阶段，进行专题或学科挂牌讨论，设有教学法、文献利用的内容与教法，社科文献课教学、地区文献学主讲教师，苏州大学潘树广副教授任社科文献检索方面演讲人员，为与会代表作了教学示范，南京工学院图书馆研制的 DIALOG 模拟系统的检索教学做现场演示。同时展出与会代表本人、本校或本地区近 2—3 年编辑的各类教材、实习指导书等 60 余种。会议期间，教材编委会召集系列教材各分册主编参加的会议，听取对教材编写的建议，并公布系列教材最新编写原则：保证质量，稳步发展，注重特色，鼓励创新。

肖自力作会议总结，有组织有计划地进行全国性“文献检索与利用”课教学 4、5 年来成绩显著，表现在开课学校增加，听课人数增多；建立起一支专职、兼职相结合的教师队伍，且人数不断增加；教材编写速度很快，录像、教具增多；连续统计表明，课程逐步走向正规化。

7 月 18 日[6] 由美国加州大学洛杉矶分校东亚图书馆馆长郑炯文，率领美国大学图书馆

〔1〕 陈乃林，马先阵等. 江苏高等学校图书馆年鉴[M]. 南京：南京大学出版社，1990：308.

〔2〕 陈乃林，马先阵等. 江苏高等学校图书馆年鉴[M]. 南京：南京大学出版社，1990：308.

〔3〕 陈乃林，马先阵等. 江苏高等学校图书馆年鉴[M]. 南京：南京大学出版社，1990：308.

〔4〕 罗丽. 全国高校“文献检索与利用”课教学研讨会召开[J]. 大学图书馆通讯，1987(2).

〔5〕 邬淑珍. 中国矿业大学图书馆史(1909—2009)[M]. 徐州：中国矿业大学出版社，2009：152.

〔6〕 张白影. 中国图书馆事业十年[M]. 长沙：湖南大学出版社，1989：584.

馆长代表团一行 8 人来华访问。代表团先后参访北京、上海、南京等地的国家图书馆、高等学校图书馆和科技情报机构。8 位团员中，有 5 人是美籍华人，代表多是美国大学东亚图书馆馆长或是大型图书馆的中文部主任。7 月 18 日，代表团来江苏省图书馆参访。

7 月 20 日〔1〕　江苏省图书馆学会召开理事长、秘书长、"三委会"主任联席会议。讨论研究：① 为加强华东六省一市图书馆学会之间的横向联系，有计划地开展学术信息交流和协作，定于 1987 年 10 月在安徽举行首次华东六省一市图书馆学会协作会议，研讨华东地区图书馆事业的发展战略，交流学会工作经验；② 根据省学会 1987 年工作计划，决定 11 月份在张家港市举行乡镇图书馆学术讨论会；③ 1986 年 11 月举行了第四次科学讨论会，决定编辑出版论文目录集；④ 省社联拟于 12 月召开第四次代表大会，分配给省学会第四届理事会理事候选人 1 名，"四大"代表 2 名；⑤ 7 月 2 日，省社联转发了江苏省哲学社会科学优秀成果评奖委员会下发的《优秀成果评奖办法(草案)》，省学会组织参加这一活动，将在近期内向各单位转发此"办法"；⑥ 为了解江苏省哲学社会科学队伍中专家、学者的学术成果情况，省社联下发了"江苏省专家学者成果登记表"，根据江苏省的实际，会议提出 16 人的填写名单。

7 月 25 日〔2〕　国家教委发布〔87〕教材图字 009 号《关于颁发〈普通高等学校图书馆规程〉的通知》，以替代 1981 年颁发的《中华人民共和国高等学校图书馆工作条例》，成为高等学校设置图书馆评估项目和指标的基本依据。

7 月　镇江船舶学院图书馆朱学仁、镇江师范专科学校图书馆阚顺章 2 人，被选为镇江市图书馆学会第二届理事会副理事长。

8 月 8 日〔3〕　中共中央宣传部、文化部、国家教委、中国科学院联合，以文图字〔87〕第 864 号文件发出《关于印发〈关于改进和加强图书馆工作的报告〉的通知》。《报告》中提出，为了加快图书馆事业的发展，使图书馆工作和社会主义现代化建设事业更加紧密地结合起来，必须进一步发挥图书馆为两个文明建设服务的重要作用；加强图书馆事业的整体规划，协调各系统的图书馆，改革内部管理，做好服务工作，加强图书馆设施建设，有重点地采用现代化技术；加强图书馆干部队伍建设，加强党政领导，保证图书馆事业发展。

8 月 12—18 日〔4〕　由 13 所公安院校图书馆科研协作组发起的公安院校图书馆协作会议，在辽宁省大连市召开，与会代表共 30 人。

---

〔1〕 吕秀莲. 江苏省图书馆学会 1987 年下半年大事记[J]. 江苏图书馆学报，1988(1)：76－77.

〔2〕 全国高等学校图书情报工作委员会秘书处. 全国高等学校图书馆工作会议文集[M]. 大连：大连工学院出版社，1987：3.

〔3〕 邹华享，施金炎. 中国近现代图书馆事业大事记 1872—1987[M]. 长沙：湖南人民出版社，1988：449.

〔4〕 邹华享，施金炎. 中国近现代图书馆事业大事记 1872—1987[M]. 长沙：湖南人民出版社，1988：450.

8 月 19 日[1]　南京大学图书馆学系副教授徐竹生赴英国，参加在英国布莱登举行的国际图书馆学会联合会(IFLA)第 53 届年会，并在会议上宣读了题为《中国图书馆近况》的论文。

9 月 8—11 日[2]　全国航空院校图书情报工作座谈会，在北京航空学院图书馆召开。

9 月 21—24 日[3]　中国矿业大学图书馆张占荣、刘寿华，受邀前往青海师范大学图书馆，参加西北五省(区)高校图书馆工作会议，就统计工作、大事记编写、高校图书馆评估工作交换意见。

9 月 26 日[4]　南京农业大学图书馆邀请加拿大圭尔夫大学图书馆馆长布莱克博士来访，做题为"图书馆的现代化管理"的学术报告，在宁高校图书馆有关人员 150 余人到会听讲。

9 月 28 日[5]　常州市高校图书馆协会在常州工业技术学院，召开常州市高校图书馆采购工作研讨会。

9 月 29 日[6]　南京大学图书馆和江苏省图书馆学会联合邀请美国莱蒙学院图书馆王左尤麟女士，在南京大学图书馆作学术报告，报告的题目是《美国图书馆现状简介》。

9 月[7]　河海大学管理系开办图书情报专业(专修科)，学制二年。

9 月　为促进高校图书馆专业干部进修班的工作，调动学员的积极性，全国高校图工委秘书处向委托举办的专业干部进修班的各校下发了《高校图书馆专业干部进修班优秀学员评选试行规定》，评选出 1986—1987 学年度优秀学员 31 人，向他们颁发了奖状并给予奖励。

9 月[8]　经国家教委批准，南京大学图书馆学系开始招收图书馆学第二学士学位班学生。

9 月 18 日[9]　经国家教委批准，南京审计学院建成并开学，学院由国家审计署和南京市政府在南京财贸学院基础上联合创办，是我国第一所培养高级审计专门人才院校。

10 月[10]　在部际图书情报协调委员会领导和国家社科基金会资助下，部际协调委正式启动全国文献资源调查与布局研究，是我国图书情报事业建设史上的一件大事。包括对一切学科的文献资源调查。按"统一方案，分步实施，团结

---

〔1〕 陈乃林，马先阵等. 江苏高等学校图书馆年鉴[M]. 南京：南京大学出版社，1990：308.

〔2〕 邹华享，施金炎. 中国近现代图书馆事业大事记 1872—1987[M]. 长沙：湖南人民出版社，1988：451.

〔3〕 邬淑珍. 中国矿业大学图书馆史(1909—2009)[M]. 徐州：中国矿业大学出版社，2009：152.

〔4〕 陈乃林，马先阵等. 江苏高等学校图书馆年鉴[M]. 南京：南京大学出版社，1990：308.

〔5〕 陈乃林，马先阵等. 江苏高等学校图书馆年鉴[M]. 南京：南京大学出版社，1990：308.

〔6〕 陈乃林，马先阵等. 江苏高等学校图书馆年鉴[M]. 南京：南京大学出版社，1990：308.

〔7〕 陈乃林，马先阵等. 江苏高等学校图书馆年鉴[M]. 南京：南京大学出版社，1990：308.

〔8〕 全国高校图情工委秘书处. 全国高等学校图书馆工作纪事(1987 年)[J]. 大学图书馆学报，1988(5)：80 - 82.

〔9〕 刘光主编. 新中国高等教育大事记：1949—1987[M]. 长春：东北师范大学出版社，1990：544.

〔10〕 本刊评论员. 我国图书情报事业建设史上的一件大事[J]. 图书馆学通讯(中国图书馆学报)，1990(4)：3.

协作，资源共享"的方针，部署首批调查单位，包括公共图书馆、高校图书馆、社科院、党校和军事院校等系统，部分省区的科研和科技情报系统。

10月[1] 为了促进高校图书馆专业干部进修班的工作，调动学员的积极性，全国高校图工委秘书处于1986年9月向委托各校举办的专业干部进修班下发《高校图书馆专业干部进修班优秀学员评选试行规定》，决定1986—1987学年度开始试行。经各校进修班师生评议，领导审批，分别对南开大学、南京大学、兰州大学、上海大学文学院、安徽大学、华中师范大学进修班的优秀学员进行表彰并给予奖励。其中，南京大学进修班优秀学员是：刘清水（北京农业工程大学）、林蓉（清华大学）、高祀亮（青岛化工学院）、张久华（北京经济学院）四人。

10月6—10日[2] 商业部在南京粮食经济学院图书馆，召开部属粮食院校图书馆工作交流研讨会。

10月10日[3] 应江苏省高校图工委的邀请，国家教委教材与图书情报管理办公室副主任沈友益，在南京大学图书馆召开在宁部分高校图书馆负责人座谈会，就高校图书馆如何发挥两个职能，建立文献资料情报中心，图书馆现代化管理等问题听取意见，11月15日，又就上述问题再次进行座谈。

10月15日[4] 农牧渔业部批准南京农业大学设立农业图书情报学系，根据国家教委审定的《普通高校农科本科专业目录》，原该校农业图书情报学专业更名为"农业信息专业"，归属农业图书情报学系。

10月18日至10月31日[5] 江苏省高校图工委委托中国矿业学院，在徐州举办两期江苏省高校图书馆统计工作研讨会，全省88所高校馆的90名代表参加。

10月22日[6] 由国家科委、文化部、国家教委、中国科学院、国防科工委、中国社会科学院、邮电部、电子部、国家档案局、国家标准局、中国专利局组成的"部际图书情报协调委员会"成立。国家科委、文化部、国家教委、中国科学院、国防科工委于11月13日联合印发成立会议纪要，给中国社会科学院等有关部门，要求按纪要精神落实有关工作。文化部图书馆事业管理局11月23日以图字〔87〕第25号文，发文给各省、市、自治区文化厅（局）和北京图书馆，要求各地结合本地的实际情况，参照执行。部际图书情报工作协调委员会的成立，是图书情报界的大事，是贯彻落实《关于改进和加强图书馆工作的报告》精神的重要措施。

---

〔1〕 江. 全国高校图工委表彰图书馆专业干部进修班优秀学员[J]. 大学图书馆通讯，1987(5)：95.

〔2〕 陈乃林，马先阵等. 江苏高等学校图书馆年鉴[M]. 南京：南京大学出版社，1990：309.

〔3〕 陈乃林，马先阵等. 江苏高等学校图书馆年鉴[M]. 南京：南京大学出版社，1990：309.

〔4〕 陈乃林，马先阵等. 江苏高等学校图书馆年鉴[M]. 南京：南京大学出版社，1990：309.

〔5〕 全国高校图情工委秘书处. 全国高等学校图书馆工作纪事（1987年）[J]. 大学图书馆学报，1988(5)：80-82.

〔6〕 本刊讯. 我国图书情报界的一项改革——部际图书情报工作协调委员会成立[J]. 图书馆杂志，1988(1)：5-6.

10 月 28—29 日〔1〕　江苏省高校文科专款购书协作组 1987 年年会，在南京大学图书馆召开。

10 月 28—30 日〔2〕　国家教委直属华东地区高校图书馆协会第 2 次会议，在南京大学图书馆召开，总结了 1987 年的工作，并着重讨论了党政分工，加强政治思想工作，发挥图书馆的两个职能，队伍建设等共同关心的问题，会议通过原版外刊采购协调协议。

11 月〔3〕　全国部际图书情报工作协调委员会成立之后，按照协调委员会的要求，江苏省中心图书馆委员会向江苏省科委申请，改名为“江苏省图书情报工作协调委员会”，1988 年 3 月正式更名。

11 月 3—11 日〔4〕　全国化工院校情报教学研究会成立，研究会由北京化工学院、华东化工学院、南京化工学院、武汉化工学院和青岛化工学院等 5 所院校联合发起，在全国化工院校情报中心站第三届年会期间正式成立。会议通过研究会章程，选举常务理事会。确定华东化工学院孙济庆任理事长，青岛化工学院陈志宏任秘书长。在化工部教育司的指导下，研究会组织成员单位编写“全国化工院校化工文献检索教学基本要求”。

11 月 6 日〔5〕　江苏省教委发出苏教高教〔87〕55 号《关于编写”江苏省高等学校图书馆年鉴”的通知》，对《年鉴》的编写原则、组织领导和有关要求做了明确的规定。

11 月 11—14 日〔6〕　江苏省教育学院系统图书馆协作组，在徐州教育学院图书馆召开第 8 次会议，各成员馆共 21 人到会，决定增补南京教育学院图书馆馆长顾绍华为协作组副组长，并委托筹组江苏省教育学院系统图书馆协作委员会。

11 月 18—20 日〔7〕　江苏省高校图工委受华东地区高校图工委协作组的委托，在南通师范专科学校召开山东、安徽、江苏三省师专图书馆协作会议。到会的三省 27 所师专图书馆馆长、三省高校图工委负责人及沪、浙、赣、闽四省、市师专的代表共 37 人，会议发起成立华东地区师专图书馆的协作组织。

11 月 23—27 日〔8〕　华东地区省(市)属师范大学图书馆首次协作会议，在福建师范大学举行，会议由福建师范大学图书馆承办。

11 月 25—28 日〔9〕　第 2 届华东地区高校图书馆微机应用研讨会，在福建师范大学举行，会议由福建省高校图工委和福建师范大学主办，共 48 名代表到会。

---

〔1〕 陈乃林，马先阵等. 江苏高等学校图书馆年鉴[M]. 南京：南京大学出版社，1990：309.

〔2〕 张白影. 中国图书馆事业十年[M]. 长沙：湖南大学出版社，1989：906.

〔3〕 江苏省地方志编纂委员会. 江苏省志文化艺术志[M]. 南京：江苏古籍出版社，2003：121.

〔4〕 丛晓. 全国化工院校成立情报教学研究会[J]. 大学图书馆通讯，1988(1)：52.

〔5〕 陈乃林，马先阵等. 江苏高等学校图书馆年鉴[M]. 南京：南京大学出版社，1990：309.

〔6〕 陈乃林，马先阵等. 江苏高等学校图书馆年鉴[M]. 南京：南京大学出版社，1990：309.

〔7〕 姜汉卿. 华东地区地方院校图书馆 19 年协作活动的回顾与思考[J]. 大学图书馆学报，2010(1)：46 - 50.

〔8〕 全国高校图情工委秘书处. 全国高等学校图书馆工作纪事(1987 年)[J]. 大学图书馆学报，1988(5)：80 - 82.

〔9〕 刘恕忱，卢子博等. 华东地区图书馆十年(1979—1989)[M]. 南昌：华东六省一市图书馆学会协作会，1989：311.

11月26日[1] 全国轻工院校图书馆协会在北京召开成立大会。会议通过《全国轻工院校图书馆协会章程》,并组成协会理事会和学术委员会。

11月[2] 中国图书馆学会第3次会员代表大会在深圳召开,来自江苏省高校图书馆的马先阵、吴观国当选为中国图书馆学会第三届理事会理事,吴观国当选为常务理事,大会授予王可权等人"中国图书馆学会优秀工作者"荣誉称号。

12月22日[3] 《深圳大学图书馆计算机管理集成系统》通过部级鉴定。系统有采访、编目、流通、馆藏检索、期刊管理等功能,采用集中统一的中央数据库管理、规范化设计和多文种统一处理等方法,实现图书馆业务的综合管理。系统突破了传统图书馆作业方式,完成图书馆业务向计算机管理系统的转换。

12月22—24日[4] 中国农学会农业图书馆协会委员馆会议在北京召开,会议着重回顾了协会1986年的工作,安排了1988年协会活动计划,商讨协会组织建设。

12月24—25日[5] 江苏省高校图书馆第2次读者工作研讨会,在南京师范大学图书馆召开。到会51人,会议就阅读倾向、阅读心理、职业心理、读者工作管理和业务统计等问题进行了研讨。江苏省高教局副局长、江苏省高校图工委主任陈乃林作题为"发挥图书馆的教育职能,大力做好读者服务工作"的报告,江苏省高校图工委秘书长马先阵就学习与贯彻中央宣传部、文化部、国家教委、中国科学院四部委联合下发的《关于改进和加强图书馆工作的报告》做报告。

12月 南京建筑工程学院图书馆,当选为全国城建系统高等院校情报网秘书长单位。

是年 南京大学图书馆研发"振动计数器",用以统计进入阅览室的读者人数[6]。

江苏省教委报请江苏省职称改革领导小组批准,成立江苏省高校图书馆专业系列职务评审委员会,谈凤梁[7]、吴观国、马先阵分别担任正副主任,第1批评审的副研究馆员42人。

南京粮食经济学院图书馆新建馆舍,在国务院城乡建设环境保护部与国家教委联合举办的1987年全国教育建筑优秀设计评选中被评为三等奖。

苏州大学图书馆获得"苏州市文明单位"称号,此次已是苏州大学图书馆自

---

[1] 全国轻工院校图书馆协会成立[J]. 大学图书馆通讯,1988(1):52.

[2] 陈乃林,马先阵等. 江苏高等学校图书馆年鉴[M]. 南京:南京大学出版社,1990:309.

[3] 全国高校图情工委秘书处. 全国高等学校图书馆工作纪事(1987年)[J]. 大学图书馆学报,1988(5):80-82.

[4] 邹华享,施金炎. 中国近现代图书馆事业大事记1872—1987[M]. 长沙:湖南人民出版社,1988:460.

[5] 陈乃林,马先阵等. 江苏高等学校图书馆年鉴[M]. 南京. 南京大学出版社,1990:310.

[6] 简讯[J]. 大学图书馆通讯,1987(3):43.

[7] 谈凤梁(1936—1998),江苏江阴人,中共党员。笔名言炎。1960年9月,毕业于南京师范学院中文系,曾任南京师范大学校长、教授,国家教委自学考试指导委员会委员,江苏省学位委员会副主任,中国作协会员。

1985 年、1986 年后，连续第 3 年获得此项荣誉[1]。

河海大学图书馆新楼在西康路校区落成，为西康路校区的第二座馆舍。茅以升先生为新馆题写馆名，新馆 10 700 平方米，地上共 10 层[2]。

河海大学图书馆招收第一届两年制图书情报专业(文科)大专班，全国范围招生，挂靠管理学系，河海大学图书馆负责教学[3]。

年度事件数据：

事业发展[4] 全省普通高等学校数：71 所；

本专科在校生人数：14.02 万人；

研究生在校生人数：0.85 万人；

专任教师人数：2.76 万人。

单位变更 南京财贸学院更名为“南京审计学院”，改由国家审计署与南京市人民政府联合办学，与江苏省教委共同管理，南京金融高等专科学校并入。图书馆创建于 1985 年 9 月[5]。

12 月，常州职业师范学院更名为“常州技术师范学院”。建制不变。

领导变更 11 月[6]，中国矿业大学图书馆馆长张占荣[7]离任，林家聪继任馆长。

南京医学院图书馆馆长吴观国退休，蒋亦寿继任馆长。吴观国原兼任的江苏省高等学校图书馆工作委员会秘书长，改由南京大学图书馆副馆长马先阵继任。

严大康出任苏州大学图书馆馆长。

---

[1] 苏州大学图书馆. 世纪鸿影—苏州大学图书馆发展实录[M]. 苏州：苏州大学图书馆，2006：14－15.

[2] 赵坚. 奋进——纪念河海大学图书馆百年华诞图文集[M]. 南京：河海大学图书馆，2015：8.

[3] 赵坚. 奋进——纪念河海大学图书馆百年华诞图文集[M]. 南京：河海大学图书馆，2015：129－130.

[4] 江苏省教育志编委会. 朱轸主编. 江苏高校变迁[M]. 江苏省教育委员会，1989：51.

[5] 陈乃林，马先阵等. 江苏高等学校图书馆年鉴[M]. 南京：南京大学出版社，1990：91.

[6] 邬淑珍. 中国矿业大学图书馆史(1909—2009)[M]. 徐州：中国矿业大学出版社，2009：113.

[7] 张占荣(1932—)，天津市人，1957 年北京矿业学院采煤系毕业，历任科技处情报室主任、技术档案室主任等职。1982 年，任中国矿业大学图书馆副馆长，1984 年，任馆长，1987 年任督导员。参与创建江苏省高校图工委，曾出席第 3 次全国高校图书馆工作会议，并任全国高校图工委委员。

1988 年

1月6日[1]　江苏师范专科学校图书馆协作组 1987 年年会，在淮阴师专图书馆召开，全省各师专图书馆负责人和部分业务骨干 21 人参加。

1月11日[2]　江苏省人大代表、民盟江苏省委员会名誉顾问、中国图书馆学会名誉理事、江苏省图书馆学会名誉理事长、《中国大百科全书·图书馆卷》编委会顾问、著名图书馆学家、原南京图书馆名誉馆长、研究员、教授汪长炳[3]，在南京逝世，享年 84 岁。

2月4日[4]　南京工学院图书馆与南京图书馆成立"南京工学院—南京图书馆合作委员会"，成立大会在东南大学礼堂举行，并签署合作协议书，东南大学副校长陈笃信、南京图书馆第一副馆长孔宪楷分别代表双方签字，决定两馆在文献开发利用、教学与人才培养等方面开展合作。

3月6—8日[5]　全国高等学校图书情报工作委员会在京召开常委扩大会议。出席会议的有常委会委员，各省(自治区、直辖市)高校图工委的秘书长，以及部分部委高校图协的代表，共约 60 人。国家教委教材与图书情报管理办公室主任沈友益参加会议。全国高校图工委副主任庄守经主持会议。国家教委计划财务局局长、全国高校图工委副主任朱育理到会讲话。主要内容是交流半年多来的情况，部署 1988 年工作，并就共同关心的经费来源、资源共享及创收等问题进行讨论。会后，教图公司的同志与部分省(自治区、直辖市)图工委秘书处就书刊征订和转运工作交换意见。

3月20日[6]　江苏省教委发出苏教高教〔88〕15 号"关于调整省高校图书馆工作委员会部分成员的通知"。马先阵(南京大学图书馆副馆长)任副主任兼秘书长，时修荣(南京工学院图书馆馆长)任副主任。

---

〔1〕 陈乃林，马先阵等. 江苏高等学校图书馆年鉴[M]. 南京：南京大学出版社，1990：311.

〔2〕 本刊记者. 著名图书馆学家汪长炳同志逝世[J]. 江苏图书馆学报，1988(1)：66.

〔3〕 汪长炳(1904—1988)，字文焕，湖北省汉川人。1926 年 6 月，毕业于武汉文华大学图书馆学专业，获文学学士学位，同年进入北京图书馆工作，先后任外文编目部、参考部主任。1932 年，赴美国哥伦比亚大学图书馆中文部工作，在该校图书馆学研究院选修图书馆学，获图书馆学硕士学位。1934 年 7 月到美国国会图书馆东方部工作。1935 年 5 月，代表中华图书馆协会出席在西班牙马德里举行的国际图联第 2 届大会。1936 年在武昌文华图书馆学专修科任教授，1941 年，任国立社会教育学院图博系主任。1950 年至 1952 年，任无锡文教学院图书馆主任。1952 年至 1954 年，任苏州图书馆副馆长，1955 年至 1987 年，先后任南京图书馆副馆长、馆长、名誉馆长。

〔4〕 《南京图书馆》编写组. 南京图书馆志 1907—1995[M]. 南京：南京出版社，1996：314.

〔5〕 李. 全国高校图工委召开常委扩大会议[J]. 大学图书馆通讯，1988(3)：5－11.

〔6〕 陈乃林，马先阵等. 江苏高等学校图书馆年鉴[M]. 南京：南京大学出版社，1990：311.

3 月 20—30 日[1]　江苏省高校图工委在南京大学图书馆举办期刊管理干部培训班，全省 54 所高校图书馆的 72 人参加学习，邀请吉林农业大学图书馆研究馆员江乃武来班授课。

3 月 24 日[2]　经江苏省科委批准，原“江苏省中心图书馆委员会”正式更名为“江苏省图书情报工作协调委员会”，江苏省图书情报工作协调委员会在南京召开成立会议。江苏省高教局副局长陈乃林、南京大学图书馆副馆长马先阵，出任正副主任，该会由江苏省教委、江苏省文化厅、江苏省科委发起，成员还有南京大学图书馆、南京工学院图书馆等 8 个单位。

4 月 7—8 日[3]　江苏省高校图工委在南京大学图书馆召开扩大会议，18 所委员馆和其他 29 所高校图书馆的负责人共 56 人参加了会议。

4 月 9—11 日[4]　全国高校图书馆计算机应用规划座谈会在北京召开，会议由全国高校图工委组织，共有 15 所院校图书馆和图书情报院系参加，国家教委教材与图书情报管理办公室主任沈友益出席会议作总结发言。

4 月 14—19 日[5]　华东地区高校图工委协作组第三次年会，在芜湖市安徽师范大学召开，华东 7 省市高校图工委负责人 20 余人参加会议，江苏省高校图工委马先阵、刁天逸、黄万欣和苏州大学图书馆馆长严大康[6]参加了会议。

4 月 24 日[7]　由江苏省高校图工委委托南京金陵职业大学举办的全省高校图书馆在职人员不脱产函授培训班开学。招收学员 216 人，其中高校图书馆 109 人。

4 月[8]　华东地区省(市)属师范大学暨江苏省师范院校《文献检索与利用》课教学经验交流会在南京师范大学图书馆召开，华东六省一市所属的师范院校图书馆 30 余人参加会议。广东省华南师范大学图书馆也派 2 名代表参加会议。

5 月 17 日[9]　东南大学校长办公会议正式做出决定，东南大学图书馆从 1988 年 6 月份开始实行工资总额承包。这一改革措施以满负荷工作为前提，图书馆在完成工作任务时，职工人数由自己确定。赋予图书馆在用人上一定程度的自主权，使图书馆具备提高质量和改善服务的物质基础。

---

〔1〕 陈乃林，马先阵等. 江苏高等学校图书馆年鉴[M]. 南京. 南京大学出版社，1990：311.

〔2〕 全国高校图情工委秘书处. 全国高等学校图书馆工作纪事(1988 年)[J]. 大学图书馆学报，1989(6)：80－82.

〔3〕 陈乃林，马先阵等. 江苏高等学校图书馆年鉴[M]. 南京：南京大学出版社，1990：311.

〔4〕 全国高校图情工委秘书处. 全国高等学校图书馆工作纪事(1988 年)[J]. 大学图书馆学报，1989(6)：80－82.

〔5〕 荀昌荣，张白影等. 中国图书馆事业(1988—1995)[M]. 成都：四川科学技术出版社，1997：839.

〔6〕 严大康，江苏苏州人，1956 年毕业于苏州大学数学系，1987 年起任苏州大学图书馆馆长。

〔7〕 全国高校图情工委秘书处. 全国高等学校图书馆工作纪事(1988 年)[J]. 大学图书馆学报，1989(6)：80－82.

〔8〕 荀昌荣，张白影等. 中国图书馆事业(1988—1995)[M]. 成都：四川科学技术出版社，1997：839.

〔9〕 李宇清. 东南大学图书馆的一些改革措施[J]. 江苏图书馆学报，1988(6)：15－16.

5月24日[1] 由华夏基金会资助建设的我国第1所专门的教育图书馆—“华夏教育图书馆”，在南京师范大学随园校区落成并举行开馆仪式，江苏省副省长杨咏沂和国家教委有关部门负责人到会。

5月26—28日[2] 受华东地区国家教委直属院校图书馆协作组、华东地区高校图工委协作组的委托，华东地区高校图书馆古籍文献交换协作会议，在南京大学举行。18所高校图书馆的24人参加会议。

5月26—30日[3] 中国农业图书馆协会第二次代表大会在成都举行，南京农业大学图书馆陈启华被选为第二届理事会常务理事。

5月28日[4] 国家教委高校图书情报工作委员会副主任、秘书长肖自力在苏州大学作有关加强高校图书馆情报职能和教育职能的学术报告。

5月30日[5] 南京大学成立文献信息系统研究中心，该中心是由南京大学图书馆、图书馆学系、计算中心、档案馆等单位组成的科研、教学、开发的联合体。

6月[6] 应山东省高校图工委的邀请，中国矿业大学图书馆郑小月等6位老师，前往烟台市进行图书馆实用统计学课程培训。

6月[7] 根据南京工学院—南京图书馆合作委员会的合作意向，南京图书馆向东南大学理工科副教授以上、文科讲师以上读者发放参考借书证共850张。

6月2—11日[8] 中国矿业大学受华东地区高校图工委委托，举办实用图书馆统计学研讨会，来自7省市的代表24人参加会议，会期10天。参加会议的有来自上海、福建、浙江、江西、安徽以及天津、河南等省市高校图书馆的代表24人。

6月6—8日[9] 江苏省教育学院系统图书馆协作委员会成立大会暨第9次协作会议，在淮阴教育学院召开，全省12所教育学院图书馆的馆长及有关人员出席，会议推选南京教育学院图书馆为主任馆，苏州教育学院和盐城教育学院图书馆为副主任馆。

6月8—9日[10] 江苏省图书馆学会第三次会员代表大会在南京图书馆开幕，来自全省各系统的会员代表105人出席了大会。会议由卢子博主持，江苏省科学技术协会党组书记潘恕、江苏省哲学社会科学联合会秘书长赵杰、江苏省文化厅副厅长杜有生等到会并讲话。会议采取无记名投票的方式选举产生了第

---

〔1〕 全国高校图情工委秘书处. 全国高等学校图书馆工作纪事(1988年)[J]. 大学图书馆学报，1989(6):80-82.

〔2〕 全国高校图情工委秘书处. 全国高等学校图书馆工作纪事(1988年)[J]. 大学图书馆学报，1989(6):80-82.

〔3〕 陈源蒸，张树华等. 中国图书馆百年纪事. 1840—2000[M]. 北京:北京图书馆出版社，2004:297.

〔4〕 陈乃林，马先阵等. 江苏高等学校图书馆年鉴[M]. 南京:南京大学出版社，1990:312.

〔5〕 陈乃林，马先阵等. 江苏高等学校图书馆年鉴[M]. 南京:南京大学出版社，1990:312.

〔6〕 邬淑珍. 中国矿业大学图书馆史(1909—2009)[M]. 徐州:中国矿业大学出版社，2009:153.

〔7〕《南京图书馆馆志》编写组. 南京图书馆馆志(1907—1995)[M]. 南京:南京出版社，1996:315.

〔8〕 全国高校图情工委秘书处. 全国高等学校图书馆工作纪事(1988年)[J]. 大学图书馆学报，1989(6):80-82.

〔9〕 陈乃林，马先阵等. 江苏高等学校图书馆年鉴[M]. 南京:南京大学出版社，1990:312.

〔10〕 潘志云. 江苏省图书馆学会1988年大事记[J]. 江苏图书馆学报，1989(3):63-64.

三届理事会,共选出了理事 49 名,常务理事 21 名。卢子博当选为理事长,许培基、马先阵、袁任、时修荣当选为副理事长,王学熙当选为秘书长,张厚生、周志华、钱在祥[1]当选为副秘书长。聘请了学术工作委员会、教育工作委员会、编辑出版工作委员会的正、副主任,以及会刊《江苏图书馆学报》编辑部的正、副主编,并研究通过了聘请学术顾问成员名单。

6 月 6—18 日[2] 全国高校图书馆期刊工作研究会,委托西安交通大学图书馆举办"中英期刊管理研讨会",国内 32 个单位的 36 位期刊管理、研究、教学方面的专家参加会议,英国国家图书馆文献供应中心采购部主任斯泰拉·皮林(Stella Pilling)女士和拉夫勃洛技术大学图书馆期刊部主任哈斯尔·伍德沃德(Hazel Woodward)女士应邀到会报告,与会者对共同关心的问题展开讨论。本次会议通过由吉林农业大学图书馆江乃武、南京医学院图书馆吴观国、南京师范大学图书馆倪延年、南京大学图书馆叶继元四人发起成立期刊工作研究会的倡议,并组成研究会筹备小组,会议签署以全体代表名义致全国高校图书馆期刊工作者的公开信。

6 月 18 日—7 月 2 日[3] 根据中国和澳大利亚两国政府的技术合作促进发展计划协定中关于南京农业大学设立南京农业教育情报中心的谅解备忘录,南京农业大学副校长王新群、图书馆馆长章熙谷、副馆长张志练以及该校农业教育研究室副主任章宗礼、农业部副处长韩惠勤一行五人,前往澳大利亚访问考察,并就建立中心的有关事宜与澳方会谈。

7 月 29 日—8 月 17 日 南京师范大学图书馆受全国高校图工委和江苏省高校图工委的委托,在连云港市教育学院举办全国高校社科文献检索课师资培训班,来自全国各地 44 所高校的 53 名学员参加了培训。

7 月[4] 中国教育图书进出口公司在江苏的南京、徐州、扬州、苏州、镇江 5 城市设立转运站并开始工作。

8 月 16—20 日[5] 应中国科协邀请,由美国国际人民交流协会组织的美国科研图书馆专业访华团一行 26 人来宁访问。8 月 17 日,在南京大学图书馆与南京地区 3 大系统图书馆的 20 余名代表进行了座谈、交流,并参观了江苏省科技情报研究所。

9 月[6] 第三届全国中青年图书馆学情报学研讨会在北京举行。江苏省有南京大学文献情报学系朱庆华、南京农业大学农业图书情报学系黄水清参加。

---

〔1〕 钱在祥(1932—2004),江苏镇江人,河海大学图书馆副研究馆员,1961 年,毕业于北京大学图书馆学系,长期从事图书馆工作和图书馆学的教学研究,1988—1993 年,任河海大学领导小组组长。曾任江苏省图书馆学会副秘书长。译作《图书馆管理学》等。

〔2〕 叶继元,谢欢主编.风雨同行　基业长青——全国高等学校图书馆期刊工作研究会成立二十五周年(1980—2014)纪念文集[M].南京:南京大学出版社,2016:5.

〔3〕 陈乃林,马先阵等.江苏高等学校图书馆年鉴[M].南京:南京大学出版社,1990:312.

〔4〕 陈乃林,马先阵等.江苏高等学校图书馆年鉴[M].南京:南京大学出版社,1990:313.

〔5〕 潘志云.江苏省图书馆学会 1988 年大事记[J].江苏图书馆学报,1989(3):63-64.

〔6〕 陈乃林,马先阵等.江苏高等学校图书馆年鉴[M].南京:南京大学出版社,1990:313.

9月　江苏省高校图工委读者工作研讨组，组织召开第三届全省高校图书馆工作研讨会。

9月2—4日[1]　全国高校图工委秘书处在北京大学图书馆召开“高校图书馆计算机应用经验交流会”，同时举办“高校图书馆计算机应用成果展示会”。国家教委教材与图书情报管理办公室主任沈友益，全国高校图书情报工作委员会副主任、北京大学图书馆馆长庄守经出席并致开幕词。参加展示的有15个省市自治区的23所高校图书馆，43个图书馆计算机管理软件系统。到会代表50余人，来自28个省市自治区的50所高校，收到交流材料46份。清华大学万锦堃和北京大学董成泰，分别对10年来高校图书馆的计算机应用工作进行回顾，评估今后的发展趋势。国家教委教材与图书情报管理办公室宣布，在全国高等学校图书情报工作委员会下设立“现代化技术委员会”，作为对全国高校图书情报现代化建设进行技术研究指导的组织，首任主任暂缺，袁名敦(北京师范大学)、万锦堃(清华大学)、董成泰(北京大学)、朱强(全国高校图工委)出任副主任委员兼秘书长，委员8人：杨宗英(上海交通大学)、陈光祚(武汉大学)、江惠民(复旦大学)、薛士权(南京大学)、徐亭起(西安交通大学)、张嘉澍(东北电力学院)、翁祖茂(福建师范大学)、冯泽泗(成都科技大学)被聘为委员。

9月16日[2]　经江苏省教委批准，徐州师范学院中文系图书情报专业函授大专班开学。

9月19—24日[3]　华东地区高校图书馆馆长学术研讨会，在南昌市江西师范大学召开，华东地区50所高校的62人出席会议，江苏省高校图书馆马先阵、贺国璋、缪祖义、张太洪、许淙正、严大康等6人出席会议。

10月5—7日[4]　华东地区六省一市师专图书馆第三次读者工作研讨会，在山东省潍坊市昌潍师专举行，江苏省7所师专图书馆馆长出席了会议，本次会议成立了华东地区师专协作委员会筹备组。

10月7—8日[5]　江苏省高校图书馆第三次读者工作研讨会，在扬州师范学院图书馆召开，共收到论文42篇，有30所高校图书馆的40人参加了会议。

10月17日[6]　江苏省高校图工委成立专业干部队伍建设研讨组，有成员7人，主要任务是就如何提高本省高校图书馆专业干部队伍素质进行研讨，并向省高校图工委和各高校图书馆提供咨询。正副组长为朱广忠、苏卫平。

10月[7]　江苏省4所师范院校图书馆协作组在苏州大学图书馆召开1988年年会，

---

〔1〕 本刊记者. 展示成果，交流经验，促进高校图书馆的计算机应用工作——高校图书馆计算机应用经验交流会暨成果展示会综述[J]. 大学图书馆通讯，1988(6)：15-18.

〔2〕 陈乃林，马先阵等. 江苏高等学校图书馆年鉴[M]. 南京：南京大学出版社，1990：313.

〔3〕 荀昌荣，张白影等. 中国图书馆事业(1988—1995)[M]. 成都：四川科学技术出版社，1997：843.

〔4〕 姜汉卿. 华东地区地方院校图书馆19年协作活动的回顾与思考[J]. 大学图书馆学报，2010(1)：46-50.

〔5〕 陈乃林，马先阵等. 江苏高等学校图书馆年鉴[M]. 南京：南京大学出版社，1990：313.

〔6〕 陈乃林，马先阵等. 江苏高等学校图书馆年鉴[M]. 南京：南京大学出版社，1990：313.

〔7〕 陈乃林，马先阵等. 江苏高等学校图书馆年鉴[M]. 南京：南京大学出版社，1990：314.

会议接纳苏州铁道师范学院图书馆为协作组成员。

11 月[1] 截至 1988 年 11 月，全国高校图工委秘书处组织编写的文献检索与利用课系列教材已出版四个分册：数学、中医、医学、社会科学(师专用)，已交出版社 10 个分册：农业、语言文学、法学、林业、机械工程、电气电子、纺织、经济、航天与宇航、土木建筑，共余 11 个分册将于 1989 年内交稿至出版社，它们是：物理、教育、地球科学、原理与方法、生物工程、化学化工、核工业、自然科学(师专用)、科学技术(师专用)、文献检索(研究生用)及石油分册。

11 月 5 日[2] 经江苏省教委高教局批准，常州市高校图书馆协会在江苏化工学院举办图书馆业务培训班，期限 1 年，学员 70 人。

11 月 21 日[3] 江苏省图书馆学会在南京图书馆召开了理事长、秘书长和三委会主任会议，会议着重研究 1989 年学术活动的具体安排，讨论并通过《关于征收学会团体会费的暂行规定》，会议决定卢子博、王学熙、钱在祥为《华东地区图书馆改革十年》一书编委，聘请王陆军和倪延年[4]为编辑，提议增补南京师范大学图书馆副馆长贺国璋，为教育工作委员会副主任[5]。

11月24日[6][7] 上海申联高校图书馆服务部成立，同时召开第 1 次董事会。申联服务部是由 54 所高校图书馆联合集资成立。1992 年底，服务部改制为上海申联文献信息技术公司。申联成立的目的：① 发行销售中文图书，向图书馆提供藏书并随书配目录卡片。使图书馆的编目、分类、主题标引工作社会化；② 提供标准化的机读书目数据，为图书情报部门的网络化、自动化创造条件，减少各馆重复劳动，节省人力、物力和财力；③ 让利给各馆等。

11 月 28 日[8] 江苏省科技工作会议在南京召开，会议要求在全省范围内宣传“科技兴省”的战略思想，并有步骤地为实施这一思想，推进江苏省经济、社会发展而努力奋斗，1989 年 1 月，江苏省委、省政府印发《关于依靠科技进步振兴江苏经济的决定》，正式提出了“科技兴省”的发展战略。

11 月 30 日—12 月 4 日[9] 全国高校图书馆履行教育职能经验交流会在武汉召开，陈英(扬州师范学院图书馆)、左秀英(南京邮电学院图书馆)、谢友宁(河海大学图书馆)三人参加会议。

---

〔1〕 全国高校图情工委秘书处. 全国高等学校图书馆工作纪事(1988 年)[J]. 大学图书馆学报，1989(6)：80 - 82.

〔2〕 陈乃林，马先阵等. 江苏高等学校图书馆年鉴[M]. 南京：南京大学出版社，1990：314.

〔3〕 潘志云. 江苏省图书馆学会 1988 年大事记[J]. 江苏图书馆学报，1989(3)：63 - 64.

〔4〕 倪延年(1953—)，笔名严晓，江苏金坛人。中共党员。1982 年毕业于南京师范学院中文系，留校在图书馆。1986 年开始期刊工作理论和实践的探索。1987 年底在南京师范大学图书情报专修科任教，1988 年 6 月，参加发起成立全国高校图书馆期刊工作研究会，1989 年 5 月当选理事及学术委员会委员。

〔5〕 潘志云. 江苏省图书馆学会 1988 年大事记[J]. 江苏图书馆学报，1989(3)：63 - 64.

〔6〕 全国高校图情工委秘书处. 全国高等学校图书馆工作纪事(1988 年)[J]. 大学图书馆学报，1989(6)：80 - 82.

〔7〕 陈兆山. 为图书馆自动化建设服务的上海申联公司[J]. 现代图书情报技术，1995(6)：60 - 62.

〔8〕 中共江苏省委宣传部. 江苏改革开放 30 年大事记[M]. 北京：中央文献出版社，2008：32.

〔9〕 陈乃林，马先阵等. 江苏高等学校图书馆年鉴[M]. 南京：南京大学出版社，1990：314.

12月6日[1] 江苏省教委高教局在东南大学图书馆召开高校图书馆工资总额承包试点工作座谈会，江苏省高教局副局长陈乃林主持会议，东南大学图书馆、人事处的负责人，分别介绍图书馆实施工资总额承包试点情况，南京地区10所高校图书馆与和人事处的负责人参加了会议。

12月8—10日[2] 为向中华人民共和国成立40周年国庆献礼，华东六省一市图书馆学会第二次协作会议决定，总结党的十一届三中全会以来华东地区图书馆事业发展的成就，编写《华东地区图书馆十年》(专集)。第1次编写会在南昌召开，有来自华东六省一市的图书馆学会工作人员、会刊编辑，季维龙(上海)、王陆军(江苏)、项弋平(浙江)、张毅(安徽)、范晋阳(福建)、黄钢(江西)、张莹(山东)，江西省三大系统图书馆、情报所的参编人员：彭德径(江西高校图工委)、李世丁(赣南师院)、吴伟民(宜春师专)、王河、熊玉冰(江西省社科院)、顾国璋、高秉贤(江西省情报所)共13人出席会议。江西省图书馆馆长、学会副理事长郑锦辉主持会议，介绍会议的内容、要求和时间安排。代表根据黄钢拟定的"编写提纲"，结合各省讨论的意见，提出修改意见，补充内容，形成《华东地区图书馆十年》(专集)的正式提纲。同时确定编撰工作的进度。江西省文化厅副厅长、学会理事长刘恕忱看望代表并合影留念。

12月14—16日[3] 江苏省科学技术协会第四次代表大会在南京举行，江苏省图书馆学会推选马先阵(南京大学图书馆)、王学熙(南京图书馆)、蒋亦寿(南京医学院图书馆)为会议代表出席会议，马先阵当选为第4届科协委员。

12月[4] 根据全国文献资源调查工作会议精神，分期分批向全省近30所高校部署研究级学科文献资源的调查工作。

是年 河海大学图书馆招收第二届两年制图书情报专业(理科)大专班。全国范围招生，挂靠管理学系，河海大学图书馆负责教学。1987、1988两届共招收63人，其中，7人留河海大学工作[5]。

南京动力高等专科学校图书馆建成(南京师范大学紫金校区图书馆)，建筑面积4 900平方米。

年度事件数据：

事业发展[6] 全省普通高等学校数：72所；

[1] 陈乃林，马先阵等. 江苏高等学校图书馆年鉴[M]. 南京：南京大学出版社，1990：314.

[2] 协作会议.《华东地区图书馆十年》(专集)第一次编写会在南昌召开[J]. 江西图书馆学刊，1988(4)：93.

[3] 潘志云. 江苏省图书馆学会1988年大事记[J]. 江苏图书馆学报，1989(3)：63-64.

[4] 陈乃林，马先阵等. 江苏高等学校图书馆年鉴[M]. 南京：南京大学出版社，1990：314.

[5] 赵坚. 奋进——纪念河海大学图书馆百年华诞图文集[M]. 南京：河海大学图书馆，2015：129-130.

[6] 江苏省教育志编委会. 朱轸主编. 江苏高校变迁[M]. 江苏省教育委员会，1989：51.

本专科在校生人数：14.77 万人；

研究生在校生人数：0.81 万人；

专任教师人数：2.77 万人。

单位变更　4 月，中国矿业学院更名为“中国矿业大学”，建制不变，办学地徐州市。

5 月，南京工学院更名为“东南大学“，建制不变。

领导变更　4 月，中国矿业大学图书馆副馆长吴汉章，被补选为徐州市图书馆学会第二届理事会副会长。

6 月[1]，中国矿业大学图书馆黄贤树副馆长到任。

〔1〕 邬淑珍. 中国矿业大学图书馆史(1909—2009)[M]. 徐州：中国矿业大学出版社，2009：113.

1989 年[1]

1 月[2]　全国高校图工委会刊《大学图书馆通讯》，更名为《大学图书馆学报》，双月刊，国际标准刊号：ISSN 1002－1027，国内统一刊号：CN 11－2952/G2，邮发代号：82－692。编辑出版者改为：全国高等学校图书情报工作委员会《大学图书馆学报》编辑部，编辑部设在北京大学图书馆。

1 月 5 日[3]　江苏省图书馆学会与江苏省高校图工委联合在南京大学图书馆召开江苏省文献资源工作会议，会议由省学会副理事长、江苏省高校图工委秘书长、南京大学图书馆副馆长马先阵主持，全省部分高校及公共馆的 25 位代表出席会议。

1 月 9 日　江苏省高校图工委组织为动员组织文献资源调查，全省首次接受调查的有 23 所院校 100 个研究级学科文献。

1 月 10 日　读者工作研讨组在南京大学召开会议，江苏省高校图工委秘书长马先阵到会，说明 1989 年本组工作要求：① 改变开大会准备论文的习惯做法；② 制订单项评估指标体系；③ 开展调查并编写读者工作材料；④ 研究读者服务工作的效益。

1 月 18 日[4]　江苏省图书馆学会在南京图书馆举办东南大学图书馆改革与体会报告会，由江苏省图书馆学会副理事长、东南大学图书馆馆长时修荣主讲，省内部分高校图书馆馆长共 41 人参加了报告会。

1 月 21 日　江苏省高校图工委召开办公会议，总结 1988 年的工作，研讨 1990 年的任务，提出应深化改革，优化服务，强化管理的工作指导意见。

1 月 31 日[5]　江苏省图书馆学会在南京图书馆召开《华东地区图书馆改革十年》编辑工作会议，省学会秘书长王学熙主持并介绍江西会议的精神，会议决定马先阵负责编写高校图书馆部分，倪波负责编写图书情报教育部分，王学熙负责公共图书馆部分和图书馆学会部分，徐光华编写科研系统图书馆部分。

2 月 25 日　江苏省高校图工委组织召开南京地区高校图书馆长会议，研究如何运用竞争机制，拓宽中外文书刊的采购渠道。

---

〔1〕 江苏省高校图情工委秘书处. 江苏省高校图书情报工作委员会 1989 年大事记[J]. 江苏图书馆学报，1990(1)：61＋59.

〔2〕 教育部高等学校图书情报工作指导委员会.《大学图书馆学报》概况[EB/OL].[2018－10－11]. http://www.scal.edu.cn/dxtsgxb/lsgk/201107041450.

〔3〕 本刊记者. 江苏省图书馆学会 1989 年大事记[J]. 江苏图书馆学报，1990(3)：56－57.

〔4〕 本刊记者. 江苏省图书馆学会 1989 年大事记[J]. 江苏图书馆学报，1990(3)：56－57.

〔5〕 本刊记者. 江苏省图书馆学会 1989 年大事记[J]. 江苏图书馆学报，1990(3)：56－57.

3 月 9 日[1]　国务院批准文化部机构改革方案，撤销原图书馆事业管理局，改设图书馆司。

3 月[2]　煤炭高等学校图书馆协作委员会馆长会议在北京举行，中国矿业大学图书馆副馆长黄贤树参加会议。

3 月 11 日　江苏省高校图工委所属的期刊工作研究组成立，南京大学图书馆期刊部主任叶继元任组长。

3 月 15—17 日[3]　国家教委条件装备司在北京召开了全国高等学校图书情报工作委员会秘书长会议。出席这次会议的有各省、自治区、直辖市高校图工委秘书长、有关部委高校图工委(协)的代表，共 54 人。国家教委副主任邹时炎、条件装备司司长蒋景华出席开幕式并讲话。原教图办主任沈友益通报情况。会议议题：讨论国家教委条件装备司 1989 年在高等学校图书情报方面的工作，共同关心的问题、修改有关文件。邹时炎在讲话中指出，国家教委机构改革，原教图办和装备局等合并，成立条件装备司。原教图办的行政职能转到条件装备司。同时，要发挥高校图工委的作用。高校图书馆工作直接为高校教学、科研服务。要重视图书馆建设，经费投入不要减少，在扣除物价上涨因素后还有所增加。图书资金来源，除了预算内的资金，学校预算外的收入也应投入。教图公司是直接为教育系统服务的单位，书刊进出口行业出现竞争，使得书刊进口价格下降，服务质量改善，教委要办好教图公司，高校对教图公司要给予支持。

国家教委专职委员、计划建设司司长、全国高校图工委副主任朱育理到会讲话：图书馆建设是学校最重要的基础建设之一，是具有战略意义的建设，绝对不能放松，不能有短视行为。近年书刊涨价，进书量大幅度下降。应该保证 5%的图书事业费。但即使保证 5%，也还是不够的。1988 年 3 月，在全国高校图工委常委扩大会上提出“八方统筹”的办法，校长眼光要长远，根本出路还得靠校长。关于为高校图书馆的现代化建设争取世界银行贷款，以及为学科文献情报中心建设争取专项经费的问题，应该努力去争取。条件装备司成立后，图书情报的业务工作还应加强。事在人为，领导重视，工作就可以做好。省级、校级还可以由原来的主管部门管。教委把教图公司办好，需要成长的过程，各学校和教委都应给予支持。

沈友益和全国高校图工委副秘书长朱强，分别汇报 1989 年全国高校图工委秘书处的主要工作安排。湖北省图工委副主任兼秘书长杨建东、天津市图工委秘书长张宪春、江苏省图工委秘书长马先阵介绍多方争取图书经费、协调采购等方面的经验。教图公司向会议汇报 1988 年开展业务的情况，1989 年书刊征订、转运工作的意见。

---

[1] 荀昌荣，张白影等. 中国图书馆事业(1988—1995)[M]. 成都：四川科学技术出版社，1997：847.

[2] 邬淑珍. 中国矿业大学图书馆史(1909—2009)[M]. 徐州：中国矿业大学出版社，2009：155.

[3] 本刊通讯员. 全国高等学校图书情报工作委员会秘书长会议情况通报[J]. 河北图苑，1989(2)：4-6.

代表讨论1989年工作，认为条件装备司1989年重点的工作，应该遵循以下原则：① 切实保证高校图书情报经费问题，学校应从长远考虑，保证图书资料费，在可能的范围内调剂，如从科研费、计划外收入中拨部分用于文献采购。可以开辟经费来源，通过情报服务取得收入等；② 建立学科文献情报中心，制定办法，逐年实施，教委和各有关部委尽量争取经费，经费确定后，再确定点的数量和学科，并要以“招标”方式，请专家评定；③ 开展采购协调和复印业务，肯定华东地区委属高校的经验，各地都可以逐步进行。除集中组织以外，各地各系统院校的书刊复印业务，可由各地各系统图工委（图协）组织和申报；④ 图书馆的自动化建设，会议肯定1989年开始实施的高校图书馆自动化建设通用软件及数据库的研制计划，以国内其他各系统和国外发展的情况来看，各高校自力更生，也需要国家投资，推动骨干工程的建设。

关于全国高校图工委秘书处1989年的工作安排，继续贯彻落实1987年全国高校图书馆工作会议提出的“七五”规划要求，搞好图书馆改革，推动高校图书馆发挥教育职能和情报职能。① 研究、制订高校图书馆评估指标体系工作方案，征求意见开展试点；② 召开高校图书馆履行情报职能经验交流会；③ 对1988年度全国高校图书馆统计资料进行计算机处理，建立数据库；④ 组织高校图书馆开展外文原版书刊的采购协调；⑤ 召开文献课教学法研讨会；⑥ 继续开展人员培训工作，重点放在在职人员专题短期培训；⑦ 进行高校图书馆文献资源调查。条件装备司副司长马樟根作会议总结。中国矿业大学图书馆张占荣督导员，代表全国煤图协参加了会议[1]。

3月21日　江苏省教委高教局副局长陈乃林，召集读者工作研讨组在高教局召开座谈会，探讨了：① 读者工作现状和问题；② 读者工作的发展和工作考虑；③ 1989年度读者工作研讨组的工作计划。

3月22—24日[2]　全国高校图工委秘书处组织的首次全国高校图书馆统计研讨会在北京召开，来自23个省、自治区、直辖市的代表30人出席会议。代表们观看了“全国高校图书馆事实数据库管理系统”的演示并上机实习。

3月27—30日[3]　全国高校图工委召开的全国高等学校图书馆评估研讨会在西安举行，来自全国18个省、自治区、直辖市的高等学校图书馆的负责人和图书情报工作专家、学者29人出席会议。会议研究高校图书馆评估理论和实践方面的问题，探讨建立高校图书馆评估制度，制订评估指标体系大纲的方案与设想。会议拟定《关于建立普通高等学校图书馆评估制度的意见》和《普通高

[1] 邬淑珍. 中国矿业大学图书馆史（1909—2009）[M]. 徐州：中国矿业大学出版社，2009：155.

[2] 全国高校图情工委秘书处. 全国高等学校图书馆工作纪事（1989年）[J]. 大学图书馆学报，1989(5)：80-82.

[3] 全国高校图情工委秘书处. 全国高等学校图书馆工作纪事（1989年）[J]. 大学图书馆学报，1989(5)：80-82.

等学校图书馆评估指标体系大纲》两个草案。

3 月底[1] 徐州地区高校图书馆召开馆长会议，由张占荣传达全国高等学校图书情报工作委员会秘书长会议精神。

4 月 5 日[2] 江苏省高校图工委委员馆扩大会议在南京大学图书馆召开，有关高校图书馆代表近 60 人参加会议。江苏省高校图工委副主任兼秘书长马先阵传达 3 月中旬国家教委召开的各省市高校图工委秘书长会议精神，以及国家教委和省教委有关负责人所作的关于高等学校在当前形势下搞好图书馆工作的讲话精神。会议决定将“江苏省高等学校图书馆工作委员会”，正式更名为“江苏省高等学校图书情报工作委员会”。

4 月 18—21 日[3] 全国高校图书馆履行情报职能经验交流会在上海交通大学召开，参加交流的论文 71 篇，代表 80 多人。会议由全国高校图工委的委托上海交大图书馆主办。会议就情报职能的内涵、图书文献工作与情报工作的关系，情报工作的层次、图书情报人才培养、图书馆工作情报化等问题进行讨论。

4 月 25—27 日[4] 煤炭高校图书馆外文原版期刊订购协调会议，在徐州市中国矿业大学召开，中国矿业大学图书馆副馆长黄贤树主持会议，会议就外文原版刊的复制与交换问题达成协议，研究馆际协议书。

5 月 4—7 日[5] 全国高校图书馆期刊工作研究会成立大会暨首届学术研讨会，在南京大学召开，来自全国 29 省、自治区、直辖市的高校图书馆界的代表和公共图书馆系统、科学院图书馆系统期刊专家近 100 人参加大会，收到论文 500 多篇，大会选举江乃武为研究会第 1 届理事长。这是全国图书馆界第 1 个研究期刊工作的学术团体。会议还收到英国期刊研究会，北美期刊研究会以及全国各系统期刊工作者发来的贺信。

国家教委条件装备司董哲潜、全国高校图书情报工作委员会副秘书长朱强、江苏省教委高教局副局长兼江苏省高校图工委主任陈乃林、南京大学副校长董健出席会议。会议通过《全国高校图书馆期刊工作研究会章程》，选举产生第 1 届理事会：共有理事 31 人，常务理事 9 人，江乃武[6]任

---

〔1〕 邬淑珍. 中国矿业大学图书馆史(1909—2009)[M]. 徐州：中国矿业大学出版社，2009：155.

〔2〕 江苏省高校图工委秘书处. 省高校图书馆工作委员会在南大召开扩大会议[J]. 江苏图书馆学报，1989(2)：38.

〔3〕 晋. 全国高校图书馆履行情报职能经验交流会在沪召开[J]. 晋图学刊，1989(2)：58.

〔4〕 邬淑珍. 中国矿业大学图书馆史(1909—2009)[M]. 徐州：中国矿业大学出版社，2009：155.

〔5〕 叶继元. 全国高校图书馆期刊工作研究会成立并召开首届学术研讨会[J]. 大学图书馆学报，1989(5)：7－9.

〔6〕 江乃武(1929—　)。吉林农业大学研究馆员，江苏省南京人，1950 年毕业于南京市农业职业学校，同年到黑龙江农业专科学校任见习教师，1954 年调图书馆工作，至 1991 年退休，曾任吉林农业大学图书馆馆长。曾任全国高校图书馆期刊工作研究会首任理事长。

理事长，马先阵、吴观国、王一煦[1]、于鸣镝[2]任副理事长，吴龙涛[3]、何鼎富[4]、方珍、王崇德为顾问，设有秘书处、学术委员会、教育委员会、编辑出版委员会，马先阵兼任秘书长，叶继元任常务副秘书长，秘书处设在南京大学图书馆。

5 月 9—12 日[5] 《华东地区图书馆十年》初稿审定会在南昌召开。王启宇(上海)、潘杏梅、袁师礼(浙江)、范晋阳(福建)、曹玉洁(南京)、庄红雨(山东)和黄钢(江西)等省市图书馆学会代表，以及彭德经(江西省高校图工委)、熊玉冰(江西省科学院)、李世丁(赣南师院)、吴伟民(宜春师专)等 10 人出席会议。江西省文化厅厅长郑光荣、江西省图书馆馆长、江西省学会副理事长郑锦辉、江西省图书馆党总支书记阎中恒、副馆长漆身起、陈俊民等领导到会看望代表。会议将各省(市)的文稿，分公共、高校、科研等系统以及学会四个方面进行讨论，提出修改意见。

5 月 13—15 日 全国部分高校图书馆情报工作及文检课教学研讨会，在盐城师范专科学校召开，来自江苏等 10 个省市、16 所院校，共 23 名代表参加了会议。

5 月 14—17 日[6] 华东地区省市高校图工委协作组第四次协作会议，在上海华东化工学院召开，华东六省一市的高校图工委副主任、秘书长、常委和部分馆长共 39 人，参加了会议。会议由上海市高校图工委秘书长许俊生主持。上海市高教局局长李明、华东化工学院副院长戴干策到会并讲话。

6 月 3—17 日[7] 全国高校文献检索课(文科)首次教材教法研讨培训班，在苏州大学举办，该班是全国高校图工委委托苏州大学文献研究室举办的，来自全国 25 个省、市、区的 59 名学员参加学习。

6 月 29 日 江苏省高校图工委召开工作会议，总结上半年的工作，制定下半年的工作计划。

---

[1] 王一煦(1915—)，原籍江苏省涟水县，历任白求恩医科大学图书馆期刊资料组组长、副馆长，1985 年，担任该图书情报系专职教师，历任中国图书馆学会会员，吉林省图书馆学会会员、理事、编辑委员会主任委员，全国高校图书馆期刊工作研究会副理事长、顾问兼教育委员会主任，吉林省高校图书馆期刊工作研究会理事长，全国高校图情工委期刊专业工作委员会顾问。

[2] 于鸣镝(1939—2006)，辽宁大连人，大连轻工业学院图书馆原馆长、研究馆员。

[3] 吴龙涛(1930—2008)，中国图书馆界著名期刊工作和西文编目专家、原上海图书馆副馆长、研究馆员、中国致公党党员、全国情报与文献工作标准化技术委员会委员、全国高校图书馆连续出版物研究会顾问、中国图书馆学会科学普及及教育工作委员会副主任、上海市图书馆学会常务理事兼教育工作委员会副主任。

[4] 何鼎富(1941—)，福建福州人。中共党员。研究馆员，毕业于北京大学、历任福建省图书馆副馆长、《福建图书馆学刊》主编、福建省图书馆学会副理事长兼秘书长、福建省科协委员、中国图书馆学会理事，兼任全国高校图工委期刊专业研究委员会顾问等职。

[5] 统编组.《华东地区图书馆十年》初稿审定会在南昌召开[J]. 江西图书馆学刊，1989(2)：71.

[6] 全国高校图情工委秘书处. 全国高等学校图书馆工作纪事(1989 年)[J]. 大学图书馆学报，1989(5)：80 - 82.

[7] 全国高校图情工委秘书处. 全国高等学校图书馆工作纪事(1989 年)[J]. 大学图书馆学报，1989(5)：80 - 82.

7 月[1] 全国煤炭院校图书馆协会(煤图协)决议,创办《煤图学刊》,编辑部设在徐州市中国矿业大学图书馆,林家聪馆长兼任主编,罗彦为常务编辑。

7 月 10 日 江苏省教委高教局苏高教教〔89〕45 号文,转发省高校图工委关于《江苏省高校图书馆近年来图书经费及图书入藏情况的调查报告》,要求各校结合实际情况,做好图书馆经费的统筹工作,确保教学科研的需要。

7 月 21—23 日 华东六省一市图书馆学会在江西九江召开第三次协作会,会议审定了《华东地区图书馆十年》书稿,交流了学会工作经验。

8 月[2] 全国煤炭高校图协馆长研讨会在烟台召开,中国矿业大学图书馆副馆长黄贤树、《煤图学刊》编辑部罗彦参加会议。

8 月 26 日[3] 由世界银行贷款支持的国家计算设施中心(National Computing Facilities Center,NCFC)项目,通过论证,正式启动,该项目由中国科学院牵头,中科院、北京大学、清华大学三家单位共同实施,这是中国第一个示范性计算机网络,在此之前,中国尚无类似的网络。

9 月 7 日 江苏省高校图工委组织召开《江苏省高校图书馆年鉴》编委会审稿会议,决定初稿由正、副主编陈乃林、马先阵定稿,交南京大学出版社出版。

9 月 8 日 江苏省高校图工委组织召开南京地区 11 所高校图书馆馆长座谈会,就图书馆如何坚持四项基本原则,反对资产阶级自由化进行了讨论,与会者表示根据中央扫黄工作的指示,积极清查清理违禁书刊,会议由江苏省高校图工委副主任兼秘书长马先阵主持。

9 月 11—16 日[4] 部际图书情报工作协调委员会办公室、文化部图书馆司,在连云港联合召开"全国图书情报协调工作经验交流会"预备会议。

9 月 19—20 日[5] 首次江苏省高校图书馆情报职能研讨会,在河海大学图书馆召开,来自全省 36 所高校图书馆的 37 名代表参加会议,共收到论文 28 篇。会议听取杨克义传达在上海召开的全国高校图书馆履行情报职能经验交流会精神,会议认为,图书馆的一切工作都要围绕教育和情报两项职能开展,目前虽然只是开始,但发展的形势很好,取得了明显的成效,应该不断提高认识,强化情报意识,树立大情报的观念,从各校的实际情况出发,不强求一律,不搞一种模式,更多地强调文献情报资源的开发利用,搞好为教学、科研和经济建设服务,加强情报用户意识,深化情报管理体制的改革,重视队伍建设。

会议决定成立"江苏省高校图书馆情报工作网"筹备组。由南京大学、东南大学、南京航空学院、中国矿业大学、南京医学院、南京农业大学、南京

---

〔1〕 邬淑珍. 中国矿业大学图书馆史(1909—2009)[M]. 徐州:中国矿业大学出版社,2009:156.

〔2〕 邬淑珍. 中国矿业大学图书馆史(1909—2009)[M]. 徐州:中国矿业大学出版社,2009:156.

〔3〕 中国互联网协会. 回眸历史 迈向未来——纪念中国全功能接入国际互联网 20 周年[J]. 互联网天地,2014(4):6-12.

〔4〕 全国高校图情工委秘书处. 全国高等学校图书馆工作纪事(1989 年)[J]. 大学图书馆学报,1989(5):80-82.

〔5〕 江苏省高校图工委秘书处. 省高校图书馆情报职能研讨会在宁召开[J]. 江苏图书馆学报,1989(6):48.

师范大学、河海大学的代表组成，东南大学图书馆时修荣任组长。

10月[1] 东南大学张厚生主编的《信息检索》(1997年7月出版)，获中国图书馆学会颁发的“中华人民共和国成立40周年、中国图书馆学会成立10周年图书馆学、情报学优秀著作奖”。此书曾于1991年，获江苏省教委颁发的“普通高等院校优秀教学质量一等奖”。2001年，《信息检索》(第2版)获“江苏省政府三等奖”(成果奖)。《信息检索》是1987年1月，张厚生、路小闽共同主编的《情报检索》，1997年，更名为《信息检索》再版。

10月1日[2] 根据华东地区高校图工委第4次协作会议精神，安徽高校图工委秘书处完成编辑《华东地区高校图书馆基本情况资料汇编》一书。汇编收录了华东地区六省一市共387所高校图书馆的基本情况，编排的顺序为：普通高等学校、成人高等学校、部队院校。收录材料的统计截止时间是1989年6月，汇编不是时序性的连续统计，仅为1989年的断面数据。

10月18日[3] 全国部际图书情报工作协调委员会在北京召开第二次全体会议，原则通过了《部际图书情报工作协调委员会章程》。截至会议召开，全国已有20个省、市、自治区，五个部委成立了省级或专业的协调委员会或相应的组织。

10月26—28日 华东地区省属师范院校首次“计算机应用与软件交流研讨会”，在福建师范大学召开。

11月[4] 中国统配煤矿总公司教育局在北京召开煤炭高校图书馆评估工作会议，中国矿业大学图书馆副馆长黄贤树参加会议，确定1990年的评估工作。

11月[5] 深圳大学图书馆开发“深圳大学图书馆管理集成系统”(SULCMIS)，获得国家教委颁发的“1989年全国普通高等学校国家级优秀教学成果奖”。

11月5日 由江苏省高校图工委委托常州市高校图书馆协会举办的图书馆学专业培训班，为期1年，在常州市江苏化工学院图书馆圆满结束。

11月12日 江苏省高校图工委委托南京师范大学图书馆，举办全省高校图书资料系列专业职务古代汉语培训班，在南京师范大学圆满结束，培训班先后在常州、扬州、南京三地举行，参加学习的有200人。

11月15—20日[6] 江苏省首届高校图书馆部(室)主任研讨会，在中国矿业大学图书馆召开，全省24所院校的39名代表参加会议。南开大学图书情报学系主任副教

---

[1] 顾建新，曦临等. 书海一生击楫忙图书馆学家张厚生先生纪念文集[M]. 南京：东南大学出版社，2013：198.

[2] 安徽省高校图书情报工作委员会，华东地区高校图书馆基本情况资料汇编[M]. 合肥：安徽省高校图书情报工作委员会，1989：110.

[3] 全国高校图情工委秘书处. 全国高等学校图书馆工作纪事(1989年)[J]. 大学图书馆学报，1989(5)：80-82.

[4] 邬淑珍. 中国矿业大学图书馆史(1909—2009)[M]. 徐州：中国矿业大学出版社，2009：156.

[5] 胡振宁. 上下求索　与时俱进——深圳大学图书馆计算机管理集成系统(SULCMIS)发展历程回顾(1985—2015)[J]. 图书馆论坛，2017(6)：36-44.

[6] 江苏省图书馆学会秘书处. 1989年江苏省各市图书馆学会、分会大事记[J]. 江苏图书馆学报，1990(1)：58-60.

授钟守真、中国矿业大学陶学禹讲授管理知识，南京大学图书馆副馆长马先阵分别作《国内外高校图书馆事业发展现状及展望》《领导与管理》等学术报告。徐州市各图书馆的负责人及部门主任出席报告会。中国矿业大学图书馆馆长林家聪作会议总结。

11 月 23 日〔1〕 中国共产党党员、江苏省图书馆学会学术顾问、研究馆员邱克勤〔2〕，在南京逝世，享年 70 岁。

11 月 24 日〔3〕 江苏省高校图书馆微机管理座谈会，在无锡轻工业学院图书馆召开。来自全省 17 所院校的 25 名代表参加了会议，会议决定，成立江苏省高校图书馆现代技术研讨组的筹备组，南京大学图书馆沈鸣任组长。

11 月 27—29 日〔4〕 文献检索与利用课系列教材编审委员会第七次(扩大)会议在天津南开大学举行。编委会全体委员，全国高校图工委负责人、国家教委条件装备司副司长马樟根，全国高校图工委秘书处负责人、国家教委图情处处长董哲潜，共 15 人出席会议。马樟根介绍文献课发展背景及取得的主要成绩、现状及存在的问题。会议总结回顾文献课开设以来的工作，肯定已取得的成绩，就今后文献课工作如何持续深入地开展提出建议。

12 月 6 日〔5〕 首次江苏省高校院系图书资料情报室工作经验交流会在苏州大学图书馆召开。来自南京大学、中国矿业大学、扬州师范学院、镇江船舶工程学院、南京医学院、淮阴师范专科学校等 22 所院校的 33 名代表参加会议。苏州大学副校长张圻福、江苏省高校图工委副主任兼秘书长马先阵出席开幕式并讲话，马先阵作题为“当前高校图书馆界的形势和前景”的报告。这次会议的召开，在我省高校图书馆史上第 1 次院系资料室经验交流会，会后将出版《江苏省高等学校系图书资料室经验交流会资料选编》。

12 月〔6〕 《华东地区图书馆十年(1979—1989)》在江西省南昌市出版，此书是为向新中国成立 40 周年献礼，由“华东地区六省一市图书馆学会协作会”编辑，六省一市各选出 5 人担任编辑委员，其中，江苏省的编辑委员 4 人，卢子博、王学熙、马先阵、钱在祥。主编为江西省文化厅厅长刘恕忱，副主编为各省市学会负责人卢子博(江苏省)、任宝祯(山东省)、何鼎富(福建省)、苏尔启(浙江省)、

---

〔1〕《南京图书馆馆志》编写组. 南京图书馆馆志(1907—1995)[M]. 南京:南京出版社，1996:317.

〔2〕 邱克勤(1920—1989)，江苏吴县人，1947 年，毕业于苏州国立社会教育学院图书博物馆学系，获教育学士学位。1947 年 7 月至 1949 年 4 月，任国立中央图书馆任干事至南京解放。1949 年 4 月起，在南京图书馆先后担任采编、阅览、典藏、研究辅导部门组长、部主任，1956 年，被评为助理研究员职称，1981 年，任南京图书馆副馆长。曾任江苏省文化干校图书馆班老师、60 年代任北京大学图书馆学系、武汉大学图书馆学系函授站辅导老师。1979 年，江苏省图书馆学会成立，任学会秘书长，会刊《江苏图书馆工作》副主编。1981 年，担任南京大学图书馆专修科兼课教师。1984 年担任江苏省图书馆学会理事长，江苏哲学社会科学联合会理事，中国图书馆学会常务理事。1987 离休。

〔3〕 沈鸣，曹福元等. 江苏省高校图书馆自动化发展与思考[J]. 大学图书馆学报，1993(5):7-8.

〔4〕 罗丽. 文献课系列教材编审委员会第七次(扩大)会议召开[J]. 大学图书馆学报，1990(1):47.

〔5〕 陆汉荣. 江苏省高校系图书资料室经验交流会概述[J]. 江苏图书馆学报，1990(1):43.

〔6〕 刘恕忱主编，卢子博等. 华东地区图书馆十年(1979—1989)[M]. 南昌:华东六省一市图书馆学会协作会，1989:2.

陈誉(上海市)、胡家柱(安徽省)为副主编。全书共分 7 编,第 1 编,公共图书馆;第 2 编,高校图书馆;第 3 编,科研图书馆;第 4 编,图书馆学会;第 5 编,图书馆学、情报学教育;第 6 编,华东地区图书馆、情报界获高级专业职务人名录;第 7 编,华东地区图书馆 10 年大事记。第 2 编中"江苏省高校图书馆 10 年之发展",由江苏省高校图工委秘书长、南京大学图书馆副馆长马先阵撰写。

是年　由常州市图书馆与南京大学图书馆合作开发的"常州市图书馆计算机流通管理系统(CZLT)",分别获得江苏省文化厅科技进步三等奖、文化部科技进步四等奖。

南京大学图书馆学系更名为"南京大学文献情报学系",系主任邹志仁[1]。

南京航空航天大学图书馆利用世界银行贷款,采购惠普公司的 HP 3000 小型机,配套引进上海交通大学开发的 MILIS 图书集成系统[2]。

南京大学图书馆向彭城职业大学(徐州工程学院前身)图书馆赠送中文图书 5 万册[3]。

年度事件数据:

事业发展　全省普通高等学校数:73 所;

单位变更　位于常熟市的苏州师范专科学校,与常熟职业大学合并,组建"常熟高等专科学校",图书馆合并,同时更名。

领导变更　南京大学图书馆馆长周伯埙卸任,南京大学中文系教授包忠文[4]继任馆长[5]。

---

〔1〕 南京大学信息管理学院. 南京大学信息管理学院概况[EB/OL]. [2018-12-11]. http://im.nju.edu.cn/content.do? mid=2&mmid=21.

〔2〕 陈万寅. 南京航空航天大学 18 汇文服务创新前进中的南航大图书馆[M]. 南京:南京航空航天大学,2006:9.

〔3〕 徐州工程学院图书馆. 徐州工程学院图书馆历史[EB/OL]. [2019-01-18]. http://lib.xzit.edu.cn/3273/list.htm.

〔4〕 包忠文(1932—2019),浙江东阳人。原南京大学中文系系主任、南京作家协会主席、南京文联名誉主席,南京大学图书馆馆长,南京地区图书馆学会理事长。笔名倪斌、麦芒。中共党员。1953 年毕业于南京大学中文系。曾先后任系主任、校图书馆馆长、南京作家协会主席、江苏省大众文学学会会长、江苏省鲁迅学会副会长、江苏省图书馆学会副理事长、南京文联名誉主席、中国文艺理论学会理事、中国马列文论学会理事、省作协理事等职。学术上以文艺美学及其思潮研究和鲁迅研究见长。

〔5〕 南京大学图书馆史编写组. 南京大学图书馆史(1888—2008)[Z]. 南京:南京大学图书馆,2009:101.

1990 年[1]

1 月 11 日	江苏省高校图工委所属的 8 个研讨组的正副组长，在南京大学图书馆召开座谈会。
1 月 17 日[2]	中国共产党党员、我国著名图书馆学家、目录学家、南京图书馆教授钱亚新[3]，因病医治无效，在南京逝世，享年 87 岁。
2 月	《中国图书馆图书分类法》(第 3 版)，由书目文献出版社正式出版。
2 月 20 日	江苏省高校图书馆文献检索与利用课教学研讨会筹备组会议，在南京大学图书馆召开。
3 月 8 日[4]	南京农业大学——南京图书馆农业科技咨询中心正式成立。中心是双方在自愿合作的基础上建立的专业咨询中心。依托南农大雄厚的专业技术力量，利用双方丰富的农业科技情报资源，为全省广大农业科技人员、农村个体劳动者以及农业科研、教学开展综合服务。
3 月 16—19 日[5]	全国煤炭高校图书馆自动化论证会在徐州召开。会议成立"煤炭高校计算机管理技术研究小组"，成员 6 人，中国矿业大学图书馆朱世平参加。会议提出《煤炭高校图书馆自动化发展规划(草案)》，并提交中国统配煤矿总公司教育局，《规划》按照不同规模图书馆的类型，提出煤炭系统 3 种自动化模式及相应的投资建设规划。
3 月 23—24 日	江苏省师专图书馆读者评估工作研讨会，在南通师范专科学校召开，全省 6 所师专图书馆馆长、省图工委读者工作研讨组组长谢小英、何庆先出席了会议。会议由南通师专图书馆黄方正主持，主要对师专图书馆读者工作的评估模式、标准进行了研讨。
3 月 27—28 日	江苏省高校图书馆统计工作会议，在南京图书馆召开。
3 月 29 日	江苏省高校图工委读者工作研讨组工作汇报会，在南京大学图书馆举行。
3 月 30 日	北京大学图书馆导读部乔宝惠，受全国高校图情工委的委托，来南京高校图书馆讲学。

---

〔1〕 江苏省高校图工委秘书处. 江苏省高校图书情报工作委员会 1990 年大事记[J]. 江苏图书馆学报，1991(2)：50－51.

〔2〕《南京图书馆馆志》编写组. 南京图书馆馆志(1907—1995)[M]. 南京：南京出版社，1996：317.

〔3〕 钱亚新(1903—1990)，我国著名图书馆学家、目录学家、教育家。江苏宜兴人。1928 年毕业于武昌华中大学文华图书科。先后任河北省立女子师范学院图书馆及湖南大学图书馆主任、苏州社会教育学院教授等职。中华人民共和国成立后，历任南京图书馆阅览部、采编部主任、代理馆长、《江苏图书馆学报》主编、研究员等职。

〔4〕 车宁. 省馆与南农大合办农业科技咨询中心[J]. 江苏图书馆学报，1990(4)：48.

〔5〕 邬淑珍. 中国矿业大学图书馆史(1909—2009)[M]. 徐州：中国矿业大学出版社，2009：157.

4月[1] 由中国图书馆学会举办的“庆祝中华人民共和国成立40周年，中国图书馆学会成立十周年”评奖活动揭晓，江苏省图书馆学会的获奖名单如下：

征文奖7篇(7人)：陈英、蒋庆萍、刘国英、潘松华、王邢华、赵北琦、周金林。

优秀著作奖8部(9人：鲍家声、程千帆、贾平年、邵品洪、邵延森、吴观国、张厚生、路小闽、邹志仁。

著作奖一部(1人)：瞿冕良。

优秀论文奖4篇(4人)：侯汉清、袁任、赵北琦、周志华。

论文奖7篇(7人)：邱砚芳、陶宝庆、王存、王正兴、吴正方、周立人、朱永礼。

荣誉奖(5人)：李小缘、钱亚新、邱克勤、施廷镛、汪长炳。

特别奖7篇(8人)：毛锦堂、潘树广、钱亚新、王可权、王元才、吴正方、周文逊、吴观国。

丛书著作奖(9人)：钱亚新、卢子博、倪波、沈家模、丁宏宣、王学熙、侯汉清、顾传彪、周志华。

4月2—6日[2] 第二届煤炭高校图书情报工作会议筹备会议，在徐州中国矿业大学举行，会议由煤炭工业总公司教育局与煤炭高校图书馆协会主办。全国煤炭高校图书馆的24位代表参加会议，教育局局长冯克庄、中国矿业大学副校长黄志正出席会议。

4月7日 江苏省高校图工委委员馆办公会议，在南京大学图书馆召开。

4月12日[3] 江苏省高校图工委现代技术研讨组正式成立，在东南大学图书馆召开第一次会议。南京大学、东南大学、华东工学院、无锡轻工业学院、镇江船舶学院及南京图书馆(特邀)等六馆组成现代技术工作组，旨在推动高校图书馆自动化与现代技术合作，出席会议的有沈鸣(组长、南京大学)、朱亦宁、李长宁(东南大学)、徐明(镇江船舶学院)、邬彬、黄宪(华东工学院)、吴政(南京图书馆，特邀)。

4月18日 江苏省高校图工委在苏州大学图书馆举办的古汉语培训班结束。

4月19日 江苏省高校图书馆情报网筹备组第一次会议，在东南大学图书馆召开。

4月20—21日 江苏省10所医药院校原版外文期刊协调订购工作会议，在南京医学院图书馆召开。

4月26日[4] 江苏省图书馆学会三届二次理事会在南京大学图书馆召开，理事长卢子博、副理事长袁任、马先阵、时修荣，秘书长王学熙、副秘书长周志华、钱在祥、张厚生，以及各系统图书馆理事共39人出席了会议。副理事长马先阵主持会议，秘书长王学熙传达中国图书馆学会召开的各省市自治区秘书长

---

〔1〕 潘志云. 江苏省图书馆学会1990年大事记[J]. 江苏图书馆学报，1991(3)：61-62.

〔2〕 邬淑珍. 中国矿业大学图书馆史(1909—2009)[M]. 徐州：中国矿业大学出版社，2009：157.

〔3〕 沈鸣，曹福元等. 江苏省高校图书馆自动化发展与思考[J]. 大学图书馆学报，1993(5)：7-8.

〔4〕 潘志云. 江苏省图书馆学会1990年大事记[J]. 江苏图书馆学报，1991(3)：61-62.

会议精神，理事长卢子博通报 1989 年工作和 1990 年工作安排。理事们认为，总结报告和 1990 年工作安排，对存在问题的分析是实事求是的，对学会去年工作表示满意。理事会推荐理事长卢子博，增补为中国图书馆学会理事。同时通过增补邹志仁（南京大学文献情报系主任）、张荣光（徐州市图书馆副馆长）、林家聪（中国矿业大学图书馆馆长）、蒋嘉林（淮阴市图书馆学会理事长）四位代表为三届理事会理事。免去中国矿业大学图书馆原馆长吴汉章的理事职务。

4 月 28—29 日[1] 江苏省高校图情工委与江苏省图书馆学会联合，在南京大学图书馆召开"江苏省图书馆思想政治工作研讨会"。省内部分公共和高校图书馆的负责人共 47 人参加了会议，会议收到论文 27 篇。江苏省高教局副局长陈乃林和南京大学党委书记韩星臣到会并做专题报告。

5 月[2] 全国高等学校图书馆期刊工作研究会、江苏省高校图工委、南京大学图书馆联合举办的《连续出版物管理与研究译丛》（*Translation Journal of Serials Management and Reaserch*，TJSMR）创刊，第 1 卷第 1 期出版。编辑部设在南京大学图书馆，主编马先阵，常务副主编叶继元，半年刊，内部发行，有概论与综述、选择与收集、编目与标引、利用与开发、新技术应用、动态信息等栏目，该刊自 1990 年 5 月至 1992 年 9 月，共出版 4 期：

1990 年 5 月，卷 1，第 1 期

1990 年 12 月，卷 1，第 2 期

1991 年 9 月，卷 1，第 3 期

1992 年 9 月，卷 1，第 4 期

5 月[3] 华东地区师专图书馆协作委员会成立大会暨第一次年会，在浙江省舟山师范专科学校召开。会议讨论并制定师专图协的章程，确定协作的原则、范围、内容和方法，选举产生常委馆。

5 月 10 日 江苏省高校图工委文献检索与利用课教学研讨组，在南京大学图书馆举行工作汇报会。

5 月 16—17 日 江苏省高校图书馆第二届文献检索与利用课教学研讨会，在南京航空学院图书馆召开。

5 月 29—31 日 江苏省高校图情工委派员参加华东地区高校图书馆原版外文期刊订购协调会议。

6 月 3—20 日[4] 中国矿业大学图书馆张占荣、黄贤树参加煤炭高校图书馆评估专家组的华东地区测评工作，对山东矿业学院、淮北煤炭师范学院、淮南矿业学院图书馆进行测评。

---

[1] 荀昌荣. 中国图书馆事业（1988—1995）[M]. 成都：四川科学技术出版社，1997：921.

[2] 叶继元，谢欢. 风雨同行 基业长青——全国高等学校图书馆期刊工作研究会成立二十五周年纪念文集[M]. 南京：南京大学出版社，1989. 207.

[3] 姜汉卿. 华东地区地方院校图书馆 19 年协作活动的回顾与思考[J]. 大学图书馆学报，2010(1)：46 - 50.

[4] 邬淑珍. 中国矿业大学图书馆史（1909—2009）[M]. 徐州：中国矿业大学出版社，2009：158.

6 月 7—12 日[1] 江苏省高校图情工委评估测评专家组入驻中国矿业大学图书馆，对图书馆进行测评，中国矿业大学领导彭世济、黄志正会见专家组。专家组成员有邵宋志、杨克义、朱大勇、叶树声、吕云芳。

6 月 11—13 日[2] 江苏省高校图情工委与江苏省图书馆学会，联合在镇江船舶学院图书馆召开江苏省图书馆首届期刊工作学术研讨会暨高校图书馆期刊工作学术研讨会研究会成立大会。全省 11 个市、50 所高校图书馆以及 10 多所科研、厂矿图书馆的期刊工作者 83 人出席会议，收到论文 75 篇。全国高校图书馆期刊工作研究会副理事长兼秘书长马先阵、副理事长吴观国、常务理事叶继元作报告。会议通过了《江苏省高等学校图书馆期刊工作研究会章程》，选举产生第一届理事会，理事 15 人，由魏耀文任理事长，叶继元任副理事长兼秘书长、王隆生任副理事长，吴向东、张建平任副秘书长，研究会秘书处设在南京大学图书馆。

6 月 27—29 日[3] 华东六省一市高校图工委第五次协作会议在浙江大学图书馆举行。江苏省高校图工委派员参加协作组年会。

6 月 29 日[4] 中共中央总书记江泽民、国务院总理李鹏等中央领导同志，在北京人民大会堂河北厅。接见出席国务院学位委员会学科评议组第四次会议全体同志。这次会议在图书馆学与情报学发展史上，创立三个第一：① 将“图书馆与情报学”首次独立建组，成为国务院学位委员会学科评议分组中 55 个之一。国务院学位委员会学科评议组原为 53 个，为推进图书馆学与情报学的学位工作的发展，临时增设“系统科学”和“图书馆与情报学”学科评议分组；② 首次实现全部由同行专家学者教授来评议图书馆学、情报学申报有关学位点与博士生导师。评议组由 7 位专家组成，倪波（南京大学文献情报学系教授），杜克（文化部图书馆事业管理司司长、北京图书馆常务副馆长、研究馆员），孟广均（中国科学院文献情报中心研究馆员），彭斐章（武汉大学图书情报学院院长、教授），关懿娴（北京大学图书馆学情报学系教授），阎立中（中国科学院文献情报中心研究馆员），汪廷炯（国家科委情报司司长、中国科技情报研究所所长、研究员）。由倪波任第一召集人，杜克任第二召集人，由武俊（南开大学研究生院副处长）任秘书兼联络员；③ 在我国首次审议通过有关图书馆学、情报学的博士点及相应的首批博士生导师。

6 月[5] 在部际图书情报协调委员会领导和国家社科基金会资助下，1987 年 10 月启动的全国文献资源调查与布局研究结束，包括对一切学科的文献资源调查工作。在四年间，共有 486 个单位的近万名图书情报工作人员参加调研，评估 1800 多个研究级学科的文献收藏。尽管由于部分单位尚未调查，

---

〔1〕 邬淑珍. 中国矿业大学图书馆史（1909—2009）[M]. 徐州：中国矿业大学出版社，2009：13.

〔2〕 王隆生. 江苏省首届期刊工作学术研讨会在镇江召开[J]. 江苏图书馆学报，1990(4)：38.

〔3〕 荀昌荣. 中国图书馆事业（1988—1995）[M]. 成都：四川科学技术出版社，1997：921.

〔4〕 石梅. 图书馆学与情报学发展史上的一个重要的里程碑[J]. 江苏图书馆学报，1990(5)：40-41.

〔5〕 本刊评论员. 我国图书情报事业建设史上的一件大事[J]. 图书馆学通讯（中国图书馆学报），1990(4)：3.

原拟提出的全国文献资源布局方案难以具体化，但得到中国图书馆学会、中国社科情报学会和全国高校图工委的支持。主要成果：① 提出、论证文献资源建设的理论，设计验证文献资源综合评估的方法；② 调查评估我国大部分图书情报部门的文献资源现状，促进一些地区文献资源的协作协调和规划建设；③ 取得第一手资料和数据，完成近100万字的研究报告和论文。

7月3日〔1〕 全国高校图书情报工作委员会秘书处，由北京大学图书馆搬迁至西单国家教委内办公。

7月15—19日〔2〕 泰兴图书馆、南京图书馆期刊部联合南京农业大学，在泰兴县举办为期5天的农业科技综合服务活动。活动内容包括农业科技书刊资料展览、南京农业大学教授开设的农业专题讲座以及农村实用技术录像3部分。江苏省文化厅科教处副处长胡清亮、南京图书馆副馆长孔宪楷、扬州市文化局、扬州市图书馆、盐城市图书馆和靖江市图书馆的领导出席开幕式。江苏人民广播电台报道此次活动。

7月16—20日〔3〕 台湾大学图书馆代表图访问南京，代表团由台湾大学图书馆馆长陈兴夏、中正大学图书馆馆长杨美华、中山大学图书馆馆长李美月、中山大学图书馆主任陈美薇、清华大学图书馆馆长特别助理詹丽静及台湾成文出版社叶君超等7人组成。代表团在宁期间，先后参访南京大学图书馆、中国第二历史档案馆和南京图书馆。

7月21日—8月20日 江苏省高校图情工委读者工作研讨组，召开《江苏省高校图书馆读者工作文集》编委会会议。

9月〔4〕 苏州大学图书馆计算机管理系统投入使用，引进无锡轻工学院开发的流通管理系统，采用XENIX多用户操作系统。

9月18日 江苏省高校图情工委藏书建设研讨组，在南京大学图书馆召开“江苏省高校图情工委藏书建设研讨会”筹备会议。

10月5—6日 华东地区图工委刊物编辑工作经验交流会在浙江召开。

10月11日 江苏省高校图情工委召集在宁高校图书馆约200余人，在南京大学图书馆集会，特邀“江苏省公共图书馆奉献者之歌事迹报告团”的成员作报告。

10月13日〔5〕 前国立中央图书馆馆长、故宫博物院院长蒋复璁，在台湾逝世，享年91岁。

10月17—20日〔6〕 华东地区高校图书馆管理和改革馆长研讨会，在福建省南平市召开，本次会议的主题是“完善岗位责任制、聘任制，提高科学管理水平”。

---

〔1〕 全国高校图情工委秘书处. 全国高等学校图书馆工作纪事(1990年)[J]. 大学图书馆学报，1991(3)：80-82.

〔2〕 周宁. 泰兴县图书馆、南京图书馆与南京农业大学联合举办“农业科技综合服务活动”[J]. 江苏图书馆学报，1990(5)：64.

〔3〕 丁根度. 台湾大学图书馆参观团来宁参观[J]. 江苏图书馆学报，1990(5)：64.

〔4〕 苏州大学图书馆. 世纪鸿影—苏州大学图书馆发展实录[M]. 苏州：苏州大学图书馆，2006：93.

〔5〕 《南京图书馆馆志》编写组. 南京图书馆馆志(1907—1995)[M]. 南京：南京出版社，1996：318.

〔6〕 全国高校图情工委秘书处. 全国高等学校图书馆工作纪事(1990年)[J]. 大学图书馆学报，1991(3)：80-82.

10月24—26日[1] 全国高校图工委“高校文献检索与利用课程建设研讨会”，在浙江大学召开。文献课系列教材编审委员会成员、来自全国各地从事文献课教学和研究的同志共65人参加会议。会议由编委会常委江乃武同志主持，全国高校图工委副秘书长李晓明同志到会并致开幕词。会议决定争取在1991年内完成“文献课教学基本要求”定稿报批工作。编委对各大学科做出分工：综合类，陈光祚和朱天俊；工科类，谢天吉和葛冠雄；化工类，余向春；农林类，侯汉清；医药类，吴观国；文科类，潘树广；师范类，王长恭。

10月31日—11月3日 国家教委外国教材中心成立10周年成果交流会在京召开。13个外教中心10年来，共引进外国教材和教学参考资料161 950册，接待读者37万人次。

11月6日 南京地区部分高校图书馆的代表，参加了在南京大学中美文化研究中心图书馆举行的导读工作座谈会，并参观了该中心。

11月21日 《江苏省高校图书馆年鉴》正式发行，《年鉴》是第一本完整论述、记录江苏省高校图书馆发展的专著，《年鉴》记录了1949—1989年，江苏省高校图书馆发展的历史重大事件，《年鉴》由陈乃林任主编，马先阵、张占荣任副主编，刘海粟为《年鉴》题写了书名，《年鉴》由南京大学出版社出版。

11月23—24日[2] 江苏省高校图情工委与江苏省图书馆学会联合在南京大学图书馆召开“江苏省图书馆计算机应用交流会(1990)”，共有47人参加了会议，会议收到论文11篇，江苏省图书馆学会理事长卢子博、马先阵，秘书长王学熙，南京大学图书馆馆长包忠文出席会议并讲话，会议期间，还在南京大学图书馆进行了现场演示。

11月27—28日[3] 江苏省图书馆学会南京地区专业图书馆分会，在南京古生物所召开第2届年会，省学会理事长卢子博、秘书长王学熙到会并讲了话。南京地区40个单位近70人参加了会议，大会共收到论文44篇。会议特邀南京大学图书馆技术部主任沈鸣，作关于计算机在图书馆应用的专题报告。

11月28日[4] 北京大学图书馆学系南京函授站85级5年两段制的学员，经过专科3年、本科2年的学习，完成学校所规定的课程。42位学员全部毕业，取得了本科毕业文凭。有85%的同学取得了学士学位证书。南京函授站举行毕业典礼。江苏省教委、江苏省招办、江苏省文化厅、南京图书馆等负责同志参加毕业典礼并讲话。经省教委批准，南京函授站1991年将继续在全省范围招收大专起点的图书馆学本科班。

12月[5] “筹建国防系统高校情报网座谈会暨全国兵工系统情报网工作会议”，在军械工程学院召开，华东工学院、北京工学院等10余所高校代表参加会议。

---

[1] 罗.全国高校图工委召开“文献检索与利用”课程建设研讨会[J].大学图书馆学报，1991(Z1)：123.

[2] 潘志云.江苏省图书馆学会1990年大事记[J].江苏图书馆学报，1991(3)：61－62.

[3] 潘志云.江苏省图书馆学会1990年大事记[J].江苏图书馆学报，1991(3)：61－62.

[4] 王兰英.南京函授站首届本科班举行毕业典礼[J].江苏图书馆学报，1991(1)：24.

[5] 陈源蒸，张树华等.中国图书馆百年纪事.1840—2000[M].北京：北京图书馆出版社，2004：310.

12 月 6 日[1] 国家教委教备司〔1990〕239 号文下发，决定在全国高校系统内实施《中国高等学校图书馆代码规定》。1988 年 10 月，全国高校图书情报工作委员会现代化技术委员会鉴于当时尚未有全国性的“文献收藏单位代码标准”公布，向国家教委提出制订在高校系统内使用的“高校图书馆代码”的建议。1989 年 3 月，国家教委条件装备司批准并下达了起草标准的课题项目，清华大学图书馆万锦堃和黄京茹负责该代码系统的起草工作。

12 月 7 日 《江苏省高校图书馆读者工作文集》正式交付排版印刷，将于 1991 年 1 月发行。

12 月 11—12 日 江苏省高校图工委在南京大学图书馆召开委员馆会议，总结 1990 年工作，研究 1991 年工作。

12 月 18—19 日 “江苏省高校图书馆藏书建设研讨会”在南京大学图书馆召开。

12 月 14 日[2] 全国人民代表大会常务委员会副委员长彭冲接见金陵图书馆的同志，并为金陵图书馆建馆 10 周年题词“良师益友”，以表示祝贺。

12 月 20 日[3] 江苏省内 24 所高校图书馆约 50 人，在河海大学图书馆召开江苏省高校图书馆书刊利用效益座谈会。

12 月 25—27 日[4] 国家教委条装司图情处在北京召开“高校书刊剔旧和调剂工作研讨会”。

12 月 27 日[5] 徐州地区高校图书馆馆长座谈会，在徐州医学院图书馆召开，中国矿业大学图书馆馆长林家聪到会传达江苏省高校图工委的最新工作进展，中国矿业大学图书馆副馆长黄贤树介绍评估工作的情况。

年度事件数据：

事业发展 全省普通高等学校本专科在校生人数：14.69 万人；

领导变更 3 月，南京农业大学图书馆章熙谷馆长离任，鲍世问继任馆长[6]。
何贤渠出任南京邮电学院图书馆馆长。

---

〔1〕 全国高校图工委. 中国高等学校图书馆代码规定[J]. 大学图书馆学报，1991(3)：60－61.

〔2〕 中国图书馆学会. 中国图书馆年鉴[M]. 北京：北京图书馆出版社，1996：488－493.

〔3〕 全国高校图情工委秘书处. 全国高等学校图书馆工作纪事(1990 年)[J]. 大学图书馆学报，1991(3)：80－82.

〔4〕 中国图书馆学会. 中国图书馆年鉴[M]. 北京：北京图书馆出版社，1996：488－493.

〔5〕 邬淑珍. 中国矿业大学图书馆史(1909—2009)[M]. 徐州：中国矿业大学出版社，2009：159.

〔6〕 包平. 南京农业大学图书馆发展史[M]. 北京：中国农业出版社，2013：282.

1991 年[1]

年初　江苏省高校图工委、南京图书馆与南京市新华书店图书馆供应部(图供部)合作,启动合作编目、随书配片的"联合采编中心"合作项目。项目开发组的成员有沈鸣、曹福元、苏新宁(南京大学图书馆)、朱亦宁、李长宁(东南大学图书馆)、吴政(南京图书馆),沈鸣为组长。

1 月[2]　徐州地区高校图书馆馆长座谈会在徐州医学院召开,会议总结 1990 年的协作工作,传达了江苏省高校图工委的会议精神,讨论了 1991 年的工作计划,中国矿业大学图书馆黄贤树介绍了评估工作的进展。

1 月 15 日[3]　中国图书馆学会会刊《图书馆学通讯》从即日出版的 1991 年第 1 期起正式更名为《中国图书馆学报》。中国图书馆学会副理事长、上海图书馆名誉馆长顾廷龙为该刊题写刊名。

1 月 30 日　江苏省高校图情工委召开办公会议,就本年度的工作和活动进行安排。

2 月[4]　北京图书馆自动化发展部编辑的《中国机读目录通讯格式》(CNMARC)第一版,由书目文献出版社正式出版。

3 月 2 日[5]　江苏省社团清理整顿领导小组召开第 3 次会议,审议符合保留条件首批登记的社会团体共 197 个。江苏省图书馆学会通过审批,准予首批登记。

3 月 5 日　江苏省高校图情工委所属各学术研讨组负责人座谈会,在南京大学图书馆召开,各组负责人对去年的工作情况作了交流,并就今年的活动做出了安排,提出了具体的实施办法和计划。

3 月 10—12 日[6]　南京大学图书馆书记朱广忠一行 8 人,参访中国矿业大学图书馆,就读者服务以及相关管理工作进行交流。

3 月 13 日　江苏省高校图情工委委派副主任贺国璋和秘书吴强前往扬州市,征求扬州地区高校图书馆对《江苏省普通高校图书馆评估指标及计分标准征求意见稿》的意见。在扬州师范学院图书馆召开座谈会,会议由封桂荣馆长主持,来自扬州地区高校图书馆的负责人共 12 人参加会议。

3 月 21 日　江苏省高校图情工委召开在宁地区高校图书馆馆长座谈会,江苏高校图情工委领导和各高校馆长共 33 人参加会议,座谈会由江苏高校图情工委副

---

〔1〕 江苏省高校图工委秘书处. 江苏省高校图书情报工作委员会 1991 年度大事记[J]. 江苏图书馆学报,1992(2):56 - 57.

〔2〕 邬淑珍. 中国矿业大学图书馆史(1909—2009)[M]. 徐州:中国矿业大学出版社,2009:159.

〔3〕 中国图书馆学会. 中国图书馆年鉴[M]. 北京:北京图书馆出版社,1996. 495 - 504.

〔4〕 路学.《中国机读目录通讯格式》正式出版[J]. 现代图书情报技术,1991(3):63.

〔5〕 本刊记者. 江苏省图书馆学会 1991 年大事记[J]. 江苏图书馆学报,1992(1):63 - 64.

〔6〕 邬淑珍. 中国矿业大学图书馆史(1909—2009)[M]. 徐州:中国矿业大学出版社,2009:159.

主任兼秘书长马先阵主持，会议的主要内容，交流各馆的工作经验以及今年的打算，讨论《评估标准》草案的修订意见以及实施方法。

4 月 24 日[1] 江苏省民政厅召开省属社团复查首批发证大会，江苏省图书馆学会法人代表、理事长卢子博参加会议，并代表江苏省图书馆学会领取登记证。

4 月 22—27 日[2] 由全国高等学校图书馆期刊工作研究会、江苏省高校图书情报工作委员会、南京大学图书馆和东南大学图书馆联合主办的首届期刊工作高级研习班，在东南大学图书馆举办。来自全国 22 个省(市)的高校图书馆期刊工作者 95 人参加了研习班。

5 月[3] 江苏图书联合编目中心(JiangSu United Center for Library Cataloging。JSUCLC)正式成立，中心由南京图书馆、东南大学图书馆、南京大学图书馆、南京师范大学图书馆、河海大学图书馆、南京航空学院图书馆、南京市新华书店等 7 单位共同发起组成。其宗旨是大力推进江苏图书馆的自动化进程，迅速提高江苏各类图书馆的工作质量和服务水平，完成网络化建设和资源共享的必备条件，以便为江苏经济建设、教育科技等各项建设事业的发展做出更大贡献。

5 月[4] 为贯彻落实《普通高等学校图书馆工作规程》，加强对全省高校图书馆工作的宏观管理与指导，江苏省教委发布苏教高教〔1991〕35 号《关于在全省普通高校开展图书馆评估的通知》，并印发了《江苏省普通高校图书馆评估指标体系及评分标准》，对全省高校图书馆的评估工作进行部署。

5 月 4—6 日 由中国图书馆学会目录学研究分会主办的“全国目录学学术研讨会”在南京举行。来自全国 21 个省、市、自治区的 32 名代表参会，收到论文 30 篇。

5 月 13—18 日[5] 煤炭高校图书馆馆长会议，在太原市山西矿业学院图书馆召开。中国矿业大学图书馆馆长林家聪参加会议，汇报评估工作。

5 月 14—15 日 1991 年度江苏省高等医药院校图书馆外文原版期刊订购协调工作会议，在南京海军医学专科学校图书馆召开。全省 11 所医药院校馆长、江苏省医学情报所所长和期刊部负责人参加了会议。南京医学院图书馆馆长蒋亦寿主持会议，省高校图情工委秘书长马先阵和海军军医专科学校的领导看望代表。此次会议共订购外文原版现刊 552 种 700 年份。与 1990 年相比，减少 39 年份(占总订数的约 5.5%)，其中期刊品种减少和复份减少约各占一半。

---

〔1〕 本刊记者. 江苏省图书馆学会 1991 年大事记[J]. 江苏图书馆学报，1992(1)：63 - 64.

〔2〕 叶继元. 全国高等学校图书馆期刊工作高级研习班圆满结束[J]. 江苏图书馆学报，1991(3)：49.

〔3〕 江苏图书联合编目中心. 江苏图书联合编目中心(JSUCLC)介绍[Z]. 南京：江苏图书联合编目中心，1992.

〔4〕 江苏省教育委员会. 全省普通高校图书馆评估工作总结苏教教〔1993〕49 号[Z]江苏省教育委员会苏教教(1993)49 号，1993.

〔5〕 邬淑珍. 中国矿业大学图书馆史(1909—2009)[M]. 徐州：中国矿业大学出版社，2009：160.

5月21—23日[1] 全国高校图书情报工作委员会在北京召开常委会暨图书馆工作座谈会，图工委常委、各地区各部委图工委秘书长约60人与会。会议总结了全国高校图工委秘书处3年来的工作，交流各地、各系统的情况，讨论近期工作计划，并提出“八五”规划设想。国家教委副主任邹时炎到会讲话，已调离国家教委的原高校图工委副主任朱育理到驻地会见代表。国家教委条件装备司副司长、全国高校图工常务副主任高炳章主持会议。

5月30日[2] 《中华人民共和国著作权法实施条例》，5月24日经国务院批准后，由国家版权局正式发布。

6月[3] 南京大学图书馆期刊部副主任、江苏省图书馆学会会员叶继元，收到美国《历史文摘》季刊主编的聘书，入选该刊的顾问委员会。他是入选该刊顾问会的第1个中国人，任期3年。美国《历史文摘》(*History Abstracts*)是著名的大型检索工具书。

6月4日[4] 国务院颁布《计算机软件保护条例》。

6月4—6日 华东地区高校图书馆第3次协作会议在江西井冈山召开，江苏省马先阵、鲍世问、陆汉荣等参加了会议。

6月5—7日[5] 华东地区中医药图书情报工作会议，在上海中医学院顺利召开。会议由全国中医药图书情报工作委员会华东分会的主任单位，上海中医学院图书情报中心主办，上海中医学院图书馆馆长朱大年主持会议。全国中医药图书情报工作委员会主任魏菊仙、上海中医学院院领导出席了会议并讲了话。南京中医学院图书馆副馆长吉文辉，总结了第一届华东分会召开6年来的工作情况，讨论修改分会章程，拟定今年10月在安徽中医学院举办图书情报工作会议暨专题学术研讨会。

6月7—8日[6] 煤炭工业总公司煤炭科技情报所在徐州中国矿业大学图书馆，召开全国煤炭高校外文期刊订购协调会议。

6月11—12日 全省高校图书馆统计工作研讨会在南京大学图书馆召开。参加会议的代表共70人，来自67所高校，上交论文36篇，实际录用为29篇。会议编印了文集。省高校图工委秘书长马先阵到会讲话。会议的主要内容是讨论研究加强全省高校图书馆统计的制度化，商议制定全省高校图书馆统计表格的标准化和规范化，为进一步提升填报全国高校图书馆1990年度统计数据的质量，并对上报院校的统计表进行分析讲解。

6月17—24日 全省高校图书馆馆长研讨班在南京大学图书馆举办。33人参加了研讨班。开班式上，江苏省教委副主任胡星善，南京大学图书馆馆长包忠文讲话，江苏省图情工委副主任兼秘书长马先阵传达了全国图工委常委会及图

---

[1] 本刊讯.全国高校图工委召开常委会暨图书馆工作座谈会[J].大学图书馆学报，1991(4)：3-4.
[2] 郭锡龙，图书馆暨有关书刊管理法规汇览[M].北京：中国政法大学出版社，1995：218.
[3] 省学会会员叶继元受聘为美国《历史文摘》编辑顾问委员[J].江苏图书馆学报，1991(4)：47.
[4] 郭锡龙，图书馆暨有关书刊管理法规汇览[M].北京：中国政法大学出版社，1995：228.
[5] 潘立敏，庄燕鸿.华东地区中医药图书情报工作会议在沪召开[J].上海中医药杂志，1991(11)：6.
[6] 邬淑珍.中国矿业大学图书馆史(1909—2009)[M].徐州：中国矿业大学出版社，2009：8.

工委工作座谈会精神。马先阵、吴观国、王可权、时修荣、朱广忠等，分别就《高校图书馆管理》《怎样当馆长》《文献资源建设》《文献开发与利用》《高校图书馆的改革与现代化建设》《党政齐抓共管、做好图书馆政治思想工作》等做专题报告，南京大学副校长董健到会看望代表。

6 月 20 日[1] 中国图书馆学会根据民政部有关社团登记的规定，并经常务理事会批准，决定成立党校、团校、军队院校、中小学和医院图书馆委员会，以分别根据各自专业特点开展学术研究和交流活动。

6 月 22—29 日[2] 全国高等学校图书馆期刊工作研究会第 3 次学术研讨会，在河北省承德市召开。

6 月 27 日[3] 民政部批准中国图书馆学会为全国性社团，并获得由民政部部长签发的登记证。

7 月 7—10 日[4] 国家教委条装司图情处和教仪公司，在北京召集 10 余所接受日本富士通公司赠机单位(赠机为 K650/30 主机)，与日本富士通公司谈判购置外设和软件，中国矿业大学是江苏省唯一受赠单位，馆长林家聪、技术部主任朱世平参加谈判。签订备忘录，自购部分优惠率为 45%。

7 月 11—12 日[5] 全国煤炭系统文献工作协调委员会筹备会议，在北京召开，中国矿业大学图书馆林家聪馆长参加会议，中国矿业大学图书馆被定为副主任单位，决定择期召开成立大会。

8 月 3—13 日[6] 江苏图书联合编目中心(JSUCLC)系统开发工作启动，开发工作由江苏省高校图工委现代技术组承担。开发工作在无锡轻工业学院(青山湾校区)进行，完成了系统的基本框架和主要功能模块的开发。开发工作得到无锡轻工业学院的支持。JSUCLC 系统采用 XEINIX 多用户操作系统，Informix 数据库系统(Ver. 3. 1. 1)，C 语言开发，运行模式为基于 RS-232 串口通讯的主机/终端方式。系统用于图书集中采购与编目，同时向用户馆提供随书配片、机读书目数据的服务。开发组成员有沈鸣、曹福元(南京大学图书馆)，吴政(南京图书馆)，李长宁、朱亦宁(东南大学图书馆)，沈鸣为组长，吴政为副组长。

8 月 13 日[7] 北京图书馆承担的文化部 1990 年科研项目—《中国机读目录规范格式》，在文化部图书馆司召开的鉴定会上通过技术鉴定。

9 月 9 日[8] “江苏省图书馆学、情报学第 2 次评奖征文活动”召开第 1 次评委会成员会

〔1〕 中国图书馆学会. 中国图书馆年鉴[M]. 北京：北京图书馆出版社，1996：495-504.

〔2〕 荀昌荣，张白影等. 中国图书馆事业(1988—1995)[M]. 成都：四川科学技术出版社，1997：873.

〔3〕 荀昌荣，张白影等. 中国图书馆事业(1988—1995)[M]. 成都：四川科学技术出版社，1997：873.

〔4〕 邬淑珍. 中国矿业大学图书馆史(1909—2009)[M]. 徐州：中国矿业大学出版社，2009：160.

〔5〕 邬淑珍. 中国矿业大学图书馆史(1909—2009)[M]. 徐州：中国矿业大学出版社，2009：160.

〔6〕 江苏图书联合编目中心. 江苏图书联合编目中心(JSUCLC)介绍[Z]. 南京：江苏图书联合编目中心，1992.

〔7〕 中国图书馆学会. 中国图书馆年鉴[M]. 北京：北京图书馆出版社，1996：495-504.

〔8〕 本刊记者. 江苏省图书馆学会 1991 年大事记[J]. 江苏图书馆学报，1992(1)：63-64.

议，研究评奖事宜，同时进行初评。出席人员有：卢子博、许培基、王学熙、马先阵、钱金虎、时修荣、张厚生、倪波、贺国璋、侯汉清。

9月10日[1] 江苏省委、江苏省政府、江苏省教委举行隆重表彰大会。东南大学图书馆副馆长、科技情报专业教研室主任张厚生、汪孝感、朱志坚等3人的"情报检索课程的创新与实践"受到大会表彰，获得江苏省教育委员会颁发的《江苏省普通高等学校优秀教学质量奖》一等奖，这是江苏省图书馆学、情报学高等教育首次荣获省级优秀教学质量奖项目。

9月17日 "江苏省联合采编中心"所有设备运至南京市新华书店图书馆供应部(新街口新华书店4楼)正式开展工作，编目工作由南京图书馆采编部的王霞负责，采购部分由南京新华书店图书馆供应部负责。采编中心系统主要的功能：① 对所有订户进行管理，定购记录的管理；② 对所有新书进行编目；③ 根据订户订单、订购卡片数生产卡片，随书配片；④ 对订户的付款情况进行管理。

参加中心工作的有沈鸣、吴未明(南京大学图书馆)，石灵(东南大学图书馆)，王霞、全勤、孙楚流(南京图书馆)，黄燕(南京师范大学图书馆)，河海大学图书馆、南京航空学院图书馆。南京市新华书店图书馆供应部经理蒋立新、刘汉凤、张小红、王进、刘军等。此系统投入运行以后，东南大学、南京图书馆退出了系统的后续维护，后续维护均由南京大学图书馆技术部负责，自9月下旬起，直至1992年暑假。

9月17日 江苏省高校图情工委召开南京地区部分高校图书馆馆长座谈会，20余名馆领导参加座谈，分别就各馆1991年上半年的工作进行交流，对下半年的工作进行通报，会议由马先阵主持。

9月20日 苏州地区12所高校图书馆馆长，在苏州铁道师范学院图书馆召开会议，就各馆抗灾的情况作了通报，并交流评估工作的准备情况，会议由苏州大学图书馆馆长严大康主持。

10月5—10日 中国图书馆学会建筑与设备委员会，在大庆市图书馆召开"图书馆未来及其建筑研讨会"。江苏省高校图情工委秘书长、兼建筑咨询组组长马先阵应邀参加了会议，并就图书馆的未来建筑作大会发言。

10月11日[2] 国家教委在北京召开"全国高等学校图书情报工作委员会成立十周年纪念大会"。国家教委副主任邹时炎出席大会并作重要讲话。第一届图工委主任，教育部原副部长周林，教育部原副部长、现中国国际教育交流协会会长黄辛白出席大会并讲话。出席大会的有：曾担任过图工委领导工作以及热心支持高校图书馆工作的国家教委和北京市高教局的有关领导夏自强、沈友益、庞文第、林普生；兄弟系统的来宾任继愈、孙承鉴、孙蓓欣、阎立中、关家麟、王维新；首都高等院校的院校长、吴树青(北大)、郑杭生(人大)、王金华(北方交通大学)等；高等学校图书馆界的老前辈程德清、于声；教图公司

---

[1] 沈付，沈甲伟．张厚生等获省优秀教学质量一等奖[J]．江苏图书馆学报，1991(6)：19.

[2] 本刊记者．国家教委召开全国高校图工委成立十周年纪念大会[J]．大学图书馆学报，1991(6)：9.

副总经理赵桂树、中图公司副总经理陶绍文;首都 90 多所院校以及外地 9 所化工院校的图书馆馆长和工作人员代表;北大、北师大、东北师大图书馆学系的负责人肖东发、倪晓健、刘迅;还有全国高校图工委历届秘书长肖自力、罗宏述、朱强以及曾在图工委工作过的同志,共 400 多人参加会议。全国高校图工委副主任庄守经主持会议,邹时炎首先就高等教育和高校图书馆工作作了重要指示。国家教委条件装备司副司长、全国高校图工委副主任兼秘书长高炳章报告了图工委十年来的工作,总结经验,展望未来。任继愈、林普生、阎立中等来宾致辞以后,会议向首都 38 所院校的 170 多位从事图书馆工作 30 周年以上的老同志颁发纪念证,何东昌为纪念证题词:“书海指航”。

10 月 14 日〔1〕 国家教委发布教备〔1991〕79 号《关于开展普通高等学校图书馆评估工作的意见》,正式启动在全国高校图书馆开展评估工作。提出关于开展普通高等学校图书馆评估工作的意见。国家教委的文件指出:高等学校图书馆是高等学校的图书情报中心,是为教学和科学研究服务的学术性机构。高等学校图书馆的水平是衡量高等学校办学水平的重要标志之一,它的工作质量直接影响到高等学校教学和科研的质量。根据《中共中央关于教育体制改革的决定》的精神,为适应高等学校教育的发展,应对普通高等学校图书馆经常进行状态判断,决定发展路向,不断改善办馆条件和提高办馆水平,因此,需要在高等学校图书馆开展评估,并逐步建立高等学校图书馆评估制度。

一、评估的目的

高等学校图书馆评估,是以高等学校图书馆事业整体、各个高校图书馆及其活动为对象,根据特定的目标,全面系统地收集资料和数据,描述其状态,经过分析研究,对状态做出判断,提出发展路向和改进措施的一种方法。评估的主要目的是加强国家及各省(自治区、直辖市)教育行政领导部门及各级高校图书情报工作委员会对高校图书馆事业的宏观管理和指导,检查执行《普通高等学校图书馆规程》和其他有关规定的情况;为制定高校图书馆事业的有关政策、法规发展规划提供依据,促进各高等学校及各高校图书馆努力改善办馆条件,深化改革,改进工作,提高服务水平、学术水平和科学管理水平。

二、评估的内容和级别

高等学校图书馆评估的主要内容是:

1. 高校图书馆事业发展的内部条件和外部环境;
2. 各高校图书馆所具有的办馆条件;
3. 各高校图书馆的办馆水平。

评估根据具体目标不同分为以下四级:

1. 国家级评估

〔1〕 本刊讯.国家教委在普通高等学校图书馆开展评估工作[J].大学图书馆学报,1992(1):1-2.

主要检查高校图书馆贯彻执行《普通高等学校图书馆规程》及其他有关规定的情况，为国家制定有关图书馆的方针政策提供依据，为国家级的高校图书馆协作、整体化网络化建设进行决策前研究。

2. 地区级评估

检查本地区高校图书馆贯彻执行《普通高等学校图书馆规程》的情况，为本地区高校图书馆间的整体化建设和资源共享进行决策前研究，为改进本地区高校图书馆工作，制定地区性的图书馆发展方针提供依据。

3. 学校级评估

检查图书馆能否充分支持学校的教学科研活动；检查图书馆是否履行了协调本校各图书情报单位活动的功能。

4. 图书馆级评估

发现有助于或限制图书馆实现其功能的各种因素，为制定图书馆的长期发展方针提供依据，为解决图书馆各项工作中存在的问题进行决策前研究。

三、评估的组织领导与方法

高校图书馆评估根据不同级别，由各级教育行政领导部门、各级高校图书情报工作委员会、各高等学校及其图书馆主持实施，可根据需要组成由各级领导、图书馆专家和教师代表参加的评估委员会，具体进行规划、部署、检查、总结。评估委员会可根据评估的具体目的制定评估指标大纲。评估可采取自我评估和外部评估相结合的方法，被评估单位进行自我评估，做出评估报告；评估委员会审查评估报告，并根据需要派出专家小组，听取被评估单位各级有关领导的介绍，实地观测，形成评估委员会评估报告。

高校图书馆评估是一项政策性、学术性、实践性很强的工作，无论在制定指标体系大纲或是组织实施时都要本着科学性、导向性和可行性的原则进行，对不同规模、不同类型的高校图书馆要区别对待，分类指导。各省(自治区、直辖市)教委及高校领导要积极支持、精心指导，及时解决评估工作中存在的困难和问题，把图书馆评估作为高等教育评估的重要内容，认真抓好，各级图工委要认真组织实施，创造性地开展工作，总结经验；各高校图书馆要重视评估工作，并根据需要组织本馆范围内的单项评估，要把评估作为实现科学管理的一种方法，注意积累原始资料，重视统计工作，建立和完善业务档案制度。国家教委将在“八五”期间举行一次全国性的高等学校图书馆评估。该项评估工作在国家教委领导下由全国高校图书情报工作委员会负责组织实施。各省(自治区、直辖市)教委应根据本文件精神并参照指标体系大纲组织本地区的高校图书馆评估。国家教委还同时下发了《普通高等学校图书馆评估指标体系大纲》和《关于指标体系大纲的说明》。

10 月 17—19 日[1] 江苏省高校图书馆办公室工作研讨会在南京农业大学图书馆召开，出席会议的代表共 35 人，交流论文 12 篇。江苏省图工委领导和南京农业大学领导到会，马先阵作总结报告。与会代表一致认为，办公室在整个图书馆系统的良性运行中起着关键的作用，其工作内容包括行政业务、文书档案、财会统计、卫生治安、工会福利、计划生育、统筹内外、送往迎来。作为图书馆的信息中心、综合协调中心和后勤服务中心，办公室的作用有：参谋作用、综合协调作用、信息贮存作用、后勤保障作用、公关作用。会议经研究确定设立办公室工作研讨组，将于 11 月正式成立。南京农业大学梁保华，南京大学徐继荣、河海大学谢友宁分别担任正、副组长。

10 月 19—21 日[2] 华东六省一市图书馆学会第 5 次协会在浙江省宁波市召开，这次会议主题是“图书馆自身建设”。江苏省有 10 位代表成员是：江苏省图书馆学会副理事长、东大图书馆馆长时修荣，南京图书馆党总支书记副馆长孔宪楷，江苏省图书馆学会秘书长王学熙，苏州市馆馆长陈春森，连云港市馆馆长陈浩，镇江市馆副书记赵玉明，江苏化工学院图书馆书记黄嘉林，江苏水利专科学校图书馆副馆长王正兴，江苏省图书馆学会秘书潘志云。孔宪楷在会上介绍了省馆加强思想政治工作的经验，受到了兄弟省市同行的好评。

10 月 26—29 日[3] 全国林业院校图书馆工作会议在中南林学院召开。

10 月 28 日 江苏省职称改革领导小组发布苏职改字〔91〕16 号《印发〈关于企事业单位不具备规定学历、资历人员破格评聘专业技术职务的原则意见（试行）〉的通知》。

11 月 8 日 根据江苏省教委职改办意见，江苏省高校图情工委召集有关人员就起草全省普通高校图书馆定岗定编专业职务职任的实施意见进行了讨论。

11 月 16 日[4] 根据 10 月 17 日，江苏省高校图书馆办公室工作研讨会的决议，江苏省高校图工委正式成立“办公室工作研讨组”。

11 月 18 日[5] 我国第 1 个地方学位委员会—江苏省学位委员会在南京成立，首届学位委员会由 23 人组成，任期 4 年。

11 月 22—24 日[6] 由文化部主持召开的“图书馆自动化集成系统”（ILAS）技术鉴定会在深圳举行。该系统包括采购、编目、流通、连续出版物管理、联机书目检索和参考咨询等 6 个子系统的完整图书馆自动化应用软件，项目由文化部向深圳图书馆下达，1988 年 4 月，文化部教科司、图书馆司下达《图书馆自动化集

---

〔1〕 江苏省高校图工委秘书处. 江苏召开高校图书馆办公室工作研讨会[J]. 大学图书馆学报，1992(1)：64.

〔2〕 本刊记者. 江苏省图书馆学会 1991 年大事记[J]. 江苏图书馆学报，1992(1)：63 - 64.

〔3〕 荀昌荣，张白影等. 中国图书馆事业(1988—1995)[M]. 成都：四川科学技术出版社，1997：876.

〔4〕 江苏省高校图工委秘书处. 江苏召开高校图书馆办公室工作研讨会[J]. 大学图书馆学报，1992(1)：64.

〔5〕 中共江苏省委宣传部. 江苏改革开放 30 年大事记[M]. 北京：中央文献出版社，2008：41.

〔6〕 中国图书馆学会. 中国图书馆年鉴[M]. 北京：北京图书馆出版社，1996：495 - 504.

成系统重点科技项目任务书》,明确提出“以迅速提高全国图书馆自动化管理水平和服务水平,免除各地低水平重复研制而形成人力、物力、财力和时间上的浪费,减少对进口软、硬件的依赖,全国图书馆以最优的性能价格比,实现较为先进的、规范化的和实用性强的集成系统”。项目得到 8 家省图书馆的合作完成,鉴定专家组评价:“自行研制和开发的图书馆自动化集成系统是成功的,综合指标属国内领先地位,达到了国际 80 年代同类系统的先进水平。”[1]

11 月 28—29 日[2] 江苏省高校图书馆情报工作网成立大会在南京邮电学院图书馆召开。32 所高校情报工作网成员馆代表出席会议,南京地区三所军事院校图书馆的代表应邀参加大会,大会由省图工委副主任时修荣主持,南京邮电学院叶副院长、江苏省高校图工委副主任兼秘书长马先阵讲话,南京邮电学院图书馆馆长王昭南等作经验交流。会议确定省高校图书馆情报工作网领导名单。情报网网长由江苏省高校图情工委副主任、东南大学图书馆馆长时修荣兼任,副网长由南京大学图书馆副馆长杨克义、南京师范大学图书馆情报部主任吉士云担任。情报工作网的第一批成员包括 37 所院校图书馆,下设理工、医药、师范、农林、职大、军院 6 个分网。

11 月 30 日[3] 江苏省图书馆学会、江苏省高校图工委公布“江苏省图书馆学、情报学第二次评奖征文”的评奖结果,一等奖暂缺,二等奖 15 个,三等奖 62 个。其中东南大学图书馆潘卫、扬州工学院图书馆王立诚、镇江师范专科学校图书馆汤水源、中国矿业大学图书馆付立宏、徐州师范学院图书馆林基鸿 5 人获二等奖。南京师范大学图书馆倪延年、河海大学图书馆陈荣兴、河海大学图书馆谢芳、南京大学图书馆黄万欣等 24 人获三等奖。

12 月 5—7 日[4] 江苏省高校第二届系资料室工作经验交流会,在无锡轻工业学院图书馆召开,讨论落实省教委关于《江苏省普通高等学校系(所)资料室(情报室)工作暂行办法(试行)》,来自全省 29 所高校 53 名代表参加会议,收到论文 42 篇。无锡市教委高教处处长陈子龙、无锡轻院副院长李礼尧到会并讲话,无锡市各高校图书馆馆长应邀出席会议。会议由无锡轻工业学院图书馆馆长顾宏才主持,江苏省高校图工委副主任贺国璋到会讲话。

12 月 5—7 日 江苏省高校图书馆情报工作委员会所属期刊研究会,分赴苏州、无锡和扬州地区高校图书馆考察了解期刊工作状况。赴苏、锡地区的由研究会会长魏耀文和南京大学、河海大学图书馆期刊部负责人吴向东、王立;赴扬州地区的是研究会常务副会长叶继元和华东工学院图书馆期刊部负责人李翼澄。

---

[1] 余光镇. ILAS 图书馆自动化系统发展进步的十年[J]. 现代图书情报技术,1999(S1):128 - 130.

[2] 江苏省高校图工委秘书处. 江苏成立高校图书馆情报工作网[J]. 大学图书馆学报,1992(1):64.

[3] 江苏省图书馆学会,江苏省高校图工委. “江苏省图书馆学、情报学第二次评奖征文”评奖结果[J]. 江苏图书馆学报,1992(1):60 - 62.

[4] 江苏省高校图工委秘书处. 江苏召开第二届高校资料室工作研讨会[J]. 大学图书馆学报,1992(1):64.

12 月 21 日[1] 北京大学图书馆学系南京函授班,88 级大专起点班举行了毕业典礼,在南京图书馆举行。88 级大专起点班通过 3 年的学习,完成学校所规定的课程,全班 42 位同学结束本科阶段的学习毕业。南京图书馆辅导部副主任王兰英作班级总结,南京图书馆副馆长、南京函授站站长卢子博给全体同学颁发了毕业证书并讲了话。

12 月 24 日[2] 经国家新闻出版署通过资格审查和中央民政部核准登记,中国索引学会(Index Science Association of China)在上海华东师范大学成立,袁运开[3]任首任理事长。学会是从事索引研究和编纂的非营利性学术组织,具有社团法人资格的全国性社会团体。学会于 1988 年初开始筹办,原称"中国索引学社"。学会成立时有个人会员 240 余人,团体会员 10 余家。个人会员以全国出版界、高校、科研单位和图情机构中具有中高级职称者为主。中国索引学会设在上海市华东师范大学图书馆内。

12 月[4] 中国科技情报研究所、中科院文献情报中心、中国农业科学院文献信息中心、河海大学图书馆等 5 单位合作,将 2 103 种原版外文期刊拍摄成缩微平片,并编制联合目录,提供用户选用。

12 月底 江苏省高校图情工委及所属期刊研究会和南京大学图书馆、华东工程学院图书馆合作,在调查、统计和分析南京地区 28 所院校图书馆原版外文报刊的基础上,汇集整理出版 28 所院校图书馆原版外文报刊联合目录。

是年 5 月[5],河海大学图书馆引进东南大学图书馆开发的单机版流通管理系统,正式启用服务。

南京师范大学图书馆利用世界银行贷款,采购惠普公司的 HP 3000 小型机,配套引进上海交通大学图书馆开发的图书馆集成管理系统(MILIS),装机运行。系统包括编目、流通管理等模块。

年度事件数据:无

---

〔1〕 南函站.北大南京函授站本科九一届举行毕业典礼[J].江苏图书馆学报,1992(1):38.

〔2〕 伍柳.中国索引学会正式成立[J].图书馆杂志,1992(1):42.

〔3〕 袁运开(1929—2017),江苏南通人,著名教育家,长期从事物理学史、自然辩证法和理论物理的教学和研究。1941 年至 1947 年在南通中学学习。1947 年 9 月,入国立浙江大学理学院物理系学习。1951 年 8 月大学毕业后进入华东师范大学物理系任教。任华东师范大学讲师,历任物理系主任,常务副校长、校长,华东师范大学自然辩证法暨自然科学史研究所负责人。1978 年 5 月,晋升副教授。1986 年 1 月,晋升教授。1979 年 8 月,任华东师大副校长,是新中国第一位民选副校长。1984 年 6 月至 1992 年 12 月,担任华东师大校长。1994 年底退休。1998 年 6 月 28 日,当选为国际欧亚科学院(IEAS)院士。曾历任中国高等学校师资管理研究会第一届副理事长,上海市物理学会第四、五届副理事长,上海市科技史学会第一届副理事长,上海高等教育学会第三届副会长。

〔4〕 曹汉章,吴东敏.缩微复制技术在外文期刊协调中的作用[J].河海科技进展,1994(1):97-99.

〔5〕 朱兰芳.图书馆管理系统维护点滴[J].管理科学文摘,2008(4):122-124.

1992 年

1 月[1] 徐州地区高校图书馆馆长座谈会，在彭城大学图书馆召开，中国矿业大学图书馆副馆长黄贤树、郭太敏参加会议，会议决定由中国矿业大学图书馆负责起草《徐州地区高校图书馆馆际互借办法》，并组织推广。

1 月 17 日 中国图书馆学会主办的《图书馆学通讯》，正式改名为《中国图书馆学报》。

2 月 全国高校图书情报工作委员会批文，同意将"全国高校图书馆期刊工作研究会"改称"全国高校图书情报工作委员会期刊工作委员会"。

3 月 10 日 江苏省高校图工委召集南京地区高校图书馆馆长座谈会，在南京大学图书馆召开，共有 31 位代表参加会议。

4 月[2] 为落实江苏省教委《关于在全省普通高校开展图书馆评估的通知》精神，江苏省教委、江苏省高校图工委组织专家组，对扬州大学师范学院和盐城工业专科学校两所高校图书馆进行试评估，以检验评估指标体系和工作办法。

4 月 7—10 日[3] 中国高等医药院校图书馆协会第二届四次会议，在北京举行。

4 月 22—24 日[4][5] 教育部高教司、条件装备司和全国高校图工委在南京师范大学召开文献检索课研讨会，会议修改定稿《文献检索课教学基本要求》。专家们认为，"文献检索与利用"并不足以概括这门课的全部内容，应简化为"文献检索课"。参会者有：高炳章（国家教委）、李晓明、罗丽（全国高校图工委）、陈光祚（武汉大学）、江乃武（吉林农业大学）、王长恭（南京师范大学）、余向春（浙江大学）、葛冠雄（哈尔滨工业大学）、吴观国（南京医学院）、侯汉清[6]（南京农业大学）、朱天俊（北京大学）、潘树广[7]（苏州大学）。会后，国家教委正式下发了《文献检索课教学基本要求》（教高司〔1992〕44 号文件）。

---

〔1〕 邬淑珍. 中国矿业大学图书馆史（1909—2009）[M]. 徐州：中国矿业大学出版社，2009：161.

〔2〕 江苏省教育委员会. 全省普通高校图书馆评估工作总结苏教教（1993）49 号[Z]江苏省教育委员会苏教教（1993）49 号，1993.

〔3〕 荀昌荣，张白影等. 中国图书馆事业（1988—1995）[M]. 成都：四川科学技术出版社，1997：880.

〔4〕 李晓明. 我所经历的文献检索课[J]. 大学图书馆学报，2004(4)：3 - 6.

〔5〕 国家教委. 国家教委颁发《文献检索课教学基本要求》教高司〔1992〕J44 号[J]. 河北图苑，1992(2)：5.

〔6〕 侯汉清（1943— ），教授，我国首届图书馆学研究生，1967 年 7 月研究生毕业于北京大学图书馆学系。先后师从刘国钧和关懿娴。1981 年，任南京农业大学图书情报系教授。

〔7〕 潘树广（1940—2003），广东新会人。1957 年毕业于上海市格致中学。1961 年毕业于南京师院中文系，同年至江苏师院（今苏州大学）中文系任教。任苏州大学教授，古代文学专业博士生导师，教育部高教司文献检索课教学指导小组成员。研究方向：文学文献学，古典文学研究方法论。

4 月 25—27 日〔1〕 中国图书馆学会第四届会员代表大会在南京举行。会议审议第三届理事长任继愈所做的学会第三届理事会工作报告,修改通过新的《中国图书馆学会章程》,选举产生了由 167 人组成的第四届理事会,选举文化部副部长刘德有任理事长。召开了第 4 届一、二次全体理事会议。选举产生新的领导机构。

5 月 19 日 经国家教委批准,扬州大学成立,扬州大学由扬州师范学院、江苏农学院、扬州工学院、扬州医学院、江苏水利工程专科学校、江苏商业专科学校合并组建,原各校图书馆统一并入新建的扬州大学图书馆。

5 月 国家教委发布教高司〔1992〕44 号《文献检索课教学基本要求》,规定了“文献检索课”的课程性质、教学目的、课程组织、教学评估等内容。

6 月〔2〕 我国自建的第一个中文 CD-ROM 光盘数据库,中国科技情报研究所重庆分所研发的《中文科技期刊 CD-ROM 光盘库》(中刊 CD-ROM 库)发布,数据库为国内最大的综合性中文文献题录光盘库,共收录 1989—1991 年 4 600 余种科技期刊,入库记录总量 61 万余条。经中国科技情报研究所、北京图书馆、交通部科技情报研究所、上海市科技情报研究所、重庆大学以及成都地质学院等用户单位使用,并通过国际联机查新证明,该光盘库在检索功能、读取速度、数据规范、标引深度、总库容量和年度数据更新等方面已达到先进水平。

6 月 9—13 日〔3〕 华东地区高校图工委协作组第七次会议,在福建省福州市召开,探讨高校图书馆进一步深化改革问题。

6 月 12—17 日 全国轻工院校图工委第三届全委会暨第五次学术研讨会在大连召开。全国 17 所轻工院校派代表参加了会议,收到论文 90 余篇。

7 月 江苏省高校图工委全体委员会会议,在南京大学召开,讨论全面落实高校图书馆评估工作。

7 月 8 日〔4〕 《中国图书馆学会章程》公布。

7 月 13 日〔5〕 中国共产党党员、中国图书馆学会理事、全国高校图书情报工作委员会常务委员、江苏省高校图工委副主任兼秘书长、江苏省图书馆学会副理事长、南京大学图书馆副馆长、研究员马先阵〔6〕,因病在南京逝世,享年 59 岁。

9 月 3—5 日〔7〕 日本学术情报中心研究开发部主任井上如教授,访问南京大学文献情报学系,为全系师生作学术报告。

---

〔1〕 曹玉洁. 中国图书馆学会“四大”在南京召开[J]. 江苏图书馆学报,1992(2):14.

〔2〕 陈源曙,谭显华. 我国第一个中文 CD-ROM 光盘库的研制与开发[J]. 情报科学,1992(5):1-6.

〔3〕 荀昌荣,张白影等. 中国图书馆事业(1988—1995)[M]. 成都:四川科学技术出版社,1997:884.

〔4〕 陈源蒸,张树华等. 中国图书馆百年纪事. 1840—2000[M]. 北京:北京图书馆出版社,2004:326.

〔5〕 江苏省图书馆学会副理事长马先阵同志逝世[J]. 江苏图书馆学报,1992(4):27.

〔6〕 马先阵(1933—1992),浙江诸暨人,中国共产党党员、南京大学图书馆、文献情报学系党总支副支委员、1978—1992 年,任南京大学图书馆副馆长。历任中国图书馆学会理事、全国高校图书情报工作委员会常务委员、江苏省高校图工委副主任,第二任秘书长、江苏省图书馆学会副理事长、研究馆员。

〔7〕 荀昌荣,张白影等. 中国图书馆事业(1988—1995)[M]. 成都:四川科学技术出版社,1997:737.

9月15—18日[1] 由国家科委主持的“全国科技情报工作会议”在北京召开。国务委员国家科委主任宋健为大会题词。会议决定将“科技情报”改为“科技信息”；国家科委科技情报司更名为“科技信息司”；中国科技情报研究所更名为“中国科学技术信息研究所”。

9月19日[2] 江苏省委、江苏省政府发出《关于加快教育发展和改革若干问题的决定》，《决定》要求围绕经济建设这个中心，加快实现20世纪90年代培养的专门人才总量比80年代翻一番。

9月25日[3] 国务院令第105号发布《实施国际著作权条约的规定》，规定中国将遵守参加的《伯尔尼保护文学和文艺作品的公约》(《伯尔尼公约》)，以及与外国签订的有关著作权的双边协定。

10月[4] 全国高校图书情报工作委员会期刊工作委员会、江苏省高校图工委、南京大学图书馆联合举办的《连续出版物管理与研究译丛》(*Translation Journal of Serials Management and Reaserch*，TJSMR)停刊，更名为《连续出版物管理与研究》(*The Serials Management and Research*，SMR)创刊，出版第1卷第1期。编辑部设在南京大学图书馆，主编叶继元，半年刊，内部发行，在翻译介绍国外期刊研究成果的同时，更加注重国内同行研究成果的刊登，是我国第一种关于期刊和其他连续出版物研究、管理方面的专业期刊。由于没有正式刊号，该刊自1992年10月起，至1998年9月停刊，共出版6卷8期：

1992年10月，卷1，第1期；
1992—1993年合刊，卷1第2期；
1993年，卷2，第1、2期合刊；
1994年，卷3，第1、2期合刊；
1995年，卷4，第1、2期合刊；
1996年，卷5，第1期；
1996年，卷5，第2期；
1998年，卷6，第1、2期合刊；

10月9—12日[5] 《煤图学刊》编辑部在湖南湘潭矿业学院召开通讯员会议，表彰通讯员积极分子，主编林家聪主持会议，副主编罗彦作“办刊三年的回顾与总结”。会议决定对编辑队伍进行扩充。

10月30日 北京大学图书馆学情报学系，更名为“北京大学信息管理系”。

---

〔1〕 中国图书馆年鉴编委会.中国图书馆事业1992年大事记[A]，中国图书馆学会，中国图书馆年鉴[C].北京.出版社，1996.504-508.

〔2〕 中共江苏省委宣传部.江苏改革开放30年大事记[M].北京：中央文献出版社，2008:46.

〔3〕 郭锡龙.图书馆暨有关书刊管理法规汇览[M].北京：中国政法大学出版社，1995:235.

〔4〕 叶继元，谢欢主编.风雨同行　基业长青——全国高等学校图书馆期刊工作研究会成立二十五周年纪念文集[M].南京：南京大学出版社，1989.207-240.

〔5〕 邬淑珍.中国矿业大学图书馆史(1909—2009)[M].徐州：中国矿业大学出版社，2009:163.

11 月[1] 江苏省联合采编中心(JSUCLC)项目宣告解散,原各单位派遣的编目人员返回各自原单位,业务终止,JSUCLC 自 1991 年下半年试运行。1992 年初正式对外服务,采取集中编目,随书配片,根据各馆要求提供卡片或机读数据,受到图书馆界的好评。至项目解散时,编目中心共有用户 475 家,累计编目图书 3.8 万种,生产卡片 33 万余张。

11 月 江苏省教委发布苏教教〔1992〕9 号文《转发国家教委〈关于开展普通高等学校图书馆评估工作的意见〉的通知》。

11 月 全国高校图工委委托苏州大学,举办"全国高校贯彻《文献检索课教学基本要求》研讨培训班"。

11 月 19 日[2] 华东地区高校图书馆自动化应用成果展示交流会,在南京大学图书馆召开,江苏、山东、浙江、江西 4 省区的代表参加了会议。此次会议是在江苏省高校图工委、现代技术应用专业委员会主办,南京大学图书馆承办,江苏省高校图工委副主任、东南大学馆长时修荣主持会议的筹备工作。

11 月 24—25 日[3] 江苏省高校图书馆信息协作网苏、锡、常分网成立大会暨第 1 次学术研讨会在苏州市东山洞庭宾馆召开。江苏省高校图工委代表,苏、锡、常三市高校图书馆代表,扬州、盐城高校图协的代表共 35 人出席会议,会议由苏、锡、常分网筹备组组长、苏州高校图书馆协作委员会秘书长陆汉荣主持,并作苏、锡、常分网筹备工作报告。扬州和盐城的代表,苏、锡、常三市图协代表分别发言。会议产生了分网领导成员,通过了分网章程。新产生的领导成员召开第 1 次工作会议。

11 月 25 日[4] 国家教委发布教备〔1992〕55 号文《关于在大连理工大学等 12 所院校设立"高等学校科技项目咨询及成果查新中心工作站"的通知》,决定在全国 12 所委属高等学校图书馆,设立第 1 批"高等学校科技项目咨询及成果查新中心工作站",江苏省的东南大学图书馆入选。12 所高校是清华大学、西安交通大学、华中理工大学、东南大学、重庆大学、成都科技大学、天津大学、大连理工大学、上海交通大学、四川大学、同济大学、北京大学。

12 月 9 日[5] 苏州大学图书馆、苏州市高校图书馆协作委员会与苏州图书馆,特邀《图书馆职业道德》一书的作者黄方正副研究员,在苏州大学学术报告厅作《图书馆职业道德》的专题报告。苏州图书馆、苏州医学院、苏州铁道师范学校、苏州市职业大学、苏州市广播电视大学等 11 所高等院校图书馆,以及苏州市有关图书、信息单位的代表 150 余人参加报告会。

---

〔1〕 沈鸣,曹福元等.江苏省高校图书馆自动化发展与思考[J].大学图书馆学报,1993(5):7-8.

〔2〕 沈鸣,曹福元等.江苏省高校图书馆自动化发展与思考[J].大学图书馆学报,1993(5):7-8.

〔3〕 江苏省高校图书馆信息协作网苏锡常分网召开成立大会暨第一次学术研讨会[J].江苏图书馆学报,1993(1):39.

〔4〕 阮建海,邓小昭.高校查新咨询工作探讨[J].图书馆杂志,1999(3):30-32.

〔5〕 江苏图书馆信息[J].江苏图书馆学报,1993(1):65.

12月22—23日[1]	为进一步检查了解各校贯彻落实省教委苏教高教〔1991〕35号《关于在全省普通高校开展图书馆评估的通知》的情况，江苏省教委在苏州大学召开图书馆评估自评工作汇报会。参加会议的有苏州、无锡、南通三地区的16所高校图书馆馆长。江苏省高校图工委副主任时修荣主持会议。苏州大学副校长张圻福、袁沧洲分别在会议期间会见全体代表。
12月30日[2]	南京图书馆学会第一次会员代表大会暨成立大会在金陵图书馆召开。南京市科协副主席陈达济出席会议并讲话。南京市民政局社团处处长穆桂英宣读批复并颁发社会团体法人登记证。南京图书馆学会已有正式会员304人，参加会议的代表共187名，大会通过学会理事会组成人名单，通过学会章程。南京图书馆学会筹备组负责人、金陵图书馆馆长周志华汇报学会的筹建情况，江苏省图书馆学会秘书长卢子博到会。会后召开第1届理事会会议。学会理事会由30人组成，丁志民等19人当选为常务理事会成员，南京大学图书馆馆长包忠文当选为理事长，丁志民、杨克义、张厚生、周志华、侯汉清当选为副理事长，严峰为秘书长。
是年	9月[3]，河海大学引进东南大学图书馆开发的流通管理系统，由单机版升级为XINIX多用户版。 南京大学文献情报学系，更名为“南京大学信息管理学系”，系主任邹志仁[4]。 中国矿业大学图书馆获徐州市精神文明单位。 9月28日，苏州大学天赐庄校区东区敬文图书馆建成，投入使用，楼高四层，建筑面积9 000平方米，由香港爱国实业家朱敬文先生捐资兴建。

年度事件数据：

单位变更	江苏化工学院更名为“江苏石油化工学院”，建制不变，办学地常州市。 5月，扬州大学成立，由扬州师范学院、江苏农学院、扬州工学院、扬州医学院、江苏水利工程专科学校、江苏商业专科学校合并组建，建制本科，办学地扬州市，各校所属图书馆同时合并，成立扬州大学图书馆。
领导变更	7月13日，南京大学图书馆副馆长马先阵因病逝世，副馆长杨克义继任江苏省高校图工委、江苏省图书馆学会所兼各项职务。 东南大学(原南京工学院图书馆馆长时修荣离任，孔庆煦继任馆长。 江苏工学院(原镇江农业机械学院)图书馆馆长仇锦堂离任，罗惕乾继任馆长。 南京医学院图书馆馆长蒋亦寿离任，陶毓顺继任馆长。

---

〔1〕 陆汉荣.江苏省教委图书馆自评工作汇报会在苏州大学召开[J].江苏图书馆学报，1993(1)：24.

〔2〕 学会秘书处.南京图书馆学会召开第一次会员代表大会暨成立大会[J].江苏图书馆学报，1993(1)：11.

〔3〕 朱兰芳.图书馆管理系统维护点滴[J].管理科学文摘，2008(4)：122－124.

〔4〕 南京大学信息管理学院.南京大学信息管理学院概况[EB/OL].[2018－12－11].http://im.nju.edu.cn/content.do?mid=2&mmid=21.

1993 年

1月　江苏省教委发布苏教教〔1993〕1 号文《关于印发〈江苏省普通高校图书馆评估指标体系及评分标准〉的通知》。

1月　江苏省教委发布苏教教〔1993〕55 号文《关于对部分普通高校图书馆和个人进行表彰的通知》。

1月[1]　根据国家教委发布教备〔1992〕55 号文《关于在大连理工大学等 12 所院校设立"高等学校科技项目咨询及成果查新中心工作站"的通知》,"国家教委科技查新中心南京工作站"在东南大学图书馆开始对外服务。

1月 12 日[2]　江苏省图书馆学会召开常务理事会扩大会议,10 个省辖市图书馆及省文化厅图管处负责人参加了会议。会议由理事长卢子博主持,秘书长王学熙汇报 1992 年工作总结、1993 年工作安排。代表肯定学会 1992 年工作,并就 1993 年工作计划提出建议。

1月 20 日[3]　国家计算设施中心(National Computing Facilities Center, NCFC)所属的 CASNet(中国科学院)、PUNet(北京大学)和 TUNet(清华大学)通过国家计委验收,同年 10 月初步完成 NCFC 主干网建设,实现三个院校网互通。

2月[4]　江苏省图书馆学会理事长、著名图书馆学家、中国图书馆常务理事、学术委员会委员、南京图书馆副馆长、《江苏图书馆学报》主编卢子博,被英国剑桥国际传记中心(IBC)以公告方式提名为 1992/1993 年度国际名人,他的个人传记已被收录在 IBC 编辑的《杰出人物志》(Achievement of Men)第 16 版及《国际传记辞典》第 23 版中。根据 IBC 的工作程序,被提名国际名人,是由 IBC 编委会和咨询局从每年数以万计的传记人物中精选出的杰出者,并经评审而最终确定。

2月 13 日[5]　中共中央、国务院发布中发〔1993〕3 号《关于印发〈中国教育改革和发展纲要〉的通知》。

2月 19 日[6]　大陆图书馆界、图书情报教育界派出了著名学者、专家王振鸣教授、史鉴研

〔1〕 张厚生."国家教委科技查新中心南京工作站"在东南大学建立[J].江苏图书馆学报,1993(4):18.

〔2〕 本刊记者.江苏省图书馆学会 1993 年大事记[J].江苏图书馆学报,1994(1):64.

〔3〕 中国互联网协会.回眸历史　迈向未来——纪念中国全功能接入国际互联网 20 周年[J].互联网天地,2014(4):6-12.

〔4〕 许建业.英国剑桥国际传记中心(IBC)提名卢子博教授为 1992/1993 年度国际名人[J].江苏图书馆学报,1993(3):65.

〔5〕 国务院.中共中央　国务院关于印发《中国教育改革和发展纲要》的通知[J].中华人民共和国国务院公报,1993(4):143-160.

〔6〕 中国图书馆学会.中国图书馆年鉴[M].北京:北京图书馆出版社,1996:508-511.

究员、周文骏教授、庄守经研究员、彭斐章教授、陈誉教授等一行6人,应台湾大学图书馆学系主任及图书馆学研究所长吴明德教授的邀请,赴台湾进行为期14天的学术交流和参观访问,从而海峡两岸图书情报学界、图书馆界的交往与交流开始了由单向走向双向的新的历史阶段。

2月25日[1] 中国矿业大学图书馆在国家教委的组织下,接受日本富士通公司赠送的小型计算机FACOM K650/30系统,以及配套图书馆集成管理系统—ILIS(Intergrate Library Information System)安装调试完成,正式对外服务。ILIS系统由富士通公司在CSP/FX操作系统支持下的K系列小型计算机上开发,ILIS的功能模块主要用COBOL开发,智能终端事务用BASIC编写。ILIS有图书采访、图书编目、期刊管理、流通业务管理、公共目录检索5个子系统构成,1990年,ILIS系统由华东师范大学计算中心引进并汉化。1992年,日本富士通公司向国家教委赠送成套FACOM K650/30小型机及ILIS图书馆管理系统,由国家教委协调分赠高校图书馆使用,至1993年,共有17所高校图书馆接受赠送,中国矿业大学图书馆是江苏省内唯一的受赠单位,受赠单位有复旦大学、湘潭大学、太原工业大学、山西大学、西南交通大学、大连海事大学、河南师范大学、北方交通大学等高校的图书馆[2]。

3月[3] 江苏省教委发布苏教教〔1993〕8号文《关于做好全省普通高校图书馆评估安排的通知》。本次评估将在教委的领导下,对全省72所普通高校图书馆进行全面评估,这次评估工作是继1986年对全省普通高校图书馆检查评比以来,又一次重要图书馆评价活动。通过评估,对于贯彻《普通高等学校图书馆工作规程》,推进图书馆现代化建设与管理,进一步明确办馆方向,充分发挥高校图书馆的教育职能和情报职能,提高办馆水平,为教学科研服务、培养合格人才发挥了重要作用。

4月[4] 根据江苏省教委发布苏教教〔1993〕8号文的安排,在各校自评工作的基础上,成立以江苏省教委副主任葛锁网[5]为组长的评估领导小组,组织7个专家评估组,对全省70所普通高校图书馆进行全面的检查测评。4月30日,评估工作全部结束。

4月15日[6] 江苏省高校图工委评估专家组对中国矿业大学图书馆进行评估。

---

〔1〕 邬淑珍.中国矿业大学图书馆史(1909—2009)[M].徐州:中国矿业大学出版社,2009:163.

〔2〕 罗益群.略论我国高校图书馆计算机管理应用发展趋向[J].高校图书馆工作,1993(3):21-24.

〔3〕 江苏省教育委员会.全省普通高校图书馆评估工作总结 苏教教〔1993〕49号[Z]江苏省教育委员会 苏教教〔1993〕49号,1993.

〔4〕 江苏省教育委员会.全省普通高校图书馆评估工作总结 苏教教〔1993〕49号[Z]江苏省教育委员会 苏教教〔1993〕49号,1993.

〔5〕 葛锁网(1940—),江苏丹阳人,1962年8月毕业于上海复旦大学数学系,曾任南京理工大学党委常委、副校长,江苏省教委副主任、党组成员,扬州大学党委书记等职,历任中国高等教育学会副会长、江苏省高等教育学会会长、中国高校设置评议委员会委员。2012年1月卸任宿迁学院院长的职务,任宿迁学院董事会副董事长。在任江苏省教委副主任期间,主管高校图书馆事务,推动江苏省高等教育文献保障系统(JALIS)的建设。

〔6〕 邬淑珍.中国矿业大学图书馆史(1909—2009)[M].徐州:中国矿业大学出版社,2009:13.

4 月 21—23 日〔1〕 全国林业院校图书情报工作委员会第 5 次会议在南京林业大学召开。议题是交流新形势下林业院校图书馆的改革方案，图书馆创收工作。宣布成立"全国林业院校信息中心"，讨论《全国林业院校信息中心工作条例》。会议决定由北京林业大学牵头完成《全国林业系统学位论文数据库》的联合建库工作，由东北林业大学牵头完成《全国林业系统馆藏中外文期刊联合目录》。

5 月 13—17 日〔2〕 国家教委文科文献信息中心在广州中山大学召开了全国高校文科文献资源建设会议。

5 月 25—30 日〔3〕 全国高校图书馆第 4 次期刊工作研讨会在南昌和井冈山两市召开，会议期间全国高校图工委期刊工作委员会（原名"全国高校图书馆期刊工作研究会）召开工作会议。参会代表 151 人。全国期刊研究会常委刘瑞兴主持开幕式，理事长江乃武致开幕词，秘书长叶继元作工作报告，江西高校图工委作会议筹备工作报告。江西省教委副主任周绍森、江西师大副校长邹道文等出席开幕式并讲话〔4〕。叶继元的工作报告总结了 4 年来在团结同行，培训人员，开展研究，协调协作和对外交流等方面取得的成绩。截至 1993 年 5 月，团体会员已达 190 个，个人会员 650 人，全国有 18 个省（市）成立了分支机构。会员发表的论著已达 1 500 余篇（种）。协调协作已扩大到全国重点高校。报告指出研究会的困难与不足，对今后工作提出 10 点建议。经过上届委员会（理事会）的推荐，并通过全国高校图工委征求了各省（区、市）高校图工委的意见，协商产生新领导班子。新的委员会由 40 人组成，其中 35—45 岁的占 70%，做到中青年化，高级职称的占 80%。委员会聘请特邀委员和顾问。本次会议共收到论文 365 篇，评出优秀论文 137 篇。

6 月 5—9 日〔5〕 中华医学会医学信息学分会成立暨第一次学术交流大会，在南京召开。出席会议的有来自全国 28 个省、市、自治区医药情报图书界的代表近 200 人。卫生部部长陈敏章发来贺信、卫生部科技司刘俊立出席会议，南京市卫生局局长薛桂华出席开幕式并讲话。中华医学会副秘书长张浩然主持了开幕，大会之前召开了学会委员会全体委员会议，选举中华医学会信息学会第 1 届常委委员。并经中华医学会第 20 届常务委员会十二次理事会批准，南京铁道医学院医学研究所郑守瑾教授当选分会常委。

6 月 23 日〔6〕 南京公共、科研和高校 3 大系统图书馆外文原版期刊订购协调会召开。24 个图书情报单位的 34 人参加会议，协调委员会副主任、南京图书馆副馆长

〔1〕 张玉洁. 全国林业院校图工委第五次会议召开[J]. 农业图书情报学刊，1993(3)：30.

〔2〕 荀昌荣. 中国图书馆事业（1988—1995）[M]. 成都：四川科学技术出版社，1997：921.

〔3〕 全国高校图工委秘书处. 全国高校图工委期刊专业委员会召开工作会议并进行换届[J]. 大学图书馆学报，1993(4)：33.

〔4〕 彭德经. 全国高校图书馆第四次期刊工作研讨会在赣召开[J]. 江西图书馆学刊，1993(2)：1.

〔5〕 中华医学会信息学会成立暨第一次全国学术会议纪要[J]. 医学情报工作，1993(4)：2－4.

〔6〕 远鉴. 协调协作　大势所趋　南京三大系统图书馆外文原版期刊订购协调会议召开[J]. 江苏图书馆学报，1993(4)：14.

卢子博主持会议并讲话。期刊协调组组长、南京大学图书馆叶继元就协调办法、联合目录的编制及协调组章程草案作说明。本次协调主要采取相互复制高价刊、换订缩微品、胶印本和各馆互通有无，避免本地区内重复订购。经过协调，共协调1 000元以上的高价刊50余种，预计可节省经费数万元。会议决定，由南图、江苏省科技情报研究所和南大牵头编制1994年《江苏省三大系统图书馆外文原版报刊预订联合目录》，计划1994年初发行，以利明年的协调。3家组长单位还就协调章程中有关母本费、复制价格、相互利用的办法等具体问题进行磋商，详细办法将提交各馆馆长联席会议讨论决定。

7月　国家教委发布教高司〔1993〕108号文《关于成立〈文献检索课〉教学指导小组的通知》，成立文献检索课教学指导小组，职责主要是负责文献检索课的教学指导以及教学大纲、教材的组织编写和审定工作。

7月3日[1]　深圳大学图书馆开发“深圳大学图书馆管理集成系统”（SULCMIS）第2版，在深圳大学通过了国家教委组织的鉴定。

8月22—28日[2]　第59届国际图联大会在西班牙巴塞罗那举行。大会理事会会议对国际图联执委会进行改选，中国图书馆学会常务理事、北京图书馆副馆长孙蓓欣当选为国际图联执行委员会委员。这是1981年中国图书馆学会在国际图联恢复合法席位以来，我国代表首次当选国际图联常务执行机构—执委会的委员。

9月[3]　全国高校首家信息产业研究所——南京大学信息产业研究所成立，倪波任所长。该所主要从事包括大众传播媒介、图书馆与情报业等在内的信息生产业、信息服务业、信息流通业为对象的重大课题研究，并为产业等有关部门提供产品、工程、市场和经营开发调查研究与预测服务。

9月16日[4]　江苏省教育委员会发布苏教教〔1993〕49号文《关于印发全省普通高等学校图书馆评估工作总结的通知》，同时，公布全省普通高等学校图书馆评估达标结果、全省普通高等学校图书馆评估工作总结。根据《江苏省普通高校图书馆评估指标体系及评分标准》中办馆条件和办馆水平的综合打分评定结果，全省共有55所高校图书馆达标，14所高校图书馆基本达标，3所高校图书馆未达标。

9月16—18日[5]　中国高等医药院校图书馆协会第4次缩微工作会议，在上海医科大学图书馆召开。

---

〔1〕胡振宁. 上下求索　与时俱进——深圳大学图书馆计算机管理集成系统（SULCMIS）发展历程回顾（1985—2015）[J]. 图书馆论坛，2017(6)：36－44.

〔2〕中国图书馆学会. 中国图书馆年鉴[M]. 北京：北京图书馆出版社，1996. 508－511.

〔3〕纪红. 全国高校首家信息产业研究所—南京大学信息产业研究所在宁成立[J]. 江苏图书馆学报，1993(6)：2.

〔4〕江苏省教育委员会. 全省普通高校图书馆评估工作总结[Z]江苏省教育委员会　苏教教〔1993〕49号，1993.

〔5〕陈源蒸，张树华等. 中国图书馆百年纪事. 1840—2000[M]. 北京：北京图书馆出版社，2004：332.

9 月 21—23 日[1] 中国高等医药院校图书馆协会华东地区医药图书馆馆长研讨会，在上海医科大学图书馆召开。华东地区 24 个医学图书馆的 27 名代表出席会议。上海医科大学副校长谢荣国、上海市高校图工委副主任兼秘书长徐家齐、中国图书进出口上海公司副总经理李天聪出席开幕式。会议主要议题是图书馆的改革。浙江医科大学图书馆副馆长周子荣介绍本馆改革的经验。会议还讨论全国医学文献资源共享网络的建设，对"卫生部全国医学文献资源共享网络工作规程"和"1993—1997 年中国医学图书馆资源共享计划"提出修改意见。会议拟订了"1993—1997 年华东地区医药图书馆资源共享网络实施计划"。

10 月 5 日[2] 江苏省教委发布苏教教〔1993〕55 号《关于对部分普通高校图书馆和个人进行表彰的通知》，对中国矿业大学等 19 所高校图书馆进行表彰，授予马金川等 104 位同志为"1993 年江苏省高校图书馆先进个人"。

10 月 12—15 日[3] 华东地区国家教委直属院校图书馆协会第 8 次年会，在山东大学图书馆召开，12 所院校的 17 名代表参加会议。

11 月[4] 华东地区师专图书馆协作委员会第 2 次年会，在安徽省巢湖市巢湖师范专科学校举行。

12 月 江苏省教委发布苏教教〔1993〕73 号文《关于批准江苏省高等学校图书情报工作委员会成员的通知》，批准新一届图工委领导成员。

年度事件数据：

事业发展 全省普通高等学校本专科在校生人数[5]：18.02 万人。

单位变更 4 月[6]，原华东工学院更名为"南京理工大学"，原图书馆同时更名。
南京航空学院更名为"南京航空航天大学"，原图书馆同时更名。
南京医学院更名为"南京医科大学"，原图书馆同时更名。
南京粮食经济学院更名为"南京经济学院"，建制不变。
5 月，无锡轻工业学院与无锡轻工业学院纺织分院联合办学。
6 月，镇江船舶学院更名为"华东船舶工业学院"，建制不变。

领导变更 南京师范大学中文系教授吴锦，出任图书馆馆长[7]。

---

〔1〕 陈桂章. 华东地区医药图书馆馆长研讨会简讯[J]. 医学情报工作，1994(1)：64.

〔2〕 包平. 南京农业大学图书馆发展史[M]. 北京：中国农业出版社，2013：314.

〔3〕 陈源蒸，张树华等. 中国图书馆百年纪事. 1840—2000[M]. 北京：北京图书馆出版社，2004：332.

〔4〕 姜汉卿. 华东地区地方院校图书馆 19 年协作活动的回顾与思考[J]. 大学图书馆学报，2010(1)：46 - 50.

〔5〕 江苏省统计局，国家统计局江苏调查总队. 江苏省统计局关于 1993 年国民经济和社会发展的统计公报[J]. 江苏统计，1994(3)：3 - 8.

〔6〕 南京理工大学. 南京理工大学历史回眸[EB/OL]. (2015 - 01 - 12)[2018 - 12 - 12]. http://www.njust.edu.cn/3629/list.htm.

〔7〕 吴锦. 却顾所来径 苍苍横翠微——回眸我的图书馆工作[J]. 江苏图书馆学报，2000(2)：57 - 61.

1994 年

1月21日　江苏省图书馆学会召开常务理事会议，会议主要通报省学会 1993 年征文评奖活动情况，以及“四大”的筹备情况，讨论《江苏省图书馆学会三届理事会工作报告》和章程修改意见，并研究 1994 年学会工作计划。

3月24—25日[1]　《图情研究》首次编委工作会议在无锡江南大学召开，《图情研究》是在无锡高校图工已编印 10 期的《图工研究》基础上，经苏、锡、常、通四地区高校图工委、图协协商，并经江苏省高校图工委研究决定，自 1994 年起改由江苏省高校图工委承办，由江苏省教委向新闻出版局申办内部刊号。本次编委会江苏省高校图工委副主任、南京师范大学图书馆馆长吴锦、副秘书长卜彭年、无锡市教委主任助理陈志龙、江南大学副校长赵正南出席会议并讲话，24 所高校图书馆的编委出席会议。

4月[2]　《江苏省高等学校图书馆读者工作研究文件集》出版，此书由江苏省高校图工委组织出版，主编刘咸理，副主编谢小英、何庆先，此书根据江苏省高校图书馆第四次读者工作研讨会交流论文，遴选结集而成。全书共收录论文 74 篇，分为六个专题：① 读者工作理论及图书馆教育职能和导读工作；② 读者心理与阅读需求；③ 读者服务工作（包括图书外借和阅览、期刊服务、计算机管理、咨询与情报服务）；④ 优质服务和业务管理；⑤ 读者工作的有偿服务；⑥ 馆际协作网与文献资源共享。

4月6—8日[3]　南京农业大学图书馆和南京林业大学图书馆，发起组织的华东地区农林院所文献信息协作网成立大会暨资源共享研讨会，在南京农业大学图书馆举行。25 所农林水产高校、科学院和研究所图书馆参加。

4月12—15日[4]　南京理工大学图书馆馆长方如章率各部主要负责人，前往中国矿业大学图书馆学术和管理改革经验交流。

4月20日[5]　国家计算设施中心（NCFC）到美国加利福尼亚州 Stockton 的 64Kbps 的卫星专线开通，中国首次实现了与国际互联网的全功能连接，翻开了中国互联网发展史崭新的一页。

---

〔1〕 本刊讯.《图情研究》首次编委工作会议在锡召开[J]. 图情研究，1994(1)：11.

〔2〕 刘咸理. 江苏省高等学校图书馆读者工作研究文件集[M]. 南京：江苏省高等学校图书情报工作委员会，1994：384.

〔3〕 荀昌荣，张白影等. 中国图书馆事业（1988—1995）[M]. 成都：四川科学技术出版社，1997：906.

〔4〕 邬淑珍，桑树勋. 中国矿业大学图书馆史（1909—2009）[M]. 徐州：中国矿业大学出版社，2009：165.

〔5〕 王玲. 互联网：从接入到巨变——访中国工程院院士胡启恒[J]. 高科技与产业化，2014(3)：34－39＋1.

4 月 25 日[1] 江苏省图书馆学会理事长卢子博[2]约请江苏省文化厅图管处副处长唐士志、江苏省高校图工委副主任兼秘书长杨克义等，研究评选推荐第六十二届国际图联大会学术论文事宜。

4 月 26 日 江苏省图书馆学会邀请部分高校、公共馆负责人召开专门会议，落实第六十二届国际图联撰写论文的有关事宜，会议要求省馆和高校图工委分别召开馆长会议，再次动员发动，并采取切实措施将撰写论文的事落到实处。

5 月[3] 中国教育图书进出口公司与东南大学等 6 所院校图书馆，在南京联合举办“‘94’国际港台书展及文献资源建设业务研讨会”，全国 48 所院校的 100 余位代表参加会议，除江苏地区高校图书馆外，还有国家教委北京外国教材中心、清华大学图书馆、北京外经贸大学图书馆、重庆大学图书馆、华南理工大学图书馆、山东师范大学图书馆、北京医科大学外国教材中心的代表。12 月，主办方将收到的 62 篇论文汇编成《文献资源建设研究与利用文集》由东南大学出版社出版，陈骥主编。

5 月 4—7 日[4] 江苏省高校图书馆读者工作专委会换届暨第四次研讨会，在杭州召开，江苏省高校图工委副主任兼秘书长杨克义、副主任杨永厚、刘咸理、副秘书长卜彭年、陈克山到会。会议提出组建全省高校图书馆资源共享协作网和发放通用借书证的设想。代表认为：① 资源共享协作网和发放通用借书证，应由江苏省高校图工委统筹规划，专业委员会协调组织实施；② 各种地区性、系统性的协作都应当得到重视，以实现交错纵横的共享网络；③ 解放思想，提升资源共享的形式和目标；④ 资源共享可以实行有偿服务，但不能以营利为目的。文献资源的供求矛盾确实已经成为严重制约读者服务的瓶颈，解决问题的最佳途径则是组成强有力的文献资源共享协作网，利用各图书馆文献资源的优势，实行全省范围内的文献资源共享。新一届专委会委员来自 13 个馆，谢小英（东南大学图书馆）、何庆先（南京大学图书馆）、谢友宁（河海大学图书馆）分别担任正副主任，委员刘咸理[5]（南京铁道医学院图书馆）、刘八一（南京师范大学图书馆）、孟宁（南京航空航天大学图书馆）、陆汉荣（苏州大学图书馆）等。代表在杭期间，参观了浙江大学图书馆。

---

〔1〕 本刊记者.江苏省图书馆学会 1994 年大事记[J].江苏图书馆学报，1995(1995.1)：64.

〔2〕 卢子博(1936—)，江苏省金坛市(今金坛区)人。1960 年，毕业于北京大学图书馆学系。毕业后任教于北京文化学院、武汉大学图书馆学系。1979 年调往南京，曾任南京市人民图书馆副馆长、金陵图书馆馆长等职。1987 年调至南京图书馆，任该馆副馆长兼业务研究室主任、《江苏图书馆学报》主编。1987 年被评为研究馆员。1983 年被选为南京市第九届人大代表，被南京市第九届人大常委会任命为教科文卫委员会委员。兼任中国图书馆学会常务理事、学术委员会委员、江苏省哲学社会科学联合会理事、江苏省文化艺术科技协会副理事长、江苏省图书馆学会理事长、江苏省哲学社会科学研究“九五”规划学科专家组成员。

〔3〕 陈骥.文献资源建设研究与利用文集[M].南京：东南大学出版社，1994：5.

〔4〕 苏讯.江苏省高校图书馆读者工作研讨会在杭州举行[J].图情研究，1994(1)：44.

〔5〕 刘咸理(生卒时间不详)，女，南京铁道医学院图书馆馆长、曾任江苏省高校图工委副主任。

5月5日[1] 江苏省图书馆学会与高校图工委联合发出《关于举办第62届国际图联年会论文评选活动的通知》，通知要求各系统图书馆评选出一批高水平、高质量，能充分反映江苏省图书馆研究及事业发展状况的论文，并推荐到中国图书馆学会参加全国评奖活动。

5月15日[2] 江苏省教委副主任周稽裘为《图情研究》题词："办好《图情研究》，促进校际联合，提高信息服务水平。"

6月 中共中央、国务院在北京组织召开全国教育工作会议，这是改革开放以来的召开的第2次全国教育工作会议。

6月11—14日[3] 国家教委全国高校图工委期刊工作委员会"全国高校外刊协调会议"，在南京大学召开。会上成立"全国高校期刊协作网"，期刊专业委员会、协调网组长单位和全国高校外刊协调首批48个成员馆及中国科学院、中国科技信息所、上海图书馆等方面代表，共70人参加了会议。

6月14日[4] 江苏省高校图工委在南京大学召开江苏省外文期刊订购协调会议，各系统图书馆的代表参加会议。

7月[5] 中国教育和科研计算机网(CERNET)试验网开通，这是中国第一个采用TCP/IP和X.25协议的全国互联网骨干网。

8月[6] 国家计委批复"CERNET示范工程"项目建议书，CERNET建设正式启动。

8月2—22日[7] 江苏省委、江苏省政府召开全省教育工作会议，会议研究制定全面实施《中国教育改革和发展纲要》的具体措施，提出加强领导、增加投入等一系列保证教育发展的部署。

8月31日 江苏省迎接第62届国际图联大会的征文活动，截至1994年8月底，共收到各地报送论文148篇，并全部推荐到中国图书馆学会。

9月 原林业部南京林业学校，改建为林业部南京人民警察学校，南京森林公安高等专科学校的前身。

9月 南京大学图书馆网站和公共目录查询系统(OPAC)正式上线，这是江苏省高校图书馆历史上的第一个图书馆网站、第一个公共目录查询系统，同时，也是南京大学二级单位建立的第一个网站。南京大学图书馆网站在UNIX平台上开发，采用CGI技术，向用户提供实时的书目查询服务，网站和OPAC系统由南京大学图书馆技术部独立开发。

---

[1] 本刊记者. 江苏省图书馆学会1994年大事记[J]. 江苏图书馆学报，1995(1995.1)：64.

[2] 周稽裘. 为《图情研究》的题词[J]. 图情研究，1994(1)：1.

[3] 荀昌荣，张白影等. 中国图书馆事业(1988—1995)[M]. 成都：四川科学技术出版社，1997：904.

[4] 荀昌荣，张白影等. 中国图书馆事业(1988—1995)[M]. 成都：四川科学技术出版社，1997：904.

[5] 中国教育和科研计算机网网络中心. CERNET大事记[EB/OL]. [2019-02-02]. http://www.cernet20.edu.cn/event.shtml.

[6] 中国教育和科研计算机网网络中心. CERNET大事记[EB/OL]. [2019-02-02]. http://www.cernet20.edu.cn/event.shtml.

[7] 中共江苏省委宣传部. 江苏改革开放30年大事记[M]. 北京：中央文献出版社，2008：58.

9 月 27— 29 日〔1〕 江苏省图书馆学会第四次会员代表大会在扬州召开。全省各系统图书馆的会员代表 120 余人出席了大会。江苏省文化厅副厅长季根章、省科协党组成员、秘书长刘安仁以及扬州市副市长蒋进等有关部门负责人出席了开幕式并讲了话。第三届理事会理事长卢子博作题为《发展江苏图书馆事业是江苏省图书馆工作者的历史责任》的工作报告，第三届理事会秘书长王学熙作《江苏省图书馆学会第四次会员代表大会筹备工作报告》，副秘书长周志华作《修改〈章程〉的简要说明》。与会者分组讨论了《工作报告》和《章程》修改草案。会议通过无记名投票选举产生四届理事会理事。

9 月 27 日晚，江苏省图书馆学会召开四届一次常务理事会，选举产生了新一届理事会领导成员，并聘请了两委会负责人。会议选举卢子博为理事长，杨克义、孔庆煦、钱金虎、毕守金、袁大智、周志华、吴锦〔2〕为副理事长，王学熙为秘书长，杨晓宁、杨永厚、严峰为副秘书长；聘请倪波为学术委员会主任，张厚生、吉文辉、陆汉荣、张展舒为副主任；聘请候汉清为编辑出版委员会主任，王学熙、李忠悬、朱同同、叶继元〔3〕为副主任；聘请卢子博为《江苏图书馆学报》主编，倪波、王学熙、王陆军为副主编。同时聘请许培基、袁任、时修荣、贺国璋、钱在祥为名誉理事。

10 月 6— 10 日〔4〕 第二届全国高校图书馆自动化系统软件展示会暨学术研讨会在上海交通大学包兆龙图书馆召开，23 个省市的 154 名代表参加会议，20 个单位展示自研的自动化系统软件，会议交流论文 40 篇，南京大学、东南大学派员参加会议。

10 月 14 日〔5〕 华东地区高校图工委协作组第九届年会，在山东省烟台市烟台大学召开，参加会议的有华东五省一市高校图工委秘书处及有关高校图书馆的代表，国家教委条装司图书馆处和全国高校图工委派员出席会议并讲话，介绍国家教委条装司图书馆处和全国高校图工委关于建设高校图书馆的基本思

---

〔1〕 本刊记者. 江苏省图书馆学会 1994 年大事记[J]. 江苏图书馆学报，1995(1995.1)：64.

〔2〕 吴锦(1938—)，南京师范大学教授，古代文学专家，《南师大文学院学报》常务副主编，江苏省语文高考阅考专家组负责人，南京师大附属实验学校名誉校长。1959 年毕业于南京大学中文系。先后在江苏教育学院和南京师范大学从事古代文学的教学研究工作。曾任南京师范大学图书馆馆长，南师大中北学院院长。

〔3〕 叶继元(1955—)，安徽太平人，出生于南京。1981 年毕业于南京大学信息管理系图书馆学专业；1991 年 7 月获史学硕士学位；1999 年 9 月至 2000 年 9 月在美国堪萨斯大学做访问学者；2006 年 7 月至 10 月在美国 Drexel 大学做讲座教授、高级访问学者。现任南京大学信息管理系教授、博士生导师、南京大学中国人文社会科学评价国家创新基地副主任。兼任国务院学位委员会第 5 届学科评议组(图书情报学)成员，教育部首届、第 2 届社会科学委员会委员，江苏省哲学社科研究规划专家组成员，全国高校图书馆期刊工作研究会副主任兼首席专家，中国索引学会副理事长，1997 年首批江苏省“333 人才工程”入选者，1995 年南京大学中青年学术骨干，美国《历史文摘》(*Historical Abstracts*)编辑顾问(1991—1997)，国家教育部《大学图书馆学报》等数十种学术期刊的编委，南开大学信息资源管理系兼职教授、华南大学、中南大学、南京师范大学文学院、南京航空航天大学兼职教授等。

〔4〕 荀昌荣，张白影等. 中国图书馆事业(1988—1995)[M]. 成都：四川科学技术出版社，1997：907.

〔5〕 山东省高校图工委. 第九届华东地区高校图工委协作组年会在烟台召开[J]. 大学图书情报学刊，1994(4)：44.

路。会议听取了江苏省代表关于上届协作会工作情况的汇报，听取上海市代表关于举办图书馆馆长进修班情况的汇报。代表们围绕加强高校图书馆的整体化和现代化建设进行研讨。交流了各省的工作情况，并协商今后的协作内容。会议还就关于召开文献检索课教学研讨、示范会，成立华东地区高校图书馆期刊协调委员会，华东地区各馆自动化的基础建设和标准化，网络化建设等问题进行了研讨，进一步加强地域性协调。并决定下届协作会由安徽省图工委承办，其中心内容是就图书馆自动化、整体化工作展开交流与研讨。

11 月 1—5 日[1] “江苏省高校期刊管理工作标准化培训班”在无锡轻工业学院举行，培训班由江苏省高校期刊专业委员会主办。来自 50 个高校馆的 51 名学员参加培训，培训采取课堂授课、分组讨论、实地参观、个别答疑的方式进行。江苏省高校图工委副主任杨永厚到会作总结。

11 月 10 日[2] 江苏省图书馆学会召开理事长、秘书长扩大会议，理事长卢子博、副理事长杨克义、孔庆煦、钱金虎、毕守金、袁大智、周志华、吴锦，秘书长王学熙，副秘书长杨晓宁、杨永厚，学术委员会主任倪波，编辑出版委员会主任侯汉清等 17 人出席了会议。会议由卢子博主持。会议主要商讨了江苏省图书馆学会“九五”期间学术研究规划，“96”北京国际图联知识竞赛，1995 年学会主要工作以及收取团体会费等事宜。

12 月 1—2 日[3] 受华东地区高校图书情报工作委员会协作会的委托，华东地区高校图书馆期刊协调委员会成立大会，在复旦大学图书馆召开，参会代表认为：期刊采购的协调协作、资源共享是减缓目前外刊订购量下滑，缓解图书馆书刊经费短缺的有效途径。高校图书馆只有团结起来，组成网络，用整体的力量来保障高校图书馆外文期刊的收藏，会议推选复旦大学图书馆秦邦廉为主任委员，浙江大学图书馆于湖滨、东南大学图书馆王隆生为副主任委员。会议提出实施意见：① 强化整体协作协调，突出重点，搞好外刊的协调；② 1995 年的华东地区高校图书馆外刊协调会，初步决定于 1995 年 5 月上旬在上海财经大学图书馆举行，落实各馆保母本措施，同时相应做好引进新刊的办法。

12 月 28—30 日[4] 全国哲学社会科学规划领导小组决定，将图书馆、情报和文献学，作为独立的大学科，专门设立图书馆、情报与文献学临时学科规划、评审小组，负责学科评审和规划工作，黄长著任组长，周文骏任副组长。

是年 无锡地区高校图工委创办《图情研究》期刊，编辑部设在无锡轻工业学院图

[1] 本刊讯. 江苏省高校期刊管理工作标准化培训班圆满结束[J]. 图情研究，1994，封二(2).

[2] 本刊记者. 江苏省图书馆学会 1994 年大事记[J]. 江苏图书馆学报，1995(1)：64.

[3] 本刊编辑部. 华东地区高校图书馆期刊协调工作委员会成立[J]. 大学图书馆学报，1995(2)：73－73.

[4] 荀昌荣，张白影等. 中国图书馆事业(1988—1995)[M]. 成都：四川科学技术出版社，1997：911.

书馆。

东南大学情报科学技术研究所成立。

南京大学图书馆网站、OPAC 服务开通服务。

年度事件数据：

事业发展　全省普通高等学校本专科在校生人数:20.15 万人[1]。

单位变更　1 月,江苏工学院更名为“江苏理工大学”,建制不变,办学地镇江市。

领导变更　3 月[2],南京农业大学图书馆馆长鲍世问离任。

12 月[3],程极益接任南京农业大学图书馆馆长。

---

〔1〕 江苏省统计局,国家统计局江苏调查总队. 江苏省统计局关于 1994 年国民经济和社会发展的统计公报[J]. 江苏统计,1995(2):4－8.

〔2〕 包平. 南京农业大学图书馆发展史[M]. 北京:中国农业出版社,2013:282.

〔3〕 包平. 南京农业大学图书馆发展史[M]. 北京:中国农业出版社,2013:282.

1995 年

1 月[1] 教育部批准在东南大学设立中国教育和科研计算机网(CERNET)华东北地区中心,中心负责江苏省、山东省、安徽省三省区的服务管理,工作职责包括提供用户接入服务,保障所在地区 CERNET 主干网设备的运维,为接入用户的校园网建设和运维提供技术指导,参与江苏省的教育信息化建设工作。成立华东北地区计算机安全事件应急响应组(NJCERT),为接入单位提供网络安全技术支持。

东南大学网络信息中心成立[2]。

1 月[3] 受世界银行贷款"师范教育发展"项目派遣,全国高校图工委秘书处李晓明、徐州师范学院图书馆潘一珍、吉林师范学院图书馆肖文江等一行 6 人,赴英访问 2 周。在英期间,先后考察了北伦敦大学、剑桥大学圣约翰学院、巴斯大学、谢菲尔德大学等图书馆,还访问英国图书馆协会和英国文化协会。

1 月 17 日 江苏省图书馆学会第四届理事会学术委员会第 1 次会议,在南京政治学院图书馆召开,理事长卢子博、秘书长王学熙、副秘书长严峰以及学术委员会主任、副主任、委员共 20 人参加了会议。会议由学术委员会主任倪波主持,会议讨论学术委员会活动计划,学术委员会研究组的设置以及"九五"规划。卢子博介绍 IFLA 筹委会的情况。学术委员会研究了分组事宜,基础理论组组长王坷,副组长:刘昆、张荣光、丁大可[4]、邱砚芳;新技术应用组组长王步生,副组长黄贤树[5]、姚健、彭延生;文献资源建设组组长吉文

[1] 中国教育和科研计算机网网络中心. CERNE 大家庭——核心节点介绍:东南大学[EB/OL]. [2019-02-02]. http://www.cernet20.edu.cn/seu.shtml.

[2] 东南大学网络与信息中心. 东南大学网络与信息中心概况[EB/OL]. [2018-12-30]. http://nic.seu.edu.cn/8840/list.htm.

[3] 荀昌荣,张白影等. 中国图书馆事业(1988—1995)[M]. 成都:四川科学技术出版社,1997:717.

[4] 丁大可(1944—),南京财经大学信息工程学院教授。1967 年 7 月毕业于北京大学图书馆学系。1992 年至 2000 年曾任南京财经大学图书馆副馆长、馆长,江苏省高校图工委情报咨询委员会委员,江苏省高校图书馆建筑咨询小组成员,江苏省图书馆学会学术委员会基础理论组副组长,国内贸易部高等学校图书馆图书情报委员会常务理事等职,曾获国内贸易部科技进步三等奖。

[5] 黄贤树(1951—),重庆人,副研究员,研究生学历,硕士学位。1977 年毕业于中国矿业大学。先后担任中国矿业大学图书馆副馆长、中国矿业大学计算机学院党委书记、江苏省图书馆学会常务理事、学术委员会委员。

辉[1],副组长:姜汉卿、陈政、郑建明[2];信息开发与利用组组长方如章、副组长陈万寅、王立诚;期刊工作研究组组长王隆生、副组长:倪延年、陈浩;读者工作组组长陆汉荣、副组长:马恒东、陆娴武、周照东。

1 月 18—21 日[3] 中国图书馆学会在京召开全国省市、自治区、直辖市、各专业图书馆委员会及高校、中央机关图书馆学会秘书长工作会议,江苏省图书馆学会秘书长王学熙出席会议。会议通报了北京 IFLA 大会进展情况及征文评奖情况,讨论了 1995—1996 年学会工作计划。1994 年中国图书馆学会举办 IFLA 大会征文评奖活动,江苏省报送论文达 192 篇,有 56 篇获得优秀论文奖,其中 4 篇被“96”北京国际图联组委会指定为推荐文章。江苏省报送论文数和获奖论文数均居全国第一。

2 月[4] 江苏省教委发布苏教教〔1995〕16 号文件《江苏省普通高等学校文献资源共享计划纲要》和附件《江苏省高等学校图书馆通用借书证发放办法》,要求各高校对文献资源共享工作积极配合,大力支持。

2 月 28 日 江苏省教委在东南大学榴园宾馆第 1 会议室,召开江苏省教育和科研计算机网(JSERNET)建设工作座谈会,原副省长吴锡军、教委副主任刘迪吉[5]、高教处殷翔文处长、科技处陈明等领导,以及南京大学、东南大学、南京师范大学、南京医科大学等高校的主管领导参加了会议,南京大学图书馆沈鸣、东南大学图书馆朱亦宁代表江苏省高校图工委参加本次会议。

3 月[6] 江苏省教委正式批准“江苏省教育和科研计算机网”(JSERNET)一期建设启动,江苏省教育和科研计算机网是与 CERNET 相配套的省域网络。

3 月 6 日[7] 江苏省图书馆学会组成论文评审委员会,成员由卢子博、袁大智、倪波、王学熙、张厚生、吉文辉组成,对江苏省参加 IFLA 征文的论文进行评选,在全国已获奖论文的基础上,再选 15 篇论文作为省级获奖论文。会议同时研究决定编印“IFLA 获奖论文集”。

---

〔1〕 吉文辉(1944—),江苏宝应人,1962 年毕业于南京八中,1967 年毕业于北京大学图书馆学系,历任南京中医药大学中医医史文献研究所研究员,博士生导师,敬文图书馆名誉馆长,曾任中国致公党中央委员,江苏省政协委员。长期从事中医学文化基础、古医籍点校、语言文字学等教学研究工作。

〔2〕 郑建明(1960—),福建福州人,博士,教授,博士生导师,历任南京大学信息管理学院学术委员会主任委员,教育部图书馆学学科教学指导委员会副主任委员、江苏省图书馆学会学术委员会主任委员。1996 年南京大学中国近现代史专业博士毕业,1988 年毕业于武汉大学图书情报学院,获文学硕士学位;1988 年 7 月至今,在南京大学信息管理系执教;2002 年 10 月至 2016 年 10 月,担任南京大学图书馆副馆长(正处长级,主持工作),兼任江苏省高校图工委副主任、秘书长等职。

〔3〕 韩汝英.江苏省图书馆学会 1995 年大事记[J].江苏图书馆学报,1996(1):62-64.

〔4〕 刘八一,伍玲玲.文献资源共享新模式的探索与实践——江苏省高校“通用借书证”运作十年的回顾与思考[J].大学图书馆学报,2006(5):11-15+81.

〔5〕 刘迪吉,南京航空航天大学教授,江苏省原教委副主任,在任期间主管科技工作,江苏省教育与科研计算机网的建设,推动了江苏省高等教育文献保障系统的建设。

〔6〕 江苏省教育和科研计算机网管理中心.江苏省教育和科研计算机网[EB/OL].[2017-05-01].http://www.js.edu.cn/dncintro/.

〔7〕 韩汝英.江苏省图书馆学会 1995 年大事记[J].江苏图书馆学报,1996(1):62-64.

3月20—21日〔1〕 江苏省高校图书情报工作委员会委员馆扩大会议在南京大学举行，总结交流1994年的工作，讨论1995年的工作，委员馆及在宁高校馆的代表共46人参会。高校图工委副主任、南京化工学院图书馆副馆长杨永厚作《江苏省高校图工委1994年工作总结与1995年工作思路》，1994年的工作① 调整充实各个专业委员会，加强协调功能；② 加强文献采购、编目工作协调；③ 做好文献资源的共建共享，落实全省通用借书证的发放准备；④ 开展学术交流与干部培训工作；⑤ 对淮阴工专图书馆进行复查评估。1995年工作思路：全面落实江苏省教委的苏教教〔1995〕16号文件精神，推动全省高校图书馆计算机网络化建设，① 抓好文献资源共建共享；② 推动计算机管理的标准化；③ 举办基础业务与管理干部培训班；④ 继续做好达标图书馆的评估复查；⑤ 组织学术活动，办好《图情研究》。

江苏省高校图工委秘书长、南京大学图书馆副馆长杨克义作总结发言：① 委员馆积极落实高校图工委提出的任务；② 推动在年内完成18所高校馆的计算机联网的标准制定工作；③ 适时举办馆长研讨班及各类干部培训班；④ 加强馆际之间的信息交流，办好“图情工委简讯”。

3月29—31日〔2〕 徐州地区高校图书馆在徐州师范大学图书馆举办主题标引培训班，在徐地区高校图书馆派员参加培训。

4月17—19日〔3〕 江苏省高校图书情报工作委员会《图情研究》第二次编委会，在常州江苏石油化工学院图书馆召开，江苏省高校图工委秘书长、南京大学图书馆副馆长、编委会主任杨克义、江苏石油化工学院副院长高广达、常州市教委高教处处长赵华出席会议。编委会副主任、江苏石油化工学院图书馆副馆长黄嘉玲、南通纺织工学院图书馆馆长沈秉千主持会议，主编许焕鹤作《图情研究》编辑部工作报告。常务副主编、无锡轻工业学院图书馆馆长郭国华对一年来出版情况作综述。副主编苏州大学图书馆副馆长陆汉荣做会议总结。《图情研究》现有成员馆有32个（创刊时24个），以及江苏省高校图工委所属的期刊、读者专委会。

5月9—12日〔4〕 江苏省高校图工委举办华东地区高校图书馆计算机应用培训班，山东、浙江、江苏省的20余所院校，30人参加培训，培训班邀请东南大学、南京图书馆、南京大学的专家授课，讲授校园网建设、图书馆自动化、硬软件平台建设等课题。

5月11日〔5〕 江苏省高校文献资源共享协作网第一次工作会议在南京大学图书馆召开，

---

〔1〕 本刊讯. 江苏省高校图书情报工作委员会委员馆扩大会议纪要[J]. 图情研究，1995(1)：封2.

〔2〕 邬淑珍，桑树勋. 中国矿业大学图书馆史(1909—2009)[M]. 徐州：中国矿业大学出版社，2009：166.

〔3〕 本刊讯. 江苏省高校图书情报工作委员会《图情研究》第二次编委会，在常州召开[J]. 图情研究，1995(1)：62.

〔4〕 江苏省高校图情工委秘书处. 1995年江苏省高校图情工委大事纪要[J]. 图情研究，1995(4)：1.

〔5〕 本刊讯. 江苏省高校图书馆文献资源共享协作网第一次工作会议纪要[J]. 图情研究，1995(2)：1-2.

会议内容① 通用借书证发放使用管理办法；② 各地区工作站领取借书证；③ 研讨资源共享的相关问题。会议宣告江苏省高校文献资源共享协作网正式启动，进入运作。读者工作专委会副主任何庆先主持会议，江苏省高校图工委有关领导杨克义、刘咸理参加会议并讲话。读者工作专委会主任谢小英介绍协作网的筹备组织工作情况。南京师范大学、南京航空航天大学及无锡、镇江、扬州等地区的代表介绍情况。何庆先作《通用借书证使用管理规则及有关问题》的报告。本次会议共发放第 1 期通用借书证 500 本。年内 11 月将发放第 2 期通用借书证 300 本。通用证读者分别来自全省 40 所不同的高校，1995 年全省有高校 67 所，受益面接近三分之二。

5 月 11—13 日[1] 华东地区高校图书馆外文期刊协调工作会议，在上海大学召开，共有 32 位代表参加会议。

5 月 31 日—6 月 1 日 江苏省图书馆学会在南京航空航天大学图书馆举行“跨世纪的江苏图书馆事业理论研讨会”。江苏省文化厅图书馆处长黄玉琪、江苏省图书馆学会理事长卢子博、副理事长东南大学图书馆馆长孔庆煦、学术委员会主任倪波、副主任张厚生、陈万寅出席会议，全省各系统图书馆的代表共 38 人参会。会议由江苏省图书馆学会秘书长王学熙、张厚生、陈万寅主持。大会共收到论文 25 篇。论文作者根据本地区、本系统实际情况，对江苏图书馆事业整体发展从多角度分析和研究，提出了跨世纪发展的建议。

6 月 7—8 日[2] 江苏省教委在东南大学召开江苏省教育科研网资源建设座谈会，在东大图书馆召开，教委副主任刘迪吉、科技处陈明等参加会议，CERNET 华东北中心龚俭作关于 CERNET 建设的技术报告。第 1 期入网的 18 所高校图书馆的负责人参加会议。会议确定，启动对江苏省高校图书馆文献资源与自动化系统建设两大主题的调研工作。尽快向教委提交报告。调研经费由教委的科研基金支出。

6 月 25 日[3] 美国图书馆协会(American Library Association，ALA)1995 年年会在芝加哥召开期间(6 月 22 日—28 日)，同时召开的美国华人图书馆员协会。年会上，向北京大学图书馆的庄守经颁发本年度的“杰出服务奖”(CALA Distinguished Service Award)。这是中国大陆的图书馆界人士第一次获得此项荣誉。美国华人图书馆员协会(Chinese American Librarians Association，CALA)是美国图书馆协会下属的一个组织，主要由华裔图书馆员组成。自 1982 年起，该协会开始评选、颁发“杰出服务奖”，每年 1 至 2 名。起初该奖仅授予美国的华人图书馆员，后逐渐扩大到世界范围，得奖者也不仅限于华人，成为一项世界性的图书馆员荣誉奖。在本次颁发的获奖证书上称“授予庄守经美国华人图书馆员协会杰出服务奖，以表彰其在

〔1〕 荀昌荣. 中国图书馆事业(1988—1995)[M]. 四川科学技术出版社，1997：921.

〔2〕 江苏省高校图情工委秘书处. 1995 年江苏省高校图情工委大事纪要[J]. 图情研究，1995(4)：1.

〔3〕 朱强，吴晞. 庄守经荣获美国华人图书馆员协会“杰出服务奖”[J]. 中国图书馆学报，1995(6)：92.

图书馆学、情报学领域中的杰出领导和优异成就，及其在促进中美图书馆员交流事业上的特殊贡献。”200 多位来自世界各地的代表出席颁奖仪式。庄守经本人因故未能亲自前往领奖，而由正在美国进修的北京大学图书馆副馆长朱强代领。

6 月 27—30 日[1] 江苏省图书馆学会、江苏省高校图工委联合主办的“图书馆与爱国主义教育”经验交流研讨会，在徐州市中国矿业大学召开，全省 10 个省辖市的公共、高校、中学图书馆的代表共 38 人出席会议。收到论文 26 篇。会议由图书馆学会秘书长王学熙、中国矿业大学图书馆副馆长黄贤树、江苏省图书馆学会学术委员会副主任张厚生主持。学会理事长卢子博致开幕词，他着重讲图书馆开展爱国主义教育的必要性和重要意义。中国矿业大学党委书记罗承选出席开幕式并致辞。

8 月 7—12 日[2] 江苏省高校图工委主办的馆长暑期研讨班，在无锡太湖马山举办，会议研讨江苏省高校图书馆九五期间建设思路和近期工作。会议听取了读者、期刊、技术、藏书建设专委会的工作汇报，江苏省高校图工委秘书长、南京大学图书馆副馆长杨克义作总结发言，今后几年的中心工作是以自动化、整体化建设，在实现服务手段现代化的基础上，加快整体化建设的步伐。

8 月 23 日 根据江苏省教委副主任刘迪吉的建议，江苏省高校图工委、江苏省教育科研网联合举办专家座谈会，在东南大学图书馆召开，龚俭(东南大学信息中心)、陈俊良(南京大学信息中心)、张月林(东南大学信息中心)等专家出席了会议。江苏省高校图工委方面有杨克义、计国君、沈鸣、曹福元、李长宁、朱亦宁等参加会议，会议研讨未来的网络资源共享、建设的技术方式和路线提出建议，并确定下一步调研的方向与提纲。

9 月[3] 由中国人民解放军总参军训部组织开发的“军队院校图书馆信息网络系统”(Military Institute Library Information NetWork System, MILINS)，在北京国防大学开通试点，并于 1996 年初开始下发至 100 余所军队院校，此系统在江苏省高校图书馆也有使用。

9 月 14—28 日[4] 由东南大学图书馆孔庆煦馆长、李长宁、沈鸣、曹福元组成的计算机应用调研组，前往深圳、广州、昆明，分别访问深圳大学、深圳图书馆、广东省教育厅、广东省图书馆、云南大学，对广东省、云南省的地区性自动化系统合作开发与建设进行专题调研。

9 月 25 日[5] 国家教委发布《关于开展建设示范性普通高等工程专科学校工作的通知》(教高〔1995〕13 号)，决定在全国范围正式启动建设示范性普通高等工程专科学校的工作，由国家教委高教司具体负责。

---

〔1〕 郇淑珍. 中国矿业大学图书馆史(1909—2009)[M]. 徐州：中国矿业大学出版社，2009：166.

〔2〕 江苏省高校图工委秘书处. 江苏省高校图书馆馆长研讨会纪要[J]. 图情研究，1995(3)：1.

〔3〕 姜建友. MILINS 与军校图书馆现代化[J]. 当代图书馆，1997(4)：33 - 36

〔4〕 杨克义. 在整体化建设道路上大步迈进的江苏高校图书馆[J]. 大学图书馆学报，1996，14(4)：3 - 4.

〔5〕 国家教委. 关于开展建设示范性普通高等工程专科学校工作的通知 教高〔1995〕13 号[EB/OL]. [2018 - 12 - 12]. https://law.lawtime.cn/d502464507558.html.

10 月[1] 上海图书馆与上海科学技术情报研究所合并，成立新的上海图书馆，成为综合性研究型公共图书馆和行业情报中心，同时也是全国文化信息资源共享工程上海市分中心、上海市中心图书馆总馆、上海市古籍保护中心和上海市软科学研究基地“前沿技术发展研究中心”，原上海图书馆成立于1952 年，上海科学技术情报研究所成立于 1958 年。

10 月 25—31 日[2] 第 10 届华东地区高校图工委协作组年会，在安徽省马鞍山市华东冶金学院召开，由安徽省高校图工委承办。华东地区六省一市高校图工委秘书处负责人及有关高校图书馆馆长参加了会议，安徽省教委高教一处负责人到会致辞。山东省高校图工委汇报上届协作组会议确定的协作项目完成进展情况，会议交流 1995 年各省工作情况，会议代表就高校图书馆自动化、网络化建设展开研讨，交流各省在自动化、网络化建设方面的成绩和经验。会议协商 1996 年的协作项目，下届年会由上海市高校图工委承办。会议期间，代表们参观华东冶金学院图书馆自动化管理系统。

11 月[3] 江苏省高校图工委在南京大学图书馆召开“江苏省高校图书馆中文图书 MARC 著录标准”座谈会，在宁高校图书馆的代表参加会议，会议初步确定 1996 年上半年拿出标准规范的初稿。

11 月 9—10 日[4] 江苏省高等工程专科学校(高工专)图书馆协作组第四届年会，在南京动力高等专科学校召开，全省 13 所高工专学校图书馆代表参会。

11 月 13—15 日[5] 江苏省高校图书馆文献资源共享协作网第二次工作会议，江苏省高校图书馆通用借书证第二次发放会议，在镇江师范专科学校图书馆召开。江苏省高校图工委副主任、南京师范大学图书馆馆长吴锦、南京铁道医学院图书馆馆长刘咸理出席并讲话，会议期间，代表参观了华东船舶工业学院、镇江医学院、江苏理工大学。

11 月 18 日 国家计委、国家教委、财政部三部委联合发布计社会〔1995〕2081 号《关于印发〈“211 工程”总体建设规划〉的通知》，“211 工程”正式启动，即“面向 21 世纪、重点建设 100 所左右的高等学校和一批重点学科的建设工程”，“211 工程”是新中国成立以来由国家立项在高等教育领域进行的规模最大、层次最高的重点建设工作，是中国政府实施“科教兴国”战略的重大举措、中华民族面对世纪之交的中国国内外形势而做出的发展高等教育的重大决策。江苏省共有 11 所高校入选该工程。

“211 工程”建设的主要内容包括学校整体条件、重点学科和高等教育公共服务体系建设三大部分；建设项目均实行项目法人责任制、招投标制和工程监理制；各“211 工程”学校成立项目法人组织和落实项目法人代表，有

---

〔1〕 上海图书馆上海科学技术情报研究所. 上海图书馆上海科学技术情报研究所简介[EB/OL]. [2018-05-05]. http://www.library.sh.cn/dzyd/rdsm/aboutus.htm.

〔2〕 继玲. 第十届华东地区高校图工委协作组年会在马鞍山召开[J]. 大学图书情报学刊，1995(4):65.

〔3〕 江苏省高校图情工委秘书处. 1995 年江苏省高校图情工委大事纪要[J]. 图情研究，1995(4):1.

〔4〕 江苏省高校图情工委秘书处. 1995 年江苏省高校图情工委大事纪要[J]. 图情研究，1995(4):1.

〔5〕 江苏省高校图情工委秘书处. 1995 年江苏省高校图情工委大事纪要[J]. 图情研究，1995(4):1.

关省(区)主管部门成立"211 工程"建设领导小组,形成中央、省(区)和学校三级管理体制。

11 月 27—29 日[1] 第 11 届华东地区国家教委直属图书馆馆长会议,在山东青岛中国海洋大学举行。12 所委属高校图书馆馆长和中国科技大学的代表出席了会议。与会代表介绍了各馆 1995 年的工作进展,就"加强图书馆复合型人才的培养""加速建设信息高速公路及资源的共建和共享"两个主题进行交流。南京大学图书馆杨克义、沈鸣;东南大学图书馆时修荣参加会议,下届会议将由东南大学(南京市)举办。

12 月 6—7 日[2] 《图情研究》第三次主编扩大会议在苏州大学图书馆召开,吴锦、许焕鹤、郭国华、陆汉荣、沈秉千、何祚宏、赵鹏程、谢友宁、臧其梅等 9 人,杨克义、黄嘉玲请假。陆汉荣主持会议,会议考虑到南京地区高校集中,也为将来移师南京做准备,决定在南京地区成立编审小组,由袁培国、倪延年、谢友宁三人组成。

12 月 9—20 日[3] 江苏省高校图工委评估复评组,分别对南京电力高等专科学校、南京机械高等专科学校图书馆进行评估复评,经复查,两校达到完全合格标准。复评工作是针对 1993 年评估为"基本合格"的单位,促进改善办馆条件的重要举措。

12 月 20 日[4] 中国教育和科研计算机网(CERNET)示范工程通过国家验收。该工程系国家计委 1994 年 11 月批复立项的国家重点试验项目,由国家教委主持,清华大学、北京大学、上海交通大学等 10 所高校承担建设,在设计和实施中采用国际上先进、实用的技术,至 1995 年底,在 CERNET 上连网的高等院校已达 100 个以上,是当时覆盖全国的最大的与 Internet 连接的计算机网络。

12 月 25—26 日[5] 江苏省图书馆学会第六次科学讨论会在无锡市召开,学会常务理事及论文作者近百人参加了会议。会议分别由副理事长杨克义和学术委员会主任倪波主持,理事长卢于博致开幕词,学术委员会副主任张厚生作论文综述,会议围绕"图书馆与信息服务"这个主题进行大会发言和分组讨论。倪波作大会总结,王学熙向与会代表报告了 1995 年学会工作,省文化厅图管处处长黄玉琪在大会讲了话。无锡市政府副市长王竹平、无锡市文化局局长王慧芬等有关部门领导出席大会并致辞,上海市图书馆学会秘书长孙秉良应邀出席会议。

---

〔1〕 强. 十一届华东地区委属高校图书馆馆长会议在青岛举行[J]. 上海高校图书情报学刊,1996(1):63.

〔2〕 本刊编辑部. 第三次主编扩大会议纪要[J]. 图情研究,1995(4):封 2.

〔3〕 江苏省高校图情工委秘书处. 1995 年江苏省高校图情工委大事纪要[J]. 图情研究,1995(4):1.

〔4〕 中国教育和科研计算机网(CERNET)示范工程通过国家验收[J]. 大学图书馆学报,1996(1):12.

〔5〕 韩汝英. 江苏省图书馆学会 1995 年大事记[J]. 江苏图书馆学报,1996(1):62 - 64.

是年〔1〕　国家教委发布教技发〔1995〕5 号《关于在华东理工大学、浙江大学、青岛海洋大学设立“国家教委科技项目咨询及成果查新中心站”的通知》。即第 2 批 3 所高校，1992 年，批准第 1 批 12 所高校，清华大学、西安交通大学、华中理工大学、东南大学、重庆大学、成都科技大学、天津大学、大连理工大学、上海交通大学、四川大学、同济大学、北京大学。两批共批准 15 所高校。

年度事件数据：

事业发展　全省普通高等学校数：67 所〔2〕；

本专科在校生人数：20.86 万人〔3〕；

研究生在校生人数：1.09 万人〔4〕；

专任教师人数：2.726 9 万人。

单位变更　南京中医学院更名为“南京中医药大学”，建制不变。

苏州蚕桑专科学校并入苏州大学。

南京化工学院更名为“南京化工大学”，建制不变。

10 月，无锡市纺织职工大学、无锡纺织工业学校、无锡纺织职工专业学校并入无锡轻工业学院，组建“无锡轻工大学”，建制本科。

领导变更　苏州大学图书馆馆长严大康离任，杨德生继任馆长。

---

〔1〕 教育部. 设立教育部部级科技查新工作站的通知（第一批）教技发函〔2003〕24 号[EB/OL]. [2018-06-30]. http://www.cutech.edu.cn/cn/kjcg/cgcx/webinfo/2004/01/1180054675655786.htm.

〔2〕 葛锁网，邱坤荣等. 江苏高校十年（1985—1995）[M]. 徐州：中国矿业大学出版社，1996：2.

〔3〕 江苏省统计局，国家统计局江苏调查总队. 江苏省统计局关于 1995 年国民经济和社会发展的统计公报[J]. 江苏统计，1996(2)：1+4-8.

〔4〕 江苏省统计局，国家统计局江苏调查总队. 江苏省统计局关于 1995 年国民经济和社会发展的统计公报[J]. 江苏统计，1996(2)：1+4-8.

1996年

1月3日　江苏省图书馆学会文献资源建设组在南京中医药大学图书馆召开工作会议，研究确定1996年活动计划，学会理事长卢子博主持会议，参加会议的有学会学术委员会主任倪波、副主任张厚生、学会秘书长王学熙及文献建设资源组的成员。会议就现代文献布局，建设全省文献保障体系及文献开发、利用等问题进行讨论，研究决定12月在盐城师范专科学校图书馆召开"藏书建设专题研讨会"。

1月5日　江苏省图书馆学会首次被江苏省民政厅评为省级先进社会团体，并颁发奖状。

1月9—10日[1]　华东地区教育科研计算机网信息共享服务研讨会在上海交通大学召开。会议由上海交通大学图书馆和东南大学图书馆联合召开，上海交通大学图书馆承办。参加会议的为CERNET华东地区网的主要学校图书馆。上海市教委副主任张伟江出席会议并讲话。

1月11—13日[2]　全国高校文献检索教学研讨会在哈尔滨工业大学召开。各地的文献检索教师、研究人员共30人参加会议，全国高校图工委副秘书长李晓明主持会议。文献检索课教学指导小组讨论并草拟《文献检索课教学指导小组工作条例》。

1月11—14日[3]　全国地方综合性大学图书馆协作网成立暨首届研讨会在哈尔滨市黑龙江大学举行。来自全国9个省、市、自治区的中山大学、湘潭大学、成都大学、暨南大学、宁波大学、佛山大学、苏州大学、杭州大学、辽宁大学、延边大学、宁夏大学、青海大学及黑龙江大学等13所地方综合大学图书馆的16位馆长参加了会议，国家教委条装司图书情报处副处长、全国高校图工委副秘书长李晓明，黑龙江省教委高教处处长王明志，黑龙江大学副校长曹林等到会。会议讨论并通过《全国地方综合大学图书馆协作网章程》(草案)和《致国家教委的一封信》。会议决定下次协作网研讨会于1997年8—9月间，在湖南湘潭大学举行。

1月21日[4]　江苏省教育工作会议召开，会议提出江苏要在全国率先推进教育现代化。

2月[5]　《中国机读目录通讯格式》1991年出版后，于1995年4月通过鉴定，1996

---

〔1〕华东地区教育科研计算机网信息共享服务研讨会[J]. 大学图书馆学报，1996(3)：47－48.

〔2〕张白影，余庆蓉等. 中国图书馆事业：1996—2000[M]. 长沙：湖南科学技术出版社，2002：939.

〔3〕全国地方综合大学图书馆协作网成立[J]. 图书馆建设，1996(2)：24.

〔4〕中共江苏省委宣传部. 江苏改革开放30年大事记[M]. 北京：中央文献出版社，2008：65.

〔5〕黄明.《中国机读目录通讯格式》与《中国机读目录格式》之比较[J]. 图书馆建设，2000(1)：65－68.

年 2 月，文化部正式颁布批准成为《中华人民共和国文化行业标准 WH/T0503－96 中国机读目录格式》，并于同年 7 月 1 日起实施。

2 月 19 日　邓小平同志在北京逝世。

3 月 15 日[1]　江苏省教委在南京大学召开了江苏省高校图书文献保障系统筹备会议，会议由江苏省教委高校教学处处长邱坤荣主持，江苏省教委副主任刘迪吉作重要讲话。会议讨论：① 江苏省高等学校图书文献保障系统的启动与基本框架；② 成立"江苏省高等学校图书文献保障系统建设筹备组"。筹备组成员由南京大学副校长张永桃、东南大学副校长钟秉林、南京师范大学副校长屠国华、中国矿业大学副校长王悦汉、苏州大学副校长殷爱荪、江苏省高校图工委杨克义等组成，张永桃任筹备组组长。筹备组下设秘书工作组，由杨克义、孔庆煦、吴锦、黄贤树、杨德生 5 人组成，杨克义任秘书长。

3 月 26—28 日　江苏省高校图书馆 1996 年度馆长会议，在南京大学图书馆召开。南京大学副校长张永桃出席开幕式。会议总结了 1995 年江苏省图工委工作及对 1996 年的工作思路，并着重就《江苏省高校文献信息网络建设中的难点、要点及对策研究报告》进行了研讨。

4 月 2—3 日[2]　国家教委条件装备司在北京大学图书馆召开全国高校图工委秘书长会议，来自全国 29 个省、自治区、直辖市的高校图工委的 30 位代表参加会议，会议由全国高校图工委副秘书长董哲潜主持。

5 月 13—17 日　"网络环境下的大学图书馆馆长研讨班"在东南大学图书馆举办。

5 月 21 日　江苏省高校图书馆文献资源共享协作网表彰大会，在南京邮电学院图书馆召开。江苏省图工委对 10 个先进集体和 30 个先进个人进行了表彰，江苏电视台、江苏人民广播电台等新闻媒体对大会作了报道。

5 月 21—24 日[3]　华东地区师专图书馆第四届协作年会在上海师范高等专科学校召开。共有 41 个成员馆的代表 44 名，特邀代表 9 名。上海市高校图工委副主任兼秘书长王鹤祥教授参会并致辞。年会共收到论文 29 篇。会议集中交流和研讨图书馆的现代化管理问题。会议期间全体代表参观上海交通大学图书馆。代表实地考察交大图书馆在自动化、网络化、计算机集成管理系统等方面的建设及应用成就，并对今后加强协作进行讨论。

6 月[4]　江苏省教育和科研计算机网（JSERNET）一期建设完成，通过了江苏省教育厅组织的验收，同时，网络中心的建设通过教育部组织的鉴定。

6 月 7 日　江苏省高校图书馆 MARC 培训班在南京大学图书馆圆满结束，近 80 名代表参加了培训。北京大学图书馆研究馆员熊光莹对学员进行了辅导。

6 月 11—15 日　江苏省高校图书馆第二期期刊管理工作标准化研习班，在南通工学院图书

---

[1] 江苏省高等学校图书文献保障系统建设筹备会议纪要(摘登)[J]. 煤图学刊，1996(2)：1－2.

[2] 张白影，余庆蓉等. 中国图书馆事业：1996—2000[M]. 长沙：湖南科学技术出版社，2002：941.

[3] 袁小星. 华东地区师专图书馆第四届年会在沪召开[J]. 上海高校图书情报学刊，1996(3)：4.

[4] 江苏省教育和科研计算机网管理中心. 江苏省教育和科研计算机网[EB/OL]. [2017－05－01]. http://www.js.edu.cn/dncintro/.

馆举办。

6月18日　江苏省高校图工委藏书建设专业委员会制定《江苏省高校图书馆编目著录标准》，并正式通知江苏省各个高校图书馆执行。

6月底　江苏省高校图情工委起草的《关于江苏省高等学校文献信息保障系统建设研究的论证报告》，正式上报江苏省教委审批。

7月1日[1]　全国哲学社会科学工作办公室公布1996年国家社科基金项目立项名单，张厚生(东南大学图书馆)申请的《信息新技术在图书情报工作中的应用与评估》获批"一般项目"，项目编号：96BTQ005。这是江苏省高校图书馆获批的第一个国家社科基金项目。

8月[2]　清华大学图书馆开通使用INNOPAC系统。包括流通管理、编目业务、公共目录检索、采访及期刊管理等子系统。这是国内高校图书馆第1个使用国外的图书馆管理系统。

8月2—6日　江苏省高校图书馆第二期馆长研讨班，在苏州举办。近40位馆长参加研讨班。

8月8—10日[3]　南京图书馆学会、江苏省高校图工委、南京大学图书馆、东南大学图书馆和金陵图书馆等单位，邀请美国长岛大学图书情报学院副教授储荷婷、美国新罕布什尔大学图书馆副教授朱晓峰、美国宾夕法尼亚州立大学哈里斯堡分校图书馆电子参考咨询馆员陈慧杰等三位留美学者，在南京进行讲学活动。介绍当前美国图书馆现代信息技术应用的状况。重点报告万维网(WWW)、国际互联网(Internet)、数字图书馆(DL)、标准通用标记语言(SGML)、光盘网络技术等最新信息技术。

8月25—21日[4]　第62届国际图联(IFLA)大会在北京成功召开，90多个国家和地区的2 600多名专家学者汇聚一堂，围绕"变革的挑战：图书馆与经济发展"这一主题，研究图书馆在迈向21世纪时面临的挑战和机遇，以及图书馆在各国经济发展和社会进步中的独特优势和重要作用。国务院总理李鹏在开幕式上致辞，全国人大常委会副委员长费孝通作主题报告。大会分8个部、32个组、14个圆桌会。以200多篇论文为主开展交流。

10月11—13日[5]　江苏、湖南两省高校图书馆期刊工作专业委员会，联合举办首届期刊工作学术研讨会，会议在江西九江市召开。来自两省高校期刊工作者的代表共56人参加会议，会议的主题是期刊工作和现代化管理。

10月24—25日[6]　华东地区高校图工委秘书长联席会议，在上海交通大学图书馆召开。

---

[1] 全国哲学社会科学工作办公室. 国家社科基金项目数据库[EB/OL]. [2019-01-01]. http://fz.people.com.cn/skygb/sk/index.php/Index/index.

[2] 姜爱蓉，刘桂林. 清华大学图书馆的电子化、网络化发展[J]. 图书情报工作，1998(5)：22-26.

[3] 严峰. "最新信息技术在图书馆的应用"讲学活动在南京举行[J]. 江苏图书馆学报，1996(5)：56.

[4] 张白影，余庆蓉等. 中国图书馆事业：1996—2000[M]. 长沙：湖南科学技术出版社，2002：948.

[5] 张白影，余庆蓉等. 中国图书馆事业：1996—2000[M]. 长沙：湖南科学技术出版社，2002：950.

[6] 张白影，余庆蓉等. 中国图书馆事业：1996—2000[M]. 长沙：湖南科学技术出版社，2002：951.

12 月 20 日[1] 上海图书馆新馆落成，正式对外开放，新馆面积 8.3 万平方米，藏书量 1 320 万册。

是年 5 月[2]，河海大学机械学院更名为“河海大学常州分校”。同时，常州分校图书馆落成，为河海大学的第三座图书馆馆舍。新馆 9 300 平方米，阅览座位 1 000 个。可容纳藏书 70 万册。

南京大学信息管理学系获得情报学博士学位授予权（与中国科学院文献情报信息中心联合），这是江苏省首个情报学博士学位授予单位，并将于次年招收博士生[3]。

南京林业大学图书馆引进“图书馆集成管理系统”ILAS，对图书采购、编目、流通管理等业务进行管理，并对 1996 年前入藏的图书进行书目回溯建库。1997 年，完成图书馆内部局域网建设，通过校园网与 CERNET 相连，1998 年，建成图书馆主页[4]。

江苏省高校图书馆工作委员会下属的 4 个文献采编中心成立，作为江苏省高等教育文献保障系统（JALIS）一期工程建设的重点建设项目，承担着保障江苏省高校文献资源的任务。主要成员单位有东南大学的东信公司（西文图书采编中心）、南京航空航天大学的知识书店（中文图书采编中心）、南京师范大学的江苏华茂图书文化经营部（中文图书联采中心）以及南京大学的期刊采编中心（负责邮发期刊的经营）[5]。

年度事件数据：

事业发展 全省普通高等学校数：66 所；

本专科在校生人数：22.06 万人[6]；

研究生在校生人数：1.22 万人[7]；

专任教师人数：2.737 2 万人。

单位变更 4 月，国家教委批准，江南大学更名为“江南学院”，升格为本科院校。2001 年，与无锡轻工大学合并组建新的“江南大学”。

5 月，河海大学机械学院，更名为“河海大学常州分校”，2000 年 6 月，河海大学常州分校更名为“河海大学常州校区”。

---

[1] 张白影，余庆蓉等. 中国图书馆事业：1996—2000[M]. 长沙：湖南科学技术出版社，2002：954.

[2] 赵坚. 奋进——纪念河海大学图书馆百年华诞图文集[M]. 南京：河海大学图书馆，2015：18.

[3] 李国新. 中国图书馆年鉴 2005[M]. 北京：现代出版社，2006：501.

[4] 丁其祥. 南京林业大学图书馆简介[J]. 南京林业大学学报（自然科学版），2002(3)：51.

[5] 袁曦临，符少北. 江苏省高校文献采编中心改制及其发展模式转变的设想[J]. 大学图书馆学报，2007(3)：27－30.

[6] 江苏省统计局，国家统计局江苏调查总队. 江苏省统计局关于 1996 年国民经济和社会发展的统计公报[J]. 江苏统计，1997(3)：2＋5－9.

[7] 江苏省统计局，国家统计局江苏调查总队. 江苏省统计局关于 1996 年国民经济和社会发展的统计公报[J]. 江苏统计，1997(3)：2＋5－9.

徐州师范学院更名为"徐州师范大学",建制不变,办学地徐州市。

领导变更　南京大学图书馆馆长包忠文卸任,南京大学副校长张永桃兼任馆长[1]。

〔1〕 南京大学图书馆史编写组.南京大学图书馆史(1888—2008)[Z].南京:南京大学图书馆,2009:101.

1997 年

1 月 7—9 日[1] 藏书建设专题研讨会在盐城师专召开，来自全省公共、高校、科研等系统图书馆的 30 多位专家学者参加了会议。会议收到论文 50 篇，其中有 34 篇文章参加了大会交流，有 13 位论文作者在会上宣讲研究成果，会议由王学熙、姜汉卿、陆汉荣主持，东南大学张厚生和南京大学信息管理系副主任郑建明等作专题报告。与会代表围绕江苏省藏书建设面临的种种实际问题，对如何加强藏书建设，实现文献资源的合理配置、共建与共享，增强图书馆为两个文明建设服务的能力提出建议。

1 月 8 日[2] 江苏省图书馆学会在盐城师范专科学校召开江苏省图书馆学会学术委员会主任会议，讨论学会秘书处起草的 1997 年学术活动工作建议稿。会议由秘书长王学熙主持。学术委员会副主任张厚生、陆汉荣、吉文辉，南京大学信息管理系副主任郑建明等出席会议。会议对 1997 年学术活动提出建议，提交常务理事会讨论。

1 月 17 日[3] 江苏省图书馆学会常务理事会在宁召开。理事长卢子博、副理事长杨克义、袁大智、孔庆煦、毕守金以及常务理事 22 人出席会议。卢子博主持会议；秘书长王学熙报告学会 1996 年工作，卢子博就 1997 年工作要点作说明。与会常务理事认为，1996 年学会紧紧围绕第 62 届北京国际图联大会的召开，做了大量的卓有成效的工作，1996 年工作总结是实事求是的。1997 年的工作要点把贯彻十四届六中全会精神和建设文化大省为指导思想，紧紧围绕图书馆与科教兴省、图书馆与精神文明建设，计划开展的学术活动是符合江苏省图书馆实际的，针对性强。江苏省哲学社会科学联合会学会部主任唐茂松、江苏省文化厅社会文化处处长戴万龄出席会议并发言。

3 月[4] 南京林业大学图书馆新馆落成，新馆共 5 层，面积 1.05 万平方米。阅览座位 1000 个，使用 ILAS 管理系统。

3 月 5 日[5] 国家教委发布《关于确定沈阳电力高等专科学校等校为示范性普通高等工程专科重点建设学校的通知》(教高〔1997〕9 号)，根据国家教委《关于开展建设示范性普通高等工程专科学校工作的通知》(教高〔1995〕13 号)的部署，经评估确定沈阳电力高等专科学校等 27 所学校为示范性普通高等工

---

〔1〕 姜汉卿. 江苏省藏书建设专题研讨会纪要[J]. 江苏图书馆学报，1997(1)：61.

〔2〕 张白影，余庆蓉等. 中国图书馆事业：1996—2000[M]. 长沙：湖南科学技术出版社，2002：955.

〔3〕 张白影，余庆蓉等. 中国图书馆事业：1996—2000[M]. 长沙：湖南科学技术出版社，2002：955.

〔4〕 张白影，余庆蓉等. 中国图书馆事业：1996—2000[M]. 长沙：湖南科学技术出版社，2002：818.

〔5〕 教育部高等教育司. 高等工程专科教育改革 1996—1997 下　示范性高等工程专科重点建设学校建设规划汇编[M]. 北京：高等教育出版社，1999：3－5.

程专科重点建设学校，江苏省的南京动力高等专科学校、南京机械高等专科学校、南京电力高等专科学校3所高等工程专科学校入围。

3月5—8日　1997年度江苏省高校图书馆馆长年会，在南京大学图书馆举行。

3月21日[1]　江苏省教委下发苏教高〔1997〕5号文件，在南京大学组织召开"江苏省高等学校文献信息保障系统建设项目论证会议"，来自教育部及北京、上海和省内的专家委员会在听取汇报、审阅材料的基础上，并经过评议，通过了《江苏省高等学校文献信息保障系统项目建设可行性研究报告》。专家组由国家教委条件装备司司长李英惠为组长，北京大学图书馆董成泰、清华大学安淑兰、上海交通大学图书馆副馆长杨宗英、复旦大学图书馆馆长秦曾复、南京图书馆馆长卢子博等组成。会议由江苏省教委副主任刘迪吉主持，南京大学代校长陈懿到会讲话，项目建设筹备领导小组组长、南京大学副校长张永桃，以及小组成员东南大学党委书记李延保，南京师范大学副校长黄涛、苏州大学副校长殷爱荪、南京大学计算机系教授张福炎等出席会议。

江苏省高校图工委副主任兼秘书长、南京大学图书馆常务副馆长杨克义向专家委员会汇报的建设方案，江苏高校文献信息保障系统建设是高等学校的一项关键性的基本建设，通过建设，到21世纪初，全省高校图书馆初步形成结构优化、布局合理、配置精当的文献收藏系统，建成江苏高校书目数据库和一批具有特色的专题文献数据库，与引进国内外光盘数据库相结合，构成全省较为完整的数据库体系，在网络环境的支持下，使各馆分散的文献信息的集中利用与共享成为现实，快捷地获得世界各种最新信息。这样就能极大地提高我省高校文献信息的保障能力从而保证我省高校"211工程"建设目标的实现，为我省经济发展与社会进步做出贡献。

4月[2]　江苏省高校图工委文献资源建设专业委员会召开"江苏省高校书目数据库、专题数据库建设工作研讨会"，10个高校图书馆馆长参加会议，对两种数据库的建设规划、数据标准化和规范化、人员培训等问题进行讨论。同时，对联合采编中心的工作、地位等问题达成共识。目前，两个中文图书采编中心可以提供实时数据服务。会议讨论制定《江苏省高校联合采编中心书目数据利用规定》。

4月29日[3]　江苏省人民政府〔1997〕48号文，批准南京图书馆为副厅级全民事业单位，隶属关系、人员编制、经费渠道均不变，其内部机构设置由江苏省编委另行核定。

5月　"江苏省高校图书馆计算机应用展示会"在南京师范大学召开，20余个计算机厂商参加了展示，新闻媒介做了广泛的报道。

---

〔1〕 吴强.江苏省高等学校文献信息保障系统建设项目论证会在宁举行[J].江苏图书馆学报，1997(2)：64.

〔2〕 本刊记者.回顾与展望——1998年江苏省高校图书馆馆长年会纪要[J].江苏省高等学校图书馆学报，1998(1)：2-3.

〔3〕 南京图书馆.南京图书馆志续编1996—2005[M].南京：南京出版社，2006：124.

5 月[1] 江苏省高校图书馆首届卡拉 OK 演唱赛举行,这是江苏省高校图工委主办的全省性的比赛。

5 月 4 日 江苏省高校图书馆自动化管理系统合作开发项目正式启动,开发组由南京大学、东南大学、南京大学多媒体研究所组成,工作地点在原南京大学鼓楼校区图书馆 312 室。南京大学图书馆曹福元为组长,参加人员有王全胜、易兵(南京大学商学院)、沈鸣(南京大学图书馆)、李长宁、朱亦宁(东南大学图书馆)、戚广智、杨晓江、黄豫清(女)、黄伟红、闵峰、蔡凯、王晔、张强(南京大学计算机系)。

5 月 5—11 日[2] 江苏省高校图工委代表团赴香港地区,参访香港城市大学等高校图书馆,代表团成员有杨克义、计国君、吴锦、杨德生、黄贤树、施星国。

5 月 28 日[3] 江苏省图书馆学会在南京师范大学召开学会理事长、副理事长、秘书长会议。

6 月 3 日[4] 中国互联网络信息中心(China Internet Network Information Center,简称:CNNIC)经国家主管部门批准正式成立,CNNIC 是中国互联网的管理和服务机构,负责管理.CN 的根服务器,行使国家互联网络信息中心职责。

6 月 6—27 日[5] 由国家教委组织的"211 工程高等教育文献保障体系"(CALIS)项目赴美考察团一行 8 人,赴美考察,江苏省高校图工委秘书长、南京大学图书馆副馆长杨克义参团出访。代表团考察 8 个城市的 19 个单位,考察耶鲁大学、哈佛大学、加州大学伯克利分校、斯坦福大学等 9 所大学图书馆及纽约公共图书馆的技术和工商新馆,考察俄亥俄州图书馆网(OhioLINK)、加州图书馆网等 5 个地区图书馆网,考察了 UMI、OCLC、CARL、DIALOG、RLG、CAS 等著名的数据库公司,还考察 IBM 等公司。

6 月 11—13 日[6] 全国轻工院校图书馆馆长会议在北京轻工业学院召开,出席会议的有来自全国各地 12 所轻工院校图书馆的 14 位馆长和馆长代表。会议在规范化管理、提高自动化管理水平和如何扩展服务内容等方面进行了交流。

6 月 11—13 日 江苏省图书馆学会在扬州大学水利学院召开"江苏省图书馆界高层论坛会"。出席会议的有来自全省各系统的图书馆专家、学者 50 余人,中共江苏省委宣传部宣传文化事业管理处处长杨仪,副处长张基平,扬州市人大常委副主任顾黄初,以及扬州大学的领导出席会议。会议由江苏省图书馆学会副理事长孔庆煦等主持,江苏省图书馆学会理事长卢子博致开幕词,

---

〔1〕 本刊记者. 回顾与展望——1998 年江苏省高校图书馆馆长年会纪要[J]. 江苏省高等学校图书馆学报,1998(1):2-3.

〔2〕 苏州大学图书馆. 世纪鸿影——苏州大学图书馆发展实录[M]. 苏州:苏州大学图书馆,2006:112.

〔3〕 张白影,余庆蓉等. 中国图书馆事业:1996—2000[M]. 长沙:湖南科学技术出版社,2002:960.

〔4〕 中国互联网络信息中心. 中国互联网络信息中心简介[EB/OL]. [2018-06-06]. http://www.cnnic.net.cn/gywm/.

〔5〕 杨宗英,朱强等. 美国的图书馆自动化和文献资源共享网络——现状与趋势 CALIS 项目考察团[J]. 大学图书馆学报,1997(6):6-10.

〔6〕 张白影,余庆蓉等. 中国图书馆事业:1996—2000[M]. 长沙:湖南科学技术出版社,2002:960.

学术委员会主任倪波作大会总结。会议期间江苏省文化厅发来贺电。

6月17—20日　江苏省高校图书馆管理系统开发组前往上海调研，访问上海交通大学图书馆、上海交通大学申联公司、华东师范大学图书馆、上海医科大学图书馆、上海图书馆等单位。

7月15日〔1〕　全国林业院校首届读者工作研讨会，在哈尔滨市东北林业大学图书馆召开。来自全国林业院校图工委的领导和各兄弟院校图书馆的代表们参加会议。东北林业大学副校长霍建宇到会讲话。会议共收到论文31篇，经过评委会评审，为优秀论文作者颁发证书，并进行了大会研讨和交流。

6月21—23日　江苏省高校图书馆管理系统开发组前往北京调研，访问北京大学、清华大学图书馆，北京大学图书馆董成泰、孙辨华等，清华大学图书馆馆长刘桂林、副馆长赵雄、杨毅等领导会见开发组。开发组在清华大学图书馆进入业务部门逐个模块地了解 Innopac 系统。本次调研是汇文系统开发过程中，最为重要的调研，对汇文系统的开发成功起到关键的作用。

7月30日—8月3日　中国图书馆学会第5次全国会员代表大会在昆明召开。来自全国各地的近300名代表出席了会议。会议表彰了江苏、安徽、黑龙江、天津等6个先进集体和52名先进工作者。经大会选举，产生第5届理事会，文化部副部长徐文伯当选为理事长。江苏省图书馆学会有12名代表参加了会议，江苏省图书馆学会秘书长王学熙在大会上介绍学会工作经验。江苏省图书馆学会理事长卢子博、副理事长杨克义、吴锦当选为中国图书馆学会第5届理事会理事，理事长卢子博当选为常务理事。

9月20—23日〔2〕　全国高校图工委主办的第2次全国高校图书馆统计工作研讨会，在青岛召开，全国27个省市(自治区、直辖市)的27名代表出席了会议。会议代表对近年来全国高校图书馆的统计工作进行总结和交流，对高校图书馆统计指标提出修正建议。

9月26日　江苏省教育委员会发布苏教高〔1997〕50号文件《关于成立"江苏省高等学校文献信息保障系统领导小组"的通知》，领导小组在南京大学举行第1次工作会议。宣布了领导小组组成人员，批准成立"江苏省高校文献资源建设专家组"和"江苏省高校图书馆计算机网络应用专家组"，在南京大学设立"项目建设管理中心"，专家组作为咨询机构，对项目建设的过程进行论证和评估，管理中心负责项目的具体实施，全面启动"江苏省高等学校文献信息保障系统"(JiangSu Academic Library & Information System，简称JALIS)的建设。江苏省教委副主任葛锁网、刘迪吉，高教办主任黄国平参加会议，南京大学校长蒋树声、校长助理张异宾以及领导小组其他成员参加了会议。项目筹备组成员杨克义、孔庆煦、徐记忠(代杨德生)、朱同同(代吴锦)、黄贤树参加会议。会议在南京大学知行楼举行。

9月27日　江苏省教委发布苏教字〔1997〕53号，关于印发《江苏省高等学校文献信息

〔1〕张静. 全国林业院校召开读者工作研讨会[J]. 图书馆建设，1997(4)：16.

〔2〕张白影，余庆蓉等. 中国图书馆事业：1996—2000[M]. 长沙：湖南科学技术出版社，2002：964.

保障系统领导小组成立暨第一次会议纪要》的通知。

10 月 2—11 日[1] 第 5 届全国农业图书馆网络与自动化学术研讨会，在南京农业大学召开。中国农学会农业图书馆分会秘书长贾善刚，自动化专业委员会主任、南京农业大学图书馆馆长程极益，以及侯汉清、黄水清、龚建新等出席会议。与会代表 40 人，共收到学术论文 41 篇。此次会议是农业图书馆自动化与网络化专业委员会历届学术研讨会规模最大的一次。专业委员会还首次出版了论文集。贾善刚、程极益分别从战略的高度对信息技术、网络化建设作主题报告。美国 OCLC 的欧阳少春受邀参加会议。

10 月 15—16 日[2] 江苏省中专图书馆协会 1997 年学术论文评审会暨第四届理事会常务理事会，在江苏省冶金经济管理学校召开。

11 月 5—9 日[3] 第 12 届华东地区高校图工委秘书长会议，在杭州大学图书馆召开，21 位代表参加会议，会议的主要内容：① 各省市高校图工委交流 1997 年的工作情况；② 讨论华东地区高校图书馆一体化以及文献资源共享；③ 商定 1998 年的协作项目。

11 月 11—12 日[4] 国家教委高校图工委主办、SUN 公司发起并资助、复旦大学图书馆承办的'97 中国电子图书馆技术研讨会，在复旦大学逸夫楼举行。北京大学、清华大学等 75 所大学和北京图书馆、中科院文献信息中心、上海图书馆的 180 位图书馆馆长和专家参加研讨会。国家教委条装司副司长李兴植、复旦大学校长杨福家、副校长施岳群出席开幕式并讲话。斯坦福大学和伯克利加州大学图书馆的专家介绍各自学校的数字图书馆计划。

11 月 14—25 日[5] 中国高等教育文献保障系统(CALIS)管理中心组织、复旦大学和西安交通大学牵头、北京大学协办的“图书馆自动化信息系统联合招标第二轮评标会”，在复旦大学举行。从第一轮评标会 9 家投标的软件中选出的三家软件公司，Horizon(Dynix)，Unicorn(Sirsi)和 Innopac(Innovative)三个图书馆系统软件分别进行演示。专家对三个系统各自的特色和汉化环境进行分析和比较，参与招标的大学代表分别与各家公司进行商务洽谈，部分学校草签了协议。参加联合招标的有北京大学、复旦大学、西安交大、上海交大、北京航空航天大学、中国人民大学、西北工业大学、四川联合大学、西南交大、吉林大学、吉林工业大学、大连理工大学、武汉大学、中山大学、华南理工大学、华中理工大学和中国矿业大学。南京大学、深圳大学和浙江图书馆列席观摩了系统软件的演示。

11 月 26 日 江苏省图书馆学会在南京举行“江苏省图书馆学会第 7 次科学讨论会”论

---

〔1〕 南京农业大学图书馆. 第五届全国农业图书馆网络与自动化学术研讨会在南京召开[J]. 农业图书情报学刊，1998(1)：52.

〔2〕 张白影，余庆蓉等. 中国图书馆事业：1996—2000[M]. 长沙：湖南科学技术出版社，2002：966.

〔3〕 张白影，余庆蓉等. 中国图书馆事业：1996—2000[M]. 长沙：湖南科学技术出版社，2002：968.

〔4〕 邦. '97 中国电子图书馆技术研讨会在复旦举行[J]. 上海高校图书情报学刊，1997(4)：4.

〔5〕 振钱. “图书馆自动化信息管理系统联合招标第二轮评标会”在复旦举行[J]. 上海高校图书情报学刊，1997(4)：4.

文评审会。评审委员会主任由理事长卢子博担任，倪波为副主任，委员有周志华、侯汉清、张厚生、吉文辉、陆汉荣、王学熙、倪延年、王陆军。应征论文 270 篇。

12 月 1 日[1] 中国互联网络信息中心(CNNIC)首次发布《中国互联网络发展状况统计报告(1997/10)》，国务院信息办和 CNNIC 工作委员会研究，决定由 CNNIC 联合四个互联网单位，中国科技网(China Science and Technology Network，CSTNet)、中国公用计算机互联网(CHINANET)、中国教育和科研计算机网(CERNET)、中国国家公用经济信息通信网(China Golden Bridge Network，ChinaGBN)，进行互联网发展情况统计，统计参照国际惯例，采用网上计算机自动搜寻、网上联机调查和发放用户问卷等多种方式。统计方法先进，抽样范围广，保证了统计结果的准确性。这也是第一次对中国 Internet 发展状况，做出的全面、准确的权威性统计报告。1998 年起，改为每年的 1 月、7 月各发布一次。

是年 1 月，河海大学引进的 MILINS 集成管理系统安装完成[2]。

“江苏省高等学校文献信息保障系统”文献资源建设专家组成立，叶继元为组长，成员有袁培国、杨永厚等。

南京师范大学图书馆网站开通服务。

年度事件数据：

事业发展 全省普通高等学校数：65 所；

本专科在校生人数：23.9 万人；

研究生在校生人数：1.331 7 万人；

专任教师人数：2.8 万人。

单位变更 6 月，淮阴师范专科学校、淮阴教育学院合并，组建成立“淮阴师范学院”，升格为本科，办学地淮阴市(现淮安市)。

苏州丝绸工学院并入苏州大学，原苏州丝绸工学院图书馆，同时并入苏州大学图书馆。

领导变更 南京大学副校长张永桃不再兼任图书馆馆长，南京大学校长助理张异宾兼任馆长[3]。

苏州大学图书馆馆长杨德生离任，徐记忠继任馆长[4]。

南京邮电学院图书馆馆长何贤渠离任，杨祖樱(女)继任馆长。

南京医科大学图书馆馆长陶毓顺离任，张政辉继任馆长。

---

〔1〕 中国互联网络信息中心. 第 01 次中国互联网络发展状况调查统计报告[EB/OL]. [2018-12-22]. http://www.cnnic.cn/hlwfzyj/hlwxzbg/hlwtjbg/201206/t20120612_26721.htm.

〔2〕 朱兰芳. 图书馆管理系统维护点滴[J]. 管理科学文摘，2008(4)：122-124.

〔3〕 南京大学图书馆史编写组. 南京大学图书馆史(1888—2008)[Z]. 南京：南京大学图书馆，2009：101.

〔4〕 苏州大学图书馆. 世纪鸿影——苏州大学图书馆发展实录[M]. 苏州：苏州大学图书馆，2006：47.

1998年

1月15日[1]　江苏省图书馆学会在南京大学信息管理系召开常务理事会。出席会议的有江苏省图书馆学会理事长卢子博、副理事长杨克义、袁大志、孔庆煦、钱金虎、周志华,以及常务理事20人。会议由学会理事长卢子博主持,并传达了江苏省哲学社会科学界联合会第5次代表大会精神。学会秘书长王学熙汇报1997年工作总结,并就学会1998年工作要点作说明。与会常务理事对学会1997年工作给予了充分肯定。

1月19—26日　香港科技大学举办"图书馆中文信息处理国际研讨会",江苏省高校图工委派团参加会议,代表团成员有沈鸣、曹福元、李长宁、朱亦宁4人,在港参会期间,代表团顺访香港科技大学等高校图书馆。

1月26日[2]　"211工程"部际协调小组办公室,发布211部协办〔1998〕1号《"211工程"建设实施管理暂行办法》。

2月21日[3]　周恩来图书馆在南京梅园新村开馆。该馆建筑面积1280平方米,由4幢民国时期西式小楼改建组合而成。

3月1日[4]　我国著名图书馆学家、武汉大学图书情报学院教授皮高品[5],在武汉逝世,享年98岁。

3月10日[6]　第九届全国人大第一次会议通过的《关于国务院机构改革的决定》,国家教育委员会更名为"中华人民共和国教育部"。

3月25日[7]　江苏省高校图工委委托文献资源建设专委会,召集在南京的13所高校图书馆,在南京师范大学图书馆召开研讨会,议程是:① 书目回溯建库试点经验介绍;② 回溯建库的工作方法、方式的交流;③ 回溯建库的分工和协

---

〔1〕 韩汝英.江苏省图书馆学会1998年大事记[J].江苏图书馆学报,1999(1):63-65.

〔2〕 部际协调办公室工程."211工程"建设实施管理暂行办法(211部协办〔1998〕1号)[EB/OL].[2018-12-09].http://www.360doc.com/content/11/0511/15/6906556115957799.shtml.

〔3〕 张白影,余庆蓉等.中国图书馆事业:1996—2000[M].长沙:湖南科学技术出版社,2002:972.

〔4〕 张白影,余庆蓉等.中国图书馆事业:1996—2000[M].长沙:湖南科学技术出版社,2002:972.

〔5〕 皮高品(1900—1998),湖北嘉鱼人。教授,著名图书馆学家,图书馆学教育家,图书馆管理专家。1921年入武昌文华大学文科(1922年开始兼学图书科),1925年获文学士学位和图书科毕业证书。此后历任齐鲁大学图书馆主任,燕京大学图书馆编目部主任,青岛大学和武汉大学图书馆主任,重庆文华图书馆学专科学校教授,浙江大学图书馆馆长兼教授,英士大学教授。中华人民共和国建立后,历任武昌文华图书馆学专科学校、武汉大学图书馆学系(今武汉大学图书情报学院)教授。

〔6〕 中华人民共和国国务院.第九届全国人民代表大会第一次会议关于国务院机构改革方案的决定[J].中华人民共和国国务院公报,1998(9):404-407.

〔7〕 翁荣勇.江苏省高校书目回溯建库工作研讨会在宁召开[J].江苏省高等学校图书馆学报,1998(1):35.

调。南京师范大学图书馆介绍建库的经验。协商落实：以按类分担回溯的办法，在1998年底基本完成1975年以来部分图书数据的机读联合目录建库工作。江苏省高校图工委秘书长杨克义出席会议。

3月26—27日[1] 江苏省中专图书馆协会常务理事扩大会议，在苏州铁路机械学校召开。

4月6日 江苏省文化厅职改办发布苏文职改〔98〕第07号，关于报送全省艺术、图书、文博、群文专业正副高级职务任职资格评审材料的通知。

4月7—9日[2] 1998年度江苏省高校图书馆馆长年会，在南京大学图书馆举行，会议听取高校图工委、所属的专委会1997年度工作总结和1998年工作要点。江苏省高校图工委秘书长、南京大学图书馆副馆长杨克义汇报江苏省高等学校文献情报保障系统建设进展。会议讨论：① 关于图书馆自动化网络化建设；② 江苏省高校图书馆文献信息服务评估工作，对操作方法、评估指标的内容进行讨论。

4月12日 江苏省教委发布苏教师资〔1998〕43号，关于转发省文化厅苏文职改〔98〕第07号文的通知。

4月12—14日 江苏省图书馆学会学术委员会工作会议在南通市图书馆举行。出席会议的有学术委员会主任倪波、副主任张厚生、陆汉荣、吉文辉、张展舒，南京大学信息管理系副主任郑建明等。会议讨论了江苏省图书馆学会1998年工作要点。

4月13日[3] 中共中央政治局常委、全国人大常委会委员长李鹏在江苏就《高等教育法》等立法工作进行调研，在南京大学主持召开专题座谈会。座谈前，李鹏视察了南京大学固体微结构物理实验室和图书馆。

4月15—17日 中国图书馆学会学术委员会会议在上海图书馆召开，江苏省图书馆学会理事长卢子博、南京大学信息管理系副主任郑建明出席会议，当选为中国图书馆学会学术委员会委员。

5月[4] 江苏省高校图工委委托文献资源建设专委会，在南京师范大学图书馆举办中文图书标准著录培训班，为中文图书数据库建设培训人员。

5月[5] 国家计委对教育部报送的《中国高等教育文献保障体系项目建议书》作了批复，同意“中国高等教育文献保障体系(CALIS)项目”作为“211工程”高等教育公共服务体系建设项目之一，在“九五”期间进行建设。

---

〔1〕 张白影，余庆蓉等. 中国图书馆事业：1996—2000[M]. 长沙：湖南科学技术出版社，2002：974.

〔2〕 本刊记者. 回顾与展望——1998年江苏省高校图书馆馆长年会纪要[J]. 江苏省高等学校图书馆学报，1998(1)：2-3.

〔3〕 殷学成，王言彬. 李鹏在江苏就《高等教育法》等立法工作调研时强调集中各方智慧 提高立法质量[N]. 人民日报，1998-04-16.

〔4〕 江苏省高校图工委. 1998年江苏省高校图工委工作总结[J]. 江苏省高等学校图书馆学报，1999(2)：2-3.

〔5〕 CALIS管理中心. CALIS新闻大事记[EB/OL]. [2018-08-10]. http://home.calis.edu.cn/calisnew/bigthing.asp? fid=57&class=2.

5 月 4 日〔1〕 江苏省教委发布苏教高〔1998〕31 号关于印发《江苏省普通高校文献信息保障系统建设领导小组第二次会议纪要》的通知，明确了江苏省高校文献信息保障系统文献中心、采编中心的设置问题，决定在全省设立 8 个学科/地区中心。

5 月 8—12 日〔2〕 全国高校图工委期刊工作委员会和全国高校期刊协调网，在浙江大学召开 1999 年度全国高校外文期刊协调会，70 所院校 90 位代表出席会议。

5 月 20—24 日〔3〕 全国高校图工委高等职业院校分委员会第四次会员馆代表大会，在厦门鹭江职业大学召开，来自全国 17 个省、市 39 所职业院校的图书馆馆长和代表共计 45 人参加会议。

6 月 《江苏省高等学校图书馆学报》创刊，第 1 期在南京正式出版。该刊是由江苏省高等学校图书情报工作委员会主办的学术刊物，其前身为无锡市高校图工委承办的《图情研究》，该刊创刊于 1994 年，1998 年改名为《江苏省高等学校图书馆学报》，改由江苏省高校图工委举办，编辑部设在南京师范大学图书馆，编辑部主任袁华，该刊为季刊，刊号为江苏省内刊苏新编 JSXK(94)检字第 12—173 号，由江苏省高校图书馆的部分专家与馆长担任编委，江苏省高校图工委秘书长、南京大学图书馆副馆长杨克义任主编，南京师范大学图书馆馆长吴锦、编辑部主任袁华担任副主编，丁锦任责任编辑兼管编务。

6 月 8 日〔4〕 美国罗萨学院图书馆科学研究院院长李志钟，受邀到访苏州大学图书馆，并作“21 世纪的数字信息”的学术报告。

6 月 3—4 日〔5〕 中国高等医药院校图书馆协会四届三次委员会暨全国医学文献资源共享网络工作会议，在成都召开，23 个图协委员馆代表，及部分参加全国医学信息高级研讨会的图书馆代表，共 39 人出席会议。

6 月 30 日〔6〕 江苏省教委发布苏教高〔1998〕46 号《关于组织全省高校图书馆开展“文献信息优质服务”检查评比活动的通知》，这是继 1987 年、1993 年的评比以后的第 3 次全省性的评比，与前两次的达标评比不同，本次为单项创优评比，以文献信息服务（读者服务）工作为评估对象。

7 月 25—29 日〔7〕 由教育部组织的“国产图书馆信息管理系统展示会暨全国高等院校图书馆信息管理系统研讨会”，在北京邮电大学图书馆举行，研讨网络条件下的文献资源共享对图书馆信息管理系统的技术要求。江苏省高校图工委组织开发的集成图书馆管理系统，正式命名为“汇文文献信息服务系统”（简称：汇文系统）参加展示，并在会议上介绍了系统的开发过程以及特点。系统

---

〔1〕 邬淑珍. 中国矿业大学图书馆史（1909—2009）[M]. 徐州：中国矿业大学出版社，2009：170.

〔2〕 张白影，余庆蓉等. 中国图书馆事业：1996—2000[M]. 长沙：湖南科学技术出版社，2002：974.

〔3〕 张白影，余庆蓉等. 中国图书馆事业：1996—2000[M]. 长沙：湖南科学技术出版社，2002：974.

〔4〕 苏州大学图书馆. 世纪鸿影——苏州大学图书馆发展实录[M]. 苏州：苏州大学图书馆，2006：109.

〔5〕 张白影，余庆蓉等. 中国图书馆事业：1996—2000[M]. 长沙：湖南科学技术出版社，2002：975.

〔6〕 邬淑珍. 中国矿业大学图书馆史（1909—2009）[M]. 徐州：中国矿业大学出版社，2009：84.

〔7〕 江苏省高校图工委. 江苏省高校图工委工作总结与下一阶段工作思考[J]. 江苏省高等学校图书馆学报，2001(2)：2-6.

以其完善的功能、友好的界面、面向网络时代的先进设计，受到广泛注意。共有26个高校、公司、公共图书馆参加展示，是改革开放以来图书馆计算机应用领域中最大的专业展示会。汇文系统被评为最受关注的3个系统之一，另外两个系统分别是北京邮电大学图书馆开发的“现代电子化图书馆信息网络系统”(MELINETS)、北京大学图书馆开发“新一代图书馆管理集成系统”(NLIS)。

8月2—7日[1] 江苏省高校图工委召集的“江苏省高校图书馆馆长工作会议”，在宜兴市太华镇召开，为期5天。37所高校图书馆的领导参加会议，省高校图工委秘书长杨克义介绍对美国、中国香港的访问情况，专门介绍参加北京高校图书馆自动化系统展示会，会议对汇文系统的反应。同时介绍了读者工作评估和书目分担建库的进度。

9月26—29日[2] 第13届华东地区高校图书情报工作委员会协作年会，在江西师范大学图书馆召开，会议就华东地区高校计算机集成系统等问题展开交流与研讨。

9月29日[3] 江苏省图书馆学会与省高校图工委在宁对全省296篇“读者工作理论研讨会”应征论文进行评审。评审委员会由江苏省图书馆学会理事长卢子博任主任，江苏省图书馆学会学术委员会主任倪波任副主任，评委有：周志华、张厚生、王学熙、刘八一、袁华、王陆军等，江苏省图书馆学会秘书韩汝英介绍征文情况。经评审，共评出获奖论文118篇，其中一等奖8篇，二等奖31篇，三等奖79篇，获奖论文数占论文总数的39%。常州市图书馆学会、苏州图书馆学会、无锡市图书馆学会、徐州市图书馆学会获组织奖；镇江市图书馆、无锡市图书馆、新沂市图书馆、金坛市图书馆、河海大学常州分校图书馆、盐城工学院图书馆、苏州大学图书馆、中国矿业大学图书馆、常熟高等专科学校图书馆获奖。

10月[4] 由南京大学图书馆承建的中文期刊采编中心成立，随即开展1999年的期刊征订工作，南京地区33个单位，共订购中文期刊399份，码洋190余万元。其他3个采编中心工作正常。

10月7—10日[5] 现代图书馆信息管理系统研讨会，在河海大学图书馆召开。

10月15—19日[6] 中国农学会农业图书馆分会年会暨文献资源建设学术研讨会，在北京中国农业大学西校区图书馆举行。

---

[1] 本刊讯.江苏省高校图书馆馆长工作会议在宜兴举行[J].江苏省高等学校图书馆学报，1998(2)：14.

[2] 安徽省高校图工委.安徽省高校图书馆1998年工作记事[J].大学图书情报学刊，1999(1)：64.

[3] 江苏省高校图工委.1998年江苏省高校图工委工作总结[J].江苏省高等学校图书馆学报，1999(2)：2-3.

[4] 江苏省高校图工委.1998年江苏省高校图工委工作总结[J].江苏省高等学校图书馆学报，1999(2)：2-3.

[5] 赵坚.奋进——纪念河海大学图书馆百年华诞图文集[M].南京：河海大学图书馆，2015：100.

[6] 张白影，余庆蓉等.中国图书馆事业：1996—2000[M].长沙：湖南科学技术出版社，2002：979.

10 月 20 日[1]　全国地方综合性大学图书馆馆长第三届年会在浙江大学西溪校区召开。来自全国 20 多个省市的近 40 位馆长与会，收到论文 60 篇，会议主题“面向 21 世纪，地方综合性大学图书馆的发展方向和角色定位”。

11 月[2]　江苏省高校图工委和江苏省图书馆学会，在河海大学常州分校图书馆召开“读者工作理论研讨会”，对读者工作理论，读者服务工作进行交流。

11 月[3]　教育部机构改革，撤销条件装备司，原由条件装备司负责的高等学校图书馆的管理职能转入高等教育司，“‘211 工程’高等教育文献保障体系(CALIS)”项目，改由高等教育司主管。教育部对 CALIS 领导小组的组成人员作相应的调整。

11 月[4]　华东地区教育部直属高校图书馆馆长研讨会，在安徽省黄山市举行，会议由中国科技大学图书馆承办，华东地区 13 所部属院校的馆长参加会议，与会馆长就网络环境下图书馆管理的主题进行讨论。

11 月[5]　原国家计委正式批复《中国高等教育文献保障体系(CALIS)建设项目可行性研究报告》，同意 CALIS 项目作为“211 工程”高等教育公共服务体系建设项目，在“九五”期间进行建设。该项目 1998 年开始实施，2000 年底验收，并明确提出 CALIS 项目的总体建设目标和“九五”期间的主要建设任务。中国高等教育文献保障系统(China Academic Library & Information System，简称 CALIS)正式启动，是国务院批准的我国高等教育“211 工程”“九五”“十五”总体规划中三个公共服务体系之一，另外两个公共服务体系，分别是“中国教育和科研计算机网”(CERNET)、高等学校现代化仪器设备共享系统(CERS)。

11 月 24 日—12 月 4 日[6]　按照江苏省教委苏教高〔1998〕46 号精神，江苏省高校图工委对全省 66 所普通高校图书馆的文献信息服务进行优质评比，这是继 1987 年、1993 年的评比以后的第 3 次全省性的评估，与前两次的达标评估不同，本次为单项创优评比，以文献信息服务(读者服务)工作为评比对象，由江苏省高校图工委读者工作专委会组织起草评估指标体系，采用单位自评＋专家评估的方式。11 月，教委批复，江苏省高校图工委成立 8 个检查组，对 66 所高校进行工作检查，12 月 4 日结束。

---

〔1〕 张白影，余庆蓉等. 中国图书馆事业：1996—2000[M]. 长沙：湖南科学技术出版社，2002：979.

〔2〕 江苏省高校图工委. 1998 年江苏省高校图工委工作总结[J]. 江苏省高等学校图书馆学报，1999(2)：2-3.

〔3〕 CALIS 管理中心. CALIS 新闻大事记[EB/OL]. [2018-08-10]. http://home.calis.edu.cn/calisnew/bigthing.asp? fid=57&class=2.

〔4〕 安徽省高校图工委. 安徽省高校图书馆 1998 年工作记事[J]. 大学图书情报学刊，1999(1)：64.

〔5〕 李晓明. “中国高等教育文献保障体系”项目正式启动[J]. 大学图书馆学报，1999(1)：2.

〔6〕 孟宁. 江苏省普通高校图书馆文献信息优质服务检查情况巡览[J]. 江苏省高等学校图书馆学报，1999(1)：2-4.

12 月[1]　“江苏省教育和科研计算机网”(Jiang Su Education and Research Network, JSERNET)二期工程建设完成,通过江苏省教育厅组织的验收。JSERNET 的二期工程,建设周期 1997 年 2 月至 1998 年 12 月,二期工程的承担单位与一期工程相同,经过二期工程建设,除了东南大学的 JSERNET 网络中心之外,在江苏省内的徐州(中国矿业大学)、扬州(扬州大学)、镇江(江苏理工大学)、常州(江苏石油化工学院)、无锡(无锡轻工大学)、苏州(苏州大学)等 6 个中心城市建成 JSERNET 主节点,是当时国内覆盖面最大、接入的学校最多的省域教育科研网。

12 月 10 日[2]　CALIS 领导小组全体会议在教育部召开。会议听取了 CALIS 管理中心关于前一阶段工作的汇报,并研究了下一阶段的工作计划。

12 月 20 日[3]　由东南大学图书馆张厚生教授主持的国家“九五”社会科学规划项目《信息新技术在图书情报工作中的应用和评估》,通过专家鉴定组的鉴定,鉴定等级为一等。

12 月 25—26 日[4]　江苏省图书馆学会和省高校图工委联合在河海大学常州分校,召开“江苏省读者工作研讨会”,90 余名代表参加了研讨会。开幕式由江苏省图书馆学会副秘书长杨晓宁主持,江苏省图书馆学会秘书长王学熙、江苏省图书馆学会副理事长、江苏省高校图工委副主任孔庆煦,分别代表江苏省图书馆学会和江苏省高校图工委致辞,河海大学常州分校校长胡沛成致辞。江苏省图书馆学会学术委员会副主任张厚生作论文综述,江苏省高校图工委代表孟宁介绍高校文献信息服务评优工作的情况,王学熙介绍文化部评估组对东北地区公共图书馆评估情况(读者工作部分),江苏省图书馆学会副理事长周志华介绍香港地区公共图书馆读者工作情况。会议进行了分组讨论,各组代表在大会上作了交流。与会代表参观了河海大学图书馆、江苏石油化工学院图书馆、常州市图书馆。会议向获得组织奖、集体奖和获奖论文作者颁发证书。

是年　12 月,南京大学图书馆安装汇文系统,是汇文系统的第一个用户。

年度事件数据:

事业发展　全省普通高等学校数:66 所;
本专科在校生人数:27.32 万人;
研究生在校生人数:1.548 9 万人。

---

[1] 江苏省教育和科研计算机网管理中心. 江苏省教育和科研计算机网[EB/OL]. [2017-05-01]. http://www.js.edu.cn/dncintro/.

[2] CALIS 管理中心. CALIS 新闻大事记[EB/OL]. [2018-08-10]. http://home.calis.edu.cn/calisnew/bigthing.asp? fid=57&class=2.

[3] 陈源蒸,张树华等. 中国图书馆百年纪事. 1840—2000[M]. 北京:北京图书馆出版社,2004:376.

[4] 韩汝英. 江苏省图书馆学会 1998 年大事记[J]. 江苏图书馆学报,1999(1):63-65.

1999 年

1 月　　中华人民共和国国务院颁布《中华人民共和国高等教育法》。

国务院批转教育部《面向 21 世纪教育振兴行动计划》，“985 工程”正式启动建设。

1 月[1]　　汇文文献系统的第 1 个用户，南京大学图书馆完成数据转换、合并，开始装机运行。

1 月 6—7 日[2]　　CALIS 管理中心在北京大学图书馆召开中国高等教育文献保障体系建设项目工作会议。教育部、国家计委、卫生部、农业部有关司局以及全国中心和地区中心所在省市教委的领导，承担中心任务的高等学校的主管校长和图书馆馆长，其他“211 工程”立项高校的图书馆馆长及 CALIS 管理中心工作人员等共约 90 多人参加会议。会议介绍 CALIS 建设项目实施方案，汇报了项目的最新进展，研究探讨 CALIS 子项目的协作共建问题，并由 CALIS 全国文理中心、工程中心等单位演示了部分服务功能。CALIS 管理中心主任王义遒与全国文理中心、全国工程中心、7 个地区中心所在学校主管校长或书记签署正式协议，他们将分别作为法人代表，负责本校所承担的中心建设任务。此次会议的召开，标志 CALIS 项目正式全面启动。首批参加建设的共有 61 个高校图书馆。

1 月 26 日[3]　　北京邮电大学图书馆研制的“现代电子化图书馆信息网络系统”，通过了北京市科委组织的技术鉴定。

2 月[4]　　汇文文献系统的第 2 个用户，东南大学图书馆完成数据转换、合并，开始装机运行。

3 月 25 日[5]　　江苏省教委发布《关于表彰江苏省普通高校图书馆文献信息优质服务先进集体和个人的通知》苏教高〔1999〕12 号。对在 1998 年全省高校图书馆文献信息服务优质评比中的集体和个人进行表彰。共表彰江苏省普通高校图书馆文献信息优质服务先进集体 23 个，先进个人 186 位。本次表彰是

---

〔1〕 江苏省高校图工委. 江苏省高校图工委工作总结与下一阶段工作思考[J]. 江苏省高等学校图书馆学报，2001(2)：2 - 6.

〔2〕 CALIS 管理中心. CALIS 新闻大事记[EB/OL]. [2018 - 08 - 10]. http://home.calis.edu.cn/calisnew/bigthing.asp? fid=57&class=2.

〔3〕 张白影，余庆蓉等. 中国图书馆事业：1996—2000[M]. 长沙：湖南科学技术出版社，2002：984.

〔4〕 江苏省高校图工委. 江苏省高校图工委工作总结与下一阶段工作思考[J]. 江苏省高等学校图书馆学报，2001(2)：2 - 6.

〔5〕 江苏省高校图工委. 江苏省教委表彰普通高校图书馆文献信息优质服务先进集体和先进个人[J]. 江苏省高等学校图书馆学报，1999(2)：5 - 6.

在1998年11月江苏省高校图工委组织的全省普通高校图书馆文献信息优质服务检查评比的基础上评选出来的。

3月25—27日[1] 1999年度江苏省高校图书馆馆长年会在南京大学图书馆召开,60余所高校图书馆的领导参加会议,江苏省教委副主任葛锁网出席会议并就江苏省教育现代化发表讲话,江苏省将对JALIS工程建设投入2000万元,已经投入650万元,用于软件开发、学科与地区中心建设,取得了初步成效。会上,江苏省教委表彰普通高校图书馆文献信息优质服务先进集体和先进个人,颁发了奖状。举行江苏省高等教育文献信息保障系统学科文献中心和地区文献中心的发牌仪式。各专业委员会汇报工作总结与计划。苏州大学、南京师范大学、盐城工学院介绍优质服务的经验,江苏省高校图工委秘书长杨克义作会议总结。

4月23日[2] 南京大学蒋树声校长、香港科技大学吴家玮校长在香港科技大学签订了两校共同研制、开发"中文社会科学引文索引"数据库(Chinese Social Sciences Citation Index,简称"CSSCI")的协议。本项目始于1997年底,南京大学根据当时我国中文信息资源建设的现状和信息服务的需要,提出了研制开发电子版《中文社会科学引文索引》的设想,并于1998年上半年被列入南京大学重大项目。

4月27—29日[3] 由文化部社会文化图书馆司、中国图书馆学会、江苏省图书馆学会、常熟市文化局主办,常熟市图书馆承办的改革开放20年中国图书馆事业高层论坛在常熟市召开,国内一批著名图书馆学专家、教授和国家、省(市)图书馆的主要领导60余人出席。

5月[4] 华东地区师专图书馆协作委员会第6次年会,在南通师范学院图书馆召开,会议决定更名为"华东地区师专(院)图书馆协作委员会"。

5月[5] 江苏高校图工委情报咨询专业委员会成立大会在无锡轻工大学图书馆举行,同时,专委会举行第一次学术研讨会,定名为"新时期情报咨询工作研讨会",全省59个高校图书馆的76名代表参加会议。无锡轻工大学校长陶文沂出席会议并致辞,江苏省高校图工委秘书长杨克义参加了会议。

5月15日 汇文系统的第一个省外用户,大连理工大学图书馆开始装机运行。

5月18日[6] 江苏省教委JALIS管理中心检查组黄国平、杨克义、王红蕾、吴强,前往中

---

[1] 江苏省高校图工委.江苏省高等学校1999年图书馆馆长年会在宁召开[J].江苏省高等学校图书馆学报,1999(2):63.

[2] 南京大学中国社会科学研究评价中心.南京大学中国社会科学研究评价中心简介[EB/OL].[2018-02-02].http://cssrac.nju.edu.cn/a/gywm/zxjj/.

[3] 韩汝英.江苏省图书馆学会1999年大事记[J].江苏图书馆学报,2000(1):59-61.

[4] 姜汉卿.华东地区地方院校图书馆19年协作活动的回顾与思考[J].大学图书馆学报,2010(1):46-50.

[5] 杨晓宁.1999—2008年江苏高校图书馆知识服务的认识与实践—江苏高校情报咨询专业委员会第十次学术研讨综述[J].新世纪图书馆,2008(6):101-102.

[6] 邬淑珍.中国矿业大学图书馆史(1909—2009)[M].徐州:中国矿业大学出版社,2009:172.

国矿业大学图书馆，检查苏北文献中心的建设进度。

5 月 31 日　CALIS 华东北地区中心协调委员会第 1 次工作会议在南京大学图书馆召开。出席会议的有江苏省教委副主任葛锁网、山东省教委高教处副处长宋伯宁、安徽省教委高教处王海燕、南京大学副校长洪银兴、东南大学副校长林萍华、南京理工大学副校长吕春绪、中国矿业大学副校长杨庚宇以及山东大学、中国石油大学(华东)、河海大学的代表。会议的主要内容是：① 成立本地区中心协调委员会；② 商讨和确定近期跨省共建项目和地区中心建设方案；③ 通报其他有关情况。会议由江苏省教委副主任、协调委员会主任葛锁网主持，宣布 CALIS 华东北地区中心协调委员会正式成立，并公布协调委员会名单。协调委员会成员杨克义报告 CALIS 建设情况、江苏省高校图书文献保障系统建设情况以及 CALIS 华东北地区中心工作准备情况。与会成员研讨建设 CALIS 华东北中心的有关问题，并交流各自的想法。一致同意地区管理中心所提出的组织系统建设，及近期建设的项目和内容计划。

6 月 2—4 日[1]　全国高校期刊协调网在上海交通大学召开"2000 年全国高校图书馆外文期刊协调工作会议"，全国 60 余所重点高校及中国科学院文献情报中心、上海图书馆的代表 90 余人参加。

6 月 18 日[2]　CALIS 华东北地区中心专家委员会会议在南京大学图书馆召开。南京大学校长助理兼图书馆馆长张异宾和副馆长杨克义、山东大学图书馆馆长苏位智、中国科技大学图书馆副馆长费业昆、中国石油大学(华东)图书馆代表孙馥丽、东南大学图书馆馆长计国君、南京理工大学图书馆馆长方如章、河海大学图书馆馆长施泽华、中国矿业大学图书馆副馆长黄贤树出席了会议。杨克义主持会议，他介绍 CALIS 建设情况和协调委员会第 1 次会议情况以及江苏省高校文献保障系统建设的概况。与会专家首先就各自图书馆的有关情况进行了交流。然后就协调委员会提出的近期建设项目和内容进行了细致的讨论。

与会专家同意协调委员会提出的近期合作建设的项目和内容，并提出分期实现的初步计划及近期要完成的一些项目。鉴于江苏高校文献保障系统的较好的工作基础，华东北地区中心的文献信息资源的协作共享工作一定会做得更好。

1. 建立中外文报刊刊名联合目录数据库；
2. 进行外文原版期刊的协调订购和期刊论文的互相提供工作；
3. 向山东大学、中国科技大学、石油大学免费提供 EBSCO 目次库；
4. 6 月底进行 CALIS 引进数据库使用的培训；
5. 尽快建立华东北地区高校的电子文献数据库的联合目录；

---

〔1〕 张白影，余庆蓉等. 中国图书馆事业：1996—2000[M]. 长沙：湖南科学技术出版社，2002：988.

〔2〕 CALIS 管理中心. CALIS 新闻大事记[EB/OL]. [2018 - 08 - 10]. http://home.calis.edu.cn/calisnew/bigthing.asp? fid=57&class=2.

6. 各馆确立专职馆际互借联系人，协商制定华东北地区文献信息传输协议和服务章程。

7月[1] 北京大学图书馆引进的美国SIRSI公司的UNICORN系统，正式运行。系统功能完善，技术先进，整合性与开放性较高，有很强的中文信息处理能力，对改善业务管理、促进机构改革、提高工作效率起到重要作用。

7月9—13日[2] 中国图书馆学会1999年会暨成立20周年纪念大会在大连市召开，来自全国29个省、市、自治区的110人参加了大会。大会的主题是：世纪之交图书馆回顾与展望。

7月16日 CALIS管理中心在南京大学图书馆召开"CALIS中心建设汇报座谈会"，会议内容为：① 各中心负责人汇报项目启动以来的建设进展情况；② 在各中心汇报的基础上，确定2—3个地区中心作为大会发言；③ 讨论中心建设和服务中有关管理和协调方面的问题。教育部高教司、CALIS管理中心的负责人李晓明、王义遒、戴龙基、朱强、陈凌以及各地区中心负责人参加了会议，会议听取了各中心的工作汇报、总结了前一段时期的工作，讨论了下一步的工作计划，对今年底的CALIS评估工作做了布置，要求各中心加强服务工作，开拓新局面。为7月17日—18日在南京大学召开的"全国高校文献保障体系建设现场会"作准备。

7月17—18日[3] 教育部在南京大学图书馆召开"全国高等教育文献保障体系建设现场会"，教育部高教司副司长刘凤泰、北京大学副校长、CALIS管理中心主任王义遒、江苏省教委副主任葛锁网、南京大学校长蒋树声等领导出席了会议，参加会议的有全国各省市自治区教委的负责人、CALIS各地区中心所在学校的负责人以及各省图工委的负责人共计88人。教育部高教司副司长刘凤泰到会讲话，江苏省教委副主任葛锁网介绍江苏省文献保障系统的建设经验。会议内容：① 通报"中国高等教育文献保障体系(CALIS)"项目进展情况；② 省一级高等教育文献保障体系建设经验介绍；③ 研讨各省、自治区、直辖市如何配合CALIS的建设，加快高校文献信息现代化建设问题。

7月31日—8月1日 由深圳图书馆研制的"联合采编网络系统(UACN)"，"图书馆自动化网络系统(ILAS)"，分别通过了文化部组织的技术鉴定。

8月5—11日 为支援西藏地区的高等教育事业，江苏省高校图工委组织成员馆为江苏省对口援建单位——拉萨师范高等专科学校图书馆捐赠图书，共计4万册，并组织代表团赴藏送书，代表团由省高校图工委秘书长杨克义率领，成员有张太洪(徐州师范大学图书馆)、施星国(江苏省教育厅)、徐记忠(苏州大学图书馆)、孟宁(南京航空航天大学图书馆)、吴强(江苏省高校图工委秘

[1] 北京大学图书馆馆长办公室. 北京大学图书馆通讯　总第18期[EB/OL]. [2018-10-29]. http://www.lib.pku.edu.cn/portal/sites/default/files/bangongshi/tongxun/docs/18.htm.

[2] 安徽省高校图工委. 安徽省高校图书馆1999年工作大事记[J]. 大学图书情报学刊, 2000(1): 64.

[3] CALIS管理中心. CALIS新闻大事记[EB/OL]. [2018-08-10]. http://home.calis.edu.cn/calisnew/bigthing.asp? fid=57&class=2.

书处)，在藏期间，拉萨师范高等专科学校校长徐子敏会见代表团。

8 月 11 日[1] 教育部发出教高〔1999〕5 号文件，印发《关于成立"教育部高等学校图书情报工作指导委员会"的通知》，取代原有的"全国高等学校图书情报工作委员会"，委员会是在教育部领导下对全国高等学校图书情报事业进行咨询、研究、协调和业务指导的专家组织。通知的附件《教育部高等学校图书情报工作指导委员会章程》。

8 月 20 日 教育部正式发文，将南京大学建设的《中文社会科学引文索引》(CSSCI)列为教育部重大项目。

9 月 江苏省教委苏教高〔1999〕26 号《关于批准江苏省高等学校图书情报工作委员会成员的通知》。

9 月 14—17 日[2] 原机械工业部高校图书馆协作组第 3 次会议暨学术研讨会，在山西省太原重型机械学院召开。来自原部属高校图书馆的代表参加会议。太原重型机械学院副院长郭希学到会并讲话，山西省高校图工委副秘书长安银海代表山西省高校图工委对各位代表表示欢迎。协作组组长单位湖南大学常务副馆长王家琪代表协作组讲话。会议期间代表们就新世纪高校图书馆的发展战略，高校图书馆自动化网络化建设及资源共享等问题进行讨论。

9 月 29 日[3] 江苏汇文软件有限公司成立，公司的主要产品"汇文文献信息服务系统"(简称:汇文系统)，已经在江苏省高校范围内开始使用。江苏汇文软件有限公司的股东单位有:江苏省教委、南京大学产业办公室、南京大学图书馆、南京大学多媒体技术研究所、东南大学。江苏汇文软件有限公司致力于图书馆自动化系统的开发、为中国的图书馆界提供全方位的系统集成服务。江苏省教委副主任葛锁网、刘迪吉、南京大学副校长张异兵等出席成立会。江苏省高校科技发展中心主任鞠宗其任董事长，南京大学图书馆副馆长杨克义任总经理。成立大会会址在南京市鼓楼区草场门石城饭庄。

10 月 8 日[4] 国务院副总理李岚清视察中国矿业大学图书馆，参观教学成果展、电子阅览室、工具书阅览室，并与读者亲切交谈。江苏省省长季允石、副省长王珉、徐州市委书记王希龙、市长于广洲陪同视察。

10 月 9—10 日[5] 教育部高等学校图书情报工作指导委员会成立大会暨第 1 次工作会议，在郑州大学召开。54 位委员和顾问参加会议。10 月 9 日上午召开成立大会，会议由教育部高教司教学条件处处长李晓明主持，教育部高教司司长

---

〔1〕 中华人民共和国教育部. 教育部关于成立教育部高等学校图书情报工作指导委员会的通知　教高〔1999〕5 号[J]. 中华人民共和国教育部政报，1999，1999 年第 10 号.

〔2〕 辛闻. 原机械部属高校图书馆协作组会议在重院召开[J]. 晋图学刊，1999，0(4):26.

〔3〕 江苏省高校图工委. 江苏省高校图工委工作总结与下一阶段工作思考[J]. 江苏省高等学校图书馆学报，2001(2):2-6.

〔4〕 邬淑珍. 中国矿业大学图书馆史(1909—2009)[M]. 徐州:中国矿业大学出版社，2009:172.

〔5〕 教育部高等学校图书情报工作指导委员会秘书处. 发挥专家指导作用　推进高校图书情报工作——教育部高等学校图书情报工作指导委员会成立大会暨第一次工作会议纪要[J]. 大学图书馆学报，1999(6):1-3.

钟秉林、副司长刘凤泰，河南省教委副主任蒋笃运，郑州大学校长曹策问等出席大会。钟秉林代表教育部宣读教育部关于成立高等学校图书情报工作指导委员会的文件，向委员们颁发聘书并发表讲话。

钟司长说，当前我国高等教育事业的发展已进入关键时刻，主要标志是：第一，今年1月1日《中华人民共和国高等教育法》正式实施；第二，今年上半年，面向21世纪教育振兴行动计划开始实施；第三，今年6月党中央、国务院召开了改革开放以来的第三次全国教育工作会；第四，普通高等学校扩招，招生人数比去年净增45万，增长幅度达到41%。钟司长说，上述高等教育改革重大举措的出台，对各个高校提出了更高的要求。比如说针对扩招，各学校就必须做到三个“保证”：① 保证正常的教学秩序；② 保证必要的教学条件；③ 保证基本的教学质量。图书馆作为高等学校的三大支柱之一，与三个“保证”密切相关。CALIS作为“211工程”的一个子项目已经启动，这次教育部又成立了高等学校图书情报工作指导委员会，都是为了加强高校的图书情报工作，为教学科研服务。图书馆在素质教育和远程教育中也具有重要作用，希望委员会推动高校图书馆在这些方面也做出应有的贡献。

体制改革是高等教育事业发展的关键，主要包括：① 管理体制改革；② 招生和就业体制改革；③ 办学体制改革；④ 校内管理体制改革。另外还要进行教学改革。教育部已修订了专业目录，要求宽口径培养人才，进一步加强大学生文化素质教育，推进学生整体素质的提高。钟司长指出，高校图书馆也应该考虑，内部管理体制和工作方式如何改革？钟司长特别强调，图书馆在改革中要增强两个意识：① 服务意识，要主动积极地为教学科研服务；② 改革意识，面对新问题、新形势，要结合图书情报工作自身的规律，不断进行观念和体制上的改革。钟司长最后建议，高校图书情报工作的协调首先应该从校内做起，理顺学校图书馆和各系资料室的关系，然后才谈得上校际协调和全国协调。

刘凤泰回顾了高等学校图书情报工作委员会的历史，高度评价其在全国高校图书情报事业发展中所起的重要作用，对在高等学校图书情报工作委员会的基础上成立的教育部高等学校图书情报工作指导委员会寄予厚望，认为今后高校图书情报工作的发展很大程度上取决于与会的各位专家。他谈了做好高校图书情报工作的想法：① 要充分认识图书馆在高等学校的重要地位和作用。图书馆是大学的心脏，中外大学图书馆很多建在学校的中轴线上，位于学校的中心，属于标志性建筑。图书馆的规模和服务质量是办学水平的标志，在推动高校知识创新方面，图书馆是重要的公共服务体系。② 学校领导要在人财物等方面给图书馆以大力支持。文科靠图书馆、理科靠实验室的认识是片面的，教育实践表明，培养大学生的人文素质十分重要。要培养人文素质高的宽口径人才，文科生要学习自然科学知识，理科生要学习文科知识，都离不开图书馆，各高校从素质教育的角度出发，应当加大对图书馆的投入。图书馆也要有投入产出效益观念，要多渠道筹集资金，加强特色化建设，不要贪大求全。在人事安排方面，学校要尊重图书馆的意见，多引进和聘用学有专长的人员，不要将图书馆当作学校的“安置所”。③ 要以 CALIS 为示范，实现图书馆现代化。CALIS 是高校图书情报工作实现整体化的关键环节。CALIS 将初步实现全国高校文献信息资源的共享，形成整体化建设模式。凡是有条件的图书馆都要参与 CALIS 的共建，同时共享 CALIS 的资源。各地也可借鉴 CALIS 模式，建设本地的资源保障体系，要充分认识共建、共知、共享的重要意义，非 CALIS 项目承担者的图书馆参与 CALIS 受益更大。教育部高校图书情报工作指导委员会的任务和职责，是协调、咨询、研究和指导全国高校的图书情报工作，包括对各个高校图书馆和各地图书情报工作委员会的协调，是一个专家组织；当接受教育部委托承担任务时，又有一定的行政职能。各省(区、市)的高校图书情报工作委员会这些年来协助省(区、市)教委做了大量的工作，希望继续发挥作用。关于教育部高校图书情报工作指导委员会的工作，不能面面俱到，建议委员会分成专门性的工作组，研究当前图书情报工作的重要问题，工作组的数量可随着工作的变化增减。其次，由于中国地域辽阔，委员们分散在全国各地，各地高校图书情报事业发展状况差别较大，建议委员会也可按地域分成几个专家组，帮助解决本地区图书情报工作中遇到的具体问题。委员会每年要召开一次工作会议，各位委员要积极参加工作，为全国高校图书情报整体化建设贡献力量。

他最后表示，在他主管高校图书情报工作期间，将致力于两方面的工作：努力提高高校图书馆及馆长的地位，大力宣传高校图书馆的作用；努力推动图书馆的现代化建设。

本次会议分为两阶段议程，交流情况与工作研讨。交流会由副主任委员、北京大学戴龙基馆长主持，中国高等教育文献保障体系管理中心副主任朱强、清华大学图书馆馆长刘桂林、上海交通大学图书馆馆长陈兆能、浙江大学图书馆副馆长竺海康、郑州大学图书馆馆长柯平、中国人民大学馆长杨东梁(代表北京市高校图工委)、四川大学图书馆馆长陈力(代表四川省高校图工委)、兰州大学图书馆馆长赵书城(代表甘肃省高校图工委)先后发言。讨论会分为华北和东北片、华东和西南片、中南和西北片 3 个组进行，集中讨论委员会 1999—2000 年的工作重点。在 8 日下午召开的正副主任、顾问会上，提出委员会 1999—2000 年的工作重点：① 法规建设；② 资源建设；③ 数字化建设；④ 队伍建设。建议成立 6 个工作组：

1. 《普通高等学校图书馆规程》(1987 版)修订组，李晓明为召集人；
2. 文献资源共建共享工作组，戴龙基为召集人；
3. 计算机应用工作组，秦曾复为召集人；
4. 队伍建设工作组，朱强为召集人；
5. 用户培训工作组，刘桂林为召集人；
6. 期刊工作仍由原期刊专业委员会负责，由朱强、叶继元为召集人。

委员们在各小组对上述意见进行了讨论和补充，并各自选定 1—2 个小组参加工作。最后，委员会副主任委员、郑州大学副校长崔慕岳作会议总结。他说，本次会议是高校图书馆界在20世纪末的一次盛会，会议专家云集，覆盖面广，很有代表性。两位司长的讲话表明高校图书馆事业的发展已经提到教育部的议事日程上，委员会要积极开展工作，充分发挥专家指导作用。

对于委员会未来的工作，他提出三点要求：① 要落实全国第三次教育工作会议的精神，强化国际意识、竞争意识、合作意识、素质意识、改革意识，建设一流的大学图书馆，为全面提高教育质量做出应有的贡献。② 全体顾问和委员要不辱使命，做好对上咨询、对下指导的工作。委员会和各个高校图书馆要加强自身宣传，"顽强地表现自己"，吸引各级领导的重视，以便增加投入，创出效益，使图书馆真正加入高等教育的主旋律，成为学校的第二课堂、大学生文化素质教育的基地。③ 会后各专题工作组要按大会明确的职责和任务，切实做好所承担的工作。

10月11—14日[1] 1999年度华东地区高校图工委协作组年会，在福建省福州市，福建师范大学召开，为了贯彻教育部高教司主持召开的"高等教育文献保障体系建设现场会"的精神，此次华东协作年会的主题，定为"华东地区及省一级高等教育文献保障体系的建设和文献信息资源的共建共享"。华东地区六省一市高校图工委和CALIS华东(南)、华东(北)地区中心的代表参加了会议，吉林省高校图工委的代表也应邀出席。会议决定，筹备华东地区高校图书馆文献传递协作网，由福建省高校图工委秘书处负责组织，参与文献传递的各协作馆指定专人负责、公布各种通讯方式的通信地址、明确财务账号等，有关收费标准先按各馆目前各自收费标准执行。2000年，华东地区高校图工委协作年会将由山东高校图工委负责主办，会议主题：① 交流教育部高等学校图书情报工作指导委员会郑州会议以来各省市高校图工委的工作情况；② 资源共享。时间初步定于2000年9月中旬。

10月11—15日[2] 由中国索引学会、上海翔华图书有限责任公司联合主办的《中国图书馆图书分类法》(第四版)研修班，在江苏常熟高等专科学校举办。

10月12—15日[3] 第七届全国高校图书馆期刊工作学术研讨会在山东烟台举行，来自全国70余所高校图书馆的114位代表出席研讨会。收到论文232篇。

10月20—22日[4] 全国水利水电信息网大会在河海大学隆重召开，全国各流域机构、勘测设计院、大专院校、省水科院所、省市水利局等参会单位41个，与会代表73人。水利部信息研究所总工程师谈国良到会讲话。水利部信息研究所代表网长单位，做三年来全网工作总结，提出了新网长推荐意见。长江水利委员会等10个单位的代表进行了经验交流。

---

〔1〕 福建省高校图工委秘书处. 华东地区高校图工委协作年会[J]. 大学图书馆学报，2000(1)：78.
〔2〕 张白影，余庆蓉等. 中国图书馆事业：1996—2000[M]. 长沙：湖南科学技术出版社，2002：994.
〔3〕 陈源蒸，张树华等. 中国图书馆百年纪事. 1840—2000[M]. 北京：北京图书馆出版社，2004：386.
〔4〕 全国水利水电文献信息网大会在河海大学召开[J]. 治黄科技信息，1999(6)：28－29.

11 月 17—21 日[1] 由江苏省图书馆学会、江苏省高校图书情报工作委员会联合组织的“江苏省第 3 次期刊工作研讨会”，在淮阴师范学院召开，江苏省图书馆学会理事长卢子博、江苏省图书馆学会学术委员会副主任张厚生、省高校图工委副主任、江苏省图书馆学会副秘书长杨永厚、南京大学图书馆副馆长马金川以及淮阴师范学院领导出席了会议。会议分别由杨永厚和张厚生主持，马金川在会上作“变革中的期刊与期刊工作”的专题发言，南京大学图书馆吴向东、河海大学图书馆谢友宁在会上作了发言，与会者就网络时代的期刊工作作了研讨，会议共收到论文 33 篇。

11 月 23—24 日[2] 江苏省高校图工委读者工作专委会举办的江苏省高校读者工作研讨会在徐州师范大学图书馆召开。来自江苏高校的 50 多位代表参加会议。徐州师范大学副校长王超、江苏省高校图工委副主任杨永厚、徐州师范大学图书馆馆长张太洪、读者工作专委会主任谢小英等出席开幕式并致辞。杨永厚传达全国和高校图书馆界近期的改革动向。谢小英总结 1999 年专委会工作情况，张太洪介绍本馆近期的改革情况。围绕 21 世纪的高校图书馆读者工作这一主题进行研讨。会议期间，代表们参观了新近落成的徐州师范大学新馆，新馆建筑面积为 1.25 万平方米。

11 月 24—28 日[3] 第 14 届华东地区教育部直属高校图书馆馆长年会，在上海交通大学包兆龙图书馆举行。华东地区 16 所部属高校的图书馆馆长参加本届年会，其中东华大学图书馆、无锡轻工大学图书馆、合肥工业大学图书馆是首次参加年会。教育部高教司教学条件处处长李晓明、上海市教委高教办主任李进、上海交通大学副校长沈为平出席了会议并讲话。会议就 21 世纪高校图书馆管理、图书馆跨世纪建设目标和任务进行研讨，并对《普通高等学校图书馆规程》的修改提出建议和意见。

12 月 27—28 日[4] 江苏省高校图情工委情报咨询专业委员会委员会议，在南通师范学院图书馆召开。江苏省高校图情工委副主任、南京医科大学图书馆馆长张政辉、南京经济学院图书馆馆长丁大可，传达了省高校信息工作会议精神；南通师范学院图书馆馆长袁三立就本馆工作作专题发言；情报咨询专业委员会副主任何小清就专委会的前期工作作回顾，对下一阶段工作提出意见，提供与会代表讨论。

是年 1 月，东南大学图书馆、南京师范大学图书馆安装汇文系统。

5 月，大连理工大学图书馆安装汇文系统，是汇文系统第一个省外用户。

7 月，中国矿业大学图书馆安装汇文系统，替换 1993 年启用的日本富士通

〔1〕 韩汝英.江苏省图书馆学会 1999 年大事记[J].江苏图书馆学报，2000(1)：59-61.

〔2〕 本刊讯.江苏省高校读者工作研讨会在徐州师大图书馆书馆召开[J].江苏省高等学校图书馆学报，2000(1)：39.

〔3〕 广兼.第 14 届华东地区直属高校图书馆馆长年会在上海交大举行[J].上海高校图书情报学刊，1999(4)：24.

〔4〕 何小清.江苏省高校图情工委情报咨询专业委员会会议简讯[J].江苏省高等学校图书馆学报，2000(1)：17.

公司 K650/30 小型机及 ILIS 图书馆管理系统[1]。

8 月，江苏大学图书馆、苏州大学图书馆、徐州师范大学图书馆安装汇文系统。

10 月，南京财经大学图书馆安装汇文系统。

11 月，盐城工学院图书馆安装汇文系统。

12 月，扬州大学图书馆、南京农业专科学校图书馆(后并入金陵科技学院)安装汇文系统。

年度事件数据：

事业发展　全省普通高等学校数：72 所；

本专科在校生人数：35.93 万人[2]；

研究生在校生人数[3]：1.79 万人；

专任教师人数：3.039 2 万人。

单位变更　1 月，江苏冶金经济管理学校并入江苏理工大学，办学地镇江市。

3 月，南通师范专科学校、南通教育学院合并，组建“南通师范学院”，升格为本科，办学地南通市。

南京医科大学康达学院成立[4]，为江苏省教育厅批准成立的公有民办二级学院，办学地南京市。2000 年 5 月，康达学院图书馆创建[5]，2013 年 9 月，迁至连云港市办学。

领导变更　3 月，江苏理工大学图书馆(原镇江农业机械学院、江苏工学院)馆长罗惕乾离任，张际先继任馆长。

6 月，南京农业大学图书馆馆长程极益离任，高荣华继任馆长[6]。

东南大学图书馆馆长孔庆煦离任，计国君继任馆长。

---

〔1〕 邬淑珍. 中国矿业大学图书馆史(1909—2009)[M]. 徐州：中国矿业大学出版社，2009：57.

〔2〕 江苏省统计局，国家统计局江苏调查总队. 江苏省统计局关于 1999 年国民经济和社会发展的统计公报[J]. 江苏统计，2000(2)：3－6.

〔3〕 江苏省统计局，国家统计局江苏调查总队. 江苏省统计局关于 1999 年国民经济和社会发展的统计公报[J]. 江苏统计，2000(2)：3－6.

〔4〕 康达学院. 康达学院简介[EB/OL]. (2019－04－01)[2019－04－03]. http://kdc.njmu.edu.cn/6461/list.htm.

〔5〕 南京医科大学康达学院图书馆. 南京医科大学康达学院图书馆概况[EB/OL]. [2019－01－01]. http://kdclib.com/pageinfo? cid=1.

〔6〕 包平. 南京农业大学图书馆发展史[M]. 北京：中国农业出版社，2013：282.

2000 年

1月10—11日[1] CALIS 管理中心对南京大学承建的华东北地区中心进行中期检查，检查组由管理中心副主任陈凌、秘书长柴肇基带队，由管理中心成员和 CALIS 专家组成员组成，对设在南京大学图书馆的 CALIS 华东北地区中心进行中期检查，包括软硬件建设、服务管理、本地服务推广等内容。中期检查分东部、中部、西部三路检查七个地区中心，然后对北京的四个全国中心进行检查，最后检查联合目录、现刊目次库、特色数据库、公共服务系统软件等子项目，各承建单位现场汇报建设进度。

1月25日[2] 江苏省图书馆学会在南京图书馆新馆工地召开在常务理事会议，研究 2000 年学会工作。在宁常务理事 20 余人出席了会议。理事长卢子博主持会议，并就 1999 年学会组织的几项在全国有影响的活动，以及新一年学会工作的指导思想作了发言，秘书长王学熙就印发 1999 年学会工作总结和 2000 年学会工作计划（讨论稿）作了发言。与会常务理事对 1999 年江苏省图书馆学会工作表示满意，对 2000 年江苏省图书馆学会工作计划（讨论稿）发表了意见，并原则通过学会工作计划。省社联学会部部长唐茂松到会作了指导性发言。出席会议的副理事长有杨克义、袁大智、钱金虎、周志华[3]，新增补为常务理事的南京图书馆常务副馆长马宁和省科技情报所副所长李敏，原江苏省图书馆学会副理事长、东南大学图书馆原馆长时修荣，东南大学图书馆馆长计国君和江苏省图书馆学会副秘书长严峰也出席了会议。

3月10日 江苏省高校图书馆馆藏书刊联合目录数据库试运行。

3月23日[4] 中国共产党党员、中国科学院图书馆（文献情报中心）原馆长、党委副书记、中国图书馆学会原理事长佟曾功，因病在北京逝世，享年 76 岁。

3月27日[5] 江苏省高校文献信息保障系统建设领导小组第 9 次工作会议，在东南大学召开。江苏省教委殷翔文、黄国平、张竹繁，东南大学党委副书记林萍华，以及南京大学、南京师范大学等其他 7 所高校的有关领导参加会议。会议审议 1999 年江苏省高等教育文献信息保障系统（JALIS）的建设进展情

---

〔1〕 CALIS 管理中心. CALIS 项目进行中期检查[J]. 大学图书馆学报，2000(2)：58.

〔2〕 本刊记者. 江苏省图书馆学会 2000 年大事记[J]. 江苏图书馆学报，2001(2001.1)：59－61.

〔3〕 周志华(1939—)，湖北红安人，1962 年毕业于武汉大学图书馆学系，金陵图书馆馆长、研究馆员，曾任江苏省图书馆学会常务理事、副秘书长。

〔4〕 中国图书馆学会. 中国图书馆年鉴[M]. 北京：北京图书馆出版社，2001：384－390.

〔5〕 省高校文献信息保障系统建设领导小组工作会议在我校召开[J]. 东南大学学报（哲学社会科学版），2000(2)：37.

况，并对2000年的建设计划及经费投入进行了审定。

3月28—29日　2000年度江苏省高校图书馆馆长年会，在南京大学图书馆召开。

4月〔1〕　南京大学正式发文，成立“中国社会科学研究评价中心”(南字发〔2000〕16号)。中国社会科学研究评价中心是产研一体的科学研究和咨询服务机构，也是南京大学“985工程”哲学社会科学创新基地。中心以CSSCI数据库研发建设为中心开展人文社会科学文献的数字化加工、推广服务、科学研究等工作。主要的服务有中文社会科学引文索引(CSSCI)数据库、中文社会科学引文索引(扩展版)数据库、学术集刊引文索引数据库，以及学术期刊、学术集刊、学术图书等学术出版的相关研究。

4月22—23日〔2〕　江苏省图书馆学会医院图书馆专业委员会，在镇江召开“医院系统文献资源协调共享会议”，23名代表与会。

4月25日〔3〕　江苏省委、省政府召开会议，宣布省级政府机构改革方案。根据中共江苏省委、江苏省人民政府关于印发《江苏省省级党政机关机构改革实施意见》的通知，江苏省教育委员会更名为江苏省教育厅，江苏省委教育工委与其合署办公，列入省政府组成部门序列。王荣任厅党组书记、教育工作委员会书记、教育厅厅长；周稽裘、祭彦加任厅党组成员、副厅长；葛高林、姜映梅任厅党组成员、教工委副书记。原省教委党组组成人员职务同时免除。

4月27—28日　应江苏省图书馆学会和常州市图书馆邀请，中国图书馆学会副理事长、学术委员会主任吴慰慈、四川大学信息管理系主任张晓林在常州市图书馆和南京大学图书馆作学术报告，吴慰慈在常州作《信息资源管理》、在南京作《关于图书馆学研究的若干问题》的报告，张晓林作《网络信息资源组织管理若干问题》的报告，两场报告会共有400余人听讲。

5月6—7日〔4〕　全国高校图书馆第三次期刊工作学术成果评奖会在北京大学召开。共从全国22个省市申报的73项成果中评出特等奖1项，一等奖2项，二等奖14项，三等奖35项。

5月19日〔5〕　江苏省高校文献资源共享网第9次会议，在南京农业大学图书馆召开。

6月12日〔6〕　经国务院批准，国家科技部在北京召开会议，宣布成立“国家科技图书文献中心”((National Science and Technology Library, NSTL)。

7月17—20日　中国图书馆学会2000年年会在内蒙古海拉尔召开，江苏省图书馆学会秘书长王学熙、学术委员会主任倪波等20余人参加了会议。这次年会江苏省各类型图书馆报送中国图书馆学会的论文达35篇，经中国图书馆学会评审，有25篇论文入选，其中4篇为优秀论文。4篇优秀论文的作者是：国

〔1〕 南京大学中国社会科学研究评价中心. 南京大学中国社会科学研究评价中心简介[EB/OL]. [2018-02-02]. http://cssrac.nju.edu.cn/a/gywm/zxjj/.

〔2〕 中国图书馆学会. 中国图书馆年鉴[M]. 北京：北京图书馆出版社，2001：384-390.

〔3〕 江苏省教育厅. 江苏省教育年鉴2000[M]. 南京：江苏教育出版社，2001：508-520.

〔4〕 张白影，余庆蓉等. 中国图书馆事业：1996—2000[M]. 长沙：湖南科学技术出版社，2002：1002.

〔5〕 包平. 南京农业大学图书馆发展史[M]. 北京：中国农业出版社，2013：316.

〔6〕 张白影，余庆蓉等. 中国图书馆事业：1996—2000[M]. 长沙：湖南科学技术出版社，2002：1004.

际关系学院图书馆的于志刚、周从保；江苏省行政学院图书馆的卢宏、孙金华；苏州城建环保学院图书馆沈传尧；无锡市图书馆张洪顺。

9 月[1] 北京师范大学图书馆引进 Ex libris 公司的 ALEPH 500 系统，成为该系统的第一个中国高校图书馆用户。

9 月 18—24 日[2] 华东地区高校图工委协作年会，在山东省泰安市山东农业大学召开，本次会议的主题为“文献资源共建共享与图书馆的改革与发展”，来自华东六省一市高校图工委的代表，以及吉林省高校图工委的近 30 名代表与会。

9 月 25—26 日[3] 江苏省高校文献信息保障系统文献资源建设专家组及馆长联席会议在南京大学图书馆举行。专家组成员叶继元、袁培国、倪延年、陆汉荣、方如章、侯汉清、计国君、黄贤树、杨永厚、张政辉、王正兴，以及各中心馆徐克谦、唐轶、吴春明、徐记忠、高荣华、程极益，JALIS 管理中心沈鸣、吴强等参加会议。会议内容是总结 JALIS 一期工程的工作，研讨 JALIS 二期工程建设的总体思路。讨论 JALIS 二期工程的建设方案，主要对是否再扩大建立几个学科文献中心，如何推进数字化资源建设，怎样抓好服务工作，以及是否建立数字化图书馆基地或示范系统及如何加强对各中心的管理，经费预算等问题进行讨论。专家组认为，在 JALIS 二期工程中，应加大力度，强化对原有 8 个文献中心的建设。当务之急是扩大网上可获得的文献信息量，增强系统的服务功能。建议可以在苏北地区增设 1—2 个市级文献检索传递服务中心。重点引进或自建全文数据库。对中文全文数字资源数据库的建设，要妥善处理知识产权问题。要优先建设好期刊，尤其是外文期刊文献数据库，完成期刊目录、目次、全文 3 种数据库链接。在建设数据库时应鼓励多家联合攻关。可以选择若干能持续发展的项目来开发研究数字图书馆关键技术，如应用软件的建设等。JALIS 二期工程中，应加大文献传递的预算，以免费或补助方式，吸引读者利用 JALIS 的资源。杨克义介绍中国高等教育文献保障系统（CALIS）二期工程建设方案的内容，CALIS 专家组 2000 年 4 月赴美国考察的有关情况。JALIS 管理中心及 8 个文献中心的代表汇报一期工程的工作。

10 月 18—22 日[4] 华东地区委属高校图书馆馆长会议，在徐州市中国矿业大学图书馆召开，中国矿业大学副校长杨庚宇到会致辞，中国矿业大学图书馆馆长唐轶等有关领导参加会议。

---

[1] 冯瑞琴，贾西兰等. ALEPH 500 系统应用研究[J]. 北京师范大学学报（自然科学版），2009(1)：104—106.

[2] 无华. 华东六省一市高校图工委秘书长工作年会在山东召开[J]. 上海高校图书情报学刊，2000(4)：21.

[3] 叶继元. 江苏省高校文献信息保障系统联席会议召开[J]. 江苏图书馆学报，2000(6)：29.

[4] 邬淑珍. 中国矿业大学图书馆史(1909—2009)[M]. 徐州：中国矿业大学出版社，2009：174.

10月26—27日[1] 江苏省高校图工委情报工作专委会举办的第二届江苏省高校图书馆情报科学研讨会，在常熟高等专科学校举行。江苏省情报学会副主任张厚生、江苏省高校图工委副秘书长卜彭年、常熟高专副校长吴友良出席大会并致辞。38所高校的57位代表出席会议，会议共收到80余篇论文。大会围绕网络环境下情报工作的深化发展，现代化情报工作运作模式，为企业提供情报服务的构思和经验，情报工作为高校教科研服务的理论与实践，网络信息资源的建设、管理和利用，文检课的发展及其现代化课程的建设等五个方面的主题展开。张厚生、河海大学图书馆杨晓宁、南京大学图书馆何小清、苏州大学图书馆副馆长周建屏[2]作专题报告。7位论文作者作交流发言，报告后进行分组讨论。会议共评出三个优秀论文组织单位，9名二等奖，26名三等奖，一等奖空缺，江苏省高校图工委情报工作专委会主任杨晓宁做大会总结。

10月28—31日[3] 《普通高等学校图书馆规程》修订工作研讨会，在武汉市华中科技大学图书馆召开。教育部高教司教学条件处处长李晓明、高等学校图书情报工作指导委员会秘书长朱强及规程修订组的部分成员和特邀代表共14人出席了会议。代表们认为，规程自1987年颁布以来，发挥了很大作用，规范了高校图书馆工作，提高了高校图书馆的地位，促进了高校图书馆的建设与发展，但是随着知识经济的崛起、网络环境的形成、图书馆各方面的变革，规程有些内容已不适应发展的需要。1999年，教育部高等学校图书情报工作指导委员会成立后，把修订规程作为基础性的工作来抓，专门成立规程修订工作组，并把规程修订作为21世纪教改工程之一立项，很有必要，代表们认为规程修订的原则，首先应严格遵循《高等教育法》等相关教育法规的规定，符合高等教育体制改革的精神，尊重高等学校的办学自主权，使新的规程从宏观管理的角度体现图书馆的要求，指导图书馆的工作；其次，应关注现实、面向未来，既要兼顾传统与现实，发挥规程对不同层次、不同水平的图书馆的普遍指导作用，又要体现时代特点，面对合校扩招等体制上的变化以及信息技术的应用，对图书馆提出前瞻性、方向性的要求；第三，在业务规范上要把积极应用信息技术、做好服务工作作为基点，在服务水平、队伍建设、运行机制等方面有更高更合理的要求。总之，修订后的规程应做到定性和定量相结合，体现出指导性、时代性、科学性、可行性、条理

〔1〕 高情供稿.2000年第二届江苏高校图书馆情报科学研讨会在常熟举行[J].江苏省高等学校图书馆学报，2000(4):31.

〔2〕 周建屏(1961—)，江苏省苏州人，研究馆员，1982年毕业于苏州大学物理系，1995年4月任苏州丝绸工学院图书馆副馆长，1997年7月任苏州大学图书馆副馆长，2012年4月任苏州大学图书馆党委书记，兼任中国图书馆学会高校分会委员、全国纺织服装信息研究会副理事长、江苏省图书馆学会常务理事、江苏省科技情报学会常务理事、江苏省图书馆学会图书馆建筑与设备专业分委会副主任、苏州市图书馆学会副理事长、苏州市高校图书情报工作协会秘书长、国家哲学与社会科学基金项目评审专家。

〔3〕 全国高校图工委秘书处.《普通高等学校图书馆规程》修订工作研讨会召开[J].大学图书情报学刊，2000(2):57.

性。会议讨论、草拟修订草案，会后将征求意见，报教育部审批，争取 2001 年颁布实施。

11 月 4 日[1] 挂靠南京大学信息管理系的“国家信息资源管理南京研究基地”正式成立，这是国家信息化推进工作办公室批准的首家基地。

11 月 29 日—12 月 1 日[2] CALIS 特色数据库验收完成，共 25 个项目(5 个优秀、15 个通过、5 个暂缓通过)，中国矿业大学承建的《岩层控制数据库》项目(项目负责人：黄贤树)通过验收。

12 月 教育部批准，中美两国计算机专家共同发起的“中美百万册书数字图书馆合作计划”(简称：CADAL)项目正式启动。

12 月 20—22 日 江苏省地方文献工作、读书活动与导读工作理论研讨会，在徐州师范大学图书馆新馆召开。部分市、县图书馆和大学图书馆馆长和获奖论文作者 50 余人参加，江苏省图书馆学会秘书长王学熙主持会议，徐州师范大学校长周明儒、中国矿业大学图书馆馆长唐轶、徐州市图书馆学会理事长张荣光等到会讲话，江苏省图书馆学会理事长卢子博作《关于地方文献工作与导读工作的几个问题》的专题报告。与会代表就地方文献工作在图书馆的科学定位和作用、地方文献工作存在的主要问题、地方文献数据库建设、导读工作面临的新情况和新问题等进行讨论，研讨会共收到征文 121 篇，其中读书活动与导读工作论文 78 篇，地方文献工作论文 43 篇。

12 月 25 日[3] “上海教科网高校网络图书馆”，在上海市正式开通启用。

年度事件数据：

事业发展 全省普通高等学校数：71 所；
本专科在校生人数：45.19 万人；
研究生在校生人数：2.328 7 人；
专任教师人数：3.308 5 万人。

单位变更 南京晓庄学院成立，隶属南京市，由原南京晓庄师范学院为主，合并南京市师范专科学校、南京教育学院组建而成，原各校图书馆均并入南京晓庄学院图书馆。

3 月，经教育部批准，在国家林业局南京人民警察学校的基础上，组建南京森林公安高等专科学校，专科建制。

3 月 22 日，教育部批准，常州工业技术学院、常州市机械冶金职工大学合并，组建常州工学院，本科建制。

4 月，南京铁道医学院、南京交通高等专科学校、南京地质学校 3 校并入东南大学，原 3 校图书馆并入东南大学图书馆。原南京交通高等专科学校图

---

〔1〕 陈源蒸，张树华等. 中国图书馆百年纪事. 1840—2000[M]. 北京：北京图书馆出版社，2004：398.

〔2〕 CALIS 管理中心. CALIS 新闻大事记[EB/OL]. [2018-08-10]. http://home.calis.edu.cn/calisnew/bigthing.asp?fid=57&class=2.

〔3〕 张白影，余庆蓉等. 中国图书馆事业：1996—2000[M]. 长沙：湖南科学技术出版社，2002：1014.

书馆改为浦口校区图书馆，原南京铁道医学院改为丁家桥校区分馆。

6 月，南京工程学院成立，由原南京机械高等专科学校、南京电力高等专科学校合并组建，升格为本科院校，两校图书馆同时合并，改为东校区（原南京机械高等专科学校）、西校区（南京电力高等专科学校）分馆。

6 月，河海大学常州分校更名为“河海大学常州校区”。

南京动力高等专科学校并入南京师范大学，设立南京师范大学紫金校区，原图书馆改建为南京师范大学图书馆紫金校区分馆。

苏州医学院并入苏州大学。

淮阴师范学校、淮安师范学校，并入淮阴师范学院。

领导变更　3 月，中国矿业大学图书馆副馆长黄贤树转岗，改任计算机学院书记，唐铁教授出任馆长。

南京师范大学图书馆馆长吴锦离任[1]，中文系教授徐克谦[2]继任馆长，以及在江苏省高校图工委的其他兼职。

达式喜出任中国药科大学图书馆馆长。

〔1〕 吴锦. 却顾所来径　苍苍横翠微——回眸我的图书馆工作[J]. 江苏图书馆学报，2000(2)：57-61.

〔2〕 徐克谦(1956—　)江苏省江都人。博士、博士生导师、南京师范大学文学院教授。2000—2007 年，任南京师范大学图书馆长。2007—2009 年，任美国北卡罗来纳州立大学孔子学院中方院长。兼任国际普世对话学会(ISUD)副主席等职。主要从事先秦诸子思想、先秦两汉魏晋南北朝文学以及中国传统思想文化方面的教学与研究。出版有《庄子哲学新探》《先秦思想文化论札》《中国传统思想与文化》《先秦诸子精华》等各类著作十多种。

2001 年

1 月 13 日[1]　江苏省图书馆学会在南京大学图书馆召开常务理事扩大会，省学会理事长卢子博主持会议，秘书长王学熙汇报 2000 年工作，宣读 2001 年工作计划（讨论稿），副理事长杨克义、吴锦、周志华、钱金虎等在会上发言，肯定学会 2000 年工作，对 2001 年的工作提了建议。江苏省哲学社会科学界联合会学会部部长唐茂松参加会议，他表扬了江苏省图书馆学会的工作。东南大学图书馆馆长计国君、南京师范大学图书馆馆长徐克谦、解放军南京理工大学通讯工程学院图书馆馆长彭延生、海军指挥学院图书馆原馆长许遗锁、国际关系学院图书馆馆长于志刚、南京政治学院图书馆馆长孙正东应邀参加。

会议决定增补无锡市文化局文化处副处长兼无锡市图书馆副馆长朱家祯、江苏省中专图协秘书长、南京铁路运输学校图书馆馆长黄惠昌为常务理事。

2 月 13 日[2]　CALIS 本学期第 1 次工作会议上通过了管理中心草拟的《验收方案》，并对验收工作进行了具体部署。与会者有：教育部高教司教学条件处处长李晓明、CALIS 管理中心主任王义遒，管理中心副主任戴龙基、朱强和陈凌，联合目录项目建设组组长谢琴芳，管理中心秘书长柴肇基，管理中心工作人员姚晓霞。

3 月[3]　教育部社政司决定成立“南京大学中国社会科学研究评价中心咨询委员会”，委员会由全国 17 所重点高校的社会科学专家和社科管理专家组成，负责指导 CSSCI 来源期刊的选定工作。

3 月 30 日　JALIS 管理中心、江苏省高校图工委与重庆维普公司共同建立的江苏省内第 1 个《中文科技期刊全文数据库》镜像站点，在南京大学图书馆建成并开始提供试服务。这是江苏省 JALIS 一期工程电子资源镜像点计划的第 1 个镜像站点。

4 月 7 日[4]　南京师范大学敬文图书馆落成仪式在南京师范大学仙林新校区举行，江苏

---

〔1〕 江苏省图书馆学会秘书处. 江苏省图书馆学会常务理事扩大会议在南京大学召开[J]. 江苏图书馆学报，2001(2)：41.

〔2〕 CALIS 管理中心. CALIS 新闻大事记[EB/OL]. [2018－08－10]. http://home.calis.edu.cn/calisnew/bigthing.asp? fid=57&class=2.

〔3〕 教育部社政司. 中文社会科学引文索引(CSSCI)简介[EB/OL]. [2018－06－05]. https://www.sinoss.net/2003/0826/831.html.

〔4〕 南京师范大学图书馆办公室. 南京师范大学敬文图书馆简介[J]. 江苏图书馆学报，2001(3)：65.

省政府副秘书长王斌泰、江苏省教育厅副厅长祭彦加、丁晓昌[1]出席仪式，敬文图书馆由香港朱敬文教育基金会捐资兴建。敬文图书馆位于仙林新校区的中轴线上，建筑面积 2.08 万平方米，主体 8 层，是当时江苏省单体建筑面积最大的图书馆。该馆总投资约人民币 7 千万元，其中，香港朱敬文教育基金会捐资 1.8 千万元，新馆舍命名为“敬文图书馆”。敬文图书馆于 1999 年 8 月 8 日动工，总工期 1 年 7 个月，2001 年 3 月交付使用。南师大图书馆仅用 20 天的时间，完成敬文馆的搬迁、设备安装和内部整理。2001 年 4 月 1 日试开馆服务。新馆总体 8 层，高度为 41.58 米，纵深 45.9 米，东西跨度 134.1 米。

4 月 22—24 日[2]　教育部高等学校图书情报工作指导委员会第 2 次工作会议，在四川大学召开。有关方面领导、图工委顾问、委员和各地图工委秘书长等近百位代表参加了会议。22 日上午会议开幕，由教育部高等学校图书情报工作指导委员会副主任委员崔慕岳主持，教育部高教司副司长刘凤泰，四川省教育厅副厅长周同甫，四川大学副校长刘应明等出席。刘凤泰作重要讲话[3]，他通报 CALIS 项目进展情况和高校图书馆在 21 世纪初的发展，各工作组汇报了工作，以及修订《高等院校图书馆工作规程》的进展情况。教育部高教司教学条件处处长李晓明作会议总结。

5 月 10—11 日[4]　由江苏省图书馆学会和江苏省高校图工委联合主办，苏州大学图书馆承办的“新世纪图书馆馆长论坛”在苏州大学召开，来自全省部分高校图书馆和公共图书馆的馆长参加了会议。会议由江苏省图书馆学会秘书长王学熙主持，江苏省图书馆学会理事长卢子博致开幕词；苏州大学副校长白伦代表苏州大学讲话；江苏省高校图工委副主任兼秘书长杨克义代表省高校图工委，就江苏高校图书馆的现状与发展做报告。

5 月 22—23 日　2001 年度江苏省高校图书馆馆长年会，在南京大学图书馆召开，江苏省教育厅厅长王荣，副厅长丁晓昌，教育部高教司处长李晓明，南京大学副校长洪银兴到会并做了重要指示，年会产生新的江苏省高校图情工委领导班子，为 JALIS 一期工程的验收和 JALIS 二期工程的立项作准备。本次年会共有全省 114 所普通高校、职业大学、民办学校的代表参加。

---

[1] 丁晓昌(1956—　)，江苏常州人，博士，教授，博士生导师，1982 年，毕业于南京师范大学中文系，2000 年—2016 年 9 月，历任江苏省教育厅副厅长、江苏省教育厅党组成员、江苏省教育科学研究院、江苏第二师范学院党委副书记、院长等职，在任江苏省教育厅副厅长期间，是江苏省高校数字图书馆项目、江苏省高校图书情报工作委员会的主管领导。

[2] 王波. 教育部高等学校图书情报工作指导委员会召开第二次工作会议[J]. 大学图书馆学报，2001(3):6-11.

[3] 刘凤泰. 在教育部高等学校图书情报工作指导委员会第二次工作会议上的讲话[J]. 大学图书馆学报，2001(3):3-5.

[4] 江苏省图书馆学会秘书处. 江苏省图书馆学会 2001 年大事记[J]. 江苏图书馆学报，2002(2002.1):63-64.

5 月 29 日[1]　江苏省“十五”期间重大文化事业项目工程—南京图书馆新馆奠基仪式举行，江苏省和南京市领导季允石、陈焕友、任彦申、王巩、吴冬华、王宏民、周学柏及有关部门负责人出席。南京图书馆新馆位于长江路、太平南路、中山东路交界处，总统府旧址对面，新馆占地 40 余亩，建筑面积 8 万平方米，总投资 6 亿多元，将于 2004 年上半年建成。计划建成集借书、阅览、网上信息服务、休闲、娱乐为一体的综合性文化场馆，藏书 1 200 万册。

6 月　JALIS 管理中心、南京大学图书馆采购国际知名的馆际互借、文献传递服务软件 Ariel，由南京大学图书馆先行试用，南京大学图书馆发布的 Ariel 服务 IP：202.119.47.5，并逐步在全省主要高校图书馆进行部署。

9 月[2]　徐州市委书记何权参观中国矿业大学图书馆，中国矿业大学党委书记罗承选、副书记邹鸣放陪同，唐轶馆长参加接待工作。

9 月 3 日　扬州大学图书馆的汇文系统正式投入使用，逸夫馆、敬文馆、盐阜路分馆、淮海路分馆、路南分馆同时开放，五个分馆当日完成借书量 12 794 册，还书量 20 985 册，借还总量 33 779 册。

9 月 17 日[3]　中国农学会农业图书馆分会第五次会员大会在厦门召开，南京农业大学图书馆高荣华馆长当选农业图书馆分会副理事长、华东区协作委员会主任。包平[4]当选为农业图书馆数字化与网络化专业委员会副主任委员。

9 月 23—25 日　中国图书馆学会第六次会员代表大会在成都召开，277 名代表参加了会议。第五届理事会理事长徐文伯致开幕词，四川省副省长李进致辞。副理事长吴慰慈宣读表彰学会先进集体和先进个人的决定，并向先进集体和先进个人颁发了证书。江苏省图书馆学会秘书长王学熙被中国科协授予学会先进工作者称号，江苏省图书馆学会被中国图书馆学会授予先进集体称号。会议经过无记名投票选举产生了第六届理事会理事，江苏有四人当选为理事，他们是：江苏省图书馆学会理事长卢子博、南京图书馆常务副馆长马宁、南京大学图书馆副馆长马金川、南京师范大学图书馆馆长徐克谦。卢子博当选为常务理事。第六届理事会选举文化部副部长周和平为理事长，汤更生为秘书长。

10 月[5]　华东地区师专(院)图书馆协作委员会第八次年会，在江西省上饶市上饶师范学院图书馆举行，本次会议决定更名为“华东地区师院(专)图书馆协作

---

〔1〕 江苏省图书馆学会秘书处. 南京图书馆新馆奠基[J]. 江苏图书馆学报，2001(3)：29.

〔2〕 邬淑珍. 中国矿业大学图书馆史(1909—2009)[M]. 徐州：中国矿业大学出版社，2009：174.

〔3〕 包平. 南京农业大学图书馆发展史[M]. 北京：中国农业出版社，2013：317.

〔4〕 包平(1964—　)，博士，研究馆员。1999 年 6 月—2005 年 11 月，任南京农业大学图书馆副馆长，2005 年 12 月—2013 年 11 月，任南京农业大学图书馆馆长。历任中国农学会农业图书馆分会副理事长，中国教育技术协会常务理事，全国农业院校教育技术研究会秘书长，江苏省图书馆学会常务理事，江苏省科学技术情报学会常务理事，江苏省高校图书情报工作委员会领导小组成员，JALIS 管理中心副主任，江苏省高校图书情报专业委员会学术研究专业委员会主任。

〔5〕 姜汉卿. 华东地区地方院校图书馆 19 年协作活动的回顾与思考[J]. 大学图书馆学报，2010(1)：46－50.

委员会”。

10月27日　第四届国家辞书奖颁奖大会暨中国辞书学会第五届年会，在北京召开。苏州大学图书馆副研究员瞿冕良编著的《中国古籍版刻辞典》(1999年2月，齐鲁出版社出版，156万字)获国家辞书奖一等奖。此次获奖的一等奖共有9个。

11月1—4日[1]　部属暨部分地方师大图书馆馆长第8次联席会议，在上海华东师范大学图书馆召开，来自北京师范大学、东北师范大学、华中师范大学、西南师范大学、陕西师范大学、湘南师范大学、南京师范大学、华东师范大学等14所院校图书馆的馆领导参加会议。华东师大图书馆馆长黄秀文主持会议，华东师大校领导童祖光、教育部高教司条件处处长李晓明、全国高校图工委秘书长朱强、上海市高校图工委秘书长庄琦到会并致辞。国际图联管理委员会委员、上海图书馆副馆长吴建中，就中国图书馆发展的有关热点问题作报告。会议围绕师范大学图书馆资源共享问题展开了深入的交流。

11月2—4日[2]　“全国高校图书馆计算机集成管理系统引进与开发”学术研讨会在复旦大学召开，会议由全国高校图工委计算机应用工作组和上海市高校图工委联合举办。来自北京、天津等19个省、市、自治区70余所高校，140名代表参加研讨会。复旦大学副校长徐忠、教育部高教司处长李晓明、上海市教委高教处处长陈立民、全国高校图工委副主任兼秘书长朱强、北京大学图书馆馆长兼CAUS管理中心副主任戴龙基到会并讲话。会议由全国高校图工委副主任兼计算机应用工作组组长、复旦大学图书馆馆长秦曾复和上海市高校图工委秘书长庄琦分别主持。南京大学图书馆的代表介绍江苏省高校图书馆自动化发展的进展。闭幕式上，全国高校图工委副主任兼秘书长朱强作“图书馆计算机集成管理系统的现状与发展”的报告，指出各馆引进图书馆自动化系统时，应根据本馆的需求和条件，采取聘请专家、实行招标、多方比较等方法，正确理解系统的标准化、灵活性、开放性、安全性等性能指标的含义。强调图书馆的变革是自动化系统发展的驱动力。图书馆的核心能力是对数据的加工、整序和提供参考咨询服务。图书馆的任务是发展自己的核心能力，成为大学的文献情报中心、学习资源中心和知识管理中心。

11月4日[3]　“华东地区信息资源开发利用高级研讨会”，在河海大学举行。

11月7—9日[4]　原机械工业部高校图书馆协作组第5届年会，在江苏省镇江市江苏大学召开。12所高校图书馆的19位馆长和代表出席会议。会议就“新世纪大学图书馆建设发展”、“网络环境下文献资源建设、数字化建设、文献信息服

[1] 单正中.第八次部属暨部分地方师大图书馆馆长联席会议在沪召开[J].上海高校图书情报学刊，2001(4)：13.

[2] 邦国.“图书馆计算机集成管理系统引进与开发”学术研讨会在复旦大学召开[J].上海高校图书情报学刊，2001(4)：2.

[3] 南京图书馆.南京图书馆志续编1996—2005[M].南京：南京出版社，2006：136.

[4] 邓丽雅.原机械工业部高校图书馆协作组第五届年会在江苏大学召开[J].高校图书馆工作，2001(6)：37.

务、加强管理、制度建设”等议题进行研讨。会议期间，代表们参观了江苏大学图书馆和江苏大学校区。代表们对江苏大学图书馆采编系统和电子阅览室予以赞扬。

11 月 7—8 日[1] 读者工作专委会读者工作研讨会，在新落成的扬州大学图书馆召开，江苏省高校图工委副主任高荣华到会致辞，并宣布新一届专委会的组成人员名单，由卜彭年任专委会主任，伍玲玲、刘八一、孟宁任副主任。本次会议的主题：21 世纪图书馆文献资源的共知、共建、共享新探，高校图书馆服务社会化的可行性。会议邀请扬州大学图书馆馆长王庆仁、东南大学图书馆馆长计国君作专题报告，新任专委会主任卜彭年作工作报告，共收到论文 74 篇。大会对参会论文进行了评奖，共评选出 4 个一等奖，8 个二等奖，13 个三等奖。

11 月 16 日[2] 河海大学图书馆代表团参访中国矿业大学图书馆，代表团一行 32 人，唐铁馆长及各部门主任参加接待，并进行了业务交流。

11 月 23—25 日 江苏省图书馆学会承办的“2001 年华东地区图书馆学会年会”在徐州中国矿业大学南苑宾馆召开，来自华东地区六省一市图书馆学会的负责人和获奖论文作者共 60 余人出席了年会。会议由江苏省图书馆学会秘书长王学熙主持，江苏省图书馆学会副理事长周志华致开幕词，中国矿业大学副校长葛世荣、徐州市文化局副局长郭海林、江苏省文化厅原图书馆处处长黄玉琪应邀在开幕式上讲话。中国矿业大学图书馆馆长唐铁在会上介绍了本馆各方面的发展情况。

12 月 《江苏省高等学校图书馆学报》出版最后一期，2001 年第 4 期，宣告正式停办，《江苏省高等学校图书馆学报》自 1998 年 6 月第一期起，至停刊共出版 15 期，由于无法获得正式刊号而停办。

12 月 12—13 日[3] CALIS 二期专家委员会成立暨第一次工作会议在北京西郊龙泉宾馆召开。出席会议的有：教育部高教司副司长刘凤泰、处长李晓明，CALIS 二期专家委员会委员，CALIS 管理中心有关负责人。刘凤泰代表教育部高教司和 CALIS 项目领导小组讲话，并向委员们颁发聘书。CALIS 专家委员会是 CALIS 管理中心下设的专业咨询机构，目的是加强对 CALIS 建设和服务的规划、协调和指导，使 CALIS 的发展规划、工作评估、资源发展、技术发展更加科学和合理。专家委员会由图书情报专家、信息技术专家组成，设主任委员 1 人。二期专家委员会建立发展规划与评估、资源发展、技术咨询等 3 个专业工作组，各设组长一人。委员们对《CALIS 二期专家委员会章程》进行了讨论和修改。CALIS 管理中心副主任朱强、副主任陈凌、研究开发部主任冯英汇报 CALIS 二期发展规划与评估方面的想法和问题、CALIS 二期共享体系与资源发展建设思路、CALIS 二期建设的技术

[1] 刘八一. 金秋的扬州圆满的盛会[J]. 江苏省高等学校图书馆学报，2001(4)：2－3.

[2] 邬淑珍. 中国矿业大学图书馆史(1909—2009)[M]. 徐州：中国矿业大学出版社，2009：175.

[3] 张树然. CALIS 二期专家委员会成立[J]. 大学图书馆学报，2002(2)：32.

路线。

12 月 25 日　江苏省图书馆学会召开“江苏省图书馆学会第 9 次科学讨论会”征文评奖会。共收到征文 253 篇，由江苏省图书馆学会学术委员会主任倪波担任论文评审委员会主任，其成员有：杨克义、周志华、张厚生、倪延年、许建业。共评出一等奖 11 篇、二等奖 26 篇、三等奖 50 篇，另外，还对这次研讨会征文发动组织好的单位评出组织奖 1 个、集体奖 2 个。

年度事件数据：

事业发展　全省普通高等学校数：78 所（本科院校 40 所，专科院校 38 所）；
本专科在校生人数：58.55 万人；
研究生在校生人数：3.126 6 万人；
专任教师人数：3.798 7 万人。

单位变更　南京化工大学、南京建筑工程学院合并，组建“南京工业大学”。
1 月，经教育部批准，无锡轻工大学、江南学院、无锡教育学院合并，组建新的“江南大学”。
3 月，中国农业科学院蚕业研究所，并入华东船舶工业学院。
6 月，江苏省畜牧兽医学校更名为“江苏畜牧兽医职业技术学院”，升格为大专，办学地泰州市。
8 月，常州经济管理干部学校，并入常州技术师范学院。
8 月，原江苏理工大学、镇江医学院、镇江师范专科学校合并，组建“江苏大学”。
10 月，南京工业学校，并入南京工程学院。

领导变更　2 月，江苏理工大学图书馆馆长张际先离任，王泽继任馆长。同年 11 月，王泽离任，宋顺林继任馆长。

2002 年

1月1日　国家发展和改革委员会发布计社会〔2002〕1505 号《转发国家计委、教育部、财政部印发关于“十五”期间加强“211 工程”项目建设的若干意见的通知》。

1月19日[1]　江苏省图书馆学会在南京政治学院召开常务理事扩大会议，30 人参加了会议。省学会副理事长周志华主持会议，省学会秘书长王学熙就“2001 年工作总结”和“2002 年工作计划（讨论稿）”作了说明，与会者一致认为，过去一年省学会做了大量工作，成绩是显著的，表明江苏省图书馆学会是团结的学会，不断创新和进取的学会。对 2002 年工作计划的考虑是周到的，切合江苏图书馆界的实际、会议还研究了会费收缴标准，一致同意增加个人和团体会费的收缴标准。

2月26日　教育部发布教高〔2002〕3 号《教育部关于印发〈普通高等学校图书馆规程（修订）〉的通知》。

3月10日　JALIS 规划的第一个电子图书镜像点，《超星数字图书馆》在南京师范大学仙林校区敬文图书馆建成，开始试运行。首批参加的服务单位共计 45 个，覆盖全省 12 个城市。

3月11—16日　江苏省高校图情工委、JALIS 管理中心的有关人员由秘书长马金川带队，对苏南、苏北地区的 13 所院校图书馆进行了调研，直接听取了各校对 JALIS 一期工程的意见和对二期工程的建议。

3月18日　美国匹兹堡大学图书馆以传真方式联系南京大学图书馆，希望建立馆际互借、文献传递服务合作，双方启动使用 Ariel 的文献传递试服务。

3月18日　中国科学院国家科学图书馆揭牌。全国人大常委会副委员长、中科院院长路甬祥和国家自然科学基金委主任陈宜瑜共同为该馆揭牌。中国科学院国家科学图书馆是整合中科院所属的文献情报中心、资源环境科学信息中心、成都文献情报中心和武汉文献情报中心的基础上组建的。兰州、成都、武汉同时举行了分馆的揭牌仪式。

3月27日[2]　清华大学图书馆、南京大学图书馆、上海交通大学图书馆、浙江大学图书馆、武汉大学图书馆、中山大学图书馆、四川大学图书馆、西安交通大学图书馆和吉林大学图书馆的代表以及 Springer 公司、EBSCO 公司的代表，在清华大学图书馆，就组建 SLCC 集团事宜进行了讨论。教育部高教司李晓

---

〔1〕 韩汝英. 江苏省图书馆学会 2002 年大事记[J]. 新世纪图书馆，2003(1)：79 - 83.

〔2〕 CALIS 管理中心. CALIS 新闻大事记[EB/OL]. [2018 - 08 - 10]. http://home.calis.edu.cn/calisnew/bigthing.asp? fid=57&class=2.

明处长、CALIS管理中心陈凌副主任参加会议。

3月30日　江苏省高校图情工委召开办公会议，讨论2002年度馆长年会的准备工作和全省数字化工程建设的实施问题。

4月15—18日[1]　江苏省2002年高校图书馆馆长年会，在南京师范大学仙林校区敬文图书馆召开，来自全省高校图书馆的80余位馆长出席了会议，南京地区部分军事院校图书馆馆长应邀参加了会议。会议分别由江苏省高校图书情报工作委员会副主任马金川、徐克谦、高荣华、张政辉主持，南京师范大学副校长笪佐领、江苏省图书馆学会秘书长王学熙到会致辞。东南大学图书馆馆长计国君代表省高校图工委作了2001年工作总结，马金川代表省高校图工委就2002年工作计划及江苏省高等学校文献信息保障体系(JALIS)二期建设作了讲话。各专业委员会和采编中心的负责人向与会馆长汇报了2001年工作和2002年工作计划。总结江苏省高等学校文献信息保障体系(JALIS)一期工程的成果与不足，讨论了2002年省高校图工委的工作计划，对JALIS建设提出了建设性意见。会议期间，徐克谦介绍了南京师范大学敬文图书馆的建设情况。

5月[2]　中国矿业大学图书馆被评江苏省"巾帼建功"活动领导小组，列为"争创'巾帼示范岗'单位"。

5月9日　原全国高校图工委常委、江苏省高校图工委副主任兼秘书长、全国医药院校图书馆协会副主任委员、《医学图书馆杂志》主编、中共党员、民盟会员，研究馆员，南京医科大学图书馆原馆长吴观国[3]，在南京逝世，享年80岁。

5月9—12日　教育部、南京大学、清华大学、中山大学合作举办的美国哈佛大学、斯坦福大学、麻省理工学院以及香港科技大学现用教材、教辅资料展览在南京大学图书馆举行，教育部、江苏省教育厅、南京大学的领导为展览剪彩，展览在南京大学共举办4天，其间共有江苏、上海、安徽等地区的教师共1万余人次参观了展览。南京大学的展览结束后，将转赴清华大学、中山大学继续展出。

5月10—12日[4]　由全国高校图书情报工作指导委员会主办，中国科技大学图书馆承办的全国高校图书馆外文原版期刊协调会，在合肥市召开，会议的主题是：外刊资

---

〔1〕 徐克谦.江苏省2002年高校图书馆馆长年会在南京师范大学召开[J].江苏图书馆学报，2002(3):51.

〔2〕 邬淑珍.中国矿业大学图书馆史(1909—2009)[M].徐州:中国矿业大学出版社，2009:175.

〔3〕 吴观国(1921—2002)，江苏南京人，中共党员。1946年毕业于社会教育学院图书馆博物馆学系图书馆专业本科。1950年调入南京医学院图书馆工作，历任总干事、副馆长、馆长等职。在图书馆学领域，辛勤耕耘，1989年退休，仍积极参加省及全国的一些图书馆专业学术活动和社会工作。长期担任南京医科大学图书馆馆长，为图书馆事业付出了毕生心血。历任江苏省图书馆学会第一、二、三届副理事长，全国高校图书情报工作委员会常务理事，江苏省高校图书情报工作委员会首任秘书长，为江苏省图书馆学会的建设和江苏省高校图书馆建设做出贡献。

〔4〕 安徽省高校图工委.安徽省高校图书馆2002年工作大事记[J].大学图书情报学刊，2003(1):96-86.

源共建共知共享。这是我国加入 WTO 后首次召开的全国性高校外刊协调会议，对我国高校图书馆在原版纸质期刊和电子全文期刊的统筹建设方面具有重要意义。

5 月 14—17 日[1] “中国高等教育数字图书馆数字资源建设研讨会暨首届国外引进数据库培训周”，在厦门大学召开。来自国内各著名高校图书馆资源建设方面的负责人、专家及数据库商代表近 200 人参加了会议。由 CALIS 主办、厦门大学图书馆承办。教育部高教司和厦门大学的领导出席了本次会议。

5 月 18 日[2] 教育部部长陈至立到徐州中国矿业大学图书馆图书馆视察，中国矿业大学校长谢和平、党委书记罗承选陪同视察。

5 月 20 日[3] 江苏省政府在南京五台山体育馆，隆重举行南京大学等 9 所高校建校、办学一百周年联合庆典。南京大学、东南大学、南京师范大学、河海大学、南京农业大学、南京林业大学、南京工业大学、江南大学、江苏大学等 9 所高校齐庆百年。这些大学系出同源，均源自 1902 年创建的三江师范学堂，而后历经两江师范学堂、南京高等师范学校、第四中山大学、国立东南大学、江苏大学、国立中央大学等时期。1949 年 8 月，国立中央大学更名为国立南京大学。经过 1952 年全国院系调整以及数十年的演变，形成脱胎于同一母体的 9 所大学。江苏省省长季允石宣读江泽民总书记、李岚清副总理的贺信。教育部部长陈至立致贺词，江苏省委书记回良玉发表讲话，江苏省政府向 9 所高校赠送了青铜鼎。中共中央政治局委员、中国社会科学院院长李铁映，全国人大常委会副委员长彭珮云、许嘉璐，全国政协副主席钱伟长，以及德国联邦议院副议长安蒂耶·福尔默博士、诺贝尔经济学奖获得者罗伯特·孟德尔教授、诺贝尔化学奖获得者亨利·陶伯教授和国内外著名大学校长、知名学者和专家以及 9 所高校的校友和师生员工 8 千多人参加庆典。

6 月 全国高校图工委发布《普通高等学校图书馆评估指标(征求意见稿)》。

6 月 19 日[4] 水利数字图书馆研讨会暨水利水电文献信息网全网大会，在河海大学图书馆举行，来自水利水电行业的科研、高校等单位的 70 余位代表参加会议。

6 月 20—23 日 现代技术应用专委会在南京大学图书馆举办现代技术培训班，邀请有关专业公司的工程师就网络安全、网络规划、光盘塔使用、存储环境建设等问题进行了专题讲座交流，共有 24 所高校的 40 人参加学习，江苏省高校图工委秘书长马金川参加开幕式并讲话。培训内容包括：网络概念与规划、UNIX 系统的安全管理、图书馆计算机系统的安全管理、光盘塔系统的管理与使用、大学图书馆网络系统的管理、图书馆应用与先进网络存储。

---

〔1〕 姚晓霞.“中国高等教育数字图书馆数字资源建设研讨会暨首届国外引进数据库培训周”纪要[J]. 大学图书馆学报，2002(4)：87－88.

〔2〕 邬淑珍. 中国矿业大学图书馆史(1909—2009)[M]. 徐州：中国矿业大学出版社，2009：175.

〔3〕 王国安. 江苏省隆重举行 9 所高校百年联合庆典 江泽民致信祝贺[EB/OL]. [http://www.chinanews.com/2002－05－20/26/187109.html.

〔4〕 赵坚. 奋进——纪念河海大学图书馆百年华诞图文集[M]. 南京：河海大学图书馆，2015：34.

7月19日[1] 苏州大学图书馆与美国波特兰州立大学图书馆，在苏州大学签署协议，建立友好图书馆关系。王国平馆长代表苏州大学图书馆在协议上签字。

8月5—6日[2] 教育部高等学校图书情报工作指导委员会第3次工作会议，在兰州大学召开，全体委员和各省图工委秘书长参加会议。甘肃省教育厅副厅长李廉、兰州大学党委书记陈德文、兰州大学副校长张大也、北京大学副校长吴志攀、甘肃省图书馆馆长潘寅生、中国科学院兰州分院文献情报中心主任等出席开幕式。教育部高教司教学条件处处长李晓明主持开幕式，她宣布教育部高教司聘请北京大学吴志攀副校长接任高等学校图书情报工作指导委员会主任，增补13名委员。

用户教育工作组牵头人、清华大学图书馆刘桂林馆长、计算机应用工作组牵头人、复旦大学图书馆秦曾复馆长、教育部高校图工委副主任、郑州大学副校长崔慕岳、文献资源建设工作组牵头人、北京大学图书馆长戴龙基分别介绍各组的工作，教育部高校图工委朱强秘书长介绍了《普通高等学校图书馆规程(修订)》下发后的反映。CALIS管理中心常务副主任戴龙基馆长介绍CALIS最新进展。会议还就高校图书馆评估指标进行讨论，朱强秘书长宣布由图工委主任扩大会所确定的今明两年的工作安排。同意在教育部高校图工委下设立高等职业院校图书馆分会，邀请其派代表参加图工委各专业组工作。吴志攀主任作会议总结。

9月[3] 苏州大学Kenneth W.(王健)法学院图书馆，被联合国认定加入“联合国托存图书馆计划”(UN Despository Libraries)。

9月[4] 国家计委、教育部、财政部下发计社会〔2002〕1505号《关于“十五”期间加强“211工程”项目建设的若干意见》的文件中，将“中英文图书数字化国际合作计划(CADAL)”列入“十五”期间“211工程”公共服务体系建设的重要组成部分。CADAL与“中国高等教育文献保障系统(CALIS)”一起，共同构成中国高等教育数字化图书馆的框架。CADAL项目建设的总体目标是：构建拥有多学科、多类型、多语种海量数字资源的，由国内外图书馆、学术组织、学科专业人员广泛参与建设与服务，具有高技术水平的学术数字图书馆，成为国家创新体系信息基础设施之一。项目由国家投资建设，作为教育部“211”重点工程，由浙江大学联合国内外的高等院校、科研机构共同承担。项目负责人为浙江大学潘云鹤院士。CADAL一期建设100万册(件)数字资源，国家投入7 000万元，美方合作单位投入约200万美金，“十五”期间已经完成。一期建设由浙江大学和中国科学院研究生院牵

---

〔1〕 苏州大学图书馆.世纪鸿影——苏州大学图书馆发展实录[M].苏州：苏州大学图书馆，2006：116.

〔2〕 王波.教育部高等学校图书情报工作指导委员会第三次工作会议召开[J].大学图书馆学报，2002(5)：87-89.

〔3〕 郭鸿昌.联合国托存图书馆制度概述[J].新世纪图书馆，2003(3)：71-73.

〔4〕 国家计委、教育部、财政部.国家计委、教育部、财政部印发关于“十五”期间加强“211工程”项目建设的若干意见的通知[Z].2002.

头，北京大学、清华大学、复旦大学、南京大学等 16 个高校参与建设。建成 2 个数字图书馆技术中心（浙江大学、中国科学院研究生院）和 14 个数字资源中心（北京大学、清华大学、浙江大学、复旦大学、南京大学、中国科学院研究生院、上海交通大学、西安交通大学、武汉大学、华中科技大学、吉林大学、中山大学、四川大学、北京师范大学）〔1〕。

9 月 14 日〔2〕 江苏省哲学社会科学界联合会在南京双门楼宾馆召开“江苏省哲学社会科学界联合会成立 50 周年纪念大会”，江苏省委副书记任彦申、江苏省委宣传部部长王国强等省领导出席，会上表彰了一批先进学会（研究会），江苏省图书馆学会因工作突出，成绩显著，被江苏省哲学社会科学界联合会评为“2000—2001 年度先进学会”，江苏省图书馆学会秘书韩汝英被授予“2000—20001 年度学会先进工作者”。

9 月 19 日〔3〕 “CALIS 内部信息库”开始试用。CALIS 管理中心建立该库的主要目的是利用此信息库考核、调查、联络成员馆，发布内部消息；各成员馆利用此信息库获得 CALIS 版权所有、内部公开的资料。

9 月 24—26 日〔4〕 华东六省一市高校图工委秘书长会议在黄山市召开，安徽省高校图工委承办，华东六省一市的秘书长和馆长共 14 位代表出席了会议，会议由安徽省高校图工委秘书长许俊达主持，安徽省教育厅高教处副处长解平到会讲话，黄山学院副院长到会致欢迎词。与会代表总结交流了各省市高校图工委 2002 年的工作，对地区性数字图书馆的建设、文献资源保障系统的建设，以及电子信息资源的联合采购等议题进行研讨，并对教育部高校图书馆的评估指标等提出建议。

10 月 16—18 日〔5〕 由江苏省图书馆学会、江苏省高校图工委、中国图书馆学会、南京师范大学图书馆联合主办的“2002 年全国图书馆馆长高层论坛”，在南京仙林大学城的南京师范大学敬文图书馆举行。本次论坛的主题为“新世纪中国图书馆事业”，来自全国重点高校图书馆馆长、省（含副省级）市图书馆馆长 80 余人出席了会议。中国图书馆学会常务理事、国家图书馆副馆长陈力主持开幕式，江苏省图书馆学会理事长卢子博致开幕词。会议期间，馆长们就 21 世纪中国图书馆的建设与发展进行探讨与交流，论坛特邀美国加州大学伯克利分校图书馆副馆长、东亚图书馆馆长周欣平，澳门图书馆暨资讯管理协会副理事长梁德海等图书馆学界的专家做专题演讲。

10 月 24 日 由江苏省科技厅组织的“汇文文献信息服务系统”（简称：汇文系统）鉴定会，在南京大学图书馆举行，并获得通过，该系统是 JALIS 一期建设的重

---

〔1〕 CADAL 项目管理中心. CADAL 项目简介[EB/OL]. [2018 - 12 - 12]. http://www.cadal.cn/xmjj/.

〔2〕 韩汝英. 江苏省图书馆学会 2002 年大事记[J]. 新世纪图书馆，2003(1)：79 - 83.

〔3〕 CALIS 管理中心. CALIS 新闻大事记[EB/OL]. [2018 - 08 - 10]. http://home.calis.edu.cn/calisnew/bigthing.asp? fid=57&class=2.

〔4〕 安徽省高校图工委. 安徽省高校图书馆 2002 年工作大事记[J]. 大学图书情报学刊，2003(1)：96 - 86.

〔5〕 韩汝英. 江苏省图书馆学会 2002 年大事记[J]. 新世纪图书馆，2003(1)：79 - 83.

要成果,鉴定委员会由金茂忠(北京航空航天大学计算机系教授)、邵正荣(中国科技大学图书馆馆长、研究员)、周志华(金陵图书馆馆长、研究员)、钱为民(江苏省计算机技术研究所、江苏省软件行业协会会长、研究员)、卢子博(中国图书馆学会常务理事,江苏省图书馆学会,理事长、研究员)、丁秋林(南京航空航天大学计算机系教授)、刘凤玉(南京理工大学计算机系教授)组成,金茂忠、邵正荣分别担任鉴定委员会主任、副主任。扬州大学、南京师范大学图书馆的用户代表参加了鉴定会。专家组认为:汇文系统推广近3年多来的用户群和产生的社会效益、经济效益显著,具有很强的竞争力和市场潜力,是目前最优秀的国产软件系统之一。系统的管理思想、总体设计、实现的技术路线是合理的。汇文系统的研制是成功的,技术先进,在各项业务管理的实现上令人满意,居国内领先地位。

10月30日[1]　CALIS引进资源工作组成立及第一次工作会议,在中山大学图书馆召开。教育部高教司李晓明,CALIS管理中心副主任陈凌,各全国中心、地区中心引进数据库工作负责人参加了此次会议。会上,李晓明肯定在CALIS一期建设中引进资源取得的成绩和获得的良好效果。同时指出,在"十五"建设期间,CALIS管理中心计划调整有关政策,拟成立引进资源工作组,扩大引进资源建设的范围,加强对资源引进工作的统筹规划和实际操作能力。引进资源工作组,李晓明任组长,CALIS文理和工程中心引进资源负责人肖珑、杨毅任副组长,管理中心、全国中心、地区中心各派负责数据库工作负责人1人参加工作组,主要负责"十五"期间引进资源工作的实施,并参与管理整个引进数据库的过程。会议期间,还讨论了CALIS"十五"期间引进资源工作的策略和工作重点,引进资源工作组的主要工作包括:① 对CALIS二期引进数据库经费的使用提出建议;② 鼓励协调组成员代表全国组团;③ 参与制订引进资源计划,共同商榷各类资源的引进;④ 引进资源情况通报;⑤ 开展引进资源评价指南、数据库培训等方面的工作。

11月4—5日　江苏省高校图情工委召开办公会议,讨论JALIS二期工程立项及下一步工作安排。新任江苏省高校图情工委秘书长、南京大学图书馆副馆长郑建明主持会议并讲话。

11月5—7日[2]　由复旦大学图书馆主办的"2002年华东地区教育部直属高校图书馆馆长年会",在浙江省金华市召开。复旦大学、上海交通大学、上海财经大学、华东理工大学、华东师范大学、同济大学、上海外国语大学、东华大学、南京大学、东南大学、河海大学、中国矿业大学、南京农业大学、中国药科大学、浙江大学、厦门大学、山东大学、中国石油大学(华东)、中国科技大学、合肥工业大学共20所教育部直属高校图书馆的馆长参加了年会。会议还邀请大

[1] CALIS管理中心. CALIS新闻大事记[EB/OL]. [2018-08-10]. http://home.calis.edu.cn/calisnew/bigthing.asp?fid=57&class=2.

[2] 李振钱. 2002年华东地区教育部直属高校图书馆馆长年会在浙江召开[J]. 上海高校图书情报学刊,2002(4):5.

连理工大学、浙江师范大学等图书馆的馆长参加。会议主题:学习江泽民总书记 9 月 8 日在北师大百年校庆大会上的讲话精神,研讨怎样做好馆长。与会代表根据自己的实践,在会上发言畅谈体会、交流经验。

11 月 10 日[1] 中国矿业大学图书馆副馆长郭太敏、方建群一行 9 人,参访扬州大学图书馆、南京师范大学图书馆、东南大学图书馆。

11 月 14 日 JALIS 以集团采购的方式购买的 Springer 数据库开始试用。

11 月 20—22 日[2] 江苏省高校图工委情报咨询专委会第 4 次学术研讨会,在徐州中国矿业大学图书馆召开,中国矿业大学副校长赵跃民到会致辞。共有 80 余代表参加研讨会。

11 月 27—29 日[3] CALIS 管理中心举办馆际互借系统二期中试培训,北京大学医学部图书馆、北京航空航天大学、南京大学、上海交通大学等 16 个图书馆的技术人员和馆际互借员参加了本次培训。

12 月 4 日[4] 江苏省图书馆学会会刊《江苏图书馆学报》正式更名为《新世纪图书馆》,更名座谈会在南京图书馆举行,江苏省文化厅厅长季根章,来自南京大学、南京师范大学、南京理工大学等单位专家学者 10 余人出席座谈会。

11 月 20—22 日[5] 全国水电图情学会情报咨询工作研讨会,情报咨询专委会第 4 次学术研讨会,在徐州市中国矿业大学图书馆召开,中国矿业大学副校长赵跃民到会致辞,专委会负责人杨晓宁、张智松、张厚生等出席会议,共有 80 余位省内外代表出席研讨会。

12 月 14 日 教育部社科司与中国高校人文社会科学文献中心(CASHL)联合在北京大学举行会议,正式启动了 CASHL 学科中心建设。

12 月 26 日[6] 南京中医药大学敬文图书馆奠基仪式,在南京中医药大学仙林校区举行。香港朱敬文教育基金会、善源基金会代表朱恩馀先生参加奠基仪式,江苏省副省长王荣炳、省教育厅副厅长姜映梅、省侨办主任黄翠玉和省、市有关部门领导以及南京中医药大学各界人士代表参加了奠基仪式。敬文图书馆位于南京中医药大学仙林校区的教学中心区,总建筑面积 3 万平方米,主体建筑 6 层。将于 2003 年 10 月底竣工,香港实业家朱敬文先生之子朱恩馀先生设立的"善源基金会",捐资 1 000 万人民币。

12 月 27—28 日[7] CALIS 各中心负责人第二次联席会议在武汉召开,会议由 CALIS 华中地区中心武汉大学图书馆承办。CALIS 管理中心、全国中心、地区中心负责

[1] 邬淑珍. 中国矿业大学图书馆史(1909—2009)[M]. 徐州:中国矿业大学出版社,2009:175.

[2] 邬淑珍. 中国矿业大学图书馆史(1909—2009)[M]. 徐州:中国矿业大学出版社,2009:174.

[3] CALIS 管理中心. CALIS 新闻大事记[EB/OL]. [2018-08-10]. http://home.calis.edu.cn/calisnew/bigthing.asp?fid=57&class=2.

[4] 南京图书馆. 南京图书馆志续编 1996—2005[M]. 南京:南京出版社,2006:140.

[5] 邬淑珍. 中国矿业大学图书馆史(1909—2009)[M]. 徐州:中国矿业大学出版社,2009:8.

[6] 本刊讯. 敬文图书馆在南京中医药大学仙林校区隆重奠基[J]. 江苏中医药,2003(2):12.

[7] CALIS 管理中心. CALIS 新闻大事记[EB/OL]. [2018-08-10]. http://home.calis.edu.cn/calisnew/bigthing.asp?fid=57&class=2.

人共 18 人参加了此次会议。浙江大学图书馆的代表列席会议。教育部高教司教学条件处处长李晓明通报“211 工程”及 CALIS 二期项目的最新进展，常务副主任戴龙基就会议目的，副主任陈凌就二期方案的最新修改作说明。与会者围绕二期方案的总体目标和标志性成果，方案中各子项目建设的必要性、可行性以及项目的组织实施等问题进行了深入的讨论，提出“十五”期间 CALIS 建设的标志性成果包括：① “一站式”平台，这将是 CALIS 各成员单位共建共享并服务于读者的统一平台；② 机制建设：加大宏观管理和规范化建设，把所有高校联合在一起，保证“一站式”平台的运行；③ 资源建设内容必须要有高校特色；④ 扩大服务面和拓展服务深度，CALIS 要对全国所有的高校提供服务；⑤ 对西部地区重点支持，CALIS 要扶持西部高校图书馆的特色资源和现代化建设、培训西部馆员。

12 月 29 日　江苏省图书馆学会常务理事扩大会议在南京航空航天大学图书馆召开，在宁常务理事和专业委员会委员、特邀代表共 29 人参加了会议，学会副理事长杨克义受理事长卢子博的委托主持会议，学会副理事长周志华总结学会 2002 年工作，学会秘书长王学熙汇报 2003 年学会工作设想，与会者对江苏省图书馆学会 2002 年的工作表示满意，在 2002 年全江苏省图书馆学会学术活动成效显著，召开了两次全国性学术会议，既宣传了江苏，宣传了苏州图书馆和南京师范大学图书馆，又扩大了江苏省图书馆学会在全国的影响。与会者对 2003 年学会工作提出了不少建设性意见，会议讨论通过了第 5 次会员代表大会“表彰先进市图书馆学会(专业委员会)和学会先进工作者的决定”，通过增补无锡市图书馆学会理事长唐秋霞、淮安市图书馆学会理事长杨炳辉为理事、常务理事。江苏省图书馆学会常务理事、南京图书馆常务副馆长马宁到会讲话。

12 月　江苏省高等教育文献保障系统(JALIS)数字化工程的重点项目《中文科技期刊全文数据库》中国矿业大学图书馆镜像点建成并对外服务，这是 JALIS 部署的第 3 个《中文科技期刊全文数据库》镜像点。

是年　苏州大学图书馆学专业(本科)首批新生入学，苏州大学图书馆参与联办。

年度事件数据：

事业发展　全省普通高等学校数：94 所；

本专科在校生人数：70.02 万人；

研究生在校生人数：4.11 万人；

专任教师人数：4.433 6 万人。

单位变更　2 月，太湖学院举办，为江苏省第一所独立学院，办学地在无锡市。

3 月，由原江苏公安专科学校，江苏省人民警察学校、江苏省司法学校，合并，组建“江苏警官学院”，升格本科院校，原图书馆同时更名。

6 月，经教育部批准，彭城职业大学和徐州经济管理干部学院(始建于 1985 年)合并，合并筹建徐州工程学院，两校图书馆合并成立“徐州工程学院

(筹)图书馆”[1]。

8月，常州技术师范学院更名为“江苏技术师范学院”，建制不变，办学地常州市。

9月，江南大学江阴校区更名为“江阴职业技术学院”，合并江阴职业大学、江阴电视大学、江阴工商学校，建制不变，图书馆同时更名，办学地江阴市。

10月20日，宿迁学院成立。学院“省市共建，八校联建，公办民营，高层推进”的办学机制，苏州大学、扬州大学、江苏大学、南京工业大学、江苏师范大学、南京财经大学、南京工程学院、南京师范大学等8所省属高校合作举办本科教育。

12月22日，苏州大学在独墅湖校区炳麟图书馆开馆。

江苏石油化工学院更名为“江苏工业学院”，建制不变，图书馆同时更名，办学地常州市。

领导变更　2月，南京大学图书馆副馆长(主持工作)杨克义离任，副馆长马金川暂代行职务。

10月，原南京大学教务处副处长郑建明，继任南京大学图书馆副馆长(正处级，主持工作)，并兼任江苏省高校图书情报工作委员会秘书长、JALIS管理中心副主任。

苏州大学图书馆馆长徐记忠离任，历史系教授王国平[2]继任馆长[3]。

---

〔1〕 徐州工程学院图书馆. 徐州工程学院图书馆历史[EB/OL]. [2019-01-18]. http://lib. xzit. edu. cn/3273/list. htm.

〔2〕 王国平(1948—)，上海人。教授、博士生导师。1985年，毕业于苏州大学历史系，硕士。2002—2006年，任苏州大学图书馆馆长，江苏省高校图工委委员。历任苏州大学历史系主任、社会学院院长。兼任教育部全国历史学科教学指导委员会委员，中国历史学会理事，中国太平天国史研究会副会长，江苏省历史学会副会长，江苏太平天国史研究会副会长，江苏省高校历史教学研究会会长，苏州市历史学会会长。

〔3〕 苏州大学图书馆. 世纪鸿影——苏州大学图书馆发展实录[M]. 苏州：苏州大学图书馆，2006：48.

2003 年

1 月 14 日　由南京大学图书馆、江苏汇文软件有限公司开发的《西文期刊综合服务系统》(CALIS Current Contents,简称:CCC)正式对外服务,该系统收集 2.4 万种期刊的目次数据,每周更新,同时收集目前主要的外文一、二次文献数据库的期刊刊名列表,以及国内高校的期刊订购清单。使用者可以随时获得最新的外文期刊篇名目次信息,同时也可获得所需要文献的一次文献数据库的全文链接,以及国内馆藏信息。

2 月 12 日〔1〕　教育部高等学校图书情报工作指导委员会发布《关于〈普通高等学校图书馆评估指标(征求意见稿)〉及评估办法的说明》。

2 月 20 日〔2〕　江苏省图书馆学会与江苏省高校图书情报工作委员会,联合发出"第十次科学讨论会征文通知"。

3 月 5 日〔3〕　国家民政部审查批准"中国煤炭工业协会科技文献信息咨询专业委员会"成立,并颁发社会团体分支(代表)机构登记证书(社政字第 3040－3 号),专业委员会挂靠单位为中国矿业大学。该专业委员会是由中国矿业大学发起,全国 37 家煤炭行业企事业单位参加,2001 年 12 月 19 日,经中国煤炭工业协会批准,报请国家经贸委行业协会办公室审查同意以后,报民政部批准成立。

3 月 8—10 日〔4〕　中国高等教育文献保障系统(CALIS)管理中心第三次联席会议,在南京大学、扬州大学图书馆召开,教育部高教司条件处李晓明处长,北京大学图书馆馆长、CALIS 管理中心常务副主任戴龙基,副主任朱强、陈凌,以及 CALIS 各个中心馆的馆长共 20 余人参加了会议,扬州大学副校长刘超出席了开幕式,会议内容有 CALIS 二期建设的管理办法,数字图书馆基地建设;联合联机编目中心在各地区分布式的解决方案;以及 CALIS 二期建设启动准备工作。3 月 8 日,CALIS 管理中心在南京大学图书馆召开预备会议,浙江大学图书馆的代表列席会议。

3 月 14 日　江苏省高等教育文献保障系统(JALIS)数字化工程的重点项目之一,《超星数字图书馆》第 2 个电子图书镜像站点,在徐州师范大学图书馆建成并

---

〔1〕 教育部高等学校图书情报工作指导委员会. 关于《普通高等学校图书馆评估指标(征求意见稿)》及评估办法的说明[EB/OL]. [2018－08－19]. http://162.105.140.111/tjpg/201311051132.

〔2〕 江苏省图书馆学会秘书处. 江苏省图书馆学会 2003 年大事记[J]. 新世纪图书馆,2004(2):78－80.

〔3〕 邬淑珍. 中国矿业大学图书馆史(1909—2009)[M]. 徐州:中国矿业大学出版社,2009:92.

〔4〕 CALIS 管理中心. CALIS 新闻大事记[EB/OL]. [2018－08－10]. http://home.calis.edu.cn/calisnew/bigthing.asp? fid=57&class=2.

对外服务。

3 月 14 日　江苏省高校图情工委在宁院校委员在南京大学图书馆召开办公会议，南京大学图书馆副馆长、江苏省高校图工委秘书长郑建明主持会议，会议讨论2003 年馆长年会准备工作；有关江苏省高校图工委领导人选、江苏省高等教育文献保障系统（JALIS）领导小组成员的安排；JALIS 二期建设的准备以及一期建设验收工作。会议讨论 2003 年度的工作重点、经费使用、人员培训等问题。

3 月 28 日　江苏省高校文献保障系统各个中心馆负责人会议，在南京大学图书馆召开，南京大学图书馆副馆长马金川主持会议，会议讨论江苏省高校文献保障系统（JALIS）一期工程验收准备工作，南京大学图书馆前副馆长杨克义出席会议。并就一期工程验收准备情况做说明。根据江苏省教育厅的安排，将于 2003 年 4 月 3 日在南京大学图书馆召开 JALIS 一期工程验收总结大会。

4 月 3 日　江苏省高等学校文献信息保障系统（JALIS）一期工程建设成果验收会议在南京大学图书馆召开，江苏省教育厅副厅长丁晓昌、殷翔文，南京大学副校长张异宾、南京大学图书馆馆长钱乘旦，以及教育厅和财政厅有关处室的领导，JALIS 各个中心馆负责人列席会议。江苏省教育厅邀请，李晓明（教育部）、戴龙基、朱强、陈凌（北京大学图书馆）、薛芳渝（清华大学图书馆）、秦曾复（复旦大学图书馆）、毕守金（江苏省科技情报研究所）、马宁（南京图书馆），共 8 位专家组成专家组，对江苏省高等学校文献信息保障系统（JALIS）一期工程建设成果进行了验收。专家组听取 JALIS 管理中心和有关单位的汇报，审阅江苏省高等学校文献信息保障系统管理中心提交的 JALIS 一期工程立项可行性报告、JALIS 一期工程建设总结报告，以及各个学科中心、地区中心的总结报告等文件以及成果演示。专家组同意通过验收。专家组特别指出，江苏省政府部门的大力支持，对 JALIS 项目一期建设的实施起了重要的作用。

4 月 14—15 日　“CALIS 馆际互借、文献传递工作研讨会”在南京大学图书馆召开，CALIS 管理中心副主任陈凌、副秘书长姚晓霞参加并主持了会议，与会单位有清华大学图书馆、北京大学图书馆、复旦大学图书馆、上海交通大学图书馆、武汉大学图书馆、海南医学院图书馆、上海市图工委、东南大学图书馆、河海大学图书馆、南京理工大学图书馆、南京大学图书馆，分别代表 CALIS 文理、工科文献中心、华中、华东南、华东北地区中心，海南省图工委。会议中各个地区中心介绍各自的现状和存在的问题，讨论未来 CALIS 馆际互借、文献传递工作运作、管理的模式，服务体系的建立，针对现在存在的问题，在 CALIS 二期建设中如何进一步完善服务，加强管理，扩大受益面，提高服务效率和效益，使更多的基层馆受益。

4 月 23 日　江苏省高校图工委发布《江苏省教育厅关于委托南京大学举办图书馆学（数字图书馆研究方向）专业硕士研究生课程进修班的通知》，江苏省教育厅为加强高校图书馆人员队伍的建设。2003 年起，委托南京大学研究生院和南京大学信息管理系，举办高校图书馆工作人员硕士研究生课程进修班。

招生对象：全省高教系统从事图书、文献、档案管理及图书馆信息技术工作的管理和专业技术人员。招生条件：坚持四项基本原则，品行端正，立志为社会主义高等教育事业服务，在工作中表现良好的在职人员。具备大学本科学历（或大学专科毕业从事图书馆学专业工作与研究三年已达到同等学力）的在职人员。具备上述条件被确定为省"333 工程"和"135 工程"培养对象的人员招生时优先考虑。专业方向：数字图书馆技术；招生人数：60 人；学制两年，集中面授与自学相结合，每学年脱产集中面授二至三次。该班于 2003 年秋季开学。

学员学完规定课程且考试合格，取得学分（不少于 32 学分），由南京大学发给研究生课程进修班结业证书。该专业具有硕士学位授予权，鼓励对符合条件申请硕士学位的学员按国务院学位委员会"关于在职人员与研究生毕业同等学力申请硕士学位办法"申请硕士学位。

6 月　江苏省高校图工委按照全国高校图工委的统一要求，通知各馆做好本馆的事实数据统计，上报全国高校图工委和省高校图工委。工作流程：① 各馆在图工委的主页上下载统计表格，填写后，留存本馆存档，同时，提供 1 份复印件，留存省图工委秘书处存档；② 根据填写的统计表，直接登录全国图工委网站填报数据。各馆应尽可能上报前几年的统计数据。

7 月　根据 CALIS 管理中心集团采购计划，江苏省高校图书馆参加 CALIS 与 EBSCO 公司数据库的集团采购，经费分摊。全省高校图书馆均参与使用 EBSCO 公司的 ASP、BSP 数据库。这是 JALIS 第 1 次全省范围统一集团采购的外文全文数据库。

7 月 3—4 日[1]　江苏省图书馆学会第 5 次会员代表大会在南京大学召开，130 人参加大会，江苏省文化厅厅长章剑华、江苏省文化厅副厅长王慧芬、江苏省教育厅副厅长丁晓昌、江苏省哲学社会科学界联合会副主席廖进、江苏省哲学社会科学界联合会学会部部长陈晓明、南京大学副校长张异宾、江苏省民政厅代表处长徐永征，江苏省文化厅人事处、社会文化处负责人，以及特邀嘉宾江西省图书馆学会副理事长、江西省图书馆书记谭兆民、广东省图书馆学会秘书长林庆云、上海市图书馆学会常务副秘书长金晓明等参加大会。

第 4 届理事会副理事长杨克义主持开幕式并致辞。大会宣读中国图书馆学会，江西、上海、广东等兄弟学会的贺信。章剑华、丁晓昌、廖进、张异宾、徐永征分别致辞。第四届理事会理事长卢子博、副理事长、秘书长分别作《江苏省图书馆学会第四届理事会工作报告》《江苏省图书馆学会章程修改说明》《江苏省图书馆学会第五次会员代表大会筹备工作报告》。大会通过《江苏省图书馆学会第四届理事会工作报告》和《江苏省图书馆学会章

---

〔1〕 江苏省图书馆学会秘书处. 江苏省图书馆学会第五次会员代表大会在南京召开[J]. 新世纪图书馆，2003(4)：11.

程》。选举产生由 85 名理事组成的江苏省图书馆学会第五届理事会，在第五届理事会第一次会议上 45 人当选为常务理事。五届一次常务理事会选举产生了新一届学会领导机构，江苏省文化厅副厅长王慧芬当选为理事长，南京图书馆党委书记兼常务副馆长马宁当选常务副理事长，南京图书馆研究辅导部副主任吴林当选秘书长。大会授予卢子博等 8 位从学会领导岗位上退下来的老同志为名誉理事，表彰 11 个学会先进集体和 17 名学会先进工作者。新一届理事会常务副理事长马宁主持闭幕式，新任理事长王慧芬致闭幕词。

7 月 10—12 日　江苏省高等院校图书馆馆长年会在南京大学图书馆召开，全省各高校图书馆馆长参加大会，这是自抗击“非典”以来，江苏省高校图书馆界举行的第一次大型活动。江苏省教育厅副厅长丁晓昌，江苏省教育厅高教处袁靖宇，南京大学副校长张异宾，南京大学图书馆馆长钱乘旦等领导，以及江苏省教育厅有关处室和南京图书馆的领导出席开幕式，江苏省教育厅副厅长丁晓昌做主题报告。丁晓昌重点谈到江苏省目前高等教育的现状和发展战略，从“高教大省”向“高教强省”过渡，江苏省现有的高等教育规模的综合指标居全国第三位，在北京、上海之后。其中学校数量、在校生数量、年招生人数三项指标居全国第一，有些指标超过了上海，通过“九五”期间的努力，江苏省高等教育的内涵建设取得了令人瞩目的成果。要充分认识高等教育所面临的新的形势，与时俱进，开拓创新。创新人才的培养，离不开教育的创新，教育的创新又离不开文献资源环境的改善。高职高专院校应当明确自身定位，吸取骨干图书馆的建设经验，文献资源的建设不要走老路，应着眼于大局，在资源共享上下功夫。要以先进的技术手段，加强图书馆群的建设。扩大与其他系统的文献信息机构的横向合作。实现江苏省高等教育事业规模、效益、质量三方面的协调发展。随着形势的变化，高校图书馆的某些指标呈下降的趋势，必须引起高度重视。必须坚持整体化建设的原则，把科研经费采购和重点实验室的文献资源管理起来。增强服务意识，要增强面向高等教育的服务意识，这是高校图书馆的根本宗旨。

丁晓昌明确当前的任务：① 数字图书馆建设是 JALIS 二期工程建设的重点，要统筹考虑，开拓创新，通过 JALIS 二期的建设，能够形成一定数量的数字图书馆资源；② 加强文献资源建设，特别是新建、升格院校的文献资源建设，资源比较雄厚的馆应当支持新建学校的资源建设，帮助其改善办学条件；③ 有条件的学校，应有重点的加强特色数据库的建设。保持已有的成果，发掘馆藏优势，使特色资源形成规模，产生服务效益；④ 推进资源共享，扩大校际文献资源共享的层次和范围，尽可能地扩大受益面。

会议听取了 JALIS 一期工程验收情况和 JALIS 二期工程的立项报告以及评估工作的指标体系报告，JALIS 管理中心、各个专业委员会、采编中心也向大会汇报了工作和计划。并对江苏省高校图工委的工作计划、评估工作的指标体系、电子资源的集团采购等议题进行了讨论。

8月[1] 南京大学信息管理系教授、博士生导师、国务院原学位委员会学科评议组成员倪波，向苏州大学图书馆捐赠个人藏书1 400余册。

9月8日 江苏省图书馆学会与江苏省高校图工委，联合举行“鲜明的主题，丰富的内容与时代呼应——参加第69届国际图联大会见闻”交流会。由南京大学图书馆副馆长郑建明、南京师范大学图书馆馆长徐克谦主讲，江苏省各系统图书馆学150多人到会。

9月23日[2] 华东地区高校图工委秘书长会议在上海召开，上海市教委高教处处长丁晓东到会介绍上海高教系统在学分制、高教社会化、资源共享、中外合资办学、高教布局结构等方面的发展思路及举措。上海市代表介绍被评为“2000—2002年上海市信息化优秀应用项目”的上海教育网络图书馆的发展情况；浙江省代表介绍“杭州滨江高教园区网络图书馆”的建设情况；安徽省代表和江西省代表分别介绍启动省高等学校文献保障系统建设项目的过程中，政府的投入和项目实施情况；江苏省代表介绍“江苏省高等学校文献信息保障系统”的建设进展；山东省代表介绍山东高校图书馆系统建设两步走的思路；福建省代表介绍“福州地区大学城”及数字图书馆建设方案。

10月8日[3] 江苏省图书馆学会在南京大学图书馆召开常务理事会，41位常务理事出席会议。常务副理事长马宁主持会议。与会理事讨论《江苏省图书馆学会第5届理事会工作规划(2003—2007年)》(征求意见稿)，一致认为征求意见稿，工作思路清晰，重点突出，同时提出修改建议，会议通过征求意见稿。

10月21日[4] 江苏省图书馆学会学术委员会主任会议在南京大学图书馆召开。会议由学术委员会主任郑建明主持，会议研究了学术委员会2003年4季度和2004年的工作，并决定学术委员会成立大会和第1次工作会议召开时间和地点。

10月23—25日 江苏省高校图工委高职民办专业委员会学术年会，在徐州工程学院图书馆召开，江苏省高校图工委图工委领导参加会议。

10月27—29日 江苏省高校图工委情报咨询专业委员会学术年会，在苏州大学图书馆召开，江苏省高校图工委的领导参加了会议，参会代表共133人。江苏省高校图情工委副主任、南京师范大学图书馆馆长徐克谦，向与会代表介绍2003年8月德国69届IFLA会议的情况，江苏省高校图工委情报咨询专委会副主任、南京师范大学图书馆副馆长张智松，做“情报咨询工作的发展与趋势”的报告，会议讨论并通过了会议纪要。

---

[1] 苏州大学图书馆. 世纪鸿影——苏州大学图书馆发展实录[M]. 苏州：苏州大学图书馆，2006：84.

[2] 上海市高校图工委秘书处. 2003年华东地区高校图工委秘书长会议召开[J]. 上海高校图书情报工作研究，2003(4)：58.

[3] 江苏省图书馆学会秘书处. 江苏省图书馆学会2003年大事记[J]. 新世纪图书馆，2004(2004.2)：78-80.

[4] 江苏省图书馆学会秘书处. 江苏省图书馆学会2003年大事记[J]. 新世纪图书馆，2004(2004.2)：78-80.

10 月 29—30 日[1] 为推动中国大陆地区、港澳台地区和海外华文图书馆的书目规范工作，推动数字图书馆规范工作进程，并最大限度地实现资源的共建共享，由CALIS 管理中心、国家图书馆和 JULAC（香港地区大学图书馆馆长协作咨询委员会）中文名称规范工作小组联合发起，成立“中文名称规范联合协调委员会”，首次会议在北京大学图书馆举行。

11 月[2] 苏州大学图书馆馆内无线（Wi-Fi）网络建成并投入使用，这是江苏省高校图书馆第一个 Wi-Fi 网络。

11 月 5 日 由南京大学、江苏省高校图情工委共同承办的，江苏省高校第 1 期（2003年）图书馆学研究生进修班开学典礼，在南京大学图书馆举行，南京大学研究生院副院长童星，南京大学信息管理系主任沈固朝[3]到会讲话，南京大学图书馆副馆长郑建明主持开学典礼。本届研究生班共录取 90 余人，均来自江苏省高校图书馆。研究生班的举办，是江苏省高校图书馆界的第一次。

11 月 7—9 日[4] 全国高校图书馆第 9 届期刊工作学术研讨会暨 2004 年度外刊订购协调会，在安徽省安庆市召开。会议由教育部高等学校图书情报工作指导委员会期刊专业委员会主办、中国科技大学承办，来自全国 70 余所高校图书馆的 106 名代表出席会议。开幕式由高校图书情报工作指导委员会期刊专业委员会学术组组长刘瑞兴主持。教育部高教司教学条件处处长李晓明、中国科技大学图书馆常务副馆长邵正荣致辞。会议期间，专委会副主任张怀涛作《关于第 9 次期刊工作研讨会征文评选的情况》；CALIS 管理中心副主任、期刊专业委员会主任朱强作《CALIS 现状与发展》；清华大学图书馆副馆长、期刊会常委杨毅作《电子资源的购买和服务》；南京大学副馆长杨克义作《共知、共建、共享之路—西文期刊篇名目次数据库服务平台》；南京大学图书馆副馆长马金川作《关于外刊订购价格上涨对策的发言》，期刊专业委员会秘书长叶继元作《关于外刊联合目录、订购协调、核心期刊等期刊研究热点问题》的报告。有关公司的代表到会，中国科学院文献情报中心文献资源建设部研究员宋晓东应邀参加会议。

11 月 13—15 日 江苏省高校图情工委现代技术应用专委会 2003 年度年会，在苏州大学图书馆召开，48 个图书馆的 60 余名代表参加了会议。会议就共同关心的电

---

[1] CALIS 管理中心. CALIS 新闻大事记[EB/OL]. [2018 - 08 - 10]. http://home. calis. edu. cn/calisnew/bigthing. asp? fid=57&class=2.

[2] 苏州大学图书馆. 世纪鸿影——苏州大学图书馆发展实录[M]. 苏州：苏州大学图书馆，2006：99.

[3] 沈固朝（1953— ）南京大学信息管理系情报学教授，博士生导师，系主任。1986 年纽约州立大学布法罗图书馆学情报学研究生院毕业，获图书馆学硕士学位，1997 年南京大学历史系毕业，获史学博士学位。南京大学信息管理系情报学教授，博士生导师，系主任。兼任中国科技情报学会第六届理事会常务理事，江苏省图书馆学会第五届理事会副理事长、继续教育委员会主任，武汉大学信息资源研究中心兼职研究员。

[4] 叶继元. 全国高校图书馆第九届期刊工作学术研讨会暨 2004 年度外刊订购协调会会议纪要[J]. 大学图书馆学报，2004(1)：88 - 89.

子阅览室无盘工作站技术应用，一站式服务，存储技术的最新进展，无线网络在图书馆的应用等议题进行了交流和研讨。代表们实地考察苏大图书馆的无线网络。

11月18日　江苏省图书馆学会第5届学术委员会成立暨第1次工作会议在苏州科技学院石湖校区举行。学会秘书长吴林主持成立大会，江苏省图书馆学会常务副理事长马宁宣读了《关于聘任郑建明等21位同志为江苏省图书馆学会第5届学术委员会委员的决定》，颁发聘书。马宁对新一届学术委员会工作提出明确要求。第1次工作会议由学术委员会副主任委员沈传尧主持。

11月20日[1]　教育部发布教技发厅函〔2003〕24号《教育部办公厅关于认定教育部部级科技查新工作站的通知》，通知决定在北京大学等29所直属高校设立"教育部部级科技查新工作站"，此为第一批科技查新站，江苏省的南京大学、东南大学、江南大学被批准为理工类科技查新站。

11月25日　教育部高等学校图书情报工作指导委员会就目前的图书馆事实数据统计工作和《高校图书馆事实数据库》建设发出通报，督促各省高校图情工委以及基层图书馆进一步加强统计工作，形成制度和规范，列入日常工作的范围，定期开展工作，确保统计数据的准确和完整。统计工作的通报和统计表。

11月26日　Springer出版社和EBSCO公司，在南京大学图书馆举办Springer Link和EBSCO数据库使用培训，全省主要高校图书馆的参考咨询工作人员参加培训。专家对两个数据库的使用进行现场讲解，并提供Springer Link和EBSCO数据库使用说明文档。

12月5日[2]　苏州大学图书馆代表团一行11人，参访中国矿业大学图书馆，方建群副馆长接待了代表团。

12月6日　CALIS和SLC(上海图书馆联盟)决定联合组织中国集团采购netLibrary电子图书，并分别负责组织高校图书馆和非高校图书馆的联合采购工作，集团采购模式确定为，凡参加中国集团的成员馆皆可共享各成员馆订购的馆藏；各馆所订购资源不重复；一馆订购，全集团受益；且随时间的推移，加盟馆的增多，共享资源数量也会不断增长。

12月7—8日　江苏省高校图工委文献资源建设专业委员会2003年工作年会，在南京师范大学敬文图书馆召开。省高校图工委的领导、省高校图工委文献资源建设专委会的主任和委员、全省高校图书馆130多人参加会议。会议议题：研讨新形势下全省高校图书馆文献资源建设的方法、途径和对策；数据库集团购买的策略；文献资源整合和数字图书馆建设，图书馆迎接本科教学工作水平评估举措等问题展开充分的交流和研讨。会议通过会议纪要。

---

〔1〕 教育部.设立教育部部级科技查新工作站的通知(第一批)教技发函〔2003〕24号[EB/OL].[2018-06-30].http://www.cutech.edu.cn/cn/kjcg/cgcx/webinfo/2004/01/1180054675655786.htm.

〔2〕 邬淑珍.中国矿业大学图书馆史(1909—2009)[M].徐州:中国矿业大学出版社,2009:176.

会议还邀请台湾大学图书馆副馆长林光美和台湾中华技术学院吴可久作专题报告

12月25—27日[1] CALIS地区中心负责人联席会议暨专家委员会扩大会议在西安召开,各地区和学科中心负责人、CALIS专家组成员、CALIS技术工作组成员参加会议。这是CALIS二期工程正式启动之前的准备会议;CALIS"十五"期间建设的各个子项目的实施方案以及集团采购和经费补贴等议题,CALIS西北地区中心做了工作汇报。会议期间,代表参观了西安交通大学图书馆和西北农林科技大学。华东北地区中心馆代表郑建明、沈鸣参加会议。

是年 9月,南京航空航天大学图书馆(科技信息研究所)申报"情报学"二级学科硕士点获批。2004年9月首次招收硕士研究生。

9月,苏州大学天赐庄本部图书馆扩建工程竣工,投入使用。建筑面积14 500平方米,共有五层,整个建筑成口字形。

年度事件数据:

事业发展 全省普通高等学校数:105所;

本专科在校生人数:85.97万人;

研究生在校生人数:5.36万人;

专任教师人数4.982 6万人。

单位变更 4月[2],江苏省首家股份制院校—"江苏信息职业技术学院"在无锡成立。

7月,经江苏省政府批准,常州师范专科学校(筹),并入常州工学院。

8月,东华大学(无锡校区),并入江南大学。

南京经济学院更名为"南京财经大学",自2000年,江苏财经高等专科学校(办学地:镇江市句容桥头镇)、江苏经济管理干部学院开始并入,筹办新校。

领导变更 7月[3],江苏省图书馆学会第五届理事会产生,原秘书长王学熙卸任,吴林继任秘书长。

东南大学图书馆馆长计国君离任,顾建新任副馆长(主持工作)。

扬州大学图书馆馆长刘从富转岗,殷新春继任馆长。

南京大学校长助理张异宾不再兼任图书馆馆长,南京大学历史系教授钱乘旦继任馆长[4]。

---

[1] CALIS管理中心. CALIS新闻大事记[EB/OL]. [2018-08-10]. http://home.calis.edu.cn/calisnew/bigthing.asp? fid=57&class=2.

[2] 中共江苏省委宣传部. 江苏改革开放30年大事记[M]. 北京:中央文献出版社,2008:107.

[3] 江苏省图书馆学会秘书处. 江苏省图书馆学会第五次会员代表大会在南京召开[J]. 新世纪图书馆,2003(4):11.

[4] 南京大学图书馆史编写组. 南京大学图书馆史(1888—2008)[Z]. 南京:南京大学图书馆,2009:101.

2004 年

1 月 10 日[1]　江苏省图书馆学会继续教育委员会成立暨第 1 次工作会议在南京大学举行。省学会秘书长吴林主持会议，并就该委员会产生背景作了简要说明。其后，省学会常务副理事长、南京图书馆党委书记马宁宣读了《关于聘任沈固朝等 21 位同志为江苏省图书馆学会继续教育委员会委员的决定》，并向到会委员颁发了聘书。继续教育委员会主任沈固朝主持第 1 次工作会议并发言。

1 月 11—13 日[2]　江苏省图书馆学会和江苏省高校图书情报工作委员会共同主办的"江苏省图书馆第 10 次科学讨论会"在南京召开，江苏省图书馆学会理事和部分获奖论文作者共 120 余人出席了会议。科学讨论会开幕式由江苏省图书馆学会副理事长、省高校图情工委副主任徐克谦主持，省文化厅、省教育厅、省民政厅有关领导参加了开幕式。讨论会共收到征文 466 篇。

1 月 13 日　江苏省高校图情工委年终工作会议在南京大学图书馆召开。会议由江苏省高校图情工委秘书长郑建明主持，江苏省教育厅高教处负责人参加了会议，会议讨论 JALIS 二期工程建设的启动，高校图书馆评估指标体系（草案），数据库集团采购问题，2003 年的工作总结以及 2004 年工作要点。

2 月　教育部颁布《2003—2007 年教育振兴行动计划》，要求"进一步建设全国高等学校数字图书文献保障体系（CALIS）"。

教育部颁布《普通高等学校基本办学条件指标（试行）》。

2 月 12　中国高校人文社会科学文献中心（China Academic Humanities and Social Sciences Library，简称 CASHL）开始试用。该项目引进专项经费，是教育部根据高校人文社会科学的发展和文献资源建设的需要而设立的。其宗旨是组织若干所具有学科优势、文献资源优势和服务条件优势的高等学校图书馆，借助现代化的服务手段，有计划、有系统地引进国外人文社会科学期刊，为全国高校的人文社会科学教学和科研提供高水平的文献保障。CASHL 是全国唯一的人文社会科学外文期刊保障体系。不仅为高校教学科研服务，也成为全国其他科研单位文献获取的基地。与科技部建设的"国家科技图书文献中心"互为补充。

2 月 20 日[3]　教育部办公厅发布教高厅〔2004〕11 号，成立第 2 届教育部高等学校图书情报工作指导委员会，指导委员会是在教育部领导下，对图书情报工作进行

---

〔1〕 江苏省图书馆学会秘书处. 江苏省图书馆学会 2004 年大事记[J]. 新世纪图书馆，2005(2)：78－80.

〔2〕 江苏省图书馆学会秘书处. 江苏省图书馆学会 2004 年大事记[J]. 新世纪图书馆，2005(2)：78－80.

〔3〕 本刊讯. 教育部成立第二届高等学校图书情报工作指导委员会[J]. 大学图书馆学报，2004(2)：87.

研究、咨询、指导和服务的专家组织。第 1 届指导委员会成立于 1999 年，到 2003 年底任职期满。第 2 届指导委员会由教育部聘请 57 位专家担任，任期从 2004 年起至 2008 年。委员会设主任委员 1 人、副主任委员 8 人。指导委员会的工作由主任委员主持、副主任委员协助。指导委员会秘书处设在主任委员所在学校，指导委员会设秘书长、副秘书长，协助主任委员处理日常工作。

3 月 5 日　国务院颁布《中华人民共和国民办教育促进法实施条例》，自 2004 年 4 月 1 日起施行。

3 月 10 日[1]　由高博教育、苏州科技学院和香港大学联合举办的江苏港大思培高博科技学院在苏州成立，这是香港与内地首次合办高等学校。

3 月 11 日[2]　江苏省图书馆学会第五届编译出版委员会成立暨第 1 次工作会议在南京师范大学仙林校区敬文图书馆举行。来自全省各系统图书馆的多名委员参加了会议。江苏省图书馆学会秘书长吴林就本届编译出版委员会产生的背景作了说明，宣读了江苏省图书馆学会第 5 届编译出版委员会委员名单。委员会主任、南京师范大学图书馆馆长徐克谦介绍第 5 届出版编译委员会成立前所做的有关准备和调研工作，并对本届编译出版委员会的工作提出了初步设想。

3 月 15 日　中国图书馆学会秘书处根据江苏省图书馆学会递交的“关于更换中国图书馆学会常务理事的申请”，向 6 届 8 次常务理事会递交了“关于马宁同志更换卢子博同志担任常务理事的议案”。会议采取现场和通讯表决的方式对此议案进行了审议并获得通过，马宁担任中国图书馆学会六届理事会常务理事。

3 月 15 日[3]　“中国高校人文社会科学文献中心”(CASHL)服务启动大会暨学术研讨会在北京大学图书馆举行。参加本次会议的有教育部副部长袁贵仁、教育部社政司司长靳诺、财务司司长杨周复、高教司副司长刘凤泰、北京大学校长许智宏、副校长吴志攀、国家科技图书文献中心主任袁海波、中国科学院文献情报中心主任张晓林、国家图书馆副馆长陈力、中国社会科学院文献情报中心常务副馆长杨沛超，以及来自全国 20 余所综合性及文科类院校的图书馆馆长和科研处长等近百人。CALIS 管理中心的代表介绍了 CALIS 在 CASHL 服务体系中的作用，从服务支持和技术实现的角度介绍了 CASHL 服务体系的架构。CASHL 文献传递服务试运行 20 余天期间，全国中心共收到文献传递请求 3 000 多份，系统注册用户超过 200 个(含机构用户)。

---

〔1〕 中共江苏省委宣传部. 江苏改革开放 30 年大事记[M]. 北京：中央文献出版社，2008：112.

〔2〕 南京师范大学图书馆. 我馆召开图书馆学会编辑委员会会议[EB/OL]. [2018 - 12 - 21]. http://lib. njnu. edu. cn/news/tsggg/20110408/30. html.

〔3〕 北京大学图书馆馆长办公室编. 北京大学图书馆通讯　总第 48 期[EB/OL]. [2018 - 11 - 11]. http://www. lib. pku. edu. cn/portal/sites/default/files/bangongshi/tongxun/docs/48. htm#1.

3 月 15 日　江苏省教育厅组织专家组对“江苏省高等教育文献保障系统”(JALIS)二期工程建设方案进行初审，南京大学校长助理周宪到会，会议在南京大学图书馆举行，专家组由张竹繁(教育厅科技处)、倪延年(南京师范大学)、陈云棠(南京大学教务处)、陈万民(南京农业大学教务处处长)、南京邮电大学科技处组成。专家组对方案提出意见，并建议江苏省政府及有关职能部门加大支持力度，进一步完善以政府投入为主导的多元化投融资体系，确保 JALIS 二期工程建设达到预期成效。专家组肯定了 JALIS 二期工程建设的思路和项目设计，进一步加以完善方案，争取早日启动二期工程的建设。

根据初评会专家组的建议，在 2004 年度馆长年会期间，JALIS 管理中心和江苏省高校图工委召开扩大会议，讨论初评会议专家意见，责成 JALIS 管理中心办公室尽快组织人员，完成 JALIS 二期工程申报的相关文件的起草，提交正式评审。2004 年 3 月底，JALIS 管理中心组织南京大学、苏州大学、南京农业大学、南京理工大学等学校的人员，集中研究了专家组的意见，参考了 CALIS“十五”期间的建设项目以及相关技术规范，审核所有的项目设计和经费计划，规范所有子项目的相关文件。并于 2004 年 4 月 21 日，再次提交江苏省高校图工委办公会议讨论，确定提交正式评审文件的最后文本。根据教育厅高教处的安排，JALIS 二期工程建设方案评审，将于 2004 年 5 月中下旬举行，将邀请教育部、中国高等教育文献保障系统(CALIS)管理中心以及国内知名大学的专家参加评审。

3 月 20—23 日　2004 年度江苏省高校图书馆馆长年会，在南京师范大学仙林校区敬文图书馆召开。江苏省教育厅副厅长丁晓昌到会，并做了重要讲话。江苏省高校图情工委秘书长郑建明，作 2003 年工作总结和 2004 年度的工作计划。南京大学图书馆副馆长马金川作主题发言。

3 月 30 日[1]　上海图书馆与国际图联报纸委员会在上海图书馆举办的“报纸保存与利用国际研讨会”。南京师范大学图书馆馆长徐克谦、常务副馆长张建平[2]应邀参加会议。国际图联报纸专业委员会成员以及来自上海图书馆、南京师范大学图书馆、瑞典皇家图书馆、英国国家图书馆、法国国家图书馆、芬兰国家图书馆、挪威国家图书馆、加拿大国家图书馆等图书馆的专家在会上就图书馆报纸资源的收藏、开发与利用问题进行研讨。共有 13 位专家在会上作了专题发言。各国国家图书馆的发言交流了近年来各国图书馆在报纸收藏、报纸资源数字化和深层次开发方面的信息和经验。徐克谦用英

〔1〕 南京师范大学图书馆. 我馆应邀参加“报纸利用与保存国际研讨会”[EB/OL]. [2018－12－12]. http://lib.njnu.edu.cn/news/tsggg/20110408/37.html.

〔2〕 张建平(1963—　)，江苏省启东人，副研究馆员，1984 年毕业于南京师范大学数学系。1998 年，任南京师范大学图书馆副馆长，2003—2015 年，任常务副馆长。历任江苏省高校图书情报工作委员会委员、副主任，江苏省高校图书情报工作委员会文献资源建设专业委员会主任，江苏省教育厅高等学校数字图书馆工程建设(JALIS)项目管理中心副主任，教育部高等学校图书情报工作指导委员会第二、三、四届委员，中国图书馆学会理事，中国索引学会常务理事，江苏省图书馆学会副理事长，江苏省文化厅古籍保护工作专家委员会成员。

文做题为"中国大学图书馆报纸资源的收藏与开发"报告。

3 月[1] 张厚生和王启云撰写的《图书馆服务的无线技术——RFID 应用》发表在《大学图书馆学报》2004 年第 1 期，这是我国图书馆首次探讨 RFID 应用的专业论文，标志着 RFID 正式进入我国图书馆界的视野。

4 月 8 日 江苏省科技厅科技机构及条件处副处长罗扬、江苏省科技情报所所长任道忠率江苏省科技厅、江苏省科技情报研究所代表团，拜会江苏省教育厅，就"江苏省工程文献信息中心"的建设，与 JALIS 的合作等问题进行磋商。高教处处长王煌、副处长袁靖宇，江苏省高校图工委秘书长郑建明、JALIS 管理中心办公室沈鸣、吴强参加会议。双方就共建"江苏省工程文献信息中心"所涉及的各个方面的合作，充分利用 JALIS 建设的成果和高校图书馆的资源，开展面向全省的文献服务，为江苏省的经济发展和社会进步做出积极的贡献，扩大对社会的贡献率。进一步加强三大系统（高校、科技、公共图书馆）的合作和共建等问题交换意见。双方一致认为，双方的合作和共建是大有可为的。依托现有的基础，高起点的建设江苏省的工程文献中心，JALIS 已经积累了经验，其影响已经超出了高等教育的范围，通过双方的合作与共建，将会取得更大的社会效益。

4 月 20 日 南京大学图书馆学（信息咨询研究方向）专业硕士研究生课程进修班开始招生，报名截止日期 2004 年 5 月 2 日，定于 2004 年 7 月举行入学考试。

5 月 10 日 CALIS 西文期刊目次数据库（简称：CCC）开始集团采购工作。作为中国高等教育数字图书馆的重要组成部分，重点解决国内外刊馆藏的联合揭示，并在后台与 CALIS 馆际互借与文献传递体系、各引进全文数据库相连，对有权限获得 CALIS 文献传递和全文下载的学校，可方便地构建从检索到全文获取的综合文献服务环境。

5 月 12 日 JALIS 管理中心郑建明、沈鸣、吴强，向江苏省教育厅、江苏省财政厅有关领导汇报 JALIS 二期建设的经费预算情况，江苏省财政厅科技处徐洪林处长、教育厅财务处马幸年处长、高教处王煌处长听取汇报 JALIS 二期建设的准备情况和经费预算，项目设计和经费安排，肯定了并对子项目的建设、管理、经费的安排等问题，做了重要指示。政府的财政支持只能作为启动经费，因此，拨款的投向必须清晰、明确、重点突出，其重点放在基础建设，起到引导作用。JALIS 二期的建设方案，应建立科学、合理的可持续发展运行机制，为长期、稳定的发展打下基础。拨款经费的使用，应当注意使用的效益和对社会的回报率，为江苏省的经济发展和社会进步做出进一步的贡献，扩大对社会的贡献率。

5 月 18—21 日[2] "CALIS 数字化服务工作研讨会暨第 2 届国外引进数据库培训周"，在大连理工大学图书馆顺利召开。来自全国 148 家高校图书馆的 180 余名代

〔1〕 张厚生，王启云．图书馆服务的无线技术——RFID 的应用[J]．大学图书馆学报，2004(1)：56－59.

〔2〕 CALIS 管理中心．CALIS 数字化服务工作研讨会暨第二届国外引进数据库培训周[EB/OL]．[2018－01－10]．http：//project．calis．edu．cn/huiyiziliao/huiyi2/zb/520．htm.

表，20 家国外数据库（代理）商 70 余人出席会议。大连理工大学副校长郭东明到会祝贺。教育部高教司处长李晓明、CALIS 管理中心副主任陈凌、CALIS 文理中心副主任肖珑、CALIS 工程中心副主任杨毅出席会议，并分别作了《电子资源计量指标体系》《中国高等教育数字图书馆综合文献服务平台》《数字化服务环境：发展趋势及其建设》和《CALIS 国外数据库引进工作的回顾和现状》的大会报告。本次会议还将由与会的数据库商代表做 19 场大会报告、17 场用户座谈咨询会和 15 场上机培训。

5 月 26 日　江苏省高校图情工委办公会议在南京大学召开，会议就 JALIS 二期建设的方案，以及评审后的启动准备工作安排，江苏省高校图情工委组成人员的调整等问题。会议同时就 JALIS 二期建设方案通过评审以后的工作，做出安排。JALIS 管理中心和图工委秘书处将尽快完善子项目方案，启动重点子项目的招标工作，进入正式实施阶段。

5 月 27 日　江苏省教育厅邀请教育部和 CALIS 管理中心以及国内的有关专家，组成专家组，对江苏省高等教育文献保障系统（JALIS）二期工程建设方案进行评审，江苏省教育厅副厅长丁晓昌到会讲话，丁厅长指出，到 2004 年，江苏省的高等教育规模已经突破双百（高校数量、在校生人数），达到了历史最高水平，对文献保障系统的要求更为迫切，希望各个方面积极努力，建设好 JALIS 二期工程。JALIS 领导小组副组长、南京大学校长助理周宪讲话。

专家组成员有：教育部高教司条件处处长李晓明、北京大学图书馆馆长兼 CALIS 管理中心副主任戴龙基、北京大学图书馆副馆长朱强、清华大学图书馆馆长薛芳渝、复旦大学图书馆馆长秦曾复、上海交通大学图书馆副馆长杨宗英、江苏省科技情报所研究员毕守金。

专家组听取 JALIS 管理中心的汇报，审阅了江苏省高等学校文献信息保障系统管理中心提交的《JALIS 二期工程建设项目论证报告》《JALIS 二期建设子项目可行性研究报告》等文件，进行了现场质询。专家组认为：JALIS 二期建设方案提出建设“江苏高等教育数字图书馆”的总体目标及实施的技术路线和管理思路，是合理可行的。方案提出的面向高等教育发展、面向本地区经济发展和社会进步的思路，较之 JALIS 一期工程的建设，起点更高。

专家组给出评审意见：JALIS 二期工程建设总体方案和各子项目可行性研究报告，在一期建设经验的基础上，以人为本，坚持全面、协调、可持续的科学发展观，贯彻“统一规划、分工实施、共建共享、科学整合、服务社会”的指导思想，结合江苏省实际情况，提出建设“江苏高等教育数字图书馆”的总体目标及实施的技术路线和管理思路，是合理可行的。

方案所提出的面向高等教育发展、面向本地区经济发展和社会进步的发展思路，较之 JALIS 一期工程的建设，起点更高，体现了江苏高校图书馆界的社会责任感，将对江苏省的高等教育发展和经济发展起到推动作用，具有更大的影响力和辐射面。

方案所提出的三个层面的建设框架与全国 CALIS 项目建设的衔接配

套关系等具有一定的创新性，对国内其他省市的地区性合作具有示范和指导意义。方案在经费筹措上采取省财政拨款与参建单位自筹相结合的办法，在经费使用上实行“区分层次、重点保障”的原则，安排合理。专家组建议：① 二期方案提出的 14 个子项目，构成了“江苏高等教育数字图书馆”完整的框架，但考虑到时间有限、资金有限、人力也有限，要进一步突出重点，争取在若干子项目上做出标志性成果；② 在建设目标中增加便于中期检查和项目验收的适当的量化指标，在系统平台开发中注重数据的采集和统计分析等功能。

江苏省教育厅副厅长丁晓昌、高教处袁靖宇、张晓宁、江苏省财政厅科技处徐洪林，南京大学校长助理、JALIS 领导小组副组长周宪，南京大学图书馆馆长钱乘旦等领导出席评审会。

5 月 29—30 日[1] 第 2 届教育部高等学校图书情报工作指导委员会成立大会暨第 1 次工作会议在京召开，教育部副部长吴启迪、教育部高教司副司长刘凤泰到会并作重要讲话。会议包括六方面内容：① 聘任委员，由教育部领导颁发聘书；组建新的领导集体，北京大学副校长吴志攀任委员会主任委员；② 朱强秘书长向大会作第 1 届图工委员工作报告及第二届工作计划，上届副主任报告作为召集人所召集的各工作组的工作情况；③ 郑建明作为江苏地区委员代表向大会报告江苏省高等教育文献信息保障体系建设情况，及江苏省高校图工委在其中的作用，介绍工作经验，其他还有海南、河南省委员的报告；④ 通报成立中国图书馆学会高校图书馆分会，建议戴龙基任理事长；⑤ 会议分两个组进行讨论；吴志攀作工作报告。会议重申要坚持教育部高教司的领导；⑥ 加强自身建设、制度建设；加强职能研究与实施；上传下达。

第 1 届全国高校图书工作指导委员会成立于 1999 年，其任务是协调、咨询、研究和指导全国高校的图书情报工作，包括对高校图书馆和各地图书情报工作委员会的协调，是专家组织；当接受教育部委托承担任务时，有一定行政职能。委员和顾问由高教司聘任，开展工作，分成以下专业组开展工作：修订《普通高等学校图书馆规程》工作组、文献资源共建共享工作组、计算机应用工作组、队伍建设工作组、用户培训工作组、期刊工作工作组。第 2 届教育部高等学校图书情报工作指导委员会由来自教育部、各类高校的 60 名委员组成，调整成立了法规政策工作组、文献资源共建共享工作组、计算机应用工作组、队伍建设工作组、信息素质教育工作组、期刊工作工作组、高职高专组等开展工作。

吴志攀到会讲话，强调目前社会发展面临 3 个问题：教育全球化、社会信息化、中国社会迅速转型，对图书馆发展提出新要求，建议将教育部高等学校图书情报工作指导委员会建成研究型、学习型组织；咨询型、协商型

〔1〕 王波. 第二届教育部高等学校图书情报工作指导委员会成立大会暨第一次工作会议纪要[J]. 大学图书馆学报，2004(4)：88－89.

组织。

6月3日　JALIS管理中心在南京大学召开工作会议，讨论下阶段的工作任务和重点。东南大学、南京师范大学、南京农业大学等单位参加了会议。会议的议题：① 确定今年启动的子项目以及准备工作；② 成立JALIS建设技术工作组。技术工作组是跨专业委员会的执行机构，其职责是，具体负责JALIS二期建设所有的子项目的实施：在JALIS领导小组、管理中心领导下开展工作，向中心主任联席会议负责。人员组成：包括馆长、现代技术、文献资源建设、读者服务、情报咨询、高职高专等专业委员会的负责人组成。负责向领导小组、JALIS专家组提交子项目具体的实施报告。参与、负责对每个子项目的具体实施过程进行控制。负责组织各个子项目的中期检查和验收。对各子项目经费使用计划，进行论证，向中心主任联席会议提出建议。

6月9日[1]　教育部发布《设立教育部部级科技查新工作站的通知(第二批)》(教技发函〔2004〕8号)，确认14所高校入选，江苏省的河海大学、中国矿业大学入选。

6月21日　"CALIS馆际互借/文献传递服务网"启动大会在北京大学图书馆举行。教育部高教司教学条件处处长李晓明、CALIS管理中心副主任北京大学图书馆馆长戴龙基、CALIS管理中心副主任朱强、CALIS管理中心副主任陈凌、天津高校数字化图书馆建设管理中心副主任史永强，以及来自全国37所院校的图书馆馆长和馆际互借/文献传递负责人等80余人参加会议。朱强主持大会，戴龙基致辞。李晓明做重要讲话，肯定文献传递工作的重要性，认为文献传递服务网的启动恰逢时机。陈凌介绍"CALIS馆际互借/文献传递服务网"的工作模式和相关政策，CALIS全国文理中心李军凯、CALIS全国工程中心孙维莲做专题报告。最后，陈凌安排下一步的工作计划。

7月[2]　江苏省工程技术文献信息中心正式批准立项，牵头单位为江苏省情报所，本项目是江苏省科技厅、省财政厅投资建设的全省性科技创新公共服务平台之一，是江苏省科技厅在2004年启动建设4大基础条件平台。合作共建单位为10家，包括江苏省科技情报研究所、江苏省农业科学院、江苏省标准化研究院、南京大学、东南大学、南京农业大学、南京工业大学、中国药科大学、南京医科大学、南京图书馆。

7月中旬　"区域流通管理系统"子项目组和读者工作委员会，组织对"区域流通管理系统"(Lib-PassPort)软件系统进行联合测试，南京大学图书馆、东南大学图书馆、南京师范大学图书馆分别在各馆参加测试，本次测试对系统的借阅服务、读者证件的注销、注册、挂失、解挂管理、Lib-PassPort服务平台的

---

〔1〕 教育部.设立教育部部级科技查新工作站的通知(第二批)[EB/OL].[2018-06-30].http://www.cutech.edu.cn/cn/zxgz/webinfo/2004/07/1180054675640041.htm.

〔2〕 周沫，赵乃瑄等.跨系统区域图书馆联盟的对比实证分析——以上海文献资源共建共享协作网和江苏省工程技术文献信息中心为例江苏省工程技术文献信息中心为例[J].图书馆学研究，2016(12)：80-86.

查询等主要功能进行测试，测试结果达到系统设计目标，所发现的问题，已提交软件开发单位江苏汇文软件有限公司作修改。9 月以后，进入实际使用阶段。此项目是 1995 年启动的“江苏省高校图书馆通用借书证”服务的升级，原服务一直以手工方式运行。2004 年，JALIS 管理中心将此服务的网络化、电子化改造列入二期子项目建设。命名为“JALIS 区域流通管理系统”。由江苏汇文软件公司负责软件开发，JALIS 管理中心、读者工作委员会负责具体实施。

7 月 16—20 日　江苏省图工委秘书处在南京浦口汤泉镇，举办暑期馆长培训班。全省高校图书馆负责人 30 余人参加了本次培训班。培训班期间，江苏省图工委秘书处和 JALIS 管理中心邀请了 CALIS 管理中心副主任陈凌、上海交通大学图书馆杨宗英到会，分别就 CALIS“十五”期间建设思路、服务主导型的数字图书馆建设等主题作了学术报告。江苏省高校图工委秘书长郑建明，就 JALIS 二期建设做了专题报告，JALIS 管理中心沈鸣介绍了 JALIS 二期建设的技术方案，各位馆长对报告内容进行了讨论。

7 月 17 日　CALIS 导航库项目组组织专家，在西安交通大学图书馆进行了“重点学科网络资源导航库”应用软件投标评标会。

7 月 27—30 日　CALIS 管理中心在厦门大学，召开“数字图书馆建设方案研讨会”。全国 150 所高校图书馆的负责人、相关公司的代表 300 余人参加了会议。教育部高教司副司长刘凤泰、条件处处长李晓明、北京大学副校长迟惠生等领导参加了会议并做了重要讲话。会议邀请科学院、国家图书馆的专家，以及和数字图书馆建设有关的各系统、硬件厂商，提供集中交流的场所，以解决数字图书馆建设中的问题。研讨会期间，CALIS 组织专家、系统厂商与参会代表一起探讨数字图书馆系统建设方案，并结合 CALIS 提出的“中国高等教育数字图书馆”建设的解决方案和技术路线，从整体上介绍数字图书馆建设的方方面面，内容包括应用系统架构、系统可伸缩性、平台软件、硬件系统介绍及建设标准规范等，为“十五”期间各高校数字图书馆建设、新馆建设提供一个技术和经验交流的平台。

8 月 10 日　国家发展和改革委员会发布发改社会〔2004〕1659 号，正式批复《“十五”“211 工程”中国高等教育文献保障体系——中国高等教育数字化图书馆建设（CADLIS）可行性研究报告》。

8 月 12 日〔1〕　教育部办公厅发布教高厅〔2004〕21 号，关于印发《普通高等学校本科教学工作水平评估方案（试行）》的通知，教育部对 2002 年颁发的《普通高等学校本科教学工作水平评估方案（试行）》进行修订，再行发布。

9 月 18 日〔2〕　南京仙林大学城教学联合体成立大会在南京师范大学仙林校区敬文图书馆召开，江苏省教育厅的领导王斌泰、祭彦加、丁晓昌到会并做了重要讲

〔1〕 教育部. 教育部办公厅关于印发《普通高等学校本科教学工作水平评估方案（试行）》的通知[J]. 中华人民共和国教育部公报，2004(10)：36－37.

〔2〕 宋金萍，黄进. 仙林 9 所高校共建教学联合体[N]. 新华日报，2004－09－19.

话。联合体9所参建学校的校领导、教务部门和图书馆的领导，江苏省高校图工委的领导，以及教师、学生代表参加了会议。会议签署了9校合作协议，开通联合体的网站，发放通用借书证。联合体由南京师范大学、南京邮电学院、南京财经大学、南京中医药大学、南京理工大学紫金学院、南京工业职业技术学院、南京信息职业技术学院、应天学院等9所院校组成。联合体将在教学资源、图书资源、实验设备等方面实现资源共享，实现学分互认、教师互聘、实验室资源和文献资源共享、共同发展、共同提高。这是江苏省高等教育改革在资源共享方面的新的尝试。

9月23日　JALIS二期建设技术工作组扩大会议在南京大学图书馆召开，技术工作组成员和部分高校图书馆技术部人员参加了会议。会议介绍了JALIS二期的各个子项目的技术准备，以及下一步的工作计划，各个参建馆应主动参与JALIS二期的子项目建设。在建设的同时，培养一支年轻化、专业化的技术队伍。

9月24日　江苏省高校图工委专家组对江苏大学图书馆进行研究性调研，江苏大学是接受为期3年的江苏高校图书馆研究性调研的首个学校。专家组由江苏省教育厅高教处袁靖宇副处长和江苏省高校图工委秘书长郑建明带队，专家组审查了有关资料，听取了江苏大学图书馆的汇报，实地考察服务环境、资源建设、现代技术应用等方面情况，向江苏大学图书馆提出了书面意见。本次调研也是为此项工作全面开展积累经验。江苏大学领导会见了专家组成员。

10月[1]　苏州大学图书馆馆长王国平代表苏州大学，与国家清史编纂委员会签署项目合同书，承担《图录·清代图像人物数据库》建设，该项目是"国家清史纂修工程"项目的子项目，由苏州大学图书馆为主体承建。

10月11—14日[2]　"中国图书馆学会高校图书馆分会"成立大会在山东威海召开，来自教育部、文化部有关部门领导，及全国各省、自治区、直辖市高等学校系统的90多位会员代表和嘉宾出席了大会。大会采取等额不记名投票选举方式，选举产生了由91位委员组成的高等学校图书馆分会第1届委员会。在第1届委员会全体委员会议上，选举产生了由34位常务委员组成的常务委员会，同时选举产生了委员会的主任委员和副主任委员及秘书长。由中国图书馆学会副理事长、教育部全国高校图工委副主任委员、北京大学图书馆副馆长朱强担任主任委员，中国图书馆学学会副秘书长、北京师范大学图书馆副馆长王琼担任常务副秘书长，主持日常工作。南京大学图书馆副馆长郑建明、南京师范大学图书馆馆长徐克谦2人入选本届委员，郑建明任常务委员。

---

〔1〕 苏州大学图书馆. 世纪鸿影——苏州大学图书馆发展实录[M]. 苏州：苏州大学图书馆，2006：102.

〔2〕 崔彤. 中国图书馆学会高等学校图书馆分会成立大会在威海隆重召开[J]. 大学图书馆学报，2004(6)：4-4.

10 月 12—24 日　江苏省高校图书馆第 1 次赴台参访团，受台湾中国文化大学、台湾大学的邀请，参访台湾高校图书馆，在台期间，先后访问了台湾大学图书馆、中国文化大学图书馆、台湾清华大学图书馆(新竹)、中央大学、成功大学图书馆(高雄)、高雄大学图书馆，与台湾高校图书馆界同人进行了业务交流，就图书馆建筑设计、内部规划、服务、资源共享等议题进行交流。参访团由南京大学大学图书馆副馆长郑建明为团长，成员有张晓宁(江苏省教育厅)、高荣华(南京农业大学)、高新陵[1](河海大学)、庞鸿军(南京理工大学)、顾建新(东南大学)、徐克谦(南京师范大学)、宋顺林(江苏大学)、伍玲玲、朱亦宁、吴强(南京大学)，共 11 人。

10 月 15 日　教育部 CASHL 区域中心服务启动大会，在上海复旦大学图书馆召开，教育部、CASHL 中心等单位的领导，以及 CASHL 的各个区域中心馆、成员馆的代表 50 人参加会议。南京大学中文系教授赵益作为读者代表发言，南京大学古典文献研究所所长、中文系教授程章灿为大会发来书面发言。中国高校人文社会科学文献中心(CASHL)自 3 月份正式启动以来，进展情况良好。已有 58 所高校图书馆加入为 CASHL 成员馆，注册用户近千个(含机构用户)，发送和处理文献传递请求 3 000 余份，为高校的教学和科研提供文献保障服务，得到用户好评。CASHL 全国中心、复旦大学图书馆武桂云老师向与会代表通报了 7 所中心馆 2005 年期刊订购情况，CALIS 管理中心副主任、北京大学图书馆副馆长陈凌作题为“CASHL 与中国高等教育数字图书馆”的报告。CASHL 全国中心、北京大学图书馆馆长戴龙基作会议总结。他感谢各图书馆对 CASHL 工作的大力支持，并表示各中心馆将协调配合，服务好广大成员馆。关于延长优惠月的要求，管理中心会予以考虑，确定后即会通知广大成员馆并进行广泛宣传，以使更多的读者能够享受到 CASHL 的免费文献传递服务。同时，管理中心还将努力开辟多种服务方式，深化服务层次，使 CASHL 能创出品牌，创出效益。

10 月 21 日[2]　澳大利亚大学图书馆理事会代表团，参访苏州大学图书馆。王国平馆长、金问涛副馆长接待代表团。

10 月 25—28 日[3]　2004 年华东地区高校图工委秘书长会议，在浙江省舟山市浙江海洋学院图书馆召开，20 位代表出席会议。浙江海洋学院党委副书记、副院长应启肇出席开幕式并讲话。浙江省代表介绍高教园区网络图书馆建设、数据库集团采购和培训工作；上海市代表介绍上海中心图书馆建设、上海“一网两通”平台建设和高职院校图书馆协调工作；江西省代表介绍数据库联合采购；安徽省代表介绍文献资源建设情况；福建省代表介绍福建地区大学城

---

[1] 高新陵(1955—　)，女，河海大学教授，1984 年毕业于获江苏大学农业机械设计与制造专业，工学硕士。2002—2013 年，任河海大学图书馆馆长。江苏省图书情报工作委员会副主任、江苏省高校图工委情报咨询专业委员会主任。

[2] 苏州大学图书馆. 世纪鸿影——苏州大学图书馆发展实录[M]. 苏州：苏州大学图书馆，2006：120.

[3] 浙江省高校图情工委秘书处. 2004 年华东地区高校图情工委秘书长会议在浙召开[J]. 浙江高校图书情报工作，2004(6).

数字图书馆工程、文献资源建设专项调研等工作情况；山东省代表介绍了文献资源集团采购的等情况；江苏省代表介绍围绕一项工程（全省文献资源建设工程）、抓住一个把手（高校评估指标落实）、一条主线（全省高校文献资源共建共享）开展的工作。

11月5—6日　教育部高等教育司为了落实CADLIS“十五”建设任务，中国高等教育文献保障体系（CADLIS）“十五”建设项目启动暨成果汇报会在北京大学召开。全国政协副主席王选、教育部副部长吴启迪、北京大学校长许智宏、浙江大学校长潘云鹤、国家发展改革委、国家新闻出版署等单位的领导参加了启动大会，并在大会上发表讲话，美国OCLC、日本NII、香港高校图书馆联合会（JULAC）的代表到会。

中国高等教育文献保障系统——中国高等教育数字化图书馆项目（简称CADLIS项目）是国家在“十五”期间“211工程”经费支持的中国高等教育文献保障体系（简称CALIS）二期工程与中英文图书数字化国际合作计划（简称CADAL）两个专题项目的有机结合，是“211工程”建设的3大公共服务体系之一。CADLIS项目的建设目标是：建设中国高等教育数字图书馆。该数字图书馆建设的目标不仅要汇聚全国乃至全球重要的教育与科研文献信息资源，整合各类数字化服务手段，同时也要成为依托CERNET的、面向中国高等教育的基础信息设施，支撑所有高校图书馆的文献信息服务；并通过组织成员馆共建和大力推广建设成果，极大地促进我国信息服务行业，尤其是高校图书馆的发展，提高整体服务能力与质量。2002年5月起，在CADLIS项目尚未正式批复的情况下，各成员馆在CALIS管理中心和CADAL管理中心的组织下，已先期启动主要建设项目，现已取得大量成果，为在“十五”期间顺利完成建设目标赢得时间。

国家发展和改革委员会正式批复《“十五”“211工程”中国高等教育文献保障体系——中国高等教育数字化图书馆建设（CADLIS）可行性研究报告》（发改社会〔2004〕1659号）。教育部高等教育司为了落实CADLIS“十五”建设任务，中国高等教育文献保障体系（CADLIS）“十五”建设项目启动暨成果汇报会（教高司函〔2004〕223号）。

全国政协副主席王选首先致辞，他希望CADLIS的建设能够紧跟时代的步伐，为中国的科技进步、经济发展和高等教育发展做出更大贡献。

教育部副部长吴启迪在讲话中指出：“211工程”是中华人民共和国成立以来直接投资最大的教育项目。“中国高等教育文献保障系统”就是在这样的背景下开始规划和建设的。经过“九五”建设，CALIS取得了很大的成绩，成效显著，极大地促进了高校图书馆的建设，缩小了重点大学图书馆与国际上的差距，为高教事业的腾飞打下坚实的基础。高等教育数字图书馆的建设是一个长期，甚至没有止境的任务，而CADLIS是个有限资金、有限目标的项目，国家的投资只是进一步发展的基础，在项目建设过程中应当注意：

1. 标准规范的问题：数字图书馆是一个开放的、互联的环境。正如有网络协议才有广泛使用的国际互联网,没有广泛认同的标准规范作为基础,数字图书馆是不可能实现的。所以在项目建设中,标准规范的建设是重中之重,这关系到项目的成败和可否持续发展的大问题。

2. 法律意识的问题:在数字图书馆建设中,涉及知识产权方面的大量问题。项目组织者以及所有数字图书馆的建设者,要保证各项建设内容是建立在合法的基础上的,同时,项目管理委员会要在发改委的批复和我国的法律规定下,明确 CADLIS 项目形成资产的产权属性,确保国有资产的安全。这是项目赖以生存的基础。

3. 运行机制问题:CALIS 通过一期建设,以及二期 CADLIS 前期建设,已经建立了包括大量软硬件系统在内的庞大服务网络,形成了强大的共享服务能力,如何高效持续地向高校以及社会提供服务,必须建立有效的机制。发改委对 CADLIS 的批复指出:"项目建成后的经常性运行维护费用,由 CADLIS 管理委员会在总结'九五'经验的基础上,通过建立健全合理有效的运行管理机制,以自筹方式自行解决。"

4. 避免重复建设问题:通过"211"和"985"项目的建设,重点高校的经费得到大幅度提升,图书馆相应地得到发展。各省(市、自治区)也都在建设或筹建本地区的文献共享保障体系。如何有效利用教育部重点投资建设的公共服务体系成果,每个省市自治区教育部门的主管领导,学校、图书馆的领导都要规划,把地区性的资源与服务体系建设纳入 CADLIS 建设的总体框架中去,要研究 CADLIS 的建设与发展思路,搞好本地建设。

吴副部长还指出:CADLIS 项目建设,除和各校图书馆有关系,也和学校的其他部门发生关联,如学位论文、教学信息库等项目的建设,需要研究生院、教学行政部门的支持与配合。参建学校领导、各省(市、自治区)教育部门主管协调好图书馆和各部门的关系,保证 CADLIS 项目的顺利开展。

北京大学校长许智宏院士、浙江大学校长潘云鹤院士分别代表北京大学和浙江大学致辞。对大会的召开表示祝贺。

各个省市的高等教育主管部门、CALIS/CADAL 参建馆所在学校的领导和图书馆的领导参加了会议,在会议期间,CALIS/CADAL 各个中心所在学校和图书馆的代表,分别于 CALIS/CADAL 管理中心正式签署承建协议,同时,"十五"期间建设的各子项目承建单位的代表,也正式签署承建协议。IBM、Intel、Oracle、中科红旗等公司也在会议期间,与 CALIS 管理中心签署了战略合作协议,共同建设"中国高等教育数字图书馆 Linux 联合实验室"。

华东北地区中心所在的南京大学校长助理周宪、江苏省教育厅高教处袁靖宇、南京大学图书馆副馆长马金川参加了会议,并签署了相关协议,华东北地区的山东大学、中国海洋大学、中国科技大学、东南大学、中国矿业大学等单位,及 CALIS 华东北地区中心办公室和江苏省图工委的代表参加会议。

会议介绍 CALIS/CADAL 各个子项目成果进展情况、召开了 CALIS

各地区中心工作会议。通过大会，提升各省市教育部门、高校领导、成员馆、业界同人以及参与CADLIS项目建设的企业对CADLIS项目的总体认识与把握，宣传了CADLIS的理念，汇报项目进展与建设成果，交流了经验，总结得失，促进合作，汇聚社会各界力量来支持CADLIS建设，实现项目建设目标，并为"十一五"建设奠定良好的基础。

11月6日　CADLIS"十五"建设项目启动暨成果汇报大会在北京大学召开期间，同时召开了"CALIS华东北地区中心工作会议"，参加会议的有CALIS华东北地区中心所在的南京大学校长助理周宪、江苏省教育厅高教处袁靖宇、南京大学图书馆副馆长马金川，华东北地区的山东大学、中国海洋大学、中国科技大学、安徽大学、东南大学、中国矿业大学、南京航空航天大学等学校图书馆的代表，以及CALIS华东北地区中心办公室、山东省高校图工委、江苏省高校图工委的负责人参加会议。

周宪代表南京大学和华东北地区中心讲话：作为CALIS华东北地区中心的承建单位，南京大学将进一步支持CALIS华东北地区中心的工作，支持图书馆在华东北地区三省的合作与共建方面发挥作用，希望三省区高校进一步加强合作，把本地区的工作推向新高度，把工作做得更好。也希望兄弟院校能够提出好的意见和建议。要把华东北地区的工作做好，必须依托三省的通力合作，加强各省中心的建设，CALIS一期的建设已经打下了良好的基础，在新的形势下，华东北的合作必将大有可为。

江苏省教育厅高教处袁靖宇做专题发言，从教育主管部门的角度，介绍江苏省文献保障系统的建设组织情况。他指出：图书馆是高等教育的三大支柱之一，没有地区性文献保障体系的建设，就没有高等教育的大发展；没有校际的合作，也就没有地区性文献保障体系的发展；地区性文献保障体系的建设，应打破所属关系的限制，地区内的中心馆应当发挥重要作用，加强校际的联合与团结。没有这个基础，就没有JALIS的发展。地区性文献保障体系建设最为重要的因素，① 组织建设，坚持机制创新，建立完整、高效的管理机构，教育厅领导牵头担任领导小组的负责人，形成领导小组、管理中心，文献中心和基础馆，相互协调的服务体系，② 政策引导，加强对地区性文献保障体系建设的政策引导，强调整体化建设原则，在日常工作中贯彻共建、共知、共享的指导思想，引导学校和图书馆的领导，在资源共享的大背景下，拓展思路，进行本地业务规划。在坚持机制创新的同时，坚持技术创新，地区性文献保障体系建设，是技术含量很高的系统工程，只有不断地进行技术创新，才能够立于不败之地，JALIS一期先期投入的研发费用就达120万元，其成果"汇文系统"成为JALIS发展的物质基础，③ 财政支持，加强统一规划，保证财政拨款及时、足额到位，合理安排使用政府的支持。江苏的教育投入水平，在华东北三省中并不算高，但从文献服务建设而言，保持了相当的力度和延续性，投资的效益明显优于兄弟省市，这主要是教育厅和各个参建学校，正确处理了政府支持与自筹经费的关系，强调一比一配套原则，政府投入被用于关键的基础设施建设，长期的资源建设费用依靠参建学校的自筹经费来解决，近 10 年的建设，以自筹方式获得配套经费，远大于一比一的比例。江苏省教育厅还将继续支持、关注文献保障体系的建设，支持 JALIS 为华东北地区承担更多的义务与服务，希望华东北地区教育厅在这方面，加强联系，共同支持地区性文献保障体系建设与发展。

华东北地区三省区的高校代表介绍了各自地区工作的基本情况。结合学习吴部长的讲话，以及 CADLIS 启动大会的内容，就以下问题进行讨论，并达成共识，作为下一步的工作目标：① 加强协作，推进 CALIS 相关建设项目在华东北地区的推广工作，包括 CALIS 联合目录、馆际互借、文献传递服务等项目的推广。点面结合，稳步推进；② 华东北地区内电子资源的集团采购工作的协调，探讨资源建设、联合目录建设等方面的新思路；③ 建立稳定的协调与信息交流机制，以地区中心馆为龙头，构建起各个层次的交流平台。

11 月 10—12 日〔1〕 江苏省图书馆学会与江苏省高校图工委联合举办、南京航空航天大学图书馆协办的“江苏省图书馆馆长论坛”在南京航空航天大学图书馆召开，公共馆、高校馆馆长和代表 60 人参会。省、市、县公共馆、高校馆馆长和专家 8 人在会上作学术报告，交流和探讨了新世纪图书馆管理与服务的创新。会议邀请了台湾大学图书馆副馆长林光美作“关于图书馆营运管理的若干课题”的学术报告。

11 月 17—18 日 江苏省高校图工委专家组对徐州师范大学图书馆进行研究性调研。专家组审查了有关资料，听取了徐州师范大学图书馆的汇报，实地考察了服务环境、资源建设、现代技术应用等方面情况，向徐州师范大学图书馆提出了书面意见。徐州师范大学的校领导会见了专家组成员。

11 月 17—22 日 台湾大学图书馆副馆长林光美应江苏高校图情工委的邀请，访问了江苏省高校图书馆，先后访问了南京大学、中国矿业大学、徐州师范大学、淮海工学院等学校图书馆，会见了有关学校的校领导，就数字图书馆建设、图书馆建筑、图书馆管理等方面的课题，与江苏高校图书馆的同仁展开交流。访问期间，还参加了江苏省高校图工委对徐州师范大学图书馆进行的研究性调研。

11 月 21 日 江苏省高等教育数字图书馆“海洋及核能文献服务中心”在连云港市淮海工学院正式挂牌，该服务中心是 JALIS 二期工程为加强面向苏北地区文献服务建设的重要举措，中心将依托 JALIS 各个中心，并与本地区的科研和文献服务机构协作，开展面向本地区的经济发展的文献服务工作。淮海工学院的领导、江苏省高校图工委秘书长郑建明，东南大学、南京工业大学、南京工程学院、盐城工学院图书馆的代表，以及正在江苏访问的台湾大学图书馆副馆长林光美参加揭牌仪式。

12 月 15—18 日 JALIS 二期建设技术工作组技术培训班，在南京大学图书馆举行，应

〔1〕 江苏省图书馆学会秘书处. 江苏省图书馆学会 2004 年大事记[J]. 新世纪图书馆，2005(2)：78－80.

JALIS 管理中心的邀请，CALIS 技术中心主任王文清一行 4 人，为 JALIS 技术工作组进行为期 2 天的技术培训，在培训完毕后，CALIS 技术中心代表团与江苏汇文软件公司进行交流。参加本次技术培训的共有 JALIS 技术工作组的 20 余人，培训的主要内容如下：CADLIS 总体架构和主要系统介绍，CALIS 标准规范介绍，本馆数图系统总体架构，本地系统与中心系统之间的互操作关系，统一认证总体介绍；用户管理扩展规范，Agent 开发规范，门户认证改造示例。门户规范，系统介绍、演示；组件开发、组件示例介绍。

12 月 31 日　截至 2004 年 12 月 31 日，2004 年第 2 期江苏省高校图书馆通用借书证(Lib-PassPort)已发放 130 个单位，3003 个新版借书证，首批 8 个试点馆已借阅图书 280 余册。本次领证的读者范围，包括江苏省内高等院校、军队院校和科研单位、中科院所属的科研院所。本次所发的新版借书证采用统一编码，作为过渡时期，有借书卡、纸质借书证两种方式，2005 年起，将逐步废止纸质借书证。

是年　4 月，河海大学图书馆安装汇文系统，替换原有的 MILINS 系统〔1〕。

南京邮电大学图书馆引进北京邮电大学开发的“现代电子化图书馆信息网络系统”(MELINETS)，开通服务，替代原本馆自主开发的管理系统。

东南大学情报科技研究所取得图书馆学硕士学位授予权，面向全国招生。

年度事件数据：

事业发展　全省普通高等学校数：111 所；

本专科在校生人数：99.48 万人；

研究生在校生人数：6.7 万人；

专任教师人数：5.903 7 万人。

单位变更　培尔职业技术学院停止招生，并入江阴职业技术学院。

5 月，华东船舶工业学院更名为“江苏科技大学”，江苏省江海贸易学校、中国农科院蚕业研究所并入。

5 月，南通医学院、南通工学院、南通师范学院 3 所院校合并，组建“南通大学”，原三校的图书馆合并，组建“南通大学图书馆”。

5 月，常熟高等专科学校更名为“常熟理工学院”，苏州师范专科学校、常熟职业大学合并组建，升格本科。

领导变更　南京医科大学图书馆馆长张政辉离任，吴建国继任馆长。

---

〔1〕 朱兰芳. 图书馆管理系统维护点滴[J]. 管理科学文摘，2008(4)：122－124.

2005 年

1月　在经过 2002 年起的测试服务以后，匹兹堡大学图书馆（甲方）馆长 Rush. G. Miller 与南京大学图书馆（乙方）副馆长郑建明分别代表双方，正式签署馆际互借、文献传递服务协议。双方同意每年签署一次，每年 12 月复审协议内容及实施情况，以便决定下一年的计划。双方承诺在遵守国际版权法及各自国家版权和知识产权的有关法规的前提下，实施协议并规定：① 双方用 Ariel 系统为对方提供中外文学术文献的全文传递服务，包括为对方提供本馆及合作馆收藏的文献；② 双方同意实行按页收费制度。收费制度按照以下原则实施：当双方文献互递的数量相等时，互不收费；对双方文献互递相等数量后超额的部分按每页 0.35 美元标准计费。所有收费每半年结算一次；③ 双方在收到对方文献请求后的 3 个工作日内，为对方提供文献或做出须向外馆索求文献的答复；并在 10 个工作日内提供外馆文献或做出无法提供文献的答复。

1月 12 日　“常州大学城教学联合体”建设筹备会议，在常州信息职业技术学院召开。江苏省教育厅高教处处长王煌、蔡华主持会议，会议讨论了“常州大学城教学联合体”的资源共享机制、启动大会准备等问题，常州大学城已经建成的 6 所职业技术学院的领导参加了会议，JALIS 管理中心沈鸣、南京师范大学图书馆常务副馆长张建平作为 JALIS 管理中心的代表参加会议。

1月 12 日　CALIS 管理中心第 6 次中心负责人联席会议及中心建设扩大会议在长春召开，本次会议由 CALIS 东北地区中心（吉林大学图书馆）承办，CALIS 华东北地区中心负责人、南京大学图书馆副馆长郑建明代表华东北地区中心参加了会议，本次联席会议的议程主要是：① 传达教育部高教司关于加强项目管理和 CADLIS 管理委员会第 1 次会议精神；② CALIS 项目 2004 年度工作总结；③ CALIS 项目 2005 年工作计划；④ CALIS 各中心建设思路与建设内容；⑤ CALIS 各中心实施方案与技术路线；⑥ 全国、地区、省中心代表性建设方案介绍。

2月 1 日[1]　原告殷志强向南京市中级人民法院提起诉讼，诉被告金陵图书馆侵犯著作权纠纷。原告殷志强诉称，被告金陵图书馆在其电子阅览室收录原告被侵权的《马克思恩格斯人口生态思想探析》一文，并向公众提供打印服务。金陵图书馆未经许可拥有该文复制品的行为，侵犯了原告的复制权。金陵图书馆在其电子阅览室将被侵权论文有偿向社会公众公开传播的行为，侵犯

[1] 南京市中级人民法院民事三厅．殷志强诉金陵图书馆侵犯著作权纠纷案民事判决书[EB/OL]．[2018-09-09]．http://www.cnip.cn/detail_1363.html.

了原告的获取报酬权和发行权。请求人民法院确认金陵图书馆的侵权性质，判令被告金陵图书馆销毁载有原告被侵权的《马克思恩格斯人口生态思想探析》一文的复制品，停止复制和传播原告被侵权的《马克思恩格斯人口生态思想探析》一文，赔偿原告经济损失。南京市中级人民法院受理此案。

3月[1] 教育部、财政部、文化部联合为百所重点大学配备《中华再造善本》。江苏省共有南京大学、苏州大学、东南大学和中国药科大学4所学校获赠全套《中华再造善本》，每套价格高达300万元。《中华再造善本》首批图书100种入藏苏州大学图书馆。《中华再造善本》工程2002年7月启动，共750余种，9 900余册，每套价格300万元。

3月10日 江苏省高等教育文献保障系统(JALIS)管理中心，在南京大学召开JALIS二期建设子项目组组长单位工作会议，各个子项目承建单位负责人参加了会议，会议部署了下一步的工作安排，以及相关的管理细节。

3月11日 JALIS二期建设“特色数据库”子项目专家评审会，在南京大学图书馆召开，专家组由9人组成，杨克义研究馆员任组长、组员为省教育厅高教处袁靖宇、科技处、马金川(南京大学图书馆副馆长)、宋顺林[2](江苏大学图书馆馆长)、陈万寅(南京航空航天大学图书馆副馆长)、朱琴华(南京财经大学图书馆馆长)、庞鸿军(南京理工大学图书馆馆长)、张政辉(南京医科大学图书馆前馆长)。

江苏省高校图工委副主任兼秘书长郑建明通报JALIS二期工程建设各子项目通过招投标方式确定承建馆的过程，以及特色数据库项目遴选专家组的确定原则，JALIS二期特色数据库项目评审的3条原则：① 特色资源；② 一定的建设基础；③ 能为江苏省地方经济建设所共享。袁靖宇指出：要强调现有基础，资助方式要考虑，对最终入选项目的修改完善意见要整理后反馈。特色数据库承建单位苏州大学图书馆汇报该子项目启动准备工作、参建单位申报组织情况以及初步筛选的原则及结果，并就提交专家使用的背景资料作了简要说明，本次申报的共有15个单位的16个选题。CALIS“十五”建设的特色数据库，江苏省共有5个选题入选。

3月31日—4月1日 JALIS二期工程建设特色数据库子项目培训研讨会，苏州大学图书馆召开，各参建项目单位、拟自建特色库单位负责人、软件供应商代表等50多人参加会议。会议主要议题：① 特色库的选样演示和参建项目方案完善研讨；② 技术标准规范与落实之培训；③ 软件的演示和应用研讨。

---

[1] 华夏经纬网. 每套价值300万江苏高校获赠国宝级“善本”[EB/OL]. [2019-12-12]. http://www.huaxia.com/js-tw/2005/00321693.html.

[2] 宋顺林(1947—)，江苏溧阳人，江苏大学计算机科学系教授、博士生导师。2001—2005年3月，任江苏大学图书馆馆长，是江苏大学(原江苏理工大学)更名后的第一任馆长；中国计算机学会CG/CAD专业委员会委员；江苏省计算机学会理事；镇江市计算机学会理事长；镇江市图书馆学会副理事长；江苏省企业信息化咨询专家。1970年，毕业于南京大学数学系，1991年10月—1993年4月在日本三重大学工学部情报工学科访问学者，1998年12月—1999年5月日本大阪大学基础工学部系统学科高级访问学者。

项目管理组副组长、苏州大学图书馆馆长助理丁元江主持开幕式，苏州大学图书馆党委书记陈亦红到会致辞，江苏省图工委副主任兼秘书长、南京大学图书馆副馆长郑建明、JALIS 管理中心办公室主任沈鸣讲话。郑建明通报 3 月 10 日在南京大学召开的参建项目专家遴选评审会的情况，强调了项目评审的 3 大原则：① 基础性原则；② 阶段性原则，要求 2005 年有明显的阶段性成果；③ 可持续发展的原则。入围的参建项目在技术路线和技术方案上要遵循技术规范和标准，提供共享。对技术规范和标准的领会和落实是项目建设中重要的环节，领会和贯彻技术规范和标准，为江苏省的发展提供服务是我们所追求的目标，参建单位能在人力、财力、物力等加大投入，落实配套建设经费。特色库项目组组长、苏州大学图书馆副馆长金问涛通报子项目启动准备情况、参建单位申报组织情况以及专家遴选评审情况。

苏州大学图书馆、南通大学图书馆、江苏警官学院等单位介绍各自的项目进度情况，义华、快威公司的代表介绍软件平台，回答项目组的提问。4 月 1 日上午的会议，沈鸣讲话，就建库技术路线作了指导。苏州大学图书馆陈家翠作了题为“CALIS 技术标准与建库应用探讨”的专题发言，在与会代表中引起反响，展开了讨论，提高了对 CALIS 技术规范和标准重要性的认识和对有关技术标准的了解。最后由沈鸣作总结发言，强调确定软件平台的原则，希望各软件商之间展开竞争。各参建单位抓紧时间，把建设项目做好。

4 月 4 日[1]　台湾大学图书馆副馆长林光美，高雄大学建筑学院教授黄世孟，参访苏州大学图书馆，王国平馆长接待了来宾。

4 月 5—6 日[2]　教育部、教育部高等学校图书情报工作指导委员会主办的“全国高职高专图书馆工作经验交流会”，在南京森林公安高等专科学校召开，江苏省高校图工委协办。21 个省（自治区、直辖市）高校图工委的副主任或秘书长，近百所高职高专图书馆的馆长参加了会议。教育部高教司教学条件处处长李晓明、高职高专教育处副处长吴爱华、教育部高校图工委秘书长朱强、JALIS 管理中心办公室主任沈鸣、台湾高雄大学黄世孟教授、台湾大学教授王夏维、台湾大学图书馆副馆长林光美等在会上作了主题报告。金陵科技学院副院长谢培苏、南京森林公安高专图书馆馆长周爱民和南京工业职业技术学院处长文孟莉介绍三校图书馆的经验，与会代表参观了 3 所学校的图书馆，并赴常州大学城参观了常州信息职业技术学院图书馆。

4 月 7—8 日[3]　2005 年度江苏省高校图书馆长年会暨读者工作协作网成立 10 周年表彰大

---

〔1〕 苏州大学图书馆. 世纪鸿影——苏州大学图书馆发展实录[M]. 苏州：苏州大学图书馆，2006：119.

〔2〕 无华. 全国高职高专图书馆工作经验交流会在南京召开[J]. 上海高校图书情报工作研究，2005(02)：41.

〔3〕 南京师范大学图书馆. 2005 年度江苏省高校图书馆馆长工作会议暨读者协作网实施十周年表彰会议[EB/OL]. (2005-04-05)[2018-12-12]. http://lib.njnu.edu.cn/news/tsggg/20110408/128.html.

会，在南京师范大学仙林校区敬文馆报告厅召开，教育部高教司教学条件处处长李晓明，江苏省教育厅副厅长丁晓昌，南京图书馆党委书记、常务副馆长马宁，南京师范大学校长宋永忠到会致辞，江苏省高校图工委副主任、秘书长郑建明做工作报告，台湾大学图书馆副馆长林光美女士、高雄大学教授黄世孟应邀做专题报告。会议期间，江苏省教育厅的领导宣布表彰读者工作协作网10年来的先进单位与先进个人的决定并颁奖。江苏省高校图情工委、JALIS管理中心作2004年度的工作总结以及2005年度的计划报告，会议期间，分为5个组进行分组讨论。

4月19日　JALIS参考咨询子项目项目组会议，在东南大学图书馆召开。

4月30日　JALIS文献资源建设与评估小组在南京农业大学图书馆召开第一次工作会议，参加会议的有组长马金川（南京大学图书馆），小组成员魏云陵（东南大学图书馆）、陈万寅（南京航空航天大学图书馆）、徐国祥（南京理工大学图书馆）、包平（南京农业大学图书馆）。南京农业大学图书馆馆长高荣华、采访部郑萍，及南京大学图书馆采访部张点宇列席会议。会议主要讨论超星数字图书馆、中经网、SpringerLink等数据库的集团采购事项。

5月9—10日　CALIS管理中心组织专家，进行“十五”期间的建设项目中期检查。

5月12日　JALIS学科导航库建设立项评审会，在河海大学图书馆召开。

5月18日[1]　由金陵职业大学和南京农业专科学校合并组建的金陵科技学院，正式成立，升格为本科院校，江苏省高校数量达到111所。

5月24—28日[2]　“CALIS数字资源评估与建设研讨暨第三届国外引进数据库培训周”，在山东大学威海分校国际学术中心举行，国外引进数据库培训周活动是由CALIS中心主办的，图书馆界有影响力的活动，已经成功举办了两届。在培训周期间，CALIS组织了专家、数据库商和参会代表开展数字资源评估与建设研讨，结合CALIS“十五”资源与服务评估子项目，探讨了如何对数字资源的质量和数量进行评估、如何构建数字资源评估与管理体系，并在此基础上合理规划数字资源建设，开展高质量的服务。

6月3日[3]　南京市中级人民法院开庭，审理原告殷志强诉被告金陵图书馆侵犯著作权纠纷一案，原告殷志强及其委托代理人王思涛，被告金陵图书馆的委托代理人汪旭东、王晓婕到庭参加诉讼。

6月10日　CALIS管理中心副主任、北京大学图书馆副馆长陈凌、CALIS管理中心宋建敏来南京，调研JALIS的工作进展，与JALIS管理中心技术组，在南京大学图书馆举行工作会谈，JALIS方面参加会谈的有东南大学图书馆

---

〔1〕 中共江苏省委宣传部. 江苏改革开放30年大事记[M]. 北京：中央文献出版社，2008：120.

〔2〕 CALIS管理中心. CALIS新闻大事记[EB/OL]. [2018-08-10]. http://home.calis.edu.cn/calisnew/bigthing.asp? fid=57&class=2.

〔3〕 南京市中级人民法院民事三厅. 殷志强诉金陵图书馆侵犯著作权纠纷案民事判决书[EB/OL]. [2018-09-09]. http://www.cnip.cn/detail_1363.html.

李爱国[1]、刘利，南京师范大学张建平，江苏大学袁润，JALIS管理中心沈鸣、翟晓娟，南京大学图书馆马金川等。会谈的内容：① JALIS管理中心向CALIS管理中心汇报JALIS二期建设进展；② JALIS管理中心向CALIS管理中心汇报基层单位目前关心的问题；③ 双方就JALIS各个项目的合作、服务开拓等问题交换意见；④ 综合服务平台建设，CALIS将尽快部署相关设备、软件，保证JALIS门户的建设，JALIS方面应就未来的服务提出具体需求，双方共同解决下一步的组件开发等问题；⑤ 馆际互借、文献传递系统，CALIS关注JALIS的进展，希望JALIS能够在本地系统的研发上取得进展，能够在返回式服务方面取得经验，在CALIS的范围内进行推广；⑥ JALIS将继续支持CALIS的CUCC镜像库的建设，做好面向本地区的下载服务和CALIS联合目录服务，并在整合方面做好工作；⑦ 联合参考咨询，CALIS对JALIS的建设思路予以肯定，希望把江苏作为重点实验的区域，将向CALIS的虚拟参考咨询项目组推荐JALIS的有关人员参加。保证JALIS能够更为直接地得到CALIS的支持；⑧ 基本数据库的建设，CALIS认为本项目的规划有新意，可以成为地区性协调管理的平台，希望尽快取得成果；⑨ 特色数据库、导航库建设，JALIS建设、管理的步骤是扎实、稳健的，经费支持的力度，CALIS管理中心肯定了JALIS确定的“滚动发展”的模式，希望JALIS的项目能够尽快取得成效，如果2005年底能够有项目取得明显进展，CALIS将在江苏召开现场会；⑩ 关于在与CALIS相衔接的项目中，JALIS用户、CALIS管理中心、第3方的软件公司之间的关系协调问题，JALIS希望明确彼此之间的关系，保证软件系统的维护升级，以明确的合同文件确定下来，CALIS管理中心表示，将尽快召开各项目组会议，讨论操作方案。保证所有涉及第3方软件的项目后续的服务、升级正常开展。建立可持续发展的运行模式。CALIS中心要求JALIS提供各个子项目的联络人，与CALIS管理中心以及各个子项目组保持密切的联系。陈凌表示，江苏的进展在全国是领先的，组织严密，所规划的方案具体、有实质性的内容，又拥有一支高素质的队伍，CALIS将把上海、江苏作为主要的实验区，结合具体的项目给予经费支持。必要时，双方可以设立专门的工作组，分专题开展工作。CALIS即将开始“十一五”建设的方案论证，希望JALIS尽早研究，拿出建设思路。

6月13—14日[2] 全省教育工作会议召开，会议做出《关于加快建设教育强省率先基本实现教育现代化的决定》，明确提出了江苏建设“教育强省”的奋斗目标。

6月24日 江苏省高校图工委思想道德与职业素养专业委员会成立大会暨全省高校

---

〔1〕 李爱国(1966—)，安徽省合肥人，博士，研究馆员，博士生导师，1993年，南京大学信息管理学系毕业。2006年，任东南大学图书馆副馆长，2017年，出任馆长，历任全国高校图工委委员、江苏省高等学校图书情报工作委员会副主任、江苏省高等教育数字图书馆(JALIS)项目管理中心副主任，江苏省图书馆学会常务理事，江苏省高校图工委情报咨询专业委员会副主任。

〔2〕 中共江苏省委宣传部.江苏改革开放30年大事记[M].北京：中央文献出版社，2008：121.

图书馆思想政治工作会议，在南京大学图书馆召开，江苏省教育厅副厅长丁晓昌、高教处处长袁靖宇、南京大学副校长施建军、江苏省高校图工委秘书长郑建明出席会议。

7月6日　JALIS二期建设子项目——“学位论文服务系统”建设工作会议，在南京航空航天大学图书馆举行。会议由项目承建单位南京航空航天大学承办，项目组汇报了建设情况的总体调研报告，讨论建设的具体步骤，决定暑假期间，由项目组组织对相关软件进行测试，9月份以后进行软件系统的集中采购，共有15所高校图书馆的代表参加了会议。

7月8日[1]　武汉大学信息管理学院在举办“数字时代图书馆合作与服务创新”国际研讨会暨第三届中美图书馆员高级研究班期间，邀请北京大学等50多所大学图书馆的馆长，举办“中国大学图书馆馆长论坛”，探讨数字化时代大学图书馆合作与信息资源共享问题。“论坛”讨论并原则通过《图书馆合作与信息资源共享武汉宣言》，又称《武汉宣言》，63个高校图书馆馆长或馆长代表签署宣言。

7月16—20日[2]　江苏省高校图工委高职高专图书馆馆长访问团，盐城师范学院图书馆馆长姜汉卿为团长，参访香港部分图书馆，访问团一行15人，参访香港理工大学、香港大学、香港中央图书馆。

7月—8月　首届伊利诺伊大学中国图书馆馆员交流项目（Chinese Librarians Scholarly Exchange Program, CLSEP），在美国伊利诺伊大学香槟分校开班，本期学员共21人，其中江苏省学员1人，陈万寅（南京航空航天大学图书馆）。

7月25日[3]　南京市中级人民法院审结，原告殷志强诉被告金陵图书馆侵犯著作权纠纷一案，本案的争议焦点是：金陵图书馆收藏收录有《马克思恩格斯人口生态思想探析》一文数字化复制品数据是否侵犯殷志强对该作品的复制权？金陵图书馆向读者提供《马克思恩格斯人口生态思想探析》一文数字化品数据库的查询、打印，是否侵犯殷志强对该作品的发行权和获取报酬权？

法院认为：

第一个争议焦点，图书馆作为非营利性的文化事业单位，收藏文献、保存信息、提供检索，并以“有限提供”的方式向社会公众传播信息是其主要职能。随着科技的发展，出现的电子期刊虽然利用了不同介质，义务是购买合法出版物但其本质上仍属于期刊。图书馆在采购、收藏各种介质的图书，其与传统纸质期刊相比时所应尽的主要注意《中国学术期刊（光盘版）》及其数据库是经国家批准并依法公开发行的合法电子刊，金陵图书馆以合同方式并支付对价取得清华同方光盘股份公司提供的《中国学术期刊（光

〔1〕 中国大学图书馆馆长论坛　图书馆合作与信息资源共享武汉宣言[J]. 大学图书馆学报，2005(6)：3-5.

〔2〕 姜汉卿. 赴香港特区图书馆考察报告[R]. 盐城，2007：8.

〔3〕 南京市中级人民法院民事三厅. 殷志强诉金陵图书馆侵犯著作权纠纷案民事判决书[EB/OL]. [2018-09-09]. http://www.cnip.cn/detail_1363.html.

盘版)》及其数据已经尽到合理的审查注意义务,对于所收藏的正版刊物中是否存在侵犯他人著作权的作品,金陵图书馆没有具体的审查义务。

第二个争议焦点,金陵图书馆向读者提供馆藏《中国学术期刊(光盘版)》及其数据库中有关文章的查询、打印,与向读者提供馆藏纸质期刊供读者借阅,在性质上都是一种文化和信息的传播方式,符合我国著作权法促进文化、利学和艺术作品传播的立法宗旨,而不能将其雷同于著作权法意义上的发行行为。根据金陵图书馆与清华同方光盘股份有限公司签订的《CNKI 数据库订置合同》内容看,金陵图书馆使用该数据库的范围、权限和方式都是受到严格限制的,这也是防止图书馆滥用法律豁免,侵害著作权人利益所必需的。从殷志强提交的证据看,并不存在这种大量制、出售或赠予涉案作品制品,而使著作权人的利益受到损害的事实。金陵图书馆应殷志强的要求,检索并打印一份涉案作品,是为读者摘录相关信息所提供的一种便利,并不违反我国著作权法的规定。

金陵图书馆向读者收取打印费并不能证明其有利用作者作品营利的目的。因为其一,该费用是打印费,而不是出售制品的费用;其二,图书馆提供打印服务必然有设备损耗、纸张和劳务支出,有偿服务未必不可;其三,打印服务的目的是满足读者个人学习、研究或欣赏需要,与公开兜售制品有明显区别;其四,打印费用收取标准是否合理,应当由国家物价管理部门监督检查,与本案无涉。

因此,殷志强认为金陵图书馆向读者提供《马克思恩格斯人口生态思想探析》一文数字化制品数据库的查询、打印,侵犯其对该作品的发行权和获取报酬权的主张,没有事实和法律根据,本院不能支持。

综上,殷志强请求本院确认金陵图书馆的相关行为侵犯其涉案作品制权、发行权、获得报酬权的事实依法不能成立,其在此基础上提出的所有诉讼请求均应当予以驳回。依照《中华人民共和国著作权法》第一条、第十条第一款第(五)(六)项、第二款、第二十二条第一款第(一)项、第三十二条第二款的规定,判决驳回原告殷志强的诉讼请求。

本案是图书馆在数字资源服务领域维权的一起典型案例,此案的宣判推动了《信息网络传播权保护条例》的起草和出台。

7 月 28—29 日[1] 教育部高等学校图书情报工作指导委员会第二届二次会议及中国图书馆学会高校图书馆分会常务委员会议,在新疆乌鲁木齐市召开新疆维吾尔自治区教育厅副厅长孙也刚、新疆大学校长塔西甫拉提等出席开幕式,北京大学副校长、图工委主任吴志攀全程参会,图工委委员和分会常务委员共62 名代表参加会议,会议特邀香港大学图书馆馆长彭仁贤、香港浸会大学图书馆馆长陈启仙、香港城市大学图书馆馆长景祥枯与会交流经验。

吴志攀首先发表指导性建议,戴龙基、朱强、李晓明、薛芳渝 4 位副主

---

〔1〕 王波.教育部高等学校图书情报工作指导委员会二届二次会议中国图书馆学会高校图书馆分会常委会议纪要[J].大学图书馆学报,2005(5):92-93.

任分别报告了当前高校图书馆界重要的资源共享项目 CALIS、CASHL、CADAL 的进展和有关工作组的工作，也进行了分组讨论与总结。会议还对高校图书馆评估指标、高校图书馆事实数据库统计项目、《普通高等学校图书馆文献资源发展政策编制指南(草案)》进行讨论。香港大学图书馆的彭仁贤馆长、陕西图工委的张西亚秘书长、北京图工委的代根兴馆长介绍他们所在地区高校图书馆评估指标的制定和评估经验。全国图工委副主任崔慕岳致闭幕词。

8 月 7—15 日　江苏省高校图工委在连云港市举办“江苏高校图书馆办公室主任培训班”，及“江苏省高校图书馆馆长暑期培训班”，培训班由淮海工学院图书馆承办。培训班期间，台湾大学林光美馆长到会，分别就“图书馆管理业务”，以及“现代图书馆所面临的挑战”两大议题做了专题报告，江苏省图工委秘书长郑建明就 CALIS、JALIS 的“十一五”建设、图书馆评估工作做专题报告，刚刚访美归来的南京航空航天大学图书馆陈万寅做了有关美国高校图书馆建设的报告，与会代表进行了讨论，培训班期间，淮海工学院党委书记到会看望代表。

9 月 20—22 日　JALIS 二期建设子项目“学科导航库”建设子项目组，在河海大学图书馆举办项目建设技术培训班，CALIS 管理中心派员参加本次培训，全省共有 18 个单位参加了本次培训，本次培训是学科导航库建设子项目启动以来的一次重要培训，参加培训的除 JALIS 的参建单位以外，还有其他有意开展本地的导航库建设的单位。

9 月 27—28 日　JALIS 二期建设子项目“特色数据库”建设子项目组，在苏州大学图书馆举办项目建设技术培训班，共有 13 个单位参加培训，JALIS 管理中心派员参加。培训是对备选软件测试、试用以后出现的问题，针对特色数据库建设中的关键环节进行的专项培训，特色数据库是对元数据著录环节要求较高的项目，涉及目前所有的元数据类型，要求全面地掌握现有的 13 类元数据规范及著录方法。

10 月 16—19 日　江苏省高校图情工委情报咨询专业委员会 2005 年学术年会在常州工学院召开，参会代表逾百人。开幕式由江苏省高校图工委情报咨询专业委员会副主任、南京师范大学图书馆副馆长张智松主持。常州工学院副院长李文虎致辞，向与会代表介绍常州工学院的教学、科研等情况。江苏高校图工委秘书长、南京大学图书馆副馆长郑建明讲话，他指出信息的发展是对参考咨询工作提出的挑战，并强调了参考咨询工作的内涵，在情报咨询方面做好学科导航，开展在线虚拟咨询，做好高层次信息服务工作。

10 月 17 日　经中国图书馆学会六届十一次常务理事会评选并研究决定，授予全国 9 个省图书馆学会、2 个市学会和 2 个专业学会为中国图书馆学会 2001—2004 年度先进学会，江苏省图书馆学会和苏州图书馆学会获先进学会荣誉称号；授予全国 38 位学会工作者为优秀学会工作者，江苏省图书馆学会韩汝英获此殊荣；授予全国 332 人为全国优秀会员。江苏有 27 人获此荣誉称号:包岐峰、陈万寅、程广荣、丁小文、董建成[1]、蒋国庆、陆宝益、陆桂安、浦昭、戚建平、沙广萍、邵婷芝、沈建勤、王立诚、魏世伦、徐建民、许晓霞、尤敬党、张厚生、张荣光、张正和、赵玉明、周建屏、周玉奇、朱军、王雅琴、陆启辉。

10 月 22—24 日[2] 原机械工业部高校图书馆协作组第 9 届工作交流及学术研讨会,在湖南省湘潭市湖南工程学院召开,共有 18 所院校 27 名代表参加会议。会议特邀了湖南师范大学、湘潭大学、湖南科技大学图书馆和湘潭市图书馆学会的代表参加会议。原机械工业部高校图书馆协作组组长单位,湖南大学图书馆馆长郑章飞主持开幕式,湖南工程学院院长刘国荣和副院长刘迎春、刘国繁,湖南省文化厅社会文化处处长邹健到会并发表讲话。大会就图书馆的建设发展展开讨论。协作组组长单位,合肥工业大学图书馆馆长方罗来主持交流,并主持闭幕式。

10 月 23 日[3] 在河海大学 90 周年校庆期间,国务院总理温家宝视察河海大学江宁校区期间,并视察图书馆,与同学们进行交流,并在逸夫图书馆门口与师生合影。江苏省委书记李源潮、省长梁保华等陪同视察。

10 月 28 日[4] 国务院发布国发〔2005〕35 号《国务院关于大力发展职业教育的决定》。

11 月 11 日[5] 华东地区师院(专)图书馆协作委员会第 12 次年会,在淮阴师范学院召开。来自华东地区 6 个省市的 20 余所高校图书馆的 40 余位代表们出席会议,共收到论文 62 篇。淮阴师范学院院长詹佑邦到会致辞,江苏省高校图工委副主任兼秘书长、南京大学图书馆副馆长郑建明到会,并作"高校文献信息保障体系建设的现状与发展"的学术报告。华东地区师院(专)图书馆协作委员会是本地区以师院(专)图书馆为主体、其他高校图书馆自愿参加的民间协作组织。每年召开 1 次年会,学习和推广先进管理经验,促进委员馆共同发展。会议由会长姜汉卿主持。淮阴师范学院院长詹佑邦讲话。淮阴师范学院图书馆馆长郭启松介绍图书馆"十一五"发展规划的内容。姜汉卿通报华东地区师院(专)图书馆协作委员会章程。

11 月 14 日[6] 江苏省高校图书馆第 1 届文化节歌咏比赛苏北赛区预赛,在中国矿业大学图书馆举行,来自徐州、盐城、连云港、淮阴、宿迁等 5 个城市的 11 所高校

---

〔1〕 董建成(1955—)教授,曾任南通大学医学信息学系主任、南通大学图书馆馆长、数字医学研究所所长。中华医学会医学信息学分会常委、常务副秘书长;全国医学信息检索教学研究会副会长、江苏省卫生信息学会副会长。

〔2〕 原机械工业部高校图书馆协作组第九届工作交流及学术研讨会在湘潭隆重召开[J].高校图书馆工作,2005,25(6):89.

〔3〕 赵坚.奋进——纪念河海大学图书馆百年华诞图文集[M].南京:河海大学图书馆,2015:49.

〔4〕 国务院.国务院关于大力发展职业教育的决定 国发〔2005〕35 号[EB/OL].[2017-09-09].http://www.gov.cn/zwgk/2005-11/09/content_94296.htm.

〔5〕 图协华东地区师院专.华东地区师院(专)图协第十二次年会纪要[EB/OL].[2018-12-12].http://www.jslib.org.cn/pub/njlib/njlib_zzjg/njlib_tsgzc/njlib_xhxx/200602/t20060215_41253.htm.

〔6〕 邬淑珍.中国矿业大学图书馆史(1909—2009)[M].徐州:中国矿业大学出版社,2009:178.

图书馆组队参加了比赛。经评委会评审,淮阴工学院图书馆等 5 个节目进入决赛。同时,苏南赛区预赛在苏州大学图书馆举行。

11 月 17—20 日[1] 2005 年华东地区高校图情工委秘书长年会在江西师范大学举行。会议期间,听取了有关专家、学者在"中美知识产权保护国际研讨会"上所作的报告,交流了各省市高校图情工委工作情况和经验。讨论了高职高专、民办高校图书馆业务建设上的有关问题。

11 月 18 日[2] 中国矿业大学举行南湖校区新馆——图文信息中心奠基典礼。

11 月 18 日 南京财经大学图书馆仙林新馆开馆典礼举行。江苏省教育厅丁晓昌副厅长、省发展和改革委员会副主任余义和、江苏省财政厅副厅长江建平、南京图书馆馆长马宁、俄罗斯圣彼得堡国立财经大学常务副校长列乌斯基、南京财经大学校长徐从才共同为图书馆剪彩,来自各兄弟院校图书馆的领导和同仁、图书馆合作单位的代表以及师生代表出席庆典。

11 月 22—23 日[3] 第 20 届华东地区教育部直属高校图书馆馆长年会,在上海华东师范大学图书馆举行。会议主题为"新时期高校图书馆面临的新课题及高校图书馆'十一五'发展展望"。复旦大学、上海交通大学、浙江大学、南京大学等 21 所高等院校图书馆馆长及代表参加会议。年会由华东师范大学图书馆馆长黄秀文主持。华东师范大学副校长童祖光、上海高校图工委秘书长庄琦出席开幕式。与会代表针对新时期高校图书馆面临的新课题,特别是在现代化图书馆理念、"十一五"规划、数字图书馆建设、做好本科教学评估工作、新馆建设等方面,提出看法,探讨解决问题的方案。会议认为,经过近几年来的发展,特别是通过"985 工程""211 工程"的建设、新校区建设和本科教学评估等工作的带动,图书馆建设在馆舍面积、购书经费、文献藏量、资源服务、人才队伍质量都有明显的提高。各高校对图书馆的重视程度加大,图书馆在学校中的地位有所提升。

12 月 1 日[4] 城东高校资源共享联合体成立,由南京农业大学、南京理工大学、南京航空航天大学三个图书馆发起组成。

12 月 9—11 日 2005 年江苏省图书馆馆长论坛暨 CALIS 华东北地区工作会议、江苏省图书馆学会理事会会议在南京大学图书馆召开。江苏省、山东省、江西省的代表参加了会议。南京大学校长助理周宪到会致辞。北京大学图书馆馆长,CALIS 管理中心常务副主任戴龙基,清华大学图书馆副馆长杨毅,北京大学图书馆副馆长,CALIS 管理中心副主任陈凌,江苏省科技情报研究所党委书记李敏,南京大学信息管理系主任沈固朝,南京图书馆副馆长许建业等作专题报告。

---

〔1〕 浙江省高等学校图书情报工作委员会 2005 年工作记事[J]. 浙江高校图书情报工作,2006(1):59-62.

〔2〕 邬淑珍. 中国矿业大学图书馆史(1909—2009)[M]. 徐州:中国矿业大学出版社,2009:178.

〔3〕 胡文华. 第 20 届华东地区教育部直属高校图书馆馆长年会纪要[J]. 上海高校图书情报工作研究,2006(1):60-61.

〔4〕 包平主编. 南京农业大学图书馆发展史[M]. 北京:中国农业出版社,2013:318.

是年　江苏省高校图工委办公会议研究决定，组成文献资源建设与评估小组。该小组由南京大学图书馆副馆长马金川为组长，由南京大学图书馆、东南大学图书馆、南京航空航天大学图书馆、南京理工大学图书馆、南京农业大学图书馆组成，图工委秘书处吴强为秘书。小组作为江苏省高校图工委的咨询机构，负责江苏省高校图书馆的资源集团采购，对有关数据库进行前期调研评估，就是否适用、使用方式、价格等提出咨询建议。经江苏省高校图工委确认和授权后，与数据库商接洽谈判。

河海大学江宁校区图书馆落成，邵逸夫基金会捐资 500 万元，命名为“逸夫图书馆”。新馆为河海大学的第 4 座图书馆馆舍，面积 18 800 平方米，阅览座位 3 000 余个。[1]

年度事件数据：

事业发展　全省普通高等学校数：115 所；

本专科在校生人数：115.98 万人；

研究生在校生人数：7.79 万人；

专任教师人数 6.733 4 万人；

高等教育毛入学率：33.5%。

单位变更　4 月南京邮电学院更名为“南京邮电大学”，建制不变，原南京邮电学院图书馆同时更名。

5 月，金陵职业大学和南京市农业专科学校合并，组建的“金陵科技学院”，同时升格为本科院校。2002 年 6 月，经教育部和省市政府批准两校合并筹建。

11 月，南京财经大学图书馆仙林新馆，举行开馆典礼。

徐州工程学院正式挂牌，“徐州工程学院图书馆”名称正式启用[2]。

领导变更　3 月，江苏大学图书馆馆长宋顺林离任，卢章平继任馆长。

6 月，南京农业大学图书馆高荣华馆长离任，包平继任馆长[3]。

12 月，中国矿业大学图书馆唐轶馆长离任，桑树勋继任馆长[4]。

中国药科大学图书馆馆长达式喜离任，马世平继任馆长。

---

〔1〕 赵坚. 奋进——纪念河海大学图书馆百年华诞图文集[M]. 南京：河海大学图书馆，2015：19.

〔2〕 徐州工程学院图书馆. 徐州工程学院图书馆历史[EB/OL]. [2019－01－18]. http://lib.xzit.edu.cn/3273/list.htm.

〔3〕 包平. 南京农业大学图书馆发展史[M]. 北京：中国农业出版社，2013：282.

〔4〕 邬淑珍. 中国矿业大学图书馆史(1909—2009)[M]. 徐州：中国矿业大学出版社，2009：178.

2006 年

1 月 4—5 日　JALIS 二期特色数据库子项目管理组(苏州大学图书馆为承建单位)对江苏大学、南京工业大学、南京药科大学和南京中医药大学特色数据库子项目的进展作现场调研。各馆的特色库项目均为馆长负责,有的学校将项目列入学校“十一五”规划。各馆均准备汇报提纲和演示课件,江苏大学图书馆提交书面工作汇报和 7 份附件。4 馆项目软件选型均已确定、安装和运行,对标准及著录字段等技术细节已消化落实,数据准备方面已能满足 70%～80%的功能测试需求。项目管理组在本次调研活动中针对存在问题与各子项目进行研讨。参建馆希望图工委和 JALIS 管理中心尽快落实省内立项问题并下拨资源建设费。

1 月 7 日　“东信杯”江苏省高校图书馆第 1 届文化节歌咏比赛决赛,在东南大学举行。

1 月 10 日　江苏省高校图书馆文献资源建设工作会议在南京大学图书馆召开,会议期间,江苏省高校图工委秘书长郑建明就 2006 年图工委工作计划,向会议做报告,东南大学图书馆馆长顾建新,南京师范大学图书馆常务副馆长张建平,JALIS 管理中心沈鸣,分别汇报 2005 年度的集团采购工作,中文图书采访规范的制定以及 2005 年度 JALIS 电子资源服务情况,各个采编中心汇报了 2005 年度的工作情况。

1 月 12 日　江苏省高校图书馆区域流通管理系统服务工作会议,在东南大学图书馆召开,会议分别就 2005 年总结、2005 年度第 2 期通用证发放等内容进行报告,地区中心以及联络单位的代表参加会议,并汇报了 2005 年的工作。会议就下一步的 2005 年第 2 期通用证的发放工作做出安排。

1 月 12 日　中国高校人文社会科学文献中心(CASHL)中心馆工作会议,在四川大学(成都)召开。会议由 CASHL 西南区域中心—四川大学图书馆承办,来自北京大学、南京大学、复旦大学、武汉大学等全国 7 个 CASHL 中心馆的 17 位代表参加会议。

1 月 12—13 日　CALIS 第 8 次地区中心主任联席会议、CASHL 年度工作会议在成都召开,本次会议由四川大学图书馆主办。根据 CASHL 年度工作会议对 2005 年度的 CASHL 服务情况统计与评估,南京大学居资源中心服务量第一(北京大学、复旦大学除外),服务评估总分位居 7 个中心第 2 位。

2 月[1]　福建省厦门市集美大学诚毅学院图书馆综合书库 RFID 系统正式开放,成

〔1〕 陈定权,王孟卓. 我国图书馆 RFID 的十年实践探索(2006—2016)[J]. 图书馆论坛,2016(10):16－24.

为我国首个应用 RFID 实现智能馆藏管理的图书馆，标志着我国图书馆正式进入 RFID 的实践探索阶段，RFID 产品由上海阿法迪公司提供。

2 月 14—21 日　江苏省高校图书馆第 2 次赴台参访团受台湾中国文化大学、台湾大学的邀请，参访台湾高校图书馆，在台期间，先后访问了台湾大学图书馆、中国文化大学图书馆、台湾交通大学图书馆(新竹)、成功大学图书馆(高雄)、高雄大学图书馆，与台湾高校图书馆界同人进行了业务交流，就图书馆建筑设计、内部规划、服务、资源共享等议题进行交流。参访团由江苏大学图书馆卢章平[1]馆长为团长，成员张建平(南京师范大学)、沈鸣(南京大学)、范斌、卜彭年、符少北(东南大学)、孙洪涛(江苏省教育厅)、吴建国(南京医科大学)、马世平(中国药科大学)、刘士俊(南京工程学院)、包平(南京农业大学)、王正兴(淮海工学院)，共计 12 人。

3 月 16—18 日　“高校图书馆事实数据统计系统培训及工作研讨会”在大连市召开，会议由全国高校图工委主办，会议介绍新版数据库统计项目的变化，培训系统使用方法。研讨图书馆数据填报工作，根据多年来的统计实践，参考各方面反映的问题，以及国际高校图书馆评估的新理念、新趋势，教育部高等学校图书情报工作指导委员会重新修订填报项目，重点介绍改版后的统计表项目及统计实施细则，江苏省高校图工委派员参加会议。

3 月 19—21 日　“CALIS 文献传递网暨 CASHL 文献传递服务工作会议”在武汉华中科技大学图书馆召开，2006 年，CALIS 各建设项目将接受教育部的验收，馆际互借文献传递网也将于 2006 年 5 月验收。会议讨论：2005 年 CASHL 文献传递工作总结及 2006 年发展计划，肖珑报告 CALIS 文献传递网的工作总结，陈凌部署 CALIS 项目下阶段的验收准备工作，馆际互借协调组工作汇报，国家图书馆介绍馆际互借服务情况，CASHL 中心介绍了在研的相关项目课题，会议还聘任了新一届高校馆际互借工作协调组的成员。江苏省的南京大学、东南大学、南京航空航天大学、南京理工大学、中国矿业大学等单位参加会议。CALIS 华东北地区中心的李雪溶，继续聘任为高校馆际互借工作协调组成员，聘期 2 年。

3 月 20 日　江苏省高校图书馆统计工作会议在南京大学图书馆召开，会议部署省教育厅要求的江苏省高校图书馆“十五”事业发展事实数据统计工作，为 2006 年全省高校图书馆工作会议做准备，同时部署 2006 年度的全国高校图工委事实数据统计工作，图工委的领导参加了会议，传达了教育厅和全国高校图工委的指示精神。

---

〔1〕 卢章平(1958—　)，江苏扬州人，教授，曾任江苏大学图书馆馆长。社会兼职：中国工程图学教育指导委员会委员、中国工程图学学会理事、江苏省工程图学学会副理事长、镇江市工程图学学会理事长、镇江市政协副主席、致公党镇江市委主委。主要从事计算机辅助设计、计算机图形理论及应用等方面的教学和科研工作，任教育部高校图书情报工作指导委员会委员、江苏省高校图工委现代技术应用专委会、战略规划研究专委会主任等职。主编教材、译著、专著 6 部，发表论文 30 多篇，主持 20 多项纵横项科研课题，并获得机电部教书育人工作优秀奖、江苏省教学成果一等奖、江苏省二类优秀课程奖、中国电化教育协会优秀电教教材一等奖等。

3月31日—4月6日[1]　台湾东吴大学图书馆馆长丁原基一行4人，参访苏州大学图书馆，并就两馆开展特色馆藏资源建设达成协议。

4月　江苏省教育厅苏教办高〔2006〕4号《关于开展江苏省高等学校图书馆建设状况调研的通知》。

4月9日　南京中医药大学敬文图书馆举行落成典礼。江苏省人民政府、教育厅等省厅局部门的领导，香港朱恩馀等参加落成典礼，敬文图书馆是南京中医药大学仙林新校区中最重要的标志性建筑，建筑面积达29 500平方米，总投资1亿元人民币，香港朱敬文基金会捐款1 000万元人民币支持新馆建设。东南大学、南京师范大学、南京农业大学、南京航空航天大学等省内高校的图书馆馆长到会。典礼后，在敬文图书馆举行学术研讨会，南京大学、东南大学、南京师范大学的专家分别就图书馆管理、信息化社会的等议题作专题报告。

4月12日[2]　江苏省工程技术文献信息公共服务平台正式开通服务，在国内率先实现了科技、教育、文化三大系统文献信息资源的共知、共享、共建，江苏省工程技术文献信息中心项目正在从建设阶段转入推广服务阶段。

4月21—22日　江苏省图书馆学会学术委员会工作会议在洪泽县召开，讨论落实江苏省图书馆学会2006年工作重点；讨论并落实《江苏省图书馆事业志》启动相关事宜；讨论2006年长三角城市图书馆发展论坛暨江苏省图书馆学会第11次科学讨论会等今年工作重点。会议由南京图书馆副馆长、学术委员会副主任许建业研究馆员主持。东南大学图书馆、学术委员会副主任张厚生，通报《江苏省图书馆事业志》编撰工作的启动、立项、进展和整个工作的情况。会上南京图书馆辅导部主任、省图书馆学会秘书长吴林通报今年江苏省图书馆学会的工作重点，介绍中国图书馆学会和江苏省图书馆学会工作的协调、合作。南京大学图书馆副馆长、江苏省图书馆学会学术委员会主任郑建明做会议总结，① 策划和组织好长江三角洲图书馆发展论坛；② 组织好江苏省第十一次科学讨论会的召开；③ 启动江苏省图书馆事业志课题的编撰工作；④ 组织跨地区的学术活动、专家报告。

5月16—20日[3]　“CALIS数字资源整合与服务创新研讨会暨第四届国外引进数据库培训周”，在南京师范大学仙林校区召开。国外引进数据库培训周活动从2002年开始每年举办一次，已经连续举办了3届，逐步成为图书馆界有影响力的活动之一。共有362位不同身份的代表参会，包括192家图书馆的278位代表，其中高校图书馆183家，非高校图书馆6家，海外图书馆1家；25家正式参会数据公司的61位代表；2家合作公司的7位代表；10家以观察

〔1〕 苏州大学图书馆. 世纪鸿影——苏州大学图书馆发展实录[M]. 苏州：苏州大学图书馆，2006：121.

〔2〕 孙斌，徐建民. 江苏科技、教育、文化系统文献信息资源初步实现共知共享——江苏省工程技术文献信息中心共建初见成果[J]. 江苏科技信息，2006(6)：33－35.

〔3〕 南京师范大学图书馆. CALIS数字资源整合与服务创新研讨会暨第四届国外引进数据库培训周[EB/OL]. [2018－10－10]. http://project. calis. edu. cn/huiyiziliao/huiyi10/hydt. htm

员身份参会的数据库公司的 16 位代表。本次会议共进行了 29 场大会报告，包括 5 场“数字资源整合与服务创新”方面的特邀报告，24 个数据库商大会报告，与此同时开展了用户座谈和上机培训活动，和参会代表进行了充分的交流和沟通。本次会议还包括 3 场会中会，分别是“CALIS 引进资源工作组会议”“CALIS 引进资源工作组与用户座谈会”和“CALIS/CERNET 与数据库商座谈会”。

5 月 18 日[1] 在苏州大学建校 106 年庆典之际，苏州大学独墅湖新校区启用暨炳麟图书馆落成庆典隆重举行。江苏省省长梁保华，教育部副部长章新胜，江苏省委常委、苏州市委书记王荣，美国唐氏工业公司董事长、美国唐氏基金会董事长唐仲英等出席庆典。2004 年 3 月，苏州大学独墅湖校区建设启动，炳麟图书馆由苏州大学校董会名誉董事长、美国唐氏工业公司董事长唐仲英捐资共建，以其父名讳命名。占地面积 2.42 公顷，总建筑面积 3.2 万平方米，地面 8 层，地下一层，建筑高度近 40 米，设计藏书量 76 万册，阅览座位近 2 500 座，“水晶莲花”造型成为独墅湖高教区的标志性建筑。

5 月 19—20 日 “江苏首届中美图书馆发展论坛”在南京大学图书馆举行，应江苏高校图工委邀请，美国匹兹堡大学图书馆馆长米勒、东亚图书馆馆长徐鸿博士来宁讲学。本次论坛旨在探讨数字时代图书馆面临的挑战与发展机遇，探讨大力推进信息资源开发利用的实践，图书馆的变革与创新问题。加强中美在图书馆及图书馆学领域的合作。论坛的主题报告：Marketing and Communicating—The Library's Method，米勒；用户信息需求行为的分析与研究，徐鸿；数字资源体系及其管理，肖珑(北京大学图书馆副馆长)。

5 月 28—29 日 “海峡两岸高校图书馆发展高层论坛”在南京大学图书馆举办，论坛的主题为“图书馆事业协作与共享”。南京大学校长助理周宪出席了会议，参加论坛的台湾高校图书馆界专家有，台湾大学资讯工程学系教授兼任图书馆馆长项洁、台湾大学图书馆副馆长林光美女士、台湾师范大学信息教育学系教授兼任图书馆馆长张国恩、政治大学信息科学系教授兼任图书馆馆长刘吉轩、交通大学图书馆馆长、资讯工程学系教授兼任图书馆馆长孙春在、台湾大学图书信息学系教授陈光华等，论坛还邀请大陆高校图书馆界专家包括江苏高校图书馆界同仁参加。会议报告：数字图书馆资料加值功能之开发经验，刘吉轩；部落格(Blog)所反映的知识产销与社群动态，孙春在；数字学习共享空间规划，张国恩；中文期刊数据库比较、分析，陈万寅；个人化研究资源服务，陈光华。

5 月 28 日 在“海峡两岸高校图书馆发展高层论坛”期间，南京大学图书馆副馆长郑建明与台湾大学图书馆馆长项洁，代表双方正式签署馆际互借、文献传递服务协议，协议规定：① 服务对象为双方学生及编制内教职员工；② 双方馆藏期刊或专著文献；③ 申请的文献均采用 Ariel 方式传送；④ 每工作日以

[1] 周铮，顾雷鸣. 苏州大学独墅湖校区启用暨炳麟图书馆落成庆典昨举行[N]. 新华日报，2006-05-19.

50 页为限，处理时间：本馆资料 5 个工作日天以内。⑤ 双方采取对等互惠原则，不收费，以每 6 个月为对方提供 150 篇为上限；线装古籍及 1949 年以前的旧报刊不包括在内，仍按各馆现有复制及收费办法提供；⑥ 协议期为 1 年，每协议期满后，双方再行评估修正协议。

5 月 29—30 日[1] 江苏省高校图工委情报咨询专委会委员会议，在徐州中国矿业大学图书馆举行。

5 月 29 日—6 月 2 日 由重庆维普资讯有限公司发起，由江苏省高等教育文献保障系统管理中心统一安排的“JALIS 2006 年第 1 次培训周”活动，培训周面向苏北地区高校，覆盖淮安、盐城、连云港 3 市共 8 所院校。江苏食品职业技术学院、淮阴工学院、淮阴师范学院、盐城师范学院、盐城工学院、连云港职业技术学院、淮海工学院、连云港高等专科学校 8 家高校图书馆提供支持，共有 400 多人参加培训。活动采用讲座和有奖问答方式，在用户中引起反响，同时收集了维普资源系统在苏北高校中的使用意见。

6 月 12—16 日 CALIS“十五”期间建设预验收会议，在北京大学图书馆召开，教育部高教司领导参加了验收工作会议。会议分别对 CALIS“十五”期间建设的服务类子项目（特色数据库、联合目录数据库、导航库建设等）、综合类子项目（各个学科、地区中心的建设）、技术支撑类子项目（统一检索平台、门户系统、资源调度、统一认证等），进行预验收，此次验收将为下半年的国家验收作准备。华东北地区中心建设子项目，以及南京大学图书馆参加的统计与评价子项目均通过了验收。

7 月 1 日[2] 2006 年 5 月 18 日，国务院总理温家宝签署第 468 号国务院令，公布《信息网络传播权保护条例》，自 2006 年 7 月 1 日起施行。条例规范了信息网络传播权的定义，努力在保护著作权人利益和社会公共利益之间建立平衡点。该条例一方面将著作权人的传统权益进行网络化延伸，扩大保护，提高其创造积极性；另一方面为促进整个社会科技、文化事业的发展，反对权利滥用，对著作权人的信息网络传播权进行了一定的限制。《条例》为教学科研单位、公益性图书馆、档案馆等机构的网络传播设置合理使用条款，为远程教育及扶助贫困开绿灯，对于缩小贫富差距所带来的数字鸿沟具有重要意义。图书馆界积极关注并参与了条例的立法工作，在条例征求意见的过程中提交了多份修改意见，是图书馆界参与国家立法活动的尝试。

7 月 14 日 应南京航空航天大学图书馆的邀请，美国伊利诺伊大学图书馆和信息科学研究生院院长、校图书馆主任 John Unsworth 访问南京航空航天大学，进行学术交流，伊利诺伊大学图书馆和信息科学研究生院是国际知名的专业学院，该学院已连续 13 年在美国排名第一，访问期间，John Unsworth 就有关议题发表演讲：管理数字图书馆；ECHO 存储项目：数字存储问题，数字存储项目目标，图书馆和信息科学研究生院相关的教育和研究介绍。

---

〔1〕 邬淑珍. 中国矿业大学图书馆史（1909—2009）[M]. 徐州：中国矿业大学出版社，2009：179.

〔2〕 王政，刘鑫等. 图书馆权利大事记[J]. 图书馆建设，2015(1)：20－25.

7月—8月　第2届伊利诺伊大学中国图书馆馆员交流项目(Chinese Librarians Scholarly Exchange Program, CLSEP),在美国伊利诺伊大学香槟分校开班,本期学员共15人,江苏省学员1人,包平(南京农业大学图书馆)。

7月27—28日[1]　教育部高等学校图书情报工作指导委员会第二届三次会议,在贵阳召开,全体委员、各省图工委秘书长、特邀代表共73人出席会议。贵州师范大学副校长、贵州省高校图工委副主任谢晓尧出席开幕式并致辞。教育部高教司李晓明处长对委员的变更、增补事宜作说明。本次会议议程进行改革,第1阶段围绕着"高校图书馆的人力资源管理"安排报告。第2阶段为各工作组汇报上次会议以来所开展活动的情况,会议还就人力资源管理、《文献采购和招标指南》、图工委下一步的工作进行分组讨论。在闭幕式上,指导委员会副主任崔慕岳作会议总结。

8月3日[2]　在国家发改委和财政部委托教育部召开的"十五""211工程"公共服务体系建设项目专家验收会上,中国高等教育数字化图书馆(CADLIS)项目通过了专家验收。专家组认为,CADLIS项目在有关领导部门的关心、支持下,在全体参建单位的共同努力下,建设进展顺利。各类数字资源建设达到或超过了预定目标,总量达180TB,是目前国内外容量最大的公益性数字化文献信息资源之一;技术支撑环境建设所形成的相关应用系统技术先进、功能完善、实用性强、使用效果良好;服务体系建设在完善服务基础设施、提高文献保障率和增强服务方面效益明显,是目前国内外最大的文献资源共建共享和保障服务体系之一;建立了符合国内外主流标准的CADLIS标准规范体系;开展了广泛全面、多种形式的培训和有效的协作协调工作,国际合作与交流取得了显著成效。CADLIS项目的管理运行机制符合中国国情和高校实际。项目建立的中国高等教育数字图书馆以系统化数字化的学术信息资源为基础,以先进的数字图书馆技术为手段,以CERNET为依托,为高等院校教学、科研和重点学科建设提供了高效率、全方位的文献信息保障与服务,全国共有800多所高校的师生受益,项目建设资源的用户遍及70余个国家和地区。通过项目的建设,培养和造就了一批高素质的数字图书馆建设与服务人才,共建共享的理念深入人心,促进了我国高校图书馆事业的可持续发展。专家组建议国家在"211工程"三期建设中继续对该项目予以支持,持续地为我国高等教育提供先进而优质的服务。

8月13—17日　第一届中美大学图书馆馆长论坛在北京举行,本次论坛由北京大学图书馆与美国哈佛大学哈佛燕京图书馆共同合作主办,本次论坛围绕:图书馆管理和组织结构、图书馆人力资源管理、馆藏发展、图书馆服务4大主题展

〔1〕许钟玲.教育部高等学校图书情报工作指导委员会二届三次会议在贵阳召开[J].贵图学刊,2006(3):65.

〔2〕北京大学图书馆馆长办公室.北京大学图书馆通讯　总第55期[EB/OL].[2018-10-29].http://www.lib.pku.edu.cn/portal/sites/default/files/bangongshi/tongxun/docs/55.htm.

开，北京大学图书馆馆长戴龙基和哈佛大学哈佛学院图书馆馆长南希·克莱，分别做了关于中美大学图书馆管理的报告。

8月14—16日　2006数字图书馆前沿问题（发展战略与实践）高级研讨班，在清华大学举行，研讨班由清华大学图书馆、美国斯坦福大学图书馆、中国图书馆学会数字图书馆建设与研究专业委员会共同举办。分别就数字图书馆战略策划、知识组织与内容管理、数图技术科研与应用、资源整合与知识探索等主题进行研讨，张甲、曾蕾、孙卫、朱强等国内外学者分别做专题报告。

8月26—28日[1]　美国波特兰州立大学图书馆馆长Helen、采访部主任王建参访苏州大学图书馆，访问期间，双方续签了合作交流协议。

9月7日　江苏省高校图书馆书画大赛组委会第1次工作会议，在南京大学图书馆举行，在宁组委会成员，东南大学图书馆书记张金发、南京师范大学图书馆书记刘晏平、南京森林公安高等专科学校图书馆书记周爱民等出席会议。会议由张金发主持，会上听取了书画大赛的前期工作汇报，并就有关作品的资格论证、聘请专家、评奖、颁奖、巡展及经费等有关问题进行磋商，形成初步意见。

9月16日　南京工业大学图书馆新馆落成暨开馆仪式，在南京工业大学江浦校区举行。江苏省教育厅副厅长祭彦加，江苏省发改委员会投资处处长夏建伟，以及浦口区人民政府、中国化学工业出版社的领导参加了典礼。江苏省高校图书情报工作委员会秘书长、南京大学图书馆副馆长郑建明和东南大学、南京师范大学、南京农业大学、南京航空航天大学等11家高校的图书馆馆长参加了仪式，南京工业大学图书馆新馆共6层，22 000平方米。

9月20—22日[2]　华东地区六省一市高校图工委秘书长年会，在福建省龙岩学院东肖校区召开，龙岩学院院长李泽彧到会致辞。会议交流华东地区各省（市）高校图工委2006年的工作情况和经验，研讨华东地区省级区域文献保障体系建设，以及“十一五”规划等情况。

9月28日　徐州高校教学联合体启动建设仪式在徐州师范大学举行。徐州7所普通高校和2所部队院校高校负责人签署共建协议，同时开通了徐州高校教学联合体网站，颁发徐州高校教学联合体通用借书证。江苏省教育厅副厅长丁晓昌，徐州市副市长段雄，教学联合体内9所高校的负责人和在徐高校师生代表近400人出席启动仪式。仪式由省教育厅高教处处长王煌主持。丁晓昌、段雄、徐州市政府副秘书长王志华、徐州市教育工委书记曹孟军，以及中国矿业大学、徐州师范大学、徐州医学院、徐州工程学院、徐州建筑职业技术学院、徐州工业职业技术学院、九州职业技术学院、中国人民解放军工程兵指挥学院、中国人民解放军徐州空军学院等单位领导参加启动仪

---

〔1〕 苏州大学图书馆.世纪鸿影——苏州大学图书馆发展实录[M].苏州：苏州大学图书馆，2006：122.

〔2〕 严武.华东六省一市高校图工委秘书长年会在福建省龙岩学院召开[J].大学图书情报学刊，2006(5)：11.

式、江苏省高校图工委副主任、秘书长郑建明出席会议。徐州市现有中国矿业大学、徐州师范大学、徐州医学院、徐州工程学院、徐州建筑职业技术学院、徐州工业职业技术学院、徐州九州职业技术学院等 7 所地方高等学校和中国人民解放军工程兵指挥学院、中国人民解放军徐州空军学院两所军事院校。9 所高校办学各具特色、层次类型多样，学科门类齐全，全日制在校大学生 10 万余人。

9 月 29 日〔1〕 CALIS 第 10 次中心负责人联席会议暨 CADAL 项目第 10 次工作会议，在浙江大学科技园举行。参加会议的代表有北京大学、清华大学、浙江大学、南京大学、复旦大学、中科院文献情报中心、四川大学、上海交通大学、西安交通大学、武汉大学、中山大学、北京师范大学、华中科技大学、中国农业大学、中国人民大学和中国科学院研究生院共计 35 人。浙江大学副校长来茂德到会并致辞，会议由 CADAL 项目管理中心常务副主任竺海康和 CALIS 管理中心副主任朱强分别主持。教育部高教司李晓明通报 CADLIS“十五”验收情况，CALIS 管理中心副主任陈凌和 CADAL 管理中心副主任赵继海分别对 CALIS 和 CADAL 项目完成情况进行总结，并提出下一步工作计划。竺海康代表 CADAL 项目管理中心主任潘云鹤院士，对各参建单位长期以来对 CADAL 项目的支持表示感谢，北京大学图书馆馆长戴龙基代表 CALIS 讲话。会议对“十五”期间在 CALIS 项目建设中做出突出贡献的单位进行表彰并颁发证书。共有 6 个奖项，分别是全国和地区中心建设奖、省中心建设奖、项目组织奖、文献传递服务奖、引进资源建设奖、特别贡献奖，每个奖项分设 1、2 等奖。其中，华东北地区参建馆获奖单位有：

1. 地区中心建设一等奖：南京大学图书馆（CALIS 华东北地区中心）
2. 省中心建设一等奖：山东大学图书馆（山东省中心）
3. 文献传递服务二等奖：山东大学图书馆，中国矿业大学图书馆
4. 文献传递服务三等奖：南京大学图书馆
5. 特别贡献奖：南京大学图书馆、南京师范大学图书馆

10 月 26 日〔2〕 我国著名图书馆专家、九三学社会员、大连轻工业学院图书馆原馆长、研究馆员，全国高校图书馆期刊工作研究会副理事长于鸣镝，在大连逝世，享年 67 岁。

10 月 30 日 盐城高校教学联合体启动建设仪式在盐城国际会议中心举行。盐城师范学院、盐城工学院、盐城纺织职业技术学院、盐城卫生职业技术学院和明达学院等 5 所高校校长签署共建协议，同时开通了盐城高校教学联合体网站、颁发了盐城高校教学联合体通用借书证和盐城高校教学联合体首批教学督导员聘书。江苏省教育厅副厅长佴永锦，盐城市委常委、宣传部部长

---

〔1〕 CALIS 管理中心. 关于对“十五”CALIS 项目建设做出突出贡献的单位和个人进行表彰奖励的通知[EB/OL]. [2018－11－01]. http://project.calis.edu.cn/calisnew/images1/neikan/8/1－3.htm.

〔2〕 本刊讯. 于鸣镝同志逝世[J]. 河北科技图苑，2006(6)：81.

周德祥,省、市有关部门的领导及盐城 5 所高校的负责人和师生代表 360 余人出席了启动仪式。

11 月 6 日[1] 江苏省重点文化设施南京图书馆新馆落成典礼在新馆东门广场举行。江苏省委书记李源潮、江苏省省长梁保华出席仪式并为新馆揭牌。江苏省委常委、宣传部部长孙志军,江苏省人大常委会副主任王湛,江苏省副省长张桃林,江苏省政协副主席黄因慧等出席了典礼。孙志军致辞,希望南京图书馆以新馆落成为契机,面向基层、面向群众,以一流的环境、一流的设施、一流的服务、一流的管理,创造出一流的业绩,将南京图书馆打造成国内领先、国际有影响的现代图书馆,为公益性文化事业单位的改革创新做出新探索。南京图书馆是国内第 3 大公共图书馆。其前身是创办于 1907 年的江南图书馆。目前馆藏书刊 800 万余册,藏有大量古籍善本,南京图书馆新馆 2002 年开工建设,共投资 4 亿元。占地面积 2.52 万平方米,建筑面积 7.79 万平方米,设计藏书容量 1 200 万册,阅览座位 3 000 个。实行“藏、借、阅”一体化的服务方式。江苏省有关部门负责人、专家学者及读者代表、新馆建设单位代表参加了典礼仪式。

11 月 9—11 日 江苏省图工委情报咨询委员会学术年会在扬州大学图书馆召开,本次会议邀请南京大学信息管理系主任、博士生导师沈固朝作《竞争情报与信息管理学发展趋势》,河海大学信息管理副教授施国良作《美国图书馆现状与元数据研究》,南通大学图书馆副馆长张天俊作《用户教育及用户信息素养研究》,苏州科技学院图书馆馆长沈传尧作《信息咨询方式方法及其发展方向》的学术报告。

11 月 13—16 日 由江苏省高等教育文献保障系统管理中心组织的“JALIS 2006 年第 2 次培训周”活动,由重庆维普资讯有限公司和 EBSCO 公司的共同参与,本次培训面向苏南地区高校,分别在镇江、常州、无锡、苏州 4 市共 8 所院校举办,参加培训的学校有江苏大学、镇江高等专科学校、常州纺织服装职业技术学院、常州工程职业技术学院、江南大学、无锡职业技术学院、苏州科技学院、苏州大学 8 家高校图书馆,培训的主题是《维普数据库的使用》《EBSCO 数据库的使用》。

11 月 25—26 日 “‘2006’海峡两岸大学图书馆建筑学术研讨会”在台湾大学图书馆召开,北京大学图书馆馆长戴龙基率大陆高校图书馆代表团一行 28 人,参加会议并顺访台湾大学。江苏省高校图书馆郑建明(南京大学图书馆)、顾建新(东南大学图书馆)、张建平(南京师范大学图书馆)3 位代表参会。

12 月 6 日 全国高校图情工委通知:由于服务器老化,高校图书馆事实数据库中于 2006 年 5 月 13 日以后填报的数据丢失。在新服务器安装调试完毕后,请通知本地区各高校图书馆访问教育部高校图工委的主页,补添 2005 年的数据,填报 2006 年的数据。系统重装后,密码恢复到 5 月 13 日以前的状态。2005 年数据的补填时间延至年底,2007 年初发布 2005 年高校图书馆

[1] 张粉琴. 南京图书馆新馆建成开放[N]. 新华日报,2006-11-07.

的各项数据排行榜。2006 年数据的填报截止时间为 2007 年暑假,秋季开学后发布各项数据的排行榜。

12 月 10—12 日 中国图书馆学会 2007 年新年峰会在苏州图书馆召开,由中国图书馆学会主办、苏州图书馆承办。文化部、中图学会、苏州市政府领导和图书馆界的专家学者、馆长,苏州各县市的图书馆馆长 29 人列席了会议。国家图书馆馆长、中国图书馆学会理事长詹福瑞,文化部社图司副司长刘小琴等出席峰会并致辞。苏州市副市长朱永新在开幕式上作演讲。

中国图书馆学会理事长、国家图书馆馆长詹福瑞致开幕词,他说:会议上讨论的都是图书馆界的焦点和重要问题,是务实的。而且会议上研讨的内容在会后引起了各方的重视,得到了推动和解决。他指出中图学会正逐渐从单纯的学术团体向行业协会发展,正日益走向最基层。

刘小琴在致辞中表示:中图学会有很大的发展和变化,在新一届理事会领导下,联系政府和图书馆界,将理论与事业发展相结合,组织专家参与,提出有效措施,对事业发展起到了重要作用。随着《国家"十一五"时期文化发展规划纲要》的颁布,图书馆事业的发展正越来越受到政府的重视,拥有更大的发展空间。

苏州市社科联主席高志罡、南京图书馆副馆长许建业分别致辞。峰会共设 3 个议题:① 图书馆核心价值的再认识——起草《图书馆服务宣言》、修订《中国图书馆员职业化道德准则》、图书馆立法进程与需求——起草中国图书馆学会《图书馆法立法建议》、中国图书馆学会志愿者行动;② 评价与拓展、中国图书馆学会专业教育与职业需求;③ 现状与对策、图书馆服务网络模式构建——"第二届百县馆长论坛",与会者就上述议题展开讨论,在研讨图书馆服务网络模式构建中,苏州图书馆馆长邱冠华受中图学会委托作议题说明,介绍了全国各地包括苏州市开展图书馆服务网络的构建模式、运行模式以及具体的操作。提出图书馆应选择切合实际、读者便利、方便运作、资源共享,投入最小化,而效益最大化,有利于图书馆服务网络的巩固和长远发展的模式。在明年召开第 2 届百县馆长论坛上,以总结、研讨、推广图书馆服务网络模式为主题,推动以县(市)为基础的图书馆服务网络建设。图书馆服务网络的构建和发展,必须变成政府行为,需要领导和政府官员认识到位。

12 月 20 日[1] 南通高校教学联合体正式建成,南通大学、南通职业大学、南通纺织职业技术学院、南通航运职业技术学院、南通农业职业技术学院、紫琅职业技术学院等 6 所高校共同签署共建协议,开通南通高校教学联合体网站,全面启动教学联合体资源共享建设。江苏省教育厅副厅长丁晓昌、南通市副市长杨展里等出席联合体启动建设仪式并讲话。南通高校教学联合体 6 所成员高校办学各具特色,层次类型多样。在办学方向、专业设置、人才培养等方面各有偏重,优质资源丰富。目前共有在校博士硕士研究生、本科生、专

〔1〕 记者沈雪梅.南通高校组建教学联合体[N].南通日报,2006-12-21.

科生总数近 7 万人。教学联合体充分发挥南通高等教育的综合优势，推进高等教育资源的开放和共享，为地方社会经济发展做出应有贡献。南通高校教学联合体将重点在文献资源、教师互聘、课程互选、实验室与设备共享等 11 个方面开展共建共享。

12 月 20—21 日　南京大学图书馆馆长、江苏省高校图工委秘书长洪修平率团前往北京，参访北京大学图书馆、CALIS 管理中心、全国高校图工委秘书处、清华大学图书馆、中国科学院文献情报中心，在京期间，分别会见了北京大学图书馆副馆长陈凌、肖珑，清华大学图书馆馆长薛芳渝、副馆长杨毅、姜爱蓉，中国科学院文献情报中心主任张晓林，副主任孙坦，进行了交流。南京大学图书馆副馆长罗钧[1]，丁智阳、沈鸣陪同。

12 月 22 日　苏州大学图书馆百年馆庆暨炳麟图书馆开馆仪式，在苏州大学独墅湖校区举行，炳麟图书馆正式开馆服务。

12 月 31 日　教育厅高教处召集江苏省高校图工委工作会议，处长王煌、新任南京大学图书馆馆长、江苏省高校图工委秘书长洪修平等参加会议，会议主要研讨江苏省高校图工委组成人员的调整。

是年　中华医学会医学信息学分会第 4 届委员选举中，南通大学图书馆馆长董建成当选为常务委员，后历任第 5 届(2009 年)、6 届(2012 年)常务委员，第 7 届(2015 年)常务委员、副主任委员[2]，并兼任医院信息化学组组长[3]。

苏州大学档案学系获批图书情报与档案管理一级学科硕士点，并于次年招收情报学硕士生[4]。

年度事件数据：

事业发展　全省普通高等学校数：119 所；

本专科在校生人数：130.62 万人；

研究生在校生人数：8.91 万人；

专任教师人数：7.835 3 万人；

高等教育毛入学率：35.6%。

单位变更　4 月，南京邮电学院更名为“南京邮电大学”，建制不变，图书馆同时更名。

---

〔1〕 罗钧(1966—　)，江苏省兴化人，研究馆员，1994 年毕业于北京大学信息管理系图书馆学专业(函授)本科。2006 年，任南京大学图书馆副馆长，后历任江苏省高等学校图书情报工作委员会副主任、副秘书长、江苏省高等教育数字图书馆(JALIS)项目管理中心副主任，江苏省图书馆学会常务理事、副秘书长，江苏省图书馆学会资源共建共享工作委员会副主任。

〔2〕 中华医学会医学信息学分会. 中华医学会医学信息学分会换届公告[EB/OL]. [2019－11－11]. https://www.cma.org.cn/art/2015/6/30/art_322_16990.ht

〔3〕 中华医学会医学信息学分会. 中华医学会医学信息学分会[EB/OL]. [2019－08－02]. https://www.cma.org.cn/art/2019/6/20/art_2005_26881.html.

〔4〕 苏州大学社会学院. 档案与电子政务系简介[EB/OL]. [2019－12－12]. http://shxy.suda.edu.cn/6d/41/c15433a355649/page.htm.

4 月 9 日，南京中医药大学敬文图书馆举行落成典礼，建筑面积达 2.95 万平方米，总投资 1 亿元人民币。

12 月 22 日，苏州大学独墅湖新校区炳麟图书馆正式开馆，建筑面积达 3.2 万平方米。

金陵职业大学更名为“金陵科技学院”，南京农业专科学校并入，升格为本科，隶属关系不变。南京农业专科学校图书馆并入。

彭城职业大学、徐州经济管理干部学院、徐州教育学院合并组建“徐州工程学院”，建制本科，隶属徐州市。

领导变更　10 月[1]，南京大学图书馆馆长钱乘旦、南京大学图书馆副馆长郑建明（正处级，主持工作）离任，南京大学哲学系教授洪修平继任馆长，并兼任江苏省高校图书情报工作委员会秘书长、JALIS 管理中心副主任等职。

---

〔1〕 南京大学图书馆史编写组. 南京大学图书馆史（1888—2008）[Z]. 南京：南京大学图书馆，2009：101.

2007 年

1 月 1 日[1] 根据 2006 年 12 月 6 日国家新闻出版总署发布的《关于实施新版〈中国标准书号〉国家标准的通知》(新出图〔2006〕1253 号),《中国标准书号》国家标准(GB/T 5795—2006)于 2006 年 10 月由国家标准化管理委员会批准颁布,2007 年 1 月 1 日起在全国实施。我国出版物使用的书号和条码将与世界同步,由 10 位升至 13 位。

1 月 17 日 江苏省高等教育文献保障系统领导小组会议在江苏省教育厅召开,会议由教育厅副厅长丁晓昌主持,江苏省财政厅科教文处副处长徐洪林参加会议,高教处处长王煌做"JALIS 二期建设成果及三期建设方案"的报告,参加本次会议的有东南大学、南京师范大学、南京农业大学、苏州大学、南京医科大学、中国矿业大学、扬州大学、南京大学校领导,江苏省高校图工委主任、副主任单位的领导列席会议。会议讨论 JALIS 二期的建设和三期建设的重点,丁晓昌和徐洪林作重要讲话。

徐洪林指出:① JALIS 二期建设取得的成果是显著的,三期的方案与目标的设定,应当着力提高 JALIS 的服务辐射,应有明确的要求。江苏省财政的投入一定投向用于共建、共享的项目;② JALIS 三期应当考虑如何在地区经济发展过程中,发挥保障与服务作用,如何适度的开放,向企业、向社会提供服务,以回报社会;③ 服务与资源的整合,既应当考虑现有的地区学科中心以及服务资源的整合,充分发挥整体优势。同时,也应当研究与其他系统的整合与共享,包括江苏省工程文献中心和以南京图书馆为代表的公共图书馆系统,使 JALIS 三期的建设更具特色;④ JALIS 三期建设,对于人员素质的提高,应当将重点放在培养使用者的信息素养,才有可能提升、扩大 JALIS 在国内外的影响力。

丁晓昌作总结讲话,高校图书馆的基本定位,应该是读者的精神家园,是具有教育职能的学术机构,高校图书馆是服务于教学科研的服务机构,这一点还需要强化。以 JALIS 的建设为着力点,引领江苏省高校图书馆的建设,在提高质量的前提下,对三期建设的项目管理做出具体的规划,有刚性的指标。同时,JALIS 的建设应当与教学科研融为一体,在结合的过程中提升服务能力,突出回报师生、回报社会。加大宣传和推广的力度,高校图书馆在建设校园和谐、提升校园文化的素质方面,十分重要,起到引领先进文化的作用,应向公共图书馆学习服务推广的方法。

---

〔1〕 国家新闻出版总署关于实施新版《中国标准书号》国家标准的通知[J]. 中国对外经济贸易文告,2007(8):54-71.

1 月 20 日〔1〕 教育部发布教技发函〔2007〕1 号《教育部关于在东华大学等 14 所高校设立第三批教育部部级科技查新工作站的通知》，批准 14 所高校为第三批教育部部级科技查新工作站，其中，江苏省的江苏大学（理工类）、南京航空航天大学（理工类）、南京农业大学（农学类）3 所高校入选。

1 月 26—27 日〔2〕 CALIS 管理中心在北京召开了 CALIS 引进资源工作会议。会议包括两个阶段：第一阶段是第二届引进资源工作组第二次会议，第二阶段是引进资源集团采购工作总结交流会议。教育部高教司李晓明处长，CALIS 管理中心朱强、陈凌副主任，CALIS 第二届引进资源工作组成员和谈判小组成员出席了会议。此次会议总结、交流 CALIS 从 2006 年 10 月份改革引进数据库集团采购工作以来的经验就进行研讨，对 CALIS 引进资源工作进行安排。根据高教司的意见，李晓明不再担任工作组组长，第二届引进资源工作组的组长由朱强担任。

2 月 8 日〔3〕 江苏省文化厅向各市文化局、南京图书馆发出《关于开展〈江苏公共图书馆事业志〉编纂工作的通知》，正式启动编纂工作，时值江苏省第一个公共图书馆（江南图书馆）成立 100 周年之际，《江苏公共图书馆事业志》的编纂，将系统地记载江苏省公共图书馆的起源、发展和现状。

2 月 14 日 南京航空航天大学图书馆获全国妇女"巾帼建功"活动领导小组授予的"全国巾帼文明岗"荣誉称号。全国妇女"巾帼建功"活动领导小组由全国妇联、中宣部、国资委等 27 家成员单位共同组成。

3 月 15 日 江苏省图书馆学会全体理事会扩大会议在南京图书馆召开，3 月 15 日上午，2007 年江苏省图书馆学会全体理事会扩大会议在南京图书馆新馆召开。江苏省图书馆学会理事长、江苏省文化厅副厅长、南京图书馆党委书记马宁，江苏省文化厅社文处副处长谷峰，江苏省社科联学会部何国军，江苏省图书馆学会副理事长郑建明、徐克谦、沈固朝、顾建新、马恒东，秘书长吴林，副秘书长杨晓宁、孙正东，以及理事会理事，各专业委员会主任、副主任共 60 余人参会。省图书馆学会副理事长、东南大学图书馆馆长顾建新主持会议。马宁对今年的工作提出 5 点建议。① 是要围绕党和国家的大局，围绕中心任务，发挥行业优势，做好各项工作，当前全省乃至全国最重要的大局和中心任务是构建和谐社会，图书馆学会应按照构建和谐社会的要求，开展各项工作；② 加大力度，整合资源，发挥优势。他说，江苏是文化资源大省，图书馆的藏书量、人才、数量国内领先。但目前资源整合力度不够，图书馆资源尚未充分发挥作用。图书馆学会要发挥其跨行业、跨系统的组织优势，在资源整合方面发挥更大作用；③ 开展学术研究，提高江苏图书馆

---

〔1〕 教育部. 教育部关于在东华大学等 14 所高校设立第三批教育部部级科技查新工作站的通知教技发函〔2007〕1 号[EB/OL]. [2018-06-30]. http://www.cutech.edu.cn/cn/kjcg/xgwj/webinfo/2007/02/1181543694482899.htm.

〔2〕 CALIS 管理中心. CALIS 新闻大事记[EB/OL]. [2018-08-10]. http://home.calis.edu.cn/calisnew/bigthing.asp?fid=57&class=2.

〔3〕 江苏省文化厅史志办. 省文化厅启动《江苏公共图书馆志》编纂工作[J]. 江苏地方志，2007(3)：21.

界学术水平，推进图书馆实际工作的开展，省图书馆学会要通过学术专题、研讨会等形式，开展学术研究，多出理论成果。同时，要通过学术研究活动，团结一大批专家；④ 充分发挥各专业委员会的作用，专业委员会是学会开展工作的载体。一定要充分发挥各专业委员的作用，使其能够独立开展工作，多出成果，从而促进图书馆学会的整体工作；⑤ 充分发挥图书馆学会理事的作用，图书馆学会理事是具有代表性的图书馆界精英，发挥理事的作用，是做好图书馆工作的重要环节。

吴林通报学会 2006 年工作总结，提出学会 2007 年工作计划，传达中国图书馆学会 2007 年有关工作。理事对学会 2006 年工作总结和 2007 年工作计划进行讨论。郑建明通报编辑《江苏省图书馆事业志》的有关事宜。各专委会通报 2006 年工作及 2007 年工作打算。

4 月 10 日[1] 教育部高等学校图书情报工作指导委员会发布《高等学校图书馆数字资源计量指南》(2007 年)，本版指南是根据《高等学校图书馆数字资源计量指南》(2004 年)修订。

4 月 28 日 江苏省高校图情工委办公会议在南京大学图书馆召开，江苏省教育厅高教处王煌、张晓宁以及江苏省高校图情工委办公会议有关成员洪修平、顾建新、谢培苏等参加会议。洪修平主持会议。会议议程：讨论评审省教改研究课题申报项目；JALIS 三期建设方案(草案)；文献资源评估与谈判小组汇报工作。

5 月 11—12 日[2] 由南京大学信息管理系、南京大学图书馆、江苏省图书馆学会学术委员会在南京大学图书馆举办，“弘扬‘民众图书馆’精神，开拓文献信息事业新纪元—纪念金陵大学图书馆系建系 80 周年暨李小缘先生诞辰 110 周年学术研讨会”，教育部高教司条件处处长李晓明，江苏省教育厅、文化厅领导等出席。会议主题：“‘民众图书馆’—自由开放的图书馆事业目标及其实现”，会议期间，举办主题图片展览(5 月 12 日起在南京大学图书馆展览馆展出)，正式发行《李小缘纪念文集》(南京大学信息管理系编撰)，内容包括：《李小缘文集》《李小缘纪念文集》《李小缘研究文集》、题辞与照片等。北京图书馆馆长詹福瑞、副馆长陈力，北京大学图书馆馆长戴龙基[3]，信

---

[1] 教育部高等学校图书情报工作指导委员会. 高等学校图书馆数字资源计量指南(2007 年)[EB/OL]. [2018 - 08 - 20]. http://162.105.140.111/tjpg/201311191006.

[2] 杨海平. 南京大学纪念李小缘诞辰 110 周年暨金陵大学图书馆学系创办 80 周年[J]. 图书馆杂志，2007(7)：41.

[3] 戴龙基(1947—)，四川成都温江人，1982 年至 1989 年在北京大学图书馆学系任教；历任北京大学图书馆常务副馆长、教育部中国教育图书进出口公司副总经理、北京大学图书馆馆长、中国高等教育文献保障体系(CALIS)全国管理中心副主任、北京外国语大学图书馆馆长、荣誉馆长。澳门科技大学图书馆馆长。兼任教育部第一、二届高等学校图书情报工作指导委员会副主任委员、教育部中国高等教育数字图书馆(CADLIS)项目管理委员会委员、中国社会科学情报学会理事会副理事长、中国图书馆学会第七届理事会常务理事、编译出版委员会主任、中国图书馆学会高等学校图书馆分会第一届委员会主任委员、教育部中国高校人文社会科学文献中心副主任。

息管理系吴慰慈，武汉大学信息管理学院院长陈传夫，中山大学图书资讯系主任、图书馆馆长程焕文[1]，南开大学图书馆学系主任、图书馆副馆长柯平，华东师范大学图书馆学系范并思，北京大学教授王余光，浙江大学教授叶鹰等嘉宾和南京大学信息管理系系主任沈固朝、南京大学图书馆馆长洪修平到会作报告。

5 月 13 日　《江苏高校数字图书馆三期建设方案》通过江苏省教育厅组织的专家组论证。根据规划，2010 年，江苏省将全面建成高校数字图书馆，实现全省高校纸质和电子图书文献互通共用、集成整合、资源共享。江苏省教育厅丁晓昌副厅长出席专家论证会并讲话。教育部高教司教学条件处李晓明处长到会。北京大学图书馆馆长戴龙基担任论证专家组组长，专家组成员：南京大学信息管理系教授郑建明、中山大学图书馆馆长程焕文、南京大学图书馆前副馆长杨克义。

5 月 15—18 日[2]　“CALIS 数字资源管理与长期存取研讨会暨第 5 届国外引进数据库培训周”，在四川大学望江校区文华活动中心召开。本次会议规模超过了前四届，共有 343 人参会，其中图书馆代表 252 人，数据库商和合作公司 91 人。本次会议共进行了 34 场大会报告，包括 6 场“数字资源管理与长期存取”方面的特邀报告，28 个数据库商报告。同时开展 29 场用户座谈和 27 场上机培训活动。包括 3 场会中会，分别是“CALIS 第二届引进资源工作组第三次会议”“CALIS 与用户座谈会”和“CALIS/CERNET 与数据库商座谈会”。本次会议还安排了相关数据库谈判组和数据库商的谈判活动共 12 场。本次会议还进行了 CALIS 引进数据库用户满意度调查，主要涉及 CALIS 的 4 个全国中心，5 个地区中心所组织的全国性集团采购。

6 月 2 日[3]　东南大学“李文正图书馆”冠名仪式在东南大学九龙湖校区举行，正值东南大学 105 周年校庆，东南大学校友、印尼力宝集团主席李文正博士夫妇、儿子李宗副主席等，以及印尼大学的 4 位学者专程来宁参加冠名仪式。江苏省委常委、宣传部部长孙志军、南京市副市长许仲梓、江苏省教育厅副厅长祭彦加等省市领导，东南大学党委书记胡凌云、校长易红等参加冠名仪式。仪式由东南大学副校长朴跃浦主持。

---

〔1〕 程焕文（1961— ）湖北红安人。1983 年武汉大学图书馆学专业毕业；1986 年武汉大学图书馆学专业研究生毕业，获文学硕士学位；2003 年获历史学博士学位。先后任中山大学信息管理系教授、图书馆与资讯科学研究所所长、图书馆馆长、信息与网络中心主任，兼任教育部高等学校图书情报工作指导委员会委员、教育部高等学校图书馆学学科教学指导委员会委员、IFLA 图书馆史专业组执行委员、OCLC 成员委员会中国代表、中国图书馆学会常务理事及学术研究委员会副主任委员、图书馆法与知识产权研究专业委员会主任委员，广东图书馆学会理事长、美国 *Library Quarterly* 编委等学术职务。

〔2〕 CALIS 管理中心. CALIS 数字资源管理与长期存取研讨会暨第五届国外引进数据库培训周活动在四川大学举行[EB/OL]. [2018-10-10]. http://home.calis.edu.cn/calisnew/big.asp?id=577.

〔3〕 东南大学图书馆办公室. 东南大学图书馆简讯（2007 年第 1 期，总第 4 期）[EB/OL]. [2019-02-02]. http://lib.seu.edu.cn/upload_files/article/239/1_20180613121958.pdf.

6 月 18 日[1] 南京医科大学江宁校区图书馆落成启用典礼，在南医大江宁校区举行。江苏省政府副省长何权、江苏省政府副秘书长朱步楼、江苏省政府办公厅副主任何国平、江苏省发改委副主任樊海宏、江苏省教育厅副厅长祭彦加、江宁区副区长高吉祥以及省财政厅、江宁科学园等部门的有关领导出席了启用典礼仪式。南京医科大学江宁校区图书馆建筑面积 1.6 万平方米，集书刊借阅、电子阅览、文献检索、情报研究为一体的综合性图书馆。新馆设有研究小屋、学术研究室等。

6 月 29 日[2] 江苏省科技公共平台“江苏省工程技术文献信息中心”建设项目通过验收。由国家科技图书中心主任袁海波研究员任主任、中国林科院林产化学研究所宋湛谦院士任副主任的验收委员会认为，中心联合相关高校、公共图书馆、科技信息机构，以创新的思路与方法，建设全省科技文献服务平台和信息资源保障服务体系，在国内率先实现省级区域内科技、教育、文化三大系统科技文献信息资源的共知、共建、共享与联合服务。江苏省工程技术文献信息中心是 2004 年江苏省启动建设的 4 大科技公共基础服务平台之一，也是江苏区域科技创新的文献信息保障服务平台，由江苏省科技情报研究所、南京图书馆、南京大学、东南大学、南京农业大学、中国药科大学、南京医科大学、南京工业大学、江苏省农科院和省标准化院 10 家单位联合建立。

7 月 6 日 根据《江苏省教育厅关于认真做好 2007 年江苏省高等教育教改研究课题立项建设工作的通知》(苏教高〔2007〕7 号)精神，依据“坚持标准，择优遴选，统筹兼顾，科学布局”原则，在各高校组织、择优推荐的基础上，经专家评议、结果公示和省教育厅审定，评选出 2007 年省高等教育教改立项研究课题 300 项，其中重中之重课题 7 项，重点课题 50 项，一般课题 243 项。其中，江苏省高校图情工委的 2 个项目入选：

1. 江苏高校数字图书馆管理运行机制研究，洪修平/沈鸣主持，重点项目。

2. 现代高校图书馆建设理念与实践研究，顾建新/李爱国主持，一般项目。

7 月—8 月 第三届伊利诺伊大学中国图书馆馆员交流项目(Chinese Librarians Scholarly Exchange Program, CLSEP)，在美国伊利诺伊大学香槟分校开班，本期学员共 17 人，其中江苏学员 1 人，顾建新(东南大学图书馆)。

8 月[3] 华东地区师院(专)图书馆协作委员会常委会暨第 14 次年会，在福建省南平市武夷学院举行，会议决定更名为“华东地区地方院校图书馆协作委员会”。

9 月 15 日 由江苏省教育厅组织的 JALIS 建设 2007 年启动项目论证会，在南京召开。

---

〔1〕 陈亚新，陈昊等. 南医大江宁校区图书馆落成启用[EB/OL]. [2018-10-10]. http://js.xhby.net/system/2007/06/19/010069024.shtml.

〔2〕 本刊记者. “江苏省工程技术文献信息中心”全面建成应用[J]. 江苏科技信息，2007(7):31.

〔3〕 姜汉卿. 华东地区地方院校图书馆 19 年协作活动的回顾与思考[J]. 大学图书馆学报，2010(1):46-50.

本年度拟启动的 7 个项目承建单位，向专家组报告了项目计划、技术路线、经费预算。教育厅丁晓昌厅长到会做重要指示：① 项目建设的理念、技术路线应当具有前瞻性，应当具有国际化的视野。以顺应时代发展的潮流，与信息化社会的发展；② 项目建设应具有针对性，重点解决提升教育质量的各环节中，必须优先解决的问题；③ 各个项目建设的方案之间应当充分协调，统一在 JALIS 三期建设的总体思路下，妥善处理校际、科技与文化系统之间的互通与资源共享；④ 强调建设的时效性，坚持从实践出发，明确目标，加强检查，经费的管理应当按照年度分配，以奖代补，充分的优化配置，取得最大的投资效益。

9 月 20 日　江苏省高校图书情报工作委员会在南京大学图书馆召开办公会议。参加会议的有：江苏省教育厅高教处张晓宁、南京大学图书馆馆长洪修平、东南大学图书馆馆长顾建新、中国矿业大学图书馆馆长桑树勋、南京理工大学图书馆馆长赵敏〔1〕、河海大学图书馆馆长高新陵、南京农业大学图书馆副馆长（主持工作）包平、南京师范大学图书馆常务副馆长张建平、苏州大学图书馆副馆长周建屏、扬州大学图书馆馆长殷新春、南京工业大学图书馆常务副馆长赵乃瑄〔2〕、金陵科技学院图书馆馆长刘阿多、南京大学图书馆副馆长史梅以及图工委秘书处吴强。南京医科大学图书馆馆长吴建国、南京航空航天大学图书馆常务副馆长陈万寅因事请假。会议由洪修平主持。张晓宁代表省教育厅高教处就 JALIS 项目建设和图工委下半年工作重点做了指导性讲话，图工委下半年的工作重点应是 JALIS 三期项目建设和二期项目验收。2007 年是 JALIS 二期工程验收、总结建设成效、全面启动三期工程建设的关键一年。今年 JALIS 三期启动了 7 个子项目（由于时间关系，这 7 个子项目是由省教育厅指令性下达的，明年开始拟采取申报的方式），主要是考虑这些项目在 JALIS 三期建设中起着承上启下的重要作用，是创新 JALIS 建设模式、提升高校数字图书馆建设水平、提高全省高校文献信息综合服务能力的基础性工作。省教育厅希望有关承建学校的领导高度重视，进一步细化并完善实施计划、落实建设方案，保证项目建设取得良好成效。

在启动 JALIS 三期项目的同时，二期项目的验收也将提到议事日程上来。各承建馆要抓紧时间，根据项目要求，做好检查和验收准备。张晓宁在发言中特别强调了作为 JALIS 三期工程“队伍素质提升工程”的重要举措，今年省教育厅委托图工委组织全省高校图书馆馆长及业务骨干赴新

---

〔1〕 赵敏（1955—　），毕业于华东工学院，南京理工大学人文与社会科学学院教授、硕士、硕士生导师。曾任南京理工大学图书馆馆长，南京航空航天大学金城学院图书馆馆长。

〔2〕 赵乃瑄（1967—　），博士，研究馆员，1992 年毕业于南京大学，获化学、信息管理双学位，2006 年获南京大学情报学博士学位。1999 年起，历任南京工业大学图书馆副馆长，信息中心副主任、常务副馆长、党总支书记，2013 年，任图书馆馆长、学校信息服务部部长。兼任江苏省高校图工委副主任委员、江苏省高校数字图书馆建设管理中心副主任，江苏省高校图工委学术研究与继续教育专委会主任、江苏省图书馆学会常务理事、江苏省图书馆学会学术委员会副主任、江苏省情报学会常务理事。

加坡培训进修，教育厅对培训费用给予一定比例的资助。对高校图书馆业务骨干国外培训将形成制度，争取每年都进行。

洪修平在通报由于南京大学图书馆领导班子分工的调整，将由史梅副馆长协助其负责图工委具体工作的开展。介绍了上半年图工委已进行的主要工作以及下半年工作的重点和要求：

今年上半年图工委在省教育厅高教处的直接领导下，主要做了以下工作：

1. 完成JALIS三期建设方案的论证工作。5月13日，《江苏高校数字图书馆三期建设方案》通过省教育厅组织的专家组论证。根据规划，2010年，江苏省将全面建成高校数字图书馆，实现全省高校纸质和电子图书文献互通共用、集成整合、资源共享。

2. 协助教育厅完成了JALIS三期工程2007年度立项项目建设方案论证工作。2007年9月15日，由江苏省教育厅组织了JALIS建设2007年启动项目专家论证会。本年度拟启动的7个项目承建单位向专家组报告了项目的建设基础、建设目标、分年度实施方案、保障措施以及建设成效等。丁晓昌副厅长到会做了重要指示。7个项目都通过了专家论证，目前经费已经下拨。

3. 完成了省教育厅教改项目立项评审材料上报工作。经过专家评审，由高校图工委申报的两个教改课题入选。由洪修平、沈鸣主持的《江苏高校数字图书馆管理与运行机制研究》和顾建新、李爱国主持的《现代高校图书馆建设理念与实践研究》分别被评为重点课题和一般课题。

4. 协助教育厅完成了江苏省高校图书馆业务骨干赴新加坡培训的前期准备工作。目前培训通知已全部发出，正在抓紧落实。

洪馆长还通报了即将在徐州召开"江苏省高校图情工委现代技术应用专委会2007年度年会"、由南京航空航天大学承办的"CALIS高校学位论文数据库工作会议"等几个会议的筹备情况。洪修平馆长强调指出：继续完善和细化JALIS三期工程建设方案、做好JALIS二期的验收工作将是今后工作的重点。2007年启动的各子项目的承建高校图书馆要根据专家意见，认真修订、打磨、完善建设目标、建设方案、实施细则。JALIS二期各参加馆应按照项目的验收指标，自行检查工作进展的程度、经费使用的情况等，保证JALIS二期各项目通过验收。

洪馆长还就图工委办公经费、江苏省高校图书馆工作会议及馆长年会、东南大学图书馆提出在江宁校区设立"超星"镜像点、资源评估小组的酬劳等问题，提请图工委办公会议讨论。接下来，史梅副馆长代表图工委文献资源评估与谈判小组汇报近期全省电子文献资源集团采购情况、数据库使用费的收缴问题以及下半年进行论证的数据库的情况。
与会者就今年下半年的工作计划和相关问题达成了如下一些共识：

1. 图工委的工作应紧紧围绕省教育厅的指示精神，从建设教育强省、办人民满意高等教育的高度出发，充分认识高等学校数字图书馆建设工作的重要意义，细化 JALIS 三期建设方案，落实责任人员，保证项目建设取得实效。同时，高度重视 JALIS 二期的验收工作，确保各项目通过验收。JALIS 二期的验收工作也将直接影响到 JALIS 三期 2008 年子项目的申报启动工作。

2. 图工委将积极配合省教育厅，补齐、完善相关资料，尽快促成江苏省高校图书馆工作会议的召开。初步考虑在图书馆工作会议以后，随即召开全省高校图书馆馆长年会，贯彻落实省高校图书馆工作会议的精神。

3. 图工委将强化规范管理和制度建设。不论是数据库的集团采购，还是经费的使用等，都应建立完善的运作和监督机制。同意将由南京师范大学代管的图工委办公经费转到秘书处所在的南京大学，今后重大经费使用情况将通报图工委办公会议。

4. 同意在东南大学图书馆再增设超星镜像站点，为全省高校服务。委托文献资源评估与谈判小组就有关事宜与超星公司进行商谈，镜像站的年维护费由图工委补贴。

5. 同意对文献资源评估与谈判小组成员给予一定补贴，具体数额经各方商议后提交图工委办公会讨论。

洪修平馆长做总结发言，高校图工委将加强规范化、制度化建设，力求一切活动都要有规范和程序。他希望在省教育厅的直接领导下，抓好 JALIS 三期项目的启动和二期项目的验收工作，确保 JALIS 在全国的领先地位。

9 月 24—26 日　江苏高校图书馆技术工作年会在徐州师范大学图书馆召开。本次会议的主题是“迈向数字化时代的图书馆技术保障体系建设”，本次会议共有江苏省 60 余个图书馆，共 120 余位代表参会，会议期间，徐州师范大学的杨亦鸣副校长到会做了重要讲话，中国矿业大学图书馆、徐师大图书馆的领导参加会议。会议就图书馆技术工作未来的发展方向、模式，以及现在存在的问题进行了探讨，现代技术委员会在本次会议上提出了建设”江苏高校图书馆技术应用联盟”的构想，与会代表共同探讨了数字图书馆建设、信息技术应用、现代技术产品、技术保障、网络安全等涉及图书馆技术领域的最新成果和实践案例。本次会议切合了当下高校图书馆关注的热点，对高校图书馆的现代化建设、提高现代技术应用与管理水平、推进江苏省各高校图书馆之间的技术交流，尤其是对江苏省高校图书馆未来的发展，具有重要的指导意义。会议邀请了南京邮电大学计算机学院的孙国梓博士，做了有关网络信息安全技术的专题讲座。

9 月 27—28 日[1]　CALIS 学位论文项目工作会议在南京航空航天大学图书馆召开。江苏省政协副主席、南京航空航天大学图书馆馆长黄因慧、南京航空航天大学副校长吴宪庆，CALIS 管理中心副主任陈凌，江苏省图工委副主任、河海大学图书馆高新凌等领导参加了开幕式，并做了重要讲话。本次会议由

〔1〕 CALIS 管理中心. CALIS 新闻大事记[EB/OL]. [2018 - 08 - 10]. http://home.calis.edu.cn/calisnew/bigthing.asp? fid=57&class=2.

CALIS“十五”建设学位论文项目组主办，组长、清华大学图书馆副馆长姜爱蓉做了主旨发言，对学位论文数据库建设中的技术环节和数据收集流程进行培训。会议期间，JALIS学位论文项目组负责人南京航空航天大学图书馆副馆长陈万寅作JALIS学位论文数据库系统建设项目的介绍，CALIS项目的参建单位交流建设的经验。

9月28日[1] 东南大学“李文正图书馆”开馆仪式暨图书馆建设学术报告会在东南大学九龙湖校区举行。该馆由国家建筑大师齐康院士设计，面积5.38万平方米，是华东地区最大的高校图书馆单体建筑。参加开馆仪式的有江苏省政协副主席、南京航空航天大学图书馆馆长黄因慧，江苏省图书馆学会、江苏省高校图工委的领导，以及清华大学、北京大学、南京大学、上海交通大学、西安交通大学、华中科技大学、天津大学等省内外近百所高校图书馆的馆长与代表，还有南京图书馆、金陵图书馆及江苏省部分公共图书馆、部队院校图书馆代表，东南大学部分院系和部处的领导、师生等数百人参加仪式。东南大学副校长郑家茂致辞，江苏省文化厅副厅长、江苏省图书馆学会理事长马宁发来贺信，清华大学图书馆馆长薛芳渝代表高校图书馆讲话。

随后，《南京高校（江宁地区）图书馆资源共享合作协议》签字仪式举行，由东南大学、南京航空航天大学、河海大学、中国药科大学、南京医科大学、金陵科技学院等6所高校图书馆组成江宁地区高校图书馆联合体。签字仪式结束后，南京航空航天大学图书馆馆长、江苏省政协副主席黄因慧、郑家茂、薛芳渝等为“李文正图书馆”开馆剪彩。当天下午，各高校图书馆馆长在李文正图书馆报告厅召开图书馆建设和发展的研讨会。北京大学图书馆副馆长朱强、南京大学信息管理系主任沈固朝、西安交通大学图书馆馆长俞炳丰、南京图书馆副馆长许建业以及南京农业大学图书馆常务副馆长包平分别作报告。

10月17日 台湾大学图书馆副馆长林光美女士访问江苏高校，江苏省高校图情工委现代技术应用专委会、南京师范大学图书馆，联合举办专题交流会。林馆长以“开创资源、知识分享—台湾大学图书馆的创新服务”为题，介绍了台湾大学在服务创新上的最新进展，介绍了台湾大学图书馆在学术网关、网页典藏、机构典藏等方面的最新成果，同时，还介绍了台湾地区在社会科学文献资源等方面的合作建设进展。报告会后，林馆长与江苏高校图书馆长们，就数字化服务需求的发现、项目的组织与实施、采购合作等问题，直接进行交流。

10月18—21日[2] 2007年华东地区高校图工委协作组工作年会，在山东省泰安市泰山学院举行，本次会议由山东省高校图工委承办。福建省、浙江省、上海市、江苏

〔1〕 东南大学图书馆办公室. 东南大学图书馆简讯(2007年第2期,总第5期)[EB/OL]. [2019-02-02]. http://lib.seu.edu.cn/upload_files/article/239/1_20180613122034.pdf.

〔2〕 本刊通讯员. 2007年华东地区高校图工委秘书处工作年会纪要[J]. 浙江高校图书情报工作, 2007(5):4.

省、江西省、安徽省和山东省高校图工委秘书长及图工委成员参加会议。本次会议的主题是：① 交流各省市图工委工作经验；② 探讨和加深华东地区图工委之间的进一步合作与协调，促进本地区高校图书馆事业的发展。与会者认为：下一步的工作除根据本省、市的具体情况开展工作以外，应重点就文献资源保障体系建设、电子资源集团采购、馆际互借与文献传递和业务交流与培训工作加强协调与合作。探讨增加跨省、市组团的集团采购项目，互通信息，提高整个华东地区高校图书馆文献资源保障能力的有关问题。

10月30日—11月20日　由江苏省教育厅、新加坡管理研究中心、江苏省高校图工委联合举办的第1期江苏省高校图书馆业务骨干新加坡高级研修班，一行39人，赴新加坡参访研修。研修班的成员江苏省内为39所高校图书馆的领导和业务骨干，是包平（南京农业大学）、毕朝晖（南京交通职业技术学院）、薛朗（南京理工大学）、曹金留（江苏农林职业技术学院）、陈馥英（三江学院）、邓滨（南京工业职业技术学院）、高新陵（河海大学）、顾宏（南京师范大学）、郭启松（淮阴师范学院）、何清（苏州科技学院）、李敏（苏州卫生职业技术学院）、李永茂（常州机电职业技术学院）、刘阿多（金陵科技学院）、刘淑芬（无锡商业职业技术学院）、刘宜升（徐州医学院）、陆刚（常熟理工学院）、罗广思（常州轻工职业技术学院）、马美华（南京晓庄学院）、马世平（中国药科大学）、庞新国（南京信息工程大学）、彭雪勤（徐州工程学院）、邵建萍（南京特殊教育职业技术学院）、邵永强（南通航运职业技术学院）、石明芳（苏州大学）、孙以泽（宿迁学院）、汪明银（徐州工业职业技术学院）、王富国（江苏畜牧兽医职业技术学院）、王丽琳（南京审计学院）、吴建国（南京医科大学）、伍玲玲（南京大学）、谢仲贤（常州纺织服装职业技术学院）、徐敏（苏州工业职业技术学院）、殷新春（扬州大学）、张彬（南京化工职业技术学院）、张小麟（南京财经大学）、张逸新（江南大学）、赵巍（江苏经贸职业技术学院）、赵乃瑄（南京工业大学）、周爱民（南京森林公安高等专科学校）。

10月31日　美国哈佛大学哈佛燕京学社图书馆馆长郑炯文受邀参加南京大学读书节名家讲座，报告地点在南京大学图书馆二楼报告厅，南京大学图书馆馆长洪修平主持讲座。郑炯文演讲题目：哈佛大学的中文馆藏—兼论美国学生眼中的中文书籍。

11月4日[1]　美籍华裔图书馆学家马大任访问东南大学图书馆，并与东南大学图书馆的业务人员进行了交流。马大任20世纪40年代就读于中央大学外文系，后旅居美国，1992年退休，创设“赠书中国计划”。

11月1—2日[2]　由南京大学图书馆、人文社会科学高级研究院、信息管理系、出版科学研究所主办，美国芝加哥大学东亚图书馆协办的“中美文化交流与图书馆发展

---

〔1〕 东南大学图书馆办公室. 东南大学图书馆简讯(2008年第1期，总第6期)[EB/OL]. [2019-02-02]. http://lib.seu.edu.cn/upload_files/article/240/1_20180613123321.pdf.

〔2〕 刘备. 中美文化交流与图书馆发展国际学术研讨会综述[J]. 上海高校图书情报工作研究，2008(1):43-46.

国际学术研讨会暨钱存训图书馆开馆典礼”在南京大学举行。南京大学人文社会科学高等研究院院长周宪主持开幕式，南京大学副校长张异宾、匹兹堡大学教授许倬云、南京大学图书馆馆长洪修平分别致辞。钱存训先生的侄女钱孝珊、侄子钱孝文，来自美国的许倬云（匹兹堡大学）、郑炯文（哈佛大学）、李华伟、陈家仁、潘铭燊（美国国会图书馆亚洲部）、周原（芝加哥大学图书馆）、陈豫（南康涅迪格州立大学）、马大任（美国赠书中国计划基金会）、马泰来（普林斯顿大学）、赵宗鹰（全美中国作家联谊会），来自台湾的卢秀菊、张宝三（台湾大学）、邱炯友（淡江大学）、曾堃贤（台湾汉学中心），来自内地代表王菡（国家图书馆）、程焕文（中山大学）、别立谦（北京大学）、欧七斤（上海交通大学）、潘文年（安徽大学）、吴格（复旦大学）等共50人参加会议。南京大学人文社会科学高级研究院图书馆，被命名为“钱存训图书馆”，图书馆收藏有钱存训先生捐赠的个人藏书6 000余册，张异宾与钱存训先生亲属为图书馆揭牌。

11月12—14日　江苏省高校图工委情报咨询专委会2007年学术年会在江苏大学（镇江市）举行。参加本届年会的代表有120多人，与会者围绕着本届年会主题：开放和谐、无处不在的图书馆信息服务，进行交流和讨论。会议共收到论文103篇。大会组织专家对论文进行评审，并为获奖者颁奖。

11月30日　CASHL华东北区域中心在南京大学图书馆举行“CASHL华东北区域文献传递服务宣传推广工作会议”。此次会议是配合CASHL管理中心2007年度系列宣传推广活动计划，推广CASHL丰富的资源和优质的服务，有效开展地区优惠活动，挖掘华东北地区的文献需求潜力，推动区域高校图书馆文献资源共建共享工作，促进馆际互借与文献传递工作人员之间的交流，安徽、山东、江苏三省70余个单位，140余位代表参会，南京图书馆、金陵图书馆、江苏省社会科学院图书馆的代表也参加了会议。

南京大学校长助理周宪、南京图书馆副馆长许建业、南京大学图书馆馆长洪修平、江苏省社会科学院图书馆副馆长赵军等到会讲话，CASHL管理中心负责人、北京大学图书馆副馆长肖珑做主题报告，山东大学图书馆等代表进行了会议交流，与会者就CASHL的后续发展提出了意见，CASHL华东北资源中心的人员，对与会的馆际互借管理人员进行操作培训。

12月[1]　河海大学申报的“《本科教学资源信息管理与服务系统》的开发与研究”项目，在2007年度江苏省高等教育教学成果评比中，获得一等奖，获奖人吴东敏、高新陵、谢友宁、潘静。

12月14—15日　江苏省高校图工委秘书处与南京大学等12所大学图书馆领导与技术工作者，在扬州大学召开江苏省高校图书馆技术工作会议。会议就加强江苏省高校图书馆技术队伍整合与构建“江苏高校图书馆应用技术联盟”展开讨论，并就联盟的合作形式与架构、联盟的管理形式、成果的形成与转化进行交流。会议号召各高校图书馆加强应用技术合作，筹备联盟与参与联盟活

〔1〕 赵坚．奋进——纪念河海大学图书馆百年华诞图文集[M]．南京：河海大学图书馆，2015：107.

动发出倡议，对联盟筹备的工作安排与《江苏高校图书馆应用技术联盟章程》的起草与形成进行了布置。会议由江苏省高校图书馆技术工作委员会副主任沈鸣主持，扬州大学图书馆馆长殷新春做主题发言。

年度事件数据：

事业发展　全省普通高等学校数：120 所；
本专科在校生人数：147.23 万人；
研究生在校生人数：9.65 万人；
专任教师人数：8.856 8 万人；
高等教育毛入学率：37％。

领导变更　苏州大学图书馆馆长王国平离任，高伟江继任馆长〔1〕。

---

〔1〕 苏州大学图书馆. 世纪鸿影——苏州大学图书馆发展实录[M]. 苏州：苏州大学图书馆，2006：47.

2008 年

1 月 12 日[1] 南京图书馆取消办证工本费(10 元)、核证费(15 元/年)和电子借阅览证的注册费(30 元/年),免费向公众开放,开放当天为读者免费办证 1092 张,到馆人数突破 1 万人次,是往日的 3 倍。

1 月 21 日 江苏省教育厅召开全省高校区域教学联合体建设工作座谈会,总结交流区域教学联合体建设的成效与经验,研讨与时俱进、为联合体建设不断注入发展新内涵的创新举措。6 个高校区域教学联合体牵头高校分管院(校)长与教务处处长、各联合体其他成员高校代表,省高校图书情报管理工作委员会负责人,省教育厅发展规划处、财务处、高教处、学生处和师资处等有关处室负责人近 30 人与会,江苏省教育厅丁晓昌副厅长主持会议并讲话。丁晓昌在讲话中,对新时期高校区域教学联合体建设与发展提出了更高的要求,区域教学联合体建设是一项开创性的工作,各有关高校尤其是牵头学校,投入了一定的人力、物力和财力,做了大量有效的工作,积累了很多经验,取得了明显的成效。在目前联合体建设发展的高起点上,要进一步提高认识,进一步加大推进力度,进一步拓展共享资源,进一步扩大合作范围,进一步坚持共优互赢。同时,要进一步强化责任意识、奉献意识,着眼全局、扩大开放,使学生受益更多,使人才培养质量更高。省教育厅在总结推广联合体建设经验与成效基础上,将在政策、机制等方面,进一步支持、扶持教学联合体的发展,把联合体内图书文献资源共知、共建、共享作为省高校数字图书馆重点项目加强建设,在各类质量内涵建设的重点项目上对区域教学联合体给予倾斜,使得江苏省这一管理创新模式促进高等教育集约、集优、又好又快的发展。自 2004 年 9 月南京仙林大学城区域教学联合体成立至今,江苏省已建立 6 个区域教学联合体,覆盖了南京、常州、淮安、南通、盐城和徐州地区的 41 所高等学校,其中 211 高校 2 所、国家示范性高职院校 2 所、省级示范性高职院校 4 所、其他本科院校 13 所、高职院校 12 所、民办高校 6 所,还有两所部队院校也积极加盟。

3 月 1 日[2] 国务院发布《关于公布第一批国家珍贵古籍名录和第一批全国古籍重点保护单位名单的通知》国发〔2008〕9 号,批准《国家珍贵古籍名录》及“全国古籍重点保护单位”,共有 2 392 种古籍、51 家全国古籍重点保护单位,其中,包括 1 家国家图书馆、26 家省市公共图书馆、12 家高校图书馆、5 家专业

〔1〕 王政,刘鑫等.图书馆权利大事记[J].图书馆建设,2015(1):20-25.

〔2〕 国务院关于公布第一批国家珍贵古籍名录和第一批全国古籍重点保护单位名单的通知[J].中华人民共和国国务院公报,2008(15):33-34.

图书馆、五家博物馆及二家档案馆，江苏省入选的单位是：南京图书馆、苏州图书馆、常熟图书馆、南京大学图书馆、南京师范大学图书馆、南京中医药大学、苏州大学图书馆、南京博物院，共 8 个单位。

3 月 10 日[1] 中国矿业大学图书馆南湖新馆开始试运行，搬迁工作自 1 月 6 日启动，历时两月。开放当日，接待读者 13 000 人次，借还图书 36 600 册。成为江苏省高校图书馆的最高纪录。突破扬州大学图书馆在 2001 年 9 月 3 日，创造的单日借还图书 33 779 册的最高纪录。

3 月 13 日[2] 南京大学信息管理系郑建明、JALIS 管理中心办公室主任沈鸣前往徐州地区高校图书馆，调研在职培养高水平人才工作。

3 月 17—18 日[3] 教育部高教司副司长杨志坚到北京大学图书馆 CALIS 管理中心听取工作汇报、交换意见。

3 月 25 日 设在中国矿业大学图书馆的 JALIS 维普电子期刊数据库镜像点，因迁馆，服务地址更改，新地址为：http://121.248.104.142，原地址：211.70.215.32 不再使用。

4 月 南京工程学院江宁新校区图书馆建成。图书馆整体布局合理、功能齐全，图书馆的服务功能得到了进一步提高。邵逸夫先生基金会捐资，故以逸夫命名此中心，文博苑·逸夫图书信息中心。

4 月 7—8 日[4] “教育部外国教材中心工作会议暨外国教材研究项目验收总结会议”在南京东南大学图书馆召开。会议由教育部高教司主办，东南大学承办。与会单位有北京大学、清华大学、南开大学、南京大学、武汉大学、复旦大学、吉林大学、西安交通大学、中国农业大学、重庆大学、华南理工大学以及高等教育出版社等。会议主要内容是外国教材中心教材研究与信息平台研究项目验收，2007 年外国教材中心工作总结以及 2008 年的工作研讨。

4 月 9 日[5] 南京航空航天大学图书馆陈万寅、苏州大学图书馆副馆长周建屏、江苏大学图书馆副馆长王维华以及同事，同日参访中国矿业大学南湖校区新馆。

4 月 29 日 江苏省高校图工委，邀请美国哈佛大学哈佛燕京学社图书馆馆长郑炯文，在南京大学图书馆，给南京地区高校图书馆同行做专题讲座。讲座的主题：欧美东亚图书馆的历史、发展与当前面临的挑战。

5 月 江苏省教育厅发布苏教高〔2008〕21 号《省教育厅关于启动江苏省高等学

---

〔1〕 邬淑珍. 中国矿业大学图书馆史(1909—2009)[M]. 桑树勋主审. 徐州：中国矿业大学出版社，2009：181.

〔2〕 邬淑珍. 中国矿业大学图书馆史(1909—2009)[M]. 桑树勋主审. 徐州：中国矿业大学出版社，2009：181.

〔3〕 CALIS 管理中心. CALIS 新闻大事记[EB/OL]. [2018-08-10]. http://home.calis.edu.cn/calisnew/bigthing.asp? fid=57&class=2.

〔4〕 教育部外国教材中心. 教育部外国教材中心工作会议暨外国教材研究项目验收总结会议[EB/OL]. [2018-05-11]. http://ftc.lib.tsinghua.edu.cn/Bulletin.aspx? id=6.

〔5〕 邬淑珍. 中国矿业大学图书馆史(1909—2009)[M]. 桑树勋主审. 徐州：中国矿业大学出版社，2009：181.

校数字图书馆三期建设的通知》。

5月　江苏省教育厅发布苏教高〔2008〕22号《省教育厅关于2008年高等学校数字图书馆三期工程立项申报工作的通知》。

5月7日　常熟理工学院50周年校庆，常熟理工学院逸夫图书馆举行开馆典礼，开馆典礼由常熟理工学院副院长丁晓原主持，院长傅大友致开馆辞，江苏省高校图书情报工作委员会副主任兼秘书长、南京大学图书馆馆长洪修平，江苏省图书馆学会副理事长、南京图书馆副馆长许建业分别代表江苏省高校图工委、江苏省图书馆学会致辞，江苏高校图书馆的代表100余人参加典礼，典礼结束后，代表们参观逸夫图书馆。常熟理工学院图书馆，总面积为26 645平方米，其中逸夫图书馆于2007年9月开始投入使用，其面积为21 980平方米，截至2006年底，收藏有实体文献79.56万册。

5月12—17日[1]　“CALIS引进数据库十年回顾与展望暨第六届国外引进数据库培训周”，在武汉华中科技大学举办，CALIS管理中心已连续5届举办了国外引进数据库培训周活动，成为中国高校图书馆界有影响力的活动之一。本次活动的主题是“CALIS引进数据库十年回顾与展望”。活动期间，CALIS组织专家、数据库商和高校图书馆界的代表共同探讨CALIS引进数据库工作10年来的成就，以及目前面临的问题和解决方案。

5月14日[2]　香港图书馆协会副会长郑学仁、秘书长麦绮雯等一行19人，在江苏省图书馆协会秘书长吴林女士的陪同下，分别参观了南京师范大学、南京大学图书馆。同时，南京工业大学图书馆、泰州学院图书馆馆长及部分业务骨干受邀参加了南京师范大学的会见，南京师范大学党委副书记吴自斌接见代表团。两校图书馆向香港图书馆协会代表团赠送礼品，香港图书馆协会也回赠纪念品。

5月16—23日　“洁白的丰碑——纪念傅雷百年诞辰展览”在南京大学图书馆巡回展出。2008年是我国著名翻译巨匠傅雷诞辰100周年，为了纪念傅雷先生在翻译领域的辛勤耕耘和他对文学事业的热忱奉献，国家图书馆和上海图书馆联合主办了本次展览，展览用80余块展板，图文并茂地讲述了傅雷的生平，他与画家黄宾虹、刘海粟、张弦等朋友的情谊，以及他在翻译领域的辛勤耕耘和成就，在艺术世界的影响。有10余件展品是首度亮相的傅雷手稿，包括《艺术哲学》《高老头》《约翰·克里斯朵夫》《老实人》等著译手稿，以及著名的家书手稿、留法笔记和手抄乐谱等。同时展出的还有上海图书馆珍藏的近20件1949年以前出版的与傅雷有关的期刊书籍，50余册傅雷译作、艺术论著等。

5月20—22日　山东省高校图书馆馆长年会在山东省泰安市召开，共140余人参加了此次

---

〔1〕 华中科技大学. CALIS引进数据库十年回顾与展望暨CALIS第六届国外引进数据库培训周[EB/OL]. [2018-10-10]. http://project.calis.edu.cn/huiyiziliao/huiyi12/jb13.aspx.html.

〔2〕 南京师范大学图书馆. 香港图书馆协会代表团访问我馆[EB/OL]. (2008-05-17)[2018-11-12]. http://lib.njnu.edu.cn/news/tsggg/20110412/467.html.

会议，山东省教育厅高教处处长宋伯宁，副处长孟令君到会作报告。CALIS 中心副主任陈凌、JALIS 管理中心办公室主任沈鸣，受邀参加年会，并在会议上分别就 CALIS 三期的规划，JALIS 建设的十年回顾做专题报告。会议期间，正值四川汶川大地震的哀悼期，全体代表们对灾区人民表达深切的关怀，希望灾区人民早日重建家园。

5 月 23 日〔1〕 由美国佐治亚州周边大学、格伦布斯州立大学等高校教师代表团参访南京师范大学华夏教育图书馆。图书馆常务副馆长张建平、信息咨询部主任顾小明以及科研业务秘书李荣进行了接待。华夏教育图书馆是国内第一所面向全国基础教育、师范教育服务的专业图书馆，也是南京师范大学最早、最古老的图书馆。

5 月 23 日〔2〕 上海交通大学图书馆与艾利贝斯集团正式签约，选用 Aleph 500 图书馆自动化集成系统，替换正在使用的 Horizon 系统。Horizon 系统是 1986 年 6 月上海交通大学图书馆从美国 Ameri-tech 公司引进的。

6 月 8 日〔3〕 原南京图书馆研究馆员、享受国务院政府特殊津贴的图书情报专家杨世明〔4〕，在南京逝世，享年 85 岁。

6 月 20 日 徐州高校教学联合体图书资料共享经验交流会，在徐州师范大学图书馆敬文报告厅举行，徐州师范大学副校长韩宝平、南京大学图书馆副馆长史梅、中国矿业大学图书馆副馆长曹作华、淮阴师院图书馆馆长郭启松、徐州师范大学图书馆馆长高中华等参加交流会。大会由徐州师范大学图书馆总支书记薛跃主持。韩宝平在大会致辞中对徐州高校教学联合体的工作作了简要回顾，向代表介绍徐州师范大学图书馆图书文献资源概况。徐州师范大学图书馆副馆长范亚芳、淮阴师院图书馆馆长郭启松以及来自徐州医学院、徐州工程学院的代表在会议上发言，就“整合区域教育资源，共建共享，为培养创新型人才服务”的徐州高校教学联合体图书资料共享工作交流经验和下一步工作设想。会议期间，南京大学图书馆副馆长史梅、沈鸣、吴强等顺访中国矿业大学南华新馆。

7 月 16 日 江苏高校数字图书馆三期工程 2008 年项目遴选论证会议，在江苏省教育厅三楼会议室召开。江苏省教育厅丁晓昌副厅长出席会议并讲话。丁晓昌指出，建设江苏高校数字图书馆是江苏省高水平高质量推进高等教育大众化、建设教育强省的重要举措。江苏省对高校数字图书馆建设工作一直十分重视，从 1997 年起，省财政专门立项开展了江苏省高校文献信息保障

---

〔1〕 南京师范大学图书馆. 美国大学代表团访问华夏教育图书馆[EB/OL]. (2008-05-23)[2018-11-23]. http://lib.njnu.edu.cn/news/tsggg/20110412/470.html.

〔2〕 艾利贝斯软件科技发展北京有限公司. 2008 年年度信息[EB/OL]. [2018-11-02]. http://www.exlibris.com.cn/new/news/2008.asp.

〔3〕 本刊讯. 南京图书馆研究馆员杨世明先生逝世[J]. 新世纪图书馆，2008(5)：105.

〔4〕 杨世明(1924—2008)，南京图书馆研究馆员，1943 年毕业于北京中国大学经济系，1953 年起在南京图书馆工作，1987 年退休，中国图书馆学会会员，1993 年起享受国务院政府特殊津贴，长期从事文献参考咨询工作。

系统(JALIS)建设。通过10年的努力,JALIS建设成效有力地提升了江苏省高校图书馆的综合实力,保证高等教育大众化背景下的人才培养质量。在JALIS一、二期建设基础上,JALIS三期工程于2006年着手设计,2007年5月正式通过专家组论证并启动实施。江苏省教育厅今年首次采用"公开申报,专家论证,择优领衔,整合优势,确保成效"的方式,公布七个子项目的建设基础、建设内涵、建设成效、投入匹配等要求,在全省高校中公开申报。本次评选遵循四项原则:① 依据标准,择优建设。根据JALIS三期工程的总体要求和学校数字图书馆的建设现状,优先遴选领导重视、理念先进、基础厚实、经验丰富的学校,作为项目承建单位;② 整合共建,形成合力。注重整合同一区域高等学校优质资源,注重项目领衔学校的综合实力,实现跨校际协作,形成共建合力。以区域的图书文献资源共享,促进全省高校图书文献资源共享;③ 注重衔接,提高效益。注重与JALIS一期、二期建设项目有机衔接,注重项目建设的覆盖面与受益面。在前期建设基础上,不断创新建设模式,提高共享与服务效益;④ 集中优势,保证重点。为使领衔承建学校完成任务,原则上重点项目领衔承建学校不得重复,扩大参与面,以建设促提高,以建设促发展。江苏省教育厅将会同JALIS项目管理中心,组织召开立项项目负责人座谈会,帮助承建单位进一步细化制定项目任务书,明确目标任务,整合优质资源,落实参建职责,确保项目建设成效。

7月25日　江苏省教育厅在南京召开江苏高校数字图书馆三期工程工作会议,在教育厅三楼会议室召开,反馈2008年项目论证会议的专家意见,布置下一步工作。江苏省教育厅王煌处长主持会议并讲话。JALIS管理中心洪修平主任就JALIS三期建设的管理发言,JALIS三期入选项目的承建、参建单位,共28个单位45位代表参加会议。王煌指出,建设江苏高校数字图书馆,是江苏省高水平高质量推进高等教育大众化、建设教育强省的重要举措。三期的建设是在JALIS一、二期建设基础上的延续,JALIS三期工程的建设与管理,必须强调"四个必须",必须整合、必须精细、必须协作、必须科学化管理。会议部署了下一阶段的工作。

7月28日[1]　文化部举行第一批国家珍贵古籍名录颁证暨第一批全国古籍重点保护单位授牌仪式,国务委员刘延东出席会议并讲话,南京师范大学图书馆代表现场上台领牌。同时,南京师范大学图书馆所藏古籍《初学记三十卷》被选中参加文化部的"国家珍贵古籍特展"。

7月—8月　第四届伊利诺伊大学中国图书馆馆员交流项目(Chinese Librarians Scholarly Exchange Program, CLSEP)在美国伊利诺伊大学香槟分校开班,本期学员共24人,其中江苏省学员三人,赵敏、徐国祥(南京理工大学图书馆)、金明华(南京航空航天大学图书馆)。

[1] 南京师范大学图书馆.省文化厅古籍保护督导组来我馆检查工作[EB/OL].(2008-09-05)[2018-11-12].http://lib.njnu.edu.cn/news/tsggg/20110412/489.html.

8 月　江苏省教育厅发出苏教高〔2008〕25 号《省教育厅关于江苏省高等学校数字图书馆二期工程项目验收工作的通知》。

8 月　南京工程学院从南京市鼓楼区整体搬迁至江宁科学园大学城新校区。原南京工程学院东校区(原南京机械高等专科学校校址),交江苏省委党校,西校区(原南京电力高等专科学校校址),交南京艺术学院。

8 月 1—2 日[1]　教育部高等学校图书情报工作指导委员会二届五次会议,在吉林省长春市召开,全国图工委委员、各省图工委秘书长、特邀代表共 67 人参加会议。吉林省教育厅处长靳国庆和东北师范大学副校长刘益春出席开幕式并致辞,教育部高教司副司长杨志坚出席会议。高教司条件处处长李晓明介绍 CALIS 的进展,重申图工委各项工作应由委员牵头、兼职来做,对各位委员的支持表示感谢。还就高校图工委年底换届的原则作说明。朱强秘书长作"改革开放 30 年的高校图书馆——回顾与展望"的报告。崔慕岳副主任代表河南图工委作"改革开放以来的河南高校图书馆事业"的报告。会议通报四川震区高校图书馆的受灾情况,探索支援的方式。姚乐野委员代表四川高校图工委作"四川高校图书馆抗震救灾情况汇报",杜新中委员作"震灾中的绵阳师范学院图书馆"的报告。

8 月 8 日[2]　东南大学图书馆张厚生[3]教授,因病在南京逝世,享年 66 岁。

8 月 19 日　江苏省公共图书馆数字信息资源共建共享,及组建江苏省公共图书馆联合参考咨询网签约仪式在南京图书馆举行,江苏省公共图书馆数字信息资源共建共享和联合参考咨询工作正式开始运作。

8 月 25—28 日　CALIS 第 3 次省中心工作与研讨会议在威海召开。朱强、陈凌参加会议,会议就下一阶段省中心的工作进行部署。涉及 CALIS 三期省中心建设实施方案,联合目录建设,全国馆际互借网建设等,浙江、江苏省中心代表进行会议交流,南京大学图书馆副馆长史梅、赵华参加会议,并代表江苏省中心做了大会发言。

8 月 26 日[4]　江苏省政府常务会议审议通过,发布《省政府关于取消和停止征收部分行政事业性收费和政府性基金项目的通知》(苏政发〔2008〕78 号),决定取消和停止征收行政事业性收费项目 59 项、政府性基金项目 2 项,规范调整行

---

〔1〕 王波. 教育部高等学校图书情报工作指导委员会二届五次会议在长春召开[J]. 大学图书馆学报,2008(5):110.

〔2〕 本刊讯. 东南大学张厚生教授病逝[J]. 新世纪图书馆,2008(5):105.

〔3〕 张厚生(1943—2008),江苏泗阳人,1967 年,毕业于武汉大学图书馆学系,1976—1977 年在南京图书馆辅导部工作,1978 年至 1981 年在武汉大学图书馆学系攻读目录学专业研究生,获硕士学位。后到东南大学,历任图书馆秘书、馆长助理、副馆长。1983 年,负责筹建东南大学图书情报专业,并兼任教研室主任。任东南大学情报科学技术研究所图书馆学硕士研究生指导教师,教授;南通大学兼职教授、江苏省科技情报学会副理事长,南京图书馆学会副理事长,江苏省图书馆学会学术委员会副主任,江苏省艺术、图书、文博、群文专业高级资格评审委员会专家组成员,东南大学学术委员会委员,全国社会科学专家库成员。

〔4〕 江苏省人民政府. 省政府关于取消和停止征收部分行政事业性收费和政府性基金项目的通知[EB/OL]. [2019-10-10]. http://www.jiangsu.gov.cn/art/2008/10/7/art_47007_2681567.html.

政事业性收费项目 62 项，自 2008 年 9 月 1 日起执行。其中，被取消的行政事业性收费项目中，包括“图书馆收费”。

8 月 28 日[1] 合肥工业大学职能部门代表团一行 40 余人参访东南大学，顺访东南大学九龙湖校区李文正图书馆。

8 月 29 日 江苏教育厅组织在南京农业大学召开“精品课程数据库”建设会议，江苏省电教馆、JALIS 管理中心、南京农业大学图书馆、科健公司、易学公司等单位参加了会议，江苏省教育厅高教处处长王煌、副处长经贵宝、江苏省电教馆书记陈明参加会议，会议听取南京农业大学等单位就现有基础的情况汇报，讨论精品课程数据库建设的方案，认为应当创新机制，采取开放共享、合作开拓的方式，在课程管理平台、教学质量工程平台、JALIS 资源平台之间，实现平台与数据资源的共享，发挥最大的综合效益。

8 月 29 日 江苏省教育厅办公室发布苏教办高〔2008〕4 号文件，文件对江苏省高等学校数字图书馆工程建设（简称“JALIS”）和江苏省高等学校图书情报工作委员会领导小组成员进行了调整，并公布调整后的人员名单。

9 月 4 日[2] 江苏省文化厅陆忠海为组长的江苏省古籍保护督导组一行 4 人前往南京师范大学图书馆督检、指导工作。南京师范大学图书馆党总支书记王铁光、常务副馆长张建平接待督导组并汇报工作。南京师范大学图书馆现有线装古籍约 11 万册/件，其中善本古籍 200 余种 3 100 册/件，普通古籍 10.7 万册/件。2008 年 3 月，南京师范大学图书馆入选国务院组织评选的首批“全国古籍重点保护单位”，此次评选共有 51 家单位入选，高校图书馆仅 12 家。南京师范大学图书馆有 13 部古籍入选《国家珍贵古籍名录》。督导组代表省文化厅感谢南京师范大学图书馆在古籍保护工作中所做出的贡献，南京师范大学图书馆古籍保护工作的经验值得推广。

9 月 8 日[3] 新疆师范大学图书馆资深馆员方建平、李宏斌，到南京师范大学图书馆，开展为期两个月的交流学习。2008 年 3 月，新疆师大图书馆馆长古丽帕丽·阿不都拉率代表团参访华东高校图书馆。与南京师范大学图书馆建立馆员访问学习项目，分批派馆内业务骨干到南京师范大学图书馆跟踪交流，此次是首期馆员来访。

9 月 10 日 南京大学组织专家组，对南京大学所承担的江苏省高等学校文献信息保障系统（JALIS）二期工程“JALIS 数字图书馆基地建设”等 5 个子项目进行评审。

9 月 12 日 新一届省高校图工委领导小组办公会议在南京大学图书馆召开。为进一步完善江苏省高等学校数字图书馆工程建设和江苏省高等学校图书情报

---

〔1〕 东南大学图书馆办公室. 东南大学图书馆简讯(2008 年第 4 期，总第 9 期)[EB/OL]. [2019-02-02]. http://www.lib.seu.edu.cn/upload_files/article/240/1_20180613123512.pdf.

〔2〕 南京师范大学图书馆. 省文化厅古籍保护督导组来我馆检查工作[EB/OL]. [2018-11-12]. http://lib.njnu.edu.cn/news/tsggg/20110412/489.html.

〔3〕 南京师范大学图书馆. 新疆师范大学图书馆馆员到我馆交流学习[EB/OL]. [2018-11-12]. http://lib.njnu.edu.cn/news/tsggg/20110412/490.html.

工作委员会的组织体系建设，2008 年 8 月 29 日，省教育厅发布了苏教办高〔2008〕4 号文件《关于调整江苏省高等学校数字图书馆工程建设和江苏省高等学校图书情报工作委员会领导小组成员的通知》。

会议由江苏省高校图工委秘书长、南京大学图书馆馆长洪修平主持，江苏省高校图工委领导小组副组长、南京大学校长助理周宪和江苏省高校图工委领导小组副组长、省教育厅高教处处长王煌到会并讲话，新一届省高校图工委领导小组全体成员参加会议。会议分 3 个阶段进行。

第一阶段，传达教育厅的文件，并就文件精神进行说明。王煌介绍 JALIS 和省高校图工委领导小组成员调整情况。此次调整与往届相比，具有：① 增强行政管理部门与高校的互动。省财政厅、教育厅相关职能处室的负责人亲自参与 JALIS 领导小组工作，了解全省高校数字图书馆建设情况，加强高校图书馆工作的统筹领导；② 拓展不同区域、不同类型高校的覆盖面。领导小组的成员组成充分考虑全省高校的分布面，旨在调动各高校馆参与事业建设的积极性，带动各地区共建共享工作的开展；③ 加强 JALIS 管理中心组织建设，明确职责和任务，也明确了省高校图工委的具体职责和工作思路。周宪讲话，表示南京大学在全省高校图书馆事业整体化建设中一定起表率作用，为全省高校图书馆事业的发展多作贡献。

第二阶段，讨论省高校图工委章程、下半年工作计划、各专业委员会组织建设以及省高校图工委今后工作等议题。史梅常务副秘书长介绍《江苏省高等学校图书情报工作委员会章程(讨论稿)》的起草过程及指导思想。代表们认为，省高校图工委章程应该体现时代特色，与时俱进，根据江苏高等学校图书馆改革发展的新要求，明确省高校图工委的职责。章程要体现高校图工委工作的公开性、透明性，建议做进一步修改细化。洪修平报告江苏省高校图工委 2008 年下半年的工作计划：① 修订规章制度，完善组织机构。重点是修订图工委工作章程，确定各专业委员会组织；② 数字图书馆的建设工作。配合教育厅完成 JALIS 二期项目验收和 JALIS 三期 2008 年度项目评审和启动；继续组织全省高校图书馆集团采购数据库；积极推广 CALIS 建设成果在全省高校图书馆的应用；③ 组织开展图书馆相关业务活动与人员培训；④ 指导与协助各专业委员会及各高校图书馆开展相关业务活动；⑤ 其他工作：配合中国人文社会科学文献中心(CASHL)的宣传推广工作；与省图书馆学会合作，开展相关工作。

第三阶段，讨论图工委各专业委员会组织机构建设，认为图工委各专委会组织机构的设立，应与省高校图工委的工作职责有机衔接，定位要明确，突出引领作用，组织机构要体现服务江苏地方经济发展需要。与会代表还就省高校图工委今后的工作和发展方向进行讨论。认为今后省高校图工委的工作，应追踪国内外高水平图书馆的发展趋势，关注江苏的社会、经济、文化建设，发挥全省高校图书馆的整体优势，为江苏高校教学科研提供的文献资源保障。同时扩大高校图书馆的社会影响，赢得政府和社会的支持。

洪修平希望各位成员将本次会议所讨论的问题形成书面意见和建议，以电子邮件的方式汇总到省高校图工委秘书处。秘书处将汇总意见和建议，修订省高校图工委章程、提出完善各专业委员会组织机构的方案，并再次提交省高校图工委领导小组办公会议讨论。

王煌就省高校图工委下一步的工作提出 3 点要求：① 强化责任意识。在学习实践科学发展观的过程中，省高校图工委要进一步学以致用，讲团结，讲奉献，进一步强化为高校师生服务的责任意识，将高校图书馆建设成高等学校知识的载体、创新的平台，高校师生的精神家园；② 进一步明确工作重点。省高校图工委要进一步强化对全省高校图书馆建设的组织协调和引导作用，开拓创新，强化工作重点；③ 在江苏高校图书馆总体发展、宏观规划等方面加强指导，抓大事，抓重点。

2008 年省高校图工委重点：① 完善制度建设，明确组织机构，强化工作流程，充分体现公开、公正、透明和规范；② JALIS 二期项目验收和三期项目论证和启动。要科学管理，保证项目建设达到预期目标；③ 要积极筹备"江苏高校图书馆工作会议"。教育厅将在年底前召开会议。会议要总结 JALIS 一期、二期的建设经验，交流建设成果，推动全省高校图书馆事业的发展；④ 进一步强化高校图书馆队伍建设。通过加强图书情报学科建设加强队伍建设，将省高校图工委的工作从经验型工作提升到研究型工作，加强学习，加强服务，加强合作，开阔视野，建设一支高素质的专业队伍。周宪作会议总结，希望新一届省高校图工委要有新理念、新方法、新经验、新成果，并相信通过全省高校图书馆的共同努力，江苏高校图书馆事业一定能够取得更大进步，继续在全国处于领先地位。

9 月 17—21 日　由中国图书馆学会专业图书馆分会主办、江苏省图书馆学会协办的中国图书馆学会专业图书馆分会 2008 年年会在江苏扬州举办，主题是"知识化服务进程中的专业图书馆：技术、方法和服务"。

9 月 19 日　教育厅组织召开 JALIS 三期服务创新工程项目预评审会议，对申报单位进行预评，教育厅高教处处长王煌出席会议并讲话，评审专家组由南京农业大学教务处胡锋担任组长，专家组听取东南大学、扬州大学、中国矿业大学、徐州师范大学等学校图书馆的汇报，就加强服务、加强管理以及提高共享效益等提出意见。

9 月 26 日[1]　高校图工委读者工作专委会在东南大学四牌楼校区举行全体委员会议，专委会副主任、东南大学图书馆副馆长范斌主持会议。会议的主题是深化区域流通管理系统共享服务，代表就服务中的问题以及对策的研讨。

9 月 28 日　JALIS 三期现代技术应用服务平台子项目建设研讨会，在扬州大学图书馆召开。南京大学、苏州大学、东南大学、南京农业大学、南京理工大学等 12 个馆的 20 余位领导参加会议，扬州大学副校长陈耀到会看望代表，并致

〔1〕 东南大学图书馆办公室. 东南大学图书馆简讯(2008 年第 4 期，总第 9 期)[EB/OL]. [2019-02-02]. http://www.lib.seu.edu.cn/upload_files/article/240/1_20180613123512.pdf.

辞。会议针对扬州大学申报的“江苏省高校图书馆现代技术应用服务平台建设”项目进行研讨，南京大学图书馆馆长洪修平主持会议，与会代表认为，此项目针对目前影响 JALIS 发展中的队伍素质问题，具有前瞻性，此项目的建设将为全省高校图书馆技术力量整合发挥重要作用，保证 JALIS 后续的健康发展。

10 月 9—10 日[1] 东南大学图书馆代表团访问清华大学图书馆、北京大学图书馆、北京邮电大学图书馆，分别与 3 个馆的领导和业务人员，就资源建设、图书馆发展、人力资源管理、院系资料室建设等问题进行交流。

10 月 11 日 JALIS 管理中心在南京大学图书馆召集“JALIS 二期建设验收准备会议”，会议讨论 JALIS 二期建设成果验收材料，以及验收工作的有关细节安排，13 个馆的代表参加会议，南京大学图书馆副馆长邵波对前一段时间的工作情况，进行总结，并对下一步工作进行部署。

10 月 27—29 日 江苏省高校图书情报工作委员会情报咨询专委会 2008 年学术年会在河海大学江宁校区会议中心举行。本次会议也是江苏省高校图工委情报咨询专业委员会成立 10 周年的第 10 届年会，会议的主题是“知识创新，知识服务”，来自江苏省各高校的 65 所单位，共 110 多位代表参加会议。专委会副主任张智松、副主任何小清分别主持会议，河海大学副校长吴远到会致辞，江苏省高校图工委副秘书长史梅介绍江苏省高校图书情报工作委员会的近况，江苏省高校图工委代表、南京医科大学图书馆馆长吴建国，对情报委员会工作进行回顾和总结，河海大学图书馆馆长高新陵、南京航空航天大学图书馆常务副馆长陈万寅出席会议。《图书馆杂志》常务副主编王宗义研究员做《关于应用图书馆学的研究》的主题报告。《新世纪图书馆》主编彭飞研究员做《关于图书馆学论文写作的问题》的报告。专委会主任杨晓宁做 2008 年情报专业委员会工作报告，副主任李爱国做会议总结并宣读论文获奖名单。会议入选论文近 100 篇。经情报咨询专业委员会专家评审，在会议征文中评选出了一、二、三等奖项论文，推选 11 位论文作者作交流发言。会后，代表们参观河海大学江宁校区图书馆。

10 月 30 日 南京航空航天大学图书馆邀请美国伊利诺伊大学图书馆信息学院教授、伊利诺伊大学消防学院图书馆馆长阮练女士来宁作学术报告，报告地点：南京航空航天大学明故宫校区图书馆 4 楼报告厅。报告内容：“美国高校图书馆的评估”，介绍美国高校图书馆的评估系统和评估方式。

11 月 8 日[2] 中国矿业大学图书馆南湖馆开馆典礼举行，中国矿业大学领导葛世荣、张爱淑、宋学锋、王建平，中国工程院院士陈清如、周世宁，全国高校图情工委秘书长、北京大学图书馆馆长朱强，江苏省高校图情工委秘书长、南京大学

---

〔1〕 东南大学图书馆办公室. 东南大学图书馆简讯(2008 年第 4 期，总第 9 期)[EB/OL]. [2019-02-02]. http://www.lib.seu.edu.cn/upload_files/article/240/1_20180613123512.pdf.

〔2〕 邬淑珍. 中国矿业大学图书馆史(1909—2009)[M]. 桑树勋主审. 徐州：中国矿业大学出版社，2009:182.

图书馆馆长洪修平出席了典礼，江苏省、徐州市图书馆协会领导，来自全国90多所大学图书馆，有关单位和学院代表共400多人参加典礼。中国矿业大学图书馆馆长桑树勋主持典礼，中国矿业大学副校长王建平，南京大学图书馆馆长洪修平，教育部华东地区直属高校图书馆代表、上海交大图书馆馆长陈进，原煤炭部直属高校图书馆代表、安徽理工大学图书馆馆长马芹永分别致辞。葛世荣、朱强共同为中国矿业大学图书馆南湖馆揭牌。典礼仪式前，北京大学图书馆馆长朱强，同济大学图书馆馆长慎金花，在图书馆报告厅分别作学术报告。朱强还接受中国矿业大学校新闻中心记者，就数字化时代，高校图书馆面临的挑战与机遇、信息资源的共享策略，CALIS建设情况的采访。

11月9日[1] 江苏省教育厅发布《关于公布江苏省高校第六届哲学社会科学研究优秀成果奖获奖名单的通知》(苏教社政〔2008〕13号)，共297个获奖项目，其中一等奖20个，二等奖79个，三等奖198个，李爱国(东南大学图书馆)《学术数字资源引进与管理》(专著)获二等奖。

11月13—15日[2] 华东地区六省一市高校图工委秘书长年会在苏州大学召开，来自六省一市的高校图工委秘书长及秘书处共18位代表参加会议。苏州大学副校长田晓明到会致辞。会议期间，就如何进一步加强华东地区高校图工委秘书处之间的工作交流，全方位合作，促进华东地区高校图书馆事业的整体发展等问题进行探讨。会议期间，与会代表还参观了苏州大学独墅湖校区的炳麟图书馆。

11月22—25日 江苏省高校图情工委现代技术应用专委会2008年年会，在南京工程学院召开，本次会议主题："数字资源的安全、服务与建设"。南京工程学院副校长曹雪虹、南京大学图书馆副馆长邵波到会致辞，江苏省高校图情工委领导小组成员、河海大学图书馆馆长高新陵，就现代技术委员会的发展与期望发表讲话。全省高校150余名代表出席会议。南京工程学院、南京工业大学、徐州医学院、盐城工学院、江苏大学等单位的代表，分别就数字资源建设、服务安全保障体系规划，数字资源服务的发展等主题进行会议交流。会议首次邀请了外省的图书馆同仁参加，浙江理工大学、中国科技大学图书馆的代表参加本次会议，介绍浙江省高校数字图书馆(ZADL)的建设、中国科技大学图书馆数字资源服务的发展与规划进行交流。同时，与会代表实地参观南京工程学院图书馆机房等服务环境。

11月26日 台湾大学图书馆副馆长林光美参访江苏高校图书馆，受邀在南京农业大学图书馆进行学术交流，做专题报告，林光美介绍台湾大学最近几年的有关成果，重点介绍了台湾大学机构典藏库的建设，南京理工大学、南京师范大

---

〔1〕 江苏省教育厅.江苏省教育厅关于公布江苏省高校第六届哲学社会科学研究优秀成果获奖名单的通知　苏教社政〔2008〕13号[Z]，2008:20.

〔2〕 安徽省高校图工委.安徽省高校图书馆2008年工作大事记[J].大学图书情报学刊，2009(1)：94-96+18.

学、南京航空航天大学、南京大学等单位参加了报告会。

11 月 26—29 日[1] 由东南大学图书馆和台湾大学图书馆主办的"第二届海峡两岸大学图书馆建筑学术研讨会"在南京举行。会议的主题围绕"图书馆建筑的未来发展：多元、生态、和谐"展开。会议邀请海内外著名的专家学者，就图书馆建筑领域的最新进展与研究成果发表演讲，并就图书馆建筑的未来发展进行研讨。

11 月[2] 华东地区师专图书馆协作委员会第 15 次年会，在浙江省台州市台州学院图书馆举行。

11 月 江苏省社科联开展 2008 年度"社科应用研究精品工程"优秀成果评奖工作，本次评奖设优秀成果 100 项，其中一等奖 30 项，二等奖 70 项，均予以精神和物质奖励。根据各有关单位组织工作情况，设优秀组织奖和组织工作奖若干项，予以精神奖励。

12 月 2—3 日[3] 为庆祝 CALIS 启动建设 10 周年，作为北京大学 110 周年校庆活动之一，北京大学图书馆、CALIS 管理中心、CASHL 管理中心及高等学校图书情报工作指导委员会联合举办研讨会。邀请海内外专家学者做主题报告，邀请论文作者共同研讨图书馆文献资源建设的新理念、新思路、新方法。还包括会中会"第 5 届高校文献资源建设年会"，专题讨论高等学校文献资源建设的问题，交流经验。本次参会人员包括：CALIS 各中心及子项目负责人、成员馆代表、会议录用征文作者；CASHL 中心馆、部分用户馆代表。JALIS 管理中心主任、南京大学图书馆馆长洪修平参会并发言。

12 月 8 日 JALIS 工程二期建设验收会议在南京大学图书馆举行，教育厅高教处副处长经贵宝、南京大学校长助理周宪任验收专家组长。

12 月 12 日 徐州高校图书馆信息技术研讨会暨 2008 年年会在徐州医学院召开。中国矿业大学、徐州师范学院、徐州工程学院、工程兵指挥学院、徐州空军学院、徐州工业职业技术学院、徐州建筑职业技术学院、九州职业技术学院、宿迁学院及徐州市图书馆等 11 家单位参加了此次会议。徐州医学院副院长印晓星、图书馆馆长刘宜升和副馆长孙亚峰到会致辞。

本次研讨会的主题是"数字化资源建设、共享和信息技术交流"。徐州医学院图书馆信息技术部李波主任主持了此次研讨会，中国矿业大学都平平研究员、朱世平主任，徐州师范大学王凯主任、徐州工程学院王世超主任分别做了专题报告，其他与会的学校也分别介绍了各自图书馆自动化建设的情况。本次研讨会是徐州教学联合体各高校图书馆之间首次技术骨干研讨会。

---

〔1〕 东南大学图书馆办公室. 东南大学图书馆简讯(2008 年第 5 期，总第 10 期)[EB/OL]. [2019-02-02]. http://www.lib.seu.edu.cn/upload_files/article/240/1_20180613123547.pdf.

〔2〕 姜汉卿. 华东地区地方院校图书馆 19 年协作活动的回顾与思考[J]. 大学图书馆学报，2010(1)：46-50.

〔3〕 CALIS 管理中心. CALIS 新闻大事记[EB/OL]. [2018-08-10]. http://home.calis.edu.cn/calisnew/bigthing.asp? fid=57&class=2.

12月16—19日 数字图书馆前沿问题高级研讨班在上海交通大学闵行校区新图书馆举行，该研讨班最早由旅美图书馆界学者倡议并始创于2004年，在2004年至2007年的4年中，已经分别在深圳、厦门、北京和桂林举办了4届，为我国数字图书馆的有效发展起到了良好的促进和推动作用，逐步成为我国图书馆界全面了解国外数字图书馆发展状况、获得新信息和新技术的重要渠道。本次研讨班由上海交通大学图书馆、美国约翰·霍普金斯大学图书馆以及中国图书馆学会数字图书馆专业委员会联合举办，除前几届参与研讨班的境外华裔专家外，美国约翰·霍普金斯大学图书馆馆长 Winston Tabb 等著名图书馆专家和学者出席研讨班。

12月18日[1] 《图书情报研究》(*Library & Information Studies*, LIS)在江苏大学创刊。由江苏大学科技信息研究所主办，季刊，《图书情报研究》以服务于图书、情报、档案工作，服务于图书馆学、情报学、档案学学术研究和学科建设为办刊宗旨。主管单位：江苏省教育厅，国际标准刊号：2222-1603。

12月27日 南京大学图书馆馆长洪修平、台湾“中央大学”图书馆馆长严秀茹代表双方，正式签署两馆馆际互借、文献传递服务及交换赠送协议。协议约定：① 互为对方提供各自馆藏文献；② 代为复印对方所需期刊文献数据，电子文档传递以 Ariel 系统为主，服务时限以5个工作日为原则；③ 在著作权许可范围内，代为复印对方所需之图书数据；④ 交换与赠送，以两校之复本图书、期刊、图书馆编印或发行的出版品或其他特定资料作交换或赠送，可根据对方提供复本清单勾选。

年度事件数据：

事业发展 全省普通高等学校数：120所；
本专科在校生人数：157.74万人；
研究生在校生人数：10.47万人；
专任教师人数：9.6267万人；
高等教育毛入学率：38%。

单位变更 8月，南京工程学院从南京市鼓楼区整体搬迁至江宁科学园大学城新校区。原南京工程学院东校区（原南京机械专科学校校址），交江苏省委党校，西校区（原南京电力专科学校校址）交由南京艺术学院。

领导变更 南京财经大学图书馆馆长朱琴华转岗，秦嘉杭继任馆长。

[1] 编辑部.《图书情报研究》简介[EB/OL].[2018-10-10]. http://ptsq.cbpt.cnki.net/WKE/WebPublication/wkTextContent.aspx?navigationContentID=db922688-adf9-430b-94cd-def1f4845b4d&mid=ptsq.

苏州大学图书馆馆长高伟江离任,罗时进[1]继任馆长[2]。

南京审计学院图书馆馆长李冠强离任,马万民继任馆长。

---

〔1〕 罗时进(1956—),江苏东台人。博士、博士生导师、苏州大学文学院教授。2008 年 7 月—2013 年 3 月,任苏州大学图书馆馆长。历任苏州大学文学院院长、苏州大学敬文书院院长,《苏州大学学报》常务副主编,苏州大学古典文献研究所所长。兼任教育部中文教学指导委员会委员,中国唐代文学学会副会长,东亚学术文化交流会首任会长,江苏省吴文化研究基地首席专家,江苏省哲学社会科学联合会理事,江苏省高校图工委委员、苏州市哲学社会科学联合会常务理事,苏州市高校图书情报工作协会主任,苏州南社文化研究院院长。著有《丁卯集笺证》《晚唐诗歌格局中的许浑创作论》《唐诗演进论》等。

〔2〕 苏州大学图书馆.世纪鸿影——苏州大学图书馆发展实录[M].苏州:苏州大学图书馆,2006:47.

2009 年

1 月 12 日[1] 教育部发布教技函〔2009〕3 号《教育部关于在东北师范大学等 10 所法人机构设立第 4 批教育部部级科技查新工作站的通知》，苏州大学入选综合类科技查新工作站。

2 月 JALIS 管理中心对所属的《超星数字图书馆》江苏大学图书馆镜像点进行升级，经过试服务以后，再对其他镜像点进行更新。2009 年 3 月 22 日起对外试服务，提供与读秀平台的平滑衔接，提供更为丰富的电子图书资源，新的服务平台提供的"我的图书馆"功能也是读秀平台的服务入口。

2 月 24 日 CALIS 馆际互借网关（共享版）培训在南京大学图书馆举行。培训是由 CALIS 华东北地区中心组织，河海大学、南京理工大学、南京信息工程大学、江南大学等 8 个单位参加，2008 年底，受 CALIS 管理中心的委托，华东北地区中心与厦门大学图书馆承担了共享版系统的测试与试用，培训是为大规模推广 CALIS 馆际互借网关（共享版）和文献传递服务做准备，南京大学图书馆副馆长邵波到会讲话，JALIS 管理中心办公室主任沈鸣部署工作安排，负责华东北地区馆际互借服务的李雪溶老师，专题介绍 CALIS 馆际互借网关（共享版）的使用和操作。

3 月 中华人民共和国成立 60 周年，高校图书馆取得骄人的成绩。为展示图书馆在各级领导的关怀下取得的新成就，教育部高等学校图书情报工作指导委员会拟出版《建国 60 年高校图书馆发展图册》，将于 2009 年 9 月 30 日国庆 60 周年前出版，通过新华书店向全国发行。

3 月 江苏省高校图工委发布《关于开展江苏省高等学校图书馆工作现状调研的通知》，为贯彻落实全省教育厅工作精神，加强高等教育基础能力建设，加快高等学校图书馆改革发展步伐，提升江苏省高等学校图书文献信息综合服务能力，夯实教育强省建设基础，拟于今年召开江苏省高等学校图书馆建设工作会议。为做好会议前期准备工作，将开展全省高校图书馆工作现状调研，调研有关事项如下：

一、调研内容

（一）高校图书馆工作现状方面

1. 2006、2007、2008 年高校图书馆改革与建设的成绩、经验和特色；

2. 高校图书馆工作面临的主要问题和困难；

---

〔1〕 教育部. 教育部关于在东北师范大学等 10 所法人机构设立第四批教育部部级科技查新工作站的通知 教技发函〔2009〕3 号[EB/OL]. [2018－06－06]. http://www.cutech.edu.cn/cn/zxgz/2009/01/1229477998896943.htm.

3. 加强高校图书馆管理队伍建设；
4. 推进图书馆管理创新，提高为教学科研的综合服务能力；
5. 对高校图书馆改革发展的意见和建议。
（二）“江苏省高校数字图书馆”（简称“JALIS”）建设现状方面
1. “JALIS”建设已经取得的成绩与经验；
2. “JALIS”建设面临的主要问题和困难；
3. 进一步整合高校图书文献资源，强化共享，提高“JALIS”建设效益；
4. “JALIS”建设的具体思路、目标任务及重点举措；
5. 进一步完善“JALIS”建设成果的评价体系与运行机制。
6. 对“JALIS”建设的意见和建议。
二、调研对象，普通高等学校和独立设置的成人高校。
三、调研方式，采取面上调研和专题调研相结合的方式进行。
（一）面上调研，填写《江苏省高等学校图书馆事业发展事实数据统计表》《江苏省高等学校图书馆读者使用情况调查表》，4 月底前以电子邮件形式呈交。
（二）专题调研，分批召开高校图书馆工作专题调研座谈会，了解加强高校图书馆改革与建设的意见和建议。具体安排另行通知。

3 月 19 日[1]　第三届高校馆际互借协调组第一次会议，在北京大学召开，由 14 个高校图书馆的业务骨干组成的第三届高校馆际互借工作协调组，江苏省的南京大学图书馆为组员单位。本次会议对协调组的工作进行总结，明确协调组的职责和工作方式，提出协调组下一步的工作计划。

3 月 23 日　武汉大学图书馆馆长燕今伟，率领湖北省高等教育数字图书馆代表团来访，与江苏省图情工委、JALIS 管理中心交流省级高校数字图书馆建设方面的经验，江苏省高校图工委秘书长洪修平会见代表团，副馆长邵波、史梅、JALIS 办公室主任沈鸣、江苏高校图工委办公室主任吴强参加会见，双方就项目管理、高校文献共享系统进行管理和评价、文献共享系统目前的经费来源、文献资源建设、服务推广等方面的议题进行交流。在宁期间，代表团还参访南京师范大学图书馆。

3 月 29—31 日　首届“海峡两岸大学图书馆服务创新与发展论坛”（CSIDUL 2009，南京），在南京农业大学图书馆举行，论坛由江苏省高校图书情报工作委员会、江苏省高等学校数字图书馆（JALIS）管理中心、台湾大学数字典藏研究发展中心、中华图书信息馆际合作协会海峡两岸信息交流委员会联合主办，论坛还设扬州、苏州、镇江三地分会场（2009 年 4 月 1 日—3 日），由台湾大学图书馆林光美副馆长率领的专家代表团一行 7 人参加论坛，江苏省教育厅副厅长丁晓昌、高教处处长王煌等领导出席开幕式并讲话，CALIS 管理中心副主任戴龙基、陈凌，厦门大学图书馆馆长萧德洪等出席论坛，论坛期

〔1〕 CALIS 管理中心. CALIS 新闻大事记[EB/OL]. [2018 - 08 - 10]. http://home. calis. edu. cn/calisnew/bigthing. asp? fid=57&class=2.

间，台湾专家代表团会见了图工委以及南京农业大学等学校及图书馆的领导。本次会议的主题：创新、蜕变、超越的知识殿堂。台湾代表团成员有项洁（台湾大学图书馆前馆长、台湾大学资讯工程学系特聘教授、台湾大学出版中心主任、台湾大学数字典藏中心主任）、刘吉轩（政治大学图书馆馆长、政治大学信息科学系副教授）、柯皓仁（交通大学图书馆馆长、交通大学信息管理学系教授）、吴幼麟（暨南国际大学图书馆馆长、暨南国际大学工程学系教授兼系主任）、陈光华（台湾大学图书信息学系副教授、台湾大学图书馆系统信息组组长）、蔡炯民（台湾大学数字典藏研究中心研究员）。

7. CALIS、JALIS 管理中心等大陆高校专家报告。

4 月　教育部下发教高函〔2009〕12 号《教育部关于成立第三届高等学校图书情报工作指导委员会的通知》。

4 月 15 日　江苏省教育厅下发关于（苏教高〔2009〕4 号）《JALIS 二期工程项目验收结果的通知》。经省教育厅审定，有 34 个项目完成既定的目标任务，通过验收；有 2 个项目完成了阶段性的目标任务，基本通过验收。

4 月 15 日　江苏省教育厅下发（苏教高〔2009〕5 号）《关于公布高等学校数字图书馆三期工程 2008 年立项项目的通知》，为扎实推进江苏省高等学校数字图书馆（以下简称：JALIS）三期建设，实现校际图书文献资源的共知共建共享，不断提高全省高等教育信息化水平，根据《省教育厅关于启动江苏省高等学校数字图书馆三期建设的通知》（苏教高〔2008〕21 号）精神，决定组织开展 2008 年 JALIS 三期工程立项申报工作，同时，对 2007 年先期启动的项目进行中期检查。

5 月 8 日　江苏省教育厅下发（苏教高〔2009〕22 号）《关于开展高等学校数字图书馆三期工程 2009 年项目立项申报和项目建设情况年度检查的通知》，组织全省高校开展 JALIS 2009 年立项申报工作，同时，对已立项项目的建设情况进行年度检查。JALIS 三期建设 2009 年立项申报指南、JALIS 三期工程已立项建设的子项目名单、JALIS 三期工程子项目建设情况自查报告等附件同时下发。

5 月 12—16 日[1]　“CALIS 数字资源推广和服务普及研讨会暨 CALIS 第七届国外引进数据库培训周”，在浙江大学举办，培训周活动已成为图书馆界有影响力的活动之一，参会代表和数据库商也对此项活动给予了一致认可。本届培训周的主题定为：“数字资源推广和服务普及。”在活动期间，CALIS 将组织专家、数据库商和高校图书馆界的代表共同交流经验，探讨问题和提供解决方案。和往届相比，本届大会有如下几个特点：规模最大、形式创新、管理最先进、培训效果好、会议学术性提高。

---

〔1〕 浙江大学. CALIS 数字资源推广和服务普及研讨会暨 CALIS 第七届国外引进数据库培训周[EB/OL]. [2018-10-10]. http://project.calis.edu.cn/huiyiziliao/huiyi13/redir.php%E7%B8%9Eatalog_id=13&object_id=609.html.

5 月 19 日[1]　中国社会科学院研究生院副院长文学国、图书馆副馆长周军兰等一行 4 人来参访南京师范大学敬文图书馆。常务副馆长张建平接待来宾，并就来宾感兴趣的新馆建设过程中设计理念、结构安排和服务理念作介绍。随后，来宾实地参观了敬文图书馆。

5 月 19—22 日[2]　中美建交 30 周年之际，由文化部、美国总统人文艺术委员会、美国图书馆暨博物馆协会主办。中国图书馆学会、南京图书馆、江苏省图书馆学会、江苏省高等学校图书情报工作委员会、美国伊利诺依大学香槟校区图书馆、美国华人图书馆员协会承办的“2009 南京中美图书馆员专业研讨会暨图书馆员高级研修班”在南京举办。此次研修班是文化部开展的《中美图书馆员专业交流项目》计划内容之一。是该项目启动以来全国首家省一级图书馆馆员高级研修班。来自全省公共图书馆、高校和专业图书馆的代表 50 余人参加研修班。中国图书馆学会秘书长汤更生。南京图书馆党委副书记、副馆长方标军和美方项目代表苏珊·希努尔、项目组长张沙丽在开班仪式致辞。《中美图书馆员专业交流项目》计划评估专家李华伟介绍该项目情况。江苏省图书馆学会秘书长吴林主持开班仪式。中国图书馆学会、江苏省图书馆学会和南京图书馆向 6 位美国专家颁发了《荣誉证书》，中国图书馆学会向南京图书馆、江苏省图书馆学会和江苏省高等学校图书情报工作委员会颁发《感谢状》，并向参加研修图书馆员颁发《结业证书》。

5 月 21 日[3]　在 2009 南京中美图书馆员专业研讨会暨图书馆员高级研修班期间，研修班美方专家组 5 位成员和美国第一位华人高校图书馆馆长、第一位以华人命名的美国图书馆馆长——李华伟博士以及中国图书馆学会秘书长汤更生、中国图书馆学会秘书处胡京波一行 8 人，受邀参观南京师范大学敬文图书馆。美方专家组成员是：北卡罗来纳大学格林斯博罗校区藏书及技术部副主任张沙丽博士、莫藤森国际交流中心副主任苏珊·希努尔女士、美国加州圣荷西州立大学教授兼工程学馆员刘孟雄博士、美国南佐治亚大学图书馆信息服务图书馆员罗伯特·福勒基斯博士、美国华人图书馆协会 2008—2009 年度师友计划委员会主席张文雯女士。南京师范大学纪委书记倪延年及图书馆负责人接待了来宾。

6 月 4 日[4]　全国哲学社会科学工作办公室公布 2009 年国家社科基金项目立项名单，翟晓娟（南京大学图书馆）申请的《基于 SOA 的数字图书馆业务微服务重组架构研究》，获批“青年项目”，项目编号：09CTQ007；胡新平（南通大学图

---

〔1〕 南京师范大学图书馆. 中国社会科学院研究生院副院长文学国等来访[EB/OL]. [2018-12-23]. http://lib. njnu. edu. cn/news/tsggg/20110411/351. html.

〔2〕 吴林.《2009 南京中美图书馆员专业研讨会暨图书馆员高级研修班》在南京隆重举办[J]. 新世纪图书馆，2009(4)：104.

〔3〕 南京师范大学图书馆. 中美图书馆高级研讨班专家一行 8 人来敬文图书馆访问参观[EB/OL]. (2009-05-27)[2008-12-12]. http://lib. njnu. edu. cn/news/tsggg/20110411/352. html.

〔4〕 全国哲学社会科学工作办公室. 国家社科基金项目数据库[EB/OL]. (2019-01-01)[2019-01-01]. http://fz. people. com. cn/skygb/sk/index. php/Index/index.

书馆)申请的《基于云计算理念与技术的文献资源服务研究》获批为"一般项目",项目编号:09CTQ011;刘竞(江苏大学图书馆)申请的《欧美图书馆学博士学位研究课题分析》,获批"青年项目",项目编号:09CTQ006。这是自1996年,东南大学张厚生首次获批国家社会科学基金项目13年以来,江苏省高校图书馆再次获批立项。

6月9日[1] 国际图联(IFLA)秘书长Jennefer Nicholson向北京大学图书馆发来祝贺邮件,祝贺北京大学图书馆朱强馆长当选IFLA管理委员会(Governing Board)委员,任命在2009年8月意大利米兰国际图联大会期间生效。此前,朱强已被任命为信息自由获取和自由表达委员会(Committee on Free Access to Information and Freedom of Expression)委员。国际图联(IFLA)全称为:国际图书馆协会与机构联合会,是最广泛的图书馆协会组织,成立于1927年,是一个独立的、非政府性的、非营利的国际组织。中国是国际图联创始国之一。1981年,中国图书馆学会加入IFLA。1990年,中国国家图书馆加入IFLA,IFLA的培训组织、研讨会和专业会议委员会等机构都同中国建立互访。1991年8月,IFLA决定1996年在北京召开第72届IFLA大会,正式将中文作为国际图联工作语言。

6月9日[2] 教育部高教司司长张尧学主持召开了"211工程"三期"公共服务体系"项目(CALIS/CADAL/CERS)准备会议,重点研究明确了几个项目三期的定位问题,张尧学和"211"学位办郭新立副主任在会上对项目内容和管理提出了具体要求。

6月9日[3] 国务院发布《关于公布第二批国家珍贵古籍名录和第二批全国古籍重点保护单位名单的通知》国发〔2009〕28号,第二批国家珍贵古籍名录(4478部),第二批全国古籍重点保护单位名单(62个)。江苏省入选的全国古籍重点保护单位有:无锡市图书馆、南通市图书馆、镇江市图书馆、吴江市(今吴江区)图书馆、扬州大学图书馆,共5个单位。

6月15日 江苏省高校图工委在南京大学知行楼一楼志新厅举办学术讲座,邀请美国图书情报学科综合排名第一的伊利诺伊大学厄巴那—香槟分校图书馆与信息科学学院院长、教授约翰M昂斯沃斯博士,主讲"当前美国数字图书馆的管理和研究的发展"(Current developments in digital library management and research in USA)。昂斯沃斯介绍伊利诺伊大学图书馆、伊利诺伊大学图书馆与信息科学学院和其他大学与机构的多种数字图书馆项目与计划,提出对数字图书馆未来发展的预测。

7月3—6日 川吉苏桂冀5省(区)图书馆学会第11届学术研讨会,在河北省秦皇岛市

---

〔1〕 北京大学图书馆馆长办公室编.北京大学图书馆通讯 总第62期[EB/OL].[2018-11-11]. http://www.lib.pku.edu.cn/portal/sites/default/files/bangongshi/tongxun/docs/62.pdf.

〔2〕 CALIS管理中心.CALIS新闻大事记[EB/OL].[2018-08-10]. http://home.calis.edu.cn/calisnew/bigthing.asp? fid=57&class=2.

〔3〕 国务院关于公布第二批国家珍贵古籍名录和第二批全国古籍重点保护单位名单的通知[J].吉林政报,2009(15):4-5.

召开。本次会议由川吉苏桂冀五省区图书馆学会，本次会议由河北省图书馆学会、秦皇岛市图书馆承办，会议主题：图书馆服务与创新；图书馆服务观念的创新；图书馆服务机制创新；图书馆服务手段创新。

7 月—8 月　第 5 届伊利诺伊大学中国图书馆馆员交流项目(Chinese Librarians Scholarly Exchange Program, CLSEP)，在美国伊利诺伊大学香槟分校开班，本期学员共 20 人，其中江苏省学员 3 人，李爱国(东南大学图书馆)，薛朗(南京理工大学图书馆)，赵乃瑄(南京工业大学图书馆)。

7 月 30—31 日[1]　第三届教育部高等学校图书情报工作指导委员会成立大会暨第一次工作会议在宁夏大学召开。相关领导、图工委委员，各省、自治区、直辖市图工委秘书长，香港高校图书馆特约代表 87 人参加会议。宁夏教育厅高教处处长殷骤、宁夏大学校长何建国出席开幕式并致辞。教育部高教司教学条件处李静处长宣读了《教育部关于成立第三届教育部高等学校图书情报工作指导委员会的通知》(教高函〔2009〕12 号)。本届委员会由 66 名委员组成，新增选的占半数，来自高职高专的委员增加了 6 名，使委员会在成员结构上更能反映高等教育的现状。宁夏大学副校长冀永强、宁夏回族自治区图书馆常务副馆长张欣毅亦出席开幕式。随后举行第 1 次工作会议。朱强秘书长代表二届委员会作图工委工作总结，汇报 5 次工作会议的内容、各工作组的成绩和委员会会刊《大学图书馆学报》的编辑出版情况。

香港学术图书馆联盟成员馆的负责人作为特邀代表出席会议，联盟主席、香港理工大学图书馆馆长欧书亭(Steve O'Connor)发表"香港高校图书馆的合作"的演讲，总体介绍香港学术图书馆联盟的概况。

在委员讨论中反映的问题有：① 有些地方的图书馆和图工委面临日益被边缘化，图工委多头管理，无所适从，图书馆被学校硬性规定不评正高职称；② 队伍建设政策不合理，只进硕士以上高学历人才，导致人力资源结构失衡；③ 欠发达地区的图书馆员接受培训的机会少，影响服务质量和服务创新。对此委员们提出建议：① 图工委应积极参与教育部面向图书馆的评估工作，使评估切合实际，发挥推动作用，避免副作用；② 秘书处应加强力量，制定图工委工作规划，制定指导图书馆工作规范，组织填报和发布统计数据，编辑出版高校图书馆发展报告；③ 各工作组要充分发挥职能作用；④ 面对图书馆的被边缘化倾向和队伍建设不合理问题，拿出应对之策，加以扭转；⑤ 动员 CALIS、CADAL、CASHL 等国家级项目资助西部欠发达地区的图书馆员参加专业培训，扩大培训覆盖面；⑥ 丰富图工委网站的内容，将其建成新闻、学习和交流中心；⑦ 加强评优工作；⑧ 工作会议应继续采取主题报告的形式；⑨ 以传杯铭字的方式，记录历次会议举办地点、承办单位，留后人下纪念。闭幕式上，副主任委员崔慕岳做大会总结。

---

〔1〕 王波. 第三届教育部高等学校图书情报工作指导委员会成立大会暨第一次工作会议在宁夏大学召开[J]. 大学图书馆学报，2009(6)：106.

8月　原南京航空学院图书馆副主任、副馆长王可权[1]，在南京逝世，享年89岁。

8月14日[2]　教育部高教司副司长杨志坚主持召开“211工程”公共服务体系项目之中国高等教育文献保障系统(CALIS)三期、大学数字图书馆国际合作计划(CADAL)二期建设可行性研究报告专家论证会，会议邀请全国图情专业专家对项目建设可行性研究报告进行评审和论证。专家认为CALIS项目三期目标定位准确，切实可行，项目经费预算合理紧凑，预期投资效益显著，宜尽快启动。

9月　江苏省教育厅发布苏教高〔2009〕31号《省教育厅关于公布高等学校数字图书馆三期工程2009年立项项目的通知》。

9月　江苏省教育厅发布苏教高〔2009〕34号《省教育厅关于2009年高等学校数字图书馆三期工程项目年度检查网上互评工作的通知》。

9月8日[3]　在第25个教师节来临之际，江苏省副省长曹卫星参观视察南京师范大学图书馆，南京师范大学校长、党委副书记宋永忠等学校领导陪同视察。

9月14日[4]　由教育部、国家语言文字工作委员会主办，南京师范大学协办的“第12届全国推广普通话宣传周开幕式暨2009年国家级语言文字规范化示范校校长论坛”，在敬文图书馆东报告厅举行。开幕式结束后，教育部副部长、国家语委主任郝平，在江苏省教育厅副厅长杨湘宁，南京师范大学党委书记文晓明，校长、党委副书记宋永忠，副校长夏锦文等领导的陪同下，参观敬文图书馆。郝平副部长对南京师范大学图书馆丰富的馆藏，尤其是人文社会科学方面的馆藏，对人性化的服务、一流的设施以及良好的阅读氛围给予肯定。

9月17日[5]　由中国传媒大学、中国教育国际交流协会和世界大学女校长论坛组委会共同主办的“第四届世界大学女校长论坛”分会场在南京师范大学召开，敬文图书馆作为此次分论坛的主会场及参观地之一。来自18个国家和地区的30余名中外大学女校长参观敬文图书馆。南京师范大学图书馆常务副馆长张建平向来宾介绍南师大图书馆概况。随后，来宾们参观了敬文图书馆，敬文馆整洁的环境、浓厚的人文气息以及人性化的服务给来宾留下深

---

〔1〕 王可权(1920—2009)浙江省宁波市人，笔名“小痴”。1949年3月参加革命，1949年3月加入中国共产党，历任南京航空学院图书馆副主任、副馆长，历任南京中心图书馆委员会委员、江苏省图书馆学会第一、二届常务理事、副秘书长、《江苏图书馆学报》副主编、江苏省高等学校图书情报工作委员会副秘书长等职务，在南京航空学院图书馆任业务领导50余年。

〔2〕 CALIS管理中心. CALIS新闻大事记[EB/OL]. [2018-08-10]. http://home.calis.edu.cn/calisnew/bigthing.asp? fid=57&class=2.

〔3〕 南京师范大学图书馆. 江苏省副省长曹卫星一行视察敬文图书馆[EB/OL]. [2018-12-21]. http://lib.njnu.edu.cn/news/tsggg/20110411/395.html.

〔4〕 南京师范大学图书馆. 教育部副部长郝平参观敬文图书馆[EB/OL]. [2018-11-11]. http://lib.njnu.edu.cn/news/tsggg/20110411/397.html.

〔5〕 南京师范大学图书馆. “第四届世界大学女校长论坛”会议代表参观敬文馆[EB/OL]. [2018-11-12]. http://lib.njnu.edu.cn/news/tsggg/20110412/519.html.

刻印象。

9 月 26—27 日[1] 华东地区高校图工委秘书长工作会议，在安徽大学逸夫图书馆召开，各省高校图工委的工作进行交流，共同探讨网络条件下图书馆建设、资源共享、馆际合作等共同关心的问题。会议由安徽省高校图工委秘书长许俊达主持，安徽大学党委副书记李仁群到会致辞，教育厅高教处王后林讲话。与会领导和专家回顾了近年来各省图工委开展的工作，介绍了各自的情况和经验，提出今后的工作思路，特别关注数字图书馆、信息资源建设与共享、华东地区图工委的紧密合作等问题。会议期间，代表们参观安徽大学磬苑校区。

9 月—10 月 由江苏省教育厅、新加坡管理研究中心、江苏省高校图工委联合举办的第二期江苏省高校图书馆业务骨干新加坡高级研修班，在新加坡开班。参训人员共 27 人：白桦（徐州建筑职业技术学院图书馆）、曹作华（中国矿业大学图书馆）、陈赵（南京机电职业技术学院）、成悦（南通纺织职业技术学院图书馆）、范斌（东南大学图书馆）、高中华（徐州师范大学图书馆）、宫慧慧（江苏海事职业技术学院图书馆）、龚义勤（南京农业大学图书馆）、凌红（南京工业大学图书馆）、马英武（苏州经贸职业技术学院图书馆）、任亚肃（南京大学图书馆）、沈萍（江苏经贸职业技术学院图书馆）、沈鸣涛（盐城工学院图书馆）、孙鸿文（苏州工艺美术职业技术学院图书馆）、田秋颐（常州纺织服装职业技术学院图书馆）、汪人文（扬州职业大学图书馆）、王正兴（淮海工学院图书馆）、徐寿芝（盐城师范学院图书馆）、徐旭光（苏州大学图书馆）、杨会（南京航空航天大学图书馆）、于东君（扬州工业职业技术学院图书馆）、张国才（江苏食品职业技术学院图书馆）、张建平（南京师范大学图书馆）、张建新（无锡工艺职业技术学院图书馆）、张晓宁（江苏省教育厅高等教育处）、赵尘（南京林业大学图书馆）、赵玉玲（常州机电职业技术学院图书馆）。

10 月[2] 在环太平洋数字图书馆联盟(Pacific Rim Digital Library Alliance，PRDLA)指导委员会匿名选举中，北京大学图书馆馆长朱强当选为该委员会下一届轮值主席，自 2010 年开始任职。同时，北京大学图书馆担任 PRDLA 的秘书处轮值馆，现任主席 Bruce Miller 特发来贺电。

环太平洋数字图书馆联盟(PRDLA)，是环太平洋地区的学术科研性图书馆联盟，是由中国新加坡、澳大利亚、美国、加拿大等大学、科学和公共图书馆组成的非官方组织。其主要目标是通过数字化的方法简化客户对联盟各成员学术研究资源的使用，合作研究开发中文数据库、多语种网关以及合作提供文献传递、资源共享等服务。该组织为实现全球信息资源共

[1] 安徽省高校图工委秘书处. 华东地区高校图工委秘书处工作会议在安徽大学召开[J]. 大学图书情报学刊，2009(5)：43+2.

[2] 北京大学图书馆馆长办公室编. 北京大学图书馆通讯总第 63 期[EB/OL]. [2018-11-11]. http://www.lib.pku.edu.cn/portal/sites/default/files/bangongshi/tongxun/docs/63.pdf.

享做出探索，将有限的人力和财力资源集中用于所有联盟成员和子联盟成员的合作项目上，通过共享电子和硬拷贝数据、合作发展馆藏、人员交换等活动支持新的和传统的图书馆功能。最终形成大型分布式多语种数字图书馆。

北京大学图书馆是自环太平洋数字图书馆联盟创建以来的第 5 个秘书处轮值馆。1997—2001 年，秘书处设在美国加州大学圣地亚哥图书馆；2001—2004 年，香港大学图书馆；2005—2006 年，不列颠哥伦比亚大学图书馆；2007—2009 年，美国加州大学 Merced 墨赛德图书馆；2010—2012 年，北京大学将担任轮值馆。

10 月 8 日　南京大学仙林校区“杜厦图书馆”落成典礼举行。图书馆捐资人、南京大学校友杜厦及其夫人杜然女士、南京大学党委书记洪银兴、校长陈骏、副校长薛海林、校长助理周宪，以及多位经济系 79 级研究生校友参加仪式，党委副书记任利剑主持典礼。杜厦表示，希望通过助建图书馆来诠释对母校的感激之情，回馈母校的培育之恩。他对图书馆在短短 14 个月内完成建设及图书馆建筑质量给予肯定。

陈骏肯定杜厦校友为母校建设慷慨捐资、慧教泽学的善举。杜厦图书馆的建成将为全校文献资源实现共建、共享提供保障，极大改善南京大学的办学硬件服务条件，促进科研水平和人才培养质量的提高。洪银兴、陈骏、杜厦及其夫人共同为图书馆剪彩并合影。杜厦是南京大学的杰出校友，他捐资 3 000 万元助建仙林校区图书馆，杜厦图书馆总投资约 2 亿元，共 5 层，总建筑面积 5.1 万平方米，它将成为南京大学仙林国际化校区的标志性建筑。

10 月 15 日〔1〕　下午，东南大学图书馆邀请上海交通大学图书馆馆长陈进来访，在九龙湖校区李文正图书馆润良报告厅举行报告会，作题为“大学图书馆服务创新之旅”，江宁区的 10 余所高校图书馆，共 100 余人参加报告会。陈进馆长介绍了上交大图书馆“一个理念、二种模式、三级机制、六项内容”的学科化服务体系。

10 月 15 日〔2〕　上海海洋大学图书馆党支部书记郭亚贞、副馆长徐谦一行 3 人，参访南京师范大学图书馆敬文馆，了解数字图书馆建设以及参考咨询等方面的情况。南京师范大学图书馆系统技术部主任顾宏、信息咨询部主任顾小明等参加了接待。

10 月 17 日〔3〕　由住房和城乡建设部人事司主办，东南大学图书馆承办的“国内外高等建筑教育教材比较研究”项目申报会议，在东南大学四牌楼校区图书馆举行。

---

〔1〕 东南大学图书馆办公室. 东南大学图书馆简讯(2009 年第 3 期，总第 13 期)[EB/OL]. [2019 - 02 - 02]. http://www.lib.seu.edu.cn/upload_files/article/241/1_20180613124509.pdf.

〔2〕 南京师范大学图书馆. 上海海洋大学图书馆来访我馆[EB/OL]. (2009 - 10 - 15)[2018 - 12 - 23]. http://lib.njnu.edu.cn/news/tsggg/20110412/546.html.

〔3〕 东南大学图书馆办公室. 东南大学图书馆简讯(2009 年第 3 期，总第 13 期)[EB/OL]. [2019 - 02 - 02]. http://www.lib.seu.edu.cn/upload_files/article/241/1_20180613124509.pdf.

本项目由教育部建筑学专业教育指导委员会、东南大学外国教材中心联合申报。

11 月[1] 南京高校(江宁地区)联合体在 11 月份,每周五,分别由东南大学、河海大学、南京航空航天大学、南京医科大学图书馆的 10 余位老师,负责对新进馆员专业培训,来自江宁地区 10 余所高校图书馆的 50 余位馆员参加培训。

11 月 读者工作专委会召开委员会议。会议达成共识:① 通用借书证是读者委员会的一项重要成果,在全省乃至全国都有重要的影响力,应将其作为常规的项目不断向前推进,加强推广力度,不断拓宽各项服务;② 区域流通管理资源共享平台应是"分层次""立体化"的。即:一方面要扩大服务层面,在各区域、教学联合体内建立本、专科学生的资源共享平台。另一方面要注重服务品质的延伸和细化,加强"区域流通管理系统"对省内高校教师、研究生群体的服务力度,并由各地区中心馆牵头,将服务对象逐步扩大到高职高专的教师队伍;③ 建议将"通用借书证"使用期延长,并在技术层面上,解决延期后产生的条码编码等问题;④ 通过多种渠道建立各委员馆交流、互动和共享的平台。

11 月 8 日[2] 全国高校图书馆信息服务社会化学术研讨会广州召开。研讨会是由教育部高等学校图书情报工作指导委员会主办,广东省高校图工委、广州大学图书馆承办。19 个省、自治区、直辖市的 156 位代表参加会议,中国矿业大学图书馆在会议上介绍本馆的实践经验。

11 月 12—13 日[3] 华东地区地方院校图书馆第 16 次协作年会,在安徽省滁州市滁州学院召开,70 余位代表参会。华东地区地方院校图书馆协作会会长姜汉卿、安徽省高校图工委秘书长许俊达、滁州学院党委书记余在岁、院长邱克、副院长许志才出席开幕式。滁州学院图书馆馆长梁辉主持会议,许俊达代表安徽省高校图书情报工作委员会对会议的召开表示祝贺,并作主旨讲话。同济大学图书馆副馆长田忠政作题为《高校图书馆创新服务》专题报告。大会就文献资源共建共享、创新特色服务进行讨论。

11 月 12—14 日[4] 全国高校图书馆第 12 届期刊工作学术研讨会暨期刊工作委员会成立 20 周年纪念会在长沙召开,来自北京大学、南京大学、浙江大学、复旦大学等 51 所高校的 72 位代表出席会议,本次会议由中南大学承办。中南大学副校长陈启元,教育部高等学校图书情报工作指导委员会副主任兼秘书长、第 5 届期刊工作委员会主任、北京大学图书馆馆长朱强,教育部高等学校图书情报工作指导委员会副主任、南京大学图书馆馆长洪修平,第 5 届期

---

[1] 东南大学图书馆办公室.东南大学图书馆简讯(2010 年第 1 期,总第 14 期)[EB/OL].[2019-02-02].http://www.lib.seu.edu.cn/upload_files/article/242/1_20180613125139.pdf.

[2] 杨恒平.全国高校图书馆信息服务社会化学术研讨会纪要[J].河北科技图苑,2010,23(1):4-5.

[3] 安徽省高校图工委.安徽省高校图书馆 2009 年工作大事记[J].大学图书情报学刊,2010(1):93-96.

[4] 史梅.全国高校图书馆第十二届期刊工作学术研讨会暨期刊工作委员会成立二十周年纪念会纪要[J].大学图书馆学报,2010,28(1):120-121.

刊工作委员会副主任兼秘书长、南京大学信息管理系教授叶继元，第5届期刊工作委员会副主任、中原工学院图书馆馆长张怀涛，湖南省高校图工委秘书长、湖南大学图书馆馆长郑章飞，中南大学图书馆张曾荣馆长出席开幕式。叶继元代表第5届期刊工作委员会作题为《继往开来，持续推进期刊工作的发展》的报告。会议对期刊工作委员会委员进行了换届工作。在充分征求意见并经教育部高等学校图书情报工作指导委员会领导同意后，产生第6届期刊工作委员会成员。教育部高等学校图书情报工作指导委员会副主任、高校图工委期刊研究工作组召集人、南京大学图书馆馆长洪修平任第6届期刊工作委员会主任，南京大学图书馆副馆长史梅任秘书长。洪修平作会议总结发言。

11月15—18日[1] 第三届教育部高校图请工作指导委员会高职高专工作组第一次会议，在无锡市召开。

11月16日[2] 部署在CALIS管理中心的新一代CALIS馆际互借云服务中心开始试运行，为各个省中心和成员馆提供服务，用户馆本地无须安装软件。

12月 情报咨询专业委员会发布2010年工作计划：

1. 加强组织机构建设。对各高校情报咨询专业人员状况调查摸底，构建全省高校图书馆情报咨询专业委员会人才队伍网络，形成各校重点骨干人员名录，便于开展专业研讨活动。

2. 召集工作会议。召开情报咨询专业委员会全体委员会议，讨论本专业方向发展中的问题，提出本专业委员会发展规划；召集情报咨询专业委员会主任会议，研究年度工作计划的落实和解决执行中的问题；召开年度学术年会组织筹备会议。

3. 举办学术报告会。面向信息参考咨询部门专业人员，围绕国家重大科技热点问题和重大科技发展问题，组织高水平的学术报告会，拓展专业队伍的视野，提升信息服务水平。

4. 交流业务工作经验。组织有科技查新资质的图书馆参考咨询部门人员交流查新信息服务工作经验；对信息咨询服务及查新工作相对薄弱的院校人员开展专业培训；面向企业开展信息服务等。

5. 加强宣传报道，加大专委会学术活动在行业内的宣传力度，让更多的图书馆了解专委会的工作。

6. 建设统一交流平台。探索开放的沟通模式，为从事情报信息咨询工作的馆员提供经常联系的途径。

12月9—11日 江苏省高校图书情报委员会情报咨询专委会2009年学术年会在连云港召开。会议由淮海工学院图书馆承办。40所高校的116位代表参加年会。

---

〔1〕 浙江省高等学校图书情报工作委员会2009年主要工作记事[J]. 浙江高校图书情报工作，2010(1):58-60.

〔2〕 CALIS管理中心. CALIS新闻大事记[EB/OL]. [2018-08-10]. http://home.calis.edu.cn/calisnew/bigthing.asp? fid=57&class=2.

会议主题:“多样化的参考咨询服务”。会议由高校图工委情报咨询专业委员会副主任、淮海工学院图书馆馆长王正兴主持。淮海工学院副院长舒小平、江苏省高校图工委常务副秘书长、南京大学图书馆副馆长邵波到会致辞,专委会主任、河海大学图书馆馆长高新陵汇报专委会的工作计划。专委会副主任、东南大学图书馆副馆长李爱国作《务实、服务、卓越——参加2009’ Chinese Librarians Training Program 之体会》的报告,介绍国外图书馆的发展状况和服务理念,与国内图书馆进行比较研究,开阔图书馆多样化服务的思路。专委会副主任、南京大学图书馆信息咨询部主任何小清作《SCI 数据库应用实例》的报告。专委会副主任、中国药科大学图书馆馆长马世平作《图书馆人的养生之道——从防治甲型 H1N1 流感谈起》的报告。大会收到论文 111 篇,共有 77 篇论文获得优秀论文奖。12 位作者受邀作大会交流。

12 月 17 日 应江苏省高校图工委邀请,台湾大学图书馆林光美馆长在南京大学鼓楼分馆举办“学科领航,迈向顶尖——台湾大学图书馆的学科服务”讲座。林光美分别介绍台湾大学图书馆最具特色的学科馆员制度和日本的图书馆建筑,南京地区高校图书馆近 200 人参加讲座。

12 月 17 日 高职高专图书馆专业委员会、学术委员会在江苏泰州,江苏畜牧兽医职业技术学院召开,增补部分学术委员,并就今后学术委员会的工作重点进行商议。

12 月 18 日[1] 台湾大学图书馆副馆长林光美女士应邀到南京师范大学作题为“台湾大学图书馆在社会网络的角色与涉入”的学术报告。报告前,南京师范大学副校长王建会见林光美女士。王副校长向林光美女士了解了台湾大学图书馆近年来的建设情况,就专业图书馆的建设以及数字图书馆的发展问题与林女士进行交流与探讨。王副校长希望两校间加强交流与合作,共同推进图书馆事业的发展。图书馆部门主任及业务骨干以及兄弟院校图书馆同仁的参加报告会。刘飞燕副馆长主持报告会。

12 月 18 日[2] 根据教育部高教司的有关精神,CALIS 管理中心在北京大学图书馆召开了引进资源工作组扩大会议,商讨 CALIS 引进资源集团采购工作改革事宜,教育部高教司教学条件处处长李静、李晓明出席会议并讲话,肯定 CALIS 带领成员馆在引进资源集团采购方面,走出了一条适合成员馆发展的道路,同时指出集团采购工作改革的重点,CALIS 将继续联合成员馆,协商进出口商探讨解决方案。

12 月 18—20 日 高职高专图书馆建设专委会第九次年会暨学术研讨会,在江苏泰州江苏畜牧兽医职业技术学院召开,会议主题为:高职院校图书馆的发展、合作、共

---

〔1〕 南京师范大学图书馆. 台湾大学图书馆副馆长林光美女士来我校做学术报告[EB/OL]. [2018-12-12]. http://lib.njnu.edu.cn/news/tsggg/20110413/770.html.

〔2〕 CALIS 管理中心. CALIS 新闻大事记[EB/OL]. [2018-08-10]. http://home.calis.edu.cn/calisnew/bigthing.asp? fid=57&class=2.

享研究。会议特邀深圳职业技术学院图书馆馆长郭向勇，到会作“区域性共享联盟建设的实践与研究”的专题报告。会议围绕高职高专图书馆的改革发展、资源建设、服务创新、资源共建与共享等问题进行了研讨，各馆对加强合作与共享，发挥江苏省高职院校图书馆总体优势，积极参与和支持资源共建与共享工程，推动江苏省高职高专图书馆事业的整体发展问题达成共识。

12 月 21—24 日　现代技术应用专委会 2009 年年会在扬州市召开，会议由扬州大学图书馆承办，会议主题为：“泛在”时代的图书馆新技术。扬州大学副校长胡效亚、江苏省高校图工委副秘书长邵波、江苏省高校图工委现代技术应用专委会主任陈万寅、副主任卢章平、严彬、沈鸣、殷新春、江苏省高校图工委信息咨询专业委员会主任高新陵等出席大会。会议邀请 CALIS 技术中心主任王文清和南京图书馆研究员吴政，分别作“CALIS 数字资源整合服务”和“面向图书馆集群的手机服务”专题报告。

会议展示江苏省高校图书馆近几年来的优秀成果。6 场专题报告的报告人均为来自一线的技术骨干，代表了从事图书馆现代技术实践的不同层次。大会以“头脑风暴”的形式为结尾，让与会代表与全体报告人进行了沟通与交流。

12 月[1]　2009 年度 Emerald“图书馆学和信息管理科学领域”研究基金项目(Emerald Research Fund Awards in Chinese LIS Category)揭晓。东南大学图书馆袁曦临、范莹莹、钱鹏和东南大学医学院谢波共同申请的项目“提高农民工健康素养研究”(Improving the Health Literacy of China's Rural Migrant Worker)入选，是 2009 年度该项目中国大陆地区唯一获得资助的研究团队。

是年　南京邮电大学图书馆安装汇文系统，替代原使用的北京邮电大学开发的“现代电子化图书馆信息网络系统”(MELINETS)。

年度事件数据：

事业发展　全省普通高等学校数：122 所；
本专科在校生人数：165.34 万人；
研究生在校生人数：11.39 万人；
专任教师人数：9.991 2 万人；
高等教育毛入学率：40%。

领导变更　扬州大学图书馆馆长殷新春转岗，王永平继任馆长。
南京邮电大学图书馆馆长杨祖樱转岗，严斌继任馆长。

〔1〕 东南大学图书馆办公室. 东南大学图书馆简讯(2010 年第 1 期，总第 14 期)[EB/OL]. [2019-02-02]. http://www.lib.seu.edu.cn/upload_files/article/242/1_20180613125139.pdf.

2010 年

1 月[1] 中国矿业大学现代教育技术中心网络技术部并入图书馆，成立“中国矿业大学图文信息中心”，同时保留中国矿业大学图书馆名称。

1 月 江苏省教育厅发布苏教高〔2010〕01 号《省教育厅关于公布 2009 年高等学校数字图书馆三期工程项目年度检查结果的通知》。

1 月 高职高专图书馆建设专委会 2010 年工作计划：① 加强与其他专业委员会的沟通，对口开展高职高专图书馆专题业务活动；② 建立江苏省高校图工委高职高专图书馆专业委员会网站。及时通报高职高专委的工作、活动以及全省高职高专图书馆的动态、新闻等；③ 根据省高校图工委培训计划，开展高职高专院校图书馆专题培训；④ 开展对江苏省高职高专院校图书馆的调研，通过对高职高专院校图书馆的现状调查，分析研究高职高专院校图书馆目前存在的问题及现状；⑤ 完成第 9 次学术研讨会优秀论文的评选工作；⑥ 组织召开全省高职高专图书馆馆长年会及学术研讨会。

1 月 读者工作专委会 2009 年工作总结和 2010 年工作计划，2009 年工作总结：① 5 月和 11 月分别完成了 2009 第一期、第二期省通用借书证的办理工作。共发放通用借书证 7 133 个(其中 5 月 3 129 个，11 月 4 004 个)；② 为加强各馆流通阅览、读者服务工作的交流，读者工作委员会组织印发《2009 年读者工作委员会简报》，共有 20 家委员馆撰文；③ 各成员馆开展“通用借书证”服务成效显著，截至 2010 年 3 月 20 日(从 2004 年 12 月 1 日起)，南京大学、南京师范大学、南京航空航天大学、东南大学、南京理工大学分列主要借出量单位前 5 名，其中南京大学完成了总服务量的 46%，河海大学、东南大学、南京师范大学、解放军理工大学工程兵工程学院、解放军理工大学通信工程学院分列主要借入量单位的前 5 名。

专委会 2010 年工作计划：① 继续在 5 月和 11 月办理和发放省通用借书证；② 1 月，读者工作委员会在江苏工业学院图书馆召开年会(已完成)；③ 积极收集与整理通用借书证使用中遇到的服务和技术问题；④ 在各个区域内开展读者服务工作的系列培训；⑤ 将继续各馆的沟通交流机制，定期或不定期出版电子版的《工作简报》；⑥ 第三方物流引入通用证区域流通的尝试；⑦ 密切关注 JALIS 三期项目建设情况。

1 月 12 日[2] JALIS 管理中心办公会议在南京大学图书馆召开，会议总结 2010 年度的

---

〔1〕 中国矿业大学图书馆. 中国矿业大学图书馆历史沿革[EB/OL]. [2018 - 07 - 01]. http://lib.cumt.edu.cn/1380/list.htm.

〔2〕 顾建新，邵波. JALIS 建设成果回顾与总结[R]. 南京：东南大学图书馆，南京大学图书馆，2013：101.

工作，讨论修改2010年度的工作计划，汇总并讨论JALIS三期项目中期检查的网上互评情况。

1月14日　江苏省高校图工委所属“学术研究与继续教育专业委员会”在南京农业大学图书馆成立，18名委员全部到会。专委会为适应江苏高校图书馆事业发展需要，引导和组织开展学术研究，创新普通馆员到馆长的继续教育与队伍建设模式。主要任务是将学术研究和继续教育与江苏高校图书馆工作结合，通过开展论坛、学术评奖、组织学习等方式，提升全省高校图书馆的学术研究水平和人员素质，促进图书馆服务层次、服务能力的提高。专委会讨论制订了2010年工作计划及未来3年的工作设想。① 定期举办年度性“江苏省高校图书馆学术研究主题论坛”和“江苏省高校图书馆优秀学术成果评选”。(论坛与评奖交叉进行)；② 2010年6月计划举办首届“江苏省高校图书馆学术研究主题论坛”；③ 开展各个层次的馆员在职教育培训班，优化教学内容，协助开展国内外学术交流和业务培训；④ 组织申报国家和省厅级科研课题，设立学术研究成果评奖制度；⑤ 组织开展专题性学术研究，邀请国内外高水平专家举办学术报告；⑥ 建立江苏省高校图书馆学术研究与继续教育专委会网站。

1月14—16日　读者工作专委会年会，在常州市江苏工业学院图书馆召开，会议主题：“资源共享与服务创新”，来自省内高校图书馆的100多名代表参加会议。江苏工业学院副校长丁建宁、省图工委常务副秘书长邵波到会致辞，东南大学图书馆馆长顾建新[1]、南京航空航天大学图书馆副馆长金明华、中国矿业大学图书馆馆长桑树勋、上海交通大学图书馆馆长助理潘卫、南京师范大学图书馆刘八一、南京医科大学图书馆殷勤业分别发言。经过年会预备会议、主题发言以及分组讨论，与会者认为：① 图书馆正面临全新的环境与挑战，不断深化基础服务，开拓创新，加强馆际交流与沟通，至关重要；② 应不断探索新的读者服务模式；③ 适当考虑高校图书馆服务走向社区和面向社会；④ 各馆普遍开展的读书活动产生了广泛的影响；⑤ 应加强对读者服务工作馆员的培训，给馆员提供更多评奖评优的机会。

1月27日[2]　2010年内地与香港高校图书馆英文图书合作馆藏发展工作会议，在北京大学图书馆举行。CASHL管理中心主任、北京大学图书馆馆长朱强，香港特别行政区驻京办事处助理主任林雅雯，香港城市大学图书馆馆长景祥祜，以及来自北京大学等10余所高校图书馆代表共20余人参加会议。会议由中国高校人文社会科学文献中心(CASHL)与香港城市大学图书馆共

〔1〕 顾建新(1961—　)，1983年东南大学数学力学系力学专业毕业后留校在图书馆工作，从事信息咨询、科技查新、文献检索课教学等。1999年4月至2002年9月在香港理工大学读研究生，2004年9月获博士学位。东南大学结构工程教授、图书馆学硕士研究生导师，为研究生开设“图书馆建筑”课程，图书馆馆长，东南大学情报科学技术研究所所长。兼任江苏省高校图工委副主任，江苏省图书馆学会副理事长、江苏省情报学会副理事长、中国图书馆学会学术委员会图书馆建筑与设备专业委员会委员。

〔2〕 北京大学图书馆馆长办公室编. 北京大学图书馆通讯，总第65期[EB/OL]. [2018-11-11]. http://www.lib.pku.edu.cn/portal/sites/default/files/bangongshi/tongxun/docs/65.pdf.

同主办。CASHL 管理中心副主任、北京大学图书馆副馆长肖珑主持会议。香港高校图书馆咨询委员会(JULAC)和中国高校人文社会科学文献中心(CASHL)共同发起的"内地与香港高校图书馆英文图书合作馆藏发展计划"的一部分,该计划 2009 年 6 月启动,由香港城市大学图书馆、北京大学图书馆牵头,合作购买英文电子图书。首批参与计划的两地院校包括北京大学、清华大学、中国人民大学、复旦大学、上海交通大学、南京大学、浙江大学、厦门大学、武汉大学、中山大学、香港城市大学、香港大学、香港科技大学、香港浸会大学及香港教育学院。

3 月　队伍建设与职业素养专委会发布 2010 年工作计划:① 进行一次情况普查,围绕政治思想素养、职业道德素养、专业素养、人文素养、信息素养 5 方面,开展专题调查,汇总数据并形成调研报告;② 开通一个网络窗口(4 月),建设队伍建设与职业素养专业委员会的网页,发布本专业委员会的工作动态,以便省内高校图书馆了解和参与;③ 开办一份工作简报(全年),为加强省内高校图书馆在队伍建设优化和职业素养提升方面的业务交流,计划 2010 年不定期编印 2—4 期工作简报;④ 举办一场文体比赛(9—10 月),初步计划在 2010 年 9 或 10 月举办全省高校图书馆职工羽毛球比赛;⑤ 开展一次主题考察(5 月),组织省内高校图书馆的馆领导和业务骨干进行一次以"馆员队伍建设与职业素养提升"为主题的考察调研活动;⑥ 举行一次工作研讨,初定 2010 年 11 或 12 月,以"队伍建设的科学先进,职业素养的持续提升"为主题,组织召开第 1 届图书馆队伍建设与职业素养学术研讨会;⑦ 召开 1 次全体委员会议,拟按需召开 1—2 次全体委员会议。

3 月 11—12 日[1]　第二届学术图书馆馆员国际会议在香港理工大学举行。本次会议由香港理工大学包玉刚图书馆主办、香港中文大学协办,来自世界各地的 260 多位专家学者,会议议题是学术图书馆馆员的技能及定位、图书馆的影响力、图书馆架构模式以及图书馆对其大学及读者的价值。东南大学图书馆馆长顾建新、钱鹏参加了会议。

3 月 24 日[2]　《图书情报工作》杂志社社长兼主编周金龙、副主编易飞及编辑部主任杜杏叶一行 3 人到访江苏大学,与《图书情报研究》编辑部进行交流。江苏大学副校长宋余庆、江苏大学图书馆馆长卢章平等会见来宾。周金龙等与江苏大学图书馆进行座谈,江苏大学图书馆党总支书记刘红光、副馆长袁润,图书馆各部门负责人及副高以上职称的老师、情报学专业硕士研究生参加座谈,并与《图书情报研究》执行主编沙振江进行交流。

3 月 29—30 日　江苏省高校图书馆"资源共建与服务创新"馆长论坛,在南京大学召开,南京大学党委副书记张异宾、江苏省教育厅丁晓昌副厅长、江苏省教育厅高教处处长徐子敏、南京大学校长助理周宪、CALIS 管理中心副主任陈凌、

---

〔1〕 东南大学图书馆办公室. 东南大学图书馆简讯(2010 年第 2 期,总第 15 期)[EB/OL]. [2019-02-02]. http://www.lib.seu.edu.cn/upload_files/article/242/1_20180613125207.pdf.

〔2〕 本刊编辑部.《图书情报工作》杂志社与本刊开展交流活动[J]. 图书情报研究,2010(2):59.

南京图书馆副馆长许建业、江苏科技情报所所长夏太寿等出席开幕式，江苏省高校图工委秘书长、南京大学图书馆馆长洪修平主持开幕式。洪修平代表省高校图工委做了工作报告，陈凌作专题报告。中国矿业大学等学校交流在资源共建与服务创新方面所做的工作，各专业委员会汇报了2009年总结并报告2010年度工作计划。

3月31日　“江苏省高校图书馆文献资源建设工作会议暨2009年度采编中心年会”在南京大学科技馆报告厅召开，来自全省122所高校图书馆，以及公共图书馆、部队院校图书馆、科研院所图书馆、医院图书室等的相关负责人共计250余人出席会议。

专委会主任、南京师范大学图书馆常务副馆长张建平主持开幕式。江苏省高校图工委秘书长、南京大学图书馆馆长洪修平，武汉大学图书馆副馆长张洪元，文献资源建设专业委员会副主任、南京医科大学图书馆馆长吴建国，文献资源建设专业委员会副主任、江南大学图书馆馆长张逸新，文献资源建设专业委员会副主任、南京理工大学图书馆副馆长徐国祥以及东南大学图书馆馆长顾建新、南京航空航天大学图书馆馆长叶志锋、南京大学图书馆副馆长史梅出席会议。洪修平致辞。张建平汇报专委会2010年的工作思路，从当前文献资源建设中迫切需要协调的问题、文献资源建设的宗旨和专业委员会的工作定位、Lib 2.0时代对文献资源建设的影响、文献资源建设工作设想等四个方面，阐述2010年的工作思路，从通用借书证对馆藏发展的影响、合作编目的若干问题、协作式馆藏如何组织、全省文献资源现状、问题以及共享需求的调查等方面探讨资源建设应该关注的问题，提出文献资源建设的宗旨：促进全省高校建成丰富而多元的文献资源体系、分享资源，协作收藏，促进教学和研究工作。江苏省高校图工委下属的四个文献采编中心负责人分别汇报了一年来的工作。史梅汇报中文期刊联合采编中心2009年的工作情况与2010年的工作思路。东南大学图书馆副馆长李爱国汇报① 西文图书采编中心过去依托东信公司，目前学校正在对该公司进行体制改革，结果尚未确定；② 将与中图公司继续合作西采业务；③ 将开展回溯数据等增值服务；④ 配合CALIS工作，扩大在全国的影响。江苏大学图书馆副馆长袁润作题为《江苏大学图书馆馆藏建设实践与思考》的报告。从网络环境下馆藏建设的变化、馆藏建设的概念与内涵、馆藏建设的问题对策、馆藏建设的工作实践、馆藏建设的质量管理五个方面汇报江苏大学图书馆在馆藏建设方面的实践与探索。从资源价格、馆藏雷同和馆藏危机三方面提出馆藏建设存在的问题，提出相应的对策：① 合理布局传统馆藏与数字馆藏；② 合理布局现实馆藏与虚拟馆藏；③ 合理布局个别馆藏与联合馆藏。

3月31日—4月2日　继2009年3月，在江苏南京举办首届海峡两岸论坛之后，厦门大学举办“第二届海峡两岸大学图书馆合作发展论坛”。共同就两岸大学图书馆的合作发展展开研讨。本次论坛由CALIS管理中心主办，厦门大学图书馆承办。会议主题：人文视野下的数字图书馆技术发展：数字典藏的共建机制、学科化资讯服务模式、特色资源的多边合作、社会网络相关技术应用。

4 月 1 日[1] “大学数字图书馆国际合作计划(CADAL)项目二期”启动大会在浙江大学举行,CADAL 是目前全球最大的公益性图书馆之一,从 2004 年起由中、美两国高校合作建设。其中中国部分由浙大和中科院研究生院牵头完成,目前已收录 100 余万册中文图书。自 2005 年 11 月门户网站在浙江大学正式开通以来赢得了世界各地读者的青睐,目前已吸引全球 80 多个国家的用户,日均点击量达已达 30 万次;日均浏览图书近 4 000 册。此后印度、埃及等国也加入了 CADAL 计划。在二期建设中,CADAL 的国际化程度将进一步提升,将与美国哈佛大学、伊利诺伊大学香槟分校(UIUC)图书馆、德国柏林中央图书馆、瑞典皇家工学院图书馆等等展开资源共建共享合作。另外,非营利组织“互联网档案 Internet Archive,IA”也已起草合作备忘录,拟在中国共建全球最大的数字化中心,在未来 3 年半合作完成 140 万册图书的数字化。

4 月 15 日 中国图书馆学会高校图书馆分会第二届委员会委员名单正式公布,南京大学图书馆馆长洪修平、东南大学图书馆馆长顾建新入选本届委员会委员。

4 月 20 日 为推进数字图书馆建设的步伐,提高公共、专业和高校图书馆管理干部和专业技术人员的业务素质和技术能力,培养适应新世纪信息资源共享数字资源建设需要的高层次专门人才,南京大学信息管理系和江苏省高校图工委合作举办图书馆学(数字图书馆研究方向)专业硕士研究生课程进修班开始招生。

4 月 22—25 日[2] 香港理工大学图书馆馆长欧书亭(Steve O'Connor)应邀到访东南大学图书馆。欧书亭是机构管理、信息传递、战略规划专家,也是同行评议期刊 Library Management 的主编。来访期间,欧书亭为在宁高校作“学术图书馆的未来”的报告,并进行了作者培训讲座。欧书亭馆长与东南大学图书馆签署了合作协议。

4 月 26—29 日[3] 江苏汇文软件有限公司在南京大学举办面向在宁高校图书馆的业务培训,本次培训的内容,主要针对汇文 OPAC 4.0 SP1。

4 月 27—28 日[4] “2010 中国高校图书馆发展论坛”在北京台湖国际图书城召开,论坛由中国图书馆学会高等学校图书馆分会主办,本届论坛的主题是“中国数字图书馆建设理论与实践”。来自全国近 200 余所高校的图书馆,以及相关产品及技术的 20 余家厂商代表,近 300 人参加会议。东南大学图书馆馆长顾建新及系统部馆员张乐出席了会议。会议围绕数字图书馆软件、硬件环

---

〔1〕 中国新闻网. 中美高校建全球最大公益性图书馆 CADAL 二期启动[EB/OL]. [2018-12-12]. http://www.chinanews.com/cul/news/2010/04-01/2204109.shtml.

〔2〕 东南大学图书馆办公室. 东南大学图书馆简讯(2010 年第 2 期,总第 15 期)[EB/OL]. [2019-02-02]. http://www.lib.seu.edu.cn/upload_files/article/242/1_20180613125207.pdf.

〔3〕 东南大学图书馆办公室. 东南大学图书馆简讯(2010 年第 2 期,总第 15 期)[EB/OL]. [2019-02-02]. http://www.lib.seu.edu.cn/upload_files/article/242/1_20180613125207.pdf.

〔4〕 东南大学图书馆办公室. 东南大学图书馆简讯(2010 年第 4 期,总第 17 期)[EB/OL]. [2019-02-02]. http://www.lib.seu.edu.cn/upload_files/file/20180611/1_20180611142748.pdf.

境进行研讨，共有 7 个分论坛，包括数字图书馆系统集成整体解决方案，网络、服务器与存储备份系统，图书馆应用服务系统与专用设备，应用软件系统与数字资源建设，Web 2.0 技术的应用等。东南大学图书馆馆长顾建新主持了图书馆应用服务与设备分论坛。

5 月　《中国图书馆分类法》第 5 版，由北京图书馆出版社出版。

5 月 7 日[1]　“211 工程”三期公共服务体系建设项目“高等教育文献保障体系”已正式启动建设。为加强对项目的管理和协调，确保项目顺利实施。教育部成立“高等教育文献保障体系”三期建设项目管理委员会。委员会由项目主要参建学校的主管副校长、图书馆专家和项目管理中心负责人组成，高等教育司司长张大良任主任。委员会的任务是实施对项目建设的管理、协调和决策项目建设的重大事宜，监督检查项目的执行情况。委员会举行第 1 次工作会议讨论通过项目的主要管理文件。“高等教育文献保障体系”三期建设项目包含“中国高等教育文献保障系统(China Academic Library & Info rmation Sy stem，简称 CALIS)”三期和“大学数字图书馆国际合作计划(China Academic Digital Associative Library，简称 CADAL)”二期两个专题。

5 月 10—15 日[2]　资源合作、共享与可持续发展研讨会暨 CALIS 第八届国外引进数据库培训周，广州中山大学东校区举行，本届培训周的主题定为“资源合作、共享与可持续发展”。在活动期间，CALIS 将组织专家、数据库商和高校图书馆界的代表共同交流经验，探讨问题和提供解决方案。同时对高校引进数据库集团采购的发展方向和调整方案做比较详细的说明。分主题包括：考虑数字资源特点，创新资源共享机制；开展服务绩效评价，推动资源良性发展；提供永久存档策略，保证资源持续利用；加强资源与服务整合，提升机构竞争力；推广标准规范建设，完善法律法规制度。会议上 CALIS 管理中心副主任朱强宣布：“高校图书馆数字资源采购联盟[3]”(Digital Resource Acquisition Alliance of Chinese Academic Libraries, DRAA)正式成立。高校引进资源集团采购的组织工作由 CALIS 移交至联盟。联盟由中国部分高等学校图书馆共同发起成立的，由成员馆、理事会、秘书处组成，联盟秘书处设在北京大学图书馆，联盟的宗旨为：团结合作开展引进数字资源的采购工作，规范引进资源集团采购行为，通过联盟的努力为成员馆引进数字学术资源，谋求最优价格和最佳服务。高校图书馆、其他图书情报机构自愿参加联盟，自主决定是否参加联盟组织的数字资源集团采购。

---

[1] CALIS 管理中心. 教育部成立高等教育文献保障体系管理委员会 CALIS、CADAL 项目启动建设[J]. 大学图书馆学报，2010(4)：125.

[2] CALIS 管理中心. 关于举办“资源合作、共享与可持续发展研讨会暨 CALIS 第八届国外引进数据库培训周”的通知[EB/OL]. [2018 - 10 - 11]. http://project. calis. edu. cn/calisnew/subnews. asp? id=854.

[3] 高校图书馆数字资源采购联盟秘书处. 高校图书馆数字资源采购联盟(DRAA)简介[EB/OL]. [2018 - 09 - 09]. http://www. libconsortia. edu. cn/Spage/view. action? pagecode=gylm.

5 月 13 日[1] 安徽大学图书馆馆长陶新民率代表团参访东南大学图书馆，代表团一行 9 人，双方就共同关心的问题进行了交流。

5 月 14 日 情报咨询专委会全体委员会议，在河海大学闻天馆召开。23 名专委会成员到会。会议由专委会副主任、中国药科大学图书馆馆长马世平主持。江苏省高校图工委秘书长、南京大学图书馆馆长洪修平到会致辞。江苏省高校图工委常务副秘书长、南京大学图书馆副馆长邵波和高校图工委秘书处办公室主任吴强出席会议。专委会主任、河海大学图书馆馆长高新陵代表新一届委员会做工作报告，汇报 2009 年情报咨询学术年会情况，正在进行的全省情报咨询队伍摸底调查情况，提出今后工作规划的要点。专委会副主任、东南大学图书馆副馆长李爱国作《情报咨询专委会网站建设设想》报告。专委会副主任、淮海工学院图书馆馆长王正兴作《"十二五"高校图书馆 8 大研究热点》专题发言。高新陵作会议总结。

5 月 28—29 日[2] 江苏省图书馆学会第 5 届理事会扩大会议和江苏省图书馆学会第 6 次会员代表大会在南京召开。28 日下午，省图书馆学会第 5 届理事会扩大会议在南京图书馆学术报告厅举行，江苏省图书馆学会第 5 届理事会全体理事、各专业委员会主任、各市学会秘书长近 90 人参加会议。东南大学图书馆馆长、江苏省图书馆学会副理事长顾建新主持会议，省文化厅副厅长、南京图书馆党委书记、江苏省图书馆学会理事长马宁总结 2009 年江苏省图书馆学会工作部署 2010 年江苏省图书馆学会工作，各专业委员会通报 2009 年工作。就《江苏省图书馆学会第 5 届理事会工作报告》《江苏省图书馆学会章程修改说明》《江苏省图书馆学会会费标准及管理办法》、推荐江苏省图书馆学会第 6 届理事会理事候选人，以及表彰学会先进集体、优秀会员等征求意见。会议后，丘东江作《OCLC 的发展与全球图书馆合作》的学术报告。29 日，省图书馆学会第 6 次会员代表大会在南京图书馆学术报告厅召开，共 141 名会员代表出席了大会。开幕式由东南大学图书馆馆长、江苏省图书馆学会副理事长顾建新主持，南京大学信息管理系教授、5 届副理事长郑建明致开幕词，第 5 届副理事长沈固朝宣读中图学会和各地学会对本次大会的贺电和贺信，江苏省民政厅领导和省社科联领导到会致辞。

马宁作《江苏省图书馆学会第 5 届理事会工作报告》，吴林作《江苏省图书馆学会第 6 次会员代表大会筹备工作报告》，南京航空航天大学图书馆研究馆员、江苏省图书馆学会副理事长陈万寅作《江苏省图书馆学会章程修改说明》。全体代表表决通过《江苏省图书馆学会第五届理事会工作报告》及修改后的《江苏省图书馆学会章程》《江苏省图书馆学会会员会费

---

[1] 东南大学图书馆办公室. 东南大学图书馆简讯(2010 年第 3 期，总第 16 期)[EB/OL]. [2019-02-02]. http://www.lib.seu.edu.cn/upload_files/article/242/1_20180613125236.pdf.

[2] 江苏省图书馆学会秘书处. 江苏省图书馆学会第六次会员代表大会在南京召开[J]. 新世纪图书馆，2010(4):104.

标准及管理办法》。大会选举王慧芬、徐克谦、彭延生、李敏、沈固朝、杨晓宁等6人为第六届理事会名誉理事，表彰在学会工作中做出成绩的各先进学会、优秀会员和学会先进工作者，向获得先进单位和人员颁奖。

大会选举产生第六届理事会，选出86名理事、48名常务理事。马宁继续担任理事长，方标军当选常务副理事长，副理事长分别为顾建新、洪修平、陈万寅、马恒东、孙建军[1]、夏太寿、张建平、邱冠华。学会所设的各专委会在原有基础上，新增6个专业委员会，共计12个。常务理事会研究通过《新世纪图书馆》编辑委员会组成人员，方标军担任编委会主任，并聘请马宁、卢子博、刘小琴、吴慰慈、吴建中、张晓林、周和平、侯汉清、倪波、章剑华、彭斐章担任顾问。马宁作会议总结。

6月　现代技术应用专委会进行2009—2010年度论文征集活动，鼓励从事现代技术应用的专家、馆员们参加，沟通和交换与数字图书馆发展相关的信息，共同探讨数字图书馆发展的未来。

6月4日　队伍建设与职业素养专委会的"图书馆馆员队伍建设与职业素养提升"主题学习调研活动，来自省内18所高校图书馆的18位馆领导参加本次调研。考察了吉林大学图书馆和东北师范大学图书馆，听取经验介绍，并与两省图书馆领导座谈和交流。通过这次考察和学习活动，增进了两省高校图书馆同行的彼此了解、共享了经验、拓展了思路。参加调研的人员一致认为，学习调研的两所高校图书馆，在馆员队伍建设和职业素养提升方面都有值得借鉴的做法和思路，具体制度的实施给江苏省高校图书馆工作开展提供了启发。

6月10日[2]　JALIS管理中心发出通知，启动组织JALIS三期2010年度新立项目的申报工作。

6月11日[3]　文化部确定3005部珍贵古籍入选第三批《国家珍贵古籍名录》、38家单位入选第三批全国古籍重点保护单位，江苏省入选的单位有：金陵图书馆、常州市图书馆、扬州市图书馆、徐州市图书馆、徐州师范大学图书馆、南京市博物馆、苏州博物馆，共7个单位。

6月11—12日[4]　东南大学图书馆、浙江大学图书馆、上海交通大学图书馆，在东南大学图书馆举行首次长三角三校图书馆研讨会。三校均为长三角图书馆合作联盟

---

〔1〕 孙建军(1962—　)，南京大学信息管理学院教授，管理科学与工程博士，博士生导师，南京大学信息管理学院院长。安徽财经大学兼职教授。1987年至今担任南京大学信息管理学院助教、讲师、副教授、教授。社会兼职：江苏省图书馆学会副理事长，中国科学管理学会理事，中国信息系统学会常务理事，中国科学技术情报学会常务理事，情报理论与方法研究委员会副主任，《情报学报》等多家杂志社编委，中国科技资源导刊》副主编。

〔2〕 顾建新，邵波. JALIS建设成果回顾与总结[R]. 南京：东南大学图书馆，南京大学图书馆，2013：101.

〔3〕 李芳. 第三批《国家珍贵古籍名录》及全国古籍重点保护单位推荐名单公布[J]. 图书馆研究与工作，2010(2)：47.

〔4〕 东南大学图书馆办公室. 东南大学图书馆简讯(2010年第4期，总第17期)[EB/OL]. [2019-02-02]. http://www.lib.seu.edu.cn/upload_files/file/20180611/1_20180611142748.pdf.

的副主任单位。参加会议的有东南大学图书馆馆长顾建新、副馆长范斌、李爱国和采编部、信息咨询部、系统部、办公室等部门主任。浙江大学图书馆副馆长马景娣及研究发展部、资源发展部、办公室等部门负责人。上海交通大学图书馆陈依娴书记、潘卫副馆长和其采编部主任等一行七人。研讨会就图书馆部门管理与考核、图书馆业务外包和图书馆馆员培训工作三个方面进行了研讨。并拟定于 2010 年暑期，在浙江大学图书馆召开第二次长三角三校图书馆研讨会。

6 月 18 日—6 月 22 日　高职高专图书馆建设专委会主任、南京工业职业技术学院副院长卢兵率江苏省高职高专图书馆代表团一行共 14 人，赴广东省深圳职业技术学院、番禺职业技术学院等 4 所院校的图书馆进行学习考察。广东省教育厅高教处副处长刘文平出席广东、江苏两省部分高职院校图书馆工作座谈会，并做了《探讨高职院校发展模式》的专题发言，提出如何吻合社会需求之问题。卢兵介绍了此次调研活动的情况、考察内容等，对广东高职图书馆的建设成果予以肯定。座谈会上广东外语艺术职业学院馆长凌征强做《理念先行，细心经营》报告；无锡科技职业技术学院图书馆馆长顾健，代表江苏省高职高专委员会介绍江苏省高职高专图书馆的基本情况；深圳职业技术学院图书馆馆长郭向勇作题为《高职院校图书馆现状思考与对策》报告。两地馆长还就高职高专院校图书馆的现状、图书馆资源建设情况、图书馆区域联合情况、图书馆服务手段、方式、环境、特色及服务创新、图书馆建设及内部管理经验等进行面对面地交流，就如何突破传统的服务模式，不断拓宽服务范围，深化服务内容，提升服务层次，刚起步的高职院校图书馆等问题进行探讨。

6 月 29 日[1]　JALIS 三期区域流通管理系统项目组在南京大学图书馆召开工作会议，对系统运行 5 年来的经验与问题进行总结，对系统的改造和升级，新的需求、新技术应用进行讨论。

7 月　南京大学哲学系教授徐小跃[2]，出任南京图书馆馆长。

7 月　教育部发布《国家中长期教育改革和发展规划纲要(2010—2020 年)》。

7 月 5—7 日　高职高专图书馆建设专委会、情报咨询专委会联合举办第 1 期高职高专图书馆“情报咨询工作培训班”，在河海大学图书馆举办，来自江苏省高职高专院校图书馆的 40 名学员参加培训。授课教师有河海大学信息部主任吴东敏、南京大学参考咨询部主任何小清、东南大学图书馆副馆长李爱国、河海大学信息部武晓峰、孙清玉等，授课内容包括：科技查新流程，中外文数据库(中国知网、EBSCO、SpringerLink)介绍；SCI 数据库介绍，文献查证

---

〔1〕 顾建新，邵波. JALIS 建设成果回顾与总结[R]. 南京：东南大学图书馆，南京大学图书馆，2013：101.

〔2〕 徐小跃(1958—　)，安徽滁州人，历史学博士，中国哲学、宗教学教授，博士生导师。1983 年毕业于安徽大学哲学系，1986 年毕业于南京大学哲学系，获哲学硕士学位，1997 年毕业于南京大学历史系，获历史学博士学位。1986 年留南京大学哲学系任教，历任系副主任、主任，2010 年 7 月—2018 年 8 月，任南京图书馆馆长。

引用；中外数据库资源（超星、EI、SDOL）介绍；中外专利概况及检索；图书、数据库利用（方正、书生、PQDD）等。

7月—8月　第6届伊利诺伊大学中国图书馆馆员交流项目（Chinese Librarians Scholarly Exchange Program，CLSEP），在美国伊利诺伊大学香槟分校开班，本期学员共29人，其中江苏省学员7人，袁曦临（东南大学图书馆），杨武（南京理工大学图书馆），曾莉（南京中医药大学图书馆），符晓陵、高新陵（河海大学图书馆），彭雪勤（徐州工程学院图书馆），汪明银（徐州工业职业技术学院图书馆）。

7月30—31日[1]　教育部高等学校图书情报工作指导委员会三届二次工作会议，在内蒙古自治区呼伦贝尔市海拉尔区召开，本次会议的主题是“结合《国家中长期教育改革和发展规划纲要（2010—2020年）》讨论高校图书馆对今后发展和改革问题”。图工委委员、各省自治区直辖市图工委秘书长、香港学术图书馆联盟成员馆负责人、特邀嘉宾等共81位代表与会。李晓明在开幕式上介绍会议主题选择的背景，中共中央、国务院于7月13日至14日在北京召开的全国教育工作会议，7月29日发布《国家中长期教育改革和发展规划纲要（2010—2020年）》对高等教育的发展提出要求，也创造了新机遇，高校图书馆作为高等教育的一部分，应该及时深入地了解会议和纲要的精神，明确发展方向和贯彻落实的切入点。高校图工委副主任委员崔慕岳阐述会议议程安排。呼伦贝尔学院院长朱玉东、内蒙古大学图书馆馆长阿拉坦仓致辞，上海高校图工委秘书长庄琦、河南高校图工委秘书长崔波、香港学术图书馆联盟专职秘书Dauglas女士分别作主题报告。北京大学图书馆馆长朱强介绍了《北京大学图书馆中长期发展规划纲要》，朱强和浙江大学图书馆副馆长黄晨通报CALIS、CADAL项目的新进展。燕今伟、陈进、冯渊、葛剑雄、洪修平、姜晓、薛芳渝等代表分别汇报7个工作组的工作。闭幕式上，崔慕岳副主任委员作大会总结。

8月12—13日[2]　长三角3校图书馆第2次研讨会在浙江大学举行，此次会议是今年6月11—12日，在东南大学图书馆召开的长三角3校图书馆第1次研讨会确定的议题。东南大学图书馆副馆长李爱国，采编部主任邵理家、副主任谭瑛及数字化部主任钱鹏，上海交通大学图书馆采编部主任李芳等，浙江大学图书馆资源建设部、学科分馆长、数字图书馆研究相关工作人员及院系资料室工作人员等参加会议。浙江大学图书馆副馆长马景娣主持会议并致欢迎词。会议围绕电了资源管理、外文图书采编、中文图书分编外包、特色资源建设及院系资源共建等议题。展开了深入讨论。东南大学图书馆副馆长李爱国作总结发言。

---

〔1〕 王波．教育部高等学校图书情报工作指导委员会三届二次工作会议在海拉尔召开[J]．大学图书馆学报，2010(5)：1．

〔2〕 东南大学图书馆办公室．东南大学图书馆简讯（2010年第5期，总第18期）[EB/OL]．[2019-02-02]．http://www.lib.seu.edu.cn/upload_files/article/242/1_20180611143102.pdf．

9月〔1〕　江苏省高校图书馆第一套RFID管理系统，在扬州大学扬子津校区图书馆投入使用，整个系统包含六台自助借还，四台盘点车，24小时还书机，二台馆员工作站、双通道防盗门＋三维立体OPAC显示组成，管理30万册图书，采用超高频标签，由深圳市远望谷信息技术股份有限公司提供。

9月6日〔2〕　JALIS管理中心扩大会议在南京大学图书馆召开，主要讨论JALIS三期2010年度的立项工作、JALIS三期项目年度检查工作的方案，JALIS"十二五"规划的相关工作安排，2011年度的经费预算、建设思路和设想。

9月8日　JALIS新版江苏省图工委门户网站正式发布，有关省高校图工委、各专业委员会的信息都将在新门户上统一发布，新门户包含全国高校图工委新闻、JALIS动态、会议通知、全国各省市高校图工委连接、图工委各专业委员会等专栏，全面、动态地报道各方面的新闻动态，新版网站的建设还将继续进行。

9月14日〔3〕　台湾政治大学图书资讯与档案研究所教授杨美华，受东南大学图书馆邀请，来宁做学术报告。报告在东南大学李文正图书馆二楼会议室举行，东南大学图书馆馆长顾建新、图书馆骨干人员以及南京航空航天大学图书馆馆员出席报告会。报告主题是探讨台湾与大陆图书情报学教育的发展趋势以及数字时代的馆藏发展问题。

9月18—20日〔4〕　华东地区六省一市高校图工委秘书处工作年会，在上海召开。

9月20日〔5〕　"图书馆建筑与设备"报告会在东南大学逸夫科技馆一楼报告厅举行。台湾政治大学图书资讯与档案学研究所教授杨美华，汕头大学图书馆馆长杨明华分别作了题为"数字时代图书馆建筑再思考""汕头大学图书馆新馆建设经验分享"的精彩报告。东南大学郑家茂副校长，图书馆馆长顾建新及兄弟院校的学术专家出席报告会。

9月20日〔6〕　CALIS管理中心在北京大学召开"CALIS三期项目建设暨服务启动大会"，正式开通新的服务门户主页eduChina，同时发布CALIS学术搜索引擎——e读。e读的建设目标是整合全国高校纸本和电子资源，揭示资源收藏与服务情况，作为国内最大的高校学术搜索引擎，通过提供分面检索，

---

〔1〕 吴海华，杨祖逵. 超高频RFID系统在高校图书馆的实践与思考——以扬州大学图书馆为例[J]. 农业图书情报学刊，2014(12)：83－86.

〔2〕 顾建新，邵波. JALIS建设成果回顾与总结[R]. 南京：东南大学图书馆，南京大学图书馆，2013：101.

〔3〕 东南大学图书馆办公室. 东南大学图书馆简讯(2010年第5期，总第18期)[EB/OL]. [2019－02－02]. http://www.lib.seu.edu.cn/upload_files/article/242/1_20180611143102.pdf.

〔4〕 浙江省高校图书情报工作委员会2010年主要工作记事[J]. 浙江高校图书情报工作，2011(1)：59－62.

〔5〕 东南大学图书馆办公室. 东南大学图书馆简讯(2010年第5期，总第18期)[EB/OL]. [2019－02－02]. http://www.lib.seu.edu.cn/upload_files/article/242/1_20180611143102.pdf.

〔6〕 王波，吴汉华等. 2011年高校图书馆发展报告(附大事记)[EB/OL]. [2018－08－19]. http://162.105.140.111/sites/default/files/attachment/tjpg/20130109081426.pdf.

帮助读者更迅速地定位资源，链接到 CALIS 全文获取服务，践行 CALIS 三期倡导的“一个账号，全国获取”“可查可得、一查即得”的服务理念。

9 月 28—30 日　主题为“学术领航·服务创新”的首届江苏高校图书馆事业发展学术论坛在南京农业大学举办。南京农业大学副校长徐翔、江苏省教育厅高教处处长徐子敏、中国社科院学部委员黄长著、江苏省高校图工委副秘书长邵波、南京图书馆副馆长许建业、《中国图书馆学报》常务副总编蒋弘、浙江大学图书馆副馆长黄晨、南京大学信息管理系主任孙建军等出席论坛。来自江苏省 47 个高校图书馆共 96 名代表参加会议。南京农业大学图书馆馆长包平主持开幕式。徐翔致辞。黄长著、蒋弘、黄晨、孙建军等省内外图书情报领域的专家做了 12 个报告，内容主要包括江苏高校图书馆学术研究回顾、图书馆学情报学的现状和发展趋势、图书情报人才培养、图书馆服务创新、核心期刊论文撰写、图书馆范式转变等。论坛期间，召开专委会委员会议。对首届学术论坛进行总结，讨论专业委员会制订的《江苏省高校图书馆研究成果评奖办法》以及工作计划。

10 月　国务院办公厅国办发〔2010〕48 号国务院办公厅关于开展国家教育体制改革试点的通知。

10 月 16—18 日[1]　“2010 年全国高校文献检索教学研讨会”在华东理工大学召开，会议由全国高校图工委主办、上海市高校图工委和华东理工大学图书馆承办，来自全国高校图工委的负责人，全国 156 所高校的图书馆领导、教师和论文作者 220 余人参加会议。研讨会的主题是“深化文献检索教学改革，提高文献检索教学效果”，分为 6 个专题：① 教学改革与发展；② 课程教学与实践；③ 案例教学与课例研究；④ 课程定位研究；⑤ 课程分析与调查；⑥ 教学辅助系统研究。

10 月 19—23 日[2]　中华医学会第十六次全国医学信息学术会议在南通大学召开，本次会议由中华医学会医学信息学分会主办。本次会议的主题是“发展医药卫生事业，服务医药卫生体制改革和医学科技创新”。中华医学会医学信息学分会主任代涛，南通大学副校长丁斐，中华医学会医学信息学分会常委、南通大学图书馆馆长董建成出席大会。大会代表 180 多人，共收到来自全国 22 个省、市、自治区及解放军系统的论文 150 篇，其中 43 位代表的论文在大会上进行了交流。

10 月 20—24 日[3]　东南大学图书馆副馆长范斌率江苏省高校图工委读者工作专委会代表团一行 19 人，赴陕西省考察，参访西北工业大学图书馆，西北工业大学图书馆馆长荀文选以及各部负责人会见代表团，并进行交流。

---

〔1〕 吉久明，任福兵. 2010 年全国高校文献检索教学研讨会综述[J]. 大学图书馆学报，2011，29(1)：46.

〔2〕 刘文君，钱庆等. 中华医学会第十六次全国医学信息学术会议纪要[J]. 中华医学图书情报杂志，2011，20(1)：79.

〔3〕 东南大学图书馆办公室. 东南大学图书馆简讯(2010 年第 6 期，总第 19 期)[EB/OL]. [2019-02-02]. http://www.lib.seu.edu.cn/upload_files/article/242/1_20180611143929.pdf.

10 月 26 日〔1〕 华东地区地方院校图书馆第 17 次协作年会，在江西省九江市九江学院召开。来自华东六省的 30 多所高校图书馆的近 60 名代表参加会议，九江学院校长甘筱青、武汉大学图书馆副馆长华玉民、江西省高校图工委副秘书长甘安龙、华东地区地方院校图书馆协作委员会会长姜汉卿等领导出席开幕式。华玉民做题为"大学图书馆管理创新与岗位聘任实践"的学术报告，从大学图书馆科学管理和管理创新的理论出发，以武汉大学图书馆管理创新与绩效考核实践为例，深刻剖析了图书馆管理体制改革和创新的具体做法，并就华东地区高校图书馆管理中存在的热点问题与参会代表进行了交流。

10 月 28—30 日〔2〕 第六届全球数字图书馆国际学术研讨会(The 6th International Conference on Universal Digital Library，ICUDL 2010)在浙江大学国际会议中心举行。ICUDL 由中国教育部、美国国家科学基金会、印度科学院联合主办，浙江大学承办。来自世界各地的图书馆和信息科学领域专家、学者，包括中国、美国、印度等国家约 150 人参加了此次会议。大会名誉主席、中国工程院常务副院长潘云鹤，中国工程院院士、浙江大学校长杨卫，计算机图灵奖得主、中国工程院外籍院士、美国卡内基梅隆大学教授 Raj Reddy 等出席开幕式并致辞，浙大副校长来茂德主持开幕式。此次研讨会围绕"数据海和云计算"主题，东南大学图书馆钱鹏、罗涛、丁冬应邀参加会议，并在 Cloud Computing and DL in Future 分会场作《国内数字图书馆建设模式研究》报告。

11 月 2 日 CALIS 江苏省中心、JALIS 管理中心发布关于签署中国高等教育文献保障系统(CALIS)服务三方协议的通知，2010 年 9 月，中国高等教育文献保障系统(CALIS)三期建设已正式启动，为推进 CALIS 服务在江苏省内的推广工作，根据《中国高等教育文献保障系统(CALIS)服务办法》(2010 年 7 月 8 日)的相关要求，启动在江苏省内高等院校图书馆签署 CALIS 服务三方协议工作。

11 月 3 日〔3〕 江苏省教育厅、JALIS 管理中心对 JALIS 三期 2010 年度申报项目，进行审批，最终确定批准 4 大项，共 12 个项目的立项。

11 月 5 日〔4〕 江宁地区高校图书馆新馆员业务培训系列(南京高校(江宁地区)馆员知识分享计划(LKSP))在东南大学九龙湖校区图书馆启动。培训主要面向江宁地区高校图书馆 2010 年新进员工(非图书情报专业)，旨在帮助各馆的

---

〔1〕 武汉大学图书馆. 华玉民副馆长应邀参加华东地区地方院校图书馆第十七次协作年会[EB/OL]. [2018-12-12]. http://gzw.lib.whu.edu.cn/pe/Article/ShowArticle.asp? ArticleID=278.

〔2〕 东南大学图书馆办公室. 东南大学图书馆简讯(2010 年第 6 期，总第 19 期)[EB/OL]. [2019-02-02]. http://www.lib.seu.edu.cn/upload_files/article/242/1_20180611143929.pdf.

〔3〕 顾建新，邵波. JALIS 建设成果回顾与总结[R]. 南京：东南大学图书馆，南京大学图书馆，2013：101.

〔4〕 东南大学图书馆办公室. 东南大学图书馆简讯(2010 年第 5 期，总第 18 期)[EB/OL]. [2019-02-02]. http://www.lib.seu.edu.cn/upload_files/article/242/1_20180611143102.pdf.

新馆员尽快熟悉图书馆业务，增进对大学图书馆的认识。每周五培训，为期一个月。来自东南大学、河海大学、南京航空航天大学、中国药科大学、南京医科大学、金陵科技学院、南京工程学院、南京晓庄学院和江苏经贸职业技术学院的九家江宁高校联合体成员馆新进馆员，以及三江学院、金城学院、南京旅游职业学院、中国传媒大学南广学院和江苏海事职业技术学院五家江宁驻区院校图书馆的非图情专业馆员，共计 47 人参加了培训。

11 月 17—19 日　情报咨询专委会 2010 年学术年会在河海大学召开。本次会议河海大学图书馆承办。全省 62 所高校图书馆 110 多位代表参会。专委会主任、河海大学图书馆馆长高新陵主持开幕式，会议的主题是“面向创新，开放服务”。河海大学副校长吴远到会致辞，江苏省高校图工委副秘书长、南京大学图书馆副馆长邵波代表江苏省高校图书情报委员会到会致辞，希望通过这次学术交流活动，进一步促进和推动全省高校图书馆信息咨询服务工作更上一层次，信息咨询工作的学术水平和工作能力得到进一步提高。会议特别邀请河海大学水文水资源专家、中国水利学会水文专业委员会副主任、中国水利学会水资源委员会委员、江苏省第八届人大常委会委员、城建环境保护委员会委员、江苏省政府参事、江苏省海洋湖沼学会副理事长、中国海洋湖沼学会理事崔广柏作《新时期水科学特征》的报告，介绍水科学的特征、内涵和拓展，社会发展需要加强水资源的建设，加强流域与区域管理相结合，促进综合发展。

高新陵作《中美高校图书馆的交流与思考》的报告。东南大学图书馆副馆长李爱国作《泛在知识环境下的学术图书馆管理和服务变革》的报告。盐城工学院李明、南京大学何小清、南京医科大学周晓政分别就三个分会场讨论的热点，在大会上作汇报交流。马世平作大会总结。大会闭幕后，情报咨询专业委员会召开本年度第二次委员会议。

12 月 1—3 日[1]　太平洋邻里协会(PNC)2010 年会在香港城市大学举行。本次大会的主题是“From Digital Content to Knowledge Asset”，旨在讨论当今的科技发展下，图书馆的信息资源如何被人类所获取使用从而变成知识资产。大会议程分为演讲、参观以及图书馆海报竞赛三部分。东南大学图书馆信息系统部的刘利、情报科技所江姗姗代表东南大学图书馆参加本次年会，并参加会议的图书馆海报展示单元。东南大学图书馆参加的是图书馆员参赛组，江姗姗作演示讲演，海报主题为“Book Paradise”，旨在介绍东南大学图书馆的电了杂志对于学生的 E-learning 和 E-reading 所带来的推动和引导。

12 月 3 日[2]　青岛大学图书馆副馆长房运琦、丁红带队一行 20 余人来苏州大学图书馆交流访问。图书馆领导以及相关部主任与到访的同仁进行座谈。周建屏

[1] 东南大学图书馆办公室.东南大学图书馆简讯(2010 年第 6 期，总第 19 期)[EB/OL].[2019-02-02].http://www.lib.seu.edu.cn/upload_files/article/242/1_20180611143929.pdf.

[2] 苏州大学图书馆.青岛大学图书馆来访[EB/OL].[2018-12-23].http://library.suda.edu.cn/af/48/c4024a44872/page.htm.

副馆长介绍苏州大学图书馆建设与发展概况，房运琦介绍青岛大学的服务创新情况。作为同是非省会城市的地方综合性大学，图书馆在许多领域有着相同与可比之处。客人分别参观炳麟图书馆和本部图书馆的部门主任进行交流。

12 月 7—8 日　2010 年江苏省高等学校图书馆统计工作会议，在江苏大学（镇江）召开。本次会议由江苏省高校图书情报工作委员会主办，江苏大学图书馆承办。会议部署 2006 至 2010 年度江苏省高校图书馆事实数据的统计工作。江苏省教育厅高教处处长徐子敏，江苏大学副校长田立新，江苏省高校图工委秘书长、南京大学图书馆馆长洪修平，江苏省高校图工委副秘书长邵波出席会议，来自全省高校图书馆的 100 余名代表参加会议。田立新致辞，徐子敏就高校图书馆工作的重要性与高校图书馆统计工作的重要性发表重要讲话，并对省高校图书馆事实统计工作提出总体要求。洪修平强调了本次会议召开的目的、意义，并希望各高校图书馆全力配合江苏省高校图工委，全面深化高校图书馆统计工作的规范性、准确性、全面性与系统性。南京师范大学图书馆常务副馆长张建平作《江苏省高等学校图书馆事业管理数据库》的专题报告，江苏大学工商管理学院教授施国洪作《图书馆服务质量评价体系研究》的学术报告。会议的召开旨在促进近 5 年江苏省高校图书馆事实统计数据的完善，为省教育厅制定江苏省高校图书馆事业发展方向提供有价值的决策依据，同时也为筹备 2011 年江苏省高校图书馆工作会议打下良好的基础。

12 月 13—15 日[1]　教育部高等学校图书情报工作指导委员会、中国图书馆学会图书馆管理专业委员会，在东南大学九龙湖校区李文正图书馆，举办“第 3 届图书馆管理与服务创新论坛（CFLMS—Creative Forum for Library Management and Service）”。论坛邀请各地图书馆界代表，围绕“文化支撑服务”的主题，就高校图书馆在校园文化资产保存、图书馆自身文化建设和推动校园文化发展等方面展开深入交流。论坛为期 4 天。近 300 位国内外图书馆界学者参会，为大学图书馆与校园文化发展群策群力，贡献良多。郑家茂出席开幕式并致辞。论坛主题：文化支撑服务。主题 1，顶层设计：图书馆组织文化与新型发展理念塑造（馆长论坛议题），① 新型图书馆发展理念塑造，② 图书馆组织文化建设，③ 图书馆战略发展规划，④ 图书馆建筑与人文环境，⑤ 馆员职业规划与业绩考核。主题 2，中坚支撑：图书馆服务文化与多元模式及用户环境融合，① 学科服务的层次、模式和范畴探讨，② 学科馆员工作的困境与创新，③ 用户信息行为和图书馆服务模式研究，④ 信息素养教育体系与实施绩效，⑤ 阅读研究与图书馆导读教育，⑥ 读者与图书馆互动关系研究，⑦ 探究式学习与嵌入式服务。主题 3，基础推动：图书馆技术文化与服务保障体系并进，① 移动服务技术与移动学习和科研，② 信

---

〔1〕 顾建新，邵波. JALIS 建设成果回顾与总结[R]. 南京：东南大学图书馆，南京大学图书馆，2013：101.

息共享空间、网络论坛与交流社区，③ 图书馆品牌建设与营销，④ 图书馆服务质量评估研究，⑤ 图书馆馆员培训与继续教育；⑥ 图书馆环境文化对服务的影响。

12月16日[1] 2010年教育部高校图工委信息技术应用年会在复旦大学江湾校区图书馆报告厅召开。年会由教育部高校图工委主办、复旦大学图书馆承办，共有来自33个城市和地区、99所院校的164名代表参会。复旦大学图书馆馆长葛剑雄和北京大学图书馆馆长朱强分别主持。南京大学图书馆副馆长邵波到会作"图书馆信息技术应用创新实践"的报告，介绍南京大学图书馆通过自主研发图书馆管理系统和学术搜索引擎，规范馆务、创新服务、资源整合的经验和做法。大会分为4个分会场，主题分别是"图书馆系统建设""新技术与图书馆应用""图书馆管理与服务""自助借还系统发展与应用"。17日，120名代表前往宁波，继续会议。

12月16—17日 队伍建设与职业素养专委会2010年学术年会在淮阴师范学院图书馆召开。会议的主题是"队伍建设的科学先进、职业素养的持续提升"。来自全省54所高校近90名代表参加会议。淮阴师范学院副校长秦志林、淮安市图书馆馆长、市图书馆学会理事长杨炳辉到会致辞，专业委员会主任、南京理工大学图书馆馆长赵敏讲话。金陵科技学院图书馆馆长刘阿多、南京森林警察学院图书馆馆长周爱民、淮阴师范学院图书馆馆长郭启松分别主持会议。开幕式后，上海交通大学图书馆党总支书记陈依娴、南京大学图书馆副馆长罗钧分别作题为《图书馆岗位分类管理思考与实践》《继承文化精髓　启智创新服务》的主题报告，并与到会代表进行了面对面的交流。

12月25—26日 江苏省高校图工委队伍建设与职业素养专委会主办的2010年江苏省高校图书馆教职工羽毛球比赛总决赛，在常州轻工职业技术学院圆满落幕。总决赛开幕式由南京森林警察学院图书馆馆长、专委会副主任周爱民主持。江苏省图工委常务副秘书长、南京大学图书馆副馆长邵波，常州轻工职业技术学院副院长王志平先后向大会致辞。裁判员代表、运动员代表先后宣誓。总决赛闭幕式由常州轻工职业技术学院图书馆馆长胡兴国主持，到会领导向获奖队伍和个人颁奖。"超星杯"江苏省高校图书馆首届教职工羽毛球比赛由省图工委队伍建设与职业素养专业委员会主办，由南京森林警察学院总承办。比赛分为预赛、总决赛两个阶段。预赛从2010年10月开始，历时近2个月，共分为5个赛区，分别由南京农业大学、金陵科技学院、中国矿业大学、苏州大学和扬州大学承办。全省共有54所高校，400多名运动员、教练员热情参与。经过激烈选拔，共计12支队伍最终晋级总决赛。第二阶段：总决赛。12月25日至26日，"超星杯"江苏省高校图书馆首届羽毛球赛总决赛在常州轻工业职业技术学院举行，经过前一阶段比赛，从5个赛区产生的12支晋级队伍参加了这次总决赛。12支队伍抽签

---

[1] 复旦大学图书馆. 2010年教育部高校图工委信息技术应用年会纪要[J]. 大学图书馆学报，2011，29(2)：126.

分为 2 组(A 组、B 组),分别进行循环赛,然后根据积分排出名次。各队选手经过顽强拼搏,决出前 6 名,同时比赛委员会还评出了"比赛优胜奖""道德风尚奖"和"优秀组织奖"。

12 月 27—28 日　现代技术应用专委会 2010 年学术年会在常州工学院图书馆召开,全省 60 余所高校图书馆的 130 余位代表参加了本届年会。常州工学院副院长陈志伟、江苏省高校图工委副秘书长、南京大学图书馆副馆长邵波到会致辞。现代技术委员会主任、南京航空航天大学图书馆常务副馆长陈万寅主任,代表现代技术委员会做了工作报告。现代技术委员会副主任严彬,宣布了 2009—2010 年度论文评选结果。开幕式上有关领导还向各地区的代表颁发了获奖证书,大会开幕式由常州工学院图书馆储云峰馆长主持。本届年会特别邀请了上海图书馆系统网络中心主任徐强到会作"城市图书馆'一卡通'系统共享的需求与实践"和"江苏省数字图书馆建设的规划"的两个主题报告。

12 月 28 日　情报咨询专委会发布 2011 年工作计划:① 继续完成江苏省高校图书馆情报咨询、信息服务基本人才队伍普查工作,加强高校情报专业咨询队伍人员的学术交流与沟通,将本专业委员会的工作效益覆盖到各江苏省各高校图书馆的相关专门技术队伍;② 组织主任、委员开展高校信息咨询深度服务考察调研,开阔眼界,提升服务,促进发展;③ 制定学术论文征文原则,开展学术论文交流评审,颁发论文获奖证书。

12 月 31 日[1]　教育部发布教技发函〔2010〕117 号《教育部关于在北京理工大学等 11 所高等学校设立第 5 批教育部部级科技查新工作站的通知》,江苏省的南京理工大学、扬州大学、南京工业大学 3 所高校,被批准为教育部部级科技查新工作站。

是年　南京信息工程大学图书馆新馆开馆,建筑面积 32 414.72 平方米[2]。

5 月[3],南京邮电大学仙林校区图书馆建成开放,建筑面积 33 018 平方米,设有阅览座位 4 645 个。

年度事件数据:

事业发展　全省普通高等学校数:124 所;

本专科在校生人数:164.9 万人;

研究生在校生人数:12.6 万人;

专任教师人数:10.201 万人;

---

〔1〕 教育部.教育部关于在北京理工大学等 11 所高等学校设立第五批教育部部级科技查新工作站的通知　教技发函[2010]117 号[EB/OL].[2018-06-06]. http://www.cutech.edu.cn/cn/zxgz/2011/01/1287986834075991.htm.

〔2〕 南京信息工程大学图书馆简介[J].阅江学刊,2016(1):151.

〔3〕 林晓青.南京邮电大学图书馆[J].图书馆建设,2011(07):2.

高等教育毛入学率:42%。

单位变更　3月,原南京森林公安高等专科学校更名为“南京森林警察学院”,升格为本科,原图书馆同时更名。

领导变更　12月,南京信息工程大学图书馆馆长庞新国离任,原南京信息工程大学后勤服务总公司书记唐国跃接任馆长。

南京邮电大学图书馆馆长严斌离任,李雷继任馆长。

南京中医药大学图书馆馆长刘雪华离任,曾莉继任馆长。

2011 年

1 月　读者工作专委会发布 2010 年工作总结和 2011 年工作计划，2010 年工作总结：① 继续组织全省各地区高校、科研院所、部队院校开展区域流通服务工作。共计发放电子通用借书证 7860 张，全年图书流通量约 3 万册次（阅览和电子资源利用没有统计在内）；② 编制《江苏省高校图书馆 2010 年读者服务工作简报》。

2011 年工作计划：① 继续组织江苏省高校等单位读者的通用借书证办理工作和服务工作；② 不定期出版《读者工作专业委员会工作简报》；③ 开展经常性的工作研讨，探讨读者服务如何转型；讨论服务规范；④ 在各地区区域联合体开展区域流通服务工作的培训，实现规范化服务，提高服务水平，为将各地区的馆际互借纳入全省馆际互借工作奠定基础。

1 月—3 月[1]　JALIS 管理中心发出通知，组织全省高校图书馆呈交各馆自 JALIS 建设启动以来取得的成果的图片、文字素材、统计数据，为出版《JALIS-十五年回顾与展望》做准备。

1 月 14 日　南京工业大学图书馆荣获江苏省教科系统"工人先锋号"称号。在南京工业大学逸夫图书馆举行江苏省教科系统"工人先锋号"授牌仪式。本次的"工人先锋号"奖励，是江苏省教育科技工会首次对高校授予该项荣誉称号，对深化教育科技事业改革，推动学校、科研院所和谐发展做出积极贡献，推进创先争优活动的先进单位和个人进行表彰。

1 月 14 日[2]　中华人民共和国科技部公布《2010 年国家科学进步奖获奖项目》，其中，南京大学参加的"百万册数字图书馆的多媒体技术和智能服务系统"（编号：J－220－2－02）荣获二等奖。南京大学和南京大学图书馆馆长洪修平，分别获得国务院颁发的获奖证书，以表彰南京大学、南京大学图书馆所做的贡献。该项目起步于"十五"期间启动的 CADAL（中美百万册数字图书馆）项目，建设目标是通过对人类文献资源的数字化，实现任何人在任何地点和任何时候都能访问人类的知识资源。CADAL 项目一期数字化的中英文文献资源有 100 多万册/件，在尊重知识产权的前提下，通过 CADAL 门户网站向全世界发布，用户遍及 70 多个国家和地区。CADAL 项目已成为全球数字图书馆历史性的里程碑。南京大学图书馆是首批参加该项

〔1〕 顾建新，邵波. JALIS 建设成果回顾与总结[R]. 南京：东南大学图书馆，南京大学图书馆，2013：101.

〔2〕 国家科技部. 2010 年度国家科学技术进步奖获奖项目[EB/OL]. [2018－10－10]. http://www.most.gov.cn/cxfw/kjjlcx/kjjl2010/201101/t20110117_84334.htm.

目的核心馆之一，遵循共建共享原则，承担资源数字化工作，数字化的资源类型涉及中文古籍、民国图书、民国期刊、学位论文、南大人著作、现代地方文史资料等。2006年被CADAL项目管理中心评为"十五"CADAL项目数字资源建设三等奖和"十五"CADAL项目资源组织优秀奖。2011年，教育部投资1.5亿元启动CADAL项目二期。在二期中，南京大学图书馆除原有的资源数字化工作以外，继续承担作为全国服务中心的相关工作。

1月20日[1] JALIS管理中心转发CALS管理中心通知，全省高校图书馆组织申报CALIS三期特色数据库建设项目。

2月25日 文献资源建设专业委员会发布2011年工作计划：① 召开委员会全体委员会议，讨论专委会2011年度工作计划；② 结合全省高校图书馆文献资源建设的现状和问题，引导全省高校图书馆开展文献资源建设的实证性研究；③ 通过专家讲座、业务培训等方式，传递国内外文献资源建设的动态信息，提高人员的业务素养和技能；④ 发动各馆参与JALIS文献资源建设的相关项目建设；⑤ 协调江苏高校联合采编中心与江苏高校用户的协作关系，促进采编中心服务水平的提高；⑥ 组织全省高校图书馆参加教育部高校图工委文献资源小组的各项活动。

3月1日[2] 马歇尔·布雷迪(Breeding, Marshall)在*Library Journal*发表"Automation marketplace 2011: The New Frontier: The battle intensifies to win hearts, minds, and tech dollars"一文，首次提出了"新一代图书馆自动化系统"(New-generation automation)的概念。

3月18日[3] 江苏省古籍保护中心发布《关于公布江苏省"十一五"古籍保护工作 先进单位和先进个人的通知》，共有21个单位(其中6个高校馆)获得"江苏省"十一五"古籍保护先进单位"称号，30位个人(其中高校馆7人)获得"江苏省"十一五"古籍保护先进个人"称号。江苏省古籍保护中心于2010年底开展评选工作，全省共有29家古籍收藏单位申报先进单位(高校图书馆系统8家)，有45位古籍保护工作者申报先进个人。江苏省古籍保护中心对组织召开专家委员会进行评审。

获得"江苏省"十一五"古籍保护先进单位"称号的6个高校馆是扬州大学图书馆、苏州大学图书馆、南京大学图书馆、徐州师范大学图书馆、南京师范大学图书馆、南京中医药大学图书馆。获得"江苏省"十一五"古籍保护先进个人"称号的7位高校馆代表是：张建平(南京师范大学图书馆)、邱晓刚(南京大学图书馆)、顾宁一(南京中医药大学图书馆)、丁晓(南京晓

[1] 顾建新，邵波. JALIS建设成果回顾与总结[R]. 南京：东南大学图书馆，南京大学图书馆，2013：101.

[2] Breeding, Marshall. Automation marketplace 2011: The New Frontier: The battle intensifies to win hearts, minds, and tech dollars[J]. Library Journal, 2011, Volume 136(Number 6).

[3] 江苏省古籍保护中心. 关于公布江苏省"十一五"古籍保护工作先进单位和先进个人的通知[EB/OL]. [2018-12-12]. http://www.jslib.org.cn/njlib_jsgjbhw/njlib_jsgjbhwgzjz/njlib_jsgjbhwgstg/201103/t20110318_100083.html.

庄学院图书馆)、尹一隽(扬州大学图书馆)、赵明(苏州大学图书馆)、侯富芳(淮阴师范学院图书馆)。

3 月 18 日[1] 江苏省图书情报工作协调委员会恢复成立大会在南京图书馆学术报告厅举行,会议由省文化厅、教育厅、科技厅联合主办,南京图书馆承办。来自全省三大系统图书情报单位的代表 40 余人参加会议。江苏省文化厅社文处处长谷峰通报恢复成立江苏省图书情报工作协调委员会的筹备情况,并宣读江苏省文化厅有关恢复成立协调委员会的文件。协调委员会主任委员、省文化厅党组成员、南京图书馆党委书记方标军向各位委员颁发聘书。方标军对做好跨系统图书情报协作协调工作提出建议:① 是进一步认识资源共建共享的重大战略意义。充分发挥文化、教育、科技事业在社会发展和进步中的协同作用;② 统筹规划、合理布局,推进文献信息资源的科学管理。着手研究各图书情报单位文献收藏重点,合理调整文献收藏结构,通过资源的全面整合,实现三大系统资源利用的最大化;③ 加强文献信息资源的开发利用,全面搭建数字网络服务平台;④ 不断扩大文献资源服务范围,更好地满足公众的文化信息需求。高校、科研院所图书馆也要积极支持公共图书馆的业务建设,帮助公共图书馆培养图书情报高级人才。江苏省教育厅副厅长丁晓昌在讲话中指出:协调委员会恢复成立对于江苏加快建设学习型社会,建设科教强省、文化强省具有十分重要的意义,希望省高校图工委及各高校图书馆积极参与到省图书情报协调委员会的各项工作中去,立足于业已形成的学科、科研优势和教学资源优势,为全省图书情报单位从业人员的整体素质做出贡献。会议讨论了《江苏省图书情报工作协调委员会章程(修改讨论稿)》和 2011 年工作要点。省科技厅副厅长蒋跃建作书面讲话,会议由南京图书馆副馆长许建业主持。

3 月 20 日 江苏省高校图工委和南京大学信息管理系合作举办图书馆学(数字图书馆研究方向)专业硕士研究生课程进修班,开始招生。培养目标:通过课程学习,使学员较系统地掌握本专业范围内的基础理论和专门知识,改善知识结构,提升个人技能,适应未来数字图书馆建设发展的需求。招生对象及条件:全省高校系统从事图书、文献、档案管理及图书馆信息技术工作的管理和专业技术人员。立志为社会主义高等教育事业服务,在工作中表现良好的在职人员。具备大学本科学历(或大学专科毕业从事图书馆学专业工作与研究三年以上达到同等学力)的在职人员。招生人数:60 人,学制与学习形式,学制两年,集中面授与自学相结合,每学年脱产集中面授 4 次。2011 年 6 月开学。学员修满规定课程,取得不少于 32 学分者,由南京大学发给研究生课程进修班结业证书。取得结业证书,并拥有学士学位者,可以同等学力申请硕士学位。该专业为博士点单位,拥有博士后流动站,并具有授予在职申请硕士学位人员硕士学位的资格,鼓励符合要求的学员,

[1] 南京图书馆.江苏省图书情报工作协调委员会恢复成立[EB/OL].[2019-12-12].http://www.jslib.org.cn/pub/njlib/njlib_zzjg/njlib_tsgzc/njlib_tsgzcml/201107/t20110708_101470.htm.

按国务院学位委员会“关于在职人员与研究生毕业同等学力申请硕士学位办法”申请硕士学位。

3月25日[1] 江苏省人民政府发布《省政府关于江苏省第十一届哲学社会科学优秀成果奖的决定》(苏政发〔2011〕32号),共462个项目获奖,其中:一等奖30项,二等奖120项,三等奖312项。赵乃瑄(南京工业大学图书馆)《电子期刊管理——体系、方法与实践》(著作)获二等奖。

3月30日 由JALIS管理中心主办,苏州大学图书馆承办江苏高校特色资源建设研讨会暨“JALIS特色资源整合平台”项目启动会议在苏州大学召开。参加会议的人员包括:苏州大学副校长田晓明,苏州大学图书馆馆长罗时进,江苏省高校图书情报工作委员会秘书长、JALIS管理中心主任、南京大学图书馆馆长洪修平,省教育厅高教处、JALIS管理中心副主任徐庆,CALIS管理中心副主任、武汉大学图书馆馆长燕今伟,CALIS技术专家王文清,JALIS管理中心副主任、南京大学图书馆副馆长邵波,JALIS管理中心副主任、河海大学图书馆馆长高新陵,JALIS管理中心副主任、南京工业大学图书馆常务副馆长赵乃瑄,JALIS管理中心办公室主任沈鸣以及参与JALIS特色数据库项目建设的20多个高校的图书馆馆长、专家和项目负责人,共70余名代表参加本次会议。

罗时进主持开幕式,洪修平代表省高校图工委和JALIS管理中心致辞,2011年是JALIS三期项目的验收年,也是JALIS“十二五”规划开局之年。目前JALIS三期已经建成了17个具有江苏特色、行业特色和高等教育特色的专题文献特色数据库,承建和参建高校图书馆达30多个,发挥各高校已有的教学资源优势,在全省范围内形成特色资源共享、优势资源互补的局面。通过JALIS“十二五”的规划,形成教学科研资源共享平台,发挥特色资源的服务效益。

徐庆肯定JALIS为高校图书馆的发展所做的贡献,经过JALIS二、三期的建设,全省目前已形成了一批不同学科、不同行业、不同地域、不同类型的特色数据库,这些特色数据库特色分明、资源丰富、数据建设规范、定位很高,对高校学科建设、科研活动、行业支撑、信息服务发挥了很大的作用,但也存在着技术标准和底层平台不统一,重复数据多等问题,开发共享受到一定限制,他希望通过JALIS特色数据库的整合平台的建设,很好的解决特色库建设所面临的问题,发挥特色资源的共享效益,丰富江苏省高校图书馆特色数字文献资源,为教学科研发挥应有的作用。

武汉大学图书馆馆长燕今伟代表全国高校图工委、湖北省高校图工委和CALIS管理中心高校专题特色库项目组,以及武汉大学图书馆对JALIS的同行们表示祝贺,会议说明江苏高校图书馆的数字化建设方面走在全国高校的前列,此次会议能学习江苏高校先进的经验,并一起分享

---

〔1〕 江苏省人民政府. 省政府关于江苏省第十一届哲学社会科学优秀成果奖的决定[EB/OL]. [2018-11-11]. http://www.js.gov.cn/art/2011/3/25/art_46805_2680756.html.

CALIS 关于特色数据库建设的经验与教训。

大会的第 2 阶段，由苏州大学图书馆副馆长周建屏和赵乃瑄分别主持。燕今伟作“CALIS 专题特色库建设”的报告。王文清作“CALIS 三期共享域与特色库系统建设”的报告，介绍系统建设的总体思考和技术路径。邵波作“JALIS 特色资源建设思考”的报告，沈鸣作“JALIS 特色库建设的技术问题”的报告。罗时进作“JALIS 特色资源整合平台”项目整体建设方案的报告。洪修平为 JALIS 特色资源整合平台项目启动揭幕。

下午的 JALIS 特色数据库项目交流会，由周建屏和沈鸣分别主持。在讨论会上，与会代表们对各自所承担的 JALIS 二期与三期特色库建设项目的成果进行了分享与研讨。江苏大学图书馆副馆长袁润等 13 个特色数据库项目主要负责人分别汇报各自的特色库建设情况和存在的问题，同时也提出改进建议。

会议总结特色数据库建设存在的问题和不足：① 部分特色库的服务宣传力度不够，使用效率不高，资源共享力度要加大；② 特色库的建设缺乏统一的标准和规范，统一的建库平台和软件；③ 特色库的可持续性发展需要大量的人力、物力和财力的支持；④ 如何处理建成后的特色库整合平台与目前很多学校使用的特色库平台之间的关系，以及数据资源的去重等问题。

4 月 1 日　江苏省高校图书情报工作委员会在南京大学图书馆举办专场学术报告。南京地区各高校图书馆的同仁，约 100 多人参加讲座。2008 年以来，南京大学图书馆与美国哈佛燕京学社图书馆合作建立了馆员交流项目，南京大学图书馆每年选派图书馆员赴哈佛燕京图书馆进行为期 1 年的交流。南京大学图书馆选派的俞德凤和袁晓园分别报告在哈佛燕京学社图书馆的工作经验。两位馆员分别从哈佛大学的由来、哈佛大学校园内各个图书馆概况、图书馆的服务、图书馆的资源建设等方面，与南京地区各高校图书馆同仁分享哈佛大学图书馆的发展历程、未来规划和工作感受。

4 月 2 日〔1〕　JALIS 管理中心发出通知，组织全省高校图书馆开展 JALIS 三期 2010 年度数字图书馆前沿系列预研类项目的申报工作。

4 月 7 日〔2〕　苏州大学炳麟图书馆 RFID 自动借还系统开通仪式，在炳麟图书馆二楼大厅隆重举行。苏州大学副校长田晓明、台湾东吴大学图书馆馆长丁原基、东吴大学文学院历史学系主任林慈淑、东吴大学图书馆非书资料组主任胡佳薇、苏州图书馆副馆长许晓霞、常熟理工学院图书馆馆长张幼良、海恒公司总经理方克林、苏州大学图书馆馆长罗时进等出席仪式。开通仪式由苏州大学图书馆党委书记孙庆民主持仪式。系统包含 8 台自助借还书机、1

〔1〕 顾建新，邵波. JALIS 建设成果回顾与总结[R]. 南京：东南大学图书馆，南京大学图书馆，2013：101.

〔2〕 苏州大学图书馆. 苏州大学炳麟图书馆开通 RFID 自动借还系统开通[EB/OL]. [2018-10-20]. http://library.suda.edu.cn/af/93/c4024a44947/page.htm.

台 24 小时还书机、门禁以及盘点等辅助设备组成，管理 50 万册图书，采用高频 RFID 标签技术，系统由深圳市海恒智能技术有限公司提供。

4 月 8 日　北京高等学校文献保障体系(BALIS)原文传递委员馆一行 16 人，与北京高校网络图书馆联盟一行 32 人，参访江苏省高校图工委，就高校图书馆联盟运作方面相互交流经验与体会。江苏省高校图工委秘书长、JALIS 管理中心主任、南京大学图书馆馆长洪修平讲话。江苏省高校图工委常务副秘书长、JALIS 管理中心副主任、南京大学图书馆副馆长邵波，JALIS 管理中心办公室主任沈鸣，介绍江苏省文献资源保障体系 JALIS 的发展历程和现状。

4 月 8 日[1]　上海市教育委员会、浙江省教育厅和江苏省教育厅在上海共同签署“长三角地区高校图书馆联盟的框架协议”。上海市教委主任薛明扬、江苏省教育厅厅长沈健、浙江省教育厅厅长刘希平分别代表协议各方签署协议。“框架协议”是两省一市教委(教育厅)高教处和高校图书情报工作委员会本着“优势互补、相互开放、互惠互利、共同发展”的原则，就具体合作项目和内容，经过一系列多边协商和共同规划。框架协议规定[2]：① 长三角地区高校图书馆联盟由长三角地区的高校图书馆组成。② 促成江苏省文献保障系统、浙江省高校数字图书馆和上海教育网络图书馆的建设成果尽快转化为长三角高等教育的共享资源，建联盟平台。③ 在中国高校文献保障系统三期建设中，将在馆际互借、原文传递、馆员素养培训、资质认证项目、课题咨询服务、设备利用等方面展开更广泛合作，服务功能扩展和延伸至长三角地区范围内所有高校图书馆。④ 建立与长三角地区城市群的国际地位相适应的长三角高校图书馆群和信息资源链。从战略高度来思考和规划长三角地区高校学术数字资源的长期保存工作。⑤ 探讨集中一次性买断国际顶尖级的回溯数据库的途径与办法，实现区域范围内资源共建、共享。⑥ 将成立长三角大学图书馆联盟协调小组及办公室。协调小组由上海市教育委员会、江苏省教育厅、浙江省教育厅分管领导、高等教育处负责人和高校图书情报工作委员会负责人组成。联盟办公室设在上海高校图书情报工作委员会。

4 月 12 日　高职高专图书馆建设专委会 2011 年工作计划：① 组织开展高职高专院校图书馆年度调查统计工作；② 加强信息传递及宣传报道工作；③ 组织高职高专院校图书馆网站评比，促进高职高专图书馆网站建设；④ 组织学术论文的征集评选工作；⑤ 加强高职院校参考咨询专业人员队伍建设；⑥ 加强与其他专委会的联系，发挥高职高专委的协调作用；⑦ 举办高职高专图书馆建设专委会年会暨学术研讨会。

---

〔1〕 庄琦. 长三角地区高校图书馆联盟建设工作进展[J]. 上海高校图书情报工作研究，2012，22(3)：4－8.

〔2〕 关于建立长三角地区高校图书馆联盟的框架协议[J]. 上海高校图书情报工作研究，2012，22(3)：8.

4 月 12 日　队伍建设与职业素养专委会发布 2011 年计划：① 组织学习调研活动；② 组织一次以“图书馆馆员队伍和素养建设”为主题的业务培训活动；③ 拟在下半年召开以“高校图书馆馆员职业素养提升与建设”为主题的学术交流年会；④ 编写年度工作年鉴。

4 月 19 日　学术研究与继续教育专委会 2011 年工作计划：① 开展馆员岗位培训，制定相关规范和培训方案，提高图书馆职工的职业素养；组织 JALIS 管理中心成员到美国进行针对性学习与考察；② 进行江苏省高校图书馆学术成果评选活动，设立学术研究评奖制度；③ 筹划第二届学术论坛，借助学术研究的平台推动江苏高校图书馆工作的不断发展；④ 召开专业委员会委员会议，讨论年度工作进展和今后的发展方向。

4 月 26 日[1]　JALIS 管理中心在东南大学图书馆召开 JALIS 项目建设工作交流会。

4 月 26 日[2]　“江苏高校图书馆采编中心会议”在南京师范大学随园校区贻芳报告厅召开，124 所高校图书馆以及公共图书馆、部队院校、科研院所和医院系统图书室等代表 230 余人参加会议。开幕式后，全国高校图工委文献资源建设项目研究小组成员、厦门大学图书馆钟建法老师作《六十年大陆中文图书出版与采选分析》的报告。以翔实的数据和图表介绍从 1949—2008 年，60 年大陆中文图书出版概况，对高校中文图书采选与收藏进行分析，提出采选能力的评判依据，介绍国外读者需求驱动采购模式(PDA)的兴起、启示。

报告下半场，由南京航空航天大学图书馆馆长叶志锋主持。南京理工大学图书馆副馆长徐国祥作《管窥文献资源招标采购》。东南大学图书馆邵理家作《样书选订在中文图书采访工作中的应用》报告。南京师范大学图书馆副馆长张建平作《江苏高校联合采编中心的建设与发展》报告。

南京大学图书馆副馆长史梅主持采编中心与用户交流。各采编中心负责人表示，在新的一年里，将一如既往做好对图书馆的文献服务工作。用户交流环节，南京图书馆副馆长全勤对江苏高校图书馆间的团结合作表示赞赏，并表示今后公共图书馆会加强与高校图书馆间的合作与共享。

4 月 28 日[3]　JALIS 工程“十二五”建设规划撰稿协调会，在南京大学图书馆召开。

5 月 6 日[4]　“JALIS 十五年回顾与展望研讨会”，在南京大学鼓楼分馆报告厅举行。

5 月 13 日[5]　台湾李国鼎数位知识促进会理事长陈棠，秘书长李伟参访东南大学图书馆

---

[1] 顾建新，邵波. JALIS 建设成果回顾与总结[R]. 南京：东南大学图书馆，南京大学图书馆，2013：101.

[2] 南京师范大学图书馆. 江苏高校图书馆采编中心会议在南京师范大学召开[EB/OL]. (2011-04-26)[2018-12-12]. http://lib.njnu.edu.cn/news/tsggg/20110429/800.html.

[3] 顾建新，邵波. JALIS 建设成果回顾与总结[R]. 南京：东南大学图书馆，南京大学图书馆，2013：101.

[4] 顾建新，邵波. JALIS 建设成果回顾与总结[R]. 南京：东南大学图书馆，南京大学图书馆，2013：101.

[5] 东南大学图书馆办公室. 东南大学图书馆简讯(2011 年第 4 期，总第 23 期)[EB/OL]. [2019-02-02]. http://www.lib.seu.edu.cn/upload_files/article/243/1_20180612091818.pdf.

国鼎图书室，东南大学图书馆馆长顾建新接待来宾。国鼎图书室成立于1993年6月，2009年5月国鼎图书室归属图书馆管理。国鼎图书室不仅收藏李国鼎先生所著述图书，同时也收藏有关经济、科技等方面的台版图书与期刊。陈棠先生追忆了李国鼎先生的往事，顾建新介绍了国鼎图书室的发展近况。双方探讨了国鼎图书室未来的发展计划。

5月16—20日[1] “2011数字资源建设与服务的统计分析研讨会暨CALIS第九届国外引进数据库培训周”在郑州大学举行。国家科技图书文献中心主任袁海波，中国科学院国家科学图书馆馆长张晓林，CALIS管理中心副主任、北京大学图书馆馆长朱强，CALIS管理中心副主任、北京大学图书馆副馆长陈凌，郑州大学常务副校长徐振鲁、副校长高丹盈，河南省高校图工委主任崔慕岳等出席开幕式，200多所高校图书馆的代表，高校图书馆数字资源采购联盟(DRAA)理事会成员及DRAA成员馆代表，其他图书情报系统、合作单位代表共500多人参加会议。郑州大学图书馆馆长崔波主持开幕式。

6月2日[2] 美国阿格西大学芝加哥分校图书馆馆长陈琦博士、纽约布鲁克林公立图书馆美科林分馆馆长丁丽娜女士一行访问苏州大学图书馆。陈琦目前主管阿格西大学东部地区的图书馆，包括伊利诺伊、科罗拉多、佛罗里达、明尼苏达、哥伦比亚特区、佐治亚和田纳西州，同时任美国华人图书馆馆员协会(CALA)国际关系会会长。苏州大学副校长田晓明会见美国客人。

6月7日[3] 南京市江宁区图书馆陈馆长一行参访东南大学图书馆，顾建新馆长就东南大学图书馆的资源建设、管理模式、队伍建设、学科服务等工作内容作了介绍，并就双方关心的事项进行座谈，陈馆长一行参观流通阅览部、信息咨询部、采编部。

6月10日[4] 苏州大学图书馆以及苏州科技学院、常熟理工学院、苏州职业大学、西交利物浦大学等14所苏州高校图书馆负责人和部分部门负责人，在苏州西山洞庭宾馆举行2011年苏州高校图书馆协作委员会工作会议。会议的第一议程，苏州高校图书馆协作委员会副主任、苏州科技学院图书馆何清馆长主持，苏州高校图书馆协作委员会主任、苏州大学图书馆馆长罗时进向与会人员传达省图工委和JALIS会议精神，强调重视专业委员会作用；重视中心馆作用的发挥；加大高校特色资源库建设；苏州高校图书馆协作委员会秘书长、苏州大学图书馆副馆长周建屏，介绍CALIS项目申报的具体步

---

[1] 郑州大学图书馆.2011数字资源建设与服务的统计分析研讨会暨CALIS第九届国外引进数据库培训周在我校召开[EB/OL].[2018-10-10]. http://www3.zzu.edu.cn/msgs/vmsgisapi.dll/onemsg?msgid=1105191031422332931.

[2] 苏州大学图书馆.美国阿格西大学图书馆馆长一行访问我校图书馆[EB/OL].(2011-06-03)[2018-12-23]. http://library.suda.edu.cn/af/a1/c4024a44961/page.htm.

[3] 东南大学图书馆办公室.东南大学图书馆简讯(2011年第4期，总第23期)[EB/OL].[2019-02-02]. http://www.lib.seu.edu.cn/upload_files/article/243/1_20180612091818.pdf.

[4] 苏州大学图书馆.苏州高校图协2011年工作会议顺利召开[EB/OL].(2011-06-13)[2018-12-12]. http://library.suda.edu.cn/af/a7/c4024a44967/page.htm.

骤和审报要求、JALIS 预研项目申报情况以及苏州高校数字服务平台目前的建设情况；苏州大学图书馆李峰副馆长通报文献联采情况，及联采工作的基本状况、存在的问题。第二议程为各馆工作交流，由苏州高校图书馆协作委员会副主任、苏州职业大学图书馆傅小芳馆长主持。苏州高校图书馆协作委员会副主任、常熟理工学院图书馆张幼良馆长受苏州高校图书馆协作委员会委托，向与会人员说明了 2011 年度苏州高校图书馆系统优秀工作者与团队评优方案。苏州大学图书馆石明芳副馆长介绍了炳麟图书馆 RFID 自动借还书系统建设和运行情况；科技学院图书馆副馆长顾永时、常熟理工学院图书馆张幼良馆长等向大家介绍本馆工作的情况。苏州大学图书馆孙庆民书记作会议总结。

6 月 23—25 日[1] 教育部高校图工委期刊研究工作年会暨全国高校图书馆第 13 届期刊工作学术研讨会，在南京大学召开，来自 70 余所高校的 100 多名代表参加了会议。教育部高教司教学条件处处长李静，江苏省教育厅高教处处长徐子敏，南京大学党委常委、宣传部部长朱庆葆，教育部高等学校图书情报工作指导委员会副主任、教育部图工委期刊研究工作组召集人、全国高校期刊工作委员会主任、南京大学图书馆馆长洪修平，教育部图工委期刊研究工作组召集人、全国高校期刊工作委员会副主任、中原工学院图书馆馆长张怀涛[2]，全国高校期刊工作委员会副主任、西安交通大学图书馆馆长俞炳丰，全国高校期刊工作委员会副主任、首席专家、南京大学信息管理系教授叶继元出席开幕式。洪修平主持开幕式。

李静肯定了教育部高校图工委期刊研究工作组、全国高校期刊工作委员会在人员培训、阅读研讨、专业研究、促进交流等方面所做的大量工作，同时要求全国高校图书馆应贯彻落实国家“十二五”教育规划纲要和教育部党组提出的全面提高高等教育质量的四项重点任务，大力提升图书馆的文献保障能力与服务水平。徐子敏赞扬以南京大学为代表的江苏省高校图工委在江苏高校数字图书馆建设中所取得的成绩，表示江苏省将进一步加强对江苏高校数字图书馆建设的扶持力度。朱庆葆介绍南京大学的百年历史、学校概况、师资队伍和办学特色。

叶继元、全国高校图工委期刊工作委员会顾问刘瑞兴、华东师范大学图书馆副馆长张静波分别作主题发言。会议收到来自全国图书馆界的 140 多篇征文。8 位作者进行会议交流。全国高校图工委期刊工作委员会秘书长、南京大学图书馆副馆长史梅主持“头脑风暴”。张怀涛作会议总结，用“层次高，参与广，内容多，影响大”12 个字评价了本次会议。

---

〔1〕 王波，吴汉华等. 2011 年高校图书馆发展报告(附大事记)[EB/OL]. [2018-08-19]. http://162.105.140.111/sites/default/files/attachment/tjpg/20130109081426.pdf.

〔2〕 张怀涛(1957—)，笔名张一章，研究馆员，河南省新乡县人。1982 年毕业于武汉大学图书馆学系。历任郑州纺织工学院图书馆、中原工学院图书馆馆长，中国图书馆学会会员，中国科技情报学会会员，全国高校图书情报工作委员会期刊工作委员会副主任，河南高校图书情报工作委员会常委，全国纺织院校图书情报工作委员会委员，河南省图书馆学会常务理事、学术委员会副主任。

7月13日　CALIS管理中心在哈尔滨工业大学图书馆召开省中心办公室工作会议。参会人员为已建立28个省中心办公室负责人、技术负责人(新疆、西藏两地中心未到会)。目前,全国31个省市除辽宁省外,各省都建立了省中心,配套的应用系统相继部署中,正在展开培训及开通试用,管理中心要求各省中心,尽快推进所在地区成员馆各项服务。落实省中心具体工作的关键,是各省中心办公室主任及相关人员。CALIS管理中心副主任陈凌参加会议并发言。本次会议的主要内容:① CALIS省中心建设计划及省中心业务规范、近期工作参考指南,CALIS主要服务介绍,并针对相关问题进行讨论;② 各省共享域平台及应用系统介绍与交流,并针对相关问题进行讨论,针对CALIS三期验收工作,做好准备工作;③ 酝酿示范馆标准、评优措施及先进省中心表彰的办法等,有关意见将提交CALIS三期中期检查会议讨论;④ CALIS管理中心向各省中心办公室负责人、技术负责人、服务推广负责人颁发聘书。JALIS管理中心沈鸣代表江苏省中心发言,介绍江苏省共享域的部署情况。相比较而言,全国各省中心中,江苏省的工作进展仍处于领先位置,前期所做的三方协议签署的总数和百分比都居全国前列。

7月14日[1]　加拿大麦吉尔大学教授方秀洁到访苏州大学图书馆,苏州大学图书馆馆长罗时进陪同参观苏州大学图书馆古籍特藏部。她与古籍特藏部专家进行座谈,了解明清文献的馆藏情况。方秀洁是北美著名汉学家,曾任麦吉尔大学东亚学系主任、东亚研究中心主任。主持哈佛大学与麦吉尔大学合作的明清女性著作数据库建设,并主编《美国哈佛大学哈佛燕京图书馆藏明清妇女著述汇刊》,在国际汉学界有很大影响。

7月18日[2]　“长三角地区高校图书馆联盟”办公室2011年度联席会议,在浙江大学玉泉校区图书馆召开,江苏省高校图工委派员参加会议。会议商议联盟协作项目和建设目标:建立联盟共知、共享服务平台。将集成网上查询的外文期刊联合目录。通过馆际互借和文献传递服务,提升普通高校、民办高校教学与科研对文献资源的需求保障率,促进区域内高等教育办学水平的共同提高。同时建设联盟门户和认证系统,推进馆际互借和文献传递服务工作。建设联盟基础共享平台和数据交换平台,搭建技术支撑体系,保证成员馆在本地系统和联盟系统数据库数据的及时更新。建立电子资源数据的共享和交换机制,实现信息资源数据的共享。

7月20日　由江苏省高校图书情报工作委员会主办、南京农业大学图书馆承办的江苏省高校图工委“首届新进馆员培训班”在南京农业大学图书馆学术报告厅举行。在开班典礼上,江苏省高校图工委秘书长、南京大学图书馆馆长洪

---

〔1〕 苏州大学图书馆. 加拿大麦吉尔大学方秀洁教授访问我馆[EB/OL]. (2011-07-15)[2018-12-12]. http://library.suda.edu.cn/af/ac/c4024a44972/page.htm.

〔2〕 庄琦. 长三角地区高校图书馆联盟建设工作进展[J]. 上海高校图书情报工作研究,2012,22(3):4-8.

修平代表省高校图工委致辞，他肯定举办此次培训班的意义。江苏省高校图工委副秘书长、南京大学图书馆副馆长邵波，江苏省高校图工委学术研究与继续教育专委会主任、南京农业大学图书馆馆长包平、江苏省高校图工委学术研究与继续教育专委会副主任、南京工业大学图书馆常务副馆长赵乃瑄和南京农业大学图书馆书记倪峰出席典礼。培训班为期 5 天，邀请了 13 位全省知名的图书馆馆长和专家教授授课。来自全省 55 所高校图书馆的近 140 余名馆员参加了本次培训。

7 月 20 日〔1〕 CALIS 三期建设项目中期检查工作会议，在北京大学图书馆召开，会议由 CALIS 管理中心主办，是在前期各地区中心、省中心自查总结的基础上，对 CALIS 三期建设进行中期检查，同时，部署 2012 年的验收准备工作。

本次会议共有 20 位正式代表，教育部高教司副司长石鹏建，处长李静、李晓明调研员参加了会议，并对 CALIS 前期的工作，以及后续的工作安排做了指示，CALIS 管理中心主任，北京大学常务副校长吴志攀到会讲话。管理中心、各地区中心及 CADAL 管理中心、综合类子项目承建单位代表复旦大学图书馆等派员参加会议，北京大学图书馆馆长朱强主持会议。石鹏建肯定 CALIS 三期建设以来取得的成果，对 CALIS 管理中心以及各全国、地区中心的工作表示满意，同时也对后续工作提出具体要求。北京大学常务副校长吴志攀，代表北京大学、CALIS 管理中心讲话，CALIS 管理中心副主任陈凌做总体汇报。李静作会议总结，目前教育部最为关心能否如期完成 CALIS 三期的建设，通过汇报和服务演示，基本可以认为进展是显著的，建设的方向是正确的，管理中心应把工作重点从管理向服务转变，下一阶段服务与建设并重，从现在开始起，进入验收倒计时。CALIS 作为全球最大的图书馆合作体系，为中国高等教育的发展，做出了显著的贡献，也为建设学习型社会做出了贡献，要让中国高校的读者真正感受到“普遍服务”的成果，取决于基层馆的服务推广与读者服务，因此，针对一线基层馆馆员的培训工作必须跟上。

CALIS 的建设，应纳入整个国家的教育信息化建设的整体框架，作为其中的重要组成部分，CALIS 的成果也应该是教育信息化建设的成果之一。

会议期间，CALIS 管理中心还向领导和代表介绍了 e 读、CCC 服务、CALIS 直通车等项服务，代表们还参观了 CALIS 管理中心的主机房。沈鸣代表华东北地区中心参加了此次会议。

7 月 27—28 日〔2〕 教育部高等学校图书情报工作指导委员会 3 届 3 次工作会议，在云南师范大学召开，本次会议的主题是“十二五期间高校图书馆发展展望”。图工委

〔1〕 王波，吴汉华等. 2011 年高校图书馆发展报告(附大事记)[EB/OL]. [2018－08－19]. http://162.105.140.111/sites/default/files/attachment/tjpg/20130109081426.pdf.

〔2〕 王波. 教育部高等学校图书情报工作指导委员会三届三次工作会议在云南师范大学召开[J]. 大学图书馆学报，2011(5)：126.

委员、各省自治区直辖市图工委秘书长、香港学术图书馆联盟成员馆负责人、特邀嘉宾等共73位代表与会。教育部高教司教学条件处处长李静、调研员李晓明，云南省教育厅副巡视员张国华，云南师范大学校长杨林、副校长李松林等出席开幕式。李静介绍教学条件处一年来的主要工作，对高校图工委已经发挥的作用和将要承担的任务作了肯定和说明，重点通报CALIS和CADAL二期进展，正在由管理中心向服务中心转变，加快援疆援藏建设，美国“亚洲之桥”赠书转运站原有中国海洋大学、大连理工大学、同济大学、上海外国语大学、南开大学5家，变更为南开大学集中负责，由中国教育图书进出口公司提供协助，厦门大学继续作为“赠书中国计划”转运站。即将启动的十二五国家级教材建设和精心开放课程建设，将为数字图书馆建设提供丰富资源。

北京大学朱强馆长等4位馆长分别作专题报告。上海交通大学馆长陈进、清华大学原馆长薛芳渝、武汉大学馆长燕今伟、重庆大学馆长彭晓东、无锡职业技术学院副院长冯渊、四川大学馆长马继刚、南京大学馆长洪修平，分别代表各自工作组作年度工作汇报，并对本组和图工委的下一步工作规划提出了建设性意见。闭幕式上，朱强秘书长作会议总结。

7月—8月　第7届伊利诺伊大学中国图书馆馆员交流项目(Chinese Librarians Scholarly Exchange Program, CLSEP)，在美国伊利诺伊大学香槟分校开班，本期学员共31人，其中江苏省学员3人：周建屏(苏州大学图书馆)、吴东敏(河海大学图书馆)、钱鹏(东南大学图书馆)。

9月7日　CALIS管理中心发布关于“CALIS示范馆计划”的预通知，进入实施阶段。作为CALIS示范馆将优先获得示范应用服务及相关培训和技术支持等优惠，并参与CALIS示范馆评优。

9月9日[1]　“卓越联盟”九校第1届馆长联席会议在同济大学召开。“卓越联盟”高校包括北京理工大学、重庆大学、大连理工大学、东南大学、哈尔滨工业大学、华南理工大学、天津大学、西北工业大学、同济大学。东南大学图书馆馆长顾建新参加了本次会议。同济大学副校长陈以一到会并致辞。与会各位馆长介绍了各校图书馆资源建设、服务创新等方面的新成就、新动向，并就如何实现九校图书馆的资源共享、服务共享、读者共享三个共享问题展开了积极讨论。九校图书馆馆长签署“卓越联盟”高校图书馆共享合作框架协议。

9月15日　CALIS管理中心发布《尽快完成在CALIS机构服务平台激活工作的通知》：

CALIS第一期应用服务示范馆申报工作已开始，尚未在CALIS机构服务平台激活的馆应尽快完成此项工作。

---

〔1〕 东南大学图书馆办公室.东南大学图书馆简讯(2011年第5期,总第24期)[EB/OL].[2019-02-02]. http://www.lib.seu.edu.cn/upload_files/article/243/1_20180612091915.pdf.

9 月 15 日[1] 国家知识产权局专利局专利文献部收集处处长谢静,一行 6 人,来江苏省调研 JALIS 的建设情况,学习与借鉴 JALIS 在文献保障、服务方面的经验。

9 月 21 日[2] 合肥工业大学图书馆与东南大学图书馆,签订东南大学对合肥工业大学科技查新站指导建设协议,建立东南大学对合肥工业大学教育部部级科技查新站的筹建进行对口指导机制。

9 月 19—23 日[3] 北京大学图书馆与高校图工委秘书处联合举办"新建本科院校图书馆馆长高级研修班"。来自徐州工程学院等 12 位专升本图书馆馆长、副馆长或馆长助理参加了此次研修,获得由教育部人事司和高等教育司共同签章颁发的"高校青年教师高级研修班研修证书"。

9 月 20—22 日[4] 华东地区高校图工委秘书处工作会议在宁波举行。来自江苏、福建、山东、江西、安徽、浙江、上海六省一市的高校图工委秘书长等 20 余位代表及浙江省教育厅高教处领导出席会议。本次会议主题:① 各省(市)高校图工委工作情况交流;② 华东地区高校数字图书馆建设与共享研讨;③ "十二五"时期高校图书馆事业展望。会议由浙江省高校图工委副主任兼秘书长章云兰主持,浙江省教育厅高教处副处长金仁康致辞。上海市高校图工委秘书长庄琦、浙江省高校图工委副主任何立民分别讲话。各省市高校图工委秘书长分别通报各自的工作情况,并对"十二五"时期的工作提出了思路。各省市高校图工委较好地发挥了行业协调作用,引领、团结高校图书馆在理念传播、数字图书馆建设、资源建设与共享、人才培养、学术研究与交流以及刊物出版等方面开展协作,共同推动本地区高校图书馆事业的发展。下一步的工作重点是加强数字资源共建共享、馆际互借与文献传递、业务交流与培训等方面的协调与合作。会议还就"十二五"期间华东地区图工委之间、长三角高校图书馆之间的合作与协调进行研讨。会议期间,与会代表们考察了宁波私家藏书楼天一阁。

9 月 29 日 江苏省高校图书情报工作委员会在南京大学图书馆召开领导小组办公会议。会议由江苏省高校图工委秘书长、南京大学图书馆馆长洪修平主持。洪修平向会议通报省高校图工委上半年的工作情况,以及配合 JALIS 管理中心开展的相关工作。同时要求各高校响应并配合全省高校图书馆工作会议筹备工作的开展。

读者工作专委会副主任、中国矿业大学图书馆馆长桑树勋,高职高专

---

[1] 顾建新,邵波. JALIS 建设成果回顾与总结[R]. 南京:东南大学图书馆,南京大学图书馆,2013:101.

[2] 安徽省高校图工委秘书处. 安徽省高校图书馆 2011 年工作大事记[J]. 大学图书情报学刊,2012(2):93-97.

[3] 王波,吴汉华等. 2011 年高校图书馆发展报告(附大事记)[EB/OL]. [2018-08-19]. http://162.105.140.111/sites/default/files/attachment/tjpg/20130109081426.pdf.

[4] 浙江省高校图工委. 2011 年华东地区高校图工委秘书处工作会议在宁波举行[J]. 浙江高校图书情报工作,2011(5):30.

图书馆专业委员会副主任、南京工业职业技术学院图书馆馆长邓滨，情报咨询专委会主任、河海大学图书馆馆长高新陵，学术研究与继续教育专委会主任、南京农业大学图书馆馆长包平，文献资源建设专委会主任、南京师范大学图书馆常务副馆长张建平，队伍建设与职业素养专委会主任、南京理工大学图书馆馆长赵敏，现代技术应用专委会主任、南京航空航天大学图书馆馆长叶志锋，数字资源评估与引进工作组组长、南京大学图书馆副馆长史梅，分别汇报各自专委会的相关工作情况和工作计划。会议讨论了就结集出版优秀论文，评选先进工作者、JALIS 2011 年项目申报等事项。

10 月[1] 南京邮电大学仙林图书馆 RFID 服务投入使用，初始规模 10 万册图书，采用高频标签，由阿法迪公司提供，包含馆员工作站 2 套，自助借还设备 2 套，便携式馆员助理 1 套，智能安全检测系统设备 1 套，图书馆 RFID 系统管理软件一套，书架层架位标签、RFID 图书标签。

10 月 4 日[2] 时任中共中央政治局常委、国务院副总理李岚清视察苏州大学，原江苏省委书记梁保华，江苏省政协主席张连珍，江苏省委常委、苏州市委书记蒋宏坤以及苏州大学党委书记王卓君、校长朱秀林等陪同视察。李岚清来到独墅湖校区炳麟图书馆，在古籍特藏部，罗时进汇报苏州大学图书馆古籍馆藏情况和图书馆建设和发展。李岚清对中华古籍善本再造工程的古典文献收藏和利用，给予充分肯定；对苏州大学图书馆在为高校师生服务的同时，为社会文化发展、为地域文化建设发挥重要作用，表示赞赏。参观结束时，李岚清亲笔题词“独墅湖畔好读书”。

10 月 12 日[3] CALIS 江苏省文献信息服务中心门户系统 v1.0.5 正式发布并部署，实现了江苏省 20 家租用馆统一门户登录，集中国高等教育文献保障系统(CALIS)华东北地区中心、中国高校人文社会科学文献中心(CASHL)华东区域中心、江苏省高等教育文献保障系统(JALIS)管理中心等 3 个门户于一体，统一发布新闻、通知通告等信息。

10 月 12—13 日[4] “长三角地区高校图书馆学科服务培训班”在苏州举办，培训班由长三角地区高校图书馆联盟办公室、CALIS 上海市文献信息服务中心和 CADAL 项目管理中心共同主办，苏州大学图书馆承办。来自长三角地区 56 所高校图书馆的 88 位馆员参加培训班。开幕式由 CALIS 上海市服务中心常务副主任、上海交通大学图书馆馆长陈进主持。江苏省高校图工委副秘书长史梅、浙江省高校图工委秘书长章云兰(书面发言)、上海市高校图工委

[1] 童梅莉. 高校图书馆 RFID 技术应用模式研究——以南京邮电大学图书馆为例[J]. 图书馆学刊,2013(12):95-97.

[2] 苏州大学图书馆. 原中共中央政治局常委、国务院副总理李岚清一行视察我校并莅临我馆[EB/OL]. (2011-10-05)[2018-12-12]. http://library.suda.edu.cn/af/b2/c4024a44978/page.htm.

[3] 王波，吴汉华等. 2011 年高校图书馆发展报告(附大事记)[EB/OL]. [2018-08-19]. http://162.105.140.111/sites/default/files/attachment/tjpg/20130109081426.pdf.

[4] 上海市高校图工委秘书处. 长三角地区高校图书馆学科服务培训班在苏州大学成功举办[J]. 上海高校图书情报工作研究,2012,22(1):62.

秘书长庄琦、CADAL管理中心副主任、浙江大学图书馆副馆长黄晨、苏州大学图书馆馆长罗时进分别致辞。培训班课程基于学科馆员服务的理念与实务技能设计，规划学科服务重塑图书馆价值、信息素养实践与创新、学科馆藏资源建设、学科服务相关技能、CALIS参考咨询项目、基于学科服务的CADAL应用技术等6个授课模块。

10月14日　由JALIS管理中心主办的CALIS示范馆建设培训工作会议，在南京大学鼓楼校区图书馆召开。来自南京大学、东南大学、江苏大学、南京工程学院、南京师范大学、南京理工大学、苏州大学、南京航空航天学、南京工业职业技术学院、中国矿业大学、江南大学、盐城工学院、河海大学、淮海工学院、南京信息工程大学、南京工业大学、扬州大学等17个高校图书馆，共40余人参加会议，会议由JALIS管理中心办公室主任沈鸣主持。

江苏省高校图工委副秘书长、JALIS管理中心副主任、南京大学图书馆副馆长邵波讲话，要求各馆通过本次培训工作会议，能够加快推进CALIS示范馆的建设工作，确保CALIS三期项目及JALIS三期项目能通过验收。加快CALIS示范馆和JALIS三期的建设进度。

沈鸣作“CALIS第一期示范馆及JALIS三期建设工作安排”的报告，通报JALIS三期有关工作进展，部署近期CALIS示范馆建设的工作安排，介绍JALIS馆际互借、文献传递服务发展背景，指出以往存在的问题，以及JALIS三期的突破与创新，并对各馆如何安装和配置汇文联合认证接口，以及后续相关工作做出部署。

JALIS管理中心办公室孟勇做了“成员馆获取CALIS服务流程说明”和“JALIS成员馆管理员工作培训”的报告。南京大学图书馆参考咨询部李雪溶做“共享版馆际互借系统管理员操作培训”的报告。报告内容包括新版的馆际互借系统新增功能介绍，以及共享版馆际互借系统的使用。

10月24—25日[1]　“2011全国高校图书馆云计算技术与应用研讨会”在西安交通大学举办，会议由CALIS管理中心主办，研讨会主题为：“高校图书馆云计算技术与应用实践”。北京大学图书馆馆长朱强、西安交通大学党委副书记王小力、陕西省高校图工委秘书长苟文选、西安交通大学图书馆馆长俞炳丰出席开幕式，西安交通大学图书馆副馆长邵晶主持开幕式，朱强作“CALIS三期服务综述”主题报告。

会议共有160余个单位、近300位代表参加，山东大学、武汉大学、厦门大学、重庆大学、兰州大学图书馆的代表，在会议上交流了本地云服务的建设和推广工作，CALIS技术中心的有关专家，介绍CALIS已推出的服务以及整合技术的解决方案。多家厂商带来了各自云服务解决方案。

CALIS在2009年正式将云计算技术作为CALIS三期项目的核心技术之一。CALIS三期项目本着“以信息化带动教育现代化，构建具有国际

〔1〕 王波，吴汉华等. 2011年高校图书馆发展报告(附大事记)[EB/OL]. [2018-08-19]. http://162.105.140.111/sites/default/files/attachment/tjpg/20130109081426.pdf.

先进水平的高等教育公共服务平台"为总目标，在 2010 年 9 月正式向全国高校图书馆推出了基于云计算技术的两级云数字图书馆共享服务平台，国家级云服务中心和省级云服务中心，致力于为全国 1800 所高校图书馆提供普遍云服务。目前，CALIS 云服务平台已推广覆盖到 30 个省级共享域中心，越来越多的高校图书馆开始整合和使用 CALIS 两级云服务。南京大学、苏州大学、南京工程学院等 10 余所江苏高校馆派人参加会议。

10 月 26—27 日[1] 由文化部主办的"2011 年中国图书馆年会暨中国图书馆学会年会"在贵阳市召开。年会颁发中国图书馆学会第 2 届青年人才奖，包括江苏江阴市图书馆陈蓉在内的 26 名青年人才获奖；年会向江阴图书馆、常熟图书馆、吴江图书馆和南京师范大学图书馆等 37 家单位颁发了中国图书馆学会"全民阅读"先进单位和示范基地证书。

10 月 30 日[2] 中国图书馆学会高校图书馆分会理事长、北京大学图书馆馆长朱强率中国图书馆学会高校图书馆分会考察团访问苏州大学图书馆，与罗时进馆长等在炳麟图书馆进行考察座谈，中图学会高校分会秘书长、北京师范大学图书馆副馆长王琼、教育部《中国现代教育装备》杂志社副社长丛林，听取汇报并进行实地考察，朱强就 2012 年在苏州召开的"中国高校图书馆发展论坛暨数字图书馆前沿问题研讨会"筹备工作做了部署。

11 月 1 日 CALIS 管理中心正式通知，江苏省共享域的虚拟参考咨询系统（CVRS）部署完毕，江苏省中心按照 CALIS 管理中心的布置，为本地成员馆的开通服务，截至 11 月底，已正式完成联合认证的 20 个成员馆，已开通 CVRS 服务，有关管理员账号信息均已下发至成员馆。

11 月 2 日 JALIS 管理中心发布《关于进一步推进 JALIS 三期建设工作的通知》：JALIS 三期建设的服务门户等有关项目已进入实施阶段，首批 17 个成员馆（含 11 个 CALIS 一期示范馆）的 CALIS 江苏共享域的部署工作已完成，各馆尽快向 JALIS 管理中心提交使用 CALIS 共享版软件的申请，已签订 CALIS 三方服务协议，且已经在 CALIS 的机构服务平台激活的单位，按照"成员馆加入 CALIS 服务体系工作流程"的要求，了解成员馆加入 CALIS 服务体系的流程与步骤，填写《成员馆共享版系统申请表》（各馆必须在服务部署和开展之前完成以下几个方面的工作：① 开放本地的 OPAC 服务；② 检查并修改本地汇文系统中的 CALIS 馆代码；③ 安装汇文联合认证本地接口；④ 安装完联合认证接口的成员馆，请将本馆的汇文联合认证接口地址、CALIS 馆代码、提供本地系统测试用户的账号和密码发送给 JALIS 管理中心邮箱和各馆进行联合认证的测试。上报各馆技术部、馆际互借管理员信息各馆在接到通知后，请尽快上报本馆的技术负责人、馆际互借及文献传递服务管理员和参考咨询负责人信息，做到人员、岗

---

〔1〕 江苏省图书馆学会秘书处. 江苏省图书馆学会 2011 年大事记[J]. 新世纪图书馆，2012(4)：95－96.

〔2〕 苏州大学图书馆. 北京大学图书馆朱强馆长一行来访[EB/OL]. (2011－10－21)[2018－12－12]. http://library.suda.edu.cn/af/ba/c4024a44986/page.htm.

位固定。

11 月 2 日　情报咨询专委会委员会议在江南大学召开。专委会主任河海大学图书馆馆长高新陵、中国药科大学图书馆馆长马世平、东南大学图书馆副馆长李爱国、淮海工学院王正兴、南京大学何小清等 15 人到会。高新陵作工作报告，会议围绕江苏省图工委情报咨询委员会 2011 年度工作进行了交流与研讨，制定本省高校图书馆的联合参考咨询工作规划、建设与实施建议。2011 年开展了论文征集和评审。共收到 35 所院校，68 篇征文。评审组共评出年会征文奖 35 篇论文，其中一等奖 4 篇，二等奖 11 篇，三等奖 20 篇。

11 月 2—4 日　情报咨询专委会 2011 年学术年会在江南大学召开，江苏省 64 所高校的 120 余名代表参加了会议。东南大学图书馆馆长顾建新代表江苏省高校图工委到会致辞，对专委会的工作给予鼓励。江南大学副校长徐岩代表江南大学致辞。专委会主任，河海大学图书馆馆长高新陵做 2011 年工作报告，总结面临的问题，提出今后高校情报咨询专业委员会的工作思路和情报咨询工作人员的发展方向。高新陵、范雪荣、马世平、何小清、李爱国分别主持。闭幕式上，向获奖论文作者颁奖。马世平做会议总结。年会还向代表发放“江苏省高校情报咨询工作调查表”，由回收的调查表统计显示，会议代表总体表示很有收获，对全省高校情报咨询工作开展有了了解。

11 月 6 日—12 月 6 日〔1〕　根据“长三角地区高校图书馆联盟的框架协议”，联盟办公室安排上海建桥学院、上海工商外国语职业学院图书馆各派 1 位馆员，前往无锡科技职业学院图书馆，进行长三角地区高校图书馆馆员交流访问，挂职工作，时间为 1 个月。

11 月 10 日〔2〕　CALIS 管理中心在北京大学图书馆召开 CALIS 应用服务示范馆工作暨馆际互借服务发布会议。自 2011 年 9 月，CALIS 第一批应用服务示范馆建设申报工作完成。目前正准备和示范馆承建单位签署协议。同时，2010 年 9 月 CALIS 三期项目建设及服务全面启动，各省中心的共享域应用系统，包括统一认证系统、馆际互借共享版系统都在正常展开，2011 年 6 月 CALIS 馆际互借中心调度服务正式启动。同时 CALIS 管理中心与 CASHL 管理中心、上海图书馆达成服务合作意向，推进高校馆际互借服务的发展。

CALIS 各省中心以及示范馆的代表 150 余人参加了会议。会议主要内容：国内各主要文献传递机构的代表分别作主题报告，国家图书馆、中国科技图书馆(NSTL)、上海图书馆、CASHL 中心等单位在会上报告了各自的服务与规划，其中，上海图书馆与 CALIS 管理中心已签署了合作协议，并正式启动面向全国高校读者的合作服务，CALIS 管理中心将对此项服

〔1〕 庄琦. 长三角地区高校图书馆联盟建设工作进展[J]. 上海高校图书情报工作研究，2012，22(3)：4－8.

〔2〕 王波，吴汉华等. 2011 年高校图书馆发展报告(附大事记)[EB/OL]. [2018－08－19]. http://162.105.140.111/sites/default/files/attachment/tjpg/20130109081426.pdf.

务提供补贴，CALIS管理中心副主任陈凌和上海图书馆文献服务中心的领导，共同主持了CALIS——上图馆际借书合作服务的开通仪式。在本次会议上，CALIS馆际互借门户“易得”正式推出。同时，颁发第4届高校馆际互借协调组成员聘书。

11月10日[1] 上海图书馆与CALIS管理中心达成合作意向，双方在北京大学图书馆召开的“CALIS馆际互借服务发布会议”上签订合作协议，发布上海图书馆面向高校的馆际互借（原书外借）服务。100多家高校图书馆代表参加仪式。上图馆际互借（原书外借）服务是上海图书馆新推出的馆与馆之间的文献资源共建共享服务，是图书馆延伸服务的新举措。

11月10日[2] 华东地区地方院校图书馆第18次协作年会暨学术讨论会，在盐城师范学院召开，华东地区地方院校图书馆协作委员会网站（http://hdtx.yctc.edu.cn）同时开通服务。华东地区地方院校图书馆协作委员会是以华东地区6省1市省（市）属地方院校图书馆为主体、其他高校图书馆自愿参加的民间协作组织。

11月15—19日[3] 苏州大学图书馆馆长罗时进受邀赴台湾大学讲学，其间访问台湾大学图书馆。详细了解台大图书馆布局安排、数据库建设和使用、馆院关联、学科服务、社会开放等方面的情况，参观该馆的共享空间、古籍部和全天候自习室，观摩了该馆的名家手稿收藏展览。

11月12日 队伍建设与职业素养专委会2011学术年会在连云港召开，年会由淮海工学院图书馆承办。来自全省40余所高校图书馆馆领导共70余人参会。会议由淮海工学院图书馆总支书记、副馆长赵季春主持，淮海工学院副院长舒小平到会致辞。会议邀请清华大学图书馆党委书记高瑄，中国图书馆学会副秘书长、北京师范大学图书馆副馆长王琼，青岛大学图书馆书记、常务副馆长房运琦分别作《面向新时期的高校图书馆队伍建设与管理》《学科馆员制度的规划、实施和评价》《数字环境下图书馆员的职责与工作转型》的学术报告。闭幕式由省高校图工委的领导为征文获奖作者发放证书，部分获奖论文作者在会上进行了论文交流。

11月16日[4] 南京仙林大学城本科高校教学联盟成立大会在南京大学仙林校区召开，联盟由南京大学、南京师范大学、南京中医药大学、南京邮电大学、南京财经大学协商建立。这是江苏省第1个高校联盟，省教育厅厅长沈健出席会议并讲话。沈健强调，构建江苏区域高校战略联盟，推进江苏高等教育优化

〔1〕 王波，吴汉华等. 2011年高校图书馆发展报告（附大事记）[EB/OL]. [2018-08-19]. http://162.105.140.111/sites/default/files/attachment/tjpg/20130109081426.pdf.

〔2〕 盐城师范学院图书馆. 华东地区地方院校图协网站顺利开通[EB/OL]. (2011-11-17)[2018-12-12]. http://www.chnlib.com/News/yejie/2011-11-17/502.html.

〔3〕 苏州大学图书馆. 我馆馆长罗时进教授访问台湾大学图书馆[EB/OL]. (2011-11-28)[2018-12-12]. http://library.suda.edu.cn/af/c0/c4024a44992/page.htm.

〔4〕 江苏省教育厅. 南京仙林大学城本科高校教学联盟成立大会召开[EB/OL]. [2018-10-10]. https://www.chsi.com.cn/jyzx/201111/20111117/259689380.html.

发展，在高校之间实现优势互补、强强联合、从而带动区域高等教育整体水平的提升，既是国际高等教育发展的新趋势，也是顺应江苏高等教育发展新需求的战略抉择，更是现阶段江苏深化高等教育综合改革、转变高等教育发展方式的重要举措。南京仙林大学城是一座格调高雅、特色鲜明、利于学生学习生活和健康成长的现代化高教园区、开放型大学新城。入驻大学城的各高校特别是5所联盟高校办学历史较长，文化底蕴深厚，综合实力较强，各具优势特色。发挥地域相近、优质办学资源互补等优势，通过建立区域高校教学联盟，加强深层次人才培养合作与交流，探索形成资源共享、学分互认、教师互聘、学生互派、课程互选机制，有利于实现高校间师资力量、实验设施、图书信息、教学管理等教学资源的整合与共享，使高校相对有限的教学条件和办学资源得到最充分的开发和利用。

沈健要求：要着力提高人才培养质量。深化教学改革，更新教学内容，优化课程结构，联盟高校不受领导体制、投资渠道、规模大小、合作模式等限制，由各校根据自身的意愿和条件，对合作的内容与方式做出选择，在平等互利、自愿协商基础上执行联盟委员会决议。要充分发挥联盟的改革引领和示范辐射作用。把联盟真正打造成为一个开放、联合、合作的大平台，扩大联盟对我国高等教育改革发展的影响力。会议由省教育厅副厅长丁晓昌主持，南京大学校长陈骏、南京师范大学校长宋永忠、南京中医药大学校长吴勉华、南京邮电大学书记闵春发、南京财经大学校长徐从才等出席会议并签署协议。陈骏校长代表高校讲话，南京栖霞区委书记、南京仙林大学城工委书记臧正金出席会议并讲话。

11 月 18 日[1]　南京大学信息管理学系更名为“南京大学信息管理学院”，信息管理学院成立大会在南京大学科技馆报告厅举行，孙建军出任首任院长。

11 月 24—26 日　高职高专图书馆建设专委会第 11 次年会暨学术研讨会在扬州召开，会议由扬州环境资源职业技术学院承办。全省 59 所高职高专院校的图书馆共 95 人出席会议。江苏省教育厅高等教育处副处长经贵宝、专委会主任、南京工业职业技术学院副院长卢兵、扬州环境资源职业技术学院院长吴春笃等出席开幕式。

卢兵主持开幕式，吴春笃致辞，经贵宝讲话，卢兵作《高职高专图书馆建设专业委员会 2011 年工作总结及 2012 年工作计划》的报告，邓滨副主任宣读了高职高专图书馆建设专业委员第 11 次学术研讨会获奖论文名单和江苏省首届高职高专院校图书馆网站建设大赛获奖名单，大会进行了颁奖。大会邀请江苏信息职业技术学院图书馆副馆长丛敬军、南京工业职业技术学院图书馆流通部主任马丽娜分别作了《基于 IC 的高校图书馆学科信息服务的理论与实践》《CALIS 资源及服务情况介绍》的专题报告。论文一等奖获奖作者泰州职业技术学院图书馆馆长赵新龙、盐城纺织职业技

〔1〕 中国高校人文社会科学信息网. 南京大学成立信息管理学院[EB/OL]. [2018－12－12]. https://www.sinoss.net/2011/1121/37801.html.

术学院图书馆馆长高荣在大会上作了论文交流。

11 月 26 日 "全国师范院校图书馆联盟"在北京师范大学成立,联盟由 10 所全国重点师范大学(北京师范大学、东北师范大学、华东师范大学、华中师范大学、陕西师范大学、西南大学、湖南师范大学、华南师范大学、南京师范大学、首都师范大学)图书馆共同发起的,以教育科学信息资源共建、共知、共享为基础,促进师范院校图书馆全面合作与发展为目的的图书馆联盟。下设资源建设、信息服务、技术应用、馆员培训、学术研究与交流、文化建设等六个业务中心。

11 月 30 日[1] 教育部 CALIS 管理中心副主任、北京大学图书馆副馆长陈凌,受邀为东南大学图书馆馆员作题为"图书馆的发展与 CALIS 的服务"的报告。报告围绕图书馆发展所面临的挑战、CALIS 的宗旨与理念、CALIS 的服务体系与管理体系、CALIS 的服务政策与推广、CALIS 的发展展望层层推进,理论与实践相融合。

11 月 30 日—12 月 1 日 学术研究与继续教育专委会年会在徐州师范大学举行。省高校图工委文献资源建设专委会主任、南京师范大学图书馆常务副馆长张建平、徐州师范大学副校长杨亦鸣、江苏省高校图工委学术研究与继续教育专委会主任包平等出席开幕式。15 名专委会委员出席年会。年会邀请张建平作"心无界,行无疆——图书馆创新服务设计"的主题报告。报告结束后,包平对 2011 年专委会工作进行总结,全体委员讨论了下一阶段工作计划和分工。

12 月 8 日 读者工作专委会 2011 年年会在南京召开,南京航空航天大学图书馆承办。全省 50 余所高校图书馆共 85 人参加会议,年会主题——"资源共享与联合体建设"。叶志锋主持开幕式,南京航空航天大学副校长吴庆宪到会致辞。专委会主任委员、东南大学图书馆馆长顾建新发言,阐释高校资源共享与联合体建设的意义和进展情况,同时对下一阶段读者服务工作做了展望。JALIS 管理中心办公室主任沈鸣,河海大学图书馆副馆长符晓陵,南京航空航天大学图书馆邹小筑作主题报告。江苏省高校图工委读者工作专委会副主任委员、常州大学图书馆馆长丁恒龙向会议汇报 2011 年江苏省高校图工委读者工作专委会的工作总结,提交 2012 年的工作计划。

12 月 12—15 日 由江苏省高校图书情报工作委员会主办,东南大学图书馆承办的"2011 年江苏省本科高校图书馆部主任研修班"在东南大学举办。共有 66 名省内高校图书馆部主任参加学习,来自南京大学、东南大学、南京航空航天大学、南京理工大学、南京师范大学、河海大学、南京医科大学、南京农业大学、南京工业大学 9 所高校的馆长与专家为学员做报告,报告内容涵盖现代学术图书馆的发展与定位、图书馆服务评价、数字图书馆技术发展与应用、数字资源管理与服务、资源建设和馆藏发展、信息咨询与学科服务、馆员业务岗位设置和绩效考核、图书馆营销与文化推广、组织文化建设与馆

[1] 东南大学图书馆办公室.东南大学图书馆简讯(2012 年第 1 期,总第 26 期)[EB/OL].[2019-02-02].http://www.lib.seu.edu.cn/upload_files/article/244/1_20180612092115.pdf.

员职业规划、图书馆科研课题申报与论文写作技巧、高校图书馆部主任工作的理论与实践、高校图书馆部主任的基本素质和要求等诸多方面。开幕式上，顾建新致辞。江苏省高校图书情报工作委员会常务副秘书长，南京大学副馆长邵波做了重要讲话，强调了队伍建设的重要性；图工委职业素养和队伍建设委员会、南京理工大学图书馆馆长赵敏，学术研究和继续教育专委会主任、南京农业大学图书馆馆长包平，东南大学图书馆书记黄松莺出席开幕式。

12 月 19—20 日[1] “2011 全国高校图书馆集成系统发展研讨会”在深圳大学举行。本次会议由中国高等教育文献保障系统(CALIS)技术中心主办，深圳大学图书馆承办。来自北京大学、上海交通大学、南京大学、武汉大学、山东大学、国家图书馆、上海图书馆等全国 20 多所高校及公共图书馆共 40 多位专家学者参加了本次会议，JALIS 管理中心办公室主任沈鸣、江苏大学图书馆书记袁润受邀参加会议并报告交流。会议主题“下一代图书馆集成管理系统”，15 位专家做报告，他们从新技术在图书馆的应用，以及联盟环境下图书馆集成系统的发展两大方向探讨了下一代图书馆集成管理系统的建设方案与理念。代表们就图书馆自动化集成管理系统的最新进展、发展趋势等进行了充分讨论，总结了现有的经验、提出发展思路，为全国图书馆界开发新一代图书馆自动化集成管理系统提供了宝贵建议。

12 月 22—24 日 现代技术应用专委会 2011 年年会，在盐城工学院召开，年会主题是：与时俱进、服务创新。年会配合 JALIS、CALIS 三期的现阶段工作以及明年的工作，进行专题报告与培训，推进后续工作的开展。共有 70 个单位、120 位代表参加年会。盐城工学院副校长刘德仿出席开幕式并致辞；江苏省高等学校图书情报工作委员会领导小组成员、江苏大学图书馆馆长卢章平，现代技术应用专委会主任、南京航空航天大学图书馆馆长叶志锋，盐城市图书馆馆长、盐城市图书馆学会理事长刘进分别致辞；现代技术应用专委会副主任、南京财经大学图书馆馆长秦嘉杭出席开幕式，盐城工学院图书馆高琴馆长主持开幕式。年会邀请 CALIS 技术中心的姜磊老师，作“CALIS 相关云服务的本地集成工作”为题的主题报告，介绍 CALIS 相关服务本地集成的方式、方法、规范，使得 CALIS 提供的免费服务，如 e 读、联合目录、CCC、CVRS、ILL 和各个成员馆的本地服务融为一体，集成进每个馆的日常服务环境，让所有的读者可以方便地使用。

12 月 27 日[2] 新版 CALIS 三期学位论文中心服务系统正式对外服务，系统面向全国高校师生提供中外文学位论文检索和获取服务。博硕士学位论文数据逾 384 万条，其中中文数据 172 万条，外文数据 212 万条，数据持续增长中。

---

〔1〕 王波，吴汉华等. 2011 年高校图书馆发展报告(附大事记)[EB/OL]. [2018 - 08 - 19]. http://162.105.140.111/sites/default/files/attachment/tjpg/20130109081426.pdf.

〔2〕 王波，吴汉华等. 2011 年高校图书馆发展报告(附大事记)[EB/OL]. [2018 - 08 - 19]. http://162.105.140.111/sites/default/files/attachment/tjpg/20130109081426.pdf.

该系统采用e读搜索引擎，检索功能便捷灵活，提供简单检索和高级检索功能，可进行多字段组配检索，也可从资源类型、检索范围、时间、语种、论文来源等多角度进行限定检索。系统能够根据用户登录身份显示适合用户的检索结果，检索结果通过多种途径的分面和排序方式进行过滤、聚合与导引，并与其他类型资源关联，方便读者快速定位所需信息。通过与CALIS馆际互借、文献传递服务系统的整合，方便读者获取学位论文。

12月29日　为了加强高校图书馆之间的合作与交流，提升高校图书馆馆员综合素养，提高馆员在创新服务中的实践工作能力，共同探索图书馆服务的发展方向与前景，有效促进高校图书馆在大学发展进程的核心作用，受CALIS管理中心委托，上海交通大学图书馆负责实施CALIS三期建设项目访问馆员子项目，邀请全国高校图书馆符合条件的馆员申请到接收馆进行业务学习访问。本期访问馆员共46名。

CALIS管理中心指定15所CALIS全国中心、地区中心及部分省中心馆作为访问馆员接收馆，访问主题：① 高校图书馆学科化服务；② 高校图书馆信息素养教育；③ 图书馆资源整合与揭示；④ 数字图书馆相关技术应用；⑤ 高校图书馆组织与管理；⑥ 高校图书馆基础服务与创新；⑦ 高校图书馆资源建设与组织；⑧ 高校图书馆 RFID 技术应用；⑨ 古籍整理与编目；⑩ 古籍保护与修复。访问馆员基本要求：具有一定的图书馆工作经验，为本领域业务骨干，热爱本职工作，愿意参加CALIS访问馆员计划，并能够达到相应要求。鼓励发表相关学术成果，将酌情给予一定奖励。访问工作结束后，由CALIS根据访问馆员接收馆给出的评价及访问馆员的总结决定是否给予通过。若准予通过，则颁发CALIS访问馆员学习证书。

接收标准：申报后，经过项目管理组和接收馆根据时间、经费、主题等标准进行审核后，决定是否资助并确定资助的额度。

访问时间：访问时间范围2012年2月—6月，访问时间：4周—8周，由各派出馆申报，经接收馆同意，并得到项目管理组批准后，即可实施。

资助额度：考虑访问时间、派出馆到接受馆的距离及接收馆地域指数等因素，资助额度设为四种等级：2万；1.5万；1万；0.8万；其中，前两类仅限西部地区申报，后两类面向非西部地区。

西部地区A：新疆、西藏；西部地区B：甘肃、青海、宁夏、云南、贵州、广西、四川、重庆、陕西、内蒙古；非西部地区C：山西、黑龙江、吉林、辽宁、湖北、海南、河北、湖南、江西、河南、山东、福建、安徽；非西部地区D：上海、天津、北京、广东、江苏、浙江。

访问馆员的权利与义务：参加接收馆相关主题的各类工作会议，了解工作计划、进度及实践活动；参加接收馆相关主题的报告、讲座及培训活动；在接收馆相关部门进行业务交流和学习；参与接收馆的部分相关工作。

访问馆员的义务：遵守接收馆的各项规章制度和工作纪律；完成接收馆交付的相关工作；主动积极地向接收馆学习和交流访问计划制定的业务内容，并主要参与和完成CALIS项目工作；访问结束前向接收馆做汇报交流;访问结束后向派出馆和 CALIS 中心递交学习总结。

12 月 30 日[1] 江苏省图书馆学会第 6 届资源共建共享工作委员会和数字图书馆专业委员会成立大会,在金陵图书馆召开,50 多人参加了会议。江苏省图书馆学会副理事长陈万寅主持会议,南京图书馆副馆长许建业、南京大学图书馆副馆长邵波、金陵图书馆馆长严峰分别在成立大会上讲话。江苏省图书馆学会名誉秘书长吴林介绍两个委员会筹备情况;省图书馆学会秘书长杨岭雪宣读两个委员会成员名单;资源共建共享工作委员会主任许建业、数字图书馆专业委员会主任陈万寅分别向委员颁发聘书。南京农业大学图书馆馆长包平,苏州大学图书馆副馆长周建屏,东南大学图书馆技术部主任钱鹏分别作专题报告。

是年 东南大学情报科技研究所取得图书情报与档案管理一级学科硕士学位授予权,2012 年开始招生。

年度事件数据:

事业发展 全省普通高等学校数:126 所(本科院校 46 所,高职院校 80 所);
本专科在校生人数:145.568 3 万人;
研究生在校生人数:13.4 万人;
专任教师人数:10.393 9 万人;
高等教育毛入学率:45%。

单位变更 1 月,徐州建筑职业技术学院更名"江苏建筑职业技术学院",建制不变,原图书馆同时更名,办学地徐州市。

领导变更 6 月,南京森林警察学院图书馆馆长周爱民转岗,转任科技处处长,原南京森林警察学院科研处长、教授方彦继任馆长。
中国矿业大学图书馆馆长桑树勋转岗,李明继任馆长。

---

[1] 江苏省图书馆学会秘书处.江苏省图书馆学会 2011 年大事记[J].新世纪图书馆,2012(4):95-96.

2012 年

2月28日[1] 台湾大学图书馆副馆长、校史馆馆长、博物馆群召集人林光美一行访问东南大学图书馆。东南大学副校长郑家茂和图书馆馆长顾建新,书记黄松莺等参加交流座谈。探讨两馆合作的内容和方式,并对可行性和操作性进行初步论证。合作的内容包括开发针对东南大学教师教学和科研的“机构典藏知识库”,以及打造针对东南大学在校学生的“学习工场”等项目。座谈会后,郑家茂向林光美馆长颁发图书馆顾问的聘书。同日,林光美在东南大学图书馆润良报告厅做了主题为“透过文化建设点亮图书馆——台大图书馆于文化内涵的营造与提升”的报告。同行的台湾大学蔡炯民博士做题为《‘典藏为体,数位为用’之文化创意应用》的报告。台湾大学地质系校友吴文雄先生做题为《文化创意应用于古迹经营再利用的案例分享》的报告。

2月29日[2] “长三角地区高校图书馆联盟”联盟办公室2012年度联席会议,在上海交通大学徐汇校区图书馆召开,两省一市教委(教育厅)高教处和高校图工委的相关人员派员参加会议。

3月[3] 《江苏公共图书馆志》由江苏人民出版社出版,此书由江苏省文化厅、南京图书馆编辑,历时4年完成,原文化部副部长周和平、原江苏省图书馆学会理事长卢子博为此书作序。该志记录江苏公共图书馆发展的百余年历程,填补了江苏文化志的空白。全书共74万字,共10章,附有附录、图片。记述了晚清至2006年,江苏省公共图书馆事业的发展。

3月9日 江苏省高校图工委领导小组办公会议在江苏省教育厅召开。会议由省高校图情工委秘书长、南京大学图书馆馆长洪修平主持。省教育厅高教处处长徐子敏、副处长经贵宝出席会议并做重要讲话。省高校图情工委领导小组全体成员出席了会议。

3月9日 根据《关于评选江苏省高校图书馆2009—2011年度先进工作者的通知》的要求,经各高校图书馆推荐,江苏省高等学校图书情报工作委员会组织专家评审,并报教育厅同意,确定赵华等131人为江苏省高校图书馆2009—2011年度先进工作者。

3月18日 徐州师范大学正式更名为“江苏师范大学”,举行更名揭牌仪式。江苏省

[1] 东南大学图书馆办公室.东南大学图书馆简讯(2012年第2期,总第27期)[EB/OL].[2019-02-02]. http://www.lib.seu.edu.cn/upload_files/article/244/1_20180612092150.pdf.

[2] 庄琦.长三角地区高校图书馆联盟建设工作进展[J].上海高校图书情报工作研究,2012,22(3):4-8.

[3] 姚兰.《江苏公共图书馆志》简评[J].新世纪图书馆,2015(12):81-83.

长李学勇致信祝贺，江苏省副省长曹卫星，江苏省教育厅厅长沈健出席仪式并讲话。

4月11—14日[1] JALIS管理中心在苏州大学图书馆，召开CALIS馆际互借、文献传递服务管理员培训，暨相关服务宣传会议。自2011年下半年起，馆际互借省中心共享域应用系统已部署就绪以后，JALIS管理中心已完成了50余个馆联合认证的部署，其中40余个馆完成了馆际互借服务的开通，6个馆加入CALIS第一期馆际互借服务示范馆计划。江苏省高校图情工委领导小组成员，苏州大学图书馆罗时进致辞。来自52个成员馆近80人参加培训，CALIS管理中心的馆际互借、文献传递服务主管曾丽军主持业务考试。所有学员经过业务培训与上机实习通过考试，获得CALIS管理中心颁发的结业证书。培训导师分别由JALIS管理中心办公室的孟勇、南京大学图书馆咨询部的李雪溶担任，CALIS技术中心为培训提供远程培训和联机考试环境。培训考试分为上机操作与笔试两部分进行。会议期间举行报告会，曾丽军做"CALIS馆际互借服务的最新进展与服务政策"的主题报告，介绍CALIS馆际互借服务的最新进展，包括e得门户的推进、与NSTL、国家图书馆等国内主要文献系统的整合情况，CALIS馆际互借的最新服务政策。沈鸣、孟勇分别做服务推广的报告，JALIS管理中心邀请南京工业大学图书馆孙超、苏州大学图书馆严大香分别做"e读服务介绍""CCC服务介绍"的报告。这是首次尝试邀请成员馆的老师，作为培训讲师直接参加服务推广和业务培训工作。苏州大学图书馆副馆长周建屏主持闭幕式。

4月13日[2] 苏州高校图书馆协作委员会2012年工作会议在苏州大学本部图书馆召开。来自苏州地区各高校图书馆的馆长及相关人员参加会议，总结2011年图协工作，讨论并通过了2012年主要工作安排。

4月14日 CALIS虚拟参考咨询江苏共享域平台已经部署完毕，进入服务推广阶段，JALIS管理中心决定，东南大学图书馆承担CALIS虚拟参考咨询系统（江苏共享域平台）的服务工作。

4月15—17日 "JALIS/CALIS虚拟参考咨询业务培训及服务宣传会议"在东南大学九龙湖校区图书馆举行。本次会议由CALIS管理中心、JALIS管理中心主办。来自江苏省共享域的36个馆共44人参加了培训。会议由东南大学图书馆副馆长李爱国主持，东南大学图书馆馆长顾建新出席并致辞。CALIS虚拟参考咨询SaaS共享版业务培训，包括统一认证系统的用户管理，虚拟参考咨询服务平台使用，咨询员、审核员、管理员使用操作，咨询员业务规范及知识库建设规范等。培训课程及上机练习结束后进行了考试。参加

---

〔1〕 苏州大学图书馆. CALIS馆际互借管理员培训及服务宣传会议在我馆召开[EB/OL]. (2012-04-16)[2018-12-12]. http://library.suda.edu.cn/af/d5/c4024a45013/page.htm.

〔2〕 苏州大学图书馆. 苏州高校图书馆协作委员会工作会议在我馆召开[EB/OL]. (2012-04-16)[2018-12-12]. http://library.suda.edu.cn/af/d3/c4024a45011/page.htm.

培训的人员全部考试合格并获得“CALIS虚拟参考咨询系统培训合格证书”。此次培训，是在CALIS虚拟参考咨询服务江苏省中心共享域应用系统已部署就绪的背景下召开。江苏省内已有50余个馆开通服务，进入全面推广阶段。

4月24日　由江苏省高校中文图书采编中心暨江苏知识书店承办的2012年江苏省高校图书馆文献资源建设工作会议暨江苏省高校联合采编中心年会在南京航空航天大学明故宫校区科学馆举行。全省100多所高校图书馆的领导、负责文献资源建设工作的高校图书馆馆领导、采访老师和部分公共图书馆、部队院校、科研院所以及医院系统图书室等代表共计230余人参加会议。省高校图工委秘书长、南京大学图书馆馆长洪修平代表省高校图工委致辞。华东师范大学图书馆常务副馆长余海宪作题为“顺势而变：馆藏发展的必由之路”，浙江大学图书馆资源建设总监张军作题为“承前启后——中文图书馆藏建设新思维”专题学术报告。

4月25日　南京图书馆副馆长许建业一行，到南京大学图书馆，与JALIS管理中心会商双方的馆际互借、文献传递服务合作计划，南京图书馆业务办公室主任吴政、读者服务部副主任汤晓鲁、技术部程筱洁、读者服务部严娜。JALIS管理中心副主任、南京大学图书馆副馆长邵波、南京大学图书馆副馆长罗钧、JALIS管理中心办公室主任沈鸣、JALIS管理中心办公室孟勇、南京大学图书馆参考咨询部副主任朱影、李雪溶参加会见。

双方介绍各自在馆际互借、文献传递服务的现状和最新进展，JALIS通过近10年的建设，已经建立了覆盖全省高校图书馆的馆际互借、文献传递服务体系，作为中国高等教育文献保障系统(CALIS)馆际互借的组成部分，与国内各个省的高校图书馆，建立了密切的业务联系，每年的服务量达到4—5万笔，同时与国家图书馆、上海图书馆，港澳台地区的高等院校图书馆，保持业务往来，这些馆已成为高校读者纸本图书主要的互借文献来源。JALIS还与北美地区的高校建立协作关系。南京图书馆作为江苏地区公共馆的龙头单位，公共馆系统也是江苏社会经济发展的重要文献保障支撑，以馆际互借、文献传递服务为突破口，推动高校与公共馆的深度合作。双方一致认为，江苏省高校图书馆和公共图书馆有着悠久的合作历史，长期的合作为共赢打下稳固的基础，巩固已有的合作，加大创新的力度，将对江苏省的文化兴省发挥更大的作用。

4月26—27日　江苏省高等学校图书情报工作委员会在南京大学图书馆举办文献编目业务培训与研讨会。此次研讨会的目的是为了提高全省高校图书馆的分类编目业务水平，满足省内部分高校图书馆对馆员进行文献编目培训的要求，提升编目队伍整体专业素质，推动江苏省高校文献资源的共建共享。

5月　南京财经大学图书馆荣获“江苏省工人先锋号”称号。

5月　为推进数字图书馆建设的步伐，提高公共、专业和高校图书馆管理干部和专业技术人员的业务素质和技术能力，培养适应新世纪信息资源共享和数字资源建设需要的高层次专门人才，江苏省高校图工委和南京大学信息管理学院合作举办了图书馆学(数字图书馆研究方向)专业硕士研究生课程进修班开始招生。

5 月 14 日[1] 全国哲学社会科学工作办公室公布 2012 年国家社科基金项目立项名单,卢章平(江苏大学图书馆)申请的《网络环境下图书馆的生存环境与功能定位的变革研究》,获批“一般项目”,项目编号:12BTQ007。

5 月 15—20 日[2] “2012 数字资源规范化利用研讨会暨 CALIS 第 10 届国外引进数据库培训周”,在长沙中南大学举行,CALIS 管理中心副主任、北京大学图书馆副馆长陈凌,中南大学副校长胡岳华,湖南省教育厅信息办主任辛勇,DRAA 理事单位、清华大学图书馆馆长邓景康,DRAA 理事代表、北京大学图书馆副馆长肖珑,湖南省图书馆学会理事会会长张勇,湖南省高校图工委秘书长郑章飞,CALIS 湖南省中心主任罗益群、湖南省主节点网络主任黄烟波及 250 个图书馆的 400 多名代表及 30 多家数据库商 100 多名代表约 600 人参加会议。会议由中南大学图书馆馆长朱建军主持。

5 月 25 日 JALIS 管理中心办公会议在江苏省教育厅召开。会议由 JALIS 管理中心主任、南京大学图书馆馆长洪修平主持,江苏省教育厅高教处处长徐子敏,副处长经贵宝出席会议。JALIS 管理中心副主任:省教育厅高教处徐庆、东南大学图书馆馆长顾建新、河海大学图书馆馆长高新陵、南京农业大学图书馆馆长包平、南京大学图书馆副馆长邵波、南京师范大学图书馆常务副馆长张建平、南京工业大学图书馆常务副馆长赵乃瑄出席。JALIS 管理中心办公室主任沈鸣,JALIS 管理中心办公室孟勇,江苏省高校图情工委秘书处徐晖列席会议。

徐子敏、经贵宝先后讲话。他们指出:省教育厅已向省财政申请了 2012 年的经费,江苏省将根据今年的实体经济增长情况,适度增加教育经费投入,如果经济状况良好,教育经费将会有较大幅度增长。江苏各高校应用好今年的经费,早见成效,并做好未来的方案规划,站在教育厅、全省的角度,做好准备工作。6 月份,省教育厅要召开“全面提高教学质量的工作会议”,“江苏省高校图书馆工作会议”将会在此次会议后召开,省教育厅领导将出席会议,请各单位做好准备工作。

在 JALIS 管理中心洪修平主任主持下,就此次会议的 6 个议程展开讨论:① JALIS 三期项目验收工作,② 修订 JALIS 项目管理办法,③ JALIS 2011 年项目经费落实与使用情况,④ 高新陵主持起草的:《江苏高等教育数字图书馆建设项目立项书》,⑤ 图工委各专业委员会上报的 JALIS 建设数字图书馆预研项目评审,⑥ JALIS 2012 年项目经费分配计划及加入长三角数字图书馆联盟的相关事宜。管理中心领导成员经过逐项审议,最

---

〔1〕 全国哲学社会科学工作办公室. 国家社科基金项目数据库[EB/OL]. (2019-01-01)[2019-01-01]. http://fz.people.com.cn/skygb/sk/index.php/Index/index.

〔2〕 中南大学. 2012 数字资源规范化利用研讨会暨 CALIS 第十届国外引进数据库培训周在中南大学举办[EB/OL]. [2018-10-10]. https://www.daxuecn.com/news/201205/18120.html.

后达成共识。后续的各项工作将根据此次会议的决议逐步展开。

5月31日　南京大学图书馆与汤森路透公司联合举办的“一流的信息平台，助力一流的信息服务——2012年汤森路透图书馆学科服务”数据库培训讲座，在南京大学图书馆举行。江苏高校的98位馆长和参考咨询馆员参加此次培训，南京大学图书馆副馆长史梅主持讲座并致辞。讲座是为帮助图书馆员和科研管理人员了解 Web of Knowledge 平台的使用，以及最新推出的 Book Citation Index（图书引文索引）的应用。

6月4日[1]　江苏凤凰集团在北京匡时国际拍卖有限公司的“北京匡时2012春拍”上，以2.16亿元（拍卖价1.88亿元，含佣金2820万元）竞得“过云楼”藏书。6月13日，北京大学通过官方网站发布消息，北京大学经研究决定，使用北京市文物局出具的“京文物〔2012〕561号”文件所规定的国有文物收藏单位的优先购买权，对在6月4日晚拍卖的“过云楼藏古籍善本”按落槌竞买价进行收购。购买过云楼部分旧藏经费，学校将从社会捐赠募集。声明称“拍卖当天北大是参与竞拍的唯一国有文物收藏单位。购买过云楼部分旧藏经费，学校将从社会捐赠募集，既符合国家财经纪律，也不会影响师生员工的现实利益”。6月12日下午，北大使用优先权的消息被媒体报道，稍后，江苏省政府即致函北京文物局，表示购买过云楼是政府支持凤凰集团联合南京图书馆的收购行为。“过云楼”理应回归江苏，与现收藏在南京图书馆的其余四分之三的过云楼藏书团聚。江苏省政府决定由国有文博单位南京图书馆和凤凰集团共同实施收购。顾氏“过云楼”是江南著名的私家藏书楼，经过6代人150年传承，藏书共集宋元古椠、精写旧抄、明清佳刻、碑帖印谱800余种。本次拍卖的“过云楼”藏书，有由海内外孤本、宋版《锦绣万花谷》全八十卷为首的共170余种，近500册，既有宋刻《锦绣万花谷》（前集40卷，后集40卷共四十册）、元刻《皇朝名臣续碑传琬琰集》等存世孤本，有黄丕烈、顾广圻、鲍廷博等名家批校手迹。约为现有过云楼旧藏的四分之一，曾在2005年以2 310万元的高价创造中国古籍拍卖纪录。20世纪90年代初，“过云楼”藏书的四分之三被南京图书馆收购。

6月6—9日[2]　教育部高等学校图书情报工作指导委员会举办的“2012年全国高职院校图书馆信息素养标准研讨会”，在湖南长沙召开。教育部高校图工委副主任、无锡职业技术学院副院长冯渊出席本次研讨会。

6月10—13日[3]　“2012中国高校图书馆发展论坛暨数字图书馆前沿问题高级研讨会”在苏州大学举行。论坛由苏州大学图书馆和中国图书馆学会高校图书馆分会、

〔1〕 北京匡时国际拍卖有限公司. 艺术中国“过云楼”古籍藏书底价1.8亿再次露面[EB/OL]. [2018-11-11]. http://beijingkuangshi.meishujia.cn/? act=usite&usid=738&inview=appid-432-mid-48&said=517.

〔2〕 王波，吴汉华等. 2012年高校图书馆发展报告（附大事记）[EB/OL]. [2018-08-19]. http://162.105.140.111/tjpg/201311060956.

〔3〕 苏州大学图书馆. 国内外专家共聚我校规划数字图书馆创新发展[EB/OL]. [2018-12-12]. http://library.suda.edu.cn/af/e4/c4024a45028/page.htm.

美国霍普金斯大学图书馆、中国图书馆学会数字图书馆专业委员会及中国教育装备采购网主办。论坛主题是“数字图书馆信息技术的战略规划、技术实践与创新发展”。中国高校图书馆发展论坛作为中国高校图书馆最高层级的年度峰会，每年举办一次，集中于一个主题，探讨我国高校图书馆建设与发展的理论与实践，以推动图书馆事业的进步。数字图书馆前沿问题高级研讨会最早由旅美图书馆界学者倡议创建，已先后成功举办了八届，成为我国图书馆界全面了解国外数字图书馆发展状况、获得新信息和新技术的重要渠道。国内外近 150 所高校图书馆的 360 多人参加。斯坦福大学图书馆长、国际著名数字化、信息学权威专家 Michael A. Keller 以及霍普金斯大学、康奈尔大学、宾夕法尼亚大学、新泽西大学的图书馆学专家出席论坛。苏州大学图书馆馆长罗时进主持开幕式，田晓明副校长出席开幕式并致辞。斯坦福大学图书馆长 Michael A. Keller、中国科学院国家科学图书馆长张晓林、上海交通大学图书馆长陈进、康奈尔大学图书馆副馆长李欣、清华大学图书馆副馆长姜爱蓉、霍普金斯大学图书馆资深系统专家张甲、北京大学图书馆副馆长聂华、厦门大学图书馆馆长萧德洪等先后作学术报告。会议共举办七个分论坛，苏州大学图书馆党委书记周建屏、陈家翠分别发表各自的最新成果。闭幕式上，中国图书馆学会副秘书长、北京师范大学图书馆副馆长王琼和霍普金斯大学图书馆张甲为优秀论文获奖者和中国高校图书馆学会优秀通讯员颁发奖状。

6 月 12 日[1]　江宁联合体馆际互借工作推进会在东南大学九龙湖校区图书馆召开。东南大学图书馆馆长顾建新、副馆长范斌，河海大学图书馆馆长高新陵，南京航空航天大学图书馆馆长叶志锋，中国药科大学图书馆馆长马世平，南京医科大学图书馆副馆长朱萌纾，南京工程学院图书馆馆长吴钦宽，江宁区图书馆馆长陈英共 18 人出席会议。会议讨论并落实馆际互借工作方案。馆际互借工作组汇报目前区域内通借通还的模式。会议讨论物流方式的可行性、存在问题以及在“书动人不动”模式下，借阅他馆图书的限制问题等。会议决议：① 讨论的方案先行在参会的 6 家成员馆间试运行，6 月底前完成各馆前台的联络等技术保障，9 月份开始运行新的服务模式；② 将物流方式之外的两种提案（即书车到校、设置集散地）作为备用方案，根据试运行的效果及成本核算，决定是否采用备用方案；③ 对于提倡更多借阅专业书籍，限制小说类图书的委托，会上提出的图书馆和读者相互分担的方式，根据试运行后，读者对该服务的反响效果来决定是否实行，原则是读者负担的费用要低。陈英介绍了江宁区图书馆的情况，并提出江宁区馆有专门书车跑乡村图书馆，可以为实现“书动人不动”贡献力量。

6 月 18 日　CALIS 管理中心发布《关于 NSTL 文献传递服务（高校版）补充说明》，CALIS 与国家科技图书文献中心（NSTL）于 2012 年 3 月就已经正式开通

〔1〕 东南大学图书馆办公室. 东南大学图书馆简讯（2012 年第 3 期，总第 28 期）[EB/OL]. [2019-02-02]. http://www.lib.seu.edu.cn/upload_files/article/244/1_20180612092229.pdf.

NSTL 文献传递服务（高校版），高校读者通过此服务可享受 NSTL 拥有的文献资源。NSTL 文献传递服务（高校版）的开通，丰富高校读者的文献获取的渠道，提升了 NSTL 与 CALIS 的服务能力。

6 月 20—22 日　江苏省高职院校图书馆部主任培训班在南京农业大学图书馆举办。本次培训班由江苏省高校图书情报工作委员会主办，高职高专图书馆建设专委会、学术研究与继续教育专委会承办。来自全省 37 所高职院校馆共 61 人参加了培训。江苏省高校图情工委秘书长、JALIS 管理中心主任、南京大学图书馆馆长洪修平；江苏省高校图工委委员、高职高专图书馆建设专委会主任、南京工业职业技术学院副院长卢兵；江苏省高校图工委委员、学术研究与继续教育专业委员会主任、南京农业大学图书馆馆长包平；高职高专图书馆建设专委会委员、江苏食品职业技术学院图书馆馆长胡继强等到会。会议由高职高专图书馆建设专委会副主任邓滨主持，卢兵致辞。洪修平作题为《江苏省高校数字图书馆（JALIS）的建设现状与展望》的专题报告。培训班面向江苏省高职院校图书馆部门管理人员、业务骨干，培训内容包括：资源建设、素质与角色、管理与服务、评估与考核等 4 个主题板块。总结会上向学员颁发江苏省高校图工委在职培训合格证书。

6 月 25—29 日　江苏省高校图书情报工作委员会主办、学术研究与继续教育专委会、南京工业大学图书馆承办的江苏省高校图书馆第 2 届新进馆员培训班，在南京工业大学科技创新大楼举行。江苏省教育厅高教处处长徐子敏，江苏省高校图工委秘书长、南京大学图书馆馆长洪修平，南京工业大学副校长张进明参加开班仪式。仪式由图书馆党总支书记、常务副馆长赵乃瑄主持。张进明代表学校致辞。洪修平做题为“江苏高校数字图书馆（JALIS）建设与发展”的讲座。南京农业大学信息科技学院黄水清院长做了题目为“图书情报学科发展”的讲座。共有东南大学、苏州大学、南京师范大学、河海大学、南京农业大学、江苏大学、南京工业大学等图书情报专家到会报告。

7 月 5 日　江苏省教育厅发布苏教高函〔2012〕19 号《省教育厅关于做好全省高等学校数字图书馆三期工程项目验收工作的通知》，为全面展示江苏省高等学校数字图书馆（JALIS）三期建设成效，推动服务效益的提升，总结阶段性成果，分析存在不足与问题，保证 JALIS 三期工程项目的实施，省教育厅决定近期组织开展 JALIS 三期工程项目验收工作。验收对象，JALIS 三期建设（2007—2010 年）所有立项项目。将分类组织验收。验收方式，分学校自查、专家评审、结果公布等 3 个阶段进行。

7 月 15—24 日　2012 年中国高校图书馆高级馆员新加坡培训考察项目举行。项目由新加坡国家图书馆管理局、江苏省高等学校图书情报工作委员会联合主办、江苏省高校图情工委队伍建设与职业素养专业委员会具体承办。该项目旨在打通与国外大学图书馆沟通与交流的渠道、帮助中国图书馆员认识、理解和分析复杂多变的信息环境所带来的问题、寻求解决方案与对策。项目的主题为新时期图书馆服务创新和科技应用、数字图书馆建设和资源发展。内容包括新加坡图书馆发展趋势及转型、信息科技与图书馆服务创新、数字图书馆建设及数字资源发展、专业图书馆员的能力发展和技能提高、学习新加坡和马来西亚公共图书馆及高校图书馆的日常管理及运作、与新加坡及马来西亚公共图书馆及高校图书馆高级管理人员交流学习等参训人员共 22 人:吴钦宽(南京工程学院图书馆馆长)、高琴(盐城工学院图书馆馆长)、吴信岚(江南大学图书馆副馆长)、陈桂芳(江苏大学图书馆副馆长)、罗杰(徐州医学院图书馆馆长)、李波(徐州医学院图书馆部主任)、王鹏(江苏师范大学图书馆书记)、符晓陵(河海大学图书馆副馆长)、卞艺杰(河海大学图书馆副馆长)、贾德智(南京工业大学图书馆副馆长)、程纹(南京工业大学图书馆部主任)、王华忠(南京森林警察学院图书馆副馆长)、瞿芳(江苏海事职业技术学院图书馆馆长)、韩鑫(江苏经贸职业技术学院图书馆副馆长)、徐清华(南京航空航天大学图书馆读者服务部主任)、季俊杰(南京农业大学图书馆办公室主任)、陆芹英(南京农业大学图书馆读者服务部主任)、赵敏(南京理工大学图书馆馆长)、赵晖(南京理工大学图书馆办公室主任)、李晓鹏(南京理工大学图书馆文献资源建设部主任)、王继红(无锡职业技术学院图书馆副研究馆员)、张云(南京中医药大学图书馆副研究馆员)。

7 月 20 日　中国共产党党员,原南京图书馆党支部书记、副馆长、离休干部孟君孝,因病在南京逝世,享年 92 岁。

7 月 26 日　中国图书馆学会公布《关于命名全民阅读示范基地、表彰 2011 年全民阅读优秀组织奖和先进单位奖获奖单位的决定》中,共命名了 18 个单位"全民阅读示范基地"称号,授予 46 个单位"2011 年全民阅读先进单位奖",7 个单位"2011 年全民阅读优秀组织奖"。其中江苏地区荣膺全民阅读示范基地称号的有 3 家单位,分别是南京师范大学图书馆、江阴市图书馆、吴江市(今吴江区)图书馆,根据中国图书馆学会评选要求,获两次以上优秀组织奖或先进单位奖的图书馆方可申报该称号;获得全民阅读先进单位称号的共有 6 家单位,分别是东南大学图书馆、金陵图书馆、盐城市图书馆、苏州独墅湖图书馆、太仓市图书馆、张家港市图书馆,江苏省为全国获表彰最多的省份。

7 月—8 月　第8 届伊利诺伊大学中国图书馆馆员交流项目(Chinese Librarians Scholarly Exchange Program, CLSEP)在美国伊利诺伊大学香槟分校开班,本期学员共 33 人,其中江苏省学员 6 人,查贵庭、唐惠燕(南京农业大学图书馆)、谢友宁(河海大学图书馆)、李文林(南京中医药大学图书馆)、叶志锋(南京航空航天大学图书馆)、范亚芳(江苏师范大学图书馆)。

8 月 28 日　JALIS 管理中心关于全面部署书目数据采集工作的通知:根据各高校成员馆与管理中心、JALIS 管理中心签订的《CALIS 三方服务协议》中关于呈交本馆馆藏书目数据的要求,同时结合 JALIS 三期江苏省高校联合目录服务子项目建设的需要,JALIS 管理中心将组织全省各高校成员馆全面部署书目数据的采集工作。

8 月 29 日　根据省教育厅苏教高函〔2012〕19 号文件《关于做好全省高等学校数字图

书馆三期工程项目验收工作的通知》的精神，展示江苏省高校特色资源建设的成果，发挥江苏省特色资源建设的整体效益，在JALIS三期建设的各个特色数据库的基础上，进行JALIS特色资源的整合，为全省高校提供统一特色资源服务。JALIS三期特色数据库各建设馆于9月4日前提供如下数据并向JALIS开放所建特色数据库的IP与端口。

9月　　根据江苏省教育厅统一部署，为了充分发挥长江三角洲地区（江、浙、沪）高校信息资源的综合优势，构建与长三角地区城市群国际地位相称的长三角高校图书馆群和信息资源链，实现长三角地区高校信息资源共建与共享，自2012年9月起开放“长三角地区高校图书馆联盟服务”的测试与试用工作。江苏省高校图书馆积极参与签署协议并参加试用。截至9月底，全省共有35家高校图书馆正式签约试用。

9月12日[1]　　以南京大学信息管理学院教授郑建明为组长的验收专家组，对东南大学图书馆承担的两项JALIS三期工程建设项目进行验收。专家组成员有南京图书馆研究馆员许建业、南京大学信息管理系统教授邵波、东南大学教务处朱明、淮海工学院图书馆研究馆员王正兴。东南大学副校长郑家茂出席验收会。专家组听取“品牌特色专业教学资源数据库”项目负责人李爱国、“南京高校（江宁地区）文献资源共享服务”项目负责人顾建新关于项目研究情况的汇报，查看了有关资料和验收总结报告，实地考察了项目建设内容，观看了实际演示，经专家组讨论，一致同意两个项目通过验收。

9月15日[2]　　“移动真人图书馆南京站”活动在南京师范大学图书馆3楼大厅举办。本次活动由南京师范大学校友韩瀫、王薇艳发起，南师大图书馆主办，南京师范大学图书馆常务副馆长张建平主持此次活动，共邀请11位不同的真人图书，与读者进行以个人经历为主要内容的人生经验分享。其中包括跨界研究的学术达人，搭车旅行的师大学生，非洲孤儿院的国际义工等。活动受广泛关注，有200多位读者参与。除本校读者外，吸引了仙林大学城的高校以及南京其他高校的师生前来参加。真人图书馆（living library）起源于欧洲，是对传统图书馆模式的创新，把书的概念衍生到人，即每个人的经历都是一本书。传统的图书馆以提供纸质借阅服务为主，而真人图书馆则倡导一种通过“面对面”沟通和交流来完成对图书的阅读。“移动真人图书馆”还将在江苏省那个下图书馆巡回举办。

9月23—26日[3]　　读者工作专委会副主任、东南大学图书馆副馆长范斌，带领12名委员和读者服务的业务骨干到重庆大学、西南大学、重庆交通大学考察。调研的主题包括：新技术时代深化高校图书馆资源共建共享服务的实践与思考；读

---

〔1〕 东南大学图书馆办公室. 东南大学图书馆简讯（2012年第4期，总第29期）[EB/OL]. [2019-02-02]. http://www.lib.seu.edu.cn/upload_files/article/244/1_20180612093705.pdf.

〔2〕 南京师范大学图书馆. 真人图书馆活动圆满结束[EB/OL]. (2012-09-17)[2018-12-12]. http://lib.njnu.edu.cn/news/tsggg/20120917/1024.html.

〔3〕 南京农业大学图书馆. 2012年工作总结暨2013年工作计划要点[EB/OL]. [2019-01-01]. http://jalis-reader.njau.edu.cn/info/1007/1007.htm.

者工作服务再造与馆员职业规划;高校图书馆阅读推广工作实践。

9 月 26 日[1] 赞比亚大学图书馆馆长 Dr. Vitalicy Chifwepa 及师生一行 11 人访问东南大学李文正图书馆。馆长顾建新接待赞比亚客人。

9 月 28—29 日[2] 东南大学图书馆馆长顾建新,书记黄松莺一行,前往上海同济大学图书馆、上海交通大学图书馆调研。

10 月 8 日[3] 东南大学图书情报学科兼职教授授予仪式在李文正图书馆举行。仪式由馆长顾建新主持。东南大学副校长郑家茂、图书馆党总支书记黄松莺、图书馆副馆长范斌等参加仪式。接受聘任的 3 位教授分别是江苏省科技情报研究所副所长孙斌、南京图书馆副馆长全勤、南京大学信息管理系教授邵波。郑家茂副校长为受聘教授颁发证书。

10 月 9—27 日 CALIS 数字图书馆代表团出访德国、英国,代表团先后访问科隆大学图书馆、哥廷根大学图书馆、海德堡大学图书馆、爱丁堡大学图书馆、剑桥大学图书馆,顺访 Springer 总部、ProQuest 公司欧洲分部、英国物理学会(IOP)、JISC。考察数字资源建设、区域数字图书馆联盟建设情况。JALIS 管理中心办公室主任沈鸣参加代表团。

10 月 15—16 日[4] 读者工作专委会主任、东南大学图书馆馆科长顾建新,带领 11 名委员和读者服务的业务骨干到四川大学、电子科技大学、西南财经大学、西南交通大学图书馆考察调研。调研的主题包括:部门与岗位设置、信息咨询与学科服务、绩效考核、勤工志愿者队伍管理、新进馆员发展、服务创新等。在成都期间,部分委员召开小型研讨会,讨论 2012 年年会和评优工作会,回顾 2012 年读者委员会所做的工作,通报根据 2012 年的工作计划读者委员会尚未完成的工作,针对举办 2012 年年会事宜和征集区域流通优秀服务案例、评选先进个人工作展开讨论,确定举办 2012 年读者工作委员会年会规模、地点和征集优秀服务案例、评选先进个人入选条件。

10 月 17—21 日 教育部高校图工委高职高专工作组第 5 次会议暨 2012 年全国高职院校图书情报工作年会在石家庄召开。教育部高校图工委副主任委员兼高职高专工作组组长、无锡职业技术学院副院长冯渊出席本次会议。

10 月 24 日[5] "卓越联盟"图书馆知识共享服务平台启动仪式在东南大学李文正图书馆举行。这是国内首个跨地域高校图书馆数字资源共享服务平台。平台为

---

〔1〕 东南大学图书馆办公室. 东南大学图书馆简讯(2012 年第 4 期,总第 29 期)[EB/OL].[2019-02-02]. http://www.lib.seu.edu.cn/upload_files/article/244/1_20180612093705.pdf.

〔2〕 东南大学图书馆办公室. 东南大学图书馆简讯(2012 年第 4 期,总第 29 期)[EB/OL].[2019-02-02]. http://www.lib.seu.edu.cn/upload_files/article/244/1_20180612093705.pdf.

〔3〕 东南大学图书馆办公室. 东南大学图书馆简讯(2012 年第 4 期,总第 29 期)[EB/OL].[2019-02-02]. http://www.lib.seu.edu.cn/upload_files/article/244/1_20180612093705.pdf.

〔4〕 南京农业大学图书馆. 2012 年工作总结暨 2013 年工作计划要点[EB/OL].(2016-04-14)[2019-01-01]. http://jalis-reader.njau.edu.cn/info/1007/1007.htm.

〔5〕 东南大学图书馆办公室. 东南大学图书馆简讯(2012 年第 4 期,总第 29 期)[EB/OL].[2019-02-02]. http://www.lib.seu.edu.cn/upload_files/article/244/1_20180612093705.pdf.

北京理工大学、重庆大学、大连理工大学、东南大学、哈尔滨工业大学、华南理工大学、天津大学、同济大学、西北工业大学、湖南大学10所“985”高校提供图书馆资源的联合搜索和导航。平台的资源包括“卓越联盟”高校的图书书目330万种、期刊85 621种、中文期刊7 155万篇，外文期刊10 872万篇，开放学术资源3 700万篇和数据库503种。师生可以通过电脑和手机，共享联盟的文献资源。启动仪式由图书馆馆长顾建新主持。东南大学副校长郑家茂出席仪式并致辞。

10月29日　南京大学杜厦图书馆全面开馆庆典暨“首届全球高校东亚图书馆国际论坛”“南京大学第7届读书节”开幕式在南京大学仙林校区举行。江苏省人民政府曹卫星副省长，全国人大常委会委员、南京大学校长陈骏，江苏省教育厅副厅长杨湘宁，江苏省文化厅副厅长马宁，南京大学电子科学与工程学院吴培亨院士，南京大学杰出校友杜厦等领导和嘉宾；教育部高校图工委秘书长、北京大学图书馆馆长朱强，哈佛大学哈佛燕京学社图书馆馆长郑炯文，哥廷根大学图书馆Johannes Reckel教授，首尔大学奎章阁韩国学研究院院长金仁杰，台湾大学图书馆馆长陈雪华，香港大学图书馆副馆长尹耀全，澳门科技大学图书馆馆长戴龙基等海内外30余位嘉宾；江苏省100多所高校图书馆及南京图书馆与情报所的图书馆同仁；数百名南京大学师生代表出席了全面开馆仪式。校长助理周宪主持庆典。

曹卫星在致辞中说，高校图书馆是大学重要的基础性、学术性服务单位，建设高水平大学离不开一流的图书馆。希望江苏高校图书馆进一步加强与世界各国大学图书馆建立广泛联系，不断加强业务研讨和学术交流，学习借鉴先进服务模式和管理经验，努力提高自身发展和服务水平。杨湘宁、马宁、吴培亨以及朱强等分别致辞。杜厦校友在发言中说，每次回母校都特别感动，希望这里成为学子们读书的殿堂。表示自己将继续回馈母校，直到永远。南京大学图书馆馆长洪修平介绍了杜厦图书馆的建设历程，并表示，此次庆典具有文化和学术两个方面的内涵：在文化方面，举办以“读文化经典，建书香校园”为主题的“南京大学第7届读书节”；在学术方面，主办“首届全球高校东亚图书馆国际论坛”。随后，曹卫星、陈骏、杨湘宁、马宁、吴培亨、杜厦等领导嘉宾剪彩。仪式后，嘉宾们参观了杜厦图书馆。

下午，“首届全球高校东亚图书馆国际论坛”在鼓楼校区分馆举行。论坛以“数字时代高校东亚图书馆文献资源的合作与共享”为主题，并签署了《东亚文献资源国际合作共识》。

10月29日〔1〕　东南大学图书馆组织南京地区部分高校图书馆馆员在四牌楼校区学术报告厅。邀请上海交通大学图书馆馆长陈进到会做学术报告，题目《大学图书馆改革与创新发展纵横之上海交通大学实践版》。报告分别从理念创

〔1〕 南京农业大学图书馆. 2012年工作总结暨2013年工作计划要点[EB/OL]. (2016-04-14)[2019-01-01]. http://jalis-reader.njau.edu.cn/info/1007/1007.htm.

新、机构改革、服务体系探索与实践、文化凝聚等几个方面介绍了上海交通大学图书馆自 2007 年下半年以来进行的改革情况及其成效。

10 月 30 日　高职高专图书馆建设专委会第 12 次年会暨学术研讨会在江苏海事职业技术学院召开。会议由省高校图工委高职高专图书馆建设专委会主任、南京工业职业技术学院副院长卢兵主持。省高校图工委副秘书长邵波致开幕词。江苏海事职业技术学院院长刘红明代表会议承办单位向大会致辞。江苏省教育厅高等教育处徐子敏处长作重要讲话。教育部高校图工委高职高专工作组组长、无锡职业技术学院副院长冯渊传达了全国高职高专工作组近期工作情况。高职高专专委会主任卢兵代表专委会总结 2012 年的工作,就 2013 年的工作提出 4 点意见。来自全省 61 所高职民办院校图书馆,共 122 人参加会议。大会共收到论文 87 篇,其中有 30 篇获奖。

10 月 31 日〔1〕　华东六省一市高校图工委秘书处工作会议,在江西省南昌市召开,会议由江西省高校图工委承办。江西师范大学副校长聂剑,江西省教育厅有关部门负责人出席会议。来自山东、浙江、上海、安徽、福建、江西等华东地区高校图工委秘书处的代表参加会议。代表分别通报了本省高校图工委 2012 年的工作,就高校数字图书馆的建设、文献资源共享等方面的工作进行交流与探讨。还对"十二五"期间华东地区高校图工委、长三角高校图书馆之间的深入合作交换意见。

11 月 9 日〔2〕　江苏省社会科学院图书馆馆长施学光等一行 8 人来南京师范大学图书馆专题调研考察,张建平常务副馆长及专业馆管理部副主任李婷接待来宾。江苏省社会科学院图书馆即将建设新馆,张建平针对新馆建设向来宾介绍敬文图书馆的建设理念和"总馆+专业图书馆+密集书库"的发展模式,积极推进专业图书馆建设进程,构建服务主导型的大学图书馆系统。并针对江苏省社会科学院图书馆的实际问题,给出了空间布局的建议。

11 月 11 日〔3〕　西南大学图书馆馆长李森参访南京师范大学图书馆,参观调研新馆建设。南京师范大学图书馆党总支书记陈颖、常务副馆长张建平在敬文馆接待了李馆长。

11 月 12 日〔4〕　江苏省教育厅组织召开的全省高等学校图书馆工作会议,在江苏省会议中心举行。江苏省教育厅高教处处长徐子敏主持会议。会议总结交流了"十一五"以来全省高校图书馆工作取得的成绩,分析新时期高校图书馆面临的形势和任务,研究部署今后加强全省高校图书馆工作的政策措施。江苏

---

〔1〕 江西省高校图工委秘书处. 2012 年华东六省一市高校图工委秘书处工作会议在南昌召开[J]. 江西图书馆学刊,2012(6):133.

〔2〕 南京师范大学图书馆. 江苏省社会科学院图书馆同仁来馆调研考察[EB/OL]. (2012-11-09)[2019-01-01]. http://lib.njnu.edu.cn/news/tsggg/20121113/1061.html.

〔3〕 南京师范大学图书馆. 西南大学图书馆馆长李森教授来我馆考察交流[EB/OL]. (2012-11-11)[2019-01-01]. http://lib.njnu.edu.cn/news/tsggg/20121113/1062.html.

〔4〕 江苏省教育厅. 全省高等学校图书馆工作会议召开[EB/OL]. [2018-09-09]. http://www.ec.js.edu.cn/art/2012/11/13/art_4302_93380.html.

省教育厅副厅长丁晓昌作工作报告。教育部高教司教学条件处副处长都昌满出席会议并致辞，教育厅高教处副处长经贵宝出席会议。全省普通高校、独立学院分管领导和图书馆长参加会议。

丁晓昌指出，“十一五”以来，全省高校图书馆坚持读者至上的服务理念，加强基础设施和馆员队伍建设，提高馆藏文献资源质量，提升图书馆信息化数字化水平，促进资源共建共享，为高等教育质量的全面提高提供了重要支撑和有力保障。他强调，今后一个时期，全省高校图书馆工作要以科学发展观为指导，以改革创新为动力，以服务读者和教学科研为宗旨，以人为本，以丰富的馆藏资源为基础，以高素质馆员队伍为保障，以数字化、信息化为手段，推进馆际合作和资源共享，充分发挥文献信息资源的效益。丁晓昌要求全省高校图书馆工作要不断优化和丰富馆藏资源，要加强馆员专业化队伍建设，要着力提升服务质量和水平，要加强数字图书馆建设。各高校要为图书馆工作提供坚强保障，制定与学校发展相适应的图书馆发展规划，保证图书馆文献资源建设、日常运行和设施设备维护的经费需要。省高校图书情报工作委员会要科学规划，以共建共知共享的理念，积极推进江苏高等教育数字图书馆(JALIS)工程建设，发挥全省高校图书馆工作者的智慧和作用，努力建设全省高校团结协作、资源共享、充满活力的和谐图书馆系统。南京大学、东南大学、南京农业大学、南京师范大学、苏州大学、江苏大学、江苏师范大学和南京工业职业技术学院 8 所高校作交流发言，介绍各自在优化服务、开拓创新方面所做的工作。会后江苏省教育厅发布苏教高〔2012〕32 号《省教育厅关于进一步加强全省高等学校图书馆工作的意见》。

11 月 15—17 日[1]　由清华大学图书馆牵头组织的“CALIS 三期学位论文项目”成果报告及表彰大会，在云南师范大学图书馆召开，近 80 所高校图书馆代表参加会议。清华大学图书馆副馆长姜爱蓉作成果总结报告，会议对优秀参建馆和个人进行了表彰。东南大学图书馆承担的 CALIS 三期“学位论文数据库及服务体系建设”子项目，荣获由项目组及清华大学颁发的三等奖。

11 月 20 日[2]　读者工作专委会在东南大学九龙湖校区组织学术报告会，邀请美国霍普金斯大学图书馆资深馆员张甲作学术报告(张甲，受聘清华大学数字图书馆研究所顾问，《数字图书馆论坛》编辑部顾问，浙江大学信息资源管理研究所兼职研究员，北京师范大学图书馆数字图书馆研究所顾问，江苏大学和上海交通大学客座研究员)，报告的题目是《资源，技术和服务：图书馆前行中的三岔口》。

11 月 21 日　CALIS 文献服务中心结算工作通知：2011 年 6 月 1 日，CALIS 馆际互借调

〔1〕 东南大学图书馆办公室. 东南大学图书馆简讯(2013 年第 1 期，总第 30 期)[EB/OL]. [2019-02-02]. http://www.lib.seu.edu.cn/upload_files/article/245/1_20180612093126.pdf.

〔2〕 南京农业大学图书馆. 2012 年工作总结暨 2013 年工作计划要点[EB/OL]. [2019-01-01]. http://jalis-reader.njau.edu.cn/info/1007/1007.htm.

度中心正式启动。CALIS 馆际互借调度与结算中心的职责是记录成员馆之间的馆际互借与文献传递请求，并根据统计情况帮助成员馆完成服务结算工作。成员馆只需要和 CALIS 管理中心结算一次，就能完成和所有业务往来的成员馆结算工作。根据 CALIS 馆际互借调度中心运行 2012 年来的统计结果，成员馆通过 CALIS 调度中心完成的业务量已经超过 14 万笔。按照 CALIS 文献服务中心结算办法，启动中心的结算工作。

11 月 22 日　曹卫星副省长专门就九三学社江苏省委关于"建议高校图书馆进一步向社会开放"的提案做出批示："采取有效措施，积极稳妥推进高校图书馆向社会开放，为建设学习型社会做贡献。"江苏省高校图工委秘书处就曹卫星副省长的批示，征询、汇总全省各高校图书馆的反馈意见和建议，并向省教育厅提交了《关于江苏省高校图书馆向社会开放情况》的专题报告。报告共分三个部分：① 高校图书馆向社会开放的现状，② 高校图书馆向社会开放存在的问题，③ 高校图书馆服务社会的进一步举措。报告建议：经过充分的商讨酝酿，出台相应的政策或规定，以便各高校图书馆有章可循。全省高校图书馆应学习、领会和贯彻全省高校图书馆工作会议以及曹省长相关批示的精神，进一步开拓面向地方经济建设和社会的服务能力。

11 月 21—22 日　队伍建设与职业素养专委会 2012 学术年会，在南通大学召开。南通大学图书馆馆长董建成主持开幕式，南通大学副校长包志华到会并致辞。南京大学图书馆副馆长罗钧，江苏省高校图工委队伍建设与职业素养专委会主任、南京理工大学图书馆馆长赵敏先后发表讲话。开幕式后，罗钧、《新世纪图书馆》杂志社主编彭飞、董建成分别作了《大学图书馆发展与创新之思考》《关于图书馆论文写作的几个问题》《网络环境下图书馆队伍建设理念与实现》的主题报告。会议以"文化、创新、发展"为主题，就"十二五"文化大发展大繁荣背景下，加强馆员队伍建设、创建学习型图书馆、全面提升江苏省馆员队伍综合水平进行探讨，来自全省 60 所高等院校的近百名代表参加年会。会议期间还进行了论文评选与交流，年会共收到征文 103 篇，评选出一等奖 10 篇、二等奖 16 篇、三等奖 23 篇，部分获奖论文作者进行了交流汇报。

11 月 22 日　中国共产党优秀党员、华东地区地方院校图书馆协作委员会主要发起人和组织领导者、原南通师范专科学校图书馆馆长、副研究馆员黄方正〔1〕因病医治无效，在江苏南通市逝世，享年 80 岁。

11 月 22 日　"2012 中国图书馆年会——中国图书馆学会年会·中国图书馆展览会"在

〔1〕 黄方正(1933—2012)，1958 年 5 月加入中国共产党。1959 年 8 月至 11 月任南通师范专科学校教师，1978 年 9 月至 1985 年 1 月任南通师范专科学校图书馆副馆长兼总务处副主任，1985 年 2 月任南通师范专科学校图书馆馆长，1994 年 2 月退休。在担任南通师范专科学校图书馆馆长期间，南通师专图书馆两次被评为江苏省高校先进图书馆、全国高校先进图书馆。1987 年、1993 年两次荣获江苏省教委授予的普通高等学校图书馆先进工作者、先进个人称号。发起成立并组织、领导江苏省师专图书馆协作组和华东地区师专图书馆协作委员会；为华东地区地方院校图书馆协作委员会 25 年来一直坚持开展正常活动并取得丰硕成果、成为全国目前唯一存在的大区高校图书馆民间协作组织，做出突出贡献。

广东东莞开幕。此次年会由文化部、广东省政府主办，文化部公共文化司、中国图书馆学会、广东省东莞市人民政府、国家图书馆、文化部全国文化信息资源建设管理中心、广东省文化厅共同承办。来自全国各省区市文化行政主管部门负责人、国内外图书馆领域的管理者、专家学者、图书馆工作者及相关企业代表等近3000人参加会议，是一次全国图书馆界交流与合作的年度盛会。江苏省文化厅党组成员、南京图书馆党委书记、江苏省图书馆学会常务副理事长方标军率队参会，并代表江苏省图书馆学会、南京图书馆在闭幕式上接受年会征文组织奖的颁奖。据不完全统计，江苏参加此次年会的人数超过百名。南京师范大学图书馆荣膺"全民阅读示范基地"称号，东南大学图书馆荣获"全民阅读先进单位"称号。

11月22日[1] 由文化部和广东省人民政府共同主办的2012年中国图书馆年会，在广东省东莞市举行，年会上"2012中国图书馆榜样人物"颁奖典礼隆重举行。高校文献资源共建共享的倡导者和推动者、北京大学图书馆馆长朱强等8人荣获"2012中国图书馆榜样人物"。中国图书馆学会理事长詹福瑞为朱强馆长颁奖。典礼上对朱强的颁奖词是："让高校图书馆资源共建共享，把阳春白雪开放给寻常百姓；让创新性学术成果获得应有的激励，惠及更多的图书馆学界研究人士；把中国'好声音'输送到世界各地，不遗余力地推进图书馆国际交流。朱强，一直践行文献资源共建共享理念，执着与坚持成就了他孜孜以求的事业。"

评选由年会各承办单位负责同志和图书馆界资深馆长、专家组成评选委员会，对由各省（区、市）文化厅（局）、国家图书馆（国家古籍保护中心）、文化部全国文化信息资源建设管理中心、中国图书馆学会、高等院校、科研单位图书馆系统推荐出的39名候选人进行评审，最终评选出8名"中国图书馆榜样人物"。

11月23日[2] 江苏省人民政府发布《省政府关于江苏省第十二届哲学社会科学优秀成果奖的决定》（苏政发〔2012〕156号），共498个项目获奖，其中一等奖项50个，二等奖项148个，三等奖项300个。全民阅读推广手册（著作）徐雁（南京大学）、江少莉（苏州图书馆）、陈亮（南京艺术学院图书馆）获三等奖。

11月23—25日 现代技术应用专委会2012年度年会在南通大学图书馆召开，全省60余个单位，140余位代表参加年会。南通大学图书馆书记钱亮华主持开幕式。江苏省高校图工委副秘书长，南京大学图书馆副馆长邵波、现代技术委员会主任、南京航空航天大学图书馆叶志锋、现代技术委员会的各副主任单位领导，江苏大学图书馆卢章平、南京财经大学图书馆秦嘉杭、南京邮电大学图书馆严英、扬州大学图书馆副馆长侯三军出席开幕式，邵波代表图工

〔1〕 本刊讯.北京大学图书馆馆长朱强荣获"2012中国图书馆榜样人物"[J].大学图书馆学报，2013(1)：47.

〔2〕 江苏省人民政府.省政府关于江苏省第十一届哲学社会科学优秀成果奖的决定[EB/OL].[2018-11-11].http://www.js.gov.cn/art/2011/3/25/art_46805_2680756.html.

委讲话，他希望技术队伍通过交流与沟通，提升个人和整个队伍的整体素质，在数字图书馆建设的过程中，技术人员将发挥更大的作用，数字图书馆的服务与创新，依赖全省高校图书馆技术人员的共同努力，也对现有业务队伍的构成与人员的知识结构提出了新的要求。他希望技术委员会能在提升队伍素质、服务创新等方面做出努力，推动江苏省高校数字图书馆的健康发展。

年会邀请南京大学信息管理学院教授杨海平作主题报告，他的题目："开放存取与学术出版的未来"，开放存取概念及产生背景，开放存取发展历程与现状，现有学术出版存在的不足，重点阐述了开放存取对未来学术出版的影响，未来的学术期刊开放存取出版模式，机构库的建设，以及如何促进我国开放存取学术出版的思路与建议。

12 月〔1〕 "漫游澳门街，细说澳门情"——澳门图片展南京高校巡回展览走进在宁高校。本次展览由中华青年进步协会、南京大学台港澳办公室、南京大学图书馆、东南大学图书馆、南京师范大学图书馆、南京医科大学图书馆共同主办。展览涵盖澳门的历史、社会、经济、教育等方面。图片和文字再现了澳门的真实面貌，加深了内地学生对澳门的了解和认识。此次展览的主办方中华青年进步协会成立于 2005 年，旨在团结本澳青年，加强与各地青年人的联系与交流、推动澳门青年认识祖国、关心社群、服务社会，发言团结、互助互勉、共同进步的精神。此次展览协办单位之一的澳门基金会向巡展单位赠送图书。

12 月 10 日〔2〕 教育部思想政治工作司发布教思政司函〔2012〕91 号《关于公布 2012 年高校校园文化建设优秀成果评选结果的通知》，共评出特等奖 10 项，一等奖 30 项，二等奖 61 项，优秀奖 116 项，其中南京大学申报的"营造浓郁书香氛围　创建校园文化品牌——南京大学读书节"获得一等奖。

12 月 11 日 江苏省高校图书情报工作委员会读者工作专委会年会在淮阴师范学院召开。淮阴师范学院副校长张强，教育部高校图工委委员、浙江省高校图工委副主任、浙江工业大学图书馆馆长何立民，淮安市图书馆学会理事长、淮安市图书馆馆长杨炳辉，江苏省高校图工委常务副秘书长、南京大学图书馆副馆长邵波，读者工作专委会主任、东南大学图书馆馆长顾建新，读者工作专委会副主任、中国矿业大学图书馆馆长李明，读者工作专委会副主任、常州大学图书馆馆长丁恒龙，情报咨询专委会主任、河海大学图书馆馆长高新陵等出席会议。开幕式由淮阴师院图书馆书记郭启松主持。大会主题是"地区高校联合体建设对江苏省高校资源共建共享的贡献及成果展示"。

---

〔1〕 南京师范大学图书馆. 漫游澳门街，细说澳门情——澳门图片展走进南师大[EB/OL]. [2019-01-01]. http://lib.njnu.edu.cn/news/tsggg/20121214/1084.html.

〔2〕 教育部思想政治司. 教育部思想政治司关于公布 2012 年高校校园文化建设优秀成果评选结果的通知[EB/OL]. [2018-08-19]. http://www.moe.edu.cn/s78/A12/A12_gggs/A12_sjhj/201212/t20121214_145600.html.

何立民做主题报告。介绍浙江高校数字图书馆(ZADL)建设与服务推广。大会交流了中国矿业大学、东南大学图书馆在馆际互借与读者服务工作的优秀案例。专委会副主任杨兰芳汇报赴重庆、四川地区高校图书馆考察成果。丁恒龙代表专委会颁发 2012 年的先进单位与个人。年会共评出优秀案例一等奖 4 例,二等奖 9 例,三等奖 10 例,馆际互借先进个人 49 名。共有 57 家本科、高职高专院校图书馆,到会代表近 150 人。李明作大会总结。

12 月 19—21 日　江苏省高校图工委情报咨询专委会 2012 年学术年会,在安徽省马鞍山市河海大学文天学院召开。河海大学文天学院副书记张建民致辞。省高校图工委副秘书长、南京大学图书馆副馆长邵波致辞。专委会主任、河海大学图书馆馆长高新陵做 2012 年情报咨询专委会的工作报告。东南大学图书馆馆长顾建新:《加快服务转型,促进资源共享》;南京农业大学图书馆馆长包平:《创新机制求发展,整合资源显成效》;南京师范大学图书馆常务副馆长张建平:《图书馆服务创新的思考》;南京工业大学图书馆常务副馆长赵乃瑄:《协同创新,构建三螺旋信息服务体系》。东南大学图书馆李爱国:《参考的未来》;淮海工学院图书馆王正兴《论高校图书馆学科化服务的持续性原则》;南京大学图书馆何小清:《咨询服务的创新模式》等。62 所高校的 150 余名代表参加会议。大会对范例论文颁奖,共 24 篇论文获奖。

12 月 25 日[1]　教育部发布教技发函〔2012〕46 号《教育部关于在北京化工大学等 6 所高等学校设立第 6 批教育部部级科技查新工作站的通知》,本批次无江苏高校入选。盐城工学院(工学)被列入《通知》附件的"教育部部级科技查新工作站筹建单位名单"。

12 月 25 日[2]　2012 年江苏省图书馆学会资源共建共享工作委员会会议在南京师范大学敬文图书馆举行。来自南京图书馆、南京大学图书馆、东南大学图书馆等 20 所省内公共馆及高校馆的 20 名委员代表参加了会议。会议由南京师范大学图书馆常务副馆长张建平主持。省图学会共建共享委员会主任、南京图书馆副馆长许建业发表讲话。省图学会秘书长杨岭雪,江苏高校 JALIS 系统负责人、南京大学副馆长罗钧,南京图书馆业务部主任吴政分别发言。南京图书馆副馆长许建业和江苏高校 JALIS 管理中心办公室主任沈鸣,分别代表南京图书馆和 JALIS 共同签署了馆际互借协议。许建业做总结发言。

12 月 27 日　江苏省高校图工委办公会议 2012 年 12 月 27 日在南京大学图书馆召开。会议由江苏省高校图工委秘书长、JALIS 管理中心主任、南京大学图书馆洪修平馆长主持,江苏省教育厅高教处经贵宝副处长,徐庆主任出席了本

---

〔1〕 教育部.教育部关于在北京化工大学等 6 所高等学校设立第六批教育部部级科技查新工作站的通知　教技发函[2012]46 号[EB/OL].[2018-06-06].http://www.cutech.edu.cn/cn/zxgz/2013/01/1354173334003885.htm/1354173334003885.htm.

〔2〕 江苏省图书馆学会秘书处.江苏省图书馆学会 2012 年大事记[J].新世纪图书馆,2013(2):94-96.

次会议。江苏省高校图工委领导小组成员参加了会议。JALIS 管理中心办公室主任沈鸣列席会议。

经贵宝副处长讲话。他指出：最近曹省长专门就高校图书馆对社会开放工作做出批示，希望高校图书馆继续加大开放力度，推进文献资源的共建共享，把这项工作做好。JALIS 三期项目的验收工作要抓紧做好，2012 年经费增长翻番，共 600 万，如何落实好，使用好，发挥效益，要早作计划，全省图书馆工作会议的后续重点就是抓落实。江苏省高校图工委今年成立 30 周年，秘书处编撰的“大事记”征求意见稿做得好，要做好文化积淀的工作，把前人开创的历史继承下去。

洪修平秘书长介绍了“江苏省高等学校图书情报工作委员会成立 30 周年”纪念座谈会的筹备工作。洪修平还就参加“长三角地区高校图书馆联盟”工作等进行通报。在洪修平主持下，邵波介绍了 JALIS 项目经费使用审计情况；沈鸣主任介绍了 JALIS 三期项目验收工作的具体时间安排等事宜；图工委各专委会主任顾建新、叶志锋、高新陵、包平、赵敏、张建平、邓滨汇报了 2012 年专委会主要工作及明年的工作设想；数字资源评估与引进工作组组长史梅副馆长汇报了今年的主要工作。

12 月 27 日　纪念江苏省高校图书情报工作委员会成立 30 周年座谈会，在南京大学仙林校区杜厦图书馆召开，共 38 位代表参加了座谈会，座谈会由江苏省高校图书情报工作委员会秘书长、南京大学图书馆馆长洪修平主持、南京大学校长助理周宪出席了会议并讲话。

周宪指出：2012 年是江苏省高等学校图书情报工作委员会成立 30 周年。为了纪念这个具有历史意义的日子，省教育厅、省高校图工委组织召开了这次座谈会。30 年来，在省教育厅的正确领导下，省高校图工委团结全省高校图书馆同仁，为江苏省高校图书馆事业的发展，做出了巨大的贡献，30 年的发展历程，凝聚了江苏省高校图书馆几代人的理想、奋斗和贡献。江苏高校图书馆以及江苏省高等教育数字图书馆能有今天的发展和地位，是与江苏省高校图工委努力工作分不开的，也包括在座的各位老同志在内的江苏高校几代图书馆人的辛勤耕耘分不开的。省高校图工委历任老领导、老同志及在任的省高校图工委领导作了热情洋溢的发言。他们回顾到：1982 年 11 月，中国的改革开放刚刚起步，高等教育事业逐步走上正轨，在当时的江苏省高教局的领导下，江苏省高校图书馆工作委员会正式成立。进入 20 世纪 90 年代以后，江苏的高等教育事业进入良性发展的阶段，江苏省高校抓住了发展机遇，在全国首次自主研发了图书馆自动化系统：汇文软件管理系统，促进了省内高校图书馆以现代化管理水平的提高。1997 年，在当时江苏省教委的大力支持下，江苏省高等教育文献保障系统（JALIS）正式启动，江苏省高校图书馆的发展走在了全国的前列。21 世纪以来，江苏高等教育事业进入高速发展阶段，高校数量、在校人数迅速增长。面对新的挑战，省高校图工委在省教育厅的领导下，依托 JALIS 的建设，推进面向全省的文献服务，建设覆盖全省的服务体系，产生了良好的社会效益和服务效益。以JALIS为品牌的江苏省的高校图书馆合作体系，已成为全国最具影响力的省级合作体系。回顾历史，期望江苏省高校图书馆事业，在江苏省教育厅的领导下，稳步发展，成就更大的辉煌。最后，周宪校长助理作了总结讲话。他指出：省高校图工委要听取老同志的意见和建议，在江苏省教育厅的正确领导下，加强凝聚力，团结全省高校图书馆，为江苏省高校图书馆事业的发展做出更大的贡献。

出席座谈会的老同志有杨克义、马金川(南京大学图书馆)、时修荣、孔庆煦、卜彭年(东南大学图书馆)、程极益(南京农业大学图书馆)、黄贤树、桑树勋(中国矿业大学图书馆)、施泽华、董廷松(河海大学图书馆)、姜汉卿(盐城师范学院图书馆)、刘从富(扬州大学图书馆)、庞鸿军(南京理工大学图书馆)、吴建国(南京医科大学)、葛泽生(淮阴师范学院图书馆)、张逸新(江南大学图书馆)、宋顺林(江苏大学图书馆)。

出席会议的现任的高校图工委成员有罗时进、顾建新、王永平、高新陵、陈万寅、张建平、赵敏、叶志锋、郭启松、高中华、冯振卿、谢翠林、邓滨、黄顺荣、金耀、张圻海。南京大学图书馆及图工委秘书处的罗钧、史梅、邵波、沈鸣、徐晖、吴强出席了座谈会。座谈会前，全体代表在杜厦图书馆大厅合影留念。

年度事件数据：

事业发展　全省普通高等学校数：128所(本科院校46所，高职院校82所)；
本专科在校生人数：148.1353万人；
研究生在校生人数：13.95万人；
专任教师人数：10.6023万人；
高等教育毛入学率：47.1%。

单位变更　3月18日，徐州师范大学更名为"江苏师范大学"，建制不变，办学地徐州市，原图书馆同时更名。
11月，江苏技术师范学院更名为"江苏理工学院"，建制不变，办学地常州市，原图书馆同时更名。
12月，江苏广播电视大学更名为"江苏开放大学"，非全日制本科成人教育，图书馆同时更名。

领导变更　南京艺术学院图书馆馆长朱同离任，沈义贞继任馆长。
8月，中国药科大学图书馆馆长马世平离任，原信息中心主任邱家学接任馆长。
12月，南京工业大学图书馆馆长陆晓华离任，原南京工业大学图书馆常务副馆长赵乃瑄接任馆长。
12月，河海大学图书馆馆长高新陵离任，次年2月上任。原校办主任赵坚继任馆长。
南京邮电大学图书馆馆长李雷离任，汪业周继任馆长。
南京医科大学图书馆馆长吴建国离任，冯振卿继任馆长。

2013 年

1 月 16 日　由江苏省教育厅、江苏省高等教育数字图书馆(JALIS)项目建设管理中心组织的三期工程建设项目(第一批)验收会议,在南京大学图书馆召开,JALIS 三期工程建设项目验收工作正式拉开序幕。江苏省教育厅高教处徐庆参加会议并讲话,JALIS 管理中心主任、南京大学图书馆馆长洪修平主持会议。

由来自政府部门、公共图书馆、高等院校图书馆、高等院校院系的 14 位专家组成专家组,参加了本次验收。本次验收是 JALIS 三期建设子项目验收工作的第一步,主要对三期建设方案中"队伍素质提升工程"所规划的 23 个项目,进行评审验收,共涉及 19 个项目承建单位,其中三分之一为高职高专院校,建设项目的内容包括数字图书馆技术研究、队伍人员培训等。JALIS 三期工程建设的其他项目验收工作,将逐步展开,本年度的上半年完成全部项目的验收。

专家组通过评审,确定在 23 个项目中,22 个项目通过验收,其中 4 个项目被推荐为优秀,1 个项目未通过验收。洪修平做总结,要求做好后续的验收工作,确保 JALIS 三期的全部项目完成验收。本次验收专家有:洪修平、徐庆、吴政、邵波、顾建新、周建屏、苏坤、赵乃瑄、包平、沈鸣。

1 月 18 日[1]　CASHL 在北京大学英杰交流中心组织召开"纪念教育部'高校文科图书引进专款项目'30 周年暨高校文科文献保障体系建设会议"。教育部、财政部的有关领导、高校知名专家学者、国家图书馆、上海图书馆、中国社科院、中国科学院等图书馆馆长以及全国 70 余所高校图书馆馆长和工作人员约 200 余人参加了会议。

1 月 27 日　CALIS 三期应用服务示范馆评优工作启动,共有 107 家示范馆申报参与。参与示范馆均能按照 CALIS 管理中心的要求开展建设,应用服务各具特色。经 CALIS 管理中心评估,最终有 52 家示范馆获得 CALIS 三期应用服务优秀示范馆称号。

江苏省共有 11 所高校参加了计划,有 8 个单位获得了 11 个单项奖。

---

〔1〕 朱强,王波等. 2013 年高校图书馆发展概况(附大事记)[EB/OL]. [2018 - 08 - 19]. http://162.105.140.111/sites/default/files/attachment/tjpg/2013ALgaikuang.pdf.

	服务类型	一等奖	二等奖	三等奖
1	编目外包示范馆	无	无	无
2	e读服务示范馆	无	中国矿业大学	江苏大学、江南大学、南京理工大学
3	外文期刊网服务示范馆	江南大学	苏州大学	无
4	馆际互借与文献传递服务示范馆	无	无	江南大学、东南大学
5	虚拟参考咨询服务示范馆	江南大学	苏州大学、南京工业职业技术学院	无

本次评奖的一等奖至三等奖，每项目可以分别获得 8 000 元、5 000 元、3 000 元的奖励。

2 月　江苏省教育厅苏教人〔2013〕3 号，省教育厅关于认真做好 2013 年江苏省教学成果奖评选工作的通知。

2 月 24 日　南京航空航天大学将军路校区新图书馆落成启用，新馆建筑面积 2.7 万平方米。

3 月 8 日　国务院发布《关于公布第四批国家珍贵古籍名录和第四批全国古籍重点保护单位名单的通知》(国发〔2013〕12 号)，确定第四批全国古籍重点保护单位，共 16 个单位，江苏省无入选的单位。

3 月 14 日　教育部发布(教高司函〔2013〕22 号)《关于推荐新一届教育部高等学校图书情报工作指导委员会委员的通知》，鉴于第三届教育部高等学校图书情报工作指导委员会即将届满，决定组建第 4 届教育部高等学校图书情报工作指导委员会，启动委员的推荐工作。

3 月 15 日　JALIS 管理中心发布《关于对 JALIS 三期数字资源建设类及软课题项目进行(第二批)验收的通知》，经 JALIS 管理中心研究决定，将于 3 月下旬组织专家对 JALIS 三期数字资源建设类及软课题项目进行验收，验收对象：JALIS 三期工程确立的数字资源建设类及软课题项目。验收方式，本次验收采用书面验收与专家现场网络验收的方式。上报材料与要求，项目承建单位 3 月 16 日前上报 JALIS 管理中心办公室。

3 月 15 日　JALIS 管理中心发布《关于联合认证接口部署的通知》。JALIS 管理中心以集团采购的方式，向江苏汇文公司采购联合认证本地接口，江苏省内高校图书馆可以直接向汇文公司申请安装，不需要支付费用。在此之前已支付接口费用的单位，可以在下一年度的维护费中扣除。全省高校图书馆已部署联合认证本地接口的成员馆，已有 60 个单位。基于联合认证的馆际互借、文献传递服务、虚拟参考咨询服务、CCC 服务等，服务量也在不断上升。

3 月 18 日[1] 《e 线图情》以题为“通用借书证:江苏高校图书资源共享的好帮手”宣传报道江苏省高校通用证的发展与运行以及带来的良好效益。

3 月 19 日 教育部发展规划司发布《关于 2013 年新设置高等学校和经过筹建“去筹”正式设立高等学校的公示》,其中,江苏省泰州学院将以泰州师范高等专科学校为建校基础,这标志着泰州拥有公办本科高校。原泰州师范高等专科学校图书馆同时更名。

3 月 27 日[2] 复旦大学图书馆副馆长王乐、系统与数字化部主任殷沈琴等一行 6 人,前往东南大学图书馆调研发现系统。馆长顾建新、副馆长范斌、馆长助理钱鹏及相关部门负责人和来宾进行交流。范斌介绍 Summon 系统选择、评估、部署和使用情况。随后,馆长助理钱鹏介绍了 Summon 的资源整合、元数据、系统与功能、用户体验与使用评估。东南大学图书馆是 Summon 系统的最早国内用户之一。

4 月[3] 时任中共中央政治局常委、国务院副总理李岚清同志向其家乡母校——江苏大学,捐赠图书 4591 册,其中转赠镇江篆刻博物馆 181 种 250 余册,转赠镇江米芾书法公园 6 册。江苏大学图书馆特建“岚清书屋”收藏展示赠书。赠书中有李岚清同志的著作 13 种,最早的是 1964 年的《机器制造工厂的经济核算》;有稀有资源,如《老子道德经》木刻微雕;有线装书、作者签名本及珍贵书籍;镇江地方文化及绘画、书法、音乐作品等。江苏大学图书馆对转赠镇江篆刻博物馆和米芾书法公园的图书进行了无损数字化加工,并保存在江苏大学数字图书馆。

4 月 10 日 江苏省教育厅发布苏教办高函〔2013〕5 号《江苏省教育厅办公室关于推荐新一届教育部高等学校图书情报工作指导委员会委员的通知》,转发教育部教高司函〔2013〕22 号文,正式启动委员推荐工作。

4 月 19 日[4] 英国利兹大学图书馆亚洲部和现代语言学部主任黄西谊博士访问东南大学图书馆,并做以“组织模式——英国高校图书馆支持教学与研究的最新趋势”为主题的报告。东南大学、河海大学、南京医科大学等多所高校图书馆的余百名馆员参加讲座。黄西谊博士还是欧洲汉学图书馆协会、亚洲图书馆协会会员,并兼任伦敦国王学院中国研究所研究员,英国发展研究学会的会员。

4 月 19—21 日 现代技术应用专委会召集宁、镇、扬三地区的委员馆,举行 2013 年工作会议,会议在南京六合区召开,本次会议共有南京、镇江、扬州的 17 个委员馆,共 30 余位代表参加了会议,江苏省高校图情工委副秘书长、南京大学

---

[1] 江苏省高校图工委读者服务与阅读推广专业委员会. 2013 年工作总结暨 2014 年工作计划要点[EB/OL]. (2013-12-28)[2018-12-12]. http://jalis-reader.njau.edu.cn/info/1007/1008.htm.

[2] 东南大学图书馆办公室. 东南大学图书馆简讯(2013 年第 2 期,总第 31 期)[EB/OL]. [2019-02-02]. http://www.lib.seu.edu.cn/upload_files/article/245/1_20180614091706.pdf.

[3] 阚轩. “岚清书屋”落户江苏大学图书馆[J]. 图书情报研究,2014,7(4):44.

[4] 东南大学图书馆办公室. 东南大学图书馆简讯(2013 年第 2 期,总第 31 期)[EB/OL]. [2019-02-02]. http://www.lib.seu.edu.cn/upload_files/article/245/1_20180614091706.pdf.

图书馆副馆长邵波参加本次会议，现代技术应用专委会主任，南京航空航天大学图书馆馆长叶志锋、副主任单位的江苏大学图书馆馆长卢章平、南京财经大学图书馆馆长秦嘉杭、扬州大学图书馆副馆长侯三军、南京大学图书馆沈鸣参加会议，南京邮电大学图书馆副馆长严英，代表钱军馆长出席会议。

叶志锋主持会议，邵波就技术队伍的建设、人才培养发言，他指出当今数字图书馆服务的普及与应用，对于图书馆工作人员的知识结构、业务技能、人员配置提出要求，技术部门的工作也从二线逐步走向服务的第一线，同时要承担服务与应用开发的双重任务，需要不断地发现需求、提高服务水平。江苏大学图书馆书记袁润，做“江苏大学图书馆个性化的网络服务平台建设思路”的主题报告，他针对目前数字资源数量增加，图书馆服务失位，图书馆员工作定位不明确，所带来的读者流失，提出了以文献管理工具软件为载体，以个性化网络服务平台为枢纽，在图书馆各个要素(读者、馆员、资源、服务)之间建立联系，科学组合、精心组织，从而实现“任何人在任何时候、任何地点，均可以获得任何图书馆的任何信息资源”的目标。沈鸣介绍JALIS、CALIS建设的最新进展，JALIS三期的验收情况。会议报告以后，进行了讨论，与会代表认为，专委会应尽快组织有针对性的相关业务培训，同时，加大在科研、项目申报、论文写作等方面的培训力度，鼓励成员单位积极地参与JALIS的建设，在服务、技术开发、科研等方面齐头并进。

4月22—26日　江苏省高校图书馆情报咨询专委会召开2013年全体委员会议，并组织委员前往厦门大学、集美大学、厦门理工学院等高校图书馆进行对口调研、交流考察。参加会议和调研的单位：南京大学、河海大学、淮海工学院、中国药科大学、南京航空航天大学、南京农业大学、南通大学、苏州大学、盐城工学院、江南大学、南京医科大学、南京航空航天大学金城学院、江苏大学等13个单位17位代表。在专委会会议上，原主任、河海大学高新陵作2012年省高校图书馆情报咨询专委会工作总结，对新一届委员会工作提出了希望。新任主任、河海大学图书馆馆长赵坚主持讨论和布置2013年工作计划。

在厦期间，参访厦门大学图书馆，受到厦大图书馆常务副馆长陈滨、信息技术部陈和、经济与管理分馆钟建法、读者服务部麦林的接待。厦大图书馆特色书库萨本栋纪念特藏库、林语堂纪念室和员工俱乐部。

4月24日[1]　《南京日报》以“高校数字图书馆，已覆盖全省高校”全面介绍江苏省高校数字图书馆，称赞其“已经成为省级文献资源共建共享的示范工程，在全国范围内具有很大的影响力”。同日，《扬子晚报》以题为“数字图书馆已覆盖全省高校”报道介绍江苏省高校数字图书馆实现资源共享，服务于全省教学与科研的情况。

---

〔1〕 江苏省高校图工委读者服务与阅读推广专业委员会. 2013年工作总结暨2014年工作计划要点[EB/OL]. (2013-12-28)[2018-12-12]. http://jalis-reader.njau.edu.cn/info/1007/1008.htm.

4 月 27 日[1] 《现代快报》以题为“办一张通用借书证，各校图书都能借”，广泛宣传介绍通用借书证服务。

4 月 28 日 由江苏省教育厅、江苏省高等教育数字图书馆（JALIS）项目建设管理中心组织的 JALIS 三期工程建设项目（第 2 批）验收会议，在南京大学图书馆召开，由来自政府部门、公共图书馆、高等院校图书馆、高等院校院系的 14 位专家组成专家组，参加了本次验收。

本次验收是 JALIS 三期建设子项目验收工作的第 2 批次，主要对三期建设中“数字资源建设”和“队伍素质提升工程”所规划的 23 个项目，进行验收，同时对第 1 批次的未通过项目进行再验收，全部通过验收，其中 5 个项目被推选为优秀。本次验收专家有：经贵宝、洪修平、徐庆、孙建军、叶继元、邵波、顾建新、赵坚、吴建国、周建屏、张建平、赵乃瑄、包平、沈鸣。

4 月 28 日 江苏省高校图情工委召开评审会，评选 2010—2011 年度先进集体、先进馆长。本次共有 50 个单位申报先进集体，44 位个人申报优秀馆长，经过评选，共评选出南京大学图书馆等 30 个先进集体，37 个先进优秀馆长。获奖单位涵盖省内的 985、211、普通本科、高职高专院校。评审专家组成员有经贵宝、洪修平、徐庆、邵波、顾建新、包平、赵乃瑄、张建平、叶志锋、赵坚、赵敏、卢兵、卢章平、王永平。

5 月 13—18 日[2] “2013 数字资源发展趋势和使用统计规范研讨会暨第十一届国外引进数据库培训周”，在天津师范大学举行，全国 260 多家高校图书馆、全球 30 多家数据库商以及合作单位、观察员等共 630 余位代表莅临会议。

5 月 15 日[3] 经南京图书馆党委研究，并报江苏省文化厅批准，杨岭雪担任江苏省图书馆学会秘书长。

5 月 20 日[4] 教育部发布《教育部关于成立第 4 届教育部高等学校图书情报工作指导委员会的通知》教高函〔2013〕7 号文，正式通报第 4 届教育部高等学校图书情报工作指导委员会组成人员名单，江苏省共有 6 位高校图书馆以及高职院领导入选，其中南京大学图书馆洪修平任副主任委员，东南大学图书馆馆长顾建新、南京师范大学图书馆常务副馆长张建平、江苏大学图书馆馆长卢章平、南京工业职业技术学院副院长卢兵、无锡职业技术学院副院长冯渊分别入选高职高专院校分会副主任委员和委员。

5 月 23 日[5] “长三角 3 校图书馆交流与合作研讨会暨第 3 次工作会议”在上海交通大

---

〔1〕 江苏省高校图工委读者服务与阅读推广专业委员会. 2013 年工作总结暨 2014 年工作计划要点[EB/OL]. [2018 - 12 - 12]. http://jalis-reader. njau. edu. cn/info/1007/1008. htm.

〔2〕 伊雪峰. 2013 数字资源发展趋势和使用统计规范研讨会暨第十一届国外引进数据库培训周[EB/OL]. [2018 - 10 - 10]. http://blog. sciencenet. cn/blog-788075-691420. html.

〔3〕 本刊记者. 江苏省图书馆学会 2013 年大事记[J]. 新世纪图书馆，2014(2)：94 - 96.

〔4〕 朱强，王波等. 2013 年高校图书馆发展概况（附大事记）[EB/OL]. [2018 - 08 - 19]. http://162. 105. 140. 111/sites/default/files/attachment/tjpg/2013ALgaikuang. pdf.

〔5〕 东南大学图书馆办公室. 东南大学图书馆简讯（2013 年第 2 期，总第 31 期）[EB/OL]. [2019 - 02 -02]. http://www. lib. seu. edu. cn/upload_files/article/245/1_20180614091706. pdf.

学图书馆举行，上海交通大学图书馆馆长陈进、浙江大学图书馆副馆长马景娣、东南大学图书馆馆长顾建新出席会议，会议围绕“信息资源共知与共享”“外文图书和数字资源合作编目”“馆员素养联合培训”3个主题。三馆馆长签署“长三角3校图书馆专项合作备忘录”，在共同建立西文图书的共知与互借、外文图书纸质资源合作编目互惠、数字资源编目分工合作及馆员素养联合培训机制等方面达成共识。

5月30日[1]　当日，江南大学图书馆馆长范雪荣、清华大学图书馆副馆长向阳、河海大学图书馆副馆长张毅华分别率队参访东南大学李文正图书馆。

6月6—7日　第2届江苏高校图书馆事业发展论坛，在南京农业大学举办。本次会议由省江苏高校图工委学术研究与继续教育专委会主办，南京农业大学图书馆承办。南京农业大学副校长沈其荣、江苏省教育厅高教处处长徐子敏、中国社科院学部委员黄长著、省高校图工委副秘书长邵波、南京大学信息管理学院院长孙建军等出席论坛。83人参加了本届论坛。论坛主题为“冲突与融合　发现与变革——从发现平台的辨析到知识服务的创新”。沈其荣在开幕式致辞。论坛邀请黄长著、孙建军、包平、邵波、钱鹏等省内外图书情报领域的知名专家学者作专题报告，黄长著的“高校图书馆2050年尸检报告”。报告后，通过头脑风暴的形式，代表与专家进行互动。代表参观南京农业大学图书馆1902信息共享空间。论坛期间，召开江苏省图工委学术研究与继续教育专委会委员会议。

6月10日[2]　全国哲学社会科学工作办公室公布2013年国家社科基金项目立项名单，袁曦临（东南大学图书馆）申请的《数字阅读机制与导读策略研究》获批“一般项目”，项目编号：13BTQ023。李爱国（东南大学图书馆）申请的《大数据时代图书馆用户信息的资源化研究》，获批“一般项目”，项目编号：13BTQ025。

6月17日[3]　中国图书馆学会高校分会换届大会暨第三届委员会成立大会，在吉林省长春市长春国际会展中心召开。东南大学图书馆馆长顾建新当选为中国图书馆学会高等学校图书馆分会副主任，南京大学图书馆馆长洪修平当选常务委员，江苏大学图书馆馆长卢章平、南京工业职业技术学院副院长卢兵、南京师范大学图书馆常务副馆长张建平、苏州大学图书馆书记周建屏当选委员。

6月20—21日[4]　“全国化工院校图书馆联盟协作会议”在南京工业大学召开，“全国化工院校图书馆联盟”正式成立。南京工业大学党委常委、副校长张进明到会致

[1] 东南大学图书馆办公室. 东南大学图书馆简讯(2013年第2期，总第31期)[EB/OL]. [2019-02-02]. http://www.lib.seu.edu.cn/upload_files/article/245/1_20180614091706.pdf.

[2] 全国哲学社会科学工作办公室. 国家社科基金项目数据库[EB/OL]. [2019-01-01]. http://fz.people.com.cn/skygb/sk/index.php/Index/index.

[3] 中国图书馆学会高等学校图书馆分会. 中国图书馆学会高等学校图书馆分会第三届委员会名单(2013—2014)[EB/OL]. [2018-03-03]. http://www.sal.edu.cn/view/new.aspx?id=3086.

[4] 南京工业大学图书馆. “全国化工院校图书馆联盟协作会议”在南京工业大学召开[EB/OL]. [2018-12-23]. http://lib.njtech.edu.cn/list.php?fid=157.

辞，南京工业大学图书馆馆长赵乃瑄主持会议。联盟的发起单位北京化工大学（原北京化工学院）、郑州大学（原郑州工学院）、华东理工大学（原华东化工学院）、武汉工程大学（原武汉化工学院）、青岛科技大学（原青岛化工学院）、常州大学（原江苏石油化工学院）、沈阳化工大学、上海应用技术学院（原上海化工专科学校）、淮海工学院（原连云港化工矿业专科学校）等院校图书馆的代表参加会议。会议签署《全国化工院校图书馆联盟协作合作协议》《原化工院校图书馆协同体（联盟）南京宣言》。联盟以化工院校图书馆资源共享为根本出发点，通过发挥联盟院校各自的特色优势，积极开展文献资源共建共享，馆员培养计划、馆员互派，实现校际教学资源高效利用，发挥以联盟成员为核心的辐射作用，扩大成员馆范围。参会代表参观逸夫图书馆、江浦校区、南京图书馆。联盟秘书处设在南京工业大学图书馆。

7 月 3—5 日〔1〕 高校科技查新工作研讨会在浙江宁波召开。设在东南大学图书馆科技查新工作站，被评为教育部科技查新工作先进集体，是本次颁奖中江苏省高校查新站的唯一获奖单位，江苏省现有 12 家教育部科技查新工作站。

7 月 10 日 江苏省教育厅下发《关于对江苏省高等学校数字图书馆（JALIS）三期工程项目进行验收的通知》，定于 2013 年下半年组织专家对 JALIS 三期工程 2007 年至 2010 年未验收项目进行验收。

7 月—8 月 第 9 届伊利诺伊大学中国图书馆馆员交流项目（Chinese Librarians Scholarly Exchange Program，CLSEP）在美国伊利诺伊大学香槟分校开班，本期学员共 30 人，其中江苏省学员 5 人，陆美（东南大学图书馆）、欧阳志（南京理工大学图书馆）、罗国富、郑萍（南京农业大学图书馆）、冯君（南京工业大学图书馆）。

8 月 1—2 日〔2〕 第 4 届教育部高等学校图书情报工作指导委员会成立大会暨第 1 次工作会议在河南省郑州市召开。会议由郑州大学图书馆承办。新一届图工委委员、高职高专分委员会委员，各省、直辖市、自治区高校图工委秘书长，香港学术图书馆联盟代表等 100 余人参加会议。大会由教育部高等教育司教学条件处处长李静主持。李静宣读《教育部关于成立第四届教育部高等学校图书情报工作指导委员会的通知》，教育部高等教育司副司长石鹏建向新一届委员颁发聘书并讲话。石鹏建在讲话中介绍高教司在本科教育改革发展的总体思路与主要任务，传达教育部副部长杜玉波在 5 月 30 日 2013—2017 教育部高等学校教学指导委员会成立视频会议上的讲话，要求新一届图工委深入贯彻落实党的十八大精神，全面落实教育规划纲要，充分发挥专家学者的咨询、研究、指导、评估、服务等作用，积极参与高等教

〔1〕 东南大学图书馆办公室. 东南大学图书馆简讯（2013 年第 3 期，总第 32 期）[EB/OL]. [2019-02-02]. http://www.lib.seu.edu.cn/upload_files/article/245/1_20180612095501.pdf.

〔2〕 王波. 第四届教育部高等学校图书情报工作指导委员会成立大会暨第一次工作会议在郑州召开[J]. 大学图书馆学报，2013(5):126-127.

育综合改革和人才培养等工作，提高指导高校图书情报工作的水平和能力。他希望新一届委员会求真务实、开拓进取，成为教育部宏观管理高校图书情报工作的依靠。闭幕式由新任副主任委员、高职高专图书馆分委员会主任委员、天津医学高等专科学校党委书记杨文秀主持。新一届图工委秘书长、北京大学图书馆副馆长陈凌作会议总结。

9月[1] 南京医科大学康达学院正式从南京迁址连云港市海州区办学。学院新校区位于连云港风景名胜区花果山脚下，占地面积500亩，总建筑面积达20多万平方米。康达学院图书馆亦由南京随迁至连云港市。康达学院图书馆是南京医科大学图书馆连云港分馆，同时也是南京医科大学医学科技信息研究中心连云港分中心。[2]

9月[3] 江苏大学举办的《图书情报研究》取得国际标准刊号：ISSN 2222-1603，自2013年第3期启用。

9月3日[4] 全美华人图书馆员协会主席阮炼博士访问东南大学图书馆，在李文正图书馆三楼做题为《美国学术图书馆的发展》的报告。报告会由东南大学图书馆馆长顾建新主持，河海大学、南京航空航天大学、南京医科大学、南京工业大学等图书馆的同仁前来参会。

9月13—14日 由教育部高校图工委期刊研究工作组、全国高校期刊工作委员会主办，南京大学图书馆、武汉大学图书馆承办的“2013年教育部高校图工委期刊研究工作年会暨全国高校图书馆第14届期刊工作学术研讨会”，在武汉大学召开。教育部高校图工委期刊研究工作组组长和全国高校期刊工作委员会主任洪修平和秘书长史梅参加会议。会议主题为“数字化转型下的图书馆期刊资源建设与服务”。来自国内40多所大学的70多位代表参加会议。南京大学图书馆馆长洪修平、武汉大学图书馆馆长王新才、中国图书进出口总公司常务副总经理张纪臣出席开幕式并致辞。

高校期刊工作委员会首席学术专家、南京大学信息管理学院教授叶继元和中国社会科学研究评价中心副主任，南京大学信息管理学院教授沈固朝分别做报告。叶继元作题为《纸质期刊与数字期刊的利用统计与收集策略》的报告。沈固朝作题为《学术评价、期刊评价与引文索引》的报告。会议期间还举办“第一届海外数字出版与图书馆资源建设高峰论坛”。武汉大学图书馆副馆长张洪元作《成长的烦恼——数字资源建设的困惑与出路》主题报告。与会代表们参加了首届中国(武汉)期刊交易博览会。

---

[1] 康达学院.康达学院简介[EB/OL].(2019-04-01)[2019-04-03]. http://kdc.njmu.edu.cn/6461/list.htm.

[2] 南京医科大学康达学院图书馆.南京医科大学康达学院图书馆概况[EB/OL].[2019-01-01]. http://kdclib.com/pageinfo? cid=1.

[3] 本刊编辑部.关于本刊启用国际标准刊号的启事[J].图书情报研究，2013，6(3)：25.

[4] 东南大学图书馆办公室.东南大学图书馆简讯(2013年第3期，总第32期)[EB/OL].[2019-02-02]. http://www.lib.seu.edu.cn/upload_files/article/245/1_20180612095501.pdf.

9 月 16 日 由江苏省教育厅、江苏省高等教育数字图书馆(JALIS)项目建设管理中心组织的三期工程建设项目(第三批)验收会议,在南京大学图书馆召开,JALIS 三期工程建设项目验收工作正式拉开序幕。江苏省教育厅高教处经贵宝副处长、徐庆调研员参加了本次验收会议并讲话,JALIS 管理中心主任、南京大学图书馆馆长洪修平主持了会议。

江苏省教育厅邀请来自政府部门、科技情报系统、公共图书馆系统、高等院校相关院系的 14 位专家,对项目进行验收审查。参加验收的均是 JALIS 三期建设中的影响面较大的项目,共涉及基础平台、资源建设、区域教学联合体文献共享等方面的 36 个项目,18 个承建单位。参加验收的单位均按照省教育厅的统一部署,先期完成了所承担项目的校内评审,通过了所在学校财务审计部门的审查。验收专家组分为两组,分别由江苏省教育厅高教处副处长经贵宝、JALIS 管理中心主任、南京大学图书馆馆长洪修平主持,专家们审阅了所有的验收报告和相关支撑材料,对照项目任务书确定的目标,从完成情况、服务效益、经费执行,结合书面材料与现场质询,逐项验收。

本次验收的项目都是 JALIS 服务体系的重点项目,如 JALIS 综合服务门户平台、联合目录服务系统、JALIS 电子资源建设、教学联合体文献资源共享等。这些项目极大地提高了 JALIS 的服务能力和整体化建设水平,重塑了 JALIS 的服务形象,把 JALIS 的建设推向了新的阶段。除个别项目以外,项目建设总体质量较高,承建单位履行了申报书规定的内容,有的项目还超额完成任务。专家组通过评审讨论,确定在 36 个项目中,34 个项目通过验收,其中 10 个项目被推荐为优秀,16 个项目评为良好,8 个项目评为合格,2 个项目暂缓通过。

本次验收专家有徐子敏、经贵宝、徐庆(江苏省教育厅高教处);洪修平(南京大学图书馆);孙建军、苏新宁[1]、叶继元、沈固朝(南京大学信管院);许建业、吴政(南京图书馆);夏太寿(江苏省科技情报研究所);黄水清(南京农业大学信息学院);赵乃瑄(南京工业大学图书馆);赵坚(河海大学图书馆);吴建国(南京医科大学图书馆)。

9 月 24—26 日[2] 2013 年华东地区高校图工委秘书处年会,在福建省莆田市莆田学院召开。会议由福建省高校图工委副主任兼秘书长郭毅主持。来自华东地区六省一市(上海、江苏、浙江、山东、安徽、江西、福建)的高校图工委秘书长、副秘书长及秘书处组成人员参加了会议。

---

〔1〕 苏新宁(1955—),教授,信息管理与信息系统专业,南京大学信息管理系首席学科带头人,情报学教授,博士生导师,现任南京大学信息技术开发研究所所长、南京大学中国社会科学研究评价中心副主任、南京大学中青年学术骨干,情报学报等多种杂志编委,享受国务院颁发的政府特殊津贴。设计并研制了我国第一部社会科学引文索引《中文社会科学引文索引》(CSSCI),从事信息处理与检索,信息分析评价,信息系统开发研究工作。

〔2〕 福建省高校图工委秘书处. 2013 年华东地区六省一市高校图工委秘书处年会纪要[J]. 文献信息论坛,2013(4):63 - 64.

9月24至28日 高职高专图书馆建设专委会在成都举办专题调研活动，及江苏省高职院校图书馆阅读推广活动项目评审会。会议主要内容为贯彻全省高等学校图书馆工作会议精神，学习调研四川大学、成都航空职业技术学院、四川国际标榜职业技术学院等三校图书馆。考察团由南京工业职业技术学院图书馆馆长郑晨升为团长。调研期间，召开委员会议，对参与省高职高专院校图书馆阅读活动大赛的47所院校提交的材料进行评选。

10月10日 由中国图书馆学会组织的"关于命名全民阅读示范基地、表彰2012年全民阅读优秀组织奖和先进单位奖获奖单位"活动结果揭晓，江苏省高校有东南大学、南京理工大学图书馆获"2012年全民阅读先进单位奖"。

10月13日[1] 江苏省工程文献中心主任殷铭、江苏省科技情报学会秘书长胡正强等5人参访东南大学四牌楼图书馆，就工程文献中心服务平台进行工作指导和推进。江苏省工程技术文献信息中心是我省四大科技公共基础服务平台之一，也是江苏区域科技创新的文献信息保障服务平台，东南大学图书馆是共建的核心单位之一。

10月16—18日[2] 国际图书馆协会联合会(国际图联，IFLA)主办、中国高等教育文献保障系统(CALIS)承办的"国际图联第13届馆际互借与文献提供(ILDS)会议"在北京大学召开。来自19个国家的150多位公共图书馆、专业图书馆和大学图书馆的馆际互借与文献传递业务主管馆长和工作负责人参加会议。会议由北京大学图书馆馆长、CALIS管理中心副主任朱强主持，国际图联馆际互借与文献提供分会主席Pentti Vattulainen、国家图书馆副馆长魏大威和北京大学常务副校长、CALIS管理中心主任吴志攀致辞。Pentti Vattulainen介绍IFLA及其ILDS分会的主要职责。会议主题："全球视野与本地策略"，报告侧重三个方面：区域间的资源共享，馆际互借与文献传递的实证研究，馆际互借与文献传递发展前景探讨。会议采用报告与讨论结合的方式，与会人员交流和吸收馆际互借与文献传递领域最前沿的学术成果，展示中国图书馆界的整体实力。国际图联馆际互借与文献提供(ILDS)会议共举办了十三届，此次会议是ILDS首次在中国举办。

10月17—19日 全国信息素养教育研讨会暨化工院校信息站第十八届年会在南京工业大学江浦校区召开。大会由江苏省高校图工委、山东省高校图工委、北京地区高校文献素质教育研究会、全国化工信息站共同主办，南京工业大学图书馆承办。这是在江苏省高校图书馆首次举行以教学研讨为主题，全面、系统地探讨信息素养教育的全国性教学会议。来自清华大学、南京大学、中国科技大学、吉林大学、山东大学等60多所高校120余人参加会议。开幕式由南京工业大学图书馆馆长赵乃瑄主持。

---

[1] 东南大学图书馆办公室.东南大学图书馆简讯(2014年第1期，总第34期)[EB/OL].[2019-02-02].http://www.lib.seu.edu.cn/upload_files/article/246/1_20180612095639.pdf.

[2] CALIS管理中心.CALIS成功举办国际图联第13届馆际互借与文献提供会议[J].大学图书馆学报，2013(6):91.

南京工业大学副校长巩建鸣到会致辞。全国高校图工委副主任委员、信息素养教育工作组组长、清华大学图书馆馆长邓景康致辞。江苏高校图工委秘书长、南京大学图书馆馆长洪修平在致辞中对本次研讨会的背景及研讨重点进行说明。山东省高校图工委副秘书长王姗姗、东南大学图书馆馆长顾建新、北京航空航天大学图书馆馆长杨晓光、北京化工大学图书馆馆长张建文出席开幕式。开幕式后邓景康和东南大学图书馆馆长顾建新分别做专题报告。邓景康作题为《加强信息素质教育,高校图书馆任重道远》的报告。顾建新作题为《信息素养与图书馆服务》的报告。

会议的第 2 场专题报告分别由王珊珊和青岛科技大学图书馆馆长王培山主持。山东理工大学图书馆葛敬民回顾了 30 年文献检索课的教学经历,完善文献检索课教学,建设国家精品课程等内容。北京航空航天大学图书馆馆长杨晓光强调要改变教学观念,提高信息意识,才能真正推动信息素质教育。南工大教务处处长管国锋从教学管理的角度提出在教育信息化背景下,通过“翻转课堂”教学模式实现教学资源共享,对文献检索课程注入改革理念。南京大学信息管理学院沈固朝提出了当前文献信息检索课程的教学目标、面临问题和解决方案。南工大图书馆馆长赵乃瑄分享了图书馆教学竞赛一体化信息素养教学的创新模式和特点。会议共收到论文 50 余篇,评出了一、二、三等奖及优秀奖论文。闭幕式上,全国化工院校信息站秘书长郭湘玲作《全国化工信息工作站年度报告》,并为优秀论文颁奖。下一届全国信息素养教育研讨会将在 2015 年 6 月举行,由内蒙古工业大学承办。

10 月 18 日 “2013‘江苏高校图书馆馆长论坛’”在南京大学图书馆鼓楼分馆召开。南京大学副校长杨忠,江苏省教育厅高教处副处长王兵,全国高校图工委秘书长、北京大学图书馆副馆长陈凌,江苏省图书馆学会常务理事、南京图书馆副馆长许建业,省高校图工委领导小组副组长、南京大学校长助理周宪等领导到会致辞,省高校图工委秘书长、南京大学图书馆馆长洪修平主持开幕式。此次会议是在江苏省高校贯彻“十八大”及“全省高校图书馆工作会议”精神,进一步深化高等教育改革、加强图书馆内涵建设的大背景下召开的。

开幕式上,与会领导和嘉宾为荣获“江苏省高校图书馆 2010—2012 年度先进集体”的 30 所高校图书馆、“江苏省高校图书馆 2010—2012 年度优秀馆长”的 37 位馆长颁发了奖牌和证书。

洪修平代表省高校图工委做了“江苏省高校图工委暨 JALIS 管理中心工作报告”。陈凌做“从图书馆联盟到共享域、协作域——CALIS 发展思路”的专题报告。邀请 CADAL 项目管理中心副主任、秘书长、浙江大学图书馆黄晨副馆长做了“扁平、互动、共享——CADAL 项目规划与交流”的专题报告。

在下午的讨论环节,各位馆长对照“江苏省高校图书馆工作会议”要求,针对图工委工作报告等内容进行了分组讨论,交流了新成果、新情况、新思路，并对图工委、JALIS 的工作提出了意见和建议。

10 月 23 日[1] 华东地区教育部直属高校图书馆馆长年会，在安徽省合肥市中国科技大学召开，来自复旦大学等 21 所高校图书馆的代表参加会议。

10 月 23 日 苏州大学图书馆承建的“JALIS 特色资源整合平台”立项。项目旨在集中展示江苏高校在特色资源建设中的各项最终成果，全面反映各馆特色资源建设的技术和水平，通过一个统一平台对外开放服务，实现特色资源共建共享和整体推广，发挥特色学科资源建设的成果效率和社会效益。平台以 JALIS 三期立项建设的特色数据库为主，并对 JALIS 二期及 CALIS 三期江苏省各高校立项建设的特色数据库同时进行了整合，实际整合的数据库 26 个，元数据量超过 110 多万条，全文 18 万条。在整合全省高校特色资源的基础上，实现特色资源服务的整合，为 JALIS 成员高校读者提供联合认证、统一检索、学科导航、资源评论等功能，方便读者查找、浏览、获取特色数字资源。

10 月 28 日 下午，南京邮电大学、南京人口管理干部学院合并办学宣布实施工作会议在南京召开。南邮大和南京人口学院今起合并办学，组建新的南京邮电大学，南京人口管理干部学院撤销建制。两校都是 2010 年前后划转江苏管理的高等院校，其中南京邮电大学为培养高级通信人才的基地；南京人口管理干部学院为培养人口与计划生育高级管理干部的基地。合并后，人口学院原有的 13 个专业，将有 8 个专业并入南邮的相关专业，另外 5 个专业设立为南邮的新专业。两校合并办学以后，总的在校生规模将在 3 万余人，原南京人口管理干部学院图书馆并入南京邮电大学图书馆。

10 月 31 日[2] “纪念洪范五先生诞辰 120 周年暨图书馆学思想与实践论坛”、江苏省高校图工委读者工作专委会年会在东南大学九龙湖校区李文正图书馆联合举行，会议由东南大学、清华大学、华东师范大学、台湾政治大学 4 校图书馆联合举办。东南大学副校长林萍华出席论坛并在致辞中介绍洪范五 1921 年留美归来后励志办馆的事迹。洪范五先后任国立中央大学、南京大学图书馆馆长，经历了中央大学图书馆西迁重庆的历史时期。先后担任清华大学、华东师范大学图书馆的馆长，为图书馆事业的发展做出了卓越贡献。清华大学图书馆馆长邓景康、华东师范大学图书馆馆长余海宪、华东师范大学信息管理系教授范并思、中山大学图书馆教授程焕文、台湾政治大学图书馆廖文宏、洪范五的后人洪珊参加会议。会后，与会专家及洪范五先生亲属一行 17 人，前往安徽休宁参访洪范五先生故里。

11 月 1 日[3] 高校图书馆硕士点建设与研究生培养模式研讨会，在东南大学四牌楼校区

---

〔1〕 安徽省高校图工委秘书处. 安徽省高校图书馆 2013 年工作大事记[J]. 大学图书情报学刊，2014(2)：126－129.

〔2〕 范莹莹. “纪念洪范五先生诞辰 120 周年暨图书馆学思想与实践论坛”在我校举行[EB/OL]. [2018－08－08]. http://news.seu.edu.cn/s/146/t/1399/79/70/info96624.htm.

〔3〕 东南大学图书馆办公室. 东南大学图书馆简讯(2013 年第 4 期，总第 33 期)[EB/OL]. [2019－02－02]. http://www.lib.seu.edu.cn/upload_files/article/245/1_20180612095537.pdf.

图书馆举行。东南大学图书馆副馆长李爱国主持会议，就学术图书馆办图情学硕士点教学模式进行探讨。北京理工大学图书馆、中国农业大学图书馆、复旦大学图书馆、西安交通大学图书馆、东南大学图书馆、河海大学图书馆、江苏大学图书馆、南京理工大学图书馆、南京工业大学图书馆、南京航空航天大学图书馆等 10 所国内高校图书馆参加会议。会议先汇报目前国内高校图书馆硕士研究生培养的现状、办学模式及实践经验分析。与会人员围绕“学术图书馆的教育与研究职能”“学术图书馆图书情报硕士点的办学定位”及“学术图书馆图书情报硕士点的教学模式”3 个主题进行讨论。

11 月 7 日〔1〕 江苏省工程技术文献信息中心办公室工作会议，在南京医科大学图书馆召开。会议由江苏省科技情报研究所副所长周晓明主持，江苏省科技厅及省科技情报所、南京图书馆、南京大学、东南大学、南京农业大学、中国药科大学等 10 家共建单位代表参加会议。中心办公室通报 2013 年度运行补贴经费计划和考核工作布置，介绍中心服务平台运行情况及下一步的运行管理要求，江苏省科技厅科技机构与条件处副处长任志宏就提升平台的使用效率提出要求，中心办公室主任夏太寿做会议总结。

11 月 7 日至 8 日 江苏省高校图工委队伍建设与职业素养专委会 2013 年学术年会在江南大学图书馆举行。会议以“文化、创新、发展”为主题，全省 60 多所高等院校的图书馆负责人及主任近百名代表参加年会。

江苏省高校图工委队伍建设与职业素养专委会主任、南京理工大学图书馆馆长赵敏主持年会开幕式。江南大学田备副校长致大会开幕辞。省高校图工委副秘书长、南京大学图书馆副馆长邵波代表省高图工委致辞。本次会议邀请邵波、南京农业大学图书馆馆长包平、江南大学图书馆馆长范雪荣作主题报告。进行论文交流、论文颁奖和会议总结。与会代表还参观了江南大学的“汉民间服饰传习馆”和“酒科技馆”。

11 月 11 日〔2〕 由中国图书馆学会主办，江苏省图工委和南京大学图书馆联合承办的 2013 年中国图书馆学会年会会后会(南京)2013 年 11 月 11 日在南京大学图书馆顺利召开，南京大学副校长杨忠；中图学会副理事长、全国高校图工委主任、北京大学图书馆馆长朱强；江苏省图工委秘书长、南京大学图书馆馆长洪修平参加会议。本次会议的主题为“数字时代大学图书馆服务创新实践”。国内 40 多所大学的 50 多位代表参加了会议。杨忠、朱强、洪修平分别致辞。

朱强在致辞中说：本次会议的主题是“服务”，在今后的一段时间，要在以下几个方面着重考虑，即开放，包括开放获取、开放互联，满足读者需求；互动，现在越来越多的工具在网络上被提供出来，为馆员和读者之间的互

〔1〕 南京医科大学图书馆. 江苏省工程技术文献信息中心办公室工作会议在我校图书馆召开[EB/OL]. (2013 - 11 - 28)[2018 - 12 - 12]. http://lib.njmu.edu.cn/do/bencandy.php?fid=28&id=1.

〔2〕 本刊记者. 江苏省图书馆学会 2013 年大事记[J]. 新世纪图书馆，2014(2)：94 - 96.

动提供了便利，馆员们要思考如何利用这些工具，服务读者；泛在，未来的互联网是移动的互联网，资源要准备好为读者随时随地地提供服务；合作，在网络环境下，馆与馆之间的合作比过去更为重要，通过优势互补，有利于解决用户的需求。

南京大学图书馆馆长洪修平、南京师范大学常务副馆长张建平、东南大学馆长顾建新和南京农业大学图书馆馆长包平分别做主题报告。

11月13—15日[1] 江苏省高校图工委情报咨询专委会在苏州大学召开，由苏州大学图书馆协办，全省70多所高校图书馆的130多位代表参加会议。省高校图工委副秘书长邵波，苏州大学副校长田晓明，苏州大学图书馆馆长唐忠民，情报咨询专委会主任赵坚、副主任邱家学、李爱国、王正兴及13位委员参加会议。年会主题“移动图书馆服务与咨询”，邱家学主持会议，省高校图工委副秘书长、南京大学图书馆副馆长邵波到会致辞。赵坚作情报咨询专委会2013年工作报告。大会主题报告分别是邵波《移动服务的发展趋势》，李爱国《移动互联与参考咨询》，叶艳鸣《移动环境下的图书馆服务创新探索》，苏州大学图书馆副馆长周建屏《传承东吴精神　展望移动未来》。大会分3个分会场进行交流，分别由邱家学、李爱国、王正兴3位副主任主持。

11月15—16日[2] 江苏省高等学校图书情报工作委员会高职高专图书馆建设专委会第13次年会暨学术研讨会在南京工业职业技术学院举行。领导和专家有江苏省教育厅高等教育处副处长经贵宝、徐庆，江苏省高校图书情报工作委员会秘书长、南京大学图书馆馆长洪修平，东南大学图书馆馆长顾建新，南京工业职业技术学院党委书记尤建国，成都航空职业技术学院图书馆馆长张勇，高职高专图书馆建设专委会主任、副校长卢兵出席会议。全省58所高职高专院校91位代表出席会议。开幕式由卢兵主持。洪修平、尤建国分别致辞，经贵宝作重要讲话，卢兵作了“高职高专图书馆建设专委会2013年工作总结及2014年工作计划”的报告。高职高专专委会副主任郑晨升宣布高职高专图书馆学术研讨会获奖论文名单和江苏省首届高职高专院校图书馆阅读活动大赛获奖名单，参会领导向获奖者颁奖。专委会副主任江苏建筑职业技术学院图书馆白桦馆长作会议总结。会议期间，代表参观了南京大学图书馆、南京工业职业技术学院校史陈列室及黄炎培展厅。

11月26日[3] CALIS管理中心发布《关于CALIS-CARSI Shibboleth服务启动及协议签署的通知》，CALIS管理中心、高校数字资源采购联盟(DRAA)与中国教育

[1] 苏州大学图书馆.江苏省高校图工委情报咨询专业委员会2013学术年会在我馆隆重召开[EB/OL].[2018-12-12].http://library.suda.edu.cn/b0/41/c4024a45121/page.htm.

[2] 南京工业职业技术学院图书馆.省高职高专图书馆建设专业委员会第十三次年会暨学术研讨会[EB/OL].(2013-11-21)[2018-12-12].http://lib.niit.edu.cn/2013/11/21/http://lib.niit.edu.cn/2013/11/21/省高职高专图书馆建设专业委员会第十三次年会暨/.

[3] 朱强，王波等.2013年高校图书馆发展概况(附大事记)[EB/OL].[2018-08-19].http://162.105.140.111/sites/default/files/attachment/tjpg/2013ALgaikuang.pdf.

科研网(CERNET)合作,基于 CERNET 高校身份认证联盟基础设施项目(CARSI),共同推出了 CALIS-CARSI Shibboleth 服务(简称“CALIS-CARSI 服务”),旨在为我国高校图书馆提供图书馆读者在校外以实名方式登录和访问商业数据库的身份认证服务。为高校图书馆提供统一的 CALIS-CARSI 服务的申请、开通与技术支持,CALIS、DRAA 和 CERNET 共同成立 CALIS-CARSI 服务组进行工作开展。成员馆要使用 CALIS-CARSI 服务,需要在本地安装 CARSI IDP 服务软件,由 CALIS 技术中心提供技术支持。

12 月 3 日〔1〕 江苏省教育厅根据国务院《教学成果奖励条例》《江苏省教学成果奖励办法》有关规定,组织开展 2013 年江苏省教学成果奖评选工作。经江苏省教学成果奖分评委会评选、总评委会审议、省教育厅审定,共评选出 2013 年省教学成果奖 937 项(特等奖 90 项,一等奖 277 项,二等奖 570 项)。获奖项目经公示并报省政府批准,发布江苏省教育厅苏教人〔2013〕14 号,予以公布。由南京大学领衔申报的“江苏省高等学校数字图书馆工程建设与实践”,获“2013 年江苏省优秀教学成果奖(高等教育类)”一等奖。获奖人:洪修平、顾建新、高新陵、张建平、包平、赵乃瑄、邵波、李明、罗时进、王永平。

12 月 5 日 2002 年教育部颁发《普通高等学校图书馆规程(修订)》(教高〔2002〕3 号文件)(以下简称《规程》)以来,《规程》对促进我国高校图书馆建设发挥了重要的作用。随着高等教育事业的发展,以及文献资源和技术环境的变化,《规程》的某些内容需要加以修订。根据教育部第 4 届高校图书情报工作指导委员会第 1 次工作会议的安排,全国高校图工委组建规程修订工作组,并在全国范围征求对《规程》内容的修订意见。

按照全国高校图工委秘书处要求,2013 年 11 月 1 日,江苏省高校图工委秘书处向全省高校图书馆发出通知,征求对《规程》内容的修订意见。2013 年 12 月 5 日,在江苏大学图书馆召开由不同类型高校图书馆馆长参加的《普通高等学校图书馆规程(修订)》征求意见座谈会,扬州大学图书馆馆长王永平、南京大学图书馆副馆长罗钧、中国矿业大学图书馆馆长李明、苏州大学图书馆副馆长石明芳、南京工业职业技术学院图书馆副馆长苏坤、南京农业大学图书馆馆长包平、淮阴师范学院图书馆副馆长陈国民、江苏大学图书馆馆长卢章平、南京理工大学图书馆馆长赵敏、徐州医学院图书馆馆长罗杰、南京财经大学图书馆馆长秦嘉杭、中国药科大学图书馆副馆长何华、河海大学图书馆副馆长张毅华、南京森林警察学院图书馆馆长方彦、常州大学图书馆副馆长金耀、淮海工学院图书馆副馆长张亮、南京工业大学图书馆馆长赵乃瑄、南京邮电大学图书馆馆长钱军、无锡职业技术学院图书馆馆长姜敏凤、南京林业大学图书馆副馆长丁其祥、南京师范大

〔1〕 江苏省教育厅.省教育厅关于公布 2013 年江苏省教学成果奖获奖项目的通知[EB/OL].[2018-08-19].http://www.ec.js.edu.cn/art/2013/12/13/art_4266_140665.html.

学图书馆常务副馆长张建平、南京医科大学图书馆馆长冯振卿、徐州医学院图书馆馆长彭雪勤等出席会议。

座谈会由江苏省高校图工委副秘书长邵波主持。各位馆长针对《普通高等学校图书馆规程(修订)》(2002 年版)的各项条款,提出修改意见。会后,江苏省高校图工委秘书处收集、整理、汇总意见和建议,提交至全国高校图工委秘书处。

12 月 5—6 日　江苏省高校图书情报工作委员会现代技术应用专委会 2013 年年会,在江苏大学图书馆召开。本次会议由江苏大学图书馆承办。江苏省高校图工委领导、全省 60 多所高校的 160 余名代表参加年会。江苏省高校图工委委员、现代技术应用专委会副主任、江苏大学图书馆馆长卢章平主持开幕式。江苏大学副校长程晓农到会致辞,向与会代表简要介绍了江苏大学及其图书馆的建设与发展情况;江苏省高校图工委副秘书长、南京大学图书馆副馆长邵波,代表江苏省图工委致辞;江苏省高校图工委现代技术委员会主任叶志锋代表专委会致辞。

年会邀请深圳大学图书馆副馆长胡振宁、陈大庆,电子科技大学(成都)图书馆馆长李泰峰,西南交通大学图书馆副馆长廖永忠等嘉宾,陈大庆是广东省图书情报学会信息技术委员会委员、广东省高校图书情报工作委员会现代技术委员会副主任委员、深圳市图书情报学会信息技术委员会主任委员、深圳市图书情报学会理事,廖永忠是四川省高校图工委技术委员会主任。胡振宁、李泰峰作两场专题报告。深圳大学虽然是改革开放以后建立的大学,深圳大学图书馆却是国内较早开展图书馆自动化系统开发的单位,长期坚持“技术立馆”,在自动化系统的开发以及下一代图书馆自动化系统发展趋势研究上,走在国内前列,胡副馆长长期从事图书馆自动化、文献信息管理、数字图书馆等方面的科研工作,他的报告以《下一代图书馆平台:管理与服务》为题,基于对目前图书馆管理与服务情况的剖析、国外成果的对比分析,指出了目前图书馆自动化系统的发展正处于转型期,需要面向大数据时代的新型管理系统,从单一纸本资源管理为中心的传统系统,向新一代面向资产、数据、知识化管理系统过渡,更多地与新技术产生融合,同时,他还提出了下一代图书馆平台的开放型建设的思路;电子科技大学(成都)图书馆是国内 Lib 2.0 运动的重镇,也是西南地区具有影响力的重点高校图书馆之一,李泰峰是四川省高校图书情报工作委员会副秘书长,中国教育教育技术协会常务理事,他的报告:《泛技术环境下智慧图书馆的建设》,重点介绍电子科技大学在 RFID 与智慧图书馆应用以及微创新方面的进展。

年会还有来自南京师范大学、苏州大学、南京工业职业技术学院、盐城工学院、南京森林警察学院、江苏大学等 6 所省内高校图书馆的同仁分别作了报告。报告集中在新一代的服务开发、虚拟化环境建设、数字图书馆门户的用户体验改善、现代信息技术在社会化服务中的实践与应用,以及技术促进图书馆服务转型与发展的研究等方面。江苏大学图书馆集中介绍近几年所开发的新项目。南京师范大学图书馆介绍近年来持续关注对集成检索与全文阅读的探索创新。南京森林警察学院图书馆提出高校图书馆门户系统建设的新思维，归纳出未来可优化改进的方向。南京工业职业技术学院图书馆张迎春作“读者网络访问控制统计网关的原理及设计”的报告，引起了与会者的广泛的兴趣，跟踪国际最新的技术发展，独立地开发读者网络访问控制统计网关，除了完成用户访问控制的要求外，网关还根据图书馆业务的需要设计高精度的统计功能。虚拟化管理逐步成为图书馆基础建设的主流，苏州大学图书馆的“图书馆实施虚拟化整合需要关注的若干因素”，总结他们在虚拟化建设的过程中的经验与问题，为正在规划或是准备实施的同行们，提供了宝贵的、可操作的经验。

盐城工学院图书馆的“现代信息技术在社会化服务中的实践与应用”，向年会展示了他们利用新技术在服务社会化方面所做的努力和成效。江苏大学图书馆书记、副馆长袁润作“技术促进图书馆服务转型与发展”的报告，归纳自 21 世纪初至今，与图书馆现代技术发展有关的关键词，梳理了 10 余年来的发展脉络，表明近几年来是图书馆现代技术研究与发展的高潮期和活跃期，证实了数字图书馆技术、图书馆自动化技术正在面临新的转型，无论是用户的需求，还是管理者的需求都在发生变化。叶志锋做总结发言。

12 月 12 日[1] 原收藏在日本大仓文库 100 余年，931 部、28143 册典籍运抵北京大学图书馆。按照 2013 年 6 月 20 日北京大学与大仓文化财团签订的《中国古籍善本转让合同书》相关内容约定，这批典籍在北京大学图书馆善本库，以“大仓文库”专藏的形式永久整体保存，总价值 1 亿人民币。这是自 1949 年以来，中国高校图书馆最大一宗的善本采购案。

12 月 12 日 CALIS 青海省中心代表团一行 10 人来访，CALIS 青海省中心（青海师范大学图书馆）刘文祖带队，交流两省在地区文献保障系统建设过程中的成果和经验。青海省代表团的成员来自青海省的 6 所普通高校图书馆。CALIS 江苏省中心、JALIS 管理中心、江苏省高校图工委及南京大学图书馆的领导会见青海省高校图书馆的代表，南京大学图书馆副馆长罗钧、JALIS 管理中心办公室主任沈鸣、江苏省高校图工委办公室主任徐晖、JALIS 管理中心办公室孟勇参加了会见。罗钧向青海来宾介绍了 CALIS 江苏省中心、JALIS 管理中心以及 JALIS 建设的基本情况，着重介绍了 JALIS 三期以及 CALIS 三期省中心建设过程中，江苏省高校图书馆所做的主要工作和管理模式。沈鸣分阶段地介绍了江苏省高校图工委建立 30 年以来，所取得主要成果和主要做法。

CALIS 青海省中心、青海师范大学图书馆刘文祖介绍青海省高校图书馆的基本情况，目前，青海省共有普通高校 9 所，其中本科院校 4 所（含独立学院 1 所），高职院校 5 所。其中，青海大学为“211”工程学校。

〔1〕 李云. 北京大学图书馆藏“大仓文库”述略[J]. 大学图书馆学报，2014(5)：110－116.

CALIS青海省中心设在青海师范大学图书馆，青海省高校图工委设在青海民族大学图书馆，省内的高校均集中西宁市，因此在服务推广方面，有地理上的优势。CALIS青海省中心的建设，推动青海省地方政府对高校图书馆的支持力度，目前每年地方财政支持部分经费用于资源采购。

双方希望今后能加强地区间的合作，在人才培养、业务推广等方面加强联系。CALIS青海省中心代表团在苏期间，顺访南京师范大学图书馆、东南大学图书馆、苏州大学图书馆。

12月12—13日[1] 上海大学图书馆党总支书记兼常务副馆长陆铭、副馆长刘华率上海大学图书馆考察团一行，先后前往河海大学图书馆、南京大学仙林校区杜厦图书馆、东南大学李文正图书馆进行调研和业务交流，学习“985”“211”工程重点建设高校图书馆先进经验，推动校图书馆转型发展，提升图书馆服务能力，满足学校师生对图书馆的多元利用需求，为学校教学、科研等提供资源支持与保障。河海大学图书馆馆长赵坚，南京大学图书馆副馆长罗钧，东南大学图书馆馆长顾建新分别接待上海大学考察团成员，进行交流并参观各馆的服务环境。

12月19日 由江苏省高校图工委举办的“2013江苏省高校图书馆集团引进数据库培训”在南京大学鼓楼校区图书馆报告厅进行。来自全省70多所高校图书馆的90多位馆员及4家国内外数据库公司、代理公司、合作单位的代表，共计100余人参加了大会。南京大学图书馆咨询部主任翟晓娟主持上午的培训。江苏省图工委数字资源评估与引进工作组组长、南京大学图书馆副馆长史梅介绍了江苏省集团采购数据库的现状以及举办此次数据库集中培训的缘由。大会还安排时间让数据库公司的专业人员和高校图书馆员有面对面交流，解答数据库使用中遇到的问题。为加强全省高校图书馆员交流，南京大学图书馆牵头建立江苏省高校参考咨询QQ群。培训现场还发放了《江苏省高校集团引进数据库培训调查表》。

12月26日[2] 台湾李国鼎科技发展基金会秘书长先生万其超一行，参访东南大学图书馆“国鼎图书室”，东南大学副校长林萍华会见万秘书长一行。校港澳台办副主任殷磊，图书馆馆长顾建新、档案馆馆长钱杰等参加会见。

12月30日[3] 第四届教育部高等学校图书情报工作指导委员会高职高专分委员会成立大会暨第一次全体委员会会议在天津召开。会议由天津医学高等专科学校承办。新一届图工委高职高专分委会委员等20多人参加会议。大会由新任教育部高等学校图书情报工作指导委员会委员、高职高专分委员会副

〔1〕 倪代川.上海大学图书馆前往南京大学、东南大学、河海大学三校图书馆学习调研[J].上海高校图书情报工作研究，2014(1)：44.

〔2〕 东南大学图书馆办公室.东南大学图书馆简讯(2014年第1期，总第34期)[EB/OL].[2019-02-02].http://www.lib.seu.edu.cn/upload_files/article/246/1_20180612095639.pdf.

〔3〕 南京工业职业技术学院图书馆.第四届教育部高等学校图书情报工作指导委员会高职高专分委员会成立大会暨第一次全体委员会会议在天津召开[EB/OL].[2018-12-12].http://lib.niit.edu.cn/2013/12/30/第四届教育部高等学校图书情报工作指导委员会高/

主任委员、南京工业职业技术学院副校长卢兵主持。天津医学高等专科学校校长刘斌、天津市教委高教处处长杨荣敏分别致辞。图工委高职高专分委会主任委员、天津医学高等专科学校学校党委记杨文秀代表新一届图工委高职高专分委会发言。教育部职业教育与成人教育司高职高专处副处长任占营，高校图工委主任委员、北京大学图书馆馆长朱强，高校图工委秘书长、北京大学图书馆副馆长陈凌出席大会，南京工业职业技术学院图书馆副馆长苏坤参加会议。随后召开新一届图工委高职高专分委会第一次工作会议，会议分 3 个阶段。第 1 阶段由高职高专分委会副主任委员、深圳职业技术学院图书馆馆长郭向勇主持，副主任委员卢兵报告《图工委高职高专分委会工作章程》(讨论稿)；秘书长赵蕴珍报告 2014 年图工委高职高专分委会工作计划、成立工作组、聘期规划框架；副主任委员郭向勇报告《普通高等学校图书馆规程》修改意见；高校图工委秘书长陈凌报告 CALIS 对高职高专院校服务思路，杨文秀作大会总结。

12 月 31 日　继 2013 年上半年的先进单位评选之后，经 CALIS 管理中心评估，评出在 CALIS 三期建设过程中的单位单项奖和先进个人奖，正式集中公布获奖名单。获奖单位将获得奖状、奖杯，个人获奖者将获得奖状与奖品。江苏省高校图书馆共有 10 个高校获得 32 个奖项，其中单位单项奖 21 个、个人奖 11 个。

CALIS 三期评优光荣榜(江苏省中心)

1. 中国矿业大学(徐州)(2 项)

① CALIS 三期 e 读示范馆　二等奖

② 都平平　CALIS 三期应用服务优秀示范馆 e 读服务先进个人

2. 江苏大学(2 项)

③ CALIS 三期 e 读示范馆　三等奖

④ 陈忠萍　CALIS 三期应用服务优秀示范馆 e 读服务先进个人

3. 江南大学(9 项)

⑤ CALIS 三期 e 读示范馆　三等奖

⑥ CALIS 三期外文期刊网示范馆　一等奖

⑦ CALIS 三期馆际互借与文献传递示范馆　三等奖

⑧ CALIS 三期虚拟参考咨询示范馆　一等奖

⑨ CALIS 三期馆际互借与文献传递服务馆优秀服务馆　三等奖

⑩ 李迎丰　CALIS 三期应用服务优秀示范馆 e 读服务先进个人

⑪ 张嫦　CALIS 三期应用服务优秀示范馆馆际互借与原文传递服务先进个人

⑫ 吴信岚　CALIS 三期应用服务优秀示范馆外网期刊网服务先进个人

⑬ 彭奇志　CALIS 三期应用服务优秀示范馆虚拟参考咨询服务先进个人

4. 南京理工大学(2 项)

⑭ CALIS 三期 e 读示范馆　三等奖

⑮ 郭卫兵　CALIS 三期应用服务优秀示范馆 e 读服务先进个人

5. 苏州大学(4 项)
⑯ CALIS 三期外文期刊网示范馆　二等奖
⑰ CALIS 三期虚拟参考咨询示范馆　一等奖
⑱ 严大香　CALIS 三期应用服务优秀示范馆外网期刊网服务先进个人
⑲ 张云坤　CALIS 三期应用服务优秀示范馆虚拟参考咨询服务先进个人
6. 东南大学(4 项)
⑳ CALIS 三期馆际互借与文献传递示范馆　三等奖
㉑ CALIS 三期馆际互借与文献传递服务馆优秀服务馆　三等奖
㉒ CALIS 三期联合目录项目建设杰出贡献奖
㉓ 隆新文　CALIS 三期应用服务优秀示范馆馆际互借与原文传递服务先进个人
7. 南京工业职业技术学院(2 项)
㉔ CALIS 三期虚拟参考咨询示范馆　二等奖
㉕马丽娜　CALIS 三期应用服务优秀示范馆虚拟参考咨询服务先进个人
8. 南京大学(4 项)
㉖ CALIS 三期联合目录项目建设杰出贡献奖
㉗ CALIS 三期联合目录项目业务培训卓越组织奖
㉘ CALIS 三期名称规范数据库项目建设杰出贡献奖
㉙ 孟勇　CALIS 三期省级文献信息服务中心先进个人
9. 南京师范大学(2 项)
㉚ CALIS 三期编目队伍建设优秀奖
㉛ CALIS 三期馆际互借与文献传递服务馆优秀服务馆　三等奖
10. 扬州大学(1 项)
㉜ CALIS 三期联合目录项目业务培训卓越组织奖

年度事件数据:

事业发展　全省普通高等学校数:131 所(其中本科院校:52 所,高职院校:90 所);
本专科在校生人数:168.45 万人;
研究生在校生人数:14.59 万人;
专任教师人数:10.827 2 万人;
高等教育毛入学率:48.6%。

单位变更　3 月,泰州师范高等专科学校,更名"泰州学院",升格为本科院校,泰州市的第一所本科院校。
4 月,江苏教育学院更名为"江苏第二师范学院",图书馆同时更名。
5 月,江苏畜牧兽医职业技术学院更名为"江苏农牧科技职业学院",建制不变,原图书馆同时更名,办学地泰州市。
5 月,江苏联合职业技术学院南通商贸分院,更名为"江苏商贸职业学院",建制不变,图书馆同时更名,办学地南通市。
5 月,盐城纺织职业技术学院,更名为"盐城工业职业技术学院",建制不变，图书馆同时更名，办学地盐城市。

10 月，南京邮电大学、南京人口管理干部学院合并办学，组建新的南京邮电大学，南京人口管理干部学院撤销建制。

领导变更　2 月，原河海大学校长办公室主任赵坚教授接任河海大学图书馆馆长。

11 月，钱鹏出任东南大学图书馆副馆长[1]。

12 月，南京农业大学图书馆馆长包平转岗，改任人事处长，原书记倪峰接任馆长。

12 月，南京理工大学图书馆馆长赵敏离任，张小兵[2]教授接任馆长。

淮海工学院图书馆馆长王正兴离任。

苏州大学图书馆馆长罗时进离任，由教务处长唐忠明教授继任馆长。

---

〔1〕 东南大学图书馆办公室. 东南大学图书馆简讯(2014 年第 1 期，总第 34 期)[EB/OL]. [2019-02-02]. http://www.lib.seu.edu.cn/upload_files/article/246/1_20180612095639.pdf.

〔2〕 张小兵(1968—　)，南京理工大学能源与动力工程学院教授、博士、博士生导师。2013 年起，接替赵敏，继任南京理工大学图书馆馆长、江苏省高校图工委副主任、队伍建设专业委员会主任。

2014 年

1 月 江苏省教育厅苏教办高〔2014〕1 号，关于调整江苏省高等学校图书情报工作委员会和江苏省高等学校数字图书馆工程建设管理中心组成人员名单的通知。

2 月 10 日[1] 江苏省图书馆学会以通讯形式召开 6 届 4 次常务理事会议，会议决定接受马宁辞去理事长职务的请求。

2 月 24 日 南京航空航天大学将军路校区新图书馆正式开馆运行，新馆建筑面积 2.7 万平方米。

3 月 4 日[2] 江苏省图书馆学会 6 届 5 次常务理事会暨 6 届 3 次理事扩大会议在南京图书馆举行，省文化厅党组副书记、副厅长马宁，省文化厅党组成员、南京图书馆党委书记方标军等 85 人出席会议。会议决定增补方标军为省学会理事长，增补全勤，接替严峰为副理事长。

3 月[3] 江苏农林职业技术学院图书馆 RFID 服务投入使用，初始规模 39 万册图书，采用超高频标签，由宁波立芯公司提供，包含馆员工作站(标签转换装置)3 套，室内自助借还书机 4 台，推车式盘点车 1 台，图书安全门禁系统(单通道)4 台。RFID 标签采用远望谷标签，其他全部为宁波立芯公司的设备和标签。

3 月[4] 江苏省图书馆学会通知，要求江苏省内高校图书馆参与《中国图书馆年鉴》的编撰征稿工作，《中国图书馆年鉴》是由中国图书馆学会、国家图书馆联合主办的集中反映全国图书馆事业年度发展状况的重要工具书，也是展示各系统、各地区图书馆工作成就的重要平台。《中国图书馆年鉴》2014 卷计划于 2014 年 10 月出版发行，要求各成员馆组织撰写，提供本馆的相关稿件，收稿截止时间：2014 年 5 月 20 日。

3 月 7 日 JALIS 管理中心发布《关于做好全省高等学校数字图书馆三期工程 2011 年度项目验收工作的通知》，通知要求各项目承建单位为全面展示江苏省高等学校数字图书馆(JALIS)三期建设成效，推动服务效益的提升，总结阶段性成果，分析存在不足与问题，确保完成 JALIS 三期工程的总体验

---

〔1〕 江苏省图书馆学会秘书处. 江苏省图书馆学会 2014 年大事记[J]. 新世纪图书馆，2015(2)：96 - 97.

〔2〕 江苏省图书馆学会秘书处. 江苏省图书馆学会 2014 年大事记[J]. 新世纪图书馆，2015(2)：96 - 97.

〔3〕 邹金花. RFID 技术在我国数字化图书实现智能管理应用研究[J]. 兰台世界，2014(35)：30 - 31.

〔4〕 江苏省图书馆学会秘书处. 江苏省图书馆学会 2014 年大事记[J]. 新世纪图书馆，2015(2)：96 - 97.

收。现定于 2014 年上半年，将对 JALIS 三期工程项目 2011 年度立项的 40 个项目开展验收。

4 月 2 日[1] 中国图书馆学会发布《关于表彰先进学会、优秀会员和优秀学会工作者的决定》的通知，授予全国 11 个单位“先进学会”，475 名会员“优秀会员”和 47 人“优秀学会工作者”的荣誉称号。江苏省图书馆学会被表彰为“先进学会”，江苏省卞庆祥等 31 名会员被表彰为“优秀会员”，杨岭雪、储兰获“优秀学会工作者”称号。

4 月 11 日[2] 江苏省全民阅读领导小组办公室发函江苏省高校图工委，邀请参加“首届江苏省大学生读书节”筹办恳谈会，恳谈会在江苏省新闻出版局举行，江苏省高校图工委副秘书长邵波参加会议。

4 月 24 日[3] 教育部高等学校图书情报工作指导委员会“馆舍与环境建设”工作组会议，在东南大学四牌楼校区图书馆举行。全国高校图工委副主任、郑州大学图书馆馆长崔波，中国图书馆学会高校图书馆分会副主任、东南大学图书馆馆长顾建新，14 个单位的 15 位委员出席会议。会议确定 2014 年度工作计划：① 加强新馆与环境建设的经验交流；② 收集新馆建设的常见问题，编辑《图书馆建筑常见问题指南》；③ 加强和港澳台地区的交流，分享建设经验；④ 建设《中国高校图书馆建筑数据库》；⑤ 宣传即将颁布的《图书馆建筑设计》规范；⑥ 开展对图书馆建筑设计中相关问题研究。

4 月 25—27 日[4] 第四届教育部高校图工委文献资源建设工作组第 1 次工作会议，在南京师范大学仙林校区敬文图书馆召开。高等学校图书情报工作指导委员会主任、北京大学图书馆馆长朱强，图工委秘书长、CALIS 管理中心副主任、北京大学图书馆副馆长陈凌，图工委文献资源建设工作组以及文献资源建设研究小组成员共 26 人出席会议。陈凌主持文献资源建设研究小组工作会议，专题讨论“高校图书馆中文图书采访平台”如何与 CALIS 项目建设相结合。文献资源建设工作组会议分为大会报告和集体讨论两个阶段。大会报告由工作组组长、厦门大学图书馆馆长萧德洪主持。工作组副组长、东北师范大学图书馆馆长刘万国作题为“关于资源建设的思考”主题报告。西安交通大学图书馆馆长高凡作题为“211 院校图书馆文献资源发展状况区域性对比研究”的报告。南方科技大学图书馆馆长燕今伟作题为“百年华文人文社会科学文献的整理”的报告。武汉大学图书馆副馆长张洪元汇报上届研究小组相关工作，包括高校图书馆中文图书采访平台、《文献资源建设》杂志、翻译图书事宜、文献资源建设案例以及年会事务等情况。大会

---

〔1〕 江苏省图书馆学会秘书处. 江苏省图书馆学会 2014 年大事记[J]. 新世纪图书馆，2015(2)：96－97.

〔2〕 省全民阅读办. 关于会商首届江苏省大学生读书节的函[Z]，2014：1.

〔3〕 王波，吴汉华等. 2014 年高校图书馆发展概况(附大事记)[EB/OL]. [2018－08－18]. http://162.105.140.111/sites/default/files/attachment/tjpg/20151109.pdf.

〔4〕 南京师范大学图书馆. 第四届教育部高校图工委文献资源建设工作组第一次工作会议在我校召开[EB/OL]. [2018－12－12]. http://sun.njnu.edu.cn/news/2014－4/135608_829957.html.

集体讨论阶段由武汉大学图书馆馆长王新才主持，就工作组未来三年发展规划和工作目标、工作组例会和学术年会、《文献资源建设》杂志的编辑发行等议题畅所欲言并达成共识。

4月27—29日　“江苏地区公共、高校图书馆‘智慧图书馆’馆长高峰论坛”在南京大学图书馆召开，论坛由江苏省高校图书情报工作委员会主办，北京大学出版社、清华大学出版社和南京大学出版社承办，江苏知识书店、江苏华茂博文书业有限公司协办。江苏地区50家高校馆和三家公共馆共60名馆长参加本次论坛，南京大学图书馆副馆长兼省高校图工委常务副秘书长邵波、清华大学出版社总编吴培华、北京大学出版社副社长张涛、南京大学出版社社长左健出席并致辞，南京航空航天大学图书馆馆长叶志锋和东南大学图书馆馆长顾建新分别主持论坛报告。

5月6—10日[1]　江苏省高职高专图书馆建设专委会及学术委员会一行11人，由南京工业职业技术学院图书馆馆长郑晨升带队，赴长沙中南大学、湖南大学、长沙商贸旅游职业技术学院、湖南交通职业技术学院4所院校图书馆开展专题调研活动。调研期间，湖南大学图书馆馆长郑章飞、中南大学图书馆馆长张曾荣、长沙商贸旅游职业技术学院副院长贺华、图书馆馆长唐晓应、湖南交通职业技术学院副院长陈曙红、图书馆馆长仲建萍分别会见代表团，唐晓应全程陪同。代表团考察四所高校馆的馆室布局、内部管理、信息咨询、读者服务、资源共享以及阅读推广等多项建设成果。

5月7—9日[2]　“全国师范院校图书馆联盟”首届成员馆大会暨联盟工作研讨会，在北京师范大学图书馆召开。北京师范大学党委副书记刘利、首都图书馆副馆长陈坚、清华大学图书馆馆长邓景康、CALIS管理中心副主任陈凌出席开幕式并致辞。北京师范大学图书馆馆长张奇伟做师范联盟工作报告。陈凌、北京师范大学教育学部副部长余胜泉分别做学术报告。全国29所高等师范院校图书馆的50余位代表，江苏省成员馆出席会议。

5月13—15日[3]　“数字资源移动服务研讨会暨CALIS第12届国外引进数据库培训周”在哈尔滨工业大学举行。哈尔滨工业大学校长助理徐晓飞出席开幕式并致辞。哈尔滨工业大学图书馆馆长王铁成主持开幕式。高校图书馆数字资源采购联盟（DRAA）理事长、CALIS管理中心副主任、北京大学图书馆馆长朱强讲话。活动包括数字资源移动服务研讨会和引进数据库培训两大部分。组织国内外专家、数据库商和高校图书界代表交流经验、探讨提供

---

〔1〕 南京工业职业技术学院图书馆.江苏省高职高专图书馆建设专业委员会一行赴长沙高校考察调研[EB/OL].[2018-12-12]. http://lib.niit.edu.cn/2014/05/15/江苏省高职高专图书馆建设专业委员会一行赴长沙/.

〔2〕 全国师范院校图书馆联盟.“全国师范院校图书馆联盟”首届成员大会暨联盟工作研讨会召开[EB/OL].(2014-05-10)[2018-12-12]. http://sflm.bnu.edu.cn/templates/qgsflm/newsInfo.cshtml?cid=145&id=229.

〔3〕 哈尔滨工业大学.数字资源移动服务研讨会暨CALIS引进数据库培训周开幕[EB/OL].[2018-09-09]. http://news.hit.edu.cn/cjxxxdzz/4a/14/c5550a18964/page.psp.

解决方案，研讨高校数据库采购的现状和发展方向。

5 月 15—22 日[1] 教育部高等学校图书情报工作指导委员会发起的“海外学科化服务馆员培训班”项目。第 1 期海外学科化服务馆员培训班举办，本期培训班由上海交通大学图书馆承办。来自全国高校图书馆的 42 名馆员参加两天的国内培训，然后分为两组，分别前往美国加州大学伯克利分校图书馆与新加坡南洋理工大学图书馆进行海外培训。来自江苏省的赵功群(徐州工程学院图书馆)、唐权(东南大学图书馆)、顾小明(南京师范大学图书馆)3 人参加首期培训班[2]。

5 月 16 日 江苏省教育厅组织的 JALIS 三期项目第 4 批验收会议，在南京大学图书馆举行，至此，JALIS 三期建设项目验收全部完毕。

5 月 19 日[3] 江苏省教育厅向江苏省高校图工委转来江苏省政协委员徐雁、杨金荣、胡发贵在政协江苏省委员会十一届二次会议上的提案(提案编号:2014 年(0437)号),《重视继承“耕读文明”文化传承深化我省“全民阅读”推广工作》,要求江苏省高校图工委给予配合并予以回复，江苏省高校图工委向江苏省政协、教育厅提交《关于江苏省高等院校开展阅读推广活动的情况说明》的报告，汇报近年来江苏省高校图书馆在全民阅读推广方面所做的工作。

6 月 15 日[4] 全国哲学社会科学工作办公室公布 2014 年国家社科基金项目立项名单，赵乃瑄(南京工业大学图书馆)申请的《我国跨系统区域图书馆联盟建设与发展实证研究》,获批“一般项目”,项目编号:14BTQ006。袁润(江苏大学图书馆)申请的《图书馆知识发现服务的功能定位和建设策略研究》获批“一般项目”,项目编号:14BTQ018。常娥(东南大学图书馆)申请的《图书馆资源组织中的数据关联机制研究》,获批“青年项目”,项目编号:14CTQ005。

6 月 23—28 日[5] 苏州大学图书馆馆长唐忠明带队，率数字化建设部主任何继红、技术部俞巧根一行 3 人，前往拉萨师范高等专科学校图书馆。根据学校援藏的总体部署，苏州大学图书馆数字化建设部设计开发“苏州大学对口援建资源服务平台”,通过两校间的 VPN 网络专用通道，帮助拉萨师范高等专科学校建立数字资源远程推送服务，可进行书目信息检索、访问数据库资源，为拉

[1] 兰小媛. 教育部高校图工委第一期海外学科化服务馆员培训班成功举办[J]. 上海高校图书情报工作研究，2014,24(3):10.

[2] 上海交通大学图书馆. 第一期海外学科化服务馆员培训班工作手册[Z]. 教育部高等学校图书情报工作指导委员会，2014:21.

[3] 徐雁，杨金荣等. 重视继承“耕读文明”文化传承深化我省“全民阅读”推广工作政协江苏省委员会十一届二次会议提案 2014 年[0437]号[Z],2014.

[4] 全国哲学社会科学工作办公室. 国家社科基金项目数据库[EB/OL]. (2019-01-01)[2019-01-01]. http://fz.people.com.cn/skygb/sk/index.php/Index/index.

[5] 苏州大学图书馆. 图书馆援建拉萨师范学校工作简讯[EB/OL]. (2014-06-30)[2018-12-12]. http://library.suda.edu.cn/b0/5a/c4024a45146/page.htm.

萨师范高等专科学校图书馆进行馆员培训。

7月13日　江苏省高校图工委现代技术应用专委会工作会议，在江苏大学图书馆召开，江苏大学图书馆馆长卢章平、书记袁润，南京财经大学图书馆馆长秦嘉杭，南京邮电大学图书馆馆长钱军，扬州大学图书馆副馆长侯三军，南京大学图书馆沈鸣参加会议。讨论2014—2015年培训计划及委员会工作安排，会议由卢章平主持，介绍江苏大学近期进行的若干创新工作，同时，对技术委员会去年的工作做小结，对下一步工作提出了希望。沈鸣报告2014—2015年度的培训工作计划的筹备过程，提交会议讨论的2014—2015年度的培训工作计划，经过了两轮的征求意见，基本反映当前的业务需求，整理提交给主任会议讨论。

2014—2015年度的培训工作计划的规划，一方面紧跟时代发展潮流，另一方面，加强实用技能提升，理论与实践相结合。卢章平做总结。会后，与会者参观江苏大学图书馆新建的李岚清赠书阅览室和读者行为与心理分析实验室。

7月—8月　第10届伊利诺伊大学中国图书馆馆员交流项目(Chinese Librarians Scholarly Exchange Program，CLSEP)在美国伊利诺伊大学香槟分校开班，本期学员共26人，其中江苏省学员5人，王敏芳(南京理工大学图书馆)，张晓阳(江苏大学图书馆)，郭启松(淮阴师范学院图书馆)，杨会(南京航空航天大学图书馆)，潘洋(东南大学图书馆)。

9月26日[1]　"2014年煤炭高等学校图书馆协作委员会馆长会议暨煤炭高校图书馆联盟成立大会"在中国矿业大学图书馆召开，"煤炭高校图书馆联盟"正式成立。来自中国矿业大学、河南理工大学、辽宁工程技术大学等16所煤炭高校图书馆的代表参加会议。中国矿业大学党委副书记张爱淑、江苏省高校图工委副秘书长，南京大学图书馆副馆长邵波出席开幕式。中国矿业大学图书馆副馆长闫永焱主持会议，会议通过《煤炭高校图书馆联盟章程(讨论稿)》。煤炭高等学校图书馆协作委员会主任，中国矿业大学图书馆馆长李明介绍煤炭高校协作委员会的历史，回顾了协作委员会的工作，解读煤炭高校图书馆联盟章程。随后举行"煤炭高校图书馆联盟"成立仪式。16个联盟馆负责人见证联盟的成立。

9月5日[2]　由教育部高等学校图书情报工作指导委员会秘书处在北京大学图书馆召开《普通高校图书馆规程》第2次修订会议，教育部高教司教学条件处都昌满副处长、教育部高等学校图书情报工作指导委员会规程修订工作组的委员共12位专家与会，会上根据各地图工委上报的修改意见，逐条对规程进

[1] 中国矿业大学图书馆. 2014年煤炭高等学校图书馆协作委员会馆长会议暨煤炭高校图书馆联盟成立大会在我校召开[EB/OL]. (2014-09-28)[2018-12-12]. http://lic.cumt.edu.cn/36/21/c883a79393/pagem.htm.

[2] 王波，吴汉华等. 2014年高校图书馆发展概况(附大事记)[EB/OL]. [2018-08-18]. http://162.105.140.111/sites/default/files/attachment/tjpg/20151109.pdf.

行了再次修改,形成第二版修订草案,以提交图工委年度工作会议审议。

10 月 9 日[1] 江苏省高校图书情报工作委员会高职高专图书馆建设专委会主办、南京工业职业技术学院图书馆承办的"江苏省高职院校文献资源建设培训班"在南京工业职业技术学院开班,为期 3 天,全省 30 多所高职院校的 60 余位业务人员参加培训。省高校图工委副主任、高职高专图书馆建设专委会主任、南京工业职业技术学院副校长卢兵和省高校图工委副主任、南师大图书馆常务副馆长张建平出席开班仪式并分别代表学校及省图工委致辞。培训班邀请南京大学图书馆副馆长邵波、张建平,东南大学图书馆副馆长李爱国,无锡科技职业技术学院馆长顾健,CALIS 认证专家、南京大学图书馆采访部主任汪徽志,CALIS 认证专家孙秀苏等 6 位专家,分别就文献资源建设与创新服务、文献资源建设理论与实践、文献资源共享、西方编目、中文编目等专题作报告。

10 月 13 日[2] 江苏省人民政府发布《省政府关于公布江苏省第十三届哲学社会科学优秀成果奖的决定》(苏政发〔2014〕106 号),共 498 个项目获奖,其中,一等奖 59 项,二等奖 144 项,三等奖 295 项,熊太纯(江苏理工学院图书馆)的《CALIS 贮存图书馆现状与联合存储中心的建立》(论文)获三等奖。

10 月 14 日 江苏省高校图工委现代技术应用专委会主任叶志锋、副主任卢章平在南京会见了来访的中华图书资讯馆际合作协会理事长、台湾师范大学图书馆馆长柯皓仁,现代技术应用专委会副主任沈鸣参加了会见,双方就进一步加强合作交换了意见。下午,现代技术应用专委会在南京邮电大学(仙林校区)图书馆举行专场报告交流会,南京大学、南京师范大学、南京财经大学、江苏大学、南京邮电大学、南京航空航天大学、南京森林警察学院等高校图书馆的技术部负责人参加了报告会。报告会由现代技术应用专委会副主任、南京邮电大学图书馆馆长钱军主持。

柯皓仁,教授,交通大学信息科学研究所博士、长期从事数字与网络技术、数字典藏、数据挖掘技术的研究与应用。柯皓仁现任台湾师范大学图书咨询学研究所教授、台湾师范大学图书馆馆长。同时兼任台湾中华图书资讯馆际合作协会理事长、台湾图书馆学会自动化与网络委员会主任委员。柯皓仁报告的题目是"云服务时代的图书馆合作"。主要介绍① 台湾地区图书馆馆际合作的发展,② OCLC 集中式图书馆基本数据库的应用(WorldCat Registry),③ 关联数据(Linked Data)的应用现状与前景,④ 当今时代的群众外包(Crowd Sourcing),⑤ ORCID(开放研究者与贡献者身份)识别码的应用。报告后,参会的同行与柯皓仁馆长进行了交流,报告会前,钱军馆长陪同柯皓仁馆长参观南京邮电大学图书馆。

---

〔1〕 南京工业职业技术学院图书馆. 江苏省高职院校文献资源建设培训班在我校举办[EB/OL]. [2018-12-12]. http://lib.niit.edu.cn/2014/11/04/江苏省高职院校文献资源建设培训班在我校举办/.

〔2〕 江苏省社科联. 省政府关于公布江苏省第十三届哲学社会科学优秀成果奖的决定[EB/OL]. (2014-10-20)[2019-01-02]. http://www.js-skl.gov.cn/notice/5927.html.

10月16日[1] 台湾地区中央图书馆牛惠曼、林明宏、费心琴一行3人参访苏州大学图书馆。苏州大学图书馆书记周建屏，文献建设部、古籍部等部门的主任参加座谈，双方就图书馆馆藏发展及书目管理、文献采访编目工作、图书馆馆舍建设、重点古籍保护情况进行交流。台湾的同行参观苏州大学本部图书馆、炳麟图书馆。

10月22日 由于JALIS所属的超星数字图书馆南京大学图书馆等镜像站，因设备严重老化，已无法保证正常服务，经与超星公司协商，由超星公司向江苏省高校开放远程云服务，IP地址认证，在校园网内可以访问，包括原JALIS镜像点的所有电子图书。

服务地址：http://www.sslibrary.com

10月23—26日[2] 2014年华东地区高校图工委秘书处工作会议，在中国石油大学（青岛校区）图书馆举行。会议由山东高校图工委主办，中国石油大学图书馆承办，山东高校图工委秘书长韩子军主持会议。林皓明、王榕蓉（上海市高校图工委）、章云兰、陈华（浙江省高校图工委）、甘安龙、雷墨林（江西省高校图工委）、储节旺（安徽省高校图工委）、郭毅（福建省高校图工委）、徐晖（江苏省高校图工委）、韩子军、隋移山（山东省高校图工委）共11位代表参加会议。参会代表就华东地区各省（市）高校图工委的工作情况和经验进行交流，讨论华东区域文献保障体系建设和文献信息资源共建共享的现状及对策。

10月26—28日[3] 第9届全国纺织服装信息研究会馆长论坛暨2014年学术年会，在苏州大学图书馆召开，会议由苏州大学承办，理事长单位东华大学协办。全国纺织服装信息研究会理事长、东华大学图书馆馆长张怡，江苏省高校图工委秘书长、南京大学图书馆副馆长邵波，苏州大学副校长田晓明、图书馆馆长唐忠明和来自全国25所高校的50余名代表参加会议。全国纺织服装信息研究会副理事长、东华大学图书馆副馆长陈惠兰主持大会报告，邵波作题为《图书馆联盟协同服务现状与展望》的主旨报告。张怡作题为《数字人文与图书馆服务的发展》的主旨报告。天津工业大学的张健飞馆长、西安工程大学的张大为馆长、浙江理工大学的刘翔馆长助理以及苏州大学的何继红，分别从图书馆的管理工作、图书馆机构库建设、特色数据库建设、数据规范与整理技术等方面进行专题学术交流。会议期间，与会代表参观苏州大学现代丝绸国家工程实验室、本部图书馆、炳麟图书馆。

---

[1] 苏州大学图书馆. 台湾“国家图书馆”同行来我馆参观交流[EB/OL]. [2018-12-12]. http://library.suda.edu.cn/b0/5f/c4024a45151/page.htm.

[2] 江西省高校图工委秘书处. 江西省高校图工委2014年大事记[EB/OL]. [2018-10-10]. http://chinalibs.gzlib.gov.cn/ArticleInfo.aspx? id=409750#.

[3] 苏州大学图书馆. 苏州大学成功举办第九届全国纺织服装信息研究会馆长论坛暨2014年学术年会[EB/OL]. [2018-12-12]. http://library.suda.edu.cn/b0/60/c4024a45152/page.htm.

10 月 29—30 日[1] 教育部高等学校图书情报工作指导委员会第 4 届 2 次工作会议，在湖南省长沙市湖南大学图书馆召开。教育部高等学校图书情报工作指导委员会全体委员、高职高专院校分委员会全体委员；各省、自治区、直辖市高校图工委秘书长等 100 余人参加会议。湖南省教育厅高教处处长唐利斌，教育部高教司条件处副处长都昌满，全国高校图工委主任委员、北京大学图书馆馆长朱强参加开幕式并致辞。会议内容：① 工作总结，各工作组报告一年来的工作；② 经验分享，图书馆改革与发展新思路；③ 主题研讨，《普通高等学校图书馆规程》的修订；④ 高职高专分委员会召开两次专题会议。最后，陈凌秘书长作会议总结。

11 月 5—7 日 江苏省高校图工委情报咨询专委会 2014 年学术年会暨情报咨询业务培训会，在南京信息工程大学召开。会议由河海大学和南京信息工程大学承办。江苏省高校图工委领导、情报咨询专委会主任及委员、江苏省近 60 所高校图书馆领导及业务骨干 120 余人参加了会议。开幕式上南京信息工程大学副校长王尧致辞。江苏省高校图工委副主任委员、东南大学图书馆馆长顾建新代表江苏省高校图工委致辞，江苏省高校图工委副主任委员、情报咨询专委会主任、河海大学图书馆馆长赵坚代表专委会工作报告。年会主题："移动图书馆服务与咨询"。主题报告会后，情报咨询专委会王正兴、李爱国、何小清副主任分别组织参会人员进行了业务交流和研讨。经过专家评审，共有 22 篇论文分别获得会议优秀论文一、二、三等奖。闭幕式上，王正兴作会议总结和论文点评。

11 月 7 日[2] JALIS 学科服务云平台开通仪式暨馆长论坛，在东南大学九龙湖校区图书馆举行。仪式邀请包括南京航空航天大学、南京农业大学、南京林业大学、南京医科大学、江南大学、江苏大学等在内的 10 多位江苏省高校图书馆馆长共同研讨。

11 月 9—11 日 江苏省高校图工委队伍建设与职业素养专委会 2014 年学术年会，在中国矿业大学召开。南京理工大学和中国矿业大学共同承办。江苏省高校图工委领导、队伍建设与职业素养专委会主任及委员、江苏省 50 余所高校图书馆领导及业务骨干 90 余人参加了会议。中国矿业大学图书馆馆长李明主持开幕式。中国矿业大学副校长缪协兴致辞。江苏省高校图工委常务副秘书长邵波代表江苏省高校图工委致辞，江苏省高校图工委队伍建设与职业素养专委会主任、南京理工大学图书馆馆长张小兵，代表队伍建设与职业素养专委会致辞。专家报告阶段，李明、邵波、张小兵分别以"中国矿业大学图书馆新生入馆教育平台与实践""图书馆转型期馆员急需关注的若干问题""信息化时代下南京理工大学图书馆的服务实践"为题的报告。

---

〔1〕 教育部高等学校图书情报工作指导委员会秘书处. 教育部高等学校图书情报工作指导委员会第四届二次会议在长沙召开[J]. 高校图书馆工作，2014(6)：2.

〔2〕 东南大学图书馆办公室. 东南大学图书馆简讯(2014 年第 4 期，总第 37 期)[EB/OL]. [2019-02-02]. http://www.lib.seu.edu.cn/upload_files/article/246/1_20180612095822.pdf.

在会议交流阶段，来自中国矿业大学、河海大学、江海职业技术学院、南京农业大学、南京师范大学、西交利物浦大学和南京理工大学等图书馆的同仁分别就馆员培训、队伍建设策略和馆员职业规划等方面的案例与工作经验进行交流。年会共收到论文 86 篇，经过专家评审，共有 51 篇论文分别获得会议优秀论文一、二、三等奖。

11 月 17 日〔1〕 教育部发布教技发函〔2014〕2 号《教育部关于在河南大学等 18 所高等学校设立第 7 批教育部部级科技查新工作站的通知》，常州大学、盐城工学院、南京信息工程大学 3 所高校入选。

11 月 17 日〔2〕 江苏省人大十二届常委会第十三次会议审议通过了《江苏省人大常委会关于全民阅读的决定》，2015 年 1 月 1 日起正式实施。这是我国首个全民阅读地方性法规。该决定规定，将每年 4 月 23 日定为"江苏全民阅读日"，江苏省人民政府每年举办"江苏读书节"，定期举办"江苏书展"。

11 月 23 日〔3〕 日本国立国会图书馆代表团总务部司书监、专门调查员中山正树一行 5 人，在国家图书馆国际交流处处长张熙、外文采编部刘赟陪同下，参访苏州大学图书馆，苏州大学图书馆书记周建屏和有关部门主任参加交流，中山正树介绍日本国立国会图书馆的情况。双方就图书馆数字化、苏州大学图书馆的吴文化数据库建设等内容进行探讨和交流。会谈结束后，代表团参观苏州大学本部图书馆。

11 月 28 日〔4〕 江苏省高校图工委读者工作专委会在常州大学图书馆召开。会议主题是"推广校园阅读，建设书香校园"。67 个高校图书馆近 150 余名代表参加会议。常州大学副校长王卫星、江苏省高校图工委读者工作专委会的领导出席会议。开幕式由读者工作专委会副主任、常州大学图书馆馆长丁恒龙主持。王卫星副校长致辞。读者工作专委会主任、东南大学图书馆馆长顾建新作工作总结。大会宣读面向全省高校图书馆发出的《积极推广校园阅读，努力建设'书香校园'》倡议书。南京大学教授徐雁、美国昆山杜克大学图书馆馆长 Linda Daniel 女士、丁恒龙分别作主题报告；中国矿业大学、东南大学等 6 所高校分别作了优秀案例介绍；会议还进行了分组讨论交流。最后，读者工作专委会副主任、中国矿业大学图书馆馆长李明宣读全省高校阅读推广优秀案例和先进个人。年会共评选表彰阅读推广优秀案例一

〔1〕 教育部. 教育部关于在河南大学等 18 所高等学校设立第七批教育部部级科技查新工作站的通知 教技发函〔2014〕2 号[EB/OL]. [2018 - 06 - 06]. http://www.cutech.edu.cn/cn/zxgz/2014/11/1417029767876562.htm.

〔2〕 江苏省人民代表大会常务委员会. 江苏省人民代表大会常务委员会关于促进全民阅读的决定[EB/OL]. [2019 - 01 - 10]. http://www.jsrd.gov.cn/zyfb/hygb/1213/201501/t20150115_155216.shtml.

〔3〕 苏州大学图书馆. 日本国立国会图书馆代表团一行来我馆交流考察[EB/OL]. [2018 - 12 - 12]. http://library.suda.edu.cn/b0/66/c4024a45158/page.htm.

〔4〕 江苏省高校图工委读者服务与阅读推广专业委员会. 2014 年工作总结暨 2015 年工作计划要点[EB/OL]. (2014 - 12 - 15)[2018 - 12 - 12]. http://jalis-reader.njau.edu.cn/info/1007/1009.htm.

等奖 2 例、二等奖 6 例、三等奖 10 例、优秀奖 17 例以及全省高校阅读推广活动先进个人 55 名，并颁发了奖状。

12 月 江南大学图书馆向扬州商务高等职业学校图书馆，捐赠图书 6.2 万册，期刊合订本 3.2 万册，全部自无锡转运至扬州。

12 月 1 日[1] “CALIS 联合目录 RDA 实施声明”正式发布并生效，该声明于 2014 年 11 月 29 日由 CALIS 联合目录 RDA 工作组讨论通过，旨在为现阶段联合目录成员馆采用 RDA 规则进行外文编目提供指导性原则和建议。该声明的发布实施标志着 CALIS 联合目录 RDA 编目正式启动。

12 月 10 日[2] 全国高职高专图书馆馆长论坛在北京召开，本届论坛由教育部图工委高职高专分委员会、北京台湖出版物会展贸易中心、北京新华书店首都发行所有限公司主办，北京工业职业技术学院图书馆、中国现代教育装备杂志社、全国高职院校图书馆馆长论坛主席团承办。来自全国 150 余所高职院校图书馆，共 210 多位代表参加会议，论坛主题：“高职院校图书馆特色资源建设”。开幕式由浙江金融职业学院图书馆馆长章洪主持。教育部图工委副主任、清华大学图书馆馆长邓景康，教育部图工委副主任、高职高专分委员会主任、天津医学高等专科学校党委书记杨文秀，北京发行集团董事长、总经理李湛军出席开幕式并致辞。中国成人教育协会副会长孙善学做主题演讲“加快发展现代职业教育的全新部署”。

江苏省 10 余所高职院校图书馆代表参加论坛，在预备会上，南京工业职业技术学院图书馆馆长郑晨升、无锡科技职业技术学院图书馆馆长顾健当选为本次论坛主席团成员。南京特殊教育职业技术学院图书馆馆长周东生作“建设‘特殊教育专题数据库’的思考与实践”的报告，无锡职业技术学院图书馆馆长姜敏风作“挖掘资源、环境与服务优势，开辟图书馆教育教学功能新领域”的报告。

12 月 22—24 日 江苏省图书馆 2014 年技术培训研讨会在南京航空航天大学（明故宫校区）图书馆召开，会议由江苏省高校图书情报工作委员会现代技术应用专委会、江苏省图书馆学会数字图书馆专委会联合举办。江苏省内高校、公共图书馆主管技术工作的馆领导，技术部门的负责人共 140 余人参加会议。江苏省高校图工委副秘书长、南京大学图书馆副馆长邵波，江苏省图书馆学会副理事长、数字图书馆专委会主任陈万寅，江苏省高校图工委副主任、现代技术应用专委会副主任、江苏大学图书馆卢章平，南京图书馆馆长助理、数字图书馆专委会副主任姚俊元出席开幕式并致辞，江苏省高校图工委现代技术应用专委会主任、南京航空航天大学图书馆馆长叶志锋主持开

---

〔1〕 王波，吴汉华等. 2014 年高校图书馆发展概况（附大事记）[EB/OL]. [2018 - 08 - 18]. http://162.105.140.111/sites/default/files/attachment/tjpg/20151109.pdf.

〔2〕 南京工业职业技术学院图书馆. 江苏 10 余所高职院校馆长参加全国高职高专图书馆馆长论坛[EB/OL]. [2018 - 12 - 12]. http://lib.niit.edu.cn/2014/12/17/江苏 10 余所高职院校馆长参加全国高职高专图书馆/.

幕式。邵波与卢章平分别介绍和传达了全国高校图情工委在海南省举行的"十三五"高校图书馆发展规划研讨会的精神。

陈万寅、姚俊元分别代表江苏省图书馆学会、数字图书馆专委会致辞，会议邀请南京大学计算机学院教授、博士生导师、全国高校教育信息化学会咨询委员会委员、江苏省高校网络技术专委会理事长陈俊良；南京大学信息管理学院教授、博士生导师、国务院学位委员会学科评议组(图书情报学)成员、江苏省哲学社科研究规划专家组成员叶继元作为讲座嘉宾，两位嘉宾分别做了"下一代互联网技术的最新发展""学术规范与论文写作"的学术报告。会议邀请 VMware、Hyper-V、华三等公司，分别展示 3 种不同的虚拟化方案。本次会议部分主持人，均由基层单位的技术骨干担任，这些新人会前都针对报告的内容做准备，作为专业人员，在主持过程中，对会议报告给出专业、恰当的点评，引导现场交流，获得一致的好评。大会结束后，代表们参观南京航空航天大学将军路校区新图书馆，新馆建筑面积 2.7 万平方米，2014 年 2 月 24 日开馆运行。

12 月 27 日　全国首部促进全民阅读的地方性法规《江苏省人大常委会关于促进全民阅读的决定》由江苏省第十二届人民代表大会常务委员会第十三次会议通过并公布，于 2015 年 1 月 1 日起施行。

年度事件数据：

事业发展[1]　全省普通高等学校数：134 所(本科院校 51 所，高职院校 83 所)；
本专科在校生人数：169.86 万人；
研究生在校生人数：15.07 万人；
专任教师人数：10.454 9 万人；
高等教育毛入学率：51.00%。

单位变更　5 月，南通纺织职业技术学院更名为"江苏工程职业技术学院"，建制不变，办学地南通市。
5 月，紫琅职业技术学院更名为"南通理工学院"，升格为本科，办学地南通市。
5 月，教育部批准，宿迁学院转制为本科层次的民办普通高校。2020 年 3 月，教育部批准宿迁学院转制为省属公办普通高校。
10 月，南通农业职业技术学院更名为"南通科技职业学院"，图书馆同时更名，建制不变，办学地南通市。

领导变更　4 月，南京中医药大学图书馆馆长曾莉转岗，升任南京中医药大学副校长。李文林继任馆长。
9 月，南京林业大学图书馆馆长赵尘离任，刘应安继任馆长。
10 月，南京信息工程大学图书馆馆长唐国跃转岗，郭照冰继任馆长。

---

[1] 江苏省统计局，国家统计局江苏调查总队. 2014 年江苏省国民经济和社会发展统计公报[J]. 江苏省人民政府公报，2015(2)：36－47.

10 月 14 日，南京大学图书馆馆长洪修平离任，南京大学历史系原副主任计秋枫[1]教授继任馆长。

12 月，南通大学图书馆馆长董建成离任，万久富教授继任馆长。

南京邮电大学图书馆馆长汪业周离任，钱军继任馆长。

金陵科技学院图书馆馆长王基林离任，唐亦玲继任馆长。

东南大学成贤学院图书馆馆长卜彭年离任，封晓倩继任。

---

〔1〕 计秋枫(1963—2018)，江苏省江阴人，博士、教授、博士生导师。2014.10—2017.9 任南京大学图书馆馆长、江苏省高校图工委秘书长、JALIS 管理中心主任，历任南京大学历史系副主任、南京大学国际关系研究院副院长、历史学院教授、博士生导师，2008—2018 年，任南京市第 12 届、13 届政协委员。2018 年 12 月 20 日，因病在南京逝世，享年 56 岁。

2015 年

1 月　南京工业大学图书馆文科馆 RFID 服务投入使用，初始规模 6 万册图书。采用超高频标签，由远望谷公司提供，包含 1 台自助借还机，双通道监测门，盘点机 1 台，2 个标签读写器。

1 月 22 日[1]　江苏省图书馆学会建筑与设备专业委员会 2015 年工作研讨会，在东南大学四牌楼校区图书馆召开。专委会主任、东南大学图书馆顾建新馆长主持，专委会副主任、苏州大学图书馆周建屏副馆长，东南大学建筑学院建筑系副主任鲍莉教授，张家港市图书馆缪建新馆长、江南大学图书馆副馆长吴信岚、中国矿业大学图书馆馆长助理尹良伟出席会议。研讨会交流馆舍与环境建设、回顾总结专委会 2013—2014 年的工作，讨论 2015 年工作计划。

2 月 6 日　上午，JALIS 管理中心在南京大学图书馆召开办公会议，经贵宝、徐庆、计秋枫、顾建新、邵波、王永平、李明、唐惠燕、张建平、赵乃瑄、赵坚、唐忠明、罗钧，总计 13 人参加会议，袁靖宇、叶志锋、张小兵、倪峰因事请假(唐惠燕副馆长代为参会)，总计 4 人。

会议议程：① 通报 JALIS 管理中心领导成员的变更情况；② 2014 年工作总结暨前期规划工作汇报；③ 2015 年工作计划要点；④ 讨论 JALIS 建设及其他相关事项。

此为 2014 届领导班子在 2015 年度的第一次办公会议，会议由新任管理中心主任计秋枫主持，2014 年度中，管理中心领导成员有多人变动，依 JALIS 管理中心组织规则，会议首先对 2014 年度变更人员予以追认，袁靖宇接替徐子敏、计秋枫接替洪修平出任 JALIS 管理中心主任，南京大学图书馆副馆长罗钧，接替邵波出任 JALIS 管理中心副主任。其他成员不变，全体成员合影留念。

邵波汇报 2014 年的工作总结，总结 CALIS 的发展及动态，JALIS 建设中存在的问题以及近期的规划，会议讨论 2015 年的工作规划等内容并达成共识，并建议尽快实施。最后，经贵宝副处长做总结发言。

目前国内数字图书馆联盟建设的形势，自 2013 年以来，进入调整期，CALIS、CADAL 的发展方向，在建设的方法、方式，经费的使用、建设重点等方面都将做适当的调整，总趋势是更加开放，支持地区性、行业性数字图书馆联盟的建设，自上而下与自下而上相结合，发挥国家、政府、基层单位

[1] 东南大学图书馆办公室. 东南大学图书馆简讯(2015 年第 1 期，总第 38 期)[EB/OL]. [2019-02-02]. http://www.lib.seu.edu.cn/upload_files/article/247/1_20180612100027.pdf.

等各个方面的积极性，推进以众筹、众创的模式，充分发挥用户、市场的竞争与引导作用，形成规模化的服务，通过政府财政的支持，推动产生规模效益。上海市目前致力把原长三角合作体系，继续扩展，向安徽省、江西省延伸，扩大影响力，天津地区、浙江地区的高校图书馆联盟的工作各有特色，形成了一批成果，地区间的差距正在缩小。JALIS 作为国内启动最早的地区性数字图书馆联盟，JALIS 三期的项目，应该做个总结，确定时间节点，再启动四期的建设。后续的建设规划应当在比较 CALIS 建设的基础上，突出江苏省的特色，解决好江苏省存在的问题，做好与 CALIS 的对接。江苏省高校数量较多，实力不弱，但仍需要下大力气，推广服务，不断地普及共享的理念。总的来说，全国的数字图书馆联盟建设正在进入调整、提高的阶段，其重要的特征就是以服务为导向，以提高效益为目标，突出质量内涵建设和制度机制建设。

JALIS 建设过程中需要解决的问题，进一步加强和提升服务平台的基础建设水平问题导向、科学思维、全局视野和战略眼光。全省高校图书馆资源采购量的控制与共享效益的发挥，需要研究如何控制采购规模，真正摸清各个层次读者、图书馆的需求，通过组织高效的 JALIS 文献传递、馆际互借服务体系，实现分类、分层的立体服务保障体系，使有限的经费发挥更大的效益，让所有的成员馆都可以真正从 JALIS 的建设中受益。协调合作、共同应对高价电子资源的采购压力。教学联合体的服务管理和服务效益有待提升，联合体已经覆盖全省所有地级市，但服务效益不高，需要调整提高。资源镜像点服务的布局与服务模式有待创新。

JALIS 下一步发展的构想，加强和提升服务平台的基础建设水平，JALIS 云平台的规划构建，建立可扩展的云平台。集成所有 JALIS 服务与资源，实现分布式的部署模式，扩展移动服务。JALIS 面临的两大挑战，首先是技术挑战，未来的云平台建设，必须是可持续的，各馆可以共同参与，分担成本。其次，来自资源建设方面的挑战，特色资源建设必须集成共享开放，如学位论文的建设。全省高校图书馆资源采购量的控制与共享效益的发挥，用好政府的经费。资源协调、学科服务，个性化资源，要本地化、在地化，作为战略资源保存，结合文献传递服务，调节和控制外文数据库的采购量，加大共享力度。通过合作协调，加强 JALIS 的抗打压能力，使江苏省的文献布局更为合理，开发更多的资源，在现有的经费条件下，提升投资效益和服务效益。

2 月 6 日　下午，江苏省高校图工委在南京大学图书馆召开办公会议，会议议程：① 确认新的领导成员；② 2014 年工作总结、2015 年工作计划，JALIS 的 2014 年工作汇报；③ 各专委会 2014 年工作总结、2015 年工作计划要点；④ 组成评审组，进行 2012—2014 年先进工作者的评选；⑤ 江苏省图工委 3 项先进奖项评选办法的修订。

会议应到 27 人，实到 22 人，5 人缺席。会议对 2014 年以来的领导成员变更予以确认：教育厅高教处袁靖宇接替徐子敏继任江苏省高校图工委副主任,南京大学图书馆计秋枫接替洪修平,继任江苏省高校图工委副主任、秘书长,金陵科技学院图书馆唐亦玲馆长接替王基林;南京中医药大学图书馆李文林馆长接替曾莉;南通大学图书馆万久富馆长接替董建成;南京大学图书馆副馆长罗钧接替邵波,继任委员。会议围绕以下议程展开报告与讨论:

江苏省图工委以及各个专委会2014年度的工作总结:① 依据JALIS四期建设规划大纲,依托江苏高校数字图书馆建设平台,充分整合江苏高校图书馆已有的馆藏资源与自建特色资源,建设江苏省高校图书馆资源整合服务大平台,加强统筹协调、资源整合、技术指导和项目监管力度,确保JALIS四期建设各项目标任务的圆满完成;② 配合全国高校图工委、中图学会高校图书馆分会的改选。2013年底,按照全国高校图工委要求,征求《普通高等学校图书馆规程》修订意见,并于2013年12月5日在江苏大学图书馆组织召开征求意见座谈会;③ 省高校图工委秘书处继续协助中图学会、江苏省图书馆学会,面向全省高校图书馆发展中国图书馆学会、江苏省图书馆学会新会员;④ 2014年4月27—29日"江苏地区公共、高校图书馆'智慧图书馆'馆长高峰论坛"在南京大学图书馆召开,论坛由江苏省高校图书情报工作委员会秘书处主办,北京大学出版社等高校出版社承办;⑤ 2014年华东地区六省一市高校图工委秘书处工作会议在山东省青岛市举行,按照会议的分工安排,2015年度的年会将在江苏省召开;⑥ 2014年下半年,在江苏省图工委组织下,江南大学图书馆向扬州商务高等职业学校图书馆捐赠中文图书10万册、期刊3万余册;⑦ 推动全民阅读活动的开展;⑧ 启动2014年全省高校图书馆先进个人的评选活动。本次评选将延续2012年的框架,适当增加名额,自2014年起每年评选一次;⑨ 江苏省图工委的评优条例修订,图工委秘书处办公室,根据2009年至今前两届(3个奖项)评选数据分析,提请办公会议讨论,并在本次评选中调整。

2012—2014年先进工作者的评选,评选组由邵波、卢兵、高中华、徐寿芝、赵乃瑄、陆宝益、徐晖组成,共评选出先进个人107位。同时对评选办法提出修改意见。江苏省高校图工委3项奖项评选办法的修订,秘书处向会议提交分析报告,以及修改建议,经讨论以后确定。关于独立学院图书馆提请成立专委会的问题,独立学院图书馆再次向图工委提请报告,建立独立学院专委会,提请教育厅确认。

江苏省高校图工委继续加大对JALIS建设的支持,JALIS的建设依然是未来江苏省高校图书馆界工作的重点之一,江苏省高校图工委仍需调动一切积极因素,推进JALIS的后续建设,这也是重要任务。明确JALIS的定位:① 适应图书馆工作发展、技术升级趋势,功能扩展的需要,引导基层图书馆的建设;② 通过JALIS的建设,继续强化服务职能,是高校图书馆的根本任务;③ 强化自身建设,JALIS内部的建设,制度、平台与组织建设。

最后,计秋枫做总结发言。

2月6日 根据《关于评选江苏省高校图书馆2012—2014年度先进工作者的通知》的

要求,经各高校图书馆推荐,江苏省高等学校图书情报工作委员会组织专家进行评审,并报省教育厅同意,确定丁冬等117人为江苏省高校图书馆2012—2014年度先进工作者。

3月17日—18日[1] 《普通高校图书馆规程》第3次修订会议在四川大学召开。会议由教育部高等学校图书情报工作指导委员会秘书处举办,四川大学图书馆和四川省高校图工委承办。专家们对照全国高校图工委第4届2次会议汇总的建议,逐条逐款对规程进行斟酌推敲,形成第3稿。此外,会议审阅《中国高等学校图书馆发展报告蓝皮书》的大纲。此书是中国高校图书馆的第1部蓝皮书,受到图书馆界的广泛关注和教育部相关部门的重视。

4月2日[2] 东南大学图书馆一行5人赴华东师范大学中山北路校区图书馆及上海交通大学闵行校区图书馆调研。本次调研旨在学习这两所高校图书馆在馆舍空间组织、空间再造和文化建设等方面的先进经验。

4月3日[3] 东南大学图书馆与上海交通大学医学院图书馆联合举办的图书馆建筑上海研讨会,在上海交通大学医学院图书馆召开,来自香港中文大学深圳分校图书馆、西安交通大学图书馆、华中科技大学图书馆、厦门大学图书馆、复旦大学图书馆、华东师范大学图书馆、解放军医学图书馆、苏州大学图书馆、郑州大学图书馆的代表参加会议。会议由东南大学图书馆馆长顾建新主持。香港中文大学深圳图书馆馆长张甲、解放军医学图书馆馆长陈锐、郑州大学图书馆馆长崔波、华东师范大学图书馆副馆长李欣、顾建新分别做报告。

4月3日 江苏省图工委现代技术应用专委会召集南京地区部分委员馆,在南京农业大学图书馆开展了技术沙龙活动。沙龙由南京农业大学图书馆副馆长唐惠燕主持。她表示技术工作在当今的图书馆举足轻重,图书馆的主要功能都依托技术的支撑。参会的各位老师都是各馆的技术骨干,希望通过沙龙活动,交流经验、沟通信息,推进图书馆的技术进步。南京农业大学图书馆、南京师范大学、南京航空航天大学、南京理工大学、南京工程学院等单位参加本次沙龙,以沙龙的形式开展交流,是现代技术应用专委会的尝试,议题宽泛,既可以围绕预设的议题,也可以相互启发,这种形式可以作为各地高校图书馆技术人员的经常性活动。本次沙龙预设的热点议题,电子资源使用统计、移动与微信图书馆的建设、非书资源平台的建设与资源共建共享、专委会的工作。

4月5日[4] 美国芝加哥大学东亚语言文明学系荣誉教授、东亚图书馆名誉馆长、英国

---

〔1〕 王波,吴汉华等. 2015年高校图书馆发展概况[J]. 高校图书馆工作,2017(1):4-16.

〔2〕 东南大学图书馆办公室. 东南大学图书馆简讯(2015年第1期,总第38期)[EB/OL]. [2019-02-02]. http://www.lib.seu.edu.cn/upload_files/article/247/1_20180612100027.pdf.

〔3〕 东南大学图书馆办公室. 东南大学图书馆简讯(2015年第1期,总第38期)[EB/OL]. [2019-02-02]. http://www.lib.seu.edu.cn/upload_files/article/247/1_20180612100027.pdf.

〔4〕 梅建军. 著名科技史家钱存训先生因病去世[J]. 中国科技史杂志,2015,36(3):277-279.

剑桥李约瑟研究所终身研究员、金陵大学(南京大学)校友钱存训[1](Tsien Tsuen-hsuin)在美国芝加哥家中辞世,享年 105 岁。

4 月 22 日[2] 南京高校(江宁地区)图书馆联合体与江宁区街道结对共建签约授牌仪式,在江宁区图书馆举行,来自江宁区的 15 所高校图书馆馆长与江宁区文广局负责人、各街道文体中心主任参加了签约授牌仪式。仪式由江宁区图书馆馆长陈英主持。江宁区文广局局长骆晓鹏对此次结对共建活动给予了充分的肯定和赞赏。东南大学图书馆馆长顾建新首先介绍南京高校(江宁地区)图书馆联合体,希望高校能够量力而行。淳化街道文体服务中心主任许花,代表结对街道向江宁区各高校图书馆的利民举措表示感谢,并承诺保管和利用好图书馆资源。驻区 15 所高校与全区 10 家街道分别签署"结对共建协作协议",现场授予"驻区高校结对共建服务点"牌匾。

4 月 23 日[3] 由江苏大学图书馆、镇江新华书店合作研发的"图书馆读者书店借阅系统"在江苏大学图书馆投入使用,正式推出"你读书,我买单"活动,江苏大学师生可凭借书证,根据江大图书馆的藏书规则、购书范围、借阅制度等要求,可在书城任意挑选所需图书,通过 3 种方法,直接办理借阅手续,并在借期内将图书归还到图书馆,书款由图书馆结账。江苏大学图书馆为首批运用单位,此服务让读者第一时间看到最新图书,解决读者借阅新书难的问题,提高图书馆的借阅率,也为全省各图书馆读者在各地书店借阅图书打开了通道。

4 月 28 日[4] 长三角地区高校图书馆联盟工作会议,在上海交通大学图书馆召开,长三角高校图工委秘书处主要负责人参加了会议。通报 2015 年区域教育协作

---

[1] 钱存训(1910—2015),江苏泰县(今泰州市)人,1928 年入金陵大学主修历史,副修图书馆学,在校期间还在南京金陵女子大学图书馆兼职工作。1932 年,毕业获得学士学位,经校方推荐到上海交通大学图书馆担任副馆长。1937 年,他应国立北平图书馆袁同礼(1895—1965)馆长之聘,转任南京工程参考图书馆主任。1941 年,作为国立北平图书馆上海办事处负责人,将密藏在上海的数千种珍贵的善本古籍发运出境,至美国国会图书馆保存,使之免于落入日本占领者之手。1947 年,他被选派赴美国接运寄存在那里的善本古籍回国,内战爆发,交通阻断,未能成行。随后,他应芝加哥大学的邀请,以交换学者身份赴该校负责远东图书馆中文图书的编目工作,同时在图书馆学研究院选课进修。1949 年,被芝加哥大学任命为东方语言文学系"教授衔讲师",兼任远东图书馆馆长,主讲"中国目录学"和"中国史学方法"。1952 年,获芝加哥大学硕士学位,硕士论文题目是《译书对中国现代化的影响》,5 年后,又获博士学位,博士论文的题目是《印刷发明前的中国书与铭文》。1962 年,他将博士论文修订后,以 Written on Bamboo and Silk(《书于竹帛》)之名交芝加哥大学出版社出版,获得好评,多次续印再版,出有中、日、韩等多种译本,迄今仍被公认为中国书籍和铭刻史的经典之作。1959 年,任芝加哥大学远东系的终身职副教授,1962 年再升为远东语言文明系兼图书馆学研究院的教授,1979 年退休后,被聘为东亚语言文明学系荣誉教授兼东亚图书馆名誉馆长。

[2] 东南大学图书馆办公室. 东南大学图书馆简讯(2015 年第 2 期,总第 39 期)[EB/OL]. [2019-02-02]. http://www.lib.seu.edu.cn/upload_files/article/247/1_20180612100058.pdf.

[3] 袁润,李飞等. 图书馆与书店合作移动外借服务流程及其信息交换探索[J]. 图书情报工作,2015,59(8):32-37.

[4] 浙江省高校图书情报工作委员会 2015 年主要工作记事[J]. 浙江高校图书情报工作,2015,0(4):58-60.

创新机制试验(长三角教育协作发展)项目情况,介绍"长三角地区高校文献资源协作共享云服务平台"建设进度,交流联盟相关情况。

5 月[1] CALIS 管理中心与香港特别行政区大学图书馆馆长联席会(JULAC),正式开通文献传递服务。

5 月 12—15 日[2] "数字资源开放获取研讨会暨 CALIS 第 13 届引进数据库培训周",在上海交通大学举办。由中国高等教育文献保障系统(CALIS)、高校图书馆数字资源采购联盟(DRAA)联合主办。主题是"数字资源开放获取"。本届会议规模宏大,来自上海交通大学、CALIS 管理中心和 DRAA 理事会的领导、嘉宾,与来自全国高校、科研机构图书馆的 400 名参会代表,以及 100 余名数据出版商代表和观察员出席此次会议,参会人数创历史新高。

5 月 21 日 JALIS 工程建设项目"江苏省高校图书馆事业发展数据平台—资源采购分析子系统"论证汇报会,在南京师范大学华夏图书馆召开,江苏省教育厅相关领导、江苏省高校图工委、JALIS 管理中心负责人,以及项目组成员参加了会议。南京师范大学图书馆"JALIS 资源协调采购与评估平台"项目组成员朱茗介绍项目建设的进展和未来设想。项目组利用已有的"江苏省高等学校图书馆事业管理数据库"平台,完善"资源建设"模块中的数据库填报架构,实现对江苏省高校图书馆年度在用数据库基础信息的采集,定期发布全省高校图书馆数字资源分析评估报告,为各馆和各级领导提供信息服务和决策支持。

朱茗在线演示已建成的年度"数据库名称规范库",各校图书馆可在规范库中勾选本校年度在用数据库,形成本校订购数据库列表,并填报订购价格、利用方式、访问量等数据,最终汇集成江苏高校图书馆年度在用数据库基础信息。系统提供按区域联盟组合,系统将提供可视化数据分析,各年度数据累积后,可进行趋势分析等。

5 月 25 日 江苏省高校科技查新综合服务系统建设研讨会议在河海大学召开,江苏省高校图工委副秘书长、南京大学图书馆副馆长罗钧,JALIS 管理中心沈鸣,河海大学图书馆馆长赵坚,河海大学图书馆副馆长张毅华,项目承建单位河海大学、东南大学、中国药科大学、扬州大学、江苏大学、南京理工大学的项目组成员 20 余人参加了会议。

会议由张毅华主持,赵坚作为项目负责人,介绍项目的背景和意义。罗钧在讲话中指出:科技查新工作现是各图书馆工作的重中之重,对馆员的学历、资历、服务能力都有很高的要求,科技查新体现了图书馆的工作水平,在图书馆的转型期,正在由宽泛化向个性化、学科化服务转型,由概念化、虚拟化服务向技术化、实体化转型,由普通化、大众化向专业化、研究化转型,项目建设形成正常的运转机制后,将提高江苏省高校图书馆的管理

---

〔1〕 王波,吴汉华等. 2015 年高校图书馆发展概况[J]. 高校图书馆工作,2017(1):4-16.

〔2〕 周衡,兰小媛. "数字资源开放获取研讨会暨 CALIS 第十三届引进数据库培训周"成功举办[J]. 上海高校图书情报工作研究,2015(3):45.

水平。会议在后续的建设方案和基本原则上达成了共识。该系统平台将优先考虑社会效益,发挥宣传功能,提供优秀查新案例,以提升各查新单位的积极性,为全国查新系统做出示范。

5月30日[1] CALIS管理中心主持的"CALIS-CARSI Shibboleth认证"项目通过验收。

6月3—5日[2] "中国高校图书馆发展论坛"在武汉召开。中国图书馆学会高校图书馆分会主办,湖北省高等学校图书情报工作委员会、华中师范大学图书馆、《中国现代教育装备》杂志社承办。论坛期间,艾利贝斯集团举行"Alma下一代图书馆系统中国发布会",Alma下一代图书馆系统将正式登陆中国市场。

6月4—5日 "2015江苏高校图书馆馆长工作会议"在南京大学仙林校区杜厦图书馆召开,全省高校图书馆的主要负责人120余人,参加了本次工作会议。

江苏省教育厅高教处袁靖宇处长,经贵宝副处长,全国高校图工委秘书长、北京大学图书馆陈凌副馆长,中科院国家科学图书馆出版中心初景利主任,南京大学校长助理范从来,江苏省高校图工委秘书长、南京大学图书馆馆长计秋枫等领导和专家出席了开幕式,袁靖宇、陈凌、范从来、计秋枫分别代表江苏省教育厅、全国高校图工委、南京大学和江苏省高校图工委致辞。江苏省高校图工委副秘书长、南京大学图书馆副馆长罗钧主持开幕式。与会领导向荣获2012—2014年度"江苏省高校图书馆先进工作者"的获奖者代表颁发了荣誉证书。

会议专题报告阶段,特邀的3位专家分别围绕江苏省高等教育发展、CALIS行动计划、图书馆发展战略研究与制定等主题做专题报告。袁靖宇作"十三五期间江苏高等教育面临的重大挑战与应对"的主题报告。报告以丰富数据、规范的学术语言和国际化视野,展示了江苏省高等教育发展的总体概貌,通过横向与纵向的比较,分析了江苏省高等教育各个层次的优势与不足,归纳总结了改革开放以来江苏省高等教育发展的经验与教训,对江苏高校图书馆事业未来发展,不断加强内涵建设,真正实现高等教育回归本位,提升教育质量具有重要的启迪意义。陈凌做"CALIS 2015—2017行动计划"的主题报告,介绍了CALIS未来三年发展的重点,以及CALIS 2015—2017行动计划,行动计划将以"规范基础业务+创新服务模式"提升图书馆价值,带动图书馆整体发展,全面实现选采编一体化。建立和发展各类协同联盟,为图书馆资源整合和协同服务,提供基于联合体的保障支撑,加强与国内外文献机构和资源共享联盟的合作,拓宽资源获取渠道,保障教学和科研的多层次需求。以云端服务为主导,将"互联网+"全面应用到业务与服务,推动图书馆向情报咨询中心、大数据中心迈进。中国科学院国家科学图书馆编辑出版中心主任、《图书情报工作》杂志社社

〔1〕 王波,吴汉华等.2015年高校图书馆发展概况[J].高校图书馆工作,2017(1):4-16.

〔2〕 艾利贝斯软件科技发展北京有限公司.2015年年度信息[EB/OL].[2018-11-02].http://www.exlibris.com.cn/new/news/2015.asp.

长、主编初景利作“图书馆发展战略趋势与规划制定”的报告。从环境扫描与背景分析开始，分析图书馆生存环境和面临的危机，顺应印本资源到数字资源的转变，推进图书馆从文献信息服务到数字知识服务的转型，图书馆战略规划是实现图书馆战略转型的重要举措，也是图书馆获得支持的重要环节，规划是先导、管理是关键、人才是保障。

计秋枫代表江苏省高校图工委，以“团结奋进、坚持创新、深化合作、迎接挑战”为题，报告总结了省高校图工委近几年的主要工作成果，确定了下一阶段的工作思路和重点任务。他通报江苏省高校图工委、JALIS 领导班子人员调整情况，宣布调整后图工委所属专委会的领导人员名单，新增馆舍与环境建设、战略规划研究两个专委会，原读者工作专委会，更名为读者服务与阅读推广专委会。计秋枫提出未来江苏省高校图工委的 5 大任务：① 做好顶层设计，以 JALIS 云服务平台为抓手，实现 JALIS 建设、服务的新跨越；② 继续推进跨系统、跨地区的合作；③ 坚持体制创新，强调权利与义务统一，构建新型的命运共同体；④ 凝心聚力、扎实推进、坚持服务创新；⑤ 适时启动省高校图工委、JALIS 建设历史研究。

大会共邀请了 7 位分别来自省内 985/211 高校、普通本科院校、高职高专院校图书馆的馆长，介绍各单位在服务规划、服务人才培养、学科服务创新、服务环境优化等方面的新举措、新突破。

6 月 5 日上午，分组讨论阶段，本科院校图书馆、高职院校图书馆分别编组，交流各自在管理、改革等方面的新成果、新情况，对省高校图工委、JALIS 的工作提出了意见和建议。与会代表认为：会议召开的时机非常必要，当前全省高校图书馆都在进行“十三五”的规划工作，图工委、JALIS 和基层图书馆都面临着下一步服务转型的重大挑战。其次，明确了下一步的工作任务，图工委提出的 5 大任务，既是高校图工委、JALIS 中心的任务，也是基层图书馆的共同使命，成员馆都应该主动参与，以服务做贡献、以管理创效益。江苏省高校图工委副主任、南京农业大学图书馆馆长倪峰做大会总结。

6 月 15 日〔1〕 日本爱知工业大学中井孝幸副教授到访东南大学李文正图书馆，为东南大学图书馆作题为“建设有‘热闹’场所的图书馆——公共图书馆和大学图书馆使用调查”的讲座。来自南京航空航天大学图书馆、南京林业大学图书馆的同仁参加讲座并与中井孝幸副教授进行了交流。

6 月 16 日〔2〕 全国哲学社会科学工作办公室公布 2015 年国家社科基金项目立项名单，钱玲飞（南京航空航天大学）申请的《大数据环境下人文社会科学学术创新力自动测度研究》获批“一般项目”，项目编号：15BTQ058；王正兴（淮海工

〔1〕 东南大学图书馆办公室. 东南大学图书馆简讯(2015 年第 2 期，总第 39 期)[EB/OL]. [2019-02-02]. http://www.lib.seu.edu.cn/upload_files/article/247/1_20180612100058.pdf.

〔2〕 全国哲学社会科学工作办公室. 国家社科基金项目数据库[EB/OL]. (2019-01-01)[2019-01-01]. http://fz.people.com.cn/skygb/sk/index.php/Index/index.

学院图书馆)申请的《信息—知识—智能转换视野下的图书馆职业能力研究》获批“一般项目”,项目编号:15BTQ007;刘利(东南大学图书馆)申请的《数字环境下图书馆物理馆藏空间动态配置研究》获批“一般项目”,项目编号:15BTQ011;宋歌(东南大学图书馆)申请的《学术创新扩散过程及创新力测度研究》获批“青年项目”,项目编号:15CTQ027;吕彬(江苏大学图书馆)申请的《面向创新的区域信息资源配置研究》获批“后期资助项目”,项目编号:15FTQ003。

6月17日[1] 中国高校人文社会科学文献中心(CASHL)走进江宁高校联合体会议在东南大学李文正图书馆举行。CASHL华东北区域中心馆——南京大学图书馆专家为江宁区高校图书馆作推广报告。东南大学图书馆馆长顾建新主持会议。南京大学图书馆副馆长史梅介绍CASHL的发展历程、运作模式、资源特色以及服务优势,同时还介绍了江苏省高校目前的CASHL使用情况。南京大学图书馆流通阅览部副主任袁晓园讲解CASHL馆际互借系统的使用,读者可能会遇到的版权保护,以及如何加入服务等问题。南京航空航天大学图书馆赵婷婷老师,介绍南航2004年加入CASHL的使用效益。

6月18日 JALIS管理中心在南京大学图书馆鼓楼校区图书馆召开的“JALIS数字图书馆技术交流会”,研讨下一代图书馆管理系统的发展趋势和汇文系统使用经验。江苏省高校图工委副秘书长、JALIS管理中心副主任、南京大学图书馆副馆长罗钧、南京大学图书馆副馆长邵波、江苏汇文软件有限公司总经理曹福元、东南大学图书馆副馆长范斌、江苏大学图书馆副馆长张晓阳等出席会议,南京、镇江、苏州等地的19所高校图书馆,以及江苏汇文软件有限公司的共30余位代表参加会议。

罗钧主持会议,他指出新一届的图工委、JALIS管理中心领导班子将在原有的工作基础上,团结所有成员馆,同心协力谋发展、谋创新,进一步推进JALIS的建设,回归图书馆的服务本位,引领图书馆的管理从传统业务流程为中心,向以用户需求和资源为中心的转型,JALIS虽然打造了汇文这个品牌,创造了15年的辉煌,但是,形势的变化也对JALIS、汇文公司提出了更高的要求,汇文系统是JALIS数字图书馆联盟的基石,全省高校图书馆都对其寄予厚望,应当通过继续加强合作,共同创造后15年的辉煌。

邵波介绍近期中国图书馆学会高校图书馆分会在武汉召开的“2015年中国高校图书馆发展论”的情况,并回顾总结了近几年来,高校图书馆在新一代图书馆管理系统研发的动向与探索,新一代的图书馆管理系统将对已有的模式提出挑战,更加注重电子资源、纸本资源等多形态资源的统一管理,助推新一代图书馆管理系统进入市场,国内外的服务提供商都在以

[1] 东南大学图书馆办公室.东南大学图书馆简讯(2015年第2期,总第39期)[EB/OL].[2019-02-02]. http://www.lib.seu.edu.cn/upload_files/article/247/1_20180612100058.pdf.

此为抓手，谋求在新市场的重组和划分中获取各自的利益，对于汇文公司、高校图书馆而言，都是新的挑战。

曹福元回顾汇文公司15年来的发展，希望继续深化合作，在未来新一代系统的研发过程中，与JALIS、图工委开展高端的战略合作，依托江苏省高校图书馆的技术人才优势，凝聚智慧、共同创新，加快汇文系统的升级换代，跟上时代发展的步伐。

江苏汇文软件有限公司开发部的工程师随后介绍了汇文系统新版本的特点，以及新一代图书馆系统研发的进展。会议讨论阶段，范斌、张晓阳结合各自的工作实际，发表了意见：① 本地图书馆管理系统的管理对象有了明显的变化，管理的重心由单纯以纸本为主，正在向纸本、电子、网络资源多形态转变，因此汇文系统也应顺势而为，做出调整和升级，纸本图书借阅量在逐年下降，这已是不可改变的趋势；② 作为当前图书馆的核心系统的汇文系统应当更具开放性，以促进以汇文系统为中心的数据集中整合，实现深层次的数据挖掘，满足管理数据化、精细化的要求，真正地为用户提供更方便的服务；③ 充分估计《中国出版物在线信息交换图书产品信息格式规范》(CNONIX)对图书馆管理系统的上下游的影响，2014年，CNONIX已经正式成为国家标准，该标准是贯穿整个出版行业信息链的行业标准，将对未来图书供应链的交易业务管理产生影响，该标准将对电子商务与传统图书馆业务产生冲击和影响；④ 汇文系统应当充分利用当前电子商务环境的改善，开拓并整合电商的资源，提升图书馆在新一轮的"互联网+"竞争浪潮中的竞争能力，争取更大的生存空间；⑤ 建议汇文公司进一步优化和改进系统，完善售后服务，着重调整统计等模块算法，改善如小版本升级、升级的自动分发等环节、建立客户支持系统(CRM)等，使得服务流程化，细节更为可控；⑥ 参会代表认为，汇文系统作为江苏省高校图书馆的基础系统，与JALIS的骨干服务相关，汇文系统与JALIS下一阶段的云平台建设，开展深度合作，这将为后续的JALIS升级服务发挥作用，提升JALIS的服务质量和效益，实现汇文系统向新一代图书馆管理系统的转型。

沈鸣做会议总结，应当围绕上下着力、内外兼修、顺应潮流、合作共赢下功夫，成员馆与汇文系统立足本地，兼顾上下游的集成与服务，以CALIS为依托，以汇文系统的升级改造为抓手，提升内功，推进汇文系统向新一代图书馆系统的升级转型，只要通过合作，可以让JALIS和汇文系统在下一个15年，延续以往的辉煌。

6月22日—7月6日[1] CASHL中心启动面向华东北区域(山东、江苏、安徽)优惠活动，江苏省CASHL直通车用户，免费或半价获取CASHL文献。优惠如下：

1. CASHL馆藏期刊文献：100%补贴；
2. CASHL大型特藏：50%补贴；

〔1〕 王波，吴汉华等. 2015年高校图书馆发展概况[J]. 高校图书馆工作，2017(1)：4-16.

3. CASHL 馆藏图书：部分章节传递 50%补贴代查代借、图书借阅不在优惠范围内。活动期间，新增注册用户 71 个，文献服务请求 614 笔。

6 月 22 日—7 月 6 日　第 11 届伊利诺伊大学中国图书馆馆员交流项目（Chinese Librarians Scholarly Exchange Program, CLSEP），在美国伊利诺伊大学香槟分校开班，本期学员共 26 人，其中江苏省学员 5 人，史梅（南京大学图书馆）、白桦（江苏建筑职业技术学院图书馆）、袁润、刘桂锋（江苏大学图书馆）、朱锁玲（南京农业大学图书馆）。

6 月 24 日　首届全国高校图书馆阅读推广案例大赛华东分赛区初赛结果公布，由教育部高等学校图书情报工作指导委员会读者服务创新与推广工作组主办，江苏省、浙江省、安徽省和上海市高校图工委共同承办的华东分赛区初赛。截至 2015 年 5 月 25 日，组委会共收到 69 所高校图书馆提交的 93 个服务创新案例申报材料，其中读者活动类 56 个，读者组织类 15 个，出版物类 7 个，新媒体推广类 7 个，其他类 8 个。

经 15 位专家通信评审。史梅（南京大学图书馆）、倪峰（南京农业大学图书馆）、钱鹏（东南大学图书馆）等 5 位专家，代表江苏省高校图书馆参加评审，华东分赛区共决出一等奖 6 个，二等奖 9 个，三等奖 12 个，优秀奖 40 个。其中，江苏省高校图书馆的获奖情况：

一等奖（2 个）：① 南京邮电大学图书馆；② 南京航空航天大学图书馆。

二等奖（3 个）：① 中国矿业大学图书馆；② 苏州职业大学图书馆；③ 东南大学图书馆。

三等奖（3 个）：① 江南大学图书馆；② 南京航空航天大学图书馆；③ 南京理工大学图书馆；④ 中国矿业大学图书馆。

优秀奖 18 个人。

6 月 24 日—7 月 2 日[1]　教育部高等学校图书情报工作指导委员会发起的“海外学科化服务馆员培训班”项目。第 2 期海外学科化服务馆员培训班举办，本期培训班由上海交通大学图书馆承办。来自全国高校图书馆的 30 名馆员参加两天的国内培训，然后赴新加坡南洋理工大学图书馆进行海外培训。

6 月 25 日[2]　“时代变迁中的图书馆发展研讨会”，在南京医科大学江宁图书馆召开，来自省内的 70 多家高校馆参加会议。会议由南京医科大学图书馆副馆长朱萌纾主持。东南大学图书馆副馆长李爱国与南京医科大学图书馆信息部主任刘烜贞，分别作报告，重庆维普资讯有限公司研发总监马磊介绍了“维普资讯产品服务进展”。

6 月 29 日　由辽宁省高校图工委秘书长、辽宁大学图书馆馆长刘宁宁率辽宁省高校图工委代表团一行 30 余人来江苏省参观访问。江苏省高校图工委秘书长、南京大学图书馆馆长计秋枫在南京大学仙林校区杜厦图书馆，接待代表

---

〔1〕 上海交通大学图书馆. 第二期“海外学科化服务馆员培训班”通知[Z]，2015.

〔2〕 南京医科大学图书馆. 时代变迁中的图书馆服务发展研讨会在我馆召开[EB/OL].（2016-06-26）[2018-12-12]. http://lib.njmu.edu.cn/do/bencandy.php?fid=28&id=562.

团。JALIS 管理中心办公室主任沈鸣，南京大学图书馆的部门主任参加接待。辽宁省高校图工委代表团的成员是来自辽宁省主要高校图书馆，刘宁宁介绍辽宁省高校图书馆的基本状况，在推动省内馆际合作，建设数字图书馆联盟方面的发展，下一步的建设规划。计秋枫、沈鸣分别介绍江苏省高校图工委、JALIS 项目的日常组织工作，JALIS 建设三期的建设成果，回顾了 JALIS 的历史，重点介绍未来 JALIS 云平台的建设方案，JALIS 特色资源库的建设组织情况，以及南京大学图书馆的相关工作情况，双方就参考咨询、学科服务的开展、图书馆资源建设等议题进行交流。计秋枫、刘宁宁互赠礼品。辽宁省高校图书馆代表团参观南京大学仙林校区杜厦图书馆。辽宁省高校图书馆参访团在江苏期间，还参访东南大学等高校图书馆。

7 月 3 日〔1〕 中国图书馆学会公布《关于命名全民阅读示范基地、表彰 2014 年全民阅读优秀组织奖和先进单位奖获奖单位的决定》，全国 28 个单位被命名为“全民阅读示范基地”，14 个单位获“2014 年全民阅读优秀组织奖”，69 个单位获“2013 年全民阅读先进单位奖”。江苏省共 8 家图书馆获得殊荣，获全民阅读示范基地称号的有苏州独墅湖图书馆、无锡市图书馆；南京邮电大学图书馆等 6 家单位获“2014 年全民阅读先进单位奖”。

7 月 4 日 JALIS 管理中心四期建设规划小组暨江苏省高校图工委战略规划研究专委会会议，在江苏大学图书馆召开，省教育厅高教处、JALIS 管理中心、战略规划研究专委会共 13 位专家与领导参会。会议由江苏省高校图工委秘书长、南京大学图书馆馆长计秋枫主持。

南京大学图书馆副馆长、江苏省高校图工委副秘书长罗钧对高校图工委近期的工作作简要介绍，会议议题：① 江苏省高校“十三五”规划；② JALIS 四期建设。“十三五”规划是指导全省图书馆的发展，JALIS 的四期项目是为了完成“十三五”规划，这两个文件的起草符合当前的宏观背景，是图书馆战略性变革，希望通过会议讨论形成初步的方案。

江苏大学图书馆馆长、战略规划研究专委会主任卢章平介绍教育部图工委战略规划研究工作组的情况、教育部图工委战略规划组成立以来召开的重要会议及主要议题、图书馆战略规划制定的国内外基本情况。提出江苏省高校图工委战略规划组四个方面工作计划：① 江苏省高校图工委“十三五”规划制定，② 江苏省高等学校图书情报工作委员会章程修订，③ 高校图书馆事实数据统计分析与本科教学审核性评估的咨询，④ 江苏省高校图书馆年度发展报告。

会议讨论：① 图工委的规划、章程的修订、战略规划研究专委会与其他专委会之间的关系；② 国际图书馆发展的趋势与 JALIS 今后的发展；③ 江苏省高校文献协作与协调收藏、电子资源管理系统、集中建设区域性共享储存空间；④ 书香校园的推广与省内高校共享各校历史名人的学术成长、学术思想；⑤ 大学图书馆参与学术出版；⑥ JALIS 在“互联网+”、云

〔1〕 本刊记者. 江苏省图书馆学会 2015 年大事记[J]. 新世纪图书馆，2016(2)：96+76.

计算、云服务等环境与技术支持下，通过项目的管理，解决江苏省高校的共性问题；⑦ 通过审核性评估的指标体系，提升图书馆建设水平；通过专委会对审核性评估的指导与咨询，提升各图书馆在高校中地位；通过 JALIS 云平台建设，提升全省高校图书馆的共建共享；⑧ 就高校图书馆事实性数据的填报机制建设等开展讨论。

省教育厅高教处徐庆对 JALIS 四期的滞后及图书馆汇文管理能否支撑未来江苏高校图书馆的发展提出了两点反思，更对江苏省图工委的抱团优势为江苏省高校图书馆谋取更多利益、JALIS 四期启动的延后，更有后发优势等提出期待。

省教育厅高教处处副处长经贵宝讲话：规划的目标、定位要高，具有国际一流视野；在充分研究国内外高校图书馆发展趋势的前提下，规划江苏省高校图书馆的发展；要总结取得的成绩和经验；规划制定要合规性；规划制定要在创新机制、体制的前提下，引领全省高校图书馆的发展；今后重点项目建设更多地强调服务；要有安全意识，保证运行安全、知识产权安全、用户信息安全。计秋枫做会议总结。

7 月 8 日　湖南师范大学图书馆馆长周玉波、副馆长龚晓林率湖南省高校数字图书馆代表团一行 5 人，在南京大学仙林图书馆拜会 JALIS 管理中心、江苏省高校图工委相关领导，并就高校数字图书馆的建设与管理，发展规划等议题进行交流，代表团在宁期间还参访了南京师范大学图书馆。

7 月 12 日　JALIS 管理中心、JALIS 四期建设规划小组，在淮安市淮阴师范学院图书馆，召开 JALIS“十三五”期间资源建设战略规划研讨会，江苏省高校图工委秘书长、JALIS 四期建设规划小组组长、南京大学图书馆计秋枫馆长，以及规划小组的全体成员、数字资源评估与引进工作小组部分成员参加了会议。淮阴师范学院副院长周俊波，会见参会代表。会议由江苏省高校图工委副秘书长、JALIS 四期建设规划小组成员、南京大学图书馆副馆长罗钧主持，与会专家总结 JALIS 已有的资源建设成果以及存在的问题，有针对性的提出建议：① 应当继续坚持分层次、普惠制为主的资源储备体系建设，在保证中文电子书刊资源的建设的同时，加强学科服务资源与平台的建设，提升资源服务的专业性，紧跟江苏省高等教育的发展，做规划、谋发展；② 研究整个区域内高校图书馆的资源合理分藏，构建合理的中外文纸本、电子资源的馆藏储备。同时，完善服务体系和服务链，为合理的分藏创造条件，用先进技术手段，保证高效可靠的服务；③ “十三五”规划可以研讨建立区域存储图书馆的可行性；④ 适时调整特色数据库的建设方向，向机构库建设转型，使图书馆在未来电子出版、机构典藏等方面占据主动地位，形成真正可掌控的电子资源；⑤ 加强资源与服务的整合，用先进的技术手段撬动资源服务的深度推广，提升服务效益，加大面向终端用户、移动平台的服务推送力度，打通服务环节的最后一公里；⑥ 充分利用互联网思维，以大格局，实现大合作，推进全省高校图书馆的集约化建设。罗钧主持会议。会议期间，与会代表参观淮阴师范学院图书馆。

7 月 22—23 日〔1〕 第 4 届教育部高等学校图书情报工作指导委员会第 3 次工作会议在辽宁省沈阳市召开。会议由图工委主办，辽宁大学图书馆承办。图工委委员、高职高专分委员会委员，各省、直辖市、自治区高校图工委秘书长等 90 余人参会。开幕式由图工委副主任委员、清华大学图书馆馆长邓景康主持。辽宁大学副校长陆杰荣、辽宁省教育厅高教处处长杨为群、教育部高教司教学条件处副处长都昌满分别致辞，图工委主任委员、北京大学图书馆馆长朱强代表图工委发言。陆杰荣代表辽宁大学欢迎与会代表的到来。杨为群希望通过承办此次会议，借鉴各省图工委和其他高校图书馆的先进经验。都昌满感谢辽宁大学、辽宁省教育厅对会议的支持，对委员们在图工委工作中表现出来的敬业精神、创新精神和丰富的专业经验表示钦佩。他通报了两项工作的进展：一是在图工委的积极组织下，《普通高校图书馆规程》的再修订进展顺利，经历“四上四下”的修订过程，已报到教育部其他司局征求意见，争取尽快颁布。二是图工委倡议编写的《中国高等学校图书馆发展报告》蓝皮书已立项列入《中国教育发展质量》系列蓝皮书，希望高校图书馆配合。朱强阐述会议的主题聚焦高校图书馆“十三五”规划背景。会议分 4 个议题展开讨论。

9 月 10 日〔2〕 东南大学图书馆馆长顾建新与香港理工大学图书馆馆长黄朝荣签署馆际合作协议。双方协议，高度认可大学图书馆在相互受惠领域合作的重要意义，承诺将积极开拓工作人员的培训及发展机会。加强工作人员间的交流与互访。同时，两馆同意建立馆际互借服务。

9 月 15 日〔3〕 美国华人图书馆员协会主席、伊利诺伊大学消防服务培训学院图书馆馆长阮炼受邀访问东南大学李文正图书馆，为南京市江宁区高校的百余名图书馆员以及图情专业研究生，作题为“科技与美国高校图书馆创新发展”的报告。阮炼回顾 2013 年 IFLA 发布的《国际图联发展趋势报告》，并由信息世界的改变以及信息景观的变革引入新媒体联盟（NMC）发布的《2015 年地平线报告图书馆版》，从以往讨论趋势和挑战的三元维度——政策，领导力和实践展开，介绍未来 5 年极有可能影响学术图书馆变革的关键趋势、重大挑战和重要技术进展。

9 月 18 日 原江苏省图书馆学会副理事长、江苏省高校图工委副主任、全国高校图工

---

〔1〕 王波. 教育部高等学校图书情报工作指导委员会四届三次工作会议召开[J]. 大学图书馆学报，2015(5)：127.

〔2〕 东南大学图书馆办公室. 东南大学图书馆简讯(2015 年第 3 期，总第 40 期)[EB/OL]. [2019-02-02]. http://www.lib.seu.edu.cn/upload_files/article/247/1_20180612100128.pdf.

〔3〕 东南大学图书馆办公室. 东南大学图书馆简讯(2015 年第 3 期，总第 40 期)[EB/OL]. [2019-02-02]. http://www.lib.seu.edu.cn/upload_files/article/247/1_20180612100128.pdf.

委委员、南京大学图书馆副馆长华彬清[1]，在南京逝世，享年94岁。

9月19日　江苏省高校图工委“数字资源评估与引进工作组”根据工作需要和人员变化，江苏省教育厅高教处委托江苏省高校图工委对JALIS数字资源评估与引进工作组成员进行调整。调整后的名单：组长：邵波（南京大学），副组长：张建平（南京师范大学），成员：冯振卿（南京医科大学）、李爱国（东南大学）、杨会（南京航空航天大学）、张小兵（南京理工大学）、张毅华（河海大学）、郑晨升（南京工业职业学院）、倪峰（南京农业大学）、凌红（南京工业大学）。

9月19日　江苏省高校图工委通知，为加强江苏省独立学院图书馆建设，根据江苏省高等学校图书情报工作委员会办公会议的有关精神，决定设立独立学院图书馆工作协作小组，协作小组人员名单：组长：陈万寅（南京航空航天大学金城学院），副组长：任亚肃（南京大学金陵学院）、封晓倩（东南大学成贤学院）。

9月24—25日[2]　2015年华东地区六省一市高校图工委秘书处工作会议，在徐州江苏师范大学图书馆举行。本次会议由江苏省高校图工委主办，江苏师范大学图书馆承办。江苏省高校图工委副秘书长罗钧主持会议。江苏师范大学校长华桂宏、江苏省高校图工委秘书长计秋枫到会致辞。来自上海、浙江、山东、江西、安徽、福建以及江苏高校图工委的13位代表参加会议。参会代表就华东地区各省(市)高校图工委的工作情况和经验进行了交流，讨论华东区域文献保障体系建设和文献信息资源共建共享的现状及对策。会议期间，上海交通大学图书馆副馆林皓明应邀为徐州地区高校图书馆馆员作学术报告。

10月9日[3]　“CASHL新媒体/社交网络宣传推广小组第2次工作会议”在南京大学鼓楼校区图书馆召开。CASHL管理中心、北京师范大学、兰州大学、四川大学、武汉大学、中山大学和南京大学的CASHL新媒体小组成员参加会议。南京大学图书馆副馆长史梅主持会议。南京大学图书馆馆长计秋枫到会致辞。CASHL管理中心副主任肖珑介绍CASHL的运行情况，对新媒体下一步工作提出了要求，对CASHL新媒体工作组过去的工作进行总结。会议邀请在新媒体方面比较有经验的专家报告来启迪思维，开阔视野。南京大学图书馆慎月梅回顾CASHL官方微博“CASHL开世览文”的成绩和不足。南京大学侯印国博士以“做新媒体时代的原住民——图书馆微信平

---

[1] 华彬清(1921—2015)，江苏常州人，早年毕业于中央大学经济系，南京大学图书馆前副馆长，曾先后出任江苏省高等学校图书馆工作委员会筹备委员会副主任委员，1982年11月，出任江苏省高等学校图书馆工作委员会副主任委员，1979年9月，江苏省图书馆学会第一届理事会副理事长，1984年7月，出任江苏省图书馆学会第1届理事会常务理事，1984年底离任。华彬清是江苏省图书馆界改革开放初期重要的领导人之一，他参与了江苏省图书馆学会、江苏省高校图工委的创建工作，并担任重要职务，曾出任中国图书馆学会第1届理事。1981年10月，参加了教育部在改革开放以来，首次举行的第2次全国高校图书馆工作会议，为江苏省参会的8位代表之一。

[2] 江苏师范大学图书馆. 2015年华东地区六省一市高校图工委秘书处工作会议在我校召开[EB/OL]. [2018-12-12]. http://xydt.jsnu.edu.cn/e2/e7/c9386a189159/page.htm.

[3] 王波，吴汉华等. 2015年高校图书馆发展概况[J]. 高校图书馆工作，2017(1)：4-16.

台的 N 种可能”为主题，从理论和实践角度对微信运营方法、技巧进行报告。南京大学匡雪丽对“南京大学图书馆微服务平台”官方微博、微信订阅号、微信服务号作了介绍。会议对 CASHL 新媒体服务渠道拓展、手段创新等进行设计和交流讨论。南京大学袁晓园阐述 CASHL 新媒体营销渠道拓展、CASHL 微信平台营销企划，CASHL 管理中心秘书长朱本军介绍 CASHL O2O 线上线下营销方案—CASHL 在线问吧的初步设计。

10 月 10 日[1] 在“CASHL 新媒体/社交网络宣传推广小组第 2 次工作会议”后，“第 3 届 CASHL 外文期刊订购协调会”，在南京大学鼓楼图书馆召开。

10 月 13—15 日[2] 江苏省高校图书馆馆藏建设与发展高级研修班在江南大学举办，来自省内 80 所高校的 150 余人参加本次高级研修班。此次研修班由江南大学图书馆和南京师范大学图书馆共同承办，邀请了北大、复旦、浙大等 6 位资深专家作专题报告。开幕式由江苏省高校图工委文献资源建设专委会副主任委员、江南大学图书馆馆长范雪荣主持，江苏省高校图工委秘书长、南京大学图书馆馆长计秋枫致辞。来自全国高校图工委文献资源建设工作组研究小组成员陈体仁（北京大学图书馆）、张洪元（武汉大学图书馆）、龙向洋（复旦大学图书馆）、张军（浙江大学图书馆）、钟建法（厦门大学图书馆）、余海宪（华东师范大学图书馆）等专家，就近年来图书馆馆藏建设理论与实践，探讨数字时代背景下文献资源建设的创新与挑战等专题作报告。省内高校图书馆的馆长、资源建设的主管就馆藏文献资源建设领域，从不同视角作 12 场专题交流。

10 月 6 日[3] Ex Libris Group（艾利贝斯集团）与 ProQuest 公司签署协议，由 ProQuest 公司收购艾利贝斯集团。ProQuest 与艾利贝斯合并后将延续并扩展在印刷、电子和数字内容领域的专长，为图书馆管理、信息发现和研究工作流程提供更完善的解决方案。结合双方强力互补的资产，ProQuest 和艾利贝斯将提升现有产品，加快服务创新，帮助图书馆解决当前所面临的最为紧迫的挑战。

10 月 21 日[4] 北京 BALIS 联合信息中心一行 7 人，前往东南大学图书馆调研。东南大学图书馆馆长顾建新、副馆长钱鹏，与来访代表进行交流，围绕信息服务平台建设、科技查新开展情况、信息服务管理及激励等方面进行了座谈交流。

10 月 27 日[5] 江苏省高校图工委独立民办学院图书馆协作组各工作组组长第 1 次会议，

---

〔1〕 王波，吴汉华等. 2015 年高校图书馆发展概况[J]. 高校图书馆工作，2017(1)：4 - 16.

〔2〕 王波，吴汉华等. 2015 年高校图书馆发展概况[J]. 高校图书馆工作，2017(1)：4 - 16.

〔3〕 艾利贝斯软件科技发展北京有限公司. 2015 年年度信息[EB/OL]. [2018 - 11 - 02]. http://www.exlibris.com.cn/new/news/2015.asp.

〔4〕 东南大学图书馆办公室. 东南大学图书馆简讯（2015 年第 3 期，总第 40 期）[EB/OL]. [2019 - 02 - 02]. http://www.lib.seu.edu.cn/upload_files/article/247/1_20180612100128.pdf.

〔5〕 成贤学院. 江苏省高校图工委独立民办学院图书馆协作组组长会议在我院举行[EB/OL]. [2018 - 12 - 12]. http://cxxy.seu.edu.cn/art_info.jsp? urltype=news.NewsContentUrl&wbtreeid=2410&wbnewsid=59235&archive=0.

在成贤学院真知馆会议室举行。成贤学院副院长董梅芳、江苏省高校图工委独立民办学院图书馆协作组的12位组长参加会议。成贤学院图书馆馆长、协作组副组长封晓倩主持会议。董梅芳介绍成贤学院的办学机制、机构设置、体制改革等方面的情况。协作组副组长、南京大学金陵学院图书馆馆长任亚肃，通报协作组成立的框架和功能。封晓倩布置本年度民办独立院校图书馆开展的工作。会议通报近期召开的江苏省高校图工委馆舍与环境建设专委会和文献资源建设专委会会议精神，讨论协作组电子资源联采相关事项。

10月28—30日 江苏省高校图工委情报咨询专委会2015年学术年会暨情报咨询业务培训会，在盐城工学院召开，会议由河海大学和盐城工学院共同承办。江苏省高校图工委领导、情报咨询专委会主任及委员、66所高校图书馆共150余人参加会议。专委会副主任、南京药科大学图书馆馆长邱家学主持开幕式。盐城工学院党委副书记、副校长张建祥致辞，介绍盐城工学院发展情况和建设成就。开幕式上向“万方杯”检索课件争霸赛获奖单位和个人颁奖。江苏省高校图工委副秘书长、南京大学图书馆副馆长罗钧代表江苏省高校图工委致辞。江苏省高校图工委副主任委员、情报咨询专委会主任、河海大学图书馆馆长赵坚，代表专委会做工作报告，总结2015年专委会工作，征求有关图书馆意见后，对专委会委员进行增换。

年会主题是“信息素养教育案例研究”，会议组织9场报告。苏州大学严大香，河海大学常州校区朱末霞，盐城工学院李明等5名课件获奖代表进行了交流发言，万方数据、超星数字、中国知网等有关单位就“万方杯”检索课件争霸赛及大数据环境下的知识服务进行互动。会议联系文献检索课和情报服务的业务实践，反映图书馆信息素养教育的转型趋势。情报咨询专委会副主任，东南大学图书馆副馆长李爱国，专委会副主任、淮海工学院王正兴，专委会副主任、扬州大学图书馆馆长王永平分别担任报告主持。李爱国作会议总结。

10月28—30日[1] 高等学校图书馆“十三五”发展规划高级研修班在浙江工业大学(杭州)召开，研讨班由教育部高等学校图书情报工作指导委员会战略规划研究组主办、浙江省高校图情工委和浙江工业大学图书馆承办。教育部高校图工委主任委员、北京大学图书馆馆长朱强、南开大学信息管理学系柯平教授、教育部高校图工委副主任委员、战略规划研究组组长、海南省高校图工委主任詹长智、西南交通大学图书馆馆长高凡、江苏大学图书馆馆长卢章平、宁波大学图书馆馆长刘柏嵩、浙江大学图书馆馆长田稷分别作报告。全国109所高校近200位代表参会，江苏省JALIS管理中心办公室沈鸣、孟勇参加培训。

11月9日 江苏省高校图工委副秘书长、南京大学图书馆副馆长罗钧，江苏省高校图

[1] 浙江工业大学图书馆.高校图书馆“十三五”发展规划高级研修班在浙江工业大学举行[J].大学图书馆学报，2015，33(6)：105.

工委副主任委员、东南大学图书馆馆长顾建新，江苏省高校图工委副主任委员、河海大学图书馆馆长赵坚，江苏省高校图工委现代技术应用专委会主任、南京航空航天大学图书馆馆长叶志锋、JALIS 管理中心办公室主任沈鸣等，赴南京航空航天大学金城学院图书馆调研。金城学院副院长赵宇、图书馆领导陈万寅、赵敏以及图书馆各部门主任参加了会议。赵宇介绍学院的基本情况。罗钧提出此次调研是为了"江苏省图书馆发展的十三五规划"以及"江苏省图书馆 JALIS 四期发展行动纲要"的后续方案做准备。做好各种类型的高校图书馆的顶层设计、形成全省高校图书馆资源共享、构建实现全省高校图书馆的命运共同体。他肯定金城学院图书馆作为牵头单位，为全省独立学院图书馆发展所做的工作。陈万寅汇报了金城学院图书馆建成 5 年来，以文献信息资源建设为基础，以馆员队伍建设为核心，在文献资源、读者服务、队伍建设、创新管理等方面的建设情况。省高校图工委的专家对图书馆进行实地考察。

11 月 10 日[1] 香港中文大学(深圳)与艾利贝斯集团签约，选用 Alma 统一资源管理系统以及 Primo 资源发现系统，成为中国大陆地区的第 1 家 Alma 用户。

11 月 13 日 现代技术应用专委会在南京江宁区召开在宁部分成员馆工作会议，研讨现代技术应用专委会换届的后续组织工作，以及 2015 年年会的筹备工作，同时，规划专委会 2016 年度的工作计划，20 余个单位参加会议。江苏省高校图工委副秘书长、南京大学图书馆副馆长罗钧，技术专委会主任、南京航空航天大学图书馆叶志锋，专委会副主任、南京邮电大学图书馆馆长钱军到会，专委会副主任沈鸣主持会议。

罗钧代表图工委致辞，并对技术专委会寄予希望，希望技术专委会成员能够发挥所长，在后续的 JALIS 建设过程中，发挥更大的作用。

沈鸣介绍 2015 年度技术专委会的重组工作，技术专委会的委员自 2009 年改选以来，共有 31 位成员，27 个馆参与委员馆的工作，新一届技术专委会由 4 位主任与副主任，南京航空航天大学馆长叶志锋继续留任主任，副主任分别由南京财经大学图书馆馆长秦嘉杭、南京邮电大学图书馆馆长钱军、南京大学图书馆沈鸣担任，原副主任、江苏大学图书馆卢章平馆长，调任战略规划研究专委会任主任。

11 月 14 日 由北京市高校图工委秘书长、中国人民大学图书馆馆长黄朴民率领的北京市高校图工委代表团一行 17 人来江苏参访。江苏省高校图工委秘书长、南京大学图书馆馆长计秋枫，江苏省高校图工委副秘书长、南京大学图书馆副馆长罗钧，JALIS 管理中心办公室主任沈鸣，江苏省高校图工委秘书处办公室主任徐晖，在南京大学鼓楼校区图书馆接待了北京市高校图书馆的同行。计秋枫欢迎北京市高校图工委同仁的来访，罗钧、沈鸣分别介绍江苏省高校图工委、JALIS 项目的日常组织工作，JALIS 所取得的主要成

[1] 艾利贝斯软件科技发展北京有限公司. 2015 年年度信息[EB/OL]. [2018-11-02]. http://www.exlibris.com.cn/new/news/2015.asp.

果等各项工作。黄朴民介绍北京市高校图工委的基本状况，建设区域性数字图书馆联盟方面的发展，下一步的建设规划以及所遇到问题。双方并就共同关心的议题：① 图工委工作；② 资源保障体系工作；③ 高校馆技术应用、学科馆员服务等问题展开交流。黄朴民、计秋枫分别代表北京市高校图工委和江苏省高校图工委互赠礼品。代表团在离宁后，分别参访了扬州大学图书馆、苏州大学图书馆。

11 月 11—15 日　江苏省高等学校图书情报工作委员会高职高专院校图书馆建设专委会第 15 次年会暨学术研讨会在江苏建筑职业技术学院召开。江苏省教育厅高等教育处副处长徐庆，江苏省高校图工委副主任、高职高专院校图书馆建设专委会主任、南京工业职业技术学院卢兵副校长，江苏省高校图工委副秘书长、南京大学图书馆副馆长罗钧等出席会议。江苏建筑职业技术学院院长孙进到会致辞。

全省 51 所院校的 108 位代表参加会议。开幕式由卢兵主持，罗钧致开幕词，他代表省高校图工委对专委会的工作给予肯定。徐庆讲话，在肯定江苏省高职教育取得辉煌成绩的同时，也指出高职教育正面临着生源下降的压力等诸多问题。他认为高职高专院校图书馆应该为学校的科研、教学提供强有力支撑，今后的工作中要做好以下工作：服务好教育信息化，努力克服高职高专院校图书馆在应用整合、创新方面存在的不足，加强网络资源建设；参与平台建设，提高教学资源、教学管理、基础信息的共享力度，引导学生学习精品课程，使用规划教材；服务好现代职教体系，把江苏省高职高专图书馆建设好。南京工业职业技术学院副校长卢兵作专委会 2015 年工作总结，提出 2016 年工作设想。省高职高专图书馆建设专委会副主任、江苏建筑职业技术学院图书馆白桦馆长宣布获奖论文和案例。

会议邀请中国矿业大学都平平副馆长作题为“深化服务创新，支持教学科研”的专题报告。研讨会共收到 28 个单位的征文 71 篇，以及图书馆选送的创新服务案例若干，经过高职高专图书馆学术委员会的评选，共有 30 篇论文分获一、二、三等奖，5 个单位获得优秀组织奖，41 个案例分获一、二、三等奖。8 个创新服务案例获奖单位进行大会交流。

11 月 16 日　2015 年华东地区教育部直属高校图书馆馆长年会，在南京大学仙林校区杜厦图书馆举行。南京大学校长助理范从来出席会议开幕式并致辞，来自华东地区 28 所高校的近 30 位图书馆馆长参加会议。会议开幕式由南京大学图书馆副馆长罗钧主持。

范从来和南京大学图书馆馆长计秋枫先后致辞。罗钧、复旦大学图书馆副馆长张计龙、山东大学图书馆副馆长姜宝良、厦门大学图书馆副馆长王明理、浙江大学图书馆杨国富书记分别作主题发言。讨论阶段，与会馆长们围绕大数据时代的高校图书馆数据管理、电子书资源建设、“十三五”规划等方面进行讨论，交流各馆工作经验及近年来取得的成绩、存在的困难和未来的规划等。会后，与会代表参观南京大学仙林校区杜厦图书馆。

11 月 26—27 日[1] 江苏省高校图书情报工作委员会读者服务与阅读推广专业委员会新一届专委会委员工作会议，在南京农业大学召开。会议研讨 2015 年年会的筹备工作，以及全省高校“通用借书证”启用 20 年回顾和展望等工作，同时，规划读者服务与阅读推广专业委员会“十三五”期间工作，以及专委会 2016 年度的工作计划。

12 月 9—10 日 江苏省高等学校图书情报工作委员会主办，江苏省图工委读者服务与阅读推广专委会、江苏省图工委馆舍与环境建设专委会、东南大学图书馆承办的“2015 江苏省高等学校图书馆发展论坛暨‘通用借书证’启用 20 年回顾和展望”，在东南大学四牌楼校区举办。本届论坛以“服务变革空间再造”为主题，邀请香港理工大学、香港中文大学(深圳)、武汉大学、浙江大学、上海交通大学等高校图书馆专家学者与省内 100 余所高校图书馆近 200 位与会代表参会。论坛由东南大学图书馆馆长顾建新主持。东南大学党委副书记兼副校长刘波，江苏省高校图工委秘书长、南京大学图书馆馆长计秋枫出席开幕式并致辞，肯定图书馆的各项工作，鼓励图书馆员们继续培养专业精神和服务精神。论坛同时表彰了江苏省高校“通用借书证”工作的先进集体和先进个人。在为期两天的 13 场报告，各位专家学者就“江苏省高等学校‘通用借书证’启用 20 年回顾与展望”“高校图书馆在新型教学模式下的作用与定位”“全民阅读与书香校园”以及“新馆建设与馆舍空间再造”等主题与参会代表展开交流。

12 月 10 日 江苏省图工委读者服务与阅读推广专委会会议，在东南大学召开，江苏省各高校图书馆派员参加会议。东南大学图书馆流通服务部主任陈霞，南京农业大学图书馆读者服务部的陆芹英主任做专题发言，并对各馆开展相关工作的老师提出建议和要求。

12 月 11 日 下午，江苏省高校数字图书馆管理中心办公会扩大会议在江苏大学图书馆举行，JALIS 管理中心副主任、江苏省高校图工委副秘书长、南京大学图书馆副馆长罗钧主持会议。会议还邀请江苏省高校图情工委战略规划研究专委会、江苏省高校图情工委高职高专图书馆建设专委会、JALIS 资源采购与评估工作组负责人参加会议。江苏省教育厅高教处蔡华出席会议并致辞，蔡华对 JALIS、江苏省高校图书馆的“十三五”规划的制定工作，提出具体的要求。江苏省高校图情工委战略规划研究专委会主任、江苏大学图书馆馆长卢章平，向会议报告 JALIS、江苏省高校图书馆十三五规划的调研准备情况。JALIS 资源采购与评估工作组组长、南京大学图书馆副馆长邵波，向会议报告 JALIS 2015 年度资源采购情况、2016 年资源采购计划。与会代表就本年度及后续 JALIS 项目经费规划，JALIS 的“十三五”规划的细节进行讨论。最后，JALIS 管理中心主任、江苏省高校图情工委秘书长、南京大学图书馆馆长计秋枫做会议总结。

---

〔1〕 南京农业大学图书馆. 江苏省高校图书情报工作委员会读者服务与阅读推广专业委员会工作会议[EB/OL]. (2015-11-24)[2019-01-01]. http://jalis-reader.njau.edu.cn/info/1015/1071.htm.

12月10—11日[1] 由教育部高等学校图书情报工作指导委员会战略规划组、江苏省高等学校图书情报工作委员会主办，江苏大学图书馆承办的高校图书馆“十三五”规划经验交流会在镇江举行。江苏大学宋余庆副校长致开幕辞，美国伊利诺伊大学伊利诺伊州消防服务培训学院图书馆阮炼馆长，教育部高校图工委战略规划组、江苏省高校图工委部分成员，以及来自全国100多所高校图书馆的馆长、副馆长和业务骨干等200多名代表出席会议，江苏大学图书馆卢章平馆长主持开幕式。

交流会共有12场专家报告。教育部高校图工委秘书长、北京大学图书馆陈凌副馆长与南京大学图书馆计秋枫馆长分别介绍CALIS与JALIS的“十三五”规划。陈凌阐述CALIS“十三五”规划面向传统基础业务、数字图书馆、学科服务与情报咨询，提出的7大云服务体系具体内涵，计秋枫介绍JALIS以云服务为主导的服务与机制创新。

阮炼、西南交通大学图书馆高凡，分别从实证与理论角度介绍了国外高校图书馆规划的经验和做法。阮炼着重介绍美国高校图书馆实施规划的主旨、步骤、内容，高凡结合对国外高校图书馆战略规划全面的调研，阐析国外高校图书馆战略规划过程中可供借鉴的方法。武汉大学图书馆馆长王新才、海南省高校图工委主任詹长智论述高校图书馆面临的挑战和机遇，并分别从规划制定与应对举措方面表达见解。北京工业大学图书馆馆长阮平南以管理学专业视角，剖析战略规划的概念及其思维层次。南开大学商学院信息资源管理系柯平将国外战略规划实例结合个人的实践，阐述高校图书馆“十三五”规划的过程管理。中国矿业大学图书馆馆长李明、哈尔滨工程大学图书馆副馆长胡乃志、南京工业职业技术学院副院长卢兵，结合本校图书馆创新服务案例论述图书馆今后的建设与发展思路。卢章平作会议总结。

12月11日 在“全国高校图书馆十三五规划制定工作研讨会”会议期间，CALIS管理中心副主任、全国高校图工委秘书长陈凌邀请江苏省高校图工委领导、部分参加研讨会的江苏省高校图书馆领导，召开工作座谈会，通报CALIS目前的进展情况，并就未来CALIS发展以及与JALIS的后续合作问题，征求江苏省高校图书馆界的意见。

JALIS管理中心主任、江苏省高校图情工委秘书长、南京大学图书馆馆长计秋枫参加会议。江苏省高校图工委部分领导成员，中国矿业大学图书馆馆长李明、扬州大学图书馆馆长王永平、江苏大学图书馆馆长卢章平、淮阴师范学院图书馆馆长陆宝益等参加了会议。宿迁学院、南京工业大学、盐城工学院、南京工程学院、苏州大学、江苏工程职业技术学院、南京特殊教育师范学院等单位的馆长参加了会议。JALIS管理中心副主任、江苏省高校图情工委副秘书长、南京大学图书馆副馆长罗钧主持会议。

陈凌介绍CALIS目前的“十三五”规划制定工作进展，重点介绍CALIS在未来的发展方向，并就预研的编目前置服务方向，征求江苏省高

[1] 王波，吴汉华等. 2015年高校图书馆发展概况[J]. 高校图书馆工作，2017(1)：4－16.

校图书馆界的意见与建议，整合出版商、发行商、高校图书馆各方的长处，将图书馆的上游整合，全流程的贯彻 CNONIX 国家标准，重建出版业、发行业、图书馆良性成长环境，实现书目数据的编目前置，更大范围的书目数据共享。陈凌指出江苏省高校图书馆在国内的合作环境比较好，希望江苏省高校图书馆能够以区域数字图书馆联盟为后盾，建立与馆配商、出版社的联盟，逐步掌握图书馆界的话语权和主导权，建立起独立的评估机制，掌控规则制定权。罗钧副秘书长指出，CALIS 的计划有针对性，有助于图书馆界在未来竞争中掌握主动，JALIS 及成员馆应该支持并参与。

计秋枫做会议总结，JALIS 今后将继续支持 CALIS 的建设，愿意做 CALIS 后续创新服务的试验田，CALIS 的项目可以优先拿到江苏省来实验推广。

12 月 15 日　江苏省高校图工委情报咨询专委会在扬州大学召开首届江苏省“教育部部级科技查新工作站”工作研讨会，全省 15 所教育部科技查新工作站，及部分已开展查新工作的高校近 60 位代表参加会议。江苏省高校图工委情报咨询专委会主任、河海大学图书馆馆长赵坚介绍 JALIS 近期工作，强调开展科技查新等学科服务，是当前图书馆的重要工作内容；业务拓展和延伸要与 JALIS 平台对接；要发挥情报咨询工作在高校建设、地方经济发展中的作用。扬州大学图书馆馆长王永平主持开幕式，扬州大学副校长刘祖汉到会致辞。东南大学图书馆副馆长李爱国总结近 5 年江苏省科技查新工作开展情况，对科技查新工作存在的问题进行剖析，提出科技查新工作发展的新思路。全省 15 个教育部科技查新站交流各自的工作情况及服务特色。

12 月 16 日〔1〕　由文化部主办、广州市承办的“2015 年中国图书馆年会—中国图书馆学会年会・中国图书馆展览会”在广州举办。会议表彰了“2015 年最美基层图书馆”和“2015 年中国图书馆榜样人物”。北京大学图书馆副馆长、中国高等教育文献保障系统（CALIS）管理中心副主任陈凌荣获“2015 年中国图书馆榜样人物”称号，是 10 位获奖人中唯一来自高校图书馆的代表。陈凌生于 1963 年，毕业于北京大学，硕士研究生学历，主持“211 工程”的中国高等教育文献保障系统建设项目 18 年，在项目三期建设中，他提出以“普遍服务”为指导思想，在服务体系设计、管理机制和技术路线方面多有创新，并将 CALIS 各项服务推广到全国，获益单位超过 1800 余所高校图书馆，为谋求中国高校图书馆的整体发展与进步、深化文献资源共建、共享体系建设和推进我国图书馆事业的发展做出了突出贡献。东南大学图书馆馆长顾建新主持了第五分会场“大学图书馆的馆舍空间发展”。

12 月 20 日　中国药科大学图书馆馆长、江苏省高校图工委情报咨询专委会副主任邱家学因病去世，享年 53 岁。

12 月 31 日〔2〕　教育部高等学校图书情报工作指导委员会的积极组织下，历经 3 年、经过

---

〔1〕 本刊讯. 北京大学图书馆副馆长、CALIS 管理中心副主任陈凌荣获 2015 年图书馆界榜样人物[J]. 大学图书馆学报，2016(1)：82.

〔2〕 王波，吴汉华等. 2015 年高校图书馆发展概况[J]. 高校图书馆工作，2017(1)：4－16.

四上四下修订过程的《普通高校图书馆规程》(2015 版)〔1〕定稿,由教育部正式印发全国高等学校(教高〔2015〕14 号)《教育部关于印发〈普通高等学校图书馆规程〉的通知》。

是年　江南大学图书馆顾烨青被聘为《大学图书馆学报》第五届编辑委员会委员(聘期四年),江苏省另有南京大学信息管理学院教授叶继元、郑建明、叶鹰 3 人入选。

年度事件数据:

事业发展〔2〕　全省普通高等学校数:137 所(本科院校 52 所,高职院校 85 所);
本专科在校生人数:171.6 万人;
研究生在校生人数:15.6 万人;
专任教师人数:10.715 4 万人;
高等教育毛入学率:52.3%。

单位变更　2 月,南京特殊教育职业技术学院更名为"南京特殊教育师范学院",建制和办学层次不变,图书馆同时更名,办学地南京市。

4 月,南京化工职业技术学院更名为"南京科技职业学院",建制和办学层次不变,图书馆同时更名,办学地南京市。

4 月,淮阴卫生高等职业技术学校更名为"江苏护理职业学院",升格为专科院校,图书馆同时更名,办学地淮安市。

4 月,连云港财经高等职业技术学校更名为"江苏财会职业学院",升格为专科院校,图书馆同时更名,办学地连云港市。

4 月,江苏省城镇建设学校更名为"江苏城乡建设职业学院",升格为专科院校,图书馆同时更名,办学地常州市。

领导变更　4 月,淮海工学院图书馆馆长黎汉杰转岗,曹伟平继任馆长。

6 月,淮阴工学院图书馆馆长郑德全离任,薛建明继任馆长。

7 月,淮阴师范学院图书馆馆长郭启松离任,房晓军继任馆长。

11 月,南京工程学院图书馆馆长吴钦宽离任,原高教研究所所长白少布继任馆长。

11 月,南航大金城学院图书馆馆长陈万寅离任,赵敏继任馆长。

12 月 11 日,南京师范大学图书馆领导班子调整,罗逾兰为图书馆党委书记;郭志峰为图书馆党委副书记(兼)。管红星(原校办副主任)为图书馆馆长;郭志峰、沈艺、庞明勇为图书馆副馆长。原主持工作的常务副馆长张建平调任信息处处长。

---

〔1〕 教育部.普通高等学校图书馆规程(教高〔2015〕14 号)[J].大学图书馆学报,2016(2):5-8.

〔2〕 江苏省统计局,国家统计局江苏调查总队.2015 年江苏省国民经济和社会发展统计公报[J].统计科学与实践,2016(3):12-18.

2016 年

1 月 4—6 日　江苏省高校图工委现代技术应用专委会年会暨江苏省高校图书馆现代技术应用创新大赛在无锡市江南大学举行，全省 59 个单位的 110 余位代表参加了会议。开幕式由江南大学图书馆潘吉仁书记主持，江苏省高校图情工委副秘书长、JALIS 管理中心副主任、南京大学图书馆副馆长罗钧，代表江苏省高校图情工委到会致辞。会议邀请厦门大学图书馆技术部主任肖铮做题为“厦门大学图书馆的服务创新”的专题报告，厦门大学图书馆在国内高校图书馆界享有盛誉，是 Lib 2.0、Lib 3.0 运动的主要推动者，在服务创新中取得丰硕的成果。肖铮介绍厦大图书馆“饭团”的历史、社团文化，馆内部创新项目的形成与实施的过程，以及“饭团”在服务与管理创新中发挥的作用。厦大图书馆利用“饭团”这个平台，取得的成果之一是“圕系列”创新项目，圕·时光、圕·记忆、圕·成长等系列创新服务项目，给读者带来全新的用户体验，在社会上引起反响，凸显大处着眼、小处入手，利用最新的技术重组、展示、推广传统图书馆业务，做到贴心、用心、细心，用读者喜爱的方式展示服务，拉近与读者的距离，展示厦大图书馆人对事业的情感投入和对读者的人文关怀。厦大的项目组织、跨部门协作和“饭团”建设，为年轻一代创造了事业发展的良好空间，满足年轻人的心理需求，稳定了队伍，严谨的项目组织确保项目开发的成功率和可持续发展。

创新大赛的成果交流阶段，此次参加应用创新大赛的项目，分为软件、硬件、解决方案 3 大类，共 36 个项目，专委会从中遴选出来 20 个项目，推荐在本次大会上进行交流，20 个项目分别来自东南大学、中国矿业大学、中国药科大学、南京工程学院等 20 个单位。展示近年来技术应用方面所取得的成果，参评项目都是在用的应用型成果，设计思路精巧、功能实用、实现方式新颖、服务效益显著，都是图书馆的技术人员开发，或是以图书馆技术人员为主开发的成果。

会议最后遴选出一等奖 3 个（图书馆座位管理系统—东南大学图书馆、VPN 358 访问统计系统—南京工业职业技术学院图书馆、图书馆 OPAC 实时虚拟书架—南京师范大学图书馆）、二等奖 8 个、三等奖 11 个。向获奖单位颁发奖状，获得一等奖的代表发表获奖感言。技术专委会副主任、南京邮电大学图书馆馆长钱军主持闭幕式，专委会副主任、南京财经大学图书馆馆长秦嘉杭做会议总结。

1月8日[1] 由中国出版集团公司新华书店总店、北京图书订货会组委会主办的“2016年全国馆社高层论坛”在北京举行。论坛以“创新发展与文献资源建设”为主题。论坛期间举行“2006—2015中国馆配行业最具影响力人物”和“2015年全国优秀馆配商评选”的颁奖仪式。由《图书馆报》策划的“2006—2015中国馆配行业最具影响力人物”评选活动，经社会各界推荐提名、两轮专家评选、网上投票，从来自全国的500余名被提名人选中，最终产生北京大学图书馆馆长朱强，中宣部出版局原研究员陈源蒸，中华书局总经理徐俊，中国出版协会常务副秘书长兼会展部主任、北京图书订货会组委会秘书长刘丽霞等10名“最具影响力人物奖”和南京大学图书馆原采编部主任陈远焕、首都师范大学图书馆副馆长熊丽、江苏凤凰出版传媒股份有限公司陈海燕等10名“最具影响力人物提名奖”。文化部公共文化司巡视员、中国图书馆学会副理事长刘小琴，中国出版协会常务副理事长、国家新闻出版广电总局原副局长邬书林，中国书刊发行业协会理事长艾立民，中国出版集团公司党组成员、副总裁潘凯雄为获奖者颁奖。

1月15日[2] CASHL开世览文官方微信CASHL Service正式上线。

1月22日[3] “南京师范大学、江苏尼众佛学院图书馆项目合作签约暨图书馆揭牌仪式”在鸡鸣寺佛学讲堂举行。南京师范大学副校长田立新、江苏尼众佛学院常务副院长莲华法师共同签署合作协议和揭牌仪式。江苏省宗教局副局长顾传勇、南京师范大学图书馆馆长管红星、南京佛教协会隆相大和尚、莲华法师共同为“江苏尼众佛学院图书馆”揭牌。田立新，南京市宗教事务局副局长纪勤，南京师范大学图书馆党委书记罗逾兰，江苏省佛教协会副会长、南京市佛教协会副会长、建初寺住持大初法师共同为“南京师范大学图书馆佛学分馆”揭牌，“南京师范大学图书馆佛学分馆、江苏尼众佛学院图书馆”正式开馆。莲华法师、田立新、顾传勇分别在仪式上致辞。江苏尼众佛学院是由国家宗教局审批、南京市鸡鸣寺主办的江苏省内唯一的高级尼众佛学院。南京师范大学为佛学院图书馆提供一年的业务培训，并对图书馆管理进行指导，协助完成图书馆建筑的设计与建设。

2月26日[4] 江苏省青年书法家协会第三次会员代表大会在江苏议事园酒店隆重召开。江苏省文联主席、党组书记章剑华，共青团江苏省委书记、省青联主席万闻华出席开幕式并讲话，中国书法院院长管峻，江苏省书协副主席兼秘书长王卫军，江苏省青年美术家协会主席庄重参加开幕式并致辞。本次会议上

---

〔1〕 中国新闻网. 2015年全国优秀馆配商评选揭晓15家出版社获奖[EB/OL]. [2018-11-01]. http://www.chinanews.com/cul/2016/01-08/7708430.shtml.

〔2〕 王波，吴汉华等. 2016年高校图书馆发展概况(附大事记)[J]. 高校图书馆工作，2017(6)：20-34.

〔3〕 江苏省佛教协会. 南京师范大学图书馆佛学分馆、江苏尼众佛学院图书馆正式开馆[EB/OL]. [2018-12-12]. http://www.jsfj.net/html/fjzx/jdxw/6501.html.

〔4〕 南京医科大学图书馆. 我校两位老师出席江苏省青年书法家协会第三次会员代表大会[EB/OL]. [2018-12-12]. http://lib.njmu.edu.cn/do/bencandy.php?fid=28&id=665.

南京医科大学图书馆孙大权，经选举当选为第三届理事会理事。江苏省青年书法家协会成立于 2000 年 9 月 7 日，由共青团江苏省委主管是江苏省各界青年（45 周岁以下）书法工作者自愿结成的社会团体，是江苏省青年联合会、江苏省书法家协会团体会员。

3 月[1] 原中国药科大学图书馆、信息化技术中心合并，组成“中国药科大学图书与信息中心”，是中国药科大学公共服务体系的重要组成部分，承担学校文献资源建设、网络信息化服务两大任务。

3 月 15 日[2] 南京医科大学图书馆周晓政主编的《医药信息检索与利用》（第 2 版），入选江苏省教育厅 2015 年高等学校重点教材立项建设名单，江苏省教育厅发布《关于公布 2015 年高等学校重点教材立项建设名单和第二批出版名单的通知》（苏教高〔2015〕18 号）。

3 月 25 日 江苏省高校图情工委副秘书长、JALIS 管理中心副主任、南京大学图书馆副馆长罗钧率江苏省高校图情工委代表团，参访武汉大学图书馆，代表团成员有南京师范大学图书馆馆长管红星、江南大学图书馆馆长范雪荣、南京航空航天大学图书馆馆长叶志锋、中国矿业大学图书馆馆长李明、南京审计大学图书馆馆长马万民、JALIS 管理中心办公室主任沈鸣等。

武汉大学图书馆张洪元副馆长会见代表团，罗钧代表江苏省高校图情工委、南京大学图书馆向武汉大学图书馆赠送礼品，张洪元代表武汉大学图书馆回赠礼品。张洪元介绍武汉大学图书馆，为适应新的需求，配合新馆建设改造，优化馆舍的环境建设规划，队伍结构的优化培养，以及资源建设的总体布局等方面所做工作。双方就共同关注的问题进行交流。

3 月 22 日[3] 应东南大学图书馆馆长顾建新邀请，美国田纳西大学图书馆馆长 Steve Smith、副馆长 Teresa Walke 以及分馆馆长 David Atkins，在东南大学四牌楼校区逸夫科技馆报告厅，为近 200 位省内高校图书馆员作 3 场学术报告。

3 月 27 日 国务院正式印发《关于公布第五批国家珍贵古籍名录和第五批全国古籍重点保护单位的通知》（国发〔2016〕22 号），批准颁布第五批《国家珍贵古籍名录》899 部和全国古籍重点保护单位 14 家。江苏省入选单位：泰州市图书馆，共 1 家。

3 月 31 日[4] “中国高校机构知识库联盟（CHAIR）第 2 次筹备会”，在西安交通大学图书馆召开。

---

〔1〕 中国药科大学图书与信息中心. 中国药科大学图书与信息中心简介[EB/OL]. [2018 - 07 - 06]. http://lic.cpu.edu.cn/7533/list.htm.

〔2〕 南京医科大学图书馆. 我校 4 部教材入选 2015 年江苏省高等学校重点立项教材[EB/OL]. [2018 - 12 - 12]. http://lib.njmu.edu.cn/do/bencandy.php? fid=28&id=669.

〔3〕 东南大学图书馆办公室. 东南大学图书馆简讯（2016 年第 1 期，总第 42 期）[EB/OL]. [2019 - 02 - 02]. http://www.lib.seu.edu.cn/upload_files/article/248/1_20180612100344.pdf.

〔4〕 王波，吴汉华等. 2016 年高校图书馆发展概况（附大事记）[J]. 高校图书馆工作，2017(6)：20 - 34.

4月12日[1] “江苏省高校图书馆事业发展统计与决策服务系统”项目组在南师大敬文图书馆召开了第8次工作研讨会，研讨系统平台前期建设过程中存在的问题和后续工作，主要内容：① 基础数据填报部分，不再作修改。讨论“新媒体服务”字段是否需要获取粉丝数的功能，复印、扫描服务是否需要填报具体复印数量等，考虑到这些数据对统计、决策服务没有太大作用，会议决定这两项填报字段不作修改；② 规范数据库部分，进一步完善。根据第一次规范库测试过程中出现的问题，明确将进一步优化规范库，按项目组成员分工，进行第二测试工作，以尽量减少规范数据库勾选可能存在的问题；③ 由项目组中的采访人员与数据库商进行协商，请数据库商提供江苏省各高校订购数据库的模式，订购模式尽量优化到最小单元，并及时修改完善规范库。

4月13日 江苏省图书馆学会邀请来华访问的德国科隆图书馆馆长汉娜萝蕾·沃格特博士，在南京图书馆多功能厅举办业务讲座。讲座主题：“数字化时代的图书馆：资源，空间，变革”。汉娜萝蕾·沃格特博士，1958年出生，毕业于图书馆学、艺术史和文化管理专业，取得以读者为导向的市场营销学博士学位。自2008年起，她担任德国最大图书馆之一的科隆市立图书馆馆长。她长期担任维尔茨堡图书馆馆长，在她任馆长期间，该馆曾被选为“年度图书馆”，4次获德国图书馆排行榜的第1名。她是歌德学院“图书馆与信息中心”咨询委员会成员，《图书馆：研究与实践》杂志的主编，任德国图书馆协会管委会成员。2013年起任国际图联大都市图书馆常委会委员，同时担任“比尔和我—琳达·盖茨基金会”(全球图书馆部)战略顾问。

4月14日[2] 教育部高教司张爱龙副巡视员，教学条件处处长李静、调研员张庆国、副处长都昌满，到北京大学图书馆调研教育部高校图书情报工作指导委员会、中国高等教育文献保障系统的工作。全国高校图工委主任、北京大学图书馆馆长朱强，全国高校图工委秘书长、北京大学图书馆副馆长陈凌，以及京津地区的部分图工委委员参加了工作汇报。

朱强从高校图书馆的概况、图工委的历史与作用、当前高校图书馆面临的主要问题及建议这3个方面汇报了图工委的工作。在问题及建议部分，主要陈请教育部加强《普通高校图书馆规程》在学校层面的贯彻落实，解决现行政策给高校图书馆电子资源采购带来的困境，推动高校的古籍保护工作，支持高校图书馆整体化建设的可持续发展。其他委员也从各自的角度提出问题与建议。

陈凌汇报CALIS建设的总体设想，现在面临的挑战和需要教育部给予支持的方面。相关领导认真听取汇报，对一些具有普遍性的关键问题进

[1] 南京师范大学图书馆.“江苏省高校图书馆事业发展统计与决策服务系统”项目组召开平台推进工作会议[EB/OL].(2016-04-25)[2018-12-12]. http://ssk.jalis.nju.edu.cn/view.php?id=202.

[2] 王波.教育部高教司领导到北大图书馆调研图工委、CALIS工作[J].大学图书馆学报，2016(3)：89.

行深入了解，表示将把相关问题带回部里深入研究，同时也希望图工委就相关问题，组织委员们研究探讨，提出方案建议，高教司再去做工作，以推动高校图书馆事业在创建世界一流大学和一流学科的进程中发挥作用。

4 月 26 日〔1〕 南京理工大学图书馆新馆投入使用，新馆建筑面积 4.5 万平方米，阅览座位 4000 余席，设有信息共享空间、研讨室、电子阅览室、高雅艺术欣赏室、创客空间、学术报告厅等现代化服务设施。原图书馆在运行 30 年后宣告关闭。自 1 月起，开始计划搬迁精心组织、精心计划，3 月起开始搬迁，不到一个月的时间内，共完成 230 万册图书的搬迁上架，搬迁过程中，老馆“零闭馆”，服务不中断。

5 月 6 日 “图书馆＋思维下的知识空间建设学术研讨会”在南京大学敬文学生活动中心举行。由南京大学图书馆、北京世纪超星信息技术有限责任公司合作举办，近 600 人参会，围绕“图书馆＋”思维下的知识空间建设主题，就图书馆的服务创新开展讨论。

南京大学校长助理范从来，全国高校图工委副主任、上海交通大学图书馆馆长陈进，江苏省高校图工委副主任、秘书长、JALIS 管理中心主任、南京大学图书馆馆长计秋枫，江苏省高校图工委副主任、JALIS 管理中心副主任、东南大学图书馆馆长顾建新，超星集团董事长史超，原北京航空航天大学图书馆馆长杨晓光，江苏省高校图工委副秘书长、JALIS 管理中心副主任、南京大学图书馆副馆长罗钧，南京大学图书馆副馆长邵波，原宁波大学园区图书馆馆长颜务林，超星集团副总经理、中国索引学会副理事长叶艳鸣出席会议并作报告。

5 月 9—18 日 南京大学图书馆“薪火文献修复中心”揭牌仪式暨第 2 期手工纸浆修复技术培训班，在南京大学仙林校区杜厦图书馆举行，南京大学副校长邹亚军、南京大学发展委员会海外部副主任骆威、香港薪火文化公益基金会秘书长鲁容、南京图书馆馆长徐小跃、江苏省古籍保护中心主任、南京图书馆副馆长全勤、南京莫愁中等专业学校副校长章学军、南京莫愁中等专业学校古修中心主任王燕、南京艺术学院人文学院院长董峰、南京艺术学院人文学院书记陈勇军、栖霞寺净善法师，以及南京大学图书馆馆长计秋枫、南京大学图书馆副馆长史梅出席揭牌仪式和开班典礼。学员代表、北京师范大学图书馆葛瑞华在揭牌仪式上致辞。培训班由南京大学图书馆主办，南京莫愁中等专业学校承办，学员来自北京、广东、山东、四川、厦门、南京等地的公共、高校图书馆、博物馆、档案馆等单位。手工纸浆修复技术的研究始于 1982 年，邱晓刚经过 30 多年的坚持研究、使用和推广，1992 年，手工纸浆修复技术研究课题通过鉴定，1993 年，举办第一期手工纸浆修复技术培训班。介绍手工纸浆修复的研究过程、在传承和发展中的不断改进，国外机械纸浆修复与国内手工纸浆修复技术的比较，以及手工纸浆修补技术的关

〔1〕 南京身边事.隐藏在南京理工大学图书馆中的秘密了解一下?［EB/OL］.［2019－01－22］. https://baijiahao.baidu.com/s?id=1619295303518805413&wfr=spider&for=pc.

键点。培训期间，学员们参观南京图书馆、南京博物院、中国第二历史档案馆、栖霞寺藏经楼等古籍收藏单位。5月18日，举行结业典礼。

5月10—13日[1] “数字资源深度利用研讨会暨CALIS第十四届引进数据库培训周”在兰州大学举行，30多家数据库商和超过200所参加引进数据库集团采购的高校图书馆相关工作具体负责人参加，非高校系统(国家图书馆、科学院图书馆、上海图书馆、国家科技图书文献中心等)也派代表参加。

5月20日[2] 由国家图书馆与全国图书馆界相关机构共同建设的“中国图书馆界重要人物专题”口述史项目正式启动，并开始接受各单位申报，申报时间截至6月10日。国家图书馆中国记忆项目中心是本专题资源建设的牵头机构。国家图书馆中国记忆项目于2012年正式启动。该项目以我国传统文化遗产、现当代重大事件、各领域重要人物为专题，抢救性、系统性地进行口述史料、影音文献等资源的建设和保护，形成专题记忆资源体系，通过在线发布、到馆阅览等方式为读者提供服务，并通过出版物、展览、讲座、专题片和体验活动等多种形式进行推广。通过对我国现当代图书馆学家和为我国图书馆事业发展做出过突出贡献的人士进行口述史访谈，将他们的生活经历、事业成就、学术贡献乃至思想情感抢救性地记录下来，并收集照片、信件、笔记、日记、手稿、音视频资料、出版物(包括非正式出版物)等相关文献，形成专题资源，为相关领域历史问题研究积累第一手资料。

5月25日 江苏省高校科技查新综合服务系统建设研讨会议在河海大学召开，江苏省高等学校图书情报工作委员会秘书长、南京大学图书馆副馆长罗钧，JALIS管理中心办公室沈鸣，河海大学图书馆馆长赵坚，河海大学图书馆副馆长张毅华，项目承建单位河海大学、东南大学、中国药科大学、扬州大学、江苏大学、南京理工大学的项目组成员20余人参加会议。张毅华主持，赵坚介绍项目的背景和意义。罗钧指出，科技查新工作对馆员的学历、资历、服务能力都有很高的要求，科技查新体现了图书馆的工作水平，在图书馆的转型期，正在由宽泛化向个性化、学科化服务转型，由概念化、虚拟化服务向技术化、实体化转型。会议确定将优先考虑社会效益，展示科技查新工作，以提升各查新单位的积极性。

6月1—2日 CALIS中心为配合2016年教育部开展第4次学科能力评估，促进高校图书馆服务教学和科研，特与武汉麦达公司联合研制基于动态数据和事实数据的高校学科评估平台，从第三方角度提供全面的数据评价和对标。

6月[3][4] EBSCO公司的FOLIO(The Future of Libraries is Open，FOLIO)计划发

---

〔1〕 兰州大学.“数字资源深度利用研讨会暨CALIS第十四届引进数据库培训周”在兰州大学成功举办[EB/OL].[2018-10-10]. http://lib.lzu.edu.cn/gwdt/info-10210.shtml.

〔2〕 全根先.“中国图书馆界重要人物专题”口述史项目正式启动[N].图书馆报，2016-05-20.

〔3〕 刘素清.从电子资源管理视角分析我国高校图书馆服务平台的发展[J].大学图书馆学报，2018(4):11-17.

〔4〕 Breeding M. Open Library Foundation established foundation created to promote open source projects for libraries[EB/OL]. [2018-12-02]. https://librarytechnology.org/news/pr.pl? id=21867.

布，成为图书馆、销售商和软件开发者的社区。FOLIO 的目标是创造开源图书馆服务平台，提供创新路径，建设全新的支持学术和知识产品的图书馆服务平台。FOLIO 致力于将开源技术与社区力量结合，重新定义图书馆服务、以创新方式推动图书馆未来发展。FOLIO 基于图书馆的需求，充分权衡图书馆专业技能及销售商能力与开发速度，推动图书馆发展，重新定义图书馆在大学机构中的作用与角色。FOLIO 建立公平的机制，使所有参与者，不管其规模大小，均能获得开源技术。FOLIO 将销售商组织起来，为客户提供服务，将开源作为服务提供给图书馆。开放图书馆基金会将负责 FOLIO 的运作，基金会作为中立的非营利组织，图书馆可以通过基金会参与开源项目，并从项目成果中获益。

6 月 2 日[1]　“新一代图书馆管理系统的发展现状与趋势”研讨会，在重庆大学图书馆召开。

6 月 3 日　JALIS 管理中心组织的有关专家，在南京大学图书馆召开“江苏省数字图书馆(JALIS)综合服务门户平台建设项目”评审会，JALIS 管理中心主任、南京大学图书馆馆长计秋枫主持评审会。会议邀请南京大学信息管理学院教授郑建明、南京大学计算机学院教授孙正兴、南京农业大学图书馆倪峰、东南大学图书馆顾建新、南京工业大学图书馆赵乃瑄、南京师范大学图书馆馆长管红星作为评审专家。专家组推选郑建明任组长，主持评审。项目主持人、南京大学图书馆副馆长罗钧向评审组汇报项目建设的背景、技术方案、目标，并展示前期需求分析、调研、原型设计的阶段性成果，随后，评审专家审阅了相关材料，项目组现场回答专家的质询。专家组对技术方案提出意见：

1. 江苏省高校数字图书馆(JALIS)综合服务门户平台是 JALIS 服务体系的顶层平台，集用户服务、图书馆服务、公众服务、项目管理于一体，是 JALIS 工程建设的重要节点项目。需要充分体现宏观设计目标，突出江苏省的特色，做好顶层设计，江苏省高校数字图书馆作为资源与服务的拥有者，必须全面考虑跨系统、跨地区、跨校、跨馆的融合集成与统一发布。

2. 作为统领全局的重点项目，应当提出并制定未来 JALIS 服务体系的接口标准体系，为后续的建设奠定基础，坚持服务优先的原则，重塑 JALIS 的服务形象。使得 JALIS 以完整的形象呈现给用户和成员馆，使得服务上了一个新的台阶，争取服务效益、社会效益的进一步优化。项目所面临的是异构资源、服务系统，纷繁复杂的集成环境。应当抓住接口标准制定与推行，确立 JALIS 在未来系统扩展过程中的话语权，真正在 JALIS 建设的过程中，消除新的信息孤岛，同时，杜绝再出现新的信息孤岛，实现在统一接口标准下的大集成，建立以图书馆为主的软件研发生态圈。

---

[1] 王波，吴汉华等. 2016 年高校图书馆发展概况(附大事记)[J]. 高校图书馆工作，2017(6)：20－34.

3. 项目的建设整合要有现代特色，强调用户体验，服务考虑要细致。在知识化服务、功能服务上做得更加细致，创服务品牌，以用户体验为导向，要有体验度、可感知、接地气，才能吸引用户，提升效益。门户的服务流程可拼插，可拆卸，流程可以打碎，以用户为中心加以重组。

4. 突出大数据、大空间、大服务的设计理念，扩展服务空间，大胆尝试新的元素，界面使用简单化，认证、资源池、互动咨询(培训、自助式的学习服务)、特色资源等充分展示。

5. 实现JALIS相关系统的数据统一集成、管理、发布与共享。教育主管部门、项目承建单位、管理中心、服务单位均可以分享项目建设的成果与信息。通过项目的建设，进一步加强JALIS工程建设管理流程的科学化、精细化，使得项目建设的管理更为开放。

6. 作为JALIS服务体系的一部分，必须继承JALIS前期的已有建设成果，总结经验，突出特色，评估风险，保证JALIS工程建设的延续性。

6月4日[1]　CALIS官方微信正式上线。

6月13日　“2016年长三角地区三省一市高校图工委秘书长会议“在安徽大学图书馆召开，安徽省高校图工委秘书长、安徽大学图书馆馆长储节旺主持了本次会议。上海市高校图工委秘书长陈进、浙江省高校图工委秘书长章云兰、江苏省高校图工委秘书长计秋枫、副秘书长罗钧代表江苏省高校图工委参加了会议，安徽省主要高校的图书馆领导出席了会议。安徽大学副校长程雁雷致辞。安徽省教育厅高教处处长储常连代表安徽省教育厅讲话，他介绍了安徽省高等教育事业近几年来的发展概况，对长三角高校图书馆合作提出了3点期待：① 期待长期稳定的合作，安徽省与其他省市相比，发展稍显滞后，希望通过与苏浙沪三省市的合作，促进安徽省高等教育的提升与发展；② 安徽的高校数字图书馆，应当在长三角地区合作的基础上，抓住历史机遇，跟上全国高校数字图书馆事业的发展，带动安徽全省的高校图书馆建设水平的整体提升；③ 通过跨地区的合作，推动高校图书馆在互联网环境下，与大学教育改革的深度融合方面，争做排头兵。把高校图书馆办成信息集散与传播的中心、知识传播与创新中心、网络课程学习中心、大学文化的传播中心。

三省一市的图工委秘书长分别介绍了各自省市的一年来的工作情况。安徽省高校图工委秘书长储节旺，介绍“安徽省高校数字图书馆”的建设背景，以及安徽省图工委一年来，在办班、办会、办刊，在人才培养、科研工作方面取得的成果。“安徽省高校数字图书馆”的技术负责人、中国科技大学图书馆系统部主任陈超，向代表们介绍“安徽省高校数字图书馆”的建设进展，“安徽省高校数字图书馆”是在安徽省教育厅的支持下，于2009年立项，2010年12月启动服务，2011—2013年为一期建设，2013年至今为二期建设，为期5年。

[1] 王波，吴汉华等. 2016年高校图书馆发展概况(附大事记)[J]. 高校图书馆工作，2017(6)：20－34.

上海高校图工委陈进秘书长介绍"长三角高校图书馆联盟"办公室的工作，"长三角地区高校文献协作共享云服务平台"的建设进度，后续建设的规划与目标，报告长三角高校图书馆联盟2011—2015年以来的经费情况，以及近期在电子资源建设、服务规划、宣传推广等方面的进展。

章云兰介绍了最近一年来，浙江省高校数字图书馆建设进展，以及浙江省高校图工委在队伍建设方面所做工作，争取省教育厅在科研立项方面，给予高校图书馆适当倾斜，为广大高校图书馆工作人员创造条件。

江苏省高校图书馆秘书长计秋枫、副秘书长罗钧分别介绍江苏高校图工委和JALIS近一年来的进展，着重介绍了JALIS三期建设结束以来，以云平台建设为抓手，持续开展服务体系、服务方式、管理模式的创新。

上海市高校图工委副秘书长林皓明，介绍上海市高校图工委带来的资源联合采购推荐方案，提出6个适藏的电子资源，并对集团采购的价格范围进行摸底，推荐给三省一市的图工委。

会议就未来长三角地区高校图书馆的联盟合作共建机制建设，资源联采、项目评估推荐等工作进行了讨论，并达成共识：① 推进长三角地区高校图书馆在人员培养与交流、科学研究方面的合作，相互借鉴在人才培养方面好的做法，为长三角地区的高校图书馆在地区性的大平台上开展交流；② 在资源建设与服务推广方面加强协调，在地区内的高校图书馆推介"长三角地区高校文献协作共享云服务平台"，让地区内高校用户从中受益。

6月14日 福州大学图书馆馆长刘敏榕率"福建省高校数字图书馆"(FULINK)代表团一行22人，参访南京大学图书馆、江苏省高校数字图书馆管理中心、南京邮电大学图书馆。南京大学图书馆副馆长史梅、邵波会见了代表团全体成员，JALIS管理中心办公室主任沈鸣、江苏省高校图工委秘书处办公室主任徐晖，以及南京大学图书馆主要业务部门的负责人参加了会见。刘敏榕代表福建省高校数字图书馆，向南京大学图书馆、江苏省高校数字图书馆赠送礼品。福建省高校数字图书馆(FULINK)的是在福建省教育厅组织领导下建设的大学教学资源共建共享服务体系。2011年启动，最初由福州大学、福建师范大学、福建农林大学等8所高校和厦门大学共同参与建设。

史梅、邵波分别向代表团介绍JALIS在资源共建、共享方面所做的努力，以及具体做法，针对不同类型的需求，组织前期调研和过程评估，分层次地做好JALIS和图工委内部集团采购工作，用好政府经费，服务广大读者，近几年来随着外部环境的变化，如何利用政府资金引导成员馆参与集团采购，实现电子资源服务成长方式的转型。沈鸣介绍江苏省高等教育发展的基本状况，JALIS以及江苏省高校图工委的发展历史与关系，JALIS的管理架构，以及运行模式及经费投入情况。代表团其他成员和南京大学图书馆的部门主任，就各自关心的议题进行交流。会见前，代表团参观南京大学仙林校区杜厦图书馆。

6月22日—7月20日　第12届伊利诺伊大学中国图书馆馆员交流项目(Chinese Librarians Scholarly Exchange Program, CLSEP),在美国伊利诺伊大学香槟分校开班,本期学员共24人,其中江苏省学员8人,分别是杨兰芳(南京航空航天大学图书馆),邵波(南京大学图书馆),刘莉(江苏警官学院图书馆),陈蓉蓉、胡以涛(南京农业大学图书馆),陈桂芳(江苏大学图书馆),凌红(南京工业大学图书馆),汪蓓(扬州市科学技术情报研究所)。

6月30日[1]　全国哲学社会科学工作办公室公布2016年国家社科基金项目立项名单,刘莉(江苏警官学院图书馆)申请的《民国警察史料整理与研究》获批"一般项目",项目编号:16BTQ038;卢章平(江苏大学图书馆)申请的《"互联网+"思维下面向万众创新的图书馆服务创新研究》获批"一般项目",项目编号:16BTQ004;钱军(南京邮电大学图书馆)申请的《泛在知识环境下校园经典阅读推广体系构建研究》获批为"一般项目",项目编号:16BTQ017;顾建新(东南大学图书馆)申请的《高校图书馆空间再造模式与策略研究》获批"一般项目",项目编号:16BTQ024。

7月[2]　由CALIS技术中心为南京图书馆牵头项目"江苏馆际互借网"建设的技术平台,在南京图书馆正式部署上线。

7月21—22日[3]　教育部高等学校图书情报工作指导委员会4届4次工作会议在成都召开,会议由图工委主办,西南交通大学图书馆承办。高校图工委委员、高职高专分委员会委员,各省、自治区、直辖市高校图工委秘书长等90余人参加会议。高校图工委副主任委员、清华大学图书馆馆长邓景康主持开幕式。西南交通大学副校长张文桂,四川省委教育工委委员、教育厅党组成员李光华,教育部高教司副巡视员张爱龙先后致辞,图工委主任委员、北京大学图书馆馆长朱强代表图工委发言。张爱龙对会议的召开表示祝贺,并就当前我国高等教育改革发展的形势和图工委任务作了讲话。他讲话的要点是:① 2015年12月教育部印发的《普通高等学校图书馆规程》,是教育部、各高校及图书馆、社会各界的共同努力和集体智慧的体现,是今后一段时期我国高校图书馆建设和发展的行动指南。"一分部署,九分落实"。2016年,教育部高校图工委、各省级教育行政部门及图工委、各高校要认真组织学习,把《规程》精神贯彻落实到实处;② 党的十八届五中全会通过的《中共中央关于制定国民经济和社会发展第十三个五年规划的建议》和今年全国"两会"审议通过的《"十三五"规划纲要》对高等教育改革发展做出重要部署,概括起来讲有8大任务,高校图书馆也要围绕这8大任务进行改革发展;③ 在中央和教育部积极推进职能转变的大背景下,教育行政部门今

---

〔1〕 全国哲学社会科学工作办公室.国家社科基金项目数据库[EB/OL].[2019-01-01]. http://fz.people.com.cn/skygb/sk/index.php/Index/index.

〔2〕 王波,吴汉华等.2016年高校图书馆发展概况(附大事记)[J].高校图书馆工作,2017(6):20-34.

〔3〕 王波.教育部高等学校图书情报工作指导委员会四届四次工作会议在成都召开[J].大学图书馆学报,2016(5):125-127.

后将集中力量做好政策制定、宏观指导、协调服务和监督检查工作，更多地运用法律法规、政策、标准、拨款、信息服务等手段推动教育事业的发展。希望图工委更好地发挥专家组织的作用，接受委托或协助教育行政部门，做好校际馆际合作、业务研究与发展、组织交流培训等工作，推动高校图书馆事业不断进步。特别是要围绕国家的“世界一流大学和一流学科建设”总体目标，认真研究高校图书馆如何在办好一流本科教育方面发挥应有的作用；④ 图工委近年来接受教育部的委托或协助教育部做的大量工作，例如组织修订《普通高校图书馆规程》、组织编撰《中国高校图书馆事业发展报告》蓝皮书、协助规划司完成《普通高等学校基本办学条件指标(试行)》中“生均图书”指标的修订，新修订的“生均图书”指标与时俱进，将电子图书纳入统计范围，从今年开始，高等教育学校(机构)统计报表将依据新指标申报，高等学校教学评估指标体系也将作相应修改。本次会议的主题定为“高等教育质量提升工程中的高校图书馆：趋势与挑战”，作为教育部领导下组织开展高校图书情报事业的咨询、研究、指导、评估、服务等工作的专家组织，作为图书馆界的中坚力量，牢记使命和任务，共同努力，充分发挥高校图书馆在人才培养、科学研究、社会服务和文化传承创新中的作用。

7 月 29 日[1] 中国图书馆学会学术研究委员会图书馆建筑与设备专业委员会成立会议暨第一次工作会议，在上海图书馆举行。中图学会学术研究委员会主任、上海图书馆馆长吴建中致辞并向专委会委员颁发了聘书，东南大学图书馆馆长顾建新聘为专委会副主任。

8 月 4 日[2] 由江苏省图书馆学会、江苏省高等学校图书情报工作委员会主办，北京超星数图信息技术有限公司协办的江苏省“超星杯”大数据与图书馆创新服务征文大赛圆满结束。本次征文共计收到稿件 132 篇。经过评审，共评出一等奖 13 篇，二等奖 25 篇，三等奖 40 篇。

9 月[3] CALIS 官方微博账号正式开通，对外服务。

9 月 2 日[4] 中国图书馆学会公布了《关于命名全民阅读示范基地、表彰 2015 年全民阅读优秀组织奖和先进单位奖获奖单位的决定》，全国 27 个单位被命名为“全民阅读示范基地”，16 个单位获“2014 年全民阅读优秀组织奖”，73 个单位获“2014 年全民阅读先进单位奖”。江苏省 14 家图书馆获得相关荣誉称号，南京工业大学图书馆、南京理工大学图书馆、南京邮电大学图书馆、南通开放大学图书馆、泰州市图书馆、无锡高新区图书馆、张家港市少年儿童图书馆、镇江市图书馆获“先进单位奖”。

---

[1] 东南大学图书馆办公室. 东南大学图书馆简讯(2016 年第 3 期，总第 44 期)[EB/OL]. [2019-02-02]. http://www.lib.seu.edu.cn/upload_files/article/248/1_20180612100501.pdf.

[2] 本刊记者. 江苏省图书馆学会 2016 年大事记[J]. 新世纪图书馆，2017(2)：94-95.

[3] 王波，吴汉华等. 2016 年高校图书馆发展概况(附大事记)[J]. 高校图书馆工作，2017(6)：20-34.

[4] 本刊记者. 江苏省图书馆学会 2016 年大事记[J]. 新世纪图书馆，2017(2)：94-95.

9月9日[1] 开放图书馆基金会(The Open Library Foundation。OLF)在美国波士顿成立,目标是推进图书馆的开源项目,促进和支持这些项目收益的捐助、分配和可持续性运作。基金为图书馆员、开发者、设计者、服务提供者和销售商与创新开源技术合作提供基础设施,并为图书馆提供变革性的解决方案。基金会的首批项目包括现存的开源社区、开放图书馆环境项目(Open Library Environment,OLE)和全球开放知识库(The Global Open Knowledgebase,GOKb)。OLE和GOKb社区加入开放图书馆基金。基金会的任务是促进和支持开源项目,OLE向FOLIO计划提供开发者、职能专家、社区基础,帮助建立FOLIO社区。开放图书馆基金会将确保开源项目的代码可获得,并为项目成果提供支持,包括贡献者、用户或相关团体。

9月12—14日 由教育部高等学校图书情报工作指导委员会信息素养教育工作组主办、江苏大学图书馆承办的全国高校信息素养教育研讨会在镇江举行。全国30个省200余所高校的近350名代表参加了本次会议。江苏大学图书馆馆长卢章平主持开幕式。江苏大学副校长宋余庆致辞;江苏省教育厅蔡华调研员概述江苏省高校的发展、学科水平、协同创新、科技成果等整体情况;教育部高校图书情报工作委员会副主任、清华大学图书馆邓景康馆长,江苏省高校图书情报工作委员会主任、南京大学图书馆计秋枫分别致辞。

研讨会邀请美国北卡罗来纳大学图书情报系的副教授诺拉·J.伯德女士、南京大学信息管理学院的博士生导师华薇娜、中山大学资讯管理学院的博士生导师曹树金、清华大学图书馆馆长邓景康等4位专家为大会做主旨报告。

研讨会分为讲课、学术论文、教育案例、教材4个模块的比赛,共收到105篇论文、58份参赛案例、45部参赛教材、55份讲课比赛视频。5位论文一等奖获奖者作大会交流。案例作品主要围绕创新方法与形式开展文检课的教学改革实践、科研素养及学术论文方面的指导培训、开展信息素养教育平台的建设等。3位案例一等奖获奖者在大会上交流。9月12日的会前会,教育部高等学校图书情报工作指导委员会信息素养教育工作组讨论《关于进一步加强高校信息素养教育的指导意见》草案,提出修改意见。邓景康作总结发言。

9月13日[2] 东南大学图书馆与南京医科大学图书馆,在南医大江宁校区续签为期3年的科技查新合作协议。东南大学图书馆馆长顾建新和南京医科大学图书馆馆长冯振卿分别签署协议,并互换了协议文本。两馆在科技查新的业务合作始于2012年,由东南大学图书馆教育部科技查新工作站,对南京医科

---

[1] The Open Library Foundation. ABOUT THE OPEN LIBRARY FOUNDATION[EB/OL]. [2018-12-12]. http://www.openlibraryfoundation.org/about/.

[2] 东南大学图书馆办公室.东南大学图书馆简讯(2016年第3期,总第44期)[EB/OL]. [2019-02-02]. http://www.lib.seu.edu.cn/upload_files/article/248/1_20180612100501.pdf.

大学图书馆的科技查新服务进行业务培训、指导，并审核该馆完成的所有科技查新报告。

9 月 20 日[1] 拉萨师范高等专科学校副校长张其飞率图书馆馆长叶海缨和次仁卓嘎来苏州大学图书馆调研，苏州大学图书馆馆长唐忠明、书记周建屏接待来宾。苏州大学图书馆作为拉萨师范高等专科学校对口援助单位和拉萨师范高等专科学校有着紧密的交流和往来，为了配合拉萨师范高等专科学校“专升本”的工作，双方重点就图书馆如何满足本科教学评估要求、如何更好地为教学科研服务等问题进行交流。会后，张其飞一行参观苏州大学本部图书馆。

10 月[2] 中国矿业大学学校机构调整，原中国矿业大学图文信息中心网络技术部并入学校其他部门，原中国矿业大学图文信息中心，更名为“中国矿业大学图书馆”，原中国矿业大学图文信息中心网络技术部，更名为“中国矿业大学网络信息中心”，自 2010 年 1 月合并至此，历时 7 年。

10 月 20—21 日[3] 华东地区高校图工委 2016 年秘书长年会，在安徽省六安市皖西学院召开，来自华东地区各高校图工委的代表及皖西学院同仁共 14 人参加会议。皖西学院副校长孔敏到会致辞，向各位代表介绍了皖西学院的历史及发展规划。上海市高校图工委副秘书长林皓明、浙江省高校图工委秘书长章云兰、福建省高校图工委秘书长郭毅、山东省高校图工委秘书处办公室主任隋移山、江苏省高校图工委秘书处办公室主任徐晖、江西省高校图工委副秘书长甘安龙、安徽省高校图工委秘书长储节旺分别介绍了所在省(市)高校图工委 2015—2016 年度的工作情况，就“十三五”期间高校图工委的发展规划进行交流。

林皓明建议今后会议要带着问题来，并重点讨论其中一两项，可以邀请部分地方高校图书馆馆长参加会议；甘安龙建议可以编制《华东地区高校图书馆发展白皮书》；储节旺建议举办年会的交接仪式，应该对年会 30 余年的历史发展进程与会议主题进行收集和梳理。会后，代表参观该校图书馆古籍书库。2017 年华东地区高校图工委秘书处工作年会将由上海市高校图工委秘书处承办。

10 日 21—22 日 高职高专图书馆建设专委会第 16 次年会暨学术研讨会，在无锡职业技术学院召开。教育部、江苏省高校图工委领导、有关专家学者及来自全省 58 所高职高专院校的图书馆的领导及论文获奖作者代表 102 人出席会议。会议由无锡职业技术学院图书馆承办。教育部高等学校图书情报工作指导委员会高职分委会副主任卢兵，江苏省高校图工委秘书处沈鸣到会讲

[1] 苏州大学图书馆. 拉萨师范高等专科学校图书馆来我馆调研[EB/OL]. (2016-09-28)[2018-12-12]. http://library.suda.edu.cn/b0/dc/c4024a45276/page.htm.

[2] 中国矿业大学图书馆. 中国矿业大学图书馆历史沿革[EB/OL]. [2018-07-01]. http://lib.cumt.edu.cn/1380/list.htm.

[3] 皖西学院. 2016 年华东地区图工委秘书长年会在我校召开[EB/OL]. (2016-10-25)[2018-12-12]. http://lib.wxc.edu.cn/2016/1025/c1214a64743/page.htm.

话。无锡职业技术学院校长龚方红到会致词;省高校图书情报工作委员会副主任,江苏省高校图工委高职高专建设委员会主任崔新明,总结了2016年高职高专图书馆建设委员会工作,并对专委会2017年计划进行说明。

本次会议主题:“新思维——高职院校图书馆面临的挑战和机遇”。

21日上午,大会对江苏省高职院校图书馆第2届阅读推广大赛获奖单位、专委第对2016次年会获奖论文作者、江苏高职高专院校图书馆优秀论文组织单位进行表彰。北京大学教授王余光与南京大学教授徐雁应邀作《高校图书馆经典阅读室与经典教育》《紧抓“新生入学委”导读契机,夯实校园阅读推广人力基础》的专题报告。

下午,卢兵做《落实〈普通高等学校图书馆规程〉实施指南—谈高职院校图书馆的改革思路》的报告,指出高职图书馆今后的改革方向。随后的阅读大赛及论文交流环节,由南京交通职业技术学院和无锡职业技术学院图书馆负责人发言;江苏财经职业技术学院和无锡科技职业学院分别就《区域性高校图书馆联盟基金会建设新探》与《职业学院高职院校图书馆职业化调查和分析》的论文写作交流了心得。

与会代表分4组,围绕高职图书馆面临的读者对图书馆黏度下降,图书馆服务功能创新不足等问题及解决问题的应对之策等问题进行交流。会议期间,代表们实地参观无锡职业技术学院图书馆。

10月25—27日 由广东省高等学校图书情报工作指导委员会教育培训委员会主办,江苏大学图书馆和广东技术师范学院图书馆承办的“高校图书馆创新服务培训班”于2016年10月25日至27日在江苏大学图书馆举行。来自广东省、江苏省的20余所高校的近30名馆员参加了本次培训班。培训分为大会报告和课堂授课两部分,报告分别是江苏大学图书馆馆长卢章平的《拓展高校图书馆知识服务领域——江苏大学图书馆的探索》和张晓阳的《江苏大学图书馆学科服务创新探索》。

课堂授课、理论授课与实践案例相结合。镇江亿百特信息服务有限公司罗敏总经理的《高校图书馆为企业科技创新服务探索》、江苏大学管理学院宋新平的《中小企业竞争情报的需求及服务》、镇江亿百特信息服务有限公司刘桂锋的《专利分析报告的撰写及案例实训》、江苏大学科技查新站主任程玉梅的《科技查新委托书撰写要点》、江苏大学图书馆李明娟的《文献检索翻转课堂教学改革》以及上海海事大学李杰博士的《知识图谱工具在学科服务中的应用案例》。

10月26日[1] 中国图书馆年会在安徽铜陵召开,会议期间为“2016年中国图书馆榜样人物”的15位获奖者颁奖,其中,高校图书馆有两位获奖者,中山大学图书馆馆长、图书馆教科战线杰出贡献者程焕文,北京工业职业技术学院图书馆馆长、高职院校图书馆界的领航人张兆忠,作为高校图书馆界的杰出代表获奖。在此之前,北京大学图书馆馆长朱强、CALIS管理中心副主任陈凌

〔1〕 本刊讯.程焕文、张兆忠当选2016年中国图书馆榜样人物[J].大学图书馆学报,2016(6):104.

分别获得 2012 年、2015 年度的“中国图书馆榜样人物”奖。

10 月 26—27 日〔1〕 2016 年江苏省高校图工委馆舍与环境建设专委会暨江苏省图书馆学会建筑与设备专委会工作研讨会，在江南大学图书馆召开。来自东南大学、南京航空航天大学、苏州大学、河海大学、江南大学等 14 个单位的 19 人参加会议。10 月 26 日下午，由江苏省图书馆学会图书馆建筑与设备专业委员会副主任、苏州大学图书馆党委书记周建屏主持。江苏省图书馆学会图书馆建筑与设备专业委员会副主任、东南大学建筑学院建筑系主任鲍莉做“公共图书馆的华丽转身——巴塞罗那公共图书馆网络建设计划(1998—2010)”的报告。10 月 27 日，由江苏省高校图工委馆舍与环境建设专业委员会副主任、南京林业大学图书馆馆长刘应安主持。江苏警官学院图书馆馆长刘莉做“美国公共图书馆的空间功能及服务特点”的报告。最后，东南大学图书馆馆长顾建新做题为“教育和学习方式的变化”报告。

10 月 27—28 日〔2〕 情报咨询专委会 2016 年学术年会暨情报咨询业务培训会在中国药科大学图书馆举行。会议以“数字媒体助力咨询服务”为主题，180 余人参加年会。由河海大学图书馆与中国药科大学图书馆共同承办。南京大学图书馆馆长、江苏省高校图工委秘书长计秋枫到会致辞。河海大学图书馆馆长、专委会主任余达淮做情报咨询专委会工作报告。在为期两天的学术年会里，来自省内各高校图书馆专家，以及相关软件公司的技术人员带来 11 场报告。南京大学图书馆副馆长邵波做主题报告。

2016 年年会期间，江苏省高校图工委情报咨询专委会召开委员会议，对 2016 年的工作进行了研讨，并提出了 2017 年工作计划。年会还进行情报咨询信息服务工作“先进个人”评选表彰活动，来自全省 35 所高校的 49 人获奖。

10 月 31 日 “2016 江苏高校图书馆发展论坛”在南京大学仙林校区杜厦图书馆报告厅举行。来自江苏高校图书馆的近百位馆长与会。南京大学党委常委、宣传部王明生部长，全国高校图工委秘书长、北京大学图书馆副馆长陈凌，江苏高校图工委秘书长、南京大学图书馆馆长计秋枫分别致辞。会议向“2013—2015 江苏高校图书馆先进集体”“2013—2015 江苏高校图书馆优秀馆长”“江苏高校图书馆杰出贡献奖”及“江苏省‘超星杯’大数据与图书馆创新服务征文活动优秀论文奖”的获奖单位和个人颁奖。

江苏省教育厅高教处处长袁靖宇，陈凌、计秋枫分别做“江苏省高等教育的过去与未来五年”“图书馆环境变化与转型发展”的主题报告及“江苏省高校图工委工作报告”。江苏省高校图工委副秘书长、南京大学图书馆副馆长罗钧，江苏省高校图工委副主任、南京工业大学图书馆馆长赵乃瑄，

---

〔1〕 东南大学图书馆办公室. 东南大学图书馆简讯(2016 年第 3 期，总第 44 期)[EB/OL]. [2019-02-02]. http://www.lib.seu.edu.cn/upload_files/article/248/1_20180612100501.pdf.

〔2〕 中国医科大学图书馆. 2016 年江苏省高校图工委情报咨询专业委员会学术年会在我校召开[EB/OL]. (2016-10-28)[2018-12-12]. http://news.cpu.edu.cn/30/c9/c243a12489/page.htm.

江苏省高校图工委副主任、南京农业大学图书馆馆长倪峰，江苏省高校图工委资源引进与评估工作组组长、南京大学图书馆副馆长邵波，南京理工大学馆长张小兵，分别做专题交流报告。与会代表认为：江苏高校图书馆应围绕江苏高等教育发展的重点、任务和趋势，规划和思考图书馆转型和发展思路，结合各校的特色、定位、项目和任务，把耳熟能详的概念落实到图书馆的服务使命、服务意识、服务设计、服务项目、服务评价中去，为江苏高校"十三五"规划的实施而奋斗。

11 月 1 日　江苏省高校图书馆第 4 届在职暨新进馆员专业培训班在南京中医药大学开班。53 所省内院校的 110 余位学员参加了开班仪式。南京中医药大学副校长曾莉，教育部高校图工委秘书长、北京大学图书馆副馆长陈凌，江苏省高校图工委秘书长、南京大学图书馆馆长计秋枫，江苏省高校图工委学术研究与继续教育专委会主任、南京工业大学图书馆馆长赵乃瑄出席，南京中医药大学馆长李文林主持开班仪式。

陈凌、计秋枫分别致辞。赵乃瑄介绍了培训班的举办历史及课程模块设计导向。指出第 4 届培训班覆盖的高校范围进一步扩大，课程内容融入了国际化元素，希望学员们通过本次培训提升学术水平、服务读者。

李文林期待图书馆员珍惜集中学习的机会，学有所成，在服务他人的过程中不断完善职业素养，为各自所在学校的双一流建设做出应有贡献。

陈凌做《馆员、图书馆与 CALIS》的报告，南京大学信息管理学院院长孙建军讲解了新技术环境下数据资产管理状况，南京理工大学图书馆馆长张小兵介绍了电子图书利用效率评估分析案例，南京大学图书馆副馆长邵波讲解图书馆资源与技术融合的探索与实践，南京大学教授郑建明的主讲课程为《图书馆学基础理论与方法》，东南大学图书馆馆长顾建新，讲解图书馆建筑空间的新进展，南京农业大学信息管理学院院长郑德俊讲解了用户体验与图书馆信息服务的感知优化，南京大学图书馆副馆长罗钧介绍了江苏高校数字图书馆 JALIS 发展与思考，南京邮电大学图书馆馆长钱军报告馆员职业能力提升与校园阅读推广工作，南京大学教授叶继元讲解情报学基础理论与方法，李文林介绍图书馆服务学科建设的实践与思考，南京农业大学图书馆馆长倪峰介绍图书馆组织氛围建设与优化，赵乃瑄介绍数字信息资源管理与服务，昆山杜克大学图书馆馆长徐鸿，重点讲解图情英文学术论文的写作与发表经验。让学员们了解图书情报领域国内外当前最新技术、服务模式、组织文化、环境布局等行业进展，也把握图情领域的经典理论、常用方法与具体实践路径。

11 月[1]　北京师范大学与艾利贝斯集团正式签约，采购 Alma 系统，将使用 16 年的 Aleph 500 系统迁移到 Alma 下一代图书馆管理系统平台。北京师范大学曾是中国以及亚太区第 1 家 Aleph 500 用户。

---

〔1〕 艾利贝斯软件科技发展北京有限公司. 2016 年年度信息[EB/OL]. [2018－11－02]. http://www.exlibris.com.cn/new/news/2016.asp.

11 月 1 日　CALIS、JALIS 关于下一代图书馆系统研发的座谈会在南京中医药大学图书馆召开，CALIS 管理中心副主任、北京大学图书馆副馆长陈凌出席了座谈会，JALIS 管理中心副主任、江苏省高校图情工委副秘书长、南京大学图书馆副馆长罗钧主持会议。江苏省高校图情工委副主任、南京工业大学图书馆馆长赵乃瑄，南京中医药大学图书馆馆长李文林，南京师范大学信息处处长张建平，南京大学图书馆副馆长邵波，以及南京师范大学图书馆技术部顾宏、南京工程学院图书馆陆兴华、沈鸣，江苏汇文软件公司的代表参加了座谈会。

与会者针对下一代图书馆的研发、推广，与校园信息化建设融合等方面的议题进行了讨论，从图书馆、校园信息化建设、服务与用户体验的改善、标准化建设多个角度做了探讨，江苏汇文公司介绍了他们自 2013 年至今，在下一代图书馆系统的开发方面所做的探索性的工作。

与会者回顾了自改革开放以来，国内高校图书馆计算机系统开发的历史，高度评价汇文系统、ILAS 系统为代表的国产系统，所做出的巨大贡献，经过多年的发展，这些系统积累了丰富的经验和雄厚的用户资源，江苏汇文系统对于改革开放以后，推动高校图书馆事业的转型发展，发挥了巨大的作用，成为高校图书馆最具影响力的品牌。

自 2011 年起，提出新一代图书馆自动化系统至今，ProQuest 在 2015 年，推出 Alma，成为进入商业化运作的下一代图书馆系统，但后续尚无真正的产品推出，“下一代图书馆系统”必须能够全面应对从资源到空间、从业务到服务的各种挑战，支持阅读服务、空间服务、知识服务等特色化服务。但总的趋势是，国外厂商提出方案与框架，国内厂商并没有拿出自己的方案，都是跟着国外的厂商走，国内的图书馆界也尚未提出具体的想法和路线图。江苏汇文公司自 2010 年以后，一直关注下一代图书馆相关系统的研发，但由于定位、运行模式、开放标准的不确定，尚未形成产品。江苏汇文公司所面临的最大问题，下一代系统中的资源发现与数字资产管理两大核心，这使得汇文公司处于不利的竞争地位。

与会者一致认为，下一代图书馆系统的突破，必须解决好以下 4 个问题：

1. 融入教育信息化的大环境，图书馆不能继续作为一个孤立的系统存在，必须融合到学校信息化乃至整个教育信息化的大环境中去，服务方式、用户需求、标准制定都必须以整个教育信息化的要求作为参照系。

2. 理清下一代图书馆系统的运作模式、开发主体、运行的商业模式，图书馆在其中能够发挥作用的空间，如何真正地实现落地服务。这也是图书馆界关心的问题，并将影响未来的发展走向。

3. 标准为龙头，建立以云服务为基础的下一代图书馆系统所涉及的标准体系，面向校园信息化数据总线环境的互操作、数据交换的标准是首先将面临的问题。

4. 构建属于图书馆界的云服务平台，云服务是下一代图书馆系统的核心，但在现有的国家政策环境下，特别是国外的厂商，他们所提供的云计算服务必须解决如何落地的问题，且符合我国的信息安全要求，才可以在国内提供服务，否则，服务将无法实现。

5. 保证数据安全、保护数字资源的版权。云服务环境下，云平台的运作方式，不同于以本地服务为主的单馆模式，主要的资源与服务都将以云服务呈现，在云环境下如何对每个参与馆的数字资源进行资产管理，满足保护参与者的数字资源版权的要求。

陈凌做总结，目前国外的下一代系统，尚无能够适合国内环境的系统，国内外的实际情况有差异，不能照搬，必须推动下一代图书馆系统的研发，探索自己的道路。已经到了非做不可的时候，下一代系统必须重新构架，而不是承上启下的做法，所以应该称为"新一代图书馆系统"，更加强调服务，新一代图书馆系统的启动，是中国高校图书馆转型的总结，代表服务理念的转型。新一代系统是一次跃升，图书馆界要顺势而为，自觉的推动自身转型，以适应信息化社会的变革，现在 CALIS 中心计划以此为主线，其他项目的规划建设围绕新一代系统展开，以跟上教育信息化、校园信息化的步伐。最终形成适合中国国情、具有可持续发展能力、兼顾各方利益、良性互动的数字图书馆建设生态圈，在这个生态圈中，厂商、图书馆、图书馆联盟、用户的利益得到兼顾。江苏省的 JALIS 在国内具有一定的影响力，组织较为严密，CALIS 希望在新一代图书馆系统的研发中，与 JALIS 开展深度合作。希望 JALIS 继续支持 CALIS 的下一步工作。会议前，JALIS 管理中心主任、江苏省高校图情工委秘书长、南京大学图书馆馆长计秋枫会见了陈凌副主任，就未来 CALIS 与 JALIS 双方的进一步合作事宜进行商谈。

11 月 2 日[1] 江苏省高校图书情报工作委员会学术研究与继续教育专委会会议在南京中医药大学图书馆召开。来自全省各高校图书馆近 50 余名委员与嘉宾参加会议。专委会副主任、江苏师范大学图书馆馆长高中华主持会议。

学术研究与继续教育专委会主任委员、南京工业大学图书馆馆长赵乃瑄教授首先对学术研究与继续教育专委会 2016 年度开展的系列学术交流与研讨工作进行了回顾，同时也结合大数据、双一流学科建设背景下新一代图书馆系统、图书馆创新服务等内容就专委会 2017 年的工作规划进行了介绍，期望各成员馆承办专委会举办的学术论坛开展馆际学术交流、主动开展服务创新项目申报和学术研究。

南京农业大学人事处处长包平、南京信息工程大学图书馆馆长郭照冰分别进行了《"双一流"背景下图书馆人力资源配置》和《聚焦学科发展，助推服务转型》的专题报告。包平结合中国高等教育的"中国梦""双一流"建设对图书馆的新要求、人力资源视角下的馆员队伍建设等内容，指出高校

[1] 南京中医药大学图书馆. 2016 年江苏省高校图书情报工作委员会学术研究与继续教育专委会在南中医图书馆召开[EB/OL]. [2019－11－11]. http://library.njucm.edu.cn/bencandy.php?fid=6&id=1041.

图书馆人力资源配置应充分考虑馆员类型多样性、配置适度超前、组织绩效最大化和专业馆员队伍稳定性问题。郭照冰则以南京信息工程大学为例，结合学科扫描、实证研究、路径选择等内容对南京信息工程大学图书馆开展 ESI 学科分析评价的工作进行了经验分享。

在研讨交流阶段，东南大学袁曦临提出图书馆员要有自己的核心竞争力，服务与学术应围绕核心有所聚焦；南京中医药大学馆长李文林以美国国立医学图书馆为例提出图书馆员应肯定自身工作价值，努力发挥职业优势；南京师范大学副馆长庞明勇建议专委会应重视促进学术研究工作、关注馆员发展；南京农业大学馆长唐惠燕结合工作经历，谈了图书馆员自身成长的困惑；淮阴工学院馆长薛建明建议专委会充分考虑不同层次院校图书馆实际情况，多到南京以外的高校开展学术交流与研讨以拓宽视野。会议最后，赵乃瑄对专委会工作规划进行阐释，充分依托专委会这一平台尽力开展针对性强的学术交流，促进馆际学术能力提升。

11 月 9—11 日[1] “互联网＋”时代的文献资源建设工作研讨会暨 2016 年江苏省高校图工委文献资源建设专委会年会在西交利物浦大学举行。江苏省高校图工委领导、有关专家学者、图书馆馆长及业内同行近 150 人参加了本次交流学习和研讨。本次大会由江苏省高校图工委文献资源建设专委会主办，西交利物浦大学图书馆与南京师范大学图书馆共同承办。大会的开幕式由西交利物浦大学图书馆馆长毕新主持。西交利物浦大学副校长杨民助、江苏省高校图工委秘书长、JALIS 管理中心主任、南京大学图书馆馆长计秋枫出席会议并致辞。省高校图工委文献资源建设专业委会主任、南京师范大学图书馆管红星馆长对 2017 年专委会工作计划进行说明。南昌航空大学副校长杨晓光、南京大学图书馆副馆长邵波以及中国科学院文献情报中心主任助理赵艳分别就当前文献资源建设工作的重点和热点问题做了专题报告。共有来自高校图书馆的馆长和主任、相关公司带来 13 场报告，随后进行分组讨论。

11 月 13 日[2] 江苏省高校图情工委读者服务与阅读推广专委会工作会议，在常州大学图书馆举行。来自南京大学、东南大学、中国矿业大学、南京农业大学、南京理工大学、河海大学、南京师范大学、南京工业大学、扬州大学、常州大学等单位的专委会委员参加会议，常州大学副校长丁建宁到会致辞，专委会主任南京农业大学图书馆倪峰馆长主持会议。会议讨论 3 项工作。研讨专委会 2016 年的工作总结；2017 年专委会工作计划；对 2016 年度专委会举办的“省高校新生入馆教育案例大赛”的作品进行评审，最终确认一等奖 11 个，二等奖 14 个，三等奖 15 个，优秀奖 11 个。

---

〔1〕 南京师范大学图书馆. 江苏省高校图书馆“互联网＋”时代的文献资源建设工作研讨会顺利召开[EB/OL]. [2018－12－12]. http://lib.njnu.edu.cn/news/tsggg/20161114/1738.html.

〔2〕 常州大学图书馆. 省高校图书情报工作委员会读者服务与阅读推广专委会工作会议在我校召开[EB/OL]. [2019－01－01]. http://lib.cczu.edu.cn/3e/cb/c915a147147/page.htm.

11月15日[1] “江苏省高校图书馆事业发展统计与决策服务系统”平台数据填报测试交流会在南京师范大学敬文图书馆召开，“江苏省高校图书馆事业发展统计与决策服务系统”是JALIS工程2015年建设项目。计划2017年上半年投入使用。仙林大学城教学联合体9校图书馆参加会议与项目组进行交流。项目组汇报平台前期建设情况、平台功能定位、数据填报指标项设置及项目的后续计划，并利用平台已有的基础数据和全省本科院校馆在用数据库信息就平台功能进行现场演示。平台数据填报项分为两部分：① 为事实数据的填报，包括办馆条件、年度经费情况、资源建设、内涵建设、读者服务等5个板块；② 为订购和自建数据库的填报。项目组计划增加全省高校馆大事记的采集功能。

11月17日 江苏省独立学院、民办学院图书馆2016年学术年会在南京航空航天大学金城学院图书馆召开。本次学术年会由江苏省高校图书情报工作委员会独立学院图书馆工作协作小组主办，南京航空航天大学金城学院图书馆承办。来自全省独立学院、民办学院图书馆的馆长及代表参加了会议。

学术年会由南京航空航天大学金城学院图书馆馆长赵敏主持，南京航空航天大学金城学院副院长赵宇致辞，江苏省高校图书情报工作委员会副秘书长、南京大学图书馆副馆长罗钧代表江苏省高校图工委致辞，指出江苏省独立学院图书馆工作协作小组是江苏省高校图书情报工作委员的有机组成部分，要依托JALIS做好相关工作，分享JALIS的相关成果。江苏省独立学院、民办学院图书馆应结合学校的特色、定位和任务，系统规划图书馆的转型和发展思路，把创新与发展的概念落实到图书馆的工作实践中去，江苏省高校图工委将全力支持和助力独立、民办学院图书馆事业的建设与发展。会议请罗钧、南京邮电大学图书馆馆长钱军、中国传媒大学南广学院图书馆馆长严峰等3位专家就高校图书馆的建设、发展与提升为主题，为与会代表做了3场报告。南京大学金陵学院图书馆、南京航空航天大学金城学院图书馆、南京邮电大学通达学院图书馆、南京医科大学康达学院图书馆、中国传媒大学南广学院图书馆的代表就会议主题进行大会发言。大会对2016学术年会获奖论文的作者和图书馆进行表彰并颁发获奖证书。会议期间召开江苏省独立学院、民办学院图书馆第10届馆长联席会，共商发展中的问题、对策和举措，对未来的发展提出建议。

11月18日 现代技术应用专委会工作会议暨2016年年会筹备会议在扬州举行，南京地区主要高校和扬州大学地区的委员单位的代表共35人，参加了会议，会议由江苏省高校图情工委现代技术应用专委会主任、南京航空航天大学图书馆叶志锋馆长主持，专委会副主任南京财经大学图书馆馆长秦嘉杭参加会议，扬州大学图书馆副馆长侯三军、南京审计大学图书馆馆长马万民、南

---

[1] 南京师范大学图书馆.“江苏省高校图书馆事业发展统计与决策服务系统”平台数据填报测试交流会在我馆召开[EB/OL].(2016-11-17)[2018-12-12]. http://ssk.jalis.nju.edu.cn/view.php?id=203.

京工程学院图书馆馆长白少布等领导参加会议。讨论评选现代技术服务工作先进个人的实施方案，现代技术应用是图书馆服务的重要组成部分，图书馆的技术队伍也是数字图书馆建设的主力军。为了彰显江苏省高校图书馆现代技术应用馆员取得的成绩，推荐并表彰一批在现代技术应用信息服务工作中辛勤耕耘、成绩突出的"先进个人"，以鼓励长期工作在第一线的技术人员，会议确定了评选的标准和时间安排。

南京工程学院图书馆陆兴华，向会议报告了下一代图书馆系统的最新进展，自 2011 年起，提出新一代图书馆自动化系统至今，除了 Alma，后续尚无真正的产品推出。他指出图书馆界目前最为关心的问题是：

1. 下一代图书馆的运作模式、开发主体、运行的商业模式，图书馆在其中能够发挥作用的空间，如何真正地实现落地服务。这也是图书馆界关心的问题，并将影响未来的发展走向。

2. 以云服务为基础的下一代图书馆系统所涉及的标准体系建设，面向校园信息化数据总线环境的互操作、数据交换的标准首先将面临的问题。

3. 云服务是下一代图书馆系统的核心，但在现有的国家政策环境下，特别是国外的厂商，他们所提供的云计算服务必须解决如何落地的问题，且符合我国的信息安全要求。

4. 云服务环境下，云平台的运作方式，不同于以本地服务为主的单馆模式，主要的资源与服务都将以云服务呈现，在云环境下如何保护参与者的数字资源版权的要求。

沈鸣向会议报告了 11 月初，由 CALIS 中心副主任陈凌在南京中医药大学图书馆召集的关于下一代图书馆系统研发的座谈会的情况，下一代图书馆系统已经引起了广泛的关注，CALIS 也将以此为主线，开拓新的发展空间，最终形成适合中国国情、具有可持续发展能力、兼顾各方利益、良性互动的数字图书馆建设生态圈，在这个生态圈中，厂商、图书馆、图书馆联盟、用户的利益得到兼顾。江苏省的 JALIS 在国内具有一定的影响力，CALIS 希望在新一代图书馆系统的研发中，与 JALIS 开展深入的合作。希望 JALIS 继续支持 CALIS 的下一步工作。推动新一代图书馆系统的研发，研讨如何走出自己的道路。会议决定年会在连云港师范高等专科学校图书馆举行。

11 月 24 日[1] 江苏省人民政府发布《省政府关于公布江苏省第十四届哲学社会科学优秀成果奖的决定》决定（苏政发〔2016〕155 号），共 499 个项目获奖，其中，一等奖 59 项、二等奖 150 项、三等奖 290 项。南京大学图书馆编《南京大学图书馆藏稀见方志丛刊》（全七十册）（著作）获二等奖。

〔1〕 江苏省社科联. 省政府关于公布江苏省第十四届哲学社会优秀成果奖的决定[EB/OL]. [2019-01-04]. http://www.js-skl.gov.cn/notice/6955.html.

11月25日[1] 美国加州大学伯克利分校东亚图书馆技术部主任林海青受邀在东南大学四牌楼校区作题为“从数字图书馆到数据图书馆——对学术图书馆发展的展望”的学术报告。东南大学图书馆与南京农业大学、南京航空航天大学、南京医科大学等兄弟院校图书馆的馆员参加报告会。

11月26—29日[2] 教育部《普通高等学校图书馆规程》评价指标(高职高专)定稿会议在浙江建设职业技术学院图书馆召开。教育部高校图工委高职分会主任、天津医学高等专科学校书记杨文秀,教育部高校图工委高职分会秘书长、天津医学高等专科学校副校长赵蕴珍,教育部高校图工委高职分会副主任、南京工业职业技术学院副院长卢兵、崔新明,教育部图工委高职分会副主任、深圳职业技术学院郭向勇等10余位委员参加会议。浙江建设职业技术学院院长何辉、浙江省高校图工委秘书长章云兰到会致辞。

12月2日[3] 读者服务与阅读推广专委会、队伍建设与职业素养专委会联合举办的“江苏省高等学校图书馆读者服务与队伍建设发展论坛”在南京农业大学、南京理工大学举行。本次论坛的主题:“服务变革·队伍再造”。来自江苏省高校的78所图书馆,170多位代表参加了本次论坛研讨和交流。

开幕式由江苏省高校图工委队伍建设与职业素养专委会主任、南京理工大学图书馆馆长张小兵主持。南京理工大学校领导韦志辉致辞,江苏高校图工委秘书长、南京大学图书馆馆长计秋枫出席会议并致辞。省高校图工委读者服务与阅读推广专委会主任、南京农业大学图书馆馆长倪峰宣读了2016江苏省高校图书馆新生入馆教育优秀案例的获奖名单。新生入馆教育优秀案例的评比共有51家图书馆参与,对获得2016江苏省高校图书馆新生入馆教育优秀案例的获奖图书馆进行了表彰并颁发证书。

学术报告环节由省高校图工委读者服务与阅读推广专委会副主任、东南大学图书馆副馆长钱鹏和专委会副主任、金陵科技学院图书馆馆长唐亦玲分别主持,南昌航空大学副校长杨晓光、南京大学图书馆副馆长邵波、南京农业大学信息学院院长郑德俊、倪峰、张小兵分别做专题报告。

工作交流阶段,由专委会副主任、中国矿业大学图书馆馆长宋迎法和专委会副主任、常州大学图书馆馆长薛荣分别主持,西交利物浦大学图书馆何晔、南京工业大学图书馆张思瑶、南京邮电大学通达学院副馆长梁一丹、江南大学图书馆副馆长吴信岚,代表一等奖获奖单位分别作交流报告,省高校图工委队伍建设与职业素养专委会副主任、南通大学图书馆馆长万久富做会议总结。

---

[1] 东南大学图书馆办公室.东南大学图书馆简讯(2016年第4期,总第45期)[EB/OL].[2019-02-02]. http://www.lib.seu.edu.cn/upload_files/article/248/1_20180612100534.pdf.

[2] 本刊通讯员.教育部《普通高等学校图书馆规程》评价指标(高职高专)定稿会议在浙江建设职业技术学院召开[J].浙江高校图书情报工作,2016(2):50.

[3] 南京理工大学图书馆.图书馆举办“江苏省高等学校图书馆读者服务与队伍建设发展论坛”[EB/OL].(2016-12-05)[2018-12-12]. http://zs.njust.edu.cn/0d/9d/c4621a134557/page.htm.

12月5—18日[1] CASHL面向华东北区域(山东、江苏、安徽)的"共享美文助力科研 CASHL再次走进华东北区域高校"优惠活动再度展开。活动期间,新增注册用户854个,文献服务请求2564笔。

12月14日[2] 由江苏省专利信息服务中心、江苏省高校图书情报工作委员会主办,南京工业大学图书馆承办的"江苏省高校图书馆专利信息传播与利用研讨会"在南京举行。江苏省知识产权局副局长施伟、江苏省教育厅高教处调研员蔡华、南京工业大学副校长乔旭、江苏省高校图书情报工作委员会副秘书长邵波出席研讨会并致辞。来自省内外40余所高校的90余名代表参加了研讨会。北京大学图书馆肖珑副馆长,同济大学图书馆慎金花,南京工业大学图书馆赵乃瑄,江苏省专利信息服务中心的专利信息利用专家、南京奥凯知识产权服务有限公司王峻岭分别围绕高校图书馆专利信息服务、大学图书馆专利信息利用实践探索、专利信息利用支撑创新驱动发展和高校图书馆专利分析业务建设开展交流。

12月15日 战略规划研究专委会委员会议,在南京江苏第二师范学院图书馆召开。来自省内高校的近20名委员和嘉宾到会,会议分别由专委会主任、江苏大学图书馆馆长卢章平和专委会委员、江苏第二师范学院图书馆馆长沈仁国主持。江苏第二师范学院党委常委、副院长张勤致辞。江苏省高校图工委副秘书长、南京大学图书馆副馆长罗钧,就江苏省高校图工委"十三五"规划和JALIS四期的发展作说明,对专委会今后工作提出要求。沈仁国致辞并介绍本馆的发展情况。

卢章平汇报教育部高校图工委战略规划研究工作组2014成立以来开展的工作。江苏大学刘海军作题为"江苏大学图书馆审核评估工作实践及指标体系构建"的报告,结合江苏大学图书馆审核评估工作实践,从审核评估工作的背景、依据和评估指标体系构建、评估过程、工作体会、特色与亮点、成效和不足等方面进行论述。与会委员就高校图书馆战略规划工作的准确定位、规范制定的合规性、建设统一数据平台、做好相关培训、规范制定的引领作用等方面进行了讨论,专委会袁润秘书长做会议总结。

专委会对下一阶段的工作重点形成共识:围绕省图工委"十三五"规划开展研究;形成江苏省高校图书馆事业发展报告;江苏省高校图书馆事实数据的统计分析;图书馆评估指标体系的完善和对各类图书馆评估的指导;围绕2015年发布的《普通高等学校图书馆规程》开展咨询、指导。

12月15日 第2届江苏省"教育部部级科技查新工作站"工作研讨会,在淮阴师范学院图书馆召开。此次会议由河海大学图书馆与淮阴师范学院图书馆承办,南京大学、东南大学、河海大学、苏州大学等省内20所高校的近50名科技查新专家、代表参加会议。会议由淮阴师范学院图书馆馆长房晓军与河海大

---

〔1〕 王波,吴汉华等.2016年高校图书馆发展概况(附大事记)[J].高校图书馆工作,2017(6):20-34.

〔2〕 江苏省专利信息服务中心."江苏省高校图书馆专利信息传播与利用研讨会"在宁举办[EB/OL].[2018-08-08].http://www.jsipp.cn/xwdt/xwzx/201612/t20161214_37824.html.

学图书馆副馆长张毅华共同主持。房晓军在开幕式致辞，介绍淮阴师范学院图书馆馆藏概况、文献特色以及开展科技查新工作的准备情况。科技查新对于提升图书馆服务层次、拓展图书馆服务职能具有重要意义，淮阴师范学院图书馆将以此次会议为契机，向省内各兄弟高校学习，推进科技查新工作，努力在学校科研创新中发挥作用。

此次研讨会共分三个阶段：① 为与会专家主题报告；② 业务研讨与工作交流；③ 参观考察。报告阶段，张毅华作《2016 年江苏省科技查新状况及 JALIS 查新云平台背景》的报告，从教育部科技查新机构设置历史沿革入手，对 2016 年省内 15 家科技查新站的查新总量、国内外查新比例、查新项目类型、查新人员构成等进行了系统总结与对比分析，概述 2016 年江苏省科技查新工作的现状和发展情况。介绍 JALIS 查新云平台的项目背景、项目筹备情况及项目进展情况。河海大学吴东敏做题为《科技查新发展新思路》的专题报告，从目前高校图书馆面临的挑战入手，以科技查新发展过程中遇到的问题为切入点，从专利服务、知识产权服务等方面提出科技查新工作的新思路。"江苏省高校科技查新综合服务系统"研发方介绍系统构成、产品特点，并对系统的功能进行了演示。东南大学、常州工学院的专家分别结合各自查新站服务开展的情况，对"江苏省高校科技查新综合服务系统"的功能提出建议；江苏大学等高校图书馆的专家，就科技查新工作转向专利服务、知识产权服务面临的困境等问题进行探讨。专家参观淮阴师范学院图书馆特藏室及程中原、夏杏珍赠书皮藏室。

12 月 23 日　现代技术应用专委会 2016 年年会，在连云港师范高等专科学校召开。连云港师范高等专科学校党委书记滕士涛出席开幕式并致辞。连云港师范高等专科学校副校长陈留生主持开幕式，江苏省高校图书情报工作委员会副主任、河海大学图书馆馆长余达淮，江苏省高校图书情报工作委员会现代技术应用专委会主任、南京航空航天大学图书馆馆长叶志锋，专委会副主任、南京邮电大学图书馆馆长钱军，连云港市图书馆学会理事长、连云港市图书馆馆长沈军出席了开幕式。本次会议由连云港师范高等专科学校图书馆承办，全省 70 多所高校的 150 余名代表参加了年会。

滕士涛在开幕式上致辞，希望借本次学术年会，得到各位专家学者以及兄弟单位的支持帮助。余达淮代表江苏省图情工委致辞，他对专委会的工作给予肯定，每年的技术年会是极好的学习交流机会，技术人员应当以开放的心态和视野，吸收国内外同行的经验，推动事业健康地向前发展。叶志锋代表专委会宣布关于表彰"江苏省高校图书馆现代技术应用先进个人"的决定，此次活动由专委会组织，首次面向全省高校图书馆技术人员进行评选表彰，目的在于奖励长期以来工作在第一线，并仍在技术岗位上辛勤奉献，为江苏省高校图书馆现代化、数字化建设做出贡献的技术人员，受表彰的获奖者中，在岗时间最长的已达 31 年，50% 以上的获奖者，在岗服务年限超过 15 年。随后，向获奖代表颁发了奖状。

年会邀请了北京大学 CALIS 技术中心主任王文清博士、宁波大学图书馆馆长刘柏嵩博士到会，并做主题报告“CALIS 新一代云服务平台建设与发展”，报告分析当前图书馆外部“生态环境”的变化，对照目前学术图书馆的 9 大发展趋势，阐述了在转型中的图书馆所面临的问题，CALIS 根据形势与外部环境的变化，重新确定的定位与愿景。CALIS 未来的目标：为图书馆提供多层次的云服务，重点打造“规范基础业务＋创新服务模式”，提升图书馆价值，带动图书馆整体快速发展，变革现有的信息技术工作架构，以云端服务为主导，将“互联网＋”全面应用到服务，推动下一代图书馆系统的研发，为图书馆提供全方位服务支撑。

刘柏嵩作主题为“大数据时代的智能服务”的专题报告，从当前困局、未来方向、服务场景、实践探索 4 个方面展开，分析当今图书馆遇到的问题，并提出对策，他指出一方面当前图书馆界所面临的困局是：资源结构的改变、工作方式的转变、服务竞争日趋激烈，更多非传统图书馆类的机构进入到服务行列，同时，用户信息行为也发生巨大变化，信息服务的需求不再仅是文献的获取。另一方面，学术生态环境的变迁，图书馆的核心价值被削弱，数据库商各自为政，图书馆缺乏自己的服务应用平台。现在是大数据时代，但是大数据不等于大价值，图书馆界并未真正意识到如何利用大数据的优势，来改善服务提升质量。

对于未来方向，图书馆面临的是，空间：不会太大；提升资源，经费也难以维持高速增长，甚至还有经费下滑的可能；服务是主要方向，但传统服务已被太多专业化服务商取代。所要实现的是资源与读者之间的连接，利用新技术改造图书馆，这才是思考的方向，在阅读社区、学习助手、个性服务、读者生态等方向上，努力凸显图书馆的存在价值。构建读者接受的服务场景，让数据产生价值，首先要整合分散的数据，并以此为指导，构建以读者为中心的资源服务，从为人找资源转变为资源找人，实现读者业务运营，推广量化推荐方法，实现情境感知，构建用户画像。

刘馆长介绍了宁波大学图书馆在构建新型读者服务方面的探索，重新规划所有业务，实现互联网与馆舍的融合、互联网与资源的有机融合、纸质资源与数字资源的融合；方便用户获取空间馆舍、座位、资源等信息；利用大数据动态分析，实时感知到读者的需求，有目标的进行个性化推荐资源，传统的阅读服务转型，由阅读单向阅读圈、学习圈转型，推广精细化、个性化、场景化学科服务，围绕新型服务的需求，重构业务流程和队伍。
EBSCO 高级图书馆系统工程师周奇，作了“FOLIO—新一代图书馆服务平台技术初探”的专题报告。

JALIS 管理中心办公室孟勇做“JALIS 综合服务门户平台的建设”的报告。钱军代表专委会做总结发言。大会圆满结束。会议前，陈留生副校长陪同代表参观连云港师范高等专科学校校史馆，学校地处苏北，是一所在本地区具有深厚影响力和革命传统的百年老校，已有 102 年的历史，诞生了本地区的第一个党组织，培养了一大批优秀的革命家、学者专家。

年度事件数据：

事业发展[1]	全省普通高等学校数：141 所（其中本科院校：52 所，高职院校：89 所）； 本专科在校生人数：174.6 万人； 研究生在校生人数：16.2 万人； 高等教育毛入学率：54.7%。
单位变更	3 月，徐州医学院更名为“徐州医科大学”，建制和办学层次不变，图书馆同时更名，办学地徐州市。 3 月，苏州科技学院更名为“苏州科技大学”，建制和办学层次不变，图书馆同时更名，办学地苏州市。
领导变更	4 月，南京特殊教育师范学院图书馆馆长周东生，调任科研处，原继续教育学院院长继任馆长。 5 月，南京工业职业技术学院图书馆馆长郑晨升离任，王晓东继任馆长。 5 月，徐州医科大学图书馆馆长罗杰转岗，王德广继任馆长。 6 月，扬州大学图书馆馆长王永平转岗任社会发展学院院长，吴善中继任馆长。 7 月，河海大学图书馆馆长赵坚离任，原河海大学马列主义学院院长余达淮继任馆长。 9 月，南京艺术学院图书馆馆长沈义贞转岗，改任人文学院院长，陈亮主持工作。 10 月，中国矿业大学图书馆馆长李明转岗，宋迎法继任馆长。 12 月，江南大学图书馆馆长范雪荣转岗，陈明清继任馆长。 中国药科大学图书馆馆长邱家学去年底因病逝世，许建真继任馆长，图书馆、信息中心合并，成立图文信息中心。

[1] 江苏省统计局，国家统计局江苏调查总队. 2016 年江苏省国民经济和社会发展统计公报[J]. 江苏省人民政府公报，2017(5)：43-54.

2017 年

1 月 5 日[1]　江苏省图书馆学会召开了理事长会议、第七届二次常务理事会议、第七届三次理事会通讯会，选举李浩替补杨岭雪为秘书长，选举余达淮（河海大学图书馆馆长）、宋迎法（中国矿业大学图书馆馆长）替补赵坚、李明为常务理事，选举吴政替补沈建勤为未成年人图书馆服务专委会主任。同日，召开各市图书馆学会秘书长座谈会，建立理事会 QQ 工作群。

3 月 6 日　江苏省高校图书情报工作委员会邀请来宁访问的台湾大学图书馆林光美举办学术讲座，讲座在南京大学仙林杜厦图书馆五楼会议室举行，来自全省主要高校的 70 余位同行参加了讲座，江苏省高校图书情报工作委员会副秘书长、南京大学图书馆副馆长罗钧主持讲座，讲座的题目："翻转中的图书馆——从案例看图书馆空间的嬗变"。讲座从当今主流的图书馆建设理念入手，并以欧洲、日本、台湾地区的大学和公共图书馆建设方案为例，较为系统地介绍了在当今图书馆转型过程中，欧洲、日本、台湾地区图书馆界、建筑界，从理念到实践所做的探索。分别剖析和解读日本的东京工业大学、东京都大学图书馆等个案，分析建筑与内部空间的设计特点，指出建筑能否实践的关键，是建立在人际关系上。大学新校区规划，往往把图书馆尊为标志性建筑，将其置于校园中心轴线上，或校园空间上的中心位置，其弊端是过于偏重形式而忽视人的使用。当今的大学图书馆趋向于知识共享和交流的场所，应关注营造环境，贴近与方便校园生活，真正成为师生想去的"知识集聚的殿堂""知识共享的起居厅"。

3 月 14 日[2]　南京师范大学图书馆承建的 JALIS 四期"资源协调采购与评估平台"（项目编号：JS2014－15），在南京师范大学图书馆通过验收。项目按照立项要求，进行高校图书馆的资源协调采购与评估平台的设计，系统结构合理，功能完善，便于使用。系统提供形象直观的可视化统计分析功能，实现馆内、馆际统计指标的横向与纵向比较分析。该项目可为教育主管部门了解和掌握全省各高校图书馆发展的状况，为宏观管理提供决策参考；为各高校领导及图书馆工作者提供图书馆建设和发展的决策信息；也为图书馆的发展研究提供数据信息。专家组建议系统尽快投入使用。

4 月 13 日　中国高等教育数字图书馆（CALIS）管理中心副主任、全国高校图情工委秘书长、北京大学图书馆副馆长陈凌来江苏调研，JALIS 管理中心副主任、江

---

〔1〕 本刊记者. 江苏省图书馆学会 2017 年大事记[J]. 新世纪图书馆，2018(2)：94－96.

〔2〕 南京师范大学图书馆. 我馆承建的 JALIS 四期"资源协调采购与评估平台"子项目通过验收[EB/OL]. [2018－12－12]. http://ssk.jalis.nju.edu.cn/view.php? id=204.

苏省高校图情工委副秘书长、南京大学图书馆副馆长罗钧，在南京大学鼓楼校区图书馆会见陈凌，并进行了座谈交流，江苏汇文软件有限公司总经理曹福元、江苏省高校数字图书馆(JALIS)管理中心办公室沈鸣、江苏省高校图情工委秘书处徐晖等参加座谈。陈凌此次调研主要了解江苏省高校数字图书馆(JALIS)在新一代图书馆系统建设与开发方面的想法，以及对未来的设想，他指出江苏省作为国内发展比较稳定的省级数字图书馆联盟，已经打下很好的基础，CALIS将支持JALIS在新一代图书馆管理系统研发的努力。罗钧、曹福元分别介绍近期发展情况，并就未来新一代图书馆系统研发工作交换意见。

4月19日[1]　图书情报学科发展与图书馆服务转型高峰论坛暨2017年《图书情报研究》期刊建设与发展座谈会，在镇江市江苏大学图书馆举行。来自北京大学、武汉大学、南京大学、中国人民大学、南京理工大学等高校的图书情报学专家共20余人参会。来自省内高校及江苏大学图书馆、管理学院的150余人参加论坛。江苏大学图书馆馆长卢章平主持座谈会，介绍江苏大学图书情报档案管理一级学科硕士点的特色、培养模式、师资队伍、学科平台建设等情况。执行主编沙振江研究馆员做《创刊十年磨一剑，层楼更上再出发》的汇报。与会专家就CN刊号获取、突出办刊特色、数字化出版及新媒体应用等问题提出建议。论坛特邀武汉大学信息管理学院院长方卿、南京大学信息管理学院院长孙建军、北京大学信息管理系主任李广建做论坛报告。《图书情报研究》是江苏省高校图书馆主办的唯一学术期刊，2008年12月创刊。

4月23日　中国知名的图书馆学专家、教育家、南京大学信息管理学院教授倪波[2]，在南京逝世，享年81岁。

5月10日[3]　中国矿业大学图书馆邀请华东师范大学信息管理系教授、上海图书馆学会阅读推广委员会主任，中图学会阅读推广理论研究专业委员会主任范并思做学术报告。报告主题为《阅读推广：高校图书馆新使命》，阐述阅读推广的理论，新常态与高校图书馆阅读推广，高校图书馆阅读推广简史等，从高校阅读推广的历史使命、理论问题及常见误区出发，围绕现代图书馆职能，明确开展阅读推广的目的、基本特征、管理与服务、品牌管理、测评和总结。报告会由中国矿业大学图书馆馆长宋迎法主持。江苏师范大学、徐州医科大学等在徐高校图书馆参加报告会。

---

[1] 阚轩．“图书情报学科发展与图书馆服务转型高峰论坛”成功举办[J]．图书情报研究，2017(2)：35.

[2] 倪波(1936—2017)，安徽省和县人，中国知名图书馆学家，1960年毕业于北京大学图书馆学系。曾在东北师范大学图书馆、南京大学图书馆工作，后任南京大学信息管理学院教授、情报学专业博士生导师，中国图书馆学会文献情报检索委员会副主任，江苏省图书馆学会学术委员会主任，北京大学、武汉大学兼职教授。著有《理论图书馆学教程》《图书馆学纲要》《科技工具书及其索引简介》等，发表论文100余篇。

[3] 中国矿业大学图书馆．华东师范大学范并思教授应邀来我馆作报告[EB/OL]．(2017-05-11)[2018-12-12]．http://lib.cumt.edu.cn/d1/44/c15745a381252/page.htm.

5 月 16 日[1] “数字资源与知识服务研讨会暨 CALIS 第 15 届引进数据库培训周”，在南京东南大学开幕。中国高等教育文献保障系统(CALIS)管理中心及高校图书馆数字资源采购联盟(DRAA)理事会联合主办，东南大学图书馆承办。东南大学和 CALIS 管理中心的有关领导、DRAA 理事会成员、中国科学院文献情报中心的专家、成员馆的领导和来自全国的高校图书馆代表和全球数据出版商、代理商等 650 多位代表出席会议。

东南大学图书馆馆长李爱国主持开幕式，东南大学副校长周佑勇致辞。

DRAA 理事长，CALIS 管理中心副主任、北京大学图书馆馆长朱强代表主办方致辞，江苏省图工委副秘书长、JALIS 管理中心副主任、南京大学图书馆副馆长罗钧在致辞中指出，知识服务已成为未来图书馆服务的主要发展方向。作为文献的组织者、知识的管理者，图书馆在泛在数字环境中有效地组织和管理数字资源，是当前图书馆所要面对的核心问题，同时也离不开出版商、数据库商的参与和支持。从 2002 年 5 月开始，CALIS 管理中心已连续 14 届举办了引进数据库培训周活动。培训周为期 4 天，共举行 9 场主题报告、特邀报告，3 场主题培训，以及 18 场数据库商专题报告，开展 29 场数据库使用培训和用户座谈。本次培训周是江苏省高校图书馆第 2 次承办，第 1 次是 2006 年 5 月，南京师范大学图书馆承办的第 4 届培训周[2]。

5 月 18 日[3] 由南京大学计算机科学与技术系、计算机软件新技术国家重点实验室陈力军课题组研发的智慧图书馆 2 期(智能机器人)，在南京大学杜厦图书馆发布。南京大学副校长谈哲敏以及来自南京图书馆、香港中文大学等高校图书馆负责人出席发布会。南京大学智慧图书馆融合超高频 RFID、互联网、物联网、人工智能等技术，对图书馆藏书进行自动化盘点，实时更新图书位置信息。图档博机器人图宝是智慧图书馆的馆员，具备引导、图书查询、简单交互咨询等功能。智慧图书馆推出安全门禁系统，采用无线通信方式将独立的门禁模块连接起来。香港中文大学深圳校区图书馆馆长张甲与陈力军签署合作意向书。发布会后，举行 CADAL 江苏地区中心资源服务研讨会。

5 月 24 日[4] 美国阿巴拉契亚州立大学图书馆中国项目主任特别助理邵晓荣教授和教育图书馆员、教学资料中心协调员玛格丽特・格雷戈尔博士，应邀到访中国矿业大学图书馆交流并做学术报告。报告会在南湖图书馆报告厅举行，

---

[1] 东南大学图书馆. 东南大学图书馆举办“数字资源与知识服务研讨会暨 CALIS 第十五届引进数据库培训周”活动[EB/OL]. [2018-10-10]. http://www.sohu.com/a/140265620_658066.

[2] 南京师范大学图书馆. CALIS 数字资源整合与服务创新研讨会暨第四届国外引进数据库培训周[EB/OL]. [2018-10-10]. http://project.calis.edu.cn/huiyiziliao/huiyi10/hydt.htm.

[3] 南京大学新闻中心. 南京大学智慧图书馆二期—智能机器人正式发布[EB/OL]. [2018-12-12]. http://news.nju.edu.cn/show_article_1_45665.

[4] 中国矿业大学图书馆. 美国阿巴拉契亚州立大学图书馆代表来馆交流[EB/OL]. [2018-12-12]. http://lib.cumt.edu.cn/db/ba/c15745a383930/page.htm.

邵晓荣和玛格丽特做题为《美国高校图书馆的服务和项目》的学术报告，介绍了阿巴拉契亚州立大学图书馆的基本情况，包括人员、经费、组织机构、发展目标、馆藏资源、服务项目及相关数据统计、数字化资源建设、公共空间及服务设施等。中国矿业大学图书馆馆长宋迎法主持报告会。邵晓荣一行会后参观图书馆。

5月24—27日〔1〕 由江苏高校图书情报工作委员会高职高专图书馆建设专委会主办的"江苏省高职院校图书馆创新服务培训班"在南京工业职业技术学院举行。全省40所高职院校的77名学员，通过为期四天的学习培训结业。江苏省高校图工委副主任、高职高专图书馆建设专委会主任、南京工业职业技术学院副校长崔新明出席开班仪式并致辞。南京理工大学图书馆馆长张小兵、南京交通职业技术学院图书馆馆长郭荣梅、东南大学图书馆情报所教研室主任袁曦临、南京工业职业技术学院图书馆馆长王晓东、苏州健雄职业技术学院图书馆馆长张联民、南京工业大学图书馆馆长赵乃瑄，先后就图书馆服务创新、高职图书馆服务困境突破、图情学科基金申请、学术论文写作等高职图书馆服务过程中以及学科馆员工作过程中面临的共性问题，做专题讲座。培训期间学员参观南京理工大学图书馆。

5月25日〔2〕 南京师范大学图书馆副馆长沈艺率读者服务部主任及馆员一行20人，赴东南大学图书馆考察。钱鹏副馆长以及相关部室主任在李文正图书馆接待来宾。双方就图书馆管理体制、服务模式、阅读推广以及勤工助学管理等工作进行交流。会后，来宾参观了李文正图书馆。

6月9日〔3〕 河海大学图书馆公共服务部主任仲庆章等一行7人，赴东南大学图书馆调研，就读者服务先进经验及创新工作、读者服务人力资源管理与激励机制、空间改造状况和经验及建议进行交流。

6月9日〔4〕 文献资源建设专委会主办，南京医科大学图书馆承办的"2017·中国高校图书馆业务转型与发展论坛"在无锡召开。80多位代表出席会议。江南大学图书馆书记曹瑛主持开幕式，专委会主任、南京师范大学图书馆馆长管红星，南京医科大学副馆长朱萌纾和重庆维普资讯有限公司公司研发总监戴勇分别致辞。东南大学副馆长钱鹏、管红星、专委会副主任、南京医科大学图书馆馆长冯振卿分别作报告。

6月19日 江苏省高校数字图书馆(JALIS)管理中心在南京大学鼓楼图书馆召开办公会议，江苏省教育厅高教处蔡华出席会议，江苏省高校数字图书馆管理

〔1〕 南京工业职业技术学院图书馆.江苏省高职院校图书馆创新服务培训班成功举办[EB/OL].[2018-12-12]. http://lib.niit.edu.cn/2017/05/31/江苏省高职院校图书馆创新服务培训班成功举办/.

〔2〕 东南大学图书馆办公室.东南大学图书馆简讯(2017年第2期，总第47期)[EB/OL].[2019-02-02]. http://www.lib.seu.edu.cn/upload_files/article/249/1_20180612100814.pdf.

〔3〕 东南大学图书馆办公室.东南大学图书馆简讯(2017年第2期，总第47期)[EB/OL].[2019-02-02]. http://www.lib.seu.edu.cn/upload_files/article/249/1_20180612100814.pdf.

〔4〕 南京医科大学图书馆.南京医科大学图书馆承办江苏省高校"2017·中国高校图书馆业务转型与发展论坛"[EB/OL].[2018-12-12]. http://lib.njmu.edu.cn/bencandy.php?fid=28&id=918.

中心副主任、南京大学图书馆副馆长罗钧主持会议。江苏省高校数字图书馆管理中心的成员单位负责人出席会议。会议通报 2016—2017 年以来，管理中心领导成员的变更情况。确定 2016—2017 年度的经费计划。资源评估与引进工作组长、南京大学图书馆副馆长邵波，向会议报告 JALIS 建设 2016—2017 年资源采购经费计划，以及在资源集团采购面临的问题。提交《资源评估与引进工作组工作规范》请会议审查。会议确定，着手筹备下半年的江苏省高校数字图书馆（JALIS）启动 20 周年的庆祝活动，宣传 JALIS 建设 20 年以来的成果，筹备出版《江苏省高校图书馆大事记》。赵乃瑄介绍江苏省知识产权局的“专利服务基地”的建设计划。南京师范大学图书馆管红星汇报《江苏省高校事实数据库》的事实数据填报情况。蔡华作会议总结。

6 月 15—17 日〔1〕 文献资源市场新生态研讨会暨文献资源建设专委会工作会议，在南京师范大学敬文图书馆举行。江苏省高校图情工委领导、专委会成员馆及资源供应商代表共 60 余人参加会议。南京师范大学图书馆党委书记郭志峰主持开幕式。南京师范大学党委常委、副校长田立新，江苏省高校图工委副秘书长、JALIS 管理中心副主任、南京大学图书馆副馆长罗钧到会致辞。会议就新生态下文献资源的建设与评估、文献资源管理与服务、文献资源市场优化与重组进行探讨，肯定图书馆与资源提供商之间的交流对话。管红星作会议总结。

6 月 30 日〔2〕 全国哲学社会科学工作办公室公布 2017 年国家社科基金项目立项名单，龚亦农（南京师范大学图书馆）申请的《机构知识库可持续发展研究》获批为“一般项目”，项目编号：17BTQ024；刘桂锋（江苏大学图书馆）申请的《开放科学理念下的科研数据治理研究》获批“一般项目”，项目编号：17BTQ025；孟祥保（东南大学图书馆）申请的《大数据时代图书馆数据素养教育理论建构与实践创新研究》获批“青年项目”，项目编号：17CTQ040。

7 月 8 日〔3〕 国务院发布国发〔2017〕35 号《关于印发新一代人工智能发展规划的通知》（下称《通知》），《通知》指出人工智能的迅速发展将深刻改变人类社会生活、改变世界。人工智能成为国际竞争的新焦点。人工智能是引领未来的战略性技术，世界主要发达国家把发展人工智能作为提升国家竞争力、维护国家安全的重大战略，加紧出台规划和政策，围绕核心技术、顶尖人才、标准规范等强化部署，力图在新一轮国际科技竞争中掌握主导权。当前，我国国家安全和国际竞争形势更加复杂，必须放眼全球，把人工智能发展放在国家战略层面系统布局、主动谋划，牢牢把握人工智能发展新阶段国

〔1〕 南京师范大学图书馆. 文献资源市场新生态研讨会暨江苏省高校图工委文献资源建设专业委员会工作会议召开[EB/OL]. [2018-12-12]. http://lib.njnu.edu.cn/news/tsggg/20170620/1840.html.

〔2〕 全国哲学社会科学工作办公室. 国家社科基金项目数据库[EB/OL]. [2019-01-01]. http://fz.people.com.cn/skygb/sk/index.php/Index/index.

〔3〕 国务院. 国务院关于印发新一代人工智能发展规划的通知国发〔2017〕35 号[EB/OL]. [2018-07-20]. http://www.gov.cn/zhengce/content/2017-07/20/content_5211996.htm.

际竞争的战略主动，打造竞争新优势、开拓发展新空间，有效保障国家安全。

7月18日　CALIS联机编目中心发布《关于各成员馆及时更新本馆联系人信息通知》，要求成员馆的联系人信息（主管馆长、联机编目负责人、自动化负责人及其联系电话、邮箱等）发生变化，及时向CALIS联机编目中心提交变更申请。

7月—8月　第13届伊利诺伊大学中国图书馆馆员交流项目（Chinese Librarians Scholarly Exchange Program，CLSEP）在美国伊利诺伊大学香槟分校开班，本期学员共40人，其中江苏省学员10人，罗钧（南京大学图书馆），周金元、刘竟（江苏大学图书馆），钱军（南京邮电大学图书馆），李恒贝（南京农业大学图书馆），贾德智（南京工业大学图书馆），卜焕林、马晨惠（扬州市科学技术情报研究所），张毅华（河海大学图书馆），朱萌纾（南京医科大学图书馆）。

7月27—28日[1]　第4届教育部高等学校图书情报工作指导委员会第5次工作会议在黑龙江省哈尔滨市召开。会议的主题是“高等教育新形势与高校图书馆新发展”，图工委委员、各省图工委秘书长90余人参加了会议。开幕式由全国高校图工委副主任邓景康主持。东北农业大学副校长郭翔宇、黑龙江省教育厅副厅长王淑云到会致辞。朱强代表图工委讲话，“双一流”建设是当前高等教育改革发展的重点任务，为高校的发展提供了新的动力，也为图书馆的发展提供了新的机遇。图书馆要结合“双一流”建设，加强和学校相关工作的衔接，图工委要结合“双一流”建设，加强和教育部高教司相关工作的衔接。新形势下，加强高校图书馆的统计和评估工作是参与“双一流”建设的重要方式，图工委将进一步完善高校图书馆事实数据库，逐步将统计数据纳入教育部的正规年度统计，希望到2019年能够实现。教育部信息中心处长康世联专程到会，征求对高等教育基础办学条件统计指标体系中与图书馆有关的指标的设置及解释的建议。

8月1日[2]　江苏图星软件科技有限责任公司在南京成立，图星公司专注研发图书馆及相关行业软件的企业。主产品为“Libstar智慧图书馆服务平台”，简称：图星LSP，为图书馆提供下一代图书馆服务平台解决方案。

8月28日[3]　教育部发展规划司发布教发司〔2017〕261号《关于做好2017年教育事业统计工作的补充通知(《“数字资源量”指标修订内容》)》，决定在2017年教育事业统计中，执行新修订的“数据资源量”指标。通知将《“数字资源量”指

〔1〕王波.第四届教育部高等学校图书情报工作指导委员会第五次工作会议纪要[J].大学图书馆学报，2017(5)：124-125.

〔2〕江苏图星软件科技有限责任公司.关于图星[EB/OL].[2019-12-24].http://www.libstar.net/html/about/about.html.

〔3〕教育部发展规划司.关于做好2017年教育事业统计工作的补充通知(《“数字资源量”指标修订内容》)[EB/OL].[2018-08-19].http://162.105.140.111/sites/default/files/attachment/tjpg/20171103.pdf.

标修订内容》印发执行，2017 年按照新修订指标内容，根据《关于做好 2017 年教育事业统计工作的通知》（教发厅〔2017〕10 号）要求，做好实施工作。

9 月　中国药科大学图书馆 RFID 服务投入使用，初始规模 90 万册图书。采用高频标签，由信昇达公司提供，整个系统包含 24 小时自助换书分拣 1 套，馆员工作站 8 台，数字点检仪 11 台，手持式图书盘点仪 4 台，自助借还书机 7 台，智能书架 40 节，双通道安全检测仪 4 套。

9 月 4 日〔1〕　南京林业大学新图书馆开馆，新馆总建筑面积约 4.66 万平方米。图书馆从开设信息检索、资料搜集、电子阅览、影像下载、期刊发表、数据传输、影音复制、交互讨论等多方面自助服务。

9 月 13 日〔2〕　中国矿业大学图书馆在南湖图书馆一楼大厅举行“图书馆智能服务机器人”揭幕仪式。图书馆馆长宋迎法、副馆长都平平、蒋敏，计算机科学与技术学院副书记秦峰、学生创新团队、此次项目合作方木牛流马公司 CEO 张宁现场讲解智能服务机器人的功能，并与之互动，实现智能咨询，此项目是由中国矿业大学图书馆与学生创业团队合作开发。

9 月 14 日〔3〕　东南大学图书馆馆长李爱国、书记黄松莺率各部门主任一行 20 余人，赴南京大学仙林校区杜厦图书馆参观交流，南京大学图书馆馆长程章灿、罗钧副馆长及相关部门主任热情接待。

9 月 20 日〔4〕　教育部、财政部、国家发展改革委发布（教研函〔2017〕2 号）《关于公布世界一流大学和一流学科建设高校及建设学科名单的通知》，江苏省共有 13 个学校、专业入围。

9 月 20 日　江苏省高校图书情报工作委员会网站域名变更，原域名废止，不再使用，同时启用新域名。

被废止的原域名：http://www.jstgw.org

变更后的新域名：http://jstgw.nju.edu.cn

9 月 28 日〔5〕　江苏省专利信息服务中心、江苏省高校图书情报工作委员会联合组织“江苏省高校图书馆专利信息传播与利用基地”申报工作，经专家组评审，南京大学等 12 家高校图书馆获批“2017 年度江苏省高校图书馆专利信息传播与利用基地”，在南京饭店举行授牌仪式。12 个基地单位是：南京大学图

---

〔1〕 本报记者. 南林大新图书馆亮相[EB/OL]. [2019－01－22]. http://njrb.njdaily.cn/njrb/html/2017－09/07/content_472148.htm? div=－1.

〔2〕 中国矿业大学图书馆. 图书馆智能服务机器人揭幕仪式[EB/OL]. [2018－01－01]. http://lib.cumt.edu.cn/20/f8/c15745a401656/page.htm.

〔3〕 东南大学图书馆办公室. 东南大学图书馆简讯(2017 年第 3 期，总第 48 期)[EB/OL]. [2019－02－02]. http://www.lib.seu.edu.cn/upload_files/article/249/1_20180612100843.pdf.

〔4〕 国家发展改革委，教育部等. 教育部财政部国家发展改革委关于公布世界一流大学和一流学科建设高校及建设学科名单的通知[EB/OL]. [2018－06－06]. http://www.moe.gov.cn/srcsite/A22/moe_843/201709/t20170921_314942.html.

〔5〕 常州大学图书馆. 我馆获批“2017 年度江苏省高校图书馆专利信息传播与利用基地”[EB/OL]. [2018－08－08]. http://lib.cczu.edu.cn/2017/0929/c967a165330/page.htm.

书馆、南京工业大学图书馆、江苏大学图书馆、南京航空航天大学图书馆、东南大学图书馆、常州大学图书馆、河海大学图书馆、中国矿业大学图书馆、南京农业大学图书馆、中国药科大学图书馆、南京理工大学图书馆、苏州大学图书馆。基地培育和建设有助于高校图书馆拓展专利信息服务空间，促进重点学科建设，支撑科技成果有效转化。基地的任务：① 建立各院系、重点学科在成果转化方面，对专利信息需求的收集和反馈渠道；② 利用基地专利信息数据资源和工具，围绕科技创新、成果转化、学科建设，推广专利信息传播利用的检索、分析和服务工具；③ 开展专利利用服务，利用专利信息支撑学科建设；④ 加强专利信息服务人才培养，设计专利信息传播利用的课程体系，通过项目实践等方式提升专利利用实务能力。

10 月 11 日　江苏省高校图工委办公会议在南京大学仙林校区杜厦图书馆召开，江苏省教育厅高教处调研员蔡华、江苏省高校图书情报工作委员会全体领导及委员参加了会议，会议开始时，江苏省高校图情工委秘书长、JALIS 管理中心主任、南京大学图书馆馆长程章灿致辞。会议由江苏省高校图情工委副秘书长、JALIS 管理中心副主任、南京大学图书馆副馆长罗钧主持。会议通报 2017 年 6 月以来，江苏省教育厅、省高校图工委近期领导成员变动的情况，根据江苏省图工委组成的单位责任制原则，成员馆的继任馆长将接替前任馆长，继续履行在江苏省高校图工委、JALIS 管理中心的工作职责。会议向离任的江苏省教育厅领导和省高校图工委领导成员，表示敬意。罗钧向会议作 2016—2017 年度的江苏省高校图情工委、JALIS 管理中心的工作报告，总结一年来，江苏省高校图情工委、JALIS 管理中心的工作。通报 2017 年馆长年会暨 JALIS 工程 20 周年纪念会的筹备情况，以及特别贡献奖的遴选工作。2017 年是“2015—2017 年江苏省高校图书馆先进工作者”的评选年，秘书处组织专家组进行评审，专家组向会议报告评选的过程和结果，并对评选工作的提出建议，会议确认专家组的评选结果。邵波代表资源评估与采购工作组，报告 2016—2017 年度的经费使用计划及资源采购计划。

蔡华做会议总结，指出 2017 年的工作，总体上看是有成效、有实绩、有创新的。但还需要继续努力，抓好以下工作：① 省高校图工委的领导班子的变动，随着干部制度的稳定会成为常态，组织工作要适应新的形势要求，但工作不能停顿；② 10 月份启动的 JALIS 建设项目的审计工作，各个单位要积极配合，把这次审计工作做好；③ 适应信息化的新趋势和国家对教育事业的新要求，加大在大数据、“互联网＋”信息化手段的探索力度；④ 坚持立德树人，为高校培养人才、科学研究做出贡献，应当主动思考高校图书馆应该做哪些工作，高校图工委要做好人员的培训和队伍建设；⑤ 省图工委要继续做好服务工作，各成员单位应当支持、参与图工委的工作，已有的评优活动要扩大影响，真正起到示范作用；⑥ 高校图书馆事业发展的事实数据统计，是管理服务的重要抓手，要纳入考核以及评优工作，作为刚性的规定予以贯彻落实。

10月12日[1] 南京江宁地区图书馆联合体馆长工作会议，在东南大学图书馆召开。联合体各成员馆馆长及相关负责人出席会议，会议主要就联合体内合作共享现状、各馆主要情况，探讨下一步合作思路，东南大学图书馆馆长李爱国主持会议。会议决议，① 继续开展通用借书证办理工作，② 加大宣传联合体资源共享平台，以使更多用户受益；③ 联合体每年定期召开两次会议，加强联络。下一步重点围绕四个方面展开合作，开展新入职馆员联合培训，通过信息素养大赛等形式联合开展学生活动，开展研究项目的联合申报，联合开展馆员活动，提高各成员馆凝聚力。

10月12日[2] 东南大学图书馆承建的江苏省高等学校图书文献保障系统(JALIS)学科服务平台(JS2014-13)项目验收会议，在东南大学四牌楼校区图书馆召开。南京大学图书馆副馆长罗钧、邵波，南京工业大学图书馆馆长赵乃暄，南京师范大学图书馆馆长管红星，河海大学图书馆副馆长张毅华等评审专家以及东南大学馆长李爱国、副馆长钱鹏、学科馆员石明兰等项目具体负责人及研究骨干参加了项目验收会。项目验收专家组同意项目通过结题验收。

10月16日[3] 在中国图书馆学会公布2016年全民阅读相关表彰，江苏省多家单位获得14项相关荣誉称号，其中南京邮电大学图书馆、镇江市图书馆2家单位获得"全民阅读示范基地"称号，南京工业大学图书馆和南京艺术学院图书馆5家单位获"全民阅读先进单位"称号，南京图书馆等14家"全民阅读示范基地"单位全部通过复核。

10月19日[4] 由教育部高等学校图书情报工作指导委员会高职高专分委员会、全国高职院校图书馆馆长论坛主办，南京工业职业技术学院承办的2017年教育部高等学校图书情报工作指导委员会高职高专院校分委员会年会暨2017全国高职院校图书馆馆长论坛会议在南京召开。来自全国260多所高职高专图书馆的320位代表参加会议。会议围绕《全国高职高专院校图书馆实施指南》(讨论稿)、高职高专图书馆转型与变革及阅读推广等主题展开交流。教育部职称司高职处副处长任占营、教育部高等学校图书情报工作指导委员会副主任詹长智、教育部高等学校图书情报工作指导委员会秘书长陈凌、教育部高等学校图书情报工作指导委员会高职高专院校分委员会主任杨文秀、江苏省教育厅高教处副处长徐庆、江苏省图书情报工作委员会副秘书长罗钧、南京工业职业技术学院院长谢永华等出席开幕式并讲话，

---

[1] 东南大学图书馆办公室. 东南大学图书馆简讯(2017年第3期，总第48期)[EB/OL]. [2019-02-02]. http://www.lib.seu.edu.cn/upload_files/article/249/1_20180612100843.pdf.

[2] 东南大学图书馆办公室. 东南大学图书馆简讯(2017年第3期，总第48期)[EB/OL]. [2019-02-02]. http://www.lib.seu.edu.cn/upload_files/article/249/1_20180612100843.pdf.

[3] 本刊记者. 江苏省图书馆学会2017年大事记[J]. 新世纪图书馆，2018(2)：94-96.

[4] 南京工业职业技术学院图书馆. 我校图书馆圆满承办2017年教育部高等学校图书情报工作指导委员会高职高专院校分委员会年会暨2017全国高职院校图书馆馆长论坛[EB/OL]. [2018-12-12]. http://lib.niit.edu.cn/2017/10/21/我校图书馆圆满承办2017年教育部高等学校图书情报/.

高职分委会副主任卢兵主持开幕式。受邀专家作专题讲座，教育部高校图书情报工作指导委员会副主任詹长智的《如何做一个创新的图书馆长?》，教育部高校图工委秘书长、北京大学图书馆副馆长陈凌《信息时代高校图书馆发展思考》，教育部高等学校图工委高职高专院校分委会副主任郭向勇《〈普通高等学校图书馆规程〉实施指南(高职高专)编制与研究》，东南大学图书馆馆长李爱国《国外数字图书馆项目的相互延伸与集成》，中国高等教育文献保障系统(CALIS)管理中心许长城《另辟路径——CALIS 高职高专发展计划》。教育部高等学校图书情报工作指导委员会高职高专分委员会年会与全国高职院校图书馆馆长论坛，是高职高专图书馆界规模最大、层次最高的学术工作会议，每年举办 1 次。

10 月 23 日 “2017 江苏高校图书馆发展论坛”在南京大学仙林校区杜厦图书馆报告厅举行。全省各高校图书馆的近百位馆长与会。开幕式由江苏省高校图工委副秘书长、南京大学图书馆副馆长罗钧主持。南京大学党委副书记朱庆葆，全国高校图工委秘书长、北京大学图书馆副馆长陈凌，江苏省高校图工委秘书长、南京大学图书馆馆长程章灿，JALIS 工程建设特别贡献奖获奖代表分别致辞。江苏省高校图工委向 27 位多年来为江苏省高校图书馆事业发展做出突出贡献的同志颁发“JALIS 工程建设特别贡献奖”，表彰 131 位“江苏省高校图书馆 2015—2017 年度先进工作者”、首届江苏省图书馆数据管理与服务创新专题创作大赛的获奖单位和个人，并颁发奖牌和奖杯。

江苏省教育厅副巡视员袁靖宇作“我们需要什么样的高等教育自觉”的主题发言。报告从高等教育发展特征的判断、发展环境的分析、发展战略问题的认识等方面进行阐述，对未来高等教育的内涵和发展做了分析。陈凌针对信息社会环境中高校图书馆的现状及发展做了题为“信息时代的高校图书馆与新一代图书系统”的主题报告。罗钧做“不忘初心砥砺前行——江苏省高校数字图书馆建设回顾与展望”的主题报告。美国伊利诺伊大学消防学院图书馆馆长阮炼，长江学者特聘教授、南京大学信息管理学院院长孙建军，江苏省高校图工委副主任、东南大学图书馆馆长李爱国，江苏省高校图工委文献资源建设专委会副主任、南京医科大学图书馆馆长冯振卿，分别做了“21 世纪美国高校图书馆空间再造与创新服务”“图情教育变革下的高校图书馆数据素养教育”“数字图书馆技术、服务的延伸和融合”“从基础资源服务转型数据创新服务”的专题交流报告。江苏省高校图工委副主任、南京农业大学图书馆馆长倪峰作会议总结。

与会代表认为：江苏高校数字图书馆(JALIS)的发展建设，使得江苏省高校图书馆数字化由分散走向集中、由松散走向联合、由封闭走向开放、由无序走向标准化，JALIS 已成为江苏高校图书馆建设的标志性、品牌性工程。作为文献信息资源中心、教学科研服务中心和培养拔尖创新人才的高地，高校图书馆应优化资源建设；加强图书馆员队伍建设；开展知识服务、数据服务、学术交流服务、决策支持服务；做好图书馆空间的规划，办好创客空间;发展新一代的信息服务平台。本次论坛为高校图书馆的发展提供了一个方向,对于“双一流”背景下高校图书馆的未来,将会是资源、服务、空间、管理、人文五位一体的发展模式,图书馆人对谋求高校图书馆发展与创新的探索将永不止步。

JALIS 工程建设 20 周年特别贡献奖获奖者(27 位)有:杨克义(原南京大学图书馆副馆长 JALIS 筹备组成员、全国高校图工委委员)、孔庆煦(原东南大学图书馆馆长 JALIS 筹备组成员)、吴锦(原南京师范大学图书馆馆长 JALIS 筹备组成员)、黄贤树(原中国矿业大学图书馆副馆长、JALIS 筹备组成员)、杨德生(原苏州大学图书馆馆长、JALIS 筹备组成员)、郑建明(原南京大学图书馆副馆长、JALIS 管理中心前主任、全国高校图工委委员)、洪修平(原南京大学图书馆馆长、JALIS 管理中心主任、全国高校图工委副主任委员)、计秋枫(原南京大学图书馆馆长、JALIS 管理中心前主任)、顾建新(原东南大学图书馆馆长、全国高校图工委委员)、高荣华(原南京农业大学图书馆馆长)、庞鸿军(原南京理工大学图书馆馆长)、包平(原南京农业大学图书馆馆长)、张建平(原南京师范大学图书馆常务馆长、全国高校图工委委员)、赵乃瑄(南京工业大学图书馆馆长)、卢兵(南京工业职业技术学院全国高校图工委委员、高职高专专委会成员)、刘阿多(原金陵科技学院图书馆馆长、全国高校图工委委员、高职高专专委会成员)、高新陵(原河海大学图书馆馆长)、陈万寅(原南京航空航天大学图书馆馆长)、卢章平(原江苏大学图书馆馆长、全国高校图工委委员、全国高校图工委战略规划专委会成员)、罗时进(原苏州大学图书馆馆长)、桑树勋(原中国矿业大学图书馆馆长)、殷新春(原扬州大学图书馆馆长)、范雪荣(原江南大学图书馆馆长)、赵敏(原南京理工大学图书馆馆长)、吴建国(原南京医科大学图书馆馆长)、吴强(原江苏省高校图工委秘书处秘书)、沈鸣(原 JALIS 管理中心办公室主任)。

10 月 24 日[1] 上午,CALIS 联合目录项目专家组/质量控制组 2017 年工作会议,在常熟理工学院学术交流中心召开。会议由 CALIS 联机编目中心主办、常熟理工学院图书馆承办。常熟理工学院副校长钱素平出席会议并致辞,来自清华大学、北京大学、南京大学等 CALIS 联合目录中心第四届专家组/质量控制组 34 名专家与会。会议由 CALIS 联机编目中心主任喻爽爽主持。CALIS 管理中心副主任陈凌到会作题为《信息时代的高校图书馆转型与发展暨 CALIS“十三五”规划》的主题报告。钱素平、陈凌共同为 CALIS 联合目录第四届专家组/质量控制组专家颁发聘书。喻爽爽、华东师范大学胡小菁、上海交通大学王绍平等分别作专题报告。

同时,2017 年 CALIS 俄文编目业务培训研讨会,在常熟理工学院逸夫图书馆开班,来自全国 40 余名编目工作人员参加为期 3 天的培训和研讨。

---

〔1〕 常熟理工学院图书馆. CALIS 联合目录中心 2017 年工作会议在我校召开[EB/OL]. [2019-01-04]. http://lib.cslg.cn/do/bencandy.php?fid=67&id=915.

10月24日[1] 下午，教育部全国高校图工委秘书长、CALIS管理中心副主任、北京大学图书馆副馆长陈凌前往常州工学院图书馆调研，对常州工学院图书馆现状、发展和对外合作3大调研内容、24项专题进行了解。肯定学校把图书馆定位为学术组织。对推进CALIS更好地为高等教育服务，做好CALIS“十三五”规划期间的转型发展等问题进行了专题说明。希望常州工学院图书馆能够作为应用技术大学联盟的试点馆，推进CALIS的全新文献保障模式，不断拓展资源服务的边界，拓宽服务手段，建立共建共享体系。常州工学院图书馆领导及各部室主任参加座谈。

10月25日[2] 北京大学图书馆馆长、中国图书馆学会副理事长及高校图书馆分会主任，中国高等教育文献保障系统(CALIS)管理中心副主任、中国高校人文社会科学文献中心(CASHL)管理中心主任朱强，受邀到中国矿业大学图书馆做学术报告。朱强报告题目《北京大学图书馆的转型策略和行动计划》，介绍北京大学的改革、发展，北京大学图书馆的研究资源，图书馆的转型思路和策略，馆员队伍建设与管理，教学支持服务、信息基础设施建设与新技术应用、北京大学图书馆的机构调整、人力资源建设与管理等问题。报告会由中国矿业大学图书馆馆长宋迎法主持。江苏师范大学图书馆、徐州医科大学图书馆等在徐高校图书馆参加报告会。

10月25—26日[3] 江苏省独立学院、民办学院图书馆2017年学术年会暨江苏省独立学院、民办学院图书馆馆长联席会，在连云港市南京医科大学康达学院图书馆召开。本次年会由江苏省高校图工委独立学院图书馆工作组主办、南京医科大学康达学院图书馆承办。南京医科大学康达学院院长张前德，江苏省高校图工委副秘书长、南京大学图书馆副馆长罗钧，南京医科大学图书馆馆长冯振卿，连云港市图书馆副馆长周红及市图书馆学会领导出席年会。张前德介绍康达学院迁址办学以来，各方面的发展情况及对图书馆未来发展的期待。罗钧指出江苏省独立学院图书馆工作协作小组是江苏省高校图工委的有机组成部分，应结合独立学院、民办学院的特色、定位和任务，为江苏省高校图书馆事业做贡献。连云港市图书馆副馆长周红到会致辞。

罗钧、冯振卿、超星研究院院长徐贵水、康达学院图书馆馆长王如兰分别作学术报告。独立学院、民办学院图书馆的5位代表进行交流发言。大会对2017学术年会获奖论文的作者和图书馆，进行表彰并颁发获奖证书，会后编印《智慧图书馆时代的服务转型与创新》论文集。会议期间，召开江苏省独立学院、民办学院图书馆第11届馆长联席会。

---

[1] 常州工学院图书馆. 北京大学图书馆副馆长陈凌来我校图书馆调研[EB/OL]. [2019-01-04]. http://libx.czu.cn/2017/1026/c1297a52429/page.htm.

[2] 中国矿业大学图书馆. 北京大学朱强教授来我校作学术报告[EB/OL]. [2018-12-12]. http://lib.cumt.edu.cn/67/fa/c15745a419834/page.htm.

[3] 南京医科大学康达学院图书馆. 江苏省独立学院、民办学院图书馆2017年学术年会暨江苏省独立学院、民办学院图书馆馆长联席会在我馆圆满召开[EB/OL]. [2018-12-12]. http://kdlib.njmu.edu.cn:1021/pageinfo? cid=1.

10 月 27 日〔1〕 “机构知识库支撑高水平大学学科建设大数据应用研讨会”在南京医科大学江宁校区召开，全国 55 所高校图书馆的 100 余位代表出席会议。江苏省高校图工委副秘书长、南京大学图书馆副馆长罗钧，南京医科大学副校长季勇和图书馆馆长冯振卿分别在开幕式致辞，南京医科大学图书馆副馆长朱萌纾主持研讨会，会议邀请有关专家作报告。上海交通大学图书馆副馆长潘卫在题为《机构知识库建设：理想、实践与要点》的报告，以上交大为例，探讨机构库所涉及的数据规范、数据生产问题。浙江工业大学图书馆研究馆员、汤森路透中国高级顾问万跃华，从机构、学者、科研数据的角度，分析了整合串联学术履历学科评价的机构库和学者库建设的区别与联系；南京大学图书馆副馆长邵波、东南大学图书馆馆长李爱国、南京师范大学图书馆馆长管红星分别做报告。冯振卿做《高校图书馆从基础资源服务转型数据创新服务》。南京医科大学图书馆信息咨询部主任刘烜贞以南京医科大学机构知识库建设为例，向与会代表展示了机构知识库拓展图书馆学术服务的功能。冯振卿作大会总结。此次研讨会也是祝贺南京医科大学江宁校区图书馆启用 10 周年活动之一。

10 月 30 日—11 月 1 日〔2〕 由中国阅读学研究会、中国图书馆学会图书评论与阅读推广专委会、江苏省图书馆学会阅读推广委员会、江苏省高等学校图书馆情报工作委员会主办，江苏大学图书馆承办的 2017 华夏阅读论坛暨书评馆员培训与全民阅读立法促进研讨会在镇江召开。来自全国各级各类图书馆工作者、学会会员以及特邀专家、学者、同行等近 300 人参加了本次会议。

江苏大学副校长宋余庆致辞，江苏省图书馆学会常务理事长全勤、中国图书馆学会阅读推广委员会副主任徐雁、江苏省图书馆学会阅读推广委员会主任钱军等分别致辞，并为“2017 年度馆员书评”第五季书评作品获奖单位、优秀个人代表，向“书香致远——首届江苏大学生书偶创意赛”获奖单位进行颁奖。

会议邀请青岛全民阅读研究院院长张文彦，苏州图书馆邱冠华，徐雁，中国图书馆学会阅读推广委员会图书评论委员会副主任李海燕、钱军和南京邮电大学图书馆馆刊《书林驿》执行编辑蔡思明，分别从图书馆阅读推广创新服务的新共识、“2017 年度馆员书评”评述、院校阅读环境的营造与大学生读书习惯的提升、图书馆阅读推广小杂志等方面做学术报告。

会议邀请国内阅读推广的优秀单位做案例分享。南京艺术学院图书馆馆长陈亮介绍“书香致远——书偶创意征集活动”，无锡科技职业学院图书馆馆长周金林分享了“弘毅书院”平台与校园文化建设，江苏大学图书馆

---

〔1〕 南京医科大学图书馆. 机构知识库支撑高水平大学学科建设大数据应用研讨会在我校召开[EB/OL]. (2017-10-30)[2018-12-12]. http://lib.njmu.edu.cn/do/bencandy.php?fid=28&id=957.

〔2〕 江苏大学. 我校成功承办 2017 华夏阅读论坛暨书评馆员培训与全民阅读立法促进研讨会[EB/OL]. [2018-12-12]. http://www.ujs.edu.cn/info/1062/17779.htm.

馆长任乃飞介绍校园阅读推广和“书香校园”建设的经验，深圳大学图书馆副馆长胡振宁讲解图书馆如何有效策划、组织和发动“馆员书评”工作。

11月1—3日[1] 情报咨询专委会2017年学术年会暨20年情报咨询成果交流会，在河海大学常州校区举行。会议以“情报咨询与智慧服务”为主题。来自全省50多所高校图书馆140余人参加年会。开幕式由江苏省高校图工委情报咨询委员会副主任、东南大学图书馆馆长李爱国主持。南京大学图书馆副馆长，江苏省高校图工委副秘书长罗钧致辞。播放“智慧、发展、创新——江苏省高校图工委情报咨询专委会成立20周年”视频集锦。江苏省高校图工委情报咨询专委会主任、河海大学图书馆馆长余达淮作2017年工作报告。南京大学图书馆副馆长邵波作“智慧图书馆视野下的知识服务”报告，李爱国作“Altmetrics：学术评价新思路”报告。以及来自省内各高校图书馆的专家、业务人员带来了11场报告。大会对获得江苏省高校图书馆情报咨询信息服务工作的43位“先进个人”和18个“先进团队”进行表彰。

11月3—5日[2] “2017江苏省高校图书馆馆长培训”会议，在南京理工大学图书馆负一楼报告厅举行。来自全省高校80余所图书馆的近百位馆长参加会议。南京理工大学校长助理韦志辉、江苏省高校图工委副主任李爱国到会致辞。南京理工大学图书馆馆长张小兵、南京工业大学图书馆馆长赵乃瑄、河海大学图书馆馆长余达淮、南京农业大学图书馆馆长倪峰、南京医科大学图书馆馆长冯振卿、南京师范大学图书馆馆长管红星等分别主持会议报告。培训报告：香港理工大学馆长黄朝荣，《大学图书馆的未来发展》；上海交通大学馆长陈进，《泛学科化服务步入纵深》；武汉大学图书馆馆长王新才，《大学图书馆的未来发展》；南京图书馆馆长徐小跃，《国学与人生》；北京大学图书馆副馆长聂华，《永不停步——图书馆作为大学教学、学习和研究的心脏》；南京理工大学图书馆馆长张小兵，《图书馆》；上海图书馆前馆长吴建中，《从量的发展到质的提升：研究图书馆的新课题》；南京邮电大学图书馆馆长钱军，《院校阅读环境的营造与大学生阅读习惯的提升》；南京大学图书馆副馆长罗钧，《区域性数字图书馆联盟建设之思考》；南京农业大学信息科技学院院长郑德俊，《知乎的知识服务之道及其对图书馆的启示》。结业仪式，江苏省高校图工委领导、专家为学员颁发结业证书并合影留念。

11月8日[3] 西藏民族大学图书馆馆长孔繁秀等一行6人，参访东南大学图书馆。东南大学馆长李爱国、副馆长范斌，以及相关部室主任在李文正图书馆二楼会议室接待来宾。

---

[1] 江苏省高校图工委情报咨询专业委员会. 情报咨询与智慧服务——江苏省高校图工委情报咨询专业委员会2017年学术年会顺利召开[EB/OL]. [2018-12-23]. http://lib.hhu.edu.cn/news/show-674.html.

[2] 南京理工大学图书馆. “2017江苏省高校图书馆馆长培训”会在我校举行[EB/OL]. [2018-12-23]. http://zs.njust.edu.cn/72/c9/c4621a160457/page.htm.

[3] 东南大学图书馆办公室. 东南大学图书馆简讯(2017年第4期，总第49期)[EB/OL]. [2019-02-02]. http://www.lib.seu.edu.cn/upload_files/article/249/1_20180612100912.pdf.

11 月 15 日[1] 香港理工大学图书馆馆长黄朝荣访问东南大学图书馆，在四牌楼校区图书馆作“大学图书馆的战略发展”的报告，部门主任、支部书记、青年馆员和情报所部分学生参加了此次交流。

11 月 8—10 日[2] “2017 江浙两省数字图书馆发展论坛”在历史文化名城湖州召开，本次论坛是由江苏省高校图书情报工作委员会现代技术应用专委会、江苏省图书馆学会数字图书馆建设专委会、浙江省图书馆学会新技术应用分委会、浙江省图书馆学会数字图书馆建设与研究分委会、浙江省高校图工委网络数字化专委会联合举办，湖州师范学院图书馆承办，江苏、浙江两省公共图书馆、高校图书馆的 200 余位代表参加了本次论坛。本次会议旨在加强江苏省、浙江两省图书馆界的合作，交流经验，分享成果，提高对未来图书馆领域的新技术应用进行分析与预判能力，推动两省图书馆的工作顺应发展新趋势，主动融合新技术，在服务中不断创新。

11 月 9 日上午，论坛开幕式在湖州师范学院东校区大会堂举行，湖州师范学院副校长陆永良到会致开幕辞。他介绍湖州的历史文化及学校的发展现状，重点介绍学校图书馆情况，尤其是在艺术作品、捐赠文献、民国文献等方面的馆藏特色，从“三个要素”“四个服务体系”“五大建设任务”，介绍湖州师院图书馆近年来的发展和成就。

浙江省图书馆学会童庆松秘书长、浙江省高校图工委网络数字化专委会刘翔主任，江苏省图书馆学会副理事长叶志锋，江苏省高校图工委副秘书长罗钧到会致辞。论坛邀请北京大学图书馆副主任游越，CADAL 管理中心副主任、浙江大学图书馆副馆长黄晨，南京大学信息管理学院教授、南京大学图书馆副馆长邵波和罗钧等专家到会做学术报告。专题报告围绕大数据应用、数字图书馆联盟建设、数字图书馆领域研究的进化，以及在数字图书馆环境下多维度服务创新等重大议题。会议期间，两省图书馆的工作人员，结合图书馆实际，从人工智能等新技术层面进行研讨，交流了各自的工作成果和创新，交流内容主要围绕大数据与应用、人工智能(AI)、云服务、智慧图书馆与智能服务等关键词展开。

来自江苏的中国矿业大学图书馆鲍劼、南京工业职业技术学院图书馆张迎春，在论坛上分别介绍所开发的智慧机器人应用、基于云平台的电子资源脱敏访问。浙江省高校、公共馆的代表分别作交流报告，介绍在微信服务的深度开发、电子阅览室服务、智慧型图书馆服务创新方面的成果。

论坛突出了“创新”“实用”“整体化建设”，参加交流的报告与项目，都突出创新理念，在引入“互联网＋”的新思维后，将传统服务进行重组和再创新，使得服务更为智慧化、更亲民，给用户以完全不同的新体验；实用体

[1] 东南大学图书馆办公室. 东南大学图书馆简讯(2017 年第 4 期，总第 49 期)[EB/OL]. [2019-02-02]. http://www.lib.seu.edu.cn/upload_files/article/249/1_20180612100912.pdf.

[2] 本刊通讯员. 2017 浙江省·江苏省数字图书馆发展论坛在湖州师范学院顺利举办[J]. 浙江高校图书情报工作，2017(2)：62.

现在问题导向，有针对性的解决图书馆服务中遇到的关键问题，将新的技术手段引入图书馆管理与服务的各个环节易于推广；整体化建设，图书馆在智慧图书馆的建设中，更加注重总体规划，注重与信息化校园、第三方资源的整合与分享，使得智慧图书馆的建设工作更加稳健、更具实效。与会代表一致认为，“互联网＋”的时代，正在推动图书馆的服务内容、业务模式发生变化，要将服务半径放到无限大，使信息交互也将更为全面。

本次论坛是江苏、浙江两省高校图书情报工作委员会和图书馆学会共同发起举办，也是两省图书馆在新技术应用领域首次大规模的会议交流。论坛期间，与会代表和专家还参观了湖州师范学院东校区图书馆，实地了解湖州师范学院图书馆“四位一体”的智慧图书馆服务体系，现场体验以刷脸入馆、二维码借书、预约入座、研修存包柜等创新服务。

11 月 8—10 日　“2017 江浙两省数字图书馆发展论坛”在湖州师范学院图书馆召开，会议期间，论坛期间，会议主办方发起召开了江浙两省图书馆技术合作座谈会，两省高校系统、公共馆系统的 40 余位代表参加了座谈会，江苏省高校图工委现代技术应用专委会主任、南京航空航天大学图书馆馆长叶志锋、浙江省高校图工委网络数字化专委会主任、浙江理工大学图书馆副馆长刘翔共同主持了座谈会。

江苏方面，江苏省高校图工委现代技术应用专委会的副主任单位：南京财经大学图书馆馆长黄建年、南京邮电大学图书馆副馆长储金节、南京大学图书馆沈鸣、金陵图书馆副馆长方炜、江苏大学图书馆副馆长张晓阳、南京工程学院图书馆馆长助理陆兴华等参加了座谈会。

浙江方面，浙江省图书馆学会新技术应用分委会主任、浙江师范大学图文信息中心网管部主任兼信息办副主任张力，浙江省图书馆学会新技术应用分委会副主任、浙江图书馆馆长助理、信息技术应用部主任朱晔琛，浙江大学图书馆徐建刚，浙江省高等学校图书情报工作委员会网络数字化专委会副主任、浙江省图书馆学会新技术应用分委会副主任、浙江工商大学图书馆技术部主任朱国明等参加了会议。双方共同关注的问题有：① 开源软件在图书馆领域的应用以及开源软件应用开发的模式；② 大数据的管理与应用；③ 引进成熟的人工智能技术成果，对现有服务进行创新，让智能服务真正地成为创新的抓手。会议商定，会后建立核心层人员相应的交流机制，形成相应的兴趣小组，进行常态化的人员互访。未来条件成熟，建立江浙两省图书馆界技术联盟，为两省的技术人员提供更大的平台。

11 月 15 日[1]　2017 年“卓越联盟”高校图书馆馆长年会，在东南大学四牌楼校区图书馆召开。来自同济大学、重庆大学、大连理工大学、东南大学、哈尔滨工业大学、北京理工大学、西北工业大学、华南理工大学、天津大学和湖南大学的图书馆领导参加会议。东南大学图书馆馆长李爱国主持会议。本次会议

〔1〕 东南大学图书馆办公室. 东南大学图书馆简讯(2017 年第 4 期，总第 49 期)[EB/OL]. [2019 - 02 - 02]. http://www.lib.seu.edu.cn/upload_files/article/249/1_20180612100912.pdf.

主题“数据驱动的图书馆管理与服务”，围绕图书馆资源、服务、管理、空间等方面展开探讨与交流。秘书长单位同济大学图书馆陈欣馆长致辞。湖南大学图书馆馆长助理夏祯、重庆大学图书馆馆长杨新涯、同济大学图书馆副馆长王从军、哈尔滨工业大学图书馆副馆长郭健民、华南理工大学图书馆副馆长王丽萍、大连理工大学图书馆馆长马震岳、西北工业大学图书馆馆长李铁虎、天津大学图书馆副馆长刘亚茹、东南大学图书馆馆长李爱国等分别介绍各自馆的工作。会议确定下届馆长年会由湖南大学图书馆承办，并举行了会旗交接仪式。

11 月 15—17 日[1] 文献资源建设专委会 2017 年年会暨工作研讨会，在中国矿业大学南湖校区图书馆召开。全省高校图书馆负责资源建设的主管领导及业务人员 150 余人参加会议。中国矿业大学副校长赵建岭，江苏省高校图书情报工作委员会副秘书长、南京大学图书馆副馆长罗钧，江苏省高校图工委文献资源建设专委会主任、南京师范大学馆长管红星等出席开幕式并致辞。清华大学图书馆馆长邓景康、南京大学图书馆副馆长邵波、ProQuest 亚太区图书事业部销售总监 Vicna Vinesh 带来三场报告，邓景康的报告题为：“在图书馆讲述清华故事——挖掘资源优势开展特色服务”。邵波的报告：“高校双一流背景下图书馆数字资源建设若干问题分析”。Vicna Vinesh 远在澳大利亚，通过远程视频作题为“Overview of E-book Trend and Strategy in the Academic Sector(学术市场电子书发展趋势)”的报告。高校图书馆的代表及相关公司代表带来 8 场报告。闭幕式举行了“江苏省高校图书馆文献资源建设先进个人”颁奖仪式，有 60 所高校的 94 位工作人员获奖。管红星作会议总结。

11 月 20—25 日[2] 台北医学大学图书馆派员到南京医科大学图书馆进行为期一周的交流访问活动。交流期间，台北医学大学图书馆馆长邱子恒作“台湾医学图书馆事业的最新发展”报告。邱子恒介绍台北医学大学及图书馆的概况，重点介绍台湾高校医学图书馆的最新发展情况，台北医学大学图书馆在机构典藏、人才库、研究竞争力分析系统、数位图书馆联盟、LOT-预约书柜及智慧取书柜等方面的建设成果。台北医学大学图书馆副主任张爱玲，与朱萌纾副馆长就文献资源建设、学科服务、阅读推广、图书馆联盟等方面进行交流。台湾同行在宁期间，参访南京图书馆、南京大学图书馆、南京中医药大学图书馆、先锋书店。

11 月 29—30 日[3] 原机械工业部高校图书馆协作组第 14 届学术研讨会在武汉理工大学图书馆召开，13 个成员馆代表出席会议。会议主题为“高校图书馆知识服务与

---

[1] 中国矿业大学图书馆. 江苏省高校图书馆文献资源建设专业委员会 2017 年年会暨工作研讨会[EB/OL]. (2017-11-13)[2018-12-12]. http://www.cumt.edu.cn/79/94/c1178a424340/page.htm.

[2] 南京医科大学图书馆. 台北医学大学图书馆张爱玲副主任来我馆交流访问[EB/OL]. [2018-12-12]. http://lib.njmu.edu.cn/do/bencandy.php?fid=28&id=975.

[3] 江苏大学图书馆. 任乃飞馆长在原机械工业部协作组学术研讨会上作报告[EB/OL]. [2019-02-02]. http://jiangfan.ujs.edu.cn/article.php?cid=2&id=42469.

创新”,会议主要分为集中报告和分组交流两个部分,集中报告由武汉理工大学图书馆副馆长陈振华、西安理工大学图书馆馆长王浩主持。江苏大学图书馆馆长任乃飞作题为《拓展服务内容创新服务形式》的报告,介绍江苏大学图书馆在服务创新方面的特色;武汉理工大学图书馆馆长刘清围绕图书馆的发展历程作了题为《回望过去、立足现在、面向未来》的报告。会议期间,代表们参观武汉理工大学南湖图书馆和艺术馆。

12 月 8 日　学术研究与继续教育专委会 2017 年学术年会,在南京中医药大学仙林校区敬文图书馆召开,南京中医药大学副校长曾莉到会讲话。江苏省高校图工委文献资源建设专委会主任、南京师范大学图书馆馆长管红星,江苏省高校图工委学术研究与继续教育专委会主任、南京工业大学图书馆馆长赵乃瑄分别致辞,赵乃瑄介绍专委会 2017 年的工作,提出 2018 年工作的设想。江苏师范大学图书馆馆长薛深主持会议,南京中医药大学图书馆馆长李文林、淮阴工学院图书馆馆长薛建明、南通大学图书馆馆长万久富分别作学术报告。南京工业职业技术学院图书馆馆长王晓东主持报告后的讨论会。

12 月 21 日[1]　“2017 年第三届江苏省科技查新工作研讨暨交流培训会”,在南京医科大学江宁校区图书馆 5 楼报告厅举行,会议由江苏省高校图工委情报咨询专委会、河海大学图书馆主办,南京医科大学图书馆承办,省内 60 名代表出席会议。南京医科大学图书馆馆长冯振卿、江苏省图工委领导与情报咨询专委会主任余达淮致开幕词,东南大学图书馆馆长李爱国与冯振卿为教育部科技查新站(L04)南京医科大学分中心揭牌。

12 月 21 日[2]　下午,江苏省工程技术文献信息中心年终总结工作会议在南京医科大学图书馆召开,江苏省科技厅、江苏省科技情报研究所、南京图书馆、江苏省农业科学院、江苏省标准化研究院、南京大学图书馆、东南大学图书馆、南京医科大学图书馆、南京工业大学图书馆、中国药科大学图书馆、南京农业大学图书馆出席会议。中心主任李敏介绍目前中心工作情况。中心各共建单位分别交流各自的工作情况,以及为促进服务工作开展的创新性的尝试,在省情报所构建的新平台下为读者进行文献保障、科技转化的服务创新工作。省科技情报所文献中心殷铭通报 2017 年度中心平台的服务运行情况及升级工作。

年度事件数据:

事业发展[3]　全省普通高等学校数:142 所(其中本科院校:53 所,高职院校:90 所);

---

〔1〕 南京医科大学图书馆. 第三届江苏省科技查新工作研讨暨交流培训会议在我馆召开[EB/OL]. [2018-12-12]. http://lib.njmu.edu.cn/do/bencandy.php?fid=28&id=993.

〔2〕 南京医科大学图书馆. 江苏省工程技术文献信息中心年终总结工作会议在我馆召开[EB/OL]. [2018-12-12]. http://lib.njmu.edu.cn/do/bencandy.php?fid=28&id=991.

〔3〕 江苏省统计局,国家统计局江苏调查总队. 2017 年江苏省国民经济和社会发展统计公报[J]. 江苏省人民政府公报,2018(5):64-74.

本专科在校生人数:176.8 万人;
研究生在校生人数:17.7 万人;
高等教育毛入学率:56.7%。

单位变更　5 月,盐城卫生职业技术学院更名"江苏医药职业学院",建制和办学层次不变,图书馆同时更名,办学地盐城市。

5 月,江苏建康职业学院更名为"江苏卫生健康职业学院",建制和办学层次不变,图书馆同时更名,办学地南京市。

5 月,民办明达职业技术学院更名为"明达职业技术学院",建制和办学层次不变,图书馆同时更名,办学地盐城市射阳经济开发区。

5 月,扬州商务高等职业学校更名为"江苏旅游职业学院",升格为高职大专,图书馆同时更名,办学地扬州市。

领导变更　1 月,东南大学图书馆馆长顾建新转岗,改任教师教学发展中心主任,2017 年 1 月起,李爱国暂时以副馆长主持图书馆工作。5 月,正式继任馆长。

4 月,南京航空航天大学图书馆馆长叶志锋转任书记,原教务处处长王成华接任馆长。

5 月 4 日,江苏大学图书馆馆长卢章平离任,机械工程学院院长任乃飞继任馆长。

7 月,南京大学图书馆馆长计秋枫因病离任,南京大学文学院教授、古典文献研究所所长程章灿继任馆长。

7 月,盐城师范学院图书馆馆长徐寿芝转任书记,卞咸杰接任。教授,原档案馆馆长,同月,图书馆与档案馆合并。

9 月,江苏师范大学图书馆馆长高中华离任,原地理学院党委书记薛深继任馆长。

11 月,南京财经大学图书馆馆长秦嘉杭转岗,改任继续教育学院院长,原信息处处长黄建年继任馆长。

11 月,南京信息工程大学图书馆郭照冰转岗,改任教务处长,原副馆长周杰接任馆长。

12 月,南京特殊教育学院图书馆副馆长陆宁离任,转岗院办。

南京医科大学图书馆馆长冯振卿离任,陈勇继任馆长。

附录一　江苏省高校图书情报工作委员会相关历史资料

江苏省教育主管部门的历史沿革：1949—2017 年

<table>
<tr><th>时间</th><th colspan="2">中央政府</th><th colspan="2">江苏省</th></tr>
<tr><td>1949 年</td><td colspan="2">10 月，成立文化教育委员会、教育部</td><td colspan="2" rowspan="2">6 月 2 日，江苏全境解放。原国民政府省级教育行政机构和权力由苏北人民行政公署、苏南人民行政公署文教处和南京市人民政府教育局接管[1]。</td></tr>
<tr><td>1952 年</td><td colspan="2">11 月，增设高等教育部</td></tr>
<tr><td>1953 年</td><td>教育部</td><td>高等教育部</td><td colspan="2">1 月 2 日[2]，江苏省教育厅成立。吴贻芳任首任厅长。</td></tr>
<tr><td>1956 年</td><td>教育部</td><td>高等教育部</td><td>江苏教育厅</td><td>4 月[3]，江苏省高等教育局成立，负责高等教育和中等专业教育，胡叔度为首任局长。</td></tr>
<tr><td>1958 年</td><td colspan="2">2 月，高等教育部并入教育部</td><td colspan="2">4 月[4]，经国务院同意，江苏省高等教育局与江苏省教育厅合并，称“江苏省教育厅”。</td></tr>
<tr><td>1959 年</td><td colspan="2">教育部</td><td>江苏省教育厅</td><td>4 月[5]，江苏省高等教育厅</td></tr>
<tr><td>1961 年</td><td colspan="2">教育部</td><td colspan="2">3 月[6]，江苏省教育厅、江苏省高等教育厅合并成立“江苏省教育厅”。</td></tr>
</table>

〔1〕 江苏省地方志编纂委员会. 江苏省志第 77 卷·教育志(下册)[M]. 南京：江苏古籍出版社，2000：1059.

〔2〕 江苏省地方志编纂委员会. 江苏省志第 77 卷·教育志(下册)[M]. 南京：江苏古籍出版社，2000：1060.

〔3〕 江苏省地方志编纂委员会. 江苏省志第 77 卷·教育志(下册)[M]. 南京：江苏古籍出版社，2000：1061.

〔4〕 江苏省地方志编纂委员会. 江苏省志第 77 卷·教育志(下册)[M]. 南京：江苏古籍出版社，2000：1061.

〔5〕 江苏省地方志编纂委员会. 江苏省志第 77 卷·教育志(下册)[M]. 南京：江苏古籍出版社，2000：1061.

〔6〕 江苏省地方志编纂委员会. 江苏省志第 77 卷·教育志(下册)[M]. 南京：江苏古籍出版社，2000：1061.

（续表）

<table>
<tr><th>时间</th><th colspan="2">国家</th><th colspan="2">江苏省</th></tr>
<tr><td>1964 年</td><td>教育部</td><td>2 月，增设高等教育部</td><td colspan="2" rowspan="2">11 月〔1〕，江苏省教育厅下设“工读教育局”，副厅长兼任局长。</td></tr>
<tr><td>1966 年</td><td colspan="2">7 月，高等教育部并入教育部</td></tr>
<tr><td>1967 年</td><td colspan="2">教育部</td><td colspan="2">1 月 20 日〔2〕，机构陷于瘫痪。</td></tr>
<tr><td>1968 年</td><td colspan="2">教育部</td><td colspan="2">3 月〔3〕，江苏省革命委员会成立，教育工作由革委会政工组所属教卫组负责。</td></tr>
<tr><td>1969 年</td><td colspan="2">教育部</td><td colspan="2" rowspan="2">江苏省革命委员会文教局成立〔4〕</td></tr>
<tr><td>1970 年</td><td colspan="2">6 月，撤销教育部，成立国务院科教组</td></tr>
<tr><td>1972 年</td><td colspan="2">国务院科教组</td><td colspan="2">江苏省革命委员会文教局改为教育局〔5〕。</td></tr>
<tr><td>1975 年</td><td colspan="2">1 月，第四届全国人大决定恢复教育部</td><td colspan="2">江苏省革命委员会教育局</td></tr>
<tr><td>1978 年</td><td colspan="2" rowspan="3">教育部</td><td>江苏省革命委员会教育局</td><td>11 月，江苏省革命委员会高等教育局</td></tr>
<tr><td>1980 年</td><td rowspan="3">4 月〔6〕，江苏省教育厅</td><td>江苏省高等教育局</td></tr>
<tr><td>1984 年</td><td>中共江苏省高等学校工作委员会成立</td></tr>
<tr><td>1985 年</td><td colspan="2">6 月，六届人大常委会第十一次会议撤销教育部建立“国家教育委员会”</td><td>江苏省高等教育局</td></tr>
<tr><td>1986 年</td><td colspan="2">国家教育委员会</td><td colspan="2">7 月〔7〕，江苏省教育委员会（江苏省教育厅、江苏省高等教育局、江苏省委教育工作委员会合并成立）</td></tr>
<tr><td>1998 年</td><td colspan="2">3 月，九届人大一次会议通过《关于国务院机构改革的决定》，国家教育委员会更名为“教育部”。</td><td colspan="2">江苏省教育委员会</td></tr>
</table>

〔1〕 江苏省地方志编纂委员会. 江苏省志第 77 卷 · 教育志（下册）[M]. 南京：江苏古籍出版社，2000：1062.

〔2〕 江苏省地方志编纂委员会. 江苏省志第 77 卷 · 教育志（下册）[M]. 南京：江苏古籍出版社，2000：1063.

〔3〕 江苏省地方志编纂委员会. 江苏省志第 77 卷 · 教育志（下册）[M]. 南京：江苏古籍出版社，2000：1063.

〔4〕 江苏省地方志编纂委员会. 江苏省志第 77 卷 · 教育志（下册）[M]. 南京：江苏古籍出版社，2000：1063.

〔5〕 江苏省地方志编纂委员会. 江苏省志第 77 卷 · 教育志（下册）[M]. 南京：江苏古籍出版社，2000：1063.

〔6〕 江苏省地方志编纂委员会. 江苏省志第 77 卷 · 教育志（下册）[M]. 南京：江苏古籍出版社，2000：1063.

〔7〕 江苏省地方志编纂委员会. 江苏省志第 77 卷 · 教育志（下册）[M]. 南京：江苏古籍出版社，2000：1064.

（续表）

时间	国家	江苏省
2000年4月[1]	教育部	江苏省委、省政府发布《江苏省省级党政机关机构改革实施意见》，撤销江苏省教育委员会，设立江苏省教育厅，江苏省委教育工委与其合署办公，列入省政府组成部门序列。
2001年以后	教育部	江苏省教育厅

注：江苏省革命委员会的存续时间，自1968年2月至1979年12月[2]。

江苏省高等学校图书馆工作委员会筹备委员会成员（1981年12月）[3]

主任委员：张　影　　江苏省高等教育局副局长
副主任委员：华彬清　　南京大学图书馆副馆长
吴观国　　南京医学院图书馆馆长
秘书长：吴观国（兼）　　南京医学院图书馆馆长
委员单位：南京工学院、南京航空学院、华东水利学院、南京农学院、南京师范学院、省高教局有关同志
筹委会办事机构暂设于南京医学院图书馆。

经1981年12月15日—19日，江苏省高等学校图书馆工作会议确定。

江苏省高等学校图书馆工作委员会成员（1982年11月）[4]

主任委员：胡才基　　江苏省高等教育局副局长
副主任委员：华彬清　　南京大学图书馆副馆长
吴观国　　南京医学院图书馆馆长
秘书长：吴观国（兼）
副秘书长：王可权　　南京航空学院图书馆副馆长
秘书处：南京医学院图书馆

〔1〕 江苏省教育厅. 江苏省教育年鉴2000[M]. 南京. 江苏教育出版社，2001. 508－520.

〔2〕 江苏省地方志编纂委员会. 江苏省志第77卷·教育志（下册）[M]. 南京：江苏古籍出版社，2000：1063.

〔3〕 本刊讯. 江苏省高等教育局召开全省高等学校图书馆工作会议[J]. 江苏图书馆工作，1982(1)：114－115.

〔4〕 陈乃林，马先阵与张占荣. 江苏省高等学校图书馆年鉴[M]. 南京. 南京大学出版社，1990. 293.

江苏省高等学校图书馆工作委员会成立大会合影（1982 年 11 月）

会议时间：1982 年 11 月 30 日—12 月 1 日，拍摄地点：南京师范大学随园校区，共 63 人

原照片由原盐城师范学院图书馆馆长姜汉卿（第三排右起第 4 人）提供

江苏省高等学校图书馆工作委员会成立大会合影名单（1982 年 11 月）

	1	2	3	4	5	6	7	8	9	10	11	12	13	14	15	16	17
后3排	仲谷文（无锡轻工）	阚顺章（镇江师专）	?	?	陈一乐（南京动专）	黄方正（南通师专）	何祚宏（无锡职大）	?	?	?	?	?	王世贤（南京粮院）	?	?	?	
后2排	?	?	徐祖骝（苏医）	江村（江苏师范）	?	?		?	?	邓南阳（南铁医）	?	姜汉卿（盐师专）	徐世昌（淮师专）	?	?	?	

（续表）

	1	2	3	4	5	6	7	8	9	10	11	12	13	14	15	16	17
后1排	鞠勤（高教局）	李一培（南医）	程光熙（高教局）	胡凤英（高教局）	?	?	?	?	杨金治（盐城工专）	?	?	?	?	张文暹（南中医）	汪鹏举（南大）	蒋金华（南师）	林跃（高教局）
前排	刁天逸（南师）	?	?	洪流（南工）	华彬清（南大）	肖自力（全国图工委）	李仲英（高教局）	吴观国（南医）	?	王可权（南京航空学院）	?	夏振明（高教局）	马先阵（南大）	?	邓学基（苏州丝绸）		
	1	2	3	4	5	6	7	8	9	10	11	12	13	14	15	16	17

江苏省高校图工委成立大会参会代表合影座次表（？者姓名、单位不详）

江苏省高等学校图书情报工作委员会成立30周年纪念座谈会代表合影（2012年12月27日）

合影地点：南京大学仙林校区杜厦图书馆大厅，合影时间：2012年12月27日星期四下午

江苏省高等学校图书情报工作委员会成立30周年纪念座谈会代表合影名单(2012年12月27日)

前排左起

1	2	3	4	5	6	7	8	9	10	11	12	13	14	15	16
吴建国	董廷松	时修荣	施泽华	姜汉卿	马金川	杨克义	周宪	洪修平	程极益	黄贤树	孔庆煦	刘从富	庞鸿军	卜彭年	葛泽生
南京医学院	河海大学	东南大学	河海大学	盐城师范学院	南京大学	南京大学	南京大学	南京大学	南京农业大学	中国矿业大学	东南大学	扬州大学	南京理工大学	东南大学	淮阴师范学院

后排左起

1	2	3	4	5	6	7	8	9	10	11	12	13	14	15	16	17	18	19	20	21	22
张圻海	谢翠林	罗钧	冯振卿	邓滨	赵敏	罗时进	王永平	高新陵	张逸新	陈万寅	顾建新	张建平	沈鸣	郭启松	高中华	叶志锋	黄顺荣	金耀	史梅	吴强	邵波
淮海工学院	江南大学	南京大学	南京医科大学	南京工业职业技术学院	南京理工大学	苏州大学	扬州大学	河海大学	江南大学	南京航空航天大学	东南大学	南京师范大学	南京大学	淮阴师范学院	江苏师范大学	南京航空航天大学	盐城师范学院	常州大学	南京大学	南京大学	南京大学

合影共计38人，江苏大学图书馆前馆长宋顺林、中国矿业大学图书馆前馆长桑树勋未参加合影，参加了座谈会。

吕铂、孟勇、张维文拍摄，吴震编辑。

江苏省高等学校图书情报工作委员会成员(1993年12月)

江苏省教育委员会苏教教〔1993〕73号文件批准

主任委员:	葛锁网	江苏省教育委员会副主任
副主任委员:	邱坤荣	江苏省教育委员会高教办主任
	杨克义	南京大学图书馆副馆长
	孔庆煦	东南大学图书馆馆长
	吴　锦	南京师范大学图书馆馆长
	杨永厚	南京工业大学图书馆馆长
	刘咸理(女)	南京铁道医学院图书馆馆长
秘书长:	杨克义(兼)	南京大学图书馆副馆长
副秘书长:	卜彭年	南京交通高等专科学校图书馆馆长
	陈克山	镇江师范专科学校馆副馆长
	施星国	江苏省教育委员会高教办
秘书:	吴　强	南京大学图书馆

委员馆:南京大学图书馆、东南大学图书馆、南京师范大学图书馆、南京航空航天大学图书馆、河海大学图书馆、南京理工大学图书馆、南京农业大学图书馆、南京化工学院图书馆、南京医学院图书馆、南京铁道医学院图书馆、南京交通高等专科学校图书馆、苏州大学图书馆、镇江师范专科学校图书馆、常州工业技术学院图书馆、无锡轻工业学院图书馆、中国矿业大学图书馆、徐州师范学院图书馆、淮海工学院图书馆、淮阴师范专科学校图书馆、盐城师范专科学校图书馆、盐城工业专科学校图书馆、南通纺织工学院图书馆、扬州大学师范学院图书馆

秘书处:南京大学图书馆

江苏省高等学校图书文献保障系统建设筹备组（1996 年 3 月）

组　长：张永桃　　南京大学副校长
　　　　屠国华　　南京师范大学副校长
　　　　钟秉林　　东南大学副校长
　　　　王悦汉　　中国矿业大学副校长
　　　　殷爱荪　　苏州大学副校长
　　　　杨克义　　江苏省高校图情工作委员会

筹备组秘书工作组：

组　长：杨克义　　南京大学图书馆副馆长
　　　　孔庆煦　　东南大学图书馆馆长
　　　　吴　锦　　南京师范大学图书馆馆长
　　　　黄贤树　　中国矿业大学图书馆副馆长
　　　　杨德生　　苏州大学图书馆馆长

江苏省高等学校图书情报工作委员会成员（1999 年 4 月）

江苏省教育委员会苏教高〔1999〕26 号文件批准

主任委员：葛锁网　　江苏省教育委员会副主任
副主任委员：邱坤荣　　江苏省教育委员会高教办主任
　　　　杨克义　　南京大学图书馆副馆长
　　　　吴　锦　　南京师范大学图书馆馆长
　　　　计国君　　东南大学图书馆馆长
　　　　杨永厚　　南京化工大学图书馆馆长
　　　　张政辉　　南京医科大学图书馆馆长
秘书长：杨克义（兼）
副秘书长：卜彭年　　南京交通高等专科学校图书馆馆长
　　　　杨晓宁　　河海大学图书馆副馆长
秘书：吴　强　　南京大学图书馆
秘书处：南京大学图书馆

江苏省高等学校图书情报工作委员会成员(2004 年 4 月)

江苏省教育厅苏教高〔2004〕8 号批准

主　任:丁晓昌	江苏省教育厅副厅长
副主任:(按姓氏笔画为序)	
王　煌(女)	江苏省教育厅高教处处长
王国平	苏州大学图书馆馆长
刘从富	扬州大学图书馆馆长
张政辉	南京医科大学图书馆馆长
林　苏	南京工业职业技术学院副院长
郑建明	南京大学图书馆副馆长
庞鸿军	南京理工大学图书馆馆长
徐克谦	南京师范大学图书馆馆长
顾建新	东南大学图书馆常务副馆长
唐　轶	中国矿业大学图书馆馆长
高荣华(女)	南京农业大学图书馆馆长
谢培苏(女)	金陵科技学院副院长
秘书长:郑建明	南京大学图书馆副馆长(兼)
副秘书长:袁靖宇	江苏省教育厅高教处副处长
杨晓宁	河海大学图书馆副馆长
刘士俊	南京工程学院图书馆副馆长
刘阿多	金陵科技学院图书馆馆长
吴　强	南京大学图书馆(专职副秘书长)
秘书处:南京大学图书馆	

江苏省高等学校文献信息保障系统建设领导小组成员
（2004年4月）

江苏省教育厅苏教高〔2004〕8号批准

组　长：丁晓昌　　　　　江苏省教育厅副厅长
副组长：周　宪　　　　　南京大学校长助理
成　员：易　红　　　　　东南大学副校长
　　　　赵跃民　　　　　中国矿业大学副校长
　　　　笪佐领　　　　　南京师范大学副校长
　　　　曹卫星　　　　　南京农业大学副校长
　　　　胡　刚　　　　　南京医科大学副校长
　　　　白　伦　　　　　苏州大学副校长
　　　　刘　超　　　　　扬州大学副校长
　　　　鞠　勤　　　　　江苏省教育厅人事处处长
　　　　马幸年　　　　　江苏省教育厅财务处处长
　　　　王　煌（女）　　江苏省教育厅高教处处长
　　　　徐子敏　　　　　江苏省教育厅研究生处处长
　　　　张建明　　　　　江苏省教育管理信息中心主任
秘　书：袁靖宇　　　　　江苏省教育厅高教处副处长
　　　　郑建明　　　　　江苏省高校图情工委副主任兼秘书长

领导小组下设“项目建设管理中心”。主任由南京大学图书馆馆长钱乘旦担任，副主任由南京大学图书馆常务副馆长郑建明担任，该管理中心设在南京大学，中心工作人员6—8名。由南京大学具体安排。

江苏省高等学校数字图书馆工程(JALIS)建设领导小组成员
(2008年8月)

江苏省教育厅苏教办高〔2008〕4号批准

组　长：	丁晓昌	江苏省教育厅副厅长
副组长：	曹卫星	南京农业大学副校长
	张异宾	南京大学副校长
成　员：	周　宪	南京大学校长助理
	郑家茂	东南大学副校长
	缪协兴	中国矿业大学副校长
	王　建	南京师范大学副校长
	胡　刚	南京医科大学副校长
	田晓明	苏州大学副校长
	陈　耀(女)	扬州大学副校长
	徐洪林	江苏省财政厅科教处副处长
	鞠　勤	江苏省教育厅人事处处长
	马幸年	江苏省教育厅财务处处长
	王　煌(女)	江苏省教育厅高教处处长
	徐子敏	江苏省教育厅研究生处处长
	王晓天	江苏省教育厅科技处处长
	尤学贵	江苏省电化教育馆馆长、教育管理信息中心主任
秘　书：	张晓宁(女)	江苏省教育厅高教处

JALIS项目管理中心名单：

主　任：洪修平	南京大学图书馆馆长
副主任：(按姓氏笔画排序)	
包　平	南京农业大学图书馆馆长
史　梅(女)	南京大学图书馆副馆长
张建平	南京师范大学图书馆常务副馆长
张晓宁(女)	江苏省教育厅高教处
赵乃瑄(女)	南京工业大学图书馆常务副馆长
顾建新	东南大学图书馆馆长
高新陵(女)	河海大学图书馆馆长
办公室主任：沈　鸣	南京大学图书馆

江苏省高等学校图书情报工作委员会领导小组成员名单
(2008年8月)

江苏省教育厅苏教办高〔2008〕4号批准

组　长:丁晓昌	江苏省教育厅副厅长
副组长:周　宪	南京大学校长助理
王　煌(女)	江苏省教育厅高教处处长
成　员:(按姓氏笔画排序)	
王正兴	淮海工学院图书馆馆长
包　平	南京农业大学图书馆馆长
卢章平	江苏大学图书馆馆长
冯年华	金陵科技学院副院长
陈万寅	南京航空航天大学图书馆常务副馆长
张建平	南京师范大学图书馆常务副馆长
张逸新	江南大学图书馆馆长
吴建国	南京医科大学图书馆馆长
吴学敏	南京工业职业技术学院副院长
罗时进	苏州大学图书馆馆长
洪修平	南京大学图书馆馆长
赵乃瑄(女)	南京工业大学图书馆常务副馆长
赵　敏	南京理工大学图书馆馆长
高中华	徐州师范大学图书馆馆长
徐寿芝	盐城师范学院图书馆馆长
郭启松	淮阴师范学院图书馆馆长
顾建新	东南大学图书馆馆长
钱树云	江苏工业学院图书馆馆长
桑树勋	中国矿业大学图书馆馆长
殷新春	扬州大学图书馆馆长
高新陵(女)	河海大学图书馆馆长
董建成	南通大学图书馆馆长
秘书长:洪修平(兼)	南京大学图书馆馆长
副秘书长:史　梅(女)	南京大学图书馆副馆长(常务副秘书长)
张晓宁(女)	江苏省教育厅高教处
办公室主任:吴　强	南京大学图书馆

江苏省高等学校数字图书馆工程(JALIS)建设领导小组成员
(2014年1月6日)

江苏省教育厅苏教办高(2014)1号批准

主　任:洪修平	南京大学图书馆馆长
徐子敏	江苏省教育厅高等教育处处长
副主任:顾建新	东南大学图书馆馆长
邵　波	南京大学图书馆副馆长
经贵宝	江苏省教育厅高等教育处副处长
成　员:(按姓氏笔画排序)	
王永平	扬州大学图书馆馆长
叶志锋	南京航空航天大学图书馆馆长
倪　峰	南京农业大学图书馆馆长
李　明	中国矿业大学图书馆馆长
张建平	南京师范大学图书馆常务副馆长
赵乃瑄(女)	南京工业大学图书馆馆长
赵　坚	河海大学图书馆馆长
张小兵	南京理工大学图书馆馆长
徐　庆	江苏省教育厅高等教育处
唐忠明	苏州大学图书馆馆长

江苏省高等学校图书情报工作委员会成员
(2014年1月6日)

江苏省教育厅苏教办高(2014)1号批准

主任委员:丁晓昌	江苏省教育厅副厅长
杨　忠	南京大学副校长
副主任委员:徐子敏	江苏省教育厅高等教育处处长
洪修平	南京大学图书馆馆长
顾建新	东南大学图书馆馆长
张建平	南京师范大学图书馆常务副馆长
倪　峰	南京农业大学图书馆馆长
赵乃瑄(女)	南京工业大学图书馆馆长
赵坚	河海大学图书馆馆长

卢章平　　　　江苏大学图书馆馆长
卢　兵　　　　南京工业职业技术学院副院长

委　员:(按姓氏笔画排序)

丁恒龙　　　　常州大学图书馆馆长
王永平　　　　扬州大学图书馆馆长
王基林　　　　金陵科技学院图书馆馆长
叶志锋　　　　南京航空航天大学图书馆馆长
冯振卿　　　　南京医科大学图书馆馆长
李　明　　　　中国矿业大学图书馆馆长
陆宝益　　　　淮阴师范学院图书馆馆长
邵　波　　　　南京大学图书馆副馆长
经贵宝　　　　江苏省教育厅高等教育处副处长
范雪荣　　　　江南大学图书馆馆长
张小兵　　　　南京理工大学图书馆馆长
徐寿芝　　　　盐城师范学院图书馆馆长
高中华　　　　江苏师范大学图书馆馆长
唐忠明　　　　苏州大学图书馆馆长
董建成　　　　南通大学图书馆馆长
曾　莉(女)　　南京中医药大学图书馆馆长
黎汉杰　　　　淮海工学院图书馆馆长

秘书长:洪修平(兼)　　南京大学图书馆馆长

参加第一次全国高校图书馆工作会议的江苏省高校图书馆部分代表名单(1956 年)[1][2]

	姓　名	单　位
1	李小缘	南京大学图书馆
2	吴观国	南京医学院图书馆
3	王可权	南京航空学院图书馆
4	洪　流	南京工学院图书馆

〔1〕 小痴.教育部召开全国高等学校图书馆工作会议[J].江苏图书馆工作,1981(4):101－102.

〔2〕 马国庆.第一次全国高等学校图书馆工作会议回忆点滴[J].高校图书馆工作,1981(2):39－42.

参加第二次全国高校图书馆工作会议的江苏省高校图书馆代表名单(1981年)[1]

	姓 名	单 位	备 注
1	夏振明	江苏省高等教育局	江苏省高校代表
2	华彬清	南京大学图书馆(图工委委员馆)[2]	江苏省高校代表
3	洪 流	南京工学院图书馆	江苏省高校代表
4	王可权	南京航空学院图书馆	江苏省高校代表
5	吴观国	南京医学院图书馆(图工委委员馆)	江苏省高校代表
6	贾云霞	华东水利学院图书馆	江苏省高校代表
7	江 村	江苏师范学院图书馆	江苏省高校代表
8	王希贤	南京农学院图书馆(图工委委员馆)	作为农业部院校代表
9	徐祖骝	苏州医学院图书馆	作为二机部院校代表

参加第三次全国高校图书馆工作会议的江苏省高校图书馆代表名单(1987年)[3]

	姓 名	单 位	备 注
1	马先阵	南京大学图书馆副馆长	当选全国高校图工委委员
2	吴观国	南京医学院图书馆馆长	当选全国高校图工委委员
3	刁天逸	南京师范学院图书馆馆长	
4	张占荣	中国矿业学院图书馆馆长	当选全国高校图工委委员
5	林 跃	江苏省教委科长	
6	于维忠	河海大学图书馆馆长	
7	章熙谷	南京农业大学图书馆馆长	
8	常志镛	南京大学图书馆办公室主任	

〔1〕 全国高等学校图书馆工作委员会秘书处.全国高等学校图书馆工作会议文集[M]全国高等学校图书馆工作委员会秘书处.1981:334.

〔2〕 小痴.教育部召开全国高等学校图书馆工作会议[J].江苏图书馆工作,1981(4):101-102.

〔3〕 全国高等学校图书情报工作委员会秘书处.全国高等学校图书馆工作会议文集[M].大连:大连工学院出版社,1987:389-390.

1949—2017 年度江苏省高等教育发展情况统计表

	年度	学校数量(所)	较之上年度增加	本专科在校学生(万人)	在校研究生数(万人)
1	1949	16[1]		0.72	0.0
2	1950[2]	15	−1	0.818 5	0.0
3	1951[3]	15	0	0.927 5	0.002 4
4	1952—53	16[4]	1	1.13	0.001
5	1954[5]	16	0	1.907 1	0.004 3
6	1955[6]	16	0	2.070 9	0.007 6
7	1956[7]	14	−2	2.580 4	0.006 3
8	1957[8]	15	1	2.91	0.012
9	1958[9]	74	59	4.489 3	0.009 1
10	1959[10]	72	−2	6.066 9	0.008 0
11	1960[11]	80	8	7.029 5	0.000 9
12	1961[12]	71	−9	6.948 3	0.0
13	1962[13]	35	−36	5.248 6	0.0
14	1963[14]	35	0	1.419 3	0.0
15	1964[15]	28	−7	4.149 2	0.0
16	1965[16]	29	1	3.89	0.0

〔1〕叶春生.江苏省高等学校概况[M].南京:江苏教育出版社,1986:2.
〔2〕江苏省教育志编撰委员会.江苏省教育大事记[M].南京:江苏教育出版社,1989:15.
〔3〕江苏省教育志编撰委员会.江苏省教育大事记[M].南京:江苏教育出版社,1989:23.
〔4〕叶春生.江苏省高等学校概况[M].南京:江苏教育出版社,1986:3-5.
〔5〕江苏省教育志编撰委员会.江苏省教育大事记[M].南京:江苏教育出版社,1989:56.
〔6〕江苏省教育志编撰委员会.江苏省教育大事记[M].南京:江苏教育出版社,1989:65.
〔7〕江苏省教育志编撰委员会.江苏省教育大事记[M].南京:江苏教育出版社,1989:78.
〔8〕葛锁网主编.邱坤荣等.江苏高校十年(1985—1995)[M].徐州:中国矿业大学出版社,1996:2.
〔9〕江苏省教育志编撰委员会.江苏省教育大事记[M].南京:江苏教育出版社,1989:102.
〔10〕江苏省教育志编撰委员会.江苏省教育大事记[M].南京:江苏教育出版社,1989:115.
〔11〕江苏省教育志编撰委员会.江苏省教育大事记[M].南京:江苏教育出版社,1989:123.
〔12〕江苏省教育志编撰委员会.江苏省教育大事记[M].南京:江苏教育出版社,1989:130.
〔13〕江苏省教育志编撰委员会.江苏省教育大事记[M].南京:江苏教育出版社,1989:136.
〔14〕江苏省教育志编撰委员会.江苏省教育大事记[M].南京:江苏教育出版社,1989:147.
〔15〕江苏省教育志编撰委员会.江苏省教育大事记[M].南京:江苏教育出版社,1989:155.
〔16〕江苏省教育志编撰委员会.江苏省教育大事记[M].南京:江苏教育出版社,1989:162.

（续表）

	年度	学校数量(所)	较之上年度增加	本专科在校学生（万人）	在校研究生数（万人）
17	1966[1]	30	1	4.047 8	0.0
18	1967[2]	30	0	4.047 8	0.0
19	1968[3]	30	0	2.549 0	0.0
20	1969[4]	30	0	1.603 5	0.0
21	1970[5]	30	0	0.113 6	0.0
22	1971[6]	26	−4	0.080 0	0.0
23	1972[7]	25	−1	1.011 5	0.0
24	1973[8]	25	0	1.916 0	0.0
25	1974[9]	25	0	2.792 9	0.0
26	1975[10]	25	0	3.001 7	0.0
27	1976[11]	25	0	3.743 9	0.0
28	1977[12]	26	1	4.167 7	0.0
29	1978[13]	35	−1	6.05	0.055 6
30	1979[14]	36	1	7.394 3	0.100 3
31	1980[15]	46	10	8.405 8	0.128 5
32	1981[16]	50	4	8.515 4	0.117 0
33	1982[17]	52	2	7.202 7	0.152 6
34	1983[18]	58	6	7.896 2	0.229 0

---

〔1〕 江苏省教育志编撰委员会.江苏省教育大事记[M].南京:江苏教育出版社,1989:167.
〔2〕 江苏省教育志编撰委员会.江苏省教育大事记[M].南京:江苏教育出版社,1989:170.
〔3〕 江苏省教育志编撰委员会.江苏省教育大事记[M].南京:江苏教育出版社,1989:176.
〔4〕 江苏省教育志编撰委员会.江苏省教育大事记[M].南京:江苏教育出版社,1989:180.
〔5〕 江苏省教育志编撰委员会.江苏省教育大事记[M].南京:江苏教育出版社,1989:183.
〔6〕 江苏省教育志编撰委员会.江苏省教育大事记[M].南京:江苏教育出版社,1989:187.
〔7〕 江苏省教育志编撰委员会.江苏省教育大事记[M].南京:江苏教育出版社,1989:193.
〔8〕 江苏省教育志编撰委员会.江苏省教育大事记[M].南京:江苏教育出版社,1989:199.
〔9〕 江苏省教育志编撰委员会.江苏省教育大事记[M].南京:江苏教育出版社,1989:205.
〔10〕 江苏省教育志编撰委员会.江苏省教育大事记[M].南京:江苏教育出版社,1989:211.
〔11〕 江苏省教育志编撰委员会.江苏省教育大事记[M].南京:江苏教育出版社,1989:215.
〔12〕 江苏省教育志编撰委员会.江苏省教育大事记[M].南京:江苏教育出版社,1989:223.
〔13〕 江苏省教育志编撰委员会. 江苏省教育大事记[M].南京:江苏教育出版社,1989:234.
〔14〕 江苏省教育志编撰委员会.江苏省教育大事记[M].南京:江苏教育出版社,1989:246.
〔15〕 江苏省教育志编撰委员会.江苏省教育大事记[M].南京:江苏教育出版社,1989:261.
〔16〕 江苏省教育志编撰委员会.江苏省教育大事记[M].南京:江苏教育出版社,1989:281.
〔17〕 江苏省教育志编撰委员会.江苏省教育大事记[M].南京:江苏教育出版社,1989:299.
〔18〕 江苏省教育志编撰委员会.江苏省教育大事记[M].南京:江苏教育出版社,1989:317.

（续表）

	年度	学校数量(所)	较之上年度增加	本专科在校学生（万人）	在校研究生数（万人）
35	1984[1]	69	11	9.569 2	0.353 6
36	1985[2]	70	1	11.957 5	0.507 1
37	1986[3]	71	1	13.267 0	0.716 8
38	1987[4]	71	0	14.022 8	0.85
39	1988[5]	72	1	14.770 5	0.813 2
40	1989	71	−1	14.79	0.73
41	1990	70	−1	14.69	0.67
42	1991	71	1	14.47	0.64
43	1992	72	1	15.27	0.70
44	1993	67	−5	18.02	0.77
45	1994[6]	67	0	20.15	0.937 1
46	1995	67[7]	0	20.86	1.09
47	1996	66[8]	−1	22.06	1.22
48	1997	65	−1	23.9	1.331 7
49	1998	66	1	27.32	1.548 9
50	1999	72	6	35.93	1.822 6
51	2000	71	−1	45.19	2.328 7
52	2001	78	6	58.55	3.126 6
53	2002	94	16	70.02	4.11
54	2003	105	11	85.97	5.36
55	2004	111	6	99.48	6.79
56	2005	115	4	115.98	7.79
57	2006	119	4	130.62	8.9
58	2007	121	2	156.88	9.65
59	2008	120	−1	167.74	10.47

[1] 苏研.江苏省高等教育简况[J].江苏高教,1985(1):111.
[2] 江苏省教育志编撰委员会.江苏省教育大事记[M].南京:江苏教育出版社,1989:356.
[3] 江苏省教育志编委会.朱轸主编.江苏高校变迁[M].江苏省教育委员会,1989:51.
[4] 江苏省教育志编委会.朱轸主编.江苏高校变迁[M].江苏省教育委员会,1989:51.
[5] 江苏省教育志编委会.朱轸主编.江苏高校变迁[M].江苏省教育委员会,1989:51.
[6] 张保庆.中国教育年鉴 1995[M].北京:人民教育出版社,1996:449.
[7] 葛锁网主编.邱坤荣等.江苏高校十年(1985—1995)[M].徐州:中国矿业大学出版社,1996:2.
[8] 杨克义.在整体化建设道路上大步迈进的江苏高校图书馆[J].大学图书馆学报,1996,14(4):3-4.

（续表）

	年度	学校数量(所)	较之上年度增加	本专科在校学生（万人）	在校研究生数（万人）
60	2009	122	2	165.34	11.39
61	2010	124	2	164.9	12.6
62	2011	126	2	165.9	13.4
63	2012	128	2	167.12	13.95
64	2013	131	2	168.45	14.95
65	2014	134	2	169.86	15.07
66	2015	137	3	171.6	15.6
67	2016	141	4	174.6	16.2
68	2017	142	1	176.8	17.7

本表统计数据中，未注明出处者均来自：

1. 1993—2017 年数据来自，江苏省统计局的《江苏省年度国民经济和社会发展统计公报》，引自江苏省统计局网站：http://www.jssb.gov.cn/。

2. 1996—2016 年的数据来自《江苏教育年鉴》。

3. 1989—1993 年数据来自，江苏省志第 77 卷・教育志（下册）中，四十五年江苏教育事业基本统计。

1949 年以来江苏省高等学校图书馆工作会议的召开情况

序号	时间	主办单位	地点	备注
1	1981 年 12 月 15—19 日〔1〕	江苏省高教局	南京	成立江苏省高校图工委筹备委员会
2	1987 年 2 月 23—24 日〔2〕	江苏省教委高教局	南京大学	江苏省高校图工委秘书处迁至南京大学
3	2012 年 11 月 12 日〔3〕	江苏省教育厅	江苏省会议中心	

〔1〕 本刊讯. 江苏省高等教育局召开全省高等学校图书馆工作会议[J]. 江苏图书馆工作，1982(1)：114－115.

〔2〕 施星国. 江苏省高等学校图书馆工作会议暨表彰大会在南京召开[J]. 江苏图书馆学报，1987(6)：77.

〔3〕 江苏省教育厅. 全省高等学校图书馆工作会议召开[EB/OL]. [2018－09－09]. http://www.ec.js.edu.cn/art/2012/11/13/art_4302_93380.html.

江苏省"211"、"985"、"双一流"工程参建院校名单

序号	学 校	所在城市	"211"学校 1995 年	"985"学校 1999 年	"双一流"学校 2017 年
1	南京大学	南京市	211	985	一流学校(A 类)
2	东南大学	南京市	211	985	一流学校(A 类)
3	南京师范大学	南京市	211		一流学科
4	南京理工大学	南京市		211	一流学科
5	南京医科大学	南京市		211	一流学科
6	河海大学	南京市		211	一流学科
7	南京航空航天大学	南京市		211	一流学科
8	江南大学	无锡市		211	一流学科
9	苏州大学	苏州市		211	一流学科
10	中国矿业大学	徐州市		211	一流学科
11	南京邮电大学	南京市			一流学科
12	南京信息工程大学	南京市			一流学科
13	南京林业大学	南京市			一流学科
14	南京中医药大学	南京市			一流学科
15	中国药科大学	南京市			一流学科

江苏省高等学校图书馆/图书情报工作委员会历任主任

届期	姓名	单 位	职 务	任期
1	胡才基	江苏省高等教育局	副局长	1982—1987 年
2	陈乃林	江苏省高等教育局	副局长	1987—1993 年
3	葛锁网	江苏省教育委员会	副主任	1993—2000 年
4	丁晓昌	江苏省教育厅	副厅长	2001—2016 年

江苏省高等学校图书馆/图书情报工作委员会历任秘书长

届期	姓名	单　位	任　期
1	吴观国	南京医学院图书馆	1982 年—1987 年
2	马先阵	南京大学图书馆	1988 年—1992 年 7 月
3	杨克义	南京大学图书馆	1993 年—2001 年
4	马金川	南京大学图书馆	2002 年 2 月—2002 年 10 月
5	郑建明	南京大学图书馆	2002 年 10 月—2006 年 10 月
6	洪修平	南京大学图书馆	2006 年 10 月—2014 年 10 月
7	计秋枫	南京大学图书馆	2014 年 10 月—2017 年 7 月
8	程章灿	南京大学图书馆	2017 年 7 月—

江苏省高等学校图书馆/图书情报工作委员会秘书处历任秘书

序号	姓名	任职时间	所属单位
1	施星国	1985—1987 年	江苏省教育委员会
2	黄万欣(女)	1987—1988 年	南京大学图书馆
3	吴　强	1988—2010 年	南京大学图书馆
4	许薇娜(女)	2010—2012 年	南京大学图书馆
5	徐　晖	2012 年—	南京大学图书馆

江苏省高等学校图书馆/图书情报工作委员会秘书处办公地

序号	时　间	单　位
1	1982 年 12 月—1987 年	南京医科大学图书馆
2	1987 年至今	南京大学图书馆

江苏省高等学校图书情报工作委员会所属专业委员会名单

截至2017年12月

序号	专业委员会	2017年在任的主任单位
1	学术研究与继续教育专业委员会(2009年成立)	南京农业大学图书馆,2015年,调整为南京工业大学图书馆至今
2	队伍建设与职业素养专委会,2005年更名。 1988年成立,原名:"专业干部队伍建设研讨组"	南京理工大学图书馆
3	现代技术应用专业委员会 1989年在无锡轻工业学院成立,原名"现代技术研讨组"	南京大学图书馆、东南大学图书馆、南京航空航天大学图书馆先后为组长单位
4	文献资源建设专业委员会 1984年3月在河海大学成立,原名"藏书建设研讨组"	南京师范大学图书馆
5	情报咨询专委会 1991年11月成立,原名"江苏高校图书馆情报工作网"	河海大学图书馆
6	阅读推广与读者工作专业委员会 1987年6月成立,原名"读者工作研讨组",后更名"读者工作专委会",2015年更名	东南大学图书馆,2015年调整为南京农业大学图书馆
7	高职高专图书馆专委会 2000年成立,原主任单位为金陵职业大学图书馆,2005年。金陵职业大学升格为本科,更名"金陵科技学院",不再担任主任单位	南京工业职业技术学院图书馆
8	馆舍与环境建设专业委员会(2015年成立)	东南大学图书馆
9	战略规划与研究专业委员会(2015年成立)	江苏大学图书馆

江苏省高等教育数字图书馆所属学科地区中心名单（1997—　　）

序号	学科地区中心	所在城市	承建单位
1	JALIS 项目建设管理中心	南京	南京大学图书馆
2	文理学科中心	南京	南京大学图书馆
3	工学文献中心	南京	东南大学图书馆
4	教育学文献中心	南京	南京师范大学图书馆
5	农学文献中心	南京	南京农业大学图书馆
6	医学文献中心	南京	南京医科大学图书馆
7	法学文献中心暨苏南地区文献中心	苏州	苏州大学图书馆
8	苏中地区文献服务中心	扬州	扬州大学图书馆
9	苏北地区文献服务中心	徐州	中国矿业大学图书馆

历届中国图书馆学会高校图书馆分会江苏省高校图书馆代表名单

序号	届次	年代	委员
1	第一届	2004	郑建明（常务委员）、顾建新、徐克谦（委员），3 人
2	第二届	2010	洪修平、顾建新、张建平（委员），3 人
3	第三届	2013	顾建新（副主任、常务委员）、洪修平（常务委员）、卢兵、卢章平、张建平、周建屏（委员），6 人

江苏省部分高等院校变更沿革情况（1978—2017 年）

序号	学　校	前　身	更名时间	合并学校
1	苏州城市建设学院	苏州城市建设学院	1978	“文革”期间停办，复建
	苏州城市建设环境保护学院	苏州城市建设学院	1982	更名
	苏州科技学院	苏州城市建设环境保护学院	2001	苏州铁道师范学院并入
	苏州科技大学	苏州科技学院	2016.3	更名

（续表）

序号	学　校	前　身	更名时间	合并学校
2	新建	南京化工学院常州、无锡分院		1978.3
	江苏化工学院	南京化工学院无锡分院	1980.12	无锡分院搬迁至常州，更名，并与南京化工学院常州分院合并，本科建制。
	江苏石油化工学院	江苏化工学院	1992	更名
	江苏工业学院	江苏石油化工学院	2002	更名
	常州大学	江苏工业学院	2010	更名
3	金陵职业大学	新建	1980	新建，建制为专科，办学地南京市。
	金陵科技学院	金陵职业大学	2005	更名，升格为本科，南京农业专科学校并入。
4	江苏工学院	镇江农业机械学院	1982.8	更名，本科建制。
	江苏理工大学	江苏工学院	1994.1	更名
	江苏理工大学		1999.1	江苏冶金经济管理学校并入。
	江苏大学	江苏理工大学	2001	更名，镇江医学院、镇江师范专科学校并入。
5	南京林学院	南京林产工业学院	1983	恢复原校名，本科建制。
	南京林业大学	南京林学院	1985	更名
6	常州职业师范学院		1984.8	新建，本科建制。
	常州技术师范学院	常州职业师范学院	1987.12	更名
	常州技术师范学院		2001.8	常州经济管理干部学校并入。
	江苏技术师范学院	常州技术师范学院	2002.8	更名
	江苏理工学院	江苏技术师范学院	2012.11	更名，常州会计学校并入。
7	南京师范大学	南京师范学院	1984	更名
	南京师范大学		2000	南京动力高等专科学校并入，为紫金校区。
8	南京农学院	江苏农学院	1979	与江苏农学院分离，自扬州迁回南京复建。
	南京农业大学	南京农学院	1984	更名
9	淮海工学院		1985	新建，江苏盐业学校、连云港水产学校、连云港化工高等专科学校合并组建。
10	河海大学	华东水利学院	1985.9	更名

（续表）

序号	学　校	前　身	更名时间	合并学校
11	中国药科大学	南京药学院	1986	更名，南京中药学院（筹）合并组建。
12	南京财贸学院		1983	新建，本科建制。
	南京审计学院	南京财贸学院	1987	更名，南京金融高等专科学校并入。
	南京审计大学	南京审计学院	2015.11	更名
13	中国矿业学院	四川矿业学院	1978 年更名 1981 年迁至徐州	原北京矿业学院，自四川迁至江苏徐州重建。
	中国矿业大学	中国矿业学院	1988.4	更名
14	东南大学	南京工学院	1988.5	更名
	东南大学		2000.4	南京铁道医学院、南京交通高等专科学校、南京地质学校并入。
15	扬州大学		1992.5	新建，扬州师范学院、江苏农学院、扬州工学院、扬州医学院、江苏水利工程专科学校、江苏商业专科学校合并组建。
16	南京粮食经济学院	南京粮食学校	1981	升格为本科建制。
	南京经济学院	南京粮食经济学院	1993	更名
	南京财经大学	南京经济学院	2003	江苏财经高等专科学校、江苏经济管理干部学院并入。
17	南京航空航天大学	南京航空学院	1993	更名
18	南京医科大学	南京医学院	1993	更名
19	华东工程学院	炮兵工程学院	1966	更名
	华东工学院	华东工程学院	1984	更名
	南京理工大学	华东工学院	1993.4	更名
20	无锡轻工业学院		1993.5	无锡轻工业学院纺织分院联合办学。
	无锡轻工业学院		1995.10	无锡市纺织职工大学、无锡纺织工业学校和无锡纺织职工专业学校并入。
	无锡轻工大学	无锡轻工业学院	1995.11	更名
	江南大学	无锡轻工大学	2001.1	江南学院、无锡教育学院并入。
21	镇江船舶学院	镇江船舶工业学校	1979.1	更名，升格为本科。
	华东船舶工业学院	镇江船舶学院	1993.6	更名

（续表）

序号	学　校	前　身	更名时间	合并学校
21	华东船舶工业学院		2001.3	中国农业科学院蚕业研究所并入
	江苏科技大学	华东船舶工业学院	2004.5	江苏省江海贸易学校并入
22	南京中医药大学	南京中医学院	1995	更名
23	苏州大学	江苏师范学院	1982	更名
	苏州大学		1995	苏州蚕桑专科学校并入
	苏州大学		1997	苏州丝绸工学院并入
	苏州大学		2000	苏州医学院并入
24	南京信息工程大学	南京气象学院	2004	更名
25	南通大学		2004.5	新建，南通医学院、南通工学院、南通师范学院3校合并组建。
26	南京晓庄学院	南京晓庄师范学校	2000.3	更名，南京市师范专科学校、南京教育学院并入。
	南京晓庄学院		2016.8	南京幼儿高等师范学校并入
27	南京工程学院		2000.6	新建，南京机械高等专科学校、南京电力高等专科学校合并组建、升格为本科。
	南京工程学院		2001.10	南京工业学校并入
28	南京化工大学	南京化工学院	1995	更名
	南京工业大学	南京化工大学	2001	南京建筑工程学院合并组建
29	南京森林警察学院	南京森林公安高等专科学校	2010.1	更名，升格为本科
30	江苏建筑职业技术学院	徐州建筑职业技术学院	2011.1	更名
31	徐州师范大学	徐州师范学院	1996	更名
	江苏师范大学	徐州师范大学	2012.3	徐州工业学校并入
32	江苏开放大学	江苏广播电视大学	2012.12	更名
33	泰州学院	泰州师范高等专科学校	2013.3	更名，升格本科。
34	江苏第二师范学院	江苏教育学院	2013.4	更名
35	江苏商贸职业学院	江苏联合职业技术学院南通商贸分院	2013.5	更名
36	盐城工业职业技术学院	盐城纺织职业技术学院	2013.5	更名

（续表）

序号	学 校	前 身	更名时间	合并学校
37	江苏食品药品职业技术学院	江苏食品职业技术学院	2013.5	更名
38	江苏畜牧兽医职业技术学院	江苏省畜牧兽医学校	2001.6	更名,升格大专
	江苏农牧科技职业学院	江苏畜牧兽医职业技术学院	2013.5	更名
39	江苏工程职业技术学院	南通纺织职业技术学院	2014.5	更名
40	南通理工学院	紫琅职业技术学院	2014.5	更名,升格本科
41	南通科技职业学院	南通农业职业技术学院	2014.10	更名
42	南京特殊教育师范学院	南京特殊教育职业技术学院	2015.2	更名
43	南京科技职业学院	南京化工职业技术学院	2015.4	更名
44	江苏护理职业学院	淮阴卫生高等职业技术学校	2015.4	更名,升格为大专,办学地淮安市。
45	江苏财会职业学院	连云港财经高等职业技术学校	2015.4	更名,升格为大专,办学地连云港市。
46	江苏城乡建设职业学院	江苏省城镇建设学校	2015.4	更名,升格为大专,办学地常州市。
47	徐州医科大学	徐州医学院	2016.3	更名
48	江苏医药职业学院	盐城卫生职业技术学院	2017.5	更名,办学地盐城市。
49	江苏卫生职业技术学院		2006.11	江苏职工医科大学、江苏省中医学校合并组建,办学地南京市。
	江苏建康职业学院	江苏卫生职业技术学院	2008.12	更名
	江苏卫生健康职业学院	江苏建康职业学院	2017.5	更名
50	明达职业技术学院	民办明达职业技术学院	2017.5	更名
51	江苏旅游职业学院	扬州商务高等职业学校	2017.5	更名、升格为大专,办学地:扬州。
52	江苏公安专科学校	江苏省公安学校	1982.10	更名,升格为大专,办学地南京市。
	江苏警官学院	江苏公安专科学校	2002.3	更名,江苏省人民警察学校、江苏省司法学校,升格本科。

（续表）

序号	学　校	前　身	更名时间	合并学校
53	江阴职业技术学院	江南大学江阴校区	2002.9	江阴职大、江阴电大、江阴工商学校合并组建。
	江阴职业技术学院	培尔职业技术学院	2004	培尔职业技术学院停止招生，并入。
54	培尔职业技术学院		1999.4	省教育厅批准筹建，办学地江阴市。2004 年停办。
55	常熟理工学院	常熟高等专科学校	2004.5	更名，苏州师范专科学校、常熟职业大学合并组建，升格本科。
56	彭城职业大学		1983	新建，专科，办学地徐州。
	徐州工程学院	彭城职业大学	2005	更名，徐州经济管理干部学院、徐州教育学院并入，升格本科。
57	南京邮电大学	南京邮电学院	2005.4	更名
	南京邮电大学		2013.8	南京人口管理干部学院并入，该校创建于 1980 年，属原国家计划生育委员会，2001 年划转江苏省管理。
58	江苏航运职业技术学院	南通航运职业技术学院	2018.4	更名

江苏省高等学校图书馆科技查新工作站建设情况统计

序号	单位	查新站编号	站点类别	教育部批准批次	工作启动时间	教育部批准时间
1	东南大学	—	—	—	1993 年	1992 年 11 月
		L04	理工类	第 1 批	1993 年	2003 年 11 月
2	江南大学	L08	理工类	第 1 批	1995 年	2003 年 11 月
3	南京大学	L10/Z17	综合类	第 1 批	1999 年	2003 年 11 月
4	河海大学	G02	理工类	第 2 批	1996 年	2004 年 6 月
5	中国矿业大学	G04	理工类	第 2 批	1988 年	2004 年 6 月
6	南京航空航天大学	G07	理工类	第 3 批	1995 年	2007 年 3 月
7	南京农业大学	N03	农学类	第 3 批	1995 年	2007 年 3 月
8	江苏大学	G06	理工类	第 3 批	1992 年	2007 年 3 月
9	苏州大学	Z13	综合类	第 4 批	1993 年	2009 年 1 月
10	南京理工大学	L28	理工类	第 5 批	1991 年	2010 年 12 月

（续表）

序号	单位	查新站编号	站点类别	教育部批准批次	工作启动时间	教育部批准时间
11	扬州大学	N10	农学类	第5批	1994年	2010年12月
12	南京工业大学	G14	理工类	第5批	2003年	2010年12月
13	盐城工学院	L44	理工类	第7批	1999年	2014年11月
14	南京信息工程大学	L41	理工类	第7批	2006年	2014年11月
15	常州大学	L37	理工类	第7批	2004年	2014年11月

注：南京大学科技查新工作站2003年批准时，原为理工类，编号：L10。2014年11月（第7批），教育部教技司发函〔2014〕2号文，升格为综合类，编号改为Z17。

伊利诺伊大学厄巴纳—香槟分校中国图书馆员学术交流项目江苏省学员名单

Chinese Librarians Scholarly Exchange Program (CLSEP)
University of Illinois at Urbana-Champaign

届次	年度	参训总数	江苏人数	人员/单位
1	2005年	21	1	陈万寅（南京航空航天大学）
2	2006年	15	1	包平（南京农业大学）
3	2007年	17	1	顾建新（东南大学）
4	2008年	24	3	赵敏、徐国祥（南京理工大学）；金明华（南京航空航天大学）
5	2009年	20	3	李爱国（东南大学）；薛朗（南京理工大学）赵乃瑄（南京工业大学）
6	2010年	29	7	袁曦临（东南大学）、杨武（南京理工大学）、曾莉（南京中医药大学）、符晓陵、高新陵（河海大学）；彭雪勤（徐州工程学院）、汪明银（徐州工业职业技术学院）
7	2011年	31	3	周建屏（苏州大学）；吴东敏（河海大学）；钱鹏（东南大学）
8	2012年	33	6	查贵庭、唐惠燕（南京农业大学）；谢友宁（河海大学）；李文林（南京中医药大学）；叶志锋（南京航空航天大学）；范亚芳（江苏师范大学）
9	2013年	30	5	陆美（东南大学）；欧阳志（南京理工大学）；罗国富、郑萍（南京农业大学）；冯君（南京工业大学）
10	2014年	26	5	王敏芳（南京理工大学）；张晓阳（江苏大学）；郭启松（淮阴师范学院）；杨会（南京航空航天大学）；潘洋（东南大学）
11	2015年	26	5	史梅（南京大学）；白桦（江苏建筑职业技术学院）；袁润、刘桂锋（江苏大学）；朱锁玲（南京农业大学）
12	2016年	24	8	杨兰芳（南京航空航天大学）；邵波（南京大学）；刘莉（江苏警官学院）；陈蓉蓉、胡以涛（南京农业大学）；陈桂芳（江苏大学）；凌红（南京工业大学）；汪蓓（扬州市科学技术情报研究所）

（续表）

届次	年度	参训总数	江苏人数	人员/单位
13	2017年	40	10	罗钧（南京大学）；周金元、刘竞（江苏大学）；钱军（南京邮电大学）；李恒贝（南京农业大学）；贾德智（南京工业大学）；卜焕林、马晨惠（扬州市科学技术情报研究所）；张毅华（河海大学）；朱萌纾（南京医科大学）
	合计	336	58	

说明：本表数据于2018年4月，由伊利诺伊大学厄巴纳—香槟分校（伊大）图书馆阮炼教授、罗振浩提供，沈鸣整理。

江苏省高校图书馆申报国家社会科学基金[1]、国家自然科学基金项目一览表

序号	项目编号	项目类型	项目名称	立项日期	项目主持人	工作单位
1	96BTQ005	一般项目	信息新技术在图书情报工作中的应用与评估	1996/7/1	张厚生	东南大学图书馆
2	09CTQ007	青年项目	基于SOA的数字图书馆业务微服务重组架构研究	2009/6/4	翟晓娟	南京大学图书馆
3	09CTQ006	青年项目	欧美图书馆学博士学位研究课题分析	2009/6/4	刘　竞	江苏大学图书馆
4	09CTQ011	青年项目	基于云计算理念与技术的文献资源服务研究	2009/6/4	胡新平	南通大学图书馆
5	12BTQ007	一般项目	网络环境下图书馆的生存环境与功能定位的变革研究	2012/5/14	卢章平	江苏大学图书馆
6	13BTQ023	一般项目	数字阅读机制与导读策略研究	2013/6/10	袁曦临	东南大学图书馆
7	13BTQ025	一般项目	大数据时代图书馆用户信息的资源化研究	2013/6/10	李爱国	东南大学图书馆
8	14BTQ006	一般项目	我国跨系统区域图书馆联盟建设与发展实证研究	2014/6/15	赵乃瑄	南京工业大学图书馆
9	14BTQ018	一般项目	图书馆知识发现服务的功能定位和建设策略研究	2014/6/15	袁　润	江苏大学图书馆
10	14CTQ005	青年项目	图书馆资源组织中的数据关联机制研究	2014/6/15	常　娥	东南大学图书馆

〔1〕 全国哲学社会科学规化工作办公室. 国家社科基金项目数据库[EB/OL].（2019-01-01）[2019-01-01]. http://fz.people.com.cn/skygb/sk/index.php/Index/index.

（续表）

序号	项目编号	项目类型	项目名称	立项日期	项目主持人	工作单位
11	15BTQ058	一般项目	大数据环境下人文社会科学学术创新力自动测度研究	2015/6/16	钱玲飞	南京航空航天大学
12	15BTQ007	一般项目	信息—知识—智能转换视野下的图书馆职业能力研究	2015/6/16	王正兴	淮海工学院图书馆
13	15BTQ011	一般项目	数字环境下图书馆物理馆藏空间动态配置研究	2015/6/16	刘　利	东南大学图书馆
14	15CTQ027	青年项目	学术创新扩散过程及创新力测度研究	2015/6/16	宋　歌	东南大学图书馆
15	15FTQ003	后期资助项目	面向创新的区域信息资源配置研究	2015/7/2	吕　彬	江苏大学图书馆
16	16FTQ002	后期资助	中国雕版印书研究	2016/9/20	秦嘉杭	南京财经大学图书馆
17	16FTQ003	后期资助	“17年”图书馆事业与学术思想史研究	2016/9/20	吴稌年	江南大学图书馆
18	16BTQ038	一般项目	民国警察史料整理与研究	2016/6/30	刘　莉	江苏警官学院图书馆
19	16BTQ017	一般项目	泛在知识环境下校园经典阅读推广体系构建研究	2016/6/30	钱　军	南京邮电大学图书馆
20	16BTQ004	一般项目	“互联网＋”思维下面向万众创新的图书馆服务创新研究	2016/6/30	卢章平	江苏大学图书馆
21	16BTQ024	一般项目	高校图书馆空间再造模式与策略研究	2016/6/30	顾建新	东南大学图书馆
22	17BTQ024	一般项目	机构知识库可持续发展研究	2017/6/30	龚亦农	南京师范大学图书馆
23	17BTQ025	一般项目	开放科学理念下的科研数据治理研究	2017/6/30	刘桂锋	江苏大学图书馆
24	17CTQ040	青年项目	大数据时代图书馆数据素养教育理论建构与实践创新研究	2017/6/30	孟祥保	东南大学图书馆
25	18BTQ010	一般项目	儿童中文阅读分级标准体系研究	2018/6/21	袁曦临	东南大学图书馆
26	18CTQ011	青年项目	基于方志类典籍的地标农产品挖掘与组织研究	2018/6/21	朱锁玲	南京农业大学图书馆

1949年以后江苏省高校图书馆编辑出版的学术期刊统计

No	刊物名称	创刊	停刊	期数	篇数	主办单位
1	煤炭高校图书馆工作通讯(不定期出版)	1983	1985	17	200	中国矿业学院图书馆
2	煤图学刊(季刊)	1985	1997	28	440	全国煤炭院校图书馆协会、中国矿业大学图书馆
3	连续出版物管理与研究译丛(季刊)	1990	1992	4	100	全国高校图书馆期刊研究会
4	期刊管理与研究(季刊)	1992	1998	11	270	全国高校图工委期刊工作专业委员会
5	中小学图书情报世界(双月刊/月刊)	1993	2003[1]	84	2000	全国高校图工委、教育部基础教育课程教材发展中心、南京师范大学图书馆,CNKI,维普、万方数据库部分收录
6	图工动态(季刊)	1991	1991	4	60	无锡市高校图工委(筹)
7	图工研究(季刊)	1992	1993	6	140	无锡高校图工委等4市图工委
8	图情研究(季刊)	1994	1996	9	200	江苏省高校图工委(编辑部设在无锡)
9	江苏省高等学校图书馆学报(季刊)	1998	2001	15	370	江苏省高校图工委(编辑部设在南京师范大学图书馆)维普、万方数据库部分收录
10	图书情报研究(季刊)	2008		40	645	江苏大学,CNKI,维普、万方数据库全部收录

说明:本表的数据,统计至2017年底。

[1]《中小学图书情报世界》2004年1月移交江苏教育出版社,表中的期数、篇数只统计到2003年底。

附录二　江苏省图书馆学会相关历史资料

江苏省图书馆学会第一届理事会常务理事名单(1979年9月)[1]

理事长：	汪长炳	南京图书馆		
副理事长：	华彬清	南京大学图书馆	袁　任	江苏省科技情报研究所
	杨希濂	南京图书馆		
常务理事	王可权	南京航空学院图书馆	卢子博	南京市人民图书馆
	吴观国	南京医学院图书馆	伍玉贤	华东水利学院图书馆
	孙　鸥	南京土壤研究所	赵宛华	南京图书馆
	洪　流	南京工学院图书馆	包　钧	南京师范学院图书馆
	许培基	苏州图书馆		
秘书长：	赵宛华[2]	南京图书馆		
副秘书长：	吴观国	南京医学院图书馆	王可权	南京航空学院图书馆
	严仲仪	南京大学图书馆		
名誉理事(10人)				
	李　维	江苏省委宣传部副部长	周　村	江苏省文化局局长
	李钟英	江苏省高教局副局长	高　斯	江苏省出版局副局长
	王淮冰	江苏省哲学社会科学界联合会秘书长	范存忠	南京大学副校长兼图书馆馆长
	杨廷宝	南京工学院副院长	蒋咏秋	原苏州图书馆馆长
	施廷镛	南京大学图书馆副馆长	黄元福	武汉大学图书馆学系教授
学术委员会主任：	卢则文	南京工学院图书馆		
学术委员会副主任：	陆修栋	南京大学图书馆	潘天祯	南京图书馆
	许培基	苏州图书馆		
编辑委员会主任：	钱亚新	南京图书馆		
编辑委员会副主任：	洪　流	南京工学院图书馆	吴观国	南京医学院图书馆
	邱克勤	南京图书馆		

---

〔1〕 江苏省图书馆学会常务理事名单[J].江苏图书馆工作，1980(1)：6－7.

〔2〕 赵宛华秘书长于1981年因病逝世，未完成任期，邱克勤继任秘书长。

江苏省图书馆学会第二届理事会名单(1984年7月)[1]

名誉理事长:	汪长炳	南京图书馆		
名誉理事:	徐福基	江苏省高教局	王淮冰	江苏省哲学社会科学界联合会
	陆修栋	南京大学图书馆	黄旭朗	苏州大学图书馆
	钱亚新	南京图书馆	卢则文	南京工学院图书馆
理事长:	邱克勤	南京图书馆		
副理事长:	孟君孝	南京图书馆	卢子博	南京市人民图书馆
	袁　任	江苏省科技情报研究所	吴观国	南京医学院图书馆
秘书长:	王林西(女)	南京图书馆		
副秘书长:	王可权	南京航空学院图书馆	马先阵	南京大学图书馆
	钱金虎	南京海军军医学校图书馆	朱　斐	南京工学院图书馆
		南京图书馆保留一名		

常务理事:(按姓氏笔画排列)

马先阵	南京大学图书馆	王可权	南京航空学院图书馆
王林西(女)	南京图书馆	卢子博	南京市人民图书馆
冯　昭(女)	南通市图书馆	伍玉贤(女)	华东水利学院图书馆
刘仲明	南京大学图书馆	邱克勤	南京图书馆
许培基	苏州图书馆	华彬清	南京大学图书馆
朱　斐	南京工学院图书馆	吴观国	南京医学院图书馆
李崇礼	铜山县图书馆	孟君孝	南京图书馆
张厚生	南京工学院图书馆	钱金虎	南京海军军医学校图书馆
陆汉荣	苏州大学图书馆	袁　任	江苏省科技情报研究所
唐茂松	江苏省哲学社会科学界联合会		

江苏省图书馆学会第三届理事会名单(1988年)[2]

理事长:	卢子博
副理事长:	许培基、马先阵、袁　任、时修荣
秘书长:	王学熙
副秘书长:	张厚生、周志华、钱在祥
学术工作委员会主任:	许培基

〔1〕 第二届理事会·组织机构名单[J]. 江苏图书馆学报,1984(3):16-18.

〔2〕 江苏省图书馆学会. 江苏省图书馆学会第三届理事会理事名单[J]. 江苏图书馆学报,1988(4-5):4.

学术工作委员会副主任：　　侯汉清、陆汉荣、魏耀文
编辑出版工作委员会主任：　倪　波
编辑出版工作委员会副主任：王学熙、张展舒
教育工作委员会主任：　　　蒋亦寿
教育工作委员会副主任：　　杨克义
《江苏图书馆学报》主编：　卢子博
《江苏图书馆学报》副主编：倪　波、王学熙

学术顾问名单（按姓氏笔画排序）：

卢则文　伍玉贤　华彬清　吴观国　邱克勤　赵国璋　钱亚新　潘天桢

常务理事：按姓氏笔画为序（21人）

马景能	马先阵	王学熙	卢子博	申忠杰
许培基	李忠懋	吴汉章	吴正方	时修荣
张以连	张厚生	陆汉荣	周志华	贺国璋
袁　任	钱在祥	钱金虎	倪　波	蒋亦寿
薛利平				

理　事：按姓氏笔画为序（49人）

马振刚	马景能	马先阵	王学熙	王述贵	王棣（女）
仇锦堂	冯传珊（女）	冯逸如	玄兰英（女）	卢子博	申忠杰
许培基	朱　林	朱佩璜（女）	沈家模	沈业坚	李忠懋
李建军	吴汉章	吴正方	时修荣	张以连	张正渭
张厚生	张展舒	杨克义	周志华	周安伯	陆汉荣
陈启华	陈　政	陈　英	邵步新	郁琦华（女）	钟效雯（女）
保肖骅（女）	贺国璋	姚振国	袁　任	顾宏才	钱在祥
钱金虎	倪　波	黄方正	蒋亦寿	缪祖义	薛利平
魏耀文					

江苏省图书馆学会第四届理事会名单（1994年5月）[1]

理事长：　　　　　　卢子博
副理事长：　　　　　杨克义、孔庆煦、钱金虎、毕守金、袁大智、周志华、吴　锦
秘书长：　　　　　　王学熙
副秘书长：　　　　　杨晓宁、杨永厚、严　峰
学术委员会主任：　　倪　波

〔1〕 江苏省图书馆学会.江苏省图书馆学会第四届理事会理事名单[J].江苏图书馆学报，1994(6)：13.

学术委员会副主任： 张厚生、吉文辉、陆汉荣、张展舒
编辑出版委员会主任： 侯汉清
编辑出版委员会副主任： 王学熙、李忠懋、朱同同、叶继元
《江苏图书馆学报》主编： 卢子博
《江苏图书馆学报》副主编：倪 波、王学熙、王陆军

名誉理事：

许培基	袁 任	时修荣	贺国璋	钱在祥

常务理事：按姓氏笔画为序(30 人)

马振刚	王学熙	王 坷	王惠官	申忠杰
毕守金	李 澄	李忠撇	吴正方	居克龙
陈 浩	陆娴武(女)	陈万寅	吴 锦	钱金虎
杨克义	杨晓宁	倪 波	黄贤树	周志华
陈培琪	孔庆煦	卢子博	邹志仁	张荣光
张厚生	赵玉明(女)	袁大智	陆汉荣	杨永厚

理 事：按姓氏笔画为序(57 人)

卜彭年	马振刚	马金川	方如章	王学熙	王 坷
王述贵	王惠官	尤敬党	孔庆煦	石爱珍(女)	卢子博
申忠杰	刘家旺	刘 崑(女)	许遗锁	毕守金	沈业坚
沈秉千	李 澄	李忠懋	吴一民	吴正方	吴 锦
邹志仁	陆汉荣	陆桂安	陆娴武(女)	陆 浩	陈万寅
陈万梅(女)	陈 政	陈培琪	陈晓丽(女)	张一民	张荣光
张厚生	张太洪	张红(女)	杨克义	杨永厚	杨晓宁
邵婉琴(女)	罗惕乾	周志华	周照东	居克龙	姜汉卿
赵玉明(女)	诸新珍(女)	袁大智	顾宏才	钱树云(女)	钱金虎
倪 波	陶毓顺	黄贤树			

江苏省图书馆学会第五届理事会名单(2003 年 7 月)[1]

理事长： 王慧芬 江苏省文化厅副厅长
常务副理事长：马 宁 南京图书馆党委书记、常务副馆长
秘书长： 吴 林 南京图书馆研究辅导部副主任、研究馆员

〔1〕 江苏省图书馆学会秘书处.江苏省图书馆学会第五次会员代表大会在南京召开[J].新世纪图书馆,2003(4):11.

江苏省图书馆学会第六届理事会名单(2012—2013年)

(2013年5月15日[1])

理事长：	马 宁	江苏省文化厅党组副书记、副厅长
常务副理事长：	方标军	江苏省文化厅党组成员、南京图书馆党委书记、研究馆员
副理事长：	顾建新	东南大学图书馆馆长、教授
	洪修平	南京大学图书馆馆长、教授
	陈万寅	南京航空航天大学金城学院图书馆馆长、研究馆员
	马恒东	金陵图书馆 研究馆员
	孙建军	南京大学信息管理学院院长、教授
	夏太寿	江苏省科技情报研究所所长、研究员
	张建平	南京师范大学图书馆常务副馆长、副研究馆员
	邱冠华	苏州图书馆 副研究馆员
秘书长：	杨岭雪	南京图书馆江苏省图书馆学会秘书处、研究馆员
副秘书长：	孙正东	南京政治学院图书馆研究馆员
	高新陵	河海大学图书馆馆长、教授
	严 峰	金陵图书馆馆长、研究馆员
	邵 波	南京大学图书馆副馆长、教授

常务理事：(2012年4月27日，以姓氏笔画为序[2])

马 宁 马志春 马恒东 王永平 王 斌 方标军 田红梅 卢章平 包 平
任 罡 全 勤 刘 进 许建业 孙建军 孙正东 杨岭雪 杨炳辉 严 峰
陈万寅 陈晓丽 吴 林 吴建军 吴建国 宋伟敏 陆桂安 邱冠华 沈业民
张正和 张建平 张荣光 邵 波 赵乃瑄 赵 敏 范 斌 周建屏 周 谨
范雪荣 金德政 郑建明 胡健红 郭太敏 洪修平 施冲华 夏太寿 顾建新
徐 雁 钱菲菲 黄跃进 唐宝莲 高新陵 黎汉杰

理 事：(2012年4月27日，以姓氏笔画为序[3])

丁恒龙 马培银 王皆欣 王富国 尤敬党 包岐峰 朱里萍 刘阿多 孙忠进
杨海平 陈 英 陈 蓉 陈锦荣 宋国忠 沈建勤 冷稼祥 沙广萍 张智松
赵永祥 罗时进 周爱民 谈友娟 郭启松 顾永时 顾惠冬 徐寿芝 倪 健

---

[1] 江苏省图书馆学会.江苏省图书馆学会第六届理事会领导班子成员名单[EB/OL].[2016-08-09]. http://www.jstsgxh.org/jslib_tsgxhzzjs/jslib_zzjg/201202/t20120217_105480.htm.

[2] 江苏省图书馆学会.江苏省图书馆学会第六届理事会常务理事名单[EB/OL].[2016-08-09]. http://www.jstsgxh.org/jslib_tsgxhzzjs/jslib_zzjg/201304/t20130419_118272.htm.

[3] 江苏省图书馆学会.江苏省图书馆学会第六届理事会理事名单[EB/OL].[2018-08-08]. http://www.jstsgxh.org/jslib_tsgxhzzjs/jslib_zzjg/201202/t20120217_105483.htm.

秦嘉杭　高中华　唐永生　栾红曦　韩　兵　彭　涌　曾　莉　蔡彤霞　缪建新
潘松华

江苏省图书馆学会第七届理事会名单(2017年1月)

(2017年1月5日第七届二次常务理事会通过[1])

理事长：　　　裴　旭　　江苏省文化厅副厅长
常务副理事长：全　勤　　南京图书馆副馆长、研究馆员
副理事长：　　孙建军　　南京大学信息管理学院院长、教授
　　　　　　　计秋枫　　南京大学图书馆馆长、教授
　　　　　　　顾建新　　东南大学图书馆馆长、教授
　　　　　　　管红星　　南京师范大学图书馆馆长
　　　　　　　叶志锋　　南京航空航天大学图书馆馆长、教授
　　　　　　　董　群　　金陵图书馆馆长、教授
　　　　　　　周晓明
秘书长：　　　李　浩　　江苏省图书馆学会秘书处
副秘书长：　　赵乃瑄　　南京工业大学图书馆馆长、党总支书记、研究馆员
　　　　　　　罗　钧　　南京大学图书馆副馆长、研究馆员
　　　　　　　伦　宏　　南京政治学院图书馆馆长、副研究馆员

常务理事：(按姓名笔画为序，共46人)

马志春　王　平　王　斌　王永平　计秋枫　卢章平　叶志锋　冯振卿　朱　军
伦　宏　全　勤　刘　进　闫云飞　许建业　孙建军　李　浩　吴　珩　邱冠华
余达淮　沈军军　沈　俊　宋伟敏　宋迎法　张小兵　陆桂安　范　斌　范雪荣
罗　钧　金德政　周建屏　周晓明　郑建明　赵乃瑄　胡健红　侯　涤　施冲华
顾建新　钱菲菲　倪　峰　徐　雁　殷　铭　曹伟平　董　群　褚正东　裴　旭
管红星

理事：(按姓名笔画为序，共110人)

马万民　马志春　马培银　王　平　王永平　王兆勇　王彦芳　王　斌　王富国
尤敬党　计秋枫　卢章平　叶志锋　史胜辉　白少布　冯振卿　冯建权　朱　军
朱里萍　伦　宏　全　勤　刘　进　刘　莉　刘应安　闫云飞　许建业　孙　军
孙延武　孙建军　苏　坤　李　浩　李　烨　李文林　李巧群　杨海平　吴　珩
邱冠华　余达淮　狄晓东　沙广萍　沈军军　沈仁国　沈　俊　沈建勤　宋伟敏
宋迎法　宋国忠　张　静　张小兵　陆桂安　陈　英　陈　亮　陈　萍　陈　雅

---

[1] 江苏省图书馆学会.江苏省图书馆学会第七届理事会组成名单[EB/OL].[2018-08-08].http://www.jstsgxh.org/jslib_tsgxhzzjs/jslib_zzjg/201701/t20170110_150817.htm.

陈秀卫　陈锦荣　邵　波　范雪荣　范　斌　罗时进　罗　钧　金　磊　金德政
周建屏　周晓明　周晓季　郑建明　房晓军　赵永祥　赵乃瑄　胡健红　钟　伟
侯　涤　施冲华　宫昌俊　秦广宏　秦嘉杭　袁正兰　顾永时　顾建新　顾惠冬
钱　军　钱菲菲　钱　鹏　倪　峰　倪　健　徐寿芝　徐　雁　殷成文　殷　洪
殷　铭　高中华　唐永生　唐亦玲　谈沁焱　曹伟平　笪　箐　彭　勇　董　群
韩　军　韩　兵　褚正东　蔡彤霞　裴　旭　管红星　熊太纯　缪建新　潘松华
薛　荣　薛建明

附录三　全国高等学校图书情报工作委员会相关历史资料

全国高等学校图书馆工作条例与规程沿革

序号	名称	发布时间	备注
1	中华人民共和国高等学校图书馆试行条例(草案)	1956年12月	第1次全国高等学校图书馆工作会议通过
2	中华人民共和国高等学校图书馆工作条例	1981年10月15日	第2次全国高等学校图书馆工作会议通过 教育部〔81〕高教一字057号 关于颁发《中华人民共和国高等学校图书馆工作条例》的通知
3	普通高等学校图书馆规程	1987年7月25日	第3次全国高等学校图书馆工作会议通过国家教委〔87〕教材图字009号 国家教育委员会关于颁发《普通高等学校图书馆规程》的通知
4	普通高等学校图书馆规程(修订)	2002年2月26日	教育部教高〔2002〕3号 教育关于印发《普通高等学校图书馆规程(修订)》的通知
5	普通高等学校图书馆规程	2015年12月31日	教育部教高〔2015〕14号 教育关于印发《普通高等学校图书馆规程》的通知

全国高等学校图情工作委员会历任秘书长[1]

届期	姓名	任期	所属单位
1	庄守经	1981—1983	北京大学图书馆
2	罗宏述	1984—1985	教育部高教司
3	肖自力	1981(副秘书长)—1985 1985(秘书长)—1988	北京大学图书馆
4、6	朱　强	1987—1990，1999—2013	北京大学图书馆
5	李晓明	1987—1998	国家教委、教育部
7	陈　凌	2013—	北京大学图书馆

注：
1981年，成立，全国高等学校图书馆工作委员会。
1987年，更名为：全国高等学校图书情报工作委员会。
1999年，更名为：教育部高等学校图书情报工作指导委员会。

全国高等学校图书馆工作委员会组成名单(1981年9月)[2]

主任委员：周林
副主任委员：黄天祥　王岳　黄仕琦　庄守经
秘书长：庄守经(兼)

委员会成员有下列院校图书馆：

北京大学、清华大学、中国人民大学、北京师范大学、北京师范学院、北京医学院、天津大学、河北大学、山西大学、内蒙古大学、东北工学院、大连工学院、东北师范大学、哈尔滨工业大学、西安交通大学、西北大学、西北农学院、兰州大学、宁夏大学、新疆大学、新疆八一农学院、青海师范学院、郑州大学、华中农学院、武汉大学、中南矿冶学院、广西大学、中山大学、华南师范学院、复旦大学、上海交通大学、上海第一医学院、南京大学、南京医学院、南京农学院、浙江大学、安徽大学、中国科技大学、江西师范学院、福建师范大学、山东大学、山东师范学院、云南大学、贵阳师范学院、四川大学、重庆大学、西藏民族学院

委员会成员还有下列院校图书馆学系：北京大学、武汉大学、华东师范大学

---

〔1〕 全国高校图工委秘书处. 全国高校图工委的五位秘书长[EB/OL]. [2018－06－01]. http://162.105.140.111/jggk/lshg/200506191046.

〔2〕 全国高等学校图书馆工作委员会组成名单. 全国高等学校图书馆工作委员会组成名单[J]. 高校图书馆工作，1982(1)：49.

全国高等学校图书情报工作委员会 1987 届常委和委员单位名单(1987 年 6 月)[1]

常务委员(18 人)：

马先阵	南京大学	石　方	西安交通大学
李学愚	北京医科大学	朱育理	国家教委
庄守经	北京大学	刘元奎	四川大学
来新夏	南开大学	肖自力	国家教委
吴善勤	上海交通大学	吴观国	南京医学院
沈继武	武汉大学	张占荣	中国矿业学院
杨直民	北京农业大学	单　行	东北师范大学
顾廉楚	清华大学	徐　鹏	复旦大学
彭珮云	国家教委	葛冠雄	哈尔滨工业大学

委员单位(78 个)：

北京大学	清华大学	中国人民大学
北京师范大学	北京师范学院	北京医科大学
中国政法大学	北京农业大学	北京林业大学
北方交通大学	北京航空学院	中央民族学院
国防大学	天津大学	南开大学
河北大学	河北师范大学	山西大学
太原工业学院	内蒙古大学	东北工学院
大连工学院	大连海运学院	辽宁大学
东北师范大学	延边大学	哈尔滨工业大学
哈尔滨师范大学	复旦大学	上海交通大学
上海医科大学	中国纺织大学	上海外国语学院
南京大学	南京医学院	南京农业大学
河海大学	中国矿业学院	浙江大学
杭州大学	安徽大学	中国科技大学
福建师范大学	厦门大学	江西师范大学
山东大学	山东师范大学	华东石油学院
郑州大学	河南大学	华中工学院
武汉大学	中南财经大学	中南工业大学
湖南医学院	中山大学	华南师范大学

〔1〕 全国高校图工委秘书处.全国高等学校图书情报工作委员会常委和委员单位名单[J].大学图书馆通讯,1987(5):12+17.

深圳大学	广西大学	广西师范大学
四川大学	重庆大学	绵阳师范专科学校
贵州师范大学	云南大学	云南师范大学
西藏民族学院	西安交通大学	西北大学
西北农业大学	兰州大学	青海师范大学
宁夏大学	新疆大学	新疆八一农学院

以下为图书馆学院系：

北京大学	武汉大学	华东师范大学

教育部关于成立教育部高等学校图书情报工作指导委员会的通知(附名单)[1]

(教高〔1999〕5 号)

为进一步加强高等学校图书情报事业的建设，充分发挥专家学者的协调、咨询、研究和指导作用，更好地履行高校图书馆的教育职能和情报职能，为教学科研服务，我部决定成立教育部高等学校图书情报工作指导委员会，聘请下列人员组成：

主任委员： 何芳川

副主任委员：崔慕岳　戴龙基　刘桂林　秦曾复　张异宾　朱　强　李晓明

顾　问： 庄守经　沈继武　承　欢

委　员： (按汉语拼音音序排列)：

阿拉坦昌	内蒙古大学	陈　力	四川大学
陈大广	广西大学	陈先禄	重庆大学
陈兆能	上海交通大学	程焕文	中山大学
程极益	南京农业大学	崔慕岳	郑州大学
戴龙基	北京大学	戴守义	中国政法大学
戴庭辉	南昌大学	杜新中	绵阳师专
费业昆	中国科技大学	傅永生	东北师范大学
高　民	北方交通大学	葛承雍	西北大学
何芳川	北京大学	胡　越	首都师范大学
黄秀文	华东师范大学	霍灿如	黑龙江大学
霍文杰	辽宁大学	计国君	东南大学
柯　平	郑州大学	李嘉琳	山西大学
李晓明	教育部	李修松	安徽大学
李振纲	河北大学	李治安	南开大学

〔1〕 中华人民共和国教育部. 教育部关于成立教育部高等学校图书情报工作指导委员会的通知教高〔1999〕5 号[J]. 中华人民共和国教育部政报，1999. 1999 年第 10 号.

梁家兴	华中理工大学	刘　斌	大连理工大学
刘桂林	清华大学	鲁红军	吉林大学
马自卫	北京邮电大学	秦曾复	复旦大学
燕今伟	武汉大学	于天池	北京师范大学
沈如松	复旦大学	沈佐锐	北京农业大学
史会来	哈尔滨工业大学	苏位智	山东大学
王琼林	华中师范大学	王小苹	新疆医学院
萧德洪	厦门大学	谢穗芬	青海师范大学
杨　毅	清华大学	杨　勇	云南大学
杨东梁	中国人民大学	杨克义	南京大学
张次博	上海财经大学	张西亚	西安交通大学
张向东	宁夏大学	张异宾	南京大学
张正光	承德师专	赵书城	兰州大学
郑章飞	湖南大学	周海音	中央音乐学院
朱　强	北京大学	竺海康	浙江大学

教育部高等学校图书情报工作指导委员会秘书处设在北京大学的日常工作由我部高等教育司联系，由朱强兼任秘书长。秘书处的日常工作由我部高等教育司联系。

请你们对教育部高等学校图书情报工作指导委员会的工作给予支持。

附件：教育部高等学校图书情报工作指导委员会章程

教育部

1999 年 8 月 11 日

教育部高等学校图书情报工作指导委员会章程
(教高〔1999〕5 号)〔1〕

第一章　总则

第一条　教育部高等学校图书情报工作指导委员会是在教育部领导下对全国高等学校图书情报事业进行咨询、研究、协调和业务指导的专家组织。

第二条　教育部高等学校图书情报工作指导委员会的主要任务是：

一、调查研究高等学校图书情报工作的状况，提出加强图书情报建设的意见和建议。

二、进行高等学校图书馆改革发展和建设的研究，提供业务咨询。

三、接受教育部的委托：

（一）促进高等学校图书情报事业整体化建设，推进文献信息资源的共建、共知和共享；

（二）组织高等学校图书情报专业人员和管理干部的继续教育和培训；

（三）组织图书情报工作的经验交流和学术研讨活动；

---

〔1〕 教育部高等学校图书情报工作指导委员会. 教育部高等学校图书情报工作指导委员会章程[J]. 大学图书馆学报，1999(5)：2.

（四）对高等学校图书情报工作进行检查评估和成果评奖；

（五）参加全国图书情报工作的协作、协调。

四、编辑出版有关高等学校图书情报工作的书刊，宣传高等学校图书馆的职能和作用。

五、调研国外图书情报工作的情况和发展趋势，开展对外交流。

六、联系和指导各地区、各部委高等学校图书情报工作委员会的工作。

第二章　组织机构

第三条　教育部高等学校图书情报工作指导委员会由教育部聘请有关专家组成。委员会设主任委员一人，副主任委员若干人，并聘请若干老专家担任顾问。委员任期四年。

第四条　教育部高等学校图书情报工作指导委员会设立秘书处负责处理日常事务性工作。秘书处设秘书长一人，副秘书长一至二人。秘书处所在学校和各委员所在学校均应对委员会的工作提供必要的支持。

第五条　教育部高等学校图书情报工作指导委员会根据需要可设立若干专题工作小组，以便组织力量进行某一方面或某项专门工作的调查研究。

第三章　工作和制度

第六条　教育部高等学校图书情报工作指导委员会一般每年召开一次全体会议，研究、商讨有关工作。必要时可以临时召开全体或部分委员参加的专门会议。

第七条　委员在任期间，要积极关心高等学校图书情报事业的建设，完成承担的任务，主动向教育部反映情况，提出建议，并在本地区、本部委高等学校图书情报工作中发挥积极作用。

第八条　教育部高等学校图书情报工作指导委员会委员应主动向所在学校领导报告相关的工作，取得支持和帮助。

第四章　附　则

第九条　本章程自1999年9月1日起实施，其解释、修改权在教育部。

教育部高等学校图书情报工作指导委员会第一届委员分组名单(1999年10月)

（江苏省3人）

修订《普通高等学校图书馆规程》工作组

召集人：李晓明（教育部）、庄守经（北京大学）、沈继武（武汉大学）、承欢（清华大学）

成员：陈大广（广西大学）、陈力（四川大学）、程焕文（中山大学）、戴庭辉（南昌大学）、李修松（安徽大学）、李振纲（河北大学）、李治安（南开大学）、梁家兴（华中理工大学）、杨勇（云南大学）、张正光（承德师专）

文献资源共建共享工作组

召集人：戴龙基（北京大学）、

成员：阿拉坦仓（内蒙古大学）、戴守义（中国政法大学）、杜新中（绵阳师专）、霍文杰（辽宁大学）、鲁红军（吉林大学）、沈如松（复旦大学）、萧德洪（厦门大学）、杨东梁（中国人民大学）、杨克义（南京大学）、周海宏（中央音乐学院）、竺海康（浙江大学）

计算机应用工作组

召集人：秦曾复（复旦大学）

成员：陈先禄（重庆大学）、陈兆能（上海交通大学）、胡越（首都师范大学）、黄秀文（华东师范大学）、计国君（东南大学）、马自卫（北京邮电大学）、燕今伟（武汉大学）、张次博（上海财经大学）、赵书城（兰州大学）

队伍建设工作组

召集人：朱强（北京大学）

成员：程极益（南京农业大学）、高民（北方交通大学）、霍灿如（黑龙江大学）、柯平（郑州大学）、李嘉琳（山西大学）、刘斌（大连理工大学）、沈佐锐（北京农业大学）、王琼林（华中师范大学）、于天池（北京师范大学）

用户培训工作组

召集人：刘桂林（清华大学）

成员：傅永生（东北师范大学）、葛承雍（西北大学）、王小苹（新疆医学院）、谢穗芬（青海师范大学）、张西亚（西安交通大学）、张向东（宁夏大学）、郑章飞（湖南大学）

期刊工作组

召集人：朱强（北京大学）

成员：费业昆（中国科技大学）、苏位智（山东大学）、杨毅（清华大学）

教育部高等学校图书情报工作指导委员会第二届委员名单（2004年2月）[1]

主　任：	吴志攀	北京大学		
副主任委员：	崔慕岳	郑州大学	戴龙基	北京大学
	薛芳渝	清华大学	秦曾复	复旦大学
	马在田	同济大学	朱强	北京大学
	李晓明	教育部	胡越	首都师范大学

〔1〕 本刊讯. 教育部成立第二届高等学校图书情报工作指导委员会[J]. 大学图书馆学报，2004(2)：87.

秘书长：	朱　强(兼)	北京大学		
副秘书长：	王　波	北京大学		
委　员：	杨　毅	清华大学	萧德洪	厦门大学
	杨东梁	中国人民大学	计国君	厦门大学
	姜　璐	北京师范大学	苏位智	山东大学
	代根兴	北京邮电大学	谢穗芬	山东大学威海分校
	张　权	中国农业大学	张怀涛	中原工学院
	阎世平	南开大学	燕今伟	武汉大学
	柯　平	南开大学	武金渭	华中科技大学
	李振纲	河北大学	王琼林	华中师范大学
	张正光	承德师范专科学校	夏淑萍	江汉大学
	李嘉林	山西大学	郑章飞	湖南大学
	阿拉坦仓	内蒙古大学	程焕文	中山大学
	韩俐华	辽宁大学	肖希明	佛山科技学院
	刘　斌	大连理工大学	陈大广	广西大学
	宝成关	吉林大学	安邦建	海南大学
	鲁红军	吉林大学	彭晓东	重庆大学
	傅永生	东北师范大学	姚乐野	四川大学
	王锡仲	哈尔滨工业大学	杜新中	绵阳师范学院
	陈兆能	上海交通大学	杨　勇	云南大学
	黄秀文	华东师范大学	张西亚	西安交通大学
	李笑野	上海财经大学	邢永华	西北农林科技大学
	郑建明	南京大学	张向东	宁夏大学
	徐克谦	南京师范大学	王小苹	新疆医科大学
	刘阿多	金陵科技学院	许俊达	安徽大学
	竺海康	浙江大学	邵正荣	中国科技大学

教育部高等学校图书情报工作指导委员会
第二届委员分组名单(2005 年 10 月)[1]

(江苏省 3 人)

法规政策工作组

召集人:李晓明(教育部)

成员:陈大广(广西大学)、姚乐野(四川大学)、程焕文(中山大学)、许俊达(安徽大学)、李振纲(河北大学)、阎世平(南开大学)、武金渭(华中理工大学)、杨勇(云南大学)、张正光

---

〔1〕 教育部高等学校图书情报工作指导委员会.第二届教育部高等学校图书情报工作委员会工作组分组名单[EB/OL].[http://www.scal.edu.cn/jggk/xz/200510050000.

（承德师专）

文献资源建设工作组

召集人：戴龙基（北京大学）

成员：阿拉坦仓（内蒙古大学）、杜新中（绵阳师专）、代根兴（北京邮电大学）、杨晓军（辽宁大学）、鲁红军（吉林大学）、肖希明（佛山科技学院）、萧德洪（厦门大学）、杨东梁（中国人民大学）、郑建明（南京大学）、竺海康（浙江大学）、邢永华（西北农林科技大学）

计算机应用工作组

召集人：秦曾复（复旦大学）、马在田（同济大学）

成员：彭晓东（重庆大学）、陈兆能（上海交通大学）、胡越（首都师范大学）、黄秀文（华东师范大学）、计国君（厦门大学）、王锡仲（哈尔滨工业大学）、燕今伟（武汉大学）、李笑野（上海财经大学）、安邦建（海南大学）

队伍建设工作组

召集人：崔慕岳（郑州大学）

成员：柯平（南开大学）、李嘉琳（山西大学）、刘斌、（大连理工大学）、张权（北京农业大学）、佐斌（华中师范大学）、姜璐（北京师范大学）、夏淑萍（江汉大学）

信息素质教育工作组

召集人：薛芳渝（清华大学）

成员：傅永生（东北师范大学）、王小苹（新疆医科大学）、宝成关（吉林大学）、谢穗芬（山东大学威海分校）、张西亚（西安交通大学）、张向东（宁夏大学）、郑章飞（湖南大学）

期刊工作组

召集人：朱　强（北京大学）

成员：邵正荣（中国科技大学）、苏位智（山东大学）、杨　毅（清华大学）、张怀涛（中原工学院）

高职高专工作组

召集人：李晓明

成员：刘阿多（金陵科技学院）

教育部关于成立第三届高等学校图书情报工作指导委员会的通知[1]

教高函〔2009〕12号

各省、自治区、直辖市教育厅(教委),有关高等学校:

为进一步加强教育行政部门对高校图书情报工作的宏观管理,充分发挥专家学者的咨询、研究、协调和指导作用,促进高校图书馆更好地履行教育职能和情报职能,我部决定成立第三届教育部高等学校图书情报工作指导委员会(以下简称图工委)。现将图工委委员名单印发给你们并就有关事宜通知如下:

图工委委员名单是经学校和省级教育行政部门推荐并广泛征求意见后研究确定的。委员任期四年。

图工委秘书处设在北京大学。

图工委的工作任务、组织机构、工作制度按《教育部高等学校图书情报工作指导委员会章程》(教高〔1999〕5号)执行。

请各有关高等学校对图工委的各项工作给予支持。

附件:第三届教育部高等学校图书情报工作指导委员会委员名单

2009年4月13日

教育部第三届高等学校图书情报工作指导委员会委员名单(2009年4月)

主任委员:

张国有　北京大学

副主任委员:

朱　强	北京大学	戴龙基	北京外国语大学	薛芳渝	清华大学
胡　越	首都师范大学	葛剑雄	复旦大学	洪修平	南京大学
崔慕岳	郑州大学	燕今伟	武汉大学	姚乐野	四川大学
冯　渊	无锡职业技术学院				

委　员:

倪　宁	中国人民大学	季淑娟	北京科技大学
马　路	首都医科大学	张　毅	南开大学
张凤宝	天津大学	杜也力	河北师范大学

---

〔1〕 教育部.教育部关于成立第三届教育部高等学校图书馆图书情报工作指导委员会的通知教高函〔2009〕12号[Z].北京:教育部,2009.

梁瑞敏　石家庄职业技术学院
阿拉坦仓　内蒙古大学
吕　方　辽宁大学
刘万国　东北师范大学
陈　进　上海交通大学
余海宪　华东师范大学
顾建新　东南大学
鲁东明　浙江大学
韩惠琴　宁波城市职业技术学院
周　洪　江西师范大学
韩子军　山东大学
商　琳　山东商业职业技术学院
张怀涛　中原工学院
李光玉　华中科技大学
黄家发　湖北大学
郑章飞　湖南大学
程焕文　中山大学
郭向勇　深圳职业技术学院
詹长智　海南大学
文南生　四川交通职业技术学院
张伟云　贵州师范大学
尼玛扎西　西藏大学
苟文选　西北工业大学
梁向明　宁夏大学
张玉萍　新疆大学
李嘉琳　山西大学
刘　斌　大连理工大学
李书源　吉林大学
王铁成　哈尔滨工业大学
慎金花　同济大学
李笑野　上海财经大学
张建平　南京师范大学
何立民　浙江工业大学
萧德洪　厦门大学
张淑林　中国科技大学
赵善伦　山东师范大学
李景文　河南大学
魏秀娟　郑州牧业工程高等专科学校
佐　斌　华中师范大学
谭雪梅　武汉电力职业技术学院
唐晓应　长沙商贸旅游职业技术学院
李　岩　广东商学院
陈大广　广西大学
高　凡　西南交通大学
彭晓东　重庆大学
朱　曦　云南师范大学
俞炳丰　西安交通大学
沙勇忠　兰州大学
刘　霞　青海师范大学

秘书长：朱　强(兼)
副秘书长：王　琼　北京师范大学　　王　波　北京大学

教育部高等学校图书情报工作指导委员会第三届委员分组名单(2009 年 4 月)[1]

(江苏省 4 人)

信息素质教育工作组(8 人)
召集人：薛芳渝(清华大学)、沙勇忠(兰州大学)

〔1〕 教育部高等学校图书情报工作指导委员会. 第二届教育部高等学校图书情报工作委员会工作组分组名单[EB/OL]. [2019-01-02]. http://www.scal.edu.cn/jggk/xz/200510050000.

成员:黄家发(湖北大学)、郑章飞(湖南大学)、刘万国(东北师大)、薛芳渝(清华大学)、张伟云(贵州师大)、马路(首都医科大学)、季淑娟(北京科大)、沙勇忠(兰州大学)

文献资源建设工作组(12人)

召集人:燕今伟(武汉大学)、萧德洪(厦门大学)

成员:张风宝(天津大学)、张毅(南开大学)、高凡(西南交大)、张建平(南京师大)、萧德洪(厦门大学)、余海宪(华东师范大学)、韩子军(山东大学)、戴龙基(北京外国语大学)、燕今伟(武汉大学)、朱曦(云南师范大学)、刘霞(青海师大)、顾建新(东南大学)

信息技术应用工作组(8人)

召集人:葛剑雄(复旦大学)、彭晓东(重庆大学)

成员:葛剑雄(复旦大学)、彭晓东(重庆大学)、鲁东明(浙江大学)、佐斌(华中师大)、李岩(广东商学院)、梁向明(宁夏大学)、慎金花(同济大学)、张淑林(中国科技大学)

服务创新工作组(10人)

召集人:胡越(首都师大)、陈进(上海交大)

成员:胡越(首都师大)、陈大广(广西大学)、詹长智(海南大学)、赵善伦(山东师大)、杜也力(河北师大)、吕方(辽宁大学)、苟文选(西北工大)、陈进(上海交大)、周洪(江西师大)、程焕文(中山大学)

高职高专工作组(9人)

召集人:冯渊(无锡职业技术学院)、郭向勇(深圳职业技术学院)、商琳(山东商业职业技术学院)

成员:谭雪梅(武汉电力职业技术学院)、文南生(四川交通职业技术学院)、冯渊(无锡职业技术学院)、韩惠琴(宁波城市职业技术学院)、唐晓应(长沙商贸旅游职业技术学院)、郭向勇(深圳职业技术学院)、商琳(山东商业职业技术学院)、魏秀娟(郑州牧业工程高等专科学校)、梁瑞敏(石家庄职业技术学院)

队伍建设工作组(9人)

召集人:姚乐野(四川大学)、刘斌(大连理工大学)

成员:刘斌(大连理工大学)、李光玉(华中科技大学)、李嘉琳(山西大学)、李笑野(上海财经大学)、何立民(浙江工业大学)、阿拉坦仓(内蒙古大学)、崔慕岳(郑州大学)、李景文(河南大学)、姚乐野(四川大学)

期刊研究工作组(9人)

召集人:洪修平(南京大学)、张怀涛(中原工学院)

成员:俞炳丰(西安交大)、朱强(北京大学)、张怀涛(中原工学院)、倪宁(中国人民大学)、李书源(吉林大学)、曲章义(哈尔滨医科大学)、尼玛扎西(西藏大学)、张玉萍(新疆大学)、洪修平(南京大学)

教育部关于成立第四届高等学校图书情报工作指导委员会的通知

教高函〔2013〕7 号

各省、自治区、直辖市教育厅（教委），新疆生产建设兵团教育局，有关部门（单位）教育司（局），部属各高等学校，有关单位：

为加强我部对高等学校图书情报工作的宏观管理和指导，充分发挥专家学者在高校图书情报工作中的研究咨询等作用，推动高等教育内涵式发展，经认真研究并征求有关方面意见，我部决定成立第四届教育部高等学校图书情报工作指导委员会及其高职高专院校分委员会（以下简称图工委）。现将有关事项通知如下。

一、图工委性质

教育部高等学校图书情报工作指导委员会是在教育部领导下的专家组织，具有非常设学术机构的性质，接受教育部的委托，组织开展全国普通高等学校图书情报事业的咨询、研究、指导、评告、服务等工作。

二、图工委主要任务

（一）调查研究高等学校图书情报工作的状况，提出加强图书、情报建设的意见和建议。

（二）进行高等学校图书馆改革发展和建设的研究，提供业务咨询。

（三）接受教育部的委托，开展以下业务：

1. 促进高等学校图书情报事业整体化建设，推进文献信息资源的共建、共知和共享；

2. 组织高等学校图书情报专业人员和管理干部的继续教育和培训；

3. 组织图书情报工作的经验交流和学术研讨活动；

4. 对高等学校图书情报工作进行检查评估和成果评价；

5. 参加全国图书情报工作的协作、协调。

（四）编辑出版有关高等学校图书情报工作的书刊，宣传高等学校图书馆的职能和作用。

（五）调研国外图书情报工作的情况和发展趋势，开展对外交流。

（六）联系和指导各地区、各部委高等学校图书情报工作委员会等机构的工作。

（七）承担教育部委托的其他任务。

三、图工委组成

第四届图工委委员及高职高专院校分委员会委员等成员是在省级教育行政部门和上届图工委推荐的基础上，经我部组织有关专家认真评议并征求有关方面意见后产生的（成员名单见附件）。委员任期自发文日起，至 2017 年 1 月 1 日止。

四、图工委工作方式

图工委工作自主任委员全面负责，副主任委员分工负责或协助主任委员开展工作；图工委设秘书处，处理日常行政性事务，秘书处挂靠在北京大学图书馆。

高职高专院校分委员会是图工委的分支机构，在图工委的领导下，负责高专院校图书情报相应工作，秘书处挂靠在天津医学高等专科学校。

我部高等教育司教学条件处负责与图工委的日常联系工作，职业教育与成人教育司高职与高专教育处分工负责与高职高专院校分委员会的日常联系工作。

各高校和有关单位应积极支持和配合图工委的工作，委员所在单位应为委员参加图工委工作提供必要的支持。

附件：第四届教育部高等学校图书情报工作指导委员会名单

教育部

2013 年 5 月 20 日

教育部高等学校图书情报工作指导委员会第四届成员名单(2013 年 5 月)

主任委员：朱　强　北京大学

副主任委员：

邓景康	清华大学	刘万国	东北师范大学
陈　进	上海交通大学	洪修平	南京大学
萧德洪	厦门大学	崔　波	郑州大学
燕今伟	武汉大学	程焕文	中山大学
詹长智	海南大学	马继刚	四川大学
杨文秀	天津医学高等专科学校		

秘书长：陈　凌　北京大学(兼)

委　员：

陈　凌	北京大学	索传军	中国人民大学
韩宝明	北京交通大学	季淑娟	北京科技大学
刘　利	北京师范大学	杨晓光	北京航空航天大学
阮平南	北京工业大学	马　路	首都医科大学
方　敏	首都师范大学	张　毅	南开大学
唐承秀	天津财经大学	张长安	河北大学
李景峰	山西大学	郭俊平	内蒙古工业大学
刘　斌	大连理工大学	王　宇	沈阳师范大学
王铁成	哈尔滨工业大学	胡宝忠	东北农业大学
严　峰	复旦大学	慎金花	同济大学
余海宪	华东师范大学	李笑野	上海财经大学
顾建新	东南大学	卢章平	江苏大学
张建平	南京师范大学	马景娣	浙江大学
张淑林	中国科技大学	储节旺	安徽大学
刘小强	江西师范大学	韩子军	山东大学
隋文慧	山东师范大学	李景文	河南大学
李光玉	华中科技大学	李玉海	华中师范大学

田启华	三峡大学	郑章飞	湖南大学
张日清	中南林业科技大学	张道义	深圳大学
顾　萍	南方医科大学	徐尚进	广西大学
彭晓东	重庆大学	高　凡	西南交通大学
杨长平	四川农业大学	张伟云	贵州师范大学
朱　曦	云南师范大学	尼玛扎西	西藏大学
王　元	西安交通大学	李铁虎	西北工业大学
雷　震	西北大学	沙勇忠	兰州大学
刘　霞	青海师范大学	蔡永贵	宁夏大学
蒋海军	新疆大学	刘春林	国防科技大学
卢　兵	南京工业职业技术学院	郭向勇	深圳职业技术学院
张晓林	中国科学院文献情报中心	陈　力	中国国家图书馆

教育部高校图书情报工作指导委员会第四届高职高专院校分委员会成员名单(2013年5月)

主任委员:杨文秀　天津医学高等专科学校

副主任委员:

卢　兵	南京工业职业技术学院	郭向勇	深圳职业技术学院

秘书长:赵蕴珍　天津医学高等专科学校

委　员:

张兆忠	北京工业职业技术学院	孔　燕	山东旅游职业学院
梁瑞敏	石家庄职业技术学院	刘红普	河南工业职业技术学院
吴秋懿	内蒙古建筑职业技术学院	柳金发	武汉职业技术学院
杜贵明	长春职业技术学院	唐晓应	长沙商贸旅游职业技术学院
杨　柳	哈尔滨职业技术学院	王永宁	南宁职业技术学院
陈　能	上海旅游高等专科学校	赵会平	琼台师范高等专科学校
冯　渊	无锡职业技术学院	陈　燕	重庆医药高等专科学校
周　云	浙江建设职业技术学院	张　勇	成都航空职业技术学院
李　雪	安徽职业技术学院	安　军	贵州交通职业技术学院
陈艳红	福建船政交通职业学院	王晓江	陕西工业职业技术学院
张兆忠	北京工业职业技术学院	宋贤钧	兰州石化职业技术学院
陈晓江	九江职业技术学院	杨贵泉	新疆农业职业技术学院

中国图书馆学会高校图书馆分会第一届委员会委员名单[1]

（2004 年 10 月）

主任委员： 戴龙基

副主任委员：胡　越　朱　强　薛芳渝　杨东梁　阎世平　阿拉坦仓　庄　琦

秘书长： 朱　强

常务委员：(按姓名音序排列)：

阿拉坦仓	宝成关	陈大广	程焕文	崔　波	戴龙基
邓珞华	高跃新	郭　毅	韩子军	胡　越	李秉严
李嘉琳	彭晓东	王锡仲	王小苹	卫传荣	徐乃焕
许俊达	许西乐	薛芳渝	阎世平	杨　华	杨德华
杨东梁	杨晓军	詹长智	张　伟	张西亚	郑建明
郑章飞	朱　强	朱建亮	庄　琦		

委　员：(按姓名音序排列)：

阿拉坦仓	宝成关	曹　京	岑少起	陈大广	程焕文
崔　波	崔慕岳	代根兴	戴龙基	邓珞华	方罗来
费仁元	高昌海	高跃新	苟文选	顾建新	郭　毅
韩子军	何立民	何晓萍	候德础	胡　越	黄国勤
黄仁浩	姜　璐	姜　晓	焦芝兰	康万武	李秉严
李广生	李嘉琳	李景文	李振纲	刘　斌	刘万国
楼宏青	罗益群	孟昭和	彭晓东	萨殊利	邵正荣
时雪峰	苏海潮	苏位智	孙济庆	佟延伟	万永林
王梦丽	王胜坤	王锡仲	王小苹	卫传荣	魏德洲
吴文广	伍　宪	武金渭	夏淑萍	徐克谦	徐乃焕
徐天真	许俊达	许西乐	薛芳渝	阎世平	燕今伟
杨　华	杨德华	杨东梁	杨晓军	姚　倩	于挽平
余　鸣	詹长智	张　伟	张福成	张怀涛	张淑香
张伟云	张西亚	张雅琳	张善伦	郑建明	郑章飞
朱　强	朱建亮	朱丽娜	庄　琦	庄华峰	

〔1〕 中国图书馆学会高等学校图书馆分会. 中国图书馆学会高校图书馆分会第一届委员会委员名单[EB/OL]. [2018－03－03]. http://www.sal.edu.cn/view/new.aspx? id=109.

中国图书馆学会高校图书馆分会第二届委员会委员名单〔1〕

（2010 年 4 月）

主任委员：　朱　强

副主任委员：（按姓氏音序排列）

程焕文　葛剑雄　胡　越　薛芳渝　燕今伟　姚乐野

秘书长：　胡　越

常务副秘书长：王　琼

副秘书长：　王　波

第二届高等学校图书馆分会常务委员名单

（按姓氏音序排列）

阿拉坦仓　蔡　敏　曹　京　陈大广　陈建新　陈　进

程焕文　程晓舫　崔　波　崔慕岳　邓景康　邓绍辉

杜也力　范艳芬　方　敏　方岩雄　傅绍良　苟文选

顾建新　郭　毅　韩　卉　韩宝明　韩子军　何立民

何晓萍　洪修平　黄仁浩　姜　晓　李光玉　李景文

李书源　李振纲　梁向明　刘　斌　刘　霞　刘大椿

刘松柏　刘万国　刘永胜　柳炳康　罗益群　马　成

马景娣　马西庚　穆祥望　彭晓东　邵　晶　苏海潮

孙济庆　陶新民　万永林　王德松　王恩德　王富民

王铁成　魏世江　吴文广　伍　宪　熊学工　胥耀平

许西乐　严潮斌　燕今伟　杨　光　杨　华杨晓光

姚乐野　姚　倩　于挽平　张洪元　张怀涛　张建平

张黎明　张伟云　张　毅　张　勇　詹长智　赵善伦

郑　瑜　郑章飞　周　洪　朱丽娜　朱　强　朱　曦

庄华峰

---

〔1〕 中国图书馆学会高等学校图书馆分会. 中国图书馆学会高等学校图书馆分会第二届委员会委员名单[EB/OL]. [2018－03－03]. http://www.sal.edu.cn/view/new.aspx? id=183.

中国图书馆学会高校图书馆分会第三届委员会委员名单[1]

（2013 年 5 月）

主　任：朱　强

副主任：（按姓氏拼音为序）

陈　进　程焕文　邓景康　葛建雄　顾建新　彭晓东　沙勇忠　郑章飞

秘书长：王　琼

第三届委员会常务委员名单（38 人）

（按姓氏拼音为序）

鲍玉来	蔡永贵	陈　进	程焕文	储节旺
崔　波	邓景康	方　敏	高　健	葛剑雄
顾建新	郭　毅	韩子军	洪修平	黄家发
李光玉	刘　斌	刘小强	马继刚	彭晓东
曲章义	沙勇忠	邵　晶	王　剑	徐尚进
许西乐	严潮斌	杨　光	于挽平	张　毅
张奇伟	张伟云	张长安	章云兰	郑章飞
朱　强	朱　曦	朱丽娜		

第三届委员会委员名单（115 人）

（按姓氏拼音为序）

鲍玉来	蔡永贵	曹志敏	岑少起	陈　科
陈　进	陈启买	程焕文	储节旺	崔　波
崔宇红	邓景康	杜占江	范艳芬	方　青
方　敏	方岩雄	傅绍良	高　凡	高　健
葛剑雄	葛荣霞	顾建新	郭　毅	韩宝明
韩明杰	韩子军	洪修平	胡乃志	黄家发
黄小强	季淑娟	姜　晓	李　春	李光玉
李景文	李亮先	李　森	李泰峰	李铁虎
李文芳	李　勇	刘　霞	刘柏嵩	刘　斌

[1] 中国图书馆学会高等学校图书馆分会. 中国图书馆学会高等学校图书馆分会第三届委员会名单(2013—2014)[EB/OL]. [2018－03－03]. http://www.sal.edu.cn/view/new.aspx? id＝3086.

刘春鸿	刘春林	刘万国	刘小强	刘永胜
刘宗歧	卢　兵	卢章平	陆　铭	马继刚
马景娣	马　路	穆祥望	彭晓东	邳克江
曲章义	任树怀	阮平南	沙勇忠	邵　晶
沈际佳	慎金花	苏海潮	隋文慧	唐晓应
田乐胜	万永林	王　琼	王恩德	王　剑
王铁成	王效岳	王永宁	王志杰	魏秀娟
熊文龙	熊学工	徐尚进	徐天茂	许西乐
鄢朝晖	严潮斌	颜玉怀	杨　光	杨晓光
于挽平	张道义	张洪元	张怀涛	张建平
张静波	张黎明	张奇伟	张琪昌	张廷广
张伟云	张　怡	张　毅	张　勇	张长安
张兆忠	章云兰	赵万勇	郑　瑜	郑章飞
周根贵	周建屏	朱　强	朱　曦	朱丽娜

附录四　与江苏省高校图书馆事业发展有关的政府文件目录

序号	发文单位/文号	发文时间	文件标题
1	高等教育部	1956 年 12 月	《中华人民共和国高等学校图书馆试行条例(草案)》
2	高等教育部	1956 年 12 月	《高等学校图书馆馆际互借办法(草案)》
3	高等教育部	1956 年 12 月	《高等学校图书馆书刊调拨暂行办法(草案)》
4	高等教育部	1956 年 12 月	《高等学校图书馆书刊补充的几项规定(草案)》
5	国务院 国发〔1977〕112 号	1977 年 10 月 12 日	《国务院批转教育部关于 1977 年高等学校招生工作的意见附件:教育部关于 1977 年高等学校招生工作的意见》
6	教育部、中国科学院联合发出	1977 年 11 月 3 日	《关于 1977 年招收研究生的通知》。
7	国务院 国发〔1978〕32 号	1978 年 3 月 7 日	《国务院批转教育部〈关于高等学校恢复和提升教师职务问题的请示报告〉》
8	教育部 〔78〕教高字 754 号	1978 年 8 月 12 日	《印发〈关于加强高等学校图书资料工作的意见〉的通知》
9	教育部 〔78〕教高字 948 号	1978 年 10 月 4 日	《教育部关于讨论和试行〈全国重点高等学校暂行工作条例(试行草案)〉的通知》
10	国家文物事业管理局 〔78〕文物字第 211 号	1978 年 11 月 13 日	《关于〈省、市、自治区图书馆工作条例(试行草案)〉》
11	教育部 〔79〕教政字 003 号	1979 年 3 月 10 日	《教育部关于试行高等学校实验技术人员和图书资料情报人员职务名称确定与提升的两个〈暂行规定〉的通知》,附件:《关于高等学校图书和资料情报人员职务名称确定与提升的暂行规定》
12	教育部 〔79〕教高二字 006 号	1979 年 3 月 28 日	《关于高等学校外国教材中心图书室若干问题的暂行规定》
13	国务院 国发〔1981〕21 号	1981 年 1 月 30 日	《批转文化部、国家档案局、国家人事局拟订的〈图书、档案、资料专业干部业务职称暂行规定〉》
14	教育部办公厅 〔81〕教高一厅字 002 号	1981 年 4 月 6 日	《关于准备召开全国高等学校图书馆工作会议的通知》,同时发出《全国高等学校图书馆情况调查表》
15	教育部 〔81〕教高一字 031 号	1981 年 6 月 13 日	《关于召开全国高等学校图书馆工作会议的通知》
16	中共中央办公厅 中发〔1981〕37 号	1981 年 9 月 17 日	《关于整理我国古籍的指示》
17	教育部 〔81〕高教一字 057 号	1981 年 10 月 15 日	《关于颁发〈中华人民共和国高等学校图书馆工作条例〉的通知》

（续表）

序号	发文单位/文号	发文时间	文件标题
18	教育部办公厅 〔81〕教高一厅字 007 号	1981 年 10 月 19 日	《关于印发全国高等学校图书馆工作会议两个文件的通知》，附件文件：《周林同志在全国高等学校图书馆工作会议上做的〈提高认识，加强领导，努力办好高等学校图书馆〉的报告和总结讲话》
19	教育部 〔82〕教供字 036 号	1982 年	《关于检查图书、资料清查工作的通知》
20	文化部 文图字〔82〕第 312 号	1982 年 4 月 3 日	《印发〈关于图书馆专业干部业务职称考核测验的几点说明〉的通知》
21	江苏省高教局 苏高教人〔82〕76 号	1982 年 6 月	《关于转发文化部〈关于图书馆专业干部业务职称考核测试的几点说明〉的通知》
22	教育部 〔82〕教高一字 075 号	1982 年 8 月 6 日	《转发〈关于举办高等学校图书馆专业干部进修班的暂行规定〉的通知》 附：《关于举办高等学校图书馆专业干部进修班的暂行规定》 2016 年 6 月 3 日废止。
23	江苏省高教局 苏高教教〔82〕104 号	1982 年 10 月 13 日	《关于召开江苏省高校图书馆工作委员会成立大会的通知》
24	教育部 〔83〕教高一字 001 号	1983 年 1 月 11 日	《教育部关于印发全国高等学校图书馆工作委员会第二次全体会议文件的通知》 附：《高等学校图书、资料、情报工作人员守则》
25	江苏省高教局 苏高教教〔83〕3 号	1983 年 2 月	《关于在全省高校开展图书馆工作互查评比工作的通知》
26	江苏省高教局 苏高教人〔83〕27 号	1983 年 3 月 24	《关于成立〈江苏省高等学校图书资料技术职称评审委员会〉的通知》
27	教育部 〔83〕教高一字 051 号	1983 年 9 月 22 日	《关于印发〈关于发展和改革图书馆学情报学教育的几点意见〉的通知》 2016 年 6 月 3 日废止。
28	教育部 〔84〕教高一司字 004 号	1984 年 2 月 2 日	《印发〈关于在高等学校开设“文献检索与利用”课的意见〉的通知》
29	教育部 〔84〕教高一字 047 号	1984 年 8 月 13 日	《关于进一步办好高校图书馆专业干部进修班的几点意见》
30	教育部	1984 年 9 月 12 日	《教育部〈关于进一步办好高校图书馆专业干部进修班的几点意见〉的补充通知》
31	国家教委 〔85〕教理材字 007 号	1985 年 7 月 5 日	《印发〈关于加强外国教材引进和改进外国教材中心图书室工作的意见〉的通知》
32	江苏省科协 苏科协发学字〔85〕105 号	1985 年 8 月	《关于编写省级学会、协会、研究会基本史料的通知》
33	国家教委高教一司 〔85〕教高一司字 065 号	1985 年 9 月 26 日	《印发〈关于改进和发展文献课教学的几点意见〉的通知》
34	中共中央	1985 年 5 月	《中共中央关于教育体制改革的决定》

（续表）

序号	发文单位/文号	发文时间	文件标题
35	国家教委 〔85〕教高一厅 011 号	1985 年 11 月 11 日	《批转全国高校图工委秘书处〈对使用文科进口图书专款订购图书工作进行评估的意见〉》
36	中共中央、国务院 中发〔1986〕3 号	1986 年 1 月 24 日	《转发中央职称改革领导小组〈关于改革职称评定、实行专业技术职务聘任制度的报告〉的通知》 附件:《关于改革职称评定、实行专业技术职务聘任制度的报告》
37	国务院 国发〔1986〕27 号	1986 年 2 月 18 日	《国务院关于发布〈关于实行专业技术职务平人制度的规定》的通知〉》 附件:《关于实行专业技术职务平人制度的规定》
38	江苏省教委高教局 苏高教教〔86〕35 号	1986 年 5 月	《关于在全省高校开展图书馆工作检查评比表彰先进活动的通知》
39	江苏省教委高教局 苏高教〔86〕44 号	1986 年 7 月	《关于在省高校开展图书馆评比表彰先进活动的通知》
40	国家教委职称改革工作领导小组 〔86〕教职称字 020 号	1986 年 10 月 28 日	《关于国家教委所属高校教师以外专业技术职务聘任制工作的几点意见(试行)》
41	国务院 国发〔1986〕108 号	1986 年 12 月 15 日	《普通高等学校设置暂行条例》
42	江苏省教委 苏高教〔87〕6 号	1987 年 2 月	《关于表彰和表扬江苏省高等学校先进图书馆、先进集体和先进工作者的决定》
43	国家教委 〔87〕教材图字 009 号	1987 年 7 月 25 日	《关于颁发〈普通高等学校图书馆规程〉的通知》
44	江苏省教委 苏教高教〔87〕55 号	1987 年 11 月	《关于编写〈江苏省高等学校图书馆年鉴〉的通知》
45	江苏省教委高教局 苏高教教〔89〕45 号	1989 年 7 月	《关于转发省高校图工委关于〈江苏省高校图书馆近年来图书经费及图书入藏情况的调查报告〉的通知》
46	国家教委 教备司〔1990〕239 号	1990 年 12 月	《在全国高校系统内实施〈中国高等学校图书馆代码规定〉的通知》
47	江苏省教委 苏教高教〔1991〕35 号	1991 年 5 月	《关于在全省普通高校开展图书馆评估的通知》 附件《江苏省普通高校图书馆评估指标体系及评分标准》
48	国家版权局	1991 年 5 月 30 日	《中华人民共和国著作权法实施条例》 5 月 24 日经国务院批准后,由国家版权局正式发布。
49	国务院	1991 年 6 月	《计算机软件保护条例》
50	国家教委 教备〔1991〕79 号	1991 年 10 月 14 日	关于开展普通高等学校图书馆评估工作的意见
51	江苏省职称改革领导小组 苏职改字〔91〕16 号	1991 年 10 月 28 日	《印发〈关于企、事业单位不具备规定学历、资历人员破格评聘专业技术职务的原则意见(试行)〉的通知》

（续表）

序号	发文单位/文号	发文时间	文件标题
52	国家教委 教高司〔1992〕44 号	1992 年 5 月	《文献检索课教学基本要求》
53	国务院 国务院令第 105 号	1992 年 9 月 25 日	《实施国际著作权条约的规定》
54	江苏省教委 苏教教〔1992〕9 号	1992 年 11 月	《转发国家教委〈关于开展普通高等学校图书馆评估工作的意见〉的通知》
55	国家教委 教备〔1992〕55 号	1992 年 11 月 25 日	《关于在大连理工大学等 12 所院校设立〈高等学校科技项目咨询及成果查新中心工作站〉的通知》 2003 年 11 月 20 日，教技发函〔2003〕24 号文替代废止。
56	江苏省教委 苏教教〔1993〕1 号	1993 年 1 月	《关于印发〈江苏省普通高校图书馆评估指标体系及评分标准〉的通知》
57	中共中央、国务院 中发〔1993〕3 号	1993 年 2 月 13 日	《关于印发〈中国教育改革和发展纲要〉的通知》
58	江苏省教委 苏教教〔1993〕8 号	1993 年 3 月	《关于做好全省普通高校图书馆评估安排的通知》
59	江苏省教委 苏教教〔1993〕49 号	1993 年 9 月	《关于印发全省普通高等学校图书馆评估工作总结的通知》
60	江苏省教委 苏教教〔1993〕55 号	1993 年 10 月 5 日	《关于对部分普通高校图书馆和个人进行表彰的通知》
61	江苏省教委 苏教教〔1993〕73 号	1993 年 12 月	《关于批准江苏省高等学校图书情报工作委员会成员的通知》
62	国家教委 教技发〔1995〕5 号	1995 年	《关于在华东理工大学、浙江大学、青岛海洋大学设立〈国家教委科技项目咨询及成果查新中心站〉的通知》，2003 年 11 月 20 日，教技发函〔2003〕24 号文替代废止。
63	江苏省教委 苏教教〔1995〕16 号	1995 年 2 月	《江苏省普通高等学校文献资源共享计划纲要》 附件：《江苏省高等学校图书馆通用借书证发放办法》
64	国家教委 教高〔1995〕13 号	1995 年 9 月 25 日	《关于开展建设示范性普通高等工程专科学校工作的通知》
65	国家计委/国家教委/财政部计社会〔1995〕2081 号	1995 年 11 月 18 日	《关于印发《“211”工程总体建设规划》的通知》
66	江苏省教委 苏教教〔1996〕28 号	1996 年 3 月 28 日	《关于下发〈江苏省高等学校图书文献保障系统建设筹备会议纪要〉的通知》
67	江苏省教委 苏教高〔1997〕5 号	1997 年 3 月	《关于在南京大学召开〈江苏省高等学校文献信息保障系统建设项目论证会议〉的通知》
68	江苏省文化厅 苏文职改(97)9 号	1997 年 2 月	《关于报送全省艺术、图书、文博、群文专业正、副高级职务任职资格评审材料的通知》
69	国家教委 教高〔1997〕9 号	1997 年 3 月 5 日	《关于确定沈阳电力高等专科学校等校为示范性普通高等工程专科重点建设学校的通知》

（续表）

序号	发文单位/文号	发文时间	文件标题
70	江苏省教委 苏教师资〔1997〕36 号	1997 年 4 月	《关于转发省文化厅有关 1997 年报送全省艺术、图书、文博、群文专业正、副高级职务任职资格评审材料的通知》
71	江苏省教委 苏教高〔1997〕50 号	1997 年 9 月	《关于正式成立"江苏省高等学校文献信息保障系统领导小组"的通知》
72	江苏省教委 苏教字〔1997〕53 号	1997 年 9 月	《关于印发〈江苏省高等学校文献信息保障系统领导小组成立暨第一次会议纪要〉的通知》
73	"211 工程"部际协调小组办公室 211 部协办〔1998〕1 号	1998 年 1 月 26 日	《"211 工程"建设实施管理暂行办法》 2016 年 6 月废止
74	江苏省文化厅职改办 苏文职改〔98〕第 07 号	1998 年 4 月 6 日	《关于报送全省艺术、图书、文博、群文专业正副高级职务任职资格评审材料的通知》
75	江苏省教委 苏教师资〔1998〕43 号	1998 年 4 月 12 日	《关于转发省文化厅苏文职改〔98〕第 07 号文的通知》
76	江苏省教委 苏教高〔1998〕31 号	1998 年 5 月 4 日	《关于印发〈江苏省普通高校文献信息保障系统建设领导小组第二次会议纪要〉的通知》
77	江苏省教委 苏教高〔1998〕46 号	1998 年 6 月	《关于组织全省高校图书馆开展"文献信息优质服务"检查评比活动的通知》
78	中华人民共和国国务院	1999 年 1 月	《中华人民共和国高等教育法》
79	教育部 教高〔1999〕5 号	1999 年 1 月	《关于成立教育部高等学校图书情报工作指导委员会的通知》 2016 年 6 月 3 日，国务院发文废止
80	江苏省教委 苏教高〔1999〕12 号	1999 年 3 月 15 日	《关于表彰江苏省普通高校图书馆文献信息优质服务先进集体和个人的通知》
81	江苏省教委 苏教高〔1999〕26 号	1999 年 9 月	《关于批准江苏省高等学校图书情报工作委员会成员的通知》
82	科技部 国科发计字〔2000〕544 号	2000 年	《科学技术部关于印发〈科技查新机构管理办法〉、〈科技查新规范〉的通知》 2003 年 2 月 27 日，国务院国发〔2003〕5 号废止
83	国家发展和改革委员会 计社会〔2002〕1505 号	2002 年 1 月	《转发国家计委、教育部、财政部印发关于"十五"期间加强"211 工程"项目建设的若干意见的通知》
84	教育部 教高〔2002〕3 号	2002 年 2 月 26 日	《教育关于印发〈普通高等学校图书馆规程(修订)〉的通知》
85	国家发展计划委员会 计社会〔2002〕1505 号	2002 年 9 月	《国家计委、教育部、财政部印发关于"十五"期间加强"211 工程"项目建设的若干意见的通知》
86	教育部 教技发函〔2003〕24 号	2003 年 11 月 20 日	《设立教育部部级科技查新工作站的通知(第一批)》

（续表）

序号	发文单位/文号	发文时间	文件标题
87	教育部办公厅 教高厅〔2004〕11 号	2004 年 2 月 20 日	《关于成立第二届教育部高等学校文化素质教育指导委员会和第二届教育部高等学校图书情报工作指导委员会的通知》 2016 年 6 月 3 日废止
88	江苏省教育厅 苏教高〔2004〕8 号	2004 年 4 月	《关于调整"江苏省高等学校图书情报工作委员会成员"、"江苏省高等学校文献信息保障系统建设领导小组"成员的通知》
89	教育部 教技发函〔2004〕8 号	2004 年 6 月 9 日	《设立教育部部级科技查新工作站的通知(第二批)》
90	国家发展和改革委员会 发改社会〔2004〕1659 号	2004 年 8 月 10 日	《关于〈"十五""211 工程"中国高等教育文献保障体系、中国高等教育数字化图书馆建设(CADLIS)可行性研究报告〉的批复》
91	教育部办公厅 教高厅函〔2004〕30 号	2004 年 12 月 21 日	《关于成立中国高等教育文献保障体系"十五"建设项目管理委员会和专家委员会的通知》 2016 年 6 月 3 日废止。
92	国务院 国发〔2005〕35 号	2005 年 10 月 28 日	《国务院关于大力发展职业教育的决定》
93	江苏省教育厅 苏教办高〔2006〕4 号	2006 年 4 月	《关于开展江苏省高等学校图书馆建设状况调研的通知》
94	教育部 教技发函〔2007〕1 号	2007 年 1 月 20 日	《教育部关于在东华大学等 14 所高校设立第三批教育部部级科技查新工作站的通知》
95	江苏省教育厅 苏教高〔2007〕7 号	2007 年 7 月	《江苏省教育厅关于认真做好 2007 年江苏省高等教育教改革研究课题立项建设工作的通知》
96	国务院 国发〔2008〕9 号	2008 年 3 月 1 日	《国务院关于公布第一批国家珍贵古籍名录和第一批全国古籍重点保护单位名单的通知》
97	江苏省教育厅 苏教办高〔2008〕4 号	2008 年 4 月	《省教育厅办公室关于调整江苏省高等学校数字图书馆工程建设和江苏省高等学校图书情报工作委员会领导小组成员的通知》
98	江苏省教育厅 苏教高〔2008〕21 号	2008 年 5 月	《省教育厅关于启动江苏省高等学校数字图书馆三期建设的通知》
99	江苏省教育厅 苏教高〔2008〕22 号	2008 年 5 月	《省教育厅关于 2008 年高等学校数字图书馆三期工程立项申报工作的通知》
100	江苏省文化厅 苏文社〔2008〕21 号	2008 年 6 月	《关于开展全省第四届公共图书馆优秀服务成果和第二届图书馆学情报学学术成果评奖活动的通知》
101	江苏省教育厅 苏教高〔2008〕25 号	2008 年 8 月	《省教育厅关于江苏省高等学校数字图书馆二期工程项目验收工作的通知》
102	教育部高等教育司 教高司函〔2008〕234 号	2008 年 11 月 19 日	《关于推荐新一届教育部高等学校文化素质教育指导委员会和图书情报工作指导委员会委员的通知》

（续表）

序号	发文单位/文号	发文时间	文件标题
103	教育部 教技发函〔2009〕3 号	2009 年 1 月 12 日	《教育部关于在东北师范大学等 10 所法人机构设立第四批教育部部级科技查新工作站的通知》
104	江苏省教育厅 苏教高〔2009〕04 号	2009 年 4 月	《省教育厅关于公布 JALIS 二期工程项目验收结果的通知》
105	教育部 教高函〔2009〕12 号	2009 年 4 月	《教育部关于成立第三届高等学校图书情报工作指导委员会的通知》 2016 年 6 月 3 日废止
106	江苏省教育厅 苏教高〔2009〕4 号	2009 年 4 月 15 日	《关于公布 JALIS 二期工程项目验收结果的通知》，经省教育厅审定，有 34 个项目通过验收；2 个项目基本通过验收。
107	江苏省教育厅 苏教高〔2009〕05 号	2009 年 4 月 15 日	《省教育厅关于公布高等学校数字图书馆三期工程 2008 年立项项目的通知》
108	教育部 教高函〔2009〕12 号	2009 年 4 月 23 日	《教育部关于成立第三届教育部高等学校图书情报工作指导委员会的通知》
109	江苏省教育厅 苏教高〔2009〕22 号	2009 年 5 月	《省教育厅关于开展高等学校数字图书馆三期工程 2009 年项目立项申报和项目建设情况年度检查的通知》
110	国务院 国发〔2009〕28 号	2009 年 6 月 9 日	《关于公布第二批国家珍贵古籍名录和第二批全国古籍重点保护单位名单的通知》
111	江苏省教育厅 苏教高〔2009〕31 号	2009 年 9 月	《省教育厅关于公布高等学校数字图书馆三期工程 2009 年立项项目的通知》
112	江苏省教育厅 苏教高〔2009〕34 号	2009 年 9 月	《关于 2009 年高等学校数字图书馆三期工程项目年度检查网上互评工作的通知》
113	江苏省教育厅 苏教高〔2010〕01 号	2010 年 1 月	《省教育厅关于公布 2009 年高等学校数字图书馆三期工程项目年度检查结果的通知》
114	教育部办公厅 教高厅函〔2010〕20 号	2010 年 5 月 6 日	《教育部办公厅关于成立高等教育文献保障体系三期建设项目管理委员会的通知》
115	国务院办公厅 国办发〔2010〕48 号	2010 年 10 月	《国务院办公厅关于开展国家教育体制改革试点的通知》
116	教育部 教技发函〔2010〕117 号	2010 年 12 月 31 日	《教育部关于在北京理工大学等 11 所高等学校设立第五批教育部部级科技查新工作站的通知》
117	江苏省教育厅 苏教高〔2011〕7 号	2011 年 3 月	《省教育厅关于开展 2011 年江苏省高等教育教学成果奖评选工作的通知》
118	江苏省教育厅 苏教高函〔2012〕19 号	2012 年 7 月	《省教育厅关于做好全省高等学校数字图书馆三期工程项目验收工作的通知》
119	江苏省教育厅 苏教办高函〔2012〕9 号	2012 年 11 月	《省教育厅办公室关于召开全省高等学校图书馆工作会议的通知》
120	江苏省教育厅 苏教高〔2012〕32 号	2012 年 11 月	《省教育厅关于进一步加强全省高等学校图书馆工作的意见》

（续表）

序号	发文单位/文号	发文时间	文件标题
121	教育部思想政治工作司 教思政司函〔2012〕91 号	2012 年 12 月 10 日	《关于公布 2012 年高校校园文化建设优秀成果评选结果的通知》
122	教育部 教技发函〔2012〕46 号	2012 年 12 月 25 日	《教育部关于在北京化工大学等 6 所高等学校设立第六批教育部部级科技查新工作站的通知》
123	江苏省教育厅 苏教人〔2013〕3 号	2013 年 2 月	《省教育厅关于认真做好 2013 年江苏省教学成果奖评选工作的通知》
124	教育部 教高司函〔2013〕22 号	2013 年 3 月	《关于推荐新一届教育部高等学校图书情报工作指导委员会委员的通知》
125	国务院 国发〔2013〕12 号	2013 年 3 月 8 日	《关于公布第四批国家珍贵古籍名录和第四批全国古籍重点保护单位名单的通知》
126	江苏省教育厅 苏教办高函〔2013〕5 号	2013 年 4 月	《省教育厅办公室关于推荐新一届教育部高等学校图书情报工作指导委员会委员的通知》
127	中国图书馆学会高校图书馆分会	2013 年 4 月	《中国图书馆学会高校图书馆分会第三届委员会常务委员/委员推荐办法》
128	教育部 教高函〔2013〕7 号	2013 年 5 月 20 日	《教育部关于成立第四届高等学校图书情报工作指导委员会的通知》
129	江苏省教育厅 苏教高函〔2013〕14 号	2013 年 7 月	《省教育厅关于对江苏省高等学校数字图书馆(JALIS)三期工程项目进行验收的通知》
130	江苏省教育厅 苏教人〔2013〕14 号	2013 年 12 月	《省教育厅关于公布 2013 年江苏省教学成果奖获奖项目的通知》
131	江苏省教育厅 苏教办高〔2014〕1 号	2014 年 1 月	《关于调整江苏省高等学校图书情报工作委员会和江苏省高等学校数字图书馆工程建设管理中心组成人员名单的通知》
132	教育部 教技发函〔2014〕2 号	2014 年 11 月 17 日	《教育部关于在河南大学等 18 所高等学校设立第七批教育部部级科技查新工作站的通知》
133	教育部 教高〔2015〕14 号	2015 年 12 月 31 日	《教育关于印发〈普通高等学校图书馆规程〉的通知》
134	国务院 国发〔2016〕22 号	2016 年 3 月 27 日	《关于公布第五批国家珍贵古籍名录和第五批全国古籍重点保护单位的通知》
135	教育部发展规划司 教发司〔2017〕261 号	2017 年 8 月 28 日	《关于做好 2017 年教育事业统计工作的补充通知》(《“数字资源量”指标修订内容》)
136	教育部、财政部、国家发展改革委 教研函〔2017〕2 号	2017 年 9 月 20 日	《关于公布世界一流大学和一流学科建设高校及建设学科名单的通知》
137	教育部 教高厅函〔2018〕13 号	2018 年 3 月	《教育部办公厅关于推荐 2018—2022 年教育部高等学校教学指导委员会委员的通知》
138	教育部高等学校图书情报工作指导委员会	2018 年 3 月	《关于推荐 2018—2022 年教育部高等学校图书情报工作指导委员会委员的通知》

名词解释

1. Ariel[1],[2]　Ariel 是 1994 年美国研究图书馆联盟(Research Libraries Group, Inc., RLG)开发的文件传输软件,将印刷型文本利用该软件扫描后,直接经由 Internet 在协作馆之间的 Ariel 软件传送文件。Ariel 可以根据设置自动发送、接收协作方的文献,协作馆的管理等。"Ariel"取自莎士比亚戏剧《暴风雨》中一个精灵的名字。"Ariel"尽心的完成主人吩咐的每项任务,RLG 希望它可迅速准确完成各种文献传输的任务。Ariel 软件自进入市场后,在图书馆界得到广泛应用,全球图书馆界开展馆际互借、文献传递服务的标准软件。

2. ASP　EBSCO 公司的数据库产品,Academic Source Premier(ASP):综合学科参考类全文数据库,ASP 涵盖社会科学、教育、法律、医学、语言学、人文、工程技术、工商经济、信息科技、通讯传播、生物科学、教育、公共管理、社会科学、历史学、计算机、科学、传播学、法律、军事、文化、健康卫生医疗、宗教与神学、生物科学、艺术、视觉传达、表演艺术、心理学、哲学、妇女研究、各国文学等学术研究领域。提供 8 500 多种期刊全文,其中包括 4 300 多种同行评审期刊的全文。它还提供 100 多种期刊 1975 年或更早期发表的 PDF 格式资料,以及 1 000 多种期刊的可搜索引用参考文献。

3. BA　《生物学文摘》(*Biological Abstracts*, BA),生命科学领域文献的知名信息检索刊物。1926 年创刊,半月刊。1964 年起,由生物科学信息公司(BIOSIS)出版。后被汤姆森科技信息集团并购。

4. BSP　EBSCO 公司的数据库产品,Business Source Premier(BSP):商管财经类全文数据库,BSP 涵盖商业相关领域,如金融、银行、国际贸易、商业管理、市场营销、投资报告、房地产、产业报道、经济评论、保险、法律、税收、电信通讯等。BSP 全文收录了 1900 多种期刊(包括 1 100 多种同行评审期刊),全文内容最早可追溯至 1886 年,可搜索引文参考最早可追溯至 1998 年。BSP 全文收录的内容涵盖包括市场营销、管理、MIS、POM、会计、金融和经济在内的所有商业学科。BSP 通过 EBSCOhost 每日更新。

5. CADAL　"大学数字图书馆国际合作计划"(China Academic Digital Associative Library, CADAL),前身为"高等学校中英文图书数字化国际合作计

---

[1] 陈武,孙维莲等. Ariel 读者文献传递功能应用研究[J]. 图书情报工作,2006(4):103－105.

[2] 唐晶,刘斌等. 文献传递服务和 Ariel 软件介绍[J]. 情报杂志,2009(S1):189－190.

划"(China-America Digital Academic Library, CADAL)。国家计委、教育部、财政部在 2002 年 9 月下发的《关于"十五"期间加强"211 工程"项目建设的若干意见》的文件中,将 CADAL 列入"十五"期间"211 工程"公共服务体系建设的重要组成部分。CADAL 与中国高等教育文献保障系统(CALIS)一起,共同构成中国高等教育数字化图书馆的框架。

6. CALIS　"中国高等教育文献保障系统"(China Academic Library & Information System, CALIS),是经国务院批准的我国高等教育"211 工程""十五"总体规划中 3 个公共服务体系之一。CALIS 的宗旨是,在教育部的领导下,把国家的投资、现代图书馆理念、先进的技术手段、高校丰富的文献资源和人力资源整合起来,建设以中国高等教育数字图书馆为核心的教育文献联合保障体系,实现信息资源共建、共知、共享,以发挥最大的社会效益和经济效益,为中国的高等教育服务。

7. CARL　科罗拉多研究图书馆联盟(CARL),1974 年创建,是科罗拉多州和怀俄明州的 13 个主要图书馆与 10 个机构的联盟,旨在促进资源共享,增加、增强和促进图书馆间的合作。联盟在以下 4 个战略领域实现其使命:① 图书馆服务方面:促进、发展和完善图书馆面向学生、教师和广大市民的服务;② 图书馆资源的利用、共享和扩展图书馆资源;③ 获取信息方面:促进信息创建、收集、保存、存储和分发;④ 合作方面:致力于参与图书馆间的成本效益合作。

8. CARSI[1]　基于中国教育科研网统一认证与资源共享基础设施(CERNET Authentication and Resource Sharing Infrastructure,CARSI),为互联网校园学习生活交流平台,提供基于中国教育科研网统一认证与资源共享基础设施,在联盟内部共享高校资源。目前,可共享内容主要包括:BBS 系统、Blog 系统、视频资源共享系统等。除此之外,学习资料、经典讲座、就业创业、课程在线第三方的资源服务,如升级数据库的校外访问等相关内容。

9. CAS　美国化学文摘社(Chemical Abstracts Service,CAS),1907 年开始出版的《化学文摘》(Chemical Abstracts,CA)。CA 的目的是通过对全球化学相关文献的追踪、摘要和索引,帮助科学家从同行发表的文献中获取有价值的信息。是美国化学会(American Chemical Society, ACS)旗下的分支机构,为全球提供权威性化学信息。最主要的服务是 SciFinder。

10. CASHL　"中国高校人文社会科学文献中心"(China Academic Humanities and Social Sciences Library, CASHL),该项目是教育部根据高校人文社

〔1〕 王文清,柴丽娜等. Shibboleth 与 CALIS 统一认证云服务中心的跨域认证集成模式[J]. 国家图书馆学刊,2015(4):45－50.

会科学的发展和文献资源建设的需要引进专项经费建立的。其宗旨是组织若干所具有学科优势、文献资源优势和服务条件优势的高等学校图书馆，有计划、有系统地引进国外人文社会科学期刊，借助现代化服务手段，为全国高校人文社会科学教学和科研提供高水平文献保障。是唯一的全国性人文社会科学外文期刊保障体系。

11. CERNET　“中国教育和科研计算机网”(China Education and Research Network, CERNET)，是由国家投资建设，教育部负责管理，清华大学等高等学校承担建设和管理运行的全国性学术计算机互联网络。CERNET 分四级管理，分别是全国网络中心、地区网络中心和地区主结点、省教育科研网、校园网。全国网络中心设在清华大学，负责全国主干网运行管理。CERNET 建设的总体目标是：利用先进实用的计算机技术和网络通信技术实现校园间的计算机联网和信息资源共享，并与国际学术计算机网络(INTERNET)互联，建立功能齐全的网络管理系统。

12. ChinaGBN　中国国家公用经济信息通信网(China Golden Bridge Network, ChinaGBN)。ChinaGBN(China Golden Bridge Network)也称作中国国家公用经济信息通信网。是中国国民经济信息化的基础设施，是建立金桥工程的业务网，支持金关、金税、金卡等“金”字头工程的应用。1993 年底，国家决定兴建“金桥”“金卡”“金关”工程，简称“三金”工程。“金桥”工程是以卫星综合数字网为基础，以光纤、微波、无线移动等方式，形成空地一体的网络结构，是一个连接国务院、各部委专用网，与各省市、大中型企业以及国家重点工程联结的国家公用经济信息通信网，可传输数据、话音、图像等，以电子邮件、电子数据交换(EDI)为信息交换平台，为各类信息的流通提供物理通道。Chinanet 骨干网建设始于 1995 年。

13. CHINANET　中国公用计算机互联网(CHINANET)。Chinanet 是邮电部门经营管理的基于 Internet 网络技术的中国公用计算机互联网，是国际计算机互联网(Internet)的一部分，也是中国的 Internet 骨干网。

14. CLSEP　“伊利诺伊大学中国图书馆馆员交流项目”(Chinese Librarians Scholarly Exchange Program (CLSEP) University of Illinois at Urbana-Champaign)，在美国伊利诺伊大学香槟分校举办，由中国图书馆学会高校图书馆分会和伊利诺伊大学香槟分校合作创办于 2005 年，每年 7 月举办，截至 2017 年，已经举办 13 届，参训人员 300 余人。以中国高校图书馆的馆员为交流对象。

15. CNMCLR[1]　全国图书馆文献缩微复制中心(China National Microfilming Center for Library Resources, CNMCLR)。1985 年 1 月在南京成立，对外全称为：“中华全国图书馆文献缩微复制中心”，缩微中心归属文化部领

〔1〕 全国图书馆文献缩微复制中心. 全国图书馆文献缩微复制中心大事记[EB/OL]. [2019-01-31]. http://www.nlc.gov.cn/newswzx/newswzxzxjj/newswzxdsj/.

导，常设机构设在国家图书馆，工作职责是制定全国公共图书馆文献缩微规划，组织并协调全国公共图书馆开展对馆藏古旧文献和其他需要长期保存文献的抢救工作；下设4个组：综合管理组、计划与协调组、摄制与技术服务组和编目与典藏组。

16. COBOL　COBOL(Common Business Oriented Language)曾是数据处理领域最为广泛的程序设计语言。专门用于非数值计算的数据处理领域，专门解决企业管理中数据处理，研制始于50年代末，COBOL正式发布于1960年4月，称为COBOL－60。并于1961年美国数据系统语言协会公布。

17. CSSCI〔1〕　“中文社会科学引文索引”数据库(Chinese Social Sciences Citation Index，CSSCI)。1997年底，南京大学根据当时我国中文信息资源建设的现状和信息服务的需要，提出研发电子版《中文社会科学引文索引》的设想，1998年上半年，CSSCI被列入南京大学重大项目。1999年4月23日，在香港科技大学由南京大学校长蒋树声、香港科技大学校长吴家玮签订协议，两校共同研制开发CSSCI。1999年8月20日，教育部正式发文将CSSCI列为教育部重大项目。2000年4月，南京大学正式发文成立“中国社会科学研究评价中心”(南字发〔2000〕16号)。中国社会科学研究评价中心是产研一体的研究与服务机构。自成立以来，中心以CSSCI数据库研发建设为中心开展人文社会科学文献的数字化加工、推广服务、科学研究等工作。主要服务有中文社会科学引文索引(CSSCI)数据库、中文社会科学引文索引(扩展版)数据库、学术集刊引文索引数据库等多个人文社科引文数据库系统，并开展学术期刊、学术集刊等学术出版的研究。

18. CSTNet　中国科技网(China Science and Technology Network，CSTNet)，1989年8月，中国科学院承担了国家计委立项的“中关村教育与科研示范网络”(NCFC)——中国科技网(CSTNET)前身的建设。1994年4月，NCFC率先与美国NSFNET直接互联，实现了中国与Internet全功能网络连接，标志着中国最早的国际互联网络的诞生。1995年12月，中国科学院百所联网工程完成，1996年2月，中国科学院决定正式将以NCFC为基础发展起来的中国科学院院网(CASNET)命名为“中国科技网”(CSTNET)。

19. CUJA〔2〕　《中国高等院校学报论文文摘(英文磁带版)》(*Chinese University Journals Abstracts*，CUJA)的英文简称，研制CUJA磁带的目的是：利用高校学报论文所附的英文文摘，建立计算机可读的磁带文献数据

〔1〕 南京大学中国社会科学研究评价中心. 南京大学中国社会科学研究评价中心简介[EB/OL]. [2018－02－02]. http://cssrac.nju.edu.cn/a/gywm/zxjj/.

〔2〕 万锦堃. 中国高等院校学报论文文摘(英文磁带版)CUJA文献数据库研制报告[J]. 现代图书情报技术，1986(3):2－15.

库，提供给第三方的国外情报检索服务商，使我国高校的信息资源能进入世界联机情报检索网络，为我国现代化建设和国际文化交流发挥作用。清华大学承担CUJA磁带样带的研制任务，1983年9月完成试验带的研制。样带试建库和在全国20个城市终端站联机试验成功，CUJA磁带达到可在国内外计算机检索系统中建库和检索的要求。收录范围包括我国主要重点高校和地方院校的自然科学学报。1986年10月CUJA磁带文献库荣获国家科委颁发的科技情报成果三等奖。

20. CVRS　“CALIS虚拟参考咨询服务系统”(CALIS Virtual Reference Services, CVRS)。CALIS二期建设的主要项目之一，上海交通大学图书馆为主要承建单位。

21. DIALOG　DIALOG是20世纪来，世界上规模最大、影响最广泛的综合性商业信息检索系统，覆盖各行业的900多个数据库。1972年创建，开始提供商用联机服务。其中心设在美国加利福尼亚州的帕洛阿尔托(Palo Alto)市，为全球103个国家的用户提供服务。

22. FOLIO　“未来的图书馆是开放”项目(The Future of Libraries is Open, FOLIO)，FOLIO项目于2016年6月由EBSCO公司发起并推动，目标是创建由图书馆、供应商和软件开发商组成的多元社区，创建开源的图书馆服务平台，能够将创新方法运用于当前环境中，鼓励创新和扩展图书馆服务更全面地支持学术研究和知识生产。(https://www.folio.org/)

23. GOKb　全球开放知识库(Global Open Konwledgebase, GOKb)是通过提供中央开放平台，解决供应链问题，利益相关者可以创建和共享社区感兴趣的元数据。在GOKb中，参与者可以在与其技能和相关的领域中创建高质量的数据。任何人都可以为任何目的重复使用这些数据。包括希望补充数据的知识库提供者，构建开源软件的图书馆以及试验开放数据的个人。GOKb由位于北卡罗来纳州立大学图书馆和包括美国和欧洲图书馆员的志愿者社区维护。GOKb由Andrew W. Mellon基金会资助，最初由Kuali OLE创始合作伙伴设计实施：包括北卡罗来纳州立大学(牵头学校)、印第安纳大学、佛罗里达大学、利哈伊大学、杜克大学、芝加哥大学、大学马里兰州、密歇根大学、宾夕法尼亚大学和英国的JISC。(https://gokb.org/about-gokb/)

24. ILIS　ILIS(Intergrate Library Information System)，ILIS系统由富士通公司在FACOM K650系列小型计算机的CSP/FX操作系统下开发，ILIS的功能模块主要用COBOL开发，智能终端事务用BASIC编写。ILIS主要功能模块由图书采访、图书编目、期刊管理、流通业务管理、公共目录检索5个子系统构成。1990年，华东师范大学计算中心引进ILIS系统进行汉化。1992年，日本富士通公司向国家教委赠送成套FACOM K650/30小型机及ILIS图书馆管理系统，由国家教委协调分赠国内高校图书馆使用，共有 17 所高校图书馆接受赠送。受赠单位有清华大学、复旦大学、中国矿业大学、湘潭大学、太原工业大学、山西大学、西南交通大学、大连海事大学、河南师范大学、北方交通大学等高校的图书馆。

25. ILL　馆际互借(InterLibrary Loan，简称：ILL)服务，是基于馆际之间资源共享而提供的服务方式。对于本馆没有的文献，在本馆读者需要时，根据馆际互借制度、协议、办法和收费标准，向外馆借入；反之，在外馆向本馆提出馆际互借请求时，借出本馆所拥有的文献，满足外馆的文献需求。有返还式文献和复制—非返还式文献两种方式。

26. ISDS[1]　国际连续出版物数据系统的国际中心(International Serial Data System，InternationaI Centre-ISDS/IC)，1972 年 11 月成立，中心设在法国巴黎，国际中心则负责向国家中心和地区中心分配 ISSN，并进行汇总工作。ISDS 是各国政府间的合作组织，由一个国际中心和许多国家中心或地区中心所组成的双重机构。1985 年 11 月，ISDS 中国国家中心成立，1986 年 4 月，正式加入 ISDS，并成为理事会成员。

27. JALIS　"江苏省高等教育文献保障系统"(JiangSu Academic Library & Information System，JALIS)，1997 年江苏省教育厅建设的江苏省高校图书馆的合作服务体系，江苏省教育厅领导下的重点项目之一。1997 年 9 月 26 日，原江苏省教委下发苏教高〔1997〕50 号文件，正式成立"江苏省高等学校文献信息保障系统领导小组"，批准成立"江苏省高校文献资源建设专家组"和"江苏省高校图书馆计算机网络应用专家组"，在南京大学设立"项目建设管理中心"，管理中心负责项目的具体实施，从而全面启动了"江苏省高等学校文献信息保障系统"的建设。成员包括江苏省境内的所有普通高等院校图书馆。

28. JSERNET　"江苏省教育和科研计算机网"(JiangSu Education and Research Network，JSERNET)。1994 年 10 月开始规划，1995 年初由江苏省教育厅组织实施，目标是借助于中国教育和科研计算机网(CERNET)示范工程的实施，在江苏省建立为教育和科研机构服务的先进计算机网络。JSERNET 一期工程由东南大学承担，南京大学、中国矿业大学、南京邮电学院、苏州大学、扬州大学等高校协作参加的，一期工程的建设从 1995 年 3 月开始至 1996 年 6 月完成，并通过了江苏省教育厅组织的验收，网络中心建设同时通过了教育部组织的鉴定。1997 年 2 月至 1998 年 12 月，JSERNET 进行二期工程建设，二期工程的承担单位与一期工程相同，于 1998 年 12 月全部完成，通过了江苏省教育厅组织的验收。经过二期工程建设，除了东南大学的 JSERNET 网络中心之外，在江苏省内的徐州(中国矿业大学)、扬州(扬州大学)、镇江(江苏理工大学)、常州(江苏石油化工学院)、无锡(无锡轻工大学)、苏

---

〔1〕 谈金铠. 谈谈 ISDS 国际中心和中国国家中心[J]. 国家图书馆学刊，1989(2)：57－58.

州(苏州大学)等 6 个中心城市建成 JSERNET 主节点,JSERNET 是当时国内覆盖面最大、接入的学校最多的省域教育科研网。

29. JSUCLC　“江苏省联机编目中心”(JiangSu University Computer Library Center, JSUCLC),存续时间为 1991 年 9 月至 1992 年底,由江苏省高校图工委、南京图书馆、南京新华书店图书馆供应部合作建设的中文图书联合采编中心。系统软件由江苏省高校图工委、南京图书馆组成的开发组完成,负责图书馆图书的集中采购、集中编目、集中提供机读目录,服务对象是江苏省内各类型的图书馆。

30. MILIS[1]　中西文兼容图书馆联机管理集成系统(MINISIS and IMAGE Library Integraced System, MILIS),由上海交通大学图书馆 1988 年开发并投入使用,该系统以关系型数据库管理系统 MINISIS 和网状型数据库管理系统 IMAGE 为基础开发,由中西文图书采购、中西文图书编目、中西文图书流通、中西文期刊管理、公共查询、资金管理 6 个子系统组成,运行在美国惠普公司 HP3000/930、HP3000/920、HP9000/815S 计算机上,1991 年,获上海市科技进步二等奖,1992 年,获国家科技进步三等奖。1991 年起在全国推广,共有中国纺织大学(东华大学)、华东化工学院(华东理工大学)、浙江师范大学、南京师范大学、南京航空学院、华中理工大学(华中科技大学)、成都电子科技大学、长春地质学院、大连市图书馆等在内的 12 家高校和公共图书馆引进使用该系统。

31. NDTLT[2]　南京大学图书馆技术部研制的“激光条形码计算机中文图书流通管理系统”(NDTLT),1985 年 10 月开发完成,12 月投入试运行,1986 年 6 月,通过鉴定。系统在南京大学图书馆中文语言文字类借书处使用,共存储读者数据 1.3 万条,日平均借还图书 600 册次,最高峰达 1200 册次,借还书的平均处理时间为 3—4 秒。系统在 IBM PC/XT,采用 dBaseⅡ开发,单用户系统。系统在国内首次采用便携式激光条形码阅读器(美国 Intermec 公司的产品),并在国内最早自行研发多种条形码打印软件,可以在普通的针式打印机上生产制作条形码,被认为是我国第一个实用的图书流通系统[3]。

32. NDTS-78　中国高校第一个图书馆计算机管理系统,南京大学数学系情报检索教研室于 1978 年初,为南京大学图书馆开发的西文图书电子计算机检索“定题情报提供”SDI 系统,1978 年 5 月启用,向理科各系提供新书通报,系统的软件采用标准的 COBOL 语言开发,在化工部南京计算

[1] 陈进主编. 思源籍府　书香致远:上海交通大学图书馆馆史　1896—2012[M]. 上海:上海交通大学出版社,2013:140.

[2] 倪波,黄俊贵. 图书馆自动化入门[M]. 北京:书目文献出版社,1991:130.

[3] 张白影主编. 中国图书馆事业十年[M]. 长沙:湖南大学出版社,1989. 329-357.

机站的西门子—7730 计算机上实现[1]。书目库的设计采用“南京大学西文图书机读目录著录格式”，该格式参照 MARC-II 并兼顾国内标准格式，以机读卡片的脱机方式运行，操作配有固定的作业卡片组，交由机房人员执行。

33. OCLC　联机计算机图书馆中心(Online Computer Library Center, Inc., OCLC)，总部设在美国的俄亥俄州，1967 年创立，是世界上最大的提供文献信息服务的机构之一，非营利的组织，以推动更多的人检索世界上的信息、实现资源共享并减少使用信息的费用为主要目的。主要服务产品有：WorldShare Management Services、WorldShare 元数据服务、WorldShare 馆际互借、WorldCat Discovery、OCLC 编目订购、EZproxy 等。

34. OhioLINK　俄亥俄图书馆与信息网络(The Ohio Library and Information Network, OhioLink)，始建于 20 世纪 90 年代的州规模的图书馆联盟。其成员包括 17 所公立大学、23 所社区/专科学院，43 所私立大学的图书馆以及州图书馆。通过综合性的地区图书馆目录和 OhioLink 中心目录，联机馆际互借系统，各个学科的数据库和 48 小时的文献配送系统为 89 个成员机构的 60 万在校学生、教员和职员提供服务。

35. OLF　开放图书馆基金会(Open Library Fundation, OLF)，2016 年中成立，该基金会的首届项目包括两个现有的开源社区：开放图书馆环境(Open Library Environment, OLE)和全球开放知识库(Global Open Knowledgebase, GOKb)。OLE 和 GOKb 社区加入开放图书馆基金会，因为该基金会专注于图书馆、图书馆社区，以及开放技术和数据。基金会的使命是培育和支持开源项目，这与 OLE 的愿景是一致的。OLE 在开发人员、专家和社区基础设施等方面帮助 FOLIO 项目建设 FOLIO 社区。

36. PNC　太平洋邻里协会(Pacific Neighborhood Consortium, PNC)，全球性国际学术组织。以结合计算机网络科技与人文内涵，建立太平洋东西岸的学术交流平台为宗旨。1993 年，在加州大学伯克利分校创立，1997 年，总部移至中国台湾。

37. RLG　研究图书馆组织(The Research Library Group, RLG)，是由哥伦比亚大学图书馆、哈佛大学图书馆、耶鲁大学图书馆和纽约公共图书馆于 1975 年联合创立的，其成员都为大型图书馆或研究型图书馆。

38. SDI　定题服务服务(Selective Dissemination of Information, SDI)是一种针对读者个别兴趣，选择最新信息的报道服务。图书馆以主动的方式，定期向读者提供所需信息服务，节省读者的时间，加强馆藏资源的利用。广义的 SDI 定义为采取人工或自动的方式，针对个别使用者提供现况通知服务，积极选择相关研究兴趣的新信息，主动定期传递给读

[1] 张白影主编. 中国图书馆事业十年[M]. 长沙：湖南大学出版社，1989. 329 - 357.

者。早在1920年纽约公共图书馆就有人工形式的资料选择服务，以读者填写兴趣卡的方式建立个人档案，依此寄发相关资料。

39. Shibboleth[1] Shibboleth是针对SSO(单点登录)的开源项目。主要应用在校园内Web资源共享，以及校园间的应用系统的用户身份联合认证。Shibboleth广泛使用联合身份标准，主要是OASIS安全声称标记语言(SAML)，来提供联合单点登录和属性交换框架。用户用他的组织证书认证，组织(或IdP)传送最少的必要的身份信息给SP实现认证决定。Shibboleth也提供扩展的隐私功能，允许一个用户和他们的主站点来控制释放给每一个应用的属性。Shibboleth项目作为一个Internet 2中间件活动，启动于2000年，Shibboleth 1.0于2003年发布，并被全世界的研究和教育机构使用。2005年SAML 2.0的发布，2006年Shibboleth 2.0发布，SAML标准升级到包含所有由Shibboleth首创的元数据驱动方法。

40. UMI 大学缩微胶卷公司(University Microfilms Incorporated，UMI)，由Eugeng power创建于1938年，总部设在美国密歇根州的安阿伯尔市。UMI的信息产品包括缩微形式的期刊、博硕士论文、研究专集和绝版图书，后与Proquest公司合并。

41. ZADL 浙江省高校数字图书馆(Zhejiang Academic Digital Library，ZADL)，是面向全省高等院校的数字化文献信息保障服务体系。2008年启动，在浙江省教育厅的领导下和全省高校的共同参与ZADL的系统与资源开始建设，2011年10月正式运行。
(http://zadl.zj.edu.cn/wps/portal)

42. 煤炭高校图书馆联盟[2] 2014年9月26日，在中国矿业大学图书馆成立，以中国矿业大学、河南理工大学、辽宁工程技术大学等16所煤炭高等学校图书馆共同发起成立，隶属煤炭高等学校图书馆协作委员会，常设机构秘书处设在中国矿业大学图书馆。

43. 全国化工院校图书馆联盟[3] "全国化工院校图书馆联盟"，2013年6月在南京工业大学成立，由北京化工大学、郑州大学(原郑州工学院)、华东理工大学(原华东化工学院)、武汉工程大学(原武汉化工学院)、青岛科技大学(原青岛化工学院)、常州大学(原江苏石油化工学院)、沈阳化工大学、上海应用技术学院(原上海化工专科学校)、淮海工学院(原连云港化工矿业专科学校)等院校图书馆发起成立。化工院校早年分属教育部、化工部、石油

[1] 王文清，柴丽娜等. Shibboleth与CALIS统一认证云服务中心的跨域认证集成模式[J]. 国家图书馆学刊，2015(4):45-50.

[2] 中国矿业大学图书馆. 2014年煤炭高等学校图书馆协作委员会馆长会议暨煤炭高校图书馆联盟成立大会在我校召开[EB/OL]. [2018-12-12]. http://lic.cumt.edu.cn/36/21/c883a79393/pagem.htm.

[3] 南京工业大学图书馆. "全国化工院校图书馆联盟协作会议"在南京工业大学召开[EB/OL]. [2018-12-23]. http://lib.njtech.edu.cn/list.php? fid=157.

化工部等部委。1989年,在南京化工学院(现南京工业大学)举办"全国化工院校图协第1次会议"。后在北京化工学院(现北京化工大学)举办第2次会议。20世纪90年代后,因部委调整、院校合并等原因,该会议即告中断。南京工业大学倡议重启合作,联盟正式成立。

44. 全国师范院校图书馆联盟[1] National Consortium of Normal University Library in China,2011年11月26日在北京师范大学成立,由10所全国重点师范大学(北京师范大学、东北师范大学、华东师范大学、华中师范大学、陕西师范大学、西南大学、湖南师范大学、华南师范大学、南京师范大学、首都师范大学)图书馆发起,以教育科学信息资源共建、共知、共享为基础,促进师范院校图书馆全面合作与发展为目的的图书馆联盟。下设资源建设、信息服务、技术应用、馆员培训、学术研究与交流、文化建设等6个业务中心,秘书处设在北京师范大学图书馆。截至2018年,共有成员馆91个,江苏省有4个成员馆:南京师范大学图书馆、江苏师范大学图书馆、江苏第二师范学院图书馆、盐城师范学院图书馆[2]。

45. 托存图书馆[3] Despository Library, 联合国托存图书馆制度(UN Despository Libraries)建立于1946年。"托存"即"委托存贮"。联合国托存图书馆是指联合国图书馆(达格·哈马舍尔德图书馆,Dag Hammarsjold Lihrary,简称DHL)通过分布在各国的托存图书馆成员馆,向世界各地分发联合国的有关重要文件和普通出版物,DHL及其各成员图书馆共同构成联合国托存图书馆系统。受联合国的委托,DHL把联合国的有关重要文件和资料无偿寄给分布在各国的各成员馆,各成员馆收到这些资料后,必须对这些资料进行良好的收藏和妥善管理,免费供有关读者查阅和使用,1945年以后,其他国际组织,也建立了各自的托存图书馆体系。

---

〔1〕 全国师范院校图书馆联盟.全国师范院校图书馆联盟简介[EB/OL].[2018-12-21]. http://sflm.bnu.edu.cn/templates/qgsflm/pageinfo.cshtml?cid=121&pid=120.

〔2〕 全国师范院校图书馆联盟.全国师范院校图书馆联盟成员馆名单[EB/OL].[2018-12-12]. http://sflm.bnu.edu.cn/templates/qgsflm/pageinfo.cshtml?cid=164&pid=120.

〔3〕 郭鸿昌.联合国托存图书馆制度概述[J].新世纪图书馆,2003(3):71-73.

参考文献

1. 洪有丰著. 图书馆组织与管理[M]. 上海:商务印书馆,1925.
2. 金陵大学总务处. 私立金陵大学要览[M]. 南京:金陵大学,1947.
3. 国立社会教育学院. 国立社会教育学院概况[M]. 南京:编者刊,1948.
4. 张锦郎,黄渊泉. 中国近六十年来图书馆事业大事记[M]. 台北:台湾商务印书馆股份有限公司,1974.
5. Fairbank W. America's Cultural Experiment in China 1942—1949[M]. Washington: Bureau of Educational and Cultural Affairs (Dept. of State),1976.
6. 张树华,吴慰慈. 中国图书馆事业三十年大事记(1949—1979 年)[M]. 北京:北京大学图书馆学系,1979.
7. 全国高等学校图书馆工作委员会秘书处编. 全国高等学校图书馆工作会议文集[M]. 全国高等学校图书馆工作委员会秘书处,1981.
8. 全国高等学校图书情报工作委员会秘书处编. 全国高等学校图书馆工作经验交流会文集[M]. 西安:全国高等学校图书情报工作委员会秘书处　陕西省高等学校图书情报工作委员会秘书处　西安交通大学图书馆,1984.
9. 中央教育科学研究所. 中华人民共和国教育大事记 1949—1982[M]. 北京:教育科学出版社,1984.
10. 叶春生. 江苏省高等学校概况[M]. 南京:江苏教育出版社,1986.
11. 全国高等学校图书情报工作委员会秘书处. 全国高等学校图书馆工作会议文集[M]. 大连:大连工学院出版社,1987.
12. 全国高等学校图书馆工作委员会秘书处. 高校图书情报事业发展战略研讨会文集[M]. 大连:大连工学院出版社,1987.
13. 邹华享,施金炎编. 中国近现代图书馆事业大事记 1872—1987[M]. 长沙:湖南人民出版社,1988.
14. 《当代中国的江苏》编委会,江苏省档案局编. 江苏省大事记:1949—1985[M]. 南京:江苏人民出版社,1988.
15. 马先阵,倪波. 李小缘纪念文集[M]. 南京:南京大学出版社,1988.
16. 江苏省教育志编委会,朱轸主编. 江苏高校变迁[M]. 江苏省教育委员会,1989.
17. 张白影,荀昌荣等. 中国图书馆事业十年 1978—1987[M]. 长沙:湖南大学出版社,1989.
18. 刘恕忱主编,卢子博等. 华东地区图书馆十年(1979—1989)[M]. 南昌:华东六省一市图书馆学会协作会,1989.
19. 安徽省高校图书情报工作委员会. 华东地区高校图书馆基本情况资料汇编[M]. 合肥:安徽省高校图书情报工作委员会,1989.
20. 刘景龙,胡家柱主编. 中国图书馆馆长名录[M]. 南京:南京大学出版社,1989.

21. 江苏省教育志编撰委员会编. 江苏省教育大事记[M]. 南京:江苏教育出版社,1989.
22. 白国应. 文献分类[M]. 北京:中国科学院文献情报中心,1989.
23. 陈乃林,马先阵等. 江苏高等学校图书馆年鉴[M]. 南京:南京大学出版社,1990.
24. 全国高等学校图书情报工作委员会秘书处编. 高校图书馆计算机应用经验交流会文集[M]. 北京:北京师范大学出版社,1990.
25. 刘光主编. 新中国高等教育大事记:1949—1987[M]. 长春:东北师范大学出版社,1990.
26. 麦群忠,朱育培主编. 中国图书馆界名人辞典[M]. 沈阳:沈阳出版社,1991.
27. 倪波,黄俊贵. 图书馆自动化入门[M]. 北京:书目文献出版社,1991.
28.《南京社会科学专家学者名录》编辑委员会. 南京社会科学专家学者名录[M]. 南京:南京出版社,1991.
29. 南京大学史编写组,王德滋主编. 南京大学史 1902—1992[M]. 南京:南京大学出版社,1992.
30. 季啸风主编. 中国高等学校变迁[M]. 上海:华东师范大学出版社,1992.
31. 江苏省统计局. 江苏统计年鉴 1994[M]. 北京:中国统计出版社,1994.
32. 刘咸理主编,谢小英等. 江苏省高等学校图书馆读者工作研究文件集[M]. 南京:江苏省高等学校图书情报工作委员会,1994.
33. 冯开文. 中国民国教育史[M]. 人民出版社,1994.
34. 陈骥主编. 文献资源建设研究与利用文集[M]. 南京:东南大学出版社,1994.
35. 郭锡龙. 图书馆暨有关书刊管理法规汇览[M]. 北京:中国政法大学出版社,1995.
36. 龚放,冒荣编著. 南京大学[M]. 长沙:湖南教育出版社,1995.
37. 张保庆主编. 中国教育年鉴 1995[M]. 北京:人民教育出版社,1996.
38. 南京图书馆. 南京图书馆志 1907—1995[M]. 南京:南京出版社,1996.
39.《南京图书馆馆志》编写组. 南京图书馆馆志(1907—1995)[M]. 南京:南京出版社,1996.
40. 俞君立,黄葵罗等. 中国当代图书馆界名人成功之路[M]. 武汉:武汉大学出版社,1996.
41. 荀昌荣,张白影等. 中国图书馆事业(1988—1995)[M]. 成都:四川科学技术出版社,1997.
42. 朱轸. 江苏高校百年[M]. 南京:江苏省教委,1997.
43. 全国人民代表大会常务委员会法制工作委员会. 中华人民共和国法律　行政法规　规章　司法解释分卷汇编. 14,行政法卷,司法　行政[M]. 北京:北京大学出版社,1998.
44. 南京市地方志编撰委员会. 南京教育志(上、下册)[M]. 北京:方志出版社,1998.
45. 华彬清主编,南京市地方志编纂委员会. 南京社会科学志(上册)[M]. 北京:方志出版社,1998.
46. 华彬清主编,南京市地方志编纂委员会. 南京社会科学志(下册)[M]. 北京:方志出版社,1998.
47. 江苏省地方志编纂委员会. 江苏省志【2】地理志[M]. 南京:江苏古籍出版社,1999.
48. 肖东发主编,谢新洲等. 中国图书馆年鉴:1999 年[M]. 北京:北京图书馆出版社,1999.
49. 吴仲强. 中国图书馆学情报学档案学人物大辞典[M]. 香港:亚太国际出版有限公司,1999.

50. 江苏省地方志编纂委员会. 江苏省志第 77 卷教育志(上册)[M]. 南京:江苏古籍出版社,2000.
51. 江苏省地方志编纂委员会. 江苏省志第 77 卷教育志(下册)[M]. 南京:江苏古籍出版社,2000.
52. 叶继元主编. 南京大学百年学术精品　图书馆学卷[M]. 南京:南京大学出版社,2002.
53. 张白影,荀昌荣等. 中国图书馆事业　1996—2000[M]. 长沙:湖南科学技术出版社,2002.
54. 张宪文,张生. 金陵大学史[M]. 南京:南京大学出版社,2002.
55. 孙平凡. 南京航空航天大学校史. 1952—2002[M]. 北京:航空工业出版社,2002.
56. 笪佐领主编. 南京师范大学志　下(1902—2002)[M]. 南京:南京师范大学出版社,2002.
57. 冯世昌主编. 南京师范大学志上,1902—1992[M]. 南京:南京师范大学出版社,2002.
58. 王德滋主编. 南京大学百年史[M]. 南京:南京大学出版社,2002.
59. 王国平编著. 博习天赐庄:东吴大学[M]. 石家庄:河北教育出版社,2003.
60. 陈源蒸,张树华等. 中国图书馆百年纪事. 1840—2000[M]. 北京:北京图书馆出版社,2004.
61. 南京图书馆. 南京图书馆志续编 1996—2005[M]. 南京:南京出版社,2006.
62. 苏州大学图书馆. 世纪鸿影——苏州大学图书馆发展实录[M]. 苏州:苏州大学图书馆,2006.
63. 李国新. 中国图书馆年鉴:2005 年[M]. 北京:现代出版社,2006.
64. 陈万寅主编,金明华副主编. 南京航空航天大学 18 汇文服务创新前进中的南航大图书馆[M]. 南京:南京航空航天大学,2006.
65. 南京图书馆编纂. 南京图书馆馆志续编(1996—2005)[M]. 南京:南京出版社,2006.
66. 南京图书馆编. 汪长炳研究文集[M]. 南京:南京大学出版社,2007.
67. 南京大学信息管理系编. 李小缘纪念文集[M]. 南京:南京大学信息管理系,2007.
68. 施锐编著. 奋斗一生:纪念施廷镛先生[M]. 南京:南京大学出版社,2008.
69. 张树华,张久珍. 20 世纪以来中国的图书馆事业[M]. 北京:北京大学出版社,2008.
70. 中共江苏省委宣传部. 江苏改革开放 30 年大事记[M]. 北京:中央文献出版社,2008.
71. 徐海宁著. 中国近代教会女子大学办学研究:以金陵女子大学为个案[M]. 南京:南京师范大学出版社,2008.
72. 王国平著. 东吴大学简史[M]. 苏州:苏州大学出版社,2009.
73. 邬淑珍主编,桑树勋主审. 中国矿业大学图书馆史(1909—2009)[M]. 徐州:中国矿业大学出版社,2009.
74. 孟雪梅. 近代中国教会大学图书馆研究[M]. 北京:国家图书馆出版社,2009.
75. 刘磊. 信息资源共享评估研究:以 JALIS 为例[M]. 南京:南京大学出版社,2010.
76. 洪修平主编,赵乃瑄执行主编等. 江苏省高校图书馆改革与发展巡礼[M]. 南京:江苏省高等学校图书情报工作委员会,2011.
77. 江苏省教育厅. 江苏教育年鉴. 2010[M]. 南京:江苏教育出版社,2011.
78. 高鸣. 江苏大学史话[M]. 镇江:江苏大学出版社,2011.

79. 江苏省文化厅,南京图书馆.江苏公共图书馆志[M].南京:江苏人民出版社,2011.
80. 陈进主编.思源籍府　书香致远:上海交通大学图书馆馆史　1896—2012[M].上海:上海交通大学出版社,2013.
81. 包平主编.南京农业大学图书馆发展史[M].北京:中国农业出版社,2013.
82. 顾建新主编.书海一生击楫忙图书馆学家张厚生先生纪念文集[M].南京:东南大学出版社,2013.
83. 苏坤.区域信息资源共享现状调查与共享机制研究[M].北京:中国言实出版社,2014.
84. 徐承德,虞朝东著.南京百年城市史:1912—2012.9 教育卷[M].南京:南京出版社,2014.
85. 杨振亚.民国史研究散论[M].北京:生活　读书　新知三联书店,2014.
86. 夏维中,张铁宝等.南京通史,清代卷[M].南京:南京出版社,2014.
87. 中国图书馆学会编著.中国图书馆学学科史[M].北京:中国科学技术出版社,2014.
88. 苏全有主编.图书馆史沉思录[M].郑州:中州古籍出版社,2015.
89. 叶海,季卫兵.南京理工大学史话[M].北京:社会科学文献出版社,2015.
90. 赵坚主编.奋进——纪念河海大学图书馆百年华诞图文集[M].南京:河海大学图书馆,2015.
91. 教育部对口支援工作研究指导中心.教育部对口支援西部高校工作优秀研究项目项目汇编[M].北京:清华大学出版社,2015.
92. 田晓明主编.苏州大学大事记 1900—2012[M].苏州:苏州大学出版社,2015.
93. 成都市政协文化和文史资料委员会编.成都抗战记忆[M].成都:成都市政协文化和文史资料委员会,2015.
94. 叶继元,谢欢主编.风雨同行基业长青:全国高等学校图书馆期刊工作研究会成立二十五周年(1980—2014)纪念文集[M].南京:南京大学出版社,2016.
95. 骆威.南京国民政府时期的高等教育立法[M].南京:南京大学出版社,2016.
96. 刘劲松.抗战时期中国图书馆界研究[M].北京:商务印书馆,2018.
97. 周川主编.中国近现代高等教育人物辞典[M].福州:福建教育出版社,2018.
98. 计秋枫.江苏省高校图书馆十三五总体发展规划[Z].镇江:全国高等学校图书情报工作指导委员会、江苏大学,2015.
99. 江苏图书联合编目中心.江苏图书联合编目中心(JSUCLC)介绍[Z].南京:江苏图书联合编目中心,1992.
100. 国际文化资料供应委员会收到图书影片目录[J].电影与播音,1942,1(7-8).
101. 本院大批制造影片图书阅览机[J].电影与播音,1942,1(7-8).
102. 本校留京书籍损失续志[J].金陵大学校刊,1942(314).
103. 金陵大学总务处出版组.图书影片书目编就阅览者咸感便利[J].金陵大学校刊,1943(319).
104. 图书影片成都区分馆暂设金陵大学文学院[J].中华图书馆协会会报,1943,17(5-6).
105. 国际学术文化资料供应委员会正式成立[J].中华图书馆协会会报,1943,17(3-4).
106. 图书影片成都区成立分馆,金大文学院办理临时阅览室[J].电影与播音,1943,2(1).
107. 国际文化资料供应委员会收到图书影片目录(续自一卷七八期)[J].电影与播音,

1943,2(1).
108. 金陵大学五十五周年纪念展览[J]. 电影与播音,1943,2(4).
109. 影片图书涌到[J]. 电影与播音,1943,2(8).
110. 孙大营. 电影工程第十九部:影片图书[J]. 电影与播音,1943,2(5).
111. 中美两政府文化合作解决书荒之影片图书[J]. 金陵大学校刊,1943(316).
112. 简讯[J]. 电影与播音,1944,3(2).
113. 复员简况:图书仪器文件由渝抵京[J]. 金陵大学校刊,1946(357).
114. 图书馆概况[J]. 金陵女子文理学院校刊,1948(152).
115. 图书馆近闻:美籍图书馆学专家沙本生博士来华考察我国教会大学图书馆设备……[J]. 金陵大学校刊,1948(369).
116. 图书馆工作近况[J]. 金陵大学校刊,1948(374).
117. Shera J H. On the Value of Library History[J]. The Library Quarterly: Information, Community, Policy, 1952, 22(3).
118. 李钟履. 第一届全国省市图书馆工作人员进修班开学[J]. 图书馆学通讯,1957(2).
119. 南京大学图书馆. 江苏省学校图书馆工作人员训练班介绍[J]. 图书馆学通讯,1957(6).
120. 刘国钧. 什么是图书馆学(供讨论用)[J]. 中国科学院图书馆通讯,1957(1).
121. 展览会工作组. 南京地区图书馆举办图书采购工作经验交流展览会的几点体会[J]. 图书馆学通讯,1960(2).
122. Reichmann F. Historical research and library science [J]. Library Trends, 1964(3).
123. 刘国钧. 马尔克计划——兼论图书馆引进电子计算机问题[J]. 图书馆工作,1975(创刊号).
124. 方毅. 在全国科学大会上的报告(摘要)[J]. 广西农业科学,1978(5).
125. 鲍振西. 全国古籍善本书总目编辑领导小组　中国图书馆学会扩大筹备委员会会议在成都市召开[J]. 国家图书馆学刊,1978(2).
126. 黄宗忠. 新中国图书馆事业三十年[J]. 武汉大学学报(哲学社会科学版),1979(5).
127. 鲍振西. 美国图书馆界代表团应邀来我国参观访问[J]. 图书馆学通讯,1979(2).
128. 中国图书馆学会. 中国图书馆学会第一届理事会名单[J]. 图书馆学通讯,1979(2).
129. 中国图书馆学会. 中国图书馆学会常务理事、理事长、副理事长、秘书长及工作机构负责人名单[J]. 图书馆学通讯,1979(2).
130. 中国图书馆学会. 中国图书馆学会第一届学术委员会名单[J]. 图书馆学通讯,1979(2).
131. 中国图书馆学会. 中国图书馆学会编译委员会名单[J]. 图书馆学通讯,1979(2).
132. 张守智,汪传绍等. 配合"全国高等工科院校普通物理教学讨论会"举办小型"书展"[J]. 图书馆学通讯,1979(2).
133. 华彬清. 江苏省图书馆学会工作报告[J]. 江苏社联通讯,1980(8).
134. 王学熙. 图书馆学研究的一次盛会:江苏省图书馆学会 1980 年年会暨科学讨论会纪实[J]. 江苏社联通讯,1980(8).
135. 卢则文. 江苏省图书馆学会举行学术讨论会[J]. 江苏图书馆工作,1980(5).
136. 本刊记者. 江苏省图书馆学会 1980 年第 1 季度大事记[J]. 江苏图书馆工作,1980(3).
137. 本刊记者. 江苏省图书馆学会 1980 年第 3 季度大事记[J]. 江苏图书馆工作,1980(3).

138. 本刊记者.江苏省图书馆学会1980年第2季度大事记[J].江苏图书馆工作,1980(3).
139. 本刊记者.江苏省图书馆学会成立[J].江苏图书馆工作,1980(1).
140. 本刊讯.著名图书馆学家刘国钧教授逝世[J].图书情报工作,1980(5).
141. 王学熙.第一期图书馆工作人员培训班小结[J].江苏图书馆工作,1980(2).
142. 南京大学"NDTS-78"研制小组.一个实用的"SDI"系统"NDTS-78"简介[J].江苏图书馆工作,1980(1).
143. 本刊记者.南京地区中等专业(技工)学校图书馆协作委员会成立[J].江苏图书馆工作,1980(3).
144. 本刊记者.记中美合办图书馆业务研讨会传达报告[J].江苏图书馆工作,1980(3).
145. 中国大学图书馆代表团.中华人民共和国大学图书馆代表团赴美国参观访问报告(附专题报告)[J].图书馆学通讯,1980(4).
146. 兰大新.南京大学图书馆在前进[J].江苏图书馆工作,1980(1).
147. 本刊记者.美国图书馆代表团访宁[J].江苏图书馆工作,1980(1).
148. 朱南.我国成立全国文献工作标准化技术委员会[J].图书馆学通讯,1980(1).
149. 唐句.全国九个外国教材中心图书室积极开展服务工作[J].图书情报工作,1980(6).
150. 江苏省图书馆学会.江苏省图书馆学会召开常务理事扩大会议[J].江苏社联通讯,1981(5).
151. 小痴.教育部召开全国高等学校图书馆工作会议[J].江苏图书馆工作,1981(4).
152. 马国庆.第一次全国高等学校图书馆工作会议回忆点滴[J].高校图书馆工作,1981(2).
153. 教育部.中华人民共和国高等学校图书馆工作条例[J].图书馆学通讯,1981(9).
154. 本刊记者.江苏省图书馆学会1981年第1季度大事记[J].江苏图书馆工作,1981(3).
155. 本刊记者.江苏省图书馆学会1981年第2季度大事记[J].江苏图书馆工作,1981(3).
156. 本刊记者.江苏省图书馆学会1980年第4季度大事记[J].江苏图书馆工作,1981(3).
157. 张彦,袁璋等.江苏省高等、中等专业教育结构需要调整[J].南京师大学报(社会科学版),1981(4).
158. 周林.提高认识　加强领导　努力办好高等学校图书馆[J].图书馆学通讯,1981(4).
159. 周文逊,吴观国.江苏省高校图书馆采购工作分析研讨[J].江苏图书馆工作,1981(3).
160. 邵品洪,庄建南.BA文献库的建立与检索[J].情报科学,1981(6).
161. 叟.全国高等学校图书馆工作会议在北京举行　教育部成立全国高等学校图书馆工作委员会[J].情报科学,1981(5).
162. 本刊编辑部.全国高等学校图书馆工作会议在北京召开[J].图书情报工作,1981(6).
163. 荀昌荣.老而志弥坚——全国高校图书馆工作会议期间老同志座谈会纪实[J].高校图书馆工作,1981(4).
164. 顾克恭.澳大利亚大学图书馆专家在宁作报告[J].江苏图书馆工作,1981(1).
165. 本刊记者.南京师院夜大学图书馆学专修科开学[J].江苏图书馆工作,1981(1).
166. 刘世杰.《江苏地区图书馆建国前中文报纸联合目录》已编成[J].江苏社联通讯,1982(8).
167. 本刊记者.江苏省图书馆学会1981年第3—4季度大事记[J].江苏图书馆工作,1982(3).
168. 本刊记者.江苏省图书馆学会1982年上半年大事记[J].江苏图书馆工作,1982(3).
169. 王世儒.全国高校图书馆工作委员会召开各地工作委员会秘书处负责人会议[J].图书

情报工作,1982(5).
170. 杨沛超,刘迅.全国高校图书馆工作委员会在长春召开图书馆专业干部进修班座谈会[J].高校图书馆工作,1982(2).
171. 本刊讯.江苏省高等教育局召开全省高等学校图书馆工作会议[J].江苏图书馆工作,1982(1).
172. 江苏省高等学校图书馆工作委员会筹委会.江苏省高等学校图书馆工作委员会筹委会关于全省高等学校图书馆专业干部补充和培训问题的初步打算[J].江苏图书馆工作,1982(1).
173. 全国高校图工委秘书处.全国高等学校图书馆工作委员会组成名单[J].高校图书馆工作,1982(1).
174. 梅可华,唐茂松.关于编写《江苏省图书馆事业史》的倡议[J].江苏图书馆工作,1982(3).
175. 文化部.文化部关于图书馆专业干部业务职称考核测验的几点说明[J].图书馆学通讯,1982(2).
176. 陆汉荣.苏州大学举办省高校图书馆业务干部培训班[J].江苏图书馆工作,1982(4).
177. 曹耀英.纺织部所属高校图书馆协作组第三次会议在苏州召开[J].江苏图书馆工作,1982(3).
178. 本刊记者.南京师院夜大学图书馆学专修科招收第二届新生[J].江苏图书馆工作,1982(3).
179. 陈庆森.南京地区中专图书馆协作委员会活动介绍[J].江苏图书馆工作,1982(1).
180. 邹华享.中国图书馆事业 1982 年大事记[J].图书情报知识,1983(5).
181. 吕秀莲.江苏省图书馆学会 1983 年上半年大事记[J].江苏图书馆工作,1983(3).
182. 吕秀莲.省图书馆学会和省高校图书馆委员会联合开召图书馆改革座谈会[J].江苏图书馆工作,1983(1).
183. 丁晶,吕秀莲.江苏省高校图书馆工作委员会召开藏书建设研讨会[J].江苏图书馆工作,1983(3).
184. 季维龙,刘重焘等.洪范五先生事略[J].图书馆杂志,1983(1).
185. 本刊讯.南京大学图书馆施廷镛先生逝世[J].图书馆学通讯,1983(3).
186. 江苏省高校图工委秘书处.江苏开展高校图书馆工作互查评比[J].大学图书馆通讯,1983(Z1).
187. 本刊记者.江苏省图书馆学会和江苏省高校图书馆工作委员会召开学习《邓小平文选》座谈会[J].江苏图书馆工作,1983(4).
188. 本刊讯.第二期高校图书馆专业干部进修班招生工作结束[J].大学图书馆通讯,1983(6).
189. 本刊记者.江苏省图书馆学会和南京大学图书馆前后两次联合举办报告会[J].江苏图书馆工作,1983(4).
190. 全国高校图工委.全国高等学校图书馆工作委员会关于颁发《高等学校图书、资料、情报工作人员守则》的通知[J].大学图书馆通讯,1983(Z1).
191. 全国高校图工委.高等学校图书、资料、情报工作人员守则[J].大学图书馆通讯,1983(Z1).
192. 本刊编辑部.发扬韧性战斗精神,推进高校图书馆事业整体化建设——全国高校图书馆工作委员会召开第二次全体会议[J]. 大学图书馆通讯,1983(Z1).
193. 本刊讯. 华东地区部属院校图书资料清查工作检查结束[J]. 大学图书馆通讯,1983(4).
194. 强. 西南、西北、华东和中南地区进行部属院校图书清点检查工作[J]. 大学图书馆通讯,1983(Z1).
195. 江苏省召开图书馆改革座谈会[J]. 大学图书馆通讯,1983(3).
196. 西安音乐学院图书馆. 音乐、艺术院校召开图书馆工作经验交流会[J]. 大学图书馆通讯,1983(7).
197. 李晓明. 秘书处在京开会研究"文献检索与利用"课程有关问题[J]. 大学图书馆通讯,1983(9).
198. 如. 美国图书馆专家在京作大学图书馆管理讲演[J]. 大学图书馆通讯,1983(9).
199. 王惠珍. 江苏省工科院校图书馆学基础培训班结业[J]. 江苏图书馆工作,1983(1).
200. 全国高校图工委秘书处. 全国高等学校图书馆工作纪事(1981 年)[J]. 大学图书馆通讯,1984(6).
201. 吕秀莲. 江苏省图书馆学会第二次会员代表大会在南京召开[J]. 江苏社联通讯,1984(7).
202. 吕秀莲. 江苏省图书馆学会 1984 年上半年大事记[J]. 江苏图书馆学报,1984(3).
203. 本刊记者. 江苏省图书馆学会 1983 年下半年大事记[J]. 江苏图书馆学报,1984(3).
204. 江苏省高校图工委秘书处. 江苏省高校图书馆工作委员会表彰卅年以上工作人员[J]. 江苏图书馆学报,1984(4).
205. 李德明. 全国高校首届社会科学文献检索课师资培训班开学[J]. 大学图书馆通讯,1984(3).
206. 江成. 全国高校图书馆专业干部进修工作座谈会在南京召开[J]. 大学图书馆通讯,1984(4).
207. 涵. 全国高等学校图书馆工作经验交流会在西安召开[J]. 山东图书馆季刊,1984(2).
208. 全国高校图工委秘书处. 交流工作经验,明确改革方向 加快高校图书馆事业发展速度——全国高等学校图书馆工作经验交流会在西安召开[J]. 大学图书馆通讯,1984(3).
209. 本刊讯. 走改革之路 不断开创新局面——记全国高等学校图书馆工作经验交流会[J]. 中国图书馆学报,1984(2).
210. 教育部. 印发《关于在高等学校开设〈文献检索与利用〉课的意见》的通知[J]. 高教战线,1984(6).
211. 邹华享. 中国图书馆事业 1983 年大事记(下)[J]. 图书情报知识,1984(4).
212. 江苏省图书馆学会. 第二届理事会·组织机构名单[J]. 江苏图书馆学报,1984(3).
213. 李. 教育部最近发出通知要求高等学校开设《文献检索与利用》课程[J]. 大学图书馆通讯,1984(2).
214. 张白影.《高校图书馆工作》公开出版发行[J]. 大学图书馆通讯,1984(1).
215. 王. 世界银行贷款采购外文图书工作会议在京举行[J]. 大学图书馆通讯,1984(2).
216. 协会秘书处. 第一期全国高等农业院校图书馆管理研讨班在南京农学院举办[J]. 农业图书馆,1984(2).
217. 张厚生. 南京工学院开办图书情报专修科[J]. 大学图书馆通讯,1984(5).
218. 程光雄. 华东师范大学图书馆学专业无锡函授站开学[J]. 江苏图书馆学报,1984(3).

219. 雅屏.江苏省中心图书馆委员会召开《外文新书联合目录》工作座谈会[J].江苏图书馆学报,1984(2).
220. 全国高校图工委秘书处.全国高等学校图书馆工作纪事(1982 年)[J].大学图书馆通讯,1985(1).
221. 全国高校图工委秘书处.全国高等学校图书馆工作纪事(1983 年)[J].大学图书馆通讯,1985(6).
222. 吕秀莲.江苏省图书馆学会 1985 年上半年大事记[J].江苏图书馆学报,1985(3).
223. 陈体仁.全国高校图书馆工作委员会向老馆员颁发证书[J].大学图书馆通讯,1985(1).
224. 苏研.江苏省高等教育简况[J].江苏高教,1985(1).
225. 本刊记者.发展·困难·改革·再发展——全国图书馆工作会议印象[J].图书情报工作,1985(5).
226. 江成.南京大学将举办图书馆微电脑应用技术培训班[J].大学图书馆通讯,1985(1).
227. 中共中央.中共中央关于教育体制改革的决定[J].中华人民共和国国务院公报,1985(15).
228. 潘汉森,安银海.这一课上得好——参加省高校图书馆馆长研讨会的收获和体会[J].江苏图书馆学报,1985(2).
229. 小痴.江苏省高校图书馆藏书建设研讨会在无锡召开[J].江苏图书馆学报,1985(4).
230. 周家森.苏州大学举办静电复印机技术培训班[J].大学图书馆通讯,1985(4).
231. 肖自力.发展中的高校图书馆事业——在全国图书馆工作会议上的发言[J].大学图书馆通讯,1985(5).
232. 罗丽.加强情报意识　促进教学改革——记全国高校《文献检索与利用》课教学研讨和工作会议[J].大学图书馆通讯,1985(5).
233. 本刊讯.高校图书馆事业在改革中前进[J].大学图书馆通讯,1985(6).
234. 敬文.怀念一位有成绩的图书馆工作者——李钟履先生传略[J].图书馆学研究,1985(6).
235. 葛家瑾.北大图书馆学系首次招收“五年两段制”函授生[J].江苏图书馆学报,1985(3).
236. 徐明忠.部属高等院校情报网成立[J].兵工情报工作,1985(2).
237. 于伟周.江苏省中等专业学校图书馆协作委员会在宁成立[J].江苏图书馆学报,1985(3).
238. 共心.南京师范大学夜大学图书馆专业 82 级学员毕业[J].江苏图书馆学报,1985(3).
239. 朱.《图书馆建筑设计规范》审查结束[J].大学图书馆通讯,1985(5).
240. 全国中医药图书情报工作会议简况[J].中医药信息,1985(3).
241. 黄小文.全国林业院校图书馆工作委员会首次会议在北京召开[J].中国林业教育,1985(1).
242. 全国高校图工委秘书处.全国高等学校图书馆工作纪事(1984 年)[J].大学图书馆通讯,1986(1).
243. 涂斌.中国图书馆事业 1984 年大事记(下)[J].图书情报知识,1986(5).
244. 涂斌.中国图书馆事业 1984 年大事记(上)[J].图书情报知识,1986(5).
245. 吕秀莲.江苏省图书馆学会 1985 年下半年大事记[J].江苏图书馆学报,1986(1).
246. 吕秀莲.江苏省图书馆学会 1986 年上半年大事记[J].江苏图书馆学报,1986(3).
247. 施星国.华东地区高校图书馆工作委员会第一次协作会在南京召开[J].江苏图书馆学报,1986(6).

248. 江苏省高校图书馆工作委员会秘书处. 发展中的江苏省高校图书馆[J]. 江苏图书馆学报,1986(1).
249. 朱强. 全国高校图书馆工作委员会秘书长会议在北京召开[J]. 图书馆学通讯,1986(2).
250. 王可权. 评估文科专款订购进口图书工作活动中所联想到的几个问题[J]. 江苏图书馆学报,1986(2).
251. 施星国. 书刊调价与图书经费的关系[J]. 大学图书馆通讯,1986(4).
252. 万锦堃. 中国高等院校学报论文文摘(英文磁带版)CUJA 文献数据库研制报告[J]. 现代图书情报技术,1986(3).
253. 学报编辑室. 中国高校学报论文文摘(英文磁带版)CUJA 磁带数据工作研讨班在南京举行[J]. 江西医学院学报,1986(1).
254. 涂斌. 中国图书馆事业 1985 年大事记(上)[J]. 图书情报知识,1986(4).
255. 白. 中国科学院图书馆改名为中国科学院文献情报中心[J]. 大学图书馆通讯,1986(2).
256. 本刊讯. 1985—1986 年高校图书馆活动简讯[J]. 大学图书馆通讯,1986(4).
257. 朱强. 从实际出发,"三个面向"——高校图书馆建筑研讨会纪实[J]. 大学图书馆通讯,1986(5).
258. 南京大学图书馆. 激光条形码计算机中文图书流通管理系统(NDTLT)研制报告[J]. 江苏图书馆学报,1986(3).
259. 王竞. 南京"省市图书馆工作人员进修班"琐记[J]. 黑龙江图书馆,1986(2).
260. 赴加图书情报考察团,于维忠. 加拿大高等学校的图书、情报工作[J]. 河海大学科技情报,1986(1).
261. 会要闻. 江苏省首届图书情报工作现代化学术研讨会在宁召开[J]. 江苏图书馆学报,1986(1).
262. 吴东敏. 我校引进的缩微设备投入使用[J]. 河海大学科技情报,1986(1).
263. 河海大学图书馆. 水利电力部高校图书馆第一次协作会议在宁召开[J]. 江苏图书馆学报,1986(3).
264. 王兵. 印度加尔各答国家图书馆馆长来南京参观访问[J]. 江苏图书馆学报,1986(3).
265. 艾真. 化作春泥更护花——沉痛悼念老馆长杨汝杰教授[J]. 大学图书馆通讯,1986(3).
266. 杨宁. 总结部署工作　沟通各方信息——各省市高校图工委秘书长会议在北京召开[J]. 大学图书馆通讯,1986(3).
267. 士心. 南京大学图书馆学系科技档案专业招生[J]. 档案与建设,1986(5).
268. 煤炭院校评估试点会议在中国矿院举行[J]. 煤炭高等教育,1986(2).
269. 相南. 全国高等医药院校图书馆会议在湖南医学院召开[J]. 高校图书馆工作,1986(1).
270. 京力豹. 机械工业部院校科技情报网召开第五届年会[J]. 四川工业学院学报,1986(2).
271. 小雨. 交流工作经验　促进改革深入并研讨《文献检索与利用》课教学问题　机械工业部所属院校图书馆　一九八六年六月在长春召开协作组会议[J]. 高校图书馆工作,1986(3).
272. 全国高校图工委秘书处. 全国高等学校图书馆工作纪事(1986 年)[J]. 大学图书馆学报,1987(5).
273. 涂斌. 中国图书馆事业 1985 年大事记(下)[J]. 图书情报知识,1987(5).

274. 张厚涵. 全国高校图书馆工作会议侧记[J]. 高校图书馆工作,1987(3).
275. 罗丽. 全国高校文献检索与利用课程系列教材编审委员会在京成立[J]. 图书情报工作,1987(2).
276. 教育部. 普通高等学校图书馆规程[J]. 图书馆学通讯,1987(2).
277. 吕秀莲. 江苏省图书馆学会和省中心图书馆委员会联合举办西文文献著录培训班[J]. 江苏图书馆学报,1987(2).
278. 吕秀莲. 江苏省图书馆学会 1987 年上半年大事记[J]. 江苏图书馆学报,1987(1).
279. 吕秀莲. 江苏省图书馆学会 1986 年下半年大事记[J]. 江苏图书馆学报,1987(1).
280. 施星国. 江苏省高等学校图书馆工作会议暨表彰大会在南京召开[J]. 江苏图书馆学报,1987(6).
281. 全国高校图工委. 全国高等学校图书情报事业"七五"规划要点[J]. 大学图书馆通讯,1987(5).
282. 中宣部,文化部等. 关于改进和加强图书馆工作的报告[J]. 图书馆学通讯,1987(4).
283. 彭珮云. 关于全国高等学校图书情报工作委员会名称和组成的说明[J]. 大学图书馆通讯,1987(5).
284. 全国高校图工委秘书处. 全国高等学校图书情报工作委员会常委和委员单位名单[J]. 大学图书馆通讯,1987(5).
285. 黄方正. 一个协作实体的形成及其发展——江苏省师专图书馆协作组[J]. 大学图书馆通讯,1987(6).
286. 柯平. 中国图书馆学教育年表[J]. 山东图书馆季刊,1987(3).
287. 江. 全国高校图工委表彰图书馆专业干部进修班优秀学员[J]. 大学图书馆通讯,1987(5).
288. 宗英. 华东地区高等学校图书馆协会成立[J]. 图书馆杂志,1987(1).
289. 朱育理. 在全国高等学校图书馆工作会议上的总结[J]. 大学图书馆通讯,1987(5).
290. 贝芝泉. 缅怀陈毅人副馆长[J]. 江苏图书馆学报,1987(3).
291. 本刊讯. 一句话简讯[J]. 大学图书馆通讯,1987(1).
292. 罗丽. 全国高校"文献检索与利用"课教学研讨会召开[J]. 大学图书馆通讯,1987(5).
293. 本刊讯. 国家科委颁发科技情报成果奖[J]. 大学图书馆通讯,1987(1).
294. 本刊讯. 华东地区高校召开图书馆微机应用研讨会[J]. 大学图书馆通讯,1987(2).
295. 本刊讯. 我国图书馆界首次部级技术鉴定会在深圳举行[J]. 大学图书馆通讯,1987(5).
296. 施则悌. 金陵职业大学图书馆简介[J]. 江苏图书馆学报,1987(4-5).
297. 柯寒. 城乡建设环境保护部、文化部和国家教委正式颁布《图书馆建筑设计规范》[J]. 图书情报工作,1987(4).
298. 马鸿湘. 江苏省高校图书馆文科专款工作协作会议纪要[J]. 江苏图书馆学报,1987(Z1).
299. 裘迪·佛茨,王林西. 访问中国图书馆的印象记[J]. 江苏图书馆学报,1987(3).
300. 张厚生. 南京工学院三项成果通过省级鉴定[J]. 江苏图书馆学报,1987(3).
301. 宁宣. 北大图书馆学系函授专修科南京站 84 级毕业[J]. 江苏图书馆学报,1987(2).
302. 文羊. 南京大学图书馆学系首届双学士学位通过毕业论文答辩[J]. 江苏图书馆学报,1987(2).

303. 汪业旺. 十三所公安院校图书馆科研课题研讨会在宁召开[J]. 江苏图书馆学报,1987(1).
304. “中国标准书号”将于明年取代“全国统一书号”[J]. 出版工作,1987(10).
305. 江苏省中专图协秘书组. 全国中专图书馆工作交流会在承德召开[J]. 江苏图书馆学报,1987(6).
306. 全国高校图情工委秘书处. 全国高等学校图书馆工作纪事(1987 年)[J]. 大学图书馆学报,1988(5).
307. 吕秀莲. 江苏省图书馆学会 1987 年下半年大事记[J]. 江苏图书馆学报,1988(1).
308. 本刊记者. 著名图书馆学家汪长炳同志逝世[J]. 江苏图书馆学报,1988(1).
309. 吴观国. 缅怀汪师　继承遗志[J]. 江苏图书馆学报,1988(2).
310. 本刊讯. 我国图书情报界的一项改革——部际图书情报工作协调委员会成立[J]. 图书馆杂志,1988(1).
311. 协作会议.《华东地区图书馆十年》(专集)第一次编写会在南昌召开[J]. 江西图书馆学刊,1988(4).
312. 李宇清. 东南大学图书馆的一些改革措施[J]. 江苏图书馆学报,1988(6).
313. 本刊记者. 展示成果,交流经验,促进高校图书馆的计算机应用工作:高校图书馆计算机应用经验交流会暨成果展示会综述[J]. 大学图书馆通讯,1988(6).
314. 杨振清. 一个新型的进出口机构——中国教育图书进出口公司[J]. 图书馆学通讯,1988(4).
315. 李. 全国高校图工委召开常委扩大会议[J]. 大学图书馆通讯,1988(3).
316. 全国轻工院校图书馆协会成立[J]. 大学图书馆通讯,1988(1).
317. 丛晓. 全国化工院校成立情报教学研究会[J]. 大学图书馆通讯,1988(1).
318. 江苏省图书馆学会. 江苏省图书馆学会第三届理事会理事名单[J]. 江苏图书馆学报,1988(4-5).
319. 全国高校图情工委秘书处. 全国高等学校图书馆工作纪事(1988 年)[J]. 大学图书馆学报,1989(6).
320. 全国高校图情工委秘书处. 全国高等学校图书馆工作纪事(1989 年)[J]. 大学图书馆学报,1989(5).
321. 江苏省高校图工委秘书处. 省高校图书馆工作委员会在南大召开扩大会议[J]. 江苏图书馆学报,1989(2).
322. 潘志云. 江苏省图书馆学会 1988 年大事记[J]. 江苏图书馆学报,1989(3).
323. 叶继元. 全国高校图书馆期刊工作研究会成立并召开首届学术研讨会[J]. 大学图书馆学报,1989(5).
324. 本刊记者. 江苏省图书馆学会学术顾问、研究馆员邱克勤同志逝世[J]. 江苏图书馆学报,1989(6).
325. 本刊通讯员. 全国高等学校图书情报工作委员会秘书长会议情况通报[J]. 河北图苑,1989(2).
326. 朱轸. 1952 年江苏高校院系调整简况[J]. 江苏高教,1989(1).
327. 统编组.《华东地区图书馆十年》初稿审定会在南昌召开[J]. 江西图书馆学刊,1989(2).
328. 江苏省高校图工委秘书处. 省高校图书馆情报职能研讨会在宁召开[J]. 江苏图书馆学

报,1989(6).
329. 杨宗英,颜莼.上海交通大学包兆龙图书馆计算机管理集成系统[J].情报理论与实践,1989(3).
330. 晋.全国高校图书馆履行情报职能经验交流会在沪召开[J].晋图学刊,1989(2).
331. 江苏省高校图情工委秘书处.江苏省高校图书情报工作委员会1989年大事记[J].江苏图书馆学报,1990(1).
332. 本刊记者.江苏省图书馆学会1989年大事记[J].江苏图书馆学报,1990(3).
333. 江苏省图书馆学会秘书处.1989年江苏省各市图书馆学会、分会大事记[J].江苏图书馆学报,1990(1).
334. 彭德经.江西省高等学校图书馆工作纪事(1989年1月—12月)[J].江西图书馆学刊,1990(1).
335. 施文高.东南大学图书馆期刊工作回顾[J].江苏图书馆学报,1990(1).
336. 袁名敦.高校图书馆自动化发展的新阶段[J].大学图书馆学报,1990(6).
337. 本刊评论员.我国图书情报事业建设史上的一件大事[J].图书馆学通讯(中国图书馆学报),1990(4).
338. 江苏省高校图工委秘书处.1989年江苏省高等学校图书情报工作委员会大事记[J].江苏图书馆学报,1990(1).
339. 陆汉荣.江苏省高校系图书资料室经验交流会概述[J].江苏图书馆学报,1990(1).
340. 马先阵.面临困难　接受挑战——在江苏省图书馆学会第五次科学讨论会上的总结讲话摘要[J].江苏图书馆学报,1990(1).
341. 王隆生.江苏省首届期刊工作学术研讨会在镇江召开[J].江苏图书馆学报,1990(4).
342. 车宁.省馆与南农大合办农业科技咨询中心[J].江苏图书馆学报,1990(4).
343. 丁根度.台湾大学图书馆参观团来宁参观[J].江苏图书馆学报,1990(5).
344. 周宁.泰兴县图书馆、南京图书馆与南京农业大学联合举办“农业科技综合服务活动”[J].江苏图书馆学报,1990(5).
345. 石梅.图书馆学与情报学发展史上的一个重要的里程碑[J].江苏图书馆学报,1990(5).
346. 全国高校图情工委秘书处.全国高等学校图书馆工作纪事(1990年)[J].大学图书馆学报,1991(3).
347. 马先阵,朱维宁.建国以来江苏省高校图书馆事业发展述略[J].江苏图书馆学报,1991(1).
348. 江苏省高校图工委秘书处.江苏省高校图书情报工作委员会1990年大事记[J].江苏图书馆学报,1991(2).
349. 潘志云.江苏省图书馆学会1990年大事记[J].江苏图书馆学报,1991(3).
350. 沈鸣,苏新宁等.江苏省图书馆自动化工作发展的回顾和展望[J].江苏图书馆学报,1991(2).
351. 全国高校图工委.中国高等学校图书馆代码规定[J].大学图书馆学报,1991(3).
352. 本刊记者.国家教委召开全国高校图工委成立十周年纪念大会[J].大学图书馆学报,1991(6).
353. 叶继元.全国高等学校图书馆期刊工作高级研习班圆满结束[J].江苏图书馆学报,1991(3).

354. 路学.《中国机读目录通讯格式》正式出版[J]. 现代图书情报技术,1991(3).
355. 沈付,沈甲伟. 张厚生等获省优秀教学质量一等奖[J]. 江苏图书馆学报,1991(6).
356. 省学会会员叶继元受聘为美国《历史文摘》编辑顾问委员[J]. 江苏图书馆学报,1991(4).
357. 马先阵. 树立大教育、大情报观点,实现高校图书馆的社会价值[J]. 江苏图书馆学报,1991(1).
358. 王兰英. 南京函授站首届本科班举行毕业典礼[J]. 江苏图书馆学报,1991(1).
359. 罗. 全国高校图工委召开"文献检索与利用"课程建设研讨会[J]. 大学图书馆学报,1991(Z1).
360. 本刊讯. 全国高校图工委召开常委会暨图书馆工作座谈会[J]. 大学图书馆学报,1991(4).
361. 邵金丽. 南京大学中美文化研究中心图书馆[J]. 大学图书馆学报,1991(4).
362. 江苏省高校图工委秘书处. 江苏省高校图书情报工作委员会 1991 年度大事记[J]. 江苏图书馆学报,1992(2).
363. 马先阵. 江苏省高校图书情报工作十年回顾[J]. 江苏图书馆学报,1992(1).
364. 本刊记者. 江苏省图书馆学会 1991 年大事记[J]. 江苏图书馆学报,1992(1).
365. 本刊讯. 国家教委在普通高等学校图书馆开展评估工作[J]. 大学图书馆学报,1992(1).
366. 袁名敦,朱强等. 高校图书馆自动化发展的十年回顾和"八五"展望[J]. 大学图书馆学报,1992(5).
367. 袁名敦,朱强等. 高校图书馆自动化发展的十年回顾和"八五"展望(续)[J]. 大学图书馆学报,1992(6).
368. 陈源曙,谭显华. 我国第一个中文 CD-ROM 光盘库的研制与开发[J]. 情报科学,1992(5).
369. 曹玉洁. 中国图书馆学会"四大"在南京召开[J]. 江苏图书馆学报,1992(2).
370. 南函站. 北大南京函授站本科九一届举行毕业典礼[J]. 江苏图书馆学报,1992(1).
371. 伍柳. 中国索引学会正式成立[J]. 图书馆杂志,1992(1).
372. 国家教委. 国家教委颁发《文献检索课教学基本要求》教高司[1992]44 号[J]. 河北图苑,1992(2).
373. 江苏省高校图工委秘书处. 江苏召开高校图书馆办公室工作研讨会[J]. 大学图书馆学报,1992(1).
374. 江苏省高校图工委秘书处. 江苏成立高校图书馆情报工作网[J]. 大学图书馆学报,1992(1).
375. 江苏省高校图工委秘书处. 江苏召开第二届高校资料室工作研讨会[J]. 大学图书馆学报,1992(1).
376. 江苏省图书馆学会,江苏省高校图工委."江苏省图书馆学、情报学第二次评奖征文"评奖结果[J]. 江苏图书馆学报,1992(1).
377. 江苏省图书馆学会副理事长马先阵同志逝世[J]. 江苏图书馆学报,1992(4).
378. 赵长林. 高校图书馆史辩[J]. 浙江高校图书情报工作,1992(3).
379. 沈鸣,曹福元等. 江苏省高校图书馆自动化发展与思考[J]. 大学图书馆学报,1993(5).
380. 陆汉荣. 江苏省教委图书馆自评工作汇报会在苏州大学召开[J]. 江苏图书馆学报,1993(1).
381. 刘嘉. 纪念洪有丰先生诞辰一百年[J]. 图书馆,1993(6).

382. 全国高校图工委秘书处. 全国高校图工委期刊专业委员会召开工作会议并进行换届[J]. 大学图书馆学报,1993(4).
383. 国务院. 中共中央　国务院关于印发《中国教育改革和发展纲要》的通知[J]. 中华人民共和国国务院公报,1993(4).
384. 张厚生. “国家教委科技查新中心南京工作站”在东南大学建立[J]. 江苏图书馆学报,1993(4).
385. 张玉洁. 全国林业院校图工委第五次会议召开[J]. 农业图书情报学刊,1993(3).
386. 江苏图书馆信息[J]. 江苏图书馆学报,1993(1).
387. 远鉴. 协调协作　大势所趋　南京三大系统图书馆外文原版期刊订购协调会议召开[J]. 江苏图书馆学报,1993(4).
388. 纪红. 全国高校首家信息产业研究所——南京大学信息产业研究所在宁成立[J]. 江苏图书馆学报,1993(6).
389. 江苏省高校图书馆信息协作网苏锡常分网召开成立大会暨第一次学术研讨会[J]. 江苏图书馆学报,1993(1).
390. 许建业. 英国剑桥国际传记中心(IBC)提名卢子博教授为 1992/1993 年度国际名人[J]. 江苏图书馆学报,1993(3).
391. 学会秘书处. 南京图书馆学会召开第一次会员代表大会暨成立大会[J]. 江苏图书馆学报,1993(1).
392. 彭德经. 全国高校图书馆第四次期刊工作研讨会在赣召开[J]. 江西图书馆学刊,1993(2).
393. 中华医学会信息学会成立暨第一次全国学术会议纪要[J]. 医学情报工作,1993(4).
394. 江苏省图书馆学会. 江苏省图书馆学会第四届理事会理事名单[J]. 江苏图书馆学报,1994(6).
395. 江苏省图书馆学会. 江苏省图书馆学会第四届理事会常务理事名单[J]. 江苏图书馆学报,1994(6).
396. 江苏省图书馆学会. 江苏省图书馆学会第四届理事会领导机构名单[J]. 江苏图书馆学报,1994(6).
397. 山东省高校图工委. 第九届华东地区高校图工委协作组年会在烟台召开[J]. 大学图书情报学刊,1994(4).
398. 江苏省统计局,国家统计局江苏调查总队. 江苏省统计局关于 1993 年国民经济和社会发展的统计公报[J]. 江苏统计,1994(3).
399. 赵长林. 中国高校图书馆史的两点探讨[J]. 高校图书馆工作,1994(1).
400. 曹汉章,吴东敏. 缩微复制技术在外文期刊协调中的作用[J]. 河海科技进展,1994,14(1).
401. 陈桂章. 华东地区医药图书馆馆长研讨会简讯[J]. 医学情报工作,1994(1).
402. 本刊讯.《图情研究》首次编委工作会议在锡召开[J]. 图情研究,1994(1).
403. 周稽裘. 为《图情研究》的题词[J]. 图情研究,1994(1).
404. 苏讯. 江苏省高校图书馆读者工作研讨会在杭州举行[J]. 图情研究,1994(1).
405. 本刊讯. 江苏省高校期刊管理工作标准化培训班圆满结束[J]. 图情研究,1994(2).
406. 全国高校外文期刊协调会议纪要[J]. 高校图书馆工作,1994(3).
407. 本刊记者. 江苏省图书馆学会 1994 年大事记[J]. 江苏图书馆学报,1995(1).

408. 沈鸣,曹福元. 影响地区性合作编目的非技术因素分析[J]. 大学图书馆学报,1995(5).
409. 朱强,吴晞. 庄守经荣获美国华人图书馆员协会"杰出服务奖"[J]. 中国图书馆学报,1995(6).
410. 继玲. 第十届华东地区高校图工委协作组年会在马鞍山召开[J]. 大学图书情报学刊,1995(4).
411. 本刊编辑部. 华东地区高校图书馆期刊协调工作委员会成立[J]. 大学图书馆学报,1995(2).
412. 江苏省统计局,国家统计局江苏调查总队. 江苏省统计局关于 1994 年国民经济和社会发展的统计公报[J]. 江苏统计,1995(2).
413. 陈兆山. 为图书馆自动化建设服务的上海申联公司[J]. 现代图书情报技术,1995(6).
414. 本刊讯. 江苏省高校图书情报工作委员会委员馆扩大会议纪要[J]. 图情研究,1995(1).
415. 本刊讯. 江苏省高校图书情报工作委员会《图情研究》第二次编委会在常州召开[J]. 图情研究,1995(1).
416. 江苏省高校图工委秘书处. 江苏省高校图书馆馆长研讨会纪要[J]. 图情研究,1995(3).
417. 全国高校外文期刊资源共享协调会议(1995 年)纪要[J]. 河北科技图苑,1995(3).
418. 韩汝英. 江苏省图书馆学会 1995 年大事记[J]. 江苏图书馆学报,1996(1).
419. 杨克义. 在整体化建设道路上大步迈进的江苏高校图书馆[J]. 大学图书馆学报,1996,14(4).
420. 朱汉香. 江苏省普通高等学校图书馆实行馆际互借资源共享统一办理《通用借书证》[J]. 大学图书馆学报,1996(4).
421. 吴建平. 中国教育和科研计算机网 CERNET 的现状和发展[J]. 现代图书情报技术,1996(6).
422. 本刊讯. 中国教育和科研计算机网(CERNET)示范工程通过国家验收[J]. 大学图书馆学报,1996(1).
423. 朱强. 关于高等学校文献信息服务系统建设的几个问题[J]. 大学图书馆学报,1996(1).
424. 强. 十一届华东地区委属高校图书馆馆长会议在青岛举行[J]. 上海高校图书情报学刊,1996(1).
425. 江苏省统计局,国家统计局江苏调查总队. 江苏省统计局关于 1995 年国民经济和社会发展的统计公报[J]. 江苏统计,1996(2).
426. 佚名. 华东地区教育科研计算机网信息共享服务研讨会[J]. 大学图书馆学报,1996(3).
427. 吴春生,沈志强. 亚基会赠书的开发和利用(上)[J]. 上海高校图书情报学刊,1996(4).
428. 严峰. "最新信息技术在图书馆的应用"讲学活动在南京举行[J]. 江苏图书馆学报,1996(5).
429. 袁小星. 华东地区师专图书馆第四届年会在沪召开[J]. 上海高校图书情报学刊,1996(3).
430. 全国地方综合大学图书馆协作网成立[J]. 图书馆建设,1996(2).
431. 姜汉卿. 江苏省藏书建设专题研讨会纪要[J]. 江苏图书馆学报,1997(1).
432. 杨宗英,朱强等. 美国的图书馆自动化和文献资源共享网络:现状与趋势 CALIS 项目考察团[J]. 大学图书馆学报,1997(6).
433. 江苏省统计局,国家统计局江苏调查总队. 江苏省统计局关于 1996 年国民经济和社会发展的统计公报[J]. 江苏统计,1997(3).
434. 邦.'97 中国电子图书馆技术研讨会在复旦举行[J]. 上海高校图书情报学刊,1997(4).
435. 振钱."图书馆自动化信息管理系统联合招标第二轮评标会"在复旦举行[J]. 上海高校图书情报学刊,1997(4).
436. 吴强. 江苏省高等学校文献信息保障系统建设项目论证会在宁举行[J]. 江苏图书馆学报,1997(2).
437. 彭道杰,张友信. 日本富士通 K650/30 小型机图书馆管理系统的应用与开发[J]. 高校图书馆工作,1997(4).
438. 姜建友. MILINS 与军校图书馆现代化[J]. 当代图书馆,1997(4).
439. 张静. 全国林业院校召开读者工作研讨会[J]. 图书馆建设,1997(4).
440. 中华人民共和国国务院. 第九届全国人民代表大会第一次会议关于国务院机构改革方案的决定[J]. 中华人民共和国国务院公报,1998(9).
441. 潘一珍,孙杰. 关于高校图书馆整体化建设中一些问题的思考[J]. 大学图书馆学报,1998(6).
442. 安徽省高校图工委. 安徽省高校图书馆 1997 年工作记事[J]. 大学图书情报学刊,1998(1).
443. 江苏省统计局,国家统计局江苏调查总队. 1997 年江苏省国民经济和社会发展统计公报[J]. 江苏统计,1998(2).
444. 姜爱蓉,刘桂林. 清华大学图书馆的电子化、网络化发展[J]. 图书情报工作,1998(5).
445. 许旭. 图书馆中文图书联合目录回溯建库方案探讨[J]. 江苏图书馆学报,1998(6).
446. 本刊记者. 回顾与展望——1998 年江苏省高校图书馆馆长年会纪要[J]. 江苏省高等学校图书馆学报,1998(1).
447. 韩汝英编写. 江苏省图书馆学会 1998 年大事记[J]. 江苏图书馆学报,1999(1).
448. 中华人民共和国教育部. 教育部关于成立教育部高等学校图书情报工作指导委员会的通知教高[1999]5 号[J]. 中华人民共和国教育部政报,1999,1999 年第 10 号.
449. 教育部高等学校图书情报工作指导委员会秘书处. 发挥专家指导作用　推进高校图书情报工作——教育部高等学校图书情报工作指导委员会成立大会暨第一次工作会议纪要[J]. 大学图书馆学报,1999(6).
450. 本刊讯. 教育部成立高等学校图书情报工作指导委员会[J]. 大学图书馆学报,1999(5).
451. 王学熙. 江苏省图书馆学会筹备始末[J]. 江苏图书馆学报,1999(4).
452. 教育部高等学校图书情报工作指导委员会. 教育部高等学校图书情报工作指导委员会章程[J]. 大学图书馆学报,1999(5).
453. 李晓明."中国高等教育文献保障体系"项目正式启动[J]. 大学图书馆学报,1999(1).
454. 广兼. 第 14 届华东地区直属高校图书馆馆长年会在上海交大举行[J]. 上海高校图书情报学刊,1999(4).
455. 安徽省高校图工委. 安徽省高校图书馆 1998 年工作记事[J]. 大学图书情报学刊,1999(1).
456. 江苏省统计局,国家统计局江苏调查总队. 江苏省统计局关于 1998 年国民经济和社会发展的统计公报[J]. 江苏统计,1999(2).
457. 阮建海,邓小昭. 高校查新咨询工作探讨[J]. 图书馆杂志,1999(3).
458. 孟宁. 江苏省普通高校图书馆文献信息优质服务检查情况巡览[J]. 江苏省高等学校图

书馆学报,1999(1).
459. 谢友宁.江苏省高校文献信息服务新特色及其理论探讨[J].江苏省高等学校图书馆学报,1999(1).
460. 余光镇.ILAS图书馆自动化系统发展进步的十年[J].现代图书情报技术,1999(S1).
461. 张厚生,李雪.联机检索技术在图书情报工作中的应用和评价的研究[J].东南大学学报(社会科学版),1999(2).
462. 幸闻.原机械部属高校图书馆协作组会议在重院召开[J].晋图学刊,1999,0(4).
463. 全国水利水电文献信息网大会在河海大学召开[J].治黄科技信息,1999(6).
464. 王国平.东吴大学在美国田纳西州的注册文件[J].苏州大学学报:哲学社会科学版,1999(2).
465. 韩汝英.江苏省图书馆学会1999年大事记[J].江苏图书馆学报,2000(1).
466. 戴龙基,张红扬.图书馆联盟——实现资源共享和互利互惠的组织形式[J].大学图书馆学报,2000(3).
467. 全国高校图工委秘书处.《普通高等学校图书馆规程》修订工作研讨会召开[J].大学图书情报学刊,2000(2).
468. 吴锦.却顾所来径　苍苍横翠微——回眸我的图书馆工作[J].江苏图书馆学报,2000(2).
469. 福建省高校图工委秘书处.华东地区高校图工委协作年会[J].大学图书馆学报,2000(1).
470. CALIS管理中心.CALIS项目进行中期检查[J].大学图书馆学报,2000(2).
471. 安徽省高校图工委.安徽省高校图书馆1999年工作大事记[J].大学图书情报学刊,2000(1).
472. 江苏省统计局,国家统计局江苏调查总队.江苏省统计局关于1999年国民经济和社会发展的统计公报[J].江苏统计,2000(2).
473. 王国平.东吴大学的创办[J].苏州大学学报,2000(2).
474. 黄明.《中国机读目录通讯格式》与《中国机读目录格式》之比较[J].图书馆建设,2000(1).
475. 高情供稿.2000年第二届江苏高校图书馆情报科学研讨会在常熟举行[J].江苏省高等学校图书馆学报,2000(4).
476. 何小清.江苏省高校图情工委情报咨询专业委员会会议简讯[J].江苏省高等学校图书馆学报,2000(1).
477. 本刊讯.江苏省高校读者工作研讨会在徐州师大图书馆召开[J].江苏省高等学校图书馆学报,2000(1).
478. 无华.华东六省一市高校图工委秘书长工作年会在山东召开[J].上海高校图书情报学刊,2000(4).
479. 省高校文献信息保障系统建设领导小组工作会议在我校召开[J].东南大学学报(哲学社会科学版),2000(2).
480. 叶继元.江苏省高校文献信息保障系统联席会议召开[J].江苏图书馆学报,2000(6).
481. 本刊记者.江苏省图书馆学会2000年大事记[J].江苏图书馆学报,2001(1).
482. 江苏省图书馆学会秘书处.江苏省图书馆学会常务理事扩大会议在南京大学召开[J].江苏图书馆学报,2001(2).
483. 江苏省图书馆学会秘书处.南京图书馆新馆奠基[J].江苏图书馆学报,2001(3).

484. 安徽省高校图工委. 安徽省高校图书馆 2000 年工作大事记[J]. 大学图书情报学刊, 2001(1).
485. 江苏省统计局,国家统计局江苏调查总队. 江苏省统计局关于 2000 年国民经济和社会发展的统计公报[J]. 江苏统计,2001(2).
486. 王波. 教育部高等学校图书情报工作指导委员会召开第二次工作会议[J]. 大学图书馆学报,2001(3).
487. 江苏省高校图工委. 江苏省高校图工委工作总结与下一阶段工作思考[J]. 江苏省高等学校图书馆学报,2001(2).
488. 南京师范大学图书馆办公室. 南京师范大学敬文图书馆简介[J]. 江苏图书馆学报, 2001(3).
489. 刘八一. 金秋的扬州　圆满的盛会[J]. 江苏省高等学校图书馆学报,2001(4).
490. 邦国. “图书馆计算机集成管理系统引进与开发”学术研讨会在复旦大学召开[J]. 上海高校图书情报学刊,2001(4).
491. 邓丽雅. 原机械工业部高校图书馆协作组第五届年会在江苏大学召开[J]. 高校图书馆工作,2001(6).
492. 单正中. 第八次部属暨部分地方师大图书馆馆长联席会议在沪召开[J]. 上海高校图书情报学刊,2001(4).
493. 江苏省图书馆学会秘书处. 江苏省图书馆学会 2001 年大事记[J]. 江苏图书馆学报, 2002(1).
494. 韩汝英. 江苏省图书馆学会 2002 年大事记[J]. 新世纪图书馆,2002(1).
495. 王波. 教育部高等学校图书情报工作指导委员会第三次工作会议召开[J]. 大学图书馆学报,2002(5).
496. 李振钱. 2002 年华东地区教育部直属高校图书馆馆长年会在浙江召开[J]. 上海高校图书情报学刊,2002(4).
497. 张树然. CALIS 二期专家委员会成立[J]. 大学图书馆学报,2002(2).
498. 安徽省高校图工委. 安徽省高校图书馆 2001 年工作大事记[J]. 大学图书情报学刊, 2002(1).
499. 姚晓霞. “中国高等教育数字图书馆数字资源建设研讨会暨首届国外引进数据库培训周”纪要[J]. 大学图书馆学报,2002(4).
500. 江苏省统计局,国家统计局江苏调查总队. 江苏省统计局关于 2001 年国民经济和社会发展的统计公报[J]. 江苏统计,2002(2).
501. 郑巧英,杨宗英. Horizon 图书馆管理系统的应用和二次开发[J]. 图书馆杂志,2002(7).
502. 丁其祥. 南京林业大学图书馆简介[J]. 南京林业大学学报(自然科学版),2002(3).
503. 徐克谦. 江苏省 2002 年高校图书馆馆长年会在南京师范大学召开[J]. 江苏图书馆学报,2002(3).
504. 江苏省图书馆学会秘书处. 江苏省图书馆学会第五次会员代表大会在南京召开[J]. 新世纪图书馆,2003(4).
505. 上海市高校图工委秘书处. 2003 年华东地区高校图工委秘书长会议召开[J]. 上海高校图书情报工作研究,2003(4).

506. 安徽省高校图工委.安徽省高校图书馆2002年工作大事记[J].大学图书情报学刊,2003(1).
507. 江苏省统计局,国家统计局江苏调查总队.江苏省统计局关于2002年国民经济和社会发展的统计公报[J].江苏统计,2003(2).
508. 张曙光,程美.中国高等学校数字图书馆联盟解读[J].上海高校图书情报工作研究,2003(2).
509. 本刊讯.敬文图书馆在南京中医药大学仙林校区隆重奠基[J].江苏中医药,2003(2).
510. 郭鸿昌.联合国托存图书馆制度概述[J].新世纪图书馆,2003(3).
511. 江苏省图书馆学会秘书处.江苏省图书馆学会2003年大事记[J].新世纪图书馆,2004(2).
512. 肖自力.岁月悠悠事业千秋[J].大学图书馆学报,2004(4).
513. 程焕文.百年沧桑 世纪华章—20世纪中国图书馆事业回顾与展望[J].图书馆建设,2004(6).
514. 李晓明.我所经历的文献检索课[J].大学图书馆学报,2004(4).
515. 大学图书馆学报编辑部.纪念文献检索课全面推广20周年[J].大学图书馆学报,2004(1).
516. 中华人民共和国教育部.教育部办公厅关于成立第二届教育部高等学校图书情报工作指导委员会的通知 教高厅[2004]11号[J].中华人民共和国教育部公报,2004(第04号(总第148号).
517. 王波.第二届教育部高等学校图书情报工作指导委员会成立大会暨第一次工作会议纪要[J].大学图书馆学报,2004(4).
518. 叶继元.全国高校图书馆第九届期刊工作学术研讨会暨2004年度外刊订购协调会会议纪要[J].大学图书馆学报,2004(1).
519. 崔彤.中国图书馆学会高等学校图书馆分会成立大会在威海隆重召开[J].大学图书馆学报,2004(6).
520. 本刊讯.教育部成立第二届高等学校图书情报工作指导委员会[J].大学图书馆学报,2004(2).
521. 教育部.第二届教育部高等学校图书情报工作指导委员会委员名单[J].中国高等教育,2004(7).
522. 赵国璋.我如何走近"文献检索"——片段回忆[J].大学图书馆学报,2004(4).
523. 教育部.教育部办公厅关于印发《普通高等学校本科教学工作水平评估方案(试行)》的通知[J].中华人民共和国教育部公报,2004(10).
524. 张厚生,启云.图书馆服务的无线技术:RFID的应用[J].大学图书馆学报,2004(1).
525. 浙江省高校图情工委秘书处.2004年华东地区高校图情工委秘书长会议在浙召开[J].浙江高校图书情报工作,2004(6).
526. 江苏省图书馆学会秘书处.江苏省图书馆学会2004年大事记[J].新世纪图书馆,2005(2).
527. 程焕文.百年沧桑 世纪华章—20世纪中国图书馆事业回顾与展望(续)[J].图书馆建设,2005(1).

528. 王波.教育部高等学校图书情报工作指导委员会二届二次会议中国图书馆学会高校图书馆分会常委会议纪要[J].大学图书馆学报,2005(5).
529. 江苏省统计局,国家统计局江苏调查总队.江苏省统计局关于 2004 年国民经济和社会发展的统计公报[J].江苏省人民政府公报,2005(S1).
530. 本刊讯.中国大学图书馆馆长论坛　图书馆合作与信息资源共享武汉宣言[J].大学图书馆学报,2005(6).
531. 原机械工业部高校图书馆协作组第九届工作交流及学术研讨会在湘潭隆重召开[J].高校图书馆工作,2005,25(6).
532. 无华.全国高职高专图书馆工作经验交流会在南京召开[J].上海高校图书情报工作研究,2005(2).
533. 钱存训.吴光清博士生平概要[J].国家图书馆学刊,2005(3).
534. 刘八一,伍玲玲.文献资源共享新模式的探索与实践——江苏省高校"通用借书证"运作十年的回顾与思考[J].大学图书馆学报,2006(5).
535. 葛锁网.以科学发展观为指导　建设高教强省——对江苏建设高教强省的思考[J].中国高教研究,2006(2).
536. 许钟玲.教育部高等学校图书情报工作指导委员会二届三次会议在贵阳召开[J].贵图学刊,2006(3).
537. 孙斌,徐建民.江苏科技、教育、文化系统文献信息资源初步实现共知共享——江苏省工程技术文献信息中心共建初见成果[J].江苏科技信息,2006(6).
538. 胡文华.第 20 届华东地区教育部直属高校图书馆馆长年会纪要[J].上海高校图书情报工作研究,2006(1).
539. 江苏省统计局,国家统计局江苏调查总队.江苏省统计局关于 2005 年国民经济和社会发展的统计公报[J].江苏省人民政府公报,2006(5).
540. 本刊讯.于鸣镝同志逝世[J].河北科技图苑,2006(6).
541. 严武.华东六省一市高校图工委秘书长年会在福建省龙岩学院召开[J].大学图书情报学刊,2006(5).
542. 陈武,孙维莲等.Ariel 读者文献传递功能应用研究[J].图书情报工作,2006(4).
543. 浙江省高等学校图书情报工作委员会 2005 年工作记事[J].浙江高校图书情报工作,2006(1).
544. 杨海平.南京大学纪念李小缘诞辰 110 周年暨金陵大学图书馆学系创办 80 周年[J].图书馆杂志,2007(7).
545. 江苏省教育厅.省政府办公厅关于印发江苏省教育事业发展"十一五"规划的通知[J].江苏省人民政府公报,2007(S2).
546. 吴稌年.图书馆学/协会促进近代图书馆学术转型[J].图书馆理论与实践,2007(2).
547. 本刊通讯员.2007 年华东地区高校图工委秘书处工作年会纪要[J].浙江高校图书情报工作,2007(5).
548. 本刊记者."江苏省工程技术文献信息中心"全面建成应用[J].江苏科技信息,2007(7).
549. 安徽省高校图工委.安徽省高校图书馆 2006 年工作大事记[J].大学图书情报学刊,

2007(1).

550. 袁曦临,符少北.江苏省高校文献采编中心改制及其发展模式转变的设想[J].大学图书馆学报,2007(3).

551. 王波.教育部高等学校图书情报工作指导委员会二届五次会议在长春召开[J].大学图书馆学报,2008(5).

552. 安徽省高校图工委.安徽省高校图书馆 2007 年工作大事记[J].大学图书情报学刊,2008(1).

553. 江苏省统计局,国家统计局江苏调查总队.江苏省 2007 年国民经济和社会发展统计公报[J].江苏省人民政府公报,2008(5).

554. 本刊讯.东南大学张厚生教授病逝[J].新世纪图书馆,2008(5).

555. 本刊讯.南京图书馆研究馆员杨世明先生逝世[J].新世纪图书馆,2008(5).

556. 朱兰芳.图书馆管理系统维护点滴[J].管理科学文摘,2008(4).

557. 宋余庆.创刊词[J].图书情报研究,2008(1).

558. 刘备.中美文化交流与图书馆发展国际学术研讨会综述[J].上海高校图书情报工作研究,2008(1).

559. 华东六省一市高校图工委秘书长年会在苏州大学召开[J].大学图书情报学刊,2008,26(6).

560. 国务院关于公布第一批国家珍贵古籍名录和第一批全国古籍重点保护单位名单的通知[J].中华人民共和国国务院公报,2008(15).

561. 杨晓宁.1999—2008 年江苏高校图书馆知识服务的认识与实践——江苏高校情报咨询专业委员会第十次学术研讨综述[J].新世纪图书馆,2008(6).

562. 王波.第三届教育部高等学校图书情报工作指导委员会成立大会暨第一次工作会议在宁夏大学召开[J].大学图书馆学报,2009(6).

563. 范兴坤.改革开放前后两个三十年我国图书馆事业发展回顾[J].图书与情报,2009(1).

564. 浙江省高校图工委秘书处.华东地区高校图工委 28 届工作年会在安徽召开[J].浙江高校图书情报工作,2009(6).

565. 安徽省高校图工委秘书处.华东地区高校图工委秘书处工作会议在安徽大学召开[J].大学图书情报学刊,2009(5).

566. 安徽省高校图工委.安徽省高校图书馆 2008 年工作大事记[J].大学图书情报学刊,2009(1).

567. 江苏省统计局,国家统计局江苏调查总队.2008 年江苏省国民经济和社会发展统计公报[J].江苏省人民政府公报,2009(S2).

568. 唐晶,刘斌等.文献传递服务和 Ariel 软件介绍[J].情报杂志,2009(S1).

569. 冯瑞琴,贾西兰等.ALEPH 500 系统应用研究[J].北京师范大学学报(自然科学版),2009(1).

570. 国务院关于公布第二批国家珍贵古籍名录和第二批全国古籍重点保护单位名单的通知[J].吉林政报,2009(15).

571. 吴林.《2009 南京中美图书馆员专业研讨会暨图书馆员高级研修班》在南京隆重举办

[J]. 新世纪图书馆,2009(4).

572. 韦庆媛. 洪有丰与国立清华大学图书馆[J]. 图书情报工作,2010(11).

573. 姜汉卿. 华东地区地方院校图书馆19年协作活动的回顾与思考[J]. 大学图书馆学报,2010(1).

574. 姚晓霞,肖珑等. 新世纪十年CALIS的建设发展[J]. 高校图书馆工作,2010(6).

575. 安徽省高校图工委. 安徽省高校图书馆2009年工作大事记[J]. 大学图书情报学刊,2010(1).

576. 江苏省统计局,国家统计局江苏调查总队. 江苏省2009年国民经济和社会发展统计公报[J]. 江苏省人民政府公报,2010(5).

577. 江苏省图书馆学会秘书处. 江苏省图书馆学会第六次会员代表大会在南京召开[J]. 新世纪图书馆,2010(4).

578. 王波. 教育部高等学校图书情报工作指导委员会三届二次工作会议在海拉尔召开[J]. 大学图书馆学报,2010(5).

579. 李华伟. 美国图书馆自动化五十年主要里程碑[J]. 高校图书馆工作,2010(1).

580. CALIS管理中心. 教育部成立高等教育文献保障体系管理委员会 CALIS、CADAL项目启动建设[J]. 大学图书馆学报,2010(4).

581. 史梅. 全国高校图书馆第十二届期刊工作学术研讨会暨期刊工作委员会成立二十周年纪念会纪要[J]. 大学图书馆学报,2010,28(1).

582. 杨恒平. 全国高校图书馆信息服务社会化学术研讨会纪要[J]. 河北科技图苑,2010,23(1).

583. 本刊编辑部.《图书情报工作》杂志社与本刊开展交流活动[J]. 图书情报研究,2010(2).

584. 李芳. 第三批《国家珍贵古籍名录》及全国古籍重点保护单位推荐名单公布[J]. 图书馆研究与工作,2010(2).

585. 冷天. 墨菲与“中国古典建筑复兴”——以金陵女子大学为例[J]. 建筑师,2010(2).

586. 韦庆媛. 图书馆学家戴志骞的激情与无奈[J]. 大学图书馆学报,2010,28(3).

587. 浙江省高等学校图书情报工作委员会2009年主要工作记事[J]. 浙江高校图书情报工作,2010(1).

588. Breeding M. Automation marketplace 2011: The New Frontier: The battle intensifies to win hearts, minds, and tech dollars[J]. Library Journal, 2011, 136(6).

589. 王波. 教育部高等学校图书情报工作指导委员会三届三次工作会议在云南师范大学召开[J]. 大学图书馆学报,2011(5).

590. 浙江省高校图工委. 2011年华东地区高校图工委秘书处工作会议在宁波举行[J]. 浙江高校图书情报工作,2011(5).

591. 吉久明,任福兵. 2010年全国高校文献检索教学研讨会综述[J]. 大学图书馆学报,2011,29(1).

592. 复旦大学图书馆. 2010年教育部高校图工委信息技术应用年会纪要[J]. 大学图书馆学报,2011,29(2).

593. 刘文君,钱庆等.中华医学会第十六次全国医学信息学术会议纪要[J].中华医学图书情报杂志,2011,20(1).

594. 林晓青.南京邮电大学图书馆[J].图书馆建设,2011(7).

595. 浙江省高校图书情报工作委员会 2010 年主要工作记事[J].浙江高校图书情报工作,2011(1).

596. 江苏省图书馆学会秘书处.江苏省图书馆学会 2011 年大事记[J].新世纪图书馆,2012(4).

597. 安徽省高校图工委秘书处.安徽省高校图书馆 2011 年工作大事记[J].大学图书情报学刊,2012(2).

598. 江苏省统计局,国家统计局江苏调查总队.2011 年江苏省国民经济和社会发展统计公报[J].江苏省人民政府公报,2012(9).

599. 江西省高校图工委秘书处.2012 年华东六省一市高校图工委秘书处工作会议在南昌召开[J].江西图书馆学刊,2012(6).

600. 上海市高校图工委秘书处.长三角地区高校图书馆学科服务培训班在苏州大学成功举办[J].上海高校图书情报工作研究,2012,22(1).

601. 上海市教育委员会,江苏省教育厅等.关于建立长三角地区高校图书馆联盟的框架协议[J].上海高校图书情报工作研究,2012,22(3).

602. 庄琦.长三角地区高校图书馆联盟建设工作进展[J].上海高校图书情报工作研究,2012,22(3).

603. 江苏省图书馆学会秘书处.江苏省图书馆学会 2012 年大事记[J].新世纪图书馆,2013(2).

604. 东南大学图书馆.书田垦荒,薪火传承——纪念洪范五先生诞辰 120 周年暨图书馆学思想与实践论坛[J].图书情报工作,2013(20).

605. 包凌,赵以安.国外下一代图书馆自动化系统的实践与发展趋势研究[J].图书馆学研究,2013(9).

606. 江苏省统计局,国家统计局江苏调查总队.2012 年江苏省国民经济和社会发展统计公报[J].江苏省人民政府公报,2013(5).

607. 王波.第四届教育部高等学校图书情报工作指导委员会成立大会暨第一次工作会议在郑州召开[J].大学图书馆学报,2013(5).

608. 福建省高校图工委秘书处.2013 年华东地区六省一市高校图工委秘书处年会纪要[J].文献信息论坛,2013(4).

609. 本刊讯.北京大学图书馆馆长朱强荣获“2012 中国图书馆榜样人物”[J].大学图书馆学报,2013(1).

610. CALIS 管理中心.CALIS 成功举办国际图联第 13 届馆际互借与文献提供会议[J].大学图书馆学报,2013(6).

611. 北京大学图书馆.北京大学图书馆馆长朱强荣获“2012 中国图书馆榜样人物”[J].大学图书馆学报,2013(1).

612. 本刊记者.江苏省图书馆学会 2013 年大事记[J].新世纪图书馆,2014(2).

613. 余海宪,陈枝清等.洪范五先生与华东师范大学图书馆[J].大学图书馆学报,2014(2).

614. 王玲. 互联网:从接入到巨变——访中国工程院院士胡启恒[J]. 高科技与产业化,2014(3).
615. 中国互联网协会. 回眸历史　迈向未来——纪念中国全功能接入国际互联网 20 周年[J]. 互联网天地,2014(4).
616. 安徽省高校图工委秘书处. 安徽省高校图书馆 2013 年工作大事记[J]. 大学图书情报学刊,2014(2).
617. 江苏省统计局,国家统计局江苏调查总队. 2013 年江苏省国民经济和社会发展统计公报[J]. 江苏省人民政府公报,2014(4).
618. 教育部高等学校图书情报工作指导委员会秘书处. 教育部高等学校图书情报工作指导委员会第四届二次会议在长沙召开[J]. 高校图书馆工作,2014(6).
619. 倪代川. 上海大学图书馆前往南京大学、东南大学、河海大学三校图书馆学习调研[J]. 上海高校图书情报工作研究,2014(1).
620. 吴海华,杨祖逵. 超高频 RFID 系统在高校图书馆的实践与思考——以扬州大学图书馆为例[J]. 农业图书情报学刊,2014(12).
621. 李云. 北京大学图书馆藏"大仓文库"述略[J]. 大学图书馆学报,2014(5).
622. 顾建新. 张厚生先生与东南大学图书馆[J]. 大学图书馆学报,2014(1).
623. 阚轩. "岚清书屋"落户江苏大学图书馆[J]. 图书情报研究,2014,7(4).
624. 兰小媛. 教育部高校图工委第一期海外学科化服务馆员培训班成功举办[J]. 上海高校图书情报工作研究,2014,24(3).
625. 高晶,王亮. 教育津梁——教育家杨永清与中国近代高等教育[J]. 兰台世界:上旬,2014(7).
626. 江苏省图书馆学会秘书处. 江苏省图书馆学会 2014 年大事记[J]. 新世纪图书馆,2015(2).
627. 王文清,柴丽娜等. Shibboleth 与 CALIS 统一认证云服务中心的跨域认证集成模式[J]. 国家图书馆学刊,2015(4).
628. 王政,刘鑫等. 图书馆权利大事记[J]. 图书馆建设,2015(1).
629. 王波. 教育部高等学校图书情报工作指导委员会四届三次工作会议召开[J]. 大学图书馆学报,2015(5).
630. 周衡,兰小媛. "数字资源开放获取研讨会暨 CALIS 第十三届引进数据库培训周"成功举办[J]. 上海高校图书情报工作研究,2015(3).
631. 江苏省统计局,国家统计局江苏调查总队. 2014 年江苏省国民经济和社会发展统计公报[J]. 江苏省人民政府公报,2015(2).
632. 姚兰.《江苏公共图书馆志》简评[J]. 新世纪图书馆,2015(12).
633. 袁润,李飞等. 图书馆与书店合作移动外借服务流程及其信息交换探索[J]. 图书情报工作,2015,59(8).
634. 浙江工业大学图书馆. 高校图书馆"十三五"发展规划高级研修班在浙江工业大学举行[J]. 大学图书馆学报,2015,33(6).
635. 梅建军. 著名科技史家钱存训先生因病去世[J]. 中国科技史杂志,2015,36(3).
636. 浙江省高校图书情报工作委员会 2015 年主要工作记事[J]. 浙江高校图书情报工作,

2015,0(4).

637. 周沫,赵乃瑄等.跨系统区域图书馆联盟的对比实证分析——以上海文献资源共建共享协作网和江苏省工程技术文献信息中心为例江苏省工程技术文献信息中心为例[J].图书馆学研究,2016(12).

638. 罗钧,李雪溶.江苏省高校图书馆馆际互借与文献传递服务的现状及态势分析[J].图书情报工作,2016(17).

639. 本刊记者.江苏省图书馆学会2015年大事记[J].新世纪图书馆,2016(2).

640. 王波.教育部高等学校图书情报工作指导委员会四届四次工作会议在成都召开[J].大学图书馆学报,2016(5).

641. 胡启恒,方兴东等.中国互联网口述历史1994年4月20日:中国接入互联网[J].汕头大学学报(人文社会科学版),2016(6).

642. 本刊讯.北京大学图书馆副馆长、CALIS管理中心副主任陈凌荣获2015年图书馆界榜样人物[J].大学图书馆学报,2016(1).

643. 王波.教育部高教司领导到北大图书馆调研图工委、CALIS工作[J].大学图书馆学报,2016(3).

644. 殷勤业,朱萌纾等.文献信息服务是图书馆不变的探索和追求——南京医科大学图书馆的历史、现状与展望[J].南京医科大学学报(社会科学版),2016(1).

645. 林志伟,高秀梅.数字资源开放获取的理论研究与实践——数字资源开放获取研讨会暨CALIS第十三届引进数据库培训周综述[J].情报探索,2016(5).

646. 江苏省统计局,国家统计局江苏调查总队.2015年江苏省国民经济和社会发展统计公报[J].统计科学与实践,2016(3).

647. 李广建.技术史是窥见图书馆发展规律的一面镜子[J].图书馆论坛,2016(5).

648. 本刊讯.程焕文、张兆忠当选2016年中国图书馆榜样人物[J].大学图书馆学报,2016(6).

649. 陈定权,王孟卓.我国图书馆RFID的十年实践探索(2006—2016)[J].图书馆论坛,2016(10).

650. 南京信息工程大学图书馆简介[J].阅江学刊,2016(1).

651. 本刊通讯员.教育部《普通高等学校图书馆规程》评价指标(高职高专)定稿会议在浙江建设职业技术学院召开[J].浙江高校图书情报工作,2016(2).

652. 平保兴.论吴光清与金陵女子文理学院图书馆[J].山东图书馆学刊,2016(6).

653. 王波,吴汉华等.2016年高校图书馆发展概况(附大事记)[J].高校图书馆工作,2017(6).

654. 王波.第四届教育部高等学校图书情报工作指导委员会第五次工作会议纪要[J].大学图书馆学报,2017(5).

655. 本刊记者.江苏省图书馆学会2016年大事记[J].新世纪图书馆,2017(2).

656. 胡振宁.上下求索　与时俱进——深圳大学图书馆计算机管理集成系统(SULCMIS)发展历程回顾(1985—2015)[J].图书馆论坛,2017(6).

657. 江苏省统计局,国家统计局江苏调查总队.2016年江苏省国民经济和社会发展统计公报[J].江苏省人民政府公报,2017(5).

658. 阚轩."图书情报学科发展与图书馆服务转型高峰论坛"成功举办[J].图书情报研究,2017(2).

659. 本刊通讯员. 2017 浙江省·江苏省数字图书馆发展论坛在湖州师范学院顺利举办[J]. 浙江高校图书情报工作,2017(2).
660. 本刊记者. 江苏省图书馆学会 2017 年大事记[J]. 新世纪图书馆,2018(2).
661. 江苏省统计局,国家统计局江苏调查总队. 2017 年江苏省国民经济和社会发展统计公报[J]. 江苏省人民政府公报,2018(5).
662. 刘素清. 从电子资源管理视角分析我国高校图书馆服务平台的发展[J]. 大学图书馆学报,2018(4).
663. 朱茗. 1910 — 1915 年金陵大学图书馆历任馆长考略[J]. 河南科技学院学报,2018,38(5).
664. 郑锦怀,顾烨青等. 曹祖彬图书馆生涯再考辨[J]. 图书馆论坛,2018,38(9).
665. 程焕文. 关于第五代图书馆人的思考[J]. 图书馆杂志,2019,38(2).
666. 朱家治. 忆往录[Z]. 南京,1973.
667. 李长宁. 南工研制成“图书流通管理系统”[N]. 新华日报,1985 - 09 - 30.
668. 宋金萍,黄进. 仙林 9 所高校共建教学联合体[N]. 新华日报,2004 - 09 - 19.
669. 江苏省统计局,国家统计局江苏调查总队. 江苏省统计局关于 2003 年国民经济和社会发展的统计公报[N]. 新华日报,2004 - 02 - 21.
670. 袁靖宇. 实现高教大省向高教强省的伟大跨越[N]. 成才导报. 教育周刊,2005 - 07 - 06.
671. 张粉琴. 南京图书馆新馆建成开放[N]. 新华日报,2006 - 11 - 07.
672. 周铮,顾雷鸣. 苏州大学独墅湖校区启用暨炳麟图书馆落成庆典昨举行[N]. 新华日报,2006 - 05 - 19.
673. 沈雪梅. 南通高校组建教学联合体[N]. 南通日报,2006 - 12 - 21.
674. 江苏省统计局,国家统计局江苏调查总队. 江苏省 2006 年国民经济和社会发展统计公报[N]. 新华日报,2007 - 03 - 01.
675. 江苏省统计局,国家统计局江苏调查总队. 2010 年江苏省国民经济和社会发展统计公报[N]. 新华日报,2011 - 02 - 16.
676. 全根先.“中国图书馆界重要人物专题”口述史项目正式启动[N]. 图书馆报,2016 - 05 - 20.
677. 本报记者. 南林大新图书馆亮相 [N]. 南京日报,2017 - 09 - 07.
678. 习近平. 国家主席习近平发表二〇一八年新年贺词[N]. 人民日报,2017 - 12 - 31.
679. 江苏省高等学校文献信息保障系统项目建设管理中心,沈鸣执笔. 江苏省高等学校文献信息保障系统(JALIS)一期工程建设验收总结报告[R]. :江苏省高等学校文献信息保障系统项目建设管理中心,2003.
680. 姜汉卿. 赴香港特区图书馆考察报告[R]. 盐城:盐城工学院图书馆,2007.
681. 江苏省高等学校文献信息保障系统管理中心,沈鸣执笔. 江苏省高等学校文献信息保障系统(JALIS)二期工程建设验收总结报告[R]. 南京:江苏省高等学校文献信息保障系统管理中心,2008.
682. 丁晓昌. 在全省高等学校图书馆工作会议上的讲话[R]. 南京:江苏省教育厅,2012.
683. 顾建新,邵波. JALIS 建设成果回顾与总结[R]. 南京:东南大学图书馆　南京大学图书馆,2013.
684. 教育部.教育部办公厅关于印发全国高等学校图书馆工作会议两个文件的通知[Z],1981.
685. 李钟英.在江苏省高校图工委成立大会上的讲话[Z].江苏省高教局,1982.
686. 吴观国.江苏省高等学校图书馆工作委员会筹委会工作汇报——江苏省高校图书馆工作委员会成立大会闭幕式的讲话[Z].江苏省高教局,1982.
687. 江苏省教育委员会.全省普通高校图书馆评估工作总结苏教教[1993]49号[Z].江苏省教育委员会苏教教[1993]49号,1993.
688. 财政部,国家计委等.国家计委、教育部、财政部印发关于"十五"期间加强"211工程"项目建设的若干意见的通知[Z].财政部国家计委教育部,2002.
689. 张建平,顾宏等.江苏省高等学校图书馆"十五"期间事业发展报告[Z].南京师范大学图书馆,2007.
690. 南京大学图书馆史编写组.南京大学图书馆史(1888—2008)[Z].南京大学图书馆,2009.
691. 沈鸣,徐晖.江苏省高校图情工作委员会历史大事记[Z].江苏省高校图情工作委员会秘书处,2012.
692. 省全民阅读办.关于会商首届江苏省大学生读书节的函[Z].江苏省全民阅读活动领导小组办公室,2014.
693. 徐雁,杨金荣等.重视继承"耕读文明"文化传承深化我省"全民阅读"推广工作政协江苏省委员会十一届二次会议提案2014年[0437]号[Z].江苏省政协,2014.
694. 上海交通大学图书馆.第一期海外学科化服务馆员培训班工作手册[Z].教育部高等学校图书情报工作知道委员会,2014.
695. 上海交通大学图书馆.第二期"海外学科化服务馆员培训班"通知[Z],2015.
696. 国务院.全国图书协调方案[EB/OL].[2016-12-01].http://www.lawxp.com/statute/s580294.html.
697. 中共中央.中国共产党中央委员会通知[EB/OL].[2018-09-09].http://cpc.people.com.cn/GB/64162/64167/4527267.html.
698. 人民日报讯.1977年8月12日中共十一大宣布"文化大革命"结束[EB/OL].[2018-09-09].http://cpc.people.com.cn/GB/64162/64165/68640/68652/4693221.html.
699. 教育部.教育部关于试行高等学校实验技术人员和图书资料情报人员职务名称确定与提升的两个《暂行规定》的通知((79)教政字003号)[EB/OL].[2017-05-30].http://www.pkulaw.cn/fulltext_form.aspx? Gid=183010.
700. 国家教委.国家教委高教一司印发《关于改进和发展文献课教学的几点意见》的通知(85)教高一司字065号[EB/OL].[2017-08-22].https://www.lawxp.com/statute/s1050671.html.
701. 国家教委职称改革工作领导小组办公室.国家教委所属高等学校实行《图书、资料专业职务试行条例》的实施细则(试行)[EB/OL].[2017-08-22].http://www.law-lib.com/law/law_view.asp? id=4351.

702. 国家教委. 关于开展建设示范性普通高等工程专科学校工作的通知教高[1995]13 号[EB/OL]. [2018-12-12]. https://law.lawtime.cn/d502464507558.html.
703. 中国互联网络信息中心. 第 01 次中国互联网络发展状况调查统计报告[EB/OL]. [2018-12-22]. http://www.cnnic.cn/hlwfzyj/hlwxzbg/hlwtjbg/201206/t20120612_26721.htm.
704. 211 工程部际协调办公室工程. "211 工程"建设实施管理暂行办法(211 部协办[1998]1 号)[EB/OL]. [2018-12-09]. http://www.360doc.com/content/11/0511/15/6906556 115957799.shtml.
705. 教育部高等学校图书情报工作指导委员会. 第一届教育部高等学校图书情报工作指导委员会委员分组名单[EB/OL]. [2018-03-03]. http://www.scal.edu.cn/jggk/xz/199910111038.
706. 北京大学图书馆馆长办公室. 北京大学图书馆通讯总第 18 期[EB/OL]. [2018-10-29]. http://www.lib.pku.edu.cn/portal/sites/default/files/bangongshi/tongxun/docs/18.htm.
707. 教育部社政司. 中文社会科学引文索引(CSSCI)简介[EB/OL]. [2018-06-05]. https://www.sinoss.net/2003/0826/831.html.
708. 教育部. 设立教育部部级科技查新工作站的通知(第一批)教技发函[2003]24 号[EB/OL]. [2018-06-30]. http://www.cutech.edu.cn/cn/kjcg/cgcx/webinfo/2004/01/1180054675655786.htm.
709. 教育部高等学校图书情报工作指导委员会. 关于《普通高等学校图书馆评估指标(征求意见稿)》及评估办法的说明[EB/OL]. [2018-08-19]. http://162.105.140.111/tjpg/201311051132.
710. 中国图书馆学会高等学校图书馆分会. 中国图书馆学会高校图书馆分会第一届委员会委员名单[EB/OL]. [2018-03-03]. http://www.sal.edu.cn/view/new.aspx? id=109.
711. 教育部. 设立教育部部级科技查新工作站的通知(第二批)[EB/OL]. [2018-06-30]. http://www.cutech.edu.cn/cn/zxgz/webinfo/2004/07/1180054675640041.htm.
712. CALIS 管理中心. CALIS 数字化服务工作研讨会暨第二届国外引进数据库培训周[EB/OL]. [2018-01-10]. http://project.calis.edu.cn/huiyiziliao/huiyi2/zb/520.htm.
713. 北京大学图书馆馆长办公室编. 北京大学图书馆通讯总第 48 期[EB/OL]. [2018-11-11]. http://www.lib.pku.edu.cn/portal/sites/default/files/bangongshi/tongxun/docs/48.htm#1.
714. 南京师范大学图书馆. 我馆应邀参加"报纸利用与保存国际研讨会"[EB/OL]. [2018-12-12]. http://lib.njnu.edu.cn/news/tsggg/20110408/37.html.
715. 南京师范大学图书馆. 我馆召开图书馆学会编辑委员会会议[EB/OL]. [2018-12-21]. http://lib.njnu.edu.cn/news/tsggg/20110408/30.html.
716. 江苏省教育和科研计算机网管理中心. 江苏省教育和科研计算机网[EB/OL]. [2017-

05-01]. http://www.js.edu.cn/dncintro/.

717. 国务院.国务院关于大力发展职业教育的决定国发(2005)35号[EB/OL]. [2017-09-09]. http://www.gov.cn/zwgk/2005-11/09/content_94296.htm.

718. 教育部高等学校图书情报工作指导委员会.第二届教育部高等学校图书情报工作委员会工作组分组名单[EB/OL]. [http://www.scal.edu.cn/jggk/xz/200510050000.

719. 中国互联网络信息中心.中国互联网络信息中心简介[EB/OL]. [2018-06-06]. http://www.cnnic.net.cn/gywm/.

720. 南京市中级人民法院民事三厅.殷志强诉金陵图书馆侵犯著作权纠纷案民事判决书[EB/OL]. [2018-09-09]. http://www.cnip.cn/detail_1363.html.

721. 山东大学.CALIS数字资源评估与建设研讨暨第三届国外引进数据库培训周[EB/OL]. [2018-10-10]. http://project.calis.edu.cn/huiyiziliao/huiyi7/news/2005-5/200552591109.htm.

722. 全国高校图工委秘书处.全国高校图工委的五位秘书长[EB/OL]. [2018-06-01]. http://162.105.140.111/jggk/lshg/200506191046.

723. 南京师范大学图书馆.2005年度江苏省高校图书馆馆长工作会议暨读者协作网实施十周年表彰会议[EB/OL]. [2018-12-12]. http://lib.njnu.edu.cn/news/tsggg/20110408/128.html.

724. 全国高校图工委.全国高校图工委历任秘书长[EB/OL]. [2018-09-09]. http://162.105.140.111/jggk/lshg/200506191046.

725. 南京师范大学图书馆.CALIS数字资源整合与服务创新研讨会暨第四届国外引进数据库培训周[EB/OL]. [2018-10-10]. http://project.calis.edu.cn/huiyiziliao/huiyi10/hydt.htm.

726. 北京大学图书馆馆长办公室.北京大学图书馆通讯总第55期[EB/OL]. [2018-10-29]. http://www.lib.pku.edu.cn/portal/sites/default/files/bangongshi/tongxun/docs/55.htm.

727. 艾利贝斯有限公司.艾利贝斯产品中国用户协会(CCEU)[EB/OL]. [2018-10-11]. http://www.lib.bnu.edu.cn/bnusites/cceu/others.htm.

728. CALIS管理中心.关于对"十五"CALIS项目建设做出突出贡献的单位和个人进行表彰奖励的通知[EB/OL]. [2018-11-01]. http://project.calis.edu.cn/calisnew/images1/neikan/8/1-3.htm.

729. 图协华东地区师院专.华东地区师院(专)图协第十二次年会纪要[EB/OL]. [2018-12-12]. http://www.jslib.org.cn/pub/njlib/njlib_zzjg/njlib_tsgzc/njlib_xhxx/200602/t20060215_41253.htm.

730. 教育部.教育部关于在东华大学等14所高校设立第三批教育部部级科技查新工作站的通知教技发函[2007]1号[EB/OL]. [2018-06-30]. http://www.cutech.edu.cn/cn/kjcg/xgwj/webinfo/2007/02/1181543694482899.htm.

731. 教育部高等学校图书情报工作指导委员会.高等学校图书馆数字资源计量指南(2007年)[EB/OL]. [2018-08-20]. http://162.105.140.111/tjpg/201311191006.

732. 陈亚新,陈昊等.南医大江宁校区图书馆落成启用[EB/OL]. [2018-10-10].

http://js.xhby.net/system/2007/06/19/010069024.shtml.

733. CALIS 管理中心. CALIS 数字资源管理与长期存取研讨会暨第五届国外引进数据库培训周活动在四川大学举行[EB/OL]. [2018-10-10]. http://home.calis.edu.cn/calisnew/big.asp? id=577.

734. 东南大学图书馆办公室. 东南大学图书馆简讯(2007 年第 2 期总第 5 期)[EB/OL]. [2019-02-02]. http://lib.seu.edu.cn/upload_files/article/239/1_20180613122034.pdf.

735. 东南大学图书馆办公室. 东南大学图书馆简讯(2007 年第 1 期总第 4 期)[EB/OL]. [2019-02-02]. http://lib.seu.edu.cn/upload_files/article/239/1_20180613121958.pdf.

736. 中华医学会医学信息学分会. 中华医学会医学信息学分会[EB/OL]. [2019-08-02]. https://www.cma.org.cn/art/2019/6/20/art_2005_26881.html.

737. 教育部外国教材中心. 教育部外国教材中心工作会议暨外国教材研究项目验收总结会议[EB/OL]. [2018-05-11]. http://ftc.lib.tsinghua.edu.cn/Bulletin.aspx? id=6.

738. 华中科技大学. CALIS 引进数据库十年回顾与展望暨 CALIS 第六届国外引进数据库培训周[EB/OL]. [2018-10-10]. http://project.calis.edu.cn/huiyiziliao/huiyi12/jb13.aspx.html.

739. 图书情报研究编辑部.《图书情报研究》简介[EB/OL]. [2018-10-10]. http://ptsq.cbpt.cnki.net/WKE/WebPublication/wkTextContent.aspx? navigationContentID=db922688-adf9-430b-94cd-def1f4845b4d&mid=ptsq.

740. 艾利贝斯软件科技发展北京有限公司. 2008 年年度信息[EB/OL]. [2018-11-02]. http://www.exlibris.com.cn/new/news/2008.asp.

741. 东南大学图书馆办公室. 东南大学图书馆简讯(2008 年第 1 期总第 6 期)[EB/OL]. [2019-02-02]. http://lib.seu.edu.cn/upload_files/article/240/1_20180613123321.pdf.

742. 东南大学图书馆办公室. 东南大学图书馆简讯(2008 年第 5 期总第 10 期)[EB/OL]. [2019-02-02]. http://www.lib.seu.edu.cn/upload_files/article/240/1_20180613123547.pdf.

743. 南京师范大学图书馆. 香港图书馆协会代表团访问我馆[EB/OL]. [2018-11-12]. http://lib.njnu.edu.cn/news/tsggg/20110412/467.html.

744. 南京师范大学图书馆. 美国大学代表团访问华夏教育图书馆[EB/OL]. [2018-11-23]. http://lib.njnu.edu.cn/news/tsggg/20110412/470.html.

745. 南京师范大学图书馆. 省文化厅古籍保护督导组来我馆检查工作[EB/OL]. [2018-11-12]. http://lib.njnu.edu.cn/news/tsggg/20110412/489.html.

746. 南京师范大学图书馆. 新疆师范大学图书馆馆员到我馆交流学习[EB/OL]. [2018-11-12]. http://lib.njnu.edu.cn/news/tsggg/20110412/490.html.

747. 江苏省人民政府. 省政府关于取消和停止征收部分行政事业性收费和政府性基金项目的通知[EB/OL]. [2019-10-10]. http://www.jiangsu.gov.cn/art/2008/10/7/art_47007_2681567.html.

748. 教育部高等学校图书情报工作指导委员会. 第三届教育部高等学校图书情报工作指导委员会名单[EB/OL]. [2018-03-03]. http://www.scal.edu.cn/jggk/xz/201107161746.

749. 教育部. 教育部关于在东北师范大学等10所法人机构设立第四批教育部部级科技查新工作站的通知教技发函[2009]3号[EB/OL]. [2018-06-06]. http://www.cutech.edu.cn/cn/zxgz/2009/01/1229477998896943.htm.

750. 北京大学图书馆馆长办公室编. 北京大学图书馆通讯总第62期[EB/OL]. [2018-11-11]. http://www.lib.pku.edu.cn/portal/sites/default/files/bangongshi/tongxun/docs/62.pdf.

751. 北京大学图书馆馆长办公室编. 北京大学图书馆通讯总第63期[EB/OL]. [2018-11-11]. http://www.lib.pku.edu.cn/portal/sites/default/files/bangongshi/tongxun/docs/63.pdf.

752. 东南大学图书馆办公室. 东南大学图书馆简讯(2009年第3期总第13期)[EB/OL]. [2019-02-02]. http://www.lib.seu.edu.cn/upload_files/article/241/1_20180613124509.pdf.

753. 南京师范大学图书馆. 台湾大学图书馆副馆长林光美女士来我校做学术报告[EB/OL]. [2018-12-12]. http://lib.njnu.edu.cn/news/tsggg/20110413/770.html.

754. 南京师范大学图书馆. 江苏省副省长曹卫星一行视察敬文图书馆[EB/OL]. [2018-12-21]. http://lib.njnu.edu.cn/news/tsggg/20110411/395.html.

755. 南京师范大学图书馆. 中美图书馆高级研讨班专家一行8人来敬文图书馆访问参观[EB/OL]. [2008-12-12]. http://lib.njnu.edu.cn/news/tsggg/20110411/352.html.

756. 南京师范大学图书馆. 中国社会科学院研究生院副院长文学国等来访[EB/OL]. [2018-12-23]. http://lib.njnu.edu.cn/news/tsggg/20110411/351.html.

757. 南京师范大学图书馆. 教育部副部长郝平参观敬文图书馆[EB/OL]. [2018-11-11]. http://lib.njnu.edu.cn/news/tsggg/20110411/397.html.

758. 中国图书馆学会高等学校图书馆分会. 中国图书馆学会高等学校图书馆分会第二届委员会委员名单[EB/OL]. [2018-03-03]. http://www.sal.edu.cn/view/new.aspx? id=183.

759. 教育部. 教育部关于在北京理工大学等11所高等学校设立第五批教育部部级科技查新工作站的通知 教技发函[2010]117号[EB/OL]. [2018-06-06]. http://www.cutech.edu.cn/cn/zxgz/2011/01/1287986834075991.htm.

760. CALIS管理中心. 关于举办“资源合作、共享与可持续发展研讨会暨CALIS第八届国外引进数据库培训周”的通知[EB/OL]. [2018-10-11]. http://project.calis.edu.cn/calisnew/subnews.asp? id=854.

761. 高校图书馆数字资源采购联盟秘书处. 高校图书馆数字资源采购联盟(DRAA)简介[EB/OL]. [2018-09-09]. http://www.libconsortia.edu.cn/Spage/view.action?pagecode=gylm.

762. 中国新闻网. 中美高校建全球最大公益性图书馆CADAL二期启动[EB/OL]. [2018-

12-12]. http://www.chinanews.com/cul/news/2010/04-01/2204109.shtml.

763. CADAL 项目管理中心. CADAL 项目简介[EB/OL]. [2018-12-12]. http://www.cadal.cn/xmjj/.

764. 东南大学图书馆办公室. 东南大学图书馆简讯(2010 年第 2 期总第 15 期)[EB/OL]. [2019-02-02]. http://www.lib.seu.edu.cn/upload_files/article/242/1_20180613125207.pdf.

765. 东南大学图书馆办公室. 东南大学图书馆简讯(2010 年第 5 期总第 18 期)[EB/OL]. [2019-02-02]. http://www.lib.seu.edu.cn/upload_files/article/242/1_20180611143102.pdf.

766. 武汉大学图书馆. 华玉民副馆长应邀参加华东地区地方院校图书馆第十七次协作年会[EB/OL]. [2018-12-12]. http://gzw.lib.whu.edu.cn/pe/Article/ShowArticle.asp?ArticleID=278.

767. 中华人民共和国科学技术部. 2010 年度国家科学技术进步奖获奖项目[EB/OL]. [2018-10-10]. http://www.most.gov.cn/cxfw/kjjlcx/kjjl2010/201101/t20110117_84334.htm.

768. 江苏省教育厅. 南京仙林大学城本科高校教学联盟成立大会召开[EB/OL]. [2018-10-10]. https://www.chsi.com.cn/jyzx/201111/20111117/259689380.html.

769. 郑州大学图书馆. 2011 数字资源建设与服务的统计分析研讨会暨 CALIS 第九届国外引进数据库培训周在我校召开[EB/OL]. [2018-10-10]. http://www3.zzu.edu.cn/msgs/vmsgisapi.dll/onemsg?msgid=1105191031422332931.

770. 苏州大学图书馆. 苏州大学炳麟图书馆开通 RFID 自动借还系统开通[EB/OL]. [2018-10-20]. http://library.suda.edu.cn/af/93/c4024a44947/page.htm.

771. 中国高校人文社会科学信息网. 南京大学成立信息管理学院[EB/OL]. [2018-12-12]. https://www.sinoss.net/2011/1121/37801.html.

772. 东南大学图书馆办公室. 东南大学图书馆简讯(2011 年第 4 期总第 23 期)[EB/OL]. [2019-02-02]. http://www.lib.seu.edu.cn/upload_files/article/243/1_20180612091818.pdf.

773. 东南大学图书馆办公室. 东南大学图书馆简讯(2011 年第 5 期总第 24 期)[EB/OL]. [2019-02-02]. http://www.lib.seu.edu.cn/upload_files/article/243/1_20180612091915.pdf.

774. 南京师范大学图书馆. 江苏高校图书馆采编中心会议在南京师范大学召开[EB/OL]. [2018-12-12]. http://lib.njnu.edu.cn/news/tsggg/20110429/800.html.

775. 盐城师范学院图书馆. 华东地区地方院校图协网站顺利开通[EB/OL]. [2018-12-12]. http://www.chnlib.com/News/yejie/2011-11-17/502.html.

776. 苏州大学图书馆. 苏州高校图协 2011 年工作会议顺利召开[EB/OL]. [2018-12-12]. http://library.suda.edu.cn/af/a7/c4024a44967/page.htm.

777. 教育部. 教育部关于在北京化工大学等 6 所高等学校设立第六批教育部部级科技查新工作站的通知教技发函[2012]46 号[EB/OL]. [2018-06-06]. http://www.cutech.edu.cn/cn/zxgz/2013/01/1354173334003885.htm/1354173334003885.htm.

778. 教育部思想政治司. 教育部思想政治司关于公布 2012 年高校校园文化建设优秀成果评选结果的通知[EB/OL]. [2018-08-19]. http://www.moe.edu.cn/s78/A12/A12_gggs/A12_sjhj/201212/t20121214_145600.html.

779. 王波,吴汉华等. 2011 年高校图书馆发展报告(附大事记)[EB/OL]. [2018-08-19]. http://162.105.140.111/sites/default/files/attachment/tjpg/20130109081426.pdf.

780. 江苏省图书馆学会. 江苏省图书馆学会第六届理事会理事名单[EB/OL]. [2018-08-08]. http://www.jstsgxh.org/jslib_tsgxhzzjs/jslib_zzjg/201202/t20120217_105483.htm.

781. 江苏省图书馆学会. 江苏省图书馆学会第六届理事会常务理事名单[EB/OL]. [2016-08-09]. http://www.jstsgxh.org/jslib_tsgxhzzjs/jslib_zzjg/201304/t20130419_118272.htm.

782. 江苏省教育厅. 全省高等学校图书馆工作会议召开[EB/OL]. [2018-09-09]. http://www.ec.js.edu.cn/art/2012/11/13/art_4302_93380.html.

783. CALIS 管理中心. CALIS 新闻大事记[EB/OL]. [2018-08-10]. http://home.calis.edu.cn/calisnew/bigthing.asp?fid=57&class=2.

784. 中南大学. 2012 数字资源规范化利用研讨会暨 CALIS 第十届国外引进数据库培训周在中南大学举办[EB/OL]. [2018-10-10]. https://www.daxuecn.com/news/201205/18120.html.

785. 北京匡时国际拍卖有限公司. 艺术中国"过云楼"古籍藏书底价 1.8 亿再次露面[EB/OL]. [2018-11-11]. http://beijingkuangshi.meishujia.cn/?act=usite&usid=738&inview=appid-432-mid-48&said=517.

786. 南京师范大学图书馆. 真人图书馆活动圆满结束[EB/OL]. [2018-12-12]. http://lib.njnu.edu.cn/news/tsggg/20120917/1024.html.

787. 东南大学图书馆办公室. 东南大学图书馆简讯(2012 年第 3 期总第 28 期)[EB/OL]. [2019-02-02]. http://www.lib.seu.edu.cn/upload_files/article/244/1_20180612092229.pdf.

788. 南京师范大学图书馆. 2012 年江苏省图书馆学会资源共建共享工作委员会会议在我校举行[EB/OL]. [2019-01-11]. http://lib.njnu.edu.cn/news/tsggg/20121231/1095.html.

789. 南京师范大学图书馆. 西南大学图书馆馆长李森教授来我馆考察交流[EB/OL]. [2019-01-01]. http://lib.njnu.edu.cn/news/tsggg/20121113/1062.html.

790. 中国图书馆学会高等学校图书馆分会. 中国图书馆学会高等学校图书馆分会第三届委员会名单(2013-2014)[EB/OL]. [2018-03-03]. http://www.sal.edu.cn/view/new.aspx?id=3086.

791. 教育部高等学校图书情报工作指导委员会. 第四届教育部高等学校图书情报工作指导委员会名单[EB/OL]. [2018-03-03]. http://www.scal.edu.cn/jggk/201311040232.

792. 教育部高等学校图书情报工作指导委员会. 第四届教育部高等学校图书情报工作指导委员会分组名单[EB/OL]. [2013-11-06]. 2018-03-03.

793. 江苏省教育厅. 省教育厅关于公布2013年江苏省教学成果奖获奖项目的通知 苏教人[2013]14号[EB/OL]. [2018-08-19]. http://www.ec.js.edu.cn/art/2013/12/13/art_4266_140665.html.

794. 王波,吴汉华等. 2012年高校图书馆发展报告(附大事记)[EB/OL]. [2018-08-19]. http://162.105.140.111/tjpg/201311060956.

795. 范莹莹. "纪念洪范五先生诞辰120周年暨图书馆学思想与实践论坛"在我校举行[EB/OL]. [2018-08-08]. http://news.seu.edu.cn/s/146/t/1399/79/70/info96624.htm.

796. 江苏省图书馆学会. 江苏省图书馆学会第六届理事会领导班子成员名单[EB/OL]. [2016-08-09]. http://www.jstsgxh.org/jslib_tsgxhzzjs/jslib_zzjg/201202/t20120217_105480.htm.

797. 教育部. 教育部关于成立第四届教育部高等学校图书馆图书情报工作指导委员会的通知教高函(2013)7号[EB/OL]. [2019-12-12]. http://www.moe.gov.cn/srcsite/A08/moe_736/s3886/201305/t20130521_165503.html.

798. 伊雪峰. 2013数字资源发展趋势和使用统计规范研讨会暨第十一届国外引进数据库培训周[EB/OL]. [2018-10-10]. http://blog.sciencenet.cn/blog-788075-691420.html.

799. Innovative Interfaces I. EBSCO Information Services and Innovative Interfaces announce expanded strategic partnership[EB/OL]. [2018-11-11]. https://librarytechnology.org/pr/18121.

800. 东南大学图书馆办公室. 东南大学图书馆简讯(2013年第1期总第30期)[EB/OL]. [2019-02-02]. http://www.lib.seu.edu.cn/upload_files/article/245/1_20180612093126.pdf.

801. 东南大学图书馆办公室. 东南大学图书馆简讯(2013年第3期总第32期)[EB/OL]. [2019-02-02]. http://www.lib.seu.edu.cn/upload_files/article/245/1_20180612095501.pdf.

802. 东南大学图书馆办公室. 东南大学图书馆简讯(2013年第4期总第33期)[EB/OL]. [2019-02-02]. http://www.lib.seu.edu.cn/upload_files/article/245/1_20180612095537.pdf.

803. 南京农业大学图书馆. 2012年工作总结暨2013年工作计划要点[EB/OL]. [2019-01-01]. http://jalis-reader.njau.edu.cn/info/1007/1007.htm.

804. 南京工业职业技术学院图书馆. 省高职高专图书馆建设专业委员会第十三次年会暨学术研讨会[EB/OL]. [2018-12-12]. http://lib.niit.edu.cn/2013/11/21/省高职高专图书馆建设专业委员会第十三次年会暨/.

805. 南京工业职业技术学院图书馆. 第四届教育部高等学校图书情报工作指导委员会高职高专分委员会成立大会暨第一次全体委员会会议在天津召开[EB/OL]. [2018-12-12]. http://lib.niit.edu.cn/2013/12/30/第四届教育部高等学校图书情报工作指导委员会高/.

806. 南京医科大学图书馆. 江苏省工程技术文献信息中心办公室工作会议在我校图书馆召

开[EB/OL]. [2018 - 12 - 12]. http://lib. njmu. edu. cn/do/bencandy. php? fid=28&id=1.

807. 国务院. 关于公布第四批国家珍贵古籍名录和第四批全国古籍重点保护单位名单的通知(2013)[EB/OL]. [http://www. sclib. org/info. htm? id=1021506392030532.

808. 教育部. 教育部关于在河南大学等 18 所高等学校设立第七批教育部部级科技查新工作站的通知教技发函[2014]2 号[EB/OL]. [2018 - 06 - 06]. http://www. cutech. edu. cn/cn/zxgz/2014/11/1417029767876562. htm.

809. 朱强,王波等. 2013 年高校图书馆发展概况(附大事记)[EB/OL]. [2018 - 08 - 19]. http://162. 105. 140. 111/sites/default/files/attachment/tjpg/2013ALgaikuang. pdf.

810. 哈尔滨工业大学. 数字资源移动服务研讨会暨 CALIS 引进数据库培训周开幕[EB/OL]. [2018 - 09 - 09]. http://news. hit. edu. cn/cjxxxdzz/4a/14/c5550a18964/page. psp.

811. 中国教育和科研计算机网网络中心. CERNET 大事记[EB/OL]. [2019 - 02 - 02]. http://www. cernet20. edu. cn/event. shtml.

812. 中国教育和科研计算机网网络中心. CERNE 大家庭—核心节点介绍:东南大学[EB/OL]. [2019 - 02 - 02]. http://www. cernet20. edu. cn/seu. shtml.

813. 东南大学图书馆办公室. 东南大学图书馆简讯(2014 年第 4 期总第 37 期)[EB/OL]. [2019 - 02 - 02]. http://www. lib. seu. edu. cn/upload _ files/article/246/1 _ 20180612095822. pdf.

814. 江苏省高校图工委读者服务与阅读推广专业委员会. 2013 年工作总结暨 2014 年工作计划要点[EB/OL]. [2018 - 12 - 12]. http://jalis-reader. njau. edu. cn/info/1007/1008. htm.

815. 南京工业职业技术学院图书馆. 江苏省高职高专图书馆建设专业委员会一行赴长沙高校考察调研[EB/OL]. [2018 - 12 - 12]. http://lib. niit. edu. cn/2014/05/15/江苏省高职高专图书馆建设专业委员会一行赴长沙/.

816. 南京工业职业技术学院图书馆. 江苏省高职院校文献资源建设培训班在我校举办[EB/OL]. [2018 - 12 - 12]. http://lib. niit. edu. cn/2014/11/04/江苏省高职院校文献资源建设培训班在我校举办/.

817. 南京工业职业技术学院图书馆. 江苏 10 余所高职院校馆长参加全国高职高专图书馆馆长论坛[EB/OL]. [2018 - 12 - 12]. http://lib. niit. edu. cn/2014/12/17/江苏 10 余所高职院校馆长参加全国高职高专图书馆/.

818. 全国师范院校图书馆联盟. "全国师范院校图书馆联盟"首届成员大会暨联盟工作研讨会召开[EB/OL]. [2018 - 12 - 12]. http://sflm. bnu. edu. cn/templates/qgsflm/newsInfo. cshtml? cid=145&id=229.

819. 教育部. 教育 50 年大事记(1970 年至 1979 年)[EB/OL]. [2018 - 07 - 07]. http://old. moe. gov. cn/publicfiles/business/htmlfiles/moe/moe_163/200408/3443. html.

820. 王波,吴汉华等. 2014 年高校图书馆发展概况(附大事记)[EB/OL]. [2018 - 08 - 18]. http://162. 105. 140. 111/sites/default/files/attachment/tjpg/20151109. pdf.

821. 江西省高校图工委秘书处. 江西省高校图工委 2014 年大事记[EB/OL]. [2018 - 10 -

10]. http://chinalibs. gzlib. gov. cn/ArticleInfo. aspx? id=409750#.

822. 艾利贝斯软件科技发展北京有限公司. 2015 年年度信息[EB/OL]. [2018 - 11 - 02]. http://www. exlibris. com. cn/new/news/2015. asp.

823. 江苏省人民代表大会常务委员会. 江苏省人民代表大会常务委员会关于促进全民阅读的决定[EB/OL]. [2019 - 01 - 10]. http://www. jsrd. gov. cn/zyfb/hygb/1213/201501/t20150115_155216. shtml.

824. 南京理工大学. 南京理工大学历史回眸[EB/OL]. [2018 - 12 - 12]. http://www. njust. edu. cn/3629/list. htm.

825. 东南大学图书馆办公室. 东南大学图书馆简讯(2015 年第 1 期总第 38 期)[EB/OL]. [2019 - 02 - 02]. http://www. lib. seu. edu. cn/upload _ files/article/247/1 _ 20180612100027. pdf.

826. 东南大学图书馆办公室. 东南大学图书馆简讯(2015 年第 3 期总第 40 期)[EB/OL]. [2019 - 02 - 02]. http://www. lib. seu. edu. cn/upload _ files/article/247/1 _ 20180612100128. pdf.

827. 南京农业大学图书馆. 江苏省高校图书情报工作委员会读者服务与阅读推广专业委员会工作会议[EB/OL]. [2019 - 01 - 01]. http://jalis-reader. njau. edu. cn/info/1015/1071. htm.

828. 江苏省高校图工委读者服务与阅读推广专业委员会. 2014 年工作总结暨 2015 年工作计划要点[EB/OL]. [2018 - 12 - 12]. http://jalis-reader. njau. edu. cn/info/1007/1009. htm.

829. 江苏师范大学图书馆. 2015 年华东地区六省一市高校图工委秘书处工作会议在我校召开[EB/OL]. [2018 - 12 - 12]. http://xydt. jsnu. edu. cn/e2/e7/c9386a189159/page. htm.

830. 中华医学会医学信息学分会. 中华医学会医学信息学分会换届公告[EB/OL]. [2019 - 11 - 11]. https://www. cma. org. cn/art/2015/6/30/art_322_16990. html.

831. 中国药科大学图书与信息中心. 中国药科大学图书与信息中心简介[EB/OL]. [2018 - 07 - 06]. http://lic. cpu. edu. cn/7533/list. htm.

832. 王波,吴汉华等. 2015 年高校图书馆发展概况(附大事记)[EB/OL]. [2018 - 08 - 19]. http://162. 105. 140. 111/tjpg/201612060904.

833. 江苏省工程技术信息文献中心. 江苏省工程技术信息文献中心《工作简报》2016 年第 1 期[EB/OL]. [2018 - 08 - 08]. http://portal. e-library. com. cn/show/brief/46. html.

834. 兰州大学. “数字资源深度利用研讨会暨 CALIS 第十四届引进数据库培训周”在兰州大学成功举办[EB/OL]. [2018 - 10 - 10]. http://lib. lzu. edu. cn/gwdt/info - 10210. shtml.

835. 艾利贝斯软件科技发展北京有限公司. 2016 年年度信息[EB/OL]. [2018 - 11 - 02]. http://www. exlibris. com. cn/new/news/2016. asp.

836. 中国新闻网. 2015 年全国优秀馆配商评选揭晓 15 家出版社获奖[EB/OL]. [2018 - 11 - 01]. http://www. chinanews. com/cul/2016/01 - 08/7708430. shtml.

837. 教育部高等学校图书情报工作指导委员会.《大学图书馆学报》概况[EB/OL]. [2018-10-11]. http://www. scal. edu. cn/dxtsgxb/lsgk/201107041450.

838. 南京大学信息管理学院. 南京大学信息管理学院概况[EB/OL]. [2018-12-11]. http://im. nju. edu. cn/content. do? mid=2&mmid=21.

839. Breeding M. Open Library Foundation established foundation created to promote open source projects for libraries[EB/OL]. [2018-12-02]. https://librarytechnology. org/news/pr. pl? id=21867.

840. 东南大学图书馆办公室. 东南大学图书馆简讯(2016 年第 4 期总第 45 期)[EB/OL]. [2019-02-02]. http://www. lib. seu. edu. cn/upload_files/article/248/1_20180612100534. pdf.

841. 江苏省佛教协会. 南京师范大学图书馆佛学分馆、江苏尼众佛学院图书馆正式开馆[EB/OL]. [2018-12-12]. http://www. jsfj. net/html/fjzx/jdxw/6501. html.

842. 南京师范大学图书馆. "江苏省高校图书馆事业发展统计与决策服务系统"项目组召开平台推进工作会议[EB/OL]. [2018-12-12]. http://ssk. jalis. nju. edu. cn/view. php? id=202.

843. 南京理工大学图书馆. 图书馆举办"江苏省高等学校图书馆读者服务与队伍建设发展论坛"[EB/OL]. [2018-12-12]. http://zs. njust. edu. cn/0d/9d/c4621a134557/page. htm.

844. 常州大学图书馆. 省高校图书情报工作委员会读者服务与阅读推广专委会工作会议在我校召开[EB/OL]. [2019-01-01]. http://lib. cczu. edu. cn/3e/cb/c915a147147/page. htm.

845. 皖西学院. 2016 年华东地区图工委秘书长年会在我校召开[EB/OL]. [2018-12-12]. http://lib. wxc. edu. cn/2016/1025/c1214a64743/page. htm.

846. 南京中医药大学图书馆. 2016 年江苏省高校图书情报工作委员会学术研究与继续教育专委会在南中医图书馆召开[EB/OL]. [2019-11-11]. http://library. njucm. edu. cn/bencandy. php? fid=6&id=1041.

847. 国家发展改革委,教育部等. 教育部　财政部　国家发展改革委关于公布世界一流大学和一流学科建设高校及建设学科名单的通知[EB/OL]. [2018-06-06]. http://www. moe. gov. cn/srcsite/A22/moe_843/201709/t20170921_314942. html.

848. 南京大学中国社会科学研究评价中心. 南京大学中国社会科学研究评价中心简介[EB/OL]. [2018-02-02]. http://cssrac. nju. edu. cn/a/gywm/zxjj/.

849. 中国矿业大学图书馆. 中国矿业大学图书馆历史沿革[EB/OL]. [2018-07-01]. http://lib. cumt. edu. cn/1380/list. htm.

850. 国务院. 国务院关于印发新一代人工智能发展规划的通知国发〔2017〕35 号[EB/OL]. [2018-07-20]. http://www. gov. cn/zhengce/content/2017-07/20/content_5211996. htm.

851. 教育部发展规划司. 关于做好 2017 年教育事业统计工作的补充通知(《"数字资源量"指标修订内容》)[EB/OL]. [2018-08-19]. http://162. 105. 140. 111/sites/default/files/attachment/tjpg/20171103. pdf.

852. 江苏省专利信息服务中心."江苏省高校图书馆专利信息传播与利用研讨会"在宁举办[EB/OL]. [2018-08-08]. http://www.jsipp.cn/xwdt/xwzx/201612/t20161214_37824.html.

853. 常州大学图书馆.我馆获批"2017年度江苏省高校图书馆专利信息传播与利用基地"[EB/OL]. [2018-08-08]. http://lib.cczu.edu.cn/2017/0929/c967a165330/page.htm.

854. 江苏省图书馆学会.江苏省图书馆学会第七届理事会组成名单[EB/OL]. [2018-08-08]. http://www.jstsgxh.org/jslib_tsgxhzzjs/jslib_zzjg/201701/t20170110_150817.htm.

855. 东南大学图书馆.东南大学图书馆举办"数字资源与知识服务研讨会暨CALIS第十五届引进数据库培训周"活动[EB/OL]. [2018-10-10]. http://www.sohu.com/a/140265620_658066.

856. The Open Library Foundation. ABOUT THE OPEN LIBRARY FOUNDATION [EB/OL]. [2018-12-12]. http://www.openlibraryfoundation.org/about/.

857. 南京大学新闻中心.南京大学智慧图书馆二期—智能机器人正式发布[EB/OL]. [2018-12-12]. http://news.nju.edu.cn/show_article_1_45665.

858. 南京医科大学图书馆.南京医科大学图书馆承办江苏省高校"2017·中国高校图书馆业务转型与发展论坛"[EB/OL]. [2018-12-12]. http://lib.njmu.edu.cn/bencandy.php? fid=28&id=918.

859. 南京师范大学图书馆.文献资源市场新生态研讨会暨江苏省高校图工委文献资源建设专业委员会工作会议召开[EB/OL]. [2018-12-12]. http://lib.njnu.edu.cn/news/tsggg/20170620/1840.html.

860. 南京医科大学康达学院图书馆.江苏省独立学院、民办学院图书馆2017年学术年会暨江苏省独立学院、民办学院图书馆馆长联席会在我馆圆满召开[EB/OL]. [2018-12-12]. http://kdlib.njmu.edu.cn:1021/pageinfo? cid=1.

861. 江苏大学图书馆.我校成功承办2017华夏阅读论坛暨书评馆员培训与全民阅读立法促进研讨会[EB/OL]. [2018-12-12]. http://www.ujs.edu.cn/info/1062/17779.htm.

862. 江苏省高校图工委情报咨询专业委员会.情报咨询与智慧服务——江苏省高校图工委情报咨询专业委员会2017年学术年会顺利召开[EB/OL]. [2018-12-23]. http://lib.hhu.edu.cn/news/show-674.html.

863. 南京理工大学图书馆."2017江苏省高校图书馆馆长培训"会在我校举行[EB/OL]. [2018-12-23]. http://zs.njust.edu.cn/72/c9/c4621a160457/page.htm.

864. 江苏大学图书馆.任乃飞馆长在原机械工业部高校图书馆协作组学术研讨会上作报告[EB/OL]. [2019-02-02]. http://jiangfan.ujs.edu.cn/article.php? cid=2&id=42469.

865. 常熟理工学院图书馆.CALIS联合目录中心2017年工作会议在我校召开[EB/OL]. [2019-01-04]. http://lib.cslg.cn/do/bencandy.php? fid=67&id=915.

866. 常州工学院图书馆.北京大学图书馆副馆长陈凌来我校图书馆调研[EB/OL]. [2019-

01－04]. http://libx.czu.cn/2017/1026/c1297a52429/page.htm.

867. 东南大学图书馆办公室.东南大学图书馆简讯(2017年第2期总第47期)[EB/OL]. [2019－02－02]. http://www.lib.seu.edu.cn/upload_files/article/249/1_20180612100814.pdf.

868. 东南大学图书馆办公室.东南大学图书馆简讯(2017年第4期总第49期)[EB/OL]. [2019－02－02]. http://www.lib.seu.edu.cn/upload_files/article/249/1_20180612100912.pdf.

869. 中国矿业大学图书馆.北京大学朱强教授来我校作学术报告[EB/OL]. [2018－12－12]. http://lib.cumt.edu.cn/67/fa/c15745a419834/page.htm.

870. 中国矿业大学图书馆.图书馆智能服务机器人揭幕仪式[EB/OL]. [2018－01－01]. http://lib.cumt.edu.cn/20/f8/c15745a401656/page.htm.

871. 南京工业职业技术学院图书馆.江苏省高职院校图书馆创新服务培训班成功举办[EB/OL]. [2018－12－12]. http://lib.niit.edu.cn/2017/05/31/江苏省高职院校图书馆创新服务培训班成功举办/.

872. 南京工业职业技术学院图书馆.我校图书馆圆满承办2017年教育部高等学校图书情报工作指导委员会高职高专院校分委员会年会暨2017全国高职院校图书馆馆长论坛[EB/OL]. [2018－12－12]. http://lib.niit.edu.cn/2017/10/21/我校图书馆圆满承办2017年教育部高等学校图书情报/.

873. 全国师范院校图书馆联盟.全国师范院校图书馆联盟简介[EB/OL]. [2018－12－21]. http://sflm.bnu.edu.cn/templates/qgsflm/pageinfo.cshtml?cid=121&pid=120.

874. 江苏图星软件科技有限责任公司.关于图星[EB/OL]. [2019－12－24]. http://www.libstar.net/html/about/about.html.

875. 上海图书馆上海科学技术情报研究所.上海图书馆上海科学技术情报研究所简介[EB/OL]. [2018－05－05]. http://www.library.sh.cn/dzyd/rdsm/aboutus.htm.

876. 教育部高等学校图书情报工作指导委员会,中国高等教育文献保障系统.教育部全国高校图书馆事实数据库系统[EB/OL]. [2018－12－11]. http://libdata.scal.edu.cn/login.html.

877. 江苏省图书馆学会.江苏省图书馆学会第七届理事会组成名单[EB/OL]. [2018－08－19]. http://www.jstsgxh.org/jslib_tsgxhzzjs/jslib_zzjg/201803/t20180319_159076.htm.

878. 徐州工程学院图书馆.徐州工程学院图书馆历史[EB/OL]. [2019－01－18]. http://lib.xzit.edu.cn/3273/list.htm.

879. 南京医科大学康达学院图书馆.南京医科大学康达学院图书馆概况[EB/OL]. [2019－01－01]. http://kdclib.com/pageinfo?cid=1.

880. 康达学院.康达学院简介[EB/OL]. [2019－04－03]. http://kdc.njmu.edu.cn/6461/list.htm.

索　引

A

B

C

D

E

F

G

I

J

K

M

N

O

P

Q

R

S

T

U

V

W

Y